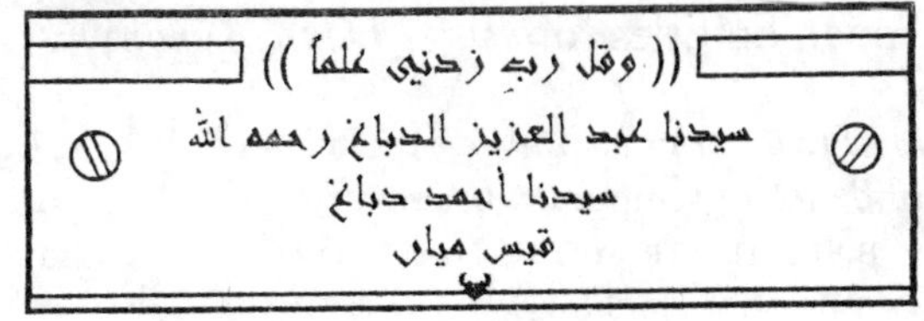

Using Arabic Synonyms

Designed for those who have already developed a basic competence in Arabic, this comprehensive synonyms guide aims to broaden and improve learners' vocabulary by helping them find the right word for the right context. Presenting words of related meaning together, it provides a range of options which will help avoid repetition and improve style, and enables students to develop a deeper awareness of the subtle differences in meaning and usage of different words. Each entry is illustrated with authentic examples of the synonyms in use, showing their unique meanings and grammatical properties, and enabling students to quickly recognize them in real-life contexts. The book is complete with two clear indexes, in English and Arabic, enabling the reader to instantly and easily locate any word. An essential reference for college and undergraduate students, their teachers, and other language professionals seeking a clear, user-friendly guide to Arabic vocabulary and its usage.

DILWORTH B. PARKINSON is Professor of Arabic in the Department of Asian and Near Eastern Languages, Brigham Young University. He has lived and taught for extended periods in various parts of the Arab world, and his current research interests are Arabic lexicography and Arabic corpus linguistics. He is author of *Terms of Address in Egyptian Arabic* (1986), as well as a number of articles on Arabic language teaching and Arabic sociolinguistics, and is editor of several books on Arabic linguistics.

Companion titles to *Using Arabic Synonyms*

Using French (third edition)
A guide to contemporary usage
R. E. BATCHELOR and M. H. OFFORD
(ISBN 0 521 64177 2 hardback)
(ISBN 0 521 64593 X paperback)

Using Spanish (second edition)
A guide to contemporary usage
R. E. BATCHELOR and C. J. POUNTAIN
(ISBN 0 521 00481 0 paperback)

Using German (second edition)
A guide to contemporary usage
MARTIN DURRELL
(ISBN 0 521 53000 8 paperback)

Using Russian (second edition)
A guide to contemporary usage
DEREK OFFORD and
NATALIA GOGLITSYNA
(ISBN 0 521 54761 X paperback)

Using Italian
A guide to contemporary usage
J. J. KINDER and V. M. SAVINI
(ISBN 0 521 48556 8 paperback)

Using Japanese
A guide to contemporary usage
WILLIAM McLURE
(ISBN 0 521 64155 1 hardback)
(ISBN 0 521 64614 6 paperback)

Using Portuguese
A guide to contemporary usage
ANA SOFIA GANHO and
TIMOTHY McGOVERN
(ISBN 0 521 79663 6 paperback)

Using Arabic
A guide to contemporary usage
MAHDI ALOSH
(ISBN 0 521 64832 7 paperback)

Using Spanish Synonyms
R. E. BATCHELOR
(ISBN 0 521 44160 9 hardback)
(ISBN 0 521 44694 5 paperback)

Using German Synonyms
MARTIN DURRELL
(ISBN 0 521 46552 4 hardback)
(ISBN 0 521 46954 6 paperback)

Using Italian Synonyms
HOWARD MOSS and VANNA MOTTA
(ISBN 0 521 47506 6 hardback)
(ISBN 0 521 47573 2 paperback)

Using French Synonyms
R. E. BATCHELOR and M. H. OFFORD
(ISBN 0 521 37277 1 hardback)
(ISBN 0 521 37878 8 paperback)

Using Russian Synonyms
TERENCE WADE and NIJOLE WHITE
(ISBN 0 521 79405 6 paperback)

Using French Vocabulary
JEAN H. DUFFY
(ISBN 0 521 57040 9 hardback)
(ISBN 0 521 57851 5 paperback)

Using German Vocabulary
SARAH FAGAN
(ISBN 0 521 79700 4 paperback)

Using Italian Vocabulary
MARCEL DANESI
(ISBN 0 521 52425 3 paperback)

Using Spanish Vocabulary
R. E. BATCHELOR and
MIGUEL A. SAN JOSÉ
(ISBN 0 521 00862 X paperback)

Using Arabic Synonyms

DILWORTH B. PARKINSON
Brigham Young University

CAMBRIDGE UNIVERSITY PRESS
Cambridge, New York, Melbourne, Madrid, Cape Town, Singapore, São Paulo, Delhi

Cambridge University Press
The Edinburgh Building, Cambridge CB2 8RU, UK

Published in the United States of America by Cambridge University Press, New York

www.cambridge.org
Information on this title: www.cambridge.org/9780521001762

First published 2006
Reprinted 2008

Printed in the United Kingdom at the University Press, Cambridge

A catalogue record for this publication is available from the British Library

ISBN 978-0-521-00176-2 paperback

Contents

Acknowledgements

I owe a large debt to the many students and native speakers who helped with the gathering and preparation of the words in this book. I must mention of these Noah Brazier, Brad Dennis, Eric Lewis, Ben Snow, Cally Andrus, Ayoub Sunna, Sahar Qumsiyeh, Iyas Masannat, and particularly Bashar Sader whose linguistic patience, and whose love and enthusiasm for the vocabulary of his native language literally made this book possible. I would like to thank Brigham Young University for granting me the leave necessary to finish the book, and for supporting the student assistants. I would particularly like to thank my wife Laura Beth for seeing me through difficult times and helping with the proofing of the indexes, along with my son Ricky who designed the star pattern that appears at the end of each letter. Finally, a thanks to the editors of Cambridge University Press, Kate Brett and then Helen Barton, for 'finding' me and patiently guiding the process.

Abbreviations

1	word used only in one or more dialects, not in Standard Arabic
2	word shared by Standard Arabic and one or more dialects
3	word used only in Standard Arabic, not in the dialects
acc	accusative
adj	adjective
adv	adverb
AP	active participle
Coll	Colloquial Arabic (marks words used in both Eg and Lev)
D	daily (this word appears in the newspaper almost every day)
def	definite
Eg	Egyptian Arabic
esp.	especially
fem	feminine
Gulf	Gulf Arabic
incl.	including
indef	indefinite
Lev	Levantine Arabic
M	monthly (this word appears in the newspaper about once a month)
m&f	masculine and feminine
n	noun
neg	negative
pass	passive
pl	plural
prep	preposition
sb	somebody
sing	singular
sth	something
usu.	usually
VN	Verbal Noun
W	weekly (this word appears in the newspaper about once a week)

Introduction

This book is not a synonym dictionary, although it resembles one in several respects. Rather, it is a vocabulary building tool for advanced English speaking learners of Arabic. The idea behind the book, and the series of which it is a part, is that grouping words with similar or related meanings is a good way for students to rapidly expand their vocabularies. Advanced learners should be familiar with one or more of the more common words in each set, and will then be exposed to some of the relatively less common but still important related words. For example, they are likely to know the word بيت 'house,' but need to be exposed to مسكن, دار and منزل as well. Considering these words together, as a single set, provides clear advantages to the vocabulary building process. These words are 'near' but not 'exact' synonyms, and students need to get an idea of how the words are related to each other, to what extent they are actually interchangeable, what the similarities and differences are, what the relative frequency of use is, what collocational preferences might apply, and what the linguistic 'level' of each word is. This is the kind of information that this book is designed to provide.

Item Choice

Arabic has a relatively large number of words, and writers of Arabic seem particularly to delight in using a variety of words for a single concept. This has resulted in a very large number of synonyms and 'near' synonyms in the language. Considerations of space, cost and usabilty make it impossible to provide anything approaching complete coverage. In discussing how to make a useful selection of words in the least arbitrary way possible, we decided to focus on a specific learning goal for students, and organize our choices in relation to that goal. Arabic is a difficult language for most English speaking learners, and second and even third year students often still have difficulty reading authentic texts fluently. Although most students have the eventual goal of reading a wide variety of both modern and medieval literary and non-literary texts, our experience has shown that if students can develop fluency in reading a single type of text, that fluency can become the basis for reading in other genres. We chose, therefore, the goal of students becoming fluent readers of the Arabic language press as the basis for this book. Although students will encounter a broad range of vocabulary and styles in the press, in relation to literary texts the vocabulary of the press is somewhat restricted. Had we chosen to include literary texts, the book would have to have been hundreds of pages longer. We therefore chose the words of this book specifically to help students gain the vocabularly necessary to become fluent and sophisticated readers of the Arabic press.

Arabic Varieties

Arabic has a large number of varieties that differ significantly from each other. Classical Arabic religious and literary prose is quite distinct from what is often termed Modern Standard Arabic, which itself can be divided into Modern Literary Arabic and Modern Newspaper Arabic. Spoken dialects vary dramatically from country to country and even from town to town, in addition to the 'mixed' varieties (often referred to as Educated Spoken Arabic) which combine features of local dialects and Modern Standard Arabic. Finally, there is even some evidence that the Modern Standard Arabic used in particular countries is not identical to that used in others. Most of these varieties share a basic vocabulary base, but differ from each other both in the less common and the most common words.

Because of our focus on the language of the press, the language described in the book, therefore, leans most heavily toward Modern Newspaper Arabic. However, since Arabic newspapers cover a broad range of subjects and styles, we were able to include some Modern Literary Arabic, a little classically tinged religious Arabic, and some dialectal Arabic. The idea was to include items that are actually used with relative frequency in the press, no matter what they might be labeled; since there are religious articles, reviews of literary works, and a certain amount of colloquial vocabulary used in our corpus, some items that might not seem to 'fit' under the heading 'Newspaper Arabic' are still quite common in real newspapers.

The basic corpus from which the frequency information and the examples were derived consisted of a full year of *Al-Ahram* newspaper (Egypt, 1999), and a full year of *Al-Hayat* (1997), the latter being a Saudi-owned paper published in London with a readership that spans the Arab World, but which historically and editorially has been associated with Lebanon, and a majority of whose writers are Lebanese. A very small number of examples were taken from other Arabic newspapers and internet news sites, but the overwhelming majority of them appeared in one of these two newspapers.

Organization of the Book

For each set of words a head word was chosen, either because it was the most common of the items, or the one most centrally related to the basic idea of the semantic field in question. The head words are listed in bold at the top of the set of words, along with an English gloss to give an idea of the nature of the semantic field. The head words are organized alphabetically by root throughout the book. At the top of each page the Arabic root of the head word that begins on that page is given for reference purposes.

Under each head word is the list of words related to that semantic field (including the head word). These are listed alphabetically by root under the head word. Each word is provided with a set of English glosses, occasionally along with some grammatical information related to the use of that word. Also provided is information about the stylistic level of each word, and its frequency in the newspaper corpus. Finally, a set of examples derived from the corpus is given that illustrates the use of the word.

Examples

The examples will likely be the most helpful part of this book for students, and the richest source of information. They consist of a set of sentences organized into a paragraph but otherwise unrelated to each other. In a few cases, like the names of positions or of organizations, phrases rather than sentences are given. Since sentences in newspapers tend to be long and complex, these sentences have sometimes been slightly changed so that they can stand on their own in this context. However, we made an effort to provide enough context so that an imaginative student could easily grasp where such a sentence might be used. In general, more of each sentence was given than would have been necessary to minimally illustrate the use of the word so as to provide as rich a context as possible given space limitations.

It is from the examples that students should note important collocations, and particular 'skewings' in the meaning and use of particular words related to each other. If more than one example of a particular collocation is given, it typically means that this represents one of the most frequent usages of that word.

One problem in using a newspaper corpus for such a work is that it can become dated, particularly with references to events that were current in the years from which the newspapers were taken. However, instead of avoiding such references, in this work we embraced them, on the idea that specific events provide a clearer and more helpful context for understanding language than abstract or general contexts do. It is never imperative to identify the event being referred to in order to understand the sentence, but it is helpful to do so. It is thus helpful to bear in mind some of the events of the late 1990s to which reference was commonly made in the press: the death of Princess Diana, the Monica Lewinsky scandal, the crash of the Egypt Air flight out of the United States, the terrorist attack on tourists in Luxor, the virtual civil war between Islamic extremists and the government in Algeria, the pope's visit to Lebanon, the Clinton impeachment proceedings, weapons of mass destruction inspections in Iraq, the ongoing Arab/Israeli conflict, and the election of a 'quasi' Islamic government in secular Turkey, for example. Sports and business concerns also are commonly the context of many of the sentences, and readers should be aware of the importance of soccer in the Arab world, and of the interplay between public and private sectors which plays such an important role in Arab World business affairs.

It goes without saying that none of the sentiments reflected in the various sentences are necessarily those of the author or the publishers. The Arab press reflects a variety of points of view, and a number of these are reflected in these examples, including a few potentially embarrassing ones. Further, the Arab press takes a uniformly negative attitude toward the state of Israel, and this is naturally also reflected in many of the examples. Readers who are upset by the content of one of the sentences are urged to calm down and realize that the goal here is to understand the Arabic press, not to change it. It is certain that there are as many Arab readers who would disagree with the sentences as would agree. They are not here to reflect some monolithic Arab sentiment, but only as examples of words used on particular occasions in particular contexts to represent particular, individual sentiments. It is our contention that even objectionable sentences can be very useful for language learning purposes.

Dialectal Examples

Contrary to popular assumption, local dialects are used in the press to some extent. This means that to become completely fluent in reading the newspaper, one needs a basic familiarity with dialectal forms (Egyptian Arabic for the *Ahram*, Levantine and sometimes Gulf Arabic for *Al-Hayat*.) It was decided for this book to include the dialectal material at approximately the same rate it is included in the press. This means that it is a relatively small part of the book, but for important concepts (like 'to want') where the dialects differ from each other and from Standard Arabic, the press provides many examples of dialectal usage, which it was felt would be helpful for students. The dialectal examples are determined by the newspapers used for the corpus, and thus North African dialects are not represented at all, and Gulf and Iraqi only to a minor extent, but with many examples of Levantine and Egyptian usage.

Level

Words carry social information for native speakers beyond their meaning. Some words are very formal and used only in certain formal settings, while others are more 'down-to-earth' or even vulgar. In the Arab world these social meanings are intimately connected to the Standard Arabic/Dialectal Arabic situation. Words in this book are thus ranked either:

'1', for words that are felt as purely dialectal words, even if used in a Standard Arabic context;

'2', for words that are equally at home in Standard Arabic or the spoken dialect (sometimes with slight changes); and

'3', for words that are clearly Standard only, and which carry a feeling of educated formality even if used in an otherwise dialectal context.

The problem with determining these rankings is that Arabs themselves do not agree on them, and words are not necessarily felt the same in different places. We decided to include them anyway since despite disagreement 'around the edges' we believe there is basic agreement on most words. These rankings were checked with various dictionaries which mark words as to level (such as the Hinds/Badawi *Dictionary of Egyptian Arabic*), but in the end are based on the judgements of a small set of linguistically sophisticated educated (Levantine) native speakers we consulted who were asked to do the ranking. Thus, although these numbers should definitely be taken with a grain of salt, they will give students a basic idea of the social level of the words in question. Occasionally a word is ranked '1-2' to indicate that although technically it is a '2,' still native speakers often associate it with the colloquial level.

Frequency

Word frequency information, particularly for Arabic, is notoriously unreliable, and depends on a host of factors. However, we feel that it is still very helpful for students to have the information. It is not enough to know that words have similar meanings, if one word is used ten times more frequently than the other. Very frequent words often have a wide variety of usage contexts, while very infrequent words are often limited to one or two specific contexts or collocations. Instead of giving exact frequency numbers, which are hard to interpret in any case, the rankings 'daily' (D), 'weekly' (W) and 'monthly' (M) are given. These are related to the corpus and have an obvious interpretation. Taking the *Ahram* as an example, a 'D' ranking means that if you read the *Ahram* every day for a year, you would likely run into this word almost every day, a 'W' ranking means you would run into it about once a week, and an 'M' ranking means you would see it about once a month (translating into a frequency per year of Ahram issues of about 365 or more, about 52 or more, and about 12 or more). Words with a frequency less than 'M' were not included in this book. Clearly, words with a 'D' ranking can be considered very frequent, while words with an 'M' ranking are quite infrequent, many times less than 'D'.

An effort was made to use these frequency ratings to refer to the specific usage or meaning being referenced in the entry. Some very common words might show up with a 'W' or 'M' rating because the particular usage or meaning being described is less common than the other meanings of the word. The colloquial words (those marked '1') are a special case. We had no access to word frequency information about these words in the spoken dialects themselves, and since dialectal usage is quite infrequent in the newspapers in general, words that one knows to be very frequent still only show up in the newspapers at a low level of frequency. We therefore decided to mark all colloquial words with '1M.' This reflects the fact that in the newspapers they are not very frequent, but with the caveat that almost all the colloquial words that would make it into this book would be used daily in speakers' normal lives.

English Meanings

We felt that the long lists of meanings given in many dictionaries are often less than helpful, since most of the words in the list represent only a very specific usage and not the main meaning. We decided, therefore, that for this work the meanings given would be somehow 'central' and broad, applying to most situations of use. We aimed for minimal rather than maximal definitions. Nuances of meaning, as well as differences between concrete and abstract, direct and extended usages, etc., are quite evident from the examples, and are left to them. Students who desire a more detailed set of meanings for a particular word should consult a good dictionary.

Polysemy

Arabic words (like those of other languages) often have a wide range of meanings; in many cases, only one of those is clearly related to the semantic field under consideration. When a word has a meaning that will not be considered, and which will not be illustrated in the examples, that extra meaning is put into square brackets. If that meaning will be illustrated under another head word, than a reference to that head word is given, also within the brackets.

Verb Valency

Verbs, and some other words, relate to the words around them in particular ways, some taking direct objects, some taking prepositions, etc. There is often more variability in this than is commonly implied in dictionaries, but the information is still quite helpful. An effort has been made in this book to both mark and illustrate the various possibilities for each verb. Valency is marked in the English glosses in the following manner:

Intransitive verb (no object):
to sing;

Transitive verb:
to sing sth; to hit sb; to sing (a song);

Optionally transitive or intransitive verbs:
to sing (sth);

Verbs that take a preposition:
to obtain على*;*

Verbs that take both objects and prepositions:
to entice sb على / إلى *to do sth;*

Verbs that take a nominalized sentence complement:
to decide sth or أنّ *that.*

Because the examples from the corpus were often quite a bit more diverse in regard to verb valency than is represented in the common dictionaries, some of these become rather complicated. However, the alert reader will notice that there is almost always an example of each of the various options listed. It is perfectly possible to ignore the verb valency markings and just rely on the examples for usage information.

Indexes

Two indexes are provided at the end of the book. The first lists all the English words used in the book, and the second all the Arabic words. In each case the words refer to the head word entries under which that word may be found. These indexes allow the student to explore the work and find all references to particular areas of interest starting with either English meanings or Arabic vocabulary items. Because the reference is to head words only, the index should not be taken as an indication of the meanings of the words in question.

Errors

Source materials, particularly newspapers, contain numerous errors. When these errors were obvious typos, they were corrected. However, it was felt that some of the errors reflected actual usage and usage variation, and were thus helpful as examples of what students would actually encounter in the press. Thus, odd spellings of foreign words, the incorrect placement of the *hamza*, the omission of the dots on some instances of the *taa' marbuuta* and the omission of the final *alif* that marks indefinite accusative objects were left as they appeared in the press in the few examples which contain such errors.

Final Word

Although the claim that Arabic possesses a huge vocabulary compared to other languages remains speculative, there is no doubt that classical Arabic writing was very devoted to balanced phrases in which the repetition of similar ideas using different words was prized. In other words, Arabs loved synonyms. And although the hold of classical norms has relaxed considerably in modern Arabic prose, it is still certainly the case that one finds constant 'doublings' at the word, phrase and sentence levels, a stylistic preference that could only have increased pressure on the language to keep existing synonyms alive and to create new ones. When common 'doublings' appeared in the corpus, we have tried to include at least one example so that students can become familiar with this kind of style.

We hope that this book will encourage students not only to learn the words in the book, but also to notice how common synonyms are in Arabic usage, and to learn to leverage that understanding into more rapid and insightful vocabulary acquisition.

alphabet أبجدية

أَبْجَدِيَّة
alphabet {2W}
pl: أَبْجَدِيّات

بعضهم كان يكتب بالعربية لأنه لم تكن لداغستان حروف أبجدية خاصة بها. اختراع الأبجدية اليونانية تم قبل بداية الألف الأولى السابقة على الميلاد. يبدأ اسما عائلتيهما (زعيتر وزريق) بآخر حرف من حروف الأبجدية الانكليزية. بدأ يتقن أبجدية السياسة الشرق الأوسطية. كانت الأبجديات السامية منذ ظهورها لا تحتوي إلا على الحروف الساكنة. بعض الناخبين الذين يجهلون ابجديات التصويت والاقتراع الانتخابي تمت مساعدتهم

أَبْجَد هَوَز
alphabet {2M}

الحرف (أ) يرمز الى العدد ١ والحرف (ب) يرمز الى ٢ حسب الترتيب الهجائي لأبجد هوز. هناك آثار كثيرة للحضارة الآشورية، مثل قوانين حمورابي وأبجد هوز والأرقام الآشورية.

أَلِفْباء
alphabet {2M}

ألفباء الجينات لا تزيد على أربعة أحرف. بدأوا من الالفباء، وبعد ثلاثة أسابيع أصبح بامكانهم القراءة والكتابة والمحادثة في مستوى متوسط الى ابتدائي. ما زالت تستخدم الالفباء العربية. حرية التعبير هي ألف باء الديمقراطية.

حُروف الْمُعْجَم
alphabet {2M} see قاموس

رتب الألفاظ على حروف المعجم. يضم الكتاب الذي رتب على حروف المعجم اسماء ٥٤٥ مخطوطة.

هِجاء
alphabet; [defamatory poetry] {2M}

أحاول ان احفظ منها حروف الهجاء. قد صُنّف هذا المعجم على الموضوعات وليس على أحرف الهجاء. هذا القاموس مرتّب حسب حروف الهجاء. إنها تساعد ابنها الصغير في حفظ حروف الهجاء.

---

eternal أبديّ

أَبَدِيّ
eternal, everlasting {2D}

اعتبر القدس «العاصمة الابدية لاسرائيل». نرتبط بعلاقة من الحب الأبدي. يأخذ قسطه الأخير من الراحة الأبدية. العقوبات الدولية على العراق «ليست ابدية». الحياة الأبدية. هي قصة الصراع الأبدي بين الخير والشر.

مُؤَبَّد
life (prison term) {2W}

طلب توقيع عقوبة الاشغال الشاقة المؤبدة على المتهم المصري. خفف الحكم عليه لكبر سنه الى السجن المؤبد.

أَزَلِيّ
eternal, everlasting {3W}

القضية الأساسية هي الصراع الأزلي بين أنصار القديم وأنصار الجديد. اسألك السؤال الأزلي، هل صحيح أن السكوت من ذهب؟ مصر وحدة تاريخية أزلية خالدة. يبدو أن الصراع بين العرب واسرائيل هو صراع أزلي. نعرف حقيقة أزلية، هي أن الله أعظم من نحب.

خالِد
eternal; immortal {2W}

أشار في هذا الخصوص الى ما بين مصر الحديثة ومصر القديمة من اتصال نفسي وثيق جعل من مصر وحدة تاريخية أزلية خالدة. هو صاحب العديد من الالحان التي لا نزال نترنم بها حتى اليوم، ونسمعها بأصوات خالدة مثل ليلى مراد ومحمد عبدالمطلب وشادية وغيرهم. الخط العربي هو أحد الفنون الخالدة. يوجد في مصر الكثير من الآثار الخالدة.

سَرْمَدِيّ
eternal, never-ending {3M}

في قلب هذا الصراع السرمدي يقف الناس لا حول لهم ولا قوة. كانت ابتسامتك السرمدية كافية لأن يغني الرعاة من أجلها في الشواطئ البعيدة. عصر النفط الرخيص ليس سرمديا. بعد زوال الشيوعية (العدو السرمدي للغرب) كان لا بد من عدو بديل. الدنيا منقضية منقطعة، والآخرة دائمة سرمدية.

لا نِهائِيّ
endless {3W}

هي عائلة الأخضر، وهي أيضاً عائلة لانهائية. وجدت نفسها في فترة تاريخية سابقة تدور في دوامة لانهائية الابعاد من العنف والعنف المقابل. قام بالتأليف في كل ميدان، والكتابة في كل علم، والسباحة في فضاء لانهائي من المعارف البشرية. انه قطرة ماء في محيط لانهائي زاخر بالأمواج.

لا مُتَناهٍ
never-ending, endless {3M}

لتحقيق هذه الآمال والطموحات اللامتناهية كان لا بد من الانتقال إلى مدينة كبيرة ومشهورة. أشار إلى الصراع اللامتناهي بين القديم والجديد. على الرمال اللامتناهية تظهر المعالم المألوفة لحضارة العصر الحديث الصناعية.

father أب

أب
*father; [*see كاهن; *father* (priest)*]* {2D}

أب وأم ومقهى يديرانه ويقضيان فيه حياتهما كلها. كانوا عراقيين حتى العظام وولدوا في العراق أبا عن جد. الجنسية والانتماء يتصلان بالنسب الى الأب. أبوه فرنسي كما يدل اسم عائلته، وأمه روسية. أبوه شرطي سابق أيضا. لقد مات أبوك. أبو مازن. الرجل يشبه كثيرا أباه الذي توفي منذ عامين. ورثت الفتاة عن أبيها اهتماما وشغفا بالسياسة.

بابا
*papa, dad; [*see كاهن *; pope]* {1-2W}

شكرا يا بابا. روح اسأل بابا وماما. بابا كان يريد أن ألتحق بكلية الطيران.

والِد
father {2D}

والدي انسان هادئ وطيب جداً. والدها لبناني لكنه كان يعيش في مصر. كان اخناتون جلس على العرش في حياة والده امنحتب الثالث. كان والده يعمل سفيرا للصومال في ماليزيا. منذ وفاة والدك، اتبعت سياسة الصمت.

furniture أثاث

أَثاث
furniture {2D}

الأثاث مصنوع من الطين والقصب. متحفه يضم كميات كبيرة من المجوهرات النادرة والأثاث والمستلزمات المنزلية. اضطرت العائلة الى بيع اثاث المنزل ومفروشاته. لا يزال منزله في ضواحي نيودلهي مفروشاً بأثاث قديم ومتواضع. صار جزءاً من أثاث البيت. قلت ان الاثاث قليل في الغرفة، لا يوجد اثاث، انها خالية.

فَرْش
furnishings {2W}
pl: فُروش

هذا البيت غرفه واسعة، لكن فرشه وتجهيزاته عفا عنها الزمن. انه فرش فاخر على أعلى مستوى. استأجرت شقة كبيرة لكنها بحاجة للفرش.

مَفْروشات
furnishings {3W}

يتم عرض مستلزمات المدارس والمفروشات المدرسية ومفروشات المكاتب ومعدات المكاتب. تحول عدد من الورش الى بوتيكات لبيع الملابس والمفروشات. «لايف ستايل» شركة متخصصة بالديكور والمفروشات من لبنان واليونان وايطاليا. لكل غرفة أو قطعة من مفروشات فندق «جورج الخامس» أحد أشهر وأفخم الفنادق الباريسية قصة.

موبيليا
furniture {2M}
pl: موبيليات

شركة لصناعة الموبيليا والأبواب والشبابيك. أنا اشتهي ان أملك قطعة موبيليا واحدة من القطع التي تمر تحت يدي. رجب حسن أحمد نجار موبيليا ٣٠ سنة ومقيم بمنطقة العجمي. يريد ان يبيع ابنته ببضع قطع من الموبيليا الفاخرة. اسعار الموبيليا والأثاث الألماني في مصر يباع بأرخص من الإنتاج المحلي.

أجّل

to postpone

أَجَّلَ
to postpone, delay sth {2D}

الأمم المتحدة تؤجل سحب بعثتها إلى غد. هي إحدى المشكلات التي أجلت توقيع الاتفاق. إن أفضل ما يفعله هو أن يؤجل اتخاذ هذا القرار بعض الوقت. الرئيس عرفات سيؤجل اعلان الدولة عن موعدها المقرر في الرابع من مايو.

أَخَّرَ
to delay sth; to make sb late {2D}

المظاهرات العنيفة تؤخر افتتاح مؤتمر سياتل. التبريد يدمر النكهة ويؤخر عملية الانضاج. الفيلم يحمل بعض المشاهد الجنسية وهذا ما قد يؤخر عرضه الذي كان من المقرر افتتاحه يوم ١٦ يوليو. تعطّل السيارة أخّرني عن موعدي.

أَرْجَأَ
to postpone sth {3W}

أرجأ قادة جيش تحرير كوسوفا قرارهم بشأن الموافقة على اتفاق السلام. مجلس الامن يرجئ اجتماعا مهما لأول مرة في تاريخه لسوء الأحوال الجوية. نرجئ هذا كله إلى ما بعد أن تتضح الصورة أكثر. أولبرايت أرجأت زيارتها للمنطقة.

سَوَّفَ
to procrastinate, delay (sth) {3M}

الناس تؤجل وتسوف التوبة كما فعل فرعون موسى. الرجل ظل يماطل ويماطل ويسوف ويسوف حتى مضت أربع سنوات كاملة على الخطبة.

ماطَلَ
*to procrastinate, delay (*في *sth)* {2W}

كانت الولايات المتحدة تماطل بشأن القرار المعروض أمام مجلس الأمن. وعدها بالزواج ثم ظل يماطل ويعتذر. ان الوقت مضى والحكومة تماطل، وبذلك يعتبر كل شيء منتهياً بالنسبة الى الحوار. ايران ما زالت تماطل في حل قضية الأسرى وتتدخل في شؤون العراق. لا تزال الهيئة تماطل في موعد التعاقد. اسرائيل ماطلت في عودة النازحين بعد حرب ١٩٦٧.

أَمْهَلَ
to grant sb/sth (time) ل *to do sth* {2W}

أمهلهم أسبوعاً لمغادرة أراضيه. قالت الوكالة ان عرفات أمهل لجنة التحقيق المكونة من ثمانية اعضاء شهراً للانتهاء من تقريرها. امهلني إلى الغد حتى افكر بالموضوع.

أخ

brother

أَخ
brother {2D}
pl: إِخْوَة، إِخْوان

كان ابوه قد توفي، فطرده أخوه الاكبر من البيت لأنه حلق شاربيه ولأنه اشتغل «مشخصاتي». يجد نفسه مضطراً الى الصراخ ليسمعه والداه فوق أصوات اخوته. ايها الاخوة والاخوات ابناء الكنيسة الكاثوليكية. الاخوان المسلمون. نتوقع من اخواننا المصريين ان يصرّوا على هذا الموقف الجديد. (Eg) يا اخي احب اقول حاجة ارجو الا تزعلك.

أُخْت
sister {2D}
pl: أَخَوات

الأخت الكبرى اضطرت لترك الدراسة لتشارك والدها حمل الأعباء المادية. اختها تعمل في «الخطوط البريطانية» وتتلقى راتباً يبلغ ٣٥٠ دولاراً. عزاه بوفاة اخته الأميرة شيخة بنت عبدالعزيز. ليس لدي أخوات أو حتى بنات أعمام أو عمات في مثل سني.

شَقيق

full brother {3D}
pl: أَشِقّاء

تنتشر الجريمة في اسرته، فشقيقه ابراهيم اعتقل في جريمة قتل زوجته، كما ان اخاه الاصغر حوكم في جريمة سرقة. خسرنا شقيقنا محمد في معركة. كانت العلاقة بين لبنان وأي بلد عربي هي علاقة الشقيق بالشقيق. كرر مساندة الأردن «الأشقاء الفلسطينيين والوقوف الى جانبهم في تحقيق آمالهم وطموحاتهم».

شَقيقَة

full sister {3D}
pl: شَقيقات

بقيت امي وشقيقتي في المنزل. ساعدها زوج شقيقتها. هو متزوج من شقيقة زوجة زعيم «الجماعة الاسلامية». ايران دولة شقيقة. شقيقاتي الثلاث متزوجات.

---

banquet — مأدبة

مَأْدُبَة

banquet {3D}
pl: مَآدِب

أقاما في فندق «لوس مونثيروس» - ماربيا - مأدبة عشاء تكريماً للأمير فيصل نجل الملك حسين وعقيلته عليّا. اقامت الوزيرة الاميركية مأدبة غداء عمل على شرف الملك حسين ظهر امس. أقام سفير مصر في فرنسا علي ماهر السيد مأدبة عشاء في دار السفارة في باريس تكريما للسفير الفرنسي الجديد.

عُزومَة

banquet; party {1M} (Eg)

حضروا عزومة مانديلا ليلة التصويت. باتوا يجاهلونني كلما أقاموا حفلا أو حتى عزومة. يملك ما لا يكفي لدفع آلاف الدنانير تكلفة كل عزومة. عزومة عشاء. عزومة غداء. عزومة شاي.

وَليمَة

banquet {3W}
pl: وَلائِم

هو مدعو الى وليمة تقدم فيها أنواع الأطباق. قاموا بكل شيء ورافقونا بل انهم دعونا الى وليمة في احدى الاستراحات على الطريق بين التنف ودمشق. أوضحوا ان وفودا حضرت من خارج الخرطوم، وأن وليمة أعدت لها وأن الضيوف سيحضرون الوليمة عقب الصلاة ثم يتفرقوا. بقيت أتمنى ان أحصل على حصتي من الوليمة.

---

polite — مؤدب

مُؤَدَّب

polite, refined {2M}

ما ينبغي الحرص عليه هو ان يبقى الانسان مؤدباً، وان لا يدع الآخرين يعلمون بأسراره. إن زملاءه يذكرون انه كان طالبا مؤدبا، يتمتع بروح النكتة. رفض الدعوة بشكل مؤدب. انه في الواقع انسان رقيق مؤدب وفي غاية اللطف، يتحدث بمتعة وسرور.

مُرَبّى

polite, well-bred; [jam, preserved fruit] {1-2W}
pl: مُرَبّون (Eg: مِرَبّي)

(Eg) الولد ده مش مربّي وبيقول كلام وحش. (Lev) أنا بَعرف الشخص المربّى من أول كلمة بيقولها.

مُهَذَّب

refined, polite {2W}

كيف يكون هذا الإنسان المهذب شيوعي؟ إذا أراد أن يوجه نقدا، فيكون ذلك بطريقة مهذبة. أتعامل بشكل مهذب وليس جامدا كما يصورني البعض وأنا لا أجامل أحدا. الزعماء العرب يبدون مهذبين أكثر بكثير مما يجب.

if إذا

إِذا
if, as long as, whether {2D}

العدد اكبر مما قيل إذا اضفنا اليه المفقودين. هدد عرفات بالابعاد اذا احتج على الاستيطان بالعنف. اذا امكن القول ان احداثا كهذه يمكن ان تقع في اي زمان او مكان، فإن علينا في الوقت نفسه ان ننظر الى الخلفية المحلية لها. إذا انسحبنا، سنخسر التأييد الدولي لمعركتنا الديبلوماسية. اذا اردنا ان نقوم نحن بمثل هذه الزيارة فيجب ان يكون لزيارتنا معنى. كان من الضروري أن أعرف إذا كنت سأقضي أعياد الكريسماس في المانيا. لا تعرف إذا كانت ستتزوجه أم لا.

إِنْ
if, whether {2D}
وَإِنْ even if

إن كان لديها الاستعداد للعمل إيجابيا، لن تكون هناك مشكلة في التفاهم معها على كيفية الوصول بعملية السلام إلى نتيجتها الطبيعية. إن كان الأمر هكذا، فلنستعد من الآن حتى نكون مستحقين لكل هذه المتع السمائية التي أعدها الله لمحبي اسمه القدوس. زوجته لا تعرف إن كان زوجها من الصعب ارضاؤه ــ فهي لم تحاول ذلك من قبل. اليهودي يبقى من رعايا إسرائيل حتى وإن كان يحمل جنسية دولة أخرى. نتحدث عن اقلية قبطية تختلف دينيا عن باقي الشعب المصري وإن كانت تنتمي الى العرق نفسه.

لو
if (usu. contrary to fact) {2D}
حَتّى لَوْ، وَلَوْ even if

لو افترضنا ان المجلس النيابي لم يوافق على اعلان الشغور ماذا كان حصل؟ ربما لو كان والدي موظفا كبيرا، كان الناس اخذوا عليه ذهابي الى مدرسة مسيحية. لا يستطيع ان يخدعهم حتى لو اراد ذلك. كانت الشركات تريد الحصول على جزء ولو يسير من الكعكة اللذيذة. انه غير مستعد للتنازل عن مبادئه ولو ادى ذلك به الى ان يُسجن. لو ان اسرائيل دولة ديموقراطية لاختارت حلا ديموقراطيا.

---

minaret مئذنة

مِئْذَنَة
minaret {2D}
pl: مَآذِن

قد اشتهر بمئذنته المزخرفة بالخزف الأخضر والأبيض. مئذنة المسجد تدور سلالمها حولها من الخارج وليس من الداخل. للمدرسة ثلاث قباب وثماني مآذن مرتبة بشكل متناسق ورائع.

فَنار
lighthouse {2W}
pl: فَنارات

شيد الفنار عام ١٨٦٩ لإرشاد السفن المارة في البحر المتوسط. يقال ان تأريخها يعود الى ما قبل الاسلام، اذ كانت فنارا هاديا للسفن عهدذاك.

مَنارَة
minaret; lighthouse {2W}
pl: مَنارات

هي اعلى منارة بعد المنارة الحدباء في الموصل. يتم الدخول الى منارة المسجد بواسطة سلم من احدى عشرة درجة. منارة القلعة فقدت جزءها العلوي. أما منارة مسجد سيدي أبي مروان فتقع في الجزء الشمالي الشرقي من الفناء. هذا اليوم اعتبره منارة من منارات لبنان. وهذه المبادئ تشكل منارات النظام العالمي الجديد.

---

to swing تأرجح

تَأَرْجَحَ
to swing, fluctuate {3W}

يرأس حزباً سياسياً صغيراً يتأرجح دائماً بين المعارضة والموالاة. الطلب موجود وسعر النفط يتأرجح كالمعتاد. سجلت أسهم طوكيو ارتفاعا طفيفا أمس بعد ان تأرجحت خلال التعامل صعودا وهبوطا. السياسة الايرانية تتأرجح بين التشدد والاعتدال.

تَذَبْذَبَ
to swing, fluctuate {2W}

تذبذب الاقتصاد الاسرائيلي خلال شهري ايلول (سبتمبر) وتشرين أول (اكتوبر) الماضيين. كان سعر السهم تذبذب خلال الاسبوع بين الارتفاع والتراجع. ما أسباب تذبذب مستواك من بطولة لأخرى خلال فترة زمنية وجيزة؟

تَمَايَلَ
to sway, move back and forth {2M}

الموسيقى تنطلق والراقصون يتمايلون. أحدهم بدأ يتمايل وسط الصف الذي وقف فيه وكاد يهوي ارضاً. كانت تلبس حذاء بكعب يجعلها تتمايل خفيفاً. كانت اغصان شجرة الكينا تتمايل. السيارة الفورد القديمة تهتز وتتمايل في الطريق على النيل وبين الحقول. تطلعت الى الزورق ورأيت اضطرابه فوق الماء، وتمايله في الريح.

أزمة

crisis

see فقر

أَزْمَة
crisis {2D}
pl: أَزَمات

لا يشعر الموريتانيون بوجود أزمة. هل تعتقد بأن المسرح المصري في ازمة؟ دنيس روس، المنسق الاميركي لمفاوضات الشرق الأوسط، «لا يحمل معه أي اقتراحات لمعالجة الأزمة الحالية». ساهمت الأزمة العراقية في ارتفاع شعبية الرئيس بيل كلينتون. يعكس الصراع الداخلي ازمة هوية حقيقية لدولة تركيا.

حَرَج
distress, crisis; difficulty {3M}

شعر بالحرج نتيجة عدم حصوله على درجة عالية في الامتحان. يزيد من حرج الاهلي غياب فريق كامل عن تشكيلته في مباراة اليوم. تتعامل السلطات مع ظاهرة اقتناء السلاح بحرج. يجد حرجا في ان يلقي بالكتاب او المقال في سلة المهملات.

ضيق
distress, difficulty; poverty; [tightness; shortage] {2D}

نفى أن تكون في بلاده أزمة اقتصادية أو ضيق اجتماعي. نقل مئات الأشخاص إلى المستشفيات إثر إصابتهم بضيق في التنفس ومتاعب بالقلب. لم أعد أشعر بالضيق من اي نقد شخصي يوجه لي. كنت بحاجة إلى مساعدته لأخرج من حالة الضيق التي كنت أعيشها.

ضائِقَة
crisis, difficulty {3M}
pl: ضَوائِق

اضطرتهم الضائقة الاقتصادية في بلدهم إلى التكسب بالعمل في دول عربية أخرى. الضائقة المالية جعلته يقطع دراسته. اغلب القيادات السياسية التي تتكلم على الضائقة المعيشية والأزمة الاقتصادية تبني لنفسها القصور التي تكلف ملايين الدولارات. هذا يعني مزيدا من الضوائق لحركة السوق.

عُسْر
distress, difficulty {3W}
بعد العُسْر يُسْر after distress there is ease

الآباء والأجداد عانوا أياماً شديدة العسر. بدأ الاطباء في معالجة عسر التنفس واضطرابه من خلال تزويد المريض بالاوكسجين خلال النوم. يريد الله بكم اليسر ولا يريد بكم العسر. لنفكر دائماً انه بعد العسر يسر.

إزاء

in regard to

see نحو، مقابل

إِزاءَ
[see مقابل*; in front of, facing]; in regard to, toward* {3D}

كرر بيان السفارة موقف الادارة الاميركية ازاء الأزمة السودانية. سألت «الحياة» الوزير عن توقعاته ازاء تطورات العملية السلمية. أعربوا عن قلقهم ازاء احتمال اندلاع حرب أو نزاع بالمناطق المحيطة باليابان. ما هي سياسة الحكومة المصرية ازاء الأسلحة النووية. أشار الى أن بلاده لا تشعر بأي عداء إزاء الشعب الامريكي. بلغ الدولار أعلى مستوى ازاء العملة اليابانية منذ شهرين ونصف شهر.

حِيالَ
in regard to; toward {3D}

عبروا عن موقفهم حيال احداث تيانامين. عرضت وجهة نظرها حيال «اعلان طهران». عبّرت فرنسا عن قلقها امس حيال «الاحداث الخطيرة التي وقعت في جنوب لبنان». كثيرون هم الشعراء الذين أظهروا ضعفا حيال الموت. ثبت عليها انها أهدرت المال العام وأساءت التصرّف حيال الشعب.

في صَدَدِ
in regard to; in the process of {3W}

في صدد عملية السلام، أعرب موسى عن أمل بلاده بحدوث تطور خلال الشهر المقبل. في صدد الجريمة المنظمة يعقد مؤتمر وزاري في لاهاي يهدف إلى الحد من الآثار الخطرة لهذه التجارة. اعلن النائب ايلي سكاف انه في صدد اعداد مشروع قانون يتعلق بوقف عمل الكسارات. مصر في صدد توقيع تلك الاتفاقات.

تُجاهَ
in regard to; [see مقابل *; facing, toward]* {3D}

لقد شعرتُ بصداقة عميقة تجاه اصحابي في الرحلة. من غير المستغرب ان يبدي اللبنانيون حذراً وارتياباً تجاه اعلانات الاسرائيليين حول الانسحاب من جنوب لبنان. اتخذت صحيفة «نيويورك تايمز» الرصينة موقفا اكثر قسوة تجاه كلينتون. احس انه ممزق بين حبه لكاميلا باركر، وواجباته تجاه زوجته ديانا.

---

sorry آسف

آسِف
sorry {2W}

اسفة، عندي ارتباط. آسف لسقوط كل الضحايا البريئة في هذه الحادثة. «انني آسف لنشر هذه المعلومات لأنها قد تمس بأمننا». انا آسف اليوم لاني لا استطيع اطلاع الرأي العام على شيء. انا آسفة لانني لم اقدر على ان تكون المباراة اطول.

مُتَأَسِّف
sorry {2M}

انه متأسف على الواقع الأليم الذي آلت إليه الأوضاع في العالم العربي. يخاطبها متأسفا متحسرا، على أنه لم يستطع أن يحقق لها وله شيئا من الآمال والأحلام. (EG) متأسف جدا اني اتأخرت.

تائِب
repentant {3W}

الشاب هو نفسه اللص التائب محمد راشد الذي يروي حكاية ضائقته وانحرافه الى جريمة السرقة. بعد سنوات يعود الأب الى بيت الأسرة فتظن خلود انه عاد تائباً راغباً في اصلاح خطأه، لكنها تكتشف انه لم يعد الا لأنه أصبح غير صالح للحياة الزوجية. يلعب دوراً صغيراً في السياسة الأميركية كارهابي تائب جاء ليقف شاهداً على قوة اميركا وصلاحها. اعترف التائب ماوريتسيو آفولا امام احدى محاكم فلورنسا بالمسؤولية عن التفجيرات.

مُتَحَسِّر
regretful; grieved {2M}

تنهد الرجل متحسرا ثم اختار كلماته بعناية. يخاطبها متأسفا متحسرا على أنه لم يستطع أن يحقق لها شيئا من الآمال والأحلام.

نادِم
regretful, remorseful {3W}

انا نادم لإساءة تصرف اسرائيل مع اتفاق اوسلو الذي اعتبره اتفاقاً عظيماً. هل انت نادم على أوسلو؟ رفض المتهم الإقرار بأنه نادم على جريمته. سئلت عمّا اذا كانت نادمة على عدم الزواج. لست نادمة على الاشتراك فيه ومستعدة للدفاع عن موقفي في اي مكان. أنا نادم لأنني لم أسجل أي نقطة في هذا السباق. صدام حسين يبدو نادما على اعدام صهريه.

asphalt
أسفلت

زِفْت
asphalt; tar {1-2M}

يشتعل الزفت المعدني عندما تصل درجة الحرارة الى ٢٥٠ درجة مئوية. أما الزفت فكان يجمع من البحر الميت. اليوم اقدم لك مكونا ثالثا في السيجارة لا يقل خطورة عن الأولين، وهو القطران أو الزفت الذي يدخل في تكوين السيجارة ويعطيها النكهة التي يشعر بها المدخن. أيام زمان لم تكن من ذهب كما يصورونها، لكن هذه أيام زفت. (EG) ازيك؟ زي الزفت!

أَسْفَلْت
asphalt {2M}

سيتم تقوية طبقة الاسفلت في ٣٤١ كيلومتراً من الطرق الاقليمية. كان المطر يسقط ثقيلاً فوق الاسفلت. رصف طرقات القلعة بالأسفلت. بجواره رئتان لمدخن في لون اسفلت الطريق. ميدان التحرير الآن كتلة ضخمة من الأسفلت شديدة الازعاج مفتقرة إلى الجمال.

قَطْران
tar {2M}

يدخل القطران إلى جسم المدخن من خلال أنفاس الدخان. القطران الأسود يترسب على رئتيك ويسد المنافذ المفتوحة. قال باحثون طبيون ان السجائر المنخفضة القطران تسبب موجة جديدة من السرطان بين المدخنين.

قار
tar; pitch {3M}

من المواد الاخرى المستعملة القار الأسود كمانع للرطوبة في تغليف جدران الأسس وأحواض المياه. في بغداد حمامات كثيرة وكانت مطلية بالقار الأسود. أما جدرانها فتغطى الى ارتفاع ١,٥٠ متر تقريباً بالقار الأسود أما القسم العلوي منها فيكسى بالجص الأبيض.

---

origin, source
أصل

أَرومَة، أُرومَة
root, origin {3M}

تحمل المميزات المتوارثة بين ابناء الارومة العائلية او السلالية الواحدة. علم الوراثة بمباحثه المختلفة علم غربي حديث النشأة وليست له ارومة تاريخية عند العرب او غيرهم من الامم. تتكلم لغة سامية غير مطابقة تماماً للاكادية، ولكنها من الأرومة اللغوية ذاتها التي تنتمي إليها الفينيقية.

أَصْل
origin, source; fundamental thing {2D}
pl: أُصول

هي امرأة يهودية من أصل اسباني. غالبية المسلمين في بريطانيا من اصل آسيوي. الكتاب في أصله ديوان شعر. الأصل في الاسلام ان الانسان له مكانة خاصة يتقدم بها على الكثير من مخلوقات الله تعالى. يثبت انحدارهم من اصول صحراوية.

جِذْر
root {2-3D}
pl: جُذور

كانت بساطته تعبيراً عن اصالة جذوره وعراقتها. ينتمون في أصولهم العائلية وجذورهم الفلسطينية الى مدن وقرى أصبحت الآن تحت السيادة الاسرائيلية. يرجع التقليد الموسيقي والطربي في هذا البلد الى جذور عميقة جداً في التاريخ الشمال أفريقي. هذه الفكرة قديمة وجذورها موجودة في فلسفة أفلاطون. انحسار العنف على هذا النحو لا يعني اقتلاع جذوره.

مَحْتِد
(family) *origin, lineage* {3M}

تنشئة الأفغاني الدينية ومحتده الأصيل كان لهما بالغ الأثر في تكوين شخصيته. ليس واحداً من هؤلاء إلا بالسلالة والمحتد. منهم من يرجعها الى محتد هندي. أخلاق هذه الفتاة تدل على أن محتدها طيّب.

مَرْجِع
(scholarly) *resource, reference* {2D}
pl: مَراجِع

صدر عددها الاول في ديسمبر ١٩٩٥ واصبحت مرجعاً مهماً للاخبار الاقتصادية. في رد على هذا السؤال اكد مرجع رسمي لـ «الحياة» بأن الانتخابات ستحصل في موعدها. القرآن الكريم المرجع الأول لهذه الأمة في جميع شؤون الدين والدنيا. أسس في المقر الجديد اكبر مكتبة متخصصة في التراث المعماري الاسلامي لتكون مرجعاً للباحثين.

شَأْفَة

root {3M}
اِسْتِئْصال شَأْفَة uproot sth

عمل على استئصال شأفة الفساد الذي استشرى في المجتمع. كلها عوامل يجب وضعها في الاعتبار لاستئصال شأفة هذا السرطان اللعين الذي بدأ يتسرب إلى جسد المجتمع المصري.

مَصْدَر

source, origin {2D}
pl: مَصادِر

البيئة النظيفة الخالية من التلوث اصبحت مصدر جذب مهم للسائح. افادت مصادر سوق الأسهم الاماراتية ان السوق تمر حاليا بتغيرات متسارعة. يصل الفستق الى اسرائيل من دون ما يشير الى مصدره. يستند بذلك الى مصدر أمني في الجيش الاسرائيلي. زيمبابوي احد المصادر الرئيسية لتوريد الدخان لمصر.

عِرْق

*root; race; descent; [*see عرق; *vein]* {2M}
pl: عُروق، أَعْراق

الدول التي ينتمي سكانها الى عرق واحد ودين واحد قليلة بل نادرة. الأقلية القبطية تختلف دينيا عن باقي الشعب المصري وان كانت تنتمي الى العرق نفسه. بما ان أقوى عرق في مجموعتها هو العرق العربي فيجب اذًا جعله قاعدة للقومية.

مَنْبَت

source; [birthplace] {2W}
pl: مَنابِت

إنها امرأة ذات منبت عريق. صحيح أنه يعيش هنا، لكن الدم الذي يجري في عروقه هو من منبت آخر.

مَنْبَع

[spring]; source, origin {2D}
pl: مَنابِع

يصعب فصل هذه الخطب عن منبعها الفولتيري الاساسي. المشرق الاسلامي عموماً (ومصر بصفة خاصة) كان منبعا خصباً للثقافة. القرآن هو أهم منبع للحضارة الإسلامية.

مَنْشَأ

origin; upbringing {2W}
pl: مَناشِئ

هي يونانية الوضع والمنشأ. قطعت علاقاتها مع أصولها، أو بلاد المنشأ. نتانياهو اميركي في منشأه وفي ثقافته وفي اسلوب عمله. لم يكن منشأ عجزهم صعوبة اللفظ وغرابة التعبير، ولكنه وحي الله. ما هي بلد المنشأ لهذه البضاعة؟ هذه الأطعمة ذات منشأ نباتي.

نِصاب

root, starting place {3M}

طالبوا اهل الحكم «بوقف عملية الاغتصاب والقمع والتزوير وإعادة الحق الى نصابه ومحاسبة المسؤولين» عما حصل. يجري معها اتصالات مستمرة لوضع كل الامور في نصابها الصحيح.

---

definite; certain — أكيد

see ضروري

أَكيد

definite, sure (of a thing); *certain, sure* (of a person)
أَنَّ *that; [*see بالتأكيد; *certainly]* {2D}

الاتجاه الأكيد هو عدم اعطاء تأشيرات دخول الى افراد البعثة العراقية. الحقيقة الأكيدة ان الأطراف الصربية في هذه الحقبة كلها ملوثة بالفاشية. لتركيا مصلحة أكيدة في تحالف استراتيجي مع اسرائيل. كنت اكيدا ان اللبنانيين يساندونني جميعا. انني أكيد ان كلمة الحرية لا تعني لي ما تعنيه لطرف آخر في المنطقة او لبنان. الاكيد ان صورة البلد ليست كلها وردية.

مُتَأَكِّد

sure, certain من /أَنَّ *of sth* (of a person) {2D}

هل أنت متأكد من وجود حافلات؟ فأجابني: نعم، نعم، لدينا تأكيدات بذلك. لست متأكداً من إمكان حدوث ذلك. انا متأكد انه لم يجر نقاش كهذا منذ العام ١٩٦٧. دمشق أصبحت متأكدة الآن ان السيدة أولبرايت ستزورها خلال رحلتها الشرق أوسطية الأولى.

مُؤَكَّد

definite, sure (of a thing) {2D}

فوز بلير اصبح مؤكداً في الانتخابات البريطانية التي حددت الأول من أيار (مايو) القادم. هذا دليل مؤكد على ان التجارة مع الشرق الأقصى كانت قد بدأت بالانتعاش. هي عملية غير مؤكدة النتائج. نجاحه ليس مؤكداً. ترددت معلومات شبه مؤكدة ان مثل هذا الزواج لن يتم أبداً. من المؤكد ان قتلهم كان ضروريا.

حَتْمي

definite, certain, inevitable (of a thing) {3D}

اجراء انتخابات مبكرة اصبح حتميا. المواجهة بين الاسلام والصهيونية اصبحت حتمية. قد يؤدي سقوط الحكومة الحتمي الى اجراء انتخابات مبكرة. يتحدث عن الصراع الطبقي الحتمي. التأخير بات امراً حتمياً. بعيدا عن السياسة تبدو العولمة حتمية على الصعيد التكنولوجي. التدخل البري في كوسوفا.. ليس حتميا.

مَحْتوم

definite, certain, inevitable (of a thing) {3W}

قال «ان السلام في الشرق الاوسط محتوم، مهما كانت الطريق طويلة وصعبة». تم إرسالهم الى المعتقلات الفرنسية أو الالمانية حيث الموت المحتوم ينتظرهم. حاولوا ان يقنعوا العالم بأن «صدام الحضارات» أمر محتوم لا مفر منه. تأثير العلم اليوناني على العلم العربي كان محتوما لأنه لم يكن من الممكن الوقوف ضده. أصبح التغيير محتوما. حذر من الانفجار المحتوم.

مُحَتَّم

definite, inevitable (of a thing) {2W}

هذا القرار يجعل ضمّ القدس الشرقية إلى إسرائيل أمرا محتما. البعض يتحدث عنه كأمر مرجح، والبعض يتحدث عنه كأمر محتم. ليس من المحتم ان تقتصر مشاركة الشباب على احد هذين الطرفين المتناقضين.

مُحَقَّق

sure, certain (of a thing); *[pending]* {3M}

نجا هو وابنه من اصابة محققة. انقذ فريقه من اهداف محققة في الشوط الثاني. انتشل عملية السلام من موت محقق.

قَطْعي

certain, decisive, definitive (of a thing) {2D}

لا يملك اثباتاً قطعياً على ما اورد في تقاريره من اتهامات. لا أحد يمكن ان يتبنأ بها ستؤول اليه الأحوال بشكل قطعي. هذا دليل قطعي لكل المراهنين على الدور الاميركي. موسكو نفت هذه الاتهامات بشكل قطعي.

واثِق

certain, confident, sure من/ ب *of sth or* أَنّ/ من أَنّ/ بأَنّ *that* (of a person) {2D}

اصبح واثقاً من ان الرد سيكون ايجابياً. تبدو دوائر الحكم واثقة ومتفائلة بأن النصر سيحالفها في النهاية. امتنا العربية واثقة انها امة ستحصل على حقوقها. كان لا يزال غير واثق من ان بامكانه ان يحقق شيئاً ما. بدا واثقاً بأن زوارئي سيعلن انسحابه قبيل فترة قصيرة من موعد الانتخابات.

يقين

[certainty] {3W}

على يَقِين certain من of or من أنَّ/ بأنَّ that (of a person)

لم يكن على يقين من قدرته. أنا على يقين من أن كل ما حدث كان ضرورياً. كنت على يقين بأنها تكرهني. إنني على يقين بأن هذه المهمة تتوافق مع قدراتي وعطائي.

يَقيني

sure, certain, indisputable (of a thing) {3M}

يمكننا القول، باطمئنان يقيني، ان شؤون السياسة الخارجية غائبة تماماً عن برامج الأحزاب الرئيسية. يجب ان تتأكد المحكمة من هذه المسألة تأكداً يقينياً قبل الحكم بالادانة. يوفر للمتهم كل الضمانات اللازمة لمعاملته كإنسان بريء حتى تثبت ادانته على وجه يقيني حسب الأصول الشرعية. نتائج الحرب غير يقينية حتّى توقّف المعارك.

موقِن

sure, convinced أَنَّ/ بأَنَّ *that* (of a person) {3M}

معظم الروائيين العرب موقن ان الرواية جنس ادبي اوروبي. كان موقناً بأنه سيفوز بجائزة ثمينة من مجلة في بلاده. يجب ان يكون موقناً ان الغرض من اي حرب هو الانتقال الى حالة السلم. كلنا موقنون أن الحقيقة لا بدّ أن تظهر.

مُتَيَقِّن

sure, certain, positive من *of sth or* أَنَّ/ من أَنَّ *that* (of a person) {3M}

بات متيقناً من ان الثورة تقترب. يبدو الشاعر غير متيقن من نفسه ولا من الوجود الذي يحيط به. النظام العراقي كان متيقنا من هذا الأمر. كنت متيقناً أن لوحتي لن تلقى اهتماماً لأنها خرجت على المقاييس المتعارف عليها بالنسبة للتقاليد اللبنانية والمفاهيم الكلاسيكية.

بالتأكيد

certainly

see لا بدّ

أَكيد

*certainly; [*see أكيد *;* (adj) *certain]* {1M} (Coll)

هل نحن امام الحائط المسدود؟ أكيد لا. أكيد انه كان يعرف أنك وحدك في المنزل.

بِالتأكيد

for sure, certainly {2D}

بالتأكيد لا نيّة لدينا للاضرار بأي فئة من الناس. لا يحتاج الى شهادة مني انا بالتأكيد. إنهم بالتأكيد مخطئون. هذه المرأة ليست بالتأكيد ماي ويست. الفلسطينيون يريدون السلام، لكن ليس بأي ثمن، وليس بالتأكيد حسب تعريف نتانياهو وجوقته للسلام. هذه المرأة بالتأكيد ليست فتاة أحلامي.

بِالْقَطْع

certainly {3M}

بالقطع نحن لا نعيش أسرى للماضي. الأهم بالقطع هو كيف يتم منع التدخين بين المدرسين. بالقطع لن تحصل على هذه المعونة. هناك بالقطع جوانب إيجابية من التفاعل بين العولمة والمحلية. رمسيس يمثل في عقل صانع الفيلم البطل الشرير، ويمثل موسى بالقطع البطل الطيب.

قَطْعِيّاً

completely; at all {3M}

نفى اي امكان «قطعياً» لتأجيل تطبيق القانون. نجح مسلمو العالم ومسيحيوه في حرمان اسرائيل قطعيا من اي اعتراف بالقدس عاصمة لها. وصف هذه الاقتراحات بانها لا تتطابق قطعياً مع المبادئ الفرنسية.

يقيناً

absolutely, positively {3W}

يقيناً ان القرن الحالي سينتهي من دون ان تتوصل المفاوضات الفلسطينية - الاسرائيلية الى نتيجة. يقينا ان تلك الصيغة للتنمية والتغيير تحظى بالكثير من المزايا والفوائد. يكفي ان ننظر الى الواقع العربي في شؤونه لنلمس يقينا أنّ الهزيمة ما زالت مستمرة. اننا اليوم لا نعرف يقينا من ارسل الرسائل المفخخة الى «الحياة».

أكل

to eat

see بلع، التهم

أَكَلَ

to eat sth {2D}
أَكْل :VN يَأْكُلُ

يأكل الكوريون شرائح الجنسنغ الطبيعي بعد غمسها بالعسل. أكل من دون جوع، من قبيل الواجب. كنا نلتقي بشكل يومي، نأكل سوياً، ونتمشى سوياً، ونسهر سوياً. لا نأكل لحم الخنزير. الثورة تأكل أبناءها. عندما كنا صغارا كنا نأكل البطاطا مقلية أو مسلوقة.

تَعَشَّى

to eat dinner, supper {2M}

رأينا عدداً من الاشخاص جالسين حول الموائد يتعشون. تعشيت مع هؤلاء الفرنسيين الذين كرهتهم. اذا لم يكن ثمة عشاء فلا يتعشى.

تَغَدَّى

to eat lunch {2M}

يسلم عليه ويطلب منه ان يشرب معه فنجان قهوة او يتغدى معه فلا يتردد. سألته كعادتي: اين تتغدى اليوم؟ فأجابني: انا معزوم. (Eg) رايحة أتغدّا عند ماما.

أَفْطَرَ
to eat breakfast; to break the fast {2W}

أين ستفطر هذا الصباح؟ أفطر مع اسرتي في بيت أمي في اليوم الاول من رمضان.

اِقْتات
to ingest, eat sth {3M}

تقتات الدودة من اوراق شجر التوت وتنمو. نادرة هي القرى التي يقتات فيها الناس ثلاث وجبات يومياً. مناطق عدة في جنوب الصومال يقتات سكانها بأوراق الشجر للبقاء على قيد الحياة. يقتاتون خلال السبع السنوات الماضية على طحين مصنوع من الحبوب الخشنة. سآخذ بعض الشوكولا وعلب البسكويت لنقتات بها.

تَناوَلَ
to partake of, eat sth; [to deal with sth] {3D}

هم لا يتناولون الاطعمة بالملاعق ولا يضعون اواني الطعام على الخوان بل يأكلون على الأرض بأيديهم. يتناول الطعام في فندق مريح. تناول الغداء الى مائدة رئيسة البرلمان. يميلون الى تناول الوجبات السريعة.

إلّا **except**

إلّا
except; (with neg) *only* {2D}

لم يحضر منهم إلا اثنان. لا بديل من السلام الا الحرب والخراب. لا يملك الفلاح الا الثوب الذي يلبسه. لا إله إلا الله. معاقل الروم في شرق الجزيرة لم تسقط في أيدي المسلمين الا بعد فترة طويلة. اعتبر ان «الثقة لن تعود الى اللبنانيين الا بقيام دولة المؤسسات التي تحمي الديموقراطية والخير العام».

بِاسْتِثْناء
with the exception of {3D}

الدول العربية لا زالت تعاني عجزاً في كافة السلع الغذائية باستثناء الاسماك والفواكه. الكل أخذ حصته باستثناء العراق الذي لم يحصل حتى الآن على حصته. كان فقيرا من الناحية الفنية وطغت العشوائية على اداء اللاعبين باستثناء الدقائق الخمس الاخيرة التي شهدت فرصاً خطيرة لم تستثمر. عند اعتقاله لم تكن لديه أية وثائق ثبوتية باستثناء ورقة من السفارة النيجيرية تفيد بأن اسمه... يوجين اوغوفا.

ما خَلا
except, save {3W}

كل شيء ما خلا الله باطل. السبب في ذلك أن اللبنانيين، ما خلا الموظفين والمستخدمين المأجورين، لا يسددون ضرائب مباشرة على الدخل. هو مستعد أن يساوم على كل شيء ما خلا هذه الفكرة. أب وأم ومقهى يديرانه ويقضيان فيه حياتهما كلها، ما خلا ساعات قليلة في الأسبوع. هو مستعد أن يتنازل عن كل شيء في الدنيا ما خلا أولاده.

سِوى
except; (with neg) *only* {3D}

لم يسجل سوى ١٣ نقطة. لم يقدم سوى اغنية واحدة. لا يفرقون عنهم في شيء سوى الاعتقاد الديني. لا يبقى للأتراك في كل أراضي القارة الأوروبية سوى الاستانة (اسطنبول). الشركة ليس بوسعها سوى الإلتزام بدفع تعهداتها. لم تنطق سوى «الحمد لله، الحمد لله». لا يحتاج سوى الى فرصة.

ما عَدا
with the exception of, save {2W}

القدس بكاملها ما عدا الاماكن المقدسة هي اراض سياسية سيجري عليها التفاوض. كل شيء يتحسن ما عدا البشر. استطاعت قوات قرنق السيطرة على جنوب السودان ما عدا المدن الرئيسية جوبا، وواو، راجا. كل ما عدا ذلك يبقى مجرد تفاصيل. المدينة لاتخلو من المارة ليلا ونهارا، ما عدا يوم الاحد.

غَيْر
other than, except {2D}

ماذا يمكن أن يكون هذا السبب غير الحب نفسه؟ كان عددهم يوم الخروج ستمائة ألف رجل غير الأطفال. لا يوجد أحد في البيت غير زوجته. العرب لا يفهمون غير لغة القوة.

pain

ألم

أَلَم

pain {2D}
pl: آلام

يقولون ايضا ان المرأة أقوى من الرجل في احتمالها للألم جسديا والضغوط نفسيا. بعد ثلاثة أيام شعرت بألم شديد فتوجهت مرة أخرى للطبيب نفسه وأخبرته بهذا الألم. يبدو وكأنه يعاني آلام الحب!! قد ملأني المشهد بالألم. الناس يريدون من يخفف عنهم الألم والوجع. يعاني من أمراض السكر وضغط الدم وآلام المفاصل والحنجرة.

عَذاب

pain, suffering; punishment {2D}

يستسلم العاشق للعذاب. عذاب ضميره يلاحقه ليل نهار. هي أخيراً تنذر الظالم بعذاب أليم وتحذره مغبة ظلمه. يتمتع بالعذاب، يتمتع بالوجع، ويتمتع بكيفية التعبير عن هذين العذاب والوجع. لقد كشف عذاب اخي فجأة كل الجرائم التي اخترت ان أغضّ عنها النظر.

غُصَّة

distress, pain; lump in the throat {3M}

ذهبنا في سبيل التضامن العربي ولكن ويا للأسف الغصة في قلبي والدمعة في عيني عندما قسم العرب انفسهم. أنا امتلئ بوحدتي، وأفيض بحزني، وأعاني من غصة توجعني. تنتابني غصة رهيبة وتكاد تخنقني ألماً وحسرة، وأنا أرى القدس تدنس. يتنازعهم شعورا الفرح والغصة. غصّة الطبقات الوسطى تزداد يوماً بعد يوم.

صُداع

headache {2D}

تهالكت على سرير فراس، بلعت حبتي اسبرين، وما خفّ صداعي، قام فراس بتعصيب رأسي بمنديل. يتحول هذا الشعور الى شعور بالانتفاخ أو الامتلاء ويصبح بالتالي صداعاً غير أليم. يعاني من الصداع المستمر ونوبات التقيؤ والاسهال. يتحدث عن مفاوضات متواصلة مدتها نصف سنة فقط، تنتهي باتفاق! وتريح الجميع من صداع المفاوضات.

وَجَع

pain, ache {2W}
pl: أَوْجاع

أشعر بالوجع في كل مكان ولم اعد قادرة على اللعب. وجع الدماغ. وجع القلب. اهتم بالأدب نفسه، بعيدا عن السياسة ووجع الرأس الناجم عن الخوض فيها. احضروا إليه جميع السقماء المصابين بأمراض وأوجاع متنوعة. لإفريقيا أوجاع كثيرة، أهمها هو الفقر والجهل والاستبداد.

---

painful

أليم

أَليم

painful {2D}

قالت مديرة المعرض فيونا جيفري انه تقرر «نتيجة الاحداث الاليمة التي وقعت في مصر تأجيل الحفل». ان السلطة لم تتعلم من تجارب الماضي الأليم. تخفي عيونها وتصم آذانها أمام هذا الواقع الأليم. انني بهذه المناسبة الاليمة أتوجه بخالص العزاء الى الشعب المغربي الوفي.

مُؤْلِم

painful {2D}

تنتقل من نصر الى نصر وتوجه الضربات المؤلمة الى العدو. اخذت الحوادث تؤثر على تنظيم سنوات حياته خصوصاً بعد ذاك الحادث المؤلم الذي ضرب أهله وولده. اننا سنكتشف الحقيقة المؤلمة بالنسبة الينا وهي اننا غير قادرين على انجاز كل ما نريد. لم يبق لي منه سوى الذكريات المؤلمة والكوابيس المزعجة. في هذه اللوحة لمسات حلم كأنها هروب من واقع مؤلم.

موجِع

painful {2W}

الموقف الأوروبي الأخير موجع لأنقرة. اصيبت السياسة الامبركية بضربات موجعة. هذه الحقيقة، بحد ذاتها، تبدو موجعة لأي مثقف يهودي. اللون الأحمر لا يزال موجعاً في الأذهان منذ رفرف العلم الصيني في جزيرة المال والاعمال. قد هزت حكايتها الموجعة أشجان ومواجع كل القلوب. أصيب بإصابات موجعة أوقفته عن اللعب.

yesterday أمس

أَمْس، الأَمْس، بالأَمْس
yesterday {3D}

كان الأمير عبدالله وصل الى دمشق بعد ظهر امس. أجريت لولي العهد الكويتي الشيخ سعد العبدالله الصباح فجر امس عملية جراحية وصفت بأنها ناجحة. سافر الرئيس الفرنسي جاك شيراك إلى تفقد المناطق المنكوبة بعد ظهر الأمس. تجارب الأمس لم تغادر الحاضر. ما حدث بالامس يمكن ان يحدث اليوم وغداً.

البارِحَة
yesterday {2M}

لاتستطيع أن تنسى أنها حتى البارحة كانت القوة الحاكمة المتمتعة بجميع الامتيازات. كان البارحة مريضاً. يبيع كل شهر قطعة من أثاث منزله والبارحة باع جهاز التلفزيون عنده ليقتات وعائلته بثمنه. لا يوجد شيء نتكلّم عنه اليوم، فقد تكلّمنا البارحة وهذا يكفي. لم اتمكّن من النوم البارحة بسبب الخوف.

امْبارِح
yesterday {1M} (Coll)

لا يوجد أثر لوثائق ثورة يوليو وهي بنت امبارح في عرف المؤرخين. جرائد اليوم مثل جرائد امبارح ومثل جرائد بكرة، لا جديد. رحت فين امبارح؟

---

to hope أمل

see توقّع

أَمَلَ
to hope for sth or في/ب *for sth or* أنّ/ بأَنْ/ في أَنْ *that* {2D}
أَمَل :VN يَأْمُلُ

اننا نأمل البدء بحفر اول بئر لنا في ايلول. نأمل ان الاسعار ستتحسن في الاشهر المتبقية من السنة. يأملون باقامة دولتهم المستقلة ذات السيادة الكاملة على حدود ٤ حزيران (يونيو) ١٩٦٧. كان الجميع يأمل بأن يسقط صدام. نأمل بألا نصل الى هذه النقطة. نأمل في إقامة مصنع لتجميع السيارات كخطوة متقدمة بعد البيع. نأمل في ان تصبح مالطا عضواً كاملاً في الاتحاد الأوروبي.

رَجا
to hope for sth or أَنْ *that* {3D}; *[see* سأل *: to ask, beg]*
رَجاء :VN يَرْجو

أرجو ان لا يتأخر جوابكم على رسالتي. أرجو ان لا يجرح هذا مشاعر أحد. نرجو ان تكون الخطوة مدروسة ورصينة. كل ما نرجوه ان تكون لواشنطن الحكمة بحيث لا تلجأ الى القوة المجردة العارية لاستعادة نفوذها السياسي. كلهم يرجون له الشفاء العاجل.

اِرْتَجى
to hope for sth {3M}

أي قيم نربّي عليها ابناءنا، وأي مصير نرتجي؟ وقد يكتشف الجهاز الفني لمنتخب لبنان اموراً كثيرة من خلال لقاء اليوم، يأخذ بها وتفيده في الفترة المقبلة في سعيه لبناء فريق عصري كما يرتجي ويتمنى. كنّا نرتجي انتشار الديمقراطية في مصر والدول العربية.

تَمَنّى
to wish, hope for sth or أَنْ *that* {2D}

تمنى له حظا سعيدا. أتمنى لك وللعائلة عيد ميلاد في سلام. لا أعتقد أن أياً من الحكام يتمنى ذلك. نتمنى الحصول على المزيد من التبرعات من الشركات العالمية والاقليمية الاخرى. كنت اتمنى لو ان لي القدرة على الكتابة بلغة اجنبية. أتوقع حدوثه انما دون ان أتمناها. يتمنى الحلبي ان يحقق فريقه المفاجأة امام الانصار. أتمنى النجاح للبنان.

hope

أمل

see رغبة

أَمَل

hope (في/ب in sth) {2D}
pl: آمال
خيبة أمل disappointment

اعطاني الأمل بأنه سيحترم الاتفاقات. تفقد الحارة الأمل في عودة عاشور. قد لا يكون أي أمل أو رجاء من الالتقاء بهم. شعرت بقية الاحزاب بخيبة أمل كبيرة. لا أمل في تحسن العلاقات بين المانيا وايران. قتل اي امل باقامة السوق العربية المشتركة. الاوضاع الدولية مهما كانت سطوتها لا تستطيع اغتيال آمال الشعوب وامانيها المشروعة ورفضها الظلم والمهانة.

أُمْنِيَة

hope, wish {2D}
pl: أَمانٍ، أُمْنِيات

يعيشون على أمنية أن ينضم بعض قادة الجيش إليهم، وهي الأمنية التي لا يمكن أن تتحقق إطلاقا. كلما تم الاقتراب من الخط الحرج ازدادت الاماني القومية سلامة وامنا. التطبيق على الارض جاء مغايراً للتوقعات والامنيات. ندعو الله ان يواصل انجازاته، حتى تتحقق كل مطالب العرب وأمنياتهم على يديه. تطير بها الأماني إلى عوالم بلا حدود.

رَجاء

hope, anticipation; request {2D}

اندفعت صوب الباب بكل ما بقي لدي من أمل ورجاء وطاقة، وسرت، سرت، سرت، إلى أن وصلت. تعاليمه تشدد دائماً على التحذير من الوقوع في هوة اليأس وتنمية مشاعر الرجاء المستند الى الايمان بالله ومحبة القريب. رجاؤنا ان نأخذهم معنا. لمزيد من المعلومات الرجاء الاتصال بأحد أعضاء الجمعية أو بمكتب الجمعية.

تَطَلُّع

hope, expectation (إلى for) {3D}
pl: تَطَلُّعات

أشار الى تطلعه الى زيارة المملكة العربية السعودية. أعرب لكم عن تطلعنا الدائم الى توطيد روابط الأخوة والتعاون بين بلدينا الشقيقين. دعا الى التطلع نحو المستقبل. دعا الى «الوحدة الداخلية والتطلع الى ما يجمع وليس الى ما يفرّق». التطلّعات غير الواقعية تؤدي إلى خيبة الأمل.

تَمَنٍّ

hope, wish {2W}
pl: تَمَنِّيات

التقليد لا يتغير ببساطة بمجرد التمني. الحلول الحقيقية لا تحصل حين تقوم على مجرد التمني بل على أسس متينة من الحقائق. أكد دعم البحرين لجهود اللجنة وتمنياتها بأن تكلل هذه الجهود المخلصة بالتوفيق والنجاح. أعرب عن تمنياته له «بالتوفيق في مهمته الجديدة». لكم فائق الشكر وكل التمنيات الطيبة. حدث خلط بين التمني والواقع.

---

faith

إيمان

see دين

إيمان

faith {2D}

ان لبنان لن يقف معاق ويتحرر شعبه ويستعيد دوره الا بالايمان والمحافظة على القيم. تُعلن ايمانها العميق بالانتخابات وتداول السلطة اي باللعبة الديموقراطية. أهم شيء في زيارة البابا هي أنها ستعزز الايمان الديني لدى الشعب الكوبي. اصول الايمان ثلاثة: الايمان بالله، وبرسوله، وباليوم الآخر، وما عداه فروع.

ثِقَة

trust (ب in) {2D}

جاء ذلك بعد اعلان الحزب قرار سحب ثقته بالحكومة. هكذا يفقد القاضي ثقته بالانسان. لا يمكنه أن ينجح إلا بقوة الارادة والعزم والثقة بالنفس. وضعت ثقتي بالله. اعرب عن ثقته بمستقبل الاوضاع في لبنان.

عَقيدَة

(article of) *faith, doctrine; conviction* {2D}

منح ابن العاص الاقباط عهداً بحريتهم في العقيدة واحترام كنائسهم. القرآن في عقيدتنا هو الناطق بالحق. أعلن الرئيس يلتسن ان روسيا ستعيد النظر في عقيدتها العسكرية الدفاعية. العقيدة الدينية هي وحدها التي تميز الانسان اليهودي عن غيره. حولت روما الفكر الأفلاطوني الى عقيدة ثابتة. يجب أن نحترم عقائد الناس.

اِعْتِقاد
belief; notion {2D}

يسود الاعتقاد احياناً بأن دول الشرق الأوسط على استعداد لشراء أي قطعة من الاسلحة أو المعدات العسكرية يعرضها الغرب للبيع. تبصير القارئ العربي بحقيقة السياسة الأميركية – في اعتقادي – واجب قومي ملقى على عاتق كل صحافي وإعلامي. الانسان الشرقي كان عاجزاً عن الفصل بين الفكر الفلسفي والاعتقاد الديني. ارى أن هناك خطأ كبيراً في الاعتقاد بأن ارتداء الحجاب من قبل النساء في المملكة العربية السعودية يشير الى خضوع المرأة كما يقولون في الغرب.

قَناعَة
conviction, belief (ب in); [satisfaction] {2D}

لا يكفي ان يؤمن الفنان بعمله، الأهم ان ينقل هذه القناعة الى الآخرين. قناعة الفلسطينيين والعرب بالسلام تراجعت الى أدنى الدرجات. ولّدت لديه قناعة بضرورة اقامة وطن قومي لليهود. اعرب يلتسن عن قناعته بأن القمة التي سيعقدها مع نظيره الاميركي ستفضي الى «تسوية». نتمسك بالسلام الذي اختاره الشعب الفلسطيني عن قناعة وإيمان، وندافع عنه بقوة.

اِقْتِناع
conviction, belief (ب in) {2D}

هذا الامر يرضيني لانه برهان على اقتناع الجمهور بأعمالي التي اعرضها للاطفال. دفعني على مواصلة المشوار – على رغم عدم رضا الاهل – ايماني واقتناعي بالعمل في الفن. لاحظت من خلال تلك الاجتماعات ان الجميع عبّر عن اقتناع بضرورة إحداث تغييرات. السبب الرئيسي وراء ذلك هو ازدياد الاقتناع بأن لا مجال لاسرائيل لتحقيق انتصار في حربها مع لبنان.

---

person
إنسان

see شعب، بشر

إِنْسان
person, human being {2D}
(see بشر for examples of ناس and أناس)

الانسان العراقي ينام بعين، ويفتح العين الأخرى. إذا احترم الانسان القرارات والأوامر الالهية لساد السلام في الأرض. بعض الحشرات والحيوانات تنقل الجراثيم الى الانسان. يبدو ان الانسان يحمل في أعماق وجوده ما يدل على عالم اسمى. هذا الانسان يملك بيتا فيه ثلاجة وتلفزيون، وغسالة. لا نزال في العالم العربي نأمل بأن يرجع هذا الانسان (نتانياهو) الى صوابه. من حق كل انسان ان يعرض أفكاره ولكن يجب ان يحترم عقائد الناس.

رَجُل
man (as opposed to woman); *person* {2D}
pl: رِجال

تشارك المرأة الرجل في جميع مجالات العمل. يشارك في الاجتماع أكثر من ٦٠٠ رجل أعمال يمثلون جميع القطاعات الصناعية. طالب بانشاء جيش خليجي موحد قوامه ١٠٠ الف رجل من أبناء دول المجلس. هذا الرجل يعطي انطباعا سيئا عن المسلمين. أضافت أن انفجارا ثانيا وقع أدى إلى اصابة رجل وامرأة وولدها بجروح. الرجل الناجح هو الذي كلما وجد وظيفة، راح يبحث عن عمل! الرجال ينسون أشياء كثيرة لكن أخطرها: انهم متزوجون! أدينوا بقتل آية الله محمد صادق الصدر أحد ابرز رجال الدين الشيعة في العراق. يتعامل رجال المرور بمرونة مع أصحاب السيارات الذين يسكنون ضواحي الغرب.

شَخْص
person, individual {2D}
pl: أَشْخاص

قتل في المعركة نحو ٣٠٠ شخص. نحن في حاجة الى اجهزة امنية تحمي القانون وتمارسه وليس الى اشخاص يدوسون القانون بأقدامهم. انه شخص غير مرتاح. استخدم جواز سفر يحمل اسم شخص آخر. أربعة أشخاص على الأقل اعتقلوا في الجزائر وعذبوا بسبب ورود اسمائهم في القائمة. ليس هناك شخص لا يخطئ. كل شخص يريد ان يفعل ما يريد من دون محاسبة. سوف يتكلم معك شخص بين الساعة العاشرة والحادية عشرة في موضوع فائق الاهمية.

فَرْد
individual, person {2D}
pl: أَفْراد

الفرد اهم من المؤسسة. عددهم ٧٠٠ فرد. أُصيب احد افراد الشرطة في الاشتباك. صافح خاتمي الضيوف العشرين فردا فردا. أضافت الصحيفة ان افراد العائلة هم ستة أطفال بينهم رضيع. يجب احترام حقوق الافراد. تقع مسؤولية الحرائق على الشركات الكبيرة وليس على الأفراد. الأوراق لا تغير شيئا من هوية الفرد.

اِمْرُؤ

man, person, one (usu. def) {3D}
def: اَلْمَرْء

قيل ان المرء له الحق في ان يكون حراً. يجب ألا ينسى المرء أن وضع روسيا كقوة عظمى يتوقف الى حد كبير على وضع صناعة الطيران والفضاء. هل بوسع المرء ان يقشر الطماطم دون ان تسقط القشور في مكان ما؟ لا يحتاج المرء الى ان يكون خبيرا بالرياضيات لفهمها. لا يدري المرء ماذا يمكن أن يقع صباح غد. اني امرؤ مثلكم.

نَسَمَة

inhabitants, persons (in a census count); *[see* ريح; *breeze]* {3D}

عدد سكانها يصل الي ٨٢٥ الف نسمة. فيها يعيش حوالي مليون ونصف المليون نسمة موزعين على ٥٠ حيا وقرية صغيرة تحيط بالمدينة. كان معدل النمو السكاني قد بلغ ١١ مولودا لكل ألف نسمة في عام ١٩٩٣. التعداد السكاني يصل إلى نحو ٦٣ مليون نسمة.

أنف — nose

أَنْف

nose {3D}
pl: أُنوف
رَغْمَ أَنْفِهِ against one's will

انفي كبيرة ومدببة وعيناي سوداوان كبيرتان وحاجباي كثيفان. كسر له انفه وافقده الوعي خلال مشاجرة في الشارع. انه شخص حالك اللون، ملتح، معقوف الأنف، أسود الملابس وشيطاني المظهر. اضطررت للسفر رغم أنفي.

خَيْشوم، خَشْم

nose; gills (pl used for sing) {2M}
pl: خَياشيم

الناظر البدين استيقظ فجأة وكأن خياشيمه قد تنسمت رائحة القطار القادم من بعيد. (Coll) البنت حلوة بس خشمها كبير. ريحة الأكل ملت خشمي.

مَنْخار، مَنْخَر

nostril, nose (pl used for sing) {2M}
pl: مَناخِر، مَناخير

انه مستعد لأن يضع في فمه، منخاره، اذنه، عينه أي شيء وكل شيء. لما وَقعت انكسر منخاري. كان يدخّن سيجارته ونفخ الدخّان من منخاره. (Eg) انا روحي هاتطلع من مناخيري.

أناقة — elegance

أَناقَة

elegance {2W}

أنا شديدة الاعجاب بأناقة المرأة العربية. تتميز أقمشتها بالأناقة والمتانة معاً. أحدث سيارة من طراز «رولز رويس» تتميّز بالقوّة والأناقة. صمم الجهاز على نحو يجمع بين أناقة الشكل والآداء الوظيفي الفعال. ظلّت ديانا أميرة للجمال والأناقة واللطافة، حتى جاء الطلاق ليزيد التعاطف معها.

شِياكَة

elegance, chicness {1M} (Eg)

وجدنا ثلاثة مجلدات متحفية بالغة الأناقة والشياكة. هو عازف ومطرب ويجب أن يكتب في صدق ورقة وشياكة عن آرائه في الآداب والفنون. حفل الختام على بساطته، كان في منتهى الشياكة. لا يوجد في العالم امرأة في مثل جمالك وشياكتك. اشتريت بدلة جديدة بالغة الشياكة.

vessel, container إناء

إناء
vessel, container {3W}
pl: أوانٍ

إناء ماء من خراسان من القرن الثاني عشر. إناء صغير مستدير لغلي الشاي. فاض إناء العالم. هناك اناء آخر قليل العمق من عصر المماليك نقشت على جوانبه أشكال هندسية وكلمات دعاء واهداء. تركته في الخزانة مع الثياب وأواني البيت.

وِعاء
vessel, container {3W}
pl: أَوْعِيَة، أَواعٍ

لم يشأ ان يرفع رأسه من وعاء الطعام الذي تمكّن من التسلل اليه. لا يكفي القول ان وعاء الديموقراطية قادر على استيعاب كل عقيدة واتجاه. مرض الاوعية القلبية. وجدت في موقعين بالساحل السوري الشمالي كميات كبيرة من بقايا الاوعية الفخارية اليونانية ما يدل على استيطان المهاجرين اليونان بها.

---

priority, precedence أولوية

أُولَوِيَّة
priority, precedence {2D}

طالب اعطاء الأولوية لهذا الاجراء. يركز على اعطاء الأولوية لتحقيق الأمن في المنطقة. لماذا لا يقول هؤلاء اني اعطي الاولوية لمدينة بعلبك؟ بالطبع يبقى منع الحرب اولوية كبرى. أوضح المسؤول ان العمل من اجل السلام في الشرق الأوسط اولوية اميركية مهمة. العراق منح الأولوية للدول التي «وقفت معنا في المحنة» ومنها روسيا.

أَسْبَقِيَّة
preference; priority {2W}

أكد مرات عدة التزام الحكومة اعطاء الاسبقية لهذا الملف. اعطى الخير الاجتماعي أسبقية على الحقوق الفردية. يستدعي الامر التركيز على اسبقية الأمن والاستقرار. لاحظ ان المؤتمر ليس «هدية» لأحد، و«لا اسبقية لاسرائيل فيه.» اصبح السلام يشكل اسبقية رابعة في اسبقيات العمل السياسي له.

أَفْضَلِيَّة
priority, preference {3W}

شهدت الدقائق العشر الاولى افضلية لمنتخب الاوروغواي. هتلر اعطى الافضلية المطلقة لانتاج الصواريخ. الاسلام ليس دينا فئويا يمنح طبقة اجتماعية محددة افضلية على غيرها. أعطي هدف «إزالة آثار العدوان» أفضلية على أي هدف آخر. خمنائي تشدد على أنه لم يمنح أي مرشح تزكية تعطيه أفضلية على بقية المرشحين.

أَقْدَمِيَّة
seniority {2M}

لا علاقة له بالفوارق الطبقية والأقدمية العسكرية. إن مكاتب السياحة في الخارج يجب أن يعين بها الأكفاء من الموظفين وليس حسب الأقدمية. أكد بأن تكون الطهارة والسمعة الحسنة والكفاءة هي معيار اختيار القيادات وليست الاقدمية فقط.

---

now الآن

اَلآن
now {3D}

الكرة اصبحت الآن في مرماهم. ادرك الآن اني وحدي في لندن. الحياة الآن تزداد صعوبة وتعقيدا. اتمتع الآن باجازة ١٤ يوما والوقت الآن صيف. بدأت الآن فقط أفهم. ستشهد بعد ذلك تطورات وقفزات يصعب التكهن بها منذ الآن.

في الْوَقْت الحاضِر
at the current time {3W}

أضاف أن أولبرايت وروس لا يعتزمان التوجه إلى الشرق الأوسط في الوقت الحاضر. المسلمون في الوقت الحاضر اقلية في الوزارات والبرلمان. يعيش النظام السوداني في الوقت الحاضر حالا من العزلة الكاملة دوليا. الجميع يدرك ان ما يهمنا في الوقت الحاضر ان يعود لبنان الى خارطة الاهتمامات الدولية.

حالياً

currently, at the present time {2D}

وسائل الاعلام حاليا تكاد ان لا تذكر شيئا عن تلك المفاوضات. يتربع الاهلي حاليا على عرش الاندية الافريقية. العنصر الأهم حاليا هو تطوير فكرة السوق الباكستانية. يمر الاقتصاد الأميركي حاليا بمرحلة من الازدهار. الوقت صعب حاليا في الشرق الأوسط.

الحين

now {2D} (Gulf, Iraq)

سألوه: ليه رايح الحين؟ ليه ما رحت مع العالم بالصيف؟ أنا رايح الحين وأجيكم الساعة ٤. والله لو أشوفه الحين لأصفعه على وجهه.

دِلْوَقْتي، دِلْوَقْتِ

now, at this time {1M} (Eg)

ودلوقت وأنا على فراش المرض.. عاوزة أقول لجوزي الحقيقة وأخلص ضميري. البنات دلوقت مش عارفة تتجوز. والبنت دي عندها كام سنة دلوقت؟ ولحد دلوقت ماحدش يعرف حكايتي إلا صاحبتي سميرة.

هذه اللَحْظَة

at this moment, now {3D}

لا يزال حتى هذه اللحظة على موقفه الرافض لأي زيادة على البنزين. الحالة العربية في هذه اللحظة تبدو كأنها تطلب من شيراك أن يكون رئيس القومية العربية. حتى هذه اللحظة ليس هناك صبغة نهائية للافكار الاميركية لتنهي الازمة. وجدتها هذه اللحظة فقط.

إِسَّه، هَسَّه، هَسّاع

now, at this time {1M} (Lev)

قدّيش الساعة هسّه؟ إسّه وين بدّك تروح؟ هسّاع إنت شو بدّك؟

هَلَّأ، هَلَّق

now, at this time {1M} (Lev)
also: هلئيت، هلقيت

هلأ لازم أروح أدرس. أنا هلأ مشغول.

بؤس

misery

see متاعب

بُؤْس
misery {3W}

صارت حياتنا بؤسا لا يطاق. اضطر اما أن يهاجر الى الخارج أو يعيش البؤس في الداخل. رغم البؤس اليومي الذي أصاب الشعب العراقي كله، فإن هجمات الطائرات الأمريكية ما زالت تدمرهم. لا تحتاج إلى تحليل أو تعليق فيما يتعلق ببؤس السياسة في الوجدان العربي.

تَعاسَة
misery {2W}

ليس هناك أب يتمنى التعاسة لأبنائه وأحبائه. يشعر بالألم والتعاسة. حتى هذه اللحظة فان مشكلة اللاجئين تزداد تفاقما وتعاسة، الى درجة انهم باتوا مضطرين الى اكل القطط والكلاب.

شَقاء
misery; hardship {3W}

إن المحرومين من الحب يعيشون في شقاء لا يشعرون به. كنت طيبا ومن أهل الخير ولكن الشقاء جعل مني شيطانا. الصديق يشارك في الحزن والشقاء. تلك الاساليب التربوية تتسبب في شقاء الانسان وتعاسته.

نَكْد، نَكَد
trouble, hardship, misery (usu. marital) {2W}

ملأت حياته نكدا وجعلته يعيش في جحيم حتى كرهني وطلقني. تصر زوجتي الأولى على ملاحقتي بالنكد حتى بعد انفصالنا. في بيتي مرض اسمه النكد الزوجي. مشكلات كثيرة تتولد عن النكد في الحياة الزوجية.

بحث

to search for

بَحَثَ
to look, search عن *for; [*see فحص*; to discuss; to look* في *into]* {2D}
يَبْحَثُ VN: بَحْث

يبحث عن عمل. لا يزال يبحث عن بلد يوافق على استقباله. رحت أنا أبحث عن سبب لما فعله بنا أبي فلم أجد له عذرا. لا يزال يبحث عن حل لهذه المشكلة. بحثنا عن الفرق بين من عاشوا ونسيهم التاريخ وبين من عاشوا وخلدهم التاريخ. السعودية تبحث عن اللقب الخليجي الثالث. أوروبا الكبرى تبحث عن نفسها.

دَوَّرَ
to look, search على *for* {1M} (Coll)

(Eg) انت بتدوّر على إيه؟ ابن الجيران يدوّر على جده. دوّرت على شغل. دوّر على اللي بيعجبه.

طَلَبَ
*to look, search for; [*see سأل*; to request, order]* {3M}
يَطْلُبُ VN: طَلْب

يأتون إلى مصر من سوريا يطلبون العلم في الأزهر. يطلب العمل سنويا ٥٠٠ ألف شخص ٩٠٪ منهم من حملة المؤهلات المتوسطة.

فَتَّشَ
to look, search عن *for* {2D}

فتش خبراء اميركيون عن الأسلحة الكيماوية والجرثومية العراقية طوال الحرب وبعدها. رحت أفتش عن مكان أعبر فيه عما في نفسي. أكدت الإذاعة الإسرائيلية أن الشرطة فتشت أمس لعدة ساعات منزل بنيامين نيتانياهو رئيس الوزراء السابق. قال متحدث عسكري ان الجنود الروس يفتشون منازل المدينة بحثا عن المقاتلين والأسلحة.

نَقَّبَ
to search عن *for; [to pierce sth]* {3W}

٥١ شركة عالمية من ٢٢ دولة تنقب عن البترول في الصحراء المصرية. هذه هي القضية التي تهمنا وتجعلنا نبحث وننقب عن نقاط الضعف الإدارية حتى يتولى المسئولون في اتحاد الكرة علاجها. نقبوا من بيت إلى آخر حتى انتهوا إلى أول منزل من مساكنهم فنقبوا البيت الذي يسكن به الشيخ محمد سعد البكري.

researcher, scholar

see طالب

باحِث

باحِث

researcher, scholar {3D}
pl: باحِثون

يجب ان تكون توجهات وزارة التعليم العالي لدعم الطالب والباحث العلمي بما يوفر لهم الحصول على العلم بشكل جيد. سيشارك في المؤتمر عدد من العلماء والباحثين المتخصصين في مجال الخامات النووية. أصبحت أمريكا قبلة لكل الطلاب والباحثين من جميع أنحاء العالم.

مُثَقَّف

intellectual, educated person {2D}
pl: مُثَقَّفون

اين المثقف في المشهد الجزائري اليوم؟ حضر الندوة جمع كبير من العلماء والمثقفين المهتمين بالقضية. هناك محاور رئيسية تستدعي الاهتمام من الخبراء والمثقفين. استهدفت حملة الاغتيالات ابرز المثقفين المعتدلين.

دارِس

student (of a particular subject matter), *researcher* {3D}
pl: دارِسون

وجد أن دارس الأدب العربي لايستطيع أن يكتفي ببعض اللغات الأوربية وإنما عليه ان يلم معها ببعض لغات الحضارة الإسلامية لاسيما الفارسية والتركية. اختلف المؤرخون والباحثون والدارسون حول مشروع محمد علي في مصر ولكنهم اتفقوا جميعا على أن الرجل وضع حدا لعصور الظلام وفتح لمصر افاقا واسعة في كل مجالات الحياة.

عالِم

*scholar, scientist; [*see شيخ; (religious) *scholar]* {2D}
pl: عُلَماء

اختارت مجلة تايم الامريكية ٢٤ عالما ومخترعا نسبت إليهم تغيير مسار البشرية خلال القرن العشرين. اكتشف عالم الآثار الإنجليزي هاوارد كارتر مقبرة توت عنخ آمون. اكتشف علماء الفلك والآثار أقدم مرصد للشمس في العالم.

مُفَكِّر

thinker, intellectual {2D}
pl: مُفَكِّرون

أكد الدكتور ناصر الأسد المفكر الأردني أن موضوع المؤتمر الحالي في غاية الأهمية. العديد من المفكرين يرون أن الجهال لا قيمة له. انها لعبة شهيرة تلعبها الأجهزة الخفية مع العلماء والمفكرين. هذه القضية شغلتني طويلا وناقشتها مع عدد من المثقفين والمفكرين في العالم.

أَهْل الْفِكْر

thinkers, intellectuals {3M}

هكذا نجد أن أهل الفكر والثقافة يقفون في تحفظ شديد أمام الاندفاع إلى مسرح السياسة. كانوا جميعا من عظماء أهل الفكر ومبدعي الفن الجميل. جانب من المسئولية الكبرى يقع دون شك على كاهل جمهرة هؤلاء المثقفين وأهل الفكر.

فَيْلَسوف

philosopher {2D}
pl: فَلاسِفَة

الفيلسوف الفرنسي ديكارت بدأ تسجيل أفكاره الفلسفية وهو في الثامنة من عمره. تبنت الأمم المتحدة فكرة عقد مؤتمر دولي يشارك فيه المفكرون والفلاسفة والمبدعون في مناطق العالم المختلفة.

---

ocean

see حوض

بحر

بَحْر

ocean, sea {2D}
pl: بِحار، بُحور

يعيش في قرية سياحية على شاطئ البحر الأحمر. تمتلك القدرة على اطلاق صواريخ حاملة الرؤوس النووية من أعماق البحر. مارس الطب بعد تخرجه مباشرة في اعالي البحار فكان طبيب سفينة صيد في المحيط المتجمد الشمالي. الأحلام تتحول الى كوابيس اذا غرقت في بحور الفساد. تحول بينهم وبين السقوط في بحور النسيان.

بُحَيْرَة

lake {2D}
pl: بُحَيْرات

بناء السد العالي سيحول وادي النيل الأوسط إلى بحيرة واسعة. وصل مخزون المياه بالبحيرة الى نحو ٨٥١ مليار متر مكعب. يقول مدير بحيرة مريوط إن البحيرة الحالية تمثل جزءا صغيرا من بحيرة قديمة كبيرة. المريخ كان أرض بحيرات. وادي الريان هو مجموعة بحيرات صناعية حديثة تبلغ مساحتها ٣٠ ألف فدان.

بِرْكَة
pond, pool {2D}
pl: بِرَك

اتجه الشاب الى البركة القائمة بحديقة المنزل لكي يغتسل. ألقى الزوج الساحر التمساح المصنوع من الشمع في مياه البركة فتحول الى تمساح حقيقي. وجدت ابني الأكبر سامر ممددا على الأرض وسط بركة من دمائه الطاهرة. اللاجئون يعيشون في برك من الطين والوحل. بركة السباحة.

مُحيط
ocean; surroundings, environment {2D}

يبحثون عن أسباب سقوط طائرة الركاب المصرية في قاع المحيط الاطلنطي. تقع جمهورية أيرلندا شمال شرقي المحيط الأطلسي. أبحرت ثلاث مدمرات يابانية اليوم إلى المحيط الهندي لدعم الحملة الأمريكية. لم تكن لمصر قوة تذكر في محيطها الاقليمي بعد زوال عصر الامبراطورية المصرية التي اسسها الرعامسه. رحيل الوالد كان أول تجربة لي مع الموت في محيط الأسرة القريبة مني.

---

sailor بحّار

بَحّار
sailor {2M}
pl: بَحّارون

غرقت السفينة قبل١٣ عاما وكان على متنها شقيقه ضمن ٦٩ بحارا. أعلنت مصادر عسكرية أمريكية أن الأسطول السادس الأمريكي أرسل ثلاث سفن حربية تحمل ٢١٠٠ من مشاة البحرية ونحو ١٠٠٠ بحار للإسهام في جهود إنقاذ ضحايا الزلزال.

مَلاّح
sailor; navigator {3M}
pl: مَلاّحون

يستثمر الملاح أوقات هدوء الرياح في الراحة والاستمتاع بجمال الطبيعة لكي يستنفر كل طاقته للسيطرة على السفينة حين تهب عليها أعاصير الشتاء. تتكون القوة من ١٥ ألف بحار وملاح جوي ومشاة البحرية الأمريكية. يتوقع الحصول على معلومات بشأن الملاح المفقود.

---

stingy بخيل

بَخيل
stingy {2W}
pl: بُخَلاء

كان بالرغم من ذلك بخيلا ومقترا على زوجته فلا يعطيها أية نقود بالمرة. تزوجت من رجل بخيل لدرجة الشح. أتمتع بكتبي كما يفعل البخلاء بكنوزهم. ابن سأل أبوه البخيل يعني أيه الفرح ويعني أيه الشدة؛ فقال الأب: الشدة أن يزورنا ضيف وقت الغداء، أما الفرح أن يقول الضيف انه صائم.

سَحْتوت
stingy {1M} (Eg)

ما تتعبش نفسك، ده سحتوت ومش حتاخد منه أي حاجة.

شَحيح
stingy; scarce {3M}
pl: شُحاح

من طبائع العالم الغني انه شحيح في تقديم الدواء للمرضى وسخي في تقديم القبور للأموات. أصبح بخيلا شحيحا سحتوتا. الأغذية أصبحت شحيحة وكذلك السلع الأساسية. الشحيح بعيد كل البعد عن الفضائل فلا يملك أن يصنع الخير لأنه يطمع في الأخذ فلا يقدر على العطاء.

ضَنين
stingy {3M}

نوح ضنين جداً مع أمواله. الطبيعة ضنينة بل هي ضنينة جدا في أغلب الأوقات تحرمنا من اليدين أو القدمين أحيانا. كانت هناك نفوس شحيحة ضنينة بالمال تحتاج إلى هذه الإيقاعات القوية. كان ضنينًا بثقته.

كَحْتوت
stingy {1M} (Lev)

هادا رجّال غني كتير، بس كحتوت.

to begin بدأ

أَخَذَ

to begin to do sth (with imperfect verb); *[to take]* {3D}
أَخْذ :VN يَأْخُذُ

أخذ يقرأ لنا ما كتبته هذه الصحف ونحن نشعر بفخر كبير. أخذت أبكي وأنا وحدي بكاء شديدا. يبدو أن المصالح أخذت تتغلب على النزاعات الايديولوجية.

بَدَأَ

to begin; to begin (sth or في *sth) or* (with imperfect verb) *to do sth* {2D}
بَدْء :VN يَبْدَأُ

يبدأ الاحتفال الرسمي في الساعة العاشرة مساء. بدأت الشرطة تحقيقات فورية لمعرفة أسباب المصادمات والجهات التي تقف وراءها. بدأ يفكر في الفرار والهرب. ينبغي علينا أن نبدأ في التفاوض من جديد مع الفلسطينيين. الوضع الحالي في كوسوفا لا يسمح على الإطلاق ببدء مفاوضات سياسية جديدة.

اِبْتَدَأَ

to begin; to begin sth or to do sth (with imperfect verb) {2D}

الأمطار تبتدئ من شهر ابريل. هذا هو العمل الكبير الذي كنت أطمح الى القيام به عندما ابتدأت العمل في هذا الكتاب. حجم التبادل التجاري ابتدأ يرتفع. تنتهي هذه الزيارة بمثل ما ابتدأت به في جو من الفرح والبهجة. ضحك ضحكته التي تبتدئ بابتسامة عريضة ثم تنتهي بقهقهة طويلة.

جَعَلَ

to begin to do sth (with imperfect verb); *[see* سبّب; *to make]* {3W}
جَعْل :VN يَجْعَلُ

جعل يثرثر ويضحك حيث لا موضع للكلام والضحك. عرف أنه فقد القلب الكبير الذي كان يحنو عليه، فجعل يبكيه بكاء الحزين الحائر. جعل يمرر بيده على شعره وهو يشرح آراءه في الحياة والموت.

دَشَّنَ

to inaugurate sth {3W}

كان رئيس الوزراء الاسرائيلي الأسبق اسحق رابين هو الذي دشن هذه المقولة. أغبطتها الفكرة فسرعان ما بدأت تطرح سيناريوهات عديدة من أجل تدشين نظام اقتصادي جديد في الشرق الأوسط. تعوق إسرائيل تحويل هذه العملية إلى مسيرة مصالحة تاريخية تدشن مرحلة سلام شامل في المنطقة.

شَرَعَ

to begin في *or to do sth* (with imperfect verb) {3D}
شُروع :VN يَشْرَعُ

شرع على الفور في كتابة رسالة، وتقدم بها للأكاديمية الفرنسية. أوضح ان الصين شرعت في الصناعة المحلية لأول صاروخ ارض ارض. مذبحة الأقصر كانت المؤشر الأكيد على ان العنف شرع يأخذ اشكالا وانماطا مختلفة.

طَفِقَ

to begin to do sth (with imperfect verb) {3D}
طَفَق :VN يَطْفَقُ

دخلوا إلى الغرفة وطفقوا يشربون خمرا. طفقت الصادرات الصينية تتنامى بمعدلات تزيد على ٢٠٪ سنويا.

اِفْتَتَحَ

to open; to conduct opening ceremonies for {2D}

الطريق الساحلي الدولي سيفتتح في اكتوبر القادم. افتتح في واشنطن أمس معرض علمي جديد من نوعه. كلينتون يفتتح الجولة الثانية لمفاوضات سوريا وإسرائيل. افتتح الرئيس كوبري أسيوط العلوي على النيل الذي بلغت تكاليفه ٣٦ مليون جنيه.

اِسْتَهَلَّ
to begin (of a month or year); *to begin sth or* ب *with sth* {3D}

وكان عام ١٩٩٨ قد استهل بقرار اتخذه الاتحاد الأوروبي يقضي ببدء المفاوضات. وبمقتل كنيدي وصل جونسون للرئاسة وجنى كثيرا من ثمار ما استهله كينيدي. أولى الألعاب التي تستهل بها الدورة فعاليتها هي كرة السلة. كان الرئيس حسني مبارك قد استهل زيارته السابعة للصين يوم الاثنين الماضي بعقد مباحثات مع رئيس الوزراء.

---

beginning

بداية

see مقدّمة

أوّل
first {2D}
fem: أولى

هي قرية سياحية تقع في أول الطريق الصحراوي ما بين بلبيس والقاهرة. بدأنا نهضتنا في أول القرن الماضي. وصل صالح الى شارع باب البحر في اول الليل. البنك الأهلي كان أول من أدرك أهمية القضاء على تناقض المصالح. يعد الأول من نوعه على هذا المستوى.

بَدْء
beginning {3D}

هو الاجتماع الأول له بعد بدء الدراسة. أدى ذلك الى تأخير بدء الجلسة الافتتاحية للمؤتمر. حدد موقف بلاده قبل بدء المحادثات.

بادِئ
beginning {3W}
at first بادئ الأمر، بادئ ذي بدء

لم أصدق في بادئ الأمر. أولا -- وبادئ ذي بدء نقول: إنه ليس من مصلحة جمهورية ايران الاسلامية أن يبقى النزاع مفتوحا بينها وبين دولة الامارات العربية المتحدة.

بِدايَة
beginning {2D}

يقرأ الطفل الأوروبي منذ البداية اللغة التي ينطقها أبوه وأمه. صادف ان هذا الحدث المهم كان في بداية زيارتي للولايات المتحدة. أعتقد انني مازلت في بداية الطريق. في بداية الاجتماع وقف أعضاء مجلس الوزراء دقيقة حدادا على أرواح الضحايا.

مَطْلَع
beginning, first part (of a time period) {3D}
pl: مَطالِع

سيوجه الرئيس الجزائري خطابا للأمة في مطلع الاسبوع المقبل. حدثت تغيرات هائلة في العالم في مطلع هذا العقد. عقدت أول اجتماع لها في جدة في مطلع الشهر الجاري. أطفأت له الأنوار وتركته ينام نوما هنيئا.. حتى مطلع الفجر. مطلع القرن المقبل. مطلع السنة الجارية. مطلع الصيف. مطلع الشهر. تتحدث في مطلع الفيلم عن أعز صديقين لها. أسهر معه حتى مطلع الفجر.

غُرَّة
first day of the month or year {3W}

تستطلع دار الإفتاء المصرية مساء الأحد المقبل هلال شهر شوال لعام ١٤١٩ هجرية، وذلك لتحديد غرة الشهر وأول ايام عيد الفطر المبارك. أعلن مجلس القضاء الأعلى بالمملكة العربية السعودية أن أمس الخميس غرة شهر ذي الحجة. يحتفل الأقباط اليوم بعيد النيروز، عيد رأس السنة القبطية وهو غرة شهر توت.

فَجْر
dawn {2D}

استأنف حلف شمال الأطلنطي فجر أمس غاراته الجوية المدمرة على يوجوسلافيا لليوم الرابع على التوالي. فتح نيران سلاحه الرشاش على المصلين اثناء صلاة الفجر. يتوجه الرئيس الهراوي فجر غد الاثنين الى البرازيل في زيارة رسمية تستمر عشرة ايام. اشتقت أن أمد يدي لأصافح فجراً مليئاً بعصافير تقتات من كفي.

مُقْتَبَل
beginning, prime {3W}

لا يزال في مقتبل عمره. أودى الحادث بحياة طالب في مقتبل الشباب. الإنسان في مقتبل الحب – وليس في مقتبل العمر فقط – يعتقد أن الحب لمرة واحدة فقط. يتطلبه لمواجهة التحديات العالمية في مقتبل القرن الحادي والعشرين.

مُسْتَهَلّ
beginning {3W}

وصل إلى طوكيو أمس الرئيس الإندونيسي في مستهل زيارة رسمية لليابان تستغرق يومين. قامت جامعة القاهرة في مستهل القرن العشرين. تعادل الضيف في مستهل الشوط الثاني. أود في مستهل كلمتي أن أعرب عن ترحيبي بهذا الجمع رفيع المستوى.

---

inevitable لابدّ

see ضروري، بالتأكيد

لابُدَّ
it is inevitable من/ أَنْ *that, there is no escape* {2D}

لا بد من تطوير الاقتصاد وفقا للرؤية العلمية. لا بد من اتحاد لمنتجي السينما للنهوض بالسينما المصرية. لابد ان يكون عندنا تخطيط كامل متكامل للمنطقة. لابد ان اعيد تنظيم البيت من الداخل. هذه مقدمة لابد منها. أنا مؤمنة بأن البداية لابد وان تكون من هنا. لا بد من أن تولد ثانيا.

لا مَحالَة
for certain, there is no doubt {3W}

الاسلام سوف يكون في مقدمة هذه الحضارات وسوف يصطدم لا محالة بالحضارة الغربية. التغيير قادم لا محالة. سوف تستخدم الاسلحة النووية لا محالة. انه سيضل الطريق لا محالة. الرأسمالية تقودنا لا محالة الى الكارثة والدمار. حيثما زاد عدد الفقراء والضعفاء، زاد لا محالة عدد الذين سيموتون في الغد جوعاً.

لا مَحيد
it is unavoidable, there is no escape عن *from* {3M}

من الطبيعي أنه سيلجأ الى حل آخر ووسيلة أخرى لامحيد عنها. اتحاد المغرب العربي يمثل خيارا استراتيجيا ومصيريا لامحيد عنه. إجابة القرآن هي الإجابة الطبيعية التي لا محيد عنها في هذا الموضوع.

لا مَناص
there is no escape من/ أَنْ *from* {3W}

لامناص من الاعتراف بهذه الحقيقة رغم مرارتها. قد أصبح لا مناص من اللجوء للخيار العسكري. لا مناص من السلام الذي يؤدي إلى التعايش. لا مناص أن تراعي بعض القيود.

لا مَفَرّ
there is no escape من/ أَنْ *from* {3D}

لا مفر من الهرب. أكد ان تحول البنوك المصرية إلى بنوك شاملة اصبح امرا لا مفر منه. لا مفر من تحقيق السلام. أجاويد: لا مفر من الانضمام للاتحاد الأوروبي. لا مفر أن تبدأ بنفسها.

لا مَنْدوحَة
there is no other choice من/ عن/ أَنْ *but to* {3M}

لا مندوحة عن استقامة الخلق في أية محاولة للاصلاح الاجتماعي. لم يكن هناك من مندوحة أن يتنازل الإمبراطور شارل عن العرش ويغادر البلاد. لم تجد الأهرام مندوحة من نشر ردودهم. شعر أن في حياته نقصا لا مناص من سده وخللا لا مندوحة عن إصلاحه.

لا مَهْرَب
there is no escape من *from* {3M}

ذلك هو السؤال الذي لا مهرب من الإجابة عنه. المواجهة قادمة لا مفر منها ولا مهرب. لا مهرب من العولمة لكن مقاومة تحدياتها ممكنة. لا مهرب من الانسحاب من غزة.

---

autocratic مستبدّ

مُسْتَبِدّ
autocratic, tyrannical {2W}

كان هناك في أحد الأزمنة حاكم مستبد، كان يعين وزيره لسنة واحدة فقط ثم يقطع بعدها رأسه. شعب العراق يعاني من حكم مستبد. لا بد من عدو حتى يجد الحاكم المستبد غطاء لتمرير ارهابه لشعبه.

اِسْتِبْدادي
autocratic, tyrannical {2W}

لم تعد الأنظمة الاستبدادية مقبولة في هذا العصر. أدانت النظام الاستبدادي الدموي في العراق. تصور الخلفاء انهم بوسعهم ممارسة نفس الاساليب الاستبدادية. دول أوربا لا تريد قبول تركيا في ناديها لسلوكها الاستبدادي.

مُتَجَبِّر
haughty, tyrannical {3M}

أميركا المتجبرة في تعاملها مع العرب ترضخ للارادة الاسرائيلية. أدان «هذا السلوك المتجبر لنظام الحكم في السودان». ألبسه على مدى ثلاثين عاماً صورة أب صارم متجبّر.

دِكْتاتوري
dictatorial {2W}

انهكته العقود الثلاثة التي قضاها تحت الحكم الدكتاتوري. أقامت واشنطن حواراً طويلاً وشاقاً مع كوريا الشمالية لاقناع هذا البلد الدكتاتوري بالتخلي عن أسلحته النووية. الجزائريون يرفضون مرحلة بو مدين الدكتاتورية. وصفنا الحكم الدكتاتوري بالديموقراطية الشعبية.

طاغٍ
dictatorial, tyrannical; (n) *tyrant, despot* {3W}
pl (n): طُغاة

تمارس العولمة نفوذَها الطاغي لفرض العزلة على بعض الدول من خلال عقوبات دولية. تتهم دائما الحكام بالانحياز إلى الأندية الكبيرة أصحاب الشعبية الطاغية. الأزمة طاغية حاليا لأن الوضع الاقتصادي سيء. استعمل اللغة الآرامية لأنها اللغة الطاغية في التلمود. الصبر على الفقر كرامة وعدم الركوع أمام الطغاة كرامة أكبر.

طاغِيَة
(n) *tyrant, despot* {3D}

الطاغية لم يولد طاغية إنما تصنعه ظروف موضوعية. أعتقد أن اغتيال الطاغية اليوجوسلافي سلاوبودان ميلوسيفيتش سيكون له ما يبرره ويفسره. حتى لو كان صدام حسين طاغية بلا قلب فإن شعبه لا يستحق أن يحرم أطفاله من الطعام والدواء. لو لا كان الجيش مغلوب على أمره لقضي على الطاغية في طرفة عين.

---

instead of — بدلاً من

بَدَلاً
in place, من/عن *instead of* {3D}

لعب محمد يوسف بدلا من محمد عمارة. نضع كلمة (التنصت) بدلا من كلمة (التصنت). حضر الاجتماع بدلا عنه. الدول الأعضاء بالاتحاد الدولي أصبحوا ١٦٠ دولة بدلا من ٨٠. يجب أن نكون مستعدين للذهاب الى مناطق الأزمات بدلا من الانتظار حتى تطرق تلك الأزمات أبوابنا.

بَدَلَ
(prep) *instead of, in place of* {2W}

أعتقد أن إدخال الكمبيوتر بدل الآلة الكاتبة في كثير من جهات العمل سوف يرفع من مستوى الموظف الذي يعمل عليه. تم لهم الحصول على حق التشريع الديمقراطي بدل التشريع الملكي. أقاموا حديقة بدل بيوتنا. أراد المخرج أن تكون الأحداث قريبة منا لنشعر بأننا نشارك فيها بدل أن نراقبها من بعيد. (Eg) بدل ما يسافروا الى أقاليمهم.. نسهل المهمة ويصوتوا هنا. بدال ما تغشه قول له في وشه.

عِوَضاً
instead عن *of, as a substitute* عن *for* {3W}

زودت الاردن يوما بمياه المجاري عوضا عن مياه الشرب. عوضا عن الاستراتيجيات العسكرية، يمكن تحقيق مشروعات للتعاون الاقتصادي. الأوراق المطلوب تقديمها من الطالب هي الاستمارة الأصلية البيضاء الدالة على النجاح ولا يقبل عوضا عنها أي مستند آخر.

عِوَضَ
instead of, as a substitute for {3M}

هنا جاء رهان جك شيراك على تقديم موعد الانتخابات وإجرائها الآن عوض الانتظار سنة أخرى. عوض القراءة الرسمية للآية ٢٠٤ من سورة البقرة «ويشهد الله» نجده يقرأ «ويستشهد الله». سأذهب إلى تركيا عوض الذهاب إلى اليونان.

مَكانَ
(prep) *in place of, instead of* {2W}

وضعوه في صدورهم مكان القلب. لو كنت مكان المخرج أو الممثلين فهل تواصل تقديم عروضك المتميزة حتى لو لم يشاهدها أحد؟ تشارك في البطولة ١٠ منتخبات من أمريكا اللاتينية بالإضافة إلى المكسيك واليابان والأخيرة جاءت مكان الولايات المتحدة التي اعتذرت عن عدم المشاركة.

مَحَلَّ
in place of {2W}

كلمة أمي.. تكتب هكذا.. ومثلها كلمة أبي.. لكن الباء محل الميم. نجحت في احلال المنتجات العسكرية الصينية محل المستوردة. عملة اليورو الأوروبية حلت محل العملات الوطنية. عالمية الاسلام يمكن ان تحل محل العولمة.

نِيابَةً عَنْ، بِالنِّيابَةِ عَنْ
in behalf of, instead of, for {3D}

القى بيانه نيابة عن المجموعة امام مؤتمر العمل الدولي المنعقد حاليا بقصر الامم المتحدة. سوريا لن تتفاوض نيابة عن لبنان. أعرب وزير خارجية بلجيكا ايريك هيريك – نيابة عن حكومة بلاده – عن تقدير بلجيكا للملك حسين. كان الامير محمد يتولى بالنيابة عن ابيه رعاية هذا الاحتفال.

---

seed بذرة

بَذْرَة
seed {2D}
unit noun: بَذْر pl: بُذور

تقوم بالقرية صناعات تعتمد على الانتاج الزراعي مثل السكر وحلج القطن واستخراج زيوت بذرة القطن. إن بذور فناء العولمة الأمريكية تأتي منها مباشرة ومن صانعي العولمة أنفسهم. بذر بذور الحرية. كل فكرة بناءة مثل كل بذرة طيبة تتعمق جذورها وترتفع زهورها وتؤتى ثمارها ولو بعد حين. من لم يزرع البذر كيف يحصد؟

حَبَّة
grain, seed; [pill] {2W}
pl: حُبوب

بحث زراعة أنواع جديدة من الحبوب في الأراضي الزراعية الجديدة. لا تزال تعاني المجاعة وتحتاج لكل حبة قمح بمقدورها الحصول عليها من الخارج. انخفضت أسعار الحبوب واللحوم. رفض التنازل عن أي حبة رمل من رمالنا.

---

common cold برد

بَرْد
common cold; [coldness] {2D}

هناك اقبال كبير على البرتقال واليوسفي للحد من الاصابة بالبرد في رمضان. تصور حاكما يعرف عن شعبه كل شيء.. من أصيب بالبرد.. ومن اشترى سيارة جديدة.. ومن تشاجر مع زوجته. أرجع الهزيمة إلى إصابة ٤ لاعبين أساسيين من فريقه بالأنفلونزا والبرد. المعروف أن الرئيس السوري حافظ الأسد كان مصابا بنزلة برد طارئة وشديدة اضطرته إلى عدم افتتاح الدورة الجديدة لمجلس الشعب.

رَشْح
a cold; runny nose {2M}

لا اكاد اصل الى مطار القاهرة حتى يعاجلني الرشح والعطس والسعال. قالت الشركة إن نتائج التجارب على الدواء الذي أطلقت عليه اسم زيكام أظهرت نجاحا كبيرا في علاج المصابين بالبرد، واختفت لديهم الأعراض، وأهمها الرشح والعطس بعد استعماله. أصيب بأعراض البرد الشائع مثل الرشح والكحة.

زُكام
a cold; nasal congestion {2W}

اذا اصيبت هذه الابنة بزكام ينشر ذلك في الصفحة الأولى من الصحف. كان يصاب بالزكام إذا هبت الريح من الجنوب. تستعمل هذه الأقراص لعلاج نزلات البرد والزكام.

سُعال

a cough {2W}

لم يفعل سوى ان سعل سعالاً طويلاً؛ غرق في سعال حاد حين غادرته الفتاة. في منتصف الليلة تسعل البنت سعالا جافا. ان الإصابة بشلل الاطفال والدفتريا والسعال الديكي في طريقها إلى الاختفاء. اصبت بالسعال منذ فترة طويلة وأنا لا اذهب لرؤية الطبيب.

كُحَّة

a cough {2M}

كثير من المدخنين يصحون مع الفجر على كحة شديدة مؤلمة تستمر فترة. كنا نشعر بروعة التضامن الأسري خاصة عندما تكح العائلة كلها كحة رجل واحد. بدأ يشرب ادوية الكحة.

نَزْلَة

a cold; infection {2W}

نَزْلَة بَرْد a cold

أصيب بنزلة برد شديدة قبل المباراة. تم شفاؤه من نزلة البرد التي ألمت به خلال اليومين الماضيين. جاء للاطمئنان على صحة الرئيس بعد نزلة البرد التي تعرض لها أمس الأول.

---

cold بارد

بارِد

cold (adj) {2D}

تستمر الموجة الباردة حتى يوم الأربعاء المقبل. يتوقع المزيد من الارتفاع في الأسعار مع مقدم فصل الشتاء البارد في الدول المستهلكة الرئيسية. قال إن أوروبا حتى بعد انتهاء الحرب الباردة ستظل في حاجة للقيادة العسكرية الأمريكية. تتهم مصر بأنها لم تقدم لإسرائيل إلا السلام البارد.

قارِس

extremely (cold) {3M}

يتحملون برد الصحراء القارس وحرها اللافح بلا مؤن أو وسائل اعاشة كافية. لقي ٤ أشخاص مصرعهم في موسكو خلال الأربع والعشرين ساعة الماضية بسبب البرد القارس.

---

dry land برّ

see عالم

بَرّ

land (not sea); *terra firma* {2D}

استعدت السلطات السعودية لتسهيل اجراءات سفر الحجاج الى بلادهم عن طريق الجو او البحر او البر. وصل المبعوث الى بغداد من خلال الرحلة المرهقة برا عن طريق الأردن. نريد في المستقبل ان نرى اعلانات هذه الشركة تخرج من البحر والبر الى الجو. يتم الوصول إلى مدينة غزة بواسطة البر من معبر رفح.

يابِسَة

dry land, terra firma {3M}

الرأي الغالب هو أنهم عبروا إلى هذه القارة سيرا على الأقدام من سيبيريا إلى ألاسكا، عن طريق ممر من اليابسة كان يصل القارتين. تملك المنطقة العربية التي تعادل مساحتها عشر مساحة اليابسة من العالم ويمثل سكانها خمس سكان العالم أقل من ١٪ من اجمالي المياه في العالم. إنها جزيرة تحقق للسياح متعة الاستجمام بعيدا عن اليابسة ومتاعبها.

---

wild برّي

بَرْبَرِيّ

barbaric {3W}

أضاف أن المجتمع الدولي لن يقبل عودة الحلقة المفرغة للعنف والمذابح البربرية في الإقليم. القرن العشرين كان اكثر قرون التاريخ بربرية رغم تشدقه بقيم الحضارة. لا يمكن السماح بارتكاب الأعمال البربرية الوحشية ضد المدنيين الأبرياء في كوسوفا بهدف التطهير العرقي.

بَرِّيّ
wild (of animals and plants); *[terrestrial]* {2D}

اكتست المنطقة كلها بحشائش السافانا، ومع السافانا تكاثرت الحيوانات البرية. تم اعداد خطة لحماية الشواطئ والحياة البرية. هكذا انفتحت مواهبنا كالزهور البرية مكتفية ببضع قطرات تقاوم بها جفاف الحرمان. تعتبر انثى الغزال البري كنز في عالم العطور فهي المصدر الوحيد للمسك الأسود.

هَمَجِيّ
babaric, savage {2W}

وصف الوزير الايراني الغارات بأنها همجية وتعد انتهاكا لاتفاق عام ١٩٩٦. استنكر المجلس المصري للشئون الخارجية التصعيد الخطير في الشيشان، والهجوم الهمجي على سكان جروزني الذي وصل إلى الذروة بتهديد المدنيين بالإبادة. لم تعتذر عن تصرفها الهمجي ولم تدفع تعويضات.

وَحْشِيّ
untamed, wild, savage {2D}

ليس هناك في عالم النمور الوحشية نمر يلتهم نمرا آخر. عندما حاول المقاومة كان جزاؤه الاعتداء الوحشي بالضرب والطرد الى الشارع. تجاوز كل الخطوط الحمراء في معاملته الوحشية والبربرية مع شعب كوسوفا.

مُتَوَحِّش
wild, savage {3W}

قام اللاجئون بصيد أعداد كبيرة من الحيوانات المتوحشة في المنطقة. تحول العالم الى غابة متوحشة حيث القوي يسيطر. لم ينقذني من بين أيدي هذه المرأة المتوحشة إلا قدومك المفاجئ.

---

prominent — بارز

بارِز
prominent {2D}
pl: بارِزون

الامة العربية فقدت برحيل الملك حسين زعيما بارزا لعب دورا مهما وتاريخيا في حياة شعبه وحياة الامة العربية. طالب عدد من الأعضاء البارزين في الكونجرس الرئيس الأمريكي بتغيير موقفه الرافض لارسال قوات برية الى كوسوفا. البرلمان المصري قام بدور بارز في دعم الديمقراطية والحرية. لهم مكانة بارزة في مجالات عديدة.

ظاهِر
*obvious, evident; [*see واضح*; visible]* {2D}

الاسلام لا يحرم علينا ان نأخذ بأساليب التربية الحديثة ذات الاثر الظاهر في تنشئة الصغار. تعبر هذه الشعارات عن الصورة الظاهرة للعولمة فقط. كان له تأثير اجتماعي ظاهر. الظاهر ان كريستوفر، باتخاذه هذا الموقف المحدود الأفق، أغفل نقطتين رئيسيتين.

مُتَمَيِّز
distinguished, prominent; [distinctive] {3D}
pl: مُتَمَيِّزون

فقدت مصر طبيبا إنسانا من صفوة ابنائها المتميزين. اشار في بداية اللقاء أمس إلى العلاقات المتميزة التي تربط بين كل من مصر واليابان. هو كاتب وصحفي متميز. كان الملك حسين أحد الشخصيات المتميزة على المستوى الدولي. حققوا إنجازات رياضية متميّزة.

وَجيه
*notable; [*see وجيه; (n) *prominent figure]* {3M}
pl: وُجَهاء

لم يكن لها أي سبب وجيه. لقد أثار كيسنجر في هذا الصدد سؤالا وجيها.

shine, luster بريق

تَأَلُّق
radiance {3D}

يواصل لاعبو الاهلي تألقهم وتتوالى الفرص الواحدة تلو الأخرى. خانها في أحيان أخرى فأصابها الانكسار بعد الانتصار والتألق. شاركوا بعرقهم وعلمهم وكفاءتهم وإخلاصهم في مسيرة الأهرام وتألقها. الاستمرار والتألق في عالم الفن كانا من نصيبها.

بَريق
shine, luster {2W}

التمعت عيناه ببريق فيه الكثير من الفرح. لمعت عيني محسنة توفيق ببريق النجاح. اراد استعادة حمّى الماضي وبريقه. لم ينجح فحسب بل اعطى النجاح بريقاً خاصاً. لا تزال محتفظة بالكثير من بريقها. لقد خفت بريق العولمة، وتلاشى ضجيجها.

زَهْو، زُهُوّ
*splendor; [*see فخر*; pride]* {3W}

يكتب عن شعوب الاسكندرية في أيام زهوها. يبقى واحدا من أواخر الأنفاس الموصولة بزهو الشعر العربي الكلاسيكي. قامت بإحياء أدبيات الزهو العربي. زهو الحضارة الإسلامية.

سُطوع
radiance {3W}

إن بريقها كان يمكن ان يكون اكثر سطوعا. أطلب منك أن تحضر الناس في وقت ارتفاع الشمس وسطوعها. تتميز المنطقة بسطوع الشمس طوال العام. شمس الانغلوفونية تزداد سطوعا.

إِشْراق
radiance, brightness {3W}

يأمل في مستقبل أكثر إشراقا لمسيرة النهضة الحديثة لمصر. الممثلة الفرنسية تزداد اشراقا مع العمر. قال «اننا نرى الضوء في نهاية النفق وقد زاد اشراقا».

لَمَعان
shine, luster {2W}

بدأ اسمها يلمع، وهو سيظل على لمعانه طوال العقود التالية. هذا المعهد كان له بريقه ولمعانه وشهرته في تربية وتدريب الكوادر الثقافية في دورات متتالية. احذره من ان يخدعه لمعان الماء على سطح البئر اللعينة التي سقطت فيها.

لُمْعَة
radiance, sparkle {2M}

فألمح من مكاني لمعة دموع عينيه تفرش البلاط. في تمثيلها لمعة مميزة فيها رقة وشفافية. كانت عيناه تشعان بلمعة مرحة. كانت تلوح من وراء لمعة عينيها ابتسامة بريئة.

وَميض
flash, twinkle, sparkle {3M}

تحدث ابن سينا عن تأخر سماع صوت الرعد عن رؤية وميض البرق. وميض الانفجارات يضيء ليل بلجراد. نظرت الى السماء ولم أرَ شيئاً، لا وميض قنابل ولا رصاص، ولا أنقاض... سبحان الله، عميت عيناي.

وَهَج
blaze, glare {3W}

وهج الشمس يحرق جانبي فخذيها. أطفأ الزمن وهج شبابها. السنوات التي مرّت على انطلاقتها لم تزدها إلا وهجاً. ان زعيما وانسانا في حجم مانديلا كفيل بأن يطفئ كل وهج آخر، أكان صاحبه قريبا أو بعيدا. شيء في حرارة الكلمات ووهجها دفعني إلى قراءة الكتاب كله حتى نهايته.

---

match (sports) مباراة

مُباراة
match, contest {2D}

المباراة هي الاولى التي يخوضها سامبراس منذ ان احرز لقبه التاسع. لعبوا هذا الموسم أكثر من ٦٠ مباراة. اليوم، لعبت افضل مباراة لي في مواجهة خصم تصعب هزيمته. توترت اجواء المباراة بعد ضربة متعمدة من يوسف الروسي لحازم امام.

مُزاحَمَة
competition {3W}

أكدت رفضها الدخول في مزاحمة علنية مع باريس. المزاحمة تمّت خارج أية مسابقة رسمية كما شاء المهرجان. المزاحمة هي للرأسمالية بمثابة حجر الأساس. المزاحمة الاقتصادية تضمن تقدم الانتاجية.

سِباق
race {2D}

كانت تلك اول خسارة في ٤٥ سباقاً خاضها مرسلي. قد يضطر اللاعب الى الانسحاب قبل المشاركة او اثناء السباق بسبب الاصابة. هي حاملة الرقم القياسي العالمي للسباق. ما هو سباقك المفضل؟ قد يصل ثمن جمل سباق يستخدم لأغراض التربية نحو مليون دولار.

تَسابُق
competition {3W}

لا تسابق بين الدولة والمقاومة على تسلّم مناطق قد تنسحب منها اسرائيل. في هذه التعددية، ايضا، ميادين للتسابق والاختيار والابتلاء. تسعى دول مثل باكستان وايران والهند من اجل التسابق الاقتصادي وبناء النفوذ في المنطقة.

مُسابَقَة
race; competition {2D}

اللقاء يأتي في اطار مسابقة كأس الاتحاد السعودي. افلام المسابقة تميزت بالجدية. فاز اللاعب المغربي أحمد بهجا بلقب مسابقة هداف العرب لموسم ١٩٩٦ – ١٩٩٧. كويتية تفوز في مسابقة قصص الأطفال لدول الخليج. في اخر منافسات المسابقة فازت مصر على المغرب (٣\صفر).

سِجال
(close) *contest, competition* {3W}

الحياة السياسية الإيرانية سجال مفتوح متواصل. كانت المباراة سجالاً. السجال الطويل الذي حصل يوم الثلاثاء الماضي وأدى الى اطالة الجلسة، قاد الى انقسام حتى داخل فريق رئيس الجمهورية. لا أود الدخول طرفاً في السجال مع ان الحكومة معنية بمسألة الانتخابات البلدية.

مُنافَسَة
competition {2D}

المنافسة مفتوحة في رالي الربيع الرابع عشر. المنافسة على لقب افضل لاعب ناشىء او شاب انحصرت بين التايلاندي بومبروم والعماني يعقوب اسماعيل محمد. توقع ان تشهد البطولة منافسة قوية من المشاركين وان يسجل عدد من اللاعبين ارقاماً جديدة. هذا يعني ارتفاع حدة المنافسة بين البنوك سواء من داخل او من خارج الاتحاد النقدي.

بشر mankind, people

see شعب، إنسان

إِنْس
(collective noun) *mankind* (opposite of الجن) {2M}

لايطير في سمائها طير ولا يدب على أرضها إنس ولا حيوان. موعد قيام الساعة لم يعرفه إنس ولا جان.. الله وحده هو الذي يعرفه. ما خلقت الجن والانس إلا ليعبدون. فرق ما بين الجن والانس، وفرق ما بين الملائكة والجنّ.

ناس
people {2D}

ندرك اليوم ان الناس الذين يعيشون في ظل النظم الديكتاتورية يتخلون عن حرياتهم. فخامة الرئيس من أوائل الناس الذين يريدون السلام العادل والشامل والدائم. هؤلاء الناس بلا علم ولا ثقافة. نتمنى ان تعم البهجة جميع الناس. إذا كان الناس يعانون فهذا ليس ذنبنا، ليس ذنبي. معظم الناس لا يعرفون استخدام سلة المهملات. فقدت الصحف كثيرا من احترام الناس الآن. الاسلام يقر ان الناس كلهم من أصل واحد. لن اتمكن من حضور القداس لان زحمة الناس والجو الحار يزعجانني.

أُناس
people (usu. indef) {3W}

لم يكتشف شيئاً بنفسه وإنما قام بمجرد تجميع اكتشافات اناس آخرين بنظام افضل. مثل هذا الحل لا يمكن ان يقبله الا اناس احرار. اهلنا في الشمال اناس طيبون. كان يصور معارضيه على أنهم أناس فاقدو الشعور بالمسؤولية وأنهم اناس لا شرعية لهم. كان هناك أناس محظوظون أتيحت لهم هذه الاستثناءات.

بَشَر
mankind, people {2D}

هي تدرك ان هؤلاء الرجال ما هم الا بشر. قرروا ان يتحولوا الى بشر عاديين. قال علماء الدين ان استنساخ البشر مرفوض. يزدهر الاتجار بالمخدرات والبشر. ليست امرأة... ليست بشرا، إنها غولة مصاصة دماء. هؤلاء الاتباع اعتبروه إماما وقدوة لهم وفي الوقت نفسه رأوا فيه بشرا يصيب ويخطئ. هؤلاء الناس بشر وليسوا حيوانات ليقتلوا كالحشرات. ألسنا بشرا ذوي قلوب وأحاسيس؟

بَنو آدَم
men, people (pl sometimes used as a sing) {1-2M}
sing: اِبْن آدَم

تحدثت عن تحذير بني آدم من الشيطان. يريد الشيطان أن تشتعل الأرض حربا، وأن تنزف دماء بني آدم. آنئذ شعرت والكرة تدخل المرمى أن مليار بني آدم يشاركونني هذه اللحظة. هل تريد اعتقال اي بني آدم لكونه مسلما؟ الاسلحة في النهاية اختراع من اختراعات بني آدم. أنا لا أقصدك، وإنما أقصد البني آدم الذي يقود سيارته على يساري.

بَنو البَشَر
mankind, men {3M}
sing: اِبْن البَشَر

دعت الى تطبيق الشريعة والتزام السنّة النبوية لما في ذلك من عدالة ومساواة بين بني البشر. إذا كانت الطيور تفهم بعضها البعض فهل يصعب ذلك على بني البشر؟ الشهداء أكرم من في الدنيا وأنبل بني البشر. بالمقدرة اللغوية ينجح بنو البشر في فك حصار المشاغل الدنيوية والآنية.

بَنو الإِنْسان
human beings, people {3M}

انه الرفيق أيضا بجميع بني الانسان. يدعو للتفاعل والتعاون بين بني الإنسان. انها اول حضارة عرفها بنو الانسان على هذه الارض. سيحول الكوكب الذي نعيش فوقه إلى جنة لايشكو فيها احد من بني الإنسان. نرى انفسنا اكثر بني الانسان تقدما. ثمة حدّ فاصل بين نمطين من بني الانسان.

الْجِنْس الْبَشَري
human race, humankind {2W}

رئيسها متهم بارتكاب جريمة إبادة الجنس البشري. الجنس البشري من خلق الله. طبقة الأوزون تحمي الجنس البشري من أشعة الشمس فوق البنفسجية. تقوم نظرته على احترام الكرامة الإنسانية، ووحدة الجنس البشري. هذا الارتفاع في عدد سكان الجنس البشري سيرافقه تحول نوعي وانماط جديدة في الارتقاء والتقدم.

---

immediately مباشرةً

مُباشَرَةً
immediately {2D}

سيبدأ العمل بعد العيد مباشرة. قلت لصدام حسين انني سأتوجه الى دمشق مباشرة. سأدخل في الموضوع مباشرة. هناك حديقة خلف المعبد مباشرة.

تَوًّا
right away, immediately; just now {2D}

هذه نقطة سنعود إليها توا. هو ضابط مصري شاب حصل توا على الدكتوراه من فرنسا. أهم ما أريد التنبيه إليه في هذا الصدد ما ذكرته توا، من أن الإسلام لم يفرق بين الرجل والمرأة. كان قد سمع توا في التليفزيون أخبارا عن خطابه.

لِلتَوِّ
just now; right away {3M}

أشار كلينتون إلى أن هيلاري اجتازت للتو عاما مجهدا للغاية. كانت قد أكملت صلاتها للتو. كانت قد وصلت للتو لمكتبه.

في التَّوّ وَاللَّحْظَة
right away, immediately {3M}

قد يستغرق الأمر أسابيع أو تحدث الوفاة في التو واللحظة. أي انطلاق اقتصادي ينبغي أن يواكبه في التو واللحظة إصلاح اداري. أعلن في التو واللحظة ساعة الصفر.

حالاً
immediately, right now {2W}

يريدها الآن وحالا بغض النظر عن أي اعتبارات أخرى تهدد المستقبل. يسارع جميع العمال خصوصا الذين يقيمون خارج القاهرة إلى العودة حالا لمباشرة عملهم. سنذهب إليها حالا!

في الحْال
at once, immediately {3W}

ما أن رآها حتى التهبت عواطفه بحبها، وقرر في الحال أن يخطب هذه الفتاة. كتبت تقريرا بهذا العيب تم في الحال إبلاغه إلى الشركة الصانعة للطائرة. لما وقعت كارثة طائرة مصر للطيران، اتجه التفكير فورا وفي الحال للبحث عن عمل ارهابي.

رَأْسًا
immediately, directly {2W}

بعد بطولة كينيا سيسافر المنتخب المصري للهوكي رأسا إلى جنوب إفريقيا يوم ٦ سبتمبر. قمنا بشرائها من المنتج رأسا. هو كان من أنصار الانتقال رأسا إلى الاتفاق النهائي.

سَريعاً
quickly, speedily {3D}

أتمنى أن تحل هذه المشكلة سريعا. سوف أبذل أقصى جهدي من أجل العودة سريعا إلى المباريات. يمر الكتاب سريعا على عدة أفكار.

عَلى طول
straight; right away {1M} (Eg)

لو فيه مشكلة كبيرة عند الناس هو اللي يصدر أوامره بحلها على طول. لازم تمشي على طول.

عاجِلًا
soon, before long {3W}
عاجلاً أو آجلاً sooner or later

الدبلوماسية المصرية سوف تجد نفسها – عاجلا – في سباق مع الزمن. لكننا في الوقت نفسه على يقين بأن الأمر يتطلب التدخل عاجلا. مجلس الامن سيتخذ اجراء حيال رفع العقوبات إن آجلا او عاجلا. وبهذا يمكن رفع سعر القطن وتضطر معامل أوربا رغما منها أن تشتري أقطاننا بأثمان عالية، إن لم يكن عاجلا فآجلا.

فَوْراً
immediately, instantly {2D}

بعد فترة الانذار (١٥ يوما) سيتم تطبيق القانون عليها فورا. شجعهم على أداء الالتزامات الضريبية فورا وبدون إبطاء. وافق الناشر فورا ودون تردد على ما طلبه المؤرخ.

بضاعة — merchandise

بِضاعَة
merchandise, goods; commodity {2D}
pl: بَضائِع

لا أستطيع أن أصدر بضاعتي بين غزة والضفة الغربية. لا بد أن تكون بضاعتك جيدة وإلا انصرف عنك الناس. البضاعة لا ترد ولا تستبدل. لكل بضاعة ثمنها. ينبغي أن تدرك المرأة أن الكلام هو أرخص بضاعة عند الرجل. أضاف أن الكوبري سيساهم في نقل الركاب والبضائع بين دول الشرق والغرب.

سِلْعَة
commodity, product {3D}
pl: سِلَع

الزبون يختار السلعة الجيدة الممتازة ولا يعنيه اذا كانت هذه السلعة وطنية ام لا. أشار إلى أن السكر سلعة استراتيجية يجب الحفاظ على سعرها. يرفض أن يكون الفن سلعة. القمح – كما نعلم – من أهم السلع التي تمس حياة الإنسان اليومية. هذا القرار يخلق مشاكل مع الشركات المنتظرة نقل البضائع والسلع – فهو يتسبب في التأخير يوما كاملا في كل رحلة.

slow بطيء

بَطيء
slow {2W}

اصاب الجميع الملل من ذلك الايقاع البطيء المتكرر. هذا التجمد يعني الموت البطيء لها. الواحد يكتب لكي يقاوم هذا السرطان البطيء. تركه في الظل قابعا مع خطوات زحفه البطيء الى الشيخوخة. الجمل عادة بطيء الحركة في القيام والقعود.

مُتْمَهِّل
slow, deliberate {3M}

كان يسير وحيداً متمهلاً بين طاولات مطعم فندق الكونتيننتال. ان تقديم المستمع الأوروبي للموسيقى العربية يحتاج خطوات متمهلة وحذرة ولا يتم دفعة واحدة. البعض يريد الإصلاح سريع الخطى والبعض الآخر يريده بطيئا متمهلا.

---

after بعد

إِثْرَ
right after {3D}

أكدت له أنها ستفرج عن الصحفي إثر انتهاء التحقيق معه. استعاد صحته بعد ضعف شديد اصابه منذ آخر عام ١٩٩٥ إثر قمة الاسكندرية التي ضمت السعودية وسوريا ومصر. كان يحدثني في آخر لقاء لنا في الرياض إثر وصوله مباشرة من لندن. لقي شخصان مصرعهما وأصيب ٤ آخرون إثر وقوع سلسلة من الانفجارات بالقطاع الخاضع لسيطرة قوات حفظ السلام.

بَعْدَ
after {2D}

سيتخلص منها بعد ستة اسابيع. نفخوا حياة جديدة في الأدب العربي بعد سنوات طويلة من الركود. تبدأ بعد ٤٨ ساعة وتحديدا في الساعة الثانية عشرة ظهر بعد غد الأحد بتوقيت المكسيك. تؤمن بالبعث وبالحياة بعد الموت. كان ينام غالبا بعد العشاء. الطلب على شراء القطن المصري يزيد شهرا بعد الآخر. يستأنف الكتابة بعد العودة من الأجازة.

تِلْوَ
after (one after another) {3W}

لماذا الفشل تلو الفشل؟ قد سألته المرة تلو المرة. لعل من أسوأ ما يطلق بين الحين والآخر الادعاء بأن المفاوض الفلسطيني على استعداد لتقديم تنازلات الواحدة تلو الأخرى.

عَقِبَ
right after; following {3D}

إن عرفات التقى سرا بإيالون عقب ورود معلومات عن اعتداءات محتملة يخطط لها قادة تنظيم الجهاد. قد عقد المؤتمر الصحفي عقب المباحثات التي جرت بين مبارك وداليما. استقبل رئيس مجلس الوزراء الكويتي السيد صفوت الشريف عقب وصوله إلى الكويت أمس الأول.

في أَعْقاب
*immediately after; following; [*see نهاية*]* {3D}

شهدت المدينة موجة من الفرار الجماعي في أعقاب الزلزال القوي الذي ضربها أمس الأول. تأتي هذه التصريحات في أعقاب تأكيد خاتمي أن هناك إجماعا في صفوف المسئولين الإيرانيين على تقوية العلاقات مع تركيا. قدم استقالة حكومته للرئيس في أعقاب تعرضه لانتقادات حادة.

لاحِقاً
subsequent to; thereafter (adv) {3W}

البحث عن التضامن العربي كان دوما يأتي لاحقا وليس سابقا على اتخاذ القرارات. أجرت وزيرة الخارجية اتصالا هاتفيا لاحقا مع عرفات. أكدت مصادر أمنية في بيروت لاحقا نبأ اطلاق سراح هؤلاء المحتجزين. هناك أغلفة أخرى سيتم نشرها لاحقا. سيحدد يوم ومكان الامتحان لاحقا.

far بعيد

بَعيد
far, distant (عن / من from) {2D}

إن ميناء دمياط ليس بعيدا عن بورسعيد. كيف عرف أن القتلى إرهابيون وقد قُتلوا من مسافة بعيدة؟ القادة هم الذين يفكرون على المدى البعيد. صاروخ بعيد المدى. كانت بيئة غنية وارستقراطية إلى حد بعيد. فترة رئاسته للبلاد كانت بعيدة عن الديمقراطية.

قاصٍ
far, distant {3M}
pl: قاصون
القاصي والداني the far and the near, everyone

كان الزلزال محنة قاسية أدمت قلوب القاصي والداني. هذه الأزمة فتحت أعين القاصي والداني على ظروف وأوضاع المفوضين الأوروبيين. كل ذلك مكتوب ومطبوع ومنشور يعرفه الداني والقاصي على حد سواء.

قَصيّ
far, distant (عن from) {3M}

يعتبره المثقفون بعيدا كل البعد قصيا غاية القصي عن الثقافة. أقام المعابد وشيد الكنائس وبنى الأديرة في مكان قصي. تصادف ان كان موقع السودان على خريطة العالم في مكان قصي غير مؤثر مثل البلقان اي في موقع جغرافي غير مطروق. لقد دبت الغيرة في قلب سارة فطلبت إلى إبراهيم أن ينتحي بهاجر وولدها مكانا قصيا بعيدا عن ناظريها.

ناءٍ
distant, remote {3D}

أشار إلى ضرورة تنمية المناطق النائية وتحويلها إلى مناطق جذب للشباب. يجب نقل الخدمة الطبية المتميزة إلى الأماكن النائية. طرده من روما إلى مدينة نائية هي مدينة تومي المعروفة الآن باسم كونستانزا. طالب بضرورة التوسع في إنشاء مراكز جراحات القلب والصدر في المناطق النائية والبعيدة.

---

some بعض

بِضْع
a few, several (3-9; reverse agreement) {3D}
fem: بِضْعَة

كنت في المملكة العربية السعودية منذ بضعة أعوام. مكث الطفل يسوع على أرض مصر لبضع سنوات. وجدت عند بوابة الكنيسة بضعة أشخاص يقفون وكل منهم يحمل بعض الأوراق.

بَعْض
some (with idaafa)*; some people* (with article) {2D}
بعضنا البعض: each other

هناك بعض اطفال الشوارع الذين تفوقوا على اطفال المدارس في اعمالهم الفنية. بدأنا نواجه بعض المشاكل. يخشى من أن بعض الذين حصلوا على الأراضي سيتاجرون بها. اذا كان قلبي قد تغير بعض الشيء تجاهها بسبب تصرفاتها معي، فانني لم أكرهها. بعض الناس يكره أن يتعلم شيئا جديدا. نعرف بعضنا البعض منذ أكثر من عشرين عاما. استبعد أن يستغرق التحقيق عاما كما يقول البعض.

شُوَيَّة
a small amount of; [a little, somewhat] {1M} (Eg)

المباراة كانت أوروبية وبشبورة كمان وكان ينقصها شوية مطر حتى تنقشع الدخان. يا وليّة عاوزة تموّتي نفسك عشان شوية خضار؟! كانوا يهاجمون بشوية لاعبين، ويدافعون بشوية لاعبين. ماذا أسامة بن لادن... حتة واحد معاه شوية ناس من الفدائيين.

شَيء مِن
a small amount of {3D}
(with neg) anything

اتمنى ان يكون هناك شيء من الضمير والوجدان والشفقة على اطفالنا. قرروا الا يستخدموه كورقة للحصول على شيء من الاحترام. غار في داخله شيء من الألم والحسرة. لم يظهر عنه في حياته شيء من الافعال السيئة. لا أحد يمكنه فعل شيء من هذا القبيل سوى الصهاينة.

الشَّيْء الْيَسير، الشيء القليل

a small amount of {3M}

أضاف «اننا لم ننل شيئاً من المساعدات التي وعدنا بها في مؤتمر الطائف، او نلنا الشيء اليسير». بدأت حالتي تتحسن الشيء اليسير. لا يعرف عن العالم إلا الشيء اليسير. نعيش في شقة صغيرة لا يتوفر بها سوى الشيء اليسير من مستلزماتنا. لم يتذكر شيئا من حياته، في غيبوبته الأخيرة، إلا ذلك الشيء القليل. كان الشيء القليل الذي تحقق يمثل بالفعل تحسنا مهما بالمقارنة مع السجل السابق. لم يطبق من الاتفاقية الا الشيء القليل.

عَدَد مِنْ

a number of {3D}

ناقش المجلس عددا من الاتفاقيات التي تم توقيعها بين مصر وسويسرا. يوجد بهذه المدينة عدد كبير من العرب. انجزت عددا وافرا من الدراسات ذات الصلة بالادب المقارن. سوف نجيب على عدد قليل من الاسئلة.

قَدْر مِنْ

a certain amount of {3D}
بقدر قليل a little
بقدر كبير a lot, quite a bit

السياسات التعليمية تحتاج إلى قدر من الاستقرار والثبات. يتحمل ذلك المجتمع قدرا من المسئولية عن الجريمة. القمة ستركز بقدر قليل على الماضي، ولكن بقدر كبير على المستقبل.

قَليل مِنْ

a few; a small amount of {3D}

هناك قليل من البلاد لديها نزعة ديمقراطية. المفاوضات مع روسيا حول جزر الكوريل يجب أن تتم بقليل من الصبر. اعترف البدو في التحقيقات أنهم يحصلون على القليل من المال من تجار المخدرات. لم يبق الاّ القليل من الوقت. تتكلم القليل من الانكليزية. قليل من الرياضة يفرح القلب.

نَزْر

a small amount من *of* {3W}
النزر اليسر، النزر اليسير، النزر القليل

ليس هناك الا النزر اليسر من التأثير المتبادل بينهما. لم تكن الثورة الكردية تمتلك الا النزر اليسير من المال والبنادق العتيقة. لا يشارك في قممها القادمة الا النزر القليل من القادة. لم يتحقق من هذه المشاريع إلا النزر اليسير حتى الآن.

---

to stay

بقي

see استمرّ

بَقِيَ

to remain, stay; to keep doing sth (with imperfect verb) {2D}
VN: بَقاء يَبْقى

انكسرت ساقه وبقي في الماء والطين منطرحا على ظهره ٣٤ ساعة. سأبقى هناك ساعتين. سيبقى في منصبه إلى حين تعيين خلف له. لم يبق إلا شهور قليلة على عملية التصويت. يبقى أن نذكر أن ألبان كوسوفا متفائلون للقاء الأخير. الشارع الروسي بقي غاضبا ونظم الآلاف مظاهرات في أنحاء البلاد. سيبقى يدافع عن سيادة قراره.

تَبَقّى

to remain, be left {3D}

يتبقى التساؤل عن مصير العولمة: هل هي قابلة للصمود والازدهار والانتشار؟ يتبقى للفريق مباراتان. لم يتبق الا ايام على بداية القرن الجديد. لم يتبق من عمره سوى نصف سنة. لم يتبق حتى الآن بمستشفى السلام سوى ١٠ مصابين حالتهم مستقرة. لم يتبق من الماركسية الا ذكريات وسير وحكايات.

ظَلّ

to remain, continue to be; to continue doing sth (with imperfect verb); {3D}
VN: ظَلّ يَظَلُّ

ظل أستاذا للفقه حتى بلغ الثامنة والثلاثين. سيظل السادس من اكتوبر يوما مجيدا في حياة شعب مصر. ظل بعيدا عن العمل العام حتى عام ١٩١٨ حين انضم للوفد. ظل في الفراش لمدة ثلاثة أشهر كاملة. ظل في الحكم ١٥ سنة. ظل الديموقراطيون الروس على صلة بالعالم من خلال الانترنت خلال الانقلاب. ظل يقود حزبه من مقاعد المعارضة إلى أن عاد للسلطة. ظلت تشجع فريقها بشكل حضاري طوال المباراة. الحكومة اللبنانية ظلت ترفض تماما الطرح الإسرائيلي. يعاود السير في نفس الطريق الذي ظل يمشي فيه منذ صباه.

قَعَدَ

to stay, remain; to keep doing sth (with imperfect verb); *[see* جلس، امتنع*; to sit; to refrain* عن *from]* {1M} (Coll)
قُعود :VN يَقْعُدُ

(Eg) حيقعدوا في اسكندرية أسبوعين. قعدت فرحانة طول النهار. اجتمع واحد أمريكي وواحد فرنسي وواحد مصري وكل واحد قعد يتكلم عن إنجازاته. يوم من الأيام ابي اشترى ٢٥ لتر حليب طازج دفعة واحدة ولمدة أربعة أيام العائلة كاملة قعدت تشرب من الحليب بدل المياه.

لَبِثَ

to remain, stay; to keep doing sth (with imperfect verb) {3D}
لَبْث :VN يَلْبَثُ
ما لبث أن it did not take long until

تناولت اليوم طعام الفطور في قصر عابدين حيث لبثت مع الخديوي نحو أربع ساعات. قال ابن العبري الملطي ان الفرنج لبثوا في البلد أسبوعا يقتلون فيه المسلمين. لبثنا ننتظره برهة فلما يئسنا منه أفطرنا. كان قد رحل الى تركيا يوم ٢١ اكتوبر الحالي، وما لبثت السلطات التركية ان امرت بترحيله الى مصر.

مَكَثَ

to remain, stay somewhere; to dwell ب *in* {3W}
مَكْث :VN يَمْكُثُ

بعضهم رحل بالفعل والبعض الآخر سيمكث أسبوعين آخرين في المكسيك. قد مكث في السجن ظلما. لم يمكث طويلا على العرش نتيجة للقول بأنه مصاب بمرض عقلي. من المقرر أن يمكث البابا بالعراق ٣ أيام خلال جولته بالمنطقة في شهر ديسمبر.

بكى

to cry

see ناح

بَكى

to cry; to cry على *over sb/sth or* من *from; [see* ناح*; to mourn sb]* {2D}
بُكاء :VN يَبْكي

جلست في السرير أبكي حتى استيقظت أختي الصغيرة. بكت من الصداع. من المؤكد أننا لا نبكي على أيام نيتانياهو. نعم بكينا ولكن لا نعرف إذا كان فرحا أم حزنا. أخذ الإنسان يبكي ويصرخ دون جدوى من ظلم الحياة.

دَمَعَ

to water (of the eyes) {3W}
يَدْمَعُ

استقبلني زملائي بالفرحة الكبيرة وعبارات التهاني والترحيب حتى دمعت عيناي من التأثر والعرفان. دمعت عيناه ونظر إلى صديقه. دخلت الاختبار دون أن تدمع لها عين. دمعت عيناه لقتل الحسين.

عَيَّطَ

to cry; to make sb cry {1M} (Eg)

الولد عيط لما عرف ان جده مات. ايه اللي عيطك كده يا ابني؟

اِغْرَوْرَقَ

to be bathed (in tears) (of the eyes) {3M}

اغرورقت عيناه بالدموع وهو يقول: ما أكثر ما تقوم السعادة على أشياء. اختتمت كلمتها وقد اغرورقت عيناها بالدموع قائلة اشكركم. ربما تغرورق عيونهم بالدموع وترتعش شفاههم.

dates
بلح

بَلَح
dates {2W}
unit noun: بَلَحَة

بالنسبة لأسعار البلح هذا العام فإنها منخفضة عن أسعار العام الماضي حوالي ٢٥٪. إن عمليات جمع محصول البلح تستمر عاما كاملا. البلح والتمر يتم تصدير كميات معقولة منهما لدول اوروبا.

تَمْر
dates (usu. dried) {2M}
unit noun: تَمْرَة

المصريون كانوا يخرجون أحشاء الميت كلها، فينظفونها ويغسلونها بنبيذ التمر. لم تجد عندي شيئا سوى تمرة واحدة. بالنسبة للتمر والبلح فستعفى كمية ٣٠٠ الف طن من الجمارك.

عَجْوَة
date paste {2M}

كان هناك حديث للرسول عن تمر المدينة الذي يطلق عليه العجوة، ورد انه من فاكهة الجنة. في الإسكندرية طرحت كميات كبيرة من ياميش رمضان تزيد على ٩٠٠ طن بأسعار مناسبة في المجمعات منها ١٠٠ طن زبيب و ٥٠٠ طن بلح و ١٠٠ طن قمر الدين و ١٠٠ طن جوز هند و ٢٥ طن عجوة و ٥ أطنان قراصيا.

رُطَب
(fresh) *dates* {2M}
unit noun: رُطَبَة

لم يأكل سوى رطبة واحدة منذ الصباح. كان الطعام الوحيد الذي يحملونه هو الرطب. يستمر جني الرطب في سلطنة عمان حتى منتصف شهر نوفمبر. الرطب يحوي نسبة عالية من السكاكير البسيطة السهلة الهضم. الرطب والتمر يحتويان على جميع عناصر الغذاء المتوازن.

---

country
بلد

see شعب، جمهورية

بَلَد
country (pl بلاد can be used for a single country or a group of countries); *[town, village, downtown]* {2D}
pl: بِلاد، بُلْدان

إن اريتريا بلد فقير غير قادر على الاعتماد على نفسه اقتصاديا. ذهب الى بلد خليجي. لم تكن لديهم رغبة في العودة إلى بلادهم. الاتفاقية تأتي في اطار تعزيز التعاون بين البلدان في مجال حماية البيئة. لليابان تجارب سابقة عديدة في دعم وتنمية البلدان النامية. أوضح أن هناك تنسيقا بين بلاده والدول المجاورة لإنهاء أزمة الرهائن.

دَوْلَة
state, country {2D}
pl: دُوَل

دور الناس هو الطاعة الكاملة للدولة. أصدر قرارا بعلاج الشعراوي على نفقة الدولة. لن تكون اندونيسيا دولة اسلامية بالمفهوم الايراني. قال إن اليونان لا تتلقى أوامر من أي دولة أجنبية. ليس هناك أي داع للخوف من قيام الدولة الفلسطينية. من الواضح أن هذه القضية تعد حساسة للدول النامية.

وَطَن
homeland, nation {2D}
pl: أَوْطان

مصر هي قلب الوطن العربي. أنا مع الحق والحرية والدفاع عن تراب الوطن ضد المعتدي. قاموا بجهود رائعة في خدمة وطنهم. تطلع الأكراد إلى حلم الوحدة في إطار وطن ودولة مستقلة. لم ينس الهاشميون فقدان وطنهم.

---

tiles
بلاط

بَلاط
*tile floor, tiles; [*see قصر*; palace court]* {2W}

جلس على البلاط ومد قدميه. يدخل في صناعة بلاط الأرضيات. يقع المسجد في حارة الانباريين وتعلوه قبة بصلية الشكل زُيِّنت بالبلاط القاشاني الجميل.

زُلَيْج
tile (ornamental faience) {3M}

البيوت في الحي القديم لها بوابات صغيرة تفضي إلى باحة أو فناء في وسطه نافورة مزينة برسوم الزليج المتعددة الألوان. يكسو أعمدتها الزليج الملون.

قِرْميد
roof tiles {3M}
pl: قَراميد

المبنى الخشبي مغطى بالقرميد الأحمر. خفضت الرسوم الجمركية بنسبة ٥٠ في المئة على بعض السلع الأردنية منها حقائب السفر وقرميد السقوف وبلاط السيراميك. كان أسهل على الله ان يستعمل قالبا واحدا لصناعة البشر مثلما تفعلُ مصانعُ البلاط، والقرميد، والأحذية، والملابس الجاهزة. بيت ساحر يغطي ظهره القرميد الأحمر، وأغصان الشجر.

بلع

to swallow

see أكل

بَلَعَ
to swallow sth {2M}
VN: بَلْع يَبْلَعُ
بلع الطعم to be taken in by
بلع الزلط to eat dirt

لانزال نبلع الزلط. لا تتكلم قبل أن تبلع الطعام الموجود في فمك. حلقي يؤلمني ولا أستطيع أن أبلع أي طعام. بلعت حبّتي أسبرين وما خفّ صداعي. الولد بلع قطعة عملة معدنية وأسرعت أمه إلى الهاتف لتستدعي الطبيب. قررت الشركة تصنيع بسكويت بالدواء لمساعدة الأشخاص الذين يجدون صعوبة في بلع الحبة. هناك اعتقاد فرعوني بأن الشمس يبلعها ثعبان.

اِبْتَلَعَ
to swallow sth (usu. figuratively) {3W}

ابتلعهم البحر وهم يصيدون السمك. لن يكتفي البحر الأبيض بابتلاع الاسكندرية ودلتا النيل، بل سيبتلع أيضا كل المدن الساحلية التي تطل عليه. جاء لتنفيذ خطة ابتلاع ما تبقى من أرض فلسطين.

تَجَرَّعَ
to swallow, gulp down (sth bitter or painful) {3W}

اختار بشجاعة نادرة أن يتجرع كأسا من السم الزعاف. ظل شعب مصر والشعوب العربية كلها تتجرع مرارة الهزيمة ومهانة الاحتلال طوال ست سنوات. تجرع مع اهله واقاربه واحبابه كل الوان الحرمان. تنهد مدحت بعد أن تجرع النبيذ الرخيص. كان يبدو كمن يتجرع دواءً مراً. انقذ أبو احمد بأعجوبة كما ذكر الاطباء لابنه فقد كانت المادة المخدّرة التي تجرعها مركّزة جداً.

بليغ

eloquent

بَليغ
eloquent {2W}

كان خطيباً مفوهاً وكاتباً بليغاً يخلب ألباب خاصة الناس وعامتهم ويثير حماستهم وحميتهم. بهذا الأسلوب البليغ الحكيم خاطب هود ـ عليه السلام ـ زعماء قومه. لعل الكلمة البليغة التي ألقاها الرئيس مبارك في الجلسة الافتتاحية لمجلس التفاعل، تعكس عمق الآمال التي تتطلع إليها شعوب العالم عامة. كان بامكاني ان أرد بالصمت البليغ.

فَصيح
eloquent; good (Arabic) {2W}

اتسعت معرفتهم بتراثهم وتنوعت، وشملت الشعبي والرسمي، العامي والفصيح. وقع الناسخ بين اللغة الفصيحة التي اعتاد كتابتها والعامية التي ينطقها ولا يكتبها. نتيجة الاستفتاء بدت فصيحة وسافرة وواضحة. ظلت العناصر هذه ممنوعة عن دخول الشعر الراقي والصافي والبليغ والفصيح والمعتبر. قصائد حاوي لم تخلُ من كلمات وعبارات فصيحة.

مُفَوَّه
eloquent {3M}

هو المحامي الشاب والخطيب المفوه. هو خطيب مفوه قاد حملة للدعوة للتصويت. باراك ليس خطيبا سياسيا مفوها وليس لبقا بما فيه الكفاية في المقابلات التليفزيونية مقارنة بنيتانياهو. مانديلا ليس خطيبا مفوها ومع ذلك فالناس تستمع إليه بأكبر قدر من الاهتمام.

wet مبتلّ

مُبَلَّل
wet, moist {2M}

مسح يديه بقماشة مبللة. كل عين مبلل وكل قلب حزين. لا تقف على أرض مبللة بينما تستعمل عدّة كهربائية. هل يجوز لنا الصلاة في الملابس الجلدية وهي مبلّلة؟

مُبْتَلّ
wet, moist {3M}

لا أستطيع العمل اليوم لأنني مبتل فقد ذهبت الى مغسل السيارة الأوتوماتيكي، واكتشفت وأنا في منتصفه انني نسيت ان أحضر السيارة معي. هي في البحر حتى وسطها، وترتدي قميصاً مبتلاً يلتصق بجسمها. جاء بعد قليل والقميص مبتلّ وقال لي: أنا غسلت القميص. الانغماس في ماء أو التلفف بثوب مبتلّ للتبرد لا بأس به للصائم ولا بأس أن يصب على رأسه الماء.

رَطْب
humid, damp {2W}

صارت عايدة تخرج وحدها إلى الحدائق فرارا من حجراتنا الرطبة. هذه الموجة الحارة الرطبة ليس لها أي علاقة بظاهرة دفء جو العالم. لعله أيضا هذا الطقس الرطب الأرعن من هذا الصيف هو الذي يجعل الرطوبة تتسرب إلى الخلايا الداخلية. قضى سنوات في المكاتب الرطبة لتلك الصحيفة.

نَدِيّ
moist; tender {2M}

حل الليل وانتشر ضباب ندي. تذكر حنان الأم، ويديها الندية تمسح وجهك، أنها الأم، ذلك الكنز الذي لا يماثله أحد.

---

worn out بالٍ

بالٍ
worn out, ragged {3W}

الشارع مليء بالاتربة والزجاجات الفارغة وأكياس البلاستيك البالية. المسئول الكبير يرث في العادة جهاز تليفزيون باليا. يدركون ضرورة تخطي أساليب التفكير البالية. لقد اجمع كلا الفريقين على ضرورة التخلص من التقاليد البالية واستيعاب التغيرات التي شهدها المجتمع المصري خلال العقود الثلاثة السابقة.

رَثّ
worn out {3M}

رأيت من حولنا جنودا ملابسهم رثة. عرفني وصافحني بحرارة وهو ينظر في دهشة لحالتي الرثة. نطالب باعادة النظر في تنقية الجامعات المصرية من الفاسد الرث الآيل للسقوط، وتدعيمها بالجديد النافع المتقدم.

مُهْتَرِئ
worn, tattered {2W}

ينطقان بلغة انكليزية غير سليمة بينما يرتديان بيجامات مهترئة. يقطع مئات الكيلومترات في باص قديم مهترئ. يعزف على ساكسيفون مهترئ. أكد الأطباء ان الشقيقين تمكنا من البقاء على قيد الحياة بفضل ثلاث زجاجات مياه معدنية وثلاث تفاحات مهترئة. يقود حركة اصلاح واسعة داخل الكيان الاوليمبي المهترئ بالفساد والشللية. كيف لبلد أن تستقيم أموره في ظل هذه الأوضاع المهترئة.

مُهَلْهَل
shabby, tattered {3W}

إنه في الخامسة والعشرين، طويل، نحيف، يرتدي في سيقانه بنطلون جنز مهلهلاً. يسكن الكثير منهم جماعات صغيرة موزعة على بيوت وفنادق مهلهلة. كان الجيش الأحمر مهلهلا بسبب كثرة من طردوا منه أثناء عمليات التطهير. لم يتمكن المخرج من سد ثغرات السيناريو المهلهل.

apathy لامبالاة

تَبَلُّد
apathy, indifference {3M}

قد قام بهذا السلوك وهو مجرد من العواطف في حالة تبلد انفعالي. إذا اشتد الاضطراب في الفصل هجمت المعلمة على أي تلميذ وضربته، ثم تعود إلى تبلدها وذهولها. ينشأ لدى الحضور نوع من التبلد الناجم عن الرغبة في التسلية المجانية. يفضل من به مس من جنون، وكثير من التبلد، وشهوة للدم.

لامُبالاة
carelessness, apathy {2W}

الذي نبنيه بالعلم ينهدم بنا وفوقنا بالإهمال واللامبالاة والتراخي. هم غارقون في اللامبالاة وعدم الاكتراث. من المستحيل على واحدة منها أن تقف موقف اللامبالاة من الأحداث التي تشهدها المنطقة الأخرى.

تَراخٍ
carelessness, slackness; languor {3W}

منذ شهور انتقد تراخي الدول الكبرى في تنفيذ إلغاء ديون الدول النامية. أشار إلى أسباب تراخي الفريق. ذهبت مكرها إلى الطبيب الذي لامني كثيرا على هذا التراخي وأخبرني بضرورة إجراء عملية جراحية بمنتهى السرعة. الاقتصاد الكوري يظل في حالة من التراخي والكساد.

غَفْلَة
negligence; indifference {2W}

يصل في غفلته وانعدام المسؤولية فيه الى درجة الجريمة السياسية. كسب فلوسه في غفلة من مصلحة الضرائب. المصرف المركزي سيسير في الامر حتى النهاية ولن يدع للغفلة مجالاً. أدى بنا هذا التخلف الايجابي ايضا الى الغفلة عن اننا نعيش على منجزات الحضارة الغربية دون ان نحاول فهمها واللحاق بها.

قُصور
inadequacy; negligence {3M}

يتهمون قادة «الجماعة» بـ «الجهل والقصور في العلم». لم يعد جائزاً قبول أي «قصور أو تقصير» بعد اليوم. قصور التيار الديموقراطي العربي وضعفه لا يسمح بعمليات انتخابية أوسع. طرح هذا الموضوع مرات عدة وجرى اتهام الاعلام العربي «بالتقصير والقصور» في مجالات عدة.

تَقْصير
inadequacy; neglect في *of* {2D}

كان ليكود في المعارضة يتهم الحكومة بالتقصير في الرد. اتهمت النقابة الوطنية للتعليم الجامعي أمس الحكومة بالتقصير والتهرب وعدم الوفاء بالالتزامات. علينا ان نأخذ للأمر عدته حتى لا نتهم انفسنا وتتهمنا اجيالنا القادمة بالتقصير. لا شك ان هناك قصوراً وتقصيراً في المعالجة وفي شرح الحقائق وتقييم الانجازات وتقديم الأدلة والبراهين.

تَقاعُس
negligence; aloofness {3W}

ان هذا التقرير دليل على تقاعس الدولة اللبنانية. لا احد يستطيع ان يتهمنا كرجال اعمال فلسطينيين بالتقاعس. لا يكون هناك تقاعس (من جانب اسرائيل) في تنفيذ الاتفاق. ما من مبرر قدم لتفسير تقاعس الدول الغربية عن تسديد التزاماتها. اتهموهما بالتقاعس والخيانة وتم طردهما من تل الرماد.

تكاسُل
laziness {2M}

التدخل الحكومي في النشاط الاقتصادي بطريقة كبيرة يؤدي للتكاسل وعدم الإحساس بالمسئولية. هل من المقبول أن تسير الامور بهذا البطء وهذا الاهمال والتكاسل؟

اِسْتِهْتار
negligence, recklessness; irresponsibility {2W}

يقول بعضهم علناً انه لولا اهمال الجهاز الأمني واستهتاره لما وصل الأمر الى هذا الحد من البشاعة. اطاح ياسر محمد الكرة باستهتار عندما «غمز» الكرة العرضية وهو على بعد ٣ امتار. رفض التعيين واعتبرها مسّاً بالديموقراطية واستهتاراً برأي الشعب. وصف النائب محمد أبو عليم حكم الاعدام بأنه «استهتار غير انساني بأرواح البشر لا يمكن السكوت عنه».

إِهْمال
neglect {2D}

هذه المخطوطات كانت عرضة لعوامل الضياع والاهمال وغير ذلك. تعاني من مشاكل اقتصادية عدة تعود جذورها الى الإهمال الإداري. باعت ضمائرها وسقطت في خطيئة الرشوة والاهمال والتسيب. تلاحق النيابة العامة الطبيب بتهمة الاهمال في العمل. هم الذين يسببون الحوادث من خلال السرعة والإهمال وعدم التقيد بقوانين السير.

تَهاوُن
neglect, indifference {2W}

الحكومة الأردنية ستعمل مع جميع الأشقاء والأصدقاء لتحقيق ذلك دون تهاون أو استخزاء. حذر الوزير من أي تهاون في مواجهة الغش الفردي أو الجماعي داخل لجان الامتحانات. حذر من التهاون في إجراءات حماية الاقليات.

اسْتِهانَة
indifference (ب to) {2W}

تتصنع الضحك والاستهانة لتخفي شعورا باطنا بالقهر. لا يمكن الاستهانة بهذا الكلام. لم أكن أتصور أن يصل الأمر في بلدنا إلى هذا الحد من الظلم والاستهانة بشباب بلدنا.

تَواكُل
indifference {3M}

فقدان الثقة في الموظف المصري هو أحد الأسباب الرئيسية التي أدت إلى تواكله وتكاسله وعدم اهتمامه بعمله. شعبنا المصري هو من اكثر شعوب العالم تواكلا واغراقا في الخرافة. ان قذارة القاهرة تولدت من اكوام من اللامبالاة والتواكل.

تَوانٍ
negligence, indifference {3M}

الذين ينتصرون في نهاية المطاف لم يجدوا أي مكان للكسل أو التوانى. يجب أن يراعي عمله على أكمل وجه، دون توان أو تأجيل أو مماطلة.

بنت

daughter

see امرأة

اِبْنَة
daughter {3D}

اختارت الآلهة ابنته الوحيدة لتكون قربانا لتنقذ القبيلة من الموت. الملك حسين له ١٢ أبنا وابنة من أربع زوجات منهم خمسة ذكور. قد حصلت ابنتي الكبرى على شهادتها الجامعية وأحبت زميلا لها وخطبت له. أخذت ابنتي زينب الصغيرة لاداء صلاة الجمعة في المكان المخصص للسيدات.

بِنْت
daughter; girl {2W}
pl: بَنات

أعلن الديوان الملكي السعودي مساء أمس وفاة الأميرة منيرة بنت محمد بن عبدالرحمن آل سعود عن عمر يناهز الرابعة والسبعين. البنت التي أحببتها قد سافرت امس. تصل حاملة طفلها؛ اسألها عما اذا كان صبياً او بنتاً. قد رزقه الله بولد وبنت. رفض معلمون في فرنسا تعليم بنات مسلمات يرتدين الحجاب. يجب ألا تخدعنا الأموال ونبيع بناتنا للأزواج الأجانب. أرجوك أن تناشد كل الرجال ألا يظلموا زوجاتهم وبناتهم لكيلا يحكموا عليهن بالتعاسة والشقاء طوال العمر. (Eg) حميدة عملت ايه عشان تجوز بنتها.

كَريمَة
daughter; [(fem adj) *generous, noble]* {2M}

قامت شلسي كريمة الرئيس الأمريكي بزيارة ثانية إلى معابد البر الغربي. الخطاب الثاني كان من فردوس توفيق كريمة المرحوم اللواء محمد توفيق باشا. كانت الطائرة تستعد للإقلاع، وطلب الراكب استبدال مكانه ليجلس بجوار كريمته. قال إنه سافر من أجل ابن كريمته.

بندقية rifle, gun

بُنْدُقِيَّة
rifle, gun {2D}
pl: بَنادِق

البندقية الاميركية «أم ١٦» هي الأفضل. عثر في المنزل المحاذي للموقع الاستيطاني في وسط المدينة على بندقية آلية وبندقية صيد وذخيرة. ذكر ان ثمن بندقية «كلاشنيكوف» هو ٤٠ دولاراً له ١٠ دولارات منها. صوّب بندقيته نحوه. كان يعمل سائقاً في الجيش وخطف بندقية زميل له ليطلق الرصاصات القاتلة.

مَدْفَع
(big) *gun; cannon* {2D}
pl: مَدافِع

يمارس مهمة اطلاق المدفع. قصفت القوات الاسرائيلية بمدافع الدبابات بلدة برعشيت واطراف بلدتي صفد البطيخ وتبنين. قصف المتمردون بمدافع الهاون والـ «آر. بي. جي»، مواقع قوة السلام التشادية. «المدافع الثقيلة» جندت في الدفاع عن نتانياهو. عاد جزء كبير منهم بعد ان هدأت اصوات المدافع.

رَشّاش
machine gun {2W}

احتفلت روسيا امس بمرور نصف قرن على بدء استخدام رشاش «كلاشنيكوف» في قواتها المسلحة. فتح النار من رشاشه باتجاه مجموعة من الاسرائيليين في سيناء فقتل سبعة اسرائيليين. القوات الموالية للحكومة استولت على ثلاث دبابات و٢٥ مدفعاً رشاشاً وصواريخ من طراز «سام».

مُسَدَّس
revolver, pistol {2D}

ذكر ان السلاح المستخدم في الجريمة مسدس عيار ٣٨. يشير الى قريبه اسماعيل الذي لا عمل له سوى التجول بمسدسه في انحاء القرية. انتحر بمسدس حارسه. كان يتمشى في جميع الأماكن حاملا مسدسه على جنبه وسكينا وقنبلة.

سِلاح
weapon; gun {2D}
pl: أَسْلِحَة

دعوته لحمل السلاح. اعتقلته الشرطة لحمله سلاحاً غير مرخص. تشن السلطات اليمنية حملة اعلامية واسعة على ظاهرة حيازة السلاح وحمله من دون ترخيص رسمي داخل المدن وخارجها. ادى ذلك الى انتشار السلاح الفردي.

بنطلون pants

بَنْطَلون
pants, trousers {2W}

يرتدي بدلة كاملة بدلا من القميص والبنطلون. يلبس بنطلونه الشورت. يرتدي حذاء صنع في إيطاليا وبنطلونا صنع في كوريا وقميصا صنع في الصين. (Lev) يا بني آدم افهم ان هذه كلية موش مطعم... ممنوع الدخول بالمقطب... روح البس بنطلون وتعال.

بَنْطال
pants, trousers {2M}

ترتدي تحت ثوبها بنطال اسود. لحظتها قررت أن ما تحتاج إليها حقيقة هو بنطال جينز.

سِرْوال
pants, trousers {2M}
pl: سَراويل

نزعت قميصي وسروالي وقفزت الى الماء. كانوا يرتدون سراويل «جينز». تعتبر السراويل الداخلية الطويلة من المكونات الخاصة بالزي السعودي. بات في حاجة إلى سروال جديد.

بنفسجي purple

أُرْجُواني
purple {2M}

تدرجت ألوانها من الأحمر الارجواني الى الأسود. تخصصت فينيقيا في انتاج اللون الارجواني.

بَنَفْسَجي
purple {2W}

الزهور البيضاء ترمز للنقاء والصفراء للعاطفة وكذلك الزرقاء والبنفسجية والحمراء. اللون البنفسجي أرقى الألوان وأعقدها. لها اضرار اكثر لاحتوائها على نسبة كبيرة من الاشعة فوق البنفسجية.

---

son ابن

see شابّ، طفل

اِبْن
son; child {2D}
pl: أَبْناء، بَنون

الضحية عمره ٣٤ عاما، متزوج وله ابن عمره عامان. علمت من الصحف أن ابن الرئيس الأمريكي السابق في زيارة لكوريا. عرف بوش (الابن) بتوجهه المحافظ. تلك المشروعات توفر فرص عمل لابناء القرية. اهتموا بالكلاب ونسوا بني آدم.

حَفيد
grandson {2D}
pl: أَحْفاد

أمنيتي أن أرزق بحفيد في العام الجديد. حفيد ستالين لا يزال يحلم بإعادة الإمبراطورية السوفيتية. أنا أرى اولادي واحفادي مهتمين للغاية بالكمبيوتر والانترنت. ترك الجد العمل الذي ينهمك به والتفت الى حفيده. ترك وراءه أكثر من ستين ولداً وحفيداً. هناك استقبلهم قوبلاي خان امبراطور الصين، الذي كان حفيدا لجنكيز خان.

سَليل
son; descendant {3M}
pl: سَلائِل

إن ونستون تشرشل (١٨٧٤ – ١٩٦٥) سليل واحدة من أكثر الأسر البريطانية عراقة. انه شخص له مكانته ووضعه في المجتمع باعتباره سليل اسرة من اكبر الاسر الامريكية واشهرها واكثرها ثراء. هذا يؤكد التواصل الحضاري بين المكتبة القديمة وسليلتها المكتبة الجديدة.

لَقيط
abandoned child {2M}

هو اللقيط الذي لم يعرف لا أمه ولا أبيه. قد تم الاعتراف منذ القدم لكل طفل، حتى اللقيط، بحقه في ان يكون له والد. سخر منه رفاقه قائلين للاستاذ بأنه لقيط ولا بيت له. بدأ حياته طفلا بائسا، وربما لقيطا، يطارد من مكان الى آخر ويبحث عن صدر حنون يضمه فلا يجد.

نَجْل
son; descendant {3D}
pl: أَنْجال

توفي الملك المغربي الحسن الثاني، وصعد إلى العرش نجله الملك محمد السادس. يشكو من كثرة ما يقع على عاتق والد العريس من التزامات مادية لإتمام زفاف نجله. لم اتمالك نفسي من هول الصدمة ولم اتخيل انني فقدت نجلي الأكبر الذي لم يتجاوز عمره ٢٤ عاما. رفضت فرنسا استقبال النجل الاكبر للرئيس العراقي.

وَلَد
son; [see طفل; child, boy] {2D}
pl: أَوْلاد

هو الولد الأصغر في العائلة. قال ناطق باسمه ان «الفايد فقد ولده الحبيب وأصيب هو وزوجته بصدمة كبيرة لهذه الخسارة». هذه الآية الكريمة تدل على أن الله تعالى أرحم بعباده من الوالد بولده. أكثر شيء أدهشني في أمريكا: طاعة الآباء لأولادهم! الاسرة مكونة من أب وزوجة وثلاثة من الاولاد. انت تعلم ان اغلى شيء لدى الانسان اولاده.

---

to build بنى

بَنى
to build sth {2D}
VN: بِناء يَبْني

الناس يبنون المساكن ويشترون السيارات وينجبون الأطفال ويسلون أنفسهم ويعيشون حياتهم. الهرم الأكبر هو أول عجائب الدنيا السبع قديما.. وأعظم اثر بناه الإنسان. هذه الاتفاقية بنيت على أساس الأخذ في الاعتبار الفجوة بين الدول النامية والدول المتقدمة.

شادَ
to construct, build sth {3M}
VN: شَيْد يَشيدُ

قال انه لا سبيل لاجتياح خط بارليف، الذي شادته اسرائيل على الضفة الشرقية للقناة الا بسلاح وحيد هو القنبلة الذرية. شاد المصري حضارة لا مثيل لها دامت ألوف السنين. لقد شاد خلفاء الرسول العظيم اكبر امبراطورية وارقى حضارة خالدة على مر العصور.

شَيَّدَ
to construct, build sth {3D}

شيد مدينة في الهند باسمه. لماذا كان المصريون القدماء يشيدون غرف الدفن بهذه الفخامة؟ يكفي أن تعرف أن الجزائريين يشيدون مسجدا كل يوم، وعدد المساجد التي يقيمها الجزائريون حاليا أكثر عما كانت عليه في سنوات الاستقلال الأولى.

عَمَرَ
to construct, build sth; [to live long; flourish] {2M}
VN: عِمارَة يَعْمُرُ

سندخل عليكم القدس التي اغتصبتموها وسندمر كل ما عمرتم وكل ما أنشأتم فيها ونعيدها عربية إسلامية كما بدأت. يصف عباده المؤمنين الذين يعمرون المساجد أنهم رجال لا تشغلهم الدنيا وزخرفها. في وقت من الأوقات كانت المساجد لا يعمرها إلا الشيوخ الكبار الذين أكل الدهر عليهم وشرب.

أَقامَ
*to set up, erect sth; [*see عاش; *to dwell]* {3W}

أقامت الحكومة السابقة مستوطنات على رؤوس التلال. أقاموا ملاعب للجولف، وحلبات للتزلج على الجليد. قرر الخليفة عبد الملك بن مروان أن يقيم بناء متميزًا فوق الصخرة ليكون أول صرح معماري يقيمه المسلمون في القدس. أقامت قوات الأمن حاجزاً أمنياً على مشارف بلدة عقرة. أقاموا مطاعم لعمال الأسواق.

أَنْشَأَ
to build, construct, found sth {3D}

أنشأ البناء وزيّنه وكساه وفرشه وفق أذواقه الخاصة. في الخارج توجد المتاحف الخاصة التي ينشئها الاثرياء ورجال الاعمال. أنشأ الأب ورشة ميكانيكية. هو الذي انشأ المدارس الحربية في مصر.

نَصَبَ
to set up, erect sth; to pitch (a tent) {2M}
VN: نَصْب يَنْصُبُ

نصبت خيمتان كبيرتان قرب قاعدة الاستقبال الأميرية في المطار. اضافت ان اجهزة الامن نصبت مكمنا في المحافظة امس وتمكنت من القبض على حسين. قوات الأمن نصبت كمينا لتسعة ارهابيين من بينهم امرأة. ونصبوا له قنطرة عظيمة رمزية مرّ من تحتها. نصبوا خيمتين وأوقدوا نارا. نصبوا عَلَما عليها.

---

building — مبنى

بِناية
building {2D}
pl: بِنايات

مقر البيت الأبيض في البناية رقم ١٦٠٠ في شارع بنسلفانيا. ٤٢٥ ألف بناية في القاهرة مهددة بالانهيار. صعد إلى سطح إحدى البنايات وبدأ في اطلاق النيران على المارة. انفجرت قنبلة بجوار ساحة انتظار سيارات أدت إلى تحطيم نوافذ البنايات السكنية المجاورة.

بِناء
building; [VN building] {3D}
pl: أَبْنِيَة

يقع حصن جبرين بولاية بهلاء وهو عبارة عن بناء كبير مستطيل الشكل قام ببنائه الإمام بلعرب بن سلطان اليعربي. لا نترك نصف البناء القديم قائما ونبني بجانبه نصفا جديدا. قررت مدينة شيكاجو زرع حدائق على أسطح أبنيتها. كل شيء في مانهاتن عملاق، والشوارع واسعة، والابنية عالية. يدور الحوار حول دور المرأة في البناء الاجتماعي.

مَبْنًى
building {2D}
pl: مَبانٍ

أغلق الجيش مبنى البرلمان. ستتم إزالة هذه المباني القديمة. احتل عشرات الأكراد الغاضبين مبنى السفارة اليونانية في روسيا قبل أن تقنعهم قوات الأمن بمغادرته. انفجرت أمس قنبلة بمركز تجاري قريب من مبنى الكرملين بالميدان الأحمر في موسكو. وقع انفجار عنيف أمس في أحد المباني السكنية بمدينة سانت بطرسبرج.

صَرْح
castle; impressive structure/institution {3W}
pl: صُروح

مستشفى أسيوط الجامعي هو الصرح الطبي الوحيد في صعيد مصر. مكتبة مبارك تعد احد صروح مصر في الثقافة والمعرفة. قال الوزير ان كلية القادة والاركان هي أحد صروح المعرفة والثقافة العسكرية.

عِمارَة
building; architecture {2D}

تقف أمام باب العمارة كل يوم سيارة مرسيدس أنيقة لابد أنها سيارة مسئول كبير. نقيم في عمارة بأحد أحياء القاهرة ويقيم بالقرب منا أحد أقارب زوجي. يصل عدد العمارات السكنية إلى ٣٨٨ عمارة. ضريح السلطان قايتباي يعد قمة الفن المملوكي في الزخارف والعمارة.

ناطِحَة سَحاب
skyscraper {2W}

في القلب من عاصمة الرشيد اقيمت ناطحة سحاب تعد الأعلى من نوعها في العالم العربي حتى الآن. مبنى الامباير ستيت أول ناطحة سحاب في أمريكا. كيف تحدد ارتفاع ناطحة سحاب باستخدام البارومتر؟

---

pale — باهت

باهِت
pale, faded {3W}

ارتسمت ابتسامة باهتة على وجهه. أصبحت الحدود باهتة بين العمل السياسي وما هو غير سياسي. يقول د. زين نصار ان افضل مسلسل اعجبني هذا العام هو مسلسل «امرأة من زمن الحب» فقد قدم قيما جميلة ومبادئ اصبحت للأسف باهتة في المجتمع المصري.

شاحِب
pale; haggard {3W}
pl: شواحِب

كل ما أذكره انه شاب صغير ضئيل أصفر شاحب. لقد رحت أتأمل ملامحه التي بدت شاحبة من فعل اللوكيميا. شارك في جنازة الملك حسين التي بدا خلالها شاحبا رغم محاولته اثبات قدرته على الحكم. وجهها شاحب.

---

delightful — مبهج

مُبْهِج
delightful; pleasant {3M}

كان حضور الأفلام مع الأطفال مبهجا. أصبحت الحديقة منذ افتتاحها مزارا لعشرات الألوف من المواطنين البسطاء وأسرهم يقضون فيها أوقاتا مبهجة مقابل تذكرة دخول بسعر رمزي. لبمباي أسواق فسيحة مبهجة ومع أن الجو ليس طيبا إلا أن كل شيء موجود. جعل الكل يرسمون ملامح للموسم الجديد بالوان زاهية ومبهجة.

مُفْرِح
delightful {3W}

المفرح في هذا البحث ما جاء فيه من أن أذربيجان تشهد اليوم حركة موجهة لإحياء الإسلام. منظر المقبرة مفرح وهي في الضوء غارقة. شكراً لمشاركتكم المفرحة والمثمرة. في المساء جاء النبأ المفرح.

---

door — باب

باب
door, gate {2D}
pl: أبْواب

ترك حقيبته عند باب الغرفة. بدأوا بتكسير المقاعد في المدرجات عندما خسر فريقهم فتدخلت الشرطة لتفريقهم وأقفلت باب الملعب. الطائرة كانت قد اغلقت ابوابها. اتفاق شرم الشيخ يفتح الباب أمام تسوية دائمة مع الفلسطينيين. بعد إقفال باب المناقشة وافق المجلس على التقرير. دعا الى فتح باب الاجتهاد من جديد.

بَوّابَة
gate, door {2D}
pl: بَوّابات

ستباع تذاكر المباراة امام بوابة النادي. كنت خارجا بأولادي وزوجتي من بوابة احدى مدن الملاهي الترفيهية. تعتبر البطولة بوابة التأهل الرسمية للدورة الأوليمبية. النظام العراقي خدع الأمة تحت شعار حماية البوابة الشرقية للوطن العربي.

مَدْخَل

*entrance, gateway; [*see مقدّمة; *introduction]* {2D}

pl: مَداخِل

رحب بي الرئيس فورد عند مدخل البيت الأبيض. تجمهر مؤيدوها أمام مدخل البناء. قوات الاحتلال أغلقت مداخل المدينة. بورسعيد على مدخل قناة السويس من الشمال. يتخذ من هذه الحقيقة مدخلا للحديث عن فضل المصريين القدماء.

مِصْراع

leaf or panel of a door {3M}

pl: مَصاريع

الباب مفتوح على مصراعيه the door is wide open

وجد الضيوف باب الدار مفتوحا على مصراعيه. أبواب السفر للدول العربية سوف تفتح على مصاريعها أمامه. فتح أبواب الحرية والديموقراطية على مصاريعها. فُتحت له أبواب عالم الازياء الراقية على مصاريعها فبدأ حياته العملية في بيت الأزياء الشهير ديور.

بوق trumpet

بوق

trumpet, bugle {3W}

pl: أَبْواق

أدينا النشيد الوطني اللبناني برفقة نسيم معلوف على البوق وجهاد عزقول على الغيتار. على اعضائه اطلاق بوق التحذير قبل فوات الأوان. كان الريحاني أول من نفخ فعليا في بوق القومية العربية. الصحافة هي بوق السلام، وصوت الأمة، وسيف الحق القاطع.

نَفير

trumpet; [band, group] {3M}

يضم الاوركسترا السيمفوني الابواق والنفير والفلوت وغيرها. لا فائدة من التوتير والتصعيد والنفخ في نفير الفتنة.

بيت house

بَيْت

house {2D}

pl: بُيوت

أنا في طريقي الى بيتي. ادخل البيوت من أبوابها. سعدنا بلقائه في الأزهر والحسين وغيرهما من بيوت الله. البيت الأبيض. بيت الشرق في القدس. انها ربة بيت لاتزال تقوم بالأعمال المنزلية الحيوية دون أجر.

دار

house {2D}

pl: دور، دِيار

جاء إلى بغداد ومكث في داره سنة. عقدت الجلسة في قاعة دار الطالبات بجامعة تونس. تشاهد الفيلم في دار السينما. دار الأوبرا. دار الكتب. مؤسسة دار العلوم. شركة دار المعارف. لاحظ تراجعا في الأفلام التاريخية الملحمية في دور السينما الأمريكية. لقد أوجب الله على المؤمنين الهجرة من ديار الكفر إلى ديار الإسلام. دار الحرب.

مَسْكَن

house, residence {3D}

pl: مَساكِن

تعيش أمي وحيدة في مسكنها. يعتبر التفتيش في هذه الحالة اعتداء على حرمة المسكن ومخالفة للدستور والقانون. تم توصيل الغاز الطبيعي إلى أكثر من مليون و٦٧ ألف مسكن. يقوم الأطفال والمراهقون والشباب بمعاكسة الفتيات بالطريق أو داخل المساكن عن طريق النوافذ.

شَقّة

apartment, flat {2D}

pl: شُقَق

أقيم أنا وزوجي في شقة واسعة. سمعت الأسرة دقات على باب الشقة. مازال يسكن هو وأسرته في إحدى الشقق المفروشة.

مَنْزَل

house, residence {3D}

pl: مَنازِل

سافرت إلى منزل خالي وهو شقة جميلة جدا. الوقت تأخر بنا ولابد من العودة إلى المنزل. كنا على مائدة العشاء بمنزل السفير المكسيكي. قتلت مئات الآلاف واستولت قسرا على الأراضي والمنازل والممتلكات.

bureaucracy بيروقراطية

بيروقْراطيّة
bureaucracy, red tape {2D}

يتوقعون أن تكثف الحكومة الجديدة جهودها لمكافحة البيروقراطية. البيروقراطية هي السبب الرئيسي الذي يعوق الكثير من الأفكار الجادة. تحتاج إلى ثورة شاملة لإصلاح النظام الإداري إصلاحا جذريا يؤدي إلى القضاء على البيروقراطية والروتين الحكومي.

روتين
bureaucracy, red tape {2W}

الحكومة تريد الاسراع بالقضاء على الروتين الحكومي وعلى العراقيل البيروقراطية لاجتذاب الاستثمارات الاجنبية. إنها خطوة أولية لحل مشكلة الروتين والبيروقراطية ومواجهة الفساد.

---

between بين

see خلال

بَيْنَ
between, among {2D}

المسافة بين المدينتين تزيد على ال ٢٠٠ كيلو متر. أرى ان المجال واسع جدا لتطوير وتنمية العلاقات بين الدولتين. يقول حنا ناصر رئيس بلدية بيت لحم إن ما بين ٥٠ و ٦٠ ألفا سيحتفلون بعيد الميلاد في المدينة. لم نسمع عنه أنه كان من بين أحلامه التخطيط لملاعب الجولف.

ثَنايا
(preceded by في or بين) *in, between, among* {3W}

إن ما حمله هذا العصر من تطورات هائلة في مجال تكنولوجيا الاتصال والمعلومات قد احتوى بين ثناياه بعض التغيرات الثقافية الإيجابية. ربما كان بين ثنايا هذا الرأي درس للملك الجديد. كانت النزعة الاشتراكية تتوهج في ثنايا قصائده.

ضِمْنَ
in, inside, among {2D}

كان من ضمن ركاب الطائرة المصرية الدكتورة جيهان مصطفى. مثل هذه الأنشطة كانت ضمن أهداف إنشاء هذا البنك. على الرغم من معرفته بأهمية هذا الجانب السياسي من الاتفاق، إلا أنه لا يدخل ضمن اختصاصات اللجنة العسكرية للأمم المتحدة. الذي يقلقنا ان الساحل الشمالي للدلتا يقع ضمن المناطق المعرضة للإغراق.

وَسْطَ، في/ مِنْ وَسَطِ
in the middle of, amid, among {2D}

يعيش ٤٠٠ مستوطن يهودي وسط ١٥٠ الف فلسطيني. هو نجم البطولة خاصة أنه سيلعب وسط الجماهير المصرية التي أعرف انها تعشق فريقها وتحب كرة اليد. رغم أن ابنتي مكثت في وسط الحريق والدخان لمدة خمس ساعات، فإنها لم تصب بأي مكروه. خرج من وسط الدخان الكثيف.

businessman تاجر

تاجِر
businessman, merchant {2D}
pl: تُجّار

كان والد الشقيقين تاجر قهوة في القاهرة. مؤسس عائلة كيندي لم يكن أكثر من تاجر خمور. التاجر يبحث عن الربح ولا يفكر في سمعة السياحة في بلاده.

رَجُل أَعْمال
businessman {2D}
pl: رِجال أَعْمال

هو رجل أعمال ومهندس استشاري كبير ومرموق. هويته الأولى هي رجل أعمال – اما تجارته فهي الحرب المقدسة من اجل المال. التقى الرئيس مبارك مع رجال أعمال يمثلون أكبر الشركات والمؤسسات الاقتصادية والتجارية في اليابان.

صاحِب مَحَلّ/ دُكّان/ مَتْجَر
shop owner {2M}

هو صاحب محل النظارات. هو صاحب محل طرشي. هو صاحب محل مجوهرات. أجابت صاحبة محل التجميل أن المرأة الخليجية تتزين لأمرين: لزوجها ولصديقاتها. تقدم الولد إلى صاحب الدكان ورفع عن ساقه فرأى ان ساقه مرتكزة على قضيب من حديد. أغلق صاحب المتجر باب دكانه.

---

dust, soil تراب

تُراب
dust, dirt, soil {2W}
pl: أَتْرِبَة

كانت أكوام التراب تحاصرنا ونحن نتجول في المبنى. لا تنفض التراب عن كتب التاريخ. أوصلت الكهرباء إلى كل بقعة من تراب مصر. تم حتى الآن حفر ٤٦٠ ألف متر مكعب من الأتربة.

تُرْبَة
(arable) *soil; [see* قبر*; grave]* {2M}

المشكلة الأولى أمام التطور الاقتصادي في هذه المنطقة هي تدهور خصوبة التربة. مطلوب دراسة التربة المصرية للتعرف على قوة احتمالها للزلازل. يحاولون أن يغرسوا في التربة العربية شجرة المسئولية والحرية.

غُبار
dust {2W}
لا غبار عليه incontestable

يخترع جهازا ينقي الهواء من غبار مصانع الأسمنت. ينفض عن نفسه غبار الرحلة إلى أسوان. يبدو أن لديه صعوبات في تقبل واقع لا غبار عليه.

هَباء
dust {3W}
ذهب (ضاع) هباء went for naught ('gone to dust')

أموال كثيرة ضاعت هباء. تذهب ارواحهم هباء. يريد ألا يذهب العمل الذي تم انجازه هباء. السنوات الأزهرية الأربع في حياة الدكتور لم تذهب هباء.

هَباب
fine black dust (as a result of burning sth) {2M}

انقشع الهباب عن سماء القاهرة بعد ان احمرت عيون والتهبت صدور. أخرجت السيارة من مؤخرتها دخانا أسود كالهباب اختنقت به الشجرة حتى كاد يغشى عليها. كلنا في الهباب سواء.

to leave ترك

بَرِحَ
to leave (a place); *[*see زال ; (with neg) *to still be]* {3W}
بَراح :VN يَبْرَحُ

وجدت أنه لم يبرح فراشه حتى قام لصلاة الصبح. لا يبرح أحد منكم الفندق بمفرده ليلا أو نهارا. مازلنا في الدنيا لم نبرحها. لن أبرح الارض حتى يأذن لي أبي.

بارَحَ
to leave (a place) {3M}

كانت أمي مريضة كل الوقت لا تبارح السرير. سرعان ما ترك ذلك كله وبارح عمان متوجهاً الى القدس حيث عمل في المحاماة. بارح موطنه مبكراً حيث توجه الى باريس ليصبح بسرعة مصمماً وراقصاً.

تَرَكَ
to leave (a place)*; to leave sb/sth behind; to not take sth; to leave, bequeath sth* ل *to sb; to allow sb to do sth* (with imperfect verb) {2D}
تَرْك :VN يَتْرُكُ

لابد أن يترك الانجليز بلادنا وأن تتحرر مصر نهائيا. ترك زوجته وهي حامل في أيامها الأولى. إنني في بعض الأحيان أترك سيارتي لأستمتع بالمشي. يبدأ المؤتمر وينتهي دون ان يترك اثرا. ترك الملك حسين رصيدا من الحب الجماهيري لوريثه الملك عبد الله. تركه يرحل في سلام. تركهم يقولون رأيهم.

خَرَجَ
*to go out, exit (*من/ عن *from)* {2D}
خُروج :VN يَخْرُجُ

كانت المرأة تخرج من بيتها. كان العالم يخرج من عاصفة الصحراء الى النظام العالمي الجديد. خرجنا من المقبرة، ودخلنا الدار. خرج العرب المسلمون من الجزيرة العربية فاتحين ينشرون دينهم وحضارتهم. وخرج نانت من دور الـ٤٦ لمسابقة كأس فرنسا نتيجة خسارته امام مضيفه المغمور فيترول (٢\١) في الوقت الاضافي. «الجماعة» تخرج عن صمتها وتتبنى مجازر الجزائر.

تَخَلّى
to give up, abandon, leave عن *sth* {3D}

تخلى عن زعامة الحزب. لن نستطيع بحال من الأحوال أن نتخلى عن مسئولياتنا. تخلى ادوارد الثامن ملك بريطانيا عن العرش ليتزوج من المطلقة الأمريكية واليس سيمبسون.

اِنْسَلَّ
to slip away, sneak out من *from* {2W}

استطاع بعد مناورة حذرة ان يفتح الباب باحتراس شديد وينسل من المكان ليخبر امن المبنى. حاول الحضريوي تمرير الكرة وردها الدفاع لتعود اليه مجددا فرفعها عالية وانسل راغب من خلف الدفاع و«كبسها» برأسه بعيدا. يظن انه تناقض في الدين، فيتحير به فينسل من الدين انسلال الشعرة من العجين. انسلّ من مجلسنا – وهو باق بجسده – الى عوالمه الشاسعة.

اِنْصَرَفَ
to leave, depart; to turn one's attention إلى *to; [to abandon* عن *sth/sb]* {3D}

انصرف الطلاب بعد أن وعدهم المسئولون بتحقيق مطلبهم. انتهت المقابلة وانصرف الشاب شاكرا. حاولت إعطاءه ٥ جنيهات إلا أنه شكرها ولم يأخذها، وانصرف. انصرف الرجال من هناك وذهبوا نحو سدوم. انصرف الفلسطينيون والعالم كله إلى هدف أكثر تواضعا.

غادَرَ
to leave (a place) {3D}

غادر القاهرة أمس وزير داخلية الأرجنتين كارلوس كوراشي، بعد زيارة استغرقت ثلاثة أيام. لا أغادر مكتبي حتى أتأكد من عدم وجود أحد. ٤٧٠ لاجئا عراقيا غادروا الى أميركا. الشيخ سيد مكاوي الموسيقار العربي غادرنا الى رحاب الله يوم ١٢ نيسان (ابريل).

هَجَرَ
to abandon sth, leave sth behind; [see هاجر، طلّق*; to emigrate; to leave]* {3W}
يَهْجُرُ VN: هَجْر

كنت أهجر منزل الزوجية حتى آخر الليل هربا من لسانها الطويل. اختارت مصر أن تهجر طريق الحرب واختارت طريق السلام. هجرني اولئك الذين كنت أحبهم، ونسيني الذين كنت أعاشرهم.

---

tired متعب

تَعْبان
tired, sick {1-2M}

اتصل بي في العمل وقال لي انه تعبان فتركت عملي وعدت مسرعة. إن حالة بيع وشراء البلح تعبانة جدا بسبب كثرة الإنتاج وزيادة المحصول والركود بالمقارنة بالعام الماضي. قام وأحضر لي كرسيا وقال إنتي الواضح إنك تعبانة.

مُتْعَب
tired; [exhausting: مُتْعِب*]* {3D}

انسحب قبل اسبوعين من انطلاق البطولة لأنه متعب ذهنيا وبدنيا على حسب قوله. يعود آخر الليل هامد الجسد.. متعبا مرهقا. في ليلة العشرين من أكتوبر عام ١٩٤١ كان القلب المتعب قد آن له أن يستريح بعد خمسة وخمسين عاما.

مُجْهَد
worn out {3W}

عادت المرأة إلى البيت مجهدة بعد عناء يوم طويل. يرتمي على الأرض مجهدا ليستريح. كنت أقابل مسئولا بوزارة الخارجية الأمريكية يبدو مجهدا وغارقا في عرقه.

مُرْهَق
exhausted {2W}

يرجع من عمله مرهقا. الملك حسين ظل مرهقا منذ عودته لعمان. ادركت موسكو حقيقة انها عاصمة روسيا الاتحادية المرهقة وليس الاتحاد السوفياتي.

مُنْهَك
tired, worn out {3W}

بدا منهكا متعبا من طول وقفته. يقول إن الشعب الكشميري قد اصبح منهكا من هذا الصراع. إنه مجتمع فقير الموارد كثير السكان منهك ومتعب من طول المعاناة.

مَنْهوك
tired, worn out {3M}

يقدمه المخرج في صورة شخص منهوك القوى. كلما نفذت الابنة أمرا من أوامر الأم ألقت بجسدها المنهوك على الكنبة لتغفو قليلا.

مُتَهالِك
worn out, worn down {3W}

البنية التحتية متهالكة. السقف متهالك، والجدران مشققة ومتسخة. المواطن نفسه فقد القدرة على التمييز بين العملة المتهالكة الصحيحة والمزيفة.

---

troubles متاعب

see بؤس، فقر، مشكلة

تَعَب
trouble, toil; [fatigue] {2W}
pl: أَتْعاب = fees

جمعوا ثرواتهم بتعبهم. الجزاء بقدر التعب. أشعر أن الله سيكلل تعبنا بنجاح إن شاء الله.
يضطرّ لدفع أتعاب المحامين. الطبيب يترك للمريض وأهله حرية دفع الأتعاب له دون أن يحدد لهم مبلغا معينا من المال.

مَتاعِب
troubles, difficulties {2D}

يتحدث عن متاعب المسنين في ركوب القطارات. يدرك أن الحياة مليئة بالمتاعب والمصاعب.
تغلب على الارهاق ومتاعب العمل وهموم الحياة. أصبح على الفتاة ان تواجه المتاعب والمشاكل التي تنتهي إليها.

مَشَقَّة
difficulty, trouble; labor {2W}
pl: مَشاقّ

أكد على أهمية الاستمرار في الارتفاع بمستوى اللياقة البدنية والذهنية للفرد المقاتل حتى يصبح قادرا على تحمل مشقة القتال في الميدان. الدنيا لا تخلو من التعب والمشقة والجنة خالية منها. انخفاض العملة الأوروبية سوف يجعل المفاوضات مع المستوردين الأوروبيين أكثر مشقة خاصة في السلع التي يتم توريدها إلى هناك.

مَصاعِب
difficulties, troubles {2W}

من المعتاد أن يتحمل الرياضيون بعض المصاعب في ظروف المنافسات خاصة في الدورات الكبرى. الحياة مليئة بالمتاعب والمصاعب. العمل العربي المشترك تعرض لجميع أنواع العراقيل والمصاعب وأصبح اليوم أمام تحد كبير. التصوير الفوتوغرافي مهنة المصاعب والتحديات. التحالف سيظل يواجه المصاعب في العراق. تؤثر المصاعب الاقتصادية على الحالة الاجتماعية في البلاد.

ضَنْك
hardship, poverty {3M}

اليونسكو تعاني فعلا من حالة ضنك مالي. عانى من سنوات الضنك والحرمان. رسم طريق جديد يهيئ فرص الرفاه والرخاء للمواطنين بعد أعوام الضنك والعناء.

عَناء
difficulty, trouble; labor, effort {3W}

بعد عناء شديد، تمكن من اصطياد سمكة ضخمة. تحمل العناء من أجله. يرجعون إلى بيوتهم مرهقين من عناء العمل فيجدون زوجاتهم في انتظارهم بالمزيد من العناء. أدركت قصتها ومدى العناء الذي تحمله هذه الشابة من جراء التصاقها بصحوة ضمير.

كَدّ
toil, trouble {3M}

جمعوا ثرواتهم بتعبهم وكدهم. ليس حريصا على التعلم ولا على الكد، وانما هو أحرص على الوصول والكسب. كان الأب حريصا على أن يزرع في نفوس أبنائه تعاليم الدين وحب الوطن وحلاوة الكد والاجتهاد والعمل. إن ما يبذله عامل المجاري في عمله من عناء لا يمثل مثقال ذرة مما عاناه الطبيب أو المهندس من الكد والعناء طوال سنوات الدراسة وتحصيل العلم الذي يمكنه من أداء الخدمة التي يؤديها لهذا العامل.

---

piety تقوى

تَقْوَى
piety {2W}

لا فرق بين عربي وأعجمي الا بالتقوى. نحن جميعاً نتعاون على البر والتقوى، لا على الاثم والعدوان. بنك التقوى الاسلامي. انه وليٌ صالح يدعو للتقوى والخير. المعيار يجب ان يكون التقوى والعمل الصالح وليس الصورة والشكل.

وَرَع
piety, godliness {2M}

يتشدد المعتزلة في اشتراط صفة العدل والورع في الامام. قد اشتهر قومس هذا بعد اسلامه بالورع والتقوى. بدأ بمقاومة الاحتلال الصليبي بمزيد من التمسك بالايمان والورع والتقوى. ان معظم هذه الكتب قام بتأليفها علماء اجلاء اشتهروا بالتقوى والورع والعلم الغزير.

---

hill تلّ

أَكْمَة
hill, heap {3M}
pl: أَكْمات
وراء الأكمة ما وراءها something is not right

هذه الصورة لقافلة جمال مأخوذة على اكمات الرمل الى الشمال من سيدني. وجدوا السيد لوبن يربض وراء الأكمة. ان وراء الأكمة ما وراءها.

تَلّ
hill (common in place names); *pile* {2D}
pl: تِلال

تم تكثيف الاستيطان الإسرائيلي في القدس وتلال الضفة. هذه المنطقة تكثر بها الجبال والتلال والوديان. يجب عدم القاء تلال الأوراق والمخلفات خارج باب المدرسة.

جَبَل
mountain (common in place names) {2D}
pl: جِبال

فوق أعلى جبل في هذه المنطقة تقع قلعة الشقيف. ان الجبال المحيطة بوادي الأردن، تنتشر فوقها قرى ومدن عديدة. يوجد بالقدس جبل الزيتون والذي كان عليه يخطب السيد المسيح لتابعيه وتلاميذه.

رابِيَة
hill {3M}
pl: رَوابٍ

كان عليه ان يصعد الرابية ليحدّق في البحر والسفينة. هذه الرابية تكاد تخلو من المارة.

كَوْم
heap, pile {2W}
pl: أكْوام

يتضاعف أعداد المرضى حيث تنتشر الحشرات وأكوام القمامة. كيف أعثر عليه بين أكوام الناس. لدي أكوام من الرسائل، لكني لا أفكر بنشرها.

هَضْبَة
hill, heights, plateau (most often in place names) {3D}
pl: هِضاب

إن مياه الشرب ستدخل الهضبة خلال شهر. تم استكمال جميع أعمال البنية الأساسية والانتهاء من شبكات الصرف الصحي بالهضبة العليا للمقطم. اعادة هضبة الجولان لسوريا مع السلام أفضل من الاحتفاظ بها دون سلام.

---

television

تليفزيون

تِلِفزِيون، تِليفِزيون
television {2D}
pl: تِلِفزيونات

أعلن مذيع ارتدى ربطة عنق سوداء النبأ في التلفزيون الساعة الخامسة والنصف صباحاً بتوقيت غرينيتش. لن يتمكن التلفزيون من الحلول محل الام او الجد في رواية حكايات للاطفال. لا يشاهد التلفزيون ولا يقرأ الكتب. يتجه بعض شركات التلفزيون اللبنانية الى الانتاج المحلي. أعلن باحثون أمريكيون أن خفض مدة مشاهدة الأطفال للتليفزيون يجنبهم الإصابة بالبدانة.

تَلْفاز
television {3W}

سنعيد النظر في مستوى برامج ثقافة الطفل في التلفاز. يبدو مستوى ما يقدم من التلفاز أقرب إلى السذاجة والتخلف. لو انك تابعت التلفاز الفرنسي، لعجبت لعدد البرامج المكرسة للتاريخ. صار الرجل يبقى في البيت يلعب المحبوسة أمام التلفاز. أنتج بعض قصصه للسينما، وبعضها الآخر للتلفاز.

تَلْفَزَة
television {3W}

يجلس ليلة في حضرة جهاز التلفزة. حقق للتلفزة البريطانية فيلماً عن قصة للكاتبة باتريستا هايسميث بعنوان «بطيئاً... بطيئاً». دخلت التلفزة عصراً جديداً في تاريخها. وضعت هذه الافلام في ثماني لغات اوروبية وتعرضها في التلفزة العالمية. كانت هناك تصريحات بثتها محطات التلفزة فقط.

to mumble

تمتم

تَمْتَمَ
to mumble, mutter {2W}

تمتم الرجل موجها كلامه الى صديقه الميت.. ياعزيزي دفنوك في قبر. مساعد الطيار تمتم بكلمات بالعربية ذات طابع ديني. رفع يديه وأخذ يتمتم بالدعاء. تمتمت ببضع كلمات لا رابطة بينها.

غَمْغَمَ
to mumble, mutter {3M}

سألني رجل كان يتابعني: «رسمت ايه»؟ غمغمت بشيء مثل الحروف. غمغم بكلمات فهمت منها: لو انك انتظرت قليلا لكفيتني هذا الحزن. غمغم السائق وقال كأنه يخاطب نفسه: غريب الحب. غمغموا بها لايفهم.

هَمْهَمَ
to mumble, mutter {2M}

همهمت الكبرى بشيء ما. تهمهم بكلام غير مفهوم وتلعن حظها العاثر. كانت تهمهم بكلمات غامضة وحين رأتني صمتت. كانت صديقتي تهمهم بتبرم وبكلمات غير واضحة مثل: هون امم يووو.

revenge ثأر

ثَأْر
revenge (من on) {2D}

طالب البعض بالثأر من حكومة البشير وتصفية الحسابات. يسعى اتلتيكو الى الثأر من برشلونة الذي اخرجه الشهر الماضي من مسابقة كأس اسبانيا. ليس لهم علاقة بعمليات الاخذ بالثأر. ليس معروفا حتى الآن ما إذا كان الثأر مرتبطا بهذه المشاكل أم بمخلفات أحداث ١٩٨٦. مثل هذا التحوّل يقود الى الثأر والانتقام.

قِصاص
retaliation, punishment; [accounting, settling of accounts] {2W}

إذا انعدم القصاص إلى هذا الحد انعدمت حياة المجتمع بالتالي. أنا عائشة فقط حتى أشهد بنفسي القصاص من القاتل. يطارد كل مجرم آثم بما ارتكبته يداه ليوقع عليه القصاص العادل. يقاتل من أجل حريته وهنا يسمّى إرهابيا يجب القصاص منه.

اِقْتِصاص
vengeance (من on) {3M}

يلعب شخصية سجين ينهي فترة اعتقاله مصمما على الاقتصاص من محاميه. طالب الحزب بالاقتصاص من المفسدين والمجرمين واجبارهم على التخلي عن مسؤولياتهم فورا. قال ان اولئك الشبان مرتدون عن الاسلام، يجب الاقتصاص منهم.

نَقْمَة
revenge (على on); resentment {2D}

كان الزلزال نقمة الرب على الدولة الكافرة! أخيرا يرى الجميع أن السيول خير ونعمة وليست نقمة. إنه معروف بحبه الشديد لابناء البادية ونقمته على أعدائهم. على الإنسان قبل أن يمارس الشعور بالنقمة والغضب أن يسائل نفسه أولا اذا كان جديرا بممارسة هذا الغضب. هذا زادهم نقمة على الحكومة.

اِنْتِقام
revenge (من on) {2D}

تعهد البيان بالانتقام ثأرا لإعدام الثلاثة. لا بد انها بدأت الاعداد للانتقام قريبا من «حماس». عندما يشعر الارهابيون في الجزائر بأنهم محاصرون، سيلجأون الى الانتقام المسلح خارج الجزائر ولا سيما في فرنسا. ذبح جزار شابا انتقاما منه لمغازلة خطيبته.

---

to prove أثبت

بَرْهَنَ
to prove على *sth or* أَنّ *that* {2D}

ان الزمن برهن على صحة رأيي. لم يبرهن ولو لمرة واحدة على حسن النوايا في التعامل. لا جدال في ان النظام القائم برهن على عدم فاعليته. الوزارة الجديدة يجب عليها أن تبرهن للشعب أنها قادرة على الوفاء بمطالبه.

أَثْبَتَ
to prove, demonstrate sth or أَنّ *that* {2D}

ان المتهم بريء حتى تثبت ادانته. قد اثبت الانسان المصري نفسه في مواطن كثيرة. أثبت العرب قوتهم في الدفاع عن حقوقهم. نريد فقط ان نثبت ان الدولة موجودة. أثبت العرب أنهم يريدون التوصل الى حل سلمي.

---

firm ثابت

see قويّ

ثابِت
firm, constant; proven {2D}

هذه الظاهرة جعلت الأقدمين يعتقدون بأن الأرض ثابتة في وسط الكون. ادرك ان الشمس ثابتة والارض تدور. أكد «حرص ايران على العلاقات الاستراتيجية الثابتة» مع سورية. الحل الدائم والثابت يكمن في البحث في طريقة زيادة الانتاج وتحسينه. موقفه تجاه القدس لا يزال ثابتاً. كل هذه الحقائق الثابتة لا يصعب على الإنسان العاقل فهمها والإحساس بها.

مُحْكَم
reinforced, firm {2M}

وضع نظام اداري محكم يضمن توافر كل المعلومات عن راغب السفر الى اسرائيل. فرض الحصار المحكم على العراق الذي يكمل عامه السابع. دخل في تحالف محكم مع نظام الشاه الايراني الذي كان يقمع اكراد إيران بقساوة. أوصد الباب بشكل محكم خوفا من السرقة. قد وقعت في فخ محكم لا تستطيع النفاذ منه إلا بأعجوبة.

راسِخ
stable, firm, fixed {3D}

التضامن الاسلامي هو الأساس الراسخ للعمل الاسلامي المشترك. «المسجد الأقصى» له مكانة دينية راسخة أزلية. أنا أؤمن ايمانا راسخا بأن مستقبل الأجيال المقبلة يكمن في رحاب الاقتصاد المنفتح. علاقاتنا ثابتة وراسخة وستزداد حركة التجارة العام المقبل. نقف في قلب العولمة على أقدام مصرية ثابتة وراسخة.

صُلْب
*hard, firm, [*n: *steel]* {3D}

إننا في سورية نعتبر ان الوحدة الوطنية هي الاساس الصلب الذي يقوم عليه النهج السياسي السوري. لن يتحلل هذا الجسد الصلب، لن يتحول الى تراب. مثل هذه المخاوف لا تقف على ارض صلبة. كانت تلك الروح الوطنية والعزيمة الصلبة، هي العنصر الأهم في نجاحنا. النفايات الصلبة.

صَلْد
hard, firm, established {3M}

الثقافة الغربية، ولاسباب تكوينية، كانت مقفلة، صلدة. ثبت ان شعب العراق شعب مبدع، صلد. لم يحجم عن نشر المواضيع المثيرة للجدل، بل اصر على ضرورة عرض كل الاراء التي يمكن ان تُدعم بحقائق صلدة. إنه مجرد عصفور صغير له اقدام دقيقة تقف فوق الاحجار الصلدة. عاشت الأسرة داخل الجدران الصلدة للسجن.

أَصَمّ
*[*see أطرش; *deaf]; hard, solid* (rock) {3M}
fem: صَمّاء

الجبل الأصم أمامنا لايجيب على طلبنا. غضب الله عليها فحولها إلى تماثيل من حجر أصم! تتطور من حجر أصم إلى حجر مصقول ومنحوت. قصة انطباع أقدام إبراهيم على المقام على حجر أصم صلد معجزة أخرى.

مَتين
firm, solid {2D}

العلاقات الاقتصادية – الاجتماعية المتينة والمبنية على أسس ثابتة هي ذخيرة حقيقية لمستقبل البلدين. بناء قصر العاشق متين ويتصف بسمك جدرانه الخارجية ومناعتها. استمرت العلاقة متينة بين البطريركية المارونية والكرسي الرسولي. وضع النظام التركي على اساس متين. نريد ان نرى الوحدة الوطنية صلبة ومتينة حول القضايا الاساسية.

مُسْتَقِرّ
stable, settled, established {2D}

النظام الاقتصادى العالمى غير مستقر. هذا أمر ثابت ومستقر خلال الفترة القادمة. هناك كثير من الكلمات الأخرى الحميمة والمستقرة في قلوبنا. يعلو البنيان الوطني على أسس راسخة مستقرة. لها مواعيد اجتماعات مستقرة ومتفق عليها.

وَثيق
[(fem noun) *official document]; firm, strong, secure* {3W}

الحزب الديموقراطي له ارتباط وثيق بالبيت الأبيض وبكلينتون شخصياً. قالت انها «تهدف الى الابقاء على الاتصال الوثيق مع القضايا اللبنانية». استنتج العلماء من هذا ان النوم وثيق الصلة بالحياة. يوجد ارتباط وثيق بين تحقيق السلام وبين تحقيق الأهداف الوطنية والعالمية.

وَطيد
firm, solid {3W}

كانت موسكو تحتفظ بعلاقات وطيدة مع الحكومة العراقية. له صلات وطيدة مع مافيا المراهنات السرية. تربطه صداقة وطيدة بمعظم الذين تركوا الحركة. أشارت الى أن الرئيس مبارك يرتبط بالملك حسين بعلاقة أخوية وطيدة وممتدة.

wealth ثروة

see ازدهار

ثَراء
wealth, riches {3D}

فوجئوا بقادتهم وزعمائهم الذين جاؤوا من تونس ينصرفون الى الثراء الفاحش السريع والغرق في مستنقع الفساد واستخدام السلطة لقمع المعارضة. من المهم هنا تأكيد أن حالة ثراء الأفراد أو فقرهم في أي بلد لايعبر عنها ثراء الدولة. إن اللغة العربية لها خصائص تتميز بها على جميع لغات العالم من حيث ثراء الألفاظ ودقة التعبير ويسر الأداء ووضوح المعنى.

ثَرْوَة
wealth, riches {2D}

تحاول تخفيف العبء عن اصحاب الثروة وزيادته على الفقراء. يملك ثروة زراعية هائلة وأراضي خصبة يمكن أن تطعم المنطقة بأسرها. ثروتها المعدنية تشمل الذهب والنحاس والكوبالت والماس. الثروة التي هرّبها إلى الخارج وتركها خلفه بلغت بليون دولار. وأشار محافظ بنك التنمية في الولايات المتحدة الأمريكية إلى أهمية الثروة البشرية للنهوض بافريقيا.

غِنًى
wealth, riches {2W}

أغنياء اميركا يزدادون غنى والفقراء على حالهم. ليس بالغنى الفاحش أو بالمراكز الاجتماعية أو بالقصور يجد الانسان سعادته وقيمته. على رغم غنى السينما العربية بالمصورين الكبار الا ان احدا منهم لم يصل الى العالمية، لماذا؟ لم يلتفتوا الى غنى التراث الفني والعماري العربي - الاسلامي. يحب الثروة والغنى.

أَمْوال
wealth, fortune (pl of مال) {2D}

نعود الى تساؤلك.. اين اضع اموالي. الاموال الهاربة من الضرائب كيف تعود. اصبحت اموال ابائهن هي حائط الامان التي تؤمن مستقبلهن. هي من أكبر المؤسسات العالمية في ادارة الاموال. انهم المستفيدون الرئيسيون من البنية الاساسية الهائلة التي بنتها الدولة بأموال الشعب. تمنع استخدام أموال دافعي الضرائب في الترويج للاجهاض في العالم.

وَفْر
abundance; wealth; savings {2M}

تأكد امكان توفير ٥٠٪ على الأقل من مياه الري واستخدام هذا الوفر في زراعات اخرى. رأت بعض الدول العربية أن بامكانها تطوير نفسها بمعزل عن الآخرين، خصوصاً التي كان لديها الوفر المادي والقدرة على استيراد العمالة الأجنبية. رغم هذا الوفر، يعيش خمس السكان تحت عتبة الفقر. ستحقق أبو ظبي وفراً اقتصادياً يصل الى ٢٥ بليون درهم.

---

snake ثعبان

ثُعْبان
snake {2W}
pl: ثَعابين

لدغها ثعبان فماتت من اثر السم. شعار دولة المكسيك هو نسر ينقض على ثعبان يقف فوق شجرة تين شوكي. ارتدت الجاكيت الأسود المصنوع من جلد الثعبان. نخاف الثعابين ولا ننام في البر خشية منها ولا نستمتع برحلاتنا بسببها.

حَيَّة
snake, viper {2M}
pl: حَيّات

الذي لسعته الحية يخاف من الحَبْل. كارثة قصف السفارة الصينية كانت لدغة حية سممت الخطة الأمريكية. حزب ليكود اليميني خطر كالحية السامة، والانسان الحكيم يمكنه ان يتعامل مع هذا الخطر. استعمل الملح والثوم في الطب الشعبي لمعالجة السموم ولدغ الحيات والعقارب وعضة الكلاب.

أَفْعى
viper, adder {3W}
pl: أَفاعٍ

المهم سحق رأس الأفعى وليس قطع ذنبها. صرخت كمن لسعته أفعى. يلاعب الأفاعي. قرأت عن أميركيين يموتون من لسع الأفاعي. هذه مؤامرة خبيثة تنفذها مجموعة الأفاعي والثعابين التي تسللت الى مجتمعاتنا تحت جنح الظلام.

snow, ice ثلج

ثَلْج
snow, ice {2D}
pl: ثُلوج

أربعة أبناء قضوا ليلتهم داخل مبنى فارغ مهجور وسط الثلج. هي أكبر منظمة في العالم للترويج لصناعة التزلج على الثلج. قد استمر تساقط الثلج قبل المباراة وخلالها فكانت ارضية الملعب اشبه بحلبة تزلج. اتسعت الحملة مثل كرة الثلج. أكدت ان قلة الأمطار والثلوج خلال الشتاء تسببت في خفض كبير للمياه المخزنة في السد.

جَليد
ice, snow {3W}

تهوى الرسم والقراءة ولعب التنس والتزلج على الجليد والرقص. دبلن تحت الجليد كما هو الحال في الغرويلند. غطى الجليد كثيرا من الطرق. ارضية الملعب مغطاة بالجليد. بدأت طبقة الجليد بالذوبان لتكشف عن جوانب ومظاهر من الفساد في الثورة الفلسطينية.

صَقيع
ice; frost {3W}

موجة الصقيع في اوروبا تعزز الطلب على وقود التدفئة. فصل الربيع بين الشتاء والصيف، وليس الانتقال السريع من البرد والصقيع والثلج الى الحر وضربات الشمس. الوصول الى بعض القرى لا يزال متعذرا بسبب الصقيع والثلوج. يجد سكانها ملجأ وملاذا في الغابات النائية التي يغمرها صقيع الشتاء.

---

refrigerator ثلاجة

بَرّاد
refrigerator; [tea kettle] {2W}
(used in Levant)

أعددت شراب الكركديه كما أرشدتني، ووضعت اناءه في البرّاد. لا وقود للتدفئة، ولا طعام في البراد. يخرج من الدوش لامعاً كسمكة في برّاد. بقيت عملية السلام شهوراً طويلة مجمدة في براد حفظ الأموات بانتظار من يشيعها رسمياً الى مثواها الأخير.

ثَلّاجَة
refrigerator {2W}
(used in Egypt)

ينصح الخبراء بعدم وضع الطماطم في الثلاجة الا إذا كانت تامة النضج. يفتحون الثلاجة ويأكلون ويشربون. وضعت أعصابي في ثلاجة حتى لا يتحول الأمر من جنحة إلى جناية.

---

fruitful, productive مثمر

see مفيد

مُثْمِر
fruitful, productive {2D}

ستجد عنده جميع انواع الاشجار المثمرة وغير المثمرة من الكرز الى التين ومن الشربين الى الارز. يقول ستيرلين إن العرب طوروا زراعة مثمرة في تلك المناطق بفضل أعمال تهيئة كبرى للأراضي. الجيش الاسرائيلي اقتلع مئات الاشجار المثمرة الى الغرب من رام الله في الضفة الغربية. المحادثات كانت صريحة ومفيدة ومثمرة. إن الحوار سيكون مثمراً وفاعلاً.

خَصِب
fertile, fruitful {2D}

هذه الاراضي الخصبة قد هُجرت وعمتها الحشائش البرية وتناثر زجاج وبلاستيك. كانوا أول من استغل تربة الجزيرة البركانية الحمراء الخصبة. يشجع الصناعات الصغيرة والمتوسطة، باعتبارها الحقل الخصب لخلق فرص عمل. هو احد اضخم مناجم المعدن الخصبة في المحيط الهادئ. سيجدون تربة خصبة للاستثمار في كل القطاعات الاقتصادية في الأردن. كان يوسف السباعي كاتبا خصب الانتاج.

خَصيب
fertile, fruitful, rich {2W}
الهِلال الخَصيب the Fertile Crescent

عاشت زينب عشرين سنة في البادية متنقلة الى حيث الماء والمرعى الخصيب. على المستوى الروائي، كان الموسم خصيبا. هذا هو الاتجاه الذي ساد في الجزيرة العربية وأرض الهلال الخصيب.

مُرْبِح
profitable, lucrative {2W}

قال عبيد إن مصر بدأت أولا ببيع الشركات المربحة، وأخّرت بيع الشركات التي تعاني خسائر. مكنت شركات فرنسية من الاستثمار في القطاعات المربحة في المغرب. ان دراسة الجدوى الاقتصادية اثبتت ان المشروع اقتصادي ومربح. هذه عملية مربحة جدا.

مُنْتِج
productive {2M}

قال ان تقديرات «فاو» تشير الى حاجة اليمن الى ٥٤ مليون دولار لتوظيفها سنوياً في مشاريع زراعية منتجة. عمل الادارة لم يكن منتجا. كان هناك اعتراف بالآخر وقبول به، وهو شرط ضروري من شروط الحوار المنتج. آخر هذه العبر ان خوض المعركة فوق طاولة المفاوضات منتج ومثمر.

وَلود
fruitful, prolific, fertile (of bearing children) {3M}

اثمر زواجهما بنين وبنات لا سيما ان فيكتوريا كانت انثى ولوداً كما كان الخليفة فحلاً حاذقاً لا يشق له غبار. كانت أمي ولودا، كنساء زمنها، لكن اولادها كانوا يموتون. تزوجت من خمسة رجال في فترات متقاربة، كانت ولودا، تلد كالقطط، توائم أربعة أحيانا. القصيدة انثى في شكلها اللفظي والكتابي، وفي مضمونها، وهي ولود ومعطاء مثلما انها رحم حامل بالدلالات.

ثمن
price, cost

ثَمَن
price, cost {2D}

ثمن هذا الموتسيكل يصل إلى نحو ١١ الف جنيه. الغي العرض مساء السبت الماضي وأعيد ثمن التذاكر الى المشاهدين. هذه الوثائق تشكل كنزا معرفيا لا يقدر بثمن. النجاح له مقابل ويجب ان يدفع الانسان ثمنا غاليا له. خفضوا ثمن النفط. ثمن الموسوعة كاملة سيكون باهظاً. نحن أيضاً مستعدون لانطلاقة جديدة مع إيران ولكن ليس بأي ثمن.

حَقّ
cost [truth,right] {2M}

قديش حق التأشيرة؟ قديش حق سيارتك الجديدة؟

سِعْر
price {2D}
pl: أَسْعار

العام الماضي بلغ سعر الدولار ثلاثة آلاف دينار. رفعت الحكومة سعر مادة الديزل. إن السلعة المصرية استطاعت الجمع بين الجودة والسعر المناسب. لكل مصلحة تتحقق ثمن، ولكل خدمة سعر. مواطنوها لا قيمة لهم ولا سعر. استقرت أسعار السلع الاستهلاكية في الأراضي الفلسطينية.

تَسْعيرَة
pricing {2W}

شركات الاتصالات العالمية تعارض خفض الولايات المتحدة لتسعيرة الهاتف. يشمل ذلك قطاع المياه الذي قال الوزير ان تسعيرة جديدة له سوف تطبق اعتبارا من مطلع شهر تشرين الأول. يمكن حساب الدقائق الاضافية وفق تسعيرة يتفق عليها بين الجانبين.

مَصْروف
expense, cost (esp. pl) {2D}
pl: مَصاريف

هذا الشاب سوف يعتمد على نفسه ليدفع اقساط الجامعة الباهظة ومصروفه المعيشي. اذهب الى لاهاي متحملاً جميع مصاريف سفري. هذا لا يكفي لتغطية مصاريف أسبوع. يجب خفض العجز من خلال خفض المصاريف غير الضرورية.

تَعْريفَة، تَعْرِفَة
price; fee {2M}

يتوقع الدكتور خليل أن يتم الغاء نظام التعريفة العالية لاجور المكالمات الدولية. هذا يجعل تعريفة الاتصالات في مصر أغلى بكثير من تعريفة الاتصالات في الخارج. رفع التعريفة المقررة على خدمات المياه والصرف الصحي بالقاهرة الكبرى لتغطية تكلفة أعمال التشغيل والصيانة. دعم الدولة مستمر لمرفق السكك الحديدية للحفاظ على تعريفة الركوب بالقطارات.

قيمَة
value, price {2D}
pl: قِيَم

ارتفعت قيمة الأسهم المتداولة إلى ٥٧٩,٦٠ دولار. وقعا اتفاق قرض بقيمة ٦ ملايين دولار لشراء بقر. انت لا تعرف قيمة الحياة. قيمة الدولار تساوي تسعة دراهم. قدرت مصادر مطلعة قيمة الفندق الذي سيُبنى بنحو ١٠٠ مليون دولار. وصل الأمر الى درجة أن التحفة تباع بأقل من نصف قيمتها الحقيقية.

تكْلِفَة
cost {2D}

تكلفة انتاج الحلقة الواحدة من المسلسل تقل كلما زاد عدد الحلقات. أشار الى ان اجمالي التكلفة للمشروع، شاملة الأرض وباقي الالتزامات المالية، ٢٦٣ مليون ريال سعودي. ما زالت الحكومة تتحمل تكلفة التعليم العام بما في ذلك تكلفة تعليم الفتيات. يزداد وعي المستهلك الاميركي للتكلفة الصحية العالية للتدخين.

تكْليف
cost, expense (esp. pl) {2D}
pl: تَكاليف

تبلغ تكاليف المشروع نحو ١,٩ بليون ليرة. لا يستطيعون استغلال هذه الأراضي نظراً للتكاليف الباهظة للبناء. تبرع الرئيس اليمني لذلك الشاب بكل تكاليف زواجه من ماله الخاص. الغرض هو مساعدة الفقراء والأرامل والأيتام وتخفيف حدة ارتفاع تكاليف المعيشة.

نَفَقة
expense {2D}
pl: نَفَقات

طبع الكتاب على نفقته. سيخصص للرئيس السابق منزل ومكتب على نفقة الحكومة. أشار إلى مقدار النفقة التي يدفعها الأزواج لمطلقاتهم. أكد أن الدول العربية تمكنت من خفض النفقات الحكومية. بلغت نفقات المشروع ١٥٠ مليون جنيه مصري. قالت إن المال الذي تطالب به يرمي إلى تغطية نفقات المحامين.

ثمين — expensive, valuable

باهِظ
costly (negative connotation), *exorbitant; [oppresive, excessive]* {2W}

النجاح في الدعوى قد يعني خسارة مالية باهظة للصحيفة. فرض غرامات باهظة على المخالفات. يتوقع ان يساهم المشروع في تحرير هذه السلعة من الاسعار الباهظة المتداولة في السوق. دفعت اليمن اثماناً باهظة جداً لهذا الموقف. يجب ان نؤمن المياه النظيفة والكهرباء من دون ان تكون الضرائب باهظة مثلما هي الآن.

ثَمين
expensive, valuable; precious (metal, stones) {2D}

أسس في ١٩٩١ شركته المتخصصة في بيع السيارات الثمينة. تمكنهم حالة الفوضى من سرقة حافظات النقود والأشياء الثمينة الاخرى من الركاب. أضاع وقتا ثمينا في محاولة حمل الفلسطينيين على قبول هذا الاقتراح. الرجل متورط منذ زمن طويل في تهريب المعادن الثمينة. لا تقل لي انك تريد ان ترمي كل هذه الأحجار الثمينة.

غالٍ
expensive, valuable {2D}
دفع الثمن غالياً to pay a high price for

اقلام الحبر الاميركية كانت غالية الثمن لدرجة تمنع التلاميذ من شرائها واستخدامها. الناس تجد كل شيء غالياً لأن دخلها قليل. تخرجت ابنتي الغالية من كليتها وبدأت رحلة العمل. دفعت الشعوب العربية ثمنا غاليا من مالها ودم أبنائها في حروب غير مدروسة. يدفع ثمنه مهما كان غاليا. اقتنص فوزا غاليا على الاسماعيلي مستحوذا على نقاط ثلاث.

قَيِّم
valuable (non-monetary) {2W}

جمع تحفاً اسلامية قيّمة أثناء رحلاته الطويلة في آسيا ومنطقة البحر المتوسط. قد استمتعت فعلا بقراءة هذا الكتاب القيم. شكرا لهذه المعلومات القيمة. تضم مكتبة عامرة بالمصادر والكتب الدينية القيّمة.

نَفيس
expensive, valuable; precious (metal) {3W}

باع نظّارات من ايطاليا مطّعمة بالجواهر، وغير ذلك من الاشياء النفيسة. علينا أن نتعامل مع الماء في الحقل والمصنع والبيت كمورد نفيس. انخفاض اسعار الذهب لم يؤد بعد الى انعاش الطلب على المعدن النفيس. باع في العام ١٨٣٢م مجموعته الخاصة من المخطوطات النفيسة المؤلفة من مئتين وثلاثة واربعين كتابا باللغات العربية والتركية والفارسية.

أثار to provoke, stir up

أَثارَ
to provoke, stir up sth; to bring up (a subject) {2D}

هذه التطورات جميعا تثير قلق الصين. هذا أمر يثير الدهشة والتساؤل. قال ان القانون يثير حساسيات كبيرة مع حلفائنا. هو سيثير الموضوع في اجتماع الكومنولث.

حَرَّضَ
to urge, incite sb على *to do sth or* ضدّ *against sth; to provoke sth* {2D}

السلطة الفلسطينية حرضت الفلسطينيين على القيام بمشاريع بناء وتشييد منازل وزراعة اشجار. قدموا من يوغوسلافيا الاتحادية وحرضوا سكان برتشكو على التمرد. جاءت قصيدة نزار في لغة تحرض وتثير انفعال القارئ. تعهد بمنع أية انتهاكات او اعمال تحريض ضد الاسرائيليين وأمنهم.

أَحْنَقَ
to infuriate sb {3M}

لا ترتكب شيئاً مما يُغضب اصحاب البيوت ويحنقهم. يعبر هؤلاء الحكام عن استيائهم من فشل الكرملين دفع ما سبق أن وعد به من اجور ومرتبات متأخرة للعاملين مما يحنق صدرهم على السلطات الحاكمة في المركز بموسكو.

أَزْعَجَ
to disturb, annoy sb {2D}

المعروف أن القنبلة النووية الهندية أزعجت الصين كثيرا. كثيرا ما كانت له مواقف ربما أزعجت العديد من زملائه الماركسيين. إن مثل هذا التصرف يزعج ضمير أي شخص. قال سامبراس: «لم العب جيداً في البداية، وازعجتني الشمس بعض الشيء». يقومون بقتل المواطنين الابرياء وذبحهم من دون ان يزعجهم أحد. اقدم الخدمات لأهالي دائرتي ويبدو ان هذا ازعج الحكومة.

زَعَّلَ، أَزْعَلَ
to anger sb {1M} (Coll)

(Eg) انت زعّلت أمك ليه؟ (Lev) بدّيش أزوره، آخر مرّة أزعلني كتير.

أَضْجَرَ
to irritate, torment sb {3M}

انني متأكد من ان هذا البيان لن يضجر أحداً، بل، بالعكس، سوف يعجب عدداً لا حصر له من القراء. هذه القصة لم تعد تضجرني. لا بد انني أضجرك بهذا الحديث. المشي يضنيه والجلوس يضجره. أبذل كل جهدي لحل مشاكل البيت والأبناء قبل عودة زوجي إلى بيته، لكيلا أضجره بها.

ضايَقَ
to bother, annoy sb {2W}

ولماذا أعتزل الرقص؟ هل عملي به يضايقك؟ لعل اكثر ما يضايق المسافر عدم توفر عربات لنقل الحقائب. الدنيا فيها الفيروسات والجراثيم وفيها الحشرات التي تضايق الانسان بالليل والنهار. لم استقل بسبب خلافات ولم اتعرض للاقالة ولم يضايقني أحد ولم تكن لي مطالب.

أَغْضَبَ
to anger sb {2D}

اغضبت تصريحات الرئيس قيادة «حماس». اغضب هذا المقال السلطات. يمنعني من مقابلة صديقاتي قبل أيام من اقامة الحفلات، وذلك يغضبهن ويغضبني. لم تغضبني هي في أية مرة ولا بأي شكل. اما الولايات المتحدة فلم تغضبها نتيجة الحرب.

اِسْتَفَزَّ
to provoke, anger sb {2W}

الهند لن تقدم على أي إجراء قد يستفز الخاطفين. قد استفزتني هذه العبارة الظالمة. يجب الا يتبع النظام سياسات أو يقوم بممارسات تستفز القوى العظمى. هذا التصريح كان «محزناً تماماً وسيستفز مشاعر ملايين الناس في انحاء العالم». لا شك ان اربكان أخطأ في التسرع باتخاذ عدة خطوات استفزت الجيش. في غزة يستفز المستوطنون السكان بمحاولاتهم المستمرة توسيع المستوطنات.

أَقْلَقَ
to upset, disturb sb; to make sb anxious {2W}

ما الذي يقلقك؟ كان يقلقه احتلال بريطانيا لبلاده. ظاهرة الزحام في شوارع القاهرة والجيزة ظاهرة تقلق المواطنين على اختلاف طبقاتهم ومواقعهم. مما يقلق العاملين في القطاع التكنولوجي ان هيمنة مايكروسوفت وضعت حدا للجدال العام المفتوح حول مسائل مهمة. اوضحت ان ما يقلق الجميع هو ان «الوقت قد بدأ ينفد».

هَيَّجَ، أهاجَ
to stir up (feelings); to provoke, annoy sb {Verb Form II=2W, Verb Form IV=3W}

يهيّج مشاعر المسيحيين في الغرب، داعياً اياهم للتوجه شرقاً. اسرائيل حين تزعم ان القدس عاصمة أبديه لها فهي «تهيج المشاعر حتى تتعقد المسائل». هذه التقارير تهيج الشارع وتزيد النقمة الشعبية. هذه الفكرة أهاجت في نفسه مشاعر السرور والتخوف. ظل البابا اوربانوس الثاني في مدينة كليرمون الفرنسية وهيّج مشاعر المسيحيين في الغرب، داعياً اياهم للتوجه شرقاً كواجب جهادي ديني.

أَوْغَرَ
to anger, agitate sb {3M}

كان هذا القرار أزعج الاسرائيليين وأوغر صدورهم ضد عدنان خاشقي. المطالبة الكويتية المستمرة بعدم رفع العقوبات عن بغداد ستوغر قلوب المواطنين العراقيين على الكويتيين. إن البرامج التي توضع لهم تزيدهم فقرا على فقرهم، وتوغر صدورهم وتشعل داخلهم عناصر الثورة والتمرد.

---

revolution ثورة

ثَوْرَة
revolution {2D}
pl: ثَوْرات

رأى ان الوضع في روسيا الآن أسوأ مما كان عشية ثورة ١٩١٨. بعد قيام الثورة الاسلامية في ايران عام ١٩٨٩ حلت مشاعر العداء بين طهران والدولة اليهودية محل الروابط التجارية والعسكرية. ترى الجبهة الوطنية الديموقراطية ضرورة «احداث ثورة زراعية حقيقية لمضاعفة الانتاج والتوسع في استصلاح الأراضي». قال ان ثورة المعلومات ستفتت السيادة القومية للدول وتقضي على المؤسسات الاعلامية الكبرى.

عِصْيان
(civil) *disobedience; insurrection* {2D}

وصلنا الى حائط مسدود وقد نصل الى العصيان المدني. هل عصيان القانون هو المنفذ الممكن لمعالجة الاوضاع؟ هذه السياسة تشجع على قيام المزيد من حركات التمرد والعصيان. يهرب حسن ورفاقه الى جبال الغيضة حيث شكل الفلاحون عصياناً مسلحاً.

تَمَرُّد
rebellion, uprising {3D}

زعيما التمرد في الكونغو يقبلان اتفاق السلام. الشعب كله يقف خلف حركة التمرد. اعترفت السلطات السودانية ان تمرداً حصل امس في سجن كوبر العمومي. سمعنا عن تمرد بعض اللاعبين ومنهم سمير كمونة وعن ضعف هيبة الجهاز الفني. جاءت لحظة التمرد من الابن على أسرته.

اِنْقِلاب
coup; overturning {2D}

واشنطن تحذر الجيش التركي من اللجوء الى الانقلاب. حدث بعد ذلك انقلاب اليمن ضد حكم الائمة، والثورة في اليمن الجنوبي ضد الاستعمار. خافت الحكومة الجزائرية من احتمال انقلاب موازين القوى تدريجاً داخل المنظمة لصالح المغرب. يدرك ان الحل الوحيد يأتي من انقلاب في الرأي العام.

---

interesting مثير

see مضحك

مُثير
interesting, exciting {3D}
interesting مُثير لِلْاهْتِمام

المثير ان بعض الجمعيات النسائية في مصر تطالب بتوسيع هذا الحق للسيدات. جاءت المباراة مثيرة وممتعة وحسمها الفيصلي لمصلحته بالهدف الذهبي. من القضايا المثيرة (وما أقلها!) التي تظل تطرح في جامعاتنا قضية الفيلولوجيا. ذكر بوست أن الاقتراح «مثير للاهتمام وسيجري النظر في إمكانات تطبيقه خلال الفترة المقبلة».

مُسَلٍّ
entertaining {2W}

وجدت رسالته مفيدة ومسلّية. آه، حقاً، الحرب لم تكن شأناً مسلياً! اما للصغار، فقد خصصت لهم «ديزني» البرامج التعليمية والمسلية في آن معاً. ألسنا في حالات كثيرة نعيد سرد بعض الحكايات الطريفة المسلية، مرة، مرتين، او مرات بقصد المؤانسة وقضاء الوقت.

مُشَوِّق
exciting, fascinating {2W}

بث بعض المسلسلات الاميركية المشوقة التي لا علاقة لها فعلياً بالمضمون النسائي للمحطة. امتاز بموسيقاه الرائعة ومغامراته المشوقة. عنوان كتابها مشوق ومثير: «من لاجئين الى مواطنين: الفلسطينيون ونهاية الصراع العربي الاسرائيلي». لا يداخلك الشك بأن ما بين يديك هو حكاية مشوقة من «ألف ليلة وليلة».

شَيِّق
exciting {3W}

كان الحديث شيقاً كما هي العادة. يكتب عن المواضيع الحساسة والشيقة مثل المدن التاريخية كحلب ومعلولا. تزايد عدد السياح الراغبين في الاستمتاع بهذا الرحلات الشيقة. يروي راندل بأسلوب شيق تفاصيل مثيرة استقاها من «فم الحصان» كما يقول التعبير الانكليزي.

طَريف
interesting, unusual {3D}

والطريف ان اول دور مثلته، وهي في سن المراهقة، كان دور جدة في مسرحية عنوانها «عواطف الابناء». التاريخ عنده حكايات طريفة. وجدت أمامي قصة طريفة عن سرقة أدبية أو تزوير. قد قرأت في احدى صحف الأحد تحقيقاً طريفاً عن السياحة في أماكن خطرة.

ظَريف
witty, charming, delightful {2W}

انها نكتة ظريفة. هو رجل لطيف ظريف وابن نكتة. وجدت فيها هذه العبارة الظريفة «لقد انحدر المسؤولون في لبنان الى التحت الذي ليس تحته تحت». كانت كذبة ناجحة، مُصاغة بأسلوب ظريف. انها حكاية ظريفة. أشارت إلى أن مونيكا كانت جذابة ومؤثرة وظريفة، ولكنها كانت أيضا صعبة.

مُمْتع
enjoyable {3W}

انه كتاب حيوي ممتع بأسلوب يقرب الى اليوميات الشخصية الساخرة. والممتع في قراءة هذه الصحيفة هو مراقبة الاخبار غير المنشورة. اكتشفت في السينما وسيلة تعبير جديدة قد يكون من المفيد والممتع تجربتها، بعد أن جربت المسرح طويلاً. اللقاء بصفة عامة كان ممتعاً لا سيما في الشوط الثاني الذي شهد تحولات في النتيجة. يا لها من سيارة ممتعة في القيادة الديناميكية.

to force

أجبر

حَتَمَ

to impose sth (على on sb) {2D}
VN: حَتْم يَحْتِمُ

كانت ظروف عدة تحتم اجراء اللقاء خلف ابواب موصدة. سيتوجه الى القصر عندما تحتم الضرورة ذلك. منطق العصر يحتم انحناء أميركا أمام القوى الصاعدة. الظروف حتمت اقامتها اليوم. إن واجبها يحتم عليها تسهيل وصولهم إلى الأراضي المقدسة في أمان واستقرار.

أَجْبَرَ

to force, compel sb على to do sth {2D}

أطلق النار على الوحش وأجبره على الهروب. في وقت اكد انصار موبوتو انهم صدوا هجمات المتمردين وأجبروهم على التراجع، قال هؤلاء انهم يواصلون تقدمهم ببطء نحو العاصمة. اجبروهن على اعداد الطعام وتنظيف المكان. لا يستطيع احد ان يجبرنا على قبوله او ان يدفعنا الى مواقف لا نريدها. العواصف تجبر السفن على العودة إلى الميناء.

أَرْغَمَ

to force, compel sb على to do sth {2D}

ارغم الكروات اللاجئين المسلمين على مغادرة ديارهم قرب مدينة يايتسا. هناك ما يرغمني على الكلام. تعترض اسرتها على ارتباطها بالسائق وترغمها على الزواج من آخر، وتسافر معه إلى الخارج. تتعهد لقرائها بأن رسالة مفخخة او اثنين أو عشرا لن ترغمها على تغيير خطها. اشهروا اسلحتهم في وجه افراد الوحدة وأرغموهم على فتح البوابة.

اِضْطَرَّ

to force sb إلى to do sth; (pass) *to be compelled* إلى/ ل *to do sth* {2D}

اندلاع الحرب العالمية الثانية اضطره الى مغادرة باريس الى روما. الظروف اضطرتنا الى نقل مركزنا من فلسطين الى الأردن. اضطرت الطائرة للسفر إلى لندن للهبوط الاضطراري. يضطر إلى تأجيل الاجتماع يوما كاملا بعد أن سدت المظاهرات الطريق.

فَرَضَ

*to impose sth على upon sb; [*see تخيّل*; to assume sth]* {2D}
VN: فَرْض يَفْرِضُ

اعتبر ان التحولات الدولية السريعة تفرض على العرب اقامة نوع من التكامل الاقتصادي. تفرض روسيا حاليا رقابة مشددة على مشتريات الذهب والمعادن الثمينة الاخرى. تفرض عقوبات اقتصادية على هذا البلد منذ غزت قواته الكويت.

قَسَرَ

to force, compel sb على to do sth {3M}
VN: قَسْر يَقْسِرُ

هل يحق لنا أن نقسره على ما يطيب لنا؟ يقسر غيره على اتباعه.

أَكْرَهَ

to force, compel sb على to do sth {3M}

اصابته الحمى التي أنكهته ومنعته من الذهاب الى تدمر واكرهته على أن يعود الى بيروت. لم يكرههم احد على البقاء في منازلهم وأرضهم وبين أهلهم. الطفل يغضب من أمه حين تكرهه على تجرع الدواء المر لتداويه به. لا يملك أحد أن يكرهنا على عشرتكم.

أَلْزَمَ

to force sb to do sth or ب to do sth; to impose ب sth upon sb; to force sb to stay (in a place) {2D}

ألزمت المحكمة المشتكية دفع الرسوم والمصاريف. كانوا في دول غير إسلامية تلزم دفن الموتى بطريقة معينة وفي مكان محدد. الانجليز فكروا في السودان فألزموا الحكومة المصرية بتركه. الاسلام ألزم الرجل بتقديم المهر وكلفه بالانفاق على المرأة. هذا يلزم الأطراف جميعا بالعثور على وسائل لوضع حد نهائي للمواجهات بالطرق. قد أصيبت ساقها اصابة ألزمتها الفراش. ألزمت الشيخوخة الحاج أحمد بيته.

أَوْجَبَ

to obligate على sb, make incumbent على upon {2D}

اوجبت الفقرة الخامسة على كل جانب حماية البيئة والنظام البيئي. يوجب قانون الانتخاب أن يحصل كل ناخب على بطاقته للادلاء بصوته. ان السرقات زادت في شكل ملحوظ ما أوجب اعطاء التعليمات لقيادات قوى الامن الداخلي. الحنابلة اوجبوا صيام يوم الشك وذلك اعتمادا على ظاهر الاحاديث الصحيحة. كان الصراع مع اسرائيل يوجب عليهم ذلك.

جبين forehead

جَبين
forehead, brow {3W}
pl: جُبُن، أَجْبِنَة
بِعَرَق جَبينِهِ by the sweat of his brow

يسجدون على ركبتيهم ملامسين الارض بجبينهم كما يفعل المسلمون تماماً في مساجدهم. تقترب منه وتضع يدها على جبينه وتهمس: لا تخف يا حبيبي. رسم نادي الزمالك بسمة كبيرة على جبين الكرة المصرية. يريدون ان يعيشوا في شرف وان يأكلوا بعرق جبينهم ويكونوا اعزاء.

جَبْهَة
forehead, brow; [front (in a war or political)*]* {2W}
pl: جِباه، جَبَهات

لطم صدره، عندما سمع الخبر، وضرب جبهته بكف قاسية. رأسه مشرئب الى اعلى وجبهته العريضة تتجه صوب الجوزاء، لا يلتفت يمينا ولا يسارا. ماذا يمكن لهذه المرأة اللبنانية أن تقدم لشعب مسيّس من جبهته إلى أخمص قدميه. وضع علامات على جباههم. ليس مهما هنا ان كان مالهم جاء بعرق جباههم أم لا.

جحيم hell

جَحيم
hell {3W}

هو في اعماق الجحيم. الحب جحيم يطاق، والحياة بلا حب جنة لا تطاق. فليذهب روس الى الجحيم. يعرف ان بمقدور واشنطن ان تحول العالم الى جحيم حقيقي بالنسبة له. تكلم عن هوّة تفصل بينهما على نحو ما يفصل بين الجحيم والجنة. أنا محظوظ، لاني حي، لقد زرت الجحيم ورجعت.

جَهَنَّم
hell {2W}

هل الوحدة طريقها الى الجنّة ام الى جهنم؟ جهنم مليئة بالنوايا الحسنة. اعتبر ان القانون الجديد «يفتح باب جهنم» بالنسبة الى الصحافيين. من يقتل مؤمنا متعمدا فجزاؤه جهنم خالدا فيها. لست أخشى من جهنم. السجن جهنم. مصيره جهنم.

النار
hellfire {2W}

في شهر رمضان اعظم علامات الرحمة والخير حيث تفتح فيه ابواب الجنة وتغلق ابواب النار. وجّه الاسلام طاقتي الخوف والرجاء عند المسلم الى النار والجنة.

جدّاً very

جِدًّا
very, a lot {2D}

ينذر بوقوع احداث خطيرة جداً. أحببت جداً ما سمعته. هناك مصالح واسعة جداً تربط الجانبين. موسكو تبقى مقيدة بخيارات ترغب جداً فيها مثل العضوية الفخرية في نادي الكبار. أسرتي تهمني جدا. ارى ان بلغاريا تغيرت جدا. لا شك في أن سماع الجهاز مزعج جدا. عدد المنتجات المختلفة كبير جداً. هذا مؤشر جيد جدًّا.

خالِص
totally, really, very; [see نقيّ*; pure]* {1M} (Eg)

الكتاب دا وحش خالص. ماما مش راضية خالص وتركتني كل هذا الوقت مع بابا. اللي بيحصل معايا في المسرح شئ غريب خالص.

قوي
very, much {1M} (Eg)

الملابس الجاهزة أذواقها مش قوي. البنت دي حلوة قوي. مش فاهم قوي. كفاية قوي الكلام اللي انت بتقوله دا.

كِتير
very, a lot {1M} (Coll)

اغنية «اشتقنا كتير يا حبايب» لزكي ناصيف. القصة حلوة كتير. اللغة العربية حلوة كتير. بابا كان بيحاول معاها كتير. صبرت كتير عليه.

كَثيراً
a lot, very much; [see مراراً; *often, frequently]* {3D}

اوضاع المصريين العاملين في قطر أصبحت افضل كثيرا. الهدف الاول لم يتأخر كثيرا. المقام العراقي لم يكن معروفا كثيرا في العالم قبل السبعينات. لعبت كثيرا هذا الاسبوع وشعرت بالتعب.

جديد **new**

see معاصر

جَديد
new {2D}
pl: جُدُد

مانديلا اشترى منزلا جديدا بإحدى ضواحي كيب تاون بتمويل من العقيد الليبي معمر القذافي. بدأ العام الدراسي الجديد. تقع الفنادق الجديدة في مكة المكرمة والرياض. كان مكلّفاً تأليف حكومة جديدة. لم يحمل معه أي أفكار جديدة. فتح صفحة جديدة في العلاقات مع بون. سعى إلى البحث عن شركاء جدد للمشروعات الاخرى.

حَديث
modern, recent {2D}

أنا مقتنعة بأن أدوات الاتصال الحديثة لها شأن بارز في الحوار الثقافي والاجتماعي. شارلي شابلن هو موليير الازمنة الحديثة. أزيلت الرمال للمرة الأولى في العصر الحديث من حول أبي الهول وأجريت له الترميمات. لا يمكن تجاهل اهمية تاريخ المدينة الحديث. تعرف أنواع الموسيقى الحديثة. قد يحصل في المستقبل على معدات حديثة ويتحول الى جيش حديث.

جرؤ **to dare**

جَرُؤَ
to dare على *to do sth* {2D}
يَجْرُؤُ VN: جُرْأة، جَراءَة

لا احد يجرؤ على الحديث بصوت مرتفع. هذا سؤال أنتربولوجي لا اجرؤ على الخوض فيه. بدا بعض مقاطع الفيلم وكأنه يقول ما لم يجرؤ الكاتب جيمس على التصريح به. لم يجرؤ السفير على الردّ مرة اخرى. أنا لا اجرؤ على ان اعترف بأنني مؤلفة موسيقية.

تَجَرَّأَ
to dare على *to do sth* {2W}

ليس هذا فقط بل تجرأ المستوطنون على توزيع منشور خطير ضد الاسلام والمسلمين. ظلت الشبهات تحوم حول كل عراقي يتجرأ على زيارة سورية. تجرأ ليقول ان القضية باتت «سياسية». لم يتجرأوا على طلب استعادة الجنسية من لبنان.

تَجاسَرَ
to dare على/ ب *to do sth* {2M}

أخيرا تجاسرت بطرق باب غرفته في فندق عدن لأقف أمامه وجها لوجه. ومع ذلك فان لي نبوءة سأتجاسر على تقديمها لكم، وهي كالآتي: سيزداد حجم الجمهور المسرحي في القرن القادم باطراد. هي حرب لم يتجاسر سوى النازي ادولف هتلر على تنفيذها. لم يستطع أن يتجاسر ويوجه له الاتهام علنا.

جرّب **to try out, test**

see حاول، أغرى، فحص

جَرَّبَ
to try out, test sth {2D}

يريد ان يجرب حظه في الوساطة. لم اجرّب الفلفل المجفف ابداً من قبل. سيجرب المدرب الأردني كذلك جهاد عبدالمنعم ورأفت علي. جربت السيارة مرات عدة. ثلث تلاميذ بريطانيا جربوا المخدرات. لقد جربت كل حكومات إسرائيل مختلف الحلول العسكرية لوقف عمليات المقاومة اللبنانية. جرب هذه القطعة من الحلوى وقل لي رأيك فيها. لماذا لا نجرّب السلام؟

اِخْتَبَرَ
to try out, test sth {2W}

لا يضع قدمه على الأرض إلا بعد ان يختبر الطريق بعصاه. هذه الدول تختبر الديموقراطية بعد نصف قرن من الشيوعية. سبق ان اختبر قدرته على افتعال الفتنة. قالوا إنهم اختبروا الجين على الفئران، وأظهرت التجارب أنها أصبحت أكثر ذكاء. الحياة تختبرنا ونحن نختبرها. يحاول ان يختبر معرفته بنفسه. اختبرت يدي الاخرى فوجدتها طبيعية الى حد ما.

سَبَرَ
to probe, examine sth {3W}
VN: سَبْر يَسْبُرُ

لا يمكننا ان نسبر جوهره. حدث شيء ما أكاد أعجز عن استيعاب أبعاده أو سبر غوره. يريد أن يسبر غور النفاق السياسي والمزايدة السياسية لدى بعض العرب. فتح الباب لدراسة مستقبلية ملحة لمحاولة اكتشاف وسبر أسباب هذه الظاهرة، وبالتالي ايجاد علاج شاف لها.

اِمْتَحَنَ
to test sth/sb, put sth to a test; to take an exam {2W}

من يمتحن ويختبر تربة هذه الدلتا الجديدة يدرك على الفور أنها تربة أشد عافية من تربة الوادي الان. أراد الأفغاني ان يمتحن خبراته في مواجهة الحياة العملية. شاء الطاغية ان يمتحنه فألقى بكتبه في النار. قال ان اقامة طويلة كهذه ستمتحن صبر الجميع. قد امتحنتها الأقدار العليا بالسجن السياسي فترة من الزمن. شباب البرازيل يمتحنون « ماكينتهم » امام الارجنتين. رفضت الكلية أن أمتحن سنواتها الأربع في سنة واحدة.

تجربة — experience

تَجْرِبَة
experience; experiment {2D}
pl: تَجارِب

رغم كل خبراته العسكرية فإنه يفتقر للتجربة السياسية وتجربته الوحيدة في هذا المجال كانت أثناء المفاوضات مع الفلسطينيين. الحرب.. تجربة درامية. هنا تأتي ضرورة الدراسة الموضوعية لكل تجاربنا، ومن بينها تجربة صوت العرب. ان الباكستان لم تجر حتى الآن تجربة نووية. أجرت تجربة ناجحة لنظام صاروخي متطور خلال المناورات.

حُنْكَة، حُنْك
experience; sophistication {3W}

هذه التصريحات تظهر أن هيلاري لا تتمتع بالحنكة السياسية. بدأت مسيرة التحول بحكمة وحنكة. يثبت بعد كل سباق مهارته في القيادة وحنكته في قراءة السباقات. الجواب عن هذه الأسئلة يتوقف على المهارة التفاوضية والحنكة السياسية لممثلي البلدان العربية والنامية الى اجتماع روما. يعتبر أن السادات كان أكثر حنكة من رجال الخارجية المصرية.

خِبْرَة
experience; expertise {2D}
pl: خِبْرات

الهدف الأساسي يتمثل في اكتساب الخبرة لدى اللاعبين من جميع النواحي. اكتسب خبرة في الشؤون الخارجية بحكم الاقامة في الخارج. اثبتت الخبرة العملية في الاسكندرية ان كباري المشاة عديمة الفائدة. ان في مصر جامعات ذات خبرة كبيرة في مجال علم النفس ونحن نرحب بالخبرات المصرية لمساعدتنا.

جرثومة — germ, microbe

بكتيريا
bacteria {2M}

استخلص منها مادة لها القدرة على قتل البكتيريا والفيروسات. في العام ١٩٨٧ تم نقل جين الانسولين البشري الى البكتيريا. وفي أميركا: اكتشفوا في لحومهم «بكتيريا» ضارة تكاد تمنعهم من التلذذ بأكل الهمبرغر المفضل لديهم.

جَرْثومَة
germ, microbe {2W}
pl: جَراثيم

لعل المحير ان جرثومة مرض إيبولا نالت شرف التسمية من احد انهار زائير. نجح خبراء صدام ايضا في انتاج جرثومة يمكن خلطها بمتفجرات القنابل لكي تصيب الانسان بالغنغرين. ان اسرائيل جرثومة في قلب الامة يجب استئصالها. الانسان لم يتغير أبداً وسيظل يحمل جرثومة العنف معه إلى النهاية.

طُفَيْليات
parasites {3M}

تفسد الطفيليات الثمرة الناضجة. اثبتت ابحاثهم ان الليمون يقتل الميكروبات وطفيليات الامعاء ويطهر الجهاز الهضمي. الطفيليات السامة تظهر حينما تخلو ارض العملية السلمية من النباتات الايجابية.

فيروس
virus {2W}
pl: فيروسات

اصبت بفيروس في موسكو ويستمر العلاج كالعادة نحو عشرة ايام. انتقلت اليهم العدوى من امهاتهم المصابات بالفيروس والمنتقل اليهن من ازواجهن. ٩٠ في المئة من الاشخاص الذين يحملون فيروس الايدس يعيشون اليوم في الدول النامية. اصبح الاكل السريع فيروس الحياة العصرية.

ميكْروب
microbe {2W}
pl: ميكْروبات

أثبتت التحاليل المخبرية وجود ميكروب مفرز للسموم في الاكباد. اكتشفوا ان البصل اقواها جميعاً، كونه يقتل ميكروب التيفوئيد وكثيراً من الجراثيم. اثبتت ابحاثهم ان الليمون يقتل الميكروبات وطفيليات الامعاء ويطهر الجهاز الهضمي.

جرّ — to pull

جَذَبَ
to attract sth/sb {3D}
VN: جَذْب يَجْذِبُ

هذا الاتجاه جذب اهتمام الفنانين الشباب. الثقافة حالياً تفتقد الى نجوم يجذبون الجمهور. ما الذي يتعين على البرتغال القيام به حتى تجذب السيّاح العرب؟ بدلاً من ان نجذبهم الى طريقتنا في التفكير، يجب أن ندرس طريقتهم في التفكير. الجزائر تسعى الى جذب المستثمرين السويسريين.

جَرَّ
to pull, drag sth (إلى *to)* {2W}
VN: جَرّ يَجُرُّ

صنعوا لي قارباً من العصي وجرّوني عبر الصحراء. عدت الى الديار أجرّ ساقي. أبصر أبو فادي أم صقر تقطع الشارع، تجرّ طفلها. كان الايرانيون يجرّون أقدامهم. هذا السؤال يجرّ الى سؤال آخر. ان العدو يحاول توتير الاجواء وجرّ المنطقة الى صراعات جديدة. نجحت في ادخال الاضطراب على اجهزة السلطة وجرّها الى الصراع والانفعال.

سَحَبَ
to pull sth عن *away from; to withdraw* (official recognition of sth) {2D}
VN: سَحْب يَسْحَبُ

سحبت الزوجة الصحن عن الطاولة ونفضت فتات الخبز عن الغطاء. سلطات أنقرة تسحب اعترافها بشهادات جامعة الأزهر. القوات الاسرائيلية سحبت الجنسية الاسرائيلية من زوجها واعتقلته منذ شهرين. اسرائيل سحبت بطاقة اقامة اكثر من ألف فلسطيني يقطنون القدس الشرقية.

شَدَّ
to attract, pull sth/sb (إلى *towards); [to strengthen]* {2W}
VN: شَدّ يَشُدُّ

اكثر ما يشد الانتباه في ميدان الحسين سلسلة المحلات الشهيرة. ان ما يربطها بثقافة اوروبا اكبر بكثير مما يشدها الى ثقافة الشرق. سألته: «ما الذي يشدك الى البصرة»؟ إن كل ما يحيط به ويدور حوله يشده الى الماضي. احسست ان حرارة الماء تشدني الى البيت وتبقيني فيه. انها رواية تشد القارئ اليها بقوة. حاول شدّ زبائن جدد.

جرس — bell

جَرَس
bell {2W}
pl: أَجْراس

يمنع الأذان في وقت تقرع فيه الاجراس. في هذه اللحظة رنّ جرس الهاتف. اقترح احدها تعليق جرس في رقبة القط كي ينبهها رنينه الى اقتراب خطره. أضرب جرس الباب فتخرج سيدة أنيقة تلبس الأسود. إن ذلك يقرع اجراس الانذار في كل العواصم العربية.

جُلْجُل
bell, cowbell {2M}
pl: جَلاجِل

برحيل الاستاذ الكبير لطفي الخولي اختفى صوت جلجل في الحياة السياسية والفكرية والأدبية بمصر والعالم العربي كله. في عيد البقرة يطوقون رقبتها بالجلاجل والأجراس المعدنية الرنانة.

ناقوس
bell {3W}
pl: نَواقيس

بين فترة وفترة يدخل صوت طبل او ناقوس الى الوعي. الوضع البيئي لم يعد يحتمل الانتظار، اننا ندق ناقوس الخطر لحماية بيئتنا وصحة اطفالنا ومستقبلهم. خلال القرنين الأخيرين لعبت هذه المسألة بالذات دور ناقوس يدق نهاية عهد وبداية عهد آخر. في منتصف الليل تقرع نواقيس المعبد.

---

crime — جريمة

جُرْم
crime {3W}

اعترف بجرم لم يرتكبه. لا يجوز اثناء دورة الانعقاد اتخاذ اجراءات جزائية نحو اي عضو من اعضاء المجلس، اذا اقترف جرما، الا بإذن من المجلس النيابي. كنت اعاقب على جرم لم ارتكبه. لهذا يعتبر التشكيك بأمانة ابن خلدون العلمية – ان كانت صحيحة – جرماً لا يُغتفر.

جَريمَة
crime {2D}
pl: جَرائِم

درس مع المسؤول البلجيكي آفاق التعاون في ميدان مكافحة المخدرات والجريمة المنظمة. لم تكشف الوزارة أسماء المتهمين أو دوافع ارتكاب الجريمة. أعتقد ان اخفاء هذه الامور يعتبر جريمة. إن الشريعة الاسلامية تعتبر القتل من ابشع الجرائم التي ترتكب ضد المجني عليه والمجتمع عموما. شهدت بعض المناطق جرائم قتل وذبح داخل الأسرة الواحدة.

جِنايَة
major crime, felony {2W}
pl: جِنايات

اتفقوا على ارتكاب جناية القتل العمد مع سبق الاصرار والترصد. كل اجنبي خالف احكام هذا القانون يكون قد ارتكب جناية الاضرار بالامن الوطني. القانون المصري يعطي كل المتهمين الذين يحاكمون امام محاكم الجنايات وامن الدولة الحق في توكيل محامين للدفاع عنهم. يجب ان يدفع ثمن ما ارتكبه بحق الأبرياء من جنايات.

جُنْحَة
misdemeanor; felony {2W}

وصلت كراهية الانجليز لي إلى حد المطالبة بسجني واتهامي بجنحة مباشرة أمام محكمة عابدين. السب جريمة غرامتها ٥ آلاف جنيه والقتل الخطأ جنحة عقوبتها ٢٠٠ جنيه! يمكن طلب رفع الحصانة عن عضو ارتكب جناية أو جنحة أو مخالفة. هذا القانون يقضي بأن أي متهم يُدان في جنحة ثلاث مرات أو أكثر يُحكم عليه بالسجن المؤبد.

---

to run — جرى

جَرى
to run (وراء after); to flow; [see حدث; to happen, take place] {2D}
VN: جَرْي يَجْري

الفتاة غير المطهرة (التي لم تخضع للختان) تجري وراء الرجال لإشباع رغباتها. المرأة تجري وراء الرجل. كنت انتقد الشبان الذين يجرون وراء الموضة. أحسست بالأمن والأمان، وبأن أحداً لا يجري ورائي. رمى الكرة بسرعة إلى أوفر مارس الذي جرى وأحرز هدف الفوز. الزمن يجري بسرعة، والسنوات أصبحت تعدو الأيام. هرع يجري نحو ضيوفه. كان يجري وراء كل كرة في أي ملعب.

رَكَضَ
to run {2W}
VN: رَكْض يَرْكُضُ

رأيت كلاب الصيد تركض حولي. كانا ينزعان حذاء الطفل فيركض بين الاعشاب او ينزل الى رمال النهر. رأيت الموت يركض ورائي. هو أرنب القصة الذي يركض قليلاً ثم ينام. من الجميل ان تركض كالمجنون وتطارد الكرة وتعرق وتنسى التدخين لبضع ساعات. هل يجوز ان نركض وراء مشكلات جديدة.

عَدا
to run; [to go beyond] {3M}
VN: عَدْو يَعْدو

يعدو جيدا ويسبق الاطفال الآخرين ويستطيع ان يفوز بالجائزة الأولى. لا يلبث ان يعدو اثر ام فريدة بأسرع ما يستطيع. يعدو الآن الى البحر... بلا مرفأ. يعدو الشاعر كطفل، مأخوذا بمرايا البحر والسماء. كان يعدو بجواد رغباته المكبوتة.

---

part جزء

جُزْء
part, section {2D}
pl: أَجْزاء

تمثل الصادرات جزءا كبيرا من انتاجها. انتقدت دمشق بشدة اقامة أنقرة «منطقة آمنة» في شمال العراق واتهمتها بـ «احتلال جزء من الأراضي العراقية». اتفق على ان الأكراد جزء من شعب العراق. كرر ان الجزر الثلاث «جزء لا يتجزأ من الأراضي الايرانية». ينقسم الكتاب الى ثلاثة اجزاء، يعالج الأول الهندسة المعمارية في عسير وخلفيتها.

فَصْل
section, division; chapter; [see درس*; season; class]* {2D}
pl: فُصول

نشرت مجلة الدراسات الفلسطينية (الطبعة الفرنسية) ترجمة للفصل الاخير من روايته. في الفصل الثالث تحدث عن اهم ما تأثر بهم. إن فصول الكتاب مليئة بالمعلومات المفصلة عن العلاقات الاقليمية والدولية. لقد اخترت من التقرير البريطاني الفصول التي تتعلق بالسينما.

قِسْم
section, part; [police station] {2D}
pl: أَقْسام

يمكن اعادة قسم قليل منهم الى الضفة الغربية أو اسرائيل. «تتمتع» بطقس بارد في القسم الاكبر من السنة. يُنهى فريق عمان القسم الأول من الدوري العُماني لكرة القدم من دون هزيمة. أثمن ما في الكتاب الثمين قسمه الثالث. يتم تصدير قسم من الانتاج إلى لبنان. توجه قسم من المتعلمين نحو الغرب يستمد منه نظمه وافكاره. قد يكون اللبنانيون، أي أقسام كبيرة منهم، تصالحوا مع تاريخهم.

---

body جسد

بَدَن
body {2W}
pl: أَبْدان

كره الحجرة الوحيدة التي يُلقي على فراشها بدنه آخر الليل. المسألة هنا تخص جرائم يقشعر لها البدن. أوضح ان من بين الأهداف أيضاً «معارضة الانتهاكات الخطيرة لحقوق الانسان المسلم وحق كل شخص في سلامة بدنه وعقله والحرص على حياته. المباراة تحتاج الى حكام على مستوى فني وبدني متميز نظرا لأهميتها. أشعر بقشعريرة تهز البدن. المطلوب من مراكز الشباب أن تكون مكانا لإعداد الأبدان السليمة بالممارسة الرياضية الحقة.

جُثَّة
corpse, cadaver {2D}
pl: جُثَث

دفن بول بعدما اجريت كل التحاليل المطلوبة لجثته. قال الطبيب الشرعي ان جثة المغدورة مصابة بعدد كبير من الطعنات القاتلة في جميع أنحاء الجسم والرأس. عثر السوفيات على جثة أدولف هتلر في برلين في أيار ١٩٤٥. قوات الامن اشرفت على دفن جثة القتيل. بدأ خبراء في فحص مائة جثة عثر عليها الجنود البريطانيون في ثلاث مقابر جماعية. عملية استخراج الجثث من تحت الأنقاض مازالت تجري على قدم وساق.

جُثْمان
corpse, (dead) *body* {3W}

تتزامن زيارة اولبرايت الى بكين مع مراسم احراق جثمان الزعيم الصيني الراحل دينغ شياو بينغ بناء على وصيته. اقيمت الصلاة على جثمان الفقيد في الحرم المكي الشريف في مكة المكرمة. دفن جثمان رايسا جورباتشوف غدا في العاصمة الروسية. عاد جثمانها الى مصر.. لكن بقي علمها وعقلها في امريكا.

جَسَد
body {3D}
pl: أَجْساد

توقفت كل اعضاء جسده عن ممارسة وظائفها. أما اطعام جسدي وحرمان عقلي من الطعام فهو تجريدي عمدا من انسانيتي. المرء جسد وروح. كانت، على رغم ضعف جسدها وقصر قامتها، ذات روح وهاجة ورؤية نافذة. هكذا تحوّل جسد المرأة من اداة انتاج الى سلعة. استخدم اجساد الموتى في عمله الفني.

جِسْم
body {2D}
pl: أَجْسام

هو البروتين المسؤول عن نقل الاوكسجين الى اعضاء الجسم المختلفة. اكتشف وجود خثرة في جسمه كان يمكن أن تسبب له مشاكل خطيرة. اوضحت الاذاعة ان الجسم المجهول «قد يكون صاروخا حسب قائد الطائرة». ينظر إلينا كجسم بلا رأس. استعادت رياضة كمال الاجسام اللبنانية بريقها المميز في بطولة العالم التي استضافتها العاصمة التشيكية.

---

bridge جسر

جِسْر
bridge {2D}
pl: جُسور

سمعنا ان الاسرائيليين احتلوا جسر القاضي، فكيف ننسحب ونعود؟ البحرين شهدت فعلاً زيادة ملحوظة وملموسة في عدد السياح في الاعوام القليلة الماضية خصوصاً بعد افتتاح الجسر بين البحرين والسعودية. احاول ان اكون جسراً بين الاجانب في المانيا والالمان. تم ذلك ضمن سياسة ابقاء الجسور الاقتصادية قائمة.

قَنْطَرَة
bridge, arch, arched bridge {2D}
pl: قَناطِر

شيدت هذه القنطرة من الحجر ومادة رابطة قوية كملاط يمنع نضوح الماء. اقترح بدائل أقل تكلفة تقوم على انشاء قناطر أو سدود صغيرة على مجرى النيل. يتألف الجسر من خمس قناطر، الوسطى منها بيضوية الشكل. نرى أن عام ٢٠٠٠ يمثل قنطرة الانتقال الى القرن الحادي والعشرين

كوبْري
bridge {1-2W} (Eg)
pl: كَباري

بعد عبوري الكوبري كانت هناك ثلاثة اتجاهات، ولم يكن هناك يافطات. يلقي بنفسه من اعلى الكوبري. سرت في البدء بمحاذاة الكورنيش إلى أن وصلت كوبري الجيزة. من الآن حتى نوفمبر ماء كثير سيجري من تحت الكباري. كانوا يستهدفون تفجير بعض الكباري الاستراتيجية ومحطات توليد الطاقة.

---

dry جافّ

جافّ
*dry; [*see قاحل; *arid]* {3W}

النمورة ممتازة فأنا أفضل الحلويات الجافة على الحلويات العائمة بالقطر. اقلام الحبر الجاف. يمتاز مصيف بلطيم بالجو الصحي الجاف نظرا إلى وجود الكثبان الرملية التي تساعد على امتصاص الرطوبة. نصوص منظمات الامم المتحدة احيانا غير مفهومة وجافة وفيها تكرار وتعابير معقدة.

ناشِف
dry; stale; boring {1-2M}

معها الدفتر وقلم الحبر الناشف. النعناع الناشف. لا يتناول إلا الأطعمة البسيطة الخفيفة كالخبز الناشف والجبن والسمك والفاكهة. ألقى لها كل يوم بحطب ناشف وجذوع ساقطة. الثقافة مادة «ناشفة» وجامدة لم يعد الجمهور يتقبلها.

يابِس
dry {2W}

كل شيء حولها كان مغشوشاً ومحشواً بركام من الحشائش اليابسة. الغصن سيموت ويصبح خشبة يابسة. لا حشائش تكسو بالخضرة الأرض اليابسة.. ولا اصص زهر.. ولا نافورة ماء.

drought جفاف

جَدْب
drought {3M}

اصيبت بلاد الشام التي كان يسكنها يعقوب واولاده بالجدب والقحط. سيأتي من بعدها سنوات كلها جدب وقحط، تأكلون في أثنائها ما ادخرتموه في سنوات الرخاء. لعل هذا الجدب النقدي هو ما دفع محمد العباس الى جمع مقالاته النقدية. الفلسفات قد رمته عاريا وسط صحراء الجدب وفراغ الذهن.

جَفاف
drought {2D}

حدد القحل والجفاف حتى الآن انتاج استراليا من الحبوب. استمر الجفاف في جنوب غربي قارة أميركا الشمالية. قد ساعدت على مساندة ضحايا الجفاف والحروب الأهلية في العالم. في المغلف صورة طفل وحيد في أرض ضربها الجفاف. لا يزال الجفاف في شمال افريقيا هو العامل الاساسي.

اِنْحِباس
cessation, stoppage (of rain, water) {3M}

تقدر خسائر المغرب السنة الجارية من جراء الجفاف وانحباس الامطار بمئات ملايين الدولارات. عاد مرة ثانية الى المنطقة ليجدها عطشى، وأهلها مذعورين لانحباس الماء عن عينهم التي يشربون من مائها ويزرعون. هناك علاقة قوية بين المطر والسياسة في المغرب، إذ أن انحباسه يعني الجفاف.

قَحْط
drought; famine {3W}

هي من مئات الآلاف الذين نزحوا الى المدينة خلال السنوات الاخيرة بسبب القحط. يسود المجتمع القحط الثقافي. السد العالي فيه الخير الكثير الذي يحمي مصر من الجوع والقحط والجفاف والعطش. يختزن الانسان في عقله الباطن دائما الخوف من الفيضان والسيول والجفاف والقحط والأوبئة والمجاعات.

---

skin جلد

بَشَرَة
skin {2W}

سؤال الناس عن أصلهم وفصلهم بسبب لون بشرتهم ينضح بشيء من العنصرية. يبدأ بعملية التنظيف التي تعدّ من اهم مظاهر نظام العناية بالبشرة. حان الوقت للتفكير بكفية حماية البشرة من أشعة الشمس. معظم افراد عائلته داكنو البشرة. له البشرة الناصعة والشعر الأشقر المتناثر كهشيم القمح.

جِلْد
skin; [leather] {2D}

وجدت في المستشفى انهم اجروا لي عملية زرع جلد. اثبتت الدراسة بأن لون الجلد هو عامل فاعل في تحديد سلوك الاميركيين تجاه بعضهم البعض. الرجال يتعرّون، جزئيا، في الشمس، رغم تحذيرات الاطباء من سرطان الجلد. انه ذو جلد حساس وهشّ امام السياسي ذي الجلد السميك. حاول بلند في الستينات ان يخرج من جلده ويغير اسلوبه في الكتابة الشعرية.

---

to sit جلس

جَلَسَ
to sit (على *on,* إلى *down to,* وراء *behind, etc.*) {3D}
يَجْلِسُ VN: جُلوس

أجداده جلسوا على عرش المغرب. تجلس على الكرسي الخشبي العتيق خلف طاولة النحاس. جلسوا على طاولة المفاوضات في واشنطن. كان عدد كبير من الناس يفترش الارض أو يجلس على درجات السلالم. يجلس وراء كومبيوتر متواضع القوة. جلسنا الى مائدة خارج «قهوة الاعيان». جلست الى طاولتي، ورحت أقرأ القصيدة.

تَرَبَّعَ
to sit (cross-legged) *(*على *on)* {2W}

الجهاز الإداري يتربع على كرسي السلطة والشارع بالنسبة لها هو المحكوم. يدخل الاتحاد هذا اللقاء وهو يتربع على قمة الدوري بفارق ٧ نقاط عن أقرب منافسيه. يتربع فندق «سونستا براديسو» على ضفة البحر. شركة ديل تتربع على رأس بائعي اجهزة الكومبيوتر. يظل شكسبير يتربع على عرش الادب والسينما.

اِسْتَوَى
*to sit, settle (*على *on,* في *in); [*see ساوى; *to be equal; to ripen; to be cooked]* {3M}

ما كدنا نستوي في مقعدينا لحضور سباق «فورمولا واحد»، حتى صرخ «مؤامرة». خلق السموات والأرض وما بينهما في ستة أيام ثم استوى على العرش. من يوم أن استوى عظمة السلطان فؤاد على عرش آبائه وأجداده لم يترك مسجدا من مساجد القاهرة، أثريا كان أم شهريا، إلا وأدى فيه فريضة الجمعة.

قَعَدَ
*to sit (*على *on); to settle down; [*see بقي، امتنع; *to remain; to refrain* عن *from]* {2W}
VN: قُعود يَقْعُدُ

قعد بجوار الباب مكفهراً عابس النظرات. قال له اقعد فقعد. قعدت على السرير امسح الريالة عن فمي. قامت الدنيا ولم تقعد. (Coll) هي عربية تسير بالبنزين ولها دركسيون والناس تقعد فيها ومافيش حصان ولا حمار يجرها. ياما قعدت عندهم وأكلت عندهم.

---

to gather

جمع

جَمَعَ
*to gather sth; to join, bring together sb; [*see خلط; *to confuse* بين (two things)*]* {2D}
VN: جَمْع يَجْمَعُ

يشارك في المسابقة اللاعبون الـ ١٦ الذين جمعوا اكبر عدد من النقاط في البطولات الاربع الكبرى. فنادق «شيراتون» في الامارات تجمع التبرّعات للاطفال المحتاجين في العالم. دار الفتوى ستتخذ مبادرة تجمع كل الطوائف اللبنانية لدعم قضية القدس في وجه الاستيطان اليهودي. لا هم لهم سوى جمع الضرائب للانفاق على الجيش والقصر.

جَمَّعَ
to gather, accumulate sth {2W}

جمّع اخبار عدد من مؤرخي القرون الوسطى. يجمّع حشوده ويطوف بها في الشوارع. جمّع في «كتاب خانه» عددا كبيرا من الخطاطين والرسامين والمجلّدين. مؤتمر الموسيقى يطالب بتجميع التراث الصوفي. بدأنا في تجميع الخبرات التي حققت النجاح.

حَشَدَ
to amass, assemble, gather sth {3D}
VN: حَشْد يَحْشِدُ

انها تحشد اسلحة وقوات على الحدود. بعض هذه البرامج تحشد عدداً كبيراً من المتخصصين وحملة الشهادات. حشدت الحكومة الاوغندية قواتها لفتح جبهة جديدة في جنوب السودان. تسعى الولايات المتحدة الى بسط هيمنتها وتحشد اساطيلها في الخليج لزرع بذور التفرقة بين العرب والمسلمين.

لَمْلَمَ
to gather, bind up sth; to pull (oneself) *together* {2W}

يجمع ملفاته ويلملم أوراقه استعدادا للرحيل. تسكت لحظات تلملم فيها شتات فكرها وذكرى أليمة على نفسها. لملمت الخيوط وجئت بالصندوق الخشبي والمنديل، لففت العقد في المنديل وعقدته ثم وضعته داخل الصندوق. لملمت جراحي وبدأت أبحث عن الأمان. رأى ان لبنان ينهض ويلملم نفسه، وله مستقبل واضح.

to meet, hold a meeting
اجتمع

see تلقّى

اِجْتَمَعَ
to meet, hold a meeting (مع/ إلى/ ب with) {2D}

كان الاسرائيليون والفلسطينيون اجتمعوا الاسبوع الماضي في واشنطن لكسر الجمود في مفاوضات السلام. اجتمع العاهل المغربي الملك الحسن الثاني مساء الاثنين مع وزير الخارجية. ذكر انه التقى الرئيس بيل كلينتون مرتين واجتمع الى وزير الخارجية وارن كريستوفر خمس مرات. الرئيس المصري سيجتمع بالملك حسين السبت.

قابَلَ
*to meet, encounter sb; [*see حاذى; *to face sb]* {2D}

قابلته قبل عامين عندما زرت السعودية. ياسر عرفات سيكون اول زعيم اجنبي يقابل يلتسن في مكتبه الرسمي بعد مرضه. قابلته في بهو الفندق في أبو ظبي. قابلنا اسمه في السطر الرابع من الرواية قبل أن نراه.

تَقابَلَ
to meet with each other; to get together مع *with* {2D}

يتقابلون امام محل «مكدونالدز» في ضاحية مصر الجديدة. في استطاعتنا ان نتقابل في أسرع وقت. في المباراة الثانية يتقابل منتخب استراليا والمكسيك. في الاسبوع العاشر يتقابل النصر مع الاتحاد.

اِسْتَقْبَلَ
to meet, welcome sb (in an official capacity)*; to receive sth* {2D}

لاحظ المراقبون ان بلير لم يستقبل ادامز عند باب المقر. بعد ان استقبلهم الامبراطور بالحفاوة اختار ماركو ليكون من أفراد حاشيته. الرئيس الهراوي استقبل الأبطال اللبنانيين. استقبل الرئيس الفرنسي جاك شيراك امس نظيره الجيبوتي حسن غوليد ابتيدون. استقبلني بلطفه المعهود وكأننا افترقنا بالامس. تنمو لتعرف كيف تستقبل الحب وكيف تعطيه.

لاقى
to meet, encounter sth {2D}

لاقى الاتفاق معارضة شديدة في الكنيست من قبل مناحيم بيغن. لاقوا الصعوبات. وسيلاقي كريستوفر باتيسكومب نجاحاً عظيماً في الأردن. ان الفكرة الصهيونية لاقت رواجاً عند اليهود المضطهدين في أوروبا.

اِلْتَقى
to meet, encounter sb or ب/ مع/ إلى *sb* {2D}

سيلتقي ٥٠ من رجال الاعمال المصريين نظراءهم التونسيين. كانت حتى سنوات قريبة ترفض ان تلتقي احداً من المعارضة. لن يلتقوا برئيس الحزب الحاكم. كنت فتاة عراقية من محيط محافظ جداً، ولم ألتق برجل في حياتي. غادر موراتينوس مقر عرفات في رام الله ليلتقي مع روس في القدس لابلاغه بقرار الاتحاد الاوروبي. يتوقع ان يلتقي الأمير سلطان الى مانديلا ونائبه.

---

group, band
جماعة

see جمهور

ثُلَّة
troop, band, group {3M}
pl: ثُلَل

لم يترأس ثلة الحراس في ثكنة روشنور كما ادّعى، بل كان مجرّد جندي. ان الاستاذ لطفي الابراهيمي يبدو مع ثلّة من اساتذة الجامعة. كان ميشال عفلق واحداً من ثلة من أولئك المثقفين العرب تؤمن بالعمل العربي الجماعي وتدعو اليه. كان لكل حاكم أسلوبه في تثبيت دعائم ملكه، وإحاطة نفسه بثلة من رجال الدين يسبغون الشرعية على حكمه وملكه.

جَمْع
*group, gathering; [*see جمهور; *crowd]* {3W}
pl: جُموع

الأهم من ذلك أن المدعو ليس صدام حسين وانما جمع من الشباب الرياضيين الذين ظلمهم قدرهم بالعيش في ظل هذا الدكتاتور السفاح. احتفل بعد ظهر أول من أمس السبت بزفاف الزميلين ميشال غبريل ومهى بربار في حضور جمع من الأهل والأصدقاء. كانت جموع من المواطنين شيّعت ضحايا مجزرة صيدا ظهر امس في المدينة.

جَماعَة

group; band, gang {2D}
pl: جَماعات

تعرف على جماعة من الكتّاب الشبان الذين كون معهم جماعة أدبية طليعية. جماعة من أعضاء اللجنة المركزية تركت الحزب لتشكل فصيلا منشقا. أعرب عن ترحيبه بمبادرة ايران استضافة مفاوضات الجماعات الافغانية. تعتمد الجماعة الاسلامية على الخلايا العنقودية ذات المهمة الواحدة. قال إن جماعة اجرامية تقف وراء هذا الحادث الشنيع. عمل كل ما في وسعه لضمان تفكيك البنية التحتية للجماعات الارهابية.

مَجْموعَة

group; collection {2D}
pl: مَجْموعات ، مَجاميع

في الجونة مجموعة من الفيلات والشاليهات كاملة التجهيز. اتفقت الجامعة العربية والامم المتحدة على مجموعة اجراءات بهدف الاعداد لمؤتمر مصالحة صومالية. يلعب لبنان في المجموعة الثانية الى جانب قطر والامارات والكويت. تبدأ صباح اليوم في هانوي أعمال القمة السابعة لمجموعة الدول الفرنكوفونية. فرت مجموعات من النساء والرجال والأطفال الى كيسنغاني. هاجرت اليه مجاميع من البشر، مختلفة اللغات والأصول والعبادات.

حَشْد

group, crowd; concentration (usu. of troops) *[see* جمهور*]* {3D}
pl: حُشود

جاءت المباراة ضعيفة لغياب حشد من نجوم الفريقين بسبب الاصابة. سار وراء النعوش حشد من ذوي الضحايا والمواطنين. هذا الطلب استند الى حشد من التهم الباطلة والأدلة الواهية. سهر مع حشد من الناس في المقر المركزي للاتحاد العام لطـــلاب إيران. حضر حفلة الافتتاح أمس حشد من الفنانين والصحافيين وعدد من ممثلي البعثات الديبلوماسية. حضر الجلسة حشد من كبار المحامين. أعلن الجيش اليوناني زيادة الحشود العسكرية على الحدود مع تركيا.

حَلْقَة

group; [ring, circle; item in a series] {2M}
pl: حَلَق، حَلَقات

هذه الحلقة من المجتمع لا تحتمل أي إرهاب. بقيت حيث سقطت إلى أن تأذن الحكومة برفع جثتها ومن حولها حلقة من النساء ينتحبن.

رَهْط

band, group {3M}

كل هذا الرهط المتنوع يعرف بعضه بعضا. نرى صورته مشارا اليها بعلامة في لوحة تمثل رهطا من المثقفين الألمان الهاربين من النازية في اواسط الثلاثينات. ظل هامشيا حتى بالنسبة لصديقه فيدل كاسترو وبقية الرهط من قادة وجنود حركات التحرر. فوجئت به واقفا على باب المؤسسة وسط رهط من الافندية لم اتبين بينهم أحـــدا ممن اعرفهم.

زُمْرَة

troop, gang; group {3W}
pl: زُمَر

وعدت المعارضة العراقية بمساعدتها في محاكمة صدام وزمرته كمجرمي حرب. الليكود تقوده زمرة من الأشخاص الذين تسكرهم القوة وليست لديهم أية كوابح. لن ينجحوا في قلب حكومة انتخبت بطريقة ديموقراطية ليقيموا مكانها زمرة من العسكريين لا يعرفون قيادة بلد. هددت الزمرة العسكرية الحاكمة في سيراليون امس الاربعاء بقمع الصحف المحلية.

شِرْذَمَة

gang, band, faction {3M}
pl: شَراذِم

نحن لا نعتبر ما يسمى بحركة الاتحاد الصومالي فصيلاً بقدر ما هي وعاء جامع لشرذمة من الارهابيين المعروفين بالأفغان العرب. «الجماعة» الجزائرية تضم شرذمة «من المارقين». كل واحد محصن داخل طائفته وشرذمته الصغيرة. تمزقت الحركة الشعبية بقيادة قرنق الى شراذم متناحرة. لم يعد هناك سوى شراذم مسلحة يدفعها اليأس الى ارتكاب جرائم.

شِلَّة

clique, band, group {2W}
pl: شِلَل

لم يكن أحد من شلة الأصدقاء يحلم باقتناء دراجة. كان زعيم الشلة جمعة قد سكن في المانيا منذ عشرة أعوام. كانت هناك شلة من المؤرخين سبقت الطبري جمعت بدورها مواضيع المرحلة السابقة. لا اساير المنتجين ولست من شلتهم. كان بني صدر قائد شلة هامشية نسبياً من شلل الثورة الكثيرة.

طاقِم
crew, team {2D}
pl: طَواقِم

سيبقى طاقم الانقاذ في المحطة. يصل الى القاهرة مساء اليوم طاقم الحكام الاسباني بقيادة جزمتيان لادارة مباراة القمة بين الاهلي والزمالك. كثف يلتسن والطاقم السياسي المؤيد له الجهود من اجل منع الشيوعي من العودة. يأمل ماكلين في ان يتمكن من اختيار طاقم من تسعة اشخاص يدفع كل منهم حوالى ٧٥٠٠ جنيه استرليني. تم إنقاذ ٩ من أفراد طاقم السفينة بينما لقي قبطانها مصرعه غرقا.

طائِفَة
*group; branch; [*see دين; *denomination,* (religious) *sect]* {2D}
pl: طَوائِف

جمع طائفة من نصوص قديمة من الصين والهند. هم طائفة من معلمي البلاغة جاءوا الى أثينا من مختلف المدن اليونانية. ارتكبت طائفة من أبشع الفظائع تحت ستار ما تسميه «الجهاد». قضى الاسلام على طائفة من العادات والاعراف كانت شائعة بين العرب.

مَعْشَر
gathering, society {3W}
pl: مَعاشِر

أمرنا معشر الانبياء ان نكلم الناس على قدر عقولهم. يتحتم علينا معشر المسلمين ان نتأسى بالرسول. اما نحن معشر الصحافيين فقد تعودنا على السؤال التقليدي: شو الأخبار. لقد تأثرنا، معشر أمم الشرق، بهذه الفكرة القومية.

عُصْبَة
band, gang; league {3W}
pl: عَصائِب
عُصْبَة الأمم League of Nations

يحسبون أن انتسابهم الى عصبة من عصائب المافيا أمر مألوف. أسس عصبة العمل القومي وعصبة تكريم الشهداء، وسجن ١١ مرة. المتهمون وهم عصبة مؤلفة من خمسة أشخاص توافقوا على التعدي على المجني عليه. ألم يدخل العراق عضواً في عصبة الامم قبل مصر؟

عِصابَة
gang {2D}
pl: عِصابات

كان معه على الطائرة أحد أعضاء عصابته. قالت الشرطة إن العصابة محلية. كانت زوجة ماو قطبا من أقطاب «عصابة الأربعة». كانت هذه العصابة نفذت هجمات مسلحة دامية. كان برفقته اثنان من عصابة المافيا. قبض على رئيس عصابة لسرقة السيارات في البقاع.

فِئَة
group, faction {2D}
pl: فِئات

لم يوضح دوافع الاعتداء ولا اذا كان الثلاثة ينتمون الى فئة سياسية. يراوح عدد الفنادق فئة ثلاث نجوم بين ١٦ و١٨ فندقا. هو مزارع من فئة المنبوذين من ولاية كارنتاكا جنوب الهند. في فئة الشباب فازت الكويت على الامارات ١١٢. الحزب لن يقتصر على «الأسرة الثورية» بل سيشمل الفئات الاجتماعية. دعا إلى التسامح بين مختلف فئات المجتمع.

فِرْقَة
(performing) *group; troop, band; [*(military) *unit]* {2D}
pl: فِرَق

فرقة «المسرح الوطني». له فرقته الموسيقية الخاصة. مدير فرقة الأوبرا. وجدت نفسها مفصولة من فرقة الباليه. احتفلت فرقة الموسيقى العربية المصرية بذكرى مئوية كوكب الشرق أم كلثوم. طارق عزيز يبحث و بتلر عمل فرق التفتيش.

فَريق
team {2D}

الأولوية بالنسبة اليه كانت بطولة الدوري التي احرزها الفريق للمرة الأخيرة العام ١٩٨٦. لم تنفع محاولات المدرب البلغاري بينيف من اعادة الفريق لمستواه المعروف. هي تحتاج الى فريق متكامل من الباحثين العرب والمستشرقين. يتعلم فريق التفاوض الفلسطيني كيف يتكيف مع المطالب الاسرائيلية. يتوجه فريق الخبراء الى العراق.

فَصيلَة
section, band, squad; genus {2D}
pl: فَصائِل
فَصيلَة الدم blood type

عرض أسطوانتين مكرستين للأغاني الخفيفة من فصيلة الطقاطيق. صحيح انه ليس من فصيلة اللصوص المحترفين، الذين يسرقون الملايين من داخل البنوك وفي أيديهم مسدسات وعلى وجوههم اقنعة. نجح شاويش يقود فصيلة في الجيش الكونغولي في الاستيلاء على مبنى الإذاعة. يحاولون أن يجدوا من بينهم من تتفق فصيلة دمه مع دم مريضهم ليبعدوا عنه شبح الموت.

لَفيف
group {3W}

يشارك في الحدث الذي يستمر ثلاثة ايام لفيف من رجال الاعمال والمتخصصين في الدول العربية والنامية. كان من بين حضور الحفلة لفيف من الصحافيين ومندوبي الاعلام. الفيلم فيه افضل تمثيل قدمه لفيف من الممثلين الفلسطينيين من بينهم سليم ضو. شارك في التشييع رؤساء حكومة سابقون ووزراء ولفيف من الشخصيات السياسية والديبلوماسية.

نَفَر
band, group (of people) {2W}
pl: أَنْفار

سعى نفر من ادباء لبنان لاعادة النظر وفتح ملف الاتحاد. باع نفر من الفلسطينيين ارضهم هرباً من جحيم العيش، او بسبب الحاجة. اجتمع نفر من العرب في لندن. وأضاف نفر منهم ان كوسوفا لها قيمة روحية خاصة لدى الصرب. في اسوان يمكنك ان تلمح بين الحين والآخر نفراً قليلا من السياح يسيرون فرادى.

اجتماع meeting

جَلْسَة
session {2D}
pl: جَلْسات

افتتحت الجلسة في العاشرة والثلث قبل الظهر. عقد مجلس الوزراء جلسة عادية عصر امس برئاسة رئيس الجمهورية. عقد السيد عمرو موسى وزير الخارجية جلسة مباحثات أمس مع نظيره الكندي لويد إكسورثي. النواب في جلسة الأمس تسابقوا وتنافسوا في مهاجمة الوزير وليس محاكمته.

اِجْتِماع
meeting {2D}
pl: اِجْتِماعات

من المتوقع ان يقدم الرئيس كلينتون هذا الاقتراح الى نتانياهو اثناء اجتماعهما الاثنين المقبل. في كلمته في افتتاح اجتماع وزراء الخارجية اشار خرازي الى «المشاكل التي يعاني منها العالم العربي». بعد انتهاء الاستقبال عقد الرؤساء الثلاثة اجتماعاً، أعقبه غداء. دعا الناس الى الاجتماع للصلاة وحضور القدّاس. ويستأنف المجلس اجتماعه صباح اليوم.

مُقابَلَة
interview; meeting {2D}
pl: مُقابَلات

قال ان رئيس بلاده موجود في الفندق وان في وسعي اجراء مقابلة معه. هذا كلامها في المقابلة التلفزيونية مع الصحافي الباكستاني. قال ليفي الموجود في نيويورك في مقابلة هاتفية مع الاذاعة الاسرائيلية: «يجب تجنب التضخيم». كانت مجلة «دير شبيغل» الواسعة الانتشار اجرت الشهر الماضي مقابلة مع الشيخ طنطاوي.

لِقاء
meeting; encounter {2D}
pl: لِقاءات

عقدت اولبرايت امس اول لقاء لها مع الرئيس الفلسطيني ياسر عرفات في رام الله. أضاف ان اللقاء تم بعلم عرفات ورئيس الوزراء الإسرائيلي بنيامين نتانياهو. ذكر ريتشاردسون اثر لقاء استمر نحو ثلاث ساعات مع كابيلا أن الولايات المتحدة تدعو الى حل تفاوضي والى «وقف النار». اثير الموضوع الاسبوع الماضي اثناء لقاء في واشنطن للجنة اميركية اسرائيلية مشتركة. يختتم المرحلة بلقاء صعب خارج ارضه ضد ريال سوسييداد.

جميعاً altogether, as a whole

see كلّيًا، كل

بِأَسْرِهِ
as a whole, in its entirety {3D}

اعتقد ان هذا الأمر يكون أصعب عندما يراقبك العالم بأسره. لقد اصبح الابيض يسيطر على الكرة الارضية بأسرها. كلها قيم بدأت تسود المجتمعات الانسانية بأسرها. يفرض نفسه على بلد بأسره، وعلى شعب بكامله. أعلنت سخطها على الطبقة الحاكمة بأسرها.

بِحَذافيرِهِ
in its entirety; to the letter (usu. with verbs that mean 'to enforce, put into practice') {3W}

يجب أن تطبق الاتفاقية بحذافيرها. نحن مصممون على تطبيق الشرعية الدولية بحذافيرها. الكاتب جعل القارئ للوهلة الأولى يعتقد ان القصة بحذافيرها منقولة من وثيقة تاريخية.

جَميعاً
altogether, as a whole {3D}

يجب ان نسعى جميعاً الى تحقيق التنمية والتقدم والرفاه والسلام والاستقرار. اننا جميعا ننادي بالوحدة الإفريقية. آمنت بأن البشر جميعا متساوون دون اعتبار لجنس أو لون أو دين أو لغة. اصبحنا جميعا قرية واحدة.

أَجْمَع
entire, whole, all {3D}
fem: جَمْعاء pl: أَجْمعون
العالم أجمع the entire world

جرت الانتخابات بشكل ديموقراطي شهد له العالم أجمع. نظام الدولرة قد امسك بزمام بورصات العالم اجمع. نشرت هذه الأمة نور المدنية والحضارة على الانسانية جمعاء. الطوفان أغرق العالم كله وقضى على البشرية جمعاء. يعرف جيدا أن كل فرد يعكس سمات البشر أجمعين. مصر أعطت العرب أجمعين درسا مهما في موضوع التطبيع.

بِأَجْمَعِهِ
as a whole, in its entirety {3W}

هذه المسألة هي المشكلة الاساسية للأمة بأجمعها. يعم السلام في المنطقة بأجمعها. شمل الفرح قلوب المصريين بأجمعهم. يذهب الى ان سكان الجزيرة العربية بأجمعهم كانوا عربا، وهذا يشمل الكنعانيين والفلسطينيين. بدءا من ١٥١٥ اصبح المغرب بأجمعه تحت وصاية الباب العالي العثماني.

بِجُمْلَتِهِ
as a whole, in its entirety {3W}

يبدو ان منطقة الشرق الأوسط وشمال افريقيا بجملتها أُهملت. الفترة ما بين ١٨٧٥ و ١٩٠٥ شهدت تحول الولايات المتحدة الاميركية بجملتها من بلد زراعي وقروي الى بلد صناعي ومديني. الانسان لا يكون انساناً باليد وحدها، ولا بالرجل وحدها، ولا بالرأس وحده، ولا باللسان وحده، بل بجملته.

بِرُمَّتِهِ
as a whole, in its entirety {3D}

العملية برمتها محكومة باعتبارات سياسية. وضع الأمر برمته في صورة كاريكاتورية مبالغة. يعتبر المشروع برمته سابقاً لأوانه. يلزم تغيير «اللغة» برمتها. يبقى الموضوع برمته بعيدا عن النيات الحسنة المجردة. القضية برمتها في ايدي القضاء.

قاطِبَة
altogether, without exception {3W}

في القرن الثامن للهجرة ظهر كبير من كبار المفكرين العرب، بل من أعظم مفكري الانسانية قاطبة. هذا الحكم هو أصعب أشكال الحكم قاطبة. الجنسية لا أثر لها عند المسلمين قاطبة. ان «نيويورك تايمز» هي اهم الجرائد الاميركية والعالمية قاطبة.

بِكُلِّيتِهِ
as a whole, altogether {3M}

الأمس بكليته يتلاشى. هي علاقات سطحية، علاقات اضطرارية، علاقات لا يلتزم فيها الانسان بكليته. اللغة ليست كاملة في فرد ما بل في الجماعة بكليتها.

بِكامِلِهِ
as a whole, in its entirety; [see كلّيا، كل; idaafa كامل + n: *whole, entire*] {2W}

قال الوزير إن الطريق بكامله سيستغرق إنشاؤه ١٢ سنة. قد يتم إلغاء اتفاقات أوسلو بكاملها. المبلغ بكامله بقي في الفاتيكان. تعتبر اسرائيل القدس بكاملها عاصمة لها.

camel
جمل

إبِل
camels (collective) {2W}

الإبل ارتبطت بحياة الانسان البدوي منذ القدم، ووصفت بأنها الصديق الاول للانسان. قد يكون ذلك صحيحا في الزمن البسيط الأول، زمن غوص الخليج ورعي الأغنام والإبل، لا زمننا المعقد بما فيه من إنترنت وصواريخ عابرة للقارات. المعروف ان الإبل كانت الوسيلة الاساسية للاتصال والانتقال في أيام المتنبي. هما قبيلتان عربيتان مشهورتان بتربية الإبل.

بَعير
camel {2M}

وقف الرجل في سوق عُكاظ على بعير له ثم قال شعراً. كنت في بعض اسفاري راكبا على بعير والمملوك يقوده. قومها خرجوا واخذوا زمام البعير. هذا الحادث كان القشة التي قصمت ظهر البعير.

جَمَل
camel {2W}
pl: جِمال

رأى الحمار والجمل ينتظران السياح في حين ان وزارة الخارجية البريطانية لا تزال تعارض قيام البريطانيين برحلات الى البقاع. هو جمل وسيم، ذو قدرة فائقة على التحمل والصبر. أرسل الشيخ زايد رئيس مدربي الجمال لديه المنصوري لتحضير ١٨ جملاً للمشاركة في السباق. لم يعد الجمل كما كان، وانقطعت تجارة الصحراء.

ناقَة
female camel {2W}
pl: نوق

خرجت في طلب ناقة لي حتى وردت على ماء. لا ناقة لنا في ذلك ولا جمل. صار البيت الواحد يكسب مئة ناقة ومعها راع يرعى الابل وجارية تطبخ. بعد أن أقام النبي في قباء أربعة أيام، ركب ناقته ودخل يثرب. كان يسجد لله ولو على ناقته.

---

beautiful
جميل

see ساحر، ساطع

بَهِيّ
splendid, beautiful {3W}

رحلته تأخذ شكل العودة من الحاضر المريض المهزوم الى الماضي البهيّ الجميل. لقد بات الانضمام، الكامل والنهائي، للجماعة الاوروبية، حلما جميلا وبهيا يدغدغ الاجفان التركية الناعسة. البطل شاب بهي الطلعة عليه ان يحقق ذاته في مغامرات اسطورية. رباها، وعلمها الغناء، وكانت بهية جميلة مثل فلقة القمر.

جَذّاب
attractive {2D}

المرأة الجذابة هي المجازفة. هذه الأغاني جذابة، راقصة ومفعمة. كتابته كانفجار البركان، وكل ذلك في أسلوب شفاف جذاب بكر. جعل من ارلندا مكانا جذابا وملائما لتصوير الأفلام الأجنبية. أعرب لها عن استعداده لتوظيف مواهبها وشخصيتها الجذابة في ما ينفع العمل الخيري في بريطانيا وخارجها.

جَميل
beautiful, nice {2D}

قدمت الفرقة، كالعادة، برنامجا غنائيا يتضمن باقة من الاغنيات الجميلة. اكتشفوا ان الصورة الجميلة لا تستطيع تجميل واقع بشع جدا. سوف يدخل مدرسة الفنون الجميلة. المرأة الجميلة: جنّة للعيون، ومطهّر للجيب، وجهنّم للروح. يهمس في أذنها انها جميلة. كان غورباتشوف رابع المتحدثين في الندوة، وقال كلاما جميلا، بل وعظيما. في الشوط الثاني قدم الفريقان كرة جميلة واعتمدا على اللعب المفتوح.

حُلْو
pretty [sweet] {2D}

انها اغنية حلوة. أعلنت المضيفة ذات الصوت الحلو، ان الطائرة تقترب من مطار الدار البيضاء. لا تذهب الى هناك لتصور البنايات الحلوة والجديدة. المناخ حلو عموما. يتذكرون كم كان حلوا لبنان ايام زمان. كانت الفتاة حلوة وصغيرة.

مَليح
*pretty; [*see جيّد; *good, nice]* {2M}

هذه المرأة المليحة الرقيقة. كانت «الجيوكندة» - كأية أنثى مليحة - أعجب فرانسوا الأول ملك فرنسا باللوحة وبالرسام. يكفي المليحة ديانا: انها في حياتها تفرّدت بأعمال الخير. يحيط بها آلاف المشجعين الراغبين في إطلالة واحدة من وجهها المليح.

وَسيم
handsome {2W}

اللورد بايرون كان وسيماً ثرياً، ومحدثاً عبقرياً، يجذب الحسان في كل بلد. العريس شاب وسيم، كما أنه ثري. هو شاب وسيم الطلعة، صريح النظرة واللهجة، قوي البنية، أرثوذكسي المذهب. انها قصة رجل ممتاز ووارث وسيم مات مشردا بائسا.

جمهور crowd, masses

see جماعة

جَمْع
*crowd, mass; [*see جماعة; *group, gathering]* {3D}
pl: جُموع

علت اصوات الجموع المحتشدة بالتكبير والتهليل وبرفع القبضات في الهواء والتلويح بالاعلام. الجموع غاضبة على المصورين. لن اتردد في اتخاذ القرار الصعب الذي يحقق المصلحة العامة لجموع التجاريين.

جُمْهور
crowd; masses; public {2D}
pl: جَماهير

الدكتورة الكرمي كانت تتحدث امام جمهور متعاطف اصلاً. تفتح ابواب الملعب امام الجمهور اعتباراً من الساعة العاشرة والنصف. الجمهور الغربي لا يعرف الا الموسيقى العربية التقليدية. يتمتعان بشعبية كبيرة بفضل اتقانهما لفن التعامل مع الجمهور. نجح الاعضاء ايضاً في احتواء غضب الجماهير الثائرة منذ هزيمة الفريق في المرحلة السابقة أمام الاسماعيلي.

حَشْد
*assembly, mass; troop concentration; [*see جماعة*]* {2W}
pl: حُشود

حضر الحفلة حشد من الشخصيات الفرنسية والعربية. يبدو ان القيادة العليا كانت تريد تحقيق اكبر حشد من القوات من دون النظر الى كفاءتها القتالية. فوجئ الاحد الماضي بحشود غير نقابية تحاول منع المندوبين من واجبهم الانتخابي. نددت بريطانيا وألبانيا وحلف شمال الأطلنطي بالحشود اليوجوسلافية.

زِحام
crowd {2D}

فجأة اخترق الزحام الحاخام الاشكنازي شلومو غورين يحيط به عدد من أتباعه. عاشت «امرأة وحيدة» برغم الزحام من حولها. سرت وسط زحام الناس في الطريق. هذا السؤال يبقى من دون اجابة وسط زحام من العروض المسرحية المنوعة.

مَلأ
masses, public {3W}
pl: أَمْلاء

أعلن استقالته الرسمية على الملأ بعيد الهزيمة الثانية. عرض المومياء على الملأ «لا يتفق والتقاليد المسيحية». يظهرون على الملأ بأنهم ضد التطبيع الثقافي. من الواجب الوقوف الى جانبه على الدوام والاعلان عن حقيقته الرائعة على الملأ. وهل يحول ذلك دون ان نعلن على الملأ وامام الله والضمير اننا على استعداد لأن ندفع هذا الثمن.

جمهورية republic

see بلد

إِمْبَراطورِيّة
empire {2D}

قد نالت حوادث الانتحار الكثيرة التي وقعت في الإمبراطورية الرومانية شهرة واسعة. في عام ١٩١٤ سقطت الامبراطوريات القديمة النمساوية والعثمانية والبروسية. العلم والتقنية هما أساس ثورة المعلومات التي هزمت الإمبراطورية السوفيتية.

إِمارَة
emirate {2D}

ولد غاندي في احدى الإمارات الصغيرة الواقعة غربي الهند. أشاد الدكتور الجنزوري بمواقف دولة الإمارات العربية المتحدة. حكومة أبو ظبي تسعى لترويج الإمارة كمقصد سياحي.

جُمْهورِيَّة
republic {2D}

في الأشهر الخمسة المقبلة يجب ان نتوقع مزيدا من الصخب في استراليا، مع اقتراب موعدها مع الاستفتاء الحاسم الذي تجيب فيه على السؤال الصعب: هل تصبح جمهورية أم لا؟ تمت مراجعة موقف التنفيذ لمشروعات الشبكات على مستوى الجمهورية. أدت سياسة البروسترويكا إلى انهيار الاتحاد السوفيتي كدولة ونظام وتفكيكه إلى ١٥ جمهورية.

سَلْطَنَة
sultanate {2D}

أعلن مصطفى كمال قيام الجمهورية التركية وعاصمتها أنقرة وإلغاء السلطنة العثمانية. الشيخ زايد بن سلطان قد وصل أمس إلى منطقة صحار بسلطنة عمان في زيارة خاصة تستغرق ثلاثة أيام. وجهت السفارة الدعوة لجميع المصريين بمختلف مناطق السلطنة لحضور الاجتماع.

مَمْلَكَة
kingdom {2D}

بدأت في ١٩١٥ المفاوضات بين العرب والبريطانيين من إجل استقلال المناطق العربية وإقامة مملكة عربية كبرى. تعد المملكة السعودية على رأس الدول التي ترحب بمبادرات طهران. المملكة المتحدة هي ثاني مستثمر أجنبي (غير عربي) في مصر.

---

next to — إلى جانب

see قريب

إلى جانب، بِجانِب
by the side of; in addition to {2D}

حاربوا الى جانب الانكليز ضد فرنسيي فيشي. يقع الفندق الى جانب الطريق الذي يمر عبره آلاف الحجاج كل عام. استغل كل فرصة لأكون الى جانب زوجتي وطفلتي. كانت مصر، الى جانب اثيوبيا، وراء تلك العقوبات. الحقيقة ان العرب وقفوا بجانب البوسنة بعد انفصالها. انظر إلى صورة أبي الهول بجانب الهرم الكبير. أريد ان اظل بجانب زوجي وأن اشاركه الاحداث.

جَنْب
near {1M} (Coll)

قررت عدم البحلقة في أية سيارة وعاهدت نفسي أن أمشي جنب الحيط. نمشي جنب الحائط فلا نفتح أفواهنا بكلمة نقد أو هجوم. تقف معهم جنبا إلى جنب. سيرونني حينها اقف جنب النافذة. (Eg) بيتي جنب الجامع. (Lev) تعال اقعد جنبي، اشتقتلك كتير!

جِوارَ
next to, close to {2D}
also: بِجِوارِ، إلى جِوارِ، في جِوارِ

القى الجواهري مراسيه في دمشق ونام جوار السيدة زينب. من حقك أن تسكن جوار صديقك. يعيشون جوار البراكين. يقفون في طابور جوار الحائط. عودوا الى بلادكم وانتظروا بجوار التلفونات. تقع المقبرة بجوار قرية لوفاس القريبة من مدينة فوكوفار. مقبرة باب الرحمة تقع الى جوار الحائط الشرقي للمسجد. اتمنى الوقوف الى جوار النافذة طوال الرحلة. انه مزعج، يصعب العيش في جواره. يقيمون في جوار المطار.

في مُحاذاةِ، بِمُحاذاةِ
alongside, next to {3W}

كنتُ أسير ذات مرة في محاذاة النيل العظيم. منزل الوزير أكرم شهيب يقع في محاذاة متجره. رأيناه واقفا في محاذاتنا على بعد عشرين مترا ينظر الينا مستغربا. تقع القريتان بمحاذاة الخط الفاصل بين إسرائيل والأراضي الفلسطينية. سار الاسكندر جنوبا بمحاذاة الساحل السوري، بهدف الاستيلاء على الموانئ الفينيقية. بمحاذاة الجهة اليمنى للجسر مبان حديثة.

قُرْبَ، بِالْقُرْبِ مِنْ
near {2D}

ألقى فلسطينيون من مخيم شعفاط حجارة على الجنود والعمال الاسرائيليين قرب الموقع. سيقام المشروع في مدينة العامرية قرب الاسكندرية. تم هدم ضريح الزعيم التاريخي السنوسي الكبير في واحة الجغبوب قرب الحدود مع مصر. بالقرب من حي القصبة في قلب مدينة طنجة يوجد ضريح صغير. وافقت السلطات العثمانية على طلبه انشاء مسرح بالقرب من بيته.

عَلى مَقْرَبَةٍ مِن
near {3W}

فتح النفق على مقربة من المسجد الاقصى في القدس. ولدت في سيناء على مقربة بضع كيلومترات من سانت كاترين وجبل موسى. تقع في اقصى شمال سيبيريا، على مقربة من قرية كبتين. بات المغرب على مقربة من التأهل لنهائيات كأس العالم لكرة القدم.

funeral

جنازة

مَأْتَم
funeral {3W}
pl: مَآتِم

٣ آلاف جنيه تكفي بالكاد لمصاريف الجنازة والمأتم. تقام ليلة المأتم اليوم خارج جامع عمر مكرم. شيع المرحوم عمر محمد الداعوق امس الى مثواه الاخير في مأتم شعبي ورسمي مهيب. إنه مثل عرس بلا زفاف، وجثة بلا مأتم. هرب ١٤ ألف انسان كردي من كردستان العراق التي تحول عرس الحرية فيها الى مأتم.

تَأْبِين
memorial service {3W}

يقيم المجلس الاعلى للثقافة مساء اليوم الخميس حفلة تأبين للموسيقار سيد مكاوي في مسرح العرائس في القاهرة. رثاه طلابه في معهد المسرح في دمشق، في حفلة تأبينه بعرض مسرحيته الأخيرة. وصفها رئيس الوزراء توني بلير، في كلمة تأبين تصدرت مظاهر الحزن الشعبي، بأنها «اميرة الشعب». سيتم خلال الاجتماعات تأبين رئيس الاتحاد السيد احمد الخواجة الذي توفي الاسبوع الماضي.

جُنّاز
funeral (Christian) {2M}
pl: جَنانيز

بعد القداس والجناز، تلقت العائلة التعازي من الحاضرين. لقد قام الشيوعيون اللبنانيون بإقامة جنّاز في كنيسة ارثوذكسية عن روح ستالين عند وفاته! دفنت ديانا بعد جناز شارك فيه افراد عائلتها وبعض اعضاء الأسرة المالكة.

جِنازَة
funeral, funeral procession {2D}
pl: جِنازات

تشيع غدا جنازة جون كينيدي الابن وزوجته. ٧ آلاف لبناني يشيعون جنازة اثنين من مقاتلي حزب الله. جنازة ديانا يجب أن تكون مناسبة كبيرة تتيح للناس التعبير عن حبهم وتقديرهم لها. بات مؤكداً أن بريطانية وضعت كل الاستعدادات لواحدة من أكبر الجنازات إلتي عرفتها.

---

paradise

see سعادة

جنّة

جَنَّة
*heaven, paradise; [*see حديقة*; garden]* {2D}
pl: جَنّات

مات وذهب الى الجنة. شهر رمضان فيه اعظم علامات الرحمة والخير حيث تفتح فيه ابواب الجنة وتغلق ابواب النار. هيا الى « الجنة الأوروبية » التي تأكل اقدامكم. «هل الوحدة طريقها الى الجنّة ام الى جهنم»؟ اتذكر السيدة نوال المحلاوي، تغمدها الله برحمته وأسكنها فسيح جناته.

عَدْن
Eden {2D}
جَنَّة عَدْن paradise, Garden of Eden

كل ذلك كان يعني أن جنة عدن في اليمن السعيد تتطلع بطموح شديد لبناء دولة عصرية. لقد وحد الفينيقيون بين النخلة التي اعتبرها الساميون بعامة شجرة الحياة في جنة عدن وبين إلهة الأخصاب والتعشير عشتروت. نستعمل تعبير جنات عدن وجنات النعيم تبادلياً.

فِرْدَوْس
paradise {3W}

يسعون منذ ذلك الزمن البعيد الى العودة الى الفردوس. إن الذين آمنوا وعملوا الصالحات كانت لهم جنات الفردوس نزلا. كان يحلم بفردوس تبدو مشارفة في زمن العولمة. من أراد أن يذكر الفردوس أو ينظر إلى مثلها في الدنيا ـ فلينظر إلى مصر. لو ان المرء اراد ان يحلم فردوساً ذات يوم فإن ذلك الفردوس لا بد ان يكون لبنان.

نَعيم
ease, happiness; paradise {2M}

اكتشفوا نعيم السلام بعد ان نجح الحوار في الوصول الى اتفاق. ظنت نفسها هربت من جحيم الشيوعيين الى نعيم البعث. لا يعني هذا اننا في النعيم، بل يعني ان مشكلاتنا يجب ان تشكل حافزاً اضافياً لتضامننا من اجل تخطيها. ليس لها مكان في جنات النعيم. كانوا يتطرقون الى مسائل تتعلق بالآخرة وعقاب الاشرار على ذنوبهم والنعيم الذي يتمتع به اصحاب الحسنات وصفات الخالق.

crazy مجنون

مَجْنون
crazy {2D}

اعتبروهم مجانين. لماذا يحبه الناس؟ «مجانين أحبوا مجنونا». هل أنت مجنون؟ من يستطيع ان يحيا مع زوجة مجنونة، تثور بلا سبب، وتكسر الأثاث، وترسل الصحون تئز، وتحاول الانتحار؟ مع حرب الخليج المجنونة تم اغلاق شبه كامل لملف العمالة المصرية بالعراق.

مَخْبول
crazy, deranged {2M}

جعلتها حياة القصر مخبولة. اخضعوه لإشراف طبي دقيق وثبت أنه مخبول. العالم مخبول. هي الانجازات المحسوسة المرئية الملموسة التي لا ينكرها غير مخبول العقل ظالم، أو ناكر للجمائل حقود مغامر.

مَعْتوه
idiot; deranged, insane {2M}

قد مهد الاسرائيليون لهذه المؤامرة بارتكابهم جريمة حرق المسجد الأقصى المبارك والصاق التهمة بشخص زعموا انه معتوه. ادركت الآن بأني فزت بلقب المعتوه في رأيه. كان أول ممثل ينال أوسكار عن دور معتوه. في كل مجتمع انساني هناك المنبوذ والأبرص والمعتوه والمحروم. الحياة حكاية يحكيها معتوه ملؤها الصخب والعنف ولا تعني شيئا.

diligent مجتهد

مُثابِر
persistent, intent في/على *on* {3W}

الدفاع الأضمن ضد الخطر النووي ليس الاسلحة الفضائية الاكثر تطورا وانما الحظر الكامل على التجارب والجهد الجاد والمثابر لخفض كل انواع الاسلحة النووية. سنربح في النهاية طالما اننا مثابرون على قتاله. سوف نظل مثابرين في تأييدنا لعملية السلام. حقق استقلاله من دون قطرة دم، بالعمل السياسي المثابر وحده.

مُجْتَهِد
hard-working, diligent (person) {2W}

ان تلخيصك جيد يدل على انك طالب مجتهد. لم يعرف عن ليمور أنها كانت تلميذة مجتهدة، بل على العكس كانت مشاكسة، متمردة، وكان معلموها يعاقبونها باستمرار. هذا العالم المجتهد قليل البخت. كانت مجتهدة وجيدة في ايصال المطلوب للمتلقي. إنه لاعب مجتهد وقوي.

دائِب
diligent, untiring (effort) {3W}

التقدم هو العمل الدائب والمتصل لتوطيد الحقيقة. أكد ضرورة العناية بالمرأة الريفية والموظفة والعاملة وبذل «الجهد الدائب» لحل مشاكلها. بعد انهيار الشيوعية بدأت ألبانيا تخرج من ازمتها وتعيش عهدا جديدا يحتاج الى جهد دائب ومستمر لبناء ما هدمته الشيوعية. ثمة محاولة دائبة للبحث عن سر الوجود الانساني.

دَءوب، دؤوب
persistent, tireless (work, effort) {2W}

ان خيارا كهذا يتطلب اعداداً دؤوباً. يعتبر ان النجاح هو ثمرة العمل الدؤوب في التمارين. لا نرى طريقا لتحقيق ذلك الا بالجهاد المستمر والدؤوب ومواجهة الاحتلال الغاصب بكل ما اوتينا من قوة. نحتاج الى عمل دؤوب حتى نستطيع الوصول للدور الثاني. كان هناك السعي الدائم والدءوب لزيادة الإنتاج من القمح.

عاكِف
obsessed على *with, intent* على *on* {2M}

أشار موستاكي الى انه عاكف حالياً على اعداد اسطوانة جديدة. كان ابن خلدون عاكفاً على قراءة العلم وتدريسه. لفت الى ان وزارته عاكفة حاليا على اقامة شبكة اتصالات هواتف خليوية. أخبره بانه عاكف على شرب اللبن الحليب مع عسل النحل.

مُواظِب
persistent, diligent على *in* {2M}

هي شركات مواظبة على الخسارة. هناك اليوم رجل دين نرويجي مواظب على زيارتي في مختلف السجون الألمانية. ظل مواظبا على الدرس الأكلينيكي بقصر العيني. إنني مواظب على التدريبات مع فريق الزمالك.

apparatus, tool

جِهاز

see وسيلة، ذخيرة

أَداة

device, instrument; [grammatical particle] {2D}
pl: أَدَوات

تستورد السعودية اكثر من ٧٠ في المئة من الادوات الصحية من الخارج. الأدوات الكهربائية. أدوات الزينة. مراكز الشباب تفتقر إلى أهم أدوات ووسائل الإعداد البدني. عرفات بات اداة في يد اسرائيل وادواتها الامنية. اللغة اداة تُعَبِّرُ عن حقيقة معنوية موجودة في ذهن الانسان. يتضح ان الاعلام الاميركي الآن هو من اهم ادوات السيطرة على العالم.

آلَة

instrument, tool, appliance, apparatus {2D}
pl: آلات

لا مكان للاستحمام ولا توجد الا آلة حلاقة واحدة. التفت الى آلة التصوير بجانبي واستنسخت منها. آلة تسجيل. اتخذ المبادئ الدينية الكريمة آلة لترويج بضاعته. آلة الهاتف الحديثة. الآلة الحاسبة. الآلة الكاتبة. آلة الارغن. آلة البوق. آلة البيانو. الآلات الالكترونية وسيلة وليست غاية. الفلاح أصبح يعتمد على الآلات الزراعية والسيارات الصغيرة في النقل.

جِهاز

*apparatus, tool, device; [*see منظّمة; *agency]* {2D}
pl: أَجْهِزَة

الأجهزة المنزلية. جهاز الفاكس. استخدم جهاز الهاتف الفرعي في حجرته. استخدم جهاز الكومبيوتر الشخصي. جهاز التلفزيون. جهاز الفيديو. جهاز الراديو. الأجهزة الالكترونية. اما صادرات المانيا لايران فمعظمها من الآلات والاجهزة الكهربائية والمواد الكيماوية. اجهزة الكومبيوتر.

عُدَّة

equipment, instrument {2M}
pl: عُدَد

لا يعرف شيئا عن جيش اليهود ولا عن قادتهم.. ولا عن عدتهم العسكرية وأسلحتهم ومدى قدرتهم على القتال. أعدت مصر عدتها العسكرية وأرسلت جيشا لملاقاة قوات الغزو القادمة من ليبيا. لهذه الصناعة عدة كعدة الجراح.

مُعَدَّة

(pl) *equipment; material* {2D}
pl: مُعَدَّات

قد تم حشد حوالي ٥٥ معدة ثقيلة لإنجاز هذه الأعمال بالموقع. اكتشفوا معملاً سرياً لانتاج المخدرات تستخدم فيها احدث المعدات. كانوا يحملون معهم الاسلحة والمعدات العسكرية. اشترى معدات لمعالجة المياه ومعدات طبية وكهربائية ومعدات للمختبرات. ايران سعت العام الماضي الى ان تشتري من جنوب افريقيا معدات تستخدم في صناعة اسلحة نووية. كبدوها خسائر فادحة في الارواح والمعدات.

لَوازِم

necessities; equipment {2W}

تتولى توريد لوازم ومعدات وأجهزة طبية خاصة بجراحة العظام لصالح وزارة الصحة السعودية. وقعت الدولتان صفقة قيمتها ١ ,٧ مليون دولار لشراء معدات ولوازم عسكرية روسية اخرى. نطلب توفير لوازم البيت بأسعار يستطيع الشبان تحملها. ركزت على تصنيع لوازم الفنادق والمطاعم. تشمل المعروضات فيه التكييف والتهوئة واللوازم الكهربائية ومعدات الانارة واجهزة التحكم بالطاقة ومعدات توليدها.

ماكينَة

machine {2W}

كانت هناك الى جانب الكنبة ماكينة خياطة مما تدار باليد. تدق على ماكينة الكتابة خطاب وزارة الثقافة المصرية باللغة الفرنسية. ماكينة تريكو. تعمل الماكينة الصهيونية العالمية على نفض الغبار عن الذاكرة اليهودية.

---

gloomy, sullen

متجهّم

مُتَجَهِّم

sullen, gloomy {3M}

خرج أربكان متجهماً من اجتماع مع أركان حزب الرفاه. كان يبدو متجهما وعصبيا وغاضبا وسوداويا. لا يمكن مواصلة احتمال الحياة مع زوجي الى جانب الوجه المتجهم والتسلط الدائم. يسأل نفسه هل انا متجهم، هل انا ثرثار، هل انا فاشل في عملي. هو رجل متجهم وعقله كمبيوتر متدفق الأرقام.

عابِس
frowning; gloomy, sullen {3M}

ان الله يبغض الإنسان المقطب الوجه العابس الجبين. واقفوا وجها لوجه كل واحد عابس كاره. الصورة الرسمية لأي موظف عام جاد هي صورته وهو عابس. هل انت انسان مبتسم أم عابس. رآني عابسا مهموما بعد موجة الرسائل المفخخة.

مُكَشِّر
frowning, grimacing {2M}
مكشّر الأنياب baring one's teeth

لا تروح العرس وانت مكشر. كانت الحراسة مكشرة الأنياب أمام كل جديد. القوى التي هزمتهم من الخارج لا تزال مكشرة الأنياب. (Eg) انت مكشّر ليه؟

مُكْفَهِرّ
*sullen, gloomy; [*see غائم; *cloudy, overcast]* {3M}

سلم علينا وقعد بجوار الباب مكفهرا عابس النظرات. ظهر ياسر عرفات وهو مكفهر الوجه يتعجل المغادرة تحت ستار الليل.

واجِم
despondent; depressed; speechless {3M}

استلقى واجماً في الفراش. يقابلني بنظرات واجمة تشي بالإنكار. جلست واجمة معظم الوقت. يكاد الجميع يقف واجماً ازاء عبثيتها. خرج بعد الاجتماع قلقا واجما نتيجة صعوبة الموقف.

أجاب
to respond

أَجابَ
to respond, answer, reply على/ عن *to (or* أَنَّ *that)* {3D}

بماذا يجيب الأزهر على استفتاء المهدي له حول شرعية النظام السوداني. سئل نتانياهو عن خطة شارون فأجاب ان مصيرها الفشل. قد يصح هذا الكلام في بعض دول المنطقة، لكنه لا يجيب على السؤال تماما. أما المسألة الأولى فسنجيب عليها في الأسئلة اللاحقة. العلوم لا تستطيع أن تجيب عن سؤال الهوية والماهية. اعتقد ان السفير غرينلي اجاب عن هذا السؤال.

جاوَبَ
to answer, respond على *to* {1-2M}

لم يجاوبني على تلغراف التهنئة الذي أرسلته إليه. كان يجاوب بطريقة غير مفهومة. (Eg) هو أول واحد بيجاوب على السؤال. بسراحة اللي بيجاوب على السؤال ده فنان. انت ماجاوبتش على النصف الأول من السؤال ليه؟ اللي يعرف لازم يجاوب.

اِسْتَجابَ
to respond ل/ إلى *to; to comply* ل/ إلى *with; to grant* ل/ إلى (a request) {3D}

هل يستجيب السودانيون لنداء العقل؟ لا بد للشركة الجديدة من أن تستجيب لحاجات زبائنها. استجابت الشركة بطريقة ايجابية للملاحظة وقررت التخلي عن الشعار. هل تستجيب الى طلب قدمته اسرائيل اخيرا للمساعدة في البحث عنها؟ ان ايطاليا استجابت لطلب البانيا وأرسلت مساعدات عاجلة.

رَدَّ
to respond على *to* {2D}
VN: رَدّ يَرُدُّ

ردّ الرئيس مبارك بحدة على سؤال من صحافي اسرائيلي عن جدوى اللقاءات الإسرائيلية مع مصر. كان العطار يرد على استفسارات تتكرر عن مصير عائدات النفط. الأغرب من هذا المقترح ان أحدا لم يقف ليرد على مقدمه. كيف سيرد على فشله؟ يرد على الرأي بالرأي. الرئيس حسني مبارك يرد على أسئلة شباب الجامعات.

لَبَّى
to respond to, attend to sth {2D}

رأيت ان من واجبي ان ألبّي رغبته. السياسات الاقتصادية الحالية لا يمكن ان تلبي حاجات المواطنين. ليس في وسع الخزينة ان تلبي المطالب. الحد الادنى للأجور لم يعد يلبي الحاجات. القانون يلبي احتياجات عمليات التنمية. كان يحاول اعادة فريق الحصان الجامح الى القمة، فلبى النداء وحقق ثلاثة انتصارات للفريق الموسم الماضي.

answer جواب

جَواب

answer, reply; [see رسالة*;*
(Eg) *letter]* {2D}
pl: أَجْوِبَة، جَوابات

الجواب بسيط جداً. الجواب على هذا السؤال حكاية. الجواب المباشر عن هذا السؤال هو أن أكبر الاختراعات العلمية خيالاً في القرن العشرين تحققت من خلال الرياضيات. لا اعتقد ان التوصل الى جواب مقنع امراً مستحيلا. الاجوبة موجودة في اسرائيل. أسئلة من غير أجوبة ما زالت على بساط الطرح.

إِجابَة

answer, reply {2D}
pl: إِجابات

الاجابة على كل هذه الاسئلة نجدها عند الشعوب المضطهدة بالاسلحة وبالسياسة الاميركية الاستعمارية. في الواقع ان اكتشاف السبب والاجابة عن هذه التساؤلات ليس صعبا. الفيلم ترك أسئلة من دون إجابات. لدينا اسئلة أكثر مما لدينا اجابات. عليك ان تمضي يوما بأكمله لتحصل بنفسك على اجابة على سؤال بسيط.

رَدّ

response {2D}
رد فعل reaction
pl: رُدود

كانت الاتصالات الاخيرة بين دمشق وبغداد تأتي في اطار الردّ السوري على التعاون التركي - الاسرائيلي. اننا لن نسكت عما اقدم عليه الصهاينة والردّ سيكون بالعمل. بعثنا بترشيحنا لسفير وننتظر ان شاء الله الردّ من الاخوان في البحرين. هل كانت الردود ايجابية؟ أعلن ان ايران تلقت ردودا خليجية ايجابية على اقتراحها.

---

to exceed تجاوز

جاوَزَ

to exceed sth; [see عبر*; to cross, pass sth]* {3W}

جاوزت نسبة الاصوات الصحيحة ٩٥٪. اقترب منهم رجل طاعن في السن جاوز عمره السبعين عاما. الطفلة حرارتها جاوزت الخطر. انتهى الحوار وقد جاوزت الساعة الثالثة والنصف بعد الظهر. لم يجاوز المرحلة المتوسطة في التعليم.

تَجاوَزَ

to exceed, be in excess of; [see عبر*; to cross, go beyond sth]* {2D}

بحلول هذا العام ١٩٩٧ تجاوز عدد المدارس العاملة في البلاد ٣١ الف مدرسة. قال إن عدد القتلى في تلك الأحداث لا يتجاوز ١٠٠ شخص. جاد في رغبته في إنهاء العملية في مدة لا تتجاوز ١٥ شهرا. نسبة نجاح الأعضاء لن تتجاوز ٢ في الألف. المسألة تجاوزت كل حدود لتصل الى حد قتل المواطنين. لم تتجاوز نسبة الأصوات التي حصل عليها ١٤٪.

رَبا

to exceed عن/على (a number)
{3W}
VN: رَباء يَرْبو

بالنسبة لليهود الباقين في روسيا فيربو عددهم على أربعة ملايين. صفحات الكتاب تربو على الخمسمئة. عملت بهذه المنظمة مدة تربو على العشرين عاما. انتهى بنشر سبع وعشرين سونيتة من سونيتاته التي تربو على المائة والخمسين. كان عددهم قبل الغزو العراقي يربو عن ربع مليون شخص.

زادَ

to exceed sth or عن/على *sth*
ب *by* (an amount) *[see* زاد*; to grow, increase]* {2D}
VN: زيادَة يَزيدُ

يشار الى ان ارباح الشركة عام ١٩٩٦ زادت على ٢,١ بليون ريال. قدرت الدراسة نمو القطاع العام الماضي بما يزيد على ٤ في المئة. المصريون الذين خدموا في الحرب زادوا عن مليون رجل. لا يقل عدد من يعلمهم عن عشرة أفراد ولا يزيد عن عشرين في الفصل الواحد. إن عدد الوزراء لن يزيد زيادة ملحوظة على عدد أعضاء مجلس الوزراء السابق. حسابه المصرفي زاد ٢٠ الف دولار.

تَعَدّى

to exceed sth (usu. an amount)*; [see* عبر*; to cross sth; to assault sb/sth]* {2W}

حكومة بيرو أجبرت آلاف السيدات بعضهن لا يتعدى ١٩ عاما على إجراء عمليات تعقيم. معدل التنمية تعدى ٨,٥٪. لا يتعدى عدد سكانها ٨٠٠ الف شخص. العلاقة معه لا تتعدى علاقة الوكيل بموكله. هي قرية لا يتعدى عدد منازلها الخمسين.

فاضَ

to exceed عن (the need); *[see* غمر; *to overflow; to be plentiful]* {2M}
VN: فَيض يَفيضُ

عدد الأحزاب الأردنية يفيض عن حاجة المجتمع الأردني. في العالم خيرات وثروات تكفي العالم كله وتفيض عن حاجته فيما لو ابتعدنا عن الجشع والامبريالية الاقتصادية. نتجنب فتح اعتمادات لسلع تفيض عن حاجة السوق. إذا اعتذرت بعدم وجود المال اللازم لهذا فلها أن تفرض على كل نفس قرشا واحدا ضريبة ليتجمع مبلغ يفيض عن الحاجة.

نافَ

to exceed عن/ على *sth* (esp. a number) {3M}
VN: نَوف يَنيفُ،يَنوفُ

قد ناف عمره على سبعة وثمانين عاما. تعدادهم ينيف على ٣٠ مليوناً. عالج الباحث ما ينيف على الثلاثين موضوعاً عاماً. عرض له المؤلف ما ينوف على أربع وستين لوحة رائعة. قصصها تنوف على السبعين. قد نيّف على التسعين. يتعرض الشعب الجزائري لحرب الابادة منذ ما ينوف عن خمس سنوات.

كَبُرَ

to be older than sb (in age); *[see* كبر; *to get big, grow old]* {2W}
VN: كِبْر يَكْبُرُ

إن كان يكبر يلتسين عمرا فإنه أكثر منه صحة. كان يكبره سنا. تعرفت بسيدة متزوجة تكبرني بثماني سنوات. تعرفت على معيد شاب يكبرني بخمس سنوات.

---

prize, reward — جائزة

جائِزَة

prize, reward {2D}
pl: جَوائِز

فاز الثلاثة بالجائزة لعملهم الرائد في مجال الانزيمات. فاز هذا العام بجائزة اللعب النظيف. لا يكون الشاعر المتقدم الى الجائزة قد أصدر ديوانا شعريا مطبوعا. الفنان التشكيلي منير كنعان فاز بالجائزة الاولى. تتضمن الحفلة عرضا مسرحيا وتوزيع جوائز على الاطفال المميزين.

مُكافَأة

reward, prize {2D}
pl: مُكافآت

اعتبر ان مشاركة مصر في مؤتمر الدوحة مكافأة لإسرائيل على تعنتها. والأبشع من ذلك كله تتويج الفيلم بالجوائز والمكافآت. على الجميع «اقناع» الناخب الإسرائيلي بمزايا وفوائد ومكافآت السلام. حصل اللاعبون على مكافآت مالية متضاعفة بعد الفوز على الزمالك. ذكر مولانا عبد الرحيم أنه سيدفع هذه المكافأة لأي شخص يقتل كلينتون.

---

vacation — إجازة

إِجازَة

vacation, holiday; leave; [permission; license] {2W}
pl: إِجازات

يقضون اجازة الصيف في المنتجع الاسباني. قرّرت ان أقضي والعائلة اجازة العيد في أحد مراكز التزلّج السويسرية. تعودت أن أمضي اجازتي السنوية في فصل الربيع من كل عام في لبنان. يغادر الى سردينيا لتمضية اجازة عائلية قصيرة يعود بعدها الى بيروت. قررت ادارة الكرة في الأهلي منحه اجازة زواج وعدم مشاركته في دورة الصداقة الدولية في أبها.

عُطْلَة

vacation, holiday; recess {2D}
pl: عُطْلات، عُطَل

العطلة الصيفية في أوروبا، وفي معظم العالم الغربي اجمالاً، لا تكتمل إلا إذا غصت الطرقات سنوياً بعشرات الألوف من البيوت المتنقلة. وكان يعود اثناء العطلة الى بيروت. اعتبر يوم الجمعة عطلة عمالية مع احتساب الاجرة ليوم واحد. دعا الى عقد دورة استثنائية للبرلمان الذي هو الآن في عطلة.

to wander تجوّل

جابَ

to wander about (a place) {3D}
VN: جَوْب يَجوبُ

في الثانية بعد الظهر جابت احياء مدينة النبطية مسيرة ضخمة نظمها «حزب الله». الجماعات المسلحة «تجوب المنطقة بحثا عن غنيمة». جاب الارض حتى وصل الى تونس. سيكون بذلك اول رجل يجوب العالم على ظهر حصان. يجوبون الانترنت ساعات طويلة متواصلة من يومهم العادي.

جالَ

to wander, roam about (a place) *or* في/ ب/ على *about* (a place) {3D}
VN: جَوْل، جَوْلَة يَجولُ

جالت المصورة باركر في انحاء مصر. أخذت أجول المكان بعيني. جال على معالم المدينة الأثرية والتاريخية. وددت ان أنقل اليك فكرة تجول بخاطري. الرئيس مبارك يجول في الدول العربية ليشرح ويحدد معالم السوق العربية المشتركة. هوايتي السفر بالدراجة الهوائية وقد جلت أوروبا بواسطتها. جال الفيلم على مدن اميركية عدة.

تَجَوَّلَ

to roam, wander about في (a place) {3W}

هذا الجندي شوهد اخيرا يتجول حرا طليقا في القدس وكأنه لم يرتكب اي جريمة. من يتجول في لبنان اليوم يجد نفسه داخل ورشة عمل. من الغد يترتب عليّ ان أتجوّل في شوارع المدينة بهذا القناع كي لا يعرفني احد. يتجول في الموالد بين حي وحي عارضاً بضاعته التهريجية. يتجاهلني حينما اجلس عند النافذة او اتجول في الحديقة.

ساحَ

to travel around, tour; to roam about في (a place) {3M}
VN: سَيْح، سَيَحان يَسيحُ

شتاءً أعيش في بلدي، وصيفاً أسيح في السويد. كان يسيح في الجبال والبراري. كان قد شرق في العلم وغرّب، وساح في بلاد الفرنجة والعربان. ساح في بلدان عديدة وشاهد الممالك ووعي شيئا كثيرا. من يسوح في لبنان بعد هذا الموسم وضمن مجموعات سياحية يستفيد من عروض الاسعار المخفضة.

ضَرَبَ

to move around, wander about في (a place); *[see* ضرب; *to hit* {2D}*]* {3M}
VN: ضَرْب يَضْرِبُ

مئات الآلاف من اللاجئين البؤساء الجوعى يضربون في الأرض منذ أشهر عدة. يشعر الطالب بأنه كمن يضرب في بيداء قاحلة لازرع فيها ولاضرع. قوله تعالى: واذا ضربتم في الأرض فليس عليكم جناح ان تقصروا من الصلاة.

طافَ

to wander, roam; to go around sth {3D}
VN: طَوْف، طَواف يَطوفُ

اخذ يطوف الارض ولا يجد قراراً. طاف العالم ليجد الدواء في المصحات من جنيف الى تورونتو. طاف المدن والعواصم. موكب الفرعون يطوف الشوارع في إطار الاحتفالات الشعبية. قصد الكعبة وطاف حولها سبع مرات. طاف بالموصل ثم الى بلاد الأناضول، وأقام حينا بمقونية. اميركية تطوف العالم بمروحية. طاف بائعو صوره واسطواناته على الحاضرين.

هامَ

*to roam (*بين/ ب *in), wander* على وجهه *about; [see* أحبّ; *to be in love* ب *with]* {3W}
VN: هَيْم، هَيَمان يَهيمُ

تهيم بين الزهور والفراشات. هي امرأة كانت تهيم على وجهها ويعتقد الناس بأنها مجنونة. بطل الرواية «يهيم على وجهه بين المدن، يقوده حلم غامض ومثير». يهيم السكان على وجوههم بحثاً عن نفايات طعام. يهيم كل هذه السنوات بلا بلاد.

sphere, field

مجال

see حدّ

مَجال
sphere, field; room {2D}
pl: مَجالات

سيفسح الاتفاق المجال للسلطة الفلسطينية لتصدير بضائعها الى السوق الكندية. هل لكم جهود اخرى في مجال التجارة؟ هي اعلى جائزة تمنح في مجال تقنية المعلومات في المنطقة. الشباب العربي يفضل القراءة، في المجالات كافة، ولكن بلغته الأم. تحتاج أولاً الى مجال اجتماعي تسود فيه حرية المنافسة لا سياسة الخنوع. التعاون بين اسرائيل وتركيا «سيستمر في كل المجالات خصوصاً في المجال العسكري».

حَقْل
field (professional); *[field* (agriculture)*]* {3D}
pl: حُقول

سبق له ان عمل في هذا الحقل سنوات عدة. لعبوا دوراً بارزاً في حقل الخدمات الحكومية. كان يعدّ من أبرع وألمع رجال عصره في حقول الفلسفة والمنطق. طلب منه تأليف كتاب في حقول العلوم كافة. تم اختيار أفراد متميزين في تخصصات وحقول مختلفة لتقديم الشورى للحكومة.

حيّز
domain, sphere; room {3D}

الحيز الثقافي يبقى قليل التأثير في حسابات الدول. لسنا نريد في هذا الحيز الضيق أن ندخل في جدل فقهي. يبدو لي، اذا اردنا تحقيق تقدم في هذا الحيز، ان على الولايات المتحدة ان تتمسك بموقفها الرسمي. ان هناك حيزاً للسياسة لا يستهان به بين الارهاب والقمع. ساهمت في هذا العمل واخرجته الى حيز التنفيذ. هذا الموضوع يشغل حيزا كبيرا من اهتمامي.

مِضْمار
domain, sphere; arena {3W}
pl: مَضامير

المضمار الاقتصادي يمتاز عن غيره من المضامير بقابليته للقياس الكمي. نحن لا نحب ان ندخل في هذا المضمار حتى لا نشارك في إغراق الحقيقة. دخل هيغ مضمار الخدمة العامة بدخوله الى مجلس العموم لأول مرة عام ١٩٨٨. تخوف منظمو البطولة من امكانية الغاء السباق بعد المطر الغزير الذي سقط الثلاثاء الماضي ما ادى الى اقفال المضمار ثلاثة ايام.

مَيْدان
area, domain, field; [square (traffic)*]* {2D}
pl: مَيادين

أمضى ثلاثين سنة في ميدان العمل الاعلامي. استطاع ان يبرز في ميدان التاريخ كما برز في ميدان الصحافة. درس مع المسؤول البلجيكي آفاق التعاون في ميدان مكافحة المخدرات والجريمة المنظمة. سنعمل على تعزيز علاقاتنا في مختلف الميادين. خمسة اشخاص اصيبوا بجروح في منطقة بعيدة عن ميدان القتال. عمل في ميدان الادارة والتدريس. اتجه الى ميدان العمل.

---

weather; air

جوّ

جَوّ
weather; air {2D}
pl: أَجْواء

تنجح في إيجاد جو من التعايش السلمي بين مختلف الأجناس والعرقيات. تقطع مشوارا صغيرا في ساعتين في جو صيفي حار. ادى ذلك الى احتراق اليورانيوم وتسبب في اطلاق مواد سامة الى الجو. لم تقرر خطوات عملية لخفض أسباب الارتفاع التدريجي في حرارة الجو منذ قمة الأرض في ريو دي جانيرو. اوضحت مصادر مطلعة ان الوفد توقف في كوناكري في طريقه جوا الى ابيدجان.

طَقْس
weather, climate; [ritual] {2D}

الطقس في ايبادان ربيعي يميل إلى البرودة. يتوقع خبراء هيئة الإرصاد الجوية أن يسود البلاد طقس شتوي دافئ طوال اليومين المقبلين. من المتوقع أن يستمر عدم استقرار الطقس عدة أيام. حرارة الطقس أثّرت بالفعل على المحصول. أحوال الطقس ستكون جيدة اليوم.

مَناخ
climate {3D}

أما المناخ فيعبي حالة الطقس خلال فترة زمنية طويلة. نحاول رصد الأسباب التي أدّت إلى تغير مناخ الأرض وزيادة حرارته. المشروع يستغل البيئة الصحراوية والمناخ الجاف في المنطقة لتكون منتجعا لكبار السن. يعمل جاهدا من أجل عودة المناخ الديموقراطي إلى النقابات المهنية. كيف يتوافر المناخ العلمي الذي يساهم في تطوير الحياة والارتقاء بها. أرجع ذلك إلى المناخ الاستثماري الملائم الذي تتمتع به مصر.

هَواء
air; draft {2D}

الهواء آخذ في البرودة. نقل تلفزيون سيول على الهواء امس الاثنين واقعة اعتقال مسؤول كبير سابق في الاستخبارات. ٢١ ألف شخص وقفوا في الهواء الطلق يستمعون الى فرق موسيقية من أنحاء العالم. نحتاج الى الهواء للتنفس. الهواء يمسح وجوهنا بهدوء. لا يمكن الخروج منها الا بنفحات ثقافية عميقة تفتح الأبواب لهواء التجديد والابداع في الأفكار والوسائل.

---

to come

جاء

see وصل

أَتَى
to come (إلى to)*; to come to sb; [*see أحضر*; to bring* ب *sth]* {3D}
VN: إِتْيان يَأْتي

لن يأتي احد الى هنا. كان العرب يأتون الى صعيد مصر عبر البحر الاحمر. أتيت الى لبنان ممثلاً الحكومة النروجية لمناقشة مشاريع اعادة اعمار لبنان. إذا لم تتوقف أعمال الاستيطان المستمرة فلن يأتي السلام. كان يأتيه الوحي من الله. لا يأتيه جواب.

جاءَ
to come (إلى to)*; to come to sb; to show up* (in a source)*; [*see أحضر*; to bring* ب *sth]* {2D}
VN: مَجيء يَجيءُ

من المعلوم ان كارلوس جاء الى السودان تحت ستار شخصية مختلفة. الصراصيرُ جاءت من المطبخ الى غرف النوم. جاءت الاجوبة كلها لصالحه. جاءت النتائج على عكس التوقعات والترشيحات. كيف جاءتك فرصة النجومية؟ جاء ذلك عقب اجتماع الوزير والمهندس. جاء ذلك في الكلمة التي ألقتها نيابة عنها المهندسة داليا لطيف.

حَضَرَ
to come إلى *to or* من *from; to attend sth* {2D}
VN: حُضور يَحْضُرُ

قال انه حضر الى الكويت فقط لتوضيح موقفه من القرار الأميركي. حضرت الى هذا المكان لانقاذ عملية السلام. حضرت من السودان ممتطيا أحد الجمال. صدقني ان جمهورنا في الشمال يحضر يومياً الى العاصمة لمشاهدة اعمالنا. يحضر احتفال الافتتاح كبار المسؤولين في الإمارات والوزراء. حضر الحفلة عدد كبير من أبناء الجالية الفلسطينية في لندن.

قَدِمَ
to come إلى *to or* من *from; to approach* على *sth* {3D}
VN: قُدوم يَقْدَمُ

كانت ديبورا عندما لاحظت تأخر زميلتها قدمت الى البنك وسألت عنها. انه كان عاطلاً عن العمل منذ قدم الى الولايات المتحدة قبل اعوام بتأشيرة دراسة. قرابة ربع زوار المهرجان قدموا من خارج دولة الامارات. تبين للشرطة ان اللاجئين (١٢ شخصا من الفتية) قدموا من بنغلادش والعراق ودخلوا سرًّا إلى المانيا. لماذا لم تقدمي على هذه التجربة.

وَرَدَ
to appear, come, be found in (a written work) {2D}
VN: ورود يَرِدُ

وردت احاديث نبوية عدة بشأن المهدي المنتظر. يمكننا اعتماداً على ما ورد في كتابات أرسطو التعرف على ثلاث نقاط رئيسية في فكر طاليس. اننا نصر، وكما ورد في رسالتنا الى عائلات الضحايا، على براءة هذين الليبيين. ان مساحة الدرع العربي هي أكثر من ستمئة ألف كيلومتر مربع وليس نحو ألف كيلومتر مربع كما ورد في المقال.

وَفَدَ
to come (usu. in groups) {2W}
VN: وَفْد يَفِدُ

أما بالنسبة الى السياح الذين وفدوا الى الامارة فكان ٣٩ في المئة منهم من أقطار مجلس التعاون الخليجي. كان اجداده قد وفدوا الى جزيرة صقلية من جزيرة شريك. هذه الطائفة وفدت الى فلسطين، محمولة على قوة ونفوذ الحركة الصهيونية. معظم الزائرين يفدون الى ماربيا في تموز (يوليو) وآب (أغسطس). لا بد للزائر الذي يفد الى الدوحة ان يمر بمتحف قطر الوطني.

---

good

جيّد

see مناسب، فائدة، متديّن، خير، أحسن

جَيِّد
good {2D}

يملك عرفات وبيريز بعض الافكار الجيدة في شأن السبل الممكنة لتحقيق ذلك. الاتفاق الجيد هو الاتفاق الجيد للطرفين. الوالدة والطفلان في صحة جيدة. هل نحن مثلاً نعرف ايران والايرانيين بصورة جيدة. يتمتع البرنامج بسمعة جيدة في المجتمع المصرفي. رأى ان «لبنان يشكل فرصة جيدة للتجارة والاستثمار من جانب ماليزيا». لم تستطع الادارة الحصول على افلام جيدة لتمثل مصر في المسابقة الدولية. فيلنوف حقق نتائج جيدة هذا الموسم.

حَسَن
good {3D}

تلك النوايا الحسنة لم تمنع المؤتمر نفسه من ان يسفر عن فشل ذريع. الطقس جيد وهذه اشارة حسنة. أكدت أن عزام يتلقى معاملة حسنة للغاية. نسفت كل ما لديه من سمعة حسنة لدى متمردي العالم. تعلم في المدارس القاهرية وكانت له سيرة حسنة بين اهل مصر وبنى في مسقط رأسه هذا المسجد. كل ما تملكه لهم هو النيّات الحسنة. النظام الأردني يحافظ تقليديا على علاقات حسنة مع حركة الاخوان المسلمين. الاعلان عن نتائج التحقيق خطوة حسنة.

طَيِّب
*good; kind, nice; [*see لذيذ; *delicious]* {2D}

حرص الرئيس شارل ديغول على اعادة العلاقات الطيبة مع الدول العربية وخصوصاً مع مصر. اخرجوا كؤوسكم أيها الناس الطيبون. تمنى لهم «اقامة طيبة في لبنان». بدا الشيخ سعد في حال طيبة جداً وهو يغادر «المستشفى الأميري» صباح الخميس. هذه اللقاءات كانت فرصة طيبة لالقاء الضوء على الانجازات الحضارية والعمرانية الضخمة التي تشهدها المدينة. يحمل ليكا ذكريات طيبة عن السنوات التسع من طفولته التي قضاها في مصر. قد أبدى جميع اللاعبين روحا طيبة خلال التدريبات. (Eg) الحقيقة هو راجل طيب.

كُوَيِّس
good, well {1M} (Eg)

انا كويس... انت اللي لازم تستريح. أنت محظوظ جداً بزوجتك لأنها تطبخ كويس. تخفيض ضريبة الملاهي في حد ذاته حاجة كويسة لانه على الاقل يثبت حسن النية من جانب الحكومة. الدنيا فيها الكويس والوحش والحمد لله ان الجماهير تحبني وتبادلني الاحترام. أنا جبت مجموع كويس وأخويا كمان نجح. المناديل دي ناعمة وكويسة. صحته كويسة لدرجة أنه لم يذهب للطبيب في حياته.

مَليح
*good, nice; [*see جميل; *pretty]* {1-2M} (Lev)

مليح نفتح اوتوستراد واسع، تمام، بس وين اوتوستراد العقل؟ قرية عبادة كلها ناس مليحة وطيبين.

مَنيح
good, nice {1M} (Lev)

منيح اللي طلعت من لسان الوزير مش مني انا.

to love — أحبّ

see أراد

أَحَبَّ
to love, like sb/sth; [to want أن *to do sth]* {2D}

أحببتك كثيرا. أقدر وأحترم وأحب الأستاذ ادوارد سعيد. أحبها المصريون ربما لرونقها وجمالها الدائمين. إن عيسى قد أحب أبناء قومه. لا أحب الادوار التاريخية. كان أولاد خالتي يحبون الأدب وفنونه. درست اللغة واحببت الموسيقى وشعرت نفسي قريبا جدا من الاهالي وقرّرت البقاء.

عَشِقَ
to be in love with sth/sb {2D}
عِشْق :VN يَعْشَقُ

من يعشق الحرية يدفع ثمن دفاعه عن الحق غالياً. المهم ان الجموع عشقت الأغنية الجديدة. كانت ديانا تعشق الكافيار. نظرت من النافذة للحديقة الصغيرة التي اعشقها كثيراً غارقة في القيظ الشديد. استطاعت ان تعيش معه الف ليلة وليلة وان يعشقها في النهاية.

هامَ
to be in love ب *with, be crazy* ب *about; [*see تجوّل*; to wander]* {3W}
يَهيمُ

رأيت في نومي الليلة جارية فاستيقظت وقد ذهب قلبي فيها، وهمت بها، وإني لفي أصعب حال من حبها. ثم تلتقي في أحد الكباريهات شابا يعلمها الرقص فتهيم به حبا بعد ان نجح في انتزاع قبلة عميقة منها. أشار الى ان الأوروبيين يهيمون بالطبيعة الجبلية الساحرة وبدفء البحر وهدوء الغابة.

---

love — حبّ

حُبّ
love {2D}

حبي لأم كلثوم لا يقف عند حد الفنانة فقط وانما كشخصية قوية وانسانة مثقفة وقدوة كبـيرة لغيرها. لوّنت ابتسامة الحب على شفاهنا. علاقتنا كانت دائما قائمة على الاحترام والحب والتقدير. القليل منا يعرف أو يدرك ان الحب مسؤولية. أحيانا يواجه الرجل موقفا يتعين عليه فيه ان يختار بين الحب والواجب، او بين الحب والعمل.

مَحَبّة
love, charity {2D}

سنستقبلهم بكامل الاحترام والمحبة كأصدقاء واخوة. ألقى عظة شدد فيها على معاني العيد ودعا الى المحبة والسلام. الأديان تحثنا جميعا على محبة الأوطان، والوطن يحثنا على الاستمساك بالدين. ليس في إمكان احد ان يزايد على محبتنا له. كل انسان مسيحي يؤمن برسالة المحبة.

شَغَف
infatuation, passion {3W}

هو قبل كل شيء «حيوان» سياسي موهوب يتجلى شغفه الحقيقي في تنظيم الحملات. معها نكتشف مدى شغف الفنان باللون وقدرته على التلاعب به لايجاد علاقات صدامية. اخذ يقرأ بشغف الشعراء الفرنسيين. ورثت الفتاة عن أبيها اهتماما وشغفا بالسياسة. لم يكن الا شغفاً مؤقتاً جرى تحفيزه لخدمة الشغف الاصلي الذي هو الكتابة.

صَبابَة
fervent love {3M}

نتفرق بين حقول الأسى وحقول الصبابة. ليس يعرف الشوق إلا من يكابده ولا الصبابة إلا من يعانيها. كيف كان المصري في الزمان الأول يهوى ويعشق ويذوب صبابة وعشقا وتيها وهوى وغراما؟

عِشْق
ardent love, passion {2D}

انتحر اسماعيل أدهم على شواطئ اسكندرية في الاربعينات من هذا القرن، بسبب العشق. أنا مشحون ومختبل بعشق امرأة ذات عينين خضراوين واسعتين يهودج النخل فوق كتفها. وصلوا في عشقهم وحبهم لبعض الفنانين درجة جعلتهم لا يرون احدا غيرهم. طلق زوجته بسبب عشقه السيجار. يحرضون الناس على الحب والعشق والاستمتاع بملذات الحياة.

غَرام
love, passionate love, infatuation {2D}

كنت حلمت بأن يقع هذان الكلبان في غرام احدهما الآخر. فتاة صغيرة وقعت في غرامه. روت ماتيلدا للصحف الأميركية حكاية غرامها الأول بالمغامر الشاب الذي استولى على عواطفها بشجاعته. توقع الزبون في غرام سيارتهم قبل اقتناعه بمواصفاتها التقنية.

هَوَى
love; [see رغبة*; desire]* {3W}

بساطته في الكلام هي التي اوقعتني في هوى البارثينون. كان أولاً يريد ان يصبح مؤلفاً موسيقياً، لكنه سرعان ما وقع في هوى الرقص. الغيرة الوطنية دفعت بائعات الهوى الروسيات الى رفض «تقديم خدمات لبحارة السفن التابعة لحلف شمال الاطلسي». الفندق يقع في المنطقة الحمراء التي تستوطنها بنات الهوى الامستردامیات. لا يطيق الحياة دون حب وهوى.

هِيام
ardent love {3M}

من الرجال من يفوق الإناث حبا وهياما. أحمد يذوب وجدا وهياما. سمعت منه كلمات الغزل والهيام. ها هو، اخيرا، منصرف الفؤاد عن الله الى امرأة غجرية، يتقطّر لها هوى، ويذوب بها هياما. مَنْ يبلغ به حبّ الله مبلغا مماثلا لا يبقى قادرا على تحمّل الهيام والوجد.

وَجْد
strong emotion, passionate love {3W}

تأوهت رباب العشق والوجد. استغرقه الوجد وانسلب منه الضبط والربط في شؤونه وأحواله. ليت لي اغنية تحمل هذا الوجد.

وُدّ
friendliness, affection {3D}

أياً كانت النتيجة فهي لن تؤثر على روح الاخوة والود التي تجمع بين شباب البلدين. التقيته مرات عديدة، وكان دوما بالغ الود. أكيد ان جون قرنق يريد فرض قيادته على الجنوبيين ليس بكسب ودّهم بالعمل السياسي الدؤوب ولكن بقوة السلاح. استراتيجية النظام تقوم على السعي الى كسب ود الغرب.

مَوَدَّة
friendship; love {2W}

اسرائيل لا يمكن ان تدفع المصريين الى محاولة كسب صداقتها ومودتها. تمت هذه المداولات في اجواء ايجابية بنّاءة سادتها روح المودة والتفاهم. من المفروض ان تتميز الحياة الزوجية بالمودة والرحمة. هو ما برح يحظى بمودة خاصة لدى الجمهور اللبناني.

وَلَع
*passion, craving, desire (*ب *for)* {3W}

كان له ولع كبير بالتاريخ. يتجلى ولع اليابانيين بالثقافة من خلال المكتبات المنتشرة في كل شارع تقريبا. عُرف عنه ولعه الشديد بالنساء. وكانت بداية العلاقة الصعبة والطويلة والمراسلة الكثيفة التي ساهمت في استمرار حب استغرق ثلاث سنوات من الهوى والولع الحقيقيين. وقع الفرنسيون في ولع مصر الفرعونية.

حبيب — lover, sweetheart

حَبيب
lover, sweetheart {2D}
pl: أَحِبَّاء، أَحِبَّة، حبائِب

الحب لا يزال للحبيب الاول. ان تزوجت البنت حبيبها من دون موافقة ابن عمها فانها تعرض حياتها للخطر. تدفعه الى الهرب منها وتطليقها لتعود الى حبيبها الفقير. تكتب الى حبيبها القديم في رسالة لن ترسلها. يدركون حجم الكارثة التي حلت بالوطن الحبيب. الصلات تتقطع مع الأهل والأحبة . فقدوا احباءهم.

خَليل
friend, lover {3M}

تأسى الفتاة الاميركية لأنها لم تعد تسمع من خليلها اية كلمة غزل حلوة تدغدغ مسامعها وتوقظ مشاعرها الأنثوية. جعلت سيلفيا هذه تضع حدا لحياتها وحياة ابنتها اثر تخلي خليلها عنها.

عَشيق
lover {2M}

ما الذي حدث حقاً للأميرة ديانا وعشيقها دودي الفايد؟ تساعده في وضع الملابس على عشيقها العاري الذي مات في شقتها قبل عودة زوجها من عمله. لاعب بيزبول اميركي زنجي يقتل مطلقته وعشيقها. سار زوجها وعشيقها في جنازتها، والزوج صامت والعشيق يبكي بحرقة.

عاشق
lover; fan {2D}
pl: عُشّاق، عاشقون

ألقى العاشق بنفسه من الطابق الثالث بعدما ضبطه زوج صديقته معها. اذاً ما الذي يفعله العاشق وعشيقته بكل ما لديهما من حب وعواطف وشهوات «اذا فات القطارُ»؟ يا عاشق العود سمّعني نغم عودك. العرب كانوا منذ الفتوحات الاسلامية «عشاقاً للمعرفة اينما وجدوها التقطوها». حاز على اعجاب عشاق كرة القدم في المملكة.

حبر — ink

حِبْر
*ink; [*see كاهن; (non-Muslim) *religious leader]* {2D}

كتب بخط رديء وبحبر أزرق جاف. كان لون الحبر المستخدم في الختم كحلياً على بعضها واسود على بعضها الآخر. كانت مفاجأة الاقتراع ان الحبر الذي يستخدم لمنع التصويت المتكرر بدا هذه المرة لاصقا. عرفني الى ضابط اسرائيلي اسمه فيكتور، اعطاني حبرا سريا وحقيبة فيها جيوب سرية.

مَداد
ink {3W}

يقع المخطوط في ١٠٧ ورقات، نسخت بمداد اسود. يمكن التعرف على المصاحف من الشمال الافريقي بالخط المغربي الذي يتميز بحروف هندسية مكتوبة بمداد يميل الى اللون البني الغامق. قام بدوره بتسليمه ملابس داخلية نسائية تحوي مدادا للتراسل السري. جعل من دم القلب مدادا لقلمه.

حثّ — to urge

see أثار

جَرَّأَ
to encourage sb على *to do sth, embolden* {2W}

هذا البيت يمتلكه شخص يعيش في الخارج، مما جرّأ بعض اللصوص على سرقته. أعطى مدير الشركة صلاحيات واسعة لسكرتيرته، ولقد جرّأها ذلك على محاولة السيطرة على كل شيء في الشركة.

حَثَّ
to urge, incite sb على *to do sth* {3D}
VN: حَثّ يَحُثُّ

نحث الحكومة العراقية على استكمال تنفيذ كل التزاماتها. حثّهم على الخروج من المباراة الأولى بنتيجة كبيرة. بغداد تحث الاكراد على انهاء الحماية الغربية. حثني على القبول، ولكنني رفضت. الولايات المتحدة حثت روسيا على التخلي عن مشروع لبناء محطة نووية جديدة. كان صديقي يحثني على المطالعة وينصحني بقراءة كتب توفيق الحكيم وطه حسين.

حَضَّ
to urge, prod sb على *to do sth* {3W}
VN: حَضّ يَحُضُّ

حضت الحكومة الكويتية العراق أمس على تنفيذ القرارات الدولية. قال كلينتون انه حض الطرفين على التوصل الى اتفاق بأسرع ما يمكن. الملك فهد يحض المسلمين على تجاوز خلافاتهم. حض الناخبين على الاقبال على صناديق الاقتراع.

حَفَزَ
to urge, motivate sb ل/ إلى/ على *to do sth; to encourage sth* {2W}
VN: حَفْز يَحْفِزُ

حفز المنتجين للحصول على شهادات الجودة. عزّزت نتائج حرب حزيران الشعور القومي بين يهود روسيا وحفزتهم إلى المطالبة بالهجرة إلى إسرائيل. يحفز الناس على أن يعملوا معه. قمة موسكو سوف تحفز العلاقات بين الدولتين. أعلن جملة من الاجراءات هدفها حفز وتنشيط التصدير وتيسير نشاط المصدرين. فشلت الولايات المتحدة في حفز حلفائها على فرض عقوبات على ايران.

دَفَعَ

to induce, impel sb ل / إلى *to do sth; [to push; to pay]* {2D}

VN: دَفْع يَدْفَعُ

هذا هو احد الاسباب التي تدفعنا للعمل لايجاد وسيلة لوضع العملية في مسارها. حرب الخليج دفعتنا الى القيام بدورنا في حماية الاستقرار في المنطقة. ماذا دفعها الى قبول هذا الدور؟ السبب الذي يدفعهم الى التفكير بالهجرة هو تحسين الوضع المعيشي. صدور قانون اسقاط الجنسية عن يهود العراق دفع الى هجرتهم الى فلسطين وبلدان اخرى عدة.

شَجَّعَ

to encourage sb على *to do sth; to root for* (a team) {2D}

الحكومة تشجع الشركات الخاصة على الاستثمار في النقل العام. الرئيس الاميركي شجع الاطراف على الحوار من أجل التوصل الى اتفاق سلام. الأميركيون يشجعون الفلسطينيين وإسرائيل على اتخاذ بعض القرارات الصعبة. قال اللاعب انه سعيد وفخور بالجمهور الذي شجع الفريق أثناء المباراة.

---

veil

حجاب

see غطاء

بُرْقُع

(complete) *veil* {2M}

pl: بَراقِع

تخفي وجهها وراء برقع. حرم عليها التعليم والعمل والخروج دون ارتداء البرقع. الذهاب من الظواهر الى ما وراءها: هذا بازالة الاقنعة واسقاط البراقع.

حِجاب

veil, headscarf (covers hair, but not face) {2D}

pl: أَحْجِبة

اشترى حجاب لزوجته المفضلة. رفع الحظر عن ارتداء الموظفات الحجاب. ارتدت الحجاب وانزوت تماما عن حياة الشهرة والاضواء. استخدم الخشب لأغراض متنوعة تصنع منه الأبواب وأحجبة الكنائس والتوابيت والمذابح. إن الأمر اعظم من ان يجري من وراء حجاب. أضاف ان الحجاب اجباري بنص القرآن الكريم. حظر ارتداء الحجاب في الجامعات والمباني الحكومية.

خِمار

(complete) *veil* {2M}

يمكن التمييز بين نساء قبيلة واخرى عن طريق الخمار الذي تضعه المرأة على وجهها. نساء قبيلة «السواركا» يرتدين الخمار ذا اللون الاحمر. بينما أنا أدور اذ خرجت امرأة من خباء، تجرّ خمارها ناشرة شعرها. تحريرها لايتحقق فقط بمجرد التخلي عن الحجاب أو الخمار أو النقاب.

سِتْر

veil; curtain {2W}

pl: سُتور، أَسْتار

هذا هو العراء الذي لا ستر له. تحت ستر الدجى يبكون على زمن ضاع. سلم فرد عليه من خلف الستر. المستقبل لم يعد سترا محجوبا من عالم الغيب لا سبيل الى كشفه ومعرفته. كان بينه وبين عمرو بن هند سبعة ستور. بدأت الموجة الأولى لقواتنا في العبور تحت ستر نيران مدفعياتنا.

سِتار

curtain; screen, covering (veil) {2D}

pl: سُتُر

ازاحت مجموعة «هوليداي إن العالمية» الستار عن تفاصيل عروضها الخاصة بصيف ١٩٩٧. نلاحظ الدعوات الملحة الى التحلل من قيود الزواج تحت ستار الزواج المدني. هذه الحملة تقودها اسرائيل، أحيانا علنا، وأحيانا من وراء ستار. يسدل الستار اليوم على المرحلة التمهيدية من مسابقة كأس الاتحاد السعودي لكرة القدم.

طَرْحَة

veil, headcloth {2W}

خلعت طرحتها السوداء عن رأسها وغطته بها وظلت هي بالمنديل المزركش. طرحة العروس البيضاء. قبل ان نقع في الحب كنت ارى فقط الطرحة التي تتحجب بها.

قِناع

mask; veil {3W}

pl: أَقْنِعَة

وضع على وجهه قناع حمار في حفلة تنكرية واستحق بسلوكه لقب حيوان الحفل الأول. بدأ يعمل في العلن بعد ان رفع عن وجهه القناع، فسيطر على الكونغرس بمجلسيه ثم استولى على الادارة بكاملها. هذا الحديث كان له الفضل في نزع القناع الزائف الذي طالما ارتدته جماعة «الاخوان المسلمين» وبه عرض بوضوح برنامجهم وخططهم وما يضمرونه لمصر.

لِثام
veil {3M}
أماط اللثام to lift the veil عن from

للغرب علينا فضل اماطة اللثام عن تاريخ مصر القديمة. هي التي اماطت اللثام عن التناقض بين البلدان المتطورة والبلدان النامية. أماط اللثام عن كيف تغير العنوان الاصلي للفيلم. أماط محققون سوفيت اللثام عن ظروف اختفاء الشاعر.

نِقاب
veil (covers face) {2D}
كشف النقاب to lift the veil عن from

حاربت قرار وزير التعليم بمنع ارتداء طالبات المدارس النقاب. اقبلت النساء على ارتداء ملابس الحجاب ثم النقاب. الجماعات الاصولية تطالب المرأة بارتداء النقاب والعودة الى البيت. كشف المسؤولون السوريون النقاب عن أن الرئيس الحريري فاتحهم بأنه يفكر في الاستقالة. كشف النقاب عن سلسلة لقاءات غير معلنة جرت موخرا.

حجر — stone

جَلْمَد، جُلْمود
rock, boulder {3M}
pl: جَلامِد، جَلاميد

عليه ان يظل صخراً جلموداً، مهما كانت حدة العواصف التي تعصف به. قلنا أنه مثال الإخلاص وصخرة الدفاع وجلمود حطه السيل من عل. نحن في مجتمع يتعامل مع الزمن في صورة جبال من السنين، وجلاميد من الشهور، وصخور من الأسابيع والأيام.

جَنْدَل
stone, boulder (esp. in a river); *[pl: waterfall]* {2M}
pl: جَنادِل

لا يبدأ النهر في الاستقرار إلا بعد أن يجتاز منطقة الجنادل جنوب أسوان. لن يفلت النهر في جريانه من قبضة الجنادل البازلتية السوداء الضخمة. كان قادرا على قيادة سفينته في بحر الحياة بمهارة وبغير ان تصطدم بالجنادل والصخور.

حَجَر
stone {2D}
pl: حِجارَة، أَحْجار

بثت الاذاعة الاسرائيلية ان جنديا اسرائيليا اصيب بجروح طفيفة من اصابة بحجر. لا نلعب الا بأحجار كبيرة وثقيلة. يعتبر سلامة أن هذه الموارد حجر الأساس لتفعيل القطاعات المنتجة. عاد ليعيد بناء الوطن حجرا حجرا. بات الاتحاد السوفياتي حجر عثرة في طريق تطور الشعب الروسي. هي بهذه العملية اصطادت عصفورين بحجر واحد. رشقوا الجنود الدوليين بالحجارة في الطريق الى بانيالوكا اثناء تفتيش الحافلات.

حَصاة، حَصْوَة
pebble {2M}
pl: حَصَيات

تعالج حالياً الفنانة مريم فخرالدين في مستشفى السلام في ضاحية الدقي في القاهرة اثر عملية جراحية لإزالة حصوة في الكلى. الدوائر المتحركة في سطح الماء، سببها حصاة ألقاها عابر. يحاول قذف الجبل بحصاة. رجمه بسبع حصيات حتى ذهب.

صَخْر
rock {2D}
unit: صَخْرَة pl: صُخور

معبد كلابشة يعد من اكبر المعابد المشيدة بالصخر الرملي في النوبة. يوجد في القدس معالم دينية كثيرة ومنها مسجد قبة الصخرة. حمل الصخرة الى أعلى الجبل. تم اكتشاف صخرة حاملة للغاز سمكها ٩٥٢ قدماً. البتراء مدينة فريدة من نوعها لانها نحتت في صخر الجبال. بنى الفراعنة الاهرامات من صخور عملاقة. هي هضبة عارية جرداء، ذات صخور بركانية سوداء.

حدث — to happen, take place

تَمَّ
to happen, take place; to be completed {2D}
يَتِمُّ

تم الاحتفال اخيراً بوضع حجر الاساس لبناء فندق جديد «بيروت فوروم انتركونتيننتال». تم تسليم الصواريخ في حفل أقيم في مرافق الشركة. اكد «ان الامر سيتم في وقته». في عهده تم اعطاء صبغة اسلامية للاشتراكية. لن نعرف من الذين تم اعتقالهم الا بعد التحقيق. ذهب الى جنيف وتمّ اغتياله هناك.

جَرَى
to happen, take place, occur; [see جرى*; to run; to flow]* {2D}
جَرْي :VN يَجْري

جرى تبادل الزيارات بين وفود تجارية تمثل القطاع الخاص في كل من العراق وسورية. الحدث الأهم هو ان الانتخابات ستجري. قال ان العمل يجري من اجل ايجاد الانسجام بينهما. الامور لا تجري على هذا النحو. اكد انه لم يجر اي اتصالات مع واشنطن خلال وجوده في القاهرة.

حَدَثَ
to happen, take place, occur {3D}
حُدوث :VN يَحْدُثُ

حدثت ثورة حقيقية في البحوث الفلكية. حدث تغير مهم آخر في تلك الأثناء. حدث هذا قبل زمن طويل من ولادة اسرائيل. هذا الامر حدث قبل وفاة المنصور بعامين. أوضحت التقارير ان الانشقاق حدث بسبب تباطؤ اكول في الانضمام الى اتفاق السلام.

حَصَلَ
to happen, take place, occur; [see حصل*; to obtain* على *sth]* {2D}
حُصول :VN يَحْصُلُ

حصل ذلك قبل نحو خمس سنوات. حصل نفس الأمر في دول اوروبية عديدة اخرى. حصلت هذه الانتخابات في هدوء. ما حصل كان يجب الا يحصل. استبعدت ان يحصل اي تأجيل. لا يطيب لي النوم وانا اسمع بما يحصل. كل ذلك حصل في أقل من سبع سنوات. قال ان مثل هذه الامور تحصل في كل مكان من العالم.

صارَ
to happen {1-2M}*; [to become* {3D}*]*
صَيْر :VN يَصيرُ

وقعت الحرب ووقعت الهزيمة الفلسطينية الكبرى الثانية وصار ما صار للشعب الفلسطيني ولكل الشعوب العربية. (Lev) قال شو صار قال مانت شايف. شو صار فيك؟ ليش كل الناس متجمعين؟ إيش صار؟

وَقَعَ
to take place, happen, occur; [see سقط*; to fall]* {2D}
وُقوع :VN يَقَعُ

اضاف ان الاعتداء وقع اثناء صلاة العشاء. الكتاب من تأليف الكاتب الكبير اسامة انور عكاشة، وتقع احداثه في ثلاثة اجزاء. أوضحت ان الحادث وقع اثناء مرور الحافلة بقرية بالابورا على بعد ١٥ كيلومترا جنوب العاصمة. قبل ان يبلغ الثالثة من عمره وقع الطلاق بين والديه وغادر الأب البيت تاركاً الولد مع والدته.

---

event حدث

حَدَث
event, happening {3D}
pl: أحْداث

أصبحت وفاة الاميرة حدثا اعلاميا بالمعنى الكامل والحقيقي للكلمة. شهدت بداية عقد التسعينات تحديا مماثلا بسبب وقوع حدث خطير في المنطقة وهو الغزو العراقي للكويت. مات بعد أربعين عاما من هذا الحدث. هي على مقربة من نهاية حياتها الحافلة بالاحداث والمنجزات. يتناول الفيلم الأحداث بصورة شاملة قبل المباراة وفوق الحلبة.

حادِث
incident, event; accident {3D}
pl: حَوادِث

قتل اسرائيليان في حادث اطلاق نار في منطقة حدودية بين الضفة الغربية واسرائيل. ألقى حادث الاقصر الذي وقع الاثنين الماضي بظلاله على البورصة المصرية الاسبوع الفائت. حوادث الانتحار كثيرة في بلادنا وفي العالم كله. ذهب للاطمئنان على صحته اثر الحادث المروري الذي تعرض له.

حادِثة
event; accident {2D}
pl: حَوادِث

هناك علائم مقلقة في حادثة اطلاق الغاز على الناس في مترو طوكيو. البلد ما زال يعاني من آثار حادثة اغتيال رئيس الوزراء السابق اسحق رابين قبل سنة. لو تعاون العالم في مواجهة الارهاب لما كانت وقعت حادثة الاقصر. تعرضت نسرين لاصابة خطيرة في حادثة سيارة بالأردن يوم الجمعة الماضية. البورصة المأساوية لحوادث الطرق والمرور في مصر تتزايد وترتفع في كل يوم.

واقِعة
occurrence, incident; accident [reality] {3M}

أسرع الى قسم الشرطة ليبلغ عن الواقعة. طالب بفتح ملف للتحقيق حول واقعة التزوير وأسباب الغاء الانتخابات. نقل تلفزيون سيول على الهواء امس الاثنين واقعة اعتقال مسؤول. تمنى ألا ينشر شيء عن هذه الواقعة. أسرد لكم واقعة طريفة قرأتها في مجلة العربي. قد تبدو الواقعة بسيطة، لكنها مثل وقائع أخرى، كبرت، وكبرت مثل كرة الثلج.

---

speaker, spokesperson متحدّث

مُتَحَدِّث
speaker, spokesperson {3D}
pl: مُتَحَدِّثون

في وقت سابق اكدت المتحدثة باسم الرئاسة الفرنسية كاترين كولونا ان فرنسا مستعدة لمساندة مثل هذه المبادرة. اعترف المتحدث العسكري الاسرائيلي بمقتل جنديين اسرائيليين وجرح ثالث بانفجار عبوة ناسفة. اتهم المتحدث الدنهارك بالتدخل في الشؤون الداخلية للصين. ذكر الحقيقة دائما شيء ثقيل على المتحدث والمستمع على حد سواء. أصابتني دهشة عندما لم يذكر أحد من المتحدثين الرئيسيين في المؤتمر شيئا عن اقتصاد المناطق الفلسطينية.

مُحاضِر
lecturer, speaker {2W}
pl: مُحاضِرون

هو استاذ محاضر في الجامعة اللبنانية. يستمعون الى محاضر يتكلم حول «تعمير البيت اللبناني». أقر المحاضر بأن الخبراء يطرحون أسئلة أكثر مما يعرضون أجوبة. اختار المؤلف لبطله صورة المحاضر في ندوة. انتقد بعض المحاضرين التوجه الأوروبي في هذا المجال.

خَطيب
preacher, speaker; [fiancé] {2D}
pl: خُطَباء

لقد ذكّر خطيب المسجد الحرام المسلمين بتاريخهم في الأندلس. قال الخطيب ان فكرة هدم الاقصى وتفجيره ليست جديدة. هم من خريجي مدارس الأئمة والخطباء. ندّد خطباء الجمعة امس بحادث تفجير الباص في دمشق.

مُتَكَلِّم
speaker, spokesperson {2W}
pl: مُتَكَلِّمون

من المتكلم في قصيدة «شمشوم» الذي يوجه حديثه الى دليلة؟ شارك كمتكلم في الجلسة كريستوفر ديكي من مجلة «نيوزويك». هو متكلم لبق. يذكر عن المريسي انه متكلم مشهور. المتكلم يوجه كلامه الى نفسه. المتكلم باسم البيت الأبيض. أول المتكلمين في الجلسة أمس النائب اسماعيل شكري.

واعِظ
preacher {2W}
pl: وَعّاظ

أنا لا أريد ان أكون واعظاً ولا أسمح لنفسي بالقيام بهذا الدور ولا أصلح أساساً. الرئيس الاميركي بيل كلينتون اخذ لنفسه دور الواعظ والمحاضر والمصحح لاجابات القادة الاخرين. اكد واعظ كنيسة مار جرجس، نادي نجيب، ان منفّذي الهجوم كانوا ملثمين. أكد طنطاوي أمس في لقائه مع ٣٠٠٠ من وعاظ الأزهر بمناسبة مؤتمرهم السنوي أن «إسرائيل ستظل عدوة لنا».

---

border حدّ

تَخْم
(usu. pl) *boundary, border* {3W}
pl: تُخوم

وصل الى تخوم القرية. هل تنشغل القاعدة في حماية تخومها؟ مضوا في غزواتهم حتى بلغوا تخوم مدينة دمشق. يعملون على التخوم القصوى للعلوم والتكنولوجيا. كان يجتاز بقصائده التخوم الفاصلة بين الشعر والسياسة.

حَدّ

*border; [*see مدى; *extent, limit]* {2D}

pl: حُدود

قرار منظمة الوحدة الأفريقية ينص على احترام الحدود الموروثة عند الاستقلال. اطنان عدة من المواد الغذائية اجتازت الحدود في شمال العراق انطلاقا من تركيا. أوضح ان قوات «الجيش الشعبي» في جنوب النيل الأزرق سيطرت على مدن الكرمك وقيسان وشالي المتاخمة للحدود السودانية – الأثيوبية. كان يتسلل عبر الحدود المصرية – الاسرائيلية لتنفيذ عملية في الداخل.

---

sharp

حادّ

see قويّ

بَتّار

sharp {3M}

إن السيف الحقيقي البتار دخل الى المتحف، ولم يعد باقياً سوى السيف الخشبي. الاسكندر غزا العالم بسيفه البتار وفرسه الشهير. المقاطعة الاقتصادية سلاح بتار. هو عين الوحدة الوطنية الباصرة وروحها الساهرة وقلبها النابض وعقلها المفكر وسيفها البتار.

حادّ

sharp; severe {2D}

هذه الايديولوجيا سيف حاد النصل، مسلَط دائماً على الرؤوس. العراق يعاني نقصا حادا في المواد والمستلزمات الزراعية. تعرضت لانتقادات حادة في السنوات الاخيرة. فاجأ الجميع باللهجة الحادة التي استخدمها في رسالته الى رئيس الوزراء. ساهم هذا في الانخفاض الحاد الذي تعرضت له البورصة. يشهد حزب الرئيس نفسه انقسامات حادة.

سَليط

sharp, impudent {3M}

سَليط اللِّسان sharp-tongued

انها هي التي جعلته سليط اللسان وانها هي التي نغصت حياته. رغم ان الالفي لم يكن سليط اللسان الا ان المعارك التي خاضها كانت كثيرة.

صارِم

severe, harsh; sharp {3D}

اننا نحتاج سيفاً صارماً، حاداً، قاطعاً، كي يستأصل السرطان الاسرائيلي من كبد الأمة العربية. البلدان المغاربية اتخذت اجراءات صارمة لمكافحة تجارة المخدرات. لا بد من القبض على المجرمين وانزال العقاب الصارم بهم. ردّ فعل السلطات الجزائرية كان فوريا، حاسما وصارما. صدرت اوامر صارمة الى اساتذة الجامعة بالبقاء داخل فصول الدراسة أوقات العمل.

عَنيف

violent, severe {2D}

يشير الى الانتقادات العنيفة التي وجهتها واشنطن اليه بسبب زيارته الى ليبيا. نتوقع اجراءات عنيفة يوم الانتخابات ضد مرشحينا المستمرين في المنافسة. تجددت امس المعارك العنيفة في شمال العراق. هز انفجار عنيف ظهر امس الاربعاء وسط العاصمة الشيشانية غروزني.

قاسٍ

harsh {2D}

المباريات لم تخلُ من اعتراضات قاسية على التحكيم. كانت ردود الفعل كثيرة تجاه هذه الاجراءات القاسية. الظروف المناخية القاسية في الشتاء أثرت سلبا في نوعية المحاصيل. بات مؤكدا ان يوقع نادي الزمالك عقوبات قاسية على كوليبالي الذي هرب فجأة من النادي. كان الحزب تلقى درساً قاسياً في الانتخابات الماضية.

قاطع

sharp; conclusive, definite {3M}

اننا نحتاج سيفاً صارماً، حاداً، قاطعاً، كي يستأصل السرطان الاسرائيلي من كبد الأمة العربية. نفت المغرب نفيا قاطعا الاتهام الجزائري. يقيم الدليل القاطع على أن للمصريين القدرة الكامنة والكاملة على الإبداع والابتكار.

لاذع

stinging (criticism)*; sharp* {3W}

ان نتائج التحقيق هي ادانة لاذعة ضد رئيس الوزراء. حلت الاتهامات اللاذعة محل الوفاق الذي عرف به رفاق تيتو. يمتاز بشكل خاص بلسان لاذع وسليط. هو كان بلسانه اللاذع وشعره الهجائي لا يتوقف عن التنكيل بخصومه وكانوا كثيرين. في نبرتها سخرية لاذعة.

ماضٍ
sharp; [past] {2M}

يوسف ابن عبد المؤمن استدعى العرب وخاطبهم بهذه القصيدة يحرّضهم إلى الجهاد ويصفهم فيها أنهم السيف الماضي في نصر الدين وحمايته. (Lev) هاي السكينة مش كويسة، بدّي سكّينة ماضية.

limited محدود

مَحْدود
limited {2D}

لم يعد يلعب سوى دور محدود جداً في اوضاع كردستان. نعترف بوجود عدد محدود من المعتقلين السياسيين. اكد ان تأثير خلافات الترويكا اصبح محدودا. قالت مصادر مطلعة على مهمة البعثة الثلاثية ان مهمتها «محدودة جدا». اكدت انقرة رسميا قيام قواتها بـ«عملية محدودة».

مَحْصور
limited, restricted {3W}

يعتقد ان المنافسة اصبحت محصورة بينه وبين المنتخب الاردني ولكن هذا لا يعني التقليل من شأن البحرين. لا اتصور بأن هذه الاشياء محصورة فقط في منطقة الخليج. الاهتمام بها ظل محصورا ضمن اطار دوائر هؤلاء المثقفين. اعتبر ان الجزائر تتميز بوضع معقد لأن الصراع ليس محصورا بين السلطة والاسلاميين.

ضَيِّق
narrow, restricted{2W}

الكتاب فعلياً وموضوعياً خرج من هذا الاطار الضيق الى المدى الاكثر رحابة. اعتقدوا ان في الامكان العيش في الاطار الضيق للتقليد الموروث عمّن سبقهم. تمكنوا من اخراج الأرقام والاعداد من نطاق محدود ضيق، الى أفق واسع متطور. لذلك بقيت الطبقة السياسية محدودة وضيقة الافق. مفهوم المقاومة الثقافية ليس مفهوما ضيّق المجال.

مَعْدود
a limited number of, a few {3M}

البرلمان صوّت بفارق اصوات معدودة لصالح استمرار هذه الحركة. في اسطر معدودة يفيدنا الكاتب ان بطله أفلح للحال في ان يقيم علاقة جسدية مع تلك المرأة. بدأ تحضير الاغنية وبثها قبل ايام معدودة من وصول البابا الى لبنان. كان عليٍّ، يومها، أن أمضي ساعات معدودة في صالة «الترانزيت». الملعب لايبعد سوى خطوات معدودة عن مقر الاقامة.

قاصر
limited على *to; [incapable* عن *of]* {3W}

لقد أصبحت حياتها قاصرة على اهتمامات متدنية بها قدر كبير من التبهرج. لم يكن قاصرا على امرأة واحدة، بل قامت به دائما مجموعة من النساء. التوترات والاضطرابات غير قاصرة على مقديشو فالتوتر حال عامة في كل مدن الصومال. يؤكد أن الأماكن القبطية ملك للمصريين وليست قاصرة على الاسرائيليين. حق الفيتو ليس قاصرا على الاميركيين.

مُقْتَصَر
limited على *to* {3W}

لم يعد الاهتمام بهذه الصناعة مقتصراً على الدول الاسلامية، بل يتعداها الى المصارف التقليدية الغربية. جاء في البيان ان «ظاهرة التطرف والعنف والارهاب لم تعد مقتصرة على دولة أو منطقة». سياسة الانفتاح ما زالت مقتصرة على العاصمة بكين ومقاطعات الجنوب والمناطق الساحلية. ليست المعرفة مقتصرة على وطن أو أمة.

to stare حدّق

see شاهد

بَحْلَقَ
to stare إلى/في *at* {2M}

حين نظرت اليه رأته ممتقع الوجه، يبحلق الى النافذة. فتح الغريب عينيه بتراخ واخذ يبحلق فيه كأنه يراه للمرة الاولى. يبحلق فيها من وراء نظارة سوداء. المرأة تفضل الرجل الذي يبحلق اذا رآها.

حَدَجَ
to stare at {3M}
يَحْدِجُ

صحت بها مهللاً: «قامت الحرب!» فإذا بها تحدجني هادئة بنظرة لم أنسها حتى اليوم. إذا حسبها السائق من الإنس ونزل لينقذها، استدارت إليه وحدجته بعينين يقدح منهما الشرر.

حَدَّقَ
to stare, gaze في/ب *at* {3W}

ابتسم، وحدقت عيناه بعيداً. ألقى الفرشاة على الأرض وحدق في اللوحة بيأس. يحدق مذهولاً في البرية التي تحيط به. علينا ان نعتبر شهر رمضان فرصة نحدّق فيها بأنفسنا لنحدّق بالله. حدقت به بعينين تكتظ فيهما السخرية. كان يحدق الى فمها وهي تتكلم، وضايقها تحديقه الطويل.

حَمْلَقَ
to stare في/ ب *at* {3M}

حملق بي للحظات، ثم انحدرت على وجهه نظرات مستاءة. وقف الهندي وكأنه تسمّر في الأرض، وجعل يحملق في الرقيب. رفعتُ وجهي، وحملقت فيه، ثم قلت بصوت متحشرج: «ألم تعش، وتكبر، وتتزوج». أخذ علوان يحملق فيها بعينين مفتوحتين.

---

garden حديقة

بُسْتان
garden, orchard {2W}
pl: بَساتين

زهرة وحيدة لا تصنع بستانا. تطير في بستان عمري كالفراشة. لم يكن معقولا أن تظل الولايات المتحدة ساكنة في المقعد الخلفي بينما عملية السلام تتقهقر مغادرة بستان التفاؤل إلى قفار اليأس. (Eg) احنا عائلة عندها طين كثير ونخل كثير وبساتين فاكهة.. يعني مستريحين قوي.

جَنَّة
*garden; [*see جنّة*; paradise, heaven]* {2D}
pl: جَنّات، جِنان

الصحراء تحولت الى جنّة خضراء. منحتهم الدولة الأرض في الصحراء وحولوها الى جنة. اشترى الياس قطعة واسعة من الارض الوعرة (اذن الرخيصة نسبياً) وحولها خلال سنوات الى جنة صغيرة بكل ما في كلمة جنة من معنى. وجدنا أنفسنا أسرى في جنات الحب أو في صحاريه.

جُنَيْنة
garden, park {1-2M}
pl: جَنائِن

بدأت اجمع الاوراق الجافة الى كومة في منتصف الجنينة. كانت المدينة واحة خضراء أو جنينة كبيرة فاعتمدت في اقتصادها على الزراعة. في صيدا بعض المباني التراثية ذات اقنية داخلية تضم جنينة او حديقة صغيرة مغروسة بأشجار الليمون. جنينة الحيوانات.

حَديقة
garden, park {2D}
pl: حَدائِق

قاموا بزراعة حديقة صغيرة بها بعض الأشجار. حان الوقت لأن أستريح قليلا.. وان أزرع حديقة صغيرة في فناء بيتي. خرجت جموع المواطنين إلى كورنيش النيل والحدائق العامة. تقرر تطوير حديقة قصر رأس التين بالاسكندرية وادخال بعض التعديلات عليها. حديقة الحيوانات.

رَوْضَة
garden (esp. in place names) {3M}
pl: رَوْض، رِياض، رَوْضات
روضة الأطفال kindergarten

الإمارات روضة من رياض الجنة تشرق بالنظافة والنظام والهدوء والجمال والزهر والطيبة. ما الذي يجعل طفلا يصاب بالاكتئاب وهو مازال في روضة الدنيا. تم إنشاء حديقة روضة النيل على ساحل روض الفرج. كانت مديرة لأول روضة للأطفال على النظام التربوي العصري.

كَرْم
grapevine; vineyard, garden {2M}
pl: كَرْمَة، كُروم

جلسنا نتبادل الحديث تحت ظل الكرمة. مدينة الخليل مشهورة بكروم العنب.

حذّر — to warn

حَذَّرَ
to warn, caution sb من *about* {2D}

كلينتون يحذر الاميركيين من عودة الفصل العنصري. حذرت القيادة الفلسطينية امس من «الانفجار الشامل» في المواجهات مع اسرائيل. حذر من الاخطار المحتملة لهذا الواقع على التنمية الاقتصادية. يحذر الأطباء من تأثير التعرض لزيادة فيض الأشعة الضارة.

أَنْذَرَ
to warn sb ب *about; to threaten sb* ب *with* {3D}

أنذرهم بوجوب مغادرة العراق خلال أسبوع. وزارة الداخلية أنذرت سكان قريتي كاراماخي وشابانماخي قبل العملية بأنها ستلجأ للقوة. ان الأزمة تنذر بحرب بين الطرفين. اذا لم يوجد حلّ فان المستقبل ينذر بالخطر. وانذر الحكم رشيد العزوزي وابراهيم حسن للخشونة والاعتراض.

حاذى — to face

حاذى
to face, be opposite sth {3M}

شرق زائير المتمرد يحاذي جنوب السودان المتمرد هو الآخر. سكة الحديد حاذت المخيم. هدم المنازل في المنطقة «ج» التي تحاذي الطرق الالتفافية التي تشقها اسرائيل يومياً. هو شريط ساحلي يحاذي البحر الابيض المتوسط.

قابَلَ
*to face, be opposite sth; [*see اجتمع*; to meet, encounter sb]* {2M}

المعالم الرئيسية للمبنى – غرفة استقبال كبيرة في الطابق الثاني وشرفات مزخرفة تقابل البحر. حلاق، قضى سنوات عمره وراء الكرسي الأبيض، يقابل مرآته الفسيحة، يمسك بالمقص والمشط والموسى. مدينة الغردقة في مصر تقابل ميناء حنبا السعودي.

واجَهَ
to face, be opposite sth {2M}

قلعة ريال تواجه البرج الرئيسي لقلعة عربية وكنيسة غوطية. يواجه البيت مسجد الشافعي وهو احد المساجد التاريخية في جدة القديمة. لقد حضرت ندوة مثيرة في فندق ستاكيس الذي يواجه البحر في بلاكبول.

حذاء — shoe

جَزْمة
shoes {1-2M}
pl: جِزَم

كان الواحد من هؤلاء يخبط بجزمته الأرض بعنف. يجيء من الصعيد للقاهرة من اجل جزمة؟ فزوجها الأول كان يضربها بالجزمة. وكانت الاشارة بالجزمة احتقارا للجميع. الذي يكسبه لاعب كرة القدم بجزمته، اضعاف ما يكسبه صاحب القلم بفكره.

حِذاء
shoe {3W}
pl: أَحْذِيَة

هناك اكثر من ٢٠،٠٠٠ حذاء يمكنك الاختيار منها. أصيب بتجلط دموي في اصبع قدمه اليسرى بسبب ضيق الحذاء. شعرت بأصابعي تنكمش داخل الحذاء. قد يتبرع ببعض أفضل ما لديه من ملابس أو أحذية. غدت الطفلة تسير حافية القدمين لافتقارها الى حذاء تنتعله.

خُفّ
shoe, slipper {3M}
pl: خِفاف

الدراسة في هذا القسم تسير بقدمين لكن بخفّ واحد. اسم ناحية اسكاف كان نسبة لصناعة أنواع من الخفاف تعرف بـ «اللوالك والشمشكات».

شِبْشِب
slipper(s) {1M} (Eg)
pl: شَباشِب، شَباشيب

ارتديت البيجامة والروب المنزلي وبحثت عن الشبشب في عتمة الغرفة حتى وجدته. كان لابسا جلابية وطربوش وشبشب. يتحلين بالأزهار العاطرة، ويلبسن الشباشب الصغيرة الجميلة. مصر تستورد ماقيمته ٤ ملايين دولار شباشب من الصين. إذا امسكت بقطعة من مادة بلاستيكية كالتي تصنع منها الشباشب فسوف تجد أن لها نفس الطراوة.

صَنْدَل
sandal {2M}
pl: صَنادِل

تتذكر شوربة العدس وصندلها البرتقالي الصغير ومشاركتها جيرانها المسلمين سهرات السحور في أيام رمضان. لاحظت انها تلبس تنورة فضفاضة ملونة وقميصا عنبيا، وأن في قدميها صندلا بسيطا. كان يرتدي قميصا وبنطلونا كتانيا وصندلا ويضع على عنقه وشاح الخمير الحمر. سيرتدون الجينز و«تي – شيرتس» وينتعلون الصنادل.

قَبْقاب
(wooden) *clog(s)* {3M}
pl: قَباقيب

ضربت أمثلة على النهايات التراجيدية لنساء حكمن مباشرة او من وراء ستار ازواجهن مثل شجرة الدر التي قضت موتاً بالضرب بقباقيب حماتها بعد ان قتلت زوجها بأسلوب مماثل. لا تزال مدينة صيدا القديمة مشهورة بصناعة بعض الحلوى الشرقية مثل «السنيورة» وبعض الصناعات الحرفية الخشبية مثل «القباقيب» المصنوعة من الخشب.

نَعْل
sandal, shoe; [sole] {3M}
pl: نِعال

أرى نفسي فيما يرى النائم وقد سرت وسط زحام الناس بلا نعل انتعله مثل الآخرين. انحني لابحث عن نعلي فأنا أريد الذهاب الى المرحاض. النعل في أصلها لباس واق يقي الجسد ويحميه. قمت بشتم ابي وصفعه على وجهه بالنعال التي كنت ارتديها. اشتغل اسكافيا يصلح النعال حتى مات. ديست الحقوق والحريات بالنعال. ندخل الى المقام بعد ان نخلع على بابه نعالنا.

حارب — to fight

حارَبَ
to fight, battle (sb/sth) {2D}

مقاتلونا يحاربون قوات الولايات المتحدة واسرائيل وتركيا في شمال العراق. يقولون إنهم يحاربون لكي لا تصبح ايرلندا الشمالية جزءا من جمهورية ايرلندا. انشأ هذه الجمعية يهود ارثوذكس لذلك فهي تحارب كل نشاط لا يتفق وعقيدتها. ان الاسلام يحارب الفقر والجهل والمرض. اضافت ان بعض المعتقلين كانوا حاربوا في البوسنة والصومال.

عارَكَ
to fight, struggle against sth {2M}

قد أنهكته الأرض التي قضى حياته كلها يعاركها ويحبّها وينتظر مآتيها بصبر باهر. تعارك بأظافرها ظاهرات استخدام المرأة كبضاعة في فن الاعلان والادب الرخيص.

قاتَلَ
to fight (sb) {2D}

سنقاتل في شكل قاس وسنجعل العدو يدفع الثمن. إن هؤلاء «الوطنيين» يقومون بمجازر ضد عائلات يُشتبه بأن ابناءها يقاتلون مع الجماعات المسلحة. اذا لم يأتني حقي، فسوف أقاتل حتى استرده. ندعم كل المسلمين الذين يقاتلون في أي مكان في العالم. كارلوس أقر أمام المحكمة بأنه قاتل والده. انه وأنصاره يقاتلون الجنود الروس.

كافَحَ
to struggle, fight (against sth or ضدّ *against sth or* لـ *for sth)* {2W}

كافحت وقدمت افضل ما عندي لأفوز وكان لي ما اردت. هذه العائلة الوطنية العريقة تكافح في الصفوف الأمامية لحركة التحرر الوطني الكردستاني في العراق. يكافحون الفقر بحماس. هي الانظمة التي ما زالت تكافح ضد الديموقراطية. يكافح الشعب للابقاء على البقية الباقية من أرضه.

ناضَلَ
to fight, struggle (against ضد *or* ل *for)* {3W}

الأكراد يناضلون من أجل حقوقهم. بدأ في صفوف الحزب يناضل ضد الفرنسيين، فقرروا اعتقاله من جديد إثر اندلاع الثورة السورية. سنناضل بالوسائل المشروعة التي كفلها (اتفاق) أوسلو للوصول الى الدولة الفلسطينية. لابد ان تناضل الامة داخليا ضد كل مراكز القوى السياسية.

---

to liberate حرّر

حَرَّرَ
to liberate, free sb/sth من *from; [to edit]* {2D}

قواته «حررت كل منطقة جنوب النيل الأزرق». اتهم سورية بالاعداد لحرب تحرر الجولان. استطاع بذلك أن يحرر العالم من البؤس. هذه الأوراق والعوامل قد لا تحرر الأرض وتعيد الحقوق ولكنها قادرة على قلب الموازين. الأبجدية حررت الانسان من الحاجة الى الوسط الذي كان الكاتب المحترف. هل نريد حقا أن نحرر عقولنا من الخرافة؟

أَطْلَقَ
to release سراح *sb; [see* سمّى*; to call* على *sb a name]* {2D}

اقتحم قرويون مركز الشرطة التابع للقاعدة واطلقوا سراح قبرصيين. ظل في الاعتقال الى ان توفي السلطان ابو عنان فأطلق سراحه صاحب الدولة الجديد الوزير حسن بن عمر. حقاً انه أمر يثير الاشمئزاز والخجل، ان يطلق الجناة ولا تأخذ العدالة مجراها.

أَعْتَقَ
to free, release sb/sth من *from* {3M}

يشتري العبيد ويعتقهم. الإيمان يعتق المؤمن من كل رقيب عليه. يحطّم قضبان الرغبة ويعتق الجسد من عبوديته. يعتقهم من القيود ويمنحهم ما جردوا منه من حقوق.

---

hot حارّ

حارّ
hot; ardent {2D}

الطقس حار هذا النهار، أليس كذلك؟ هذا الصيف حار اكثر من المتوقع. كانت أشعة الشمس حارة على رأسي رغم قبعة القش التي تعبث بها الريح بقوة. اقيمت المباراة الاولى في جو حار. اعلم اني استطيع ان اعتمد على الترحيب الحار من جميع الشعب اللبناني. اعدوا لنا استقبالاً حاراً.

حامٍ
ardent, excited; hot, fiery {2D}

مكواة الاصلاح اصبحت حامية. سعى بون الى تجنب المنافسة الحامية مع الولايات المتحدة. يتوقع ان تكون المنافسة حامية الوطيس ايضا بين المغربي صلاح حسو والاثيوبي هايله جبريسيلاسي. هذا الامر يجب ان يوضع على نار حامية جداً. تبدأ الحملة الانتخابية «الرسمية» في أجواء حامية.

دافئ
warm {2W}

في طقس دافئ على غير عادة جرت يوم السبت الماضي مباراة كأس مجلس التعاون الخليجي للبولو. ولد ونشأ وترعرع في الأحضان الدافئة لتجارة المخدرات. عقد سلاما مع اسرائيل كان يفترض ان يكون دافئا. نال اعجاب محبي الموسيقى الراقية بصوته الدافئ. لم تكن العلاقات دافئة بين القاهرة وواشنطن.

ساخِن
hot, burning {2D}

سيحدث ذلك الصوت الذي يعرفه شاربو الشاي الساخن وهو صوت الرشف. صرخت وهرعت الى الماء الساخن. يطالب جلال الاهتمام بالسياحة العلاجية التي تناسب طقس وطبيعة مدينة اسوان التي تتميز بجفاف الجو والرمال الساخنة. يلعب «نجوم» الثقافة والرياضة دورا كبيرا في الحملة الانتخابية «الساخنة».

سُخْن
hot {1M} (Eg)

الشاي ده سخن قوي، مش ممكن أشربه دلوقتي. هيأت بحيرات صناعية لتربية الأسماك بالمياه السخنة. دخلت طناجر الفتة واللحمة الضاني وطواجين الرز المعمر باللبن والحمام المشوي سخنة من الفرن.

قائِظ
hot, scorching {3M}

كان الناس ينشقون نسمات من الهواء المنعش، بعد اليوم القائظ. يخضع الطلاب في مختلف المراحل لممارسة ساعة من الرياضة اليومية وهم شبه عراة مهما كانت حالة الطقس سواء أكانت مثلجة أو قائظة. لاحظنا ايضا، على رغم اننا قصدنا المدينة في ظهيرة يوم قائظ، ان عدد الزوار الاجانب في ازدياد مستمر.

انحرف — to turn, deviate

اِنْثَنَى
to turn إلى *to or* عن *from; [to bend]* {3M}

لولا ذلك لانثنى عن هدفه اذا وجد أن سهامه لم تصب الهدف. ينثني بعد ذلك إلى الحديث عن العظمة.

اِنْحَرَفَ
*to turn (*عن *from or* نحو *towards); to deviate* عن *from; to become corrupted* {2D}

انحرفت الطائرة غربا واتخذت مسارا في اتجاه شجر الدوم. انحرفت السيارة التي كانت تسير يساري نحو اليمين. انحرفوا عن المهمة التي حددتها لهم اللجنة. اثبتت التحقيقات انحرافه. اكتشفت الفتاة ان هذا الأخير انحرف جنسياً.

حادَ
to turn aside; to turn away عن *from* {3W}
حُيود :VN يَحِيدُ

إذا حادت العربة مقدار شعيرة تقع الكارثة. الأمم المتحدة حادت عن الأهداف إلتي وردت في ميثاقها. تركيا هي التي حادت عن الاسلام على يد اتاتورك. الموارنة قد حادوا عن العقيدة الخلقيدونية. هذه من القيم والثوابت التي لا يمكن أن نحيد عنها. ذلك معناه أنه يحيد عن الحق. لن نحيد عن خط حددناه بالدم.

خَشّ
*to turn; [*see دخل*; to enter]* {1M} (Eg)
خَشّ :VN يُخُشّ

مش ممكن يخش يمين من الشمال. خش يمين على طول. هو ده الأسلوب بتاعه: أوقات يقول لك يمين يخش شمال ويقول لك شمال ويخش يمين.

طاشَ
to go astray, go off course {1-2M}
طَيْش :VN يَطيشُ

الكرة طاشت ولم تبلغ هدفها. طاشت بعض القنابل وضربت جيش تحرير كوسوفا بدلا من الجيش الصربي. منذ شهور كانت مأساة أخرى.. فقد انطلقت مركبة الى المريخ ولكنها طاشت في الفضاء الخارجي.

اِنْعَطَفَ
to turn إلى *into a road or new direction* {3W}

انعطف من شارع شريف إلى المحطة قاصدا القاهرة. انعطفنا الى الشارع الذي يقود الى مقبرته. هل سيظل صديقا لليسار أم انه سينعطف نحو اليمين والوسط.

لَفَّ
to turn (a particular direction)*; [to wrap sth]* {2W}
لَفّ :VN يلِفّ :Eg يَلُفّ

كان عليه أنه يلفّ الى اليمين. لف إلى الشمال على شارع الهرم. (Eg) فيه محشش يسوق السيارة وكان معاه أبوه وقال له أبوه: يا ولدي لف يمين؛ قال المحشش: لف انت أنا باسوق.

to ignite, set on fire أحرق

أَجَّجَ
to ignite, kindle sth {3W}

ينظر الى أمه وهي تعد خبز الفطور وتسقي الحديقة وتؤجج النار في الموقد. كانت دائماً تؤجج الصراع بين الطرفين. سوف تجد الصحافة وقوداً يؤجج نار الاثارة. يؤجج نار الاختلاف بين فئة ترفض دعوته وفئة تسلّم بها وتؤيدها.

أَحْرَقَ
to burn sth, set sth on fire {3D}

أحرقوا الاسكندرية وأحرقوا ما كان شرقهم. منعوا تعليم البنات في أفغانستان وأحرقوا الكتب في السودان وذبحوا الفنانين في الجزائر. احرقوا العلمين الاسرائيلي والاميركي وداسوهما بالاقدام. اطلقت النار على من حاولوا الهرب وأحرقت جثثهم.

أَذْكَى
to ignite, stir up sth {3M}

لا تزال كل يوم تذكي نار الفتنة. يذكي نيران النزاع القومي ويعرقل تحقيق مشروع اعمالٍ سيفيد الجميع. كان الناس يتطلعون الى من يستطيع ان يجمع الشمل ويذكي الحماسة في الشعب التي كاد ان يضيع. هو نبأ من المتوقع أن يذكي التوترات التجارية بين طوكيو وواشنطن.

أَشْعَلَ
to set (fire) *to sth; to ignite, light sth* {3D}

قطعوا عدداً من الاشجار وأشعلوا حريقاً فيها. لم تعرف بعد من أشعل الحريق بالتحديد. يطلب منها الرفق وتمنى لو يقطع خشبا من هذه الصحراء ليشعل النار في ليالي الشتاء الباردة. مع كل الاحترام لمن يشعل شمعة عوضا عن ان يلعن الظلام. اشعلت سيجارة وتأملت قامته. اشعل الحرب عن طريق احتلال الكويت.

أَضْرَمَ
to set (fire) في *to sth* {3W}

أضرم الطلاب النار في السيارة. اضرم المتظاهرون النار امس في مقر الحزب الديموقراطي الحاكم. ذبح الشاةَ وأضرم النارَ، وجعل يقطع من اطايبها ويلقيه على النار. اما في جنزور فقد هاجم العرب الحي اليهودي واضرموا النيران في الكنيس وبعض المنازل.

لَفَحَ
to scorch, burn sth; [to blow] {2M}
يَلْفَحُ VN: لَفْح

هل ستلفح هذه الشمس وجوه وصدور وسواعد هذه الملايين من الشبان. تظلّ برؤوسها من الجحور، حتى اذا لفحتها الشمس، اسرعت تحتمي بظل الاشجار. نعيش في «حمى الحداثة» العالمية (التي كانت تلفحنا وتحرقنا على الجلود المتشققة وحدها).

أَوْقَدَ
to kindle, light sth {3M}

توقد الشموع في أركان القاعة. اوقد مصباح الفجر. نصبوا خيمتين وأوقدوا ناراً. أكداس من الحطب والخشب وسط الشارع، توقد فيها النار من الغروب إلى قبيل منتصف الليل. أوقدوا في الجماهير مشاعر التفاخر الساذج.

وَلَّعَ
to kindle, light sth {2M}

تولع سيجارتها من شموع الشمعدان بيد راقص الفلامنكو. مسلسلات تولع الجسم كما قال لي مراهق شاب.

---

to respect احترم

بَجَّلَ
to honor, revere sb {3M}

هل يمكننا أن نصل إلى أمريكا واحدة وموحّدة تحترم بل تبجّل الفروق بيننا؟ ماذا تفعل إذا اصطدمت في هذا بشخص يعبد الأوراق والمستندات ويبجل وينحني لحرفية القانون. علينا أن نطيع وأن نبجل الآباء والكبار.

اِحْتَرَمَ
to respect, honor, revere sb {2D}

مارست الحكومة الأمريكية الضغط على العرب للقبول بما لا يقبل به أي شعب يحترم نفسه. احترمه جدا كشاعر قوي. احب اعمال الفنان زياد الرحباني واحترمه كثيرا. اننا في بلد يحترم الحريات... لكل دينه ولكل رأيه. نرغب في تثبيت ديموقراطية حقيقية وبناء دولة مستقرة تحترم حقوق الانسان. قلت امام النواب اني احترم الدستور والقوانين ولا يمكنني مخالفتها.

راعى
to observe, respect sth {2D}

الدولة تتشكل من مسلمين يراعون ضوابط هذا الدين. لها صفات من يراعي الالتزام بعدم الخروج على النص الا لخدمة النص. جاء في المذكرة ان التعديل المذكور لم يراع مواعيد الانتاج والتصدير للسلع الزراعية الأردنية. لابد أن يراعي أي حل سياسي هذه النقطة. يجب أن تراعي ظروفنا الخاصة.

كَرَّمَ
to honor, revere sb {2W}

النادي يكرّم رجلا كان يعني بالنسبة إلى كرة المضرب أكثر مما يعني أي شخص آخر. هو الكائن الذي كرّمه الله على العالمين وفضّله على كل ما في الكون. يكرّم المهرجان المخرج هنري بركات. نكرّم اليوم عددا من عمالقة الفن اللبناني.

وَقَّرَ
to respect, honor sb/sth {3M}

لا يحترمون بيتا ولا يوقرون مجلسا. هم أبناء بررة يعشقون أباهم ويوقرونه. وقّر والديك فإن من وقر والديه مددت عمره ووهبت له ولدا يوقره. من وقّر القرآن وقّر الله. ليس منا من لم يوقّر كبيرنا ويرحم صغيرنا.

محترم — honored, respected

مُبَجَّل
respected, venerable {3M}

وصف الرئيس الجزائري العاهل المغربي بأنه صديق مبجل ورفيق سلاح. في الدول الأوروبية الشمالية تحتل النساء نسبة ٣٧،٦٪ من عدد مقاعد البرلمانات، أما في منطقتنا العربية المبجلة فقد انخفضت في وجودها إلى نسبة ٣،٣٪. القرد البابوني كان القرد المدلل المبجل المعبود بوصفه إله الحكمة والعقل والفلسفة عند أجدادنا.

مُحْتَرَم
honored, respected {2D}

زوجته سيدة محترمة وفاضلة. أنا سيدة في الثامنة والثلاثين من العمر زوجة لرجل محترم في مركز مرموق طيب القلب وعلى خلق كريم. اعترف عصام الحضري بان المباراة مع فريق قوي ومحترم فنيا. تنطق بالفاظ غير محترمة. ينظرون الى الصحافة كعمل غير محترم. الفوز منح قدر محترم من الثقة بالنفس.

مُكَرَّم
revered, honored {2M}

سعادة الأستاذ مصطفى الفقي سفير جمهورية مصر المكرم. خرج من السجن معززا مكرما بعد ان ثبتت براءته. أمضيت ثلاثة أيام في شهر رمضان المكرم في حالة اكتئاب. أصولها من مكة المكرمة. نريد أن يصبح الكتاب ضيفا مكرما في أيدي الشباب.

مُوَقَّر
revered, respected {3W}

نتقدم لمجلسكم الموقر ببرنامج شامل لتطوير الادارة المالية للدولة. الكرسي الذي سيجلس عليه السيد عضو مجلس البرلمان الموقر ثمنه ٤٥٠٠ دولار. من خلال منبر الأهرام الموقر أنقل لهذه الفنانة شعوري بالتقدير والاحترام لها على صلابتها وقوة تحملها لآلامها النفسية والجسدية.

bundle حزمة

باقة
bouquet (of flowers), *batch, bunch* {3W}
pl: باقات

أرسل إليها باقة من الزهور قبل لقائهما. يحملون باقات الزهر مع أطفالهم. كم كنت سعيداً بتلك الباقة المميزة من الاطفال العرب تنضم الى رفاقها من اطفال العالم. لكن مجرد التصور بأن الفكر العربي اللاسلفي هو عبارة عن باقة من الزهور ذات ألوان جميلة ومتنوعة، نضعها على الطاولة لنتمتع بها ثم نرميها متى ذبلت، لنستبدلها بباقة اخرى، هو تصور مجحف بحق الفكر العربي ومفكريه.

حُزْمَة
bundle, bunch {2W}
pl: حُزَم

كانت مايكروسوفت طرحت حزمة اوفيس ٩٧ في كانون الاول (يناير) الماضي. مررت الحكومة حزمة قوانين لتحرير الاقتصاد. يقف عادة امام حشد كبير من المستمعين ممسكا بيده حزمة من الأوراق (التي لم ينظر اليها أبدا اثناء المحاضرة). هو قرار تكمن وراءه حزمة من الأهداف الاستراتيجية الكبرى.

رِزْمة
bunch, bundle, package {2M}
pl: رِزَم

هذه «المبادرة» المتداولة حالياً ليست سوى رزمة اجراءات تجميلية هدفها احتواء التوتر القائم على الساحة الفلسطينية. كانت تمسك بابريق القهوة بيد وفي اليد الأخرى رزمة بريدية. يحمل على كتفه رزما من الجريدة ليقوم بالمشاركة في توزيعها. يسلم رزم الديناميت والمتفجرات الى عميل آخر.

صُرَّة
package, bundle {2M}
pl: صُرَر

هنالك صرة فيها قدور واواني نحاسية. لما جاء ليتقاضى ثمن خيانته رمى له بصرّة من الذهب على الأرض. قطع حبل الصرّة. يحملون صررهم ويتجهون شطر الغربة.

لَفَّة
package, packet {2M}
pl: لَفّات

يخرجون وفي يد كل واحد منهم لفة من الطعام تضم الفسيخ والخس والبيض الملون. كان أحد الرجلين يحمل لفة صغيرة في يده والآخر يراقب الطريق بدقة.

---

grief, sorrow حزن

see ألم ، يأس، اكتئاب، قلق

أَسَف
regret; sorrow {2D}
للأسف، مع الأسف، بكل أسف
unfortunately

أعرب عن أسفه لسقوط ضحايا من المدنيين. أعرب عن الأسى والأسف لفقد العاهل الراحل. أصيبت للأسف بشرخ في العمود الفقري. الجواب بكل أسف نعم. بعض الأطباء - مع الأسف الشديد - يسيئون إلى سائر الأطباء المخلصين.

أَسًى
grief, sorrow {2D}

لقد طالعت بمزيد من الأسى الرسالة التي نشرها البريد يوم ١/ ٣/ ٨٢. علامات الحزن والأسى تظهر على وجوه مئات المغاربة الذين ملأوا الشوارع فور اعلان نبأ رحيل الملك الحسن الثاني. نشعر بالأسى والأسف لتطور الأحداث في يوجوسلافيا. كل المصريين يشعر بالأسى العميق لحادث الاقصر المأساوي.

حُزْن
grief, sorrrow {2D}
pl: أَحْزان

أعرب الرئيس عن عميق حزنه وبالغ عزائه لجميع أسر الضحايا. إن هذا الحادث الاجرامي جعل المدينة تعيش حالة من الحزن الشديد. نعرب عن بالغ الحزن والأسى لوفاة الملك حسين. شاركناه مشاعر الحزن والألم. يطأطئون الرأس حزناً. وشكر الكونت سبنسر، في بيان اذيع أمس، جميع الذين شاركوا العائلة حزنها على ديانا في مختلف أنحاء العالم.

حَسْرَة
sorrow, pain {2W}

وضعوا أيديهم على رؤوسهم في حركة تدل على عدم التصديق والحسرة البالغة. شاهدت الحسرة في عينيه. يا حسرة على ناس تضيع أعمارها هدرا. يعبر عن أسفه وحسرته على أيام خلت. شعروا بالألم والحسرة من اوضاع عدم عدالة النظام الدولي. إن من أصعب المواقف وأكثرها ألما وحسرة ان نفقد أخا عزيزا وصديقا حميما.

شَجَن
sorrow {3W}
pl: أَشْجان

إنه صوت قريب فيه من البساطة والفرح كما فيه من الشجن. تتساقط الدموع شجنا وعذابا. حين يتحدث عن المتنبي كانت تصدر عنه تنهيدة تخفي وراءها الكثير من الالم والشجن. كنت مشغولة بمقاومة الشجن الذي تملكني واحاول الا استسلم لأصوات الطبول التي تدق في رأسي. قالها بصوت يلونه الأسى والشجن.

غَمّ
grief, sorrow; distress {2W}
pl: غُموم

إن أحدا لا يستطيع أن يتصور كم ينتاب الناس الغم والحزن وهم يقرأون في الصحف عن الملايين التي تنفق على حفلات ومهرجانات لا يستفيد منها أحد من شعبنا. احالت سعادتهم هما وغما. مشيت في طريقي وأنا في شدة الغم لموقفها هذا. لك أن تتصور قدر الغم والأسى الذي أصاب واحدا مثلي حين قرأ تلك العبارة.

كَرْب
grief, sorrow; distress {2W}
pl: كُروب

ها نحن نعود من جديد الى احزاننا ونرثى لحالنا وحال من اعتقدنا لفترة بأنهم سيرفعون عنا كربنا. لكي أنسى العذاب والحزن والكرب طلبت من العجوز ان تساعدني على الزواج. يجد في الأدب والكتابة الصحافية مُتنفساً بل مَهْرَباً من كروبه. شعر بالهم والحزن والكرب. يسخرون منه حتى وهم في أشد حالات الكرب والبلاء.

---

sad — حزين

تَعيس
miserable, unhappy {2W}
pl: تُعَساء

تعيس من لم يعرف في هذه الدنيا الا جمع الفلوس! ليس تعيسا من لايزال يضحك! انتهوا إلى نهايات تعيسة لا يحسدون عليها انسانياً أو سياسياً. هذا كله لم يمنعها من ان تعيش تعيسة خلال العقود الاخيرة من حياتها. هناك اناس يولدون تعساء، حزانى، ومتشائمين.

حَزين
sad, sorrowful {2D}
pl: حَزانى

عاشت الجماهير المصرية ليلة حزينة بعد ان خرج منتخبها الصغير من «مونديال» كأس العالم الرابعة. انني حزين لاني فقدت صديقاً واتمنى له النجاح. غادرت المطار حزيناً تماماً كما يقال عن الطيور. يرقص المساء على ايقاع نبضات القلوب الحزينة. انا حزين لموتها في هذا العمر.

شَجي
sad, mournful (of voices, songs) {3M}

كان ينتابني الشعور بمعاودة سماع ذلك الصوت الشجي. على الخشبة أطلّت المغنّية الخلاسية السمراء بثوب ابيض تغني الحب والحنين والهجران والغياب بصوت متين وشجيّ. يبدأ غناء شجي يتعالى ايقاعه حتى ترشح خيمة السماء.

مَغْموم
upset, worried; sad {1-2M}

عاد بعد ساعة مغموما لأنه فوجئ بالذين يغرقون. مضى إلى بيته مكتئبا مغموما. كان يداعب أصحابه إذا رآهم مغمومين.

مُغْتَمّ
upset, worried; sad {3M}

خرج مغتمّا. أنا مغتم لحال اللغة العربية بعد أن تخلى عنها أهلها. في كل شهر أعود من البنك بمعاشي مغتمّا بما أحمله من أوراق مشوهة وقذرة تزداد نسبتها بمضي الوقت. لماذا أنت مغتمّ؟ إني مغتم بتخلفي عن الحج.

قَلِق
worried, troubled {3W}

المعارضة في اسرائيل قلقة من التساهل تجاه المتطرفين اليهود. ايطاليا «قلقة جداً» ازاء الوضع في المنطقة. اهمية هذه الوثيقة انها تصور تصويراً دقيقاً الحالة القلقة التي كانت تعيش فيها اسرائيل قبل عام ١٩٦٧. تعبّر الرواية عن تلك المرحلة القلقة. الوضع قلق في المنطقة ككل.

كَئيب
depressing; depressed, gloomy {2W}

إن صورة الشرق الاوسط العربي تبدو كئيبة. السعادة هي أن نواجه بشجاعة هذه الدنيا الكئيبة! ظلت تمثل شخصية المرأة الكئيبة والمكبوتة التي لا تستطيع توجيه حياتها. من الواضح انني كنت كئيبة جداً.

مُكْتَئِب
depressed, dejected {3M}

مات فقيرا ومكتئبا. جلس مهموما ومكتئبا فوق مقعد. حان ميعاد خروجي اليومي الاخير للساحة، أخرج ولكنني لا زلت مكتئبا. عاشت مكتئبة تلتجئ في لحظات اليأس المطلق الى حلم يزيدها حزنا وكآبة. راحت تقضي معظم وقتها في حجرتها صامتة مكتئبة وتتجنب مقابلة الضيوف، وتتهرب من أبيها واخوتها.

مَهْموم
worried, anxious; sad {1-2W}

أصبحت مهمومة معظم أوقاتها ولم تعد سعيدة ومبتهجة دائما معي كما كانت. كان المفكر مهموما بتعاسة خلق الله. جلست في بيتي مع أولادي حزينا مهموما. هو مهموم بقضايا الفقراء. جلس مهموما ومكتئبا فوق مقعد.

---

to envy — حسد

حَسَدَ
to envy sb (على for) {2D}
يَحْسُدُ VN: حَسَد

تسأله لماذا يحسد بلد كبير جاره الصغير؟ اعترف بأنني أحسد القارئ الغربي على ثراء مكتبته وتجددها الدائم. نحسد زملاءنا في كلية الاداب على تعاملهم مع لغات رقيقة. معلوم ان لبنان في وضع لا يحسد عليه. الوضع الجديد جعل سكانها يتمتعون بوضع اقتصادي طيب يحسدون عليه.

غَبَطَ
to be envious of sb (على for) {3M}
يَغْبِطُ VN: غَبْط

أغبطك على هذا التدفق الكتابي، فقد ازدحم بريدي برسائلك. أخذت مصر تعيش مناخاً ديموقراطياً يغبطها عليه الكثيرون. نحن الكبار والعواجيز لن نغبط الشباب على هذا الحب الجارف. يغبط الكل هذا الرجل المستقيم ويتمنون مكانه.

غار
to be jealous من *of sb; to be solicitous* على *about* {2M}
يَغارُ VN: غَيْرَة

كانت معجبة بهذا الرجل الأكبر منها سناً، وتغار من زوجته الليدي كارولاين لامب عشيقة الشاعر اللورد بايرون. كان يحب ليلى مراد ويغار من نجاحها في افلام ليست من انتاجه او اخراجه. إنهم لا يغارون منه ولكن يغارون عليه. هو إنسان يغار على بلده ويعمل من أجل رفعته وتقدمه.

---

better, best — أحسن

see جيّد، خير

أَجْوَد
better من *than; best* {3W}

بدأ عمله بتوقيع عقد لشراء عشر طائرات «بوينغ» مؤكداً انها اجود من الطائرات الروسية. اجود انواع الكازوز البلدي ستجده عند صديقك الياس غانم. أيهما أجود، عملك أم عمل بدوي. القطن المصري هو الأجود عالميا. الحشيش المغربي أجود وأغلى من اللبناني.

أَحْسَن
better من *than; best* {2D}

هذه المدينة أحسن من أي مكان آخر. أنت ستصبح أحسن منهم بلا جدال. قال مسؤول سوري كبير ان الأسد في «احسن الاحوال» وان الحديث عن مرضه يستهدف «الضغط النفسي على سورية». من هو احسن لاعب عالمي حالياً؟ بجائزة احسن ممثل فاز الفنان الالباني ميروش كاباشي.

خَيْر
better من *than; best; [*see خير *goodness]* {2D}

جعل في هذا الشهر ليلة القدر التي هي خير من ألف شهر. هل نحن خير من بريطانيا وبلجيكا خلقا رياضيا؟ ان تأتي متأخرة خير من ان لا تأتي أبدا. استغلت الدعاية هذا الكتاب خير استغلال. قد جاءت نتائجه خير دليل على ان المشكلة هي في طبيعة النظام الرأسمالي.

أَصْلَح
better من *than; preferable* من *to; best* {2M}

رابين قد لا يكون صالحاً، إلا انه قطعاً أصلح من نتانياهو. يا أخي كلاب الحارة أصلح منه. يعتبر كل بلد منها ان نظامه التعليمي هو الاصلح. الحكام الأجانب هم الأنسب والأصلح لهذه المباراة. يعتبر قانون التجارة الجديد أصلح للمتهم.

أَفْضَل
preferable من *to, better* من *than; best* {2D}

ايمكن أن يكون أفضل من ذلك؟ باتت ترى أن أي بديل هو أفضل من الحكومة الحالية. أي شيء أفضل من لا شيء. يعتقد حوالى ٥٧ في المئة منهم أنه «من الأفضل ان يعيش في إسرائيل اليهود فقط». فرنسا اليوم هي أفضل صديق للبنان. المنتخب المكسيكي هو الاقوى والافضل. أتأمل ان يكون الغد الآتي افضل من الامس المنقضى.

حصل

to obtain

see امتلك

أَحْرَزَ
to win, acquire sth {3D}

أحرز جائزة نوبل قبل ثلاثة أعوام. سبق لمحمود ان أحرز ميداليات فضية عدة في بطولة افريقيا للناشئين. أحرز لقب بطولة العالم السادسة لألعاب القوى التي تقام في اثينا. أحرز هدف التعادل في آخر لحظات الشوط الأول وعززه بهدف الفوز في الربع ساعة الأول من الشوط الثاني.

حَصَلَ
to obtain, get على *sth; [*see حدث *; to happen]* {2D}
حُصول :VN يَحْصُلُ

حصلتم على كل ما تريدون. حصلت على نسبة كبيرة من المقاعد الجماعية والبرلمانية في انتخابات ١٩٩٣. اشترت طائرات «اس يو ٢٧» من روسيا، وحصلت على إجازة لإنتاج أنواع أخرى محلياً. حصل احمد على لقب أحسن حارس مرمى. المرأة اليمنية أول إمرأة تحصل على حقوقها السياسية. حصل ألبرت أينشتين على جائزة نوبل في الفيزياء.

حَظِيَ
to acquire, obtain ب *sth* {3D}
يَحْظى

ولا يزال يحظى بموافقة اكثر من خمسين في المئة من الرأي العام. كان يحظى في السنوات الاخيرة بمكانة مرموقة بين الزعماء السياسيين المسلمين. سأله اذا كانت الجامعة الاميركية ستحظى يوماً ما برئيس لبناني أو عربي. اضاف ان مبادرة البنك الدولي تحظى بموافقة الدول الصناعية السبع الكبرى. تحظى بتقدير واحترام العالم أجمع.

حازَ
to obtain, receive (على) *sth* {3D}
حيازَة :VN يَحوزُ

يتوقع النقاد ان يحوز الفيلم على نجاح مماثل على المستوى الأوروبي. حاز الاتفاق الذي وقعه الجانبان في آذار (مارس) ١٩٩٦ على موافقة البرلمان التركي بالاجماع الجمعة الماضي. حاز منذ ثلاث سنوات على السيزار في مهرجان كان السينمائي لموسيقى فيلم «العاشق». كلينتون يحوز إعجاب أغلب مواطنيه. مبارك استطاع أن يحول مصر إلى قوة اقتصادية حازت ثقة العالم.

رَبِحَ
to earn, gain sth; to win (a game) {2W}
رِبْح :VN يَرْبَحُ

«شركة قطر الوطنية لصناعة الاسمنت» ربحت ٦٣ مليون ريال عام ١٩٩٦. ربح الاوسكار في العام التالي عن دوره كفنان مقعد. ماذا ينفع ان نربح العالم ونخسر أنفسنا ووطننا؟ يربحون حرباً لم يخوضوها. قال هاري ترومان في مذكراته ان الرجل الذي يجب ان يربح دائماً غير مؤهل لحكم ديموقراطي. خسروا أصدقاءهم ولم يربحوا خصومهم.

ظَفِرَ
to obtain, achieve, get ب *sth* {3W}
ظَفَر :VN يَظْفَرُ

ظفر بعنواني من صديق. انه كأجنبي لن يظفر بحظ يذكر من النجاح. هل يتحقق حلمه ويظفر بالسعادة؟ ليس بإمكانهم ان يظفروا بالأرض والأمن والسلام. كان محمد مثقفا قوي الشخصية فظفر بحب أهل الإسكندرية وتقديرهم.

غَنِمَ
to capture, loot sth {3M}
VN: غُنْم يَغْنَمُ

أسروا عشرات من مقاتلي الحركة وغنموا كميات من الاسلحة. غزوا الجزيرة وغنموا الغنائم الكثيرة. ارسل الى ابي يوسف احمالا من الكتب العربية التي كان القشتاليون يغنمونها ويجمعونها. تمكن المهاجمون من الانسحاب ومعهم أسلحة وذخائر غنموها من الثكنات الثلاث.

كَسَبَ
to aquire, obtain sth; to win sth {2D}
VN: كَسْب يَكْسِبُ

لا شك ان الحملة الدولية لمحاكمة مجرمي الحرب العراقيين قد كسبت تأييداً واسعاً في الاوساط العالمية. كيف تحلم هذه الاحزاب في ان تكسب ثقة المجتمع. يحاول ان يكسب رزقه باقناع الدول العربية الاخرى ان تموّل جبهته. اضطرت زوجته للنزول الى سوق العمل اليدوي لتكسب قوت يومها. لم يكسب احد الحرب الماضية، ولن يكسب الحرب القادمة! كسب مباراته عن جدارة واستحقاق.

اِكْتَسَبَ
to acquire, win, obtain sth {2D}

اكتسبوا سمعة طيبة، ويقومون بذلك العمل عن حب. اكتسب الجنسية الانكليزية قبل سنوات من رحلته الى كندا. تسفايغ اكتسب شهرته الادبية بعد وفاته عام ١٩٦٨. اكتسبت زيارة الرئيس السوري حافظ الأسد لطهران أهمية بالغة. اكتسبت الأنظمة الديكتاتورية ذات الطابع الشمولي خبرة واسعة في أساليب التضليل. اكتسب خبرة في الشؤون الخارجية بحكم الاقامة في الخارج.

نالَ
to reach, obtain, win sth {3D}
VN: نَيْل يَنالُ

نال اجازة في العلوم السياسية ثم دكتوراه في الحقوق. نال اعجاب الناس والنقاد معاً. حكم مالاوي منذ ان نالت استقلالها عن بريطانيا. سينال اللاعب الفائز بلقب هداف الدورة جائزة تقديرية. لم تنل المرأة فرصتها المتساوية مع الرجل. من لم ينل العدل في الدنيا، سيجد الانصاف عند الآلهة في الحياة الأخرى.

استولى
to take possession of sth, capture sth {2D}

استولى المتمردون من التوتسي على القطاع الشرقي للبلاد. أعلن ان قواته استولت على مدينة في جنوب السودان. استولى على كميات كبيرة من الذخائر والمعدات. أشار الى الاسلحة التي استولى عليها الجيش اليمني اثناء حرب صيف عام ١٩٩٤.

horse حصان

حِصان
(male) *horse; stallion* {2D}
pl: أَحْصِنَة

ركبنا على الحصان. حصان يقع في حفرة فيكشف عن مقابر المومياوات الذهبية! اخذ ملفيل يزرع البطاطا والذرة، ويبني زريبة لبقرته وحصانه. (Eg) أنا باحلم بالفارس اللي حايأخذني على حصانه الأبيض.

خَيْل
horses (collective n) {2D}
pl: خُيول

يحفظ توازنه فوق حصانه لكيلا يقع تحت سنابك الخيل. تسأل الشيخ ناجي عن سبب حبه للخيل، فيجيب ان هذه حكاية قديمة. تشتهر بتربية الخيول والصقور. اما صحنها فيكون عادة محلا لعرض البضائع وبيعها كذلك لربط الحيوانات كالخيول والجمال. سوف تختتم البطولة بمسابقة دولية للخيول العربية المصرية.

فَرَس
(female) *horse; mare* {2M}
pl: أَفْراس

الشيخ محمد يقتني ٦٠٠ حصان وفرس يجري تدريبها للسباق في مختلف انحاء العالم. تبلغ مسافة السباق كيلومترين ويشارك فيه افضل ١٣ حصانا وفرسا في العالم في الوقت الحالي. اختار ديانا كما يختار فرسا شابة.

مُهْر
(young) *horse; colt* {2M}
pl: أَمْهار

المغول يركبون الافراس ويجرّون خلفهم المهر المولودة حديثا. تضم المدرسة حاليا ٢٥٢ حصانا ولها ٤٧ مهرا في فيينا. بلغت مسافة السباق ٢٠٠٠ متر وشارك فيه ١٢ مهرا أصيلا من جنسيات مختلفة.

fortified حصين

حَصين
fortified, strong {3W}

اليابان كانت تعتقد أن مقر السفير ثكنة حصينة. صمم مسجد تينهال الذي يقع وسط قلعة حصينة تحميها الجبال من كل جانب. تحولت المؤسسات الانتدابية الى قلاع حصينة. السلام الاجتماعي هو الحصن الحصين. فتحوا ثغرة في جدار المافيا وسريتها الحصينة.

مُحَصَّن
fortified, strong {3W}

القوات الإريترية تقاتل من مواقع دفاعية محصنة جيدا. هذه العملية أسفرت عن تدمير ٢٥ موقعا شيشانيا محصنة. الدول النامية ليست محصنة ضد هذه المشكلة. أكد أن النظام العالمي الجديد، ثبت أنه غير محصن ضد الأزمات الإقليمية الاقتصادية والعسكرية. حرية الرأي والتعبير يجب أن تكون محصنة من العدوان ولا يباح تقييده إلا في حالات محدودة.

مَنيع
strong, impenetrable {3W}

يجيد تحطيم الاسوار المنيعة للفرق المقابلة. وجدوا في فكرة علمانية النظام الحصن المنيع ضد تفكك بلادهم. بقي باب المنصور حصنا منيعا في وجه المتسللين الى قلب المدينة. قيادة مبارك تعتبر حائطا منيعا في وجه من يريدون ببلادنا شرا. ان وحدة شعب مصر هي الحصن الحصين المنيع للانطلاق. إنها الحاجز المنيع في وجه سوء استخدام السلطة.

---

to count أحصى

أَحْصى
to count sth {3W}

ان شهوداً قالوا انهم أحصوا ١٦ جثة وان عدد الضحايا سيكون اكبر بالتأكيد. لو احصينا العدد الاجمالي لضحايا التدخين خلال القرن العشرين لقفز الى ما يزيد على ١٥٠ مليونا. هناك عناوين لكتب وأبحاث ومقالات لا تحصى عن هذا الموضوع. قد كتبت في هذا الموضوع مرات لا أحصيها.

عَدَّ
*to number, count sth; [*see اعتبر; *to consider]* {2M}
عَدّ :VN يَعُدُّ

الدول التي تزرع الفستق الحلبي تعد على أصابع اليد أي قليلة. اما الطيارون فهم خمسون يصعب عدّهم الآن. أحاول عدّ البلاطات. يستطيع واحد من المرضى عد أصابع الكف من نفس المسافة.

عَدَّدَ
to count, list sth {2W}

عدّد فايد الانجازات التي يمكن تلخيصها. عدّد برّاده سلسلة الاصلاحات الاقتصادية التي اقدم عليها المغرب. عدّدت المصادر مجموعة من الملاحظات في هذا السياق. عدّد باسيل ما حققه وما سيحققه المصرف.

---

to bring أحضر

أَتى
to bring (to sb) ب *sth; [*see جاء; *to come]* {3W}
إِتْيان :VN يَأْتي

طلبت من الجرسون ان يأتيني بالبيضات مسلوقة. اخرج سجائره فقمت واتيت بالكبريت. نجد اي حجة لنحشر انفسنا ونتظاهر بأننا نأتي بأوراق او نساعد او ما شابه. لا اعرف من اين يأتون بهذه الافكار. يتعين على الأصدقاء ان يأتوه بزهور وتوابل وفاكهة هدايا للإعراب له عن امنيتهم بسفر ميمون. مصادر اميركية ومحلية اعتبرت ان وساطته لن تأتي بنتائج قبل اسابيع عدة.

جَلَبَ
to bring sth {3D}
جَلْب :VN يَجْلِبُ

هي تتبنى أي سياسة تساهم في عدم انهيار الدولة الجزائرية وتبعد شبح الخوف وتجلب الامل. طاول كذلك آلاف المماليك الشركس والقوقازيين الذين جلبهم الحكام الاتراك من المناطق الآسيوية الى تونس ليعملوا في القصور. كان عليه ان يجلب المال اللازم من خارج المملكة المتحدة. فقد جلب العار والشنار لبلده وشعبه وأمته. ان إسرائيل من حقها ان تجلب اليهود من جميع انحاء العالم.

جاءَ
to bring ب *sth; [*see جاء; *to come]* {2W}
مَجيء :VN يَجيءُ

من أين جاء بحكايته عني صبياً أنقل الرسائل إلى إحدى البنات. ما جاء به القرآن هو مصدق لحقيقة ما جاء به موسى وعيسى. لا أعرف بالضبط من أين جاءت بها الحكومة. رسمت هذه «اللوحة» بالكلمات، فجاءت بقلم، لا بريشة. ما الذي جاء بي هنا؟ ذلك عار من الصحة ويتعارض مع كل ما جاء به الفقهاء.

جاب
to bring sth {1M} (Eg)
يِجيب

جبت اقتراحات من الخارج وسلمتها لمحافظ الجيزة. بتجيب الأولاد من المدرسة كل يوم الساعة تلاتة. ممكن أجيب صاحبي معايا؟ جاب لي كتاب من المكتبة.

أَحْضَرَ
to bring sth إلى/ل *to* {3D}

أحضروا افكاراً جديدة لم تكن موجودة في السينما. لديه اربعة أطفال سيحضرهم الى الدوحة قريبا. أحضرت له العشاء وعملت له الشاي الى ان طلع النهار. اما من أحضر له طعام العشاء فطيف برناردو سواريس. فوجئت بزوجي يحضر زوجة أخرى للإقامة بمسكن الزوجية. لم يحضروا معهم من الملابس الشتوية سوى النزر اليسير.

أَوْصَلَ
to bring, take sb/sth إلى *to* {3D}

يعتبر ذلك اليوم البداية الحقيقية لتلك الخطوات المتتالية التي اوصلت الامر في النهاية الى هزيمة ألمانية حقيقية. رئيس وزراء اسرائيل لا يجيد سوى الكلام الذي أوصله الى رئاسة الوزارة. فجأة ظهرت ازمة جزيرة قارداق (ايميا) التي أوصلت تركيا واليونان الى حافة الحرب في بحر ايجه.

حضارة — civilization, culture

حَضارَة
civilization; culture {2D}
pl: حَضارات

التمادي في تقديس الحضارة الكتابية أدى إلى إهمال الحضارة الشفاهية. أشار إلى اشتراك الحضارات غير الغربية وبالذات الحضارة الاسلامية في عملية ايجاد حقوق الإنسان. إن أهلها بيض لهم عيون زرق ومنتمون للحضارة الأوروبية. إنها مرحلة جديدة في الحضارة البشرية. الصين بلد حضارة عريقة. آن الأوان أن ننظر في مستقبل الحضارة.

تَحَضُّر
civilization {3W}

يسهمون في بناء التحضّر. الغوغائية في مواجهة التحضر هو منطلقهم الأساسي. تزايد سكان المدن دون مراعاة شروط التحضر. هل للمدنيّة والتحضّر دور في تعزيز هذا التصور عن المرأة؟

مَدَنِيَّة
civilization; civilized world {3W}

أشار إلى الانتقال العظيم من حياة التوحش والبداوة إلى حياة المدنية والحضارة. سعى لنشر أسباب المدنية في ربوع السودان. لم يكن لهم شأن بالحضارة أو المدنية. حاول إدخال عناصر المدنية للريف في مجالات الطاقة والتعليم والصحة.

تَمَدُّن
civilization {3W}

يشدد الكاتب على ان لا تمدن ولا تطور من دون التكنولوجيا. كانت نقطة مضيئة على طريق التقدم والرقي والتمدن. ألا يكفي هذا التوحش الذي أثمره تمدن هذا القرن. يزعم مع هذا انه يمثل «التمدن والتحضّر» في مواجهة الظلامية الاصولية.

luck حظّ

see مصير

بَخْت

luck, fortune {2W}

قليل البخت يلاقي عضمة في الكرشة، كما يقول المصريون. يا بخت من له مرقد عنزة في دافوس. يبدأون يومهم بقراءة أبواب الحظ والبخت في الصحف والمجلات! حصل هذا ربما لسوء بختي وقلة حيلتي. هرولت... أفتش عن كتاب موثوق به في الأبراج لأقرأ بختي.

حَظّ

luck, fortune {2D}
حسن الحظّ good luck
سوء الحظ bad luck

كان افضل حظاً مع زوجته الثانية التي كرّست له حياتها. النجومية تعتمد على ضربة حظ. من حسن الحظ أنني لم أجد مشكلة في شراء الأحذية. لسوء حظها اختارت الحصان الخاسر. كان الموت حظهم. يرون ان حظه في الفوز ليس كبيرا. كان بامكانه الفوز بنتيجة أكبر لولا سوء الحظ.

---

to dig حفر

حَفَرَ

*to dig sth; [*see نقش; *to engrave sth]* {2D}
حَفْر :VN يَحْفِرُ

اما الشركات التعاقدية (شركات الخدمة الأجنبية) فحفرت ١٣٩ بئراً كان ٥٢ منها منتجاً. على مشارف القرية كانت جرافة تحفر قبرا جماعيا لمواراة الضحايا. نجح كركلا في ردم تلك الهوّة التي حفرتها الحرب في الذاكرة الجماعية. نحن ايضا نحفر الخنادق الفكرية لمواجهة جحافل الغزو الثقافي.

نَبَشَ

to dig up, uncover sth {2W}
نَبْش :VN يَنْبُشُ

نبشوا القبر لسرقة البلاتين من الجثة. أشار إلى كنز جبل العود الذي نبشه الحاج صالح قابوس. يعود الى حي بولاق ينبش دفاتره القديمة ويشرع في كتابة مذكراته. إنه قادر على نبش الماضي وإعادة النظر فيه.

---

edge حافّة

حافَّة

edge, brink {2D}
على حافَّة on the brink of

يقع البيت على حافة البركة. جلست مكتئبا على حافة القناة التي تفصل الحقل عن الطريق. كنت اجلس قريبا من حافة شباك في بيت. يتلبس فتوة الشباب ومرات كثيرة تدفعه الأحزان الى حافة القبر. لم تكن تبتغي اقل من دفع الامور الى حافة الهاوية. أصبحت الشركة على حافة الافلاس.

شَفا

edge, brink {3W}
pl: أَشْفاء
على شفا on the brink of

هو اختلاف وصل الى شفا الانفجار مع نزول عشرات الآلاف من الاسلاميين للشارع احتجاجا على «وصايا» مجلس الأمن القومي الذي يسيطر عليه الجنرالات. الوضع الاقتصادي على شفا الانهيار. منطقة البلقان على شفا بركان حقيقي. دفعها إلى شفا الحرب.

---

vile حقير

see شرير، متواضع

بَذيء

foul, disgusting; low-brow, dirty (of language) {3M}

يتلذذون بترديد الكلام البذيء أمام الفتيات. كان بذيء اللسان قوي الشخصية. ان الله يبغض الفاحش البذيء. انتشرت أغاني العشاق التي كان يكتبها شعراء العصر، وبعضها بذيء. قررت مقاطعة فيلم «جي. آي. جين» احتجاجاً على الكلام البذيء الذي تتفوه به البطلة في سياق الحوارات.

مُنْحَطّ
low-grade, inferior; vile {2W}

شدّد على ضرورة تصدي الشعوب المسلمة للتصرفات الحمقاء المنحطة. نتانياهو سياسي منحط. انه من نمط منحط ووضيع لا معنى لحياته. صار من اللازم وصف روجيه غارودي بأنه شخص منحط. يزعم أن هناك جنس ممتاز وجنس منحط.

حَقير
vile, despicable; lowly {2W}

المقصود بالكلب هنا هو الحقير الذي لا قيمة له. هو ارهابي حقير لا يفوّت فرصة للقتل. عاش في كوخ خشبي حقير حوالى ربع قرن. وصفت وزيرة الخارجية الاميركية تصرف «طالبان» مع النساء بأنه «حقير». نعرب لكم عن تضامننا الكامل معكم وتنديدنا بهذه المارسات الحقيرة والدنيئة التي لا يمكن ان تصدر الا عن نفوس مريضة.

خَسيس
vile, despicable {2M}
pl: أَخِسَّاء

قد اجمع المؤرخون على انه كان خسيس الطباع طماعاً. الرئيس يدين هذا العمل الخسيس الذي يهدف الى زيادة صعوبة التوصل الى اتفاق. وزير الاوقاف وصف الاعتداء بأنه محاولة خسيسة لزعزعة الاستقرار. كيف يمكن دولة «محترمة» ان تلجأ الى ممارسات خسيسة؟

خَليع
lewd, depraved {3M}

لا يقرأون – اذا قرأوا – الا المقالة الخفيفة والقصة الخليعة والنكتة المضحكة. تركت في الشرفة ضحكة خليعة. إذا أبصرت فتاة خليعة اخترقت سهام عيونها قلبي. الرقصات تحوي نسبة كبيرة من العري والحركات الخليعة.

داعِر
depraved, immoral {2M}

تدين توزيع المواد الفاحشة او الداعرة القذرة على الاطفال والاحداث. ينظر إليه على أنه شخص داعر، إنه خارج الواقع وإن كان امتدادا له. حزب المحافظين أعطاني خيارا بين سكير وداعر، وهو ما لم يحصل في أي انتخابات لبنانية. في إحدى الحانات يتعرف الشاعر على كارمن من خلال حوار بين رجل متقدم في السن وامرأته الداعرة.

دَنيء
low, contemptible, mean {2M}

من قتل نفساً هو مجرم دنيء، ولا يصح أن نصفه بـ «الإسلامية». الرجل الذي لا يكرم المرأة، ليس غير كائن حقير، مزهو بنفسه ودنيء. سرق فلوسهم بأسلوب دنيء. جددت طهران استنكارها الحادث ووصفته بأنه «عمل غير انساني ودنيء». فوجئنا في العاشر من هذا الشهر ببيان ثانٍ دنيء ككاتبه.

ذَليل
lowly, humble; despised {3W}
pl: أَذِلّاء

نسي أنها ليست الملكة وانما هي العبد الذليل للرجل والاولاد. المواطن المسكين يضطر للوقوف ذليلاً حتى يحصل على توقيع أو ورقة أو شهادة أو وثيقة. انا أخاف المرض، فهو قد يؤدي إلى الموت أو العجز، وقد يجعل الإنسان يعيش ذليلاً. دعا نوح عليه السلام ربه عز وجل، أن يجعل ذرية حام أذلاء وعبيدا لذرية سام.

سافِل
low, despicable; (pl) *scoundrels* {2M}
pl: سَفَلَة

أنت لا تشن حرباً على عدو لأنه سافل بل لأنه يشكل تهديداً. ارتكب تصرفات سافلة. هناك مجموعة دول تصفها واشنطن بالدول السافلة. لا يمكن أن يكون راهبا في قصائده.. سافلا في سلوكياته وتصرفاته. إنه سافل منحط متطرف عنصري بإجماع الآراء لا رأيي وحدي. حاول المجرمون السفلة المنحطون أن يعتدوا على حياته واخزاهم الله سبحانه. إنه شعب وضع قدره بين أيدي سفلة.

ساقِط
low, fallen, base {2W}

تشكل الخطيئة الاصلية وطبيعة الانسان الساقطة المرتكزين الاساسيين للطهرانية المسيحية. كل من أراد التمرد عليهما ساقط. هي من جهة قومها «ساقطة» كونها ساكنت رجلا ابيض. هي لغة ساقطة لايلجأ إليها إلا العاجزون عن مقارعة الحجة بالحجة. رفض كل ماهو دنيء وساقط ومبتذل، كجرائم الحرب.

فاجِر
morally depraved, immoral {2M}

هذا الفاجر الداعر ينتمي الى ائتلاف يقول انه يريد تغيير الاتفاقات ويدمّر السلام. رسالة سبكتر كلها من هذا النوع الفاجر الذي لا يخرج عن أي وقاحة للتغطية على جرائم اسرائيل. لا بد للناس من أمير، بر أو فاجر. انها بسيطة ومعقدة في آن واحد، محتشمة وفاجرة، رومانسية ووقحة.

فاسِق
debauched, immoral {2M}

امتنا تدفع الثمن الباهظ بسبب طغيان هذه الاقلية الفاسقة. يصوّر كنيدي رجلاً فاسقاً مستهترا. «الجماعة المسلحة»، في رأيه، تجوز ولو كانت تحت راية امير فاسق. طرد ابن أخيه الفاسق من البيت. ستة ملايين عراقي هربوا من نظامه الجلاد ورعونته الفاسقة.

نَذْل
low, vile; scoundrel {2M}
pl: أَنْذال

هذا العمل فردي ارتكبه نذل. كان يتصل بي، أو بصديقه حسام، شاكياً من هذا «النذل» الذي يدق عليه الباب ويختفي. انت مجرد نذل. اقسم لك اني لست نذلا.

وَضيع
lowly, humble; despicable {3W}
pl: وُضَعاء

أدرك أن علي يوسف من أصل وضيع. لنبدأ بهذا المثل الحقير الوضيع الذي يقول إن كان لك عند الكلب حاجة قل له يا سيدي. انت مجرد نذل، تافه، غبي، لص، وضيع.

واطي
low, soft; low (standards) {1M} (Coll)

تحدث عن التكنولوجيا العالية في اسرائيل والتكنولوجيا الواطية (هل يقصد المنحطة؟) في البلدان العربية.

وَغْد
scoundrel {3M}
pl: أَوْغاد

كلنا يعرف أمثال هذا الحاقد الوغد الارهابي القاتل. سرّي انني وغد كبير. يأمرهم «ان يدربوا ابناءهم على الفتوّة حتى لا تهن قوتهم يوما فيتسلط عليهم وغد أو مغامر». لا تنتظر بعد عمل شاق طوال أربعين سنة ان تجد عصابة من النصابين والأوغاد وتجار الأسلحة يشتمونك. بعض الاوغاد يضربون كلباً حتى الموت. قام خمسة أوغاد أوباش منهم ثلاثة أخوة باختطاف سيدة – طردها زوجها.

حقيقة

truth

see إخلاص

حَقّ
truth; [right] {2D}
pl: حُقوق

نتحدث في هذا المؤتمر لنقول كلمة الحق. أكثرهم يقولون الحق ويفعلون الباطل. الحق أن دور مصر في مجال تجديد رسالة اللغة العربية في المجتمعات الاسلامية هو من الأهمية بمكان. أقسم بالله العظيم أن أقول الحق، كل الحق، ولا شيء غير الحق.

حَقيقة
truth; fact {2D}
pl: حَقائِق

قال لهم انه على استعداد للتحقيق معه والاجابة عن أي سؤال من اجل الحقيقة والعدل. ان احترام الحق والحقيقة يقتضي من كاتب المقال ان يحترم عقول الناس ولا يغمض عينيه. يشير شارون الى حقيقة خطر الوجود العربي في اسرائيل. في الحقيقة درجة حرارته هي مئة ودرجتان وأربعة اعشار. اما المساواة فتكمن في حقيقة ان الناس متساوون امام الله.

صِحَّة
*truthfulness, veracity; [*see صِحّة*; health]* {2D}

ان الموالين اخذوا يعتبرون انها دليل الى صحة وجهة نظرهم. شكك الباحث في صحة الروايات التي تتحدث عن وجود الوأد عند العرب. لا صحة اطلاقا لهذه الادعاءات. كل ما قيل لا اساس له من الصحة. لكن ناطقا باسم وزارة الدفاع في كينشاسا نفى صحة النبأ.

صِدْق
honesty, truthfulness {2D}

وجدنا – عملياً – ان الصدق صعب في دنيا السياسة. هذا الادعاء يحتاج الى تفصيل، ليعلم حلاله من حرامه، وصدقه من كذبه. الصدق ليس مطلوبا في كل الاحوال. اتسم الحديث بالصدق والمسؤولية والجدية. حددت مسؤوليات العرب والاسرائيليين بوضوح وصدق ونزاهة.

صَواب
truth; right, correctness {3D}

إن أصدق من ذلك وأقرب الى الصواب فيه... أن تقول انك أنت ملك هذه الأرض. يغضبهم رأي جديد يختلف مع ما قرروا مسبقا أنه الرأي الصواب. يمكنه التمييز بين الخطأ والصواب. كان واثقا من صواب قلبه.

---

real — حقيقي

حَقيقي
real, true, actual {2D}

من الواجب العمل على زيادة ميزانية المنظمة لتستطيع مواكبة الاحتياجات الحقيقية. الاهمية الحقيقية لظاهرة الاميرة ديانا هي انها يجب ان تلفت نظرنا الى ما ينتظرنا في المستقبل. ما هي الاسباب الحقيقية وراء خسارتكم امام المكسيك؟ للحظات ظن المتفرجون ان المشهد حقيقي. لنستمع الى صوت المرأة الحقيقي، والمرأة العاملة بالذات. ما هو السبب الحقيقي لهذه الضجة.

فِعْلي
actual, real {2D}

أكد رداً على «الصقور» في حكومته ان «الانسحاب الفعلي يقتصر على ٢ في المئة من الأراضي.» الفرق بينهما ان الديموقراطية الشكلية تبيح الكلام وتحرّم التغيير، بينما الديموقراطية الفعلية تبيح الكلام والتغيير معاً. أصبحت السلطة الدستورية في جانب وأدوات السلطة الفعلية في الجانب الآخر.

واقِعي
actual, real {2D}

الحقائق الواقعية تؤكد ان العراق لم يحرك او يعزز قواته العسكرية. يعد نيرودا واحداً من مؤسسي الأدب الواقعي التشيخي. هذا كلام غير صحيح من الناحية الواقعية. كيف تجيز الدولة ان تنفق اكثر من امكاناتها الواقعية وان تدخل الناس في هذه الضائقة كالحرمان والجوع؟ هذا وهم ليس له وجود واقعي.

---

to deserve — استحقّ

اِسْتَأْهَلَ
to be worthy of, deserve sth {2W}

لا يستأهل المصير الذي حل به. كلامه لا يحرز ولا يستأهل رداً ونحن لا ننزل الى هذا المستوى من الاسفاف. ليس في الحياة بكل اغراءاتها ما يستأهل ان نحجب من أجله الصفاء والصدق.

جَدُرَ
to be worth (doing-VN subject) *or* بـ/ أَنْ *doing or* بـ *for sb* أَنْ *to do* {3D}
يَجْدُرُ VN: جَدارَة

يجدر بالذكر هنا ان جزءا من هذه الصادرات لم يذهب الى السوق اللبنانية بل الى الأسواق العربية. يجدر الانتباه هنا الى البعد الواقعي في هذا المقطع من الرواية. هناك احصاءات عدة يجدر بنا ان نشير اليها. أفلا يجدر إذن بالشاعر ان يكون أخا وصديقا للمهندس؟

اِسْتَحَقَّ
to deserve sth; to be worth, be worthy of {2D}

قالوا ان نتانياهو لا يستحق احترامهم. هذا لا يستحق اهتمام واشنطن. لم يكن هناك ما يستحق الذكر في الشوط الاول سوى الهدف الذي سجله خالد قهوجي. بعد بضع سنوات سيفرج عنه بحجة حسن سلوكه بينما هو يستحق الموت. هو استحق لقب «شاعر العرب الاكبر» كما قيل فيه.

اِسْتَوْجَبَ
to deserve, be worthy of; to require sth {2D}

ان الوضع العام القائم في المنطقة يستوجب يقظة كبيرة. أي تهيئة لحرب هجومية عمل مناقض للدستور ويستوجب العقاب. هذا الرأي يستوجب التوقف عنده وقراءته. النتائج الاخيرة السيئة للفريق استوجبت تجميد جميع مكافآت اللاعبين.

مستحقّ worthy; deserved

أَهْل
qualified, fit, deserving ل *of* (sing & pl); *[family]* {3M}

انتم لستم أهلاً لحراسة هذه المقدسات. قال انه وجه برقية تهنئة الى الرئيس المنتخب واعتبر ان حصوله على عشرين مليون صوت هو «دليل على ان السيد خاتمي أهل لأن يكون رئيسا ناجحا». زاد انه يريد ان يبقى عرفات «مسؤولا وقويا ومستقيما وأهلا للقيادة». أنتم إن شاء الله أهل لهذه الأمانة. اثبت انه ليس أهلا للثقة او الاحترام.

جَدير
deserving of, worth ب *sth* {3D}

انها مسألة جديرة بالاهتمام. الجدير بالذكر أنه يوجد لدى شركة «ماكدونالدز» ما يزيد على ٢١ ألف مطعم في ١٠١ بلد عالمي. ان ما يفعله المواطنون، بأيديهم، من دون تدخل الدولة هو الجدير بالاعجاب والتقدير. اختارت شخصية عامة جديرة بمثل هذه الجائزة.

مُسْتَحِقّ
worthy, deserved; just; due (of loans) {2D}

قاد موكارزي الاجنبي فريقه البريمي الى فوز مستحق على جعلان بهدفين. حصل المهاجم الصيني هاوهاوي دونغ على ضربة جزاء مستحقة. اجمعت على ان الفوز كان مستحقا. قررت اسرائيل الافراج عن ثلث الاموال المستحقة للسلطة الفلسطينية. تقدّر ديون الاردن المستحقة الآن بنحو ٦,٣ بليون دولار.

حاكم governor

see مالك، ملك، كاهن، شيخ، رئيس، وجيه

حاكِم
governor, ruler {2D}
pl: حُكّام

الجيش هو الحاكم الحقيقي لباكستان. جوزيف ستالين لا مثيل له بين الجبابرة من حكام العالم. كان الرئيس كارتر حاكماً لولاية جورجيا. قابل ٢٢ من حكام الولايات.

مُخْتار
mayor, village chief {2W}
pl: مَخاتير

لم ينفرد المختار في معارضة المدرسة، فقد شاركه الاهالي موقفه. شملت الاغتيالات من قتل مخاتير القرى الى وزراء الدولة. حرصوا على تأكيد «حقنا في المشاركة بانتخابات البلديات والمخاتير». رفض تعيين رؤساء البلديات والمخاتير كمبدأ عام.

عَميد
official, dean, head {2D}
pl: عُمَداء

هو عميد الكلية واستاذها الاول. التقى مع عميد السفراء العرب مندوب اليمن السفير عبدالله الأشطل. عميد كلية الزراعة. عميد المعهد العالي للسينما. اتهم الشيخ دليل ابو بكر عميد مسجد باريس السلطات الفرنسية بتجاهل المسجد والديانة الاسلامية.

عُمْدَة
mayor, village chief; [support] {2D}
pl: عُمَد

قرار انتخاب عمدة بطرسبورج قد أتخذ في مجلس الدوما المحلي في أكتوبر. ايهود اولمرت عمدة القدس وأقوى المرشحين لزعامة الليكود. كان يشغل منصب عمدة باريس. يقول عمدة المدينة إن أهم عمل تقوم به البلدية هو الحفاظ على الطابع المعماري للمدينة.

نَقيب
(union) *leader; [military rank (captain or lieutenant)]* {2D}
pl: نُقَباء

نقيب اصحاب الفنادق. نقيب الاطباء. نقيب المحامين. نقيب المهندسين. أولويات النقيب في المرحلة القادمة هي اقامة مبنى النقابة.

والٍ

governor, ruler {3W}
pl: وُلاة

كان جمال باشا هو والي فلسطين في الحرب العالمية الأولى. والي مصر محمد علي. امر والي القاهرة بالقبض عليها. حاول والي المدينة عثمان بن حيان المري تحريم الغناء. هذه الدورة ترأسها والي بنك المغرب محمد السقاط الذي انتخب رئيسا لها. طالبوا بالاسراع في اجراءات انتخاب ولاة الولايات الغربية.

---

to tell

حكى

see تكلّم

حَكَى

to tell, narrate sth or أَنَّ *that; to speak* {2D}
VN: حَكْي، حِكايَة يَحْكي

يحكي الفيلم قصة حرب فلسطين وخيبة «جيش الإنقاذ» فيها. في هذه الاثناء، حكى ان فلاحاً باع بسبب الفقر صوته الجميل الى ساحر مقابل قطعة من الذهب. اريد ان اؤلف كتابا احكي فيه قصتي كإنسان عربي فلسطيني رُبَّمَا كما لو كان يهوديا. لا يحق لك ان تحكي هذا الكلام الذي قلته عني. حكيت له ان محمد ذهب الى خالته يبيع لها بطة. علّمت ابنك ان يحكي.

رَوَى

to tell, narrate sth, give an account of sth {2D}
VN: رِوايَة يَرْوِي

يروي الدباغ هذه الحكاية ضاحكاً. يروي الفيلم قصة رجل اعمال اميركي تتقاذفه البيروقراطية الصينية. يبلغ البرنامج احدى عشرة حلقة تروي الكثير عن النجوم الذين احيوا المهرجان. في الكتاب يروي القصة الحقيقية لمعهد شملان في لبنان. هذا ما رواه أحد السكان الذي شدد على عدم ذكر اسمه.

قَصّ

*to relate, tell sth (*على *to sb); [*see قطع*; to cut]* {3W}
VN: قَصَص يَقُصُّ

قص الأخبار من وجهة نظر قبيلته. يقص حكاية طبيب من المدينة ينطلق في مهمة. هناك المزيد مما يمكن ان أرويه من قصتها، أطول مما يمكن ان يقص هنا لكنه رومانتيكي جدا. سألناه أن يقص علينا بعض الحكايات الطريفة التي جرت له في السجن. يقص قصة الشمس كيف تشرق ولماذا تغيب.

---

shop

محلّ

بِقالَة

groceries {2W}
grocery store مَحَلّ بقالة

افتتح محل بقالة في احدى ضواحي لندن. سلطات الأمن اعتقلت المواطن السعودي اثناء وجوده في احد محلات البقالة في العاصمة.

بَقّالَة

grocery store {2W}

قوات الأمن تمكنت من القاء القبض على المجموعة التي اشعلت النار في البقّالة المذكورة بعد ساعات قليلة من وقوع الحادث.

مَتْجَر

shop, store {3D}
pl: مَتاجِر

تتهمه السلطات بارتكاب عملية سطو على متجر وقتل صاحبه. المتاجر أغلقت أبوابها والأسواق بلا زبائن. أغلق التجار متاجرهم. هذه المتاجر تتوافر فيها مواد التموين. لورد ساينسبوري هو صاحب سلسلة متاجر السوبر ماركت الشهيرة جدا باسمه.

مَحَلّ

*store; [*see مكان*; place, location]* {2D}
pl: مَحَلّات

يشترك الشقيقان في محل لبيع الحلي والمجوهرات. دخلت احد محلات بيع ملابس الاطفال لاشتري لابنتي جاكيت. اعترف المتهم في التحقيقات انه شارك في السطو على احد محلات بيع الذهب في منطقة عين شمس.

حانوت
shop (esp. small) {3W}
pl: حَوانيت

افتتح حانوتاً لبيع الاسماك. هو صاحب حانوت لتصوير المستندات. تشتمل السوق على حوانيت للخياطين وامثالهم. فرض رسوماً فلكية على المتاجر والحوانيت والأراضي. الشوارع الضيقة مكتظة بالباعة وحوانيت الثياب والأقشمة.

مَخْزَن
(department) *store, mall; [*see مخزن; *warehouse]* {2D}
pl: مَخازِن

تم افتتاح مخزن جديد لبيع الملابس في وَسَط المدينة. سيفتح مطعم ماكدونالدز في المخازن الكبرى في الخبر. يجلب هؤلاء الزوار معهم كميات كبيرة من المال وينفقونها في المخازن والمطاعم. تملك سلسلة مخازن لبيع الاغذية والملبوسات والمفروشات.

دُكّان
shop, store {2W}
pl: دَكاكين

هو صاحب دكان صغير يبيع السجاير والمرطبات. فتح دكانا لبيع النظارات. إن ما يهمه هو توفير الأمن داخل دكانه الصغير. هذه المعاهد هي معاهد حقيقية او انها مجرد دكاكين للكسب؟ كان حول المقهى دكاكين مفتوحة بالليل والنهار تبيع الفطير والكباب.

سوبِرْماركَت
supermarket {1-2W}

كان يشتري الخبز من السوبر ماركت. هو موجود في بعض محال السوبر ماركت الكبيرة. لا تباع في السوبر ماركت. خلت المحلات والسوبر ماركت من المشترين.

---

dream حلم

حُلْم
dream {2W}
pl: أَحْلام

حلم في الليل حلما مزعجا. فكر قبل كل شيء في أحلامك التي جاءتك في نومك. يبدو أن حلم المرأة في الحصول على مطبخ ذكي أصبح وشيك التحقق. طبعا هذه الهلاوس تبدو كحلم ليلة صيف من الصعب جدا تحقيقه. اين انتهى الحلم الفلسطيني؟ ان الحلم الافريقي يجب ان يستمر. إذا كانت الحياة نوما طويلا، فالحب أحلامها الوردية.

كابوس
nightmare; phantom {2W}
pl: كَوابيس

تبدل حلم العودة إلى كابوس مفزع. الأحلام سرعان ما تتحول إلى كوابيس. كنت أصحو ليلا على كابوس. «الطفل المعجزة» تحول إلى «الرجل الكابوس».

---

pregnant حامل

حامِل
pregnant (fem)*; [carrying]* {2W}

أخبرني الزوج مرة ان امرأته اصبحت حاملاً. اذا كانت المرأة حاملاً أو ولدت منذ عهد قريب فعليها تجنب لمس الأطفال الآخرين. دلفت المرأة الحامل الى غرفتها، لتجد اختيها اللتين بقيتا الليلة في بغداد.

حُبْلَى
*pregnant (*ب *with)* {2W}
pl: حَبالى

كانت امه حبلى به عندما هجرت زوجها. نساء البيت يحتمين في الطابق الاعلى، فاطمة وزوجة اخيها كامل الحبلى وابنها محمد. هل يا ترى يفلح اللاعبون الجدد في تحقيق مآربهم والأيام حبلى بكل جديد؟ ان منطقتنا لا تزال حبلى بما لا يستطيع احد التكهن به نتيجة مثل هذه التعقيدات. ان ايران اصبحت حبلى بكل عوامل الثورة.

حمى to defend, protect

حَرَسَ
to guard sth {2D}
VN: حِراسَة، حَرْس يَحْرُسُ

انها أرض تحرسها الجان. لقد مارست دور الحراسة وحرست اهلها وقبيلتها. في اليوم التالي خرجت جماعات الفتوة تحرس البلاد وتشرف على نظام منع التجول ليلا واطفاء الأنوار. مواطنون من الحرس البلدي والدفاع الذاتي يحرسون القرية. سيحفظك الله ويحرسك من أجلنا ومن أجل مصر. سيحرس المرمى انجيلو بيروتزي وسيقود الدفاع شيرو فيرارا وباولو مالديني.

حَمَى
to defend, protect sth {2D}
VN: حِمايَة يَحْمي

نظام الدفاع الساحلي يشمل صواريخ ومدفعية مما يؤمن الشواطئ ويحمي الحدود. يسعون الى استصدار تشريعات جديدة تحمي الاطفال. يبدو ان الجيش الفاطمي الذي كان يحمي المدينة بقي سالما. تحدث عن قانون يحمي الحريات وخصوصا منها الصحافية.

دافَعَ
to defend عن *sb/sth* {2D}

سوف يدافع الألبان عن أراضيهم حتى الموت. دافع بنك التنمية الدولي عن نفسه أمام اتهامات الدول الغربية. دافع المتحدث بشدة عن سياسة موسكو في الشيشان. دافعت الشعوب العربية عن نفسها طوال عشرات السنين ضد الاستعمار الأوروبي. الفريق يجب أن يدافع عن سمعته كبطل إفريقيا. يدافع عن نفسه أمام المحكمة. هيا نرفع أصواتنا وندافع عن حقوقنا.

وَقى
to protect, defend sb against or من *against* {3W}
VN: وِقايَة، وَقْي يَقي

مرتب الصحفي ليس كافيا لحياة كريمة تقيه الاحتياج. لم تغط عرباتها وقطاراتها بما يقي الناس الشمس صيفا والبرد شتاء. الثوم يوميا يقي الإنسان عجز الذاكرة وضعف التفكير. ندعو لهم أن يقيهم الله عواقب ذلك النجاح. هذا التطعيم يقي الأطفال من مضاعفات الحصبة.

حوض basin

see بحر، ينبوع

حَمّام
pool; tub; [(public) *bath; bathroom]* {2D}

انه على شاطئ البحر ويتصل بحمام سباحة للاطفال. يتوافر لكل فيلا حمام سباحة خاص ومساحات خضراء كبيرة وتكييف مركزي.

حَوْض
basin (river drainage), *reservoir, pool* {2D}
pl: أَحْواض

تتألف هذه المدرسة من صحن مكشوف فيه حوض ماء. الطفل استيقظ أثناء نوم والديه وحاول اللعب في حوض الحمام. استراليا بطلة العالم لسباحة الحوض الصغير. يقول سكان حوض الفرات انهم من قبائل عربية صرفة. يرتفع الطلب من شتى دول حوض المحيط الهادئ. دول حوض النيل تبحث قريباً في آلية لإدارة مياه النهر. يجب تشكيل جهاز رقابة واشراف متبادل للحفاظ على مصادر المياه الإسرائيلية التي تنبع من الأحواض الجوفية الموجودة في الضفة الغربية.

صِهْريج
cistern, water tank; oil tank; [oil tanker] {2M}
pl: صَهاريج

والمسجد له ٣ أبواب مزخرفة وبه صهريج أثري لحفظ المياه. تمت إقامة صهريج لتخزين وقود الطائرات لتغطية احتياجات مطار الأقصر. وضعت الحكومة الجديدة خطة بزيادة عدد الصهاريج العاملة وتوزيعها بشكل يضمن سهولة توزيع المياه وايصالها للمواطنين.

طِسْت
tub, basin {2M}
pl: طُسوت

احضروا الاباريق النحاسية اللامعة وصبوا لنا الماء على طسوت نحاسية محمرة وواسعة. ما أكثر ما يصنع هناك من طسوت النحاس وأباريقه التي تبدو كأنها من الذهب.

طِشْت
tub, basin {2M}
pl: طُشوت

الديكورات بسيطة للغاية عبارة عن طشت وترابيزة تتحرك لتكون أكثر من ديكور. أستاذنا العظيم سقراط كانت زوجته تلقي طشت الغسيل في دماغه، ثم تخلع له نعليه وجوربيه، وتضع قدميه في الطشت الساخن، وتمسدهما بيديها، هادئة وطيبة الخاطر. وضعوا له الماء بالسكر في الطشوت، وتركوه يمتص رحيق السكر.

قَصْعَة
large bowl, basin {2M}
pl: قَصَعات، قِصَع

على ناصيته مقهى وقف صاحبه يراعي النار المشتعلة في قصعة كبيرة. أكل من دون جوع، من قبيل الواجب، من قصعة الطعام التي يتقاسمها مع الجندي «برونيل» ومع جنديين آخرين. كان يدلل قصعته ويسميها «الغرّاء»، وكان يسمي مرآته «المُدِلّة».

حاول
to try
see حارب، جرّب

بَذَلَ
to make, exert (an effort) {3D}
VN: بَذْل يَبْذِلُ

بذل مزيدا من الجهد للحيلولة دون استئناف الحرب في البوسنة. قال ان بلاده تبذل مساعي سياسية وديبلوماسية لاستئناف المفاوضات السورية – الاسرائيلية. على رغم الصعوبات في الاقتصاد الياباني، علينا ان نبذل جهودا اكبر. مقابل ذلك سيتوجب على عرفات ان يبذل «جهودا منظمة لقمع الارهاب». لم نبذل جهدا لاقامة علاقات تجارية.

جاهَدَ
*to struggle, strive (*من أجل / في سبيل / ل *for or* ضدّ *against)* {2W}

أضاف ان الاتفاق الذي جاهدنا من اجله كان ضرورة ملحة لمنع مثل هذه الحوادث. يراقصها، ويجاهد في سبيل جرها الى ركن مُنْزَوٍ. انا أجاهد ضد الصعوبات المنهجية والعملية لهذه المهمة الصعبة التي أخذتها على عاتقي. سنظل نجاهد حتى تنالوا حريتكم. يجاهد من أجل تحقيق حلمه. يجاهد من اجل نيل الحرية للوطن. انه قد ناضل وجاهد في سبيل إعلاء كلمة الله.

اِجْتَهَدَ
*to strive, make an effort (*في *for sth or* أنْ *to do sth)* {2W}

التلميذ اجتهد على نفسه وقرأ كتب الأشعري والغزالي. اجتهدنا في البحث عن تفسير لذلك. قد اجتهدنا خلال سنين طويلة في البحث عن نسخة مخطوطة اخرى له. لابد أن يجتهد الصائم في اجتناب المحظورات وأن يجتهد في الابتعاد عن الوقوع في الماضي. سوف اجتهد ألا أنظر الى الخلف. مصر اجتهدت وحررت سيناء التي هي أرض عربية.

حاوَلَ
to try VN/ أنْ *to do sth* {2D}

الحكومات العربية تحاول احتواء هذه الأجواء المتوترة والحد من تفاعلاتها السياسية. يجب ان لا يفاجئكم او يفاجئ احدا اننا نحاول اعادة المفاوضات السورية – الاسرائيلية الى مسارها. كانوا يحاولون ان يقطعوا الطريق الوحيد الذي يؤدي الى النبطية. يحاول ان يصف الشعوب العربية كلها بالنعوت السلبية. يحاول ان يخضع البلاد لمقتضياته.

سَعَى
to strive ل/ إلى/ وراء *for* {2D}
VN: سَعْي يَسْعَى

تسعى وزارة السياحة الى تأسيس صندوق للترويج السياحي. لا أطلب السرعة والفاعلية بل أسعى وراء الشعور الودي. اننا ايضا اصحاب مطالب مشروعة نسعى لتحقيقها. يسعى للحصول على نظارة شمس عملية. سأسعى إلى الفوز بكأس العالم للمرة الخامسة. العالم كله يعرف ان هذه الحرب فُرضت علينا، ولم نسع اليها. كنا نسعى للفوز ونريده، لكننا لم نتمكن من تحقيقه. أنا لا أسعى الى تقديم عمل فني يقوم على الضحكة فقط.

تَفَرَّغَ
to devote oneself ل *to; [to be free, unoccupied]* {2W}

تركت دراستها مفضلة ان تتفرغ لتنمية هذه الموهبة بالاعتماد على النفس. قررت ان أتفرغ لدراسة اللغة العربية فقط. يتفرغ لكتابة عمله الأدبي الجديد. تفرغت بغداد لممارسة دور اكثر قوة.

اِسْتَماتَ
to risk death, exert oneself to the utmost في *for* {2M}
(Eg) {1M} : اِسْتَمْوِت

كانوا يستميتون في الدفاع عن امتيازاتهم ومصالحهم. لا عجب أن يستميت أصحابها في الدفاع عن طريقتهم. استمات الشعلاويون في الدفاع عن هدفهم حتى آخر المباراة.

تَوَفَّرَ
to go to great lengths على *for; [to be abundant; to be provided* {2D}*]* {3M}

يتوفر على ترجمة لكتاب دي بوفوار الشهير. الفقيه الذي لا يتوفر على اكتشاف الملاك ومعرفته ليس فقيها من وجهة نظر العقلاء. المركز يتوفر على تقديم رؤية شاملة لما حققناه.

حالي present, current

جارٍ
present, current; [running; flowing] {2D}

سيعقد مؤتمره السنوي الثاني في ٢٦ و٢٧ نيسان (ابريل) الجاري. يتابعون بأسى عدم قدرتها على التأثير على مجرى الاحداث الجارية. جرت المحادثات في مطلع الاسبوع الجاري. يزداد العدد الى ٥٣ قبل نهاية العام الجاري. تستمر فترة المهرجان شهرا وتنتهي في ٦٢ من الشهر الجاري.

حاضِر
*present; [*see مستعدّ*; prepared;* (adv) *at your service]* {1M}*]* {2D}

الحالة الحاضرة غير طبيعية. بين الأمس والحاضر. العلوم التجريبية شهدت تطورا هائلا في العصر الحاضر. ما زلنا نقف بين الماضي والحاضر والتراث والمعاصرة. إلغاء قانون الوكالات التجارية في الوقت الحاضر من شأنه أن يلحق أضرارًا كثيرة بالتجارة.

حالِيّ
current, present {2D}

الازمة الحالية في الصومال دخلت في مرحلة متطورة. ومن المقرر ان يعرض الفيلم في اواخر العام الحالي. ماذا سيفعل جون قرنق بعد سقوط النظام الحالي؟ الوزارة لا تخطط في الوقت الحالي لرفع اسعار المشتقات النفطية. لا نخطّط في الوقت الحالي الجراء أي تغيير.

راهِن
current, actual {2D}

شرحَ دنيس روس «فلسفة» السياسة الاميركية الراهنة في المنطقة. ارسل مبعوثا لمناقشة سبل «ايجاد منفذ للخروج من الازمة الراهنة». من المهم ايضا في المرحلة الراهنة الوصول الى اتفاق شامل. الوضع الراهن في الشرق الاوسط وصل الى حال من الجمود.

محتوى contents

see معنى

مُحْتَوَى
contents (of a book, container) {2D}
pl: مُحْتَوَيات

تغيير الاسم، بالطبع، لا يغير من المحتوى شيئا. يدل محتوى الاقتراحات على مدى الهوة بينها. له بيان واف بكل محتويات المكتبة بدقة شديدة. ان مجمل محتويات الكتاب ظهر في مجلات علمية. يشارك حاليا في تفريغ محتويات الصندوق الأسود.

مَضْمون
content; meaning; [guaranteed] {2D}
pl: مَضامين

تلقى رئيس الوزراء الأردني رسالة من ولي العهد الكويتي لم يعرف مضمونها. الغريب ان مستهلكي سيارات «كرايسلر» لا يهتمون، حسب احدى الدراسات، بمضمون الصحف التي تعلن فيها هذه الشركة. لم يوضح التلفزيون مضمون المحادثات. لم يشر الى مضمون الرسالة. بكين اطلعت على مضمون النص مع أنها لم تشارك في اعداده.

فَحْوَى
sense, tenor (of a letter, speech) {3W}

الشيخ صباح أطلع الوزراء على فحوى المحادثات التي اجراها مع القادة العرب. لم ينكر بيرنز فحوى المقال. لم توضح وكالة الأنباء التونسية فحوى الرسالة. كان فحوى قرارها هو انني استطيع ان انفي التهم الموجّهة اليّ. انتقد السفير البريطاني رد الفعل العراقي الرافض لفحوى هذا القرار. فحوى ذلك كله، ان الوضع العربي ليس ميؤوساً منه.

مَفاد
contents, substance {3D}

أرسل رسالة الى القاهرة مفادها ان موقفها من عملية السلام غير ايجابي. رفض اتهامات خارجية لهيئة القناة مفادها ان رسوم العبور مرتفعة. كان لديّ فكرة مفادها أن الليبرالية هي تاج التاريخ بالنسبة لفوكوياما. استندنا الى فكرة مفادها ان على البحرين واجب العمل وعليها بالتالي ان تنافس.

مادّة
*contents, basic meaning; [*see فقرة، عنصر، درس; *field of study; matter; paragraph]* {2M}
pl: مَوادّ

أعطى بذلك فكرة جيدة عن مادة الكتاب، سوى ان عنوانه يوحي بما هو أبعد من ذلك. مادة الكتاب سبق نشرها في الصفحة الاولى لجريدة «النهار». مادة الكتب الخمسة تعليقات سبق لمحفوظ ان نشرها في «الأهرام».

---

since — حيث أنّ

see ما دام

بِما أنّ
since, inasmuch as {3D}

بما أن السيارة وحدها لا تكفي لتنفيذ مختلف المهمات، لا بد من درّاجة ناريّة. بما ان الكتاب (باللغة الانكليزية) موجه الى القارئ الاجنبي، فان قسماً كبيراً من المعلومات الموجودة فيه معروف بشكل عام لدى القارئ العربي. وبما ان الخمرة ليست أقل ضرراً من التدخين، فانني انتظر من يبدأ الحملة عليها وأدعو لنجاحه. أعتقد أنها تستطيع أن تساهم في حل المشكلة بما أن لديها علاقات طيبة مع بعض أطراف النزاع.

حَيْث أنّ
since, because, for {3D}

أعطت الصحيفة مصر كمثال على ذلك حيث ان البيروقراطية والفساد اوقفا في الماضي كل النشاطات التي من شأنها جلب الارباح. سافروا في عربات تجرّها الخيل حيث أنّ السيارات لم تكن موجودة في ذلك الزمن. لم يستطع أن يشتري منزلا حيث أنه كان فقيرا جدا. حيث أن الفيلم صمم وكتب لفترة زمنية معينة (ساعتان) فلا بد أن يوجد كوحدة متكاملة كما أراد المخرج.

---

partiality, bias — انحياز

مُحاباة
partiality, favoritism {3W}

الموقف الأميركي كان وما يزال يتصف بالمحاباة والانحياز للجانب الاسرائيلي. لا نريد هذه المحاباة، وانما نريد الموقف العادل. حكم القانون يسري على الجميع دون محاباة. منع أي محاباة في توزيع التذاكر.

تَحَزُّب
partisanship, partiality {2M}

ورث الشيخ سيد عن استاذه الاول زكريا احمد تحزبه ضد عبدالوهاب، على رغم انه كان يحترمه احتراما شديدا. ظروف ومتطلبات العمل السياسي كانت تملي على المسؤولين التحزّب أو التحالف مع هذه الجهة أو تلك. دعا نحناح اعضاء مجلس شورى الحركة الذي اجتمع في مقرها الى عدم التحزب الديني.

تَحَيُّز

partiality, bias {2W}

تتهم الادارة بالتحيز لمصلحة وزير مرشح على قائمة حزب التجمع الوطني الديموقراطي. شن هجوما مضادا متهما الصحافة «بالتحيز لليسار». اصبحوا جزءا من المشكلة بتحيزهم الواضح لجانب أو ضد أحد الاحزاب. ليست هناك نية للتحيز ضد الهند. اتهم الحكم بالتحيز وبأنه تقاضى رشوة.

اِنْحِياز

partiality, bias {2D}

دُوَل عَدَم الانْحِياز non-aligned states

ان القرار يدل الى الانحياز الامريكي الكامل الى الكيان الصهيوني. البابا شنودة يتهم الكونغرس بالانحياز ضد مصر. هذا يحتاج الى نظرة موضوعية بدون انحياز أو «تعصيب». المعارضة تنتقد انحياز الجيش لشافيز. تفتتح غدا قمة دول عدم الانحياز.

مُمالَأَة

partiality, favoritism {3M}

اتهموا الرجل بممالأة الصهيونية. ساد لأمد طويل رأي مفاده ان الموقف من إسرائيل كان «بدعة سوفياتية» ينبغي التخلص منها والكف عن «ممالأة» العرب. اكد روميلارت ان «التدهور على صعيد مسيرة السلام ينبغي الا يكون مبررا لأي ممالأة حيال الارهاب». لم يبلغ الشرطة ممالأة منه للمتهمين.

---

greeting

تحيّة

تَحِيَّة

greeting {2D}

تحية طيبة وبعد. وجه جمال أبو الحسن تحية موسيقية الى الغائب. وجه المؤتمر تحية تقدير الى الشعب الفلسطيني. نرفع قبعتنا (الرمزية) تحية للسيدة نوريت بيلي. ان اي تحية سنردّ عليها بأحسن منها. رفض محادثتها أو تبادل التحية معها في احدى المناسبات العامة.

تَرْحاب

welcome; greeting {3W}

الترحاب ينسال من الأفواه انسيالاً، والدفء على الوجوه. استقبلت استقبال الفاتحين بالزهور والترحاب.

سَلام

*greeting; [*see سلام; *peace]* {2D}

رَدَّ السلام to return the greeting

ردّوا السلام. سلّم عليها وهو سكران ولم ترد السلام. لا يتوقف عن ردّ السلام على عبور يعرفونه، واصحاب محال يحيّونه.

to inform

أخبر

أَبْلَغَ

to inform sb or إلى *sb* أَنَّ *that* {3D}

أبلغ اندرسون شبكة «سي بي اس» أن سيارة ديانا غابت عن عينيه بضع دقائق ثم سمع صوت تحطم هائل. أبلغ وكالة «انسا» الايطالية انه لم يشعر لحظة بالخوف. الشخص أبلغ الى الشرطة انه لا يعرف شيئاً عن الحادث. أبلغهم ان ادارة السجن شددت في الأيام القليلة الماضية الاجراءات العقابية. رئيس البلدية أبلغه انه لم يقل ذلك ولم يتحدث به.

أَخْبَرَ

to inform, tell sb sth or عن/ ب *of sth or* أَنَّ *that* {3D}

اخبرها الطبيب بخطورة مرضها. اخبر الوزير الصحافيين ان مشكلة البطالة في عمان ليست كبيرة. أخبر الشيخ سعد مواطنيه بأنه في صحة جيدة وانه سيواصل عمله. اخبريني الحقيقة وراء تصرفاتك هذه. اريد أن أخبرك عن نفسي. راح يخبرني ان هناك مطعما جيدا، يقدّم مشويات طازجة، قريباً من مكان جلوسي.

ذَكَّرَ

to remind sb ب *of sth* {2D}

ذكّرني بديوني القديمة. كل ما في الربيع يذكّرني بك. خطابه السياسي خلال الحملة الانتخابية ذكّره بخطاب الحزب الاشتراكي اليمني. قبل الإجابة أذكّرهم بنقاط عدة يجب أخذها في الاعتبار. بذل أقصى جهده في تذكير قومه بنعم الله عليهم.

آذَنَ

to announce ب *sth; to herald, be about to* {3W}

الحادثة نبّهت على علاقات المافيا السياسية وآذنت بابتداء التنسيق بين رؤساء العائلات. كانت شمس الاتحاد السوفياتي قد آذنت بالمغيب. هو الفيلم الذي آذن بعصر جديد من السينما الناطقة. لقد خافت من الثلج واعتقدت ان نهاية العالم آذنت في الحصول.

أَطْلَعَ

to inform sb على *about* {3D}

أطلعنا الوزير على السلبيات الناتجة عن موقف رئيس الحكومة. لن أطلعكم على ما يعنيه الحرف «ج». عرض معهما التطورات العامة وأطلعهما على نتائج رحلته التي شملت روسيا وكندا وفرنسا. أطلعهم على الجهود التي بذلتها الحكومة لاطلاقهم.

عَرَّفَ

to inform sb ب *of sth; to introduce sb* إلى *to* {2W}

كان يكتب عنه ويعرّف الآخرين بأهميته. هو مكلف شرعاً وقانوناً بأن يعرّف الناس بالاحكام الدينية في كل الميادين. عرّفته الى قطع موسيقية لم يكن يعرفها.

أَعْلَمَ

to inform sb ب *of sth* {3D}

الجيش أعلمه الثلاثاء الماضي برفض مشاركته في الخدمة العسكرية. أعلمت الولايات المتحدة مجلس الأمن أول من أمس بالاتفاق الاسرائيلي – الفلسطيني على الخليل. أعلمه صاحب الجلالة الملك فيصل بكل ما جرى. من أعلمك بوجود مثل هذه الوثيقة؟

فَكَّرَ

to remind sb to do sth or ب *of sth; [to think* في *about]* {1M} (Eg)

فكرني أتصل بيه بكره. هي بتفكرني بأختي سميرة. البناية بتفكرني بالمدرسة الابتدائية اللي درست فيها. احنا دلوقتي في فورت إدمنتون بارك وهي مكان جميل بيفكرني بالأيام القديمة. الاستفتاء ده بيفكرني بمايو ٩٩.

أَنْبَأَ

to inform sb ب *of sth, to reveal* عن/ب *sth* {3W}

انبأت امها بعد خروج الجارات وبنبرة حيادية بأنها لم تعد تسمع أصواتاً في الليل. كثير منهم تنبئ اسماؤهم عن انتمائهم الديني. واقع الحال ينبئ بغير ذلك. الحمد لله أرى في شبابنا وشاباتنا ما ينبئ بمستقبل زاهر في حقل الرياضة. أخبار الأسبوع لم تنبئ عن شيء يحث على التفاؤل.

نَبَّهَ

to point out إلى/على *sth; to inform, remind sb* إلى/على *of* {2D}

نبّه الى ان كل السفن التي غرقت في هاتين المنطقتين غرقت بكل ما تحمل من مازوت او نفط او مواد خطرة. نيكيتا خروتشوف كان هو الذي نبّه الى وجود المشروع الفرنسي – البريطاني. هو الذي نبّهني الى أهمية أدباء من الروس لم أكن في ذلك الحين قد سمعت بهم. ينبهونه الى خطورة العودة الى داخل المدن. الرسول هنا ينبه على ضرورة الشفقة والرحمة بالحيوان. ليو بينسكر أول من نبّه الى أهمية ارتباط الشعب بالأرض.

news خبر

خَبَر
(piece of) *news; information* {2D}
pl: أَخْبار

رفض المسئولون في كينشاسا التعليق على الخبر. الخبر لم ينشر في وسائل الاعلام الرسمية بعد. لا صحة لخبر الانفجار. توفر الشبكة كما هائلا من المعلومات والاخبار سواء لغايات استفسارية او بحثية. كان مركزه مهما ورئيسيا لأن القاهرة هي المصدر الوحيد للخبر السياسي المصري. لم أعد أتابع أخبار «وول ستريت». الأخبار عن والدته انقطعت عنه منذ فترة.

نَبَأ
(piece of) *news* {2D}
pl: أَنْباء

تلقيت بكل الحزن والآسى نبأ وفاة الاستاذ لطفي الخولي، فقد كان رجل سلام، موهوبا بذكاء. نشعر جميعا بحزن بالغ ازاء نبأ الانفجار في تل ابيب. من جهة اخرى قللت الخرطوم من اهمية الانباء التي ترددت في شأن نيات اميركية لفرض عقوبات اقتصادية ضد السودان. لا صحة للانباء التي نقلتها وكالة رويتر عن ان بن لادن موجود في اليمن. وكالة الانباء الليبية.

---

bread خبز

خُبْز
bread {2D}

تذوقت للمرة الأولى الخبز المغمس بالزيت والزعتر. ساعدوا من جهتهم في احتواء التظاهرات التي اعقبت رفع اسعار الخبز في الكرك. قام بتقطيع الخبز وجلب الطماطم. نفضت فتات الخبز عن الغطاء. ترك شعب فلسطين في العراء يستجدي من أجل لقمة الخبز. يريدون رغيف الخبز مهما كان مصدره.

رَغيف
loaf (of bread) {2W}
pl: أَرْغِفَة

رغيف الخبز هو الطعام الذي يحقق المساواة بين الناس. منع إنتاج رغيف غير مطابق للمواصفات. مخبز القوات المسلحة المصرية يوزع على مواطنينا خمسين ألف رغيف يوميا والقمح في هذه المخابز يأتي ايضا من مصر. استخدام ٢٠٪ دقيق ذرة في صناعة الرغيف يحل مباشرة محل القمح المستورد. لا أحد يتصور كم يبلغ ثمن الرغيف إذا تم رفع كل مستويات الدعم.

عيش
bread; [life] {1M} (Eg)

اتخذ عددا من القرارات لتحسين رغيف العيش وتوفير اسطوانات البوتاجاز. سعر زجاجة الكاكولا ثلاثة تعريفة.. رغيف العيش بتعريفة... علبة سجاير بشلن... كيلو اللحم بجنيه. تمكّنهم من كسب لقمة عيشهم بسواعدهم وعرق جبينهم.

---

embarrassment, shame خجل

حَياء
shame; shyness {2W}
قليل الحياء shameless

كان وجهها مستديرا يفيض جمالا وحياء. لا حياء له! الحفاظ على صورة كانت في السابق زاهرة واصبحت اليوم متداعية، بحياء مصطنع. انهم صحافيون ناقصهم الحياء. هو مؤشر على ان الدولة ماضية في تنفيذ سياسات الاصلاح الاقتصادي بلا تردد ولا حياء. لقد احتسيتِ المشروب، هذا كل شيء، يا قليلة الحياء.

اِسْتِحْياء
shame; shyness {3M}

الاهم هو ان يتم ذلك علناً ومن دون استحياء. جماهير الزمالك ستزحف الى ملعب القاهرة بشيء من الاستحياء لأنها تعلم جيدا ان كفة الاهلي هي الارجح. قدم في تردد واستحياء المجلد الاول من روايته الى دار نشر «الرواية الفرنسية الجديدة». لا يزال جنديا ناكرا للنفس، ذا وداعة، يحتجب في خفر واستحياء، فلا يأخذه زهو، ولا تستبدّ به كبرياء.

خَجَل
embarrassment, shame; shyness {2D}

إن إحساسه بالخجل يزداد عندما يرى زوجته وأطفاله يتعاملون مع الإنترنت بكل بساطة. أحنيت رأسي في خجل. يمكننا ان نتحدث بلا خجل عن إعادة الجمال لميدان الأوبرا بالقاهرة. كان الاعجاب في عينيه يذيبني خجلا. قالت بخجل: لا أريد أن أتحدث عن مستقبلي. نشعر بخجل لأننا لسنا في مستوى تطلعاتنا الشخصية.

---

shameful مخجل

see قبيح

مُخْجِل
shameful, disgraceful {2W}

أليس مخجلاً ان يعيش المرء اكثر من اصدقائه؟ زوجي اودعوه السجن من دون أي دليل، ويعاملونه بطريقة مخجلة. إن هذه الظواهر المؤسفة والمخجلة لابد من التصدي لها بكل قوة وحزم. هذا الوضع كان مخجلا وماسا بالكرامة الوطنية، مما أثار استنكار كل المصريين. من المخجل أن يتكرر الخطأ نفسه مرات ومرات.

مُخْزٍ
embarrassing, shameful {2W}

إن ذلك الاستسلام المخزي كشف للشعب الروسي مبلغ ضعف وهشاشة السلطات التي تحكمه. لجأ البعض الى تبرير هزيمة العرب المخزية عام ١٩٤٨، وحتى عام ١٩٦٧، بالقاء اللوم على الضحية. فشلوا فشلا ذريعا ومخزيا. الأمر المؤسف والمخزي في نفس الوقت هو ان هذه الترجمة ضعيفة وركيكة.

مُزْرٍ
contemptible, disgraceful {3W}

تعتبر أوضاع حقوق الانسان في العراق « مزرية». نتبّه السلطة الى الوضع الاجتماعي المزري لغالبية اللبنانيين في ظل الركود الاقتصادي المستمر. تشتكي من الحال المزري الذي وصلت اليها بلادها الحبيبة بسبب أحداث العنف الأخيرة. قد وجدت هذه اللوحات في حالة مزرية. الشعب الباكستاني يعاني من أمية طاحنة وظروف معيشية مزرية وأوضاع اقتصادية متردية.

مُعيب
disgraceful; defective {3W}

هذا سلوك معيب. هذا الكذب السياسي المعيب، أليست له حدود؟ كان الوحيد الذي رفض الاشتراك في تلك الطقوس المعيبة هو اللواء طيار عبدالحميد الدغيدي الذي بقي في مركز قيادته. انه يحاول معالجة عيب ذاتي بطريقة معيبة ايضا. كان الحلم هو الوحدة العربية، وهو تعبير يكاد يكون معيبا اليوم.

فاضِح
scandalous, disgraceful {2W}

كانت النتيجة سلسلة من الانحرافات الفاضحة. هل هناك ما يمكن عمله حول هذه الانتهاكات الفاضحة لحقوق الانسان؟ رأيي ان الفعل الفاضح واحد سواء حدث في فيلم سينمائي أو في الشارع. يذكرون أن كل محاولة لقلب حكومة بلد آخر يشكّل خرقا فاضحا لميثاق الامم المتحدة.

---

cheek خدّ

خَدّ
cheek {2W}
pl: خُدود

وصلت إلى كلينتون، بعد جهد كبير، لتطبع قبلة صغيرة على خده، قالت بعدها في فرحة غامرة الآن أستطيع أن أموت. الندب، وحتى لطم الخدود، سلوك يتنافى مع طموح التغيير الذي كان يأمله الجميع. هدد بأن من سيصفعه على خده سيصفعه على خديه ويدق عنقه. وضعت خدها على كفها، وجلست قباله، وهي تتأمل وجهه النائم.

وَجْنَة
cheek {2W}
pl: وَجَنات

انسكب المداد كالدموع فوق وجنة الورق.. لابد لدموع الشجن الحلو.. ان تتساقط على الوجنات في ارتعاشة فيها كل معاني الحب. يرويان ذكرياتها واحدة تلو أخرى، والاحمرار يعلو وجناتها. ألوان زهرية تتكثف على الشفاه وتلامس الوجنات الشاحبة قليلا تبثّ فيها الحياة. تنزلق على الوجنات دمعات صامتة.. تتلوها ضحكة هستيرية، لا معنى لها!

---

deception

خداع

حيلة
trick, deception {2W}

هذا التوقف الرياضي هو في الأصل حيلة اعلانية لأنه يعطي محطة التلفزيون فرصة لبث الاعلانات. الجبهة تستخدم بطاقة الدين كحيلة سياسية. ان القاضي يلجأ الى حيلة خارج دائرة القانون ليعرف أيا من المرأتين أجدر بالعناية بالطفل. الناس أصبحوا يرون ان النفاق وسيلة من وسائل الحيلة والدهاء حتى استمرأوا ذلك وتعودوه وألفوه.

اِحْتِيال
fraud, deception {3W}

تم استجواب نيتانياهو لمدة ١١ ساعة بتهمة الاحتيال وتلقي رشاوي. عدد من السياح السعوديين تعرضوا للاحتيال عبر البطاقات الائتمانية في بعض الفنادق والمطاعم والمحال التجارية. الاحتيال بالبطاقات عن طريق شبكة الإنترنت ـ هي آخر صور الجرائم. ارتبط اسمه بأكبر عملية احتيال في تاريخ الحركة المصرفية في العالم.

خُدْعَة
deception, trick {2W}

اعتبرت صحيفة الثورة أن الحديث عن تعليق العقوبات خدعة أمريكية هدفها الالتفاف على القرار ٦٨٧. اكتشف الخدعة التي تعرض لها. ما كان الحكم ليتحول إلى بني أمية لولا خدعة عمرو ابن العاص لأبي موسى الأشعري. أكد أن تصريحات مسئولي الحركة أخيرا حول اختفائه مجرد خدعة لتخفيف الضغط الأمريكي على الحركة.

خَديعَة
deception, trick {2W}

بعد مرور خمس سنوات على أوسلو اكتشف عرفات الخديعة، فإسرائيل لم تنفذ أي بند من بنود الاتفاقات الموقعة. قال كوريون اخرون انهم يشعرون بالخديعة لتفجر فضيحة فساد اخرى بعد سجن الرئيسين السابقين. خشي شارل مارتل الخديعة والكمين فاكتفى بانسحاب العدو ولم يجرؤ على مطاردته. ان هذا المشروع الذي يقوم على الدهاء والخديعة يذكرنا بمشروع الحروب الصليبية.

خِداع
deceit, deception {2D}

قدراته الخطابية تعتبر نوعا من الديماجوجية، طالما انها تقوم على الاكاذيب والخداع. هذه هي لحظة المصارحة والحقيقة، دون مجاملة، أو تزييف، أو خداع للنفس. من صفات الزواج انه يجعل الخداع طرفا ثالثا في كل شيء. اكتسبت الأنظمة الديكتاتورية ذات الطابع الشمولي خبرة واسعة في أساليب التضليل والخداع.

دَجْل
trickery, deceit {2M}

تمييز العلم عن الدجل والخرافة سهل وواضح لأبسط العقول. بالتجربة تبين أن ما حدث هو دجل واحتيال وشعوذة واستغلال لضعف الوازع الديني لدى الناس. التعليم هو الرد الوحيد على التخلف والمواجهة الأساسية للخرافة والدجل والشعوذة. هناك يظهر المبدعون الحقيقيون بلا صخب ولا دجل ولا محاولات تلميع وترقيع.

تَدْليس
fraud, cheating {3W}

اتهمت القائمين على المعهد بالنصب والتدليس بدون استيفاء المعلومات الرسمية الصحيحة. في نفس الوقت إذا هي لم تخبره فلا غش هنا ولا تدليس. لابد عند إبرام اي عقد بين طرفين من توافر الإرادة الحرة وعدم وقوع أحد الطرفين تحت أي ضغط أو إكراه أو عمليات تدليس واحتيال.

تَضْليل
deception, delusion {3W}

موسي يتهم تليفزيون إسرائيل بالتضليل لإذاعته نبأ كاذبا. أضاف أن تصريحات الترابي في هذا الشأن تعد تضليلا للرأي العام. مارس بنجاح عمليات تضليل واسعة لمدة من الزمن.

غَدْر
treachery, deceit {2W}

يعيشون على النصب والاحتيال أو على الغدر أو على النفاق والتملق. رحل يوسف صديق بعد رحلة طويلة من الالم والسجن والمعاناة وغدر الرفاق. ما من نبي أو رسول إلا وشكى إلى الله غدر قومه. لكنها قابلت الابتسامة بالغدر. الى متى سيسود النفاق والغدر وانعدام الوفاء ونكران المعروف والحسد والنميمة والفساد والشقاق.

غِشّ
cheating {3D}

بعض الصيادلة يؤكدون ان غش الدواء ظاهرة سائدة في جميع دول العالم. شهدت الامتحانات أمس بعض حالات الغش خاصة في كليات التجارة والأداب والحقوق. اللجنة في هذه الحالة لن تتردد في إعادة الانتخابات في المناطق التي تظهر فيها حالات تزوير أو غش. إننا ندرك ان أمراض الغش والرشوة والواسطة ومحاربة النجاح موجودة.

كَيْد
ruse, stratagem; trickery {2W}

ستعلم اميركا ان كيدها ذاهب ادراج الرياح. اليوم أصبحت السياحة في مصر واجباً قومياً، لرد كيد الارهابيين الى نحورهم. كلما ازدادت الجبهة الداخلية قوة كلما زاد الكيد والعداء الخارجي. حتى من دون الدراسات المذكورة يستطيع أي رجل ان يثبت «روعة المرأة» ومقدرتها ومؤهلاتها وبراعتها في كثير من الأمور ولا سيما الكيد والمكر!

مَكْر
cunning, trickery {3W}

اسمه الكامل ماركوس بروتس وكان بروتس رجلا نبيلا محبا للخير بعيدا كل البعد عن أساليب المكر والخديعة والدهاء. لكن الملك سنفرو يبدو في جلسته اكثر حساسية وهيبة واجلالا مع مسحة من الدهاء والمكر تلمع في عينيه البراقتين. الانتصار لايأتي بالسلاح وحده، وانما بالسياسة وبالحيلة وبالمكر وبالتخطيط. ان مفاوضات اسرائيل مع العرب قائمة على المكر والحيلة.

نَصْب
swindling, deception, fraud [accusative; disease; setting up] {2D}

سوف تزداد حالات البلطجة والنصب في الشارع المصري. هو محبوس حاليا بتهمة التزوير والنصب والاحتيال. اثبت أنه تزوجها في عقد الزواج الذي كان اساسا عملية نصب. دعا إلى تنقية مهنة الطب من الدخلاء ومحترفي النصب على المرضى.

استخدم
to use

اِسْتَخْدَمَ
to use sth {2D}

استخدمت الانترنت خلال الاشهر الستة الماضية لشراء خدمات وبرامج. تستخدم مطار بينا الدولي، القريب من باكو، ١٦ شركة طيران. استخدموا الاسلحة الاتوماتيكية. لم يستخدموا العنف ولم يدعوا الى استخدامه. اذا برزت الضرورة فإننا سنستخدم الفيتو لتحقيق هدفنا. خامنئي استخدم عبارات تهديدية وليس فقط تحذيرية.

شَغَّلَ
to employ sb/sth {2M}

هذه الحرف التراثية تشغّل الحرفيين في منازلهم وتمكنهم من ايجاد عمل يعيشون منه بكرامة. عليهم اولا ان يشغّلوا الآباء والأمهات الباحثين عن عمل. تشغّل الشركة حالياً ٢٧ طائرة معظمها من نوع «بوينغ». وتشغّل الزراعة العدد الأكبر من العاملين قياساً الى ما يشغله كل من القطاعات الأخرى.

اِسْتَعْمَلَ
to use sth {2D}

يستعمل هذا المشروع ٦٠٠ مليون متر مكعب سنوياً من الغاز. يستحيل – واستعمل الكلمة بمسؤولية – ان نسجل اسماء جميع المسؤولين والأصدقاء والقراء. بقيت مصر وديار الشام تستعمل الأرقام الهندية. (الشركة) توفر الخدمة الفضلى لجميع الذين يستعملون المطار في الذهاب والاياب.

وَظَّفَ

to employ, hire sb; to make use of sth {2D}

أخفى أبو فادي استغرابه، حين شاهد الفيليبينيين الذين وظّفهم نديم. تفكر سامسونغ بشراء القسم المنتج للسيارات في (كيا) التي توظّف ٦٠ ألف عامل. يوظّف مجموعة متميّزة جداً من الاساتذة. كيف وظّفت الحركة الصهيونية السينما؟ وظفت الفلسفة لخدمة العقيدة المسيحية. يوظّف كل خبرته في بناء دولة حديثة. وظفت نفسها لخدمة الحقيقة.

مخزن warehouse

مَخْزَن

*warehouse, depot; store-room; [*see مَحَلّ*; store]* {2D}

pl: مَخازِن

فرغ مخزنه الصغير من الحبوب. كشف عرفات ان اجهزة الأمن الفلسطينية اكتشفت مخزناً للذخيرة والأسلحة اول من أمس قرب قلقيلية واعتقلت اشخاصا. لجأ كل الباني الى استرداد حصته من ممتلكات الشعب من مخازن الحكومة ومستودعاتها. لا توجد الا كميات صغيرة من الأدوية والمواد الطبية في مخازن الأدوية الحكومية والصيدليات.

مُسْتَوْدَع

warehouse, depot {2W}

pl: مُسْتَوْدَعات

اتصلنا بوزارة الصحة التي تملك مستودعاً ضخماً للادوية. يقال ان المصارف السويسرية اصبحت خلال الحرب مستودعاً للذهب والاوراق النقدية التي كانت تودع من جانب النازيين. أصيب ١٤ شخصاً بجروح بسبب انفجار وقع في مستودع للذخيرة والقذائف تابع للجيش في جنوب ألبانيا. السلطات الاسبانية أقامت مستودعاً زراعياً لايواء المهاجرين الأفارقة في مدينة مليلية المحتلة. والخليج أصبح مستودعا للسلاح الأمريكي.

خشب wood

حَطَب

firewood {2W}

أكداس من الحطب والخشب وسط الشارع، توقد فيها النار من الغروب إلى قبيل منتصف الليل. قبيلة مابو جمعت الحطب اليابس منذ اكثر من ٤٠ ألف سنة لتصنع منه آلاتها. يعرف بائعو الحطب بفراستهم التقليدية ونظرتهم المتفحصة مدى خبرة المشتري بالحطب. يحرصون على تخزين مؤونتهم من الحطب حتى لا يقعوا ضحية التزايد المتتالي للاسعار.

خَشَب

wood, lumber {2D}

pl: أَخْشاب

استخدم الخشب في العمارة المغربية احسن استخدام. دقوا على الخشب. النحت على الخشب والزخرفة بالصدف والرسومات النباتية لا نهاية لها. لها نافذة من خشب الخرط. انجزت هذه المنحوتة في القرن السابع الميلادي من الخشب الملون. هناك طاولة من خشب الجوز.

خشن rough, coarse

أَجَشّ

husky (of voice) {3M}

fem: جَشّاء

بينما كانت تختنق كان الصوت الأجش الآمر ينذرها بأنه «سيأكلها اذا صرخت». أضاف الشاعر المكسيكي بصوت أجش: «الموت هو أحد أكثر الألعاب رهافة وصعوبة». سمعتهم يخاطبونني بصوت واحد متناغم وأجشّ: «أما زلت تبحث عن زيزيا؟» يغنيها صوت فلاح مصري أجش متقطع الأنفاس.

خَشِن

rough, coarse {2W}

يدور الحوار ساخناً، يدور ومعه حبات الرمل الخشنة والناعمة. هو في ثياب خشنة تجمع بين اللباس الافريقي والزي «الاسلامي». لكن ال جور ليس مثل كلينتون انه جاف خشن. جرت مباراة عصبية وخشنة جدا مساء أمس الأول. ليته يبادرها بكلمة خشنة فتكيل له الصاع صاعين. تخلى عن الحياة الخشنة الجادة من أجل حياة ناعمة.

غَليظ
*rough, coarse; [*see كثيف*; thick]* {2W}

انها مجرد انعكاس غليظ لحركات الطبيعة. ان أصابع غليظة محتقنة وملوثة أطبقت على فمها وأخذت تحشوه بقطع الحلقوم. انظري الى الخريف، بكلّ ملامحه الغليظة. ادوات لغزل الخيوط الغليظة يتم توظيفها في ربط الخيوط الرقيقة.

فَظّ
coarse, crude, vulgar {3W}

مرّ في التلفزيون حديث سريع وبلغة فظة لا ديبلوماسية فيها. يعود الى ممارسة اعمال العدوان العسكري الفظة. يصفهم بكلمات فظّة تحاول ان تحاكي فظاظته. كانت تتصرف باستهانة فظة بالقانون الانساني العالمي. تجري معاملة بعض السجناء بأساليب فظة مخالفة لحقوق الانسان.

---

private خاصّ

خُصوصي
private {2W}

تسعى كل فئة اجتماعية الى استملاك واحتكار الانتفاع الخصوصي بالموارد العامة التي تقع عليها أو تكون تحت سيطرتها. نعود إلى تقرير مراسل الأهرام الخصوصي حيث ذكر أن تلك الجماعة أخذت في توزيع المنشورات. يريدون أن يعطوه درسا خصوصيا وأنا ليس عندي فلوس. (Eg) كل عيل وكل بنت لازم وحتما إجباري تاخد درس خصوصي.

خاصّ
private; [special] {2D}
personal خاصّ به

لا يمتلك أية سيارة خاصة به. هناك تقديرات كثيرة عن حجم الاموال الخاصة التي يملكها مهاجرون عرب في الخارج. اتخذت خطوات عملية وملموسة تجاه توسيع مشاركة القطاع الخاص الوطني في تطوير وادارة اتصالاتها الوطنية. عندما اعتذر الجرسون ان في المطعم حفلة خاصة رفضوا الخروج ثم توجهوا الى الموائد القريبة من الباب لينفذوا خطتهم. يدرس في مدرسة خاصة.

شَخْصي
personal, private {2D}

كانت زيارة شخصية لا اكثر. القناة الأولى اقسمت ان مديرية الاحوال الشخصية لم تتنبه الى هذا الامر. لقي السايق هنري بول مصرعه فيما نجا الحارس الشخصي تريفور ريس جونز من الموت. سيساعد على ذلك عدم وجود تشريعات تحمي الحياة الشخصية من الاخطار التي تشكلها المعلوماتية. يجمعهم رابط العلاقات الشخصية فضلا عن وحدة الهدف وتقارب المستوى الفني.

فَرْدي
individual, single {2D}

يتعين على اسرائيل «الامتناع عن اتخاذ اجراءات فردية». الاستهلاك الفردي تراجع بنسبة ١٥ في المئة منذ عام ١٩٩٢. يتعلق الامر بمشاغل الحياة الفردية. يرى ان المصالح والقيم العملية والفردية أخذت أخيرا تتغلب على المصالح والقيم الجمعية.

مَلّاكي
privately owned, personal {2W}

ان سائقي السيارات الملاكي والأجرة عندما أقبلوا على هذه التجربة اكتشفوا انها افضل لهم بكثير. يكفي عمق الخندق إلى تغطية أي عربة ملاكي تنقلب فيه. إذا بسيارة مازدا ملاكي القاهرة تقف بعرض الشارع تسد علينا الطريق. رأيت طفلا لا يتجاوز الثانية عشرة يقود سيارة ملاكي، يتجول بها في طرقات القرية.

خضع
to obey

خَضَعَ
to be subject, yield ل *to* {2D}
خُضوع :VN يَخْضَعُ

يخضع فندق «فورتي جراند دبي» لعملية تجديد شاملة. تخضع المناطق السورية لظروف مناخية متفاوتة. خضع المنتخبان للتدريب اول من امس الجمعة. ان جلسة المناقشة العامة تخضع لأحكام النظام الداخلي للمجلس النيابي. هدفه ابقاء الصقور في الطبيعة بعد ان خضعت للفحص للتأكد من خلوها من أي التهابات جرثومية أو طفيلية. يخضع المواطنون والأجانب لذات القواعد. يتصور انه يخضع لإرادة الشعب. الكبار يخضعون للقانون أكثر من الصغار ويلتزمون بالتعليمات دائما.

أَذْعَنَ
to submit ل *to, obey* ل *sb* {3W}

أذعن الرئيس لمطلب اجراء انتخابات في حزيران (يونيو) المقبل. الاتحاد اذعن لضغوط حكومية لوقف الاضرابات. في النهاية أذعن النظام العراقي كما قلت في شباط (فبراير) سنة ١٩٩١ لكل قرارات مجلس الأمن من أولها الى آخرها. ينبغي ان يتهيأ للتخلي عن مهماته الرسمية ويذعن لإرادة الشعب.

رَضَخَ
to give in, yield ل *to* {3W}
رَضْخ :VN يَرْضَخُ

رضخ اتحاد الكرة لطلب الاهلي واستبعد صدقي. أكد ان «لبنان لا يمكن ان يرضخ لحال التضييق هذه والشروط الاسرائيلية المفروضة». بعض الدول بدأ يرضخ للضغوط القوية التي تمارسها الولايات المتحدة عليها. نحن لا نرضخ للقوة او العنف، ولا نذعن للاملاءات. هل من العيب ان تتنازل السلطة امام شعبها وترضخ لمطالبه؟

اِنْصاعَ
to submit, adhere, give in ل *to* {3W}

أصبح المفاوض العربي مسلوب الارادة ينصاع من دون تردد للطلبات الاسرائيلية. كيف يمكن جعل الاسرائيليين ينصاعون لهذه الشروط. ويبدو ان ادارة فالنسيا انصاعت لرغبة المدرب الذي طلب الاستغناء عن العملاق البرازيلي. لمح الى انه لن ينصاع لأي ضغوط. طالب الجمهور بنزول احمد راضي فانصاع المدرب يحيى علوان بعد مرور ساعة.

أَطاعَ
to obey, submit to sb {2W}

يطيع تعاليم الاسلام ويتقبل مع ذلك كل الديانات. اللهم اني أطعتك في أحب الاشياء اليك وهو التوحيد. ايها الناس اسمعوا واطيعوا. الحقيقة ان رجال الشرطة راحوا يومها يطيعون أوامر رئيسهم بكل عزيمة وحب. أنا منكِ وأنت مني، فاذا أمرتك تطيعين واذا أمرتني فأنا الطاعة، أمسك بنهارك، وتمسكين بليلي.

اِمْتَثَلَ
to submit, concede (ل *to*) {3W}

امتثلت الزوجة لما يقوله الزوج واتصلت بطبيب بيطري. صدام لا يمتثل للقرار٦٨٨. ان وحدة من «حرس الحدود» اطلقت النار على سيارة لم يمتثل سائقها للتحذيرات ولم يتوقف عند حاجزهم قرب قرية حزمة. الطلاب لم يمتثلوا لأوامر الشرطة بتفريق تظاهرة أمام مقر المحكمة. صاح بي: «ارفع يديك»؛ امتثلت.

خطأ
mistake, sin

see عيب، جريمة

إِثْم
sin, offense {2W}
pl: آثام

صار يمارس الكذب السياسي والنفاق الاجتماعي دون أدنى احساس بالاثم. هذا ما ولّد لديه شعورا بالاثم والذنب. تجبر رئيسها أو أي مخلوق وقع في الإثم على أن يعترف أمام الكونجرس بخطيئته علنا. يعترف بخطيئته وإثمه. ينال الذين اجرموا بحق البلاد وسكانها جزاء اثامهم.

جَريرَة
crime, offense {3W}
pl: جَرائِر

نحن لا نفهم ان يؤخذ الابرياء بجريرة شخص واحد. يجب أن نعمل حتى لا يؤخذ البريء بجريرة المجرم. يهدد ويتوعد ويندد ويشمل العرب كلهم بجريرته. هو مريض لا يؤخذ بجريرة فعله.

خَطَأ
mistake, error; sin {2D}
pl: أَخْطاء

يستحيل اصلاح خطأ اذا لم يعترف المسؤول عنه بأنه ارتكبه. قالت انها ترفض الاعتراف بخطأ لم ترتكبه. الحكومة العراقية ارتكبت خطأ تاريخيا فادحا بغزوها الكويت. إذا ارتكبوا خطأ عليهم تحمل العواقب. قد تحمل هو عواقب الأخطاء والانحرافات. اعترف بالأخطاء والخطايا.

خَطيئَة
sin, offense {3D}
pl: خَطايا

لا فارق اطلاقاً بين الخطأ والخطيئة والفشل. هل يمكن أن يشعر «في أعماقه بالخطيئة»؟ لم يكن في الساحة الخارجية من كان بلا خطيئة. الخطيئة هي خطيئة الاشخاص لا خطيئة الدين، والاسلام منها براء. كان رحمه الله له أخطاء وخطايا (ومَنْ بيننا من دونها)، إلا انه كان دائما إبنا بارا. «كفرت عن خطاياي وولدت مرة جديدة». يبقى العراق بمفرده يتحمل خطايا حكامه.

ذَنْب
offense, sin; guilt {2D}
pl: ذُنوب

سألوا عن الذنب الذي اقترفه ليدخل السجن فلم يكن من ذنب. أنا لا أتصور ان هناك ذنبا اكبر من هذا الذنب. ملأ خفه بالماء وسقى الكلب، فغفر الله ذنوبه. يذبحونه من دون احساس بالذنب. تتذكر حسنات ديانا فقط وكأنها تقول انها صفحت عن ذنوبها. المعترف ينال الغفران فورا، ليعود ويرتكب الذنوب نفسها.

رِجْس
atrocity; sin; filth {3W}
pl: أَرْجاس

ساهمت في النضال من اجل تحرير الارض من رجس الاحتلال الصهيوني. شعورها بتلك الرغبة عيب وحرام ورجس من عمل الشيطان. قد حوّل جماله قبحا، وطهره رجسا، وشجاعته ارهابا. بدت الممارسة الفلسفية الرشدية وكأنها «رجس من عمل الشيطان». قال اللهم هؤلاء أهل بيتي فاذهب عنهم الرجس وطهرهم تطهيرا. نطلب منه تطهير الأرض من أرجاسهم.

سَيِّئَة
sin, misdeed; negative aspect {2D}
pl: سَيِّئات

واضح ان لهذه الثورة حسنات وسيئات. لكل قرار حسنات وسيئات، والبعض يرى السيئات لا الحسنات، والعكس صحيح. له حسناته وله سيئاته ولا يوجد أحد معصوم من الخطأ. بدل الله سيئاتهم حسنات.

ضَلال
error; waywardness, deviance {2W}

هذا تحريف وضلال وعمل غير شريف. هذه خطيئة اخرى لا تقل في ضلالها وسوء عاقبتها عن جريمة الغزو نفسها. يتوه الجميع في بحر الظلمات والضلال. انهم رجال يصلحون الأحوال ويحاربون الضلال. لا تجنح ولا تتوغل في الخطأ والضلال.

مَعْصِيَة
sin, transgression; civil disturbance {2W}
pl: مَعاصٍ

عليهن ان يظهرن يقظة غير عادية كي لا يرتكبن معصية الجلوس في الاماكن المخصصة للرجال في مقدم الباص. جعل المعصية من أي فرد علامة رئيسية للفساد الاجتماعي. الهدف الأسمى هو الامتناع العملي الإيماني عن الأخطاء والمعاصي. لا يجوز تكفير المسلمين بسبب الذنوب والمعاصي التي يرتكبونها من غير استحلال.

غَلَط
mistake, error {2W}
pl: أَغْلاط

وقع في الغلط والشطط والتيه. هذا يوجب على العلماء ان يعلموا الناس اللغة الصحيحة ليتجنبوا الغلط فيها. اذا لم يكن هناك اختلاف في الرأي فسيكون هناك شيء غلط لأن هذا من تركيبة البشر. اقيمت له حفلات التكريم بسبب كتب مليئة بالتخليط والغلط والاحالات غير الصحيحة. وكان غلطهم الأكبر أنهم بدأوا بمحاكمة المجتمع وإدانته سلفا.

غَلْطَة
mistake, error {2W}
pl: غَلَطات

إذا ارتكب غلطة يحمل الكومبيوتر المجاور مسؤوليتها. ارتكب أكبر غلطة في حياته عندما تزوجها. كانت هناك غلطة مطبعية في التقرير. اذا لم يكن موقفنا مفهوما جيدا فهي ليست غلطتنا.

كَبيرَة
a big sin; a major offense (Islam); *[fem: big]* {2M}
pl: كَبائِر

الطغيان هي كبيرة تفوق كل الكبائر. أجمعت على ان من اعظم الكبائر والجرائم قتل النفس البشرية والعدوان عليها. اجتنبت الكبائر، وحفظت حدوده. كان تلويث النيل والاعتداء عليه من الكبائر التي اعتبرها قدماء المصريين تنقص من ميزان المتوفي يوم حسابه. ينبع عما تعارف عليه الفقهاء فأسموها كبائر مثل الزنى وشرب الخمر.

هَفْوَة

mistake, error, fault {3W}
pl: هَفَوات

في هذا الفصل يبين الكاتب الهفوة التي وقع بها المؤرخون. لماذا لم تكونوا (الصحافيون) تغفرون لي أدنى هفوة وتسكتون الآن عما يجري؟ شاركوا في هذه العمليات من دون أي هفوة. انني أتحمل كامل المسؤولية عن جرائمي وهفواتي. بدأوا يطالبون بدعمه والتسامح مع «هفواته».

خطب — to deliver a speech

خَطَبَ

to deliver a speech; to speak في *to sb* {2D}
VN: خُطْبَة يَخْطُبُ

البابا يوحنا سيخطب امامهم مرارا، اضافة الى اعلان نداء السينودوس من اجل لبنان. كل من يخطبون ضد اسرائيل في المساجد يجب فصلهم ومحاكمتهم. كان بعض الخطباء يخطبون للملك الناصر وآخرون يخطبون باسم الاشرف. راح يخطب في الشعب النمسوي آمراً إياه بالخلود الى الهدوء والصمت. كانوا يخطبون في الحاضرين بميكروفون صغير.

أَلْقى

[see رمى; *to throw]; to deliver* (a speech) {3W}

الهراوي استقبل الحريري ويلقي كلمة في زحلة اليوم. ألقى كلمة أمام طلاب جامعة اوكسفورد. من المقرر ان يلقي خطابا أمام القمة. كنت ألقي خطبة الجمعة عندما شاهدت شابا يدخل ومعه حقيبة. القى عظة رأى فيها ان «الازمنة الصعبة تجتاح لبنان». ألقى محاضرات متعددة وأعطى دروسا في جماعات عربية.

وَعَظَ

to deliver a sermon, preach; to exhort sb {2W}
VN: وَعْظ، عِظَة يَعِظُ

مرة اخرى لا اريد ان اعظ، ولكن اسجّل ان ثروة اسرة كنيدي قامت على الخمرة. هل يجوز ان يعيش حياة ويعظ عن حياة اخرى بعيدة وغريبة عنه. يعظ الناس ويدعو الرجال الى الزواج. يتلون الأدعية ويؤدون الصلوات ويعظون الرعية والشعب وإخوة الايمان في كل مكان. لا أحد يعظ أحدا.. ولا أحد يقدم نفسه قدوة لأحد.

خطاب — speech

see كلام

خُطْبة

sermon, speech {2D}
pl: خُطَب

الرئيس اطلق خطته الجديدة بخطبة حماسية ملتهبة سعى فيها لاستنهاض همة وزرائه. قال في خطبة صلاة الجمعة اول من أمس ان «التاريخ يعيد نفسه». باتت السهرات الرمضانية والخطب الدينية في المساجد السبيل الأمثل للمرشحـــين ليلتقوا بأكبر عدد ممكن من الناس.

خِطاب

speech, sermon; [see رسالة; *letter, message]* {2D}
pl: خِطابات

لم أحضر قمة طهران، ولم استمع بالكامل الى خطاب المرشد الروحي السيد خامنئي. عرفات القى خطابه الشهير في الكنيست عندما طالب بضمان أمن اسرائيل وبوطن للشعب الفلسطيني. تعتقد بعض الدوائر السياسية في الشرق الأوسط ان الخطاب المذكور كان تمهيدا لغزو الكويت.

كَلِمة

address, short speech; [see كلمة; *word]* {2D}
pl: كَلِمات

لما انتهى من القاء كلمته أعلن الكولونيل غور لمراسل الاذاعة الاسرائيلية: «ان المدينة المقدسة هي مدينتنا». نفى ليغاري أمام الصحافيين بعدما ألقى كلمته، التهم التي وجهتها اليه بوتو. كلمة الافتتاح تلقيها اللبنانية الاولى منى الهراوي. شرح دوره في كلمة القاها في الجمعية العامة للمنظمة الدولية موقف ليبيا من أزمة لوكربي.

عِظَة

sermon; [see درس; *lesson, moral]* {2W}
pl: عِظات

ألقى بعد الانجيل عظة تحدث فيها عن التجدد. القى المطران الجميل عظة حض فيها على «الصلاة من اجل السلام في قبرص». قال في عظة الاحد في الديمان: «كل يوم تسيل في أرضنا دماء».

مَوْعِظَة
lecture, sermon; [lesson, moral] {2W}
pl: مَواعِظ

ألقى كبير اساقفة كانتربري الدكتور جورج كيري موعظة في كاتدرائية القديس جاورجيوس في القدس الشرقية. ستجيء الوزيرة الاميركية، او من ينوب عنها، لتصحيح اوراق الاجابة من المشاغبين... واسماعهم موعظة او موعظتين. وجهت موعظتها وكلمتها نحو السلطة.

خطر — to occur

تَبادَرَ
to occur, come إلى *to* (one's mind) {3M}

تبادر إلى ذهني العديد من الأسئلة. تبادر إلى ذهني انه قد يكون مجاملا لبعض الجهات السياسية. اول ما تبادر الى ذهني في تلك اللحظة ان الزمن يظهر احيانا في لبوس الابدية.

خَطَرَ
to occur ل *to sb* {2D}
يَخْطِرُ

خطر لي ذلك وأنا اقرأ موضوعاً للاستاذ عبدو وازن. خطر لي في العام ١٩٨٩ ان أزور الاردن والعراق. لم يخطر لغالي آنذاك أنه سينتقل إلى منصب وزاري آخر. خطرت لهم فكرة تجميد الجثة وأقرت الحكومة السوفياتية ذلك على رغم شكوك علماء آخرين. تتحدث عما لا يخطر لنا ببال.

سَنَحَ
to present itself (of opportunity); *to occur* ل *to* {2W}
يَسْنَحُ

تكلم بما سنح له. الملم بعلم التاريخ حين يسنح له أمر ما لا يحتاج الى استشارة أولي الرأي. انا سعيد لأني حضرت وسنحت لي الفرصة ان اشارك في هذه الفرصة. الفرصة سنحت لي لزيارتها. لم تسنح للبرلمان فرصة غير جلسة واحدة.

لاحَ
to occur ل *to; to present itself* (of opportunity); *[see* ظهر*; to appear, take form]* {2W}
VN: لَوْح يَلوحُ

لاح له أن يهتم بالدرس حقاً وهو في الخامسة عشرة من عمره. لاحت له الحقيقة وتبينت صعوبة اقتسام السلطة والنفوذ مع «طالبان». أهدروا فرص الفوز العديدة التي لاحت لهم. اذا ما اكتشف النفط ولاحت فرصة للتنمية والتقدم في اليمن قيل ان لا رخاء في ذلك لأن القبائل تسيطر على النفط. لاحت ابرز الفرص في الشوط الاول امام لاعبي البرازيل.

خاطر — to risk

جازَفَ
to gamble, risk ب *sth, take a chance* ب *on sth* {2W}

لن يجازف بابعاد لاعبيه المؤثرين. جازفت بحياتها من أجل الصغير أوليفر. لم يكن من الممكن ان يجازف بسمعته العالمية ويؤكد مثل هذا الكلام. إنني أجازف بالعوم ضد التيار. لست أجازف بإلقاء الاتهامات عشوائيا. لم يجازف بحرق جسوره. لن تجازف بالقيام بعمل عسكري واسع. كانوا جازفوا باستثمار مدخراتهم في شركات محلية مارست الخداع.

خاطَرَ
to risk ب *sth* {2W}

لسنا بحاجة لأن نخاطر بسمعتنا ونتقبل تلك الأموال. من يقف ضد صدام حسين لايخشى أو يخاطر بفقد شعبيته. على تركيا ألا تخاطر بعلاقاتها المستقبلية مع الدول الأوروبية. كان يخاطر بحياته لتذوق الطعام قبل ان يتناوله صدام. لم يشأ ان يخاطر بمكانته شخصيا وبهيبة دولته. يخاطرون بالأمن الداخلي للبلد من أجل مصالح ذاتية ضيقة.

راهَنَ
to bet على *on sth* {2W}

المسئولون في أمريكا اصبحوا يراهنون على قدرة أمريكا في تحقيق هذا الحلم. قوى الرفض تراهن على تغيير أساسي في موازين القوى لصالحها في المستقبل. قد راهن كثيرون على استحالة التوصل إلى مثل هذ القرار. أكد الجوهري أنه لا يزال يراهن على كل من عبدالحميد بسيوني وخالد بيبو. يراهنون على الحرب بدلا من الرهان على وقفها.

غامَرَ
to risk ب *sth, take a chance* ب *on sth; to throw oneself into or* في *into* {2W}

يغامر برأسماله في انتاج افلام جيدة. لا تغامر بنفسك: فليس لديك سواها! غامرتم بلاعب مصاب فتجددت إصابته. واشنطن لن تغامر بارسال قواتها إلى العراق. هذا البطل غامر بحياته واولاده من اجل تحقيق مهمته الوطنية. لم يشأ أحد أن يغامر أو يقامر بالتعليق عليها. هذه المؤسسات لا يمكن أن تغامر بسمعتها. كيف نغامر في مستقبل العالم دون أن نفقد خصوصياتنا القومية. قررت أن تغامر في أول رحلة إلى الصحراء.

قامَرَ
to gamble; to risk, wager ب *sth* {2M}

راح يقامر وينفق على النساء حتى أفلس. لم يعد جائزا لأحد ان يحلم او يغامر او يقامر بمصير الوطن. لم يشأ أحد أن يغامر أو يقامر بالتعليق عليها. انه قامر بكل شيء من أجل الصعود السياسي. قامرت، مع غيرها من الشركات، بتكثيف الانتاج تحسبا لارتفاع الطلب وهو ما لم يحدث حتى الآن. قامر بالدخول الى المفاوضات. يقامر بمصير الوطن.

خطّ line

خَطّ
line, level; [script, handwriting] {2D}
pl: خُطوط

ستنسحب فقط الى خط الحدود الدولية الذي رُسم ايام الانتداب الفرنسي والبريطاني. تقع القريتان بمحاذاة الخط الفاصل بين إسرائيل والأراضي الفلسطينية. افتتح خط سريع يصل العاصمة الفرنسية بالحدود مع بلجيكا. يعيش نحو نصف سكانه تحت خط الفقر. الكرة كانت أسرع منه في تجاوز خط المرمى. منذ مطلع السبعينات انشأت «آلكاتل» ١,٨ مليون خط هاتفي في مصر.

سَطْر
line (of wrting) {2W}
pl: سُطور

يضع نقطة على آخر سطر من خاتمة الكتاب ويرسلها الى ناشره في نيويورك. عندما تأتيني منك رسالة فإن الابتسامة لا تفارقني من أول سطر إلى آخر سطر فيها. قبل أن يكتب السطر الأول من قصته يجد أمامه مجموعة ممثلين يحاولون إنجاز عرض مسرحي. أريد من الكاتب أن يحاول الكتابة بطريقة تشدني من أول حرف لآخر حرف بغض النظر عن عدد السطور.

صَفّ
*line, row, rank; [*see درس*; class, group]* {2D}
pl: صُفوف

تقف في صف طويل. في الجلسة الختامية جلس الوزيران جنباً الى جنب في الصف الامامي للتدليل على قبولهما الحل المقترح. ان اي صحافة ليست في صف صدام تقف، بالضرورة، في صف «الاشرار الاستعماريين الطغاة». وضع نفسه في صف اعداء العراق. ان المتطرفين من داخل الصف الاسلامي يحاولون فرض اولويات شاذة وغريبة على الاغلبية الساحقة.

طابور
line (of people) {2D}

لا يزال طابور المصطفين لزيارة الضريح أطول من أي طابور آخر في روسيا. ذاكرته ازدحمت بالموتى الذين عرفهم: طابور طويل يبدو له أحيانا بلانهاية. وقف في طابور طويل ليقتني «حذاء كالقارب بلون البيج». رأيتُ عصفورا سويسريا واقفا بالطابور على باب بلدية جنيف. وهو يتكفّل بوقف طابور عسكري بأكمله. يرتّب لهم مدخلا جانبيا دون المرور على الطابور.

خفّض decrease, lower

خَفَّضَ
to decrease, lower sth {2W}

يتمتّع نظام التعشيق بتعزيز هيدروليكي يخفّض الضغط المطلوب من القدم اليُسرى لتغيير النسب. ردّ منصور الرحباني على ما ادّعته اللجنة مؤكدا انه خفّض المبلغ الى ٤٠٠ الف دولار. ستخفّض النفقات وتعزّز الايرادات. وزارة المال تطلب منهم ان يخفّضوا طلباته. انا خفّضت عدد العمال لزيادة تنافسية الشركة.

أَرْخَى

to lower, drop (ب) sth; [to relax, loosen] {2W}
أَرْخَى الليل سدوله night fell

ترخي رأسها للوراء، تغمض عينيها، وتضغط على شفتيها ضغطة خفيفة. المدينة تكاد تخلو من المارة عندما يرخي الليل سدوله. نبحث عن كتف نرخي رؤوسنا عليها ونئن بصمت. هذا المناخ السلبي الضاغط يرخي بثقله على الهيئة التعليمية في الجامعة. الثقة تتراجع يوما بعد يوم وترخي بظلالها على كل قضايا الإدارة والسياسة والإنماء.

أَسْبَلَ

to let drop, lower sth {2M}

أسبل عينيه ولاذ بالصمت. إيها العظيم المطلع على كل شيء أسبل عليهم ستر مغفرتك ورحمتك واشملهم بفسيح جناتك. عليه طيلسان قد أسبل طرفه على جبينه، وغطى شطر وجهه.

أَسْدَلَ

to lower, drop (the curtain, cover) على *on* {3W}

بعد عقد ونصف العقد اسدل الستار على هزيمة الطرفين. قامت السيدة واتجهت صوب باب أسدل عليه ستار كالسجاد منقوش. تسدل الجزائر بهذه الانتخابات الستار على عملية اكمال بناء مؤسساتها. يسدل الظلام ستائره القاسية على الوجه الجميل والقد المياس.

طَأْطَأَ

to lower, hang (one's head) {2M}

طأطأ الهنديّ رأسه. يجب ان يطأطئوا رؤوسهم حين يتحدثون مع تركيا. يبكون أو يطأطئون الرأس حزنا. لما فتح الله عليه مكة دخلها متواضعا وطأطأ رأسه حتى كاد ان يمس رجله.

أَنْزَلَ

to bring down, lower sth; to drop off sb; [see سبّب*; to cause, inflict* (loss, pain)*]* {2D}

أنزلت الستار. كان الجيش اليوغوسلافي انزل الدبابات الى شوارع بلغراد بعد تظاهرات في التاسع من آذار. اعترضوا السيارات وأنزلوا الركاب وأطلقوا عليهم النار من مسافة قريبة. في ليلة القدر انزل القرآن الكريم.

أَنْقَصَ

*to reduce, diminish (*من *sth)* {2W}

وجد ان معالجة ارتفاع الضغط انقصت معدل حدوث السكتة الدماغية وبنسبة ٤٢ في المئة. الكتاب لم يخل من عبارات عاطفية وشعارية انقصت من علمية مؤلفه بعض الشيء. آخرون اعتبروا اسماعيل ياسين ممثلا انقصت من قيمته حركات التهريج التي كان يؤديها. على كل حال المرأة لا تنقص من عمرها الا وتزيد ما انقصت على عمر امرأة اخرى.

---

low منخفض

خافِت

faint, soft; dim {3W}

سمعت صوته خافتا: كلي لو عايزة. يتحدث بنبرة خافتة. الخارجون من الصلاة يقولون كلمات خافتة. لا أحد سوى رجل وامرأة واغنية خافتة كأنها من عالم آخر. أضواء خافتة كالهمس تبدو من نوافذ البيوت القريبة تعلن مغرب الشمس.

مُنْخَفِض

low; soft (voice) {2D}

يقومون بأعمال يدوية مقابل اجور منخفضة. عانى لاعبو المكسيك من الحرارة المنخفضة وهم المتعودون على اللعب في الحرّ. نسبة التضخم منخفضة نسبيا. لمصر منذ زمن ليس ببعيد علاقات على مستوى منخفض مع العراق. أما تقنية تكبير الصوت المنخفض فتستخدم لأول مرة في التلفاز من أجل تحسين استقبال الاشارات الضعيفة.

واطِئ

low {2W}

هذه الأراضي الواطئة تقع على بحر الشمال. يُسجّل على الجانب الايجابي، في المجال الاقتصادي، المعدل الواطىء للبطالة (٤ في المئة). اختارت تلك التلال الواطئة التي تزنّره، وحوّلتها ثغوراً. يفصل جدار اسمنتي واطئ بين اتجاهي السير فيه. ينص البرنامج على توفير قروض بفوائد واطئة لانهاض الصناعة والزراعة.

أخفى — to conceal

see غطّى، اختفى

خَبَّأَ
to hide sth {2W}

لم يعرفوا ماذا كان يخبئ لهم القدر. لا ندري ما يخبئه القرن المقبل للفلسطينيين ولنا على أيدي الصهيونية من جرائم ومفاجآت. العدو يخبئ العسكريين عادة وسط المدنيين. تستمر واشنطن في اثارة مخاوف الخليج بان العراق يخبئ أسلحة الدمار الشامل ويطور أسلحة نووية. خبأت ذلك السر في نفسي.

أَخْفَى
to conceal sth, keep sth secret {2D}

أخفت وجهها في كفيها وراحت تبكي من جديد. قليلون منهم لم يستطيعوا أن يخفوا حزنهم. أفضل ان تخفي علمك على ان تفضح جهلك. هناك دائما حقائق يخفيها الدرس لا لشيء إلا لأنها تقع خارج متناوله. هي لا تخفي النية في طرد المصلين المسلمين من الموقع واعادة بناء هيكل سليمان.

دارَى
to hide, cover ب *sth* {2M}

لا يستطيع الماكياج ان يداري علامات الزمن. لابد من الاعتراف بحقيقة ينبغي ألا نخجل منها أو نداريها. ليس المطلوب غطاء نداري به عوراتنا، ولكن المطلوب غطاء يحمينا كعرب من صقيع شتاء قادم. حاولت كثيرا ان تقرب بين زوجها وبين الادباء والصحافيين، وحاولت ايضا ان تداري او تخفف من تسلطه.

كَتَمَ
to conceal sth; to keep sth secret {2W}
يَكْتُمُ VN: كَتْم

لم تنجح في كتم صوت المقاومة وكسر إرادة القتال. لم يستطيعوا أن يكتموا فرحتهم حين أعلنت نتيجة التصويت. أصر أبو ديب على أن موكله لا يكتم معلومات لأنها اصلا ليست في حوزته. عندما قرأ عبدالمسيح حداد هذه العبارات لم يكتم غضبه. وقعن في براثن الاختطاف وغرقن في مستنقع الاغتصاب.. وكتمن السر كله بين جوانحهن.

وارَى
to disguise, mask, hide sth; [see دفن*; to bury]* {2W}

يواري ملامحه خلف قناع حمار للتقرب من امرأة اغرته برموز أنوثتها. لا نستطيع ان نواري خيبتنا. يخلع القناع عن كل شيء ويدين كل شيء لا يقتنع به.. لا يواري كلماته ولا يستخدم ماكياجا يخفي به عورات ابطاله.

اختفى — to disappear, hide

see أخفى

اِحْتَجَبَ
to disappear, vanish, hide {2M}

انتحبت الأرض كما لم تفعل من قبل واحتجبت الشمس وراء سحابة سوداء. إنها خسارة ضخمة للكرة المصرية أن يحتجب الجوهري برصيده الهائل من الخبرة والمقدرة عن ساحتها. احتجب طويلا عن الشاشة عاد ليطل على الجمهور في مسلسل «مدى العمر» الذي كتبه مروان نجار. كان عميق النظرة مدركا للمعنى الذي يحتجب وراء الشكل.

تَخَبَّأَ
to hide {1-2M}

شيء ما يتخبأ في جريان الماء... لا أراه. الفيل يمكنه أن يتخبأ، لكن وراء من؟ هؤلاء الأشرار العلمانيون يتخبأون بين أوهام الحضارة. تخبأت في خزانة الملابس لأنني لم أعد أستطيع أن أتحدث أو أواصل مع الآخرين.

اِخْتَبَأَ
to hide {3M}

عادوا الى معسكراتهم واختبأوا في خنادقهم. اتجهنا الى الجبل واختبأنا لمدة شهرين لان قوات الأمن كانت تحاصر المكان. كان الضحايا الثلاثة قد اختبأوا داخل الكونتينر المليء بأكياس المكرونة المصدرة إلى كندا. على هذه الأسس، فنحن مستعدون للتعامل مع باراك، على أي وجه ظهر، وخلف أي قناع اختبأ.

تَخَفَّى
to hide, be disguised {2M}

كنت أتخفّى من مطاردين. على الكاتب حين يبث آراءه إلى قارئه أن يجعل هذه الآراء تتخفى بنسيج الرواية. استطاعت أن تجد لها أقنعة خادعة تتخفى وراءها. اعتبرها حصان طروادة تتخفّى فيه الايديولوجيات من اجل اختراقنا الثقافي. هو ثعبان يتخفى في زي الأب أو الأخ أو العم أو الخال.

اِخْتَفَى
to disappear, hide, vanish {2D}

اختفى يلتسين عن الأنظار منذ مطلع العام الجاري. هناك عدد آخر من اللاعبين اختفوا تماما ونسيت الجماهير اسماءهم لعدم مشاركتهم في اي مباراة. هل اختفت الحقيقة؟ ٤٠٠ ألف لاجئ ألباني يختفون في الغابات والجبال خوفا من بطش الصرب. ابتداء من العام ١٩٦٨ تستمر بكتابة المقالات ويختفي الشعر تماما. سوف تختفي غابات الامازون كليا بحلول ٢٠٠٥. ماذا يختفي وراء الاجواء الاحتفالية؟

اِسْتَتَرَ
to hide وراء *behind; to be hidden, concealed* ب *by* {3M}

لهذا أمرنا بأن نتحرى هؤلاء في مواقعهم وخلف أستارهم التي يستترون وراءها. لقد كان هذا التعتيم تطبيقا للحكمة القائلة وإذا بليتم فاستتروا. المظلة التي يستتر بها أهل لندن لا تقي أهل الرياض من ضربات الشمس. كل واحد منهما يستتر بالاخر.

تَوارى
to hide, to disappear, fade {3M}

كان من الضروري أن نتوارى في بيوت الغير. لاذ زميله بالفرار وسط الزحام وتوارى داخل ازقة الشوارع. شمس الغروب تحاول جاهدة أن تهرب لتتوارى خلف الجبال عند خط الأفق. هو يكاد يتوارى خجلا وراء ابتسامة باهتة حزينة. في تركيا الأفراح تعم.. والأحزان تتوارى مؤقتا. ان تأثيرها على الدور المصري سوف يتوارى او يكون عند حده الادنى. كنتُ رأيتُ القمرَ يتوارى في راحتي.

خلاص salvation

خَلاص
salvation {2D}

شعبه يحلم بالخلاص من ضغوط التحشيد الدائمة في اتجاه الحروب. لن يأتي خلاص الامة على يد الحكام الصالحين وحدهم. رأوا في الحكم الاسلامي خلاصا لهم من الجور البيزنطي. رسم طريق الخلاص لمشاكل العالم الاسلامي من معوقاته الحضارية. ان الخلاص ليس بالرجوع الى الخلف.

فِداء
redemption {2W}

قدرة الجماهير على التضحية والفداء غير محدودة. بذلوا أرواحهم فداء للوطن العزيز. قدم حياته فداء لكل من في حاجة إلى عون النعمة والرحمة.

إنْقاذ
rescue, deliverance (mainly in titles); *[*(VN) *rescuing]* {2M}

الجبهة الإسلامية للإنقاذ. مجلس الانقاذ الصومالي. جبهة الانقاذ الديموقراطية.

خلاصة summary

اِخْتِزال
abridgement {3W}

الكتابة، احياناً، اختزال للمعنى. تعبير «عملية السلام» اصبح اختزالاً يمثل مساعي الولايات المتحدة في فترة ما بعد الحرب الباردة. الاسلوب الخاص في رأيي أكثر تركيبا وتعقيدا من هذا الاختزال السطحي.

اِخْتِصار
abridgement, summary {2D}

باختصار، ان لبنان في ظروفه الراهنة لا يتحمل انتخابات بلدية. باختصار، يمكن القول ان الحب هو ملح الارض. عالج تاريخ الشام والجزيرة العربية في الفترة نفسها على سبيل الايجاز والاختصار.

خُلاصَة
summary; abstract {2D}

وخلاصة القول، ان الدول بمقدورها أن تختار بين الازدهار والفقر من خلال اختيارها للسياسات الاقتصادية التي تنتهجها. ان حاضرها خلاصة ماضيها. أعد ملفاً كاملاً عن خلاصة أساليبها ودروسها. هي مؤلفة «دليل المسافر» الذي يتضمن خلاصة وافية لافضل الروايات والكتب المناسبة للسفر.

اِقْتِضاب
abridgement, summary {3M}

تناول كلينتون الوضع في كوسوفا باقتضاب. أجاب يلتسين باقتضاب على بعض الاسئلة. يرد باقتضاب: هذا موضوع سابق لاوانه. ذكر باقتضاب ان بلاده تؤيد المشاريع المشتركة «ولدينا خبرة واسعة».

تَلْخيص
abridgement, summary {2W}

ألّف بالانكليزية تلخيصاً للمشروع. يمكن اعتبار عناصر الجذب السياحي في الفيوم بمثابة تلخيص كامل لمصر. هذه الاقتراحات هي تلخيص دقيق وأمين للرسائل التي تلقيتها تعليقا على ما كتبت. كانت الكلمة تلخيصا لورقة مهمة وزعت على الاعضاء.

مُلَخَّص
abridgement, summary {2W}

ملخص المشكلة الكردية أنها مشكلة شعب له هويته الخاصة وله أرض ولغة وتراث، لكن تم تقسيمه وتقسيم وطنه على دول خمس. ذكر التقرير الذي حصلت «الحياة» على ملخص عنه ان العراق يعاني نقصا حادا في المواد والمستلزمات الزراعية. أشار الى انه عرض على مبارك ملخصا لما تم التوصل اليه في الولايات المتحدة.

موجَز
summary; abstract {2W}

كان هذا هو موجز ما شعرت به طوال ندوة رمضانية ممتعة في قاعة المؤتمرات. قدمت الصحيفة الى قرائها موجزا عن أهم المعالم السياحية والمدن المهمة بمصر. انتظرت النشرة في موعدها لأسمع الموجز على الأقل. في الفصل الأول من الكتاب يتوقف المؤلف عند موجز تاريخي للحركة السياسية لمحمد علي.

---

loyalty إخلاص

see حقيقة

أَمانَة
loyalty, honesty {2D}

هناك آخرون ضربوا مثالا يحتذي به في الاجتهاد والأمانة واحترام المهنة. كان معروفا بالصدق والأمانة. هو رجل مشهود له كذلك بالصدق والأمانة والضمير الحي. نعاهد الرئيس مبارك على أداء جميع المهام بكل أمانة.

إِخْلاص
loyalty, devotion {2D}

عمل بإخلاص. أنا لا أفرق بين الصحفيين إلا في أداء الواجب والاخلاص له. إنه أشدّ الناس إخلاصاً لوطنه. كان سعيدا باخلاصي لمنتخب بلادي وحماسي لقيادته. كانوا مثالا للشرف والطهارة والإخلاص. قد كان يحبها بإخلاص ويحسن معاملتها.

وَفاء
loyalty, faithfulness {2D}

الوفاء شعبة من شعب الإيمان، فلا يكتمل إيمان المرء إلا به. أكدوا ضرورة الوفاء بالالتزامات المتفق عليها. نعبر له عن تقديرنا لوفائه لوطنه. أصبح بذلك مضرب الأمثال في الوفاء والاخلاص لناديه.

loyal, sincere

مخلص

أَمين

reliable, honest; loyal; [(n) *secretary, administrator]* {2D}
pl: أَمناء

كان شاهدا أمينا. نطلب تنفيذ الاتفاقات التي وقعناها في البيت الأبيض والقاهرة باشراف الرئيسين كلينتون ومبارك، تنفيذا دقيقا وأمينا. يلاحظ ان ابن الهمذاني لم يكن دائما أمينا في نقوله عن هذه الكتب. بقي ميتران أمينا لصديقه رينيه بوسكيه. أحبها في أعماق نفسه ورهافة أحاسيسه وبقي أمينا لها أبدا. انه كان صادقا وأمينا مع نفسه ومع قومه.

مُخْلِص

loyal, faithful; sincere {2D}

ظل في كل ما فعله طوال هذه السنوات العشرين اللاحقة مخلصاً لكل ما ورد في الكتاب. انه وطني مخلص لبلاده مثل ابيه. أقسم بالله العظيم أن أكون مخلصاً لديني ثم لمليكي وبلادي. انها مستعدة لـ «فتح الباب واسعا امام اي جهود مخلصة لحقن الدماء وردع العدوان». يبذل جهودا مخلصة لاعادة عملية السلام الى مسارها.

صادِق

honest, accurate {2D}

الإنسان الصادق لا يكذب أبداً. تلخّص نظرته الصادقة للحياة وفلسفته النبيلة فيها. أرسل تحية صادقة إلى روح الرئيس الراحل أنور السادات. عبروا عن رغبة صادقة في زيادة العمل العربي المشترك. السينما يجب أن تكون المرآة الصادقة للحياة. نعلّم أبناءنا أن يكونوا صادقين دائما. كانت لديه النية الصادقة للعودة للعمل مدرسا.

مَوْثوق

reliable, trusted {3W}

التقارير واردة من اكثر من مصدر موثوق. قد علمت «الحياة» من مصادر موثوقة ان نادي الأنصار اللبناني تقدم بطلب لاستضافة كأس الكؤوس. الاحصاءات الموثوقة قدرت عدد الضحايا في الجزائر وحدها بنحو خمسين الف شخص. كانت فرنسا شريكا موثوقا به.

وَفِيّ

loyal, trustworthy, faithful {2W}

اصرت الجماهير الوفية على البقاء تحت الأمطار تكريماً لفريقها المحبوب. شعبنا الوفي دائماً لن ينسى اصدقاءه. هذا هو الحب دون انانية، الحب الوفي من اجل الحب. إنني أعمل مع حيوان وفيّ كالكلب. بقيت وفيّة لطروحاتها ومبادئها.

---

to mix

خلط

جَمَعَ

to mix, blend, combine بين (two things) *[*see جمع; *to gather]* {2D}
VN: جَمْع يَجْمَعُ

تتميز «جيب شيروكي» بمواصفات فريدة تجمع بين الصلابة وسلاسة القيادة. كل شركة من هذه الشركات يمثل ائتلافا يجمع بين شركات عدة. اما النقوش فهي تجمع بين أشكال حيوانية ونباتية وحروف من الخط الكوفي. أجمع بين الرسم والشعر لأن الله منحني موهبة في هذا وذاك. هناك ذكرى تجمع بينه وبيننا.

خَلَطَ

to mix, confuse بين (two things); *to mix up sth* ب *with* {2D}
VN: خَلْط يَخْلِطُ
خلط الأوراق shuffle the cards

اغتياله خلط الاوراق في اتحاد العمال و«حزب الرئيس». لا داعي لأن نخلط الأوراق وكأن هنالك تفافا من وراء ظهر عرفات أو السلطة. الناس أحيانا تخلط الأمور. يخلط الكوريون بين حرفي «ر» و«ل» لأن الحرف المماثل عندهم مزيج من الحرفين. يخلط بين البرامج الاخبارية وبين البرامج التحليلية والوثائقية. هو يخلط الغزل بالوطنيات، والمراثي بالمدائح، والتهاني بالمناسبات. يخلط الهزل بالنقد الاجتماعي النافذ. سيارة خلط الأسمنت.

مَزَج
to mix, blend (two things) *or* بين (two things)*; to mix, confuse sth* ب *with* {3W}
VN: مَزْج يَمْزُج

مزجت الاسلوبين المصري والتركي. مزجت الحرب بين الطبقات. الشاعر الحقيقي هو الذي يمزج ببراعة بين الثقافة والبداهة وبين المعاصرة والاصالة. يمزج البرنامج بين الهزلي والجدي. يمزج بين ماضي الاندلس وحاضر اسبانيا المعاصرة. يمزجون الحساسية الفنية بالحساسية السياسية. قد كان العلماء يمزجون الدين بالعاطفة.

خلع — to take off

خَلَعَ
to take off, remove (clothes)*; [to extract sth]* {2D}
VN: خَلْع يَخْلَعُ

في السويد ينبغي خلع الأحذية حين تدخل بيتاً. سألني قبل ان يخلع «الجاكيت» عن نوع عملي ودخلي وعدد أولادي وديني. رفضن خلع النظارات. خلعت ثيابها السوداء كلها ولبست قميص النوم النايلون الذي اشتريته لها. ترددت في خلع ملابسي، وخفت من الدخول الى الحمام واستسلمت الى السجائر. هل أصبح المجتمع التركي مهيأ ليخلع الرداء الكمالي الذي لبسه طوال العقود السبعة الماضية؟

شَلَحَ
to take off (sb's clothes) {2M}
VN: شَلْح يَشْلَحُ

اذا تمكنوا من أحد شلحوا ثيابه وأخذوا ما معه من الدراهم. بدأ يشلح ثيابه بسرعة. (Lev) ليش عندما يتشاجر مع زوجته يشلح الساعة من يده؟ شلحت أواعي الشغل ولبست أواعي البيت.

تَعَرَّى
to undress; to become naked {2W}

قرأت انه بقدر ما نتكلم عن انفسنا بقدر ما نتعرى قطعة بعض قطعة ونتعرض للخطر. ادعت ان كلينتون تعرى امامها. يتعرى تدريجيا من الشرف. تتعرى كي تعلن حريتها في مواجهة العالم الواحد الأوحد.

قَلَعَ
to take (clothes) *off; [to pluck out]* {1-2M}
VN: قَلْع يَقْلَعُ

ألقى نفسه على السرير من غير ما يقلع هدومه. (Eg) مش عاوز أقلع هدومي دلوقتي.

نَزَعَ
to take off, remove (clothes) عن *from; [see* نزع، أزال*; to take away, remove; to take out, extract]* {3D}
VN: نَزْع يَنْزِعُ

نزعت ثيابي وجلست في البانيو. اخضع لعملية تفتيش جسدي (دون نزع الملابس). كان لأمي طريقتها هذه في نزع ثيابها. اقتادوها الى احدى الكنائس حيث نزعت عنها ملابسها، ورجمت حتى الموت. هذه الحاويات يمكن أن «تنزع عن الروح بالسهولة نفسها التي تنزع فيها الملابس عن الجسم». أجبر بعض المواطنين على نزع ملابسهم والزحف بينما كان الجنود يضربونهم.

نَضا
to take off, remove (clothes, etc.) {3M}
VN: نَضْو يَنْضو

دعاهم أن يفيقوا من ركودهم، ويكسروا طوق هوانهم وضعفهم، وينضوا عن واقعهم ثوب الوهن والخذلان والخوف. كان الصباح جميلا وهو ينضو تحت شمس ساطعة ضباب الفجر. شاءت لقدراتها وتحدياتها ان تنضو عنها المعوقات التي استهدفت نشاطاتها، فعادت للظهور أكثر إشراقا وإبداعا! نضت عن قلمها حجاب الصمت.

to differ اختلف

تَبايَنَ
to differ, vary {3D}

كانت الادارات الاميركية تباينت في طريقة تعاطيها مع هذا التعهد. تباينت المواقف بين القيادتين المصرية والفلسطينية. تتباين أرقام انتاج الذهب الروسي بشدة. ذلك أمر يختلف فيه الناس وتتباين فيه المشاعر والمرائي. أما ان تباينت التصريحات أو اختلفت، فهذا لا يعني انشقاقا.

اِخْتَلَفَ
to differ عن *from; to disagree* في/على *about; [*see ذهب*; to go* إلى *to]* {2D}

نظرتنا الى الأمور تختلف عن نظرة الغربيين ونظرة الاسرائيليين. انه كتاب عن الحرب لا يختلف عن سواه. موقف الحكومة الألمانية يختلف عن موقف المحكمة. يختلف دور المثقف العربي من فترة الى اخرى. اختلف العلماء القدماء في تفسير لقب المهلهل. وأعتقد اننا لا نختلف على ضرورة الحفاظ عليها. كان اللبنانيون يختلفون على كل شيء.

تَفاوَتَ
to vary, range بين *between* {3D}

تتفاوت معدلات الهطول المطري من عام الى آخر. يتفاوت عدد العاملين حسب حجم الشركة وطبيعة أنشطتها. تفاوتت ردود الفعل ازاء اتفاق القاهرة للسلام في الصومال. كتاباتهم تتفاوت بين الهجاء والمديح. درجات الحرارة تتفاوت بصورة كبيرة من منطقة إلى أخرى. حظوظ الدول من الاستقرار أو الاضطراب السياسي تتفاوت.

تَمايَزَ
*to differ, be distinct (*عن *from)* {3W}

يحمل موقفا رافضا أيضا لكنه يتمايز عقائديا وسياسيا. الناس سواء، فاذا عملوا، تمايزوا في ما بينهم. إن كل واحد منهم قد انصرف إلى فرديته التي راحت تتمايز شيئا فشيئا. تبعا لذلك تتمايز وتختلف أهداف ووسائل هذه القوى الاقليمية والدولية عن أهداف ووسائل المعارضة السودانية. استطاعت بشخصيتها وتصرفاتها ان تتمايز عن العائلة.

---

difference اختلاف

تَبايُن
difference, disparity {3D}

انتقد وزير الدفاع «التباين الكبير في الرأي داخل الكتلة البرلمانية الواحدة». هناك مشكلة المياه، والتباين والتفاوت في توزيعها واستهلاكها. أشار الى «خلافات الماضي» بين البلدين بسبب تباين الموقف من اسرائيل. التباين الثقافي بيننا وبين الغرب ليس واسعا باتساع الخلاف بيننا وبين الصينيين واليابانيين على سبيل المثال.

اِخْتِلاف
difference, disagreement {2D}
pl: اِخْتِلافات

أشار إلى اختلاف الوضع في مصر خلال الحرب عنه قبلها. لم يلاحظوا أي اختلاف بين مخه وأمخاخ عامة البشر. لا يمكن أن يتطور ويتغير إذا لم يقبل النقد والاختلاف. الوضع في الشرق الأوسط يختلف اختلافا بينا لاختلاف الظروف وطبيعة المشكلات. هذا امر ليس فيه اختلاف بين البلاد العربية. عمليات الاستطلاع للهلال تتم في أوقات مختلفة بالدول الاسلامية لاختلاف التوقيت. لم يلاحظ وجود اختلافات في النتائج.

تَعارُض
contrast; difference {2D}

أشار الى «التعارض الطبيعي» بين قيم ومبادئ ايران – الثورة الاسلامية والغرب. هذا النموذج يرتكز على التمييز والتعارض اللذين يقامان بين القبيلة والمدينة. ظهرت اسباب عدة للخلاف اضافة الى التعارض في الرأي على صيغة تنظيم قوى الأمن الداخلي.

فَرْق
difference, distinction {2D}

هناك فرق كبير بين أن ننتقد الحكام وبين أن ننتقد إدارة العملية. الفرق بين الخزانات التي تعمل بالضغط وتلك التي لا تعمل بالضغط ان الأولى تصنع من الصلب المغلف بالمطاط. لا فرق بين التفجيرات التي تحدث في فرنسا عنها في ايران. ذكر أن هناك فرقا بين نيتانياهو وباراك. ألا ترون معي ان هناك فرقا شاسعا بين مفهوم القمع ومفهوم الأمن؟

فارِق
difference, distinction {2D}

لم يحدث في السابق ان يتقدم حزب بهذا الفارق في استطلاعات الرأي ثم يخسر الانتخابات. اكد ستايكو انه سيحقق الفوز بفارق هدفين على الاقل بسبب الفارق الفني الشاسع بين لاعبيه ولاعبي المنصورة. فارق التوقيت بين مصر والمكسيك يبلغ سبع ساعات. الفارق في العمر بيني وبينه ٣١ سنة تماما. الفارق في أسعار التذاكر غير قليل.

تَفاوُت
difference, disparity, contrast {3D}

يوجد تفاوت كبير في الأسعار من محل لآخر في السوق الواحدة. لا يؤمن باختلاف الآراء والتفاوت في تقويم السياسات. ان التفاوت في المعدلات المتوقعة لنمو الطلب على الطاقة ينبع أساسا من التفاوت في تقدير معدلات النمو الاقتصادي في مختلف دول العالم. يتضمن الكتاب وصفا لتفاوت أوضاع الجاليات الفلسطينية في كل من لبنان وسورية والأردن.

تَنافُر
conflict; mutual disliking; disagreement {2W}

المجتمعات العربية تمثل صورة من انعدام الانسجام وتنافر القوى لا مثيل لها ربما في اي مكان آخر. الرأي العام يشعر بأن هذا المجلس لا يعمل كفريق، وبوجود تنافر بين عدد من أعضائه لأسباب شخصية. يكثر التنافر بين هؤلاء فلا يستطيعون فهم بعضهم في البداية. المواقف المتناقضة والتنافر البادي بين طرفي النزاع أديا إلى تأجيل عقد تلك القمة.

خلق — to create

خَلَقَ
to create, form sth {2D}
VN: خَلْق يَخْلُقُ

ان الله خلق العالم في ستة أيام ثم استراح في اليوم السابع. تأجيل المفاوضات يخلق اجواء من عدم الاستقرار. انهم يريدون انتهاز الفرصة لفرض إرادتهم وآرائهم، وهذا يخلق المشاكل. اذا لم نخلق دولة القانون لا نكون قد خلقنا المواطن وهذا واقعنا اليوم. اغتيال رابين خلق أزمة زعامة في اسرائيل.

كَوَّن
to create, found sth; to make up, form sth {2D}

يعتبر اللغة جهازا يكوّن الأفكار. لعبت المدارس الدينية دورا كبيرا في تاريخ الاسلام وحضارته، فهي التي كوّنت الكوادر الثقافية والفكرية والدينية في المجتمع والدولة. واذا اتيحت لي فرصة انتاج الافلام سأكوّن شركة ولن اكون المدير المالي لها. الفعل قد كون جريمتين الغش أولا ثم القتل. يوسف وهبي كون فرقة رمسيس عام ١٩٢٣. اليهودية التقدمية هي أكبر حركة يهودية في العالم وهي مع اليهودية المحافظة تكوّن الأغلبية العظمى لليهود الذين يرتبطون بكُنُس.

أَوْجَدَ
to create, found sth; to invent sth {3D}

غزو العراق للكويت أوجد اجواء كثيفة من انعدام الثقة. يقبل العرب بوجود دولة اسرائيل كواقع أوجدته الظروف الاقليمية والعالمية منذ مطلع هذا القرن. ادعى بأنه أوجد المذهب المسيحي الصحيح وان كل المذاهب المسيحية الأخرى غير صحيحة. العرب كانوا أول من أوجد المسحوق الأسود.

خلال — during

إبّانَ
during {3D}

سافرت الى اسبانيا ابان اندلاع الحرب الأهلية هناك، حيث انخرطت في صفوف الفوضويين الثوار. إبان رئاسته زادت القروض الممنوحة للبلدان النامية. جرت الانتخابات العامة في إسرائيل ابان شهر مايو من هذا العام. الأرمن وطنوا هذه الأراضي إبان حكم الخلافة العثمانية. الامم المتحدة عاجزة تماما عن اداء الدور الذي لعبته ابان الحرب الباردة.

أَثْناءَ
during {2D}

كان في أثناء اعتقاله كتب كراساً عنوانه «جبل الهيكل». لم يكن موجوداً في البلد اثناء الهجوم. لم يكن هو وأسرته في البيت أثناء القصف. توفي في بغداد أثناء احدى رحلاته. أضاف ان «قيادة امن عدن لا تتوقع اي اخلالات امنية اثناء الانتخابات». يجب عدم النظر لقرص الشمس أثناء الكسوف. جلست إلى جواره اثناء حفل الغداء.

خِلالَ
*during; within; [*see عن طريق*; by means of, through]* {3D}

توقع نانو ان تتم التحولات في الحكم خلال الاسبوع الجاري. تعتبر مسألة الأسرى والمفقودين خلال الحرب العائق الرئيسي أمام تطبيع العلاقات بين البلدين. سيجري الرئيس الفيليبيني خلال الزيارة محادثات تتناول العلاقات الثنائية وسبل تعزيزها. ان العمل سينتهي خلال ١٠ سنوات على الأكثر من الآن. تركيا تستعد لنقل رسالة للولايات المتحدة خلال الايام القليلة القادمة.

في غُضون
during, in the course of {3D}

اللافت ان رحولي حققت فوزيها اليوم في غضون ١٠ دقائق. قالت مصادر السوق انه سيتم في غضون الفترة المقبلة أيضاً الاعلان عن أربع شركات جديدة. قرر الدعوة الى لقاء في غضون شهرين لدارسة الاقتراحات. من المقرر ان يجتمع مسئولون بالادارة الامريكية في غضون الايام القليلة المقبلة. سيتم اطلاق سراحهم في غضون اليومين المقبلين.

---

empty — خالٍ

أَجْوَف
empty, hollow; futile {3M}

يريد صاحبنا ان يتخلص من عمره الثقيل والاجوف. سيبقى شعار الانفتاح وتحرير السوق شعارا أجوف ينتج كائنات لا روح فيها ولا تجذرا نوعيا. لا يمكن اعتبار ايًّا من هذين التهديدين اجوف. المستوطنات هي جوهر الصهيونية، ما عدا ذلك خداع، وكلام أجوف، ومضيعة للوقت.

خالٍ
empty, devoid من *of* {3D}

الأعمال الرئيسية لتطوير حقل شيبة النفطي في منطقة الربع الخالي ستنتهي بحلول منتصف ١٩٩٨. كانت الساحة خالية تماما بعد الظهر. بحث عن غرفة خالية في منزله ليجعلها مستودعا أو قبرا لنسخ المجموعة. كان الشوط الأول خاليا من أي لمحات فنية. بقي رصيد لبنان خاليا من اي ميدالية. انه ليس خاليا من المواهب.

خاوٍ
empty, vacant {3W}

ابلغ عبدالمجيد الحكومات العربية ان خزانة الجامعة خاوية وانها لم تتمكن من دفع رواتب موظفيها عن شهر ايلول. أقيمت المباراة في جو ماطر وامام مدرجات شبه خاوية. خلال هذه الفترة بدت شوارع القاهرة شبه خاوية حيث لم يذهب العديد من الموظفين الى اعمالهم. شعرت بأن رأسها خاو، ورأت شفتيه تتحركان بسرعة في ما يشبه السباب.

شاغِر
empty, unoccupied {3W}

يبحث عن اللاعب الذي سيشغل مركز الظهير الايمن والذي اصبح شاغراً لغياب ايمن عبدالعزيز لحصوله على الانذار الثاني. أدت زيادة الوظائف الشاغرة إلى ارتفاع الأجور. يخاف من ان يتقدم حليفه لملء المقعد الشاغر. ثمة اربعة آلاف مسكن شاغر في المستوطنات لعدم توفر شراة. إن منصب رئيس جمهورية صربيا اصبح شاغراً.

فارِغ
empty, free, idle {2D}

راحوا يرشقون السيارات ورجال الشرطة بالحجارة والزجاجات الفارغة. تدخل وتأخذ مكانها في المقعد الفارغ المحجوز لها الى جانبي. فرض الضرائب على الاراضي الفارغة القابلة للبناء. ذوو البطون الفارغة كذوي البطون المليئة، في النهاية يترصدهم الموت. هذا كلام فارغ لا اساس له.

فاضٍ
empty; free, available; senseless {1-2M} (Coll)

«الكراسي الفاضية كثيرة.. كلّ منهما مقطوع له نصف تذكرة». أنا يا سيد كثيراً ما أكون كأم العروس: «فاضي ومشغول في آن!». كل واحد في حاله وكل واحدة مشغولة بعيالها وبيتها، وماحدش فاضي لحد في الزمن ده. اما الكلام الفاضي فهو مرفوض.

خمر — wine

خَمْر
wine {2W}
pl: خُمور

الخمر سم بطيء. تبين ان الخمر لعبت برؤوسهم ليلة رأس السنة، فحطموا جانبا من اثاث الفندقين. لم أقع في اغراءات يتعرض لها الشباب من خمر وتدخين وغير ذلك. شن حملة على المدخنين ومحبي تناول الخمر لأنه هو لا يدخن ولا يشرب. افلس وادمن الخمر وتوفي. تراجع الطلب على الكحول المستوردة بعد فرض ضرائب على الفودكا والخمور المستوردة في روسيا.

نَبيذ
wine {2W}

صنعت من العنب نبيذاً يكفيني سنة. قد تجاهل برجوازيو فرنسا القهوة مفضلين عليها النبيذ والكحول، تاركين مقاهي القهوة بنمطها الشرقي للطبقات الافقر. قيل ان احد اتباعه دعاه الى شرب كأس من النبيذ، أصيب بعد تناولها بارتفاع كبير في الحرارة. جاء السائق بعد ان شرب زجاجة نبيذ، وربما أكثر. هل هناك فرنسي يسكر بعد زجاجة نبيذ؟

خمّن — to guess

حَدَسَ
to guess, surmise sth or أَنَّ *that* {3W}
VN: حَدْس يَحْدِسُ

كانت هذه الاشارة الأولى التي حدست منها ان عرفات يحاول على الأرجح عقد اتفاق سري منفصل. من هنا يمكن ان نحدس ان العولمة تعني الدعوة الى تبني نموذج معين. لن أعدّد الاسماء فالقارئ سوف يحدس بسهولة. ليس من الصعب ان نحدس ماذا سيترتب على محاولة حل المشكلة بالقوة من جديد.

حَزَرَ
to guess, estimate sth or أَنَّ *that* {2M}
VN: حَزْر يَحْزِرُ

سمعت بعض الأصوات وحزرت ان هؤلاء سيكونون أولادي. نقلت حفلتين شارك فيهما المطرب والملحن المصري سيد مكاوي، مع احجيات و«فوازير» كان يطرحها فنان ما، يربح من يحزرها من المشاهدين جوائز قيمة، بينها تذاكر سفر. كانت تقدم لنا رقصة الباليه هذه على موسيقى نحزر ما هي. كانت نرجس تستعد للانسحاب الى كتابها وقد حزرت اننا على وشك البدء في لعبة «الليخة».

خَمَّنَ
to guess, surmise sth or أَنَّ *that* {2M}

قال «لندعهم يخمنون ماذا سيحدث لهم». افكر فيك طوال الوقت، وأحاول ان أخمّن أين أنت. خمنت انها على وشك البكاء، فاحتويت ذراعها بذراعي بقوة. نخمن ان هذه من أخصب فترات ابن خلدون الفكرية والذهنية. خمنت انه في أواخر السبعينات من العمر، او حتى في أوائل الثمانينات. ابتسم وخمن ما يدور في رأسي.

خاف — to be afraid, fear

خَشِيَ
to fear sth or من / على *sth or* أَنْ *that* {3D}
VN: خَشْي، خَشْيَة يَخْشَى

هل تخشون تدخل جهات غير مدنية. يخشى من صناديق الاقتراع. كان يخشى على مستقبلي. يخشى من ان ميزان القوى مائل ضده. يخشى ان لا تكون الادارة الاميركية قادرة على تمويل الصفقة. نخشى ان يتغلب علينا مرض الرأسمالية.

خافَ
to be afraid of, fear sth or من/ على *sth or* أنْ *that* {2D}
VN: خَوْف يَخافُ

هل تخافين الفشل؟ أخاف من هذه المسؤولية وأخاف ان لا أرضي الجمهور. من جهته قال مدرب الارجنتين جوزيه بكرمان انه لا يخاف من البرازيل. نحن لا نخاف على القضاء في لبنان بل على الوضع الامني. أخاف عليك من التعب. خفت أن أجذب انتباه الحضور بمقاومتي. تخاف أن تبتسم. أؤكد اني لا أخاف المستقبل، لأن الجيد يفرض نفسه.

تَخَوَّفَ
to be afraid, fear من *sth or* أنَّ/ من أنْ *that* {2W}

تتخوف مصادر في وزارة الطاقة من الانعكاسات الجانبية لارتفاع أسعار النفط. من حق لبنان ان يتخوّف من توقيع اتفاق الخليل بين السلطة الوطنية الفلسطينية واسرائيل. يتخوف المحققون من ألا يتمكن ريز – جونز من توضيح التفاصيل. اكثر من ثلث الهنود يتخوف ان بلاده ستتجزأ دولا مختلفة في السنوات الخمسين المقبلة. لي بنت أتخوف عليها من أن تضيع.

ذُعِرَ
(pass) *to be frightened, alarmed* من/ ل *by* {3M}
VN: ذَعَر يُذْعَرُ

ذعر من الايدز. قالت فودجيل انها ذعرت عندما علمت بتفاصيل العملية التي اجريت لها. ذعرت ياسيدي المحامي وهربت من المرأة كأنها طاعون.

اِرْتَعَبَ
*to be afraid, frightened (*من *of)* {2M}

كان العالم كله يرتعب امام تقدم قائد شيوعي. ارتعبوا من فكرة تجمع النساء. الشيوعيون يرتعبون من شبح الجنرال لبيبد الذي يبدو حظه وافرا. كان يدرك خطورة مرضه لكنه لم يرتعب منه ابدا. بدوره ارتعب زوجي الى درجة انه بالكاد استطاع الرؤية وقيادة السيارة الى المستشفى.

فَزِعَ
to be alarmed, frightened من *by* {2M}
VN: فَزَع يَفْزَعُ

فزع الصبي من قولها وهو يقيس في ذهنه مسافة الاياب بالأيام. قد فزعت من كلام محمد المتوكل ولم اغضب، فزعت لأن محتواه التهديد والوعيد ضد جيران قريبين منه.

تهَيَّبَ
to fear, be afraid of sth or من *sth* {2M}

غالبية الموظفين الساحقة في الادارة اللبنانية تجهل استخدام الكومبيوتر وتتهيبه. لا يتهيب القادة الصينيون من الاقدام على أية اصلاحات اقتصادية. لا يعرفون كيفية الدخول إلى هذا العالم أو يتهيبون منه. لا موت عبدالناصر عام ١٩٧٠، ولا حتى مقتل السادات عام ١٩٧٨، احدث تلك الهزّة الارضية التي كان يتوقعها او يتهيّب منها كثيرون.

fear خوف

خَشْيَة
fear (من for sth) {3D}

دفع معارضيه الى ابداء خشيتهم من اتساع نطاق الارهاب. الخشية هي الا يحصل ذلك ابدا. ان معظم المسؤولين الذين اعربوا عن خشيتهم على مستقبل الديموقراطية في هونغ كونغ لم يسمع العالم لهم. عبّر عن خشيته من ان تزيد الامور تعقيدا في حال عدم معالجتها.

خَوْف
fear {2D}

يروي السكان الذين اصابهم الهلع والخوف انهم سمعوا في الاوحدة والربع فجر امس ثلاثة انفجارات متتالية. يسعى الى استمرار جو الشك والخوف والكراهية بين الفلسطينيين والاسرائيليين. مَن الذي يستفيد من نشر أجواء الرعب والخوف والصمت؟ لا زلت أشعر بالخوف على مستقبل البوسنة. لا خوف على لبنان ما دام التلاحم بين اللبنانيين مستمرا.

تَخَوُّف
fear {3D}

تخوفه من احياء بذور الحرب الباردة مفهوم. ابدى تخوفه من الاقدام عليها مكرها. هل يعكس هذا التصريح تخوفا من اشكالات مستقبلية متوقعة. أعرب عن تخوفه من زيارة قد يقوم بها إلى مناطق الحكم الذاتي قريبا.

ذُعْر

terror, alarm {3W}

بعد ظهر الأحد سجلت هزتان قويتان نسبيا في اردبيل ما اثار الذعر لدى المواطنين. يحاول نتانياهو ان يزرع الرعب والذعر في بعض العواصم العربية. قال ان على الجيش الاسرائيلي الخروج من لبنان «من دون ذعر أو هستيريا». احتمال قيام نظام على الطريقة الايرانية أطلق موجة ذعر لدى الطبقات الاجتماعية المتجانسة.

رُعْب

fear, terror {2D}

في المؤتمر العام الذي عقد في تلك السنة كانت احداث الرعب في لبنان ما زالت غضة في أذهان المندوبين. أهم ما قاما به هو كسر حاجز الخوف والرعب الذي ملأ قلوب الناس. قد تحول الكتاب الى فيلم رعب. الشيء الاول الذي يرد الى ذهني هو عدم مقدرتي على تقديم الدور، وفي كل مرة اعيش حالة من الرعب، لأن أدواري دائماً مختلفة.

رَهْبَة

fear, terror {3W}

لم يتردد من اجل ذلك في ادخال الرهبة في قلوب الشبان الروس الذين أرسلوا الى جبهات القتال هناك. هذه الحوادث ترمي الرعب والرهبة في عيون مشاهدي التلفزيون. هكذا نجد ان الرهبة والخوف هما عماد نظام الاستبداد. لم يشعر حياله بأي رهبة أو كره. استقبله بدهشة ورهبة كأنه قادم من كوكب آخر.

رَوْع

*fear; [*see عقل; *mind, soul]* {3W}

يهدئ (من) روعه allay his fears

عبّرت عن «روعها» للمجازر الاخيرة التي وقعت في الجزائر. حاول ان يهدئ من روعه، ثم اصطحبه الى بيته حيث نادى على ابنته. نحاول تهدئة روعهم، وافهامهم ان عليهم ان يصبروا وألا ييأسوا. ادرك مأزق الفرنسيين فراح يهدئ من روعهم ويدلي بتصريحات مطمئنة.

فَزَع

fear, dread {3W}

هنا باغتني فزع مميت. وقف يتفرج بفزع على هذه الهياكل البشرية الرثة. شعرت بالفزع وبدأت عظامي تختض. قال انه يشعر بالفزع لما حدث في كمبوديا.

هَلَع

panic, dread {3W}

قد اصابه هلع في البداية. أدى القصف الى اصابة المواطنين بحال من الذعر والهلع. تلك النتائج أثارت هلعا في أوساط اليمين. لم تعد حوادث السير في السعودية وحدها تفتك بالناس وتثير الهلع والرعب فيهم.

هَوْل

horror, dread {2D}

ولهول الصدمة اغمى على شاب ما اضطر احد رجال الامن الى صفعه لاستعادة وعيه وطلب منه الابتعاد عن الشارع. هنا امام هول الكارثة لم يعد بامكان بورقيبة ورفاقه المعتدلين ان يخلدوا الى صمتهم الهادئ المعهود. ينطلقون منها لاثبات ان ما نحن مقدمون عليه أشد هولا مما خلفناه وراءنا. جاءت عناوين الصحف لتعبّر عن هول المجزرة.

وَجَل

fear, apprehension {3M}

شعرت بالذهول والوجل وأنا أنظر، بعيني ابن الثانية عشرة او الثالثة عشرة من العمر، الى الجمهور المحتشد. تصدى لهذا الموضوع بحذر ووجل ثم تراجع. لمست لديه بعض الوجل والتهيّب لدى تناوله لعبارة إميل دوركهليم.

مخيف — dreadful, terrible

مُخيف

dreadful, terrible; frightening {2D}

ما كان الحيوان المخيف الا حمارا اسود. قال ان احتمالات تصاعد التوتر في المنطقة «مخيفة». رأى العربي ان الموقف سيكون مخيفا بالنسبة لمنطقة الشرق الاوسط اذا استمرت اسرائيل في تشددها. اليوم هناك آلة مخيفة ومرعبة تعمل على تدمير المنطقة بيئيا وصحيا.

مُرْعِب

dreadful, terrible {2W}

الجرائم التي ارتكبت بحق الفلسطينيين في تلك السنوات، هي أمر «مخيف ومرعب ووصمة عار على جبن كل من شارك فيها». قد قرأت اخيرا احصاءات مرعبة عن العجز في حسابات استيراد السلع الزراعية. قاد دولتها الى كارثة مرعبة. كل شيء ممكن في عالم المخابرات المرعب والغامض.

رَهيب

dreadful, terrible; frightening {2D}

كشفت الأزمة الانقسامات الرهيبة بين العرب. يعيش للمرة الاولى كابوس واقع الحرب الرهيب. هذا لا يبرر العمل الرهيب الذي وقع في الاقصر. إنها كانت ايضا سنة المجازر الرهيبة التي لم تشهد البلاد لها مثيلا منذ اندلاع احداث العنف. إذا بها تغرق بفساد رهيب يأكل الأخضر واليابس.

مُرَوِّع

dreadful, terrible; frightening {3W}

خلف هذه الاحصائيات المروعة تكمن حاجة ماسة لتفنيد الرواية الرسمية للاحداث. تجنب ابن خلدون الكلام عن تفاصيل الحادث المروع الذي قلب حياته وزعزع كيانه. قد ادت المجزرة المروعة التي اشاعت الذعر في المنطقة الى موجة نزوح جديدة للقرويين.

مُريع

dreadful, terrible; frightening {3W}

قال ان مسلسل العنف المريع متواصل في الجزائر. كانت بقية المقال مريعة كبدايته، وشعرت بالقلق وأنا أترك المكتب. انسحب حبي لك من جسدي ليترك مكانه طعما مريعا. الحمد لله كان كابوسا مريعا وأفقنا منه أكثر احساسا بمعنى الوطن ومعنى الأمن.

مُفْزِع

dreadful, terrible; frightening {3W}

المفزع اكثر ان هذه المأساة يمكن ان تتكرر في أي وقت. كانت الجريمة مفزعة وكانت ردود الفعل عليها – أميركيا واسرائيليا – مريبة. أطبقت الكتاب عند هذا الموقف... فقد ارهقني الرجل بحقائقه المفزعة. اقاموا حاجزا منيعا ومفزعا يعترض من كان يريد الدخول الى المتجر.

مُهَوِّل

dreadful, terrible; frightening {3W}

كانت ايران تنظر الى الاحداث المهولة كلها على انها عمل شيطاني ومجرم هيأه صدام حسين. هذه الصناعات الاعلامية المهولة اصبحت تتهدد الحياة الشخصية للناس بالاطلاع على دقائق حياتهم. كانت ولا تزال لديه موارد معدنية مهولة قابلة للاستثمار. لا ننكر ان ايقاع الحياة أسرع في السنوات الاخيرة سرعة مهولة.

خان
to betray

خانَ

*to betray; [*see انتهك; *to break* (a commitment)*]* {2D}
VN: خِيانَة يَخونُ

خانوا الوطن والتراب وباعوه مقابل عملة صعبة. تاجر المخدرات وكل من يسهم في ترويجها وتعاطيها يخون الوطن ويبيع ضميره بأبخس الأثمان. في المواقف الحاسمة يخون أصحابه ومهنته. اعترف سيمبسون تحت ضغط الأسئلة المحرجة بأنه خان زوجته مرات عدة. من يخون زوجته يخون بلاده.

غَدَرَ

to betray ب *sb* {2W}
VN: غَدْر يَغْدُرُ

لا يريد أن يسمع لا بالغرب ولا باسرائيل ممن غدروا بالمسيحيين ولا زالوا يغدرون. ان الحكومة غدرت بالشعب والشعب سيردّ بقسوة. يغدرون بمن يفترض انهم اخوتهم. لقد غدروا بنا وخانوا كل الوعود التي قطعوها على انفسهم.

وَشَى

to betray ب *sb* {3M}
VN: وَشْي يَشي

الغادر وشى بهم وأفسد على الجماعة كل المشاريع الخاصة بالمدد وتوفير العدة. أحد المخبرين الافغان وشى به طمعا في جائزة المليوني دولار التي رصدتها واشنطن. أُعدموا بعد أن وشى بهم بعض زملائهم إلى السلطات العراقية.

to choose اختار

اِخْتارَ
to choose sth or أَنْ *to do sth* {2D}

طُلب من الطيب صالح ان يختار أفلامه المفضلة كي تعرض خلال الموسم. ان مصر «دولة رائدة في الشرق الاوسط اختارت طريق السلام والاستقرار». ان الانسان لا يختار آباءه وأجداده. تركت العمل واختارت المنزل. لماذا اختار ان يؤلف كتبه عن تاريخ العرب باللغة الانكليزية وليس باللغة العربية؟ اختار الاقامة في مدينة طنجة منذ خمسين سنة.

اِنْتَخَبَ
to choose, select sb {2D}

انه أول رئيس ينتخب بأسلوب ديمقراطي منذ نحو ٤٥ عاما. ينتخب كل حزب مرشحه من بين المتسابقين. الدافع الذي يعطيني أن أنتخب حضرتكم هو حبك القوي لبلدك. انتخب باجيو افضل لاعب في اوروبا العام ١٩٩٤. هذا هو الرجل الذي انتخبه قلبها.

اِنْتَقَى
to select, carefully choose sth {3W}

أنتقى من رسائل الأصدقاء هذه المجموعة التي تتحدث في موضوع واحد. هؤلاء ينتقون مصطلحات عربية موحدة بعيدة عن اللغة المحكية في كل دولة. الأديب ينتقي كل كلمة. كان يجلس أمامي ينتقي أجوبة مختصرة على أسئلتي المتدفقة. ينتقي ادواره بعناية شديدة. اننا نريد أن نختار وننتقي منها ما يليق لنا.

---

goodness خير

see جيّد، أحسن

بِرّ
righteousness {2D}

يناشد الدكتور بلال أهل الخير والبر بالتبرع لجمعية أصدقاء مرضى الأنف والأذن بالاسكندرية. هذا بفضل الله ومساندة أهل الخير والبر في الدول العربية والاسلامية.

حُسْن
goodness, excellence; [beauty] {2D}

لا تجد الحكومة الأردنية امامها من مفر سوى اعادة النظر في حسن نواياها تجاه الطرف الاسرائيلي. العراق يريد ان يظهر الايرانيون حسن نيتهم. حسن التصرف. حسن التعبير. حسن الأداء.

إحْسان
good deeds, charity, goodness {2W}

الإحسان إلى الوالدين ليس له جزاء عند الله إلا الجنة. فكرة عمل الخير والاحسان والبر فكرة قديمة. هناك جماعات أخرى، مثل «العدل والاحسان» لا تتمتع بحرية الحركة هذه. يجب ان يكون الاحسان والصواب ضالتنا المنشودة. إن الله كتب الإحسان على كل شيء.

خَيْر
goodness; [see أحسن*; better* من *than; best]* {2D}

نحن ابناء وطن واحد متحد، ويبنيه الجميع لخير الجميع. ما دامت المرأة في بلادي تسعى الى الخير، فهي بخير دائم إن شاء الله. ستحرص على تربية الاجيال على قيم الحق والخير والفضيلة. من يخون وطنه لا خير فيه لوطننا. اتفقا على العمل معا «لدفع مسيرة التقدم والازدهار بما يعود بالخير على الشعب القطري ويحقق له الأمن والاستقرار والتقدم». من يفعل خيرا يرتدّ عليه خير. يجد في كل هذه المصائب خيرا.

فَضْل
goodnesss {3W}
بفضل thanks to, owing to

لا ينكر على ريتشاردز فضله النقدي، إذ وثق حالة الثقافة المعاصرة له. بفضل التحالف المصلحي بين الامبريالية والصهيونية نشأت دولة اسرائيل. بفضل جهود المبعوث الاميركي كافاناه، اعلن تأجيل توريد الصواريخ سنة ونصف. خصصنا له نحن وكذلك الامم المتحدة عاماً دولياً للتذكير به والاحتفاء بفضله الادبي على الانسانية.

فَضيلَة
noble act, charity, virtue {3D}
pl: فضائِل

يتحدث عن الإيمان بالله، وفضيلة العمل الإنساني. الحرية تقيمها وتصونها فضيلة المواطن. العودة الى الحق والأصل فضيلة. عند استعراض الكتب التي تتحدث عن فضائل الشام نجد ان الجامع الأموي يأتي في قمة هذه الفضائل. ان الصبر والصمت من الفضائل المطلوبة.

tailor خيّاط

خَيّاط
tailor {2M}

كان يعمل خياطاً مع ابيه، وثلاث فتيات. الخياط العربي يبيع الجلباب العربي والبدوي المطرز يدويا بالخيوط الذهبية الرائعة. الصالحات المطلوبة هنا تصنعها فأس الفلاح وأبرة الخياط وقلم الكاتب ومشرط الطبيب وقارورة الصيدلي.

تَرْزي
tailor {1M} (Eg)

لم يدرس تعاليم الدين الحنيف وكل مايفعله في حياته العمل كترزي بمدينة الاسكندرية ولم يحصل على دراسات في الفقه والشريعة. أنا مثل الترزي أقوم بتفصيل الخطة حسب متطلبات كل مباراة.

---

to imagine تخيّل

see فكر، اعتبر

خالَ
to imagine sth (to be sth) or أَنَّ *that; to be under the delusion* أَنَّ *that* {3D}
يَخالُ

خالوا السياسة شأناً خاصاً بالحاكم المفرد. الذين خالوا ان سقوط الشيوعية التوتاليتارية أفضى الى رمي الاشتراكيات برمتها من أقرب نافذة، خاب ظنّهم بالتأكيد. استأنفوا الغارات الجاهلية بغرض السلب والغنيمة وخالوا انها جهاد. خلنا انه ليس بالامكان احسن مما كان.

تَخَيَّلَ
to imagine sth (to be sth) or أَنْ/ أَنَّ *that* {2D}

نتخيل الحب خرافة سحرية. قال الفنان انه كان يتخيل مرض السرطان ويرسم محاولا ان يصور معاناة زوجته. عموما لا أتخيل نفسي أرتدي غير قميص الأهلي. إننا لم نتخيّل أن تتحقق هزيمة العرب بهذا القدر من السرعة والسهولة. بدأت اتخيل كيف سأمضي عصر هذا اليوم. لم نتخيل أنه يمكن تحويل هذه الصحراء الجرداء خلال شهور قليلة إلى جنة خضراء. لم يتخيل أن تكون هذه هي النهاية. لم يكن يتصور ويتخيل حجم اثارها على المنطقة.

تَصَوَّرَ
to imagine, think, suppose sth (to be sth) or أَنَّ *that* {2D}

كل اتجاه يتصور نفسه الغالبية. لا اتصور نفسي الا راقصة وكوريغراف. والدها لم يكن ذلك الكائن الكامل البعيد عن العيوب كما تصورته. هل يتصور احد ان من الممكن ان تدخل مصر القرن ٢١ وهي لا تزال في حاجة الى مثل هذه المعونات؟ الموضوع أصعب وأعقد مما تتصورون. بعض الناس يتصورون أن لهم الحق في الحكم على الناس. يخطئ من يتصور أن التغيير هو بالضرورة نحو الأفضل.

ظَنَّ
to think, assume أَنّ *that* (or with imperfect verb)*; [see* اعتبر*; to consider sb/sth to be sth]* {2D}
VN: ظَنّ يَظُنُّ

أظن ان الانسان يحتاج الى السعادة. ظن الجميع ان النتيجة ستكون تاريخية. لكن الأمر ليس بمثل البساطة التي نظن. «هل يظنون ان باقي السكان سيكونون عبيداً لهم؟» لا اظن ابداً بأنني أسيطر على حياتي. يغادر سيرا من دون كرسي نقال كي لا يظن احد انه ضعيف. ظننته يمزح. لا اظنه يختلف على هذا.

فَرَضَ
to assume أَنّ *that; [*see أجبر*; to impose]* {2M}
VN: فَرْض يَفْرِضُ

لنفرض ان الحكام مخطئون ما ذنب المواطنين الآمنين؟ لنفرض أننا قررنا مقاومة العولمة... اتفاق أوسلو فرض ان الأمن يأتي قبل السياسية وهذا عمل مجنون. اكد الشيخ أكثر من مرة ان العنف لا يجدي، واذا فرض ان «الجماعة الاسلامية» هي التي نفذت حادث الاقصر، فما ذنب السياح الاجانب في قضية الشيخ.

اِفْتَرَضَ
to suppose, assume sth or أَنَّ *that* {2D}

دخل الفرد لن يزيد على ١٨٠٠ دولار بعد عشرين عاما لو افترضنا استمرار معدلات النمو الحالية. على المرء ان يفترض ان الأسوأ سيحدث. يجب بالتالي ان نفترض ان السياسة البريطانية ستبقى على حالها. افترض المتعاملون ان الحكومتين اليابانية والاميركية ستضطران الى دفع الين للارتفاع.

تَوَهَّمَ
to suspect, imagine sth or أَنَّ *that; to be under the delusion* أَنَّ *that* {2D}

ذلك خلافا لما يتوهمه الكثيرون. قد يتوهم البعض ان الأخذ بالاقتراح يمنع نتانياهو من خلق حقائق جديدة. مع الأسف البعض يتوهم ان دخول مدارس الأئمة والخطباء سيمنحهم بطاقة لدخول الجنة. قال ان المعارضة توهمت ان الحكومة ستسقط قريبا. توهم القدرة على فرض الأمر الواقع.

---

imaginary خيالي

خُرافي
imaginary, unreal {2W}

قد أخذ العرب هذه الطريقة من فنون الشرق الأقصى في رسم الحيوانات الخرافية والمركبة. الوصف الاسطوري والخرافي المذكور بعض جوانبه أعلاه يذكر، لوهلة الاولى، بمشاهد الطبيعة القاسية. ان العصافير تتناسل بسرعة خرافية. تساءل عن سر وجود المعتقدات الخرافية في المجتمعات الحديثة.

خَيالي
imaginary, unreal; unbelievable; large (number, amount) {2D}

هو يروي احداثا نصفها حقيقي والنصف الآخر خيالي. هي قصة خيالية عن الاربعين يوما التي امضاها المسيح في البرية. يجب هنا التدقيق في مقدمة الرسائل التي تتلقاها لتعرف اسم جهاز الخدمة لأنه كثيرا ما يكون عنوان المرسِل خيالي وغير موجود. سرقوا كل ما كان يملك، وكان المبلغ المذكور يومها مبلغا خياليا. اليوم وصلت اسعار اللاعبين الى ارقام خيالية.

أُسْطوري
unreal, legendary {2W}

تمضي الحكاية الاسطورية تروي مغامرات الامبراطور في اتجاه «الغرب الموحش». هذا الحيوان الاسطوري يمثل همزة وصل بين الانسان والطبيعة. هو قضية تختلف معالمها اليوم كثيرا عما كان سائدا يوم وفاة زعيم الصين الاسطوري ماوتسي تونغ في ١٩٧٦. رجوا أن تنتهي علاقة ديانا وعماد بزواج اسطوري يتوج قصة حب نادرة. حفلات زفاف اسطورية بالملايين تثير جدلا في مصر.

وَهْمي
imaginary, hypothetical {2D}

تحمل في رأسها الافكار الوهمية المستحيلة. كما لو كنا من احفاد دون كيشوت، نحارب طواحين الهواء الوهمية التي بنيناها من حولنا. وكأنهم لا يعيشون في الواقع، بل في عالم وهمي صنعوه في خيالهم. تتحدث عن دولة وهمية تحمل فيها دائرة الأمن اسم وزارة الحب.

---

tent خيمة

خَيْمَة
tent {2D}
pl: خَيْمات

التقى بالأخ العقيد معمر القذافي بخيمته المشهورة بمدينة سبها. سيطرت لجنة شهاب الدين على الأرض بشكل غير قانوني وبنوا عليها خيمة. تنظر الى أفراد عائلتها الخمسة ملاصقين لبعضهم بعضاً في الخيمة الصغيرة. اقيم المخيّم في وادٍ وسط الجبال الصخرية الشاهقة ونصبت حوالي ٥١ خيمة للمشاركين والصحافيين والمسؤولين.

سَرادِق
pavilion {3W}
pl: سَرادِقات

سيتم اقامة سرادق كبير لانتظار اهالي الحجاج القادمين من المحافظات. يتلو إمام الحضرة الهاشمية الأدعية، ثم يتوجه كبار المشيعين إلي السرادق الخاص لتقديم التعزية إلى الملك الجديد والأمراء. قد توافد عدد كبير من الشخصيات والإعلاميين مساء أمس على سرادق العزاء بمسجد عمر مكرم.

دأب — to persevere

ثابَرَ
to persevere, endure في/على *in* {3M}

ثابر على عقد اجتماعاتها الأسبوعية حتى في أشهر الصيف. يثابر على صداقات حيوية مع غيره من الرجال. ويلاحظ أن حكومة الثورة الإسلامية قد ثابرت على موقف حكومة الشاه في هذا الخصوص. الشعب اللبناني يثابر في مسيرته لاعادة إعمار وطنه.

دَأَبَ
to persist على *in* {3W}
VN: يَدْأَبُ دَأْب، دُئوب

تستنكر وتدين هذا الاسلوب الذي دأبت الحكومة التركية على اللجوء اليه. دأبت الصحف العراقية على اتهامه بعدم الحياد في عمله. دأب النظام السوداني على اللجوء الى ذلك كلما واجه فشل مساعيه المستمرة لتحسين صورته. تدأب الشركة منذ ثلاث سنوات على تزويد زبائنها في بيروت تجهيزاتها. يدأب على خداعنا، كلنا، باستمرار.

داوَمَ
to persevere in or على *in* {2M}

صار استاذاً للفلسفة وداوم العمل هناك على رغم انقطاعات عديدة حدثت في مساره التعليمي. يداوم البطل البحث عن حبه الأول. قم يا اخي وانظر الى تلامذتك الذين علمتهم هذا الفن بعرق جبينك، كيف انهم ليس فقط داوموا على حفظ ما علمتهم اياه، لا بل تقدموا فوق الامل. يداوم على قراءة القرآن حتى وهو على فراش المرض.

واظَبَ
to persist, persevere على *in* {2W}

الشباب المصري هو الذي يواظب اكثر من سواه على متابعة «المجلات الفنية». سأواظب على خدمة عملاء الشركة لسنوات طويلة. ظل يواظب على دروسه حتى وصل خبر ذكائه وفطنته الى المعتصم. واظب على محاولات التقرب من البيت الابيض. نصف الشباب العربي تقريباً يتابع الحفلات الموسيقية ويواظب نسبياً على حضورها.

دجاج — chicken

دَجاج
chicken (collective noun) {3W}
unit noun: دَجاجَة

تناول طعام العشاء يوم الثلاثاء الماضي بأحد مطاعم الدجاج الأمريكية الشهيرة. منع الوزير استيراد الدجاج والبيض. يقوم بذبح الدجاجة ووضعها داخل برميل مملوء بدماء الدجاج الملوث. كانت هونج كونج بمثابة الدجاجة التي تبيض ذهبا قبل عودتها إلى الصين.

فَرْخَة
chicken, chick {2W}
pl: فِراخ

البيضة الاول ام الفرخة؟ لقد زادت أسعار الفراخ المحلية. يقول الاطباء أن فيروس هذا المرض يأتي من الفراخ. تجمع الدجاجة فراخها تحت جناحيها. (Eg) من امتى وانت حاسس إنك فرخة كبيرة؟

دخل — to enter

خَشّ
to enter sth or في *sth; [*see انحرف; *to turn]* {1M} (Coll)
VN: يِخُشّ خَشّ

نفسي أخش كلية الطب يا أمي. (Eg) انتي عاوزة بنتك تخش الجامعة؟ السنة الجاية بنتي صابرين حتخش امتحان الثانوية العامة.

خاضَ
to plunge into sth; to become involved إلى *in; to take up* في (a subject) {3D}
VN: يَخوضُ خِياض

عدد الأحزاب والكتل التي تخوض الانتخابات الراهنة بلغ ٢٦ كتلة وحزبا. بدأ الاخوان يخوضون مرحلة جديدة من الجهاد ضد الانكليز. خاض اصعب مباراة له منذ فترة طويلة. هي أول حرب ساخنة يخوضها الحلف منذ نشأته. لن أخوض في هذا الحديث. لا يريد ان يخوض في الأرقام.

دَخَلَ
to enter, go into sth {2D}
VN: يَدْخُلُ دُخول

أراد أن يدخل البيت من بابه. دخل السجن مرة أخرى. دخلت المستشفى. عرفتهم حين دخلت الجامعة طالباً عام ١٩٧٠. اما الفريق السعودي فيدخل المباراة مع مدربه الجديد الألماني اوتو. كان علينا ان لا ندخل تلك الحرب ابداً. لا يدخل هذا الموضوع ضمن الموضوعات المطروحة للتفاوض. ان مثل هذه الامور تدخل تحت بند الحياة الخاصة ولا تخص إلا أصحابها فقط.

نَفَذَ
to penetrate إلى *into sth; to pass through* إلى *to* {3W}
VN: يَنْفُذُ نَفاذ

من مدينة القدس ينفذون الى بيت لحم. الحضارة الحديثة وردت من الخارج ونفذت الى حياتنا. هذا سؤال مهم جداً ينفذ الى قلب الموضوع. رائحة الغبار تنفذ الى أنفها. يوجد ١٥ مليون تلميذ لا ينفذون الى التعليم الثانوي.

وَلَجَ
to enter, penetrate sth or إلى *sth* {3M}
VN: يَلِجُ لِجَة

لم يكن يعرف من اين يلج الباب. تحمل الوعاء وتلج الى الغرفة المعتمة. أكد أن الاقتصاد الأردني تجاوز مرحلة تباطؤ النمو وولج مرحلة التراجع. بعض الدول العربية كمصر ولجت الى الصراع مع اسرائيل من باب القومية العربية. ألحانه تلج القلوب دون مشقة وعناء.

---

to insert أدخل

أَدْخَلَ
to insert, put sth في / إلى *into* {3D}

أُدخل السجن في ٧ يناير الماضي بتهمة اختلاس اموال. الإدارة الأمريكية أدخلت تعديلات عديدة على صيغة الرسالة. أوضح البيومي أن مصر أدخلت في الاتفاقية بندا يسمح برقابة الميزان التجاري. أنا ممن يؤمنون بوجوب إدخال اللغة العربية في مواد الكليات الجامعية. ادخل مياه النيل لاول مرة الى سيناء.

أَدْرَجَ
to incorporate, include sth على/ ضمن/ في *in* {3D}

بلغت نسبة المشاركة في الانتخابات نحو ٦٠ في المئة من الناخبين الذين ادرجت اسماؤهم في لوائح الناخبين. أما استئناف التفاوض فهو لا يشغل بال الحكومة ولا تدرجه على جدول أعمالها. كانت الحكومة الصينية قد أدرجت تنظيم الأسرة ضمن سياسات الدولة الأساسية منذ أواخر السبعينيات.

دَسَّ
to slip, stick sth في *into* {3M}
VN: يَدُسُّ دَسّ

دسّت له السم في قطعة سكر أذابها في الشاي. قد دسست رأسي بين بدلات جدي محاولاً تذكر ما تعنيه تلك الروائح. رأى الزوج زوجته تدس المخدرات في جيبه. اطلب منها أن تكف عن دس انفها في شئوننا. نظر حوله ودس يده في جيبه. دس مجهولون عبوة ناسفة أمام المبنى. تعودت أن أحضر حفلات الأفراح مسلحا بقطع القطن التي أدسها في أذني.

زَجَّ
to throw, push ب *sth* في/ إلى *into* {3W}
VN: يَزُجُّ زَجّ

زججت بنفسي في حوار لم يدعني أحد للمشاركة فيه. هل يعقل ان يزج بجميع الركاب إلى السجن. لماذا يجب على الأمم المتحدة أن تزج بنفسها في كل نزاع يحدث في العالم؟ أكد رئيس الحكومة اللبنانية سليم الحص رفض بلاده زج الجيش اللبناني في مواجهة مباشرة مع القوات الاسرائيلية.

أَقْحَمَ
to push, insert, draw sth/sb في *into* {3W}

الكاتب سرعان ما أقحم نفسه في تناقض كبير. نعتقد ان العسكر التركي اقحم تركيا في مغامرة عسكرية. ما ان نقحم الدين في القضايا العامة، حتى نضع انفسنا خارج اللعبة الديموقراطية. مصلحة من اقحمت الحكومة الالمانية هذه الأمور في المؤتمر؟ هو لا يقحم نفسه في موضوعات لا تعنيه أو تعني أسرته.

أَوْلَجَ
to insert, thrust sth في *into* {3M}

قد تسبب الفحوص بالأجهزة فوق الصوتية التي تولج داخل القولون بعض الازعاج والآلام. الامين العام يجب ان لا يولج نفسه في خلافات دول المجلس. ألم تر أن الله يولج الليل في النهار ويولج النهار في الليل. تولج اصابعها في دغل شعرها وهي تضفره في نسيج كثيف.

---

inside داخل

see أسفل

باطِن
inside; interior, depths {3D}

تكلم عن اكتشاف المياه الجوفية والأنهار القديمة ومصادر المياه المختفية في باطن الارض. المسرحية لها ظاهر سياسي كما لها باطن فلسفي وفكري. يتكون من مجموعة من البيوت المنحوتة في باطن الجبل. إنّ أوْلياء الله لا خوف عليهم ولا هم يَحزنون، الذين نَظَروا إلى باطن الدُّنيا إذ نَظر الناسُ إلى ظاهرها.

جَوْف
inside; interior, hollow, cavity {3W}

يمكن وضع المادة على عمق يتراوح بين ٢٠ و ٣٠ سنتيمترا تحت الرمال، فتمنع تسرب المياه إلى جوف الأرض. كان عمر بن الخطاب يخرج في جوف الليالي وفي وضح النهار ليعرف احوال الرعية. لعله تذكر وهو في هذا الوضع موقف النبي يونس في جوف الحوت. خرج من جوف الظلام. نحن في جوف الطبيعة الساحرة.

جُوَّه
inside {1M} (Coll)

أنا كنت جوه البيت لما الحادث حصل. نسيت المفتاح جوه السيارة. مين اللي جوه في قلبي؟ مش قادر أفهم إزاي الميكروب يعيش جوه رئة الأرانب ومايعملش حاجة ولما ينتقل للبني آدم يقتله. راح فتح الدولاب لقي ابن عمه جوه الدولاب.

داخِل
inside; interior; [(prep) *in, inside]* {2D}

حدث ذلك في محاولة لتبادل وجهات النظر بين علماء مصر في الداخل والخارج. لا تأثير للمعارضة العراقية في داخل البلاد. انها فرصة يجب اغتنامها حتى يتحقق الامن الجزائري في الداخل. يظهر مع زوجته رايبسا في سفراته الخارجية وجولاته في الداخل.

---

to train درّب

دَرَّبَ
to train, drill sb على *in* (a skill) {2D}

استدعى الوالد ابنه ليدرّبه من صغره على التجارة. يؤكد مسؤولو اغاثة ان الجيش الاريتري يدرب «الجيش الشعبي» على المدافع. يدربهم على أعمال الفلاحة والزراعة بواسطة وكلائه وعماله. درّب حراس المرمى في منتخب الشباب العام ١٩٩٥. درّب ٤٠٠ تلميذ على المصارعة الحرة. درّب الكلاب على الحراسة. سبق ان درّب المنتخب السعودي.

راضَ
to tame, to train (an animal) {2M}
يَروضُ

ان أردت ان تروض النمر فيجب ان تبدأ بإدخاله في القفص. قبل ان يروض المجتمع الطبيعة يتعين عليه ان يروض نفسه. الهولندي بطل ويمبلدون العام الماضي عرف كيف يروض منافسه.

عَوَّدَ
to condition, train sb على *for sth; to get sb used* على *to* {2M}

كيف يمكن لمجتمع ان يغرس الخصال الحميدة في الاطفال ويعوّدهم على التمييز بين الجيد والرديء؟ البابا عوّد العالم على تكريس ما هو صحيح وعادل. الولايات المتحدة عوّدت العرب على كونها مخيبة للآمال. التاريخ عوّدنا ان يتلاحق البازار مع السياسة. يجب ان نعوّد الطفل على سماع الموسيقى منذ صغره كما نعوّده على الطعام.

مَرَّنَ
to train, drill sb على *in* (a skill) {2M}

راح يمرّن عينه على تمييز التحولات الصغيرة في درجات اللون الواحد. مرّنوها على رياضة المشي مع سيقانكم المتصلبة. هناك تمارين كثيرة تساعد على زيادة التركيز والانتباه التي يمكن للمدرب أن يعملها للاعبين ويمرنهم عليها سواء خارج الملعب أو أثناء اللعب. مرّنهم في السباحة.

bicycle دراجة

بِسِكْلَيْت
bicycle {1M} (Coll)

اذا استخدمت البسكليت بدلا من السيارة وفرت فلوسك وشددت عضلاتك وقللت من تلوث البيئة. كان ايجار البسكليت في الساعة خمسة قروش. كان كل ما نحلم به ان نستأجر البسكليت نصف ساعة او ساعة.

دَرّاجَة
bicycle {2W}
pl: دَرّاجات
درّاجة نارية، درّاجة بخارية motor-cycle

حملها حمادة أمامه على الدراجة. هدفه هو الدوران حول العالم مستخدما دراجته. سقط الرجل من فوق دراجته. هرب مع زميل له على الدراجة البخارية. فرض عقوبة الغرامة لمن يقود دراجة بخارية بدون استخدام غطاء الرأس لحمايته عند تعرضه لحادث. خرجت دراجته النارية عن الطريق واصيب بكسور في اضلاعه.

عَجَلَة
*bicycle; [*see سرعة*; haste; wheel]* {1M} (Eg)
pl: عَجَلات

قالت له وهي تسرع بالنزول: حمادة على عجلته.. انه يبحث عني. حاشتري لابني عجلة عشان عيد ميلاده. اذا الأوتوبيس فاتك ممكن تروح على العجلة.

lesson, class درس

حِصَّة
class, period; [share] {2M}
pl: حِصَص

يجد الطلاب أن المادة العلمية من السهل الإلمام بها بدون حضور الحصة. في المرحلة الإعدادية بدأ الاهتمام بحصة الدين يقل وتحولت الى حصة للشغب. قضوا الليل ساهرين أمام التليفزيون فناموا في أثناء الحصص الدراسية في اليوم التالي. كشفت التحريات ان المعلمة تعمل في مدرسة خاصة، وتدخن الحشيش في الفصل اثناء الحصة.

دَرْس
lesson; class {2D}
pl: دُروس

قد يكون المدرس بلا ضمير لا يعطي الدرس حقه. تعلموا من خلاله أجمل درس في حب الوطن. الأزمة انتهت، ولن تتكرر، لأننا استوعبنا الدرس. الحياة تعلّمنا كل يوم درسا جديدا. لقن فريق كفر الشيخ منافسه الأول درسا لا ينسى وألحق به هزيمة ساحقة. يتبع انتهاء الصلاة درس ديني. سألتها في أي مادة كان درسها فأجابت أنه درس حساب.

دَوْرَة
course (of instruction); *[turn; session]* {3M}
pl: دَوْرات

مع بدء العام الدراسي في سبتمبر الماضي بدأت دورة تدريبية لاعضاء هيئة التدريس. حصلوا على دورة تدريبية للعمل في هذا المجال. بالرغم من انني اقيم بالقنطرة فإنني اضطر للحضور الى القاهرة ٣ مرات في الأسبوع للحصول على الدورة التدريبية.

صَفّ

class, section; [see خطّ; *rank, file, line]* {2D}
pl: صُفوف

كان يقوم مع زملائه باطلاق الضفادع الحية في الصف خلال دروس اللغة الفرنسية. نسبة النجاح بين طلاب الصف الأول لم تتجاوز ٨٪. أطفال الصف الأول الابتدائي لا يستوعبون الموضوع. تم بعد ذلك إعادة اللغة الانجليزية للصف الرابع الابتدائي. أدى طلاب الصف الثالث أمس الامتحان في اللغة الأجنبية الأولى.

عِبْرَة

lesson to be learned, moral {3D}
pl: عِبَر

عبرة الماضي تفتح الطريق للمستقبل. حاربت مصر مع الكويت ليكون صدام عبرة لكل من يفكر ان يصنع صنيعه. كانوا عبرة لمن أراد أن يعتبر. خرجت مصر بعدد من العبر والدروس. يصر على أن ينال اللاعبون الثلاثة عقابا شديدا حتى يكونوا عبرة للجميع. الدرس هنا هو ان العبرة بالسلوك وليس بالكلام.

عِظَة

lesson to be learned, moral; [see خطاب; *sermon]* {3M}
see خطاب

تحول إلى نوع من العظة والعبرة عند البعض. استخلص العبرة والعظة من الماضي من أجل تحسين سلوك الناس واخلاقهم في الحاضر. لم يتخذ صدام من هذه الحرب عظة بل فجر وهاجم الكويت الدولة العربية. لم يأخذ العظة من تجربته الأولى.

فَصْل

class; [see جزء; *division, section; season; chapter]* {2W}
pl: فُصول

يوجد في فصلي خمسون طالبا! أين فصول التعليم للمعاقين حركيا؟ صدرت اوامر صارمة الى اساتذة الجامعة بالبقاء داخل فصول الدراسة أوقات العمل وتقديم الدروس لمن يدخل «ولو كان طالبا واحدا». في هذا الوقت من العام من المرجح أن يكون في كل فصل مدرسي عدد من الأطفال المرضى.

كورْس

course {2M}
pl: كورْسات

الأمة العربية تحتاج إلي كورس دراسي في الاقتصاد السياسي. (Eg) للاسف الواحد ما عندوش وقت عشان يروح يأخذ كورسات.

مادّة

subject, material (study), *area of study; [see* محتوى، فقرة، عنصر; *matter; paragraph; contents]* {2D}
pl: موادّ

يمتحن الطلاب مادة الفيزياء يوم ٢٨ أغسطس. ستدرس مادة الحاسب بجميع مراحل التعليم. يؤدي ٥١ ألفا الامتحانات بالصف الثالث في مادة اللغة العربية. تم تحديد عدد من المواد الاختيارية يختار منها الطلاب ما يشاؤون.

مدرّس — teacher

أُسْتاذ

teacher, professor (high school and up) {2D}
pl: أَساتِذَة

هو استاذ الادب في جامعة الملك سعود في الرياض. أستاذي العجوز كان يعاملني بحنان غريب. عمل استاذا في دار المعلمين العليا. يعمل استاذاً مساعداً للأدب الانكليزي في جامعة ولاية كاليفورنيا. منع المدرسين والأساتذة الاجانب عن التدريس في المدارس العليا والجامعات.

مُدَرِّس

teacher {2D}
pl: مُدَرِّسون

أحضر لي ابي مدرّساً خصوصياً. اما المدرسون في الثانويات فيتقاضون ٨٠ ديناراً في الشهر بالعملة المحلية. قال المصدر العسكري ان مدرس كيمياء وفيزياء فلسطينياً قتل في انفجار في قرية رافات مساء أمس. بدأ نحو ٨١ ألف مدرس اضراباً في بداية نيسان. عمل مدرّساً في كلية الفنون. كان المدرس ينصحني بترك حصة الحساب.

مُرَبٍّ
educator, tutor {2W}

أغلقوا المدارس وعاقبوا الاساتذة والمربين والعلماء. الدكتور فاضل الجمالي هو الزعيم الوطني العراقي الراحل، والمربي العربي المعروف. بعض المربين يشعر بالقلق والحيرة حيال هذه الظاهرة. على المربّين والقادة المدنيين مسؤولية خاصة عن تنمية روح التسامح. يجب إدخال دماء جديدة الى سلك التعليم ورفع مستوى المربين.

مُعَلِّم
teacher {2D}
pl: مُعَلِّمون

تواصل اضراب المعلمين الفلسطينيين امس في غالبية مدن الضفة الغربية. قد فُصل من المدرسة بسبب شجاره مع احد المعلمين. أبوه كان معلمه الأول في العزف. عمل معلماً في الكلية الحربية والاستخبارات العسكرية. كاد المعلم ان يكون رسولا.

---

prostitution دَعارَة

see زنى

بَغاء
prostitution {3W}
brothel بيت البغاء

القوانين تحرم ممارسة البغاء. كانت تلك البيوت تمارس الفجور رسميا.. والبغاء كان بترخيص من الدولة. ينفق ما يكسب من مال قليل في الخمر والمخدر والبغاء. قبل إلغاء البغاء عام ١٩٤٩ كان هناك مستشفى للامراض الجلدية والتناسلية. لقيها هو وأصحابه في بيت من بيوت البغاء.

دَعارَة
prostitution; immorality {2W}
brothel بيت الدعارة

استسلم للمخدرات والهوس الديني والدعارة. تقوم الشبكة بخطف النساء الشابات من لاجئي كوسوفا وتجبرهن على ممارسة الدعارة. حمل الكاريكاتير عنوان: «أفضل بيت صغير للدعارة في الولايات المتحدة». كم كبير من احداث الفيلم كانت تدور داخل بيت دعارة. انتزعوهم من بيت دعارة في اسرائيل في حالة تلبس.

عِهْر
prostitution; adultery {3M}

وصفه بكلمات لا يمكن أن تسمع إلا في مواخير العهر. يزداد العدو يوماً بعد يوم عهراً وتعنتاً وشراسة.

---

to support دعم

أَيَّدَ
to support sth {2D}

سوريا تؤيد الانسحاب الاسرائيلي من لبنان. هذه الدول تؤيد الحل السياسي بين الناتو ويوجوسلافيا. تؤيد الصين مبادرة مبارك لإخلاء منطقة الشرق الأوسط من أسلحة الدمار. قال باراك إنه يؤيد فكرة الفصل بين إسرائيل والفلسطينيين. حزب الوفد يؤيد الرئيس مبارك.

دَعَمَ
to support sth {2D}
VN: دَعْم يَدْعُمُ

ننصح كل من لا يدعم اهلنا ومطالبهم بألا يأتي الى البقاع. تدعم الانفصاليين وتؤمن لهم الملجأ وطرق التموين. اوروبا تدعم الجهود المصرية. نحن ندعم القرار الرقم ٤٢٥. واشنطن «لا تدعم عملا عسكريا ضد النظام الحالي».

رَفَدَ
to support, assist sth {3M}
VN: رَفْد يَرْفِدُ

يدعم مؤسسات السلطة الوطنية ويرفدها بالنشاط الاجتماعي والنقابي. انتم الدم الفتي الذي نرفد به الجيش للذود عن الوطن. ان هذا الرجل كان يمثل مؤسسة خيرية كاملة، فكان يرفد كثيرا من الجمعيات الخيرية في الشرق والغرب. تساعد في رفد قوى السلام داخل اسرائيل.

سانَدَ
to support sth {2D}

ساند عدد من النواب الاسلاميين النائب الكيلاني. على السلطة الفلسطينية ان تقرر ان كانت تريد ان تكون ضمن انظمة الحكم التي تعارض الارهاب كالأردن ومصر، أو انظمة الحكم التي تساند الارهاب كالعراق وايران. دولة الامارات تدعم وتساند جهود التنمية في باكستان. أكد أن بلاده «تساند لبنان في هذه الظروف الدقيقة».

مالأ

to support, side with sth {3M}

بلاده تنشط في سبيل توليد مناخ يلائم الاستثمار ويمالئه بطرق متعددة. يشعر البعض حتى الآن أن البنك يمالئ الى حد ما النموذج الاقتصادي الانغلو – أميركي. يزعم ان الوزارة «مالأت» سورية، مع ان هذه بقيت على قائمة الدول المؤيدة للارهاب.

to invite دعا

دَعا

to invite sb إلى/ل *to or to do sth; [to call* إلى *for]* {2D}
VN: دَعْوَة يَدْعو

دعانا لزيارته هذا المساء ونحن الآن في الطريق اليه. يدعوه لزيارة طهران بهدف تعميق العلاقات بين البلدين. دعت السفارة البريطانية في عمّان الصحافيين إلى حفلة في نادي السفارة. زروال يدعو المواطنين للمشاركة في الانتخابات. دعت المواطنين الى «ممارسة حقهم المشروع في الدفاع عن الحريات العامة».

اِسْتَضافَ

to invite sb (to be a guest), *to host sb* {2D}

استضاف المكتب الثقافي المصري بواشنطن المخرج خيري بشارة. تستضيف نيجيريا للمرة الأولى في تاريخها بطولة كأس العالم الثانية عشرة. محطة الـ «بي بي سي» تستضيف عدة لغات كالايطالية والاسبانية والالمانية. استضافه على مأدبة افطار. سيستضيفه على مأدبة عشاء هذه الليلة. الاجانب يريدون كل شيء لأنفسهم حتى على حساب الدول التي تستضيفهم.

عَزَمَ

to invite sb على *to or* أَنْ *to do sth; [*see قرّر; *to resolve* على *sth]* {2M}
VN: عَزْم يَعْزِمُ

وقد علمت من مراصد فلكية أن الطيارين الامريكيين يعزمون اصدقاءهم من النوادي والملاهي الليلية والصباحية على طلعات تنشين فوق العراق. (Eg) في السكة عزموا علينا بعلب عصير نبل ريقنا. عزموني ع العشا. لازم نعزم محمود. أنا غريب علشان تعزمي عليا كده!؟

notebook دفتر

see كتاب

أَجَنْدَة

notebook, appointment book [agenda] {2M}
pl: أَجَنْدات

يحتفظ محمود الجوهري في أجندته الخاصة حاليا بأسماء ٢٦ لاعبا. المدير الفني كتب في أجندته بعض الملاحظات ونقاط القوة والضعف في الفريق الوطني. طلب منه ان يدون فقط في الأجندة الخاصة دون ابداء اي رأي واضح.

دَفْتَر

notebook {2D}
pl: دَفاتِر

ولكل طفل مجهول النسب دفتر توفير لمساعدته عندما يكبر. أمسكت بهذا الدفتر، وتأملت سطوره، ثم أمسكت بالقلم. يكتب على قماش كفنه اذا لم يجد دفترا يكتب عليه. نرسم على دفاترنا المدرسية حروف قصائد. كتبنا عنه مراراً في دفاتر الانشاء المدرسي.

كُرّاسَة

notebook, appointment book {2W}
pl: كُرّاسات، كَراريس

حملت معها إلى نيويورك كراسة مذكراتها الشخصية. داخل عقلي «كراسة» بها أفكاري ولكن للأسف هذه الكراسة غير مرتبة. كتبت عنواني في كراستها الخاصة. اكتب ملاحظاتك في دفتر صغير او كراسة. محفوظ يتدرب يوميا علي الكتابة في كراسة كالتي يكتب فيها الطلبة. كانوا يطبعون لنا في ظهر كراريس المدرسة تعليمات عدة.

motive دافع

باعِث
incentive, motive, reason {3W}
pl: بَواعِث

ليس هناك أي باعث على القلق. عنده باعث قوي للحصول على تلك الوظيفة. بواعث الامل لم تختفِ تماماً من الساحة الآسيوية. تساءل عن البواعث الحقيقية لإشاعة هذا الخوف. أشك في البواعث والدوافع مهما كانت مكانة الشخص الحاصل على مثل تلك الجائزة.

مُحَرِّك
motive; instigator {3M}

لا تزال عملية التخصيص المحرك الرئيسي لنمو البورصات العربية. لسنا ضد المنافسة، بل نرى انها حيوية، باعتبارها المحرك الرئيسي لتطوير مستويات الخدمات. الكومبيوتر يعتبر المحرك الرئيسي لثورة المعلومات والاتصال. لعبت الدولة دور المحرك الأساسي للاقتصاد.

حافِز
incentive, motive {2D}
pl: حوافِز

لا توجد في الأردن شركات أجنبية منتجة لانعدام حافز السوق المحلية. اجتماع اليوم الاثنين سيعطي حافزا جديدا لتعزيز علاقات الشراكة بين روسيا والاتحاد الاوروبي. منحت حوافز ضريبية للشركات الاجنبية. يبقى الحافز المادي هو الاهم لدى الكثيرين.

دافِع
motive, reason {2D}
pl: دَوافِع

إن عشقه للعبة وتصميمه في الملعب كانا الدافع الأساسي لضمه إلى الفريق الأحمر. دافعي الرئيسي كان الحفاظ على حياتهم واعادتهم الى الوطن. الفقر بحد ذاته ليس دافعا للفساد. أكتب إليكم بدافع من الحرص على المصلحة العامة. لم تقدم تفسيرات واضحة لدوافع الاشتباكات الاخيرة.

داعٍ
reason, cause, call {2D}
pl: دواعٍ
لا دَاعي there is no need

غاب عن المباراة بداعي الاصابة. ذكر التقرير أنه من دواعي الأسف أن يكون هذا هو سبب عدم تمكن اللجنة الخاصة من تقديم تقريرها. ليس هناك أي داع للخوف من قيام الدولة الفلسطينية. لا داعي للصوت العالي حتى لا يستيقظ. لاتريد وضع أرواح في خطر بلا داع.

سَبَب
reason, cause, motive {2D}
pl: أَسْباب

اختلق أزمة سياسية بدون سبب واضح. لا داعي لذكر السبب لانه معروف. هذا هو سبب اهتمام الشركات الكبيرة بالبيع عن طريق الانترنت. يبدو انه نسي سبب اجتماعنا هنا. ما سبب الاحجام عن الانتاج؟

عِلّة
reason, justification; [see مرض*; disease, deficiency]* {3D}
pl: عِلَل

ما هي العلّة وراء هذا القرار؟ التعصّب هو العلّة الأولى وراء الارهاب. ينسب الأطباء الأمراض المجهولة الأسباب الى علة وهمية كالكوليسترول. العلة في البنت لا في البيت. سأل عن العلة في الاجتماع أو عن العلل. حاول اكتشاف عللها وأسبابها.

---

to bury دفن

دَفَنَ
to bury sb/sth {2D}
VN: دَفْن يَدْفِنُ

دفنوا هؤلاء في مقبرة جماعية. دفنوه حيا. لا يجوز دفن الرجل والمرأة في قبر واحد. علينا ألا ندفن رؤوسنا كالنعامة في الرمال. الحملة الانتخابية الإسرائيلية دفنت قضية السلام. دفن همومه في عمله. دفنت شبابي وجمالي لكي أربي البنتين.

طَمَرَ
to cover sth (with earth)*; to bury sth* {3M}
VN: طَمْر يَطْمُرُ

طمرت الرمال جزءا كبيرا من معابد مدينة طيبة. من حسن الحظ أن رمال الصحراء طمرت الجزء السفلي من الهرم الأصغر للملك متكاورع. طمرته رمال النسيان. الولايات المتحدة تطمر تحت الأرض في ولاية نيومكسيكو ٨٠ ألف برميل من المخلفات النووية المشعة.

قَبَرَ

to hide, do away with sth; to bury sb/sth {3M}
يَقْبُرُ VN: قَبْر

لقد طلب في وصّية أن يُقبر في مصر. عرف كيف يقبر الحرب الباردة الى غير رجعة. دبرت العملية لتقبر المسيرة السلمية بأكملها. استخدام الولايات المتحدة حق النقض بهذه العنجهية جاء ليقبر نهائياً اي صدقية لمجلس الامن.

وَأَدَ

to bury sb/sth alive {3M}
يَئِدُ VN: وَأْد

اكد ان العرب في الجاهلية لم تئد البنات خوف الفقر ولا خوف العار. قرأت بحث تاريخي عن وأد البنات. كادت تئد موهبة نادرة. يريدون إشعال الحرب ووأد السلام. قضى حياته يدعو إلى وأد الفصحى واحلال العاميات محلها.

وارى

to put sb/sth التراب *into the ground, to bury sb/sth* التراب*; [see* أخفى*; to hide sth]* {3M}

قبل أن يوارى الجثمان التراب قام اثنان من الضباط بطي العلم الأردني. أمه قد ماتت في الزمن القديم وحملها على رأسه حتى واراها التراب فكافأه ربه على بره. سيوارون موتاهم. يجعل الكاتب مخطوطته في انبوب او قنينة ويواريها التراب. طالما أن العملية السلمية لم تمت ولم توار التراب فسيبقى التفاؤل قائماً.

دقّ — to strike, knock

see ضرب

دَقَّ

to strike sth, knock on sth or على *on sth; to ring sth; to type sth* {2D}
يَدُقُّ VN: دَقّ

يدق باب البيت ويدخل. دق ابواب كل المسؤولين من دون نتيجة. دق على الباب. الجوع بدأ يدق ابواب الجميع. الفقر يدق بابه كل يوم. دق جرس الباب. لا يزال بعضهم يدقون طبول الحرب. بعد دقيقة واحدة دق جرس التليفون مرة أخرى. دقّ الخطاب على ماكينة الكاتبة. دقت الامم المتحدة ناقوس الخطر. اذهب إلى البيت عندما تدق الساعة الثالثة ظهرا. يدق التليفون.

رَنَّ

to ring (of a telephone, bell) {2M}
يَرِنُّ VN: رَنين

رنّ التلفون منذ خمس دقائق. رن الهاتف فوق مكتبي والتقطت السماعة التي حملت صوت زميل صديق. عدت إلى الداخل حيث التليفون يرن. الانتظار طال بغير أن يرن جرس التليفون. كانت عقارب الساعة تشير إلى الثامنة مساء حينما رن جرس باب شقتي.

طَرَقَ

to knock, beat sth or على *sth; [to come over sb* (of a feeling)*; to broach* (a subject)*]* {2M}
يَطْرُقُ VN: طَرْق

طرق الباب فلم تفتح له زوجته إلا بعد دقائق عدة. فوجئت بزملاء زوجي يطرقون على الباب. ذات مساء طرق باب شقتي زائران في العاشرة مساء قالا إنهما من المباحث. لم يجد بابا يطرق عليه. تزوجت أول من طرق بابي. اطرق الحديد وهو ساخن.

قَرَعَ

to knock on sth or على *on sth; to hit sth; to ring; [to become bald]* {3W}
يَقْرَعُ VN: قَرْع

يقرع على الباب ويهرب. قرعت باب شقتي ثانية، محاولا الهروب من سهام نظراتها. عليها ألا تجلس في البيت في انتظار من يقرع بابها ليخطبها. قرع جرس الباب. يقرع صدره. ظلوا يقرعون الطبول ويضربون الدفوف. قرع طبول الحرب. قرع على الأرض بعصاه، إعلاناً عن العودة الى التدريب. قرعت الكنائس أجراسها. قرع الرئيس الروسي نيكيتا خروشوف الطاولة بحذائه في الأمم المتحدة.

نَقَرَ
to strum sth; to type sth; to beat (a drum) *or* على *sth* {2W}
VN: نَقْر يَنْقُرُ

ينقر أوتار قيثارته ويدندن لحناً ناعماً. تنقر على القانون انغاما شرقية تضاهي ما يعزفه كبار موسيقيي الشرق. يبقى المؤلف ينقر على الوتر نفسه طوال الفصل الاخير من الكتاب. ينقر الحروف على لوح الكومبيوتر. يصل المستخدم إلى الموقع وينقر على الشريط الاعلاني لشركة بيع السيارات. تنقر الدفوف وتتلوع الكمنجات. هي تنقر الهواء مع عازفي الطبل والايقاع. أسمعه ينقر على باب.

---

precisely

بدقّة

تمامًا
*precisely, exactly; [*see تماماً*; completely, fully]* {2D}

كان ذلك هو ما حدث تماما. بعد ٣ دقائق تماما أضاف ريكارد نفسه الهدف الثاني. كان عملاقا سياسيا عرف تماما معنى الحرب.

بِالتَّمام، بِالتَّمام والْكَمال
precisely, exactly {2W}

رجع بعد احد عشر عاماً بالتمام. يعود سعيد بعد انقضاء ربع قرن بالتمام. يوم الأحد الماضي يكون قد مر ٥٤ عاما بالتمام والكمال على تأسيس جامعة الدول العربية.

على وَجْه التَّحقيق
accurately, precisely {3D}

ليس معروفا على وجه التحقيق ما إذا كانت روسيا قد استجابت لمطلب الرئيس الأسد. لا نعرف على وجه التحقيق من هو شمس الدين التبريزي.

بِدِقَّة، على وَجْه الدِّقَّة، بِشِكْل دَقيق، بِكُل دِقَّة (الخ)
exactly, precisely {2D}

أوضح أنه ستتم مراقبة الفرق المنافسة بدقة لجمع المعلومات الكاملة عنها. موقع المشروع قد تم اختياره بدقة. مصر تتابع بكل دقة المباحثات الجارية في مجلس الأمن بشأن الوضع في العراق. كان من الطبيعي أن تشدد الإجراءات الأمنية بكل دقة وموضوعية. لم يكن أحد يعلم ما الذي حدث على وجه الدقة. لا يدري على وجه الدقة أين قرأ هذا الرأي أو ذاك. تم وضع خطة لاستغلال المياه الجوفية بشكل دقيق. يجب ان نعرضها بشكل دقيق.

بِالضَبْط
exactly, precisely {2D}

لا نعرف بالضبط كيف يتم ذلك. قالت إن أحدا لا يعرف بالضبط ما هي الوعود التي تلقاها الجانب الفلسطيني. قد وصلت في الساعة الثامنة مساء بالضبط.

---

dark-colored

داكن

see مظلم

داكِن
dark-colored {3W}

أمرت بعدم ارتداء الملابس الداكنة التي تجتذب الدبابير. شاهد بعد بضع ثوان «سيارة صغيرة داكنة اللون» تغادر المكان بسرعة كبيرة. قد يتحول لون البول إلى الأصفر الداكن. لاشك أن المصريين هم ذوو البشرة الداكنة. النظارة الشمسية الداكنة. أزمة البرازيل تلقي بظلال داكنة على بورصات العالم. كان يرتدي بزة داكنة مقلمة.

غامِق
dark-colored {2W}

كان المطلوب هو اللون البني الغامق والكحلي. حرموني من السباحة التي كنت اعشقها قبل فترة من ظهوري على المسرح حتى لا أظهر ببشرة غامقة اللون. استخدمت قطع الخزف الملون (الأبيض والأزرق الغامق والأزرق الفاتح والأصفر والأخضر). كان الاقبال ملحوظا على شراء نظارات الشمس الغامقة.

قاتِم
dark-colored {2W}

يرتدي الألوان القاتمة. هذه الصورة القاتمة لا تمثل إلا جانبا واحدا من جوانب المشهد العام. الصورة ليست قاتمة تماما. اللون الأزرق القاتم. يرتدي البدل القاتمة لكي يبدو وجهه وابتسامته أوضح. يرتدي النظارات البنية القاتمة. لقد ألقت هذه الأحداث بظلالها القاتمة على مجمل الموقف العربي والإسلامي.

كالِح
dark, dark-colored; bleak {3W}

انها مبنية بهذا الطوب الأحمر الكالح. الملف لونه بمبي كالح بفعل التراب والزمن. كانت أولى الدول الشيوعية التي انشقت على موسكو في اللحظات الكالحة للحرب الباردة. إن صورة الشرق الاوسط العربي تبدو كئيبة وكالحة بعد الانصراف عن الحرب.

كامِد
dark-colored; [sad, gloomy] {3M}

هذا اللون السوداوي والكامد لم يعرفه الشعر العربي. السماء غائمة، والوقت هو الغروب، من نافذة الطائرة تطل بقع زرقاء كامدة وسط بحار من الغيوم. الجوهرة عملاقة، ولكنها كامدة.

دلّل — to spoil (a child)

دَلَّعَ
to spoil, flatter sb; to kid, to call sb (a cute name) {2M}

لا تدلع اطفالك كثيرا بعمل كل ما يريدون. أطعمتك من ثديها وربتك وهننتك ودلعتك وتحملت سخافاتك سنينا وسنين. الضباط الفرنسيون كانوا يسمونها «مادلين»، ويدلعونها بـ «مادو». (Eg) اسكت ياعم دا الريس مدلعكم آخر دلع. يالله بسرعة، أنا مش فاضي أدلّع عيال!

دَلَّلَ
to pamper, spoil sb; to call sb (a cute name)*; [to prove]* {2W}

أمّها تدللها كثيراً لأنها طفلتها الوحيدة. لا تدلل أبناءك كثيراً، فالدلال قد يفسدهم. أبناء الأمريكيين كسالى أفسدهم التدليل! السياح الأجانب في مصر ينعمون بكل الخدمات والابتسامات والتدليل. هي الطفلة الذهبية، كما يحلو لأمها ان تدللها.

دليل — evidence, proof

بُرْهان
proof, evidence {3W}
pl: بَراهين

هل توجد حاجة الى برهان اضافي على نوايا الشعب الفلسطيني؟ اذا سألت الناس عن السبب قدموا اليك ألف حجة وبرهان. ما من أحد حتى الآن استطاع ان يقدم الينا برهاناً واحداً على التراجع في دعم ايران للارهاب. دعت الولايات المتحدة سورية الى تقديم براهين على اتهاماتها لاسرائيل.

بيِّنَة
documented evidence, proof {3W}
pl: بيِّنات

برر الوكيل الأردني طلبه استبعاد الشهود الاسرائيليين بأنه «لا يجوز ان يكون العدو دليلاً أو بينة». هل عندك بيّنة على هذا الاتهام؟ قالوا انه «يجب تقديم الاعتراض عند تقديم البينة». رفض ممثل النيابة بينات هيئة الدفاع. لدينا بينات كافية.

إِثْبات
proof, evidence; [VN proving, authenticating] {2W}
pl: إِثْباتات

هذا القانون يسمح باحتجاز المتهمين بالارهاب دون حاجة إلى اثبات. ليس هناك أي إثبات لصحة أقوالك. عليه أن يقدّم ادلة الاثبات او النفي لهذا الافتراض. لا بد من اثباتات ودلائل لاتخاذ القرار السليم والعادل.

حُجَّة
argument, evidence, proof {3D}
pl: حُجَج

بأي حجة يمكن تبرير قتلها؟ كل ما جرى خلال السنوات الأخيرة يتم تبريره بحجة واحدة اساسية هي انه: لا يوجد بديل آخر. لا تقنع هذه الحجج. هناك حجج ووثائق في شأن الممتلكات العربية في القدس. يتحاورون بالكلمات والحجج وليس بالمتفجرات والسلاح. الاستحقاق الفلسطيني في مسألة الدولة لا يحتاج إلى حجج أو براهين لإثباته.

دَليل
proof, evidence; [guide, directory] {2D}
pl: دَلائِل، أَدِلَّة

لا نمتلك اي دليل تاريخي يسمح بتأييد رأيه. هذه حقيقة علمية ثابتة يمكن تأكيدها بأكثر من دليل. تلك كلها دلائل على الصعوبات التي يواجهها الرئيس العراقي. دلائل عديدة تشير الى ان مرحلة تلك الاحلام انقضت. الادلة على ذلك كثيرة. لا تملك أدلة وثائقية تربط موكله بالمؤامرة.

---

to destroy دمّر

see كسر، محا

أَتْلَفَ
to destroy, spoil, ruin sth (crops, objects) {3W}

اشعة الشمس في الكسوف يمكن أن تتلف شبكية العين. هذا المرض يُتلف خلايا المخ. أتلفوا محاصيلهم الزراعية حتى يحافظوا على ارتفاع الأسعار. دمّر هؤلاء الاجهزة واتلفوا الوثائق والكتب التي كانت موجودة داخل البناية. «اذا كانت الأفكار يمكن أن تتلف اللغة، فان اللغة أيضاً يمكن أن تتلف الأفكار».

خَرَّبَ
to destroy, ruin sth {2W}

يجب تقديم الدعم والمساعدة للسودان لاعادة الاعمار وبناء ما خربته الحرب. خرب الإرهابيون ما يزيد على ٥٠٠ مؤسسة ووحدة صناعية في السنوات الأخيرة. يبصق بصوت مسموع ويطلب من الله أن يخرب بيت عبد الناصر. سعى إلى محاولة تخريب العلاقات المصرية ـ الأمريكية. كلما يتكلم أحد يتهم بأنه يخرب البلد.

دَكَّ
to flatten sth; to destroy, crush sth {3W}
VN: دَكّ يَدُكُّ

على مدى سنتين ظلت المدافع تدك غروزني. كانت القنابل تدكّ الجنوب اللبناني في مثل هذا الوقت من العام الماضي. مواقف الحكومة الاسرائيلية تدك عملية السلام. دكّت البرازيل مرمى بلجيكا ١٠ مرات امس في الدور الثاني من كأس العالم للشباب في كرة القدم.

دَمَّرَ
to destroy, ruin sth {3D}

الفيضانات دمرت المحاصيل. السلطات باشرت اعادة اعمار آلاف من المنازل دمرت خلال زلزال ضرب المنطقة في شباط (فبراير) الماضي. أمريكا لم تدمر العراق بهدف إنساني نبيل. المغول حينما اجتاحوا بغداد دمروا تراثها الفكري والعلمي. الاستيطان يدمر عملية السلام. صدقت كل ما سمعت عن زوجها ومغامراته حتى دمّرت زواجها.

طَحَنَ
to destroy, wear out sth; [to grind (grain)*]* {2W}
VN: طَحْن يَطْحَنُ

عجلة الحرب الرهيبة مازالت تدور في الشيشان وتطحن البشر قبل أي شيء آخر. طحنت الأزمة الاقتصادية الناس عامة. كانت مشكلة ايجارات العقارات القديمة البداية الحقيقية لأزمة الاسكان التي طحنت المجتمع.

قَوَّضَ
to wreck, undermine sth {3W}

الاعمال الارهابية تدمر النسيج الاجتماعي وتقوض النمو والتنمية الاقتصادية. هذا سرطان يهدد مباشرة سيادة اسرائيل في القدس ويقوض البنية الأساسية لشبكة الحياة في مدينة موحدة. هو خيار يقوض أسس السلام. بوسعه ان يقوض قدرة كلينتون على التحرك.

هَدَمَ
to demolish sth {3D}
VN: هَدْم يَهْدِم

هدمت قوات الاحتلال منزله للمرة الثالثة. الجرافات تهدم البيوت لتبني بدلاً منها: مستوطنات! للأسف إن هؤلاء يهدمون الجهود المضنية التي يقوم بها المسئولون عن تنمية السياحة في البلد. سعوا إلى هدم الدستور. أكد ان هذا القرار يهدم الثقة في وساطة الولايات المتحدة في عملية السلام.

أَهْلَكَ
to destroy, ruin sth; to annihilate sb {3W}

في تلك الحرب أهلك القصف الجوي مايقرب من ستمائة دبابة عراقية. السد العالي أنقذ مصر من مخاطر الفيضانات التي كانت تهلك القرى وتغرق الزراعات. يجب وقف ميلوسوفيتش عند حده قبل أن يهلك البقية الباقية من الباني كوسوفا المسلمين. القرآن الكريم اورد قصص الاقوام القديمة التي أهلكها الله عز وجل جراء كفرها وجحودها.

---

destruction
دمار

ثُبور
destruction, ruin {3M}
الويل والثبور

أسامة بن لادن يهدد أمريكا بالويل والثبور. يتحدث عن الويل والثبور وعظائم الأمور. وعد الرئيس بوريس يلتسن المفسدين بالويل والثبور.

خَراب
ruin, destruction {2D}

كانت البلاد تعاني الخراب والدمار اللذين خلفتها الحرب العراقية الايرانية. عدم وجود الأمن يعني الفوضى والخراب. الاقتصاد الفلسطيني في حال خراب ولا تلوح أي افاق لتحسنه. يجد نفسه محاصراً بين نار الحقد وخراب الموت.

دَمار
destruction {2D}

احزنني واغضبني الدمار الذي اصاب مكاتبكم اليوم. تعرض الفندق لدمار كامل في ثاني أسوأ زلزال يضرب تايوان خلال القرن الحالي. لم يكن الدمار وسفك الدماء يوماً هو الحل. أين هي أسلحة الدمار الشامل التي يتحدثون عنها؟

هَلاك
destruction; damnation {3W}

إن لم يعالج سيؤدي هذا المرض بالتأكيد إلى هلاك الجسد. فرضنا عليهم اما الرحيل الى اسرائيل او الموت هلاكاً ولا خيار ثالث. يسرق رغيف خبز ليقي نفسه الهلاك جوعا. رأى في كره اليهود لعيسى دليلا آخر على أن اليهود شعب يستحق الهلاك. عبادتكم لأصنام ستؤدي إلى الهلاك والدمار.

---

to heal, scar over
اندمل

see تعافى

اِنْدَمَلَ
to heal, scar over (of a wound) {2M}

جرح الجمهورية الاسلامية لا يمكن ان يندمل لأنه ترك علامات وآثاراً حتى على خريطة الارض. إن الجراح تندمل في النهاية.. ولكنها تحتاج إلى وقت. أنا أيضا في قلبي غصة وحسرة وجرح لا يريد ان يندمل. لم تنفرط الذاكرة فلا جراح الحروب اندملت ولا رمادها برد.

اِلْتَأَم
to heal (of a wound) {2M}

لم يلتئم جرحها طوال هذه السنوات. لا أدري إذا كان الجرح العربي سيلتئم في أيامنا، طالما انه متروك للزمن. يتسنى للجروح العميقة في المجتمع ان تلتئم ويعود العراق الى عافيته. جرح السكين يلتئم، جرح اللسان: لا! هناك الكثير من الخلافات والجروح التي لم تلتئم بعد.

اِلْتَحَمَ
to heal, scar over (of a wound) {2M}

الجزء الرئيسي للاصابة شفي تماما والشرخ التحم ويستطيع حسام أن يلعب المباريات القادمة بدون مضاعفات، في حين أن هناك جزءا بسيطا لم يلتحم بعد. تستخدم في العملية الجراحية الطريقة المبتكرة في درز الجرح بمشابك كليب تلتحم بالجسم دون الحاجة الى اعادة رفعها.

دهشة amazement, surprise

دَهْشَة
amazement, bewilderment, wonder {3D}

القرار (الالماني) اثار دهشتنا لأنه يتنافى مع كل المرجعيات التي التزمت بها المانيا. عرفات بدا راضياً ومتفائلاً، وهو تفاؤل اثار دهشة لاري كينغ نفسه. ان الاكثر صعوبة والاكثر اثارة للدهشة هو تحقيق تلك الافكار على ارض الواقع. أثار دهشة الجميع بتراجعه عما قال سلفا. أعربت هيئة الرياضات البريطانية عن دهشتها الشديدة لنتيجة المباراة.

اِنْدِهاش
amazement; bewilderment {2W}

أبدى الأجانب اندهاشهم لهذا المنتخب الذي يصل الى كأس العالم مرتين متتاليتين. كان شرط الشاعر عند هؤلاء قدرته على رؤية الأشياء باندهاش طفل وغرارته. أعربت عن اندهاشها واستيائها قائلة انه شيء مقزز أن تكون الفضيحة على كل لسان في العالم.

ذُهول
[confusion]; amazement, surprise {2W}

سقط على الأرض ذهولا واندهاشا. تركني وحدي أقتات الدهشة والذهول والصدمة. قد أصيب العالم الرياضي العربي بالذهول والحزن لغياب هذا الفارس الذي أثرى الحركة الرياضية بإنجازاته الكبيرة في جميع المحافل.

عَجَب
amazement, wonder {2D}

هذا الموقف البائس يثير الدهشة والعجب حقيقة. لا عجب ان رئيس الجهاز الديبلوماسي السيد جون كولز بدا متوتراً. أول مصادر العجب أن المبادرة تركز على حل الأزمة الفرعية. من العجب أننا في مصر اخترنا النمط الأمريكي، ولا أعلم لماذا؟ لهذا لم يكن عجبا أن تنتشر النكات بمصر في وقت الحكم الجائر.

إِعْجاب
admiration, wonder {2D}

ابدى إعجابه الشديد بفكرة الكتاب وطرافتها. ينظر إلى انجازاتها السياسية الاجتماعية الاقتصادية، باعجاب مكتوم وحسد واضح. هذه الزهور التي تنمو بدون أي رعاية دائما ما تثير في أنفسنا شعورا من الدهشة والإعجاب والإيمان. يمكن القول انه مر بثلاث مراحل في علاقته بالاستاذ: الأولى الاعجاب والدهشة انتهت بوفاة الاستاذ في ٧٥٧ هجرية.

تَعَجُّب
amazement, wonder {3W}
عَلامَة التَّعَجُّب exclamation point

من الممكن أن تضيف مزيدا من علامات الاستفهام والتعجب. قالوا له على الفور في دهشة وتعجب: انت يوسف. أبدى تعجبه واستغرابه من هذا الطلب. ارسلن ابصارهن ناحيتنا بتعجب. لا يثير ما جرى علامات التعجب أو الدهشة.

اِسْتِغْراب
amazement, wonder {2D}

وسرعان ما يستدعي الأمر علامات الدهشة والاستغراب. أعرب عن استغرابه لاحتجازه من قبل الشرطة. ان ردود الفعل عند هؤلاء لا تثير استغرابه لأنهم جبناء يرتعبون بسرعة من تهديد الأغراب. ابدى استغرابه مما تردد في شأن الموضوع. زاد استغرابهم اثر رفضه الترشيح من قبل الجمهوريين او الديموقراطيين رغم شعبيته.

دهن to paint

دَهَنَ
to paint sth {2M}
VN: دَهْن يَدْهَنُ

دهن الجلد بالعنب الأحمر كي يبدو شفافاً. تجري حالياً صيانة هذه الطائرات الاربع واعادة الشباب اليها واعادة دهنها بألوان الشركة الجديدة. اصلحت واجهات المحلات ودهنت الجدران بالأبيض. اخذت بضع قطرات منه ودهنت جفني.

صَبَغ
to dye, color, paint sth {2W}
صَبْغ :VN يَصْبُغُ

اصبغي شعرك باللون الأصفر.. وانسيه! هؤلاء القادة يصبغون دولهم بصبغتهم ومزاجهم وآرائهم الشخصية. الدين الإسلامي يصبغ جميع نواحي الحياة. تريد وردة حمراء فلابد أن تنبتها بموسيقاك في ضوء القمر وتصبغها بدماء قلبك.

طلى
to paint sth {2M}
طَلْي :VN يَطْلي

طلى البندقية بعصارة هذا النبات. يجب ان نطلي المدينة بالكامل باللون الاحمر وبالاعلام الصينية. يحتاج الى عمليات ازالة الصدأ من السطوح قبل طليها. عمد الى ضرب دنانير مزيفة وطلاها بالذهب. ربيت اظافري وبردتها فصارت حادة، وطليتها بلون وردي في نفس درجة التايير. يجلس المشاهدون في غرفة مظلمة طليت جدرانها باللون الأسود.

---

to manage أدار

أَدارَ
to manage, direct, run sth; [to turn, spin sth] {3D}

أدار المباراة الحكم هارون المنصوري. «ماريوت» تدير فنادق يزيد عدد غرفها على ٢٠٠ ألف غرفة. تدير الدولة وراء الكواليس منظمة سرية لا تخضع للمحاسبة. يدير شركة تجارية في العاصمة الروسية. نعمل على وصول رئيس مسلم يدير البلاد استنادا إلى الشريعة. تصلنا الاخبار من وسائل الإعلام التي تديرها الدولة. يدل هذا على عدم الكفاءة في ادارة البنك.

أَشْرَفَ
to supervise, manage, oversee على *sth; [to look down* على *on, overlook]* {2D}

هو مهندس كهربائي أشرف على عدة مشروعات كبرى في المناطق الصناعية. أشرفوا على الحملة الانتخابية للرئيس كلينتون. أشرف على رسالة الدكتوراة البروفيسور لورانس كلاين. كان موجودا في المنطقة التي يشرف عليها ياسر عرفات. اختاره المسئولون هناك للإشراف على المسرح. المدرب عبد الله غراب أشرف على الفريق خلال الفترة الاستعدادية.

---

to trample داس

دَعَسَ
to trample, tread on sth or على *on sth* {1-2M}
دَعْس :VN يَدْعَسُ

(Eg) اِنتبه، ما تدعسش على بقعة الزيت. لو سمحت، ممْنوع تدعس على سجادة الصلاة. لا تستطيع أن تدعس في النهر ذاته مرتين.

دَهَسَ
to trample, run over sb {2M}
دَهْس :VN يَدْهَسُ

تأتي التحديات وتدهسنا تحت أقداهها وتمضي. فوجئت بسيارة مسرعة كادت تدهس طفلين يسيران معا في الشارع. مات ١٨ شخصا دهسهم القطار.

داسَ
to trample sth; to step, tread on sth or على *on* {2W}
دَوس :VN يَدوسُ

ينثر على الأرض اوراق شجيرات الزعتر وبعض اوراق الاشجار ذات الروائح، وعندما تدوسها الأقدام تنتشر منها روائح زكية. داس قلما فكسره. القانون يدوس الفقراء، الاغنياء يدوسون القانون! داس كرامتها وإنسانيتها بالنعال! اشعر بأنني أدوس على بقايا الخوف الذي روعني.

وَطِئ
step on (the ground), *set foot in* (a place) {3W}
وَطء :VN يَطَأُ

الممثل على رأس درج الطائرة، ولم يطأ بعد أرض لبنان، ناهيك ان يكون رآه. في كل مرة تطأ قدماي هذه القرية لا يكتمل اتزاني إلا إذا وصلت الى هذا المقهى. قدمي تؤلمني، لا أستطيع أن أطأ الأرض. السجادة نظيفة، اخلع حذاءك قبل أن تطأها. هناك دائرة واسعة للدين لا يصح للعلم ان يطأها أو يدخل اليها بامكاناته البشرية المحدودة.

common متداول

دارِج
common, current, popular {2W}

ليس دارجا ان يقوم المسؤولون السوريون بالتعليق على تقارير وسائل الاعلام الاسرائيلية. الموضة الدارجة اليوم هي أن يعتني الرجال بمظهرهم أكثر من النساء!

مُتَداوِل
common, widespread {3D}

ان الفكرة المتداولة حالياً هي الانسحاب، غير المشروط والاحادي الجانب. العدد الأكبر من هذه الأغنيات كان ما يزال متداولا على ألسنة الناس حتى في تلك المرحلة. لقد كان العرب في صدر الاسلام يستعملون الأرقام التي كانت متداولة عند عرب الجاهلية قبل الاسلام. قدرت قيمة الاسهم المتداولة في السنة الماضية بنحو ٢١١ مليون دولار.

رائِج
popular, current, common {3W}

هذا شاهد قوي ضد الاعتقاد الرائج من أن الأقدمين كانوا يهملون ذكر مراجع ومصادر معلوماتهم. مسألة الحياة الزوجية هي من المسائل الرائجة تاريخيا في المسرح والرواية والسينما. المعلومات الرائجة تتحدث عن وجود مخزون كبير من الأسلحة النووية لدى إسرائيل. الملابس الأوروبية هي الرائجة الآن في معظم الدول العربية.

---

as long as ما دام

see حيث أنّ

ما دامَ
as long as, since {2D}

ليس هناك سبب للاجتماع ما دامت الفجوات بين الجانبين كبيرة. الانسحابات الجزئية لن تغير من موقف لبنان المبدئي بدعم المقاومة ما دام هناك جندي اسرائيلي واحد على اي شبر من ارض لبنان. الله في عون العبد ما دام العبد في عون أخيه. «ما دمت العب فان حلمي الوحيد سيكون اعتلاء عرش اللعبة».

طالَما
as long as {3D}

هذا أمر طالما اتفقا عليه الإثنان فهو حلال. لم ولن يتخلى عن السلطة طالما بقي على قيد الحياة. أي فريق يستطيع الفوز في اي لقاء طالما هناك الروح والجدية. طالما كان بامكانه ذلك فهو واجب عليه. لن يستخدم القوة طالما ظل الرهائن سالمين. اكد انه سيستمر في خوض المسابقات طالما انه قادر على الفوز.

طول ما
as long as {1M} (Coll)

أسكت! أنا مش حاشتغل طول ما انت بتتكلّم! الفلوس مش مشكلة طول ما بابا موجود. الدنيا بنبي طول ما انتِ معايا.

---

religion دين

see إيمان

دِين
religion {2D}
pl: أَدْيان

اعتنق دين الاسلام. المسيحية دين المحبة والتضحية في خدمة الناس. حرية الدين تعني حرية اختياره. المادة الثانية من الدستور تنص على ان «الاسلام دين الدولة، واللغة العربية لغتها الرسمية». يطالب بالفصل بين الدين والدولة. الاديان السماوية لا تبيح القتل ولا تشرعه في اي حال من الأحوال.

دِيانَة
religion, sect {2D}
pl: دِيانات

حملوا معهم اللغة الاسبانية والديانة الكاثوليكية. ارادت الأم ان تربي ابنها حسب تعاليم الديانة اليهودية. ان في كل ديانة واحداً أو اثنين في المئة من المتطرفين. انه ليس في الاشتراكية ما يتعارض مع الديانة وليس في الديانة ما يتعارض مع الاشتراكية. أدرك قوة الحضارة العربية وأبدى اهتماماً بالديانة الاسلامية.

مَذْهَب
denomination, sect, school (religion, thought) {2D}
pl: مَذاهِب

يعتنق المذهب الانغليكاني. ادعى سميث بأنه أوجد المذهب المسيحي الصحيح وان كل المذاهب المسيحية الأخرى غير صحيحة. كان الرجل عالما دينيا من أتباع المذهب الحنفي. تنقسم المذاهب الاجتماعية إلى اشتراكية وأرستقراطية وديموقراطية! تختلف الدول الاوروبية في لغاتها ومذاهبها الدينية. تضمنت رسالته هجوماً عنيفاً على المذاهب اليهودية غير الارثودكسية.

طائِفَة
*denomination, sect; [*see جماعة; *group, branch]* {2D}
pl: طَوائِف

جنازة رئيس الطائفة الانجيلية تشيع اليوم. المحافظ ينتمي، بحسب العرف، إلى الطائفة الارثوذكسية ورئاسة المجلس البلدي تعود الى الطائفة السنّية. حافظت الطوائف اليهودية على العادات والثقافات التي جاءت معها من بلدانها الاصلية. الطائفة البوذية. رئيسه هو زعيم للطائفة الدرزية. علماء الطائفة الشيعية. يلتقي رؤساء الطوائف الاسلامية والدرزية. ينتمون الى الطوائف المسيحية الكاثوليكية والبروتستنتية والارثوذكسية.

مِلَّة
religious community, sect {2W}
pl: مِلَل

المقاهي والمرابع تغص بأبناء البلاد دون تفرقة في الملّة والدين. شهر رمضان هو شهر التآلف والاتحاد، لأنه فوق الطوائف والمذاهب والعصبيات، فوق الفوارق والحواجز التي تفصل بين ابناء الملة الواحدة. كل من لا ينضم إلى جماعاتهم يعد كافرا كفرا بواحا يخرجه عن ملة الإسلام. يوجد في الهند عشرات المِلَل المختلفة.

---

pious متديّن

مُؤْمِن
believing, pious; (n) *believer* {2D}
pl: مُؤْمِنونَ

شعبه الطيب المؤمن لم يعرف يوماً سوى المحبة والتسامح. دعا الله المؤمنين ورباهم على الصفات النبيلة. قال انه مؤمن ومتدين. أنا رجل مؤمن بالله وراض بقضائه. يستطيع أن يتعامل معها متوكلا على الله كأي إنسان مؤمن.

مُتَدَيِّن
pious, religious {2D}
pl: مُتَدَيِّنونَ

هو شعار صحيح في مجتمع اكثريته متدينة. أنا مسلم متدين. الحاجة ملحة على ضمير المتدينين في العالم ان يجتهدوا في البحث عن صيغ جديدة للعلاقات بين شعوبهم والشعوب المختلفة عنهم. انهم (المتدينون المتشددون) يريدون اعادتنا الى العصور المظلمة. شعبنا متدين في اعماقه.

زاهِد
ascetic {2W}
pl: زُهّاد

أعتقد ان هذه التربية الزاهدة التي تربى عليها بقيت معه طوال حياته. والدي انسان زاهد جداً. يبدو من حديثك انك لن تعودي الى السلطة وانك صرت زاهدة في العمل السياسي فهل هذا الانطباع صحيح؟ جهانكير أحب أن يظهر في الرسوم وهو برفقة الأولياء والزهاد ورجال الدين.

صالِح
*pious; [*see فائدة، مناسب; *suitable;* (n) *advantage]* {2M}
pl: صالِحونَ

كان رجلا طيبا صالحا ورعا. المرأة الصالحة والقطة الطيبة يبقيان في البيت. يا بني، انت رجل صالح، وسيعوضك الله في آخرتك عما حرمت منه في دنياك. في هذه الآيات ما فيها من الإشارة إلى رغبة المرأة الصالحة في الرجل الصالح.

ناسِك
(n) *hermit; pious person* {3M}
pl: نُسّاك

لم يكن السيد محسن الأمين ناسكاً، بل كان منغمساً في قضايا الناس. أنا ناسك مريض، نحيل. وصفه بأنه رجل فاضل متدين، وعابد ناسك ذو صدر رحب. إن النساك المصريين كانوا يعتبرون في نظر الغرب نماذج الحياة المسيحية الحقيقية.

وَرِع
pious, godly {3M}
pl: وَرِعون

كان ورعاً زاهداً عفيفاً. كان رجلا طيبا صالحا ورعا. كان نقيا.. تقيا ورعا في حبه لمصر. كان رجلا بسيطا، زاهدا، ورعا.

تَقِيّ
pious {2M}

تتفق فضائل البطل والمناضل مع فضائل الإنسان التقي والمؤمن. الاسلام التقي لا يضع مصدات امام العلم أو عوائق في طريق المعرفة. عرف بكونه رجلا عالما واسع المعرفة، تقيا وورعا.

مُتَّقٍ
devout, pious (usu. pl) {3W}
pl: مُتَّقونَ

يجزي الله المتقين. انه أمير المؤمنين ورئيس المتقين. ليس هذا صيام المتقين. عليك أن تكون من المتقين لكي يتقبل الله منك أفعالك.

sacrifice ذبيحة

ذَبيحَة
sacrificial offering; slaughtered animal {3M}
pl: ذَبائح

ينقضّ عليه انقضاض الجزّار على ذبيحته. كان اذا ذبح ذبيحة يسرع فيرسل لأقارب السيدة خديجة وصديقاتها بعض الذبيــحة. اليهود لا يأكلون الا ذبيحتهم التي يذبحها المأمور من طرف الحاخام ويبيح لهم أكلها. انحر ذبائحك شكرا لله.

أُضْحِيَّة
(animal) *sacrifice* {3M}
pl: أَضاحِيّ

التفسير يعني أن الآية لا تتحدث عن ذبح أضحية يوم العيد إنما هي أمر عام للنبي في كل الأوقات. سمح محافظ القاهرة لمحلات الجزارة بإقامة شوادر لعرض خراف الأضحية الحية لتلبية احتياجات عملائهم لهذه المناسبة. يتم ذبح هذه الأضاحي وسلخها وحفظ لحومها في ثلاجات تمهيدا لتوزيعها على فقراء المسلمين.

قُرْبان
sacrifice, offering; sacrament {3W}
pl: قَرابين

اختارت الآلهة ابنته الوحيدة لتكون قربانا لتنقذ القبيلة من الموت. في البداية كانت أماكن العبادة عند اليونان تتمثل في مذبح للقرابين يتم بناؤه في مكان مكشوف يتجمع حوله المتعبدون. هذا هو الثمن الباهظ الذي قدمه الشعب قربانا للديمقراطية. قدم اخيراً حياته قرباناً لقضيته القومية. رأس المطران إلياس قربان قداس عيد الميلاد وألقى عظة تحدث فيها عن معنى العيد.

---

supplies ذخيرة

see جهاز

ذُخْر
supplies; treasures {3M}

سيكون البترول ذخرا له عندما يحكم. لو كنت أنا عالما لكان العلم ذخرا لي وكنزا من أغلى كنوزي. قال انه يعتبرها بمثابة «ذخر قومي وسفيرة عظيمة لبلادها».

ذَخيرَة
supplies; ammunition {3D}
pl: ذَخائِر

أضاف الى خزانة المسرح ذخائر رائعة. لم تفعل في دراساتك سوى الاجهاز على ذخائر التراث وروائعه. أقاموا تحصينات وملاجئ كبيرة لتخزين السلاح والذخيرة والمؤن. يعمل في احد مستودعات الاسلحة والذخيرة بالجماهيرية. ناشدوا الدول الأخرى بوقف مبيعات الأسلحة والذخيرة الى الجانبين المتحاربين.

زاد
supplies, provisions {2W}

الزاد معه لم يكن وفيرا. لم يترك لهم مالا ولا زادا وفيرا. أخذ شيئاً من الزاد قبل الرحيل. اطلق سراحها واعطاها زادا ونفقة، فانطلقت وهي تكرر الثناء والمديح. في كل الأحوال فقد كان الزاد الفكري لهذه التنظيمات واردا من الخارج. عاشت كلماته وأصبحت زادا فكريا لدعاة الوحدة حيث وجدت الأفكار العربية.

عَتاد
supplies, ammunition; equipment {3W}
pl: أَعْتُد، أَعْتِدَة

اوضح ان احتياجات العتاد تهم كل الناس في كل المستويات. حمل عدته وعتاده وذهب ليناضل على جبهات أخرى. بلدان الأطراف تملك ٤ في المائة فقط من عتاد الكمبيوتر في العالم. جيش غير مهيأ يفتقد الى العدة والعتاد الكافي. مني الاتحاد السوفيتي بخسائر فادحة كلفته كثيرا في العتاد والأرواح. زادت ان مقاتلي اوجلان تركوا وراءهم كميات كبيرة من الاسلحة والعتاد. بسبب سوء الاحوال الجوية لم نتمكن من ايصال المؤن والعتاد الى رجالنا.

أَغْذِيَة
(food) *supplies* {2D}

قائمة معارض الشهر المقبل تضم معرضين هما معرض الخليج للأغذية والمعدات وهو معرض عالمي للأغذية. أفاد شاهين ان وزارة التموين تمنع أي اغذية انقضى ثلثا مدة صلاحيتها من دخول مناطق السلطة الفلسطينية. عائلة اخرى في منطقة جيليب حصلوا ايضاً على اغذية. الأغذية النباتية معروفة بفائدتها لأسباب عديدة. أرسل له عربات وأغذية وملابس لكي تحضرهم من بئر سبع حيث كانوا يعيشون كرعاة.

مَئونَة، مَؤُونَة
provisions, (food) *supplies* {2W}
pl: مُؤَن

رحب بهم الشيخ المحلي، وزودهم بمؤونة طازجة سخية. لم تتمكن من تأمين وصول طائرات النقل التي تتولى نـقل المؤونة الـلازمة اليها. نريد أن نعطي لمبارك من حبنا وتأييدنا زادا ومئونة تعينه على تحمل المسئولية الضخمة. زودها بالمؤن والذخائر. مصر لم تقم بأي عمل من شأنه عدم انسياب المؤن أو مياه الشرب الى السودانيين. أوفّر على نفسي مؤونة القراءة.

إِمْداد
reinforcements; supplies (usu. pl) {2D}
pl: إِمْدادات

القوة المتعددة الجنسية ستتولى توفير الحماية لإمدادات الاغاثة الدولية. أعلن المتحدث باسم برنامج الغذاء العالمي التابع للأمم المتحدة امس ان عملية القاء امدادات غذائية من الجو ستبدأ الاثنين المقبل. ضعف المحاصيل أثر سلباً على امداداتها من الغذاء. ثمة حاجة الى هذه الزيادة لتغطي كلفة الامدادات مستقبلاً. ألحت في طلب إمدادات الاغاثة من مياه الشرب والطعام.

تَمْوين
(food) *supply; provisions;* (VN) *provisioning* {2W}

يمكن لأي مواطن عراقي وأجنبي مقيم في العراق ان يحصل على بطاقات التموين من مراكز التسجيل في أنحاء العراق والبالغة ٤٠٠ مركز. اصبح بموجب القرار ثلاثة ارباع تموين القمح يشترى عبر القطاع الخاص. تولت وزارة التموين استيراد السجائر من الخارج. يقوم هذا الجسر بدور مهم في الإمداد والتموين. كيف تأمنت الامدادات والتموين؟ تعاني عجزاً في التموين.

ذراع — arm

ذِراع
arm; forearm {2D}
pl: أَذْرُع، ذُرْعان

كان واقفا يستند الى ذراع احد المرافقين. فقد ذراعه وهو طفل رضيع. انكسرت الذراع اليسرى عند المرفق وكذلك المعصم. أبو عمر يعتبر الذراع اليمنى لبن لادن. تمكن الدفاع الجوي من قطع ذراع إسرائيل الطولى. تفتح أمريكا اللاتينية أذرعها لنا.

ساعِد
forearm {3D}
pl: سَواعِد

اشتد ساعده وقوى سلطانه. لابد أن تنشط العقول وأن تعمل السواعد. هناك مأساة عظيمة في هذا الأمر متمثلة ببناء المستوطنات بسواعد فلسطينية. الغد الواعد تصنعه سواعد الرجال وعقولهم. سواعد ابناء مصر ترسم لون الخضار في قلب الصحراء. وزير الاقتصاد السابق كان الساعد الأيمن للرئيس.

عَضُد
upper arm {3M}
pl: أَعْضاد

الضربات الجوية سوف تفت في عضد القيادة اليوجوسلافية. أكد أهمية دور الشباب في بناء مصر وتقدمها لأنهم عضد الأمة وسواعدها. هو وزير سياسي ولكن بحكم التزامه وولائه لبورقيبة ـ الحق يقال ـ يعتبر عضد من أعضاد بورقيبة.

ذروة — summit, peak

أَوْج
highest point, pinnacle, peak {3M}

بلغت العلاقات الاقتصادية بين البلدين أوج ازدهارها اثناء الحرب العراقية – الايرانية. ذلك الممثل هو جيمس دين الذي صعدت شهرته الى الأوج، خصوصا بعد وفاته في حادثة سيارة. بلغ الفرنجة أوج مجدهم سنة ٨٠٠ م حين صار شارلمان امبراطورا عليهم. لا يخفى ان هذه النظرية قد بلغت أوج تطبيقها، وأظهرت جسامة خطورتها، في ألمانيا النازية.

ذُرْوَة
summit, peak {3D}

يعتقد المثقفون أنهم ذروة الهرم الاجتماعي. بلغت تلك المنازعات ذروتها في الستينات. العيد يستمر اسبوعين ويبلغ ذروته في الاسبوع الثاني. توقفت حركة النقل والقطارات والمطارات لأكثر من ثلاث ساعات في موعد ذروة الازدحام صباحا. كان لنا في ذروة الصراع اكثر من نصف مليون جندي على الأرض في فيتنام.

أَعْلى
uppermost part; [(adj) *highest]* {2M}

جهاز التلفزيون معلق أعلى الحائط. يظهر من فتحة في اعلى الصندوق. من يصل إلى أعلى السلم يصل بعد طول طريق من العمل العام. هبطت من اعلى السقف.

قِمَّة
summit, peak; summit meeting {2D}
pl: قِمَم

من المثير للانتباه أن المقابر النبطية تحفر بدءا من قمة الصخرة نزولا الى قاعدتها. تقطع الطريق لتصل الى قمة الصخرة حتى تلقي بنفسها من هناك. وصلت الى قمة الفن الادبي في كتابها «المساواة». اصبح في قمة الحكم. يخلف فريق ان اي سي الياباني على قمة الأندية الآسيوية. سيجتمعون الاسبوع المقبل في هراري في اطار قمة منظمة الوحدة الافريقية.

---

beard ذقن

ذَقْن
beard {2W}
pl: ذُقون
ضَحِكَ عَلى ذَقْنِهِ to make fun of

ظللت لمدة خمسة أشهر دون حلاقة ذقني. يلبس الرجل قميصا وبنطلونا والذقن غير محلوقة. ذهب يحلق ذقنه، ويرتدي أحسن ثيابه، لكي يستعد للآخرة في كامل أناقته. كان غير حليق الذقن، أشعث الشعر، رائحة العرق تنبعث من جسده. كفانا ضحكاً على الذقون.

سَكْسوكَة
goatee {2W} (Coll)
pl: سَكْسوكات

حين بلغ المرحلة الثانية، وصار شابا فارغ الطول بشعر أسود قصير ولحية صغيرة «سكسوكة»، أدرك أنه بحاجة للدراسة في أمريكا. في المرحلة دي من اللعبة لازم أقتل ثمانية من الرجال الياردي (اللي هم لابسين بيجي وبني وعليهم سكسوكات).

لِحْيَة
beard {2W}
pl: لُحَى

القانون الأفغاني يقضي بسجن كل من يهذب أو يحلق لحيته. كانت له لحية كثيفة، وجبهة عريضة، وأنف محدب. نظر يوما في المرآة فرأى الشيب يغزو شعره ولحيته. مشط لحيته بيده. أطلق لحيته وارتدى «كاكولة» أزهرية فوق زيه الافرنجي. له لحية شقراء وشعر أحمر مسدل على كتفيه. المهم هو ما بعد تقبيل اللحى.

---

intelligent ذكي

see ماهر

ثاقِب
penetrating (view, analysis) {3W}

وجه انتقادات ثاقبة إلى الاتفاق الاصلي عندما طرح على الحكومة. يمتلك نظرة ثاقبة في تفاعل الثقافات مع سياقاتها التاريخية. كل هذه الأحداث وليدة الرؤية الثاقبة وبعد النظر للسـابقين. اقتدى به العديد من المؤرخين المحدثين لنظرته الثاقبة والمجرّدة التي عالج بها اوضاع المنطقة.

ذَكِيّ
intelligent, clever {2D}
pl: أَذْكياء

انه رجل مغرور يعتقد انه الذكي الوحيد في العالم. هي ذكية تتعلم بسرعة. غريبة: المرأة الذكية تتزوج رجلا غبيا! شعب مصر شعب ذكي لا يمكن خداعه. مهمته أن يقوم بدور التوعية لأبنائنا بأسلوب ذكي. دخلت عملية استخدام الاسلحة الذكية في الولايات المتحدة مرحلة متقدمة. ابن خلدون وابن الخطيب ينتميان الى صنف الأذكياء.

شاطِر
smart {2W}
pl: شُطّار

التكرار يعلم الشطار! الزعيم الشاطر هو الذي لا يعطي الناس فرصة أن يكتشفوا أنه جاهل. السياسي هو الرجل الشاطر في انفاق المال العام للحصول على اصوات الناخبين! تحول الى محام شاطر وناجح. الكمبودي ذكي وشاطر جداً.

عَبْقَري
genius {2D}
pl: عَباقِرَة

إنه شخص عبقري بكل مقاييس العبقرية والجنون. يقال عن جورج اورويل «انه الكاتب العبقري الوحيد في فترة ما بين الحربين العالميتين». استطاع أن يترك ميراثا موسيقيا متميزا وعبقريا صار جزءا من تراث الامة كالاهرامات وابي الهول. أسوأ مايتكلم به إنسان حديثه عن أبنائه العباقرة كأبيهم! العباقرة في كل عصر ليسوا هم بالضرورة أكثر الناس علما وثقافة.

فَطِن
clever {2W}

ياسر عرفات شخص فطن وسديد الرأي. سبحان الخلاق العظيم، يجعل من شاء فطنا لبيبا ويجعل من شاء غبيا أحمق. القارئ فطن، يعلم أن قيمة العمل الأدبي تكمن في أدواته الابداعية. سيقترب من ان يكون صديقاً أو رفيقاً فطناً وودوداً.

فَهيم
intelligent {2M}

كان من يصلي يُعتبر فهيماً ومثقفاً لأنه يعرف الفاتحة. لا تقلقي عليه، إنه فهيم ويعرف كيف يحل مشاكله.

لَبيب
intelligent, sensible {3M}

كيف يكون هذا الإنسان المهذب اللبيب شيوعيا؟ ما خفي ذلك عن القارئ اللبيب. اللبيب يفهم من الاشارة. كلمة باردون ومرسي قد يسمعها الإنسان في اليوم والليلة من الناس بعضهم لبعض أكثر من عشرين مرة ولكن اللبيب لا يكثر منها ولا يستعملها إلا بمقدار!

أَلْمَعي
bright {3M}

مؤلفه كاتب ألمعي قدير. رئيس وزراء ماليزيا ألمعي وقادر على العطاء. القارئ الألمعي يستطيع معرفة قيمة الكتاب من المقدّمة.

نَبيه
intelligent, clever {2M}
pl: نُبَهاء

إنه راوي فطن ونبيه. اذا كانت الوزيرة النبيهة لم تفهم فهذا شأنها. الناقد النبيه يعرف مقدار إبداع الفنان وعلاقته بانتاج هذه اللوحة. كان بعض النبهاء من بين الثوريين انفسهم قد جعلوا تلك الافكار حديقتهم السرية. أفلم يزعم النبهاء ان البشرية قد بلغت نهاية التاريخ؟

أذلّ — to humiliate

بَهْدَلَ
*to humiliate sb; [*see شتم*; to ridicule, insult sb]* {1-2M}
VN: بَهْدَلَة

صدام حسين بهدلنا كل هذه البهدلة ولا يزال يتصرف كأنه اله. يخرج أناس يبهدلونه ويشرشحونه، وهو لايستطيع أن يفعل لهم أو ضدهم أي شيء. ملايين النساء تزوجن لانهن لايردن بهدلة العمل. (Eg) بتقول إن فاروق حبيبك تقوم تبهدله بالشكل ده.. وتخليه زي البوابين والسفرجية.

أَخْزى
to humiliate, shame sb {2M}

حاول المجرمون السفلة المنحطون أن يعتدوا على حياته واخزاهم الله سبحانه وكتب الله لمبارك النجاة. حاول ازهاق روحه ولكن الله خذله واخزاه.

أَذَلَّ
to humiliate sb {2W}

أراد أن يثأر من الألمان الذين كان قد سبق لهم ان أذلّوا فرنسا، بلده، مرات عديدة قبل ذلك. غضبوا لانها أذلتهم. هذا النظام قد أساء إلى الأمة العربية وأذل بغداد بأبشع آلاف المرات مما فعله بها هولاكو حين غزاها. تزوجها ثم أذلها ثم ألقى بها في الشارع. استعبدهم فرعون وأذلهم وسخرهم في عمل الطوب اللبن. هناك من يجد متعته في إذلال خلق الله والقسوة عليهم.

شَرْشَحَ
to humiliate sb {1-2M}

من دمه يخرج أناس يبهدلونه ويشرشحونه. شرشحنا السلطة الفلسطينية وتسللنا من أراضيها ثم بهدلنا السلطة الأردنية.

to go ذهب

see مشى، قصد

اِخْتَلَفَ

to go, resort إلى *to sb/sth; [*see اختلف; *to differ]* {3M}

كنا نختلف الى قيس بن عاصم نتعلم منه الحلم كما نختلف الى العلماء نتعلم منهم العلم. صار يختلف إليها بين الحين والحين. يختلفون إليها في أوقات الراحة لترويح النفس بسماع الألحان.

ذَهَبَ

*to go (*إلى *to); to go away; to go so far* إلى *as to; to take* ب *sth/sb; [*see مات; *to die]* {3D}

يَذْهَبُ VN: ذَهاب

ذَهَبَ ضَحِيَّتَهُ to die as a victim of

يريد أن يذهب الى القاهرة. طلب إلى أن أحدد له موعدا مع أبي.. ليذهب اليه ويطلب يدي. يذهب في اتجاه آخر مختلف تماماً. ذهب للعمل في شركة كهربائيات في بومباي. ذهب يعمل في كلية العلوم السياسية في انقرة. مع الاسف كل هذه التوقعات ذهبت ادراج الرياح. لقد ذهب الخوف وانتهت حالة الرعب التي كنا نعيش فيها. ذهب البعض من المواطنين الى القول بأن اطرافا من السلطة قامت بتصفيته. لا تذهب بي بعيداً بالله عليك. وقعت المجزرة الثلاثاء الماضي وذهب ضحيتها ٦٤ قرويا في بني علي الواقعة في جبال الشريعة.

راحَ

to go {1M} (Coll)*; to begin to* (with following imperfect) {2M}

يَروحُ VN: رَواح

راحَ ضَحِيَّتَهُ to die as a victim of

لم أعد أعي ماحولي ويبدو أنني رحت في غيبوبة لا أدري كم من الوقت عشت فيها. رحت أصرخ بكل قوتي.. انزلوني هنا. راح ضحية هذا الحادث، الذي يعتبر الاسوأ في التاريخ العسكري لاسرائيل، ٧٣ جندياً شاباً. (Eg) أنا سبت الدقي ورحت المعادي مفيش فايدة. رحت حسب الميعاد ووقفت في المحطة أستنى الباشمهندس. (Lev) ما بّدي أروح على الدكتور.

سارَ

*to go along, proceed (*إلى *towards sth); to drive along; [*see مشى; *to walk]* {3D}

يَسيرُ VN: سَيْر

الأمور تسير في الاتجاه الصحيح. أفكاري سارت في اتجاه آخر. سارت حياتنا بهدوء. سارت الامور بصورة حسنة للسعوديين الى ان حلّت الدقيقة الـ ٤٠. شهادة أخرى أدلى بها رجل كان يسير بسيارته أمام سيارة ديانا و«دودي» تبدو أكثر اثارة. يسير القطار بسرعة ٢٠٠ كيلومتر في الساعة تقريبا.

اِنْطَلَقَ

to set off, go إلى *to* {3W}

انطلقنا الى رفح ونهاية حدود مصر الشرقية. ركب اليعازر حماره وأخذ طعاما وانطلق إلى سدوم. انطلقنا الى بيت أبي، فضربنا عليه بابه حتى صار خلف الباب. تصل البضائع المصدرة من هذه الدول الى دبي اولا ومنها تنطلق الى العالم بحراً أو جواً.

مَضَى

to go, proceed إلى *to; [*see استمرّ، مرّ; *to pass* (of time)*; to continue]* {3W}

يَمْضي VN: مُضِيّ

مضى الى الاسكندرية وفتحها. إلى أين نحن نمضي إلى أين لا أعرف. نمضي إلى النوم. طلبت منها أن تمضي إلى الشقة على الفور. حملت حقيبتي في الصباح ومضيت إلى المدرسة.

---

to melt ذاب

ذابَ

to melt, dissolve {2W}

يَذوبُ VN: ذَوْبان

ذاب الجليد وماتت الحيوانات والطيور. شمعتك ذابت وانتهت الحكاية. الأب المثالي يذوب حبا في أبنائه. ذاب الملح. السكر يذوب في الماء وينتج سائلا حلوا. لن تحاول اقتحام جبل السراج قبل حلول موسم الربيع وذوبان الثلوج.

اِنْصَهَرَ

to melt {3W}

الحديد يحتاج إلى درجة حرارة عالية حتى ينصهر. لم ينصهر السودان في تجمع واحد الا في القرن التاسع عشر. تنصهر روحاهما فيصيران جسدا بعقلين. حافظت مناطق البربر على عاداتها وتقاليدها الخاصة رغم كل توقعات الانصهار.

tail

ذيل

ذَنَب

tail [appendix; see تكملة; *supplement]* {2M}
pl: أَذْناب

هذا الديناصور كان يقف على رجليه وذنبه مرتفع عن الأرض في حين ذيل التمثال الخشبي الضخم في المتحف تمدد على الأرض. إنها دويبة يصطادها أهل البادية تتميز بذنبها الطويل. عض الكلب ذنب القط. رأيت الحبل واعتقدت بأنه ذنب افعى. هذا الحصان له ذنب طويل وجميل.

ذَيْل

tail; end, consequence {3M}
pl: ذُيول

ربط حبلا بذيل الدولفين. هز الكلب ذيله عندما رآني أفتح باب البيت. ترتدي ثوبا أبيض بذيل طويل. انطلق صاروخ امريكي ليصيب ذيل الطائرة. تركيا المعاصرة تقف في ذيل الحضارة. اعتبر أن من أسباب حصوله على الحدّ الأدنى من الأصوات وجود اسمه في ذيل القائمة. هناك الكثير من الآثار والانعكاسات والذيول لأحداث السنتين الماضيتين.

president, leader رئيس

see مالك، ملك، كاهن، شيخ، حاكم، وجيه

مُدير
boss, director, head {2D}
pl: مُديرون

مدير النادي. مدير التسويق في شركة موللر. مدير ادارة الشؤون العربية في وزارة الخارجية القطرية. مدير الامن في محافظة الجيزة. مدير «البنك العربي الفلسطيني الاستثماري». المدير الفني للفريق الاول لكرة القدم. الشركة لديها مديرون سعوديون في السعودية ومدير اماراتي في الامارات. مجلس مديري الشركة الدولية لهندسة الشبكات.

رَئيس
president, leader, head {2D}
pl: رُؤَساء

رئيس اكاديمية الفنون المصرية. الرئيس الاثيوبي آنذاك منغيستو هايلي ماريام. كولين باول رئيس الاركان الاميركي السابق. رئيس البلدية. رئيس البنك. رئيس البرلمان. نائب رئيس الجامعة. رئيس النادي. رئيس الوفد الفلسطيني الى مفاوضات واشنطن. رئيس الوزراء. رئيس غرفة تجارة حلب. رئيس لجنة الأمن في البرلمان. الرئيس الأمريكي بيل كلينتون. الرئيس مبارك. الرئيس العراقي.

زَعيم
leader {2D}
pl: زُعَماء

زعيم «الجماعة الاسلامية». الزعيم الليبي العقيد معمر القذافي. طار زعيم المتمردين التوتسي لوران كابيلا الى جنوب افريقيا امس الثلاثاء. زعيم الحركة العقيد جون قرنق التزم اتفاقات أسمرا. من المستحيل تقريباً ان نفهم لماذا يستمر زعماء عرب وغربيون في التحدث عنه بمثل هذا الحماس. قال ان زعماء الصين اعربوا عن قلقهم بشأن التحالف.

سَيِّد
lord, master; title of a holy person; [Mr. {2D}*]* {2M}
pl: أَسْياد، سادة

ان الشيطان هو سيد العالم في هذه الايام. اتعامل مع المخرج على انه سيد العمل. سيدة البيت. سيد الدار. سيدنا الحسين. أغرق الطوفان الدنيا ومن عليها أيام سيدنا نوح عليه السلام. يتم الاعداد لاحتفالات مرور الفي عام على ميلاد السيد المسيح. كنا أسياد الأرض والبحر والفضاء. جددوا احلامهم القديمة بأن يكونوا اسياد العالم في هذه اللعبة.

شَيْخ
sheikh, leader (of a Gulf nation)*; senator; [*see شيخ، عجوز*; old man; religious leader]* {2D}
pl: شُيوخ

الشيخ حمد بن عيسى أمير البحرين. أمير دولة الكويت الشيخ جابر الاحمد الصباح. هو زعيم الأغلبية الجمهورية بمجلس الشيوخ الأمريكي. أعضاء مجلسي الشيوخ والنواب.

قائِد
*leader, head, [*see سائق*; driver]* {3D}
pl: قادَة، قُوّاد

القائد الأعلى للقوات المسلحة. العقيد جبريل الرجوب قائد الأمن الوقائي في الضفة الغربية. القائد العام للشرطة. رفع الحكم البطاقة الصفراء لقائد الفريق نيميتس سفوبودا. كان قائدا لقوات المعارضة الإسلامية. لا يمكن اخراج القواد الانكليز من جيشه. كان احد قادة القوات الانكليزية في منطقة القناة. اعلن القادة السجناء مبادرتهم الشهر الماضي.

---

opinion رأي

رَأْي
opinion, view {2D}
pl: آراء
survey استطلاع الرأي

أبدى اعجابه بآرائه. لا صحافة حقيقية إلا في مناخ من الحرية واحترام الرأي والرأي الآخر. إذا اختلفت الآراء فينبغي الاحتكام إلى الأغلبية. يختلف معه في الرأي. يهدف إلى تبادل الرأي حول تحقيق المصالحة السودانية. اصر على حرية الرأي. تم استطلاع رأي نخبة من المصريين المهاجرين من خلال استيفاء استمارة استطلاع الرأي.

وِجْهَة نَظَر
point of view, opinion {2D}

سوف أحاول من خلال هذه الفرصة الثمينة التي اتاحتها لي مؤسسة الأهرام أن اشرح وجهة نظر تركيا. أضافت المصادر ان وجهة النظر المصرية لابد أن تكون موضع اعتبار. يريد كل منهما أن يثبت صحة وجهة نظره. الحل من وجهة نظر العالم هو القضاء على الهيمنة الامريكية. نحن ـ من وجهة نظر انسانية ـ لا نقبل الكيل بمكيالين.

ربّما perhaps

رُبَّما
perhaps, maybe {3D}

ربّما قال شيئاً، فإني سمعتُ الأنين. ربما نامت ريما، إلا أنني لم أنم. الملايين احبوها، ربما لأنها شكلت استجابة لحاجة لدى كل منهم. ليس الآن ربما في المستقبل بعد ٢٠ سنة. بدا ان صدام واصدقاءه لم يأخذوها على محمل الجد ربما لاقتناعهم بأن ادارة الرئيس بيل كلينتون لا تملك ارادة سياسية.

عَسى
perhaps, possibly (followed by أَنْ or pronoun suffix) {3W}

لا بد من المحاولة مرة اخرى وأخرى... لعل وعسى. الاتصالات قائمة... لعل وعسى يغير الاسرائيليون هذا الموقف. حرت للحظة ماذا عساي اقول. فما عساه ان يكون سبب هذه الظاهرة. عسى ان تكون هذه الازمة فاتحة لوضع منهجية عمل جديدة. ماذا عساها أن تفعل. عسى ربكم أن يرحمكم. تساءل ما عساهم يقولون الآن؟

عَلّ
perhaps (followed by acc noun or pronoun suffix) {3W}

هرعت الى السفير أخبره عله لم يكن قد سمع. اطلبوا الغفران علّكم تحصلون عليه قبل فوات الاوان. اخذ يتمعن في السطور الاخيرة علّه يعثر على مفتاح الدلالة المراوغة في النص. توسط لدى كابيلا عله يمنحه فرصة اخيرةً. يبحث عن الفوز عله يتمسك بأمله الصعب في البقاء موسما آخر.

لَعَلّ
maybe (followed by acc noun or pronoun suffix) {2D}

ولعل ما يميز مهرجان دبي نجاح الحكومة في اشراك القطاع الخاص. لعله كان أعرج أو لعله أصيب بجرح في قدمه. لعل في هذا درساً. لعل في ذلك عبرة. لعله لم يكن على وعي بحركة التاريخ والمتغيرات السياسية. انهم كانوا على خطأ مبين ولعل الله يغفر لهم هذا الخطأ الذي تطوعوا بارتكابه. ولعل من أهم ما لفت أنظار الجميع هو الديكور الرائع الجميل.

يِمْكِن
maybe, perhaps {1M} (Coll)

يمكن الدنيا تمطر. عاوز تروح معايا؟ يمكن. يمكن راح اسكندرية. مش يمكن يكون الحرامي هو بواب العمارة؟

ربح profit

see فائدة

رِبْح
gain, profit; (pl) *proceeds* {2D}
pl: أَرْباح

هي تزعم ما يحلو لها من اجل الربح. حقق معظم المستثمرين ارباحا مادية ملموسة. رأت ضرورة لذلك على ألا تتجاوز نسبة الربح ١٦ في المئة من القيمة الإسمية للاسهم. يحصل على ٣٠٠ مليون دولار شهريا كربح صافٍ. هذه افضل ارباح تحققها الشركة منذ تأسيسها عام ١٩٨٤. مصارف القطاع الخاص حققت توسعاً في الأرباح مستفيدة من تحسن اداء بورصة الدار البيضاء.

رَيْع
yield, proceeds; profit {2W}

أظهرت أرقام اصدرها المصرف امس الثلاثاء ان ريع العمليات بلغ ٨,٦٨ مليون دينار في نهاية السنة. حذر من الاعتماد على ريع النفط في الاقتصاد الاماراتي. سيخصص ريع النشاطات المختلفة لدعم القدس ومؤسساتها. يعود ريع العشاء الى الاطفال في لبنان والأراضي المحتلة.

عائِد
profit, take {2W}
pl: عائِدات، عَوائِد

اجمالي عائدات الحكومة من الصادرات النفطية عام ١٩٩٦ بلغ ٩٥٨,٤ مليون دولار. قدّر السويدي عائدات الشحنة الواحدة بنحو ١١ مليون دولار. منطقة لومومبا شي الغنية بالمعادن، تعتمد زائير في اقتصادها على عائدها.

عائِدَة
return; profit; [property tax] {2D}
pl: عَوائِد

بلغ اجمالي عوائد الضرائب في الربع الاول ٨,٦٢ بليون شاقل. حققت الاسهم اليابانية عوائد بلغت ٢١ في المئة للفترة نفسها. صندوق الاسهم العربية في « البنك الاهلي التجاري » يحقق عوائد مرتفعة بعد سنتين من انشائه.

كَسْب
gain, profit {3D}

أنماط الحياة السائدة لا تعطي قيمة الا للكسب والربح. لا أسعى الى الكسب المادي. تتحول الساحة في الليل الى ملاذ لرجال يسعون الى الكسب المادي من الاحياء الفقيرة البعيدة عن المركز واخرين يتنزهون. اكتفت بالتركيز على هدف الربح والكسب الرخيص.

مَكْسَب
gain, profit {2D}
pl: مَكاسِب

أكد أنه لا يريد بذلك «مكسباً شخصياً». نجاحها مكسب للوطن وللمواطن. اتفاقات مدريد وأوسلو اجهضت المكاسب القانونية التي حققتها قرارات الأمم المتحدة. سجلت الاسهم في سوق هونغ كونغ للأوراق المالية مكاسب قوية عند الاغلاق امس. في فرنسا حقق الاشتراكيون مكاسب ضخمة بكل المقاييس.

إيراد
revenue, proceeds; profit {2D}
pl: إيرادات

الهدف منها الربح والتجارة والايراد المرتفع. ارتفع اجمالي ايراداتها من نحو ٦٧٨ مليون درهم عام ١٩٩٠ الى نحو ٨٠٨ مليون درهم. ارتفعت ايرادات القطاع السياحي في الفترة نفسها بنسبة ٧ في المئة. اذا لم نزد من ايراداتنا ولم نحاول ان نخفف من عجز الموازنة فهذا يشكل مشكلة.

رابطة — tie, bond

see علاقة

آصِرَة
bond, tie {3M}
pl: أواصِر

أدركت لأول وهلة ان بيني وبين هذا الشاب الذي يكبرني بسبع سنوات آصرة قوية ستربطني به بوثاق شديد. أدى ذلك إل اضعاف آصرة الصداقة بينهما. بدا الخال في محاضرته كأنه يسعى الى قطع آخر آصرة تربطه بجيل النهضة الشعرية الثانية. هكذا بدأت أواصر الصداقة بيني وبين الصادق المهدي. أشار إلى دور البرلمانيين العرب في دعم أواصر التعاون بين الدول العربية.

رَبْطَة
tie; packet {2W}
pl: رَبْطات، رِباط
ربطَة العنف necktie

يرتدي بدلة رمادية، دون ربطة عنق. معه قميص وربطة عنق وجاكيت. لا يملكون اكثر من ثمن ربطة خبز على مدار الاسبوع وبعض اللبن والتمر.

رِباط
strap; bond, tie {2W}
(also pl of ربطة)

فك رباط حقيبته التي كان يحملها على كتفه وافرغ محتوياتها على السجادة. فكرة «الجامعة الاسلامية» قائمة على رباط العقيدة الاسلامية، وليس رباط العرق والاقليم. يربط بينهم جميعاً رباط العدالة. رباط العنق ليس دائما من الكماليات. غاب عن مباراة المقاولون العرب لإصابته بجزع في رباط الركبة. في أواخر السبعينيات تورط في علاقة عاطفية خارج رباط الزوجية.

رابِطَة
tie, connection; [see اتّحاد; league, club] {2D}
pl: رَوابِط

الصحافة اليومية والاسبوعية وسيلة هامة ومتحركة لاحتواء الرابطة بين الكلمة والوعي. مؤشرات ظهرت أخيراً إلى وجود رابطة بين هذه الدول. الرابطة بيننا لم تكن مجرد الرغبة في الزواج. رابطة اصدقاء جامعة الدول العربية. المحصلة قد ينتج عنها قطع الرابطة بين اليهود المغاربة وبلدهم الأصلي. يجب الحفاظ على المصالح المتبادلة والروابط التاريخية بين الجانبين.

رِبْقَة
noose {3M}

أنقذهم من ربقة عبودية الكفر الى حرية الاسلام. أنقذوا العالم الحر من ربقة الشيوعية. رأى في انتصار النازي فرصة للتحرر من ربقة الاستعمار الانكليزي. عزم الحلفاء على تحرير الشعوب من ربقة الاتراك.

صَفَد
bond; fetter {3M}
pl: أَصْفاد

دخل قاعة المحاكمة مغلولاً بأصفاد «كليك كلاك». ظل غير مصدق حتى والاصفاد توضع في يديه. أمريكا لا تختطف العلماء الأجانب في سواد الليل، أو تسوقهم من بلادهم في الأصفاد كما فعل السلطان سليم الأول غداة فتح مصر. هذه الشياطين ترقد مكبلة في القيود، والأغلال، والأصفاد، وقد تحرر الناس من إغرائها وتضليلها وإغوائها.

عُرْوَة
tie, band {3M}

العلاقة الاميركية – الاسرائيلية: العروة الأوثق. في ثمانينات ذلك القرن كوّن «جمعية العروة الوثقى». قد اجرؤ على القول ان بين صاحب «جعيتا» وبين افلاطون عروة وثقى. التحالف بين الدول الاشتراكية وبعض العرب لم يتساو في عروته وقوته وتحالف اسرائيل مع الغرب.

غُلّ
(pl) *chains, fetters* {3W}
pl: أَغْلال

الارض لاتزال تعاني أغلال الاحتلال. هل نقول ان العرب في انتظار أن يفك أحدهم الأغلال التي تقيد أقدامنا؟ اوقفته الشرطة وهو على خشبة المسرح اثناء عرض احدى مسرحياته اللاذعة، حيث اقتيد مقيداً بالأغلال. السياحة الدينية في القدس الشريف كنز فلسطيني عالمي تقيده الأغلال الاسرائيلية.

قَيْد
bond, tie; chain, fetter; restriction {2D}
pl: قُيود
على قيد الحياة still living

ادخل المتهمون من دون قيد. تحرروا من القيود الغليظة التي تكبلهم. ومازالت آثار القيود الحديدية في يدي ورجلي واضحة. يدعو الى فكّ قيودها. فرض قيودا شديدة على الصحف والصحافيين. تعمل على تحرير التجارة من قيود الاتفاقات الثنائية. تفرض بلدية القدس الاسرائيلية قيوداً صارمة على البناء في القدس العربية. لا يزال على قيد الحياة.

كَرافَتّة
necktie {1M} (Coll)

أهم شيء هو البلطو والكرافتة والحضور المبكر والانصراف في الموعد. لا يريد ارتداء كرافتة. ظل مرتديا ملابسه الكاملة بالجاكيت والكرافتة.

وِثاق
bond, tie {3M}
pl: وُثُق

قد نجح أحد الموظفين في التخلص من وثاقه وأخطر مقر الشرطة البريطانية بالسرقة. يهبط طرزان من غصن ويمشي نحو الطفل ويحلّ وثاقه. الوجود الدائم في الأرض هو الرباط والوثاق والعهد.

رتّب

to arrange, organize

رَتَّبَ
to arrange, organize sth; to put sth in order {2D}

المثقف يعرف كيف يرتب الأمور حسب أهميتها. يتيح الفرصة للوزارة الجديدة، لكي ترتب أوراقها، وتضع خططها وسياستها. رتبت الأم المنزل استعدادا لقدوم الضيوف. كنت أرتب الكتب على الرفوف حسب مفهومي لمحتوياتها. يرتب هذه الكلمات بشكل أكثر ذوقا وأناقة مني.

دَبَّرَ
to plan for, arrange, organize sth {2D}

سرعان ما دبرت نفسها بحيث تهرب. اليسار الاشتراكي دبّر حرب السويس بالاشتراك مع بريطانيا واسرائيل. دبر أموره بحيث يتوجه الى لندن حيث درس الهندسة. يعتقد ان اجهزة الاستخبارات الاسرائيلية دبّرت اغتياله.

نَظَّمَ
to organize sth; to put sth in order {2D}

من نظّم الاحتفال وأقامه كان جمعية خيرية. حدد موعداً لإضراب ينظمه الأساتذة على رغم تهديد السلطات بطرد المضربين من وظائفهم. نظمت التظاهرات التي جرت امس الفصائل الفلسطينية. الأردن تنظم بطولة الأندية العربية أبطال الدوري. يكتب في إحدى قصصه أنه قرر أن ينظم حياته. القانون نظم زواج المصريات من أجانب.

وَضَّبَ
to arrange sth; to put sth in order; to pack sth {1-2M}

هذا الصندوق يشبه الصناديق التي توضّب فيها المجوهرات والتي عادة ما توضّب فيها أقراص الليزر الموسيقية. في أرضية الصندوق حجرة بلاستيكية دائرية توضّب فيها ألبسة السباحة. كنت أوضب ملابسي الرياضية المبتلة بالعرق في الدرج. اني افكر كيف اوضب الحقيبة للبحث عن بلد آخر.

---

salary مرتب

أَجْر
pay, wage; [fare, price]; [vent] {2D}
pl: أُجور

الأجور وشراء المعدات تقتطع جزءا كبيرا من ميزانية البحث العلمي. يتحقق الاتزان بين الاسعار والاجور. سيطبق قانون الحد الأدنى للأجور لأول مرة في بريطانيا. كان يطلب التوزيع العادل للأجور والفرص. يعملون بغير اجر او بأجور بالغة الانخفاض.

راتِب
salary, wage {2D}
pl: رَواتِب

راتبي أربعمائة دولار شهريا فقط لاغير. طلب راتبا شهريا قدره ٢٥ ألف جنيه و ١٠٠ ألف جنيه مقدم. كان أستاذ الجامعة يحصل على راتب يصل الى ٢٤٠٠ دولارا في الشهر. قرر زيادة رواتب الجنود. يحصلون على رواتب شهرية تقل عن الحد الأدنى لمستوى أجر الفرد. لم يهمها أن يبقى موظفو الأمانة العامة شهورا في انتظار رواتبهم.

مُرَتَّب
salary, wage {2D}
pl: مُرَتَّبات

من سنوات كنت احلم بمرتبي الذي اشكو منه الآن! المدرب الجديد مرتبه ٩ آلاف دولار بخلاف الشقة والسيارة. العمال لن يتراجعوا عن القتال من أجل مرتبات أفضل. الخريج الحديث يحصل على مرتبات تحددها قوى السوق. درست اللجنة مفهوم الأجور والمرتبات المنصوص عليها في قانون الضرائب.

---

rank, position, level مرتبة

دَرَجَة
*degree, level; [*see سلّم*; step, stair]* {2D}
pl: دَرَجات

له درجة عالية من العلم. الآن هي مكتظة لدرجة الانفجار الحقيقي. لا تتعدى درجة الحرارة فيه ٢٥ درجة مئوية. رفعت المحافظة درجة الاستعداد. استقرت فنادق الدرجة الثانية عند ٥٥ فندقا. حاز روس على درجة «الدكتوراه» من جامعة «يو. سي. ال. ايه». الصورة ليست في واقع الحال كالحة بهذه الدرجة. دعا الاطراف امس الى خفض حدة التوتر وممارسة اقصى درجات ضبط النفس.

رُتْبَة
rank (military, government)*; order* {2D}
pl: رُتَب

تخرج في أكاديمية الحرب عام ١٩٠٥ برتبة نقيب. كان ضابطاً برتبة عالية في الجيش العثماني. رفع درجة التمثيل السياسي الأمريكي في سورية إلى رتبة وزير مفوض. أما أحزاب الكتلة فأتت في الرتبة الثالثة بـ ٤٤ مقعدا. الشباب الشيعة غير مسموح لهم بالوصول إلى الرتب العسكرية العالية. تقدمت بلجيكا اخيراً الى الرتبة الرابعة بين المستثمرين الاجانب في تونس.

مَرْتَبَة
rank, position (incl. military); *level; [mattress]* {2D}
pl: مَراتِب

تحتل المرتبة الثالثة في العالم في الانتاج الاقتصادي. يحتل «بنك ابو ظبي الوطني» المرتبة الأولى بين المصارف الوطنية الكبيرة. البعض منهم وصل الى مراتب عليا في الجيش. هي تتضمن شعورا يصل في بعض الأحيان إلى مرتبة الحب. والمطلوب الآن فورا ان تنزل هذه الثقافة الانسانية من مرتبة الأحلام إلى أرض الواقع. حصل على بكالوريوس العلوم بتقدير امتياز مع مرتبة الشرف.

مَرْكَز
[post, station; main office; center]; position, status, standing {2D}

المكسيك احتلت المركز الأول برصيد أربع نقاط. الواردات الفرنسية احتلت المركز الثالث في قائمة دول الاتحاد الأوروبي. جاء المغربي عادل الكوش في المركز الحادي عشر والأخير. حصلت مدارس اللغات على المراكز الأولى في الامتحانات.

مَقام
*position, rank, [*see مكان; *place; mode* (music)*]* {2D}

قال موسى ان عملية السلام جاءت في المقام الاول من المباحثات. مصلحة الوطن تأتي في المقام الأول. السلام هدف رفيع المقام. أصبح له مقام كبير بعد دخوله الجيش. يقول الشاروني ان توفيق الحكيم يأتي، بعد الأب، في المقام الثاني بين العناصر التي اثرت في تكوين يوسف السباعي. أساتذتنا في المرحلة الثانوية من أصحاب المقام الرفيع.

مَكانَة
position, place {2D}
pl: مَكانات

هذه العوامل هي التي تحدد في النهاية مكانة الدولة على المستوى العالمي. القدس بما تمثل من مكانة دينية وسياسية وتاريخية وجغرافية هي قضية العرب والمسلمين جميعا. هي اصوات تحتل مكانة مرموقة في خارطة الشعر السعودي الحديث. بذلك تكون الشركة عززت مكانتها العالمية. تمتع المغرب بمكانة مهمة بالنسبة الى اسرائيل.

مَنْزِلَة
position, place {3W}

علينا أن نضع مصر العريقة في المنزلة اللائقة بها في عالم الغد. إنني أحب المصريين ولهم في نفسي منزلة خاصة. وسائل الإعلام في العالم العربي لم تصل إلى منزلة وسائل الإعلام الغربية. السجع منزلة بين النثر والشعر. اعتبروه في منزلة الاولياء وأصحاب الكرامات. احتل العلماء في الحضارة الاسلامية منزلة مرموقة.

رجل — foot, leg

أَخْمَص الْقَدَم
sole, bottom of the foot {3M}
من الرأس حتى أخمص القدم from head to toe

من هامة الرأس إلى أخمص القدم. رؤيتها لتصميم الأزياء شاملة غامرة تمتد من الرأس حتى أخمص القدمين. اخذت ابكي بشكل هستيري، مرتعدا من قمة رأسي الى أخمص قدمي. هي مرتبطة بالايديولوجيا ومطبوعة بها من قمة رأسها الى أخمص قدميها.

رِجْل
foot; leg {2W}
pl: أَرْجُل

رفع الشاب الوسيم رجله اليسرى ووضعها على الكرسي. عملية جراحية «ناجحة» اجريت له في رجله اليسرى. اصيب في الحادثة خمسة اشخاص بينهم مصري كسرت رجله ونقل الى المستشفى. ارجلهم غير قادرة على الحركة. قد قيدت ايديهم وأرجلهم. غابت عنها حقوق الأطفال الأبرياء الذين تقطع هذه الألغام أيديهم وأرجلهم دون ذنب أو جريرة.

ساق
leg, thigh {3W}
pl: سيقان

غفوت للحظة وأنا جالس أفكر في هذا «الأحد»، ساق فوق الاخرى ورأسي معتمدة على يدي. أشكر الله، فها أنا اشفى من جروحي في الساق اليمنى وسيجري اطباء عراقيون وفرنسيون عملية لي قريباً في الساق اليسرى. الفرنسيون يحبون سيقان الضفادع. كانت سيقانه عارية، ويرتدي فانيلا بيضاء طويلة.

فَخْذ

thigh, leg {2M}
pl: أَفْخاذ

أصيب بأربع رصاصات في فخذه الأيسر. «المعجزة انقذت جيوفاني من كسر في الفخذ». تلقى الاميركي مايكل جونسون علاجاً في فخذه الأيسر قبل ان يطوف في الملعب.

قَدَم

foot {2W}
pl: أَقْدام
كرة القدم soccer
على قَدَم المساواة equally
على قَدَم وساق efficiently

ان الانقاض تسببت في كسر قدمها. المشي والتجوال على الأقدام جزء من طقوس الزيارة. جعل الإسلام الجنة تحت أقدام الأمهات. أي فريق يلعب كرة قدم معرض للهزيمة على ملعبه. يعامل جميع أصحاب الحقوق على قدم المساواة. يجري العمل في الكوبري على قدم وساق.

رجولة — manliness

رُجولَة

manliness, masculinity {3W}

استطاع ان يثبت للجميع حسن اخلاقه ورجولته. قد تؤكد التصرفات رجولة الرجل، وقد تنفيها. فقد كل مظاهر رجولته. اعتقد ان الصوت الجهوري من علامات الرجولة. الرجولة ليست في القوة الجسدية والشاربين، بل في الجرأة على اظهار حقيقة الذات.

شَكيمَة

vigor; unyieldingness, manliness {3M}

أريد أن أرى شرطيا قوي الشكيمة نظيف اليد يحافظ على النظام. أصبحوا أقوى شكيمة في طرح قضيتهم. مباريات مسابقة كأس ولي العهد اثبتت انه ذو شكيمة عالية. يعبر عن الحاجة الى التغيير الذي تعهده وستمتحن من خلاله شكيمته ازاء التحديات والشباك التي تنصب له.

شَهامَة

gallantry; audacity; decency {2W}

كيف انتقلت قيم الحرب من الفروسية والشهامة إلى الغدر والانقضاض؟ لديه رصيد من الكرامة والشهامة. ليس من المروءة والشهامة أن نتمشى مع العواطف. عندما بلغت سن الشباب اخترت ممن تقدموا لي شابا يتميز بالرجولة والشهامة والحنان. توفي زوجي بسبب شهامته عندما هبّ لنجدة أسرة من الجيران.

فُروسِيَّة

horsemanship; chivalry, valor {2W}

عندما بلغ العشرين من عمره بدأت تتشكل فيه سمات الرجولة والفروسية وسعة الأفق. أبدى اهتماما كبيرا برياضة الفروسية. يلعب التنس والفروسية. كان عليه أن يدفع ثمن الفروسية حيث نجحت الولايات المتحدة في إقصائه. هل يستطيع أحد أن يتمسك بفروسية اتفاقيات جنيف الأربعة أو بالوصايا العشر في هذا العصر؟

مُروءَة

manliness, valor {2W}

زخرت اعماله بحكايات المروءة والنبل والشهامة والتسامح في ارض غنية. هذا منكر يأباه الشرع والدين والقيم والاخلاق والرجولة والمروءة. انه «جريمة عادية... لا بطولة فيها ولا شجاعة ولا مروءة». نراك من اهل الاحسان والمروءة. هناك واجب مقدس يناديه فتدفعه شفقته ومروءته إلى التبرع بما تسمح به حاله.

مُرُوَّة

manliness, valor {2M}

أشار إلى مروتها وقدرتها الفائقة على التكيف مع الأوضاع.

رحلة trip

جَوْلَة

*tour, trip; [*see نزهة; *outing, round* (sports, negotiations)*]* {2D}
pl: جَوْلات

سيزور مصر في اطار جولة تشمل ايضاً الأردن والعراق. سيبدأ الأسبوع المقبل جولة أوروبية - شرق أوسطية. أعلن أنه يعتزم ايضاً القيام بجولة آسيوية خلال العام الجاري. من المقرر ان يلتقي خدام والشرع اثناء جولتهما الاوروبية الحالية وزير الخارجية الفرنسي هيرفيه دوشاريت.

رِحْلَة

trip, journey {2D}
pl: رِحْلات

يبدأ الكتاب برحلة ابراهيم عليه السلام من ارض كنعان في فلسطين الى مكة. يؤكد اصحاب الشاحنات ان رحلة الشاحنة الواحدة من قطاع غزة وحتى افراغ حمولتها في الموانئ الاسرائيلية تستغرق بين ١٢ و٢٤ ساعة، الأمر الذي يعرض المنتجات الزراعية للتلف. بدأ رحلته حول العالم قبل ستة أعوام. يرافق الوزير في رحلته الى بغداد مسؤولون من وزارة المال ووزارة الطاقة. سافر في رحلات صيد إلى مناطق السعودية كافة.

سَفَر

trip, journey {2D}
pl: أَسْفار

سيغادر بيروت قبل ساعات من موعد سفره الى العاصمة المصرية. انها تتحمل نفقات سفرهم الى مناطق الدراسة. توقف لفترة قصيرة في مطار بيروت في اثناء سفره الى الهند. قدمت لهم كل الخدمات المطلوبة أثناء سفرهم الى حلب.

سَفْرَة

trip, journey; [dinner table] {2M}
pl: سَفَرات

هذا ما رأيته في سفرتي الاخيرة الى باريس. البيت الذي دخلته اثر سفرة لبنان كان فارغاً. أفراد العائلة المالكة البريطانية يقومون بحوالى الفين و٥٠٠ سفرة سنويا في بريطانيا والخارج. عاد من سفرته خائب الامل اذ كانت مهمته هي ايجاد اسواق لبيع منتوجات كوبا من السكر، مقابل السلاح، وهي مهمة صعبة.

مرحلة stage

مَرْحَلَة

stage {2D}
pl: مَراحِل

اليوم افتتاح المرحلة التاسعة من كوبري أكتوبر. يجب الاعداد لمرحلة ما بعد سن المعاش. تدخل العلاقات الصينية-الأوروبية مرحلة جديدة من التطور والنمو. القطاع الخاص عليه دور كبير خلال المرحلة القادمة في تحقيق التنمية الشاملة في العلاقات. يتكون مشروع شرق بورسعيد من عدة مراحل وقد بدأ التنفيذ الفعلي للمرحلة الأولى منه.

طَوْر

stage; [state, condition] {3W}
pl: أَطْوار

هي في طور النمو. الامر لا يزال في طور المباحثات. لايزال في طور النشأة والتكوين. هو في انتظار طور آخر من أطوار التاريخ.

رحم to have mercy

رَأَفَ، رَؤُفَ

to have mercy ب *on* {2M}
VN: رَأْفَة، رَآفَة يَرْأَفُ، يَرْؤُفُ

قد استحلفوا الحكمدار بأن يتوسط لدى أولى الشأن ويرأف بهم. لماذا لا ترأفون بهم؟ حملت قلبي وقدمته قرباناً لآلهة الحب والجمال، لعلها ترأف وتشفق على ذلك الكائن الصغير الذي ادماه الحب وأثقلته الجراح.

رَحِمَ
to have mercy on {2D}
VN: رَحْمَة يَرْحَمُ

كان والدها مجدي حبيب رحمه الله إنسانا عظيما. قد رفع أيوب وجهه إلى السماء ونادى ربه أن يرحمه. البحر ـ مثلا ـ حين يعصف ويقصف لا يرحم راكبيه. مشكلتنا في ذلك هي أسعار الشقق التي لا ترحم. ارحمونا من هذه الترعة الدموية.

أَشْفَقَ
to feel sorry, feel pity على *for* {2W}

أشفق أيضا على النسوة الخاطئات، وأنقذهن من قسوة قادة اليهود. كيف نشفق عليه، وهو الذي يشفق علينا. لا أملك إلا أن أشفق على الوزراء لهذا العبء. كم أشفق على هذا الإنسان.. انه في حيرة دائمة مع نفسه. يريد ان يقنعنا بأنه يشفق على المسيحيين في كل مكان، ما عدا القدس.

---

cheap — رخيص

see صغير، مجّاناً

رَخيص
cheap, inexpensive {2D}

انه حارس ليلي في احد الفنادق الرخيصة. يتوجه جميع اهالي المدينة الى هذا المكان تغريهم البضائع الرخيصة الثمن. يبحث عن سيارة رخيصة. نستنكر بشدة هذه الأساليب الرخيصة في التعامل مع الرأي الآخر. الميليشيات ليست سوى ادوات رخيصة تعمل تحت امرة الاحتلال الصهيوني.

زَهيد
low (price); *insignificant* {3W}

أنا مستأجر قديم لاحدى الشقق ذات الايجار الزهيد. هذا المبلغ زهيد للغاية وقد توقعت أن يكون المبلغ أكثر من ذلك بكثير. الحل البسيط بنظري يكمن في شراء الحبوب الزهيدة الثمن من السوق الدولية، لأنها مدعومة حكوميا. يرفض ان يُقدم مثل هذا التبرع الزهيد باسمه. سنوفر لك كل هذا بمبلغ زهيد هو ٢٠٠ دولار.

مُتَهاوِد
moderate (price) {2M}

تسمح بتأجير الخطوط لشركات صغيرة تعيد بيع المكالمات عليها بأسعار متهاودة نسبيا. أنا وكيله الوحيد ومستعد ان أعرضه عليه بأسعار متهاودة. يبيع بضاعته بأسعار متهاودة. لا شك ان موسكو مستعدة لبيعنا غواصاتها وبأسعار متهاودة.

---

marble — رخام

رُخام
marble {2W}

تتضمن أعمال التطوير تكسية الأسوار المطلة على النيل بالرخام. تعمل الورشة في مجال صناعة الرخام والجرانيت. كسا جدرانه من الداخل بالرخام البديع واتخذ له منبرا من الرخام وفرشه وزينه بالمصابيح الجميلة.

مَرْمَر
marble {3M}

أضاف أنه تم العثور على مجموعة أوان من حجر الشست، والمرمر، والصخر البللوري. استعاد ٤٢ قطعة أثرية تضم رأس تمثال من المرمر يعود إلى العصر البطلمي. للمسجد بوابة داخلية اخرى شيدت من المرمر. مجلس الخليفة صُنع من القطع الذهبية ومن المرمر نصف الشفاف. إنه أبردُ من قلب مرمر.

robe ## رداء

جُبَّة
robe, cloak; jubbah (a loose outer garment) {2M}

يلبس قبعة الفرو والجبة. قد ألبسوه جبة صوف وطافوا به على الاسواق. إذا دعوت بالغداء فأدخلوه عليّ في جبة صوف محتزماً بعقال. أين ذهب زي الأزهر التقليدي العمامة والكاكولا والجبة والقفطان.. لم يعد أحد من طلاب الأزهر يلبسه.

رِداء
robe; cloak {3W}
pl: أَرْدِيَة

طوال حديثه كان يرتدي رداء مخططاً بالأبيض والأسود كأنه رداء سجين. نلبس الرداء الأسود لأننا نحمل في صدورنا.. أحزان الناس. عاد ومعه رجل يلبس رداء أبيض. تلبس لكل موسم رداء، ولكل مناسبة عباءة. كان يواجه مؤامرات الجماعات الارهابية المتسربلة برداء الدين.

مِعْطَف
coat {3W}
pl: مَعاطِف

أرسل لي والدي نقودا لأشتري معطفا شتويا. لم يخلع شاعريته كما يخلع معطفه في مكان دافئ. يرتديان أقنعة ومعاطف طويلة ويطلقان الرصاص من بنادق آلية على الحضور. لوح آخرون بمعاطفهم أمام طائرات الناتو في إشارات استفزازية.

قُفْطان
robe; kaftan (a loose outer garment) {2M}
pl: قَفاطين

لم أعد ألبس قفطان والدي. سارع في لهفة الواجب الى ارتداء الجبة فوق القفطان وهرع الى بيت الداية. هو قفطان من الثوب المغربي الأصيل يصنع في مدينة فاس. يرتدي كل منهما ما يشبه قفطاناً أحمر فوقه صدرية صفراء.

---

to correspond ## راسل

راسَلَ
to correspond with {2W}

حاولنا، في البداية، ان نراسل الجامعات كي نعلمها عن وجود المجلة ولم نحصل على تجاوب. راسل بعض الاندية الانكليزية لكنه لم يلق اي جواب. إنه كاتب مبدع، كان يراسل جريدة «الأهالي»، منذ خمسين عاماً. طلب منها ان يراسلها ويبعث اليها بصورته. طلبوا ترشيح شخصيات مصرية أخرى حتى يراسلونهم.

تَراسَلَ
to correspond with each other; to correspond مع *with* {2M}

بدأنا نتراسل بعد مغادرته باريس للعمل في مصانع ليل بشمال فرنسا. العشاق يتراسلون في عيد فالنتاين بالكلمات والورود وغيرها. ظل لبضع سنوات لاحقة يتراسل مع الامبراطور وحاشيته العلمية. بدأ يتراسل مع ميلر من السجن فأثار عنده احساساً بأنه كاتب له.

كاتَبَ
to correspond with {2M}

تحالفوا مع فرقة الحشاشين الإسماعيلية (١١)، وكاتبوا الصليبيين يحرضونهم على صلاح الدين ويمدونهم بالمال. قد كاتبت جميع قادة الدول الأعضاء في شأن هذه المشكلة. كاتبوه متهمين إياه بالطمع بحكم الشام بعدما حكم مصر.

to send أرسل

بَعَثَ

to send sth or ب *sth* إلى *to sb; [to resurrect]* {2D}
VN: بَعْث يَبْعَثُ

من ناحية أخرى بعث العراق مذكرة احتجاج إلى مجلس الأمن بعد تدمير خبراء الامم المتحدة عينات غاز الاعصاب بمقر المنظمة الدولية في بغداد. بعث الرئيس الفرنسي جاك شيراك برقية تهنئة للرئيس حسني مبارك لفوزه في الاستفتاء على تجديد ولايته. بعث رئيس الوزراء الاسرائيلي بنيامين نيتانياهو برسالة عاجلة الى الرئيس الفلسطيني. كان والدها يبعث لها بالمال من وقت لآخر.

أَرْسَلَ

to send sth or ب *sth* إلى *to sb* {2-3D}

كان يرسل لها خطابات من كل مكان ذهب إليه. أرسل برسالة للدكتور مجدي يعقوب في لندن. أرسل الرئيس الأمريكي بيل كلينتون إلى الكونجرس أمس ميزانية عام ٢٠٠٠. ارسل كرة خطيرة أبعدها الحارس. أرسل تعزيزات عسكرية الى الجبل الأسود. أرسلوا يستدعونني على عجل.

وَجَّهَ

to send sth إلى/ل *to; [*see قاد*; to direct, guide sb]* {2D}

وجهت الولايات المتحدة أمس تحذيرا شديد اللهجة إلى الرئيس العراقي صدام حسين. قد وجهوا الدعوة للمهدي للالتقاء بهم بهدف معرفة المزيد من المعلومات. هناك تيار داخل مجلس الشعب يوجه انتقاداته الحادة اللاذعة بل واتهاماته ايضا إلى موازنة الدولة. يوجه الرئيس حسني مبارك كلمة إلى الأمة الإسلامية.

أَوْفَدَ

to send, delegate sb إلى *to sth* {2-3D}

كانت بريطانيا قد أوفدت بعثة تجارية واستشارية الى ليبيا في الفترة من ٣ حتى ٧ من الشهر الحالي. الأمير عبد الله ولي العهد السعودي أوفد مبعوثا إلى ليبيا يوم الاثنين الماضي. معظم المبعوثين من الأزهر يوفدون إلى الدول الفقيرة لتعليم ابنائها. مصر بدأت نهضتها بالتعليم في عصر محمد علي حين أوفد رفاعة رافع الطهطاوي الى باريس على رأس بعثات من نوابغ الشباب في ذلك الوقت.

---

to speak at length استرسل

اِسْتَرْسَلَ

to talk at length, go on في *about* {3W}

استرسل في انتقاد الوحدة العربية التي اعتبرها مجرد كلام شعري استهلاكي. قبل ان استرسل في مقالي هذا اعترف انني لا ادعي امتلاك موهبة فن «الكتابة الصحافية»، فلهذا الفن رجاله. علينا ألا نسترسل في التوقعات والتفسيرات في شأن هذه المناورات. استرسل يروي أقاصيص طريفة عن الشيخ مصطفى.

أَسْهَبَ

to go on, keep on في (speaking, explaining, etc.) عن *about; to elaborate* {3D}

اسهب كلينتون في الحديث عن السياسة الخارجية. كان منهم مَن يسهب في الشرح ومنهم من يختصر. قد تسهب صفحات طوالا في ذكر ما حدث في غمضة عين. أسهبت الصحافة المغربية في سرد تفاصيل الجنازة.

أَطْنَبَ

to speak at length في *about; to be excessive* في *in* {3M}

من جهة أخرى تراه يطنب في وصف «عبقرية» بطلته وبراعتها أطناباً يبدّد سحره السابق. هي اصلاً لغة وجيزة وأليفة لا تطنب ولا تبالغ حتى وإن أفاضت. يطنبون في تهنئته. مهما قلت ومهما أطنبت لا أوفيهم حقهم من المدح.

أَطالَ

*[*see مدّ*; to extend]; to speak at length* في *about* {3M}

لا أريد ان أطيل في هذه المسألة. تنبه ابن خلدون انه أطال الحديث عن اساتذته ومعارف والده. هذه مجرد أمثلة ولن أطيل في هذا الموضوع.

letter رسالة

جَواب
[see جواب; *answer, response* {2D}*]; letter* {1M} (Eg)
pl: جَوابات

بعتلي جواب من كام يوم بس ما رديتش عليه. يقرأون جوابا أرسله الباشا الى عمر بك المذكور يطلبه لمساعدته.

رِسالَة
*letter, message, note; [*see رسالة; *dissertation]* {2D}
pl: رَسائِل

تمكن من ارسال رسالة بخط يده من سجنه الى زوجته. بعث برسالة إلى شقيقه الذي يقيم في نابولي ليطمئنه إلى مصيره. كان هذا هو المحور الرئيسي للكتاب ورسالته الثقافية. هذا يؤكد لنا أن رسالة الدين هي الإعمار والبناء. ذكر ان المكتب تسلم أيضاً الكثير من رسائل الاحتجاج. كان فحص دقيق أظهر أن الرسائل طبعت على آلة كاتبة لم تصنع إلا بعد عشر سنوات.

خِطاب
*letter, message [*see خطاب; *speech]* {3D}
pl: خِطابات

سأرسل خطاباً مكتوباً بخط اليد. أرسل الاتحاد خطابا للنادي الأهلي يؤكد فيه انه ليس طرفا في مسألة التحقيق. تلقى خطابا من اللون المعروف انه وارد من جهة حكومية. كتب ابن خلدون رده في خطاب طويل أرسله في سنة ٧٧٢ هجرية من بسكرة. حاولت «ادخال قيم قومية الى الخطاب الليبرالي». اوضح ان «خطاب عاشوراء خطاب الوحدة، خارج الحزبية وفوقها».

---

dissertation رسالة

رِسالَة
*dissertation, thesis; [*see رسالة; *letter, message]* {2D}

تناولت رسالة الدكتوراه «القضايا المعاصرة في القانون الدولي». الكتاب كان في الأصل عبارة عن رسالة دكتوراه في التاريخ. هو يحضر حاليا رسالة الدكتوراه وموضوعها «البلورة الوصفية والتعبيرية للعمارة». اعددت رسالة الماجستير الخاصة بي على المصانع التي توجد بالمدينة.

أُطْروحَة
dissertation, thesis {3W}

يعالج روبير فوريسون هذه القضايا بموضوعية شديدة في أطروحته العلمية. لسبب ما انتشرت أطروحة هانتنجتون عن هذا الصراع الزائف. تعدّ أطروحة لجامعة ردينغ البريطانية عن أرز لبنان. أثار كتاب جوليوس اهتماما كبيرا فور ظهوره، وهو ثمرة ابحاثه لاطروحة الدكتوراه.

---

satisfied راضٍ

راضٍ
satisfied عن *with* {2D}
pl: راضون

يستمر فيما هو قائم ما دامت اغلبية الشعب راضية. انني راض عن أداء الفريق خلال مباريات الدور الأول. أنا راض تماما عن الحالة الفنية والبدنية للاعبي المصري حاليا. واشنطن تنظر بعين غير راضية لمواقف البابا تجاه العراق. لم يندم على شيء فعله أو شيء تركه.. بل يكون راضيا عن سلوكياته مطمئن النفس مرتاح الضمير.

قانع
content ب *with sth* {2M}

هو قانع بأنه يفي بالتزاماته الجامعية. أحب أن أؤكد أنني لست قانعا بهذا التحول. قال إنه راض وقانع بما قسم له. خرجت راضيا وقانعا بما غنمته منهم. كان عاشور قانعاً بحياته وظن انه «سيبقى بالفردوس حتى آخر الاجل». لم يبدُ قانعاً بنتائج استطلاعات الرأي.

مُكْتَفٍ
content, satisfied ب *with* {2W}

لم تأخذ منه إلا أقل القليل، مكتفية بما لديها، محتفظة بهويتها. يفضل المرء البقاء في المنزل طوال اليوم مكتفيا بالتأمل والجلوس وحيدا منفردا مع نفسه. جاءت مكتفية بموسيقاها الداخلية. رفضت المصادر كشف هوية الأمير الجديد مكتفية بالقول انه معروف باسم «خليفة». الولايات المتحدة مكتفية الآن باحتواء الرئيس العراقي صدام حسين من دون العمل على اطاحة نظامه.

rabble

رعاع

see حقير

حُثالَة

scum, dregs {3M}

اقول لك ان كل من يخون زوجته ليس الا حثالة. كانت هذه الجماهير تتألف بصورة شبه كاملة من حثالة القوم الذين هم على استعداد لقتل اخوانهم المسلمين. وجد في الحل الصهيوني الوجه الآخر للحل اللاسامي فهما من حثالة الايديولوجية الرأسمالية.

دَهْماء

masses, populace {3M}

تعود الدهماء على الحرب بالكلمات. لكليهما العلم نفسه، إذ لا توجد حقيقتان، الأولى للعامة الدهماء والثانية للخاصة العلماء. هل يخضع العظيم لذات القواعد والقوانين التي يخضع لها العامة والدهماء؟ أجساد العظماء تتساوي أيضا مع أجساد الدهماء. لاشيء يضايق الأديب مثل احساسه بغباء الكثرة الكاثرة من الدهماء.

رَعاع

rabble, mob {3M}

ضربه أحد الرعاع بحجر. وعد ببذل كل الجهود المتوفرة للقبض على «الرعاع». كانت الممثلة دايان قد سبق وشبهت ناخبي الليكود بالرعاع لكنها اعتذرت علنا بعدما ادان باراك هذه الاقوال. الأغنياء يرتشون والطلاب يتظاهرون والعمال يضربون والرعاع يتمردون والعسكريون يقومون بالانقلابات.

سوقَة

rabble, mob {3M}

هذا ينتشر في أوساط الجهلاء والسوقة الذين لم ينالوا حظا من التعليم والتحضر. عينه لم تكن بعيدة عن تأمل عالم السفلة والسوقة والنصابين. يشبه كلامه كلام العامة والسوقة. لا يكلّم سيد الأمة بكلام الأمة ولا الملوك بكلام السوقة. نجد كثيرا من السوقة يسعى في التقرب من السلطان بجده ونصحه.

غَوْغاء

rabble, mob {3M}

قد قام الغوغاء بعمليات سرقة ونهب السيارات والمحلات في الولاية أمس. وصف المهاجرين إلى بلاده بأنهم غوغاء، يسرقون الناس ويبولون في الشوارع. وقفوا مكتوفي الايدي حينما قامت الغوغاء بأعمال السرقة والقتل والحريق.

هَمَج

rabble; barbarians {2W}

لماذا يقود الهمج سياراتهم في الطريق المعاكس ضاربين بعرض الحائط كل السيارات القادمة. المستعمر كان يعتبر المغاربة «همجا». أما الرعايا وهمج الناس من أهل مصر فإنهم استولى عليهم سلطان الغفلة. هؤلاء لا تنطبق عليهم قوانين حقوق الإنسان.. فهم ليسوا من قبيلة الإنسان.. بل هم السواد والهمج.. هم الآخر.. الذي لا يحسب له حساب.

---

desire

رغبة

بُغْيَة

want, desire; [(prep) *for the purpose of]* {3M}

شرط هذه القاعدة الشرعية الايكون للانسان بغية ورغبة في هذا الأمر. بحث عن دليل مشابه في جميع مكتبات العاصمة اوسلو فلم يعثر على بغيته. وجد كل منا بغيته لدى الآخر. من كان من هواة الصلاة والتعبر فسوف يجد بغيته في قيام الليل في هذا الشهر.

تَوْق

wistfulness, yearning {3W}

أعماقهم يسكنها الحب والكبرياء الجريح.. والتوق إلى الشعور بالكرامة. اعتاد المواطنون ايام الاستقلال في بلاده الاستماع بتوق الى الانباء عن كفاح كل مستعمرة ضد مستعمريها. كنت أقف في شرفة الصدق أطل على الآفاق البعيدة توقا. يتجلى لديه اهتمام بالعلم وتوق الى الحرية.

رَغْبَة
desire في *for, wish* {2D}

اليونان أكدت رغبتها في توثيق علاقاتها مع ايران. يدل هذا على عدم رغبتها في السلام العادل. اعلن عن رغبته في المساهمة في تنمية القطاع المالي المصري. منذ تولي الراحل الحسن الثاني الحكم، كان همه هو تحقيق رغبة والده في أن يقوم الحكم في المغرب على أساس نظام ملكية دستورية ديمقراطية واجتماعية. اكتشف العلماء مادة كيميائية ينتجها المخ مسئولة عن زيادة رغبة الشخص في تناول الكحوليات.

إرادَة
will, desire {2D}

الإرادة العربية قادرة على الخروج من مأزقها. الفقر كان أقوى من الحب والارادة. إرادة الله فوق كل شيء. امتلكت إرادتي وتحررت من سجن تدخين السيجارة. ادعى زوج انه طلق زوجته ضد ارادته وقد ثبت صدق ذلك. مادامت الفتاة قد أجبرت بدون إرادتها على هذا الفعل الشنيع فعليها أن تذهب إلى الطبيب لإعادة عذريتها.

شَهْوَة
desire, lust, craving {2W}

في مجتمعات الرفاهية المسرفة تتحول الفردية إلى النرجسية والشهوة المشروعة إلى شذوذ الجنس. لقد انفتحت شهوة الحياة في نفوس الرومان، وأصبحوا متعطشين للحب والمتعة والمرح والغناء. يجب العمل على القضاء على ما من شأنه إثارة الشهوة الجنسية لدى الشباب. صم صوما يكسر شهوتك.

شَهِيَّة
appetite, desire {2W}

شهيتي للعب انفتحت بالفعل مع بداية تولي الكابتن فاروق جعفر للمسئولية. طلبوا كميات اضافية اثناء وجبة الغذاء لحلاوة مذاق البطيخ الذي تناوله اللاعبون بشهية مفتوحة وشراهة. الطعام الذي يفتح الشهية هو الذي نظل نأكله حتى نفقد الشهية. أما في الشوط الثاني فقد انفتحت شهية الزمالك وأحكم سيطرته على المباراة.

اِشْتِهاء
appetite, desire {3M}

أغواها في لحظة اشتهاء عابرة ثم تخلى عنها. فعلت ذاك لجذب الرجال وإثارتهم نحوها رغبة فيها واشتهاء وإنشغالا بها. يريد ان يقول ان اشتهاء الخلود عاطفة بشرية قديمة وعارمة لكن ليس هذا السبيل اليها.

شَوْق
longing, passion {2W}

حولت مشاعر الانتظار وشوق اللقاء إلى صرخات ونحيب. أصبحت محكومة بقطاع جديد من الموظفين تحركه دوافع الحرمان القديم والشوق الى المال والمناصب. نتطلع إلى إنجازات ولايته الرابعة بشوق شديد. كان بداخلي شوق لكي أعرف عمرها. قد بللنا قلوبنا بدموع الشوق والندم. أنا على شوق من قراءة اعماله الابداعية.

مَشيئَة
desire, will {3W}

لم نجد بداً من الاذعان لمشيئة القدر. يصلون الى السلطة السياسية بمعزل عن مشيئة شعوبهم. كانت تستحق حياة ونهاية افضل، لكنها مشيئة الله. الحرب ليست من مشيئتي. في المفاوضات تبدو المشيئة الاسرائيلية كأنها المرجعية الوحيدة المعترف بها من جانب «الراعي» الاميركي. لها ان تأخذ بها أو لا تأخذ حسب مشيئتها.

صَبْوَة
passion of youth {3M}

جعل اشياء الحياة كلها ذرائع لصبوته ورغبته في ان يكون هو نفسه شخصين اثنين. ورووا عن رسول الله صلى الله عليه وسلم قوله: ان الله ليعجب من شاب لا صبوة له.

هَوَى
*desire, longing; [*see حبّ*; love]* {2W}
على هواه however he wants

كتبته على هواها وليس على هوى غيرها. سوف تكتشف أن الاغلبية العظمى يسيرون على هواهم، ويتجاهلون أو يجهلون أبسط قواعد المرور. السيادة القومية لاتزال هوى الشعوب. انه عبد لشهوته وهواه. أعدت الجدول وفق هواها وقامت ببيع التذاكر دون مراعاة لصحة اللاعبين.

رفض — to refuse

أَبَى

to refuse, decline VN/أَنْ *to do sth* {2W}
إباء :VN يَأبَى

الرجل ابى ويأبى على نفسه تملق الغوغاء من اجل شعبية زائفة او هتافات زاعقة. ان الطبيعة تأبى الفراغ. لا أظن أن أحكام الشريعة تأبى تحويل صرف هذه المبالغ. يأبى الاسكندر الاكبر ان يبوح لأحد بسر دفنه. يأبى أن يظل أسيرا للماضي. غضب واضرب عن الطعام وصار يأبى ان يأكل وجعل يتهاوت.

رَفَضَ

to refuse, reject VN/أَنْ *to do sth* {2D}
رَفْض :VN يَرْفُضُ

رفض الانسحاب ورفض اطلاق سراح الاسرى والمعتقلين. بعض الأحزاب الإسلامية الصغيرة رفضت اعطاء أصواتها لميجاواتي. رفض المصدر الافصاح عن اسمه. رفض ان يدع الطفل الصغير يذهب مع اخيه. رفضت أن تتحدث عن أي قصة حب في حياتها.

اِمْتَنَعَ

to refuse عن *sth; [*see امتنع*; to abstain* عن *from]* {2D}

امتنع اللاعب وشقيقه عن المشاركة في مران الفريق اول من امس. الشرطة امتنعت عن اعطاء مزيد من التفاصيل. انعزلوا في حجراتهم وامتنعوا عن الشراب والطعام إلى أن اصابهم المرض. امتنع منذ ذلك الحين عن الذهاب الى بلدته.

أرفق — to append

ذَيَّلَ

to add, append على/ب *sth to the end of sth* {3M}

يذيل اسمه بدرجة الماجستير. ما معنى العبارة التي تذيّلين بها غلاف الكتاب؟ اكتفى المؤلف بتعليق مختصر جداً ذيّل به ترجمة النص الرسمي. ثمة اوراق رسمية ذيّلها الدكتور جوخدار بتوقيعه. يذيل بحثه بترجمة عربية. ذيّل الدكتور جوخدار توقيعه على احدى الاوراق الرسمية.

أَرْفَقَ

to append, add sth ب/ مع *to sth* {3W}

أرفق الاستاذ الجليل مع خطابه صورة المحضر. أرفق المكتب بالتقرير المراجع التوراتية التي تعتمد عليها هذه الجماعات. أرسل لي الكتيب الذي أصدره النادي بقلم السفير مصطفى العيسوي وقد أرفق به خطابا رقيقا. أرفق برسالته شهادة بهذا المعنى موقعة باسم عميد الكلية.

أَلْحَقَ

to append sth ب *to; to annex sth* ب *to; [to enroll; to inflict]* {3M}

اعدت وزارة التجارة المصرية مسودة لمذكرة تفاهم لالحاقها بالاتفاق الموقع لمناقشتها في اللجنة العليا. أحكام القانون الدولي «لا تعترف بالحاق القدس الشرقية». المناطق الواقعة شرق نهر الاردن يجب الحاقها بالعراق. قسمت أراضي الجمهورية وجرى الحاقها بالجمهوريات المجاورة.

ترفيه — entertainment

see نزهة

تَرْفيه

entertainment, amusement {2D}

ينظر الى السينما على انها اداة ترفيه لا تستطيع القيام بدور تثقيفي. يدخلون اماكن لا يدخلها الكبار وغرضهم في ذلك اللعب والترفيه وهم لا يدرون ما ينتظرهم. حياتي كانت تفتقر الى التسلية والترفيه. تحوي رأس البر قدراً كبيراً من اماكن الترفيه. والمشروع جزء من خطة انمائية شاملة تنفذها الدولة لتوفير مراكز ترفيه وتسلية على طول شواطئ العاصمة.

تَسْلِيَة
entertainment, amusement {2D}

السينما الافريقية لا تحتاج الى افلام النخبة الثقافية الملتزمة بل الى افلام تسلية. ابن خلدون لم يعرف اللهو والتسلية في طفولته. تطور الانترنت يقلب مفاهيم الترفيه والتسلية في منازل الاميركيين. كاسيتات الفيديو صارت تسليتنا الوحيدة. لقد تحول الوجود كله الى لعبة تسلية. يعتبرون الشاشة الصغيرة مصدراً للتسلية ليس إلا.

لَهْو
amusement, entertainment, fun {2M}

نهى عن آلات اللهو. لا يكتفي المهرجان باللهو والاستمتاع بل يشتمل على جائزة عالمية تبلغ قيمتها نحو مليون دولار. طـلـب صنوف المتع واللهو. هم لا يعرفون الا الخمرة واللهو واللعب ولا يفهمون شيئاً. يوجد في فنادق الدرجات الثلاث الأولى اماكن للهو والترفيه والتسلية.

مُتْعَة
enjoyment; recreation {2D}
pl: مُتَع

ادركت ان في الأمر اثارة ومتعة فقررت خوض التجربة. للمرة الأولى يشعر وهو في سرير المرض بأن الكتابة متعة وحرية. هذه الكتب الملونة حققت المتعة والتسلية للاطفال. اني أجد متعة وتسلية كبيرة في الأدب أكثر من أي شيء آخر. يعتبرون القتل في بقية الايام مجرد «متعة». (Coll) وانت مالك؟!... حتى المتعة تريدون ان تحرمونا منها؟!

راقب — to observe

رَصَدَ
to observe, watch sth {2W}
يَرْصُدُ VN: رَصْد

هذه المحطات ترصد أوتوماتيكيا أي هزة أرضية مهما كان موقعها وشدتها. نتابعها باهتمام بالغ ونرصدها بدقة. أضاف البيان الأمريكي ان بطارية عراقية مضادة للطائرات رصدت طائرتين أمريكيتين من نوع إف ١٥ في شمال مدينة الموصل. هذا الكتاب يرصد ملامح وانجازات فترة من أخصب فترات الحياة الثقافية في مصر.

راقَبَ
to observe, watch sth; to oversee sth {2D}

راقبت الرجل ذات ليلة، ووجدت أنه لم يبرح فراشه. كان هناك رجل واقف يراقب الأمر. على الاتحادات الوطنية بل والهيئات السياسية في كل دولة أن تراقب هذه الظاهرة الخطيرة. لم يكن بإمكانهم الا ان يراقبوا ما يحدث من دون ان يكون بإمكانهم التدخل. على الرغم من اعتزاله، ظل يراقب الاحداث. يراقب المباراة الحكم الدولي السوداني شداد كمال. شدد على أن الحلفاء سيراقبون القوات الصربية عن كثب لضمان انصياعها لبنود الاتفاق. هناك لجنة بالوزارة تراقب عمليات طبع الكتب.

ركب — to ride

رَكِبَ
to ride sth; to get on, mount sth {2D}
يَرْكَبُ VN: رُكوب

كان الجندي يركب الحمار وهو مخمور. دخلوا الى الجامع الازهر وهم يركبون الخيول. ركبت الأتوبيس للقاهرة وتوجهت الى بيت اخي. يركب سيارة ثمنها مليون جنيه. اختارت أن تركب موجة الانتخابات وتستفيد منها. رفض ركوب سفينة أبيه.

اِمْتَطَى
to mount, get on sth {3W}

كان الامبراطور لا يمتطي الخيل، بل كان يلجأ لركوب سيارة الليموزين. البعض منهم سيمتطي حصانا للمرة الأولى. امتطوا الجمال واخذوا العديد من الصور. اضطر الى الفرار بها وامتطى قاربا للنجاة عندما اشتعلت النيران فيها. يتعامل مع المرأة بأنانية مفرطة، يشعرها انه يمتلكها، ويستطيع امتطاءها كالدابة متى شاء.

to commit (a crime) ارتكب

اِرْتَكَبَ
to commit sth {2D}

يجب تسليمهم الى حكومات بلادهم لمحاكمتهم على الجرائم التي ارتكبوها. هي جريمة جماعية ارتكبها الغرب وحده – والمانيا بخاصة – ضد اليهود. ارتكب الحزب الاشتراكي اخطاء سياسية فادحة بدأت بالتلويح بورقة الجنوب. أدانت ايران أمس المجازر الوحشية التي ترتكب ضد المدنيين الأبرياء في الجزائر.

اِقْتَرَفَ
to commit sth {3W}

اقترف جريمة تدعمها أدلة. الارهابيون هم الذين اقترفوا مجازر في فلسطين. ما هو السبب الحقيقي لهذه الضجة وكأن الذين أصدروا أعمالهم عن دار النشر اللبنانية اقترفوا ذنبا لا يغتفر. يتهرب العراق من التفاصيل المطلوب تقديمها، ويورد مبررات للانتهاكات التي تقترفها الحكومة. كان الرئيس العراقي قد اقترف الكثير من الأخطاء خلال تلك الآونة.

---

vehicle مركبة

see عربة

مَرْكَبَة
vehicle {3W}
pl: مَرْكَبات

لاحظ زوار المعرض وبالتحديد فوق منصة مرسيدس النموذج الاختباري لمركبة مختلفة تماماً عما هو مألوف زودت بثلاث عجلات. اعلنت وكالة الفضاء الروسية ان مركبة امداد غير مأهولة ستطلق في اتجاه المحطة الفضائية. «جنرال موتورز» تعرض اول مركبة للصيد في الشرق الأوسط. خرج من مركبته. اوقف «لقيادته مركبة برخصة غير سارية المفعول».

سَيّارَة
car {2D}
pl: سَيّارات

سيارة عمي الصغيرة كانت تنقله من بيته الى حدود مصر الجديدة. عجزوا عن فتح زجاج النافذة الأمامية للسيارة أو كسره. اعتقد ان السيارة كانت سوداء. أنا لا أصاب بالهلع كلما اشاهد سيارة. الكلب بلع مفتاح السيارة. كان يستقل احدى السيارات الأخرى التابعة للشركة. ابواق السيارات هو اول ما يستقبلنا في المطار.

شاحِنَة
truck {3D}
pl: شاحِنات

سيارته اصطدمت بشاحنة كانت متوقفة في المنطقة. أضاف انه سيتم منح تراخيص الدخول لسائق الشاحنة ومرافق له لمدة سبعة أيام. كان يعمل سائق شاحنة. الشاحنات الصغيرة التي يملكها تجار القطاع الخاص نقلت ٣١٠ آلاف طن. أعلنت السلطات العراقية امس ان الشاحنات الأولى المحملة بضائع آتية من الأراضي السورية ستعبر قريباً الحدود.

عَرَبَة
vehicle; car; wagon; [see عربة; cart] {3D}
pl: عَرَبات

يركب السيّاح عربة لنقل الموتى. العربة ذات حصانين عربيين يجران في اتجاهين متعاكسين. انتبهت الى ان عربتنا هي الأخرى غير مضاءة. اقلتني العربة الى الفندق. كان على العربة خيار وبندورة وبصل وتفاح. اكتشفت اني لا أجيد او أعرف قيادة العربة الى الخلف. في مدخل الشارع عربات واقفة ودرّاجات.

عَرَبِيَّة
car, vehicle {1W} (Eg)
pl: عَرَبِيّات

عنده عربية حمرا. ما عنديش عربية. بيشتغل ميكانيكي عربيات. خللي بالك يابيه العربيات اللي كانت بتعديني كلها بتجري دلوقتي على مهلها.

قاطِرة
vehicle; engine, locomotive {3W}
pl: قاطِرات

أصبح القطاع الخاص هو قاطرة الاقتصاد المصري. قطاع صناعة الاثاث والموبيليات والمنتجات الخشبية يقود قاطرة الصادرات المصرية إلى الخارج. على مشارف قرن جديد تتطلع أوروبا الى استعادة مركزها كقاطرة من أهم قاطرات التحول العالمي. قبل ان تتحرك بهما القاطرة خلع السائق رجب الجاكتة وأحكم زرار الجيب الداخلي على المحفظة.

كَمْيون
truck {1M} (Coll)
pl: كَميونات

كان سائق كميون. صمد لأكثر من عشر رحلات في كميون الشحن من بيت الى بيت ومن منطقة الى منطقة. ستضحك الزوجة المصرية إذا استمعت من راديو الكميون الذي ينقل العفش الى أغنية «أنا روحي فداك».

لوري
truck {1W}
pl: لوريات

العصابات تستخدم سائقي اللوريات البريطانيين في تهريب ألبان كوسوفا الى أوروبا. تتطاير الأوراق أو الأكياس من فوق اللوريات السريعة دون أن يكلف سائق اللوري أو صاحبه أن يضع فوق هذه الأوراق أثقالا تحول دون تطايرها.

ركع — to kneel

جَثا
to kneel {3M}
VN: جُثُوّ يَجْثو

جثوت أمام الصليب أصلي لله . جثا امام مذبح الكنيسة محاطاً برجال دين ومواطنين، وتلا صلاة. سمعت السيدة التي تجثو فوقي تقول: ابق ساكنة انهم يعودون.

رَكَعَ
to kneel; to bow down, submit ل *to* {2M}
VN: رُكوع يَرْكَعُ

البابا لن يركع لتقبيل الارض كما العادة لأن صحته لا تسمح بذلك. لن اركع ولن اقبّل اي شيء. يأتي آلاف الرجال ليركعوا ويبكوا ويطلبوا الصفح لسوء سلوكهم. تركع في خشوع لخالقها. لن نقبل ان نذل او نركع لحاكم، او ان نجوع.

تراكم — to pile up, accumulate

تَجَمَّعَ
[to gather, assemble]; to pile up, accumulate {2M}

مجموعة من المجلات والصحف الآسيوية تتجمع أمامنا منذ نهاية ١٩٩٨ تتحدث عن الإعداد لحرب أخرى. المعلومات تتجمع في توازٍ مع واضع المشروع. يجب أن يتصدى لبنان للمعارك والهموم التي بدأت تتجمع في سمائه وعلى أرضه منذ أسابيع.

تَراكَمَ
to pile up, accumulate {3D}

لم تزل الثلوج تتراكم في الساحة. الديون تتراكم عليه. أضافوا ان عوائد مبيعات النفط العراقية المحدودة تتراكم في حساب خاص في نيويورك. الديون التي تراكمت عليه تجاوزت ١٠٠ ألف جنيه استرليني. تراكمت مشاكلها وازدادت خطورة.

تَكَدَّس
to pile up, to accumulate; to be stacked ب *with* {3W}

هذا يعني ان اربعة آلاف ومئتي طن من النفايات تتكدس اليوم في احياء الضاحية وشوارعها. ما زالت أفواجهم تتكدس على أبواب المطاعم في انتظار أدوارهم لاستلام الطلب. جاؤوا من تركيا وتكدسوا في حارتين او ثلاث. جامعات تكدست بالطلاب ولا أحد يعرف أحدا.. ولا أحد يهتم بأحد. يتجه الي انشاء متاحف نوعية واقليمية بديلا عن انشاء مخازن تتكدس فيها الآثار.

تَكَوَّم
to pile up, accumulate {2W}

الأوراق الصفراء تتكوّم فوق الرصيف. تكوّم الشلج الابيض. يبلغ ارتفاع المكب (الناتج عن تكوّم النفايات) ٥٥ مترا. تتكوم الأخطاء فوق بعضها ولا أحد يجرؤ على مفاتحته فيها.

lance رمح

حَرْبَة
lance; spear {3W}
pl: حِراب

ضربه احدهم بحربة فقتله. قتله الأخ الشرير من الخلف بحربة ذات أربعة وعشرين مسمارا. أمام الباب الخارجي جنديان بريطانيان يحمل كل منهما بندقية في طرفها حربة. يأتي إلى الوزارة على أسنة حراب الانجليز. وجهوا حرابهم المسمومة إلى لطفي الخولي وزملائه.

رُمْح
lance, javelin {2W}
pl: رِماح

يتحول الزمان والمكان إلى سن حاد لرمح قاتل. يدفع بالرمح الى عمق الاحشاء. أشارك في الألعاب الاولمبية في مسابقة رمي الرمح. الفرسان يخوضون المعركة بالرماح والسيوف. لا يجب العودة إلى الماضي بكتاتيبه ورماحه وسيوفه.

---

grey رمادي

رَصاصي
lead-colored, grey; [made of lead] {2M}

الدخان المتطاير يشبه ثياباً رصاصية مهلهلة. كيف يتأتى له ان يقضي اليوم بطوله، في هواء الوادي الرصاصي الثقيل، من غير تدخين؟ ما أشد برودتها الرصاصية التي لايمكن أن تشعل لهيبا في المناطق اليباس.

رُمادي
ash-colored, grey {2W}

انها تمطر من سماء رمادية خفيضة كقبعة. اني اليوم في مدينة رمادية وأمطرت على رؤوسنا الصاعدة نحو السماء. أما الأقراص الصغيرة فلونها أسود أو رمادي لتضفي على الساعة مزيدا من التألق. توجهتُ إليه مباشرة، في قميصي الأسود، ذي الأشرطة الرمادية المبثوثة على الصدر بتزيين ملفق.

---

to throw رمى

رَجَمَ
to stone, pelt sb/sth ب *with; [to curse, abuse]* {3M}
VN: رَجْم يَرْجُمُ

نحن نرجمها بالحجارة، وهم يرشقونها بالورد. رجموه بالحجارة والطوب وطلب الهرب فلم يمكنه الهروب. أرادوا رجم امرأة خاطئة ضبطت في ذات الفعل. انتصر فيها رغم كل ما اصابه من رجم بالحجارة، ولعنات بالكلمات.

رَشَقَ
to throw ب *sth at sb, pelt sb* ب *with* {2W}
VN: رَشْق يَرْشُقُ

رشقوا السيارات بالحجارة احتجاجاً على قتل زعيم طلابي. رشقوه بالطماطم تعبيراً عن سخطهم على سياسة الحكومة الحالية. قد رشق المتظاهرون اقسام الشرطة بالمدينة بالحجارة فسادت حالة من الفوضى والاضطرابات.

رَمى
to throw, hurl sth or ب *sth (at sb); [to intend]* {2D}
VN: رَمْي يَرْمِي

رمى الكرة في وجه الحكم فنال انذاراً لسلوكه غير الرياضي. ان مجهولين رموا قنبلة يدوية عبر احد نوافذ فندق «بيلينه». رمت نفسها في المياه كسمكة رشيقة تعرف كيف تسترد عشاقها. جعلوا يرموننا بالحجارة. أرمي بجسدي على أقرب كرسي هزاز، وأمارس هواياتي المفضلة. من كان منكم بلا خطيئة فليرمهم بحجر.

زَجَّ
to throw sth or ب *sth* في *into* {3W}
يَزُجُّ :VN زَجّ
زُجَّ به في السجن he was thrown into prison

يزجون بالاسلام كله في معارك وهمية. لا تستطيع ان تزج بنفسها في عمل غنائي لا يكون في مستوى اطلالاتها السابقة. لماذا يجب على الأمم المتحدة أن تزج بنفسها في كل نزاع يحدث في العالم؟ اطاح الرجل الذي فاز في انتخابات الرئاسة وزجه في السجن. زج بعدد من الصحافيين في السجون ودفع بعضهم غرامات فادحة.

طَرَحَ
to throw sb أرضاً *to the ground; [to present, submit]* {2W}
يَطْرَحُ :VN طَرْح

كان رجال الشرطة والامن يصيحون «اقتلوه» وهم يطرحون احد المتظاهرين أرضا. حتى بعد ان طرحه الجنود ارضا حاول ان يضع خزنة اخرى في بندقيته. ضربوه وطرحوه ارضا امام أعين العمال والزبائن. كان اقتراب موعد بدء مفاوضات الحل النهائي يطرح ظلاله الثقيلة على مجمل مسار العملية التفاوضية.

طَوَّحَ
to throw ب *sth away, cast* ب *sth/sb aside* {3M}

طوح بالكرة خارج المرمى. لا نترك للتفسيرات والتأويلات المختلفة أن تطوح بنا هنا وهناك. عرضت عليها فستانا آخر بلون فستان اختي غير انها طوّحته على طول ذراعها ورفضت اخذه. طوحت به الظروف من السودان إلى لندن.

قَذَفَ
to throw sth or ب *sth at sb or* ل *at sb* {3W}
يَقْذِفُ :VN قَذْف

الايرانيون يقذفون الكرة في الملعب الاميركي. قذفوا الكعبة بالقنابل. جمع انصاره وهاجم مبنى المجلة حيث راح المتظاهرون يقذفون المبنى بالحجارة. قذفناه بطوبة. كانوا يقذفون لها بحجر صغير فتفيض عليهم بثمارها الشهية. قذفه بجرم الزنا في مقال كتبه الأخير باسمه في جريدة «الشورى».

أَلْقى
to throw sth or ب *sth* (away) *or* على *on sb/sth; to cast* (a glance) على *at sth; [*see خطب، اعتقل*; to deliver* (a speech)*; to arrest]* {3D}
أَلْقى الضَوْء على to throw light on

ألقوا الحجارة والقطع الخشبية على قوات مكافحة الشغب. يلقي بنفسه من اعلى الكوبري. ألقى الأب بابنه على الأرض. ألقى بالمسئولية على اجهزة الاعلام الدولية. سألقي البندقية لأتفرغ لبناء السلام والتنمية. يعلنون توبتهم ويلقون بالسلاح. الفيلم يلقي نظرة فاحصة على وضع اجتماعي صعب للهنود الأميركيين. نلقي بنظرة على هذه العلاقات بين الحين والآخر. القى الضوء على الموضوع.

---

wind

ريح

خَماسين
(yearly) *sandstorm, hot blast of dust and wind* {2M}

يضيف رئيس هيئة الأرصاد أن موسم الخماسين هذا العام يعد ضعيفا نسبيا. تتعرض مصر ومنطقة شمال إفريقيا خلال الفترة من النصف الثاني من شهر فبراير إلى النصف الأول من شهر مايو إلى ما يعرف بالخماسين حيث تتكون منخفضات حرارية على الصحراء الإفريقية نتيجة للتباين الكبير بين درجة حرارة مياه البحر الأبيض المتوسط ودرجة حرارة الصحراء، فتجلب أمامها هواء ساخنا محملا بالرمال من فوق الصحراء إلى شمال مصر فتسود البلاد موجة حارة يصاحبها نشاط للرياح المثيرة للأتربة والرمال تصل في كثير من الأحيان إلى حد العاصفة.

ريح
wind; [smell] {2W}
pl: رِياح

الريح تجعل المطر يطقطق دائماً. مصلحة الارصاد الجوية حذرت من اشتداد الريح في الأيام المقبلة. أجبرتنا الريح أن نحني الرؤوس. هل يمكن أن يبقى حيا في الريح. يعتبر فيلم «ذهب مع الريح» عادة من أشهر الافلام التي انتجتها هوليوود. من زرع الريح حصد العاصفة. جهوده ذهبت ادراج الريح.

سَموم
hot wind, sandstorm {2M}

رياح السموم السوداء هبت في ذلك اليوم الربيعي الجميل على هذه المدينة الآمنة. لابد من حواجز لوقف رياح السموم. ناقش الاحجار وتأثيرها بالنسبة للأوبئة والعلل وهبوب الرياح - خاصة ريح السموم - في حكايات الجزيرة العربية.

نَسيم
breeze, wind {2M}
شَمّ النَسيم spring holiday (Eg)

هب نسيم الصحراء. أين نسيم الفجر العليل؟ كان ملاكا يرفرف بجناحيه فيثير النسيم. شجرة الجميز تشتاق إلى أيام صباها حين كانت تلهو مع النسيم وتتلامس أغصانها مع أغصان أخواتها على جانبي الطريق. امتنعوا ايضا عن تناول الفسيخ والسردين والبصل في يوم شم النسيم رغم ان هذا النوع من الطعام يرفع مناعة الجسم.

نَسَمَة
*breeze; [*see رجل; *person* (in a census count)*]* {2M}
pl: نَسَمات

هبت نسمة ربيعية من خارج الطقس. شعرت بنسمة باردة كحد الموسى شممت فيها فرح طفولتي. ها أنا أرى حبيبتي مقبلة تتهادى كنسمة الربيع. يرى نفسه نسمة من روح خالدة.

روح — soul, spirit

see نفس

ذات
soul; inner self; [oneself; same] {3W}

يكون احياناً في عوالم الذات الداخلية. أشار إلى أهمية البحث عن هوية وطنية واكتشاف الذات. لا تضيع الذات الا بانقطاعها عن الآخرين وعزلها وانغلاقها. تتجنب الشاعرة السعودية الغوص في أعماق الذات الاجتماعية. الحب هو جوهر الذات الإلهية.

روح
soul, spirit; (Holy) *ghost* {2D}
pl: أَرْواح

الروح كانت دائما هي الوجود الأصلي عند المصريين القدماء. روح الانتقام. روح الاخوة. روح الثورة. روح وطنية. الروح القدس. نظر اليه باعتباره الفنان الذي نفخ روحا جديدة في فن الموسيقى الفنلندية. يعتبرونه بعيدا عن روح الاسلام الذي يفتح باب الاجتهاد للجميع. امتدح الروح الرياضية التي سادت المباراة. بثّ الروح في الحياة السياسية اللبنانية. جذور الثقافة تمتد في اعماق أرواح الناس. قلن ان هدفهن ليس سياسيا، بل مجرد حماية أرواح ابنائهن.

مُهْجَة
soul; inner self {3M}
pl: مُهَج، مُهَجات

في كل يوم ولحظة يتزايد عذاب الأم، وتصرخ مهجتها من معاناة هذا العذاب. يسكب مهجته شعرا. الفكرة ظلّت تترقرق في مهجتي، وتراودني. أخلى مسئوليته لابنته الغالية ومهجة قلبه فاطمة.

نَفْس
soul, spirit; [self; same] {2D}
pl: نُفوس

انا مرتاح الضمير والنفس. اذا غلبت النفس العقل عميت البصيرة واذا غلب العقل النفس ارتد الانسان. المصالحة مع النفس أو مع الذات هي أسمى وأرقى المصالحات. ان الفصل بين الروح والجسد، او بين النفس والجسد يتكرر في المجتمعات والثقافات الانسانية برمّتها، قديمها وحديثها. التربية الروحية تهدف إلى إصلاح النفوس. يمتلك خبرات في حقول علم الاجتماع والنفس. اشتهر بسياسة الصبر والنفس الطويل. هو مضطرب العقل والنفس والشخصية.

رائحة — odor

رائِحَة
odor, smell {2D}
pl: رَوائح

فاجأته رائحة ليمون. اختلطت رائحة الرطوبة برائحة الزيت المقلي. يحب رائحة القهوة. وجدوا أنفسهم هنا بعيدا عن رائحة البحر. بدأوا «يشمون رائحة الدم» في هذه القضية. شدتني رائحة قوية مألوفة ومحببة تنبعث من كنيسة سانت سفران. شممت رائحة يديها.

نَتانَة
stench, foul smell {2M}

هفّت من ثيابه رائحة شديدة النتانة طاغية كاسحة تفترس رائحة العطر الذي اغرق به نفسه. مع اهمال العناية بها اصبحت اكثر قذارة ونتانة. أعطى رائحة اكثر نتانة وأشد اثارة للتقزز.

نَكْهَة
fragrance; flavor {2W}

قالت بريجيت انه «ذو نكهة ترابية لطيفة، وجيد للاستعمال خصوصاً في الصلصة مع الطماطم». بعض المحطات الصغيرة تتسم بالنكهة الريفية المحلية. لكل شيء في غرناطة نكهة بيتية حلوة، لا محالة. تشيع اجواء خيمتها بنكهة محببة وعطرة. عملية اطفاء الحريق في القصر في ١٩٩٣ اعطت نكهة شعبية محببة للملكية في الحياة العامة في بريطانيا.

---

to want أراد

see أحبّ

بد
(+pronoun suffix) *to want sth* {1M} (Lev)

انا بدي ابكي. الناس هون بدها انتخابات وبدها ابو عبد، مختار. اذا ما في مصاري كيف بدي اشتغل؟ انا بدي اتابع الجلسة شرط ان تكون الفرصة للجميع. «ما بدنا محاكمات بدنا صوت الحريات». شو بدك؟ بدك فنجان قهوة؟

بَغَى
to want, desire sth {3W}
يَبْغِي

أما العمل النقابي فيحتاج الى متطوع يبغي العمل العام. الأهم أن الإمارات لها مطلب عادل، فهي تبغي التوصل لحل قضيتها. أنا وأنت لا نبغي الا ملاذا. اطردوا كل انسان لا يبغي خدمتكم في حق وصدق. قال مرة إنه لم يكن يبغي العمل السياسي.

اِبْتَغَى
to want, seek sth {3W}

أمريكا كانت مفتوحة على الوافد الذي يبتغي التعلّم. لا نبتغي كسباً مادياً بل تقديم المساعدة لتحقيق الاكتفاء الذاتي. إيماننا بأنفسنا وثقتنا في بلادنا ستجعلنا نصل الى ما نبتغي وما نريد وما يريده الشعب اللبناني. يبتغي من القراء والباحثين ان يتذوقوا الشعر والأدب. هو شركة مستقلة تبتغي الربح المادي.

تاقَ
to long, wish إلى / لـ *for* {3W}
VN: تَوْق يَتوقُ

هذا هو هدف التحرير واحلال السلام الذي يتوق اليه شعبنا. أتوق لرؤيتك مجسداً. أحزاب المعارضة تتوق الى حيازة نسبة تفوق ٣٠ في المئة. اني أتوق للعيش في دبلن. بريطانيا تتوق للعمل مع الجانبين لتحقيق نتائج ايجابية تضمن السلام والأمن.

حَبَّ
[to love]; to want to do sth (with following imperfect verb) {1M} (Coll)

تحب تشرب قهوة؟ تحب تيجي معانا؟

حَنَّ
to long, wish إلى *for* {2M}
VN: حَنين يَحِنُّ

يحن العراقيون إلى خمسينات هذا القرن خصوصاً المثقفين منهم. يحنّ الولد الى والدته ويعتبرها مثاله. يحنون الى أيام بيروت حينما كانت هناك جمهورية الفاكهاني. يحن هذا المواطن الروسي الى ان ينعم بحياة مستقرة وهادئة. القلب البشري يحن إلى النغم.

رَغِبَ
to want, desire sth or في *sth* {3D}
VN: رَغْبَة يَرْغَبُ

لم يكن تركيزهم في المباريات بالصورة التي نرغبها. يمنح اللاجئين حق الخروج من البلد المضيف إلى أي مكان يرغبونه. أقلّهم يطلبون التحرير ويرغبون الإصلاح. يرغب رامون في اقتصار العدد على ٤ أو ٥ أعضاء فقط. إن الكرة الآن في ملعب الحكومة السودانية فاذا رغبت في السلام فعليها الاعتراف بالتجمع الوطني. ينبغي أن يحقق السلام العادل وهو ما يرغب فيه الجانب الفلسطيني. اقتنع بضرورة تخلص اسرائيل من اسلحتها النووية اذا كانت ترغب حقا في ان تعيش في أمن وسلام.

أَرادَ
to want sth or أنْ *to do sth* {2D}

يريد بيتا في تل أبيب. اراد الاردن اقامة سد متواضع على اليرموك. أريد رجالا خشني الاصوات. أردت أن أقول لها اني حزين. قال إنه يريد من المحامي أن يعلق على ذلك. لا تريد أن تكبر. نجح الاستاذ جهاد في تحقيق ما يريد. أفعل ما أريده. اعرف ماذا اريد من الموسيقى. اذا كان المسؤول يريد ان يتهرّب من المسؤولية فهو حرّ.

رامَ
to desire, want sth or إلى *sth* {3W}
VN: رَوْم يَرومُ

ليست كل صناعة يرومها الصبي ممكنة له متفقة مع مواهبه مواتية له. احسن ما نروم اليه هو ايجاد قوات امن واعية. الموازنة ليست على ما نروم ونبغي حتى الآن. اطلقوا النار واستخدموا العنف مع مسلمين كانوا يرومون زيارة قبور ذويهم. أروم القيام بالأمر من الآن فصاعدا.

اِشْتَهى
to desire, want sth {2W}

يشتهي الرجُلُ المرأة وتشتهي المرأةُ الرَجُل. منعه من العودة الى بلاده، كما كان يشتهي. الامور لم تسر كما تشتهي. الرياح تأتي دائما بما لا تشتهي السفن. لا شك ان هذا هو اللقب الذي تشتهيه وترغب في الحصول عليه أي فتاة شابة.

تَشَوَّقَ
to crave, desire إلى *sth* {2M}

يتشوق الى النظر بعينيه في اشياء العالم. تشوق الناس الى رأي معارض بعيد عن طغيان الرأي الواحد. قلوبنا تتشوق للجواب بالايجاب، لكن تاريخنا يذكرنا ان ذلك سيكون صعبا. ما يتشوق ويتوق كاستوريايديس الى انجازه هو ما يطلق عليه اسم الحكم الذاتي أو الاستقلال الذاتي.

اِشْتاقَ
to yearn, long إلى *for; to miss* إلى *sth/sb* {2W}

اشتقت الى الطفلة التي تفد الى ذراعي. نشتاق الى سماع سيرتك العطرة. تذرع آنذاك بأنه يريد العودة لأنه أحس بالغربة واشتاق. لقد اشتقت – يابو وجدي – أن أمّرغ رأسي في الثلج. اشتقنا إلى الحب... وسيرة الحب. قد كنت أشتاق للعمل معه. الفنان يرغب ويشتاق الى الحوار معه وجذبه الى صفه.

شاءَ
to desire, will sth or أَنْ *that* {2D}
VN: مَشيئَة يَشاءُ

شاءت لها ان يعيشا حياتها مثل جميع من في عمرهما. قل ما شئت. بإمكان الجيش الاسرائيلي احتلال لبنان متى شاء. شاءت الظروف ان التقي به. لم تستطع نسيانه، لأنها رومانسية، ولكن شاءت الاقدار ان تفرق بينهما. راحوا يتلاعبون بمصائر المتقاضين كيفما شاءوا.

صَبا
to aspire إلى *to sth; to seek, desire* إلى *sth* {3W}
VN: صَبْو يَصْبو

فعل الفن هو ثمرة جهد الفنان بما يصبو اليه من كمال وجلال. يصبو ويحاول ان يكون غامضاً. ان الديموقراطية مثل الوحدة العربية هي من الغايات التي نصبو اليها ونحاول المساهمة في تحقيقها. هذه هي أهداف البرامج الاقتصادية الحكومية والأفق الذي تصبو اليه.

طَمِعَ
to covet, desire, crave في/ ب *sth* {2W}
VN: طَمَع يَطْمَعُ

يطمع في الفوز ليتصدر المجموعة الرابعة وقطع أكثر من نصف المشوار. يطمع في أموال أولاد أخيه. لن أعطيه شيئا مما يطمع فيه، بل سأزيل هذه النعم من بين يديه. أرادت عقد صلات سياسية بدول الشرق وطمعت في الاعتراف من تراثه. أكد ان لبنان لا يطمع بسلام منفرد. يطمع بمنصب الناطق بلسان «الجماعة الاسلامية».

عازَ
to want, need sth {2W}
VN: عَوْز يَعوزُ

معارضو السلام لا يعوزون ما يبيّن حقهم المهدور. ليس هذا فقط هو ما يعوز فريق كلينتون. كل ما يعوز الفقير هو الرخص والتسهيل في الملبس والمطعم والمأوى والوقاية.

عاوِز

to want sth or to do sth (+imperfect verb or noun) {1M} (Eg)

عاوز أيه؟ عاوز فنجان قهوة؟ عاوز أقول لك حاجة. من فضلك عاوز أقابل وكيل النيابة. أنا مش عاوز أشوف الناس دول. عاوزك تطلبني في أي وقت. عاوزة أخلص من كل حاجة. عاوزة أقول لجوزي الحقيقة وأخلص ضميري. انا مش عاوزاه.. انا عاوزاه يتربى.

نِفْس

to want في *sth* (+pronoun suffix) {1M} (Coll)

بصراحة نفسي أشوف الماتش ده. مافيش بديل له (اللاعب) لكن نفسي اشوف منه أحسن من كده. نفسنا نشوف مستوى كورة أحسن من كده. نفسي أروح كينيا وأعمل سفاري. حيعملوا أيه للعيب نفسه يروح الزمالك.

وَدَّ

to want sth or أنْ *to do sth; [to like sth]* {3D}

وَدّ :VN يَوَدُّ

نود اخبار القارئ العزيز ببعض النسخ الفريدة في المعهد. اود الاشارة الى مسألة اخرى. أود ان تعرفوا ذلك. أود ان اؤكد ان هذه الحوادث لم تكن مقصودة أبداً. وددت ان أنقل اليك فكرة تجول بخاطري. السويد تود أن تلعب دورا أكبر في عملية السلام.

bottle زجاجة

زُجاجَة
bottle {3W}
pl: زُجاجات

زجاجة العطر بحجم اصبع اليد. هل هناك فرنسي يسكر بعد زجاجة نبيذ؟ لا يستطيع البعض ان يتذكر ان يضع زجاجة الحليب في الثلاجة بعد أن يأخذ منها بعض الحليب. قام بإلقاء زجاجة المياه في وجهه. خرجت من عنق الزجاجة وبدأت مرحلة ازدهار حقيقية. أطلق بعض الطلاب زجاجات حارقة على قوى الأمن.

قارورَة
long-necked bottle, container {3M}
pl: قَوارير

أفادت صحيفة «كيهان» الايرانية امس ان ٣٠٠ قارورة غاز انفجرت في وقت واحد في احدى مدن غرب ايران. قال المصدر ان ٤٩ قارورة من الكلور وصلت الى العراق على متن سبع شاحنات. وضعوها في قارورة زجاجية وعلّقوها عاليا في الكنيسة. يبلغ المعدل الوسطي لقارورة العطور لدى «كريستيان ديور» في موسكو زهاء ٩٠ دولاراً. يعصرون العنب بأقدامهم ويؤخذ العصير ويعبأ في قوارير كبيرة.

قِزازَة
bottle {1M} (Eg)
pl: قِزازات، قَزائِز

شربت قزازة خمر فسكرت وماكنتش عارف أنا باعمل أيه. عاوز أشتري قزازة ويسكي. قزازة بيرة. بقوا يضربوني بالقزازة لّما القزازة اتكسرت.

قُمْقُم
long-necked bottle {2M}
pl: قَماقِم

الدورة الاقتصادية محصورة في قمقم مقفل. من يومها خرج العفريت من القمقم، وبدأ زحفه للسيطرة على زمام الدولة. كان الحلم مسجوناً في قمقم. مع وفاته خرجت الحركة الاصولية من القمقم التي حبسها فيه. كان إذا غضب على الجن يحبسهم في قماقم النحاس.

قَنينَة
(glass) *bottle* {2W}
pl: قَنانٍ

كان يخلط الفودكا بالماء ثم يعيد اغلاق القنينة لتبدو سليمة ويعطيها للرئيس. يمكن حل كل المشاكل بالسهولة التي نفتح بها قنينة الكوكا كولا. كنت قد انتهيت من شرب قنينة بيرة واحدة، عندما بادرنا السائق قائلا: «تستطيع ان تشرب قنينة أخرى». قذف جمهور الحكمة الملعب بالعبوات والقناني. اقتات الاثنان من جمع وبيع القناني الفارغة وايضا بيع رسومها. أخذ ثلاثة قناني ماء وأخفاها تحت المقعد.

---

to crawl زحف

see تقدّم، مشى، سلك

حَبا
to crawl {2M}
حَبْو :VN يَحْبو

كانت ابنته تحبو تحت الطاولة فانحنى المؤلف نحوها. الديموقراطية مازالت تحبو تحت أشكال ومسميات عدة في عالمنا العربي. له ابنة تحبو نحو سن الثالثة. مازال الاتحاد الاوروبي يحبو نحو أولى مراحل النمو. سار فوق الكوبري كما لو كان طفلا صغيرا يحبو خوفا من انقلاب القطار ووقوع كارثة.

دَبَّ
to creep, advance slowly {2D}
دَبّ :VN يَدِبُّ

ان الحب مخلوق من اعجب المخلوقات التي تدب على الارض، او تسير فوق السحاب. نتحدث عن تمثال عال يدبّ الناس تحت قدميه كنمال قميئة. دب الذعر في صفوف الجنود وتفرقوا. ان التشكيك بدأ يدبّ الى مسامع المستمعين. قبل ان يدب اليأس في قلوب جمهور الزمالك ولاعبيه جاء الهدف المرتقب.

دَلَفَ
to toddle; to walk slowly {3M}
دَلْف، دُلوف :VN يَدْلِفُ

دلفت المرأة الحامل الى غرفتها. ندلف ببطء الى بوابة الطوابق السفلية. ما ان دلفت في ممر الشقة، حتى اخذت اشم رائحة اللحم المقلي والقرنبيط. هكذا تسقط المدرسة ويدلف الاطفال الى الشيخوخة وتثقل ظهورهم اعباء الحياة يوما بعد يوم.

زَحَف

to crawl, creep; to advance, march (army) {2D}
VN: زَحْف يَزْحَفُ

الفراشة تطير في الفضاء وهي لا تزحف على الأرض لتنافس الكائنات الأخرى الزاحفة في الحصول على الرزق. يخيل إليك وأنت تراها تزحف على ركبتيها انها سوف تقع. كابيلا يسيطر الآن على سُدس البلاد، ويزحف نحو العاصمة كينشاسا. إن الاسلاميين يزحفون نحو السلطة بكل قوة. يزحف باتجاه نيويورك. قد زحفت اللغة العربية الى كلامهم ودخلت لغتهم.

تَهادَى

to walk; to move along slowly {3W}

كانت السفينة تتهادى داخلة للميناء. أخذ يتهادى ببطء تارة ويحاول أن يسرع تارة. ذات يوم تهادى إلينا صوت أم كلثوم من بعيد. ظل القطار يتهادى على قضبانه بكامل راحته. كنت ثملا بالضوء والرغبة وأنا أتهادى في رحلة لا أعرف شاطئا لها ولا فصلا.

---

farmer

مزارع

مُزارِع

farmer {2D}
pl: مُزارِعون

الملك فهد يوافق على شراء ١٢٠ ألف طن من التمور من المزارعين. لا يمكن الطلب من المزارعين الامتناع كليا عن زراعة المخدرات من دون دعم الخطط البديلة. بدا وكأن مزارعي الفستق الاميركي تمكنوا من اقناع المسؤولين في وزارة الزراعة الاميركية بعدالة قضيتهم. كان بري اجتمع في دارته في المصيلح مع وفد من مزارعي التفاح في منطقة جزين.

فَلّاح

farmer, peasant {2D}
pl: فَلّاحون

قد ظل الفلاح المصري في ريفنا الأصيل يعتمد على الذرة في صناعة خبزه. الفلاح مضطر لان يقدّم للشيخ واولاده هدايا من الصابون والسكّر والتبغ. تحول الفلاح البوليفي من إنتاج البن الذي يعطي دخلا ١٦٠ دولارا سنويا إلى زراعة الكوكايين التي تعطيه دخلا أكبر يبلغ حوالي ١٠٠٠ دولار سنويا. الفلاحون يطالبون بوضع حد للفوضى في سوق الاسمدة. كيف نفسر أن كل الفلاحين الفقراء لا يتزوجون أكثر من زوجة واحدة؟

---

farm

مزرعة

مَزْرَعَة

farm {2D}
pl: مَزارِع

مزرعة الرئيس أنتجت الشعير والخضر والفاكهة والورد البلدي. أعلنت السلطات الفرنسية عن إغلاق ٣٨٤ مزرعة للدواجن والبقر والأغنام والخنازير. كانت مصر مزرعة القمح للامبراطورية الرومانية. استدرج طفلا عمره ١٢ سنة في سيارته وقتله في المزارع خلف ترعة المريوطية بالهرم.

ضَيْعَة

country estate {3W}
pl: ضَياع

كتبت رواية بالانجليزية عن هجرة جدها من ضيعته اللبنانية الى الولايات المتحدة. لم يكن يمر اسبوع دون ان اعود الى ضيعتي وبيتي. بادر الرواندیون إلى اتهام القائد الأوغندي للمدينة بأنه يديرها وكأنها ضيعته الخاصة. مصر كما يردد الزعيم القائد ليست ضيعة لأحد.

عِزْبَة

country estate; farm {1W}
pl: عِزَب

فضّل الاعتزال في عزبته بعيداً عن السياسة وأهلها. نرى زينب تقبّل حامد ابن صاحب العزبة على مشهد من أترابها في القرية. انعزل خلال العشرية الأخيرة من حياته في عزبة له كان اشتراها قرب برانتوود. لما توارت الشمس الحمراء خلف النخلة العاليةعاد رجال العزبة ونساؤها من الحقول واستقبلهم العيال الذين لم يكفوا عن اللعب فوق الجسر طوال النهار.

blue أزرق

أَزْرَق
blue {2D}
fem: زَرْقاء pl: زُرْق

رفع علم روسيا الاتحادية بألوانه الثلاثة: الأحمر والأزرق والابيض. قد تم دهان الطائرة باللون الأزرق. حذرت مونيكا لوينسكي من أنها ستقوم بحرق الفستان الأزرق الشهير. ارتدى لاعبو الاهلي جوارب زرقاء. متى أرى السماء الزرقاء. إن أهلها بيض لهم عيون زرق أو خضر. لم تكن تجري في عروقهم دماء زرقاء.

لازوَرْدي
azure {3M}

سماء زرقاء تخيم على بحر لازوردي صافٍ. عيونهم تخرج من النوافذ والستائر لتلتقي بالنجوم، وبالفضاء اللازوردي المبهم. هل ثمة صلة بين الممرات الزجاجية اللازوردية وهذا الضوء الناعم الوثير الخالي تماما من الظلال.

كُحْلي
dark blue {2M}

لا مجال للأسود او البني او الأزرق الكحلي إلا في السهرات المسائية الرسمية جداً. جلسنا وتأملنا البحر وامتداده الكحلي. حول رقبتها ايشارب به نقوش كشميرية كحلية ونبيذية غامقة. ارتدى جاكيت كحلي بأزرار صفراء وقبعة عريضة. توالت علينا الامواج موجة زرقاء وموجة سوداء وموجة كحلي.

سَماوي
sky-blue; [heavenly] {2M}

يركز على الاشكال الرمزية المرسومة بدقة الكاميرا وفي ألوان يغلب عليها الازرق السماوي. اما الصفحة نفسها فتأتي بلون خلفية ازرق سماوي فاقع يتعب النظر. اما الأزرق السماوي (الاغريقي) فهو لون متوسطي. تأمل السرو بلونه السماوي.

نيلي
Nile blue; greenish blue {2M}

هي التي تعرف بألوان الطيف الثمانية: بنفسجي - نيلي - أزرق - أزرق مخضر - أخضر - أصفر - برتقالي - أحمر. انقلب سوادها من شدّته الى زرقة نيلية. الحوض في الوسط ملون بالازرق النيلي.

---

to claim, pretend زعم

اِدَّعى
to claim, pretend sth or أَنَّ/ بأَنَّ *that* {2D}

ادّعى براءته أمام المحكمة. ادعى المرض لتبرير غيابه عن الجلسة. كل ما تدّعيه ليس صحيحاً. وادعى هؤلاء أن القرار رقم ٢٤٢ لا ينطبق على الضفة الغربية. سأل عنك.. وادعيت أنك نائمة. ادعوا بأنهم يهود كي يحصلوا على الجنسية الاسرائيلية. ادعى ان اصاباتها نجمت عن سقوطها من الدراجة. ادعى زوج انه طلق زوجته ضد ارادته وقد ثبت صدق ذلك.

زَعَمَ
to claim, to pretend sth or أَنَّ/ بأَنَّ *that* {2D}
VN: زَعْم يَزْعُمُ

لست أزعم معرفة أو خبرة في هذا المجال. تزعم معارضتها لعقوبات جديدة على العراق. لست أزعم لنفسي الكمال. إن من يزعم أنه لم يعرف الخوف ولا الجبن أبدا هو أكبر كاذب. روسيا تعترف بمذبحة جروزني وتزعم أن الضحايا عسكريون. لم يزعم بأنه كاتب قصة.

تَظاهَرَ
to pretend, feign ب *sth or* أَنَّ/ بأَنَّ *that; [to participate in a demonstration]* {3W}

الجميع يتظاهرون بالثقة من أن كل شيء لن ينهار. يتظاهر بالفرح. صار الناس يتظاهرون بالعمل بدلا من العمل. تستمع او تتظاهر بأنها تستمع اليهم. تظاهرت انها سيارة واخذت تزمر: بيب! بيب! بيب!

اِنْتَحَلَ
to take on (an identity, a name)*; to adopt, claim to be; to claim* لنفسه *for oneself* {2W}

طُرد من المدرسة خلال دراسته المتوسطة وانتحل اسم زميل له. السعيد انتحل شخصية دودي للايقاع بالحسناوات. رجال الاستخبارات الاميركيين هربوا من الكويت بعدما انتحلوا صفات موظفين في شركات بولندية. قد انتحلت لنفسها السيادة على بلادهم. انه فنان وهي صفة تسمو به فوق كل الصفات التي انتحلها لنفسه. انتحل صفة المواطن المدافع عن الحريات.

زفاف — wedding

see زواج

دَخْلَة
wedding (night) {2W}

قضى عروسان ليلة الدخلة في التخشيبة بعدما وقعت مشاجرة بين عائلتيهما في قرية المرازيق. لقي عريس وعروسه مصرعهما في ليلة الدخلة بسبب تسرّب الغاز.

زِفاف
wedding; wedding celebration {2W}

احتفل الزميل عاطف مظهر من اسرة «الحياة» في القاهرة بزفافه على الانسة امل توفيق في حضور عدد من الاهل والاصدقاء. لا يترك مناسبة من ولادة او زفاف الاّ ويذكرها بقصيدة او مقطوعة. ان ثوب الزفاف أبيض... وكفن الموت أبيض. لكل فتاة بدوية في سيناء ثوب الزفاف الذي تعمل بنفسها على اعداده واستكماله. لا بد بالطبع من كعكة الزفاف، وقيمتها ١٦٣ جنيها.

زَفَّة
wedding; wedding procession {2W}

بدأت الزفة التقليدية التي استمرت نحو ٢٠ دقيقة. كانت حفلة الزفاف في الماضي مجرد زفة للعروسين، قد تعقبها فقرات فنية وعشاء يجمع اهل العروسين والاصدقاء. هل تتصورني مثل الاطرش بالزفّة؟ استقبال جماهيري وزفة بورسعيدي لفريق المصري. بمجرد وصول أتوبيس الاتحاد انطلقت الطبول والزغاريد وبدأت الزفة الاسكندرانية ولم تنته إلا مع الساعات الأولى للفجر.

عُرْس
wedding {3W}

ذهبت الى العرس، حيث التقيت كل شخصيات المجتمع الراقي الموجودة في المدينة. اشترطت عليه عدم الاحتفال بالخطوبة وتأجيلها لإقامتها مع حفلة العرس. عدنا الى حفلة العرس مرة ثانية لنجد دينا في منتصف وصلته. زفّت في ثوب عرس أبيض.

عَقْد
*[*see عقد*; contract]*
عَقْد القُران *contracting a marriage* {3M}

لم تره الا بعد عقد القران. يحضر حفلة عقد القران الأمير محمد بن طلال. أرسلت إليها الهدايا.. وإنتظرت موعد تحديد عقد القران. تم عقد القران في تحفظ أقرب إلى التجهم والجفاء الصامت منه إلى الفرحة والابتهاج. تمت الخطبة وعقد القران خلال بضعة أيام من رؤيتي لخطيبي لأول مرة في الصالون.

فَرَح
*wedding; [*see سعادة*; joy]* {2M}

ذهبت إلى الموظف الذي يتحكم في اختيار الأسطوانات والكاسيتات التي يذيعها في خلال ساعات الفرح وبعد الزفة. لم يشاركني في فرح ابنتي. حتى فرح زواج سيدة وعطية بيه تمّ على فراش المرض والدموع.

زمام — bridle

رَسَن
halter {2M}
pl: أَرْسُن، أَرْسان، أَرْسِنَة

أقودها الآن من الرسن. لم ير امامه سوى الرسن الاحمر الذي يلف عنق كلب جورجيت فانتزعه وخنقها به.

زِمام
bridle, rein {2D}
pl: أَزِمَّة

ناشد الولايات المتحدة «اعادة الامساك بزمام الامور، لكي تستقيم مسيرة السلام». عائلة الرئيس العراقي التي امسكت بزمام السلطة ظلت متماسكة الى درجة كبيرة. استلم الكويتيون زمام السيطرة واحكموا قبضتهم على المباراة. قال «إن الوضع في لبنان قد يفلت زمامه».

عِنان
bridle, rein {3D}
أطلق العِنان لِ to give free rein to
pl: أَعِنَّة

اقترب منه وأمسك بعنانه فربطه في أقرب شجرة من أشجار شارع الجامعة. اطلق العنان لخياله. كل ذلك اطلق العنان لانشقاق المجتمع حول الهويات الخاصة. دعوة الشيخ الطفيلي اطلقت العنان لحال من الفوضى. قتل الحيّة وأطلق للحصان الأبيض عنانه.

لِجام
bridle, rein {2M}
pl: أَلْجِمَة، لُجُم

هو يقود حصانه من لجامه. رأيته يخرج من الشارع الجانبي، يترجرج على عربته يشد لجام الحمار ويلسعه من آن لآخر بالسوط. يجد صعوبة كبرى في شد اللجام. ألجمه الله يوم القيامة بلجام من نار.

---

adultery — زنى

زِنى، زِنا
adultery, fornication {2W}

أعدّ الشيخ عمر نشرات ضد الشاذين من الجنسين والزنى . اذا كنت تفتقر الى الاستقامة او تقترف الزنى لا يمكنك الذهاب الى الجنة. الانجيل يحظر الطلاق لغير علة الزنا. ٩٣ في المئة من الاميركيين يعتقدون ان ممارسة الزنا عمل سيء. تسمي الشرطة الاسلامية معاهد الفنون بمعاهد الفسق والزنا.

سِفاح
fornication {3M}

اكتشف أن شقيقته التي كان يثق في عفتها، قد حملت سفاحا من جارها. أحد التلفزيونات بث برنامجاً عن سفاح القربى. أكد دور الكنائس العربية في مواجهة اسرائيل التي ولدت سفاحا على أرض فلسطين العربية.

فُجور
immorality; fornication {3W}

دعا إلى إصلاح النفس وإعلاء القيم وقهر نوازع الشهوات والفجور. أنزل الله غضبه على المدينة فدمرها تدميرا بفسقها وفجور أهلها. كانت تلك البيوت تمارس الفجور رسميا.. والبغاء كان بترخيص من الدولة. عاث جنود بونابرت فسادا وفسقا وفجورا في بلادنا. هؤلاء الأشرار هم الذين اختاروا طريق الفجور السياسي والاقتصادي.

فُحْش
immoral act; obscenity; pornography {2M}

تمت محاكمتها بتهمة الفحش. ذكر تفاصيل مطولة لعلاقات مشبوهة لغارقين في الرذيلة والفحش. يعتبر هذا اهم حدث حتى الآن في مكافحة الفحش في الانترنت.

فاحِشَة
immoral act; adultery, fornication {3W}
pl: فَواحِش

خطف شخصاً الى مكان خارج العمران ثم قام بضربه وفعل الفاحشة فيه بالقوة. اعتدى على حرمة منزل وفعل الفاحشة في احدى الخادمات. سقطن في الفاحشة. الصائم لا يفسق ولا يقترف الفواحش. اسرع يوسف – عليه السلام – بالفرار من امامها نحو الباب هروبا من الفاحشة التي طلبتها منه، وهي اسرعت خلفه لتمنعه من الوصول الى الباب، ومن الخروج منه، وامسكت بقميصه فقطعته من الخلف.

فَحْشاء
immoral act; adultery, fornication; pornography {3M}

قال تعالى: «ان الصلاة تنهى عن الفحشاء والمنكر». كان يقهر أبناءه على فعل الفحشاء معه. شهد متهم آخر بارتكاب الجنود معه الفحشاء. اصطحبته المتهمة زهرة الى الأماكن الخالية مرارا لممارسة الفحشاء وتم التقاط صور كثيرة لهما في أوضاع مخلة بالآداب. السلطات الالمانية الرسمية تعزِّز جهودها الرامية الى مكافحة الفحشاء على شبكة الانترنت. زنت ابنة لوط ومارست الفحشاء في إحدى قصص التوراة.

prosperity ازدهار

see ثروة

رَخاء

ease, prosperity {3D}

نسعى من اجل رخاء المجتمع وتقدمه. الاستثمارات الدولية تسهم في تحقيق الرخاء داخل مصر. أرجو لهم مخلصا ان ينعموا في المستقبل بالسلام والرخاء والازدهار. نيتانياهو فشل في تحقيق الرخاء الاقتصادي لإسرائيل. ان المدينة عرفت الرخاء في العهد الروماني وتشهد على ذلك الابنية الاثرية المُكتشفة فيها.

رَفاه

ease, prosperity; welfare {3W}

تسير الصين حسبما يبدو بسرعة نحو الحداثة ونحو مستوى من الرفاه والقوة الاقتصادية. ابناء هذه المنطقة يعيشون في السجن الانفرادي والقطيعة الاقتصادية التي عرقلت النمو الطبيعي والازدهار الحقيقي وتحقيق الرفاه الاقتصادي للمنطقة. تعمل في مجالات التعليم والصحة والرفاه الاجتماعي. دولة الرفاه.

رَفاهَة، رَفاهِيَة

ease, prosperity; welfare {3D}

نتطلع إلى مبادئ المساواة وحقوق الانسان والرفاهة الاجتماعية. نعمل سويا على الازدهار الاقتصادي ورفاهة الشعوب. نستطيع أن نتنافس ونحقق الرخاء والرفاهة لشعبنا. تعمل جنبا الى جنب مع بقية القوى من أجل رفاهة الشعوب. يحقق لها النمو والرفاهية. كرامة الإنسان وحريته ورفاهيته هي هدف جميع السياسات.

اِزْدِهار

prosperity, flourishing {3D}

نتمنى لشعب المملكة المزيد من الرخاء والازدهار. سيحقق لنا المزيد من التقدم والازدهار. حرص على تأكيد ان الحزب حقق لبريطانيا الازدهار الاقتصادي. وزير الاقتصاد يؤكد ازدهار صناعة تكنولوجيا المعلومات في مصر. تشهد السياحة المصرية ازدهارا كبيرا. نحن نريد مزيدا من ازدهار العملية التعليمية.

سَرّاء

prosperity {3M}

في السراء والضراء in good times and bad

قراؤنا يساندوننا في السراء والضراء. قد اتفقنا صغاراً على أن نتقاسم السرّاء والضرّاء. نعتمد على مصر اعتمادا كبيرا في السراء والضراء. سيكون بجواره في السراء والضراء ولكن ذلك لن يكون على حساب المصالح العليا للجزائر.

عُمْران

prosperity, flourishing; [being inhabited] {3W}

ستنتشر العمران على مساحات أوسع من أرض مصر. حقق تطورا كبيرا من حيث البنية الآساسية والعمران والتقدم. من أبرز طبائع العمران في هذا العصر التوجه الديموقراطي. شهدت الأرجنتين في عهد كارلوس منعم تطورا كبيرا من حيث البنية الآساسية والعمران والتقدم والانفتاح.

---

marriage زواج

see زفاف

زَواج

marriage {2D}

في الاحتفال بزواج ابن أحمد شوقي كتب الشاعر الكبير قصيدة للمناسبة باللهجة العامية. تعرض للفشل في الحب والزواج. أول خطوة نحو الطلاق: الزواج! لم ينجب بعد الزواج لفترة طويلة. عقد الزواج لا يمكن أن ينعقد الا برضاء طرفيه. يسعى للزواج من زميلة له في العمل. ارغام المرأة على الزواج المبكر شكل من اشكال العنف. معدل سن الزواج للأوروبيات هو ٢٦ عاماً. كان على علاقة غير شرعية خارج زواجه.

زَوْجِيَّة
marriage {2W}

فشلت في توفير الاستقرار لعش الزوجية. اختطفوها من منزل الزوجية. أما المشكلة الأخيرة فهي المتعلقة بمسكن الزوجية فلا شك في أن الشقة مشكلة عامة داخل المجتمع. غادرت بيت الزوجية عائدة إلى بيت أبي وبعد فترة قصيرة ذهبت إلى عيادة. يقوم الآن بتأثيث عش الزوجية تمهيدا لعقد قرانه عقب نهاية هذا الموسم.

زيجَة
marriage {2M}

في عام ١٨٨٢ وقعت ٤٣٥٠ زيجة و ٤٦٤٨ حالة طلاق. أجبرني على الاعتراف أمام الجميع بموافقتي على زيجته الثانية. كان من الممكن طبعا أن تعارض العائلة هذه الزيجة على أساس عدم التكافؤ. أملت أن تكون في هذه الزيجة سعادتها. الزيجة لم تدم طويلاً وانفرطت إثر ولادة بوريس الأصغر.

قِران
union; marriage {3W}

احتفلا بعقد قرانهما حسب الشريعة الاسلامية في التاسع من تشرين الثاني. احتفل السيد محمود حمدان بعقد قرانه على الآنسة هنادي شعيتاني في بلدة أنصار في جنوب لبنان. أكد الوزير على منع تجول النساء بالمسجد أو عقد القران بالداخل بعد تخصيص قاعة لذلك. نادر عرف طريقه إلى الاستقرار والهدوء النفسي بعد عقد قرانه على شريكة حياته.

نِكاح
marriage; marital relations {3M}

صدر قانون النكاح المدني وبموجبه تم تحريم تعدد الزوجات. أباح للمؤمنين الاستمتاع بالطعام والشراب والنكاح في ليالي رمضان. يحضر العاقد (المأذون) ويقرأ خطبة النكاح ويتم العقد. النكاح مقصده الاصلي هو المحافظة على النسل وتعمير الأرض.

زوّد — to supply, provision

جَهَّزَ
to supply, equip sb ب *with; [to prepare]; [*see فرش*; to furnish sth]* {2M}

جهز المستشفى بشبكة الاتصالات الطبية الدولية. ستجهّز «سيفيل» بنظام نورثستار المعروف. ينتمون لمدرسة جهزت بأحدث الوسائل التقنية للمساعدة على النطق. جهّزه «بأهم ادواته لاثبات الصحة». هذه الصواريخ يمكن ان تجهز برؤوس كيماوية وبيولوجية.

زَوَّدَ
to supply, provision sb with or ب *with* {2D}

زودنا اصدقاءنا هذه المعلومات. زوّدتها بدعم مالي واسلحة لم تقدمها لأقرب حليفاتها. زودها بالمؤن والذخائر. اسرائيل ستزوّد الجيش الجنوبي اسلحة متطورة جداً. زوّدني بعنوانك حتى أبادر بارسال الهدية اليك.

أَمَدَّ
to supply, provide sb ب *with; [to extend, stretch]* {3W}

الحكومة ستمد الجيش بكل الدعم المالي الذي يحتاجه. أشار إلى أن الهيئة تمد هذه الدول بقطع غيار أسلحة سبق تسويقها. تمدني بالدفء وتلفني في حنان. قال ان الكويت تمد اليابان بنحو ٧,٥ في المئة من اجمالي وارداتها من النفط. الواضح ان اريتريا واوغندا واثيوبيا تدعم المتمردين ضد الحكم السوداني وتمدهم بأسلحة.

مَوَّنَ
*to supply, provision sb (*ب *with)* {2D}

حصّن خط الوسط من اجل تموين الهجوم. أعطت الفرنسيين حكم منطقة بني سويف والفيوم الغنية بمنتجاتها الزراعية التي كانت لازمة لتموين القاهرة. ارتفعت حصيلة تموين السفن والطائرات الاجنبية بالوقود بنسبة ٦,٨٢ في المئة.

to visit زار

اِرْتادَ
to frequent (a place) {3W}

كان الفتى يرتاد شواطئ الترعة ليصنع من طينها أشكالاً وتماثيل بدائية. انفجرت قنبلة يدوية ألقيت خارج مقهى بوسط المدينة يرتاده الصرب. في يوم الجمعة الذي زارت فيه «الحياة» المطعم، كان يرتاده عدد كبير من الاسر السعودية. يرتاد الحفلات من دون صديقة. هذه المنطقة يرتادها حوالي ٢ مليون مواطن يوميا من مختلف المستويات.

زارَ
to visit (a place) {2D}
VN: زِيارَة يَزورُ

ذهب الى بوسطون ليزور اباه في الفندق الذي اعتاد النزول به يطلب مساعدته. بابا الفاتيكان يزور الأراضي المقدسة مارس المقبل. ستزور العاصمة اللبنانية في اطار جولتها. اتصل بالأعزاء ليزوروه في المنزل. حدث ذات يوم أن زرت زوجتي في مقر عملها فعرفتني بزميل لها رحب بي بحرارة.

تَفَقَّدَ
to visit (a place); *[to examine; to inspect]* {2W}

ذكرت الاذاعة الألبانية الرسمية أمس الخميس أن البعثة الأوروبية تفقدت مبنى الكلية العسكرية في تيرانا. خطر له بعدئذ وككل زائر، أن يخرج كي يتفقد المدينة. رغبت ان اتفقد المكان المحيط بنومي. بعد ايام ذهبت لتتفقد بيت والديها فوجدتهما ميتين تحت انقاض البيت العائلي. تفقدوا المنطقة الاثرية في باب الوزير.

---

forged مزوّر

see مفتعل

مُزَوَّر
forged; counterfeit {2W}

عملة مزوّرة. وثائق مزوّرة. بيع البطاقات المزوّرة. يحمل جواز سفر فرنسيا مزورا. ظهرت الورود المزورة التي صنعت من البلاستيك. الانتخابات مزورة ونسبة المشاركة لا تتعدي ٥٢٪. كل ما ينشر في الصحف في هذا الخصوص مزور.

زائِف
forged; counterfeit {3W}

عملة زائفة. حتى لا يكون السلام مجرد سلعة زائفة. هو عدو يلبس ثوبا زائفا من الصداقة والمحبة. خيار زائف. مواجهة زائفة. أقوال زائفة. شهرة زائفة. الذوق الزائف المستورد. متعة زائفة. الغزو العسكري المكشوف خلف ستار زائف من المعاهدات. علينا ان نناقش كيفية التمييز بين العلم الزائف والعلم الحقيقي.

مُزَيَّف
forged; counterfeit {2W}

نقود مزيّفة. عملة مزيّفة. كتب مزيّفة. جوازات سفر مزيّفة. دمغة مزيّفة. أضاف أسماء مزيفة إلى قوائم الناخبين. كان يساعد المتطرفين المصريين بجوازات سفر مزيفة وهويات مزورة. حاجز أمني مزيّف. الانتخابات المزيّفة. الأفكار المزيّفة. حق العودة المزيف. عالمكم مزيف، وحبكم مشبوه. هو سلام مزيف لن يكتب له الدوام لأنه سلام الذئب والحمل.

مَغْشوش
adulterated; counterfeit; [cheated] {2W}

الأدوات المغشوشة. قطع الغيار الفاسدة والمغشوشة. الخمرة المغشوشة. السلع المغشوشة. تم ضبط ٥٤١٣ جرام ذهب و ٨٨٤ جرام فضة مغشوشة. تحول السوق المصرية إلى سوق نفايات لكل المنتجات الرديئة، والبضائع المغشوشة.

مُلَفَّق
invented, fabricated, fake {2W}

يعطي الضوء الاخضر لهذه القوى ان تدخل في شئوننا الداخلية تحت تلك الادعاءات الملفقة. ساقوا الأدلة الملفقة والبراهين الخادعة. القضية ملفقة من أساسها. وصف هذه الاتهامات بانها ملفقة. يجد ابنه معتقلا بتهمة ملفقة من أي نوع.

مُنْتَحَل
fabricated, false; assumed (name); *pseudonym* {2M}

كان يعلم انها اعذار منتحلة. مستندات مزورة ـ يحصل عليها بعض الأفراد بأسماء منتحلة وعناوين وهمية. أدونيس منتحلا للدكتور كاظم جهاد.

to cease; to still be — زال/ ما زال

فَتَأَ

to cease; (with neg) *to still be* {3W}
يَفْتَأُ

لا يفتأ يضع العراقيل في طريق الوزارة الجديدة. زعماء اسرائيل لا يفتأون يكررون اصرارهم على بسط سيطرتهم على مدينة القدس بكاملها. إن أفكاري لا تفتأ ترجع إلى الوراء وتعود إلى الأيام السعيدة التي عشتها في باريس. لا تفتأ التربية والاقتصاد يسيران في طريقين مختلفين قلما يلتقيان.

بَرِحَ

[see ترك; *to leave, depart];* (with neg) *to still be* {3W}
VN: بَراح يَبْرَحُ

اضاف ان روسيا لم تتراجع عن موقفها وما برحت تعارض توسيع الاطلسي. هو الحبيب الخائن الذي ما برح يعتبرها من ممتلكاته حتى بعد انفصاله عنها. هو ما برح على ثقة تامة بأنه لو حكم لبنان لجعل منه جنّة. الأجواء السلبية التي سبقت الهزيمة ورافقتها ما برحت تهيمن على عالمنا العربي.

زالَ

to cease (to exist), *to vanish;* (with neg) *to still be* {2D}
VN: زوال يَزالُ

النسخ القديمة التقليدية للقومية العربية زالت وانتهت. زال الخوف والحذر لدى الجانبين بعد دقائق قليلة. لا يزال يعاني من انخفاض ملحوظ في مستواه منذ العام الماضي. لا يزال يحمل وروداً إلى قبر والده. ما زلت أتذكر جيداً ذلك اليوم الذي تقابلنا فيه. الاميركي بيل غيتس، صاحب شركة «مايكروسوفت»، لا يزال اغنى رجل اعمال في العالم.

اِنْفَكَّ

(with neg) *to keep doing, still do* (with imperfect verb); *[to separate]* {3M}

واشنطن لا تنفك تؤكد أن هذه الآمال في غير محلها. الياساريون لا ينفكون يراهنون على الشارع. البرتغال لا تنفك تعمل على زيادة الاستثمارات الخارجية لديها. لم تنفكّ فرنسا تطالب ليبيا بالتعاون في التحقيقات المتعلقة بالاعتداء. هذا الكتاب ما انفكّ موضوعا لاهتمام نقدي استثنائي. ما انفكّت السلطة تكذب.

لِسَّهَ

(adverb) *still; just now* {1M} (Coll)

بعد العيد عندي فيلمين لكن أيهما أبدأ به.. لسه مش عارفة. أنا لسه في الثانوية العامة. للأسف احنا لسه صغيرين مالناش صوت. الوقت لسه بدري. الظاهر ان الحرب لسه ما انتهتش. (Eg) انتم لسه فاكرين الحكاية دي.. دي بقالها كثير قوي. أنا لسه جاية دلوقت من محكمة زنانيري.

---

remove — أزال

see محا

أَبْعَدَ

to remove, eliminate sb عن *from; to keep/push sb away* عن *from; [see* نفى; *to banish]* {2D}

غرض إخوة يوسف هو إبعاده عن وجه أبيهم. كان لها دور في إسقاط نيتانياهو وإبعاده عن منصب رئيس الوزراء. السلطات شنت حملة مكثفة لاعتقال المشردين والمختلين عقليا وإبعادهم عن الشوارع قبل بدء القمة. دفعه بقوة على الأرض وأبعده عن السيارة واشتبك معه. استغل بونيا تردد الدفاع التشيلي في ابعاد الكرة.

أَزاحَ

to remove, take away sth عن *from* {2W}

تركتها تبكي وتنتحب.. حتى تزيح من فوق صدرها كابوسا لا تفيق منه أبدا. رغم مضي اكثر من ربع قرن على معركة اكتوبر فإن الستار لم يزح بعد عن كثير من اسرارها. ماذا جرى لصورته! من الذي أزاحها ومحاها؟

أَزالَ

to remove, eliminate sth; to take away sth (عن *from*) {3D}

أزالوا حوائط الشقتين الموجودتين بالدور الأرضي كي يحولوهما الى مطعم. قال ان حكومته لا تعتزم بناء مستوطنات جديدة لكنها لن تزيل المستوطنات القائمة. يصلي ركعتين، ويدعو الله في حرارة ان يزيل عنه هذه الغمة. أزال الرئيس الروتين والبيروقراطية وهدم حواجز الفقر. تدّعي الشركة المنتجة أنها تزيل النيكوتين من دون تغيير مذاق السيجارة.

نَبَذَ

to discard sth; to reject sth {3W}

نَبْذ :VN يَنْبِذُ

كانت كل هذه التصرفات من أجل اثبات أن روسيا نبذت فعلا كل مناورات الحرب الباردة. تدعو الى نبذ العنف واللجوء الى المهادنة. نشر التسامح والوفاق ونبذ التعصب.

نَزَعَ

to take away, remove sth عن/ من *from; [*see خلع، نزع*; to take out, extract; to take off* (clothes)*]* {3W}

نَزْع :VN يَنْزِعُ

هدم المساكن ونزع ملكيتها. ينزع عنه حريته. نزع يده من جيبه. نظام الاقطاع ينزع من الفلاحين حقوقهم. يعمل في نزع الألغام في شمال العراق. مجلس النواب الروسي سيبحث التصديق على معاهدة نزع الأسلحة الأمريكية -- الروسية. يدعو إلى الاسراع بعمليات نزع السلاح النووي من العالم.

---

to increase

زاد

see طلع

زادَ

*to grow, increase; [*see تجاوز*; to exceed* عن/ على *sth]* {2D}

زِيادَة :VN يَزيدُ

زادت اهميتها بعد افتتاح قناة السويس العام ١٨٦٩. ومما زاد الامر سوءاً وجود تماسيح وأفاع وألغام في تلك المنطقة. يرغب في ان يزيد الى أقصى حد ممكن الدخل الحكومي. زاد عددهم في العقد الاخير ليصل الى قرابة ٦ ملايين مهاجر.

تَزايَدَ

to increase gradually, grow; [to take part in an auction] {3D}

تتزايد المؤشرات على انشقاق حاد في صفوف أوساط الخارجية الأميركية. تزايد عدد الخمير الحمر من ٤ آلاف الى ٧٠ ألف مقاتل. الانتاج الصناعي انخفض بنسبة ٥٠ في المئة وتزايدت البطالة. ظل الاستثمار في اسواق الاسهم الناشئة في تزايد مستمر منذ عام ١٩٩٥. تزايدت المخاوف من انتشار أمراض الكوليرا والتيفود.

اِزْدادَ

to grow, increase {2D}

أضاف أن تبادل المعلومات مع تركيا في هذا الشأن سيزداد. يزداد اعتماد الشركات على الشبكة الدولية. المستثمرون الدوليون يزدادون اهتماما بالشرق الأوسط. كلما ازداد الضغط كلما تعاظمت ارادة الشعب لمواجهة الأعداء. ازداد حجم السياحة الفرنسية إلى مصر ضعفين.

تَصاعَدَ

to increase, grow; to rise {3D}

تتصاعد هذه الأرقام في خطة العمل الثلاثية ١٩٨٥ – ١٩٨٨. تصاعدت اعمال العنف امس السبت في العاصمة البلغارية صوفيا. بدأت الاحتجاجات تتصاعد في الارجنتين شعبياً واعلامياً. تتصاعد هذه النسبة في الريف الى ٨,٨٤ في المئة. تصاعدت الحملة الاعلامية الأميركية ضد صدام. تصاعد التوتر بين المسلمين والكروات في موستار.

تَضاعَفَ

to double; to increase exponentially {2D}

تتضاعف سعادتك كلما وزعتها على الآخرين! تضاعف الإنتاج ٣ مرات في قطاع البترول. المعرفة البشرية تتضاعف الآن كل ثماني سنوات. الطاقة الكهربائية تضاعفت ٣ مرات في عهد مبارك. ان حجم الدين العام المحلي قد تضاعف عدة مرات منذ بداية الثمانينيات. تضاعف عدد المحكومين بالاعدام في الولايات المتحدة خلال خمس سنوات.

عَلا

to be or become high; [to exceed على *sth]* {2W}

عُلُو :VN يَعْلو

دورنا الآن أن نتابع البناء فوق أساس راسخ كي يعلو البناء الوطني. ثار الركاب وعلا السباب وحضر الأمن المركزي وكانت فضيحة في المطار. ليس غريبا أن تعلو أصوات تنادي بالعودة الى آدم سميث كمثال. يعلو صراخهم الهامس بأن رصيد النادي يعاني الهزال. يجب أن يحاسب المسئول عما ارتكبه مهما علا قدره.

تَكَاثَرَ

to increase (in number)*; to multiply* {2W}

تكاثرت السحب بصورة كثيفة في سماء مدينة اسطنبول في ذلك اليوم. تكاثرت الحيوانات البرية. لا خلاف على أن المتغيرات من حولنا تتكاثر. كانت الفرق المسرحية في لندن تتكاثر. تكاثر عدد السكان. صحيح أن الدول تتكاثر، لكن وظائف الدولة تتناقص. لقد تكاثرت المشاكل الحياتية اليومية والتربوية.

تَكَثَّفَ

to thicken; to increase {2W}

تكثفت نشاطات القوميين الاتراك في مطلع القرن العشرين. في الوقت نفسه تكثفت الاتصالات الاميركية في دمشق. قد تكثفت الاتصالات امس في الرباط على هامش اجتماع لجنة القدس. ما برحوا يعيشون في بيوت يتكثف صمتها بتغير المناخ.

تَكاثَفَ

to grow dense, thicken, increase {3M}

أشعر بالظلمة التي تتكاثف وهي تهوي في عربتها السوداء. ينتظر ان تزداد وتتكاثف هذه التحديات في المستقبل القريب. الاتصالات تكاثفت بين الرئيسين فرانيو توجمان وسلوبودان ميلوشيفيتش أخيراً بهدف تنسيق مواقفهما.

نَما

[to grow]; to rise, increase {3D}

VN: نُمُوّ يَنْمو

نمت العلاقات التجارية بين الصين وافريقيا بنسبة ٥٦ في المئة. ينمو قطاع النفط في المغرب بنسبة ٥ , ٤ في المئة سنوياً. أخذ الاستثمار الأجنبي ينمو سريعاً في السعودية. التجارة البينية بالرغم من صغرها تنمو بمعدلات نمو أسرع من معدل نمو التجارة الخارجية.

زيّن — to decorate

جَمَّلَ

to beautify, adorn sth {2M}

هذه انواع جديدة من الماكياج سريعة الاستقبال، والتي تخفي التجاعيد وتجمل الوجه بدون العناء الذي تستغرقه الماكياجات المستخدمة حاليا. يحاول كلينتون أن يجمل صورته. يقول المنتقدون ان رئيس البلدية يريد ان يجمل صورة المدينة دون النظر الى المشاكل الفعلية.

رَصَّعَ

to adorn sth; to inlay sth ب *with* {3M}

تغطى برقائق ذهبية وترصع بالأحجار الكريمة. صدرت الموسوعة رغم كل ذلك لترصع المكتبة العربية بأرفع الأوسمة في فن الكتاب شكلا ومضمونا. هناك مئات وربما آلاف من العقول المهاجرة التي ترصع جبين هذا الوطن.

زَخْرَفَ

*to adorn, decorate (*ب *with)* {2W}

زخرفت الواجهات بالخزف والنحاس الأصفر. يربط بين جناحي القصر بهو داخلي غاية في الروعة لما يزخرفه من لوحات فنية. المرأة تنعم الجدران وأرضية البيت وتزخرف الجدران وتلونها. اهتم الفراعنة بتلوين البيض وزخرفته. اتبع اسلوب انشاء المباني وزخرفتها من الفن المعماري الصيني.

زَيَّنَ

*to decorate, ornament (*ب *with)* {2D}

يزينون المحلات بالسيراميك. المقبرة زينت برسوم تمثل الملكة ثاوسرت. زيّنت ادارة الكازينو جدرانه بصور لأيام ازدهاره. لا يمكن الحديث عن الجامع الأموي إلا بالحديث عن الفسيفساء الجميلة التي تزين جدرانه. باقات الازهار تزين البيت. تزين جدران الضريح من الداخل اللوحات الخزفية ذات اللون العقيقي الأخضر.

to ask

سأل

see التمس

اِسْتَجْوَبَ

to interrogate sb {2W}

استجوبت الشرطة الزوجتين. استجوبتها الشرطة الصربية في مطار بلغراد قبل اصطحابها الى الحدود الصربية. استجوبت الشرطة ليبرمان ايضاً عن علاقاته المحتملة بغريغوري ليرنر.

رَجا

to request, ask sb or من *sb sth or* VN / أَنْ *to do sth; [*see أمل*; to hope]* {2W}
VN: رَجاء يَرْجُو

نرجو من الاخوة الصحافيين العرب الاهتمام قليلاً بشؤون السودان. نرجو من السلطات البريطانية والالمانية ان تعيد النظر في قرار ترحيل الجزائريين. هناك ناس حاضرون ليسوا اعضاء، أرجو منهم مغادرة الجلسة بعد الاستراحة. اني ارجو منكم التدخل الشخصي لدى اللجنة. أرجوك أن تبقي مبتسمة. أرجو عفوك. أرجوك يا عم لا تنزعها من مكانها.

تَرَجَّى

to request, ask sb أَنْ *to do sth* {2M}

حين يذهب محيي الدين تاركاً الحديقة المهجورة يترجّاه الفتى ان يصطحبه. سيأتي اليوم الذي تترجون فيه تركيا أن تكون في اتحادكم. الحب الذي دفعه الى ان يترجّاها كي تأتي لم يستسلم الشاعر له لغوّيا ولا شعريّا.

سَأَلَ

to ask sb/sth or عن/ في *about or* أَنْ *to do sth or* إذا/ إِنْ *whether* {2D}
VN: سُؤال يَسأَلُ

سأله: ولماذا هذا التشاؤم؟ سألته عن سبب عودته. انا سألت في هذا الموضوع فلم أجد ان الدولة تعتمد رؤية واضحة. لا تسأل زوجة عن اسم زوجها لأنه غير مسموح لها ان تفصح عنه. سمعناه يسأل الله ان يفيض نوره ومحبته في القلوب. سألهم ان كانوا يوافقون على أخذها معهم. سألني اذا كنت اود ان امثل لبنان في ذاك المهرجان.

تَسَاءَلَ

*to wonder (*عن *about)* {2D}

يتساءل كثيرون عن «النهاية» التي سيؤول اليها الموقف الرسمي المصري. تساءل الزوج بينه وبين نفسه: من اين جاء الى زوجته هذا الاحساس الجديد؟ تساءلت: «من هو الارهابي وعدو السلام الحقيقي يا ترى؟» أنا اتساءل عن سبب اعتراض البعض على عملنا؟

طَلَبَ

*to request, ask (*إلى/ من *from sb) for sth or* VN/أَنْ *to do sth; [*see بحث*; to look, search for]* {2D}
VN: طَلَب يَطْلُبُ

يطلب الغفران. طلب عدم الكشف عن اسمه. طلب فنجان قهوة. يطلب الى الدول الاربع ان تعلم المجلس بنتائج المفاوضات. طلبت الصين من دولة الامارات المشاركة في مشاريع لتحديث مصافي النفط. تركيا منذ عام على الأقل وهي تطلب من الاتحاد الاوروبي بحث قضية انضمامها.

طالَبَ

to demand (from sb) ب *sth* {2D}

طالب المتظاهرون برحيل القوات الرواندية وغيرها من القوات الاجنبية. تطالب باعادة النظر في اتفاقية جنيف. نتانياهو يطالب باعتقال أئمة المساجد الذين يهاجمون اسرائيل وسياستها. نطالبهم برفع الحظر عن أرصدة العراق في بنوكهم. طالبوهم العمل لإطلاق أبنائهم.

اِسْتَعْلَمَ

to inquire, ask عن *about* {2M}

استعلمت عن امكانية احضار محام معي. وقوف المصلين في صفوف اثناء تأدية الصلاة يجعل من السهل على الفرد تمرير المعلومة الى من يليه في الصف بمجرد تبادل بضع كلمات لا تلفت النظر، وخلال الانتفاضة كانت هذه احدى الوسائل التي كان يستعلم الافراد بواسطتها عن أيام الاضرابات ومصير المعتقلين.

اِسْتَفْسَرَ

to ask sb or من *sb sth or* عن *about, seek an explanation* عن *for* {2W}

استفسرت من المسؤولين عن صحة الخبر لكنهم لم يعطوني إجابة قاطعة. استفسر النواب من بري رأيه. استفسروه اذا كانت السعودية ستطلب من كندا تسليمها الصايغ. يستفسرون عن الاسعار. استفسر الامبراطور عن كيفية توقف الحرب في لبنان.

اِسْتَفْهَمَ
to inquire (من from sb) عن *about* {2M}

الزبون يستفهم من البائع عن معروضاته وبضائعه. لم استفهم عما عنته الكلمات. كنا نتحاور في الرسم ومواضيعه ويسألني عن مدارسه، ويستفهم عن كل نقطة.

ناشَدَ
to entreat, implore sb ب/ أنْ *to do sth* {3D}

ناشد المتحدث المجتمع الدولي التدخل فورا لمعالجة قضية اللاجئين. ناشد الوزير القطاع الخاص بمد الجسور مع الشركات الأجنبية. عرفات يناشد البابا التدخل لتحريك عملية السلام. نناشدهم ان يخففوا من ممارستهم ضدنا.

اِسْتَوْضَحَ
to seek clarification from sb of sth or عن *sth* {3W}

استوضحته بعض النقاط. استوضحه الأمير سلمان عن الغاية من جمع التبرعات. استوضحنا الاجهزة الامنية عن الوضع الامني في بيروت والمحافظات. الحريري استوضح وزارة الدفاع مسألة التنصت على الهاتف.

beggar متسوّل

مُسْتَجْدٍ
beggar {3M}
pl: مُستَجْدون

لا أود ان اكون طالباً او مستجدياً في هذا الاطار. كان مستجدياً يقف بباب الوزراء والعظماء.

مُتَسَوِّل
beggar {3M}
pl: مُتَسَوِّلون

موبوتو حكم بالحديد والنار وسلب أموال الشعب وحوله الى متسول لا يملك ثمن لقمة أو دواء. المتسول يتنقل من سيارة الى اخرى على مرأى ومسمع من الشرطي. كلنا متسول في تلك الحياة... وان اختلف الأسلوب، والهدف، و... المظهر. هناك متسول على كل زاوية طريق.

شَحّاذ
beggar {2M}

ما قصة الشحاذ الأعمى؟ مر ببيتها شحاذ جاء من ناحية اخرى في البلد. لقد عملت في مسرح الشونسونييه وفي المسرح الجاد ولعبت دور الشحاذ والملك والزبال والشريد. نحن مثل شحاذ السليمانية الأعمى نشكر المحسن ولا نسأل ما هي جنسيته. كل شحّاذ يريد ان يكون سلطان بروناي.

responsibility مسؤولية

تَبِعَة
[consequence]; responsibility {3W}

التبعة عن تردي حال لبنان، اليوم كما بالأمس، تقع على عاتق المسيحيين اللبنانيين، أولاً وآخِراً. الاثنان أدينا بجناية الفساد وأدين الثاني بالتبعة عن مجزرة كوانغجو. ألقى مدير الشركة بالتبعة على رئيس الخدمات، وحمل رئيس الخدمات المسؤولية لرئيس محطة لاسكلافيتود. يرفض ردا على ذلك إلقاء تبعة ما حدث على عاتق رئيس التحرير.

مَسْؤوليّة، مَسْئوليّة
responsibility {2D}
pl: مَسْؤوليات، مَسْئوليّات
(Spelling variation is regionally based, with the مسئولية spelling common in Egypt, the other in the Levant.)

كانت جماعة سنّية غير معروفة اعلنت مسؤوليتها عن الهجوم على المركز الايراني. امام القادة العرب مسؤولية تاريخية لا مفر منها. أوضح ان مسؤولية استئناف المفاوضات تقع على عاتق الطرفين. فريقي مستعد جيداً للمباراة واللاعبون يدركون حجم مسؤوليتهم. حملها المسؤولية غير المباشرة عن اعمال العنف. القانون خلق نوعا من التوازن بين الواجبات والمسئوليات.

صَلاحِيَّة

power of attorney, legal responsibility for, right to; [suitability] {2W}
pl: صَلاحِيات

ان صلاحية المجلس ومسؤوليته هي العناية بشؤون المواطنين الحياتية في المناطق المحتلة. منح اللجنة التي شكلها اتحاد الكرة صلاحية وضع جميع الدراسات الخاصة بالموضوع. أكد محررو البيان ايضا ضرورة أن تبقى المؤسسة العسكرية الملتزمة بصلاحيتها الدستورية فوق الخلافات الحزبية. فريق التفاوض الذي ارسلته حكومته مخول بكل الصلاحيات لانهاء المشكلة.

عُهْدَة

guardianship, responsibility {2W}

اما حراسة المرمى فستكون بعهدة وسام كنج بديل علي فقيه، الذي خضع لجراحتين. ولدا الاميرة ديانا لم يكونا في عهدتها. قرار التقسيم ١٨١ لعام ١٩٤٧ لم يضع القدس (الغربية) في عهدة الدولة اليهودية بل منحها وضعاً دولياً. تركهم في عهدة اخيه. السيارة بالنسبة لسائقها عهدة يحاسب عن كل ما يتصل بها من مخالفات صغيرة أو كبيرة.

وِزْر

burden, responsibility {3W}
pl: أَوْزار
وضت الحرب أوزارها the war came to an end

يتحمل معه حزب الأمة وزر هذا القرار. ان المجتمع يُحمّل الفتاة او السيدة الوزر الاكبر لاغتصابها. لا سبيل الى اعفائها عن وزر نشوب هذه الحرب الحدودية الاستنزافية الاعلامية. هي ما زالت تحمل وزر اخطائها وخطاياها، الحقيقية او المفترضة، التي راكمتها خلال فترة حكمها. ارتكبت جرائم وحشية لا يعفيها من أوزارها عفو عام. تطوعت بعد أن وضعت الحرب أوزارها للعمل في مخيمات اللاجئين.

سبّب — to cause

أَدَّى

to lead إلى *to; to cause* إلى *sth; [see* نفّذ*; to fulfill, carry out sth]* {3D}

أدت حركة التداول إلى ارتفاع أسعار تسع شركات. ادى هذا الخلاف الى صراع مكتوم ثم معلن. أكد التقرير ان الاغلاق أدى الى تهديد الأمن الغذائي والصحي للسكان. الانفجار ادى الى مقتل سبعة اشخاص وجرح ٣٧ آخرين.

جَعَلَ

to make sb/sth sth or (with imperfect verb) *do sth; [see* بدأ*; to begin* (to do sth)*]* {3D}
VN: جَعْل يَجْعَلُ

الاصابات المتكررة جعلتني أكثر إصراراً على تحقيق الفوز. قال السفسطائيون ان الحقيقة ليست ثابتة وانما هي نسبية تتغير من حالة الى أخرى ما يجعل الانسان عاجزاً عن الوصول الى معرفة حقيقية مؤكدة للعالم. الناس غمروني بعطف وضيافة ومحبة جعلتني احسّ بالانتماء من جديد. هذه الحقيقة ستجعل العرب يدركون ان الوحدة اصبحت ضرورة حياة. هذا ما يجعلني أضحك.

أَحْدَثَ

to cause, bring about sth {3D}

احدث سقوط العاصمة الافغانية كابول في ايلول (سبتمبر) الماضي في ايدي حركة «طالبان» الاسلامية الاصولية صدمة في دول آسيا الوسطى. أحدث الانفجار هلعاً في المنطقة وسمع من مسافة كيلومترات عدة. هذه الأزمة أحدثت شروخاً تحتاج إلى وقت طويل لكي تندمل. الحرب اللبنانية أحدثت تغييرات في النظام السياسي والنسيج الاجتماعي.

سَبَّبَ

to cause sth {2D}

أوضح ان الفيتو الاميركي سبّب انزعاجاً في المنطقة. الدخان يسبّب لي آلاماً في رأسي. احتجوا على استمرار عمل المحرقة الذي يلوّث الهواء ويسبّب امراضاً لهم. لم يطلق سراح السيدة آنذاك، إلا بعد ان أعلنت إضراباً عن الطعام والشراب استمر أياما وسبّب فضيحة كبيرة للحكومة البريطانية.

أَسْفَرَ

to produce عن *sth, result* عن *in* {3D}

أسفر احتلال المدينة والقتال الذي سبقه عن خسائر كبيرة. اسفرت اجراءات الجيش والقوى الامنية عن توقيف ٢٣ شخصاً. إن حملات تفتيشية نظمتها قوات الأمن أسفرت عن اعتقال تاجري سلاح في مدينة السلام. الفيلم ليس متكاملاً وفي النهاية يسفر عن نتائج اقل اهمية من طموحاته وجهوده.

أَنْزَلَ

to cause, inflict (pain, loss) ب *on sb; [*see خفّض*; to bring down, lower sth]* {3D}

كان القناة انزل الهزيمة بالاسماعيلي في مباراتها الاخيرة الموسم الماضي. بعد الضغط عليها رضيت الشركات بأن تدفع للسلطات الاميركية ٣٦٨ بليون دولار كتعويض عن الاضرار التي انزلها التدخين بصحة المواطن الاميركي. انطلقت العمليات البطولية للمقاومة وبدأت تنزل بالعدو خسائر يومية متتابعة بين قتيل هنا وجريح هناك. التفجير الانتحاري الاخير في القدس ربما انزل الضربة الاخيرة والقاتلة بـ «شراكة» اسرائيلية – فلسطينية.

أَوْقَعَ

to cause sb/sth to fall (في *into); to cause* (harm) {3D}

اكد متحدث باسم المجموعة العسكرية الحاكمة ان القصف أوقع ١٩ قتيلاً. الحكومة هي المسؤولة عن هذه الحال لانها ... أوقعت البلاد في عجز خطير ما يهدد بالافلاس. الغارات أوقعت اصابات بين المدنيين. اعتدى على أمن البلاد وأوقع الضرر بها. لم يعلن المركز هل أوقعت الهزتان أضرارا أو ضحايا.

وَلَّدَ

to engender, beget sth; [to assist in childbirth] {3M}

ولّدت كتاباته في هذا المجال الكثير من ردود الفعل. نجاح القطاع الخاص في المشاركة في اعمال قطاع البترول ولّد ويولّد الثقة في هذه المشاركة في مجالات اخرى. العنف يولّد العنف المضاد. اذا وقعت حادثة ولّدت تصورا لدى المسؤولين بوجود مؤامرة.

---

to swim — سبح

سَبَحَ

to swim {2W}

VN: سِباحَة يَسْبَحُ

كان يسبح خلال اجازة في مايوركا، ورأى يداً بشرية خارجة من الماء، وعندما اقترب ليتحقق من الموضوع اكتشف ان هناك غريقاً هائل الحجم، فجره الى الشاطئ بجهد جهيد. أسبح في الفضاء. يسبح ضد التيار القوي الذي تمثله التوجهات المنتمية الى الماضي. كنت انساناً يسبح في نهر الفرح سعيداً سعادة المبدع باكتمال القصيدة.

عامَ

to swim, float {2M}

VN: عَوْم يَعومُ

الجواميس تجد نفسها في الجنة فهي تخوض وتعوم بتراخ الى اماكن رعيها المفضلة خلال النهار. يعوم في بحيرة بلا مياه. كانت تعوم في النيل بضعة مراكب وقوارب صيد صغيرة. بوسحبل حي سكني يعوم فوق مياه المجاري. أحد الحوتين يعوم ليغوص إلى الأعماق في المحيط حيث الماء البارد، أما الحوت الآخر فيعوم إلى السطح.

---

previously — سابقاً

آنِفاً

previously; above {3W}

بعد ذلك ظهرت فكرة الخياط كمحاولة للرد على التساؤلات المذكورة آنفاً. ذكرنا آنفاً شيئاً مما يقوله محبو خوسوس خيل عنه. اعتمد على طبعة الأعمال الكاملة المشار إليها آنفاً وهي تتضمن النصوص المذكورة. ماذا أفعل والحال كما ذكرت آنفاً؟

سابِقاً

previously, formerly; in advance {2D}

الأرض التي لم تعرف الثمر سابقاً اصبحت الآن خصبة بالبرتقال والدخان والقمح. لماذا لم يطرح موضوع ترشيح عربي لهذا المنصب سابقا؟ شهدت المباراة عودة نجم الثمانينات ناصر حمدان لاعب المنتخب سابقاً. كل ذلك يبدو لي سابقاً لأوانه. كان الجانبان وقعا الاتفاق بالأحرف الأولى سابقا.

مُسَبَّقاً، مُسْبَقاً
in advance {2D}

سفير اسرائيل لدى الأردن يستقيل لعدم ابلاغه مسبقاً بقمة اسرائيلية - أردنية. تقول انه توقف من دون سبب واضح ومن دون ابلاغها مسبقاً. يجب الاعتراف مسبقاً، ان التحديد الكامل لمراكز القوى داخل المؤسسة العسكرية في الجزائر، هو أمر مستحيل لانه من الاسرار المحافظ عليها. لا يجوز الحكم مسبقاً على سياسة الخصخصة.

سالِفاً
in advance, beforehand; above (in a text) {3M}

دفعت روسيا بقوات إضافية في المناطق المذكورة سالفا. كما قلت سالفا إن نظام الأمن الأوروبي يؤكد جميع خطوات السلام في المنطقة.

قَبْلاً
previously, earlier {3W}

صحيح ان الاميرة الراحلة زارت مصر قبلاً، وصحيح انها كانت توشك على الزواج من مصري. كان قرر قبلا أن المؤرخين كلهم أجمعوا على أنها من قبيلة همْدان. قبلاً كانت هذه الاسعار تمثل جزءاً من القيمة الحقيقية لهذا المورد. لماذا لم تعتمد هذا الاسلوب قبلاً؟ لم أعرف عن هذا النوع من العلاقات قبلاً. كان قبلا وزيراً للدفاع.

فيما مَضى
previously {3W}

نستأنف المفاوضات من النقطة التي وصلت اليها فيما مضى. كنا نقول فيما مضى إن على الإنسان أن يدخر لأبنائه. هذا لم يؤد إلى نتائج طيبة فيما مضى. كانت الأمور بسيطة فيما مضى.

---

mosque — مسجد

جامع
Friday mosque {2D}
pl: جَوامِع

انه اكبر جامع في بلغاريا، اختير تصميمه وأروقته والمئذنة وفق طراز العمارة العربية. جامع قرطبة باسبانيا. الجامع الازهر. جامع الحاكم بأمر الله. في الثالث من رمضان دخل قاضي العسكر العثماني الى الجامع الأموي واجتمع مع الأئمة والعلماء وفرّق عليهم المال. تشبه مئذنته في تكوينها مئذنة جامع اسنا الاثري.

مَسْجِد
mosque {2D}
pl: مَساجِد

احتفل المسجد أخيراً بالزائر الرقم مئة الف بعد مرور أكثر من عامين. هم في كل الزيارات يؤدون صلاتهم في باحة المسجد الاقصى ومسجد الصخرة. يواجه البيت مسجد الشافعي وهو احد المساجد التاريخية في جدة القديمة. قتل أثناء مروره في حديقة عامة في طريقه الى مسجد المدينة للصلاة.

---

carpet, rug — سجادة

بُرْش
mat (of palm leaves or palm fiber) {2M}
pl: أَبْراش

نمت على البرش لكن صلاح بك عثمان سمح لكل المسجونين بالنوم على مراتب. وأنا على برش الصلاة قاطعني شاب بأدب. كان يؤدي وظيفته وهو راقد على برش من سعف الدوم. أقدم المعتقلين يوم الخميس الماضي على إحراق الأبراش في ثلاث غرف ما أدى إلى إصابة العديد منهم بحالات اختناق.

بِساط
carpet, rug {2D}
pl: أَبْسِطَة

يعد هذا الكتاب بمثابة بساط سحري يطوف بقارئه فنون العالم وثقافاته. عمل على سحب البساط من تحت أقدام الآخر من أجل الفوز. كل ما أراده نيتانياهو يطبقه باراك عمليا، لكن بطريقة تسحب البساط من تحت أقدام العرب شيئا فشيئا. ستتسارع إلى توجيه الدعوة إليه وفرش البساط الأحمر في مطاراتها لاستقباله. البساط المستخدم يجب أن يكون بنفس سمك أبسطة الجودو.

حَصير
mat, reed mat {2M}
pl: حُصُر

أعرف أن الكثيرين منهم ينامون فوق حصير، ويتوسدون معاولهم.. ولكن الرضا على وجوههم. اشترى لها حصيرا ولحافا ومرتبة قطن. يجلس السياح أرضا لتناول وجباتهم داخل بيوت القصر على الحصير البدوي. نشأ في بيت عربي أصيل: أكل القديد ونام على الحصير.

حَصيرَة
mat, reed mat {2M}
pl: حَصائِر

جعلوا من المطبخ حجرة لنومي حيث كنت أنام على حصيرة به وكنت أعمل كخادمة. وصل الى مصر ومعه حصيرته الخرافية في عهد الخديوي اسماعيل. ما رأيك هل تشاركيني الجلوس على الحصيرة؟ تستعمل أوراق شجرة السمار لصناعة الحصائر والأثاث الخفيفة.

سَجّادَة
prayer rug, carpet {2W}
pl: سَجّاد، سَجاجيد

شهدنا في رمضان السجادة ذات البوصلة من الصين والفول المدمس من امريكا. حاولوا كنس الماضي تحت السجادة. يفرش لهم السجاجيد حين يأتي وقت الصلاة. اكتملت الشقة تماما من الأثاث والسجاد والستائر وأدوات المطبخ. سجادة الصلاة.

طَنْفِسَة
mockado carpet {3M}
pl: طَنافِس

في المتحف طنفسة جدارية ضخمة تمثل معالم معبد «تاشيلونبو». بقيت في ذاكرتي بعد إقفال باب الشقة الفخيمة صورة ما لمحته في داخلها.. المقاعد الحريرية الوثيرة والطنافس المبعثرة فوق السجاد الثمين والزهريات الرائعة. وجدت نفسي في متحف تتوزع فيه التحف الشرقية والطنافس الثمينة. سقطت القدس وهدم تيتوس المعبد وحمل طنافسه.

كِليم
rug, kilim {2W}
pl: أَكْلِمَة

نمت على الكليم الصوفي الغني في ليلة أوائل سبتمبر. ينتهي النهار وهي قاعدة على الكليم. تناولت اوراق العمل الموضوعات التالية: فن الزخرفة في الحضارة العربية الاسلامية، الافريز الخشبي في جامع ابن طولون، التنوع في التصميمات الزخرفية في السجاد والكليم.

---

to harmonize — انسجم

see اتّفق

اِنْسَجَمَ
to harmonize مع *with* {2D}

هذا الكلام لا ينسجم ابداً مع النظام البرلماني. هذا لا ينسجم أبدا مع الواقع. يعترف ابن رشد بامكان قيام حقيقة فلسفية تنسجم مع الايمان. نأمل من بقية الدول بأن تنسجم مع هذا التوجه. هذا المشروع ينسجم تماما مع هدف تقسيم البوسنة – الهرسك. لن ترضى بأي حل لا يتفق وينسجم مع مصالحها.

نَسَّقَ
to harmonize, coordinate بين (things) *or* مع *with* {2W}

الغرفة ستنسق بين شركات القطاع الخاص ومؤسساته لتقوية الروابط بينها. من الضروري ان تنسق الاحزاب في ما بينها. لا تزال مصر تنسق مع دول القارة. لابد لها من مايسترو ينسق بينها وزنا وحجما ولونا ووجهة وتوجها.

واءَمَ
to suit sth; to harmonize sth with sth or بين *sth and sth* {3W}

اتخذ موقفا يوائم بين الدين والحداثة. نستطيع أن نؤثر ونأخذ منه ما ينفعنا ويوائم تقاليدنا وعاداتنا ومجتمعنا. عليه أن يوائم بين اعتبارين قد يكونان متناقضين وهما: عامل الخبرة وعامل الثقة. عليها أن تراعي وتوائم مصلحة الجميع.

تَواءَمَ
to agree, harmonize with each other or مع *with sb* {3W}

بدأت عملية طويلة ومعقدة لتنسيق وضع اسواقها حتى تتواءم مع بقية الاسواق العالمية. بدأت الاطراف تعيد حساباتها لتتواءم مع التطورات الاستراتيجية الخطيرة التي حدثت. علاج المشكلة مرتبط بتطوير المناهج لتتواءم مع احتياجات الحاضر، والمستقبل. القومية لا تتواءم مع الليبرالية. البنوك الكبيرة قد تواءمت أجهزتها وتطبيقاتها.

اِتَّسَقَ
to harmonize مع *with* {3W}

أشار إلى ان إنشاء مدينة الحرفيين يتسق مع قانون البيئة. هذا السلوك يتسق مع طبيعة تركية محافظة. الواقع ان هذه الحجة غير واقعية، ولا تتسق قط مع مجرى الاحداث والتطورات الفعلية.

---

harmonious, consistent منسجم

see مناسب

مُتآلف
*harmonious (*مع *with)* {3M}

يجب أن تأتي الثياب متآلفة مع ذوق من يرتديها وأسلوب حياته. بات متآلفاً مع العمل المسرحي. له فريق عمل متآلف ومتجانس تماماً. يملك قدرة عالية على العمل الجماعي المتآلف.

مُتَجانِس
homogeneous {3W}

لم يعد ينظر المحللون إلى دول آسيان باعتبارها وحدة اقتصادية متجانسة. لا تبدو المواقف العربية متجانسة. نريد أن نأتي بفريق متجانس لإدارة البلدية. الأوراق التي قدمتها ليست متجانسة بعضها مع بعض.

مُتَرابِط
closely tied together {3W}

بالطبع في عالم اليوم المترابط، لا يمكن فصل او تجزئة امن العالم بعضه عن البعض. تشعر حقيقة أنك أمام نسيج من العلاقات المتداخلة المترابطة. من الصعب ان تعزل تلك الوسائل عن بعضها البعض لأنها أشياء مترابطة. هذه الحوادث تحمل دلالات مترابطة بل ربما واحدة. جميع خطوط المنتــخب كانت مترابطة ومتناسقة خصوصاً خط الدفاع.

مُنْسَجِم
harmonious, consistent مع *with* {2W}

حاولَتْ ان تعثر على اجابة منسجمة مع السؤال. سيبقى الأردن منسجماً مع موقفه الثابت والدائم في رفضه جميع أشكال الارهاب. قال ان الدعوة منسجمة مع «الفكر العربي النهضوي». خاتمي يحتاج في المستقبل الى حكومة «منسجمة». الحكومة الجديدة تضم نزعات غير منسجمة مع التوجهات الأميركية في المنطقة بشكل عام.

مُطابِق
corresponding, conforming ل *to* {3D}

جاءت البيانات مطابقة لما توقعه الاقتصاديون. لدي أفكار عديدة ولكنها لن تكون بالطبع مطابقة لمواقف الحكومة السابقة. هي تتكلم لغة سامية غير مطابقة تماماً للاكادية. هذا الطريق يكاد يكون مطابقاً لطريق سكة حديد الحجاز التي بنيت في مطلع هذا القرن.

مُتَماسِك
coherent, cohesive {3W}

يجب ان يعي الرئيس صدام حسين ان «المجموعة الدولية متماسكة ومصممة على عدم تمكينه من تهديدنا بأسلحة الدمار الشامل». يشعر القارئ بأن ٧٠٠ صفحة لن تكفي كلها لهذا النسيج المتماسك. شدد على ان «مصلحتنا ان يظل الشعب السوداني متماسكاً». من الخطأ تفسير الهدنة القائمة على انها اساس متماسك للسلام يمكن البناء عليه.

مُتَناغِم
harmonious {3W}

تلتقي القطعة الموسيقية بأجزائها المجتمعة والمتآلفة في اتحاد أوركسترالي متناغم. آرام تؤمن بأن الحضارات المتعاقبة التي عرفتها منطقة الهلال الخصيب واحدة بجوهرها لأنها تنبع كلها من انسان بلاد الشام وما بين النهرين الذي، وإن تبدلت وجوهه الحضارية، فهو متناغم في تطوره عبر التاريخ. هو كان يحب لداخل البيت أن يكون متناغماً.

مُتَّسِق
balanced; harmonious, consistent مع *with* {3W}

حركاته غير متسقة. كيف يمكن ان نتوقع ان يقوم نظام اقليمي في منطقتنا متسق مع نفسه. ثمة حاجة الى جهود متسقة لضمان العودة الى عملية السلام في اوسلو. ان تلك المراجعة التاريخية والسياسية للموقف من الغرب لا تبدو متسقة مع ما تحتفظ به كتب التاريخ.

مُوافِق
in accord with or ل *with sth* (a date); *[in agreement* على *with]* {3D}

أول جريدة يومية تصدر في السعودية هي جريدة «البلاد» وذلك في ١٣٧٣\٣\١١ هـ الموافق ١٩٥٢م. ذهب الى القول ان التفاوت بين الاعراق موافق لنظام الطبيعة. من المقرر ان تنطلق هذه الحملة يوم الاربعاء الموافق التاسع من نيسان (ابريل) المقبل. عيد النصر الجزائري موافق لـ ١٩ آذار (مارس).

مُتَوافِق
mutually conforming, consistent مع *with* {3W}

يأتي مثل هذا البيان متوافقا ومنسجما مع الارادة السياسية والشعبية. يبدو أن أجهزة الكمبيوتر غير المتوافقة مع عام ٢٠٠٠ ستوجد مشكلات لا حصر لها. بدأت كومباك صنع الكومبيوترات الشخصية المتوافقة مع «آي.بي.ام». قاد الاوروبيين الى اتجاه غير متوافق مع السياسة الاميركية. الشيء الأساسي العاجل هو الحصول على انظمة راديو متوافقة مع ما في الحلف.

---

prison سجن

بيت خالتي
jail, prison {1M} (Lev)

متتكلمش في السياسة أحسن تروح بيت خالتك. القاضي أمره يزور بيت خالته ٣ سنين.

حَبْس
jail, prison; confinement {2D}
pl: حُبوس

قضت اكثر من شهر في الحبس. ذهبت بسبب كتاباتي الى الحبس الاحتياطي ما يقرب من عشرين مرة. يحكي في الكتاب تجربته الذاتية في الحبس. كان القاضي وضعه في الحبس الاداري وهو اجراء يعود الى عهد الانتداب البريطاني.

مَحْبَس
prison cell {3M}

تم ترحيل المتهمين إلى محبسهما وقضت المحكمة باحالة أوراق القضية إلى فضيلة المفتي. أعلم المتهم الأول في محبسه بما خطط له المتهم الثاني.

سِجْن
prison {2D}
pl: سُجون

هو يواجه الحكم بالسجن مدة تصل الى عشر سنين. حكم عليهم بالسجن لمدة سنتين او ثلاث سنوات. رمى به الى سجن جزيرة «روبن آيلاند» في المحيط الهندي قبالة مدينة كيب تاون. نقلته من سجن طرة الى سجن مزرعة طرة. قيل انه انتحر في احد السجون في سورية.

مُعْتَقَل
prison, jail; internment camp {2D}

امضى اثنتي عشرة سنة في المعتقل. أفادت صحيفة أوغندية امس ان اكثر من ١٠٠ جندي سوداني أسرى لدى السلطات الاوغندية بدأوا اضرابا عن الطعام في معتقلهم. عدد الرهائن اللبنانيين في السجون الاسرائيلية ٢٠٠ رهينة بينهم ١٥٠ في معتقل الخيام.

---

to retreat, withdraw انسحب

تَراجَعَ
*to retreat, withdraw (*عن *from)* {2D}

ورداً على سؤال هل يرى اي امل بأن يتراجع صدام عن موقفه، قال كلينتون: «كلا لا ارى ذلك». تراجعت الحكومة عن سياستها السابقة. تراجع الاهلاويون الى ملعبهم للدفاع عن الهدف. تراجع الانتاج التونسي بمقدار ألفي برميل يوميا العام الماضي. كنا توقعنا أن تتراجع الأسعار في الفترة الراهنة لأنها ارتفعت كثيراً في الشتاء الماضي. لقد تراجعت الديموقراطية كما تراجع التيار القومي ايضا.

اِرْتَدَّ
to retreat, withdraw; to return إلى *to; [to apostatize]* {3W}

ما جئت لكي أرتدّ. ارتدّت الى الداخل. أي تحديث هو هذا التحديث الذي يرتدّ بالتجربة اللبنانية الى ما قبل الحرب. ولدت ماثيلدا غالان في ايطاليا عام ١٩٢٧ وتعمدت كاثوليكية، ولكنها ارتدّت إلى اللوثرية عندما رجع والدها إلى وطنه سويسرا.

اِنْسَحَبَ
to retreat, withdraw (عن from) {2D}

انسحبت قوات العدوان من دون ان تحقق أياً من اغراضها. انسحب الاميركي اندره اغاسي من الدورة في اللحظة الاخيرة مدعياً الاصابة في يده. المعارضة انسحبت من البرلمان للمرة الاولى. انسحب من المنافسة على زعامة الحزب بعد وفاة الزعيم السابق. انسحب المهاجمون الى موقع مجهول تاركين في موقع قريب جثث عدد من القتلى.

تَقَهْقَرَ
to move backward, fall back; to deteriorate {3W}

تقهقر شتوتغارت من المركز الثاني الى المركز الثالث لتعادله (١\١) مع ميونيخ. بدأ الجنود الزائيريون يتقهقرون رافعين الرايات البيضاء. يقتل الأبرياء، ويهدم دورهم، ويتقهقر بتطورهم الى العصر الحجري. لن نتقهقر الى التاريخ العربي القديم.

تَنَحَّى
to withdraw, move away من/عن *from* {3D}

تنحى من رئاسة الشركة في آذار (مارس) الماضي بسبب الفضيحة. يتنحى قليلا عن دائرة الضوء كي يسمح لاصوات اخرى ان تحاوره. كنا نتنحى جانباً كي يتسنى لها العبور. كان مطلب الديموقراطيين ان يتنحى غينغريتش.

اِنْتَحَى
اِنْتَحَى جانباً *to step back, withdraw* {3M}

ما أن صافحوا السادات حتى انتحوا به جانبا لمدة طويلة، وراحوا يتحدثون اليه في جدية شديدة. بعض منها انتحى جانباً للاستراحة. لم يرقد جوار الراعي وانما انتحى مكاناً آخر ينام فيه.

cloud سحابة

سَحابَة
cloud {3D}
collective noun: سَحاب pl: سُحُب

عادت سحابة الدخان إلى سماء القاهرة. كانت هناك سحابة من الحزن تخيم علي مطار القاهرة وعلى العاملين به. هناك سحابة وغيوم على البنوك في الوقت الراهن. السحاب كلما مر أمام نافذتي ينظر الي ويطالبني بك. المشكلة في سماء سورية ان السحب الحاملة للامطار تكون على ارتفاع ٧ – ٨ كيلومترات. ليس بوسع الخبراء ان «يعتصروا الماء» دون غيوم أو سحب.

سَديم
mist {3W}
pl: سُدُم

قال ان النجم كان من القوة في الماضي الى حد مرّ بانفجارات متوالية أطلقت غبار السديم والغاز الذي يحيط به. مازال أصل المجموعة الشمسية وطريقة تحول السديم الهيدروجيني إلى شمس تدور حولها الكواكب والكويكبات والمذنبات منذ مايقرب من ٤,٧٥ مليار سنة لغز من ألغاز الفيزياء الفلكية حتى الآن.

ضَباب
cloud, fog {2W}

ضباب غطى عينيه هناك، ضباب ندمه. ضباب العاصفة كان يغلف معظم مناطق المغرب. الضباب الكثيف كان يغطي اجواء المنطقة. الظاهر ان الضباب ينحسر في فترة الظهر، ثم يظهر مجدداً ابتداء من العصر. يرتفع ضباب حريق القمامة عن مدننا وقرانا.

غَمامَة
cloud {3W}
pl: غِمام، غَمائِم

قد رأيت غمامة داكنة تطمس البريق الأخضر في عينيها. أدعو الله العلي القدير ان يزيل هذه الغمامة الكثيفة عن هؤلاء ويرحمهم برحمته. يعيشون فعلاً داخل غمامة من الاحساس بالرعب. كانوا يمشون في الطرق، في النهار، بالسراج، وحال تراكم الغمام بينهم وبين نور الشمس. وجهها لا يغضب ولكنه كالبدر يبتسم حتى من وراء الغمام.

غَيْمَة
cloud {2W}
pl: غُيوم، غِيَم، غِيام

اعتبروا القرار الاسرائيلي «غيمة على بيئة المفاوضات في الشرق الأوسط عامة». رفع معنويات اللاعبين بعد الكبوة امام المكسيك التي باتت الآن غيمة صيف عابرة. أدخل الغرفة، بدوري، دونما سبب واضح، لأشاهد غيمة كثيفة من الدخان. وقف ذات صباح في صحراء نيو مكسيكو ليشهد الغيمة الذرية الأولى ترتفع وتحجب وجه السماء. السماء خالية من السحب والغيوم. انقشعت الغيوم وظهرت الشمس.

مُزْنَة
rain cloud {3M}

تساءل فيما إذا كان هذا الغضب انطلاقة مطاردة حقيقية للتحدي الصربي ام انه كسوابقه مزنة عابرة سرعان ما تنقشع.

---

charming ساحر

see جميل

أخّاذ
captivating, enchanting {3W}

إنه يتمتع بجمالية أخاذة في الدفاع عن الأمية. يشعر الناظر إليه بتجانس أخّاذ جداً. الموقع الرائع في الزاوية مكان اخاذ فعلا. لم يعتمد على تقنيات جديدة بل على عروض رقص شرقي اخاذة قدمتها فتيات وفتيان بملابس «رقص بلدي» ذهبية وزرقاء بالغة الجمال.

خَلّاب
captivating, attractive {3W}

يستمتعون بالهدوء والمناظر الجبلية الخلابة والمياه الفيروزية النقية. فيها امكانات عدة تمنح الزائر فرصة للراحة والتمتع بالمناظر الخلابة. يقع القصر في بقعة خلابة على فرع النيل الشرقي في جزيرة منيل الروضة. الفندق على ٢٤٠ غرفة وجناح فاخر تطل جميعها على مناظر خلابة على البحر الاحمر.

ساحِر
charming, fascinating; [sorcerer] {3D}

غنت الفتاة ساحرة الجمال، فالتفت الجميع، وقالوا: واو. المنظر الساحر جعلني أدعو هيثم الى مراقبة شروق الشمس. توجد عندهم حضارة ساحرة ورائعة في الموسيقى والعروض. بيروت تمنح كل من يقصدها: الحب والموسيقى والكتاب، وجمال الطبيعة، والنسمة الساحرة

فاتِن
charming, alluring {3W}

كانت لديه ابنة فاتنة تدعى المِرّة أو (سميرنا) باللغة اليونانية. كانت زوجته الثانية ايطالية فاتنة. تكفي جولة في شوارع باريس الفاتنة المزدحمة ليعلق حبها في قلب الزائر من أي بقعة أتى. انها قصة شابة فاتنة تجد هوايتها في الحب والخيانة والغفران.

---

shore ساحل

بِلاج
beach {1M} (Coll)

سأتوجه بعد الغداء الى البلاج. أدخن وانتظر زميلة صغيرة وعدتني ان تأتي الى البلاج بعد الساعة الخامسة. ذهبن هنّ صوب البحر، الى أغادير، الصويرة، وتان تان بلاج. كانت زوجتي تتسامر على البلاج مع صديقات لها.

ساحِل
coast, shore {2D}
pl: سَواحِل

سار الاسكندر جنوباً بمحاذاة الساحل السوري، بهدف الاستيلاء على الموانئ الفينيقية وعزل الاسطول الفارسي. ستكون المناورات الأساسية على ساحل الخليج في منطقة تقع بين شمال الخليج ومضيق هرمز. اما حدودها الغربية فتمتد معظمها على ساحل البحر الادرياتيكي. كان القراصنة يأتون كذلك الى السواحل الشرقية للبحر الابيض – في الشام ومصر – للحصول على ضحاياهم. ساحل العاج. الساحل الذهبي.

شاطِئ
shore, beach {2D}
pl: شَواطِئ

ذهب الى شاطئ البحر الابيض غربي رشيد. في مساءات الصيف الطويل، تصحب الأسر اطفالها الى الشاطئ. منهم من يظن ان موقع نزوله كان على شاطئ «نيوفاوند لاند». جابت الزوارق الحربية الشاطئ الممتد من الناقورة الى سهل القليلة. انتشرت لغتهم من شواطئ المحيط الاطلسي الى اقليم دارفور في السودان.

ضِفَّة
bank (of a river) {2D}
pl: ضِفاف

الضفة الغربية وغزة. الخطر يأتي من الضفة الاخرى. ليست وسيلة الاعلام الاولى التي تحاول استقطاب اهتمام جمهور من ضفتي البحر الابيض. تجمع حشد كبير من الناس لمراقبته وهم يقفون خلفه على ضفة النهر. ان سلماوي يتوجه للقاء «المعلّم» في منزله، عند ضفّة النيل.

كورْنيش
road along shoreline or bank, seaside walkway {2W}

يتمتع ساكنو الوحدات بمنظر البحر والكورنيش طوال اليوم من دون التعرض لحرارة الشمس. انتشرت سلسلة من المطاعم الراقية والبوفيهات على طول الكورنيش. وضع حجر الأساس لثلاثة مشاريع سياحية جديدة على كورنيش جدة. الكورنيش من اهم المزارات السياحية في الاسكندرية.

secret

سرّي

مُخَبّأ
hidden; secret {2W}

القنبلة كانت مخبأة في صفيحة قمامة امام فندق كاراسو في منطقة السلطان احمد. يحاول الأطفال العثور على الألغاز المخبأة في حديقة ديزني لاند. مادلين اولبرايت تتحدث عن ماضيها المخبّأ. كانت مخبّأة في زورق يخص أحد المتهمين.

خَفي
hidden; secret {2D}

الامور الخفية اكثر من تلك المعلن عنها. أضاف ان الايدي الخفية للسوق الحرة تميل مراراً الى زيادة ثروة الاغنياء والجشعين. قال ان هتلر هو «مكبر الصوت الذي يجسم الهمسات الخفية للروح الألمانية». قد خفي هذا الكلام عني سنوات، كما لا يزال خفياً عن كثيرين منهم. يجب تسليط الأضواء على زواياه الخفيّة.

مَسْتور
hidden; secret {2W}

بعض هؤلاء التجار يتعلل بأنه يود ان يبقى «مستوراً» في هذه المهنة المستوردة. تلمس زرّاً مستوراً في جَسَدِك. يحاول كشف الغامض والمستور. انكشف المستور.

سِرّي
secret {2D}

هذا الاعتقال السري نفذ بناء على طلب من جهاز الاستخبارات الفرنسية. الأجهزة السرية التابعة لصدام حسين احتفظت بسجلات مدققة لتوثيق أعمالها. اوضحت الاذاعة ان الاتصالات بين الجانبين بقيت سرية الى اللحظة الاخيرة. لم تتم أي محاكمة لمتهمين كما لم تعقد أي جلسة سرية أو علنية. أي لقاء سري كان سيضر بباراك ولن يفيده.

مُضْمَر
secret, covert {3W}

ليس قولاً مباشراً أو صريحاً، بل انه غير مباشر ومضمر. حقق وعوده «الديموقراطية» و«الليبرالية» كلها، المعلن منها والمضمر. هذا كله، بعد ان كان مضمراً، قفز فجأة الى واجهة الأحداث وراحت الصحف تتناقله.

bed

سرير

تَخْت
bed; [throne] {1-2M}
pl: تُخوت

تحتوي هذه الغرفة على تخت واحد فقط حيث نامت. أخرجوه حيا من بطن أمه ولكنهم لم يدخلوه قسم الحدانة بل أبقوه على تخت قريب من أمه. (Lev) أنا نعسان كتير وبدي أروح على تختي.

مَرْقَد
bed; mausoleum {2W}
pl: مَراقِد

كانت رحلة الصيف ان ننقل فرش مراقدنا الى السطوح لننام تحت السماء، بدلاً من اختناقات الغرف. جوهر القضية ان الرئيس ومسانديه لوثوا مرقدهم بأنفسهم وعليهم الآن افتراشه. ان قبة مرقد الشيخ حديد تشبه الى حد ما قبة مرقد نجم الدين.

سَرير
bed {2D}
pl: سَرائِر، أَسِرَّة

انه اكبر مستشفى اسلامي في جنوب لبنان ويحتوي ٣٠ سريراً. يودِّعنا في السابعة تقريباً ليذهب الى سريره. لماذا يموت الرصافي في عاصمة وطنه على سرير حديدي عتيق مما يباع في سوق المزاد بأقل من دينار. رقدت على سرير من الذهب، وارتدت ثيابها الملكية. إنها لاتستطيع أن تنام في سريرها قبل ان يعود.

مَضْجَع
bed, couch {3W}
pl: مَضاجِع
قَضَّ مَضاجِعَه to deprive of sleep

لماذا لا تزال الحرب العالمية الثانية تقضّ مضاجعنا جميعاً؟ على رغم سلاحهم وعتادهم فإن كلمة الحق تقلقهم وتقض مضاجعهم الوثيرة. كابوس الاسلام الأفغاني لا يزال يقض مضاجع الروس. الحقيقة ان قطاع غزة كان يقض مضاجع السلطات الاسرائيلية منذ زمن بعيد.

فِراش
bed; mattress {2D}
pl: أَفْرِشَة

أوى إلى فراشه ونام على شقه الأيمن. أصيبت ساقها اصابة ألزمتها الفراش. مات على فراشه. إذا بها تجده راقدا على الفراش مصفر الوجه ويسيل منه العرق ويتقيأ. كان على فراش المرض. كان يرتجف والفلوس لا تزال تحت الفراش. يتقلب في فراشه يميناً وشمالاً لا يستطيع النوم في الليل.

أسرع
to hurry

بادَرَ
to rush, hurry ب/إلى *to do sth; [see* خطر*; to occur to]* {3M}

بادرت ادارة النادي الى فرض غرامة على كل منهما. ليس ثمة ادنى سبب معقول لان نبادر بالتطبيع قبل ان نطمئن على الحصول على الارض. واشنطن لن تبادر بانقاذ المفاوضات من خلال الضغط على تل أبيب. توجهت قوة من الشرطة الى المكان وحاصرته، الا أنهم بادروا بإطلاق النار من اسلحة آلية ودارت معركة بين الطرفين.

اِنْدَفَعَ
to rush off إلى *to; to break out* {2W}

اندفع الى داخل القاعدة آنذاك جنود دوليون من وحدات قريبة. كانت الأم تندفع المرة تلو الأخرى نحو النافذة الشرقية التماسا لسماع صوت ابنتها. كنت أتحرك بحماس للنزول من الباص، لكن حشدا من الباعة الجوالين اندفع صارخا من خلال الأبواب ومنعني من النزول. عندما فتحت لي اندفعت اليها لأقبله.

سارَعَ
to hurry إلى *to* {3D}

سارعت بعض الشركات الى تصويب أوضاعها. سارعت الحكومة أمس الى الاعلان عن تضامنها مع الوزير. سارع الصحافيون الى الاتصال بأجهزة الأمن للتأكد من حقيقة الواقعة. تسقط طفلة من الأرجوحة وتبكي، فنسارع الى حملها وتدليلها ومسح دموعها. كان يراهن على ان القوة الامنية لن تسارع الى اقتحام المبنى.

أَسْرَعَ
to hurry إلى *to or* خلف *after* {2W}

أسرعت الى التحقيق معه لمعرفة سر اختفاء «الملفات». أسرع الحارس نحو اللاعب الاّ ان هذا التفَّ بالكرة حوله. خرج من فراشه، وأسرع الى بيت عمه. في شارع الاقصر في منطقة امبابة شاهد شابا يغازل خطيبته فاسرع خلفه وبعد ان امسك به قام بذبحه.

عَجَّلَ
to hurry; to cause to hurry ب/في *sth* {2W}

هو كم كان وسيماً قبل ان يعجّل المرض فيحرمنا منه. هزيمة مصر في حرب فلسطين ١٩٤٨ عجّلت بنهاية مشروع الوطنية الليبرالية المصرية. يرى المراقبون في عمان ان هذا الحادث عجّل في ذهاب الكباريتي وحكومته. الاصل في الدين ان يدرك المؤمن ان عليه ان يتوب، ويعجل بتوبته قبل ان ينفذ فيه قضاء الله.

عاجَلَ
to hurry after sb ب *with sth* {3M}

عاجلته بالسؤال عما إذا كان الأمر متعلقاً بالتلفزيون. لم يتمكن السادات من تنفيذ تهديده لأن «الولد بتاع المنصورة» عاجله بعملية اغتيال دبرها بإحكام ونفذها «جهاديون». نهض غولوتا لكن لويس عاجله بسيل من اللكمات ليسقطه مجددا. لا اكاد اصل الى مطار القاهرة حتى يعاجلني الرشح والعطس والسعال. مع مشروع قومي ضخم يجب ألا نعاجل بالرأي.

اِسْتَعْجَلَ
to be in a hurry; to hurry VN *to do sth* {2M}

أمريكا لا تستعجل رفع العقوبة عن ليبيا. واشنطن تستعجل القرار بشأن العراق. (Eg) بتستعجل ليه؟ فيه حاجة؟ لا تستعجل، فيه وقت كتير! الإنسان بيستعجل يقول امتى نصر الله؟

هَرَعَ
to hurry, rush (إلى to) {3W}
يَهْرَعُ

هرع راكضاً. هرعت نساء البيت يحتمين في الطابق الاعلى. عندما وجد تجار العملة ان الفائض أقل من المتوقع هرعوا لشراء الدولار. هرعت سيارات الاسعاف بالمصابين الى المستشفيات القريبة. هرعت القوى الامنية الى مكان الانفجار وأبعدت المواطنين عنه. نهرع إلى داخل المسجد.. فنقف في الصفوف.. لنصلي مع المصلين.

هَرْوَلَ
to hurry, scurry (إلى to); to walk fast {2W}

ماذا يجعلني أهرول الى مؤتمر لا اعرف عنه شيئاً؟ اقترح بعض اقارب السجناء الذين هرولوا الى المكان بأن يحلوا محل الصغار ولكن المتمردين لم يردوا. نهرول في كل اتجاه تائهين. نحن نهرول الى الوراء. اصطحب الولدين للمدرسة وأترك سيارتنا الصغيرة أمام مدرستها واهرول الى عملي. راحت هاجر تهرول خلفه.

سرعة speed, haste

سُرْعَة
speed, haste {2D}

ليس لدينا منتخب كبير لكننا سنكون حذرين وسنعتمد على السرعة. إن الانتخابات لن تتم على وجه السرعة. كانت الكونكورد تطير بسرعة الصوت. هرب الجندي منطلقاً بسرعة البرق. بلغت سرعة الرياح ٨١ عقدة في الساعة. يكتشف، بسرعة، ان هناك كثيرين مثله، وان أكثرهم أهم منه.

تَسَرُّع
speed, haste {2W}

أظن ان في مثل هذا الكلام تسرعاً نقدياً. قرار سحب الاستئناف تعوزه الحكمة ويغلب عليه طابع التسرع. أبدى خشيته ان «يكون التسرع في طرح الموضوع ادى الى احباطه». الامر لا يتطلب تسرعا وانفعالا بل حكمة وخطوات لا تستفز قوى النفوذ.

عَجَلَة
*hurry, haste; [*see دراجة; *bicycle* (Eg); *wheel]* {2D}

ما الداعي للعجلة؟ دعا الحكومة الى أن «تتجنب التسرع والعجلة في تحقيق الوعود والأهداف». انه يقرأه على الفور وبعجلة ونهم كبيرين. قلت منذ البداية ان خطوة الانتخابات البلدية فيها شيء من العجلة ويجب ان ننتظر حتى يصدر قانون جديد للانتخابات البلدية يتلاءم مع قانون اللامركزية الادارية الذي سيصدر قريباً.

اِسْتِعْجال
hurry, haste {2W}

يمكن أن تأخذ الأمور وقتها دون استعجال. طالبوا الاستعجال في اقرار اقتراح قانون الاثراء غير المشروع. يمشون إلى المدرسة بلا استعجال. لا توجد الآن «حالة استعجال كبير» للذهاب إلى المنطقة.

سرق to steal

اِبْتَزَّ
to take away, steal sth (through blackmail)*; to extort* {3M}

ثلاثة طلاب «ابتزوا» ابنه وضربوه. يبتزون اموالاً من الشركات بالتهديد بفضح ممارسات اعمال مشبوهة. يشتري هؤلاء الأشخاص أسهماً في الشركات ثم يبتزون أموالها عن طريق التهديد بإفساد اجتماعات حملة الأسهم.

سَرَقَ
to steal sth {2D}
يَسْرِقُ VN: سَرَق

الشاب تسلل الى الشقة ليسرقها. هجم أعضاء العصابة على امرأة كانت تجلس الى مائدة قرب الباب وسرقوا ساعتها الثمينة. سرق المجوهرات وسلمها الى خادمة سلمتها بدورها الى خطيب ابنتها. يسرق النوم من عيني. سيطلق النار عليه اذا لم يعد له حالا المبلغ الذي سرقه.

سَلَبَ
to rob, steal sth (من from sb) {3D}
VN: سَلْب يَسْلُبُ

سلب الصهاينة معظم حقوق العرب واحتفظوا بها. قالت ان مسلحين ادعوا انهم من رجال الامن اقاموا حاجزا على احدى اخطر الطرق في الجزائر بين البليدة والمدية الى الجنوب من العاصمة واعترضوا الاشخاص السبعة وقتلوهم ثم سلبوا اموالهم. ظلم الناس وسلب هوياتهم وخرق حقوقهم الانسانية. استطاع الفوز عليه مرة اخرى في الخرج بهدفين للاشيء ليسلب منه ست نقاط.

لَطَشَ
to steal sth (من from); to rob sb {2M}
VN: لَطْش يَلْطُشُ

هذا يعني ان ابن بطوطة «لطش» معلوماته من ماركو بولو. هناك من يمد يده في جيبه ليلطش محفظته. حتى الذين لطشوني كنت أغفر لهم.

نَشَلَ
to pick sb's pocket; to steal sth (من from) {2M}
VN: نَشْل يَنْشُلُ

قيل ان احداً دخل ونشلها. انني اسمع من اصدقائي قصصا عن ركوبهم الاوتوبيس وكيف نشلهم لص خفيف اليد فلم يشعروا بما حدث. نشلوا حريتي مني. يبدو ان الفتاة قد نجحت في نشله.

نَهَبَ
to plunder, steal sth (من from) {2D}
VN: نَهْب يَنْهَبُ

قتلت المسافرين ذبحاً ورمياً بالرصاص، ونهبت الأموال والأمتعة من الضحايا. من هو المسؤول فعلاً عن عمليات نهب الآثار العراقية؟ أفادت اذاعة تيرانا امس ان الجماعات المسلحة نهبت العديد من مقرات الحزب الديموقراطي في شمال البانيا. نهب الجنود الحكوميون ما استطاعوا حمله من اجهزة اتصالات ومعدات ووقود.

---

level, flat مسطّح

مُنْبَسِط
level, flat {3M}

الأراضي المنبسطة هي الأسهل للاستخدام منذ القدم. اكتشف ان عمان نزلت من الجبال وامتدت فسيحة منبسطة الى الشمال والغرب. ينعمون بطبيعة أرض المكان السهلة المنبسطة. هناك مساحات شاسعة شرق النيل وهي ارض منبسطة صالحة للزراعة. يميز أوزباكستان أن بيئتها صحراوية منبسطة بها دلتا غنية حول نهر أموداريا.

مُسَطَّح
level, flat {2W}

إذا اعتقد شخص، مثلاً، ان الارض مسطحة، فإن اعتقاده غير جدير بالاحترام. انتج ٣٣ ألف طن متري من الزجاج المسطح بمختلف السماكات. الأسطوانات الست المسطحة تأتيك بصوت ناعم. حاول جعل الشكل المسطح يبدو تمثالاً للمشاهد. أرض الاقليم مسطحة في أغلبها.

سَهْل
(n) *plain, level ground; [*see سهل*; easy]* {2M}

باعوا ارضهم وهجروا السهل. استفادوا من زراعة المخدرات فأقبلوا على شراء أراضٍ في السهل تجاور ارضهم. هي منتشرة بكثرة في سهل متيجة المعروف بخصوبة أرضه.

مُسْتَوٍ
*smooth, even; [*see ناضج*; ripe; well-cooked; equal]* {2M}

كان يردد بصره بينها وبين المياه المستوية على طول المدى. تلك الأرض ما أزال أراها الآن مستوية. هي منطقة رملية شبه مستوية على امتداد ساحل البحيرة العليا. تتميز المنطقة بوجود ساحل رملي مستو. تمحو شكل القرية تماما وتتركها أرضا مستوية.

مُفَلْطَح
flat {2M}

الدودة المفلطحة تهدد الطيور النافعة للفلاح. ترى مثلاً شخصاً مربوعاً اسمر معقوف الانف مفلطح الرأس اسمه «جان بيار». لقد قال فولتير «انك لو تسأل الضفدع عن الجمال سيجيب انها أنثاه بعينين كبيرتين جاحظتين مع أنف كبير ومفلطح».

ساطع

bright, shining

see جميل

مُتَألِّق
glittering, sparkling {3W}

الاسلام لم يكن عظيماً ولا حضارته متألقة الا عندما كان متفتحاً ومتسامحاً. لاعب الأهلي خالد فهوجي كان متألقا. لغة المسرحيين دائما لامعة وعباراتهم متألقة.

بَرّاق
shining, glittering {3W}

فجأة وقع نظره على لعبة.. عروسة من عرائس الأطفال، براقة العينين جذابة الوجنتين حلوة الأهداب. المشروع في حد ذاته براق ويبدو جيدا اذا بقي معزولا عن الظروف السياسية الراهنة.

زاهِر
shining, radiant {3W}

أرى لهذا الفتى مستقبلا زاهرا. الحضارة البيزنطية كانت حضارة زاهرة ومتقدمة عند حصول الحروب الصليبية. كان يتوقع له مستقبل زاهر في دنيا السياسة البريطانية.

ساطع
bright, shining {2W}

يذكرون الأسماء اللامعة الساطعة المشرقة. أعادوا البريق الساطع لمصر. هذه الطبعة الجديدة ستلقي أضواء ساطعة على حياة وأعمال هذه الشخصية المثيرة للجدل. (Eg) الضلمة تصبح نور ساطع في كل مكان.

مُشْرِق
shining, radiant {3W}

تقدم الى المرأة مجموعة جديدة من الألوان المشرقة. رسموا نساء بغداد الشعبيات بأثوابهن ذات الألوان المشرقة والنقوش المشجرة والحلى الذهبية. تأمل الصباح المشرق ببهائك. نرحب بها ونرى فيها الوجه المضيء والمشرق للديموقراطية.

مُضيء
shining, bright {3W}

يفتح نافذة ولو صغيرة امام الاذهان الباحثة صوب الأفق المضيء. ربما يقول قائل انك قدمت صورة من جانب واحد من التاريخ الاسلامي هو الجانب المشرق والمضيء، وتركت الجانب الآخر المظلم. كل شيء جميل هنا، وعظيم ومضيء. اختفى الوجه المضيء للرياضة وبرز الوجه الرديء لها.

لَمّاع
bright, shining {2M}

معها بالطبع حلي من الفضة اللماعة والنحاس البراق. أرضها من الخشب اللمّاع ولها شرفة تطل على الحديقة والبركة فيها. المقر الجديد، الذي لا يبعد كثيرا عن البيت الأبيض في قلب واشنطن، يكسوه الزجاج والمعدن اللمّاع. لوحظ نوع من التركيز على اللون البنفسجي والازرق الداكن، الى جانب الابيض الحريري والزهري اللمّاع.

لامِع
bright, gleaming {3W}

يعرف كلمات قليلة من لغة هذا الجد الذي كان لامعاً في الشعر والنثر العربيين. أكد أن الصين هي النجم اللامع بين باقي الدول النامية. اما الجاكيت فمن القماش اللامع باللون نفسه. ترغب النساء بشعر طويل ولامع، لكنهن لا يحصلن إلا على شعر جاف ومقصف.

نَيِّر
shining, bright {3M}

قرأ له وتأثر بأفكاره النيرة وتوجهاته المخلصة. الدعوة الى التقدم والمعاصرة لا تعني بأي شكل الغاء الماضي النير الذي يستطيع اغناء الحياة المعاصرة من دون ان يكبل انطلاقها.

وَضّاء
shining, bright {3M}

اليوم اماكننا الاثرية وضّاءة بالمهرجانات الفنية في كل المناطق. ليسة الاشتراكية هي المستقبل الوضاء للانسانية. نتنبأ بمستقبل وضاء لجمال محجوب. حاول النيل منها وتلطيخ صورتها الوضاءة. ستظل أعماله بمراحلها المختلفة نبراسا وضاءا للأجيال القادمة.

وَقّاد

bright, radiant; [burning] {3M}

انه ثائر ومحرر لاقتصاد السوق مع بريق وقّاد يتسع في عينيه الثوريتين. العرب قوم بالنسبة الينا ذوو فكر وقّاد، خصوصاً الذين دخلوا الى أرضنا الجميلة. كانت تتمتع بذكاء وقّاد ومؤهلات علمية استثنائية.

وَهّاج

glowing, radiant {3M}

اذا توحدت خرج منها شعاع ابيض وهاج وضاء يملأ الدنيا نورا. اشتبكوا فيها مع المصورين الصحافيين وانتزعوا المصابيح الوهاجة من كاميراتهم. أطلق موليار الكوميديا الكلاسيكية في منتصف القرن السابع عشر، في عهد الملك لويس الرابع عشر الوهاج. كانت، على رغم ضعف جسدها وقصر قامتها، ذات روح وهاجة ورؤية نافذة.

help مساعدة

مُؤازَرَة

support, help {3D}

دور الجيش السوري يقتصر على المؤازرة. رفعت المعارضة العراقية شعار محاكمة صدام وطافت به ارجاء الأرض طالبة الدعم والتأييد والمؤازرة. تتصاعد حملات المؤازرة دعماً للفريق. نتلقى الدعم، والمؤازرة، والتوجيه، والعون على فتح الابواب.

مُساعَدَة

help {2D}

امتنع عن تلقي المساعدة الطبية. ان راجا كان يمدّ بعض الشركات المملوكة اصلاً لجماعة نمور التاميل في الخارج بالعون والمساعدة المالية التي مكّنتها في كثير من الاوقات من شراء الاسلحة المتطورة. قررت مجموعة من المواطنين الاماراتيين ارسال مساعدة انسانية جديدة للعراق. مصر كانت في مقدمة الأمم التي أسرعت بمد العون والمساعدة لضحايا الزلزال.

مُسانَدَة

support, backing {2D}

طلب اليهم المساندة العاجلة. سيطلب من لاعبي الوسط (التيماوي، المسعد) المساندة الدائمة لمهاجمي الفريق. نحن نرى كيف ان الوحش الاسرائيلي يجد المساندة الدولية واللامبالاة. من دون المساندة الشعبية لن ينجح الامن في تنفيذ مهماته.

عَوْن

*help, aid; [*see مساعد; *assistant]* {2M}

يفترض من هذا تقديم الدعم والعون وتوفير الطمأنينة لهذه الدول. من هنا تبرز أهمية دعم برامج اخرى للعون الاجتماعي كالجمعيات التعاونية وبرنامج التأمين ضد البطالة وصندوق دعم الطلاب. انها هي التي ستقدم كل ضروب العون المطلوب للمدنيين والاهتمام بشؤون مخيمات اللاجئين الفلسطينيين.

مَعونَة

help, aid {2D}

هيئة المعونة الاميركية. سيعمل على زيادة مستوى المعونة الأوروبية لليمن. سيحدد المناطق التي تحتاج الى المعونة الفنية. ذكر ان المصرف اعتمد تقديم معونة عاجلة (منحة) قيمتها مليونا دولار لمساعدة الشعب الفلسطيني. إدارة كلينتون تمنح اسرائيل السنة المقبلة معونة عسكرية قيمتها ١,٨ بليون دولار.

مُعاوَنَة

help {2D}

بلغت نسبة حالات الموت بمعاونة الأطباء ٣ في المئة من مجموع الوفيات. اصدر قرارا يبت بحق الولايات بمنع المعاونة الطبية على الانتحار. كان النفط الكويتي مسخّراً للتنمية والمعاونة وخدمة الشعوب. قرروا الهجوم من الخارج بمعاونة دول تناصب السودان العداء.

إِعانَة

help, aid {3W}

الاعانة المالية سوف تُقسم مناصفة. اللهم نسألك الاعانة والتوفيق. طلب اعانة فرنسا لاحداث مستعمرات يهودية في فلسطين. يتلقى الاعانة والتشجيع من قبل جمعيات خيرية. ان هذه الاعانة او المنحة من حكومة الولايات المتحدة، تعتبر شيئا معيبا ومهينا.

غَوْث
help, aid; relief (in names of aid agencies) {3W}

شأنهم شأن اللاجئين الذين يصطفون أمام مكاتب الصليب الأحمر ووكالات الغوث في معسكرات اللجوء. ان هذا الشعب أحوج ما يكون الى استمرار خدمات وكالة الغوث. منظمة يونيسيف لغوث الاطفال.

إغاثَة
help, aid; aid agency {2W}

المجلس الاسلامي العالمي للدعوة والاغاثة. قامت الاغاثة الاسلامية حول العالم بتوزيع مساعدات غذائية خلال شهر رمضان. أعرب أحد عمال الاغاثة الدولية في كابول عن اعتقاده ان «ثمة مخاوف جدية من حدوث تطهير عرقي في الشمال وتنظيف المنطقة من البشتون». لجان الاغاثة الزراعية الفلسطينية تنقل نشاطاتها الى الدول المجاورة.

مَدَد
help, support {2M}

كان ينتظر بفارغ الصبر في اشبيلية وصول المدد اليه من المغرب. مَدَد يا ربّي مَدَد!

نَجْدَة
help; emergency aid; emergency response agency {2W}

كانت تأمل، حتى البارحة، بوصول طائرات النجدة التابعة للأمم المتحدة. لم يستطع رجال البوليس الرد على الاستفسارات الحقيقية، او طلبات النجدة من سرقة او اعتداء. طلب جوزف من أخيه جان ان يتصل برقم النجدة «صفر صفر صفر». وصلت النجدة ولكن وصولها جاء بعد فوات الأوان. اصابهم الخوف وطلبوا النجدة.

---

assistant مساعد

مُساعِد
assistant; aide {2D}
pl: مُساعِدون

ذكر احد مساعدي الرئيس الشيشاني انه سيبحث اقامة «برلمان قوقازي». هو مساعد الرئيس السوداني لشؤون الجنوب. قال مساعدوه انه يرغب في العودة الى البيت الأبيض. لم يظهر عرفات او مساعدوه أي اهتمام يذكر بما يفكر فيه الشعب.

عَضْد
helper, assistant {3M}
pl: أَعْضاد

اشاد بالدور الكبير والتخطيط السليم الذي قام به الامير فيصل بن فهد الرئيس العام لرعاية الشباب وعضده الامير سلطان بن فهد. سيظل الأب هو الحماية بلا حدود.. والإبن هو السند والعضد. أكد أهمية دور الشباب في بناء مصر وتقدمها لأنهم عضد الأمة وسواعدها الفتية.

عَوْن
assistant (usu. pl); *[see* مساعدة; *help, aid]* {2W}
pl: أَعْوان

هل الرئيس الفلسطيني أكثر ديموقراطية من أعوانه؟ ألم يحن الوقت بعد لمقاضاة القتلة والمجرمين من أمثال صدام وأعوانه؟ قتل قبل ٤٨ ساعة مع عدد من أعوانه. كانوا من أخلص أعوان الفاطميين.

مُعاوِن
aide; assistant {2D}
pl: مُعاوِنون

هو المعاون السياسي للأمين العام لـ «حزب الله». أشار المسؤول نفسه الى ان كابيلا او احد معاونيه سيشارك في القمة الافريقية. هو أحد معاوني المدير العام الحالي لوكالة الطاقة السويدي. تعتبره القاهرة واحدا من ابرز معاوني زعيم جماعة «الجهاد».

---

happy سعيد

مَبْسوط
happy [1M} (Coll)

(Eg) إن شاء الله حتكون مبسوط معانا، استاذ حمدان. أنا مبسوط كده! أنا بيعجبني في الريس إنه بيسأل العمال والعاملات في الأماكن اللي بيزورها.. كل واحد بيأخذ كام.. مبسوط والا لأ.. مافيش حاجة مزعلاه. مهما حاولت زوجتك ان تكون لطيفة معك، تظاهر بأنك مش مبسوط!

بَشوش
cheerful {2M}

يجمعون على أنه رجل بشوش كريم. يعود كما بدأ بشوشا مبتسما متواضعا. بدت على وجهه تعبيرات بشوشة وهو يتجاذب معي أطراف الحديث. في الايام الاولى فإن الوزير الجديد يكون بشوشا دائما، مبتسما كثيرا، متواضعا مع الجميع، وبابه مفتوح لمن يريد.

مُسْتَبْشِر
happy {3M}
pl: مُسْتَبْشِرون

طلبت مني والدتي العودة ووعدتني بالتفاهم ورجعت مستبشرا. كنت صامتاً تماماً، بل انني كنت سعيداً، مستبشراً، لكنني في الوقت ذاته كنت عاجزاً عن الكلام. كان مستبشراً، في بدلة بيضاء، يردّ على محييه بابتسامته المميزة. رجعنا إلى مصر مستبشرين، ورجعت إلى عملي الذي انقطعت عنه.

بَهيج
happy, joyful {3M}

تم اعداد كل المستلزمات للحفل البهيج واشترت فتاتي فستان الشبكة الجميل. احتفل الزميل حجاج سلامة والانسة سعاد محمد حسن بخطبتها في حفلة بهيجة ضمت الاهل والاصدقاء في الاقصر. انها متوافرة في ألوان بهيجة وأقمشة مناسبة للغاية لبشرة الاطفال الحساسة. خلق العرض جواً بهيجاً.

مَسْرور
glad (ب of), happy (ل with) {3W}
pl: مَسْرورون

كان البرزاني مسروراً بها، لكن امله خاب بسبب ضآلة المبلغ الذي قدمه لهم. ان شاء الله يكون النجاح تاماً ويكون جميع اللبنانيين مسرورين بالزيارة. أوضحت الجبهة في بيان نشر في الجزائر انها مسرورة بهذا الخبر. انا غير مسرور بوضع الحيوانات داخل الاقفاص. نحن مسرورون لوجودنا العسكري في المنطقة في الأرض والبحر. كان الطلبة مسرورين جداً، وخاصة منهم الكسالى الذين لا يعرفون الفرنسية.

سَعيد
happy (ب with sth; مع with sb) {2D}
pl: سُعَداء

لا انام: عندما اكون سعيدا أو وحيدا. لم يتبق سوى يومين فقط على الحدث السعيد. فازت أسرة صفوت كمال الدين بلقب الأسرة السعيدة. اضاف انه سعيد بعدم وجود مشكلات تذكر. أنا غير سعيد في بلدي ومن بلدي. نحن سعداء بالنمو الذي شهدته مبيعاتنا في منطقة الشرق الاوسط. إنك لن تكون سعيداً معي.

طُروب
merry {3M}

مثلت وغنت أوبريت «الأرملة الطروب» أول أوبريت عالمية تم تعريبها في مصر. القلب الطروب لا يفقد ابتهاجه بالحياة.

فَرِح
joyful {3M}

كان الشارع فرحاً باعتبار ان هذا أحد أشكال الرد على الاستيطان. كان اخي انساناً فرحاً، ممتلئاً بالحياة. كان الرجل فرحا حيث وضع في جعبته عشرة ملايين جنيه.

فَرْحان
joyful {1M} (Coll)
pl: فَرْحانين

أختي الكبيرة كانت فرحانة جداً ونحن نقف على سلالم قصر الحكمدار الرخام. (Eg) بابا كل يوم يروح يصلي الفجر واحنا نايمين وهو بيحبنا وبابا هيعمل لنا الشقة الجديدة وهنبقى فرحانين وهو هيسمع كلامك.

مَرِح
joyful {2M}

كان شخصية محبوبة ـــ خفيف الظل مرح. عاد زوجك الى طبيعته المرحة السابقة معك. كان السائق شخصية غريبة مرحة، لم يعرف انني عربي. كان الشيخ سيد صاحب مزاج مرح يأخذ الدنيا بالهدوء والنكتة وسرعة البديهة.

happiness سعادة

see ازدهار، جنّة

بَهْجَة
joy, delight {2D}

غرست بذور الأمل والبهجة لدى الفقراء والمحرومين. سأل الله ان تنتهي هذه الزيارة بمثل ما ابتدأت به في جو من الفرح والبهجة. عن طريقه عرفوا بهجة الفرح من جديد بعد غياب طويل. عادت للبنان البهجة وتنعّم اهله بالحياة الطبيعية. الست فيفي تبعث البهجة في النفوس. قلبي كلّه ينبض بالبهجة.

حُبور
joy {3M}

التقيت بموكب ينشد أناشيد الفرح والحبور. يتحقق العدل وتسود السعادة والسرور والحبور في المجتمع. ان الموتى يجدون حبورهم في هذه اللامسؤولية. غنّت بملء حنجرتها الرخيمة والمتينة وأطربت وملأت الجو فرحا وحبورا وصفّق لها الجمهور كثيرا وحيّاها مرة تلو مرة. يشعر المرء بالحبور حيال الضيق الذي يشعر به شخص آخر.

سُرور
joy {2D}

أعرب حاكم تكساس جورج وليام بوش عن سروره ازاء انتهاء الازمة. وزير خارجيتها أعرب عن سروره بقرب افتتاح سفارة للمملكة في براغ. أبدى سروره للاستعدادات القائمة لاستقبال البابا يوحنا بولس الثاني.

سَعادَة
happiness {2D}

السعادة الحقيقية للانسان هي في العمل على اسعاد الآخرين. السعادة رهينة في يد القدر. سعادتي باهتمامك لا توصف. سعادة جمهور الاهلي كانت كبيرة. أظن ان الانسان يحتاج الى السعادة. يكتفون بهذه السعادة الخاصة التي يشعرونها. اعطى السعادة لديانا. تعرف كيف تتلاءم مع زوجها بسعادة.

غِبْطَة
joy, delight {3W}

شعر الطبيب بالغبطة حين سمع من «الحياة» ان شعر الزعيم الليبي بدا كثيفاً. الحزن والألم يولدان الرغبة في التعبير أكثر من الفرح والغبطة. ها هو يعلن بملء غبطته أنّه «متزوج أجمل واحدة». غبطة عميقة تشملني وأنا أفرغ من الورق. الاحترام الذي يكنّه الجمهور لي خصوصا هذا الموسم يغمرني بالغبطة.

فَرَح
*joy; [*see زفاف*; wedding]* {2D}

هكذا اختلط الحزن والفرح، في نسيج غريب. هلّل الجميع فرحاً وسعادة للانتصار. هل نستطيع القول ان حسين عبدالغني هو أكثر اللاعبين فرحا بفوز المنتخب؟ كنت في الماضي انتظر بفرح ان تزهر شجرة اللوز امام بيتي. الرقص فن عظيم بدليل أنه يشعرك بالسعادة والفرح.

نَشْوَة
rapture, bliss; [fragrance] {2W}

صدام حسين يحتفل بعيد ميلاده الستين وسط مظاهر الفرح والنشوة الغامرة. يدخل الفريقان اللقاء بنشوة الفوز. كان الجميع في حال نشوة عارمة. قالها في سره بفرح ونشوة.

هَناء
bliss, happiness {2M}

اخذ الهناء طريقه الى قلبها عندما اصبحت أماً لولدين. غير ان ذلك الهناء لم يدم، اذ سرعان ما اصطدم المويلحي بالسلطات العثمانية. تمنى لهذه العلاقات «المزيد من التطور والنمو... والازدهار للمملكة والرخاء والهناء لشعبها». أتمنى لسموكم وللشعب الكويتي الصديق مزيداً من الهناء والرفاه والازدهار.

---

to cough سعل

سَعَل
to cough {2M}
يَسْعُلُ :VN سُعال، سُعْلَة

سعل أبو شافي بسبب دخان الحطب الذي أغرق وجهه ولحيته. يسعل الرجل فيكاد ان يقع من كرسيه على الأرض. انك تسعلين كثيراً، التقطي أنفاسك. أخذت اسعل سعلات خافتة حتى لا ينتبه اليّ احدهم من العربة. تسعل سعالا جافا.

كَحَّ
to cough {2M}
يَكُحُّ

والده يكح ويسعل فتبرد أطرافه وينخذل. كنا نشعر بروعة التضامن الأسري خاصة عندما تكح العائلة كلها كحة رجل واحد.

سافر — to travel; to depart on a trip

أَبْحَرَ
to embark (on a trip), *set sail; to travel* {3W}

أبحرت أمس من ميناء جزيرة داس في إمارة أبو ظبي. كانوا يبحرون من تركيا الى اليونان بطريقة غير مشروعة. سيبحر من المرفأ على متن اليخت الملكي «بريطانيا» باكرا الثلاثاء. ولى هاربا بنفسه من هذا الجحيم ليبحر في الذات باحثا عن الحقيقة.

رَحَلَ
*to depart (*إلى *to or* عن *from); to travel; [*see مات*; to die, pass away]* {2D}
يَرْحَلُ VN: رَحيل

يرحل إلى بلد آخر. رحل الأفغاني عن مصر يملؤه الحزن والأسى. ما على هؤلاء الا ان يحملوا السلاح او ان يرحلوا. يتحدّث لمدة ساعة ثم يرحل. رحل القطارُ، وليس يمكننا الذهابُ الى الطفولة. رحل بها من شارع الذكريات.

اِرْتَحَلَ
to leave (on a trip), *set out; to travel* {3W}

ارتحل من قلعة ابن سلامة في سنة ٧٨٠ هجرية. لن يرتحل من عاصمة إلى أخرى. ارتحل معهم «في وفد عظيم» الى السلطان عبدالعزيز. قد صارت أول امرأة على الساحة الدولية تلاحقها عدسات المصورين اينما حلت وارتحلت.

سافَرَ
*to travel (*إلى *to); depart on a trip* {2D}

سافر الى لبنان وتسوّق وتمتّع بضيافتنا. يسافر الوفد الى الجزائر بدعوة من الحكومة الجزائرية. سافر المنتخب البرازيلي بعد المباراة الى ريو دي جانيرو. سافرت على الخيل. لا أحادث أحداً قط اذا سافرت زوجتي وطفلي لأيام وأيام، فأكاد أنسى صوتي. تسافر زينب الى اوروبا وآسيا لاستيراد بضاعة.

أسفل — bottom

حَضيض
bottom, depth; rock bottom {3W}

في العام الماضي وصلت هذه المساعدات الى حضيض لم تشهده منذ نصف قرن تقريبا. بعد ان يقتلها يحاول ان يجد تبريرا لما أقدم عليه قبل ان ينزل الى حضيض الجنون. سوق المال هبط الى الحضيض. ان «مستوى الثقة بين القيادة الفلسطينية ونتانياهو وصل الى مستوى الحضيض». العرب في الحضيض وفلسطين في حضيض الحضيض.

دَرَك
*bottom, depths; [*see شرطة*; police]* {3W}
pl: أَدْراك

انحدر الى درك المواجهة والحرب. اما المخرج فهو رتشارد اتنبوره الذي يصل الى درك أعماله. بما ان الوضع لا يمكن ان يسوء أكثر فهو لا بد سيتحسّن معهن، فنصعد من هذا الدرك، أو نخرج من هذا النفق، أو نستيقظ من هذا الكابوس.

أَسْفَل
bottom; down; [(prep) *beneath* {2D}*]* {2W}

من المثير للانتباه أن المقابر النبطية تحفر بدءاً من قمة الصخرة نزولاً الى قاعدتها، من الأعلى الى الأسفل. الشخص الذي صرخ نظر الى أسفل. فتح النفق اسفل المسجد الأقصى. انظر إلى أسفل تخسر ما هو أعلى. بدأت تفقد الإحساس بنصفها الأسفل. إنني مصابة بعيب خلقي في العمود الفقري عبارة عن اعوجاج في بعض فقراته من الأسفل إلى الأعلى.

عُمْق
depth, bottom {2D}

لم يستطع ألن غينسبرغ ان يدخل الى عمق الروح في الانسان. يفتقر الى عمق الرؤية والتفكير اللازمين. هي تدفع القارئ شيئا فشيئا الى عمق الحياة الذاتية للقاضي. اعرف انه يريد الوصول الى عمق لبنان، الى روحه اذا صحّ التعبير. كيف ترى عمق الهوة بين الشاعر الجديد والقارئ أو المتلقي لشعره؟

غور
bottom, depths; valley {2M}

تركيا سلة مشاكل عميقة الغور. ما زالت بحاجة الى مزيد من الدراسات المعمقة الاخرى التي تسبر غور التطورات التي طرأت عليها عبر المراحل التاريخية المتعاقبة. يتبنى مشروع ايغال ألون المطالب بوجود استيطاني وأمني في غور الأردن.

قَعْر
bottom, depths {3W}
pl: قُعور

في هذه المسرحية كان عليّ ان ادرك قعر نفسي. برنامج الاعمار والنهوض الاجتماعي ليس اكثر من بئر بدون قعر تلتهم الديون بشكل قياسي. ان طبقات الارض في قعر البحر في منطقة صور كانت مسرحا لنشاط بركاني قديم. كان الرعب قابعا في قعر بطني الى حد الظن بعدم الخوف. في حال كهذا نكون سقطنا في «عمق استراتيجي» لا قعر له.

قاع
bottom, depths {2D}

شاهد المارة عشرات الركاب يستغيثون من النوافذ بينما كان الباص في طريقه الى القاع. تم تركيب سلّم معدني للنزول الى قاع البئر. غرقت سفينته، وانتهى في قاع المحيط الأطلسي. ظهر خلال مبارياته الماضية بمستويات متفاوتة مرة في القمة والأخرى في القاع.

---

ship سفينة

باخِرَة
steamship; cargo ship {2W}
pl: بَواخِر

كانوا ينوون مغادرة البلاد بعد اصلاح الاعطال التي اصابت الباخرة. قال مصدر مغربي لـ «الحياة» ان افراد طاقم الباخرة اعترفوا على الفور بمجرد بدء التحقيق معهم. سنرسل لكم باخرة محملة بمختلف الأسلحة. زودت مدينة طنجة في الشمال المغربي بالماء بواسطة البواخر الصهريجية وتحلية مياه البحر. يسعون نحو احتلال أهم الثغور المغربية لضمان حرية مرور بواخرهم التجارية.

بارِجَة
battleship; barge {3M}
pl: بَوارِج

أغرق ودمّر ٩١ بارجة عراقية خلال حرب الخليج. غرق زورق للاجئين بسبب اصطدامه ببارجة ايطالية في البحر الادرياتيكي قبل اكثر من اسبوع. كانت البارجة الأميركية غادرت ميناء مايبورت في فلوريدا للالتحاق بالوحدات البحرية «جورج واشنطن» التي تضم ١٠ سفن تابعة للبحرية الأميركية. شوهدت بوارج حربية اسرائيلية قبالة الشواطئ الجنوبية.

مَرْكَب
boat {2D}
pl: مَراكِب

يجري درس مشروع اقامة ميناء ترفيهي (مارينا) يستقبل اليخوت والمراكب الخاصة. تحتاج الامارات الى هذه الزوارق والمراكب لمواجهة الأخطار التي قد تهددها خصوصاً من ايران. صاحب المركب الذي يعمل عليه أحرقه كي يقبض مبلغ التأمين. أسر البرتغاليون عرباً آخر صادفوا مركبه في البحر، وعُذب للادلاء بمعلومات.

زَوْرَق
boat, rowboat {3D}
pl: زَوارِق

غرق عشرات من اللاجئين بعد اصطدام زورقهم بسفينة حربية ايطالية. قوات مشتركة من المعارضة السودانية «اغرقت زورقا حربيا سودانيا» عند سواحل بلدة عقيق. قال ناطق باسم البحرية ان الزوارق الحربية وزوارق النقل تقف قبالة ساحل المنطقة. شهدت حركة النقل بالزوارق عبر نهر دجلة في بغداد ازدهاراً كبيراً منذ ايام، بسبب قرار وزارة النقل تقنين البنزين.

سَفِينَة
ship {2D}
pl: سُفُن

عدّ اسطولها اكثر من ١٠٠ سفينة واستأجرت سفناً اخرى فارتفع العدد الى ٢٤٠ سفينة. انتقل الى سفينة اخرى لصيد الحيتان. المعروف ان السفينة تقوم برحلات بين دول جنوب أوروبا والدول الاسكندينافية. البلدان هما الآن، اكثر من أي وقت مضى، على ظهر سفينة واحدة. سفن المحيط الهندي كانت تبنى من دون مسامير.

طَرّاد
warship {3W}

أشار الى ان سلطنة عمان تمتلك الآن زوارق دورية جديدة في حجم الطراد الصغير. يمكن لهذا الطراد البقاء في عرض البحر لمدة ٥١ يوماً. وصلت القطع البحرية الاسرائيلية من نوع «طرّاد» الى مسافة كيلومتر واحد فقط من شاطئ غزة وقامت بعمليات تحرش واستفزاز. اوضح ان الولايات المتحدة ستشارك بسفينة كبيرة واحدة، وقد تكون طرادا او مدمرة او ربما فرقاطة.

فَرْقاطَة
warship {3W}

أعلنت بريطانيا أنها أرسلت فرقاطة حربية إلى المنطقة. كانت هناك حاملة طائرات وفرقاطة أمريكيتين ترسوان قبالة شواطئ الكونجو. أبحرت فرقاطة التجسس الروسية من ميناء سيباستوبول صباح أمس.

فَلّوكَة
(Nile) *sailboat* {1M} (Eg)

مراكب النيل المعروفة باسم الفلوكة تم اضاءتها بالأنوار المبهرة. يرى في الفلوكة المنطلقة على النيل حمامة بيضاء فردت جناحها الواحد. كانوا يصنعون المراكب الشراعية الصغيرة أو فلوكة الصيد الصغيرة.

قارِب
boat {2D}
pl: قَوارِب

كان زورق للجمارك يقوم بدورية في عرض السواحل المغربية اكتشف قارب صيد غير مسجل وعلى متنه ١٩ شخصاً، ضمنهم امرأة. أوضحت الصحيفة ان قارباً ايرانياً، كانت تقطره سفينة تابعة للبحرية الايرانية، دخل المياه الاقليمية للامارات بعدما انقطع الحبل الذي كان يقطر به. ظلوا في القارب الخشبي ثلاث ساعات.

---

to fall سقط

see نزل

تَداعَى
to fall down; to decline, decrease {3W}

تداعت معظم جدرانه ومرافقه. سرعان ما بدأ الحزب يتداعى. تداعت أسعار الأسهم في عدد من اسواق الاسهم العربية. هذه الاجراءات كانت مطلوبة لكي لا يتداعى كل شيء. خوفا من تداعي المبنى قامت السلطات باخلاء السكان.

تَدَهْوَرَ
to fall; to decline; to wane {3D}

تدهورت أسعار الاسهم بعد اعلان نبأ سحب حزب المؤتمر تأييده الحاسم لحكومة رئيس الوزراء. ان حق المواطنين في تغيير الحكومة تدهور في السنوات الأخيرة. حاله الصحية تدهورت في سجنه الأميركي. تدهورت صحته بعدما أصيب بجلطة في الدماغ.

رَزَحَ
to sink تحت *under* (a burden) {3W}
VN: رُزوح يَرْزَحُ

الأردن يرزح تحت عبء ديون خارجية بلغت ٧ بلايين دولار. البلاد ترزح تحت وطأة جبال من النفايات والتكاليف الباهظة. يرزح تحت ثقل الديون الخارجية. ترزح تحت السيطرة الاستعمارية. يرزحون تحت وطأة القيود المفروضة على حرية العقل.

زَلَّ
to slip; [to make a mistake] {2M}
VN: زَلّ يَزِلُّ

زلّت قدمي على مدخل المقهى. قال ونستون تشرتشل انه تجب مساعدة رئيس الوزراء اذا زلّت قدمه، ودعمه اذا أخطأ، وعدم ازعاجه اذا نام.

سَقَطَ

*to fall, fall down; [*see فشل; *to fail* (an exam)*]* {2D}
VN: سُقوط يَسْقُطُ

سقط الضوء على كتفيها. سقطت نائماً في سريري. تسقط حقيبة يدي وتتناثر محتوياتها. قال ان المعارضة توهمت ان الحكومة ستسقط قريبا. حصد مسلسل العنف في الجزائر حوالى مئة قتيل معظمهم سقطوا ضحايا مذابح في مناطق العاصمة. القذائف سقطت على بعد نحو خمسة كيلومترات منه. سقطوا في مستنقع الجهل.

تَساقَطَ

to fall (of rain, snow)*; to fall down, collapse* {3W}

تساقط المطر بغزارة في الاسبوع الذي سبق الدورة. تساقط الثلج في منطقتي راشيا والبقاع الغربي. تساقطت القنابل على الممرات. أحلامه سرعان ما تساقطت امام عينيه وتحطّمت على مسمع منه. اصاب عددا منهن وتساقطن ارضا الواحدة تلو الاخرى.

هَوَى

to drop, fall; to sink {3M}
يَهْوِي

احمرّ وجه الشاب لما اصطدم بالفتاة صدمة قوية على باب الشقة وكادت تهوي إلى الأرض لولا أن أسندها بذراعيه واضطر لأن يضمها إليه. هوت ارضاً عند اول اضطراب للطبيعة. هوت بورصة ماليزيا ٦ في المئة. قد هوت اسعار خام القياس العالمي. هوت اسعار الاسهم في سوق هونغ كونغ بحدة لليوم الثاني على التوالي.

وَقَعَ

*to fall; [*see حدث; *to happen; to be located]* {2D}
VN: وُقوع يَقَعُ

كدنا نقع من مقاعدنا. سعل الرجل فكاد أن يقع من كرسيه على الأرض. يقع على عاتقنا عدد كبير من المسؤوليات. هذا الأمر لا يقع على عاتق المنتجين وحدهم.

سكت to be silent

سَكَتَ

to be or become silent {2D}
VN: سُكوت، سَكْت يَسْكُتُ

سكت الرجل لبرهة ثم أجابني: «هذا صحيح». اسكت! رأيت الشيخ يسكت هنيهة، ثم يطرق الى الأرض أو ينظر الى الأعلى. لا يجوز لأي دولة اسلامية ان تسكت على هذه الجريمة. اننا لن نسكت عما اقدم عليه الصهاينة. أكثر ما يمكن ان يُلام عليه أبو عمار – لا ان يُتهم – هو ان يسكت عن الفساد حوله.

سَكَنَ

to be or become still, calm; [to live, dwell] {2M}
VN: سُكون يَسْكُنُ

تتعاطى المنومات وبعد ذلك كل شيء يهدأ ويسكن وينام في داخلك. سكنت الأمواج. بعد أن سكنت العاصفة طويلا إذا بها تعود إلى الهبوب.

صَمَتَ

to be or become silent {2W}
VN: صَمْت يَصْمُتُ

ينظرون اليه أيضاً، ويصمتون. كانوا يقولون لنا اصمتوا اصمتوا لا تلقوا اسئلة. لماذا تصمت الاجراس؟ صمتت المدافع في شمال افغانستان وتراجع مقاتلو حركة «الطالبان» امام التحالف. الرياح والاعاصير صمتت. العالم كلّه يصمت عما حدث.

هَدَأَ

to be or become calm, still {2D}
VN: هُدوء، هَدْء يَهْدَأُ

لم تهدأ العاصفة السياسية التي هبت على بريطانيا. هدأت الأوضاع الأمنية في كردستان. قال «ان الامور هدأت الى حدّ ما على ساحة الجنوب بفضل الاتصالات الديبلوماسية». هدأ دماغه القلق، بعض الوقت.

drunk — سكران

ثَمِل
intoxicated, drunk {3M}

لم اره الا ثملاً. انه ثمل بروح جديدة تملأ اعطافه. جاءت نهاية العلاقة عندما طعنها بسكين بينما كان ثملاً. اغتصبها ابوها بعد عودته الى البيت، ذات مساء، كعادته ثملاً. كان يقود السيارة وهو ثمل.

مَخْمور
drunk {2W}

مخموراً عدت الى فندق «باريس»، ورأسي قبضُ الريح. سقطت الجثة (التي تبين فيما بعد انها لسائح ألماني مخمور) فوقه فكسرت قدمه. هو كان مخمورا في دمه ثلاثة أضعاف الحد القانوني المسموح به لتعاطي الخمر. لا أصدق ان يسمح بأن يقود سيارتها سائق مخمور بسرعة ١٩٠ كلم في الساعة. قرأت أنه صدم عربة طفل صغير وهو مخمور، وفرّ من مكان الحادث.

سَكْران
drunk {2W}
pl: سَكارَى

قال له انه كان سكراناً لا يدري عماذا يتحدث. هو يتلوى في كرسيه سكران. كان المثقفون والمفكرون سكارى فعلاً بذلك الانتصار. قررن قبل سنة توحيد جهودهن وشن حرب شعواء على الازواج السكارى.

سِكّير
(n) *a drunkard, a drunk* {2M}

اعتقد أنني لم أصبح سكّيراً بل ولدت كذلك. تعاشر عاملاً هندياً سكيراً لتتخلص من مزاج الاب ومعاناة أمها المريضة. توفي والده وعمره ثلاثة اشهر وزوج أمه كان سكيرا. أتاح لها الفيلم فرصة التعبير المتصل بشخصية زوجة تعاني من تسلط زوج سكير.

مَسْطول
intoxicated, drunk {2M}
pl: مَساطيل

يا استاذ انك مسطول.. لايوجد محتلون في القاهرة الآن. تفعل ما يفعله البوليس في أي دولة كبرى في الليل عندما يقوم بهجمة عشوائية يختبر فيها السائق لمعرفة ما إذا كان مخمورا.. أو مسطولا... عندما همت بدخول العمارة هجم عليها واحد من المساطيل وحاول أن يغتصبها. نمتع المتفرج بالاستماع إلى حوار المساطيل.

inhabitant — ساكن

ساكِن
*resident, inhabitant; [*see صامت; (adj) *calm, still]* {2D}
pl: سُكّان، ساكِنون

تطالعنا الصحف كل يوم بأخبار الحوادث المفجعة الأليمة من انتشار المخدرات ومن قتل الابن لأبيه ومن قتل الساكن للمالك. المجلس لم يصدر أي قانون يسمح بطرد أي ساكن من مسكنه. سكان الجزر يتكلمون بصوت عال. سكان بيروت لم يفعلوا شيئاً غير عادي طوال اليوم. ارتفع تعداد سكانها ٢٤ مليون نسمة الى زهاء اربعين مليونا. لقد افتقدكِ جميعُ ساكني البناية.

قاطن
resident, inhabitant {3W}
pl: قاطنون

كان من الممكن القول انه لم يكن قاطناً في المملكة. أهمية الحب بالنسبة للشاعر القاطن في الصحراء تفوق تلك الأهمية عند الآخرين. ردّ لنا الزيارة احد ابناء القرية المغتربين، القاطن في كاليفورنيا، والذي كنّا قد زرناه قبل اسبوعين. السياحة تقدم فرصاً لتحقيق تكافؤ في الدخل وحوافز للكسب تساوي بين قاطني المدن وسكان الريف. «مبروك لقاطني منطقة المرامل».

knife — سكّين

مِبْضَع
scalpel {3M}
pl: مَباضِع

اعتبر هؤلاء بدينين من الفئة المرشحة لمبضع الجراح بغية تخفيف الوزن. مبضع الجراح هو العلاج الوحيد للبدانة المفرطة. كأن قلمه ايضاً مبضع مشرع امامه جسد الانسان. كيف لفراشة ان تحيا تحت مبضع؟

خَنْجَر
dagger {2W}
pl: خَناجِر

يقف على رأسه ثم يلقي في الهواء بيده اليمنى خنجراً إثر خنجر يلتقطه باليد اليسرى في حركة دائرية سريعة. طعنها أردني بخنجر وهي تتنزه مع عائلتها في شمال البلاد. كلما سمع اسم صدام حسين تحركت يده نحو خنجره. هناك خنجر من العصر المغولي مصنوع في الهند قبضته مزينة بجواهر وذهب. بعض المهاجمين قاموا «بفظاظة بتمزيق اجساد الضحايا بالخناجر».

ساطور
cleaver {2M}
pl: سَواطِير

يقول ناجون ان امرأة اسمها «حورية» كانت ترقص مع المسلحين على انغام الموسيقى وفي الوقت نفسه تقطع رؤوس الناس بساطور تحمله. استلّ سكينه أو ساطوره. أقدم على ضرب فتى يصغره بعامين بساطور على رأسه وقتله. استهدفوا على الاخص السكان الذين ليسوا من المنطقة وهاجموهم بالسواطير والعصي واحرقوا نحو ٣٠ منزلاً.

سِكّين
knife (m&f) {2D}
pl: سَكاكين

سحب احد الارهابيين سكين جزار كبيرة من كيس يحمله وقطع رأس الجد ببرودة اعصاب. استخدم الجاني سكينا حادة وطعن اخته ٢٧ طعنة في كل انحاء الجسم. صرح مصدر من الشرطة بأن فلسطينية هاجمت أمس السبت بسكين جندياً اسرائيلياً بالقرب من بيت لحم. امرر السكين على وجه التورتة فيكشط الكريمة الزائدة. الاسنان ليست سكاكين ولا سيوفاً مسنونة.

مَشْرَط
scalpel {2M}
pl: مَشارِط

ان اي انحراف لمشرط الطبيب قد يترتب عليه شلل دائم لاحد اعضاء الجسم. مصر تدخل عصر المشرط الإشعاعي في جراحة المخ. ضميره الدقيق كان مرهفا كمشرطه. يمكن القول إن دور الإدارة في المكافحة يماثل دور الجراح الماهر حين يستخدم مشرطه بعناية فائقة في استئصال الورم الخبيث من الجسد ليصلح سائر الجسد كله.

مَدْيَة
(butcher) *knife* {3M}
pl: مُدًى

يتعرضون لصنوف الاعتداء على ايدي كل من امتلك مدية او ساطوراً او بندقية. انهال على زوج أمه بمدية حتى سقط على الارض مضرجا بدمه. اعتدى أحد الظلاميين على نجيب محفوظ بمدية وهو شيخ طاعن في السن. قرأت ان بعضهم بدأ يستعمل السكاكين والمدى للتهديد.

موسَى
razor {2M}
pl: أَمْواس، مواسٍ

شعرت بنسمة باردة كحد الموسى شممت فيها فرح طفولتي. يقابل مرآته الفسيحة، يمسك بالمقص والمشط والموسى، وينحني بين فترة وأخرى لكنس الشعر. راح يسنّ موسى الحلاقة. حاول فلسطيني من اسرائيل صدمهم بسيارته ثم مهاجمتهم بموسى حلاقة.

مسلّح
armed

مُدَجَّج
(heavily) *armed* ب *with* {3M}

فجأة تحركت بسرعة فائقة وحدات من الجيش والشرطة مدججة بالسلاح يرتدي عناصرها السترات الواقية من الرصاص واقنعة الغاز. ثمة محارب قديم مدجج بسيف وترس. انتشرت قوات كبيرة من الجيش الاسرائيلي المدججة بالسلاح والعتاد الحربي على مداخل المدن. هذه الصراعات قد تبعدهم عن بيوت مدججة بروح المحبة والتواضع.

مُدَرَّع
armored; armed {2W}

تستطيع طائرة هليوكوبتر متوسطة الحجم ان تنقل «جيرناس» الى المناطق المغلقة او الجبلية التي يصعب على العربات المدرعة ناقلة الجنود الوصول اليها. اتضح بعد المعركة ان الفرقة المدرعة كان عدد دباباتها ٢٠٠ دبابة تقريبا، دمر منها ١٢ دبابة. سيقوم بضربة أولى برية \ جوية خاطفة تستند الى قوات مدرعة.

مُسَلَّح
armed; armored {2D}
pl: مُسَلَّحون

واصلت العصابات المسلحة اعمال القتل والسلب في سائر المناطق الالبانية. حقا توقف الصراع المسلح في لبنان. دان بشدة «الهجوم المسلح على كنيسة الاقباط في مصر». باعت دبابات «لوكليرك» الى القوات المسلحة الاماراتية عام ١٩٩٣. انتهت العملية بعد منتصف الليل بمقتل سبعة مسلحين.

authority سلطة

سَيْطَرَة
control, dominion {2D}

سيطرة الأهلي على أغلب فترات المباراة جاء بفضل الحالة الفنية الممتازة التي كان عليها خط وسطه. اعلن المتمردون التوتسي بقيادة لوران كابيلا سيطرتهم على بلدة كولوتيري في اقليم شابا. المدينة لا تزال تحت سيطرة الحكومة ولكن يسودها التوتر الشديد. وقبل مجيء البرتغاليين كان المحيط الهندي تحت السيطرة المطلقة للبحارة العرب.

سَطْوَة
influence; control, dominion {3W}

واشنطن قادرة على فرض ارادتها على اسرائيل اذا ما عقدت النية فعلاً على ذلك على رغم كل ما لدى الصهيونية والجاليات اليهودية الاميركية من سطوة ونفوذ في الولايات المتحدة. قدموا من العاصمة لتحرير البلاد من سطوة الاستعمار الثنائي. تسلم مقاليد الحكم أولاً في ظل الظروف الدقيقة وتحت مظلة سطوة الجيش. استطاعوا النجاة من سطوة النظام.

سُلْطَة
authority, power; a (specific) *governing body or agency* {2D}

ادركوا بسرعة مدى تعطش قادة حزب الرفاه الى السلطة. نتمنى عليك ألا تمدح احداً من اهل السلطة. هل هناك سلطة أعلى من سلطة النظام القضائي؟ كانت الصحافة تمثل سلطة حقيقية، وان لم تكن مستقلة بذاتها وانما هي امتداد لسلطة عامة. بعد ذلك اعتقلت السلطة الفلسطينية عشرات من عناصر «حماس». أعرب عن أمله بعودة المفاوضات بين إسرائيل وسلطة الحكم الذاتي الفلسطيني. أعلن الشريف ان سلطة المياه بحاجة الى نحو نصف بليون دولار.

نُفوذ
influence; authority, power {3D}

نفى الوزير ما نشرته الصحيفة من اتهامات ضده باستغلال النفوذ. يبدأ خاتمي ولايته وسط محاولات المحافظين للابقاء على نفوذهم في الاجهزة والادارة. البحر الاحمر والمحيط الهندي بقيا تحت النفوذ العربي حتى القرن السادس عشر. كان النفوذ الاجنبي آنذاك مسيطراً سيطرة شبه تامة على اقتصاد ايران. اليمين المحافظ يتمتع بنفوذ واسع داخل مؤسسات الدولة.

هَيْمَنَة
control, dominion {3D}

هذه قضايا تجاوزت الاعتداءات العسكرية الى الهيمنة الاقتصادية. الكاتب لا يشكك، هنا، في ان الهيمنة الاميركية قائمة وقوية، لكنه يعتبرها هيمنة من نوع مختلف عن هيمنة المرحلة الاولى. مما يقلق العاملين في القطاع التكنولوجي ان هيمنة مايكروسوفت وضعت حداً للجدال العام المفتوح حول مسائل مهمة. دان شعبان قادة الاحزاب المصرية «الذين تخطوا سن السبعين وما زالوا مُصرين على الهيمنة والسيطرة على احزابهم».

predecessor, forefather سلف

آباء
*forebears; [*see أب، كاهن*; fathers, priests]* {2D}

عودوا الى عهد الاجداد والاباء الذين كان دستورهم النبل والشرف والكرامة. ليبقى لبنان كما اراده آباؤنا من قبلنا، وكما يريده ابناؤنا من بعدنا. بقي على ديانة آبائه. قامت فلسفة اليونسكو على فكرة رئيسية وضعها الآباء المؤسسون.

جُدود، أَجْداد

(pl) *ancestors, forebears; [grandfathers]* {2D}

اجداد امه نبلاء. المقصود هو «الحفاظ على ارض اجدادنا». انه البيت ذاته في أراكاتاكا حيث عاش اجدادي. معظم الشيشانيين يرفضون فرض حضارة مستوردة في مكان تقاليد جدودهم القديمة. على رأس هذه التقاليد تبجيل الاجداد والآباء وعبادة الاسلاف.

سَلَف

forefather, ancestor; predecessor {2W}
pl: أَسْلاف

السيد مهدي، رجل الدين، يكون أقرب الى صفته ودوره كلما كان قريباً الى أسلافه. يتجاهلون انجازات اسلافهم. هل ضاعت فعلا تلك الفلسفة التي استمدها اسلافنا من بيئتهم ووضعوها لخدمة مجتمعنا. شاهدنا على القنوات العربية الفضائية برامج عن حضارة أسلافنا في المنطقة العربية. إينونو لم يكن يؤمن بالديموقراطية مثل سلفه مصطفى كمال أتاتورك. يجب السير بخطى واسعة لتحقيق الأمل كما فعل أسلافنا.

سلك — to proceed

see تقدّم، زحف، مشى، ترنّح

سَلَكَ

to proceed, travel; to follow (a road) {2D}
VN: سَلْك، سُلوك يَسْلُكُ

علينا ان نسير سيرة الاوروبيين ونسلك طريقهم لنكون لهم أنداداً ولنكون لهم شركاء في الحضارة. عليهم ان يسلكوا احد طريقين. يسلك الطريق غير الرسمي. كان يسلك مسلك الاقدمين كالغزالي. قبل وصوله بساعات عثر على متفجرات على الطريق التي سيسلكها في العاصمة البوسنية.

نَهَجَ

to proceed on, follow (a course) {3D}
VN: نَهْج يَنْهَجُ

نهج ابن الفرات سيرة آبائه فاشتغل بالعلم والآدب. يتوقع ان ينهج الأنصار مسلكاً هجومياً منذ البداية في مباراة الإياب. ننهج استراتيجية متعددة الوجهات. حاول ان ينهج طريقاً تجمع بين الاثنين. تخشى ايران في الوقت ذاته من ان ينهج عراق ما بعد صدام سياسة اكثر موالاة للغرب.

سلوك — behavior

سُلوك

behavior {2D}

السلوك المتغير الذي كان يتصرف به الارهابي السابق خلال محاكمته وبعدها يثير الشكوك القوية في مدى صدقية كلامه. كانت الولايات المتحدة اعتبرت السلوك العراقي «استفزازاً سياسياً». يؤكد الزمر انه كان طوال السنوات الخمس عشرة التي قضاها حتى الآن في السجن مثالا لحسن السير والسلوك، مطيعا الاوامر ووسيطا بين زملائه المسجونين وادارة السجن.

تَصَرُّف

behavior, conduct {2D}
pl: تَصَرُّفات

النتيجة الفعلية للتصرّف العراقي الاخير هي وقف ٢٠ عقداً كان يفترض ان توافق عليها لجنة العقوبات. تصرف العاشقين لا يفسر. اعتبر المسلمون ذلك تصرفاً غير مقبول. له حرية التصرف في ذاته. تصرفات صدام إهانة للأمم المتحدة. أعلن انه «ضد التصرفات التي قامت بها الدولة بقمع المتظاهرين». سنكون يقظين لتصرفات السلطات الجديدة.

سلّة — basket

سَبَت

basket {1M} (Eg)
pl: سَبَتات، أَسْبِتَة

ما أن أنزلت السبت عن كتفيها حتى امتدت يد ولد فقير تخطف تفاحة. على الحائط أسبتة أخرى للأواني والأكواب. هذه الزهور يمكن وضعها في الأسبتة المعلقة. قامت تلك المؤسسات بتكوين جمعيات تعاونية إنتاجية لبعض الصناعات الريفية مثل منتجات الألبان وصناعة الأسبتة والسلال. فطورك في السبت، عيش وبيض.

سَلَّة

basket {2D}
pl: سِلال

وضعته أمه في سلة من البردى على حافة النهر. وضع النفايات الصلبة في سلة والنفايات العضوية في سلة أخرى. يمكن ان يضع اي اتفاق في سلة المهملات. لا يريد ان يضع كل أوراقه في سلة واحدة مع المعارضة. في المتحف سلال ترجع الى عصر الاسرة الثامنة عشرة الفرعونية. هناك متسول على كل زاوية طريق، وبعضهم يضع رأسه داخل سلال القمامة.

مَقْطَف

basket {2M}
pl: مَقاطِف

المقطف كان به ثقب كبير اسفله والرمال تنساب منه، وعند وصولهم لموقع تفريغ المقطف لن يكون به كمية تذكر مما اثار ضحك السياح. يحملون بينهم مقطفا صغيرا ممتلئا بالرمال يمكن لطفل حمله بسهولة. أحس عليوة كأن صوت أبيه هو الذي يرفع المقاطف الثقيلة إلى أكتاف الرجال كلما امتلأت بالتراب.

قُفَّة

(large) *basket* {2M}
pl: قُفَف

هنا قفة فيها بيض وخبز. هنالك قفة فيها تمر وهناك كيس فيه قمح. تحمل البنت قفة وتكاد تشهق. (Eg) القفة اللي لها ودنين يشيلوها اتنين.

---

waste basket — سلة المهملات

مَزْبَلَة

garbage can; trash dump {2M}
pl: مَزابِل

كنا نلعب في مطحنة قريبة من المزبلة حولها شبه مستنقع. يعتبر المواطنون أرض بلدنا مزبلة كبرى يلقون فيها فضلاتهم دون قيد أو حساب. لما حاولت رمي كل هذه الملفات في المزبلة تجمد الكومبيوتر عن الحركة. علينا أن ندفع باليساريين إلى مزبلة التاريخ.

صَنْدوق/ سَلَّة الزُّبالَة

waste basket {2M}

قبل أن يرمي الكيس في صندوق الزبالة كان يعطي إشارة بالراديو إلى العميل السوفيتي لكي يمر ويأخذه بعد قليل. أين ذهب حجاب دينا؟ هل باعته أم رمته في سلة الزبالة؟

صَنْدوق/ سَلَّة الْمُهْمَلات

waste basket {3M}

يسخر رجال الأعمال العرب من هذه الرسائل ويرمونها في سلة المهملات. مزق تلك البطاقة ورمى أجزاءها في سلة المهملات. اعرف جيدا ان مصير رسالتي هذه سيكون سلة المهملات لأنك لاتحب هذا النوع من الرسائل. وصف الاتفاق بين الجانبين بأنه «لا يعني شيئاً وان مصيره سلة المهملات». يمكنك استعمال الفلاتر للاحتفاظ بنسخ عن الرسائل الهامة ونقل الباقي إلى صندوق المهملات. مزق الرسالة ووضعها في صندوق المهملات.

صَنْدوق الْقُمامَة

garbage bin {3M}

يبحث في صندوق القمامة عن بقايا طعام. قد لا يتم إرسال الرسالة بالمرة، وربما يتخلص منها في صندوق القمامة. سارعت بقية السيارات بالابتعاد عن صندوق القمامة المتحرك هذا. أثناء الافطار سقطت مني قطعة من الجبن على الأرض فألقيت بها في سلة القمامة المنزلية الأنيقة.

---

to greet — سلّم

حَيَّا

to greet sb; to salute, congratulate sb; [to live] {3M}

حيّوا الملك كارل غوستاف الذي حضر وابنه كارل فيليب. لا يتوقف عن ردّ السلام على عبور يعرفونه، واصحاب محال يحيّونه ويواصلون عملهم، وهو يردّ تحياتهم ببهجة وامتلاء بالنفس. حيّا الهندي جهود الرئيس السوداني. إنني لأحيّي بهذه المناسبة حكومة ماليزيا وشعبها. حيّوا انتخاب قباني مفتياً للجمهورية.

سَلَّمَ
to greet على *sb; [*see اعترف*; to admit, hand over]* {2M}

سلّم على السيدة لاردنر بنوع من الاحترام والاعجاب. لم يكن من اللائق إلا أن اراه وأن اسلم عليه. سلّم عليها وهو سكران ولم ترد السلام. خفق قلبي عندما سلمت عليها. قلت له ان شاء الله نمر عليك في روما ونراك ونسلّم عليك.

صَبَّحَ
to greet, say 'good morning' to {1M} (Coll)

والدي يصبّح عليّ كل يوم. صبّح عليه فهمي ثم ساعده بتعليق المكانس. بدي أروح أصبّح على جارنا.

مَسَّى
to greet, say 'good evening' to {1M} (Coll)

(Eg) هو راجل نكد، لا يمسّي ولا يصبّح. محطات التلفزيون تصبّح وتمسّي بنشرات عن «الوجبات المستوردة».

سلّم

stairs

دَرَج
(flight of) *stairs; staircase* {2D}
pl: أَدْراج

يكون أول سؤال يوجه اليه على درج الطائرة: ما رأيك في لبنان؟ على درج محطة الترام اتحسس الجيب فلا أجد محفظة نقودي. كان الرئيس الفرنسي استقبل ضيفه على درج القصر. وقفت أتفرج، مجاناً، على أشهر العارضات العالميات يتمخطرن على الأدراج في آخر ما انتجته دور الأزياء الايطالية.

دَرَجَة
*step, stair; [*see مرتبة*; degree; rank]* {2D}
pl: دَرَجات

أبي من طلعة الشمس كان يقف على درجة سلم القصر الاخير ويحني رأسه بانكسار ويهزها. ادى القسم في نيويورك، وليس على درجات الكابيتول (مبنى الكونغرس)، لأنه لم يكن هناك مبنى بعد. عدّد درجات السلالم.

سُلَّم
stairs, ladder {2W}
pl: سَلالِم

أغمي عليه فور نزوله سلم الطائرة. اربعة شبان يصعدون بفتاة على سلم البيت متجهين الى السطح. لا تقف عند حد في صعودها المتصل على سلم التقدم. يسير خلفه في الممرات وعلى السلالم. اعتمد في تسلقه السلالم العسكرية على ذكائه ونشاطه وحدهما.

مَعْرَج
ladder; stairs {3M}
pl: مَعارِج

بدأ حياته العملية في الجيش الروماني وترقى في معارجه حتى وصل الى منصب أحد قادة الحرس الامبراطوري. يمكن ان يؤدي انفجارها الى دفع مسيرة التاريخ في معارج جديدة.

سلام

peace

سِلْم
peace {3W}

حقوق العرب لا يمكن المساس بها من غير اضرار بالسلم. لديها مسؤوليات مماثلة في المشاركة في اعباء حماية الامن والسلم الدوليين. أوضح بعد تصريحه المذكور انه يحرص على السلم الاهلي والوحدة الوطنية، وانه لم يقصد الاساءة الى احد. السلم لا يكون بالاستمرار في تشويه الكفاح الفلسطيني.

سَلام
*peace; [*see تحيّة*; greeting]* {2D}

هذه الخسائر مقبولة في معارك تهدف الى احلال السلام في المنطقة. مبادلة الارض بالسلام تمثل جوهر اتفاقات اوسلو. السلام الحقيقي يقوم على رفض الاحتلال وانهائه. اما السلام العادل والمصالحة الحقيقية فهو مجرد كلام.

صُلْح
peace; settlement, truce {2D}

كان الجانب الساعي الى الصلح يريد ان يضع للصلح شروطاً. الانظمة والحكومات يمكن ان تعقد اتفاقات صلح الا انها لا تستطيع وحدها صنع السلام. دعت الى الانسحاب الكامل من سيناء مقابل معاهدة صلح اسرائيلية مصرية. اذا كان احد ينتظر منا الصلح مع اسرائيل فهذا لن يكون الا في اطار حل شامل.

هُدْنَة
peace; truce, armistice {2D}

دعا جيشه، جيش الانقاذ، الى هدنة غير مقيدة بوقت ولا بشرط ظاهر ومعروف. دعا الجميع الى «هدنة داخلية نرتب خلالها اوراق الحوار حول كل العناوين». استمرت الهدنة ١٨ شهرا ثم عاد العنف في مطلع السنة. لم توقع معها اتفاق سلام بل اكتفت بتوقيع هدنة في ايار (مايو) ١٩٩٤. زائير ترفض طلباً دولياً للبحث في هدنة مع المتمردين.

سلّى — to amuse

رَفَّهَ
to provide recreation على/عن *for* {2M}

اذاعة تلك الاعمال الفنية اسعدت الشعب المصري ورفهت عنه وأدت الى تثقيفه خلال سنوات. حرص جمال العقاد مدير الكرة ان يرفه قليلا عن لاعبيه، فاصطحبهم الى مدينة كيب كوست الواقعة على المحيط الاطلنطي مباشرة. يسلونه ويرفهون عنه من المساء حتى الصباح وكأنه محارب عائد من جبهة القتال يستحق التدليل.

سَلّى
to amuse, entertain sb {2W}

كنا نسلي انفسنا نحن الواقفين في مؤخرات الطوابير فننتقل من طابور إلى آخر. حاول ان يسلّيها بهدايا ومفاجآت أخرى. اخذ دودغسون يؤلف قصصاً للفتيات كي يسليهن. الفن بدون دهشة لا يجذب ولا يسلي المشاهد. لم يعد له من مأرب في الحياة الا أن يسلي حفيدته الصغيرة ويدخل البهجة الى قلبها.

أَطْرَبَ
*to entertain, delight sb; [*see غنّى*; to sing]* {2W}

تطربهم الموسيقى. لقد أطربني هذا الخبر. لا أعتقد أن أحدا على أرض مصر الطيبة لم يطرب ويشعر بالنشوة وهو يشاهد ويستمع إلى المارش المصري الذي عزف في قاعة استوكهلم الكبرى في السويد.

أَمْتَعَ، مَتَّعَ
to entertain, amuse sb {3W}

أصبحت ألف ليلة وليلة أوروبية وأمريكية ويابانية بقدر ما أمتعت الأوروبيين والأمريكيين واليابانيين. أمتعني الجلوس معه. امتع الجماهير بلمساته السحرية الرائعة. امتعنا الأمير خالد بن سلطان بعدة مقالات سهلة الأسلوب ورفيعة المستوى. فعل نجوم الاهلي كل شيء وامتعوا الجماهير القليلة جدا التي زحفت للملعب في ظل ارتفاع حاد لدرجة الحرارة.

سمح — to permit

see كلّف

أَذِنَ
to grant لـ *sb permission, to permit* لـ *sb* بـ *to do sth* {2W}
VN: إِذْن يَأْذَنُ

أذن له فخرج. لم تفقد الامل بعد في ان تأذن لها الكنيسة بالزواج. يأذن المريض للطبيب بعمل جراحة طبية. لم تأذن بنشر شيء. إن الأقدار قد لا تأذن لنا بلقاء جديد. شرحت له تطلعاتي للمستقبل ورجوته ان يأذن لي بالذهاب الى مصر.

أَباحَ
to permit, allow (ل sb) to do sth; to declare permissible; [to reveal] {3W}

البعض بدأ يبحث عن فتاوى شرعية تبيح الاعتماد على الخارجين على القانون (البلطجية) لاستعادة حقوق سلبها آخرون. الضرورات تبيح المحظورات. أكد ضباط في التحقيقات ان المتهمين أباحوا المخدرات والجنس والخمر. أشار المسؤول الصربي الى ان «الاميركيين يبيحون لأنفسهم كل ما يحرمونه على غيرهم».

أَجازَ
to permit, allow (ل sb) sth; to sanction, declare sth to be legal {3D}

القانون اليمني يجيز للمواطن ان يحمل اكثر من جنسية. أعلن انه سيقترح قانوناً يجيز «اعدام» كل من يبيع أرضه للاسرائيليين. القانون الدولي لا يجيز اكتساب الارض بالقوة والحرب. قد أجاز الحاخامون التلموديون لأخي موسى ان يتزوج من بنت غير قرائية. اجازت المحكمة الفرنسية لبس الزيّ النازي. قال ان شركته لم تقم بأي عمل لا يجيزه القانون الكندي.

رَخَّصَ
to permit, authorize, license (ل sb) to do sth or ب to do sth {2W}

رخصت السلطات المغربية لتيار يساري تشكيل حزب سياسي مشروع. يبلغ عدد المشاريع السياحية التي رخصت لها هيئة الاستثمار ١٢٠ مشروعا. هو القرار الذي يرخص باستخدام القوة العسكرية ضد العراق. لا يستطيع أحد أن يرخص له بذلك، لأن من يرخص له بمثل هذه المخالفة يكون قد اخترق القانون.

سَمَحَ
to permit ل *sb* أَنْ/ ب *to do sth* {2D}
VN: سَماح يَسْمَحُ

يسمح القانون التركي لكل عشرين نائباً في البرلمان بتشكيل كتلة سياسية. لا نسمح لأنفسنا ان تكون سلطتنا أداة بيد أحد. إننا لن نسمح لأحد... بقتل سلطتنا الفلسطينية. اسمحوا لي بالضحك قليلاً. هذا غير ممكن ولا يسمح الدستور به. والدي لم يكن يسمح ان انشر او ان يخرج اسمي حتى انه قطعني عن المدرسة. اننا لن نسمح بعودة الفوضى الى البلد.

سَوَّغَ
to permit, allow (ل sb) sth; to justify {2M}

التجربة التاريخية والنظريات الاقتصادية لا تسوّغ الاعتقاد بأن الأسواق وقواها هي الكل بالكل. يبدو ان عددا كبيرا من اعضاء الكونغرس يعتبر بيع البترول العراقي عملية انسانية ولهذا يسوّغ المشاركة الاميركية في هذا البيع. هي اتفاقية سوّغتها آنذاك الموجبات المصلحية للفريقين. هو ما يسوّغ لنا ضرورة فتح باب الاجتهاد.

سمع — to listen, hear

سَمِعَ
to hear sth or ب *sth (*من *from sb) (*عن *about); to hear* أَنَّ *that; to listen to sb or* ل */*إلى *to sb* {2D}
VN: سَماع يَسْمَعُ

هو يقول لمن يريد ان يسمعه انه لولا ستالين لكانت الاشتراكية في ألف خير. كان يسمع الناس يتحدثون عن شخص رئيس البعثة، عن ذكائه ونجاحه. لم اسمع بهذه الاسماء. هل سمعت عن ناقد مسرحي لا يحفر قبرين: واحداً لنفسه والآخر لغيره. لا نسمع عنه شيئاً بعد ذلك. سمعت ان لديه سبعين بدلة عسكرية. من الذي يريد الآن ان يسمع الحقائق عن الأميرة؟ اسمع، لا أريد ان أراك بعد اليوم. لم يسمع لنا احد.

اِسْتَمَعَ
to listen ل */*إلى *to* {2D}

استمع الى شرح مفصل عن الفرص الاستثمارية في الأردن. انه شيء رائع جداً ان يستمع الصديق لنصيحة صديقه. استمع الى راديو يبث بالفرنسية. أوضحت ان النيابة استمعت الى أقوال كل الشهود والمصابين. يستمعون الى الفنان يعزف على كمانه. هذه الاسطوانات المجنونة صرت استمع لها كل صباح. يتكلم واحد ويستمع الآخر.

أَصْغى
to listen ل */*إلى *to* {3W}

المؤسسات التربوية لا تصغي الا للدولة. أصغينا الى خطبة يوم الجمعة. يصغي الى صمت الكائنات. الاتحاد الاوروبي لم يصغ الى حملات الاميركيين المعادية لايران. هكذا للمرة الأولى وجدتني أصغي للرجل الذي طالما أحببت رنة صوته.

أَصاخَ

to listen إلى / ل *to* {3M}

أَصاخَ السَمع ل to give ear to

قطرة الماء تتسلق درجات السلّم؛ انني أصيخ السمع لدبيبها الغريب وانا ممدد على السرير في الظلام. اصاخوا السمع بعيداً ولم يصغوا اليه. هذه المحافظات لم تصخ السمع الى دعوات المقاطعة.

أَنْصَتَ

to listen إلى *to* {3W}

يجلس ينصت الى ثرثرتهم. ينصتون الى شرح الاستاذ. لم ينكر ضرورة أن ينصت المسؤول إلى مختلف الآراء والمقترحات ويتقبل الانتقادات. كنت أنصت إلى كل ما قالته أمي بكل هدوء.

---

reputation — سمعة

سُمْعَة

reputation, (good) *name* {2D}

هو اكبر علامة رياضية في تاريخ مصر وصاحب اكبر سمعة عالمية كونه احد المؤسسين للجنة الاولمبية الدولية. يريدون أيضا الاساءة الى سمعة البلد. يتمتع بسمعة جيدة وحظوة لدى الرأي العام. بعض المغتربين يسيؤون إلى سمعة أوطانهم. يجب أن أحافظ على اسمي وسمعتي وكرامتي. أضحّي بحياتي راضياً من اجل سمعتك.

شُهْرَة

fame, reputation {2D}

لا اسعى الى الشهرة. تعود الى زمن لم تكن النجومية هي المقياس الوحيد لجودة الممثل وشهرته وتعاطي الجمهور معه. ذاعت شهرته بعد هجومه على النقاد الغربيين. حقّقوا في مجال الغناء والطرب شهرة واسعة. اكتسب شهرة عالمية كملاذ آمن للارهابيين. في فرنسا أنا أكثر شهرة مني في العراق.

صيت

reputation, fame {2W}

هي مدام جوليت آدم الكاتبة الفرنساوية الطائرة الصيت. ما بلغ سن الخامسة والعشرين حتى طار صيته في النحو والعربية، وذاع ذكره واختلف الناس اليه. الى جانب شهرته كصحافي، ذاع صيته كمترجم بارع، نقل الى اللغة العربية ما يزيد عن عشرين رواية. الصيت ولا الغنى! حقق له الفلم شهرة ذائعة وصيتا مدويا بين أقرانه.

---

fat — سمين

بَدين

fat, obese {3W}

اليابان تعاني من مشكلة شبيهة بمشكلة مغني الأوبرا البدين لوسيانو بافاروتي. المغني البدين كما مصارع السومو لا يبحث عن تخفيف للوزن. كان قصير القامة بدينا أفطس الأنف خشن اللحية. يدق باب بيتي، فلما فتحته ألفيت امامي رجلا بدينا يعتمر قبعة «افرنجية» وفي صحبته سيدة ضئيلة الحجم بالنسبة اليه.

تَخين

fat {1M} (Eg)

الواقع العملي يؤكد ضرورة المراجعة الجذرية لحقيقة هذا الكلام التخين على أرض الواقع. هي مرا تخينة.

سَمين

fat {2W}

كان أحد شروط القبول غير المكتوبة في جامعة هارفارد ألا يكون الطالب سميناً. كان وجهاً ضاحكاً، سميناً مفتوح الفم. طلقت نانا زوجها، لأنه أصلع وسمين. إذا كانت عارضة سمينة نجحت في بريطانيا، بلد العارضات الجائعات، فهي لا بد ستنجح اكثر في بلادنا حيث الرز بالسمن المرحرح لم يترك نحولاً او نحيلات.

مُكْتَنِز

stout, sturdy; strong, massive {3M}

الجنود الثلاثة، الرجلان والمرأة المكتنزة، وجدوا في حدبة الأرض، عندنا، مرصداً يشتغلون منه على توثيق مراتب النار. المكتنز يفسح المجال لنفسه ويضيّقه على الآخرين. ان واحداً من النبلاء الشقر المكتنز باللحم والشحم ينتهز فرصة «غزو المعدمين» ويأخذ شابين من بينهم.

ناصِح
fat {1M} (Lev)

بكفي أكل، رح تصير ناصح كتير.

سمّى — to name, call

دَعا
to call sb sth or ب *sth* (a name); *[to invite; to appeal to sb for; to call on sb to do sth;* see صلّى; *to pray for]* {2D}
يَدْعو

استمعت النيابة الى اقوال ابن المتهمة ويدعى احمد (١٠ أعوام) ووجهت له اسئلة. ينتمي هؤلاء الى طائفة تدعى «الاقشمندي» اعتقلوا العام الماضي اثناء مشاركتهم في اجتماع صاخب. في تلك الفترة ظهر في السياسة الاسرائيلية ما دعاه الباحث والمؤرخ الاسرائيلي بني موريس بـ «اللوبي الايراني». يدعوه اصدقاؤه تشوبا كابراس (اسم حيوان خيالي في المعتقدات الريفية). يتردد الآن اسم شخص يدعى الشيخ أبو حمزة.

سَمَّى
to name, call sb/sth sth or ب *after sth; [*see عيّن; *to name sb to a position]* {2D}

سمّى الفصل الثاني (٤٨ صفحة) في كتابه «القسوة والصمت». تتركز الانظار على الأندية الأربعة الكبار كما يسميها السعوديون. سموا انفسهم «حركة استقلال جنوب السودان». ماذا عن هذه السيدة حتى تستحق ان تسمي حكومة جنيف شارعاً باسمها؟ الفلاح يسمي حبات العنب الساقطة من عنقودها «فرطا». هي الفترة التي سميناها في تاريخنا الحديث بحقبة النفط.

أَطْلَقَ
to call على *sb sth* (a name); *[*see حرّر; *to release]* {3W}

اطلق على المكان لذلك اسم«المحمّة». أطلق على هذا اللون في ما بعد اسم «أخضر جورجيا». اطلقوا على لغتهم اسم العربية. لم أخرج عن المألوف عندما أطلقت على هذه التلفزيونات اسم «القنوات الفضائحية». أطلق على نفسه اسم عزيز محمد افندي.

كَنَّى
to call sb by his kunya, to nickname sb ب *sth* {2M}

كنا، في الستينات نرى امرأة فنعرف كيف نسمّيها او نكنّيها. يجري حاليا تعويض مودعي بنك الاعتماد والتجارة الذي كنّاه البعض في الماضي باسم «بنك النصابين والكوكايين الدولي».

لَقَّبَ
to nickname sb ب *sth* {2D}

بعض الصحف اللبنانية لقّبك بـ «صديق العرب». نشأ على العلم، وعلى والد عالِم لقّب بقطب الزمان بين علماء عصره. لقّب نفسه بـ «مايا دمشق» تيمناً بماياكوفسكي.

اسم — name

دَلْع
[sticking out the tongue]; اِسْم دَلْع pet name {2M}

«تانيا» هو اسم الدلع الذي تعرف به لدى العائلة والأصدقاء. يا مورف (اسم الدلع لمورفي)، مَن ذا الذي يتحدث عن الألم؟ خلعت عليها جدتها اسما للدلع مادلينكا وهو الاسم الذي عرفت به طيلة طفولتها.

اِسْم
name {2D}
pl: أَسْماء

احتفظ باسمه الاصلي غير الفني. اصبح اسمها معروفا في الولايات المتحدة. قال ان اسماء اعضاء المجلس الجديد جاهزة. أجبت بثقة على السؤال الوحيد المقرر، بأن اسم آلة قص العشب باللغة العربية، جزازة. معنى اسمها بالاسبانية سلام. يشير احصاء رسمي الى ان نصف المتاجر في القاهرة وحدها يحمل اسماء اجنبية مكتوبة بحروف عربية.

مُسَمَّى
name {3M}
pl: مُسَمَّيات

ذهبت الى هناك القوات الاميركية لتتدرب على القتال، وان تحت مسميات اخرى. ما هو موقفك من التطبيع الذي يجري تحت مسميات مختلفة. يفرق الدكتور شلبي بين المسميات التي تطلق على اليهود، فيقول: هناك فرق في التسمية بين العبرانيين والاسرائيليين واليهود.

كُنْيَة

teknonym (أبو or أم followed by the name of the oldest son)*; surname, nickname* {2M}

اما الكنية فقد ورثها عن أبيه الذي هاجر من خربة بيت ليد. صارت تلقب بأبي هول الهند بدلاً من كنيتها الدارجة «المدام». كلمة «بوابات» تعني بالانكليزية «غيتس» وهي كنية بيل غيتس زعيم مايكروسوفت الاوحد. ذكر رقمها، ذكر عنوانها، ذكر اسم المؤلف ولقبه وكنيته وتاريخ وفاته. يوجد محدث شامي آخر يحمل الاسم نفسه: «معاوية بن يحيى» وكنيته: «أبو رَوح الصدفي». اسمه آدم صلاح الدين وكنيته أبو عبد الرحمن الجزائري.

لَقَب

nickname, title; championship {2D}
pl: أَلْقاب

استحق بجدارة لقب زعيم. اذا خاطب أحد هذا الحاج بغير لقبه، اعتبر ذلك احتقارا وعدم اعتراف بالحج. يسعى ابطال العالم الى احراز اللقب الاول لهم في الدورة. اطلقوا عليه لقب الباشا الصغير. غيرت عفاف اسمها الى ماجدة، لكنها احتفظت بلقب العائلة «الصباحي». هؤلاء لا يمكن بحال من الاحوال اطلاق لقب الكفر او الردة عليهم، بل هم مسلمون. أضاف الى القابه لقب «ملك افريقية». شرعوا في الغاء الالقاب الرسمية.

---

to lean — استند

اِسْتَنَدَ

to lean على / إلى *on; [see* اعتمد*; to be based, founded* على / إلى *on; to rely* على / إلى *on]* {2W}

كدت أن أقع على الأرض لولا أني استندت على حافة المكتب. كان يمشي بصعوبة ويستند على ذراع ابنه. لم يحاول إخفاء شعوره بالتعب حيث استند إلى عصاه لعبور ساحة المطار.

اِعْتَمَدَ

to lean على *on; [see* اعتمد*; to depend* على *on]* {2D}

كان الشيخ يتكلّم وهو يعتمد على عصاه. إذا شعرت بالتعب بإمكانك أن تعتمد على كتفي.

تَوَكَّأَ، اِتَّكَأَ

to support one's weight, lean على *on; [see* اعتمد*; to rely* على *on]* {3M}

بدا الشيخ زايد في صحة طيبة، مع انه يتوكأ على عصا. قضينا بعضا من النهار في مزرعة صديقة لنا نتّكئ على السور الخشبي للمزرعة. جانيت تتّكئ على كتف أمها. بعد العملية سيتكئ على عكازتين لمدة ستة أسابيع. كان الرئيس الروسي بوريس يلتسين يتكئ على ذراع زوجته نواينا في أثناء هبوطه على سلم الطائرة.

---

tooth — سنّ

سِنّ

tooth; [see عمر*; age]* {2D}
pl: أَسْنان، أَسِنَّة

حمل في اليد اليمنى عصا اسبانية لها مقبض مصنوع من سن الفيل. تغطي أسنانها الكبيرة بيدها. يغسل اسنانه بمعجون اميركي. جمّعها ووحّدها كأسنان المشط.

ضِرْس

molar, tooth {2M}
pl: أَضْراس

هناك «ابو ضرس» واشتق اسمه من بروز احدى أضراسه. اذا بهذا الحيوان يفغر فاه فتبرز اسنان وأضراس ضخمة. أسنانه وأضراسه ملتصقة. تطحم الخبز المحمص تحت اضراسها.

طاحونَة
molar, tooth; [windmill, grinder] {1-2M}
pl: طَواحين
wisdom tooth طاحونة العقل

قبل أسبوع بدأت تشكي من طاحونة ولم تنم تلك الليلة من الألم. طاحونة العقل تؤلمني. التهاب طاحونة العقل قد يؤدي إلى تساقط الشعر.

ناجِذ
molar, tooth {3M}
pl: نَواجِذ

عضت على جرحها بالنواجذ. يتمسّكون به ويشدون عليه النواجذ. هم من العاضين بالنواجذ على الكراسي والمناصب. من الملاحظ ان بعض السياسيين الطائفيين، العاضين على الطائفية بالنواجذ، يصرون على ان يكون القضاء دائرة انتخابية.

ناب
tooth (of an animal)*; tusk, fang* {2W}
pl: أَنْياب

مثله ثعبان الجابون الذي يبلغ طول نابه خمسة سم. تدنو أنياب النمر من عنقه. من دون سلطة تشريع او فرض ضرائب سيكون مجلساً بغير انياب. كشفت اسرائيل عن أنيابها التوسعية والاستيطانية.

سهل
easy

بَسيط
simple, uncomplicated {2D}

الاجابة بسيطة وبلا حساسية. الامر بسيط جداً. الجواب بسيط وسهل في آن. العولمة هنا بمعنى الامركة تقضي ليس على الثقافة المصرية او العربية او الاسلامية او الاميركية بل أيضاً على كل ما هو حضاري لمصلحة ما هو بسيط وسهل. برج الدبابة جديد بالكامل وركب فيه نظام أسلحة متقدم للغاية لكنه بسيط وسهل الاستعمال.

سَهْل
*easy; [*see مسطّح*; plain; level ground]* {2D}

لم يكن الامر سهلاً كما يتصور البعض. لم تكن الحياة سهلة بالنسبة الى الرؤساء الجمهوريين الثلاثة الذين اعيد انتخابهم منذ الحرب. كانت انتصارات الانكليز خلال المرحلة الأولى سهلة. اضاع اللاعبون العديد من الفرص السهلة امام مرمى الاهلي حتى كان منتصف الشوط الثاني. الجواب بسيط وسهل في آن. من السهل تصور سيناريو ما حصل فعلاً.

مُتَساهِل
lenient, tolerant; easygoing {2M}

أظن ان نتائج مؤتمر غزة وموقف الإدارة الأميركية المتساهلة معه تشجعه على المضي قدماً في خطواته. اتهمه بأنه متساهل تجاه الشيوعية. اتخاذ روسيا وفرنسا خطاً متساهلاً نسبياً مع العراق «ربما شجعه على الظن ان وحدة مجلس الأمن انهارت وان بامكانه الخروج سالماً من المواجهة مع المجلس».

هَيِّن
easy; light {2W}

لم يكن الأمر هيناً. اننا في الأردن لا نؤمن بسلوك المسار الهين. القراءة هينة، التأثير هو الصعب. قرار بهذا الحجم ليس بالأمر الهين. الأمر لم يكن هيناً بالنسبة إلى المفاوضات مع مصر على وجه الخصوص.

يَسير
easy; small, insignificant {2D}

من غير اليسير توجيه سؤال الى احدهما. لن يكون من اليسير على النهضة العربية الثانية ان تنتج الفلسفة التاريخية. هل أدى الاعلام العربي ولو الجزء اليسير من هذه المسؤولية؟ هو لا يمتلك من عناصر القوة الا القدر اليسير. الواجب علينا ان نقف قليلاً مع بداية هذا الشهر الكريم وان نلتفت التفاتة يسيرة الى الوراء، لنحصي على انفسنا سقطاتنا وزلاتنا.

مَيْسور
*easy, easily done; [*see غني*; prosperous]* {3M}

تقول ان الخدمات ميسورة ويمكن استخدامها بسهولة في المكالمات الهاتفية والفاكس. الفهرس الجديد اعتمد قواعد الفهرسة الوضعية الكاملة ما يجعل الرجوع اليها من قبل الباحثين والمحققين امرا ميسورا. كلاهما لا يمكن ان يكون التعامل معه ميسوراً.

مُيَسَّر
easy, facilitated {3D}

يجب ان يكون الحوار ميسرا. كانت مسرورة أن الأمور ميسرة مدة أخرى. ساهمت في تمويل المشاريع من طريق القروض الميسّرة. أشار إلى حصول لبنان على قرض ياباني ميسر بقيمة ١٢٠ مليون دولار خصصت لمعالجة مسألة التلوث البيئي.

مُتَيَسِّر
easy; made easy {2M}

اصبح متيسراً الحصول على قروض لشراء السيارات. ان الحضور في عالم اليوم غير متيسر بمعزل عن المعرفة الدقيقة لأهم حوادث العصر. الكل يريد ان يقوم بعمله، والكل سوف يستخدم أدواته المتيسرة.

---

bad thing — سوء

see كارثة

أَذىً
injury, harm {2D}

لم يصب احد بأذى ولم تنتج أي خسائر عن الحادث. صدام حسين قام بأعمال اجرامية ألحقت الاذى بأبناء الشعب العراقي. أنا لا أحب الأذى للناس الأبرياء وأرفض الارهاب وأعارض القتل لأي إنسان. لا تخف، أهلك بصحة جيدة ولم يتعرضوا لاي اذى.

مَحْذور
danger; trouble {3M}

نسأل الله السلامة وأن يكفينا كل محذور. أخذ الحذر أفضل من وقوع المحذور.

سوء
bad (thing), *misfortune; mis-, ill-* {3D}

الوضع الأقتصادي ليس ممتازاً، لكنه ليس بتلك الدرجة من السوء. كنت في سيارتي عندما حصل الحادث، لكن الحمد لله لم أصب بسوء. قرر الوزير ترك السياسة بسبب سوء احواله الصحية. سوء الفهم بين مصر والسودان انتهى تماما.

شَرّ
*a bad thing; [*see شرّ; *wickedness, evil]* {2D}
pl: شُرور

إذا أصاب أصحابي شر فأنا أسرع إليهم لأشاركهم في حزنهم. بكت المرأة العجوز طويلا ثم قالت لي: يجب أن أتقبل قدري بخيره وشره. يعتبرون الأجنبي شرّا ينبغي تفاديه. العولمة ليس شرّا خالصا. شعوب العالم الثالث تتهم حكوماتها بكل الشرور الموجودة في العالم! صحيح أن عندي خيارات كثيرة، ولكنها خيارات بين عدة شرور!

ضَرَر
harm, loss, damage {2D}
pl: أَضْرار

هذا الوضع سيؤدي الى الحاق ضرر بمصالح روسيا في المنطقة. لا نوافق على أي ضرر يلحق بالشعب العراقي. اصيبت ثلاثة منازل بأضرار جسيمة نتيجة للحريق. يجب إجبار شركات السجائر على دفع تعويضات عن أضرار التدخين. لم ترد أنباء عن وقوع خسائر أو أضرار.

مَكْروه
mishap, accident, harm {3W}

سأكون بجانبه دائماً اذا اصابه مكروه أو تعرض لأي مشكلة. أنا متأكد أننا لن نتعرض لأي مكروه طالما نحن هنا. أخبروني فورا اذا حدث لكم مكروه لا سمح الله . ليحميكم الله وليحفظكم من كل مكروه. لا يفر احد من العقاب اذا حدث مكروه لا قدر الله.

---

bad — سيّء

رَديء
bad {2W}

هذه الرسالة مكتوبة بخط رديء. السينما المصرية قدمت أفلاما جيدة وأخرى رديئة. أمريكا تحاول فرض امر واقع رديء وغير مقبول في منطقتنا. القاعدة الاقتصادية تقول: الجيد يطرد الرديء.

سَيِّء
bad {2D}

حالته الصحية تسير من السيء الى الأسوأ. حظه سيء جدا مع السيدات! المياه موجودة بكثرة في مصر ولكن يجري استغلالها بشكل سيء. نحن اليوم امام خيارين افضلهما سيء. هاجر ابني الأكبر الى امريكا بسبب الوضع الاقتصادي السيء في لبنان.

طالِح
bad {2M}
الصالح والطالح the good and the bad

أحياناً يكون من الصعب التمييز بين الصالح والطالح. الشعوب هي جماعات بشرية فيها الصالح والطالح.

عاطِل
bad, useless; broken-down, idle {2W}

أنا لا أستحي من أي شيء فعلته لأنني لم أفعل شيئاً عاطلاً في حياتي. مشكلتنا في لبنان هي في الاداء العاطل لحكومتنا. عندما سألته عن الوضع الاقتصادي كانت اجابته مختصرة: الوضع عاطل. عيب عليك تحكي هذا الكلام العاطل!

وِحِش
bad {1M} (Eg)

دي حاجة وحشة خالص. اللاعبين أنفسهم حاسين انهم وحشين. فيه عساكر وحشين وبيمسكوا صدور البنات بس الضباط مابيعملوش كده. أقصد أقول ان الشيعة فيه ناس منهم كويسين وناس وحشين زي السنة. هو رجل وحش قوي.

distance مسافة

بُعْد
distance; [dimension] {2D}
pl: أبْعاد

تعد الغردقة عاصمة لمحافظة البحر الاحمر، وتقع على بعد نحو ٥٢٩ كيلومتراً جنوب القاهرة. يقع على ارتفاع ٢٥٠٠ متر فوق سطح البحر على بعد ٢٠ كيلومتراً شمال غرب مدينة أبها على قمة جبال السودة. تقع المزرعة في صحراء مصر الشرقية على بعد ٥٠ ميلا تقريبا من مدينة القاهرة. الحرب عن بعد بطبيعتها جوية أو جوية فضائية. هناك مثتا كوكب تتراوح أبعادها عدة مئات من الكيلوميترات.

مَسافَة
distance {2D}
pl: مَسافات

قطع الاثيوبي المسافة في ٢٤, ٢٧ دقيقة، وتقدم على الكيني بول تاريغات بفارق ٠٤, ١. يحمل الرقم القياسي العالمي للمسافة. قال ان «اشخاصا مجهولي الهوية فتحوا النار من مسافة بعيدة على مهرجان انتخابي اقامه الحزب». يبعد المنتجع مسافة قصيرة عن مركز بلدة الغردقة. العنب يُنقل الى مسافات قريبة نسبياً.

to drive ساق

ساقَ
to drive sth {2M}
VN: يَسوقُ سِياقَة، سَوق

اعتاد ان يسوق سيارة مكشوفة. هو يعد بأن يسوق سيارته بعد الآن بسرعة السلحفاة أو أبطأ. كان يسوق سيارته كالمجانين بسرعة يقال انها بلغت ١٢٢ ميلا في الساعة. في أوقات راحته اذا سمع ان زميلا له مريض ساق التاكسي بدلا منه اشفاقا على أجر يومه ان يضيع.

قادَ
to drive, steer sth; [see قاد; to lead, guide] {3M}
VN: يَقودُ قِيادَة

اوقفني لانني كنت اقود السيارة بسرعة عالية تخطت الحدود المسموح بها. رفع كتفيه وشرع يقود السيارة بأقصى سرعة. كان يقود السيارة في اتجاه معاكس. كان يقود الباص بسرعة فائقة. أصبح كل من هب ودب يقود سيارة ميكروباص أو سيارة أجرة. كان يقود سيارته بسرعة ١٢٠ كيلومترا في الساعة.

driver سائق

رُبّان
captain, skipper {2M}
pl: رُبّانِيّة، رَبابِنَة

وعدهم بأن يزودهم بربان يرشدهم في المحيط الهندي. طلبت السلطات القضائية في بورسعيد احضار ربان السفينة للتحقيق معه. حملت السلطات الايطالية ربان الزورق تبعة ما حدث «لأنه لم يبال بالتحذيرات التي وجهت إليه».

سائِق
driver {3D}
pl: سائِقون، ساقَة

قد أمرها سائق الاتوبيس بأن تخلي مقعدها لرجل أبيض. كل سائقي الميكروباص يتميزون باللامبالاة والإهمال الشديد والفهلوة. فر سائق السيارة فور وقوع الحادث. لم يكن سائق التاكسي البدين سيد محمود يكره أكثر من الموت واشارات المرور. استجوبت الشرطة سائق الشاحنة للاشتباه بتورطه في عملية التهريب.

سَوّاق
driver {1M} (Eg)
pl: سَوّاقون

من المعلوم أن سواقي وكمسارية الشركة يكونون الجزء الأكثر عددا من عمالها. ان حبي لفيلم «سواق الاتوبيس» يتجاوز اي فيلم آخر. الهانم عندها عربية بالسواق.

شوفير، شُفير
driver {1M} (Lev)

وقف على إشارة مرور قام وقف جنبه فولكس قديمة قام شوفير الفولكس فتح شباكه. إن شاء الله بتصير شوفير طيارة. واحدة وقفت شوفير تكسي سألها لوين رايحة، قالت له أنا جوزي مابيسألني حتى انت تسألني؟ أنا ما باشتغلش شفير عندك!

طَيّار
pilot {2D}
pl: طَيّارون

الطيارون الناجحون لا يصبحون مديرين ناجحين. علم ان طيارين قطريين موجودون في فرنسا للتدرب على هذه الطائرات. البنتاغون يسعى الى تطوير طائرة قاذفة بدون طيار. ساعد الأكراد الموساد على تأمين فرار طيار مسيحي عراقي يدعى منير روفا بطائرته الحربية السوفياتية الصنع.

قائد
*driver; pilot, conductor; [*see رئيس *leader]* {3D}
pl: قُوّاد، قائِدون

يقوم قائد السيارة بالتوجه إلى هذا الجراج ويترك سيارته داخلها. لم يتردد قائد الطائرة لحظة واحدة. المشكلة ان قائدي السيارات لا يذعنون للاشارات الضوئية او اليدوية التي أقوم بها. ان نسبة مرتفعة من قائدي السيارات ينتهج اسلوب افلام «الاكشن» الايطالي والاميركي في القيادة.

---

to bargain, haggle ساوم

ساوَمَ
to bargain, haggle with sb (على over) {3W}

واشنطن تساوم الأمم المتحدة على ديونها. اذا كان المدرس يساوم الطلاب على الدروس الخصوصية فلابد من شطبه من جدول المدرسين. أتعهد من الآن بأنني لن أساوم النادي الذي يرجع له الفضل في نجوميتي. لن يساوم على شبر من أرض فلسطين. هو ابن الامم المتحدة، ولن يساوم على مبادئه. لا يجب أن نساوم حول قضية تمس صميم عقيدتنا.

فاصَلَ
to bargain, haggle with sb (ب over) {2M}

أحدثه رجل لرجل، يناقشني ويفاصلني. من اللائق أن تكون ودودا مع السائق وأن تناديه ب «يا أخي» حتى وانت تفاصله بقيمة المشوار. (Lev) اذا بدك تشتري أي شيء من السوق لازم تفاصل. (Eg) وقف يفاصلني نص ساعة وبعدين مشي من غير ما يشتري أي حاجة.

to be equal ساوى

ساوى
to be equal; to treat بين *two things as equivalent* {2D}

لماذا انتاج الدونم الواحد (ألف متر مربع) عندنا في الأردن يساوي واحد من عشرين بالنسبة الى الدونم المقابل له في اسرائيل؟ الدولار يساوي ٥٠ ليرة. ينشرون كلاماً لا يساوي ثمن الحبر المطبوع به. لا تساوي حصة مايكروسوفت في ابل اكثر من سبعة في المئة من رأس مال الشركة الصغيرة. تساءل عن سبب ظهور مبادرات تساوي بين «الارهابيين» وضحاياهم.

تساوى
to be equal to each other or مع *to* {2D}

تساوت أرصدة ٣ فرق في صدارة الدوري السويسري لكرة القدم. يجب ان يتساوى الدخل والاستهلاك، في الريف والمدينة. في الوقت الراهن يجب ان يتساوى الامن مع القانون. المعارضون للوحدة الأوروبية يكادون يتساوون في العدد مع المؤيدين لها.

استوى
*to be equal, similar; [*see جلس*; to sit* على *on; to be even; to be ripe, cooked]* {3D}

هل يستوي الذين يعلمون والذين لا يعلمون. اننا لا يمكن ان نواجه تحديات القرن المقبل بقيم الماضي ورواسبه وقناعاته، يستوي في ذلك الطائفية السياسية يسارية كانت أم يمينية. يستوي في النظام الديموقراطي صوت الاميّ مع صوت العالم.

ضاهى
to match, be equal ل *to* {2W}

يشير الى ان المجموعة «تضاهي مثيلاتها في أي متحف في أي مكان في العالم». هو الأمل الذي لا يضاهيه أمل آخر. امكاناته المادية لا تضاهي منافسيه. لا شيء يضاهي متعة السياحة في مصر.

عادَلَ
to be equal to, correspond to {2D}

بات في حاجة الى اربعة انتصارات اضافية ليعادل الرقم القياسي لافضل انطلاقة. يعادل الدولار ٣,٣٩٥ جنيه مصري. ذكر التقرير ان الرأسمال المتداول في «الاقتصاد الأسود» يعادل الموازنة الفيديرالية. السودان هو اكبر البلدان العربية حجماً ويعادل سكانه ما لا يقل عن خمس سكان الوطن العربي. يعادل مكتبة انطوان ببيروت او مكتبة مدبولي في القاهرة.

تكافأَ
to be equal, on a par with each other or مع/ و *with* {3M}

يساهم في تأسيس نهضة لبنانية تتكافأ فيها الاسر الروحية المكونة للبنان. تكافأ اللعب في الشوط الثاني لكن الضيوف كانوا اكثر خطورة. هو ليس شراً بذاته اذا ما تلازمت معدلات النمو مع فرص العمل المتاحة وتكافأت معها. للسودان قدرات تتكافأ وهذا الطموح.

وازن
to find balance, equality بين *between two things* {2M}

فيلم « ايفيتا » يوازن ما بين الخاطئة والقديسة في شخصية ايفا بيرون. قليلة هي الافلام التي وازنت بين الاقتصاد في التعبير وبين مصداقية الحبكة. استطاع ان يوازن بدقة بين علاقته بالرئيس ووجوده على زعامة الاصلاح. أخي الصغير يوازن بين عمله والبيت.

---

equal متساوٍ

see مشابه

مُساوٍ
equal, equivalent ل *to* {2W}

كان هذا الاحتمال مساوياً لكل الاحتمالات الاخرى. تتوقع ان يكون عدد الوزراء في هذه الحكومة مساويا تقريبا لعددهم في الحكومة السابقة. ينص الجانب المالي على حصول الأردن على مبالغ مساوية لما تحصل عليه السلطات الاسرائيلية. هي عائلة هندوسية تعيش وسط غالبية مسيحية مساوية لها في الفقر والحرمان.

مُتَساوٍ
mutually equivalent, equal {2D}

اسعار الكهرباء والماء في كل الامارات متساوية. الحالات المتساوية يجب ان تعامل بالتساوي. هل كل الثقافات متساوية؟ طالب بالحق المتساوي بين كل الأعضاء الدائمين. ساهموا بشكل متساوٍ في البناء والتنمية الوطنية. تناولت موضوع النظرة غير المتساوية من البيض الى الملونين في اميركا.

مُعادِل
equal, equivalent ل *to* {3W}

يمكنها تشغيل التطبيقات العربية لأنها توفر اداءً معادلاً للنسخة اللاتينية على عكس ويندوز ٣,١ العربي. يرى في الاستيطان معادلاً للارهاب. أصبح سعر «الخام العربي الثقيل» معادلاً لسعر غرب تكساس. هو ما يجعل الحالمين بالسلام يرون فيه معادلاً للهزيمة.

مُكافِئ
equal, balanced, equivalent ل *to* {3M}

المرأة لها ما للرجل من حقوق مساوية في الإبداع وقدرات مكافئة في الكتابة. ليست الدولة مكافئ الشعب. هي الطرف المكافئ للرجل. قال ان «الارثوذكسية جزء من التراث الروحي والثقافي لروسيا وان الاسلام مكافئ لها».

مُتَكافِئ
equivalent, equal, balanced {3D}

النتائج الاخيرة للمنصورة مع الاهلي متكافئة جداً. ان المستثمر العربي قد يحرم الفرص المتكافئة في الدول الاخرى. كان الشوط الاول من المباراة متكافئا. الاجراءات الاقتصادية المركزية لا تعطي جميع المواطنين فرصاً متكافئة. دعت إلى تعاون متكافئ مع أوروبا. ندرك جيدا ان التفاوض يجب ان يكون متكافئاً.

نَدّ
equal; (n) *an equal* {3W}

يجب أن يتفاوضوا بجدية ويعاملوا نظراءهم معاملة الند. هم يلعبون بعشرة لاعبين وكنا أنداداً لأبطال العالم. اعتبر دولة قطر نداً لكل من مصر وسورية. حينئذ فقط قد تتعامل معها دولنا العربية على اساس الند للند.

---

liquid سائل

سَيّال
liquid, fluid {3M}

كان مؤلفاً سيال القلم في مجالات عديدة. دافعت عنها بقلمها السيّال السنوات الطوال. يتموّج الجسم السيّال الرطب كالهواء والماء.

سائِل
liquid, fluid {2D}

يزداد الاقبال على استهلاك الحليب السائل طويل الصلاحية. بحث معها في شأن مشاريع معالجة النفايات الصلبة والسائلة. ستستورد تونس من ليبيا ١٠٠ ألف طن من الغاز السائل في مقابل تصدير منتوجات صناعية.

مائِع
liquid, fluid {3M}

يرفضون ان يروا الطبيعة المائعة للحقيقة. هكذا بقي الموقف العربي مائعاً حيال تركيا وتوجهاتها الجديدة في المنطقة. اصبح يدعو الآن الى «تأجيل مدروس لموعد الوحدة النقدية بدلا من الحصول على عملة مائعة». سياستنا الخارجية كانت مائعة.

concerning بشأن

أَمّا
as for, regarding {2D}

أما الانتاج من البيض فشهد نسب نمو عالية. أما الآن، فأنظارنا متجهة شمالا. أما بالنسبة إلى قانون العفو عن جرائم المخدرات، فإن صدوره يبطل العقوبات والملاحقات القضائية في ٢٣ ألف قضية. أما في شأن منع ادخال مواد البناء الى المخيمات لا أعتقد ان هذا الكلام دقيق. أما من الناحية العسكرية فإن لهذه الفصائل وجودا عسكريا محدودا.

حَوْلَ
around, regarding {2D}

لن استطيع اعطاء تفاصيل اكثر حول هذا الموضوع. تضاربت الانباء حول التطورات العسكرية في محيط بغداد. هل من الممكن أن اسألك مزيدا من الايضاح حول هذه النقطة؟ الاذاعة البريطانية تردد اكاذيب حول اعتقال صحفيين سودانيين في المغرب.

حِيالَ
in regard to; [opposite, in the face of] {3D}

مجلس الامن سيتخذ اجراء حيال رفع العقوبات إن آجلا او عاجلا. هذا الموقف يعتبر مثالا جديدا على تناقض السياسة الخارجية الأمريكية حيال ايران. تمّ في الاجتماع تبادل وجهات النظر حول قضايا اقليمية بهدف بلورة مواقف مشتركة حيالها.

بِخُصوصِ
concerning, as to {2D}

إدارة كلينتون تنتقد بشدة قرار الكونغرس بخصوص القدس. ما هي توقعاتكم بخصوص الانتخابات المقبلة؟ وزارة الخارجية الايرانية تنتظر معلومات في أي لحظة بخصوص هذا الموضوع. تحقيق السلام يحتم على إسرائيل الاقدام على حلول وسط بخصوص الجولان.

فيما يَخُصُّ
in regard to, with respect to {3W}

تقترح تعديل المادة الأولى من قانون الانتخاب فيما يخص حق المرأة في الترشيح والانتخاب. كلينتون متفائل جدا فيما يخص المسار السوري الاسرائيلي. لم تتعامل فيما يخص القضية الفلسطينية كما يجب. نستمر في تقديم التنازل تلو التنازل ليس فقط فيما يخص الحاضر بل الماضي والمستقبل أيضا.

بِشَأْنِ
concerning, with regard to {3D}

مصر تؤكد وجود تباين في وجهات النظر مع أثيوبيا بشأن معالجة الأزمة الصومالية. رفض العراق مشاريع القرارات المعروضة على مجلس الأمن بشأنه. حالة السائحين المصابين مطمئنة وليس هناك ما يدعو للقلق بشأنهم. أعربت بلجيكا عن قلقها بشأن احتمال تحول التمرد الى صراع اقليمي اوسع. ترفض اي تنازل بشأن القدس، او اي محاولة لقيام دولة فلسطينية.

فيما يَتَعَلَّقُ
with respect to, concerning ب *sth* {3D}

الولايات المتحدة على وشك انتهاك قواعد منظمة التجارة العالمية فيما يتعلق بفرض قيود على الصادرات. هناك كثير من عدم الوضوح فيما يتعلق بالأهداف الحقيقية للأمريكان في الشرق الأوسط. المفاوضات لن تكون سهلة لاسيما فيما يتعلق بالقدس. نفى وجود قيود على استثمار اوراق المال سواء فيما يتعلق بالجنسية او تحويلات العملة الصعبة للخارج.

عَنْ
about, concerning {2D}

تكلم عن حياته في العراق. تكلم عن السيارة والتنافس على البطولة العالمية. كان خبراء كثيرون تحدثوا عن هذه المشكلة. لا أعرف عن تلك المشكلة شيئا. إن حركة الاتحاد جماعة إرهابية لا تعرف عن الاسلام شيئا.

بِالنِّسْبَة
regarding, in relation ل /إلى *to* {2D}

كيف ترون الحل بالنسبة الى موضوع السلام في الشرق الأوسط؟ ما هي التوقعات بالنسبة لسعر النفط بعد الحرب في العراق؟ تعيين جنرال وزيرا للإعلام لا يبشر بالخير بالنسبة الى حرية الصحافة. بالنسبة للغاز الطبيعي، قال الوزير ان انتاج بلاده بلغ ١٠،٦ مليون طن. ان الجزائر بلد مهم بالنسبة لأوروبا.

youth

شابّ

see ابن، طفل

مُراهِق
adolescent; teenager {2W}
pl: مُراهِقون

القى مكتب التحقيقات الفيديرالي الـ «اف. بي. اي» القبض الخميس على بريطانية وعشيقها المراهق البالغ من العمر ١٤ عاما في احد فنادق فلوريدا. يعيش المراهق في هذه الفترة تغيرات بيولوجية معينة يصاحبها تغيرات نفسية واجتماعية. المراهق يكون حساسا الى حد كبير لانه يمر بمواقف وخبرات جديدة. دائما الطفل والمراهق لديه فراغ ثقافي كبير.

شابّ
youth, young person {2D}
pl: شُبّان
collective: شَباب

قالت ان الشاب زوجها عرفياً وانه تقدم لأسرتها ليطلب يدها لكن والدها رفض. هو شاب عربي قدم الى لندن لتعلم اللغة الانكليزية. تمكنت الشرطة بعد وصولها من اعتقال الشبان الألمان الاربعة وتقديم الاسعافات الأولية للأب اللبناني. شوهد افراد من الجيش يطاردون مجموعات من الشبان في شوارع الخرطوم امس. الشباب يتخوف من الزواج. البلاد في حاجة ماسة الى الشباب اللبناني المؤهل للعمل.

صَبِيّ
young boy, lad {2D}
pl: صُبْيان

صبي في الثامنة اسمه علي يضيع الحذاء الوحيد الذي تملكه شقيقته. اطلق الصبي النار على أحد العصافير فرفع الجندي خوذته. يعمل كصبي لدى مصور فوتوغرافي. أضافت ان صبياً لا يتعدى عمره الشهر السادس اصيب بطلقة بندقية. لهما بنت وصبي. كنت قد التقيت ببضعة صبيان أكبر مني بسنة وبدأت ألعب معهم.

صَغير
youth, young person; [see صغير; (adj) *small]* {2D}
pl: صِغار

عند ذاك بدأت حياة الصغير الحافلة والمؤلمة التي ستقوده الى مأوى الايتام. ليفاجئنا بحجم هذا القمع الذي يمارسه الحاكم على المحكوم، والرجل على المرأة، والكبير على الصغير، والغني على الفقير. يعرف كل هؤلاء الصغار ان حضرة الضابط قد نشلته بنت مفعوصة. كم كان الصغار متمتعين بتبديل القنوات الفضائية من وقت الى آخر.

غُلام
boy, youth; [see عبد; *servant]* {3M}
pl: غِلْمان

لحظت ان الغلام مضى الى المؤرخ وهمس في اذنه. قال هشام: يا غلام! ما فعلت بتلك الدنانير التي أمرتك بقبضها؟ يدخل غلمان وفتيات يحملون بأيدٍ مرفوعة بأبهة وبراعة أطباقا خزفية كبيرة. كان أحد غلمان الشارع يتولى مهمة التشويش عليه بصورة دائمة وبأسلوب مضحك.

فَتىً
young person, youth {2D}
pl: فِتْيان، فِتْيَة

اكتشف الفتى أغنيات سيد درويش وداود حسي. نادرا ما يمر يوم دون ان تنشر الصحف تفاصيل جريمة بشعة ارتكبها طفل او فتى. هي ليست الاميرة التي يتسابق عليها الفتيان. عندما هبط الجنود الأميركيون في بريطانيا دهش الفتيان والفتيات بموسيقاهم ورقصهم. ورد في هذا التقرير ان اثنين من الفتية الفلسطينيين «جلسا وتعانقا وبكيا» عندما سمعا خبر تفجير القنبلة الانتحارية.

ناشِئ
novice, beginner; youth (a level in sports competitions) {3D}
pl: ناشِئون

الممثل الاصيل مهما كان ناشئاً لا بد ان تظهر موهبته مع الوقت. بعد دقيقة واحدة اضاف الناشئ داني كادمارتيري (١٧ عاما) الهدف الثاني. بطولة افريقيا للناشئين في كرة القدم. سجل هدفي الفائز لاعبه الناشئ هلال علي. لا يزال ناشئا ويفوز عليّ.

يافِع
young, youthful, adolescent {3M}

تلقى علومه الموسيقية منذ كان يافعاً. كتب الشعر وهو يافع. انضم الى صفوف الدادائيين وكان لا يزال يافعا. كان ما يزال طفلا يافعا حين فقد أباه وأمه وجدته وشقيقته الوحيدة تباعا.

شبح

ghost

see روح

شَبَح

ghost {2D}
pl: أَشْباح

واضح بأن ميليشياته اصبحت شبحا بلا روح وبلا جسد. عهد ماو لفظ انفاسه الاخيرة ولم يبق الا شبح صورته المعلقة هنا وهناك. أراهم اشباحا وأريد ان أتعلق بشيء فقط لو يعطيني يده واشد عليها. هل أزاحت شبح الحرب عن المنطقة ؟ لقي شبح جده في الصحراء. تمتلئ الطرقات بالنازحين وتفرغ المدينة التي تتحول الى مدينة أشباح.

طَيْف

ghost, phantom; {3M}
pl: أَطْياف

كل شيء يحوله بسام حجار الى طيف او صدى او ظل. في قصيدة أخرى يشبّه الشاعر ذاك العابر المجهول بالطيف الذي يمرّ محرّكا العتمة في طريقه. يفتح الباب والذي هو شبح ريكاردو رييس أو روحه او طيفه. هذا وطن كان ولم يبق منه إلا قبس ضئيل وطيف ضئيل.

شبع

to be sated

أُتْخِمَ

(passive) *to be satiated, become full; to suffer from indigestion* {3M}

يلقمه جوارش الكمون لئلا يتخم. أما منح الجوائز للذين أتخموا بها وليسوا بحاجة إليها فإنه لا يضيف إليهم شيئا. يذكر ان مرمى فنزويلا اتخم باربعين هدفاً في التصفيات حتى الان. اتخم شباكه بثلاثة اهداف.

اِرْتَوَى

to quench one's thirst, have enough to drink {2M}

شربت وما ارتويت. لو كان ثمة ماء لتوقفنا وارتوينا. ارتوى من ضفاف النهر ثانية. قد ارتوى تماما من مغامرات ديانا. حاول ان يقترب منها، وان يفهمها، وان يرحمها... فارتوى وتألم وبكى أيضا.

شَبِعَ

to have one's fill, become sated {2W}
VN: شَبْع يَشْبَعُ

جلسوا وأكلوا حتى شبعوا. اخاف إذا شبعت ان انسى جوع الجائعين. من وجهة نظري، اسرائيل أكلت حتى شبعت. يظهر انه كان كلبا نهما شرها لا يشبع الا اذا التهم كل يوم رطلين من اللحم. أوروبا شبعت من القومية الى حد التخمة. اننا كعرب شبعنا من الكلام والوعود.

مشابه

similar

see متساوٍ

مُشابِه

similar {3D}

افترضوا ان هذا ما حصل بناء على احداث مشابهة في الماضي. هناك أمثلة مشابهة في كل بلد ديموقراطي تقريباً. البيت الابيض اصر على ان بارزاني ايضا تلقى دعوة مشابهة للدعوة التي وجهت الى طالباني. المنطقة العربية شهدت قبل مؤتمر الدوحة ثلاثة مؤتمرات مشابهة في الدار البيضاء وعمان والقاهرة.

شَبيه

similar ب *to sth* {2D}

الامر شبيه بالفرق بين الاميال والكيلومترات. إن هذه المساعي قد تتوصل الى اتفاق على الجولان شبيه باتفاق الخليل. هذا الموقف شبيه بمواقف الجماعات التكفيرية. في داخله طرق وأزقة ضيقة شبيهة بأزقة المخيم الداخلية. اليابان تعاني من مشكلة شبيهة بمشكلة مغني الأوبرا البدين لوسيانو بافاروتي.

مَثيل

similar, like, equal; peer {2D}

قام بتجربة اخرى مثيلة. انها لحظة درامية لا اعرف مثيلاً لها سوى الساعات الأخيرة للملك لير في مسرحية شكسبير. شهدت الجزائر مجازر فظيعة لم تشهد لها البلاد مثيلاً من قبل. اما الشعب فيعيش ضائقة اقتصادية لا مثيل لها.

مُماثِل
resembling, similar {3D}

كانت نسبة الارتفاع مماثلة في الأسواق الآسيوية والأوروبية الناشطة في نفس المجال. لا علاقة لهذه الدعوى بالقضية الاخرى المماثلة المعروضة امام محكمة جرائم الحرب في لاهاي ضد كاراجيتش. تمنيت لو يطبق العرب هذه العادة الحميدة وغيرها من العادات المماثلة التي هي في الأساس من صميم ديننا الحنيف. ان عدداً من الشركات ذات التوجهات المماثلة دخلت السوق ما خلق منافسة حادة وغير صحية.

مُتَماثِل
similar {3W}

كل الرسائل المفخخة التي أُرسلت الى لندن وواشنطن كانت متماثلة «بمقدار ما يتعلق الأمر بأنواع أجهزة التفجير والعناوين وحجم المظروف». يقدّم خدمات سياحية لا علاقة لها بمفهوم العولمة الذي يكاد يحول جميع الخدمات والتسهيلات الى نوع متشابه ومتماثل لا خصوصية فيه اينما اتجه المرء. توفر اللغة المشتركة والثقافات المتماثلة فرص تسويق واسعة.

نَظير
similar, parallel; peer {3D}

من المستحيل إيجاد نظير له استطاع أن يحقق كل هذه المكاسب. «إن هذا الاقليم لا نظير له في كثرة الخيرات والأرزاق». هو حدث لا نجد نظيراً له في تاريخ تطور المسألة الدستورية في المغرب. هي النظير العراقي للجنة الخاصة. يكاد يكون النظير التركي لنجيب محفوظ. بدأت المباراة بحماسة منقطعة النظير من لاعبي الزمالك وجمهوره. اذا كانت فيروز هي الاولى، ولا نظير ولا شبيه ولا مثيل، فإن نصري هو الثاني.

---

suspicious مشبوه

مُريب
dubious, suspicious {2W}

هذه الرسالة مريبة الأهداف. كل هذه الطلبات التي بدت لي مريبة نقلتها للسلطات المعنية في اسرائيل. اختفاؤه مريب. هذا الصمت المريب لا مبرر له. يرتبطون بعلاقات مريبة مع الاحزاب الاشتراكية الحاكمة في الدول المجاورة. الأسد يبحث وحبيبي «التحركات المريبة» في المنطقة.

مَشْبوه
suspicious, doubtful {2W}

لن نتحدث عن الصلات المشبوهة بين إسرائيل وبعض القوى في إيران. يحاول استغلال هذا المناخ لانشاء نقابة مشبوهة تدعي تمثيل المهنة. اعتبر الخطاب أن المشروع الهولندي البريطاني مشبوه. قتل في حادث سيارة مشبوه يقترب في غموضه من كثير من أحداث تاريخ العراق. قال إن هذا أمر مشبوه يستهدف تلطيخ سمعة الليكود.

مَشْكوك
suspect, doubtful {2W}

لو كانت نتيجة الاستفتاء هي الإجماع لكان الأمر مشكوكا فيه. ان الدعوة إلى الكتاتيب، مشكوك في دوافعها! اعتبار الأرض وقفا اسلاميا باسم وقف شهاب الدين هو أمر مشكوك فيه. الاسماعيلي يخسر بشرف امام الأهلي بهدف مشكوك في صحته. هو حوار بين طرفين لهما أهمية عالية غير مشكوك فيها.

---

to scatter شتّت

بَدَّدَ
to disperse, scatter sth; to squander sth {3W}

استقرار سعر سهم « البنك العربي » يبدد القلق من السيطرة الأجنبية. رحيل السادات بدد أحلامه. لم يحاول ان يبدد تشاؤمنا. بعض الوزراء في السلطة الفلسطينية بددوا اموالا عامة. مدمن القراءة غالباً ما يعتذر عن الوقت الذي يبدده في النوم.

بَعْثَرَ
to scatter, strew sth; to squander sth {3W}

الجهاز يبعثر الحقائب ويرتبها بدقة مدهشة. بعثروا الوقت للبحث في شرعية التمثيل الفلسطيني. يبعثر أموال ليبيا على مشاريع تعظيم الذات. يبعثر آمال كثيرات. الحرب بعثرتهم، ونادرا ماكانوا يرجعون الى البلد.

بَعْزَق
to scatter, waste sth (of money) {1M} (Coll)

يبعزق فلوسه على أصدقائه وجيرانه. أموال عربية بعزقت وتبعزق يميناً وشمالاً لأن الحصول عليها تم دون جهد أو حق. (Eg) انت بتبعزق فلوسك يمين وشمال كده ليه؟

ذَرَّ
to strew, scatter sth {3M}
VN: ذَرّ يَذُرُّ

سحلت جثتها في طرقات المدينة قبل ان تحرق ويذر رمادها. الثلج الذي ذرّته الرياح يغطي الأرض الصلبة المتجمدة. بعض التواضع العراقي يبدو ضرورياً إذا كان المطلوب في النهاية فتح حوار مع أميركا، بدل ذرّ الرماد في العيون والتظاهر بأن العراق انتصر على أميركا في حين ان العكس هو الصحيح.

شَتَّتَ
to scatter, disperse sth {3W}

أرسلت رجال الشرطة يشتتون المتظاهرين ويضربون المعتصمين. الحرب اللبنانية شرّدت الناس وشتّتت العائلات. لقد حمل العراقيون بعض عيوب النشأة السياسية إلى المنفى، فقد شتتهم طول الانتظار. إن «الف شخص، او ١٢٩ عائلة، شتّتوا في ازقة وشوارع مجاورة».

نَثَرَ
to strew, scatter sth; [to write in prose] {3M}
VN: نَثْر يَنْثُرُ

يجب ألا ينثر الغبار داخل المكيف وعلى الأرض. ينفض اجنحته وينثر الماء العالق بالريش. علت الاهازيج والزغاريد ونثرت الورود الصفر التي غطّت سطح سيارة «بابا موبيلي.» ينثر على وجهه بعض الكولونيا ليفيق. طلب ان ينثر رماده في البحر. جثة تشي غيفارا احرقت ونثر رمادها في غابات بوليفيا.

شتم — to abuse, insult

بَهْدَلَ
*to ridicule, insult sb; [*see أذلّ*; to humiliate sb]* {2M}

لم يرحمهم اليهود في أميركا فقد بهدلوهم في الأفلام وصوروهم وحوشا. اذا مرّ اي وزير في المنطقة سنبهدله. القى خطاباً «بهدل» فيه اللبنانيين والعرب مع انهم يشكلون حسبما قالوا اربعين في المئة من السكان.

جَرَحَ
to wound, hurt (feelings); *[to wound* (physically)*]*{2M}
VN: جَرْح يَجْرَحُ

لا يمكن تصور البقال يجرح شعور إنسان. اهانت الإمام الثاني عشر وهو من اقدس الشخصيات عند الشيعة.. وجرحت المشاعر الدينية للطلبة وشعب ايران النبيل. بدأت هذه الظاهرة المخيفة بالانتقال منذ ألّف الكاتب الهندي المسلم روايته وجرح فيها مشاعر المسلمين. أرجو ان لا يجرح هذا مشاعر أحد.

سَبَّ
to insult, abuse, revile, call sb names {2W}
VN: سَبّ يَسُبُّ

أصبح صوته يعلو علي بكلمات قاسية.. ويسبني بألفاظ بشعة، بل لقد رفع يده علي لأول مرة. يسب رجال الأمن. يسب أهله ويتعدى عليهم دون مبرر. من حبك سبّك. رأيناه على شاشة التليفزيون يسب مدربه الأجنبي ويكاد يبصق على وجهه.

أساء
to offend, insult إلى *sb/sth; [*see أضرّ*; to hurt, harm* إلى *sb/sth]* {3D}

هذا الاعلان يسيء إلى كل منشأة مصرية ويسيء إلى كل رجل أعمال مصري. انه عمل يسيء إلى سمعة اليونان كبلد ديمقراطي. مصر تدعو الامم المتحدة الى تعديل تقرير دولي يسيء الى الاسلام.

شَتَمَ
to insult, abuse, revile sb/sth, call sb names {2W}
VN: شَتْم يَشْتِمُ

يبدو ان هاريس شتم الحكم فاضطر لانذاره للمرة الثانية وطرد. لا احترم رجلا يشتم زوجته وراء ظهرها.. ولا زوجه تشتم زوجها امام الناس! لم يستطع أن يمسك بلسانه وراح يهاجم ويسب ويشتم. اتهموني اني اشتم الملك، وارسلت للاستشفاء من وقاحتي في سجن مصر. رأيت الطلبة يضحكون عليه ويشتمونه لأنه ذهب إلى دورة المياه ليطلع على إجابة على سؤال.

هَجا

to defame, ridicule sb/sth {3M}

VN: هَجْو، هِجاء يَهْجُو

هجاه بست قصائد. الشاعر يهجو الكتابة والكتب معتبراً إيّاها «حماقة لا تُغتفر». إننا جميعاً نهجو المسلسلات والأفلام العربية. قد تعاهدا على ألا يهجو أحدهما صاحبه إذا مات قبل صاحبه. نهجو العولمة ونلعنها حتى تستسلم.

هَزَّأَ

to ridicule من/ب *sth* {2M}

هزّأني وفي النهاية طردني. هزّأته وفضحته وذكرت أسلافه بسوء. ضربه الشرطي وهزّأه. هزّأني المعلم أمام جميع التلاميذ.

أَهانَ

to insult, mock, ridicule sb/sth {2W}

عندما نريد ان نهين احداً نقول له «سأكسر خشمك». يسبون رسولنا الكريم ويهينون اسلامنا ويمزقون قرآننا ويدوسونه بالاقدام. قال انه قتل روبرت كنيدي لأن هذا الأخير أهان القهوة العربية. صحافي أردني يقول انه ضرب وأهين في مقر المخابرات. ينتقم من المجتمع الذي أهانه.

---

insult — شتيمة

سِباب

insult, abuse {3W}

كان الوزير الوحيد الذي اقيل نتيجة تورطه في اطلاق شتائم وسباب ضد اقطاب المعارضة. لا يصح أن يطغى هذا السباب على رغبة مصر وسياستها. كنت اعرف ان الطريق صعب وانه طريق ذات الشوكة، وان على الانسان عندما يسير فيه ان يتحمل الكثير من الاتهامات والسباب.

شَتيمَة

insult, abuse; term of abuse {2D}

pl: شَتائِم

يتقنون فن السب والشتيمة والاتهامات. من خاض ويخوض في هذه القضايا التافهة لا يملك سوى الشتيمة. بدأت توزع بيانات عنيفة تقرب لغتها من الشتيمة ضد أقطاب من المعارضة. وجه إليه وإلى المجتمعين معه سيلا من الشتائم لكي يحصل على شقة ليست من حقه.

إِهانَة

insult, offense {2W}

غضب بشدة من كلمة كان قد ألقاها في الإسكندرية قبل أسبوع عدها إهانة له. هددها بأن يتركها وينفصل عنها لأنها لا تثق فيه، وهذه إهانة لرجولته لا يحتملها. العالم الإسلامي لن يسكت على هذه الاهانة. تصرف من هذا النوع يعد إهانة لدى النيباليين. الملصق يشكل اهانة كبرى للاسلام.

---

brave — شجاع

باسِل

brave, fearless {3W}

الصحف المصرية ظلت سبعة أشهر تتابع أخبار الانتفاضة الفلسطينية الباسلة. تحقق الحلم على أرض بورسعيد الباسلة. نحتفل اليوم بالنصر المؤزر الذي حققته قواتنا الباسلة في ٧٣. تتمثل فيك شجاعة المحارب الباسل ووطنية المصري الغيور. اعتداءات اسرائيلية على مواقع الجيش اللبناني الباسل.

جَريء

bold, daring {2W}

هو لا يمتلك القدرة على اتخاذ القرارات الجريئة والحاسمة. الرئيس السادات اتخذ خطوة جريئة يوم ذهب الى القدس. أعلم سلفا بأن قولا جريئا مثل هذا سيثير الكثير من المشاكل. ان فترة ما بعد الحرب في ليبيريا تحتاج الى شخص جريء ويتمتع بمواهب ادارية. كان رائدا من رواد الصحافة العربية المعاصرة، ومدافعا جريئا عن حرية الصحافة وكرامة الصحافي.

جَسور
bold, daring {3D}

له مواقف اعتبرها البعض جسورة، ورأى آخرون أن وراءها رغبة حادة في الظهور. نورالدين بطل شعبي جسور. يكفي أنها تمثل لنا ضوءا باهرا في الأفق المعتم، وصوتا جسورا وسط معزوفة الانكسار. لقد كان الرئيس كما عهدناه قائدا جسورا لم تهزه المفاجأة.

شُجاع
brave, courageous {2D}

لديه صفات كثيرة عظيمة، فهو شجاع وقوي ويتصرف بحكمة. إذا كنت شجاعا استمع إلى قلبك، وإذا كنت جبانا استمع الى عقلك. كانت المبادرة الشجاعة للرئيس الراحل أنور السادات عام ١٩٧٧ أول خطوة عملية باتجاه السلام. كان مجاهدا صادقا شجاعا لا يهاب الموت. انه كان دائما ابنا بارا لمصر، شجاعا في دفاعه عن الحريات العامة والخاصة.

مِقْدام
bold, valiant, brave {3M}

هذا مشروع منفتح مقدام. إنها تحب اصدار الأوامر للآخرين، وقراراتها سريعة، ولديها شخصية مقدامة. لقد فقدنا أخا شقيقا وزعيما مقداما. لا نكاد نعرف عنه شيئا الا انه جريء مقدام. هو قوي كالثور، مقدام وشجاع كالنسر.

هُمام
heroic; brave (often sarcastic) {3W}

زعيم السودان يحب النظام العراقي ورئيسه الهمام. هذا الفارس الهمام هو خطيب زميلتي. المسؤول الهمام عن الديبلوماسية العراقية لم يجرؤ على أن يجيب عن سؤالي.

---

courage — شجاعة

see قوّة

بَسالَة
courage {3W}

ذاد بكل بسالة عن مرماه. أشاد بالجنرال ماهيلي «المعروف بشجاعته وبسالته». يدافعون عنها بروح البسالة والتصدي. أطفال الحجارة... يقاومون مغتصب أرضهم وقاتلهم ببسالة.

اِسْتِبْسال
courage {3M}

في الشوط الثاني احسن الاردنيون استغلال تفوقهم العددي على الرغم من الاستبسال السوري. كانت نموذجا رائعا للاستبسال في الدفاع عن النفس. لا عجب اذن من استبسال سنغافوره في الدفاع عن هذه الأنظمة.

جُرْأَة
boldness {3W}

قد عُرف هؤلاء العرب الاندلسيون بالجرأة والإقدام. هذا من الكتب الأميركية الأكثر جرأة في مجال البحث والنقاش التاريخيين. يتحدث العطاس بجرأة عن رئيس حكومة بلاده مهاتير محمد. لا بأس بأن نسجّل ما فيها من جرأة وتمرد على الحصار الدولي للعراق

جَسارَة
boldness, recklessness {3W}

تعمد بكل جسارة الى وقف عملية السلام. حاول بشكجي اقناع الآخرين من الأتراك بواقعية الحقيقة التي اكتشفها هو وبضرورة مواجهتها بشجاعة وجسارة. أشاد بالصحيفة بسبب جسارة توجهها وشجاعة مقاربتها المشكلات. يبحث عن وسيلة للهرب من جسارة المواجهة. كان يرد بجسارة على النقد، ويدافع عن رأيه كرجل.

شَجاعَة
courage, bravery {2D}

ما زلنا نقاوم الاحتلال الاسرائيلي بشجاعة. قد أبدى الأخير شجاعة كبيرة واعتبر نفسه مظلوما بنتيجة النزال. آمل ان يتمكن الرئيس المقبل من اعادة الثقة والشجاعة الى الشعب الكوري. هو عمل يتطلب القوة والشجاعة والمثابرة. كانت كاتبة امتلكت شجاعة الاحتجاج ودفعت حياتها كلها ثمنا لهذه الكلمة الصادقة.

إِقْدام
courage, boldness, daring {3M}

ما زلنا نحارب ونُظهر من الجرأة والاقدام ما ليس يُظهره العدو. كيف وجد الدكتور البقاعي شعرا يفخر فيه بقوته واقدامه. كأننا نشاهد حلقة قديمة من مسلسل «كمبات» الذي يبرز فيه الجنوبي الأميركي اكثر شجاعة وإقداما وذكاء وخبرة حربية من الجنوبي الألماني.

cargo شحنة

حُمولَة

load, cargo {2M}
pl: حُمولات

الحرارة المرتفعة ظهراً خلال فصل الصيف تجعل اقلاع الطائرات الكبيرة بحمولة كاملة امراً صعبا. القسم الأكبر من حمولة السفينة الغارقة لم يستخرج بعد من البحر. الميناء يستقبل سفنا عملاقة تزيد حمولتها على ٨٥ الف طن. تسلّم محافظ النبطية محمود المولى ظهر امس حمولة شاحنة تحوي مواد غذائية مرسلة من فرنسا.

شَحْنَة

cargo, load, shipment {2W}

الشحنة تضم أدوية ومواد طبية خاصة بالاطفال والمرضى من كبار السن. قال ديبلوماسي غربي ان شحنة من القمح الفرنسي ستصل العراق بعد اربعة او خمسة اسابيع. يحتفلون بتصدير اول شحنة من البترول المستخرج من ارض السودان. إسرائيل سلمت الهند شحنة أسلحة ومعدات عسكرية.

شَيْلَة

load {1M} (Eg)
pl: شَيْلات

السيارة بطيئة عشان فيها شيلة كبيرة. آسف يا استاز، معنديش بطيخ اليوم، بس بكرة حتوصلني شيلة ممتازة وممكن اخليلك شوية.

نَقْلَة

shipment, load {1M} (Eg)

الشرطة ضبطت نقلة مخدرات اثناء تفتيش سيارة كانت تحاول أن تعبر الحدود بشكل غير قانوني. الشركة اشترت نقلة بلح كبيرة لتبيعها خلال شهر رمضان.

---

to drink شرب

see بلع

اِحْتَسَى

to sip, slurp sth; to drink sth {3M}

في اليوم الاخير من زيارته الرسمية الى واشنطن، احتسى الرئيس بوريس يلتسن كميات كبيرة من النبيذ على مائدة نظيره الاميركي بيل كلينتون. احتسيت هذا الصباح فنجان قهوة ودخنت بضع سجاير قبل أن أبدأ عملي. لم يكن الطبيب يتوقع ان يجري استدعاؤه في تلك الليلة، فاحتسى ما يعادل تسع جرعات من الويسكي!

رَشَفَ / ارْتَشَفَ

to sip, slowly drink sth {2M}
VN: رَشْف يَرْشِفُ

رشفت الزوجة قهوتها، وسألت زوجها: لم لا تشرب، ألا تعجبك قهوتي؟ لا ترشف الشاي وفمك مليء بالطعام بل انتظر فراغ فمك لترشف على مهل دون احداث أي صوت للرشف. جلسنا على الطاولة وطلبنا عصير البرتقال ولكننا ما رشفنا منه رشفة قط! كان الزبائن يجلسون في المقهى يرتشفون القهوة أو الشاي ويستمعون الى أغاني أم كلثوم.

شَرِبَ

to drink sth; [(Eg) to smoke sth] {2D}
VN: شُرْب يَشْرَبُ

أنا لا ادخن ولا اشرب الخمور ولا اسهر بعد الساعة العاشرة. دعوته الى عشاء فاخر في مطعم لبناني، فأكل فيه وشرب حتى كاد ينفجر! يعيش في عالمنا ١,٣ بليون انسان من دون خدمات صحية ويشربون مياها ملوثة.

عَبَّ

to drink, gulp, take in sth {3M}
VN: عَبّ يَعُبُّ

دخلت البيت وأنا أعاني من عطش شديد، ذهبت مباشرة الى المطبخ وبدأت أعبّ الماء كأني لم أشرب في حياتي قبل اليوم! اشعل أبو فادي سيجارته، عبّ نفساً طويلاً، ثم بدأ يحدثني عما حصل معه.

نَهِلَ
to imbibe, drink in من *sth* (usu. of knowledge, culture, etc.) {3W}
VN: نَهْل يَنْهَلُ

درست لمدة خمس سنوات في باريس حيث نهلت من بحار العلم والثقافة. نهلت منذ صغري من نبع الحب في قلب أمي. تتبع الكاتب الكبير لطفي الخولي كل مورد عذب ونهل منه ما يروي ظمأه. ينهل خليل رامز سركيس من التراث المسيحي حول الزمني والروحي.

شرح
to explain

بَيَّنَ
to explain sth or أَنَّ *that; to make sth clear* {3D}

في هذا الفصل يبين الكاتب الهفوة التي وقع بها المؤرخون. يبين الكتاب مدى الجدل الدائر بين المجددين والتقليديين. الموقف الصحيح من التراث هو الموقف النقدي الذي يبين ان الانسان هو الفاعل المالك للتراث. بينت الدراسة ان الجزء الأكبر من مستخدمي المنشآت لا يتمتع بعقد عمل خطي مع رب العمل.

أبانَ
to clarify, explain sth or أَنَّ *that* {3M}

أبان في محاضرته الليلة الماضية ان فريق العمل الاستشاري الرئيسي لا يزال يضع اللمسات الأخيرة على المشروع. قد أبانت علوم الانسان والبيولوجيا صراحة، على ما يذكر المؤلف، أن الاعتقاد القديم في الانسان وفي عقله ينبغي ان يخضع لتعديلات جذرية.

شَرَحَ
to explain, interpret sth or أَنَّ *that (*ل *to sb)* {2D}
VN: شَرْح يَشْرَحُ

شرحوا له قصة الخلافة وانهيارها في العهد العباسي. شرحت ان هذه السياسة مرتبطة فقط بموضوع الأمن. يشرح طقس مصر، ويقترح ان يتجنب السائح شهر رمضان. كيف سيشرحون لهم الاسلام؟ هل لك ان تشرح لنا بالأرقام ما تقول لأن المسألة حساسة. شرحنا وجهة نظرنا.

عَلَّلَ
*to justify, explain sth (*ب *with)* {2W}

مكان منح الوسام له هو السفارة الفرنسية في لندن، وقد عللوا ذلك بحرص الحكومة على منح الوسام دون ضجة اعلامية. رجال العلم يعللون ظواهره، بيد اني لا اقبل تعليلاتهم. ألقي القبض على المتهم الذي اعترف بقتل الرضيع، وعلل ذلك بأن البكاء المستمر ايقظه من النوم.

فَسَّرَ
to interpret, explain sth {2D}

اذا صحّ ذلك كيف تفسّرون الامر؟ فسر الاسلاميون طلبات الوزيرة الأميركية بأنها دعوة لوقف الدعم للأعمال الخيرية. مَن يدري كيف سيفسر الايرانيون الحشد العسكري الأميركي في الخليج. لعل هذا يفسر السبب وراء الارتفاع الصاروخي في عدد المشتركين في الانترنت. سأفسر أولا لماذا أطالب بذلك.

وَضَّحَ
to clarify sth or أَنَّ *that* {2D}

وضّح خلال المحاضرة العلاقة بين ابن رشد والتيار الرشدي اللاتيني من جهة، وبين ابن رشد ولاهوتيي العصر الوسيط من جهة أخرى. يجب أن نوضّح مباشرة ان ما نعنيه بالحرية بشكل دقيق هي: حرية الفكر. وضّحت له انني لا أعيش في البلاد التي يشير اليها. لأجل كل هذا وسواه مما سأدلي به وأوضّحه في ما بعد، استقيل من الهيئة الادارية الجديدة.

أَوْضَحَ
to clarify sth or أَنَّ *that (*ل *to sb)* {2D}

أوضح أن الوزراء وافقوا على تشكيل مجموعتي عمل. اوضح انه تم الاتفاق مع شركة «مصر للطيران» على السعر الجديد. أوضح المصدر ان الحكومة اللبنانية لم تتلقَ الى الساعة اي جواب. كان بمقدور الموظف الحكومي ان يوضح لها ان الرجال الآليين لا يمكنهم ان يحبوا. أوضحت لجميع الحلفاء انها غير مستعجلة للحل العسكري. اوضحنا افكارهم.

شرّ
evil, wickedness

خُبْث
evil, wickedness {2W}

إذا فشلوا هذه المرة فسوف يلجأون إلى محاولات أكثر خبثا في المرة القادمة. له اهداف كثيرة أغلبها يتسم بالخبث وسوء النية! عانينا كثيرا من خبث السياسة في الشرق الأوسط. انهم يحاولون أن يخفوا خبثهم تحت ملابس رجال الدين.

شَرّ
wickedness, evil; [see سوء*; bad thing]* {2D}
pl: شُرور

الرئيس الأمريكي الأسبق رونالد ريجان قال ان الأتحاد السوفييتي هو امبراطورية الشر. انه أكثر شرا من الشيطان نفسه! الرئيس الجزائري: الجزائر قادرة على التصدي لقوى الشر والظلام. كانت بعض الأمم القديمة تعتقد أن المرأة هي مصدر الشر!

لُؤْم
wickedness, meanness {2M}

انتقل المسكين الى رحمة الله، واستراح نهائياً من ظلم الحياة ولؤمها. يبدو أنه مع مرور الوقت يزداد الإنسان لؤما وقدرة على إيذاء أخيه الإنسان! كان معروفا عن هذا الصحفي لؤمه الشديد واستخدامه العبارات الجارحة. اصبح أعداؤنا على درجة من اللؤم اكثر خطورة من استعمال العنف.

شرّير
evil

خَبيث
evil, wicked; malicious {2D}
pl: خُبَثاء

لقد حاولوا أن يخدعونا ولكن نواياهم الخبيثة غير خافية على أحد. قال الزعيم الإيراني علي خامئني ان الولايات المتحدة تتبع سياسة خبيثة في المنطقة. وصفت القيادة العراقية الرئيس الفرنسي شيراك بأنه خبيث ولئيم! أنا لا أصدق أحداً من هؤلاء السياسيين الخبثاء. ان الولايات المتحدة تتبع سياسة خبيثة لتخويف جيراننا في الخليج من ايران.

شِرِّير، شَرير
evil, wicked, bad {2D}
pl: أَشْرار

هو شخص شرير ويعتقد أن جميع الناس أشرار مثله، ولذلك يكرههم! هناك دول تعتبرها واشنطن دولا شريرة مثل كوريا الشمالية وإيران. كان أجدادنا القدماء يعتقدون أن البصل يطرد الارواح الشريرة. الشعب الكويتي يعتبر صدام حسين شيطانا شريرا. لقد قاموا بأعمال شريرة للوصول إلى أهدافهم الأكثر شرا!

لَئيم
mean, evil, wicked {2W}
pl: لِئام

انه رجل لئيم ليس في قلبه أي رحمة. سرق الحرامي سيارتي، اللئيم إبن اللئيمة! انهم يخططون الكثير من المؤامرات اللئيمة ضد مصر، ولكنهم سيفشلون ان شاء الله. دول افريقيا تواجه مستقبلا مظلما ولا أحد يحاول مساعدتها، انهم كالأيتام على مائدة اللئام! غضب الله الجبار سيقع على الظالم واللئيم. علينا ان ندرك ان عدونا خبيث ولئيم ويخطط للمدى البعيد.

ماكِر
crafty, cunning {2W}
pl: مَكَرَة، ماكِرون

انه شخص ماكر مثل الثعلب. بدأت تتكلم وهي تبتسم بطريقة ماكرة. يحاولون الوصول الى أهدافهم باساليب ماكرة. اجتمع الماكرون وأرادوا قتل الرسول نفسه. كان على رأس هؤلاء المكرة المنافقين عبد الله بن سبأ اليهودي.

police

شرطة

أَمْن

security {2D}
قُوّات الأَمْن security forces
أَجْهِزَة الأَمْن security departments, agencies

بعد شهر واحد تمّ تفجير سيارة ضابط الامن في السفارة الاسرائيلية في انقرة. ذكر استنادا الى مصادر مختلفة «ان قوات الأمن العراقية اعتقلت ١٥٠٠ شخص على الأقل». شارك في عمليات نفذها التنظيم في المنيا ضد رجال الامن. لم تقدّم النيابة او سلطات الامن معلومات عن دوافع الجريمة وملابساتها. ألقت اجهزة الامن المصرية اخيراً القبض على ١٣ الفاً من الخارجين على القانون. جهاز الامن المصري يتابع التحركات التي تقوم بها «الجماعة المحظورة».

بوليس

police {2D}

أكد ان بوليس دالس يبحث الآن عن شخص مشتبه فيه. يؤكدون ان الحكاية انتهت في مقر البوليس. هي بدورها عاشت حياة قريبة من رجال البوليس ومثلت أفلاما من النوع البوليسي. يصفون العرب من شمال افريقيا بأنهم «جرذان» ويمارس البوليس التمييز ضدهم ويضطهدهم.

دَرَك

*police; [*see أسفل*; bottom]* {2W}

انتشرت قوات الدرك الوطني في مداخل العاصمة. شهدت اطلاق نار من قبل الشرطة والدرك ضد الاهالي. هذا أوصى الدرك بمساعدتي فجاؤوا وأجبروا المختار على تلبية طلباتي وفتح المدرسة. عملية الإنقاذ وإخراج الجثث تطلبت ما يزيد على ثلاث ساعات وشارك فيها الدرك الملكي.

شُرْطَة

police {2D}

لما بدأوا باغلاق الشوارع اطلقت الشرطة قنابل مسيلة للدموع لتفريقهم. تبدو قوات الشرطة والجيش عاجزة عن التصدي للمسلحين. قال ان قوات الشرطة تستعد بعتاد قتالي كامل لاقتحام الموقع. تمكن رجال الشرطة من القبض عليها يوم ٢٨ آب (اغسطس) ١٩٣٣.

---

noble

شريف

see قديم

شَريف

noble; distinguished, highbrow {2W}
pl: شُرَفاء

تحية لكل الأقلام الشريفة التي تتصدى لكل خروج على قيمنا. كنت أكتب مقالا أسبوعيا بجريدة الجمهورية بطلب من الكاتب الشريف فتحي غانم. المسجد الاقصى الشريف. الازهر الشريف. المصحف الشريف. الكعبة الشريفة. المولد النبوي الشريف. الحرم الشريف. تمثل خطرا جسيما على المجتمع المصري وعلى أغلبية المعلمين الشرفاء الذين لايتقاضون دخولهم سوى من الوزارة وحدها دون سواها.

فاضِل

eminent, outstanding; [remaining] {2D}
pl: فُضَلاء

هذا الخطاب البليغ من الأستاذ الفاضل أحمد مختار عمر عضو مجمع اللغة العربية. هو رجل فاضل فعلا. وهذا المرض اقعد هذا الرجل في منزله واضطرت زوجته الفاضلة للنزول الى سوق العمل اليدوي لتكسب قوت يومها ومصاريف علاج زوجها. كيف يمكن أن تصبح الحياة فاضلة. إن الأمور لا تكون سليمة إلا في حالتين: المدينة الفاضلة أو أمة من الموتى.

كَريم

noble, distinguished; generous {2D}
pl: كُرَماء

تحتاج كلمات الشيخ الكريم إلى وقفة لتأملها. هذه أيها القارئ الكريم جوهر اتفاقية السلام التي وافق عليها وفد كوسوفا في عجالة. قدم خالص الشكر والتقدير لهذه المبادرة الإنسانية الكريمة. يجب أن يضمن لرجال القضاء والنيابة مرتبا مجزيا، يوفر لاسرهم حياة كريمة. ثم انتقلت السورة الكريمة إلى الحديث عن مشهد آخر. لم يعد باقيا من الزمن سوى ثلاثة وثلاثين يوما حتى بداية الشهر الكريم. القرآن الكريم. المصحف الكريم. الاحجار الكريمة.

نَبيل
noble; lofty; aristocratic {2W}
pl: نُبَلاء

الناس يصرخون ويبكون مصير السيد النبيل العظيم. لو تركت لنفسي الحرية لكتبت الكثير عن هذه السيدة النبيلة والتي شعرت بعد رحيلها بأنني ضعيف جدا. دعم موارده حتى يتمكن من تحقيق الاهداف النبيلة المرسومة له. إننا نستمد هذا التوجه الإنساني النبيل من مبادىء ديننا وسيرة نبينا صلى الله عليه وسلم. يسخرون أساسا من المتسلطين عليهم: رجال الكنيسة والنبلاء.

شارك — to participate

ساهَمَ
to take part, participate, have a share في *in* {2D}

ستساهم حكومة عجمان في رأس المال بنسبة تقل عن عشرة في المئة. يحرصون على ان يساهموا بفاعلية في الحملة الانتخابية وحشد الرأي العام. نتطلع لأن يساهم العراق الجديد اقتصاديا وسياسيا في المجتمع الدولي. الدولة ساهمت في مصاريف علاجه في مستشفى المعادي. الفن يساهم في القضاء على الإرهاب.

شارَكَ
to participate, share (with sb) in or في *in* {2D}

كانت تشارك زوجها في الشؤون السياسية. نحن لن نشارك اطلاقاً في المؤتمر الاقتصادي في قطر. شارك الانصار في إحراز كأس لبنان ٥ مرات. شارك عدد منهم في استكمال الفتوحات الاسلامية. أشارك الاخ عادل رأيه ومطالبته وصرخته. يشاركني البطولة نجم سينمائي مرموق.

اِشْتَرَكَ
*to participate (*مع *with sb)* في *in sth* {2D}

أكد أن قوات المشاة التركية «لم تشترك» مع قوات بارزاني في عمليات عسكرية. اشتركت «طيران الإمارات» مرة أخرى في معرض بورصة السياحة الدولية. اشترك في هذه الانتخابات ١٩ حزبا وتكتلا سياسيا. تشترك في هذه القوة ايطاليا وفرنسا واليونان واسبانيا وتركيا. تشترك الولايات المتحدة واسرائيل في تمويل تطوير الصاروخ.

شاطَرَ
to share sth with sb (feelings, news) {3W}

ان كنت اشارككم وأشاطركم الرأي في هذا الا ان الاسلوب الذي تنتهجونه اسلوب غير حضاري ويضر اكثر مما ينفع. أكدت اليابان انها «تشاطر الأسرة الدولية قلقها» من ممارسات ايران. عبّر عن امله، كما شاطره في ذلك كل الباكستانيين، في انتهاء الكابوس. نشاطر الولايات المتحدة مصالح كثيرة. لا شك أن إخواني في اللجنة يشاطرونني تحليلاتي إلى حد ما.

قاسَمَ
to share sth with sb {2M}

تعالى أقاسمك الهموم. اننا نقاسم القلق الذي عبّر عنه عدد كبير من الدول. يقاسمها السكون. «عالم المرأة العادي، العالم الذي لا يقاسمها أياه». قد قاسمتهم طعامي وشاطروني شرابهم وعلموني شيئا من الروسية.

اشترى — to buy

تَبَضَّعَ
to shop; to shop for {2M}

السوق هو المكان الذي يتبضع منه الناس. كانوا يتبضعون في الصباح ويذهبون الى المسرح بعد الظهر. يتبضع النادي في السوق النيجيرية بحثا عن لاعبين جدد. أحيانا كنت أشاهده وهو في شارع الرشيد يتبضع لوازمه الفنية. لا يجوز لوزير خارجية العراق أن يتبضع من مخزن على هذا المستوى. (Coll) في يوم من الأيام راح راجل إلى السوبرماركت عشان يتبضع.

اِبْتاعَ
to purchase, buy sth {3W}

نبتاع جميع أنواع التوابل مستوردة من الهند . ابتعت بعض المجلات لأقرأها في ساعة انتظاري للقطار. يبتاعون ملابسهم من بيروت ومن بيوتات الأزياء. نشرت صحيفة صنداي تايمز الجنوب افريقية ان الرئيس نلسون مانديلا ابتاع منزلا جديدا.

اِشْتَرَى

to buy sth {2D}

السويد اشترت ذهباً مسروقاً من هتلر. إذا اشتريت اثنين سوف تحصل على الثالث مجاناً. اشتريت ٥٨ فدانا في الصحراء بسعر ٣١ الف جنيه. كلما اشترينا شيئا جديدا حملناه الى الشقة التي ستكون عش الزوجية.

---

people

شعب

see بلد، رجل

أُمَّة

nation, motherland {2D}
pl: أُمَم

ناقش التحديات التي تواجه الأمة. الأمة تعيش حالة من الغيبوبة الثقافية والفكرية. حرية الصحافة ضرورة من ضرورات تقدم الأمم والشعوب الحديثة. قال إن القصف الأمريكي للعراق أصاب مساعي الأمم المتحدة للتوصل إلى حل دبلوماسي للمشكلة مع بغداد.

شَعْب

people (of a particular nation) {2D}
pl: شُعوب

أستطيع أن أؤكد لكم أن الشعب التركي كان يكره هذا الرجل. يتمتع بثقة الجيش والشعب. كان مطلوبا تحقيق الفصل وربما الطلاق بين الدولة والشعب. نعتقد أن السلام هو الخيار الأسلم المتاح لكل شعوب المنطقة. فقد احترامه للشعب المصري وعاهد نفسه الا تطأ قدماه مصر مرة اخرى. يهدف الى تحويل اهتمام الشعب عن ما يجري في البلاد. شعب العراق يستحق نظاما أحكم مما عنده. ان الشعوب هي التي تبني الاوطان.

قَوْم

people, nation {2D}
pl: أَقْوام

إن شعور الانتماء الى قوم وإلى وطن شعور فطري. يتعصب المرء لقومه وينغلق عليهم. يا رب نجني بقدرتك وفضلك من القوم الظالمين. ماذا كان جواب قوم لوط على نبيهم؟ ظن قوم أن الشجاع لا يخاف، وأن الكريم لا يعرف المال. هذا البناء لا يتم الا بتواصل الحوار بين كل اقوام السودان. يقرع الطبل بعنف وإلحاح منذ اربعين عاما.. حتى يستيقظ القوم من سبات النسيان.

---

to feel

شعر

حَسّ

to feel (ب *sth or* ان *that*)
{1M} (Eg)
يِحِسّ

ذنبي أيه؟ إن أنا بني آدم، لي إيدين بتحس وعينين بتشوف؟ بيحس حاله مظلوم لأن أخاه عنده أكثر منه. الطبيب: بتحس بأيه؟ المريض: باحس بحاجة زي زرجنة في مؤخرتي. بتحس انها مرتاحة. عبد الوهاب هو مبدأ الموسيقى اللي اتربينا عليها كلنا ولما بتسمعه لحد النهارده بتحس ان أغانيه كأنها متلحنة امبارح.

أَحَسَّ

to feel ب *sth or* أَنّ *that* {3D}

أحس بالسعادة. أنهى فنجان القهوة، فأحس برغبة في كأس من العصير. كنت أحس الآن بما كان يشعر به! لا يكتب الا ما يحسّ ان عليه ان يكتبه. لما احسوا انه مصمم على الاستقالة بدأوا يفكرون في الشخص الذي يخلفه في رئاسة الوزارة.

شَعَرَ

to feel ب *sth or* بأَنّ/ أَنّ *that*
{2D}
يَشْعُرُ VN: شُعور

ذكر ان اطلاق ياسين جعله يشعر بالسعادة. كيف يمكن ان نشعر بالارتياح بينما لا يزال المزارعون يقتلون. شعرت بالحاجة الى تقديم جواب يبدو مقنعاً له. شعر الاميركيون بأن نتانياهو ليس «شريكاً موثوقاً به». يشعر الحزبان الرئيسيان ان بوسعهما كسب اصوات المقترعين. شعرنا ان الوقت حان لاعطاء الجنود ما يستحقونه.

feeling, emotion
شعور

حَسّ / حِسّ
sentiment; feeling {3D}

تفتقر الى الحس الوطني. طغى عليها حس الواجب والتقليد. لو نزل القرآن على قوم لم يكن عندهم حس فني لما ادركوا معنى الآيات البليغة ولفقدت مدلولاتها. ليس لديه حس النقد.

إِحْساس
feeling {2D}
pl: أَحاسيس

الإحساس بالاثم يأخذ بعداً مأسوياً. ولد في نفوس ابنائه إحساساً بالمصير المشترك بينهم. ينمو تدريجياً احساس الابنة بقيمتها كأنثى. هل تعلمين كيف كان احساسي؟ احسست انني اختنق، وان قلبي يتحطم. يذبحونه من دون احساس بالذنب.

شُعور
feeling {2D}

الشعور السائد اليوم في فرنسا هو شعور بالملل. انفردوا على العشب في الحدائق دون ادنى شعور بالتحفظ. الاحباط والشعور بالظلم يدفعان الى اليأس. شعوره بالوطنية بقي «حقيقة ثابتة». نميل الى الصمت والشعور العميق بالخجل والعار. التغيير حدث دون شعور احد بأي فارق. انتابني الشعور بأن شخصا ما يلاحقني.

مَشاعِر
(pl) *feelings* {2D}

لا تريد اثارة المشاعر. قد جاء الشعر تعبيراً عن الاحاسيس والمشاعر التي تثيرها هذه القضية. عبّر عن مشاعر الاحباط والغضب التي يعاني منها الفلسطينيون داخل الخط الأخضر. لا يسمح الاّ نادرا للمشاعر الانسانية ان تؤثر عليه. جرح سلمان رشدي مشاعر المسلمين.

عاطِفَة
emotion, feeling {2D}
pl: عَواطِف

انت لست إنساناً، أنت عاجز عن الحب أو العاطفة أو أي شيء آخر. يجب ألا ننساق وراء العاطفة. تظل عاطفة الأبوة والأمومة هي الأرض التي يعود إليها الابن. حاول ايضاً ان يستغل «عاطفة» الشارع العربي.

اِنْفِعال
emotion, excitement {2D}

كان صوت البروفسور ممتلئاً بالانفعال. أمل ان يكون النظر الى الاوضاع اللبنانية بعيداً من الانفعال. كانت عيناه اغرورقت من شدة الانفعال. عبّر ناطق باسم الوزارة ايضاً عن «قلقه وانفعاله ازاء الاحداث الخطرة التي وقعت في القدس والخليل». هو انسان وعندما يتكلم بانفعال يبالغ.

---

to catch fire, burn
اشتعل

تَأَجَّجَ
to flare up, blaze {3M}

الفراشة التي انقادت لألسنة النار، لن ترجع عن اللهب حتى لو احترقت امامها الف فراشة اخرى، طالما كانت الشعلة التي تتأجج في جوفها وتدفعها الى الاتون اقوى من اللهب. تأججت النزاعات الكامنة بين القادة. الصراع الذي يتأجّج كل عامين عشية الإنتخاب لن تخمد ناره هذا العام.

اِحْتَرَقَ
to burn, smolder {2D}

أفاد تلفزيون سارايفو «ان مسلماً احترق حتى الموت عندما أشعل مجرمون النار في منزله». أضرم بعضهم النار في البناية التي احترقت بكاملها. أشم رائحة الحريق، الطنجرة احترقت، ويجب ان أروح وأطفئ النار. أول من سيحترق بنار العدوان هي الدول الخليجية. ادونيس يحترق في داخله فهو يعي عجزه عن مقاومة الموت.

شَبَّ
to break out, blaze; [see كبر*; to grow up]* {2M}
VN: شُبوب يَشِبُّ

قدرت خسائر الحريق الذي شب الثلاثاء الماضي بنحو ٤٠٠ مليون دولار. قد احترقت الأفلام التي التقطها ويلهاوس في حريق شب العام ١٨٧٩ في لندن. بذل رجال الاطفاء جهودا ضخمة لتطويق حرائق شبّت في المنطقة.

اِسْتَعَرَ
to flare up, blaze {3W}

استعر الخلاف مرة اخرى بين شاكر وطه حسين حول كتاب الاول. استعر العداء بين الطرفين الى درجة ان جعفر نميري لم يتوان عن شنق حلفاء الأمس. استعر التنافس بين المحطات الاخبارية على مدار الساعة. مشاعره تستعر.. وتتأجج، كأن في قلبه حمما من لهب.

اِشْتَعَلَ
to catch fire, burn {3W}

اشتعلت الحرب العالمية الثانية. اشتعلت المنافسة من جديد على بطاقات القارة الاميركية الجنوبية الاربع. قبل ان يذوب ثلج الشتاء، اشتعلت المعارك في ولايات سبع، بين قوات حركة «طالبان»، وقوات مسعود. جوفه اشتعل نارا، واحترقت كل اعضاء جسمه. بعدما فقدت اللقب العـــالمي اشتعلت النـــار داخلي.

اِضْطَرَمَ
to break out, flare up {3M}

انطلق لسانه حاملا لهيب ثورة عارمة تضطرم في نفسه على مايدو منذ فترة ليست بالقصيرة. الإنسان لا يسعد بحياته أبدا وأعماقه تضطرم بمثل هذه المشاعر الكريهة تجاه من أمره الله بالرفق بهما. الجيش التركي مؤسسة من مؤسسات الدولة التي تضطرم فيها تناقضات عنيفة. تضطرم في اعماقه الشهوة.

اِلْتَهَبَ
to flare up, blaze, burst into flames {3M}

الثورة تلتهب تحت القبة العربية الاسلامية. يلتهب الملعب بهجمات شرسة تنتهي بهدف. يلتهب به حرارة. التهبت المشاعر. التهبت المباراة وطرد حارس التعاون لاحتكاكه ببلادي كوما. التهبت القاعة هتافا وتصفيقا ورقصا. اشتعل خيالهم والتهبت حماستهم بالعولمة.

اِتَّقَدَ
to catch fire, burn {3M}

نستطيع القول انه كان شاباً يتقد حماسة وثورية ومفعماً بروح قومية وثابة. الشاعر كيفما تحرك في مجموعته نراه يتقد بدون كلل. ما زال نورها يتقد وألوانها مزيجا من الأمان والألفة. كانت طفولتها سعيدة واتقد وجدانها بالعواطف والمشاعر النبيلة.

وَلَّعَ
to catch fire, burn; [to light sth, turn sth on] {1M} (Eg)

البيت كله ولّع، بس الحمد لله ماكانش فيه حد جوّه. بيولّع من الغيرة. الخشب مش عاوز يولّع. الأسعار تولع.

---

busy مشغول

مَشْغول
busy, occupied (ب with) {2D}
pl: مَشْغولون

لم أسمع إلا ما يدل على ان الخط الهاتفي مشغول. هي أم مشغولة بأولادها. لا اعرف لماذا انا دائما مشغول بها. وجد نفسه غير مشغول بفيلم جديد. الأب في كثير من الحالات يكون إما مشغولاً، أو معزولاً، أو غير مدرك ان وجوده هام جداً. هم مشغولون تماماً بتحقيق الامن الداخلي.

مُنْكَبّ
devoted, given over على to {3M}
pl: مُنْكَبّون

يمضي العطاس أوقاته منكباً على القراءة والكتابة. هو منكب على تأليف قصة سوريالية فيها الكثير من السخرية. تستمر منكبة على عملها بصورة عمياء وبحماس. المسؤولون المذكورون منكبون على مسائل «المصير القومي».

مُنْهَمِك
engrossed في/ب in {3W}
pl: مُنْهَمِكون

اجهزة الحكومة الاخرى منهمكة حالياً على غير عادتها في ورشة عمل. الأمم المتحدة منهمكة... بسيارات ديبلوماسييها. كنت منهمكاً في تفاصيل صغيرة. اوروبا متقوقعة على نفسها، منهمكة في همومها الداخلية. وجدته منهمكاً كالعادة في عمله الصحافي. سيكون الاداريون منهمكين في تفاصيل الدورة.

hospital

مستشفى

مَشْفىً
hospital {2M}
pl: مَشافٍ

لا يزال خمسة منهم في غرفة العناية الفائقة في مشفى «المجتهد» وتركزت اصابتهم على العيون والاطراف. قرر المجلس احالة الدقامسة الى مشفى للأمراض النفسية للتأكد من سلامة قواه وقدراته العصبية والعقلية. كان تبرع بمال الى مشفى او دار أيتام.

مُسْتَشْفى
hospital {2D}
pl: مُسْتَشْفَيات

أكد ٣٣ من اطباء المستشفى ان الوفيات زادت الشهر الماضي بشكل ملحوظ اثناء وجود المرضة. رفضت ادارة السجن تنفيذ قرار النيابة احالته على المستشفى إثر اصابته بمرض الانزلاق الغضروفي. هو المدير العام لمستشفى العيون في مدينة جدة. تقرر بعدها نقله الى الاردن لتلقي العلاج في احد مستشفيات العاصمة عمان.

مَصَحّ، مَصَحَّة
hospital, sanatorium {2W}
pl: مَصَحّات

الرئيس الروسي دخل بعدها مباشرة الى المصحّ. الاطباء لا يستبعدون «تطور الانفلونزا» ولذا نصحوه بالانتقال الى المصح. عندما تحسنت صحته خرج من المصح ليعمل ممثلا وراقصا في عدد من الفرق المسرحية. تتكامل المصحة الجديدة مع مركزين استشفائيين يعتمدان على المياه الساخنة. بلجراد تعلن مقتل ٢٠ مريضا في هجوم لطائرات الناتو على مصحة للمسنين.

عِيادَة
clinic {2W}
pl: عِيادات

نقلها الى عيادة خاصة في احدى ضواحي باريس. الدكتور بن يحيى استاذ الطب وجد مقتولاً داخل عيادته في سان جان وسط قسنطينة. أنشأ عيادة نفسية فتح ابوابها لاستقبال المبتئسين من معاناة العلل النفسية والسلوكية. يحتاج عمو بابا الى علاج لمدة ثلاثة اشهر في عيادة متخصصة في لندن، وهو قادر على تسديد كلفة العلاج. تضم المراكز الصحية التابعة للمؤسسة ١٤ مستوصفاً و١٤ صيدلية وثماني عيادات نسائية وثماني عيادات اختصاص في بيروت.

مُسْتَوْصَف
clinic {2M}
pl: مُسْتَوْصَفات

ذكرت ان للمؤسسة مستوصفاً ثابتاً وثلاثة جوالة في المناطق الشمالية. قامت الهيئة بترميم ٤٠٠ منزل في برتشكو في اطار مشروع لاصلاح ٦٠٠ منزل بالاضافة الى مستوصف ومدرسة.

thankful

شاكر

شاكِر
thankful, grateful (ل *towards*) {2D}
pl: شاكِرون

إذا تجاوب مجلس الوزراء معي فأنا له شاكر. من يستطيع ان يرمي بعشرة آلاف شخص في الشارع عليه القول انه قادر على هذا العمل علنا وانا أكون له شاكرا ومصفقا وداعما. الحكومة البريطانية تكون شاكرة لو ان الحكومة الايرانية تبرز ما يثبت ان جزيرة صري تتبع ايران.

مُتَشَكِّر
thankful, grateful {1M}
Coll: مِتْشَكِّر

متشكر جدا. يا سيدي متشكر إلك. لم يرد الرجل بأكثر من «متشكر». مش عارف أقولكو ايه ولكن أنا متشكر قوي. احنا متشكرين إنكو أسقطوا القضية الفلسطينية من الحساب.

مُمْتَنّ
indebted, grateful (ل *towards*) {2M}
pl: مُمْتَنّون

يجب أن يكون السوريون أيضا ممتنين لمبارك ودوره. نحن سعداء بما نفذناه مع سوريا... وممتنون ومقدرون للرئيس حسني مبارك على الجهد الكبير الذي قام به. نحن ممتنون لموقف مصر من قضية قبرص. انني أوافق على الصيغة وأكون ممتنا لو أخبرتهم بذلك فكان هذا الضوء الأخضر لإصدار وعد بلفور.

مَمْنون
grateful (ل towards) {2M}
pl: مَمْنونون

في اكثر الحالات نكون ممنونين لو جاءت الحبيبة على الأقل ولا يهم تأخرها. سنكون ممنونين لو تفضلتم بتقديم ملاحظاتكم. باعوا كرامة شعبهم من أجل اعتلاء المناصب وأصبحوا «ممنونين» للمحتلّ. اذا أحد عنده أي نصيحة نكون له ممنونين.

شكّ
to doubt, suspect

اِرْتابَ
to doubt من/في *sth, be suspicious* في *of* {3M}

الوزير الفلسطيني: بدأت أرتاب في أن الإسرائيليين لا يريدون حل المشكلة. روسيا ترتاب من توسيع ساحة نشاط حلف شمال الأطلسي. السلطات الامنية ارتابت في امكان ان تكون للمعتقل علاقة بجهات استخباراتية خارجية. واشنطن ترتاب من علاقة وزير الخارجية الروسي بصدام حسين.

اِشْتَبَهَ
to suspect, be suspicious في *of* {2W}

إسرائيل تعتقل ثلاثة فلسطينيين تشتبه في تخطيطهم لهجمات على إسرائيليين. بدأت الشرطة تحقيقا في الموضوع، لكنها أوضحت أنها لا تشتبه في وجود مؤامرة. منع العراق مفتشي الأمم المتحدة من الدخول الى ثلاثة مواقع يشتبهون بانها تحتوي على اسلحة. تم اعتقال أربعة مسئولين يوجوسلاف يشتبه في ارتكابهم جرائم حرب في كوسوفو.

شَكَّ
to doubt في *sb, suspect, be suspicious* في *of* {2D}
VN: شَكّ يَشُكّ

ليست عندي شكوك في شجاعة الرجل ووطنيته، وإنما أشك في توازنه العقلي! قال رئيس الوزراء الأسرائيلي «بدأنا نشك في رغبة سورية في استئناف المفاوضات وتحقيق السلام معنا». في الشيخوخة نصدق اي شيء، في وسط العمر نشك في كل شيء، في الشباب نعرف كل شيء! المفتشون يمتلكون الحق في دخول اي موقع في العراق يشكون في انه قد تكون فيه اسلحة محظورة.

شَكَّكَ
to cast doubt في *on, have doubts* في *about* {3W}

شكك وزير الخارجية الباكستاني في إمكان توقيع بلاده على معاهدة حظر إجراء التجارب النووية. شككت الولايات المتحدة في إمكان إنهاء العقوبات الدولية المفروضة على العراق. واشنطن تشكك في التوصل لاتفاق فلسطيني اسرائيلي حول القدس. خبير بريطاني يشكك في إجراءات الأمن الأمريكية في المطارات.

تَشَكَّكَ
to doubt في *sth, be skeptical* في *about* {3W}

يتشكك لويس عوض في قيمة الشعر الذي نظمه ابن وكيع. لم يبق في العالم عاقل واحد ما زال يتشكك في طبيعة عمل لجان نزع أسلحة الدمار الشامل. تشككنا في نوايا الآخرين. كان يتشكك في صدقية النظام. أتشكك كثيراً في أنه التزم هذا المنهج دائماً.

شكّ
doubt, suspicion

رَيْب
doubt {3W}

لم يكن هناك ريب في أنها كانت تحبه، لكنها ظلت على عنادها، وأخفت ذلك الحب. التسوية السياسية للصراع العربي الاسرائيلي آتية ولا ريب في ذلك. اذا توسع حلف الاطلسي ستلجأ روسيا الى اعادة التسلح وستبدأ من غير ريب حرب باردة اخرى.

رِيبَة
suspicion, doubt {3W}

سلوك هذا الشخص اثار ريبتي الى حد كبير. ينظر الكونغرس الأميركي بعين الريبة الى سياسة الاتحاد الأوروبي تجاه الشرق الاوسط. القرار الاسرائيلي الأخير يبعث على الريبة ولا يبني الثقة. على بغداد اتخاذ قرار جديد، قرار لا يزيد الريبة بل يعزز فرص السلام.

شُبْهَة

suspicion {2W}
pl: شُبْهات

حاول المجرمون تضليل التحقيق لإبعاد الشبهة عنهم. لقد حامت شبهة حول علاقة الحكومة الإيرانية باغتيال معارض ايراني في لندن. لا يمكن لشخص عجوز مثلي ان يثير أي شبهة عند الشرطة. شبهات التقصير تحيط بـ ٢٠ ضابطا ورجل شرطة. النظام في بغداد ليس فوق مستوى الشبهات.

شَكّ

doubt, suspicion {2D}
pl: شُكوك

ستالين كان، دون ادنى شك، واحداً من اشهر شخصيات القرن العشرين . للتراث العربي - الاسلامي قيمة تاريخية كبيرة لا يرقى اليها الشك. الأحداث الأخيرة التي وقعت في بغداد أثارت الشكوك حول مستقبل النظام العراقي. عبر السفير الروسي عن شكوكه بصحة الرواية الأميركية واصفا اياها بأنها مفبركة. انتشر الخوف والشك في القيادات الوسطى والموظفين الصغار. استهدف إثارة الشك لدى جماعة الإنقاذ في نوايا السلطة.

---

no doubt — لا شكّ

see قطعاً

لا شَكّ، وَلا شَكّ

there is no doubt في/أنّ *that* {2D}

لا شك في أن الولايات المتحدة هي التي منعت – وما زالت – اجراء محاكمة صدام لحسابات سياسية خاصة بها. لا شك في ان هناك أكثر من مصلحة تجمع بين الاسرائيليين واحزاب الاكراد. لا شك انها نكتة، او بالاحرى نصيحة غير مدروسة. انها لا شك مقولة صحيحة. مما لا شك فيه ان معدلات النمو ستنخفض في اماكن عدة. إنها ولا شك أهم إنجازات حياتي.

بِلا شَكّ

without a doubt {2W}

رميت تلك القنبلة بلا شك من على سطح احدى الدور اليهودية. إنه بلا شك يحب موسكو. كان أهم إنجازات هذه القارة بلا شك هو إنشاء منظمة الوحدة الإفريقية في ٢٥ مايو ١٩٦٣. إن مبادرة كهذه ستكون بلا شك مثيرة للجدل. سيكونون على حق بلا أدنى شك.

دونَ شَكّ

definitely, without a doubt {2-3W}

سوف يأتي دون شك. كلاهما يعمل من أجل مصلحة إسرائيل دون شك. انه ثمن كبير دون شك، وعلينا ان لا ننسى هذا. سجل ٢٤ هدفا في ٦ مباريات وهو رصيد ممتاز دون شك. انك من دون شك ستجده في سنغافورة. كان دون أدنى شك واحدا من اغرب شخصيات القرن العشرين.

مافيش شَكّ

no doubt {1M} (Eg)
ما فيه شكّ (Lev/Gulf)

(Eg) مافيش شك انه فيه دول مهمة أيضا في الجامعة العربية. كل يوم بيفوت على الواحد بيتعلم فيه حاجة مافيش شك يعني. (Lev) هو نجم هلالي مافيه شكّ. (Gulf) مافيه شك الملاكمين الحين وصلوا أعلى مستوى.

لا رَيْب

there is no doubt في/أنّ *that* {3W}

لا ريب في أن هذا الرجل فاضح. لا ريب ان الإرث الأدبي والفني الفرعوني سيبقى على مر العصور. موعد الاقتراع آت لا ريب فيه. هذا أمر لا ريب فيه. لاحظ ملاحظة ذكية ولا ريب. انه لا ريب قد انفرد بتلك الصفة التي ميزته عن جميع الموسيقيين العرب.

بِلا رَيْب

without a doubt {3M}

سيلاحظ القارئ بلا ريب ان اللوحات أقوى كثيراً من الصور الفوتوغرافية المعاصرة التي ترافقها. انني بلا ريب اتفق مع فخامة الرئيس في كثير مما جاء على لسانه. نعتقد انها ذات فائدة كبيرة بلا ريب. ان مثل هذا التوجه يجب ان يقابل بلا ريب من جانب الصحافة بمزيد من الوعي لمسؤولياتها القانونية.

لا مِراء

there is no doubt في/أنّ *that* {3M}

لا تجادلي في الحق الذي لا مراء فيه. اعتقد أن الحقيقة واحدة لا مراء في ذلك. لا مراء في انه لا يمكن ان يكون في التراث جواب على كل سؤال. لا مراء في ان عملية الترجمة اقتضت منه جهدا ملحوظا.

شكل
form, shape

see مظهر

خِلْقَة
external appearance [see طبيعة; *innate character]* {2M}
pl: خِلَق

الرجل أسمر قبيح الخلقة. لا يطلب بتحسين ما قبح من خلقة جسمه ولا تكميل ما نقص منها.

شَكْل
form, shape; outward appearance {2D}
pl: أَشْكال

هو على شكل هلال واغلب هذا النوع مصنوع من الفضة. عرض اسماء الله الحسنى بشكل هرم يتألف من مكعبات. يبدو غير أكيد من أشكال الحروف وموضع النقاط منها. إنهم لا يعنون بأنهم اخذوا شكل الأرقام من العرب. اننا نعيش في عصر يكثر التركيز على الهيئة العامة والشكل الخارجي للأشخاص. المسرح من احب الاشكال الفنية الى نفسي. السلام كان يسير بشكل طبيعي. لا تهتم إلا بالشكل. هذا المبنى اسطواني الشكل.

صيغَة
shape, form {2D}
pl: صِيَغ

هذا الاتفاق بصيغته الاخيرة مخالف لاحكام القانون الدولي. قد اخترت طريقتي الخاصة هذه لأنني وجدت فيها صيغة ملائمة للعرض الذي اردته الا يكون بعيداً عن الناس. تبحث عن صيغة مختلفة لتحصيل المال وانفاقه بشكل عادل ومتوازن على الناس. قد يتوصل الى «صيغة نهائية في شأن قانون البلديات».

قالِب
form, mold; model {2D}
pl: قَوالِب

كان فيدو قد اختار أن يقدمها لنا في قالب هزلي. هي مسكوبة بقالب ادبي متين يليق بهذا الأديب. الحكومة ليس لها قالب محدد لشكل الحكم. طلبت منه بدلال الواثق أن يكتب تاريخ أمته في قالب قصصي كما فعل كتّاب فرنسا وانكلترا. يبدو انه من الصعب التعبير عنها في قوالب لغوية بسيطة. يحاول تقديم قوالب جاهزة ووضع المجتمع فيها.

هَيْئَة
form, shape; appearance; [see مّنظّمة; *organization]* {2W}
pl: هَيْئات

تيجان الاعمدة الفرعونية صممت على هيئة زهرة اللوتس المتفتحة. بين يديه قطعتان من الاطباق المنقوشة بخيوط الذهب على هيئة طاووس. البناء الذي يبدو للعابر على هيئة جسر بثلاث طبقات، ربما من اضخم انشاءات بيروت. انتشر واتخذ اشكالا عديدة وهيئات مختلفة. هيئته لا تترك لك أدنى شك في أنه تجاوز الخمسين عاما. سادت لحظات من الصمت وانشغل الجالسون فوق المسرح في تعديل هيئتهم.

مشكلة
problem

see متاعب، شيء

مَأْزَق
dilemma, predicament {3D}
pl: مآزِق

هكذا اصبحت بريطانيا في مأزق حرج. تعودنا اننا كلما خرجنا من مأزق ندخل آخر. المأزق الذي تواجهه التسوية السلمية على المسار الفلسطيني لا يمكن اعتباره مأزقاً فلسطينياً فقط. حذر من استمرار المأزق الراهن في المفاوضات. كان هناك تكدس شديد من جانب الجماهير لمشاهدة المباراة وتم الخروج من هذا المأزق بفتح أبواب الاستاد مبكرا.

إِشْكال
difficulty, problem {2W}

وضع حدّاً للإشكال بين طهران وأنقرة. اعتبر ان التباين في بعض المواقف السياسية أمر «طبيعي»، مشددا على ضرورة حل «أي إشكال عبر المنطق». لن يتسبب قرار الحكومة بأي إشكال مع الدول العربية التي بيننا وبينها اتفاقات. لكن ذلك لم يمر من دون إشكال بينها وبين السفارة.

مُشْكِلَة، مُشْكِل
problem, difficulty {2D}
pl: مَشاكِل، مُشْكِلات

مشكلة الفقر ليست محصورة في دول العالم النامي. دعا الى ايجاد «حل لمشكلة الأمن في المنطقة من دون الاعتماد على الاجنبي». وضع القدس ليس مشكلة منعزلة بل جزء لا يتجزأ من القضايا في نزاع الشرق الأوسط. المشكل هنا هو المشكل ذاته الذي كنا نواجهه أمام الاستعمار التقليدي. ليس في الأمر مشكل. هذه أيضا احدى المشكلات التي تعرضت لها. دعا اليابان الى القيام بدور نشط في المساعدة في حل المشاكل المالية في المنطقة.

مُعْضِلَة
puzzle, problem, critical issue {3W}
pl: مُعْضِلات

المعضلة الكبرى كانت نقل هذا البيت، بأحجاره وديكوراته الأصلية، الى شمال اليابان لاعادة اقامته هناك بعد ادخال الترميمات اللازمة. المعضلة الراهنة لها اسم واحد: نتانياهو. لم يوفر مجيء حزب الرفاه الاسلامي الى السلطة حلا للمعضلة. بحث عن دور استثنائي للفلسفة في حلّ المعضلات.

قَضِيَّة
issue, problem {2D}
pl: قَضايا

القضية تمسّ في خاتمة المطاف كرامة الثقافة العربية. اعتبر ان «حل قضية العنف المتصاعد واحلال الأمن ليس ممكناً إلا بالاتفاق مع الفلسطينيين». البحث عن الأمان يشكل في الوقت الحاضر أهم قضية حياتية للمواطنين. لا ترغب في الغرق في حل القضايا التفصيلية العالقة بين الطرفين.

مَسْأَلَة
[see شيء*; matter, concern, issue]; problem* {2D}
pl: مَسائِل

للعامل الديموغرافي وزنه النوعي عند التفاوض في شأن حل مسألة القدس. مفاوضات الانضمام لا يمكن ان تنجز الا اذا حلت المسألة القبرصية. وجب حل مسألة المستوطنات الاستعمارية في ضوء تلك القرارات. تعتقد أن هذه مسألة حساسة للغاية، ويتحمل الطرفان مسئولية حلها. حدد بعض الحلول للمسائل العالقة في مفاوضات الحل النهائي.

شكا — to complain

تَذَمَّرَ
to murmur; to complain من/ على *about* {3W}

حكومات عربية كثيرة تتذمر من سياسة واشنطن. التجار الأردنيون تذمروا اكثر من مرة من المعوقات التي تضعها اسرائيل امامهم. ٣٠ مليون مواطن يعيشون دون الحد الأدنى للفقر ولكنهم لا يتذمرون. الكل يتذمر من وضع الخلافات الداخلية في لبنان. تذمّر عليه اليهود لأنه دخل بيت رجل خاطئ.

شَكا
to complain, gripe إلى /ل *to sb* من *about* {2M}
يَشْكو VN: شَكْوَى

كنت أشكو من الحرارة الفظيعة والرطوبة الخانقة أثناء زيارتي الأولى لقطر. شكونا إلى جهات عدة للتحقيق في هذه الأمور ولكن بدون جدوى. الناس يشكون من عدم وجود وظائف كافية لابنائهم. من حقنا كلبنانيين ان نشكو لمجلس الأمن ومن واجب مجلس الأمن ان يستجيب.

اِشْتَكَى
to complain إلى *to sb* من *about* {2W}

شهدت هذه الفترة من حياتنا بعض المشاكل العائلية، فلقد اشتكت اختي من سوء معاملة أخي لخطيبها. العديد من الاهالي اشتكوا بالامس من احمرار وحرقان في العيون وحساسية في الصدر. اشتكى الصحفيون كثيرا من التعتيم الذي فرضته امريكا أثناء عمليات حرب الخليج. ضربني وبكى وسبقني واشتكى. إنني سأشتكي إلى الملك وإلى القضاء على اتهامك لي بالرشوة. كان طلاب الصفين الثاني والثالث الثانويين قد اشتكوا من صعوبة امتحان اللغة الانجليزية.

تَظَلَّمَ
to complain, grumble من *about* {2W}

النظام القانوني المصري يسمح باعادة محاكمة أي متهم يتظلم من حكم صدر في حقه. تظلمت زيمبابوي من قرار الاتحاد الأفريقي لكرة القدم. بعض الكتاب والمؤرخين الأجانب يقولون أن إسرائيل تتظلم في كل مناسبة.

disgust
اشمئزاز

see غضب

اِشْمِئْزاز
disgust {3W}

العالم يتعامل مع هذا الاسرائيلي باشمئزاز. لندن والقاهرة تقفان معاً في شجب هذا الحادث المثير للاشمئزاز. كتبت ان ما حصل «مثير للاشمئزاز» وأن كلام لاريجاني كان لأهداف «حقيرة». إذا كان الهدف من مجزرة الأقصر الأخيرة قتل أكبر عدد ممكن من الأبرياء وإثارة الاشمئزاز وشعور الفظاعة في العالم بأسره، فإنه بامكان الارهابيين ممن دبروا تلك العملية أن يفركوا أيديهم فرحا واستبشارا.

قَرَف
disgust {2M}

زرع الشك والقرف واليأس في صدور كل اللبنانيين. قال انه تعب من السينما واستبد به القرف. الانسان يأخذ نفسه جدياً الى درجة القرف. جاءت الاستقالة في ظرف وصل القرف فيه عند الناس الى اقصى حد.

تَقَزُّز
disgust {2M}

أعطى رائحة اكثر نتانة وأشد اثارة للتقزز. اسلوب الاغتيال السياسي الذي تهدف من ورائه الحكومات الى تهدئة ازماتها او تأجيلها انما يدعو الى السخرية والتقزز. هناك اشياء كثيرة تبعث على التقزز.

---

candle
شمعة

see مصباح

مَشْعَل
torch {2M}
pl: مَشاعِل

هؤلاء الرواد هم الذين حملوا مشعل الحضارة، وشقوا الطريق للأجيال الآتية بعدهم. على مدخل الملعب الروماني انتصبت عشرات المشاعل الرومانية. حمل المحتجون خلال المسيرة ثلاثة توابيت واشعلوا المشاعل كرمز لموت الديموقراطية . الكتّاب هم ضمير الأمة ومشاعل التنوير التي تسطع فوق أرضها.

شَمْعَة
candle {2W}
pl: شُموع

يبدو لي انك عشت حياتك كشمعة في مهب الريح. جامعة كابول شمعة مضيئة صغيرة في بحر من الظلمات. بدلا من أن تلعنوا الظلام، اضيئوا شمعة. ظللت لسنوات أعيش بدون كهرباء وأكتب على ضوء الشموع . كان المكان يضاء بالشموع.. وكانت ظلالها ترسم أشباحا في المكان كله.

شَمْعَدان
candelabra, candlestick {2M}
pl: شَمْعَدانات

تم بيع شمعدان من البرونز حجمه كبير بمبلغ ٩٢ ألف جنيه في مزاد علني. أحد المليونيرات اليهود تبرع ببضعة ملايين من الدولارات لعمل شمعدان كبير من الذهب الخالص . يوجد في مكتبة مدينة السويس شمعدانات فضية ومناضد مطعمة بالصدف.

---

to smell
شمّ

شَمّ
to smell sth {2W}
يَشَمُّ VN: شَمّ

شمت رائحة حريق، وفوجئت بدخان كثيف في المطبخ. شممت رائحة نفسه غير المريحة عندما استدار بوجهه ناحيتي. لقد اشتاق قلبي الى ان يشم رائحة الخشب المغمس في المطر. يشم رائحة الازهار التي تُعرف بها المنطقة. شمّت رائحة الكوسى في طنجرة أم عيسى.

اِشْتَمّ
to smell sth; to understand من *from* {3M}

الكلاب تنظر الى كل الجهات وتشتمّ اقتراب مجهولين لن تستطيع عضّهم. من العنوان نشتم رائحة النهايات. تاجر المجوهرات الشهير الذي لم يكشف اسمه «اشتم رائحة صفقة مربحة» واعتبر ان العملية مضمونة من كل الجوانب. منذ خمس سنوات بدأنا نشتم رائحة جديدة فأتى النظام العالمي الجديد بقواعد جديدة. اتخذ موقف يشتمّ منه انه موقف مطلق الى جانب اسرائيل.

تَنَشَّقَ
to inhale, smell sth {2M}

المواطنون الذين لا يدخنون ما برحوا يتنشقون دخانها في معظم الاماكن التي يمنع فيها التدخين عادة. عولج طلاب آخرون من تنشق الغاز المسيل للدموع. أتنشق الهواء مجاناً فأشعر بالكبرياء، وأغتبط بالترفّع. اتنشق هواء الكاريبي. ٥٠ مليون عربي يتنشقون هواء ملوثاً. تقول نيللي انها لا تستطيع تنشق رائحة الدخان.

شاهد — to see

see حدّق

أَبْصَرَ
to see, observe sth {3W}

أبصرت ما لم يبصره الآخرون. أبصر الذئب عند غروب الشمس وهو يتبعه من بعيد. لم يكن يبصر إلا من خلال عيني المرأة التي رافقته. اختفت فجأة وعندما أبصروها ثانية كانت قد تزوجت. الإنتاج لن يبصر النور قبل سنوات عدّة.

رَأى
to see sth; to view, look إلى *at; to be of the opinion* أن *that; to see sth as, consider sth to be* {3D}
VN: رَأْي، رُؤْيَة يَرى

لا أرى الطريق، تماماً، أمامي. قال ان هذا من كلام الحمير، فاذا رأيتم حماراً فاسألوه. رأيت بنتا صغيرة ذات جدائل تشبه اختي الصغيرة. اللبناني يرى نفسه ألمانيا من حيث المستوى المدني والحضاري. كنت أرى الى مساحة البحر وأنا أطل عليه من ارتفاع الرمل المجاور. ورأى ان فرنسا خسرت «فرصا ذهبية للاستثمار» لكن هناك فرصا أخرى. اذا كان نتانياهو يرى الضفة الغربية جزءا من اسرائيل فإننا نرى اسرائيل جزءا من الضفة.

رَمَقَ
*to look at sb (*ب *with a type of glance)* {3W}
VN: رَمْق يَرْمُقُ

وجدت الجميع يرمقونه باستغراب. رمقته بنظرة خاطفة، من النوع الذي يحب الكلام. قبل ان يسقط القتيل رمقني بنظرة عتاب. لو وقف على المسرح – وقد حاول ذلك – ما نطق الا بمونولوغ طويل يرمق خلاله الحضور كي يلمح تأثيره عليهم.

رَنا
to look, gaze إلى *at or toward* {3W}
VN: رَنو يَرْنو

هو دائماً يرنو الى المستقبل دائماً مليء بالحركة والنشاط. ان عينهم اليسرى وحدها ترنو الى السلام. كان يفتح نافذة غرفته ويرنو الى السماء. لاتزال غارقة في اساطير الماضي دون أن ترنو الى المستقبل. يبدو للوهلة الاولى وكأنه يرنو الى الديموقراطية. ابتسمت في وهن وهي ترنو الى الطيور.

شاهَدَ
to see, watch sth {2D}

شاهدت وانا طفل فيلماً عن حياة جين كوبا. لماذا لا نشاهد الأبطال العرب في المسافات القصيرة؟ يشاهد المباراة الهولندي رود كرول المدير الفني الجديد للزمالك. قد شاهدنا في المستشفى طفلا مصابا ويعاني الشلل. الرجل لا يحب الحديث الا عما شاهده بعينه. شاهدنا في هذه الجولة على المنطقة الجميلة جريمتين، جريمة بيئية وجريمة اخلاقية.

شافَ
to see sth {1M} (Coll)
يِشوفُ

واللّه يا ناس، عشنا وشفنا، يا ريتنا لا عشنا ولا شفنا. قال الطبيب: شفت ان كلامي صحيح. لقد شاف بعينه. إذا شاف واحده وعجبته أول ما يسألها: إنت متزوجة؟ ما لك يا ولدي.. ايه اللي شفته ومش قادر تقول لي عليه؟ حاولت أشوفه أكلمه كان بيتهرب مني. يا سيدي نحضر الاجتماع ونشوف عايز إيه. لما اشوفك يروح مني الكلام وانساه.

طالَعَ
to see, look at, notice sth or على *sth; [see* قرأ*; to read sth]* {3D}

عند مدخل الامارة يطالع الزوار عند احدى المستديرات عبارة ضخمة حفرت في العشب: «ابتسم». هل يعرف «الجمهور العريض» ان تمثال الحرية الذي يعتبر أول ما تطالعه أعين القادمين بحرا الى الولايات المتحدة عن طريق نيويورك، هو من نحت نحات ومهندس فرنسي يدعى فردريك اوغست بارنولدي؟ طالع صفحة ١٠. قد ذهلت وفجعت معا وأنا أطالع على صفحة «أفكار» في «الحياة» نص التعليق الذي نشره حازم صاغية.

تَطَلَّعَ
*to look (*حول *around,* وراء *behind,* إلى *at, etc.); [*see توقّع; *to look forward to]* {2D}

ظلت جالسة وهي تتطلع حولها بعينين زائغتين، ثم قامت صامتة واتجهت الى البحر. تطلعت حولي ابحث عن شخص آخر اشاركه دهشتي. قبل ان يصل بايلي الى خط النهاية تطلع خلفه ليرى اين اصبح خصمه من دون ان يعير اهتماما للرقم. دول الاتحاد السوفياتي السابق بدأت في الواقع تتطلع الى الغرب لتزويدها بطائراتها بعد تفكك شركة الخطوط الجوية السوفياتية.

عايَنَ
to examine, look at sth closely {2W}

عاينني الطبيب صباح اليوم (امس)، وحاولت التدريب مع يقيني انني لا املك اي فرصة في خوض النهائي. عاينوا المسدس وأكدوا أنه السلاح الذي استخدم لقتل اينيس كوزبي. عاينوا غرفكم بالتفصيل وتحققوا من كل الاثاث. كنت بالفعل، منذ بضع دقائق، أعاين ساعة يدي بطريقة جهرية.

تَفَرَّجَ
to watch على *sth, look* على *at sth* (atttentively) {2W}

يتفرج الآن بدهشة على ما يجري. وقف يتفرج بفزع على هذه الهياكل البشرية الرثة وينتفض غضبا وحنقا. يتفرجون على الفيلم. يتفرجون على التاريخ يمر أمامهم.

لَمَحَ
to see, notice sth {2M}
VN: لَمح يَلْمَحُ

ما كاد بسّام يجلس، حتى لمح المسدس المحشور في حزامه. مكثت مطرحي احدّق في الطريق العام علّني ألمح السيارة. نثرت الورود حول سريره لعل رائحتها تفيقه، أو تطرف عيناه للحظة، فيلمح ألوانها من حوله ويصحو. حين رفعت بصري لمحت رجلا آخر يراقبني. انطلق بالكرة من منتصف الملعب وعندما لمح زميله الجابر منطلقا بين المدافعين الكوريين مررها اليه.

نَظَرَ
to look at or إلى *at; to look* في *into* {2D}
VN: نَظَر يَنْظُرُ

انظر الصفحة ٩. إن المحاكم الكويتية تنظر الآن قضايا رفعها بعض الأشخاص ضد عدد من المرشحين الإسلاميين. يشعرون بسرور لا حدّ له وهم ينظرون الى الحمام يطير. رأيت الشيخ يسكت هنيهة، ثم يطرق الى الأرض أو ينظر الى الأعلى. على المنتج المصري مثلا ان ينظر الى السوق العالمية وليس الى السوق المصرية فقط. كيف تنظر الى مستقبل المفاوضات على المسار اللبناني – الاسرائيلي؟ ينظر الإنسان لما بقي من أيام عمره. ينظر الإسلام للفرد من خلال الجماعة. من المقرر أن ينظر البرلمان في قانون الرئاسة في أغسطس المقبل. إن المصريين في الحقيقة لا ينظرون في العواقب البعيدة.

---

to quote — استشهد

اِسْتَشْهَدَ
to cite, quote ب *sth* (as a witness); *[to be martyred]* {2W}

استشهد بالآيات القرآنية الكريمة، والاحاديث النبوية الشريفة. تستشهد داليا على سبيل المثال بكتاب «شاه جيهان وقصة تاج محل». استشهد بقول اولبرايت ان خطوات صغيرة تحققت اثناء الزيارة. يستشهدون على صحة توقعاتهم هذه بالارقام المسجلة منذ مطلع العقد الجاري.

اِقْتَبَسَ
to borrow, to quote, cite sth or من/عن *from* {3W}

الباحثة البريطانية ذكرت بالفعل ان ماركو بولو اقتبس عن ابن بطوطة. هل نقتبس من الجاهلية ونكتفي بالقول: للقدس رب يحميها! اقتبس كبير اساقفة كانتربري من قصيدة بالانكليزية كتبها شاعر فلسطيني شاب. اقتبست أعماله الكثير من الأساطير والأحلام. كان الأتراك قد اقتبسوا بعض الألفاظ والمصطلحات اصلاً من العرب. اقتبس الرومان النظام اليوناني لهندسة البناء ونشروه في كل البلدان التي خضعت لهم.

أَوْرَدَ
to cite, quote sth; [to mention] {3M}

يورد الباحث آراء الأقدمين بابن أبي عتيق. في مستهلّ الكتاب يورد الكاتب هذا القول لزرادشت: «من الذي سوف يمتدحك مديحا لم يحدث من قبل». لم نورد الكلمات اعتباطيا. أورد عدداً من الامثلة لدعم وجهة نظره.

famous
مشهور

شَهير
famous, well-known {2D}

جمع اكثر من ٥٠ مليون جنيه استرليني لاحد مستشفيات الاطفال الشهيرة. أُستخدم المنزل لتصوير مشاهد عدد من الافلام الشهيرة. ادى نجم كرة السلة الاميركي الشهير كريم عبدالجبار صلاة الجمعة امس في الحرم الشريف للمسجد الاقصى. أصبح زعيماً في الدول العربية بعد زيارته الشهيرة إلى القدس.

مَشْهور
*famous, well-known (*ب *for)* {2D}
pl: مَشاهير، مَشهورون

أعيد تقديم عدد من الاغاني المشهورة التي قدمتها بشكل جديد. كان مشهورا بحيويته وشقاوته. لا نستغرب ان يفعل ذلك بعض من مشاهير كتّابنا ودكاترتنا. الملك حسين حدّث نتانياهو «بلطافة» عندما أرسل اليه رسالته المشهورة التي قال فيها انه فقد الثقة فيه نهائيا. احد مخرجي السينما الأمريكية المشهورين قد انتج فيلما بالرسوم المتحركة عنوانه امير مصر.

ذائِع
widespread {3W}
ذائع الصيت well-known

أكرر هنا الحقيقة الذائعة أن إدارة كلينتون كانت الأسوأ بين مختلف الإدارات الأميركية. استمرت شهرة بغداد ذائعة في ميدان العبقرية والصناعة. هي ابنة ممثلة تايوانية ذائعة الصيت. ها هما يعودان ليعملا على نص آخر كتبه ديكنز قبل ١٥٩ عاما، هو روايته الذائعة الصيت «أوليفر تويست».

مَعْروف
*well-known, recognized (*ب *for)* {2D}

ما زال لي العديد من الأصدقاء اليهود بينهم الصحافي المعروف والديبلوماسي الفرنسي السابق ايريك رولو. هي اكثر الطرق المعروفة لتهريب الكوكايين بين اميركا الجنوبية والشمالية. هنا تزداد المسؤولية لأنني أصبحت معروفة عالميا. كان معروفا بوصفه فقيها ومتصوفا ومؤلفا ناثرا ناظما.

---

to allude, point out
أشار

see عبّر، لوّح

دَلَّ
to indicate, suggest sth; to allude to {2D}
VN: دَلالَة يَدُلُّ

تدل كل المؤشرات الى ان الانتخابات ستتم رغم كل الصعوبات. تدل هذه الشواهد على اننا ازاء «ازمة مثقفين». هذا لا يدل الى ان المواطن فاشل وانما يدل الى ان قيادات الحكم فاشلة. ما حصل يدل الى صحة هذين الموقفين. عدد المشاركين الكبير من مختلف مناطق المملكة يدل على نجاحها.

رَمَزَ
to symbolize إلى *sth, indicate, point, allude* إلى *to* {3D}
VN: رَمْز يَرْمُزُ

قال إن تصميم المكتبة على هيئة قرص الشمس يرمز الى نور المعرفة التي تشعها الاسكندرية على البحر الابيض المتوسط. خامنئي وخاتمي من أصحاب العمامة السوداء التي ترمز الى انهما من سلالة آل البيت على عكس رافسنجاني صاحب العمامة البيضاء التي ترمز الى أنه رجل دين فقط وليس من آل البيت. الهرم يرمز لمصر، والشراع الفينيقي يرمز للبنان.

أشار
to allude, refer إلى *to; to point out sth; [see* لوّح*; to point sb* إلى *towards; to point, make a sign]* {2D}

اشارت الاحصاءات الى ان فرص العمل الجديدة أفادت بشكل خاص الأشخاص الذين لا يحملون مؤهلات جامعية عليا. اشارت الصحيفة الى ان الولايات المتحدة «تراجعت عن الاهتمام بتحقيق السلام». أشار الى ان مبالغ كبيرة تنفق على ايجارات المباني الحكومية. أشير الى ان الولايات المتحدة التي تتحدث اللغة الانكليزية، لا ترى في نفسها نسخة بريطانية اخرى.

لَمَّحَ
to allude, refer إلى *to, hint* إلى *at* {2D}

لمّح الى إمكان اجراء الانتخابات في جبيل على صعيد القضاء. لمّحت الى احتمال مدّ انبوب لا يمرّ بالأراضي الشيشانية. لمّح الى ان الحادث اثر على العلاقات الاردنية – الاسرائيلية. لمّح الى «ان المجلس العدلي رفض اعطاء المتهمين كلمة اخيرة». لمح الى ان القوات المسلحة الايرانية كانت على أهبة الاستعداد للتصدي لأي عدوان عسكري.

أَلْمَحَ
to allude إلى *to, hint* إلى *at; to mention sth* {3W}

ألمح الوزير إلى امكانية الانتهاء من ربط الشبكة الكهربائية مع سوريا. كان عزيز قد ألمح الى ان بغداد لم تتخل عن مطامعها في الكويت. ألمح إلى أهمية زيارة وزير خارجية ايران مؤخرا للاردن. مصادر فرنسية تلمح الى فشل واشنطن في الضغط على نتانياهو.

أَوْحَى
to suggest, imply sth; to give rise to the idea أَنَّ *that; [to inspire sb]* {2D}

هذا يعني، بعكس ما يوحي العنوان، ان من غير الممكن الفصل بين نمط الدولة ونمط الأمة. قد يوحي الفيلم منذ بدايته انه قصة صراع بين الاجيال. ويوحي التقرير ان العام الماضي شهد بعض التحرك نحو اقتصاد السوق. هذا يوحي ان موضوع الطائرة اصبح يشكل جذر مشكلة عويصة بين البلدين.

---

thing شيء

see مشكلة

أَمْر
matter, issue {3D}
pl: أُمور

لا اعتقد ان للأمر صلة بالشؤون السياسية. أكد ان ناديه سيرفع الأمر الى المسؤولين. كان الأمر على العكس من ذلك تماماً. من الأفضل ابقاء الامور على حالها في هذه المرحلة. اعلنت سلفاً تنازلها عن المطالبة بحقها في اعادة الامور الى ما كانت عليه قبل الحرب.

حاجَة
thing; [(in Standard Arabic:) see فقر; *need]* {1M} (Eg)
pl: حاجات

من الممكن أن أنزل السوق وأشتري أي حاجة فأنا إنسان عادي وأتصرف مع الناس كشخص عادي. عاوز حاجة ساقعة؟ ماعنديش حاجة النهارده. عاوز تقول حاجة؟ مافيش حاجة حصلت.

مَسْأَلَة
*matter, concern, issue; [*see مشكلة; *problem]* {2D}
pl: مَسائِل

القبض على هؤلاء الأشخاص مسألة صعبة بالنسبة للحلف. المسألة تحتاج إلى مناقشات. من الممكن أن يتحدثا في مسائل أخرى. مسألة الضرائب تشكل دائماً مسألة مهمة في الحملات الانتخابية البريطانية. ثمة مشاكل بيننا حول مسألة الطفل.

شَأْن
affair, matter {2D}
pl: شُؤون

كان لبنان رفض طلباً من سلطات طوكيو في هذا الشأن. ابلغ غونيلا انه سيتحدث الى والده في شأن الحصول على طلاق من جاكلين. لا تعنيه شؤون الآخرين. هو مساعد وزير الخارجية الأميركي لشؤون الشرق الأوسط. مع كل برلمان جديد كان الاهتمام بالشؤون الخارجية يتضاءل أكثر فأكثر.

شَغْلَة
thing, matter {1W} (Lev)

لو سمحت ما تدخّل في هالشغلة. ما بدّي أحكي في هادا الموضوع، هاي شغلة بتوجع الراس. احتجت شغلة من الحكومة. طبعا كتبت كتب طبخ وكانت شغلة كتير حلوة بالنسبة لِيّ. «هي شغلة بسيطة جدا الحصول على بعض التراخيص، شغلة... يعني شغلة روتينية وبسيطة».

إِشي، شي
thing {1M} (Lev)

شو مالك زعلان؟ في شي؟ أناجوعان كتير، عندك إشي للأكل؟ ولا اشي. الثقافة معناها أن تعرف اشي عن كل اشي. اي والله اشي غريب. هو مليان حقد على كل اشي اسمه انسانية. اذا بدنا اشي شو نعمل؟

شَيْء
thing {3D}
pl: أَشْياء

لا يطلب من الدنيا شيئا إلا ان يتركه الناس في حاله. في الشيخوخة نصدق اي شيء، في الرجولة نشك في كل شيء، في الشباب نعرف كل شيء. هذه الأخلاق أصبحت شيئا نادرا. كان أول شيء فعله الرسول صلى الله عليه وسلم في المدينة هو بناء المسجد. من أجل أي شيء كانوا يكافحون؟ الجوهري غضب بعض الشيء من انتقاد البعض للاعبيه. هذه الأشياء أصبحت ذات انتشار واسع. تتحدث في أشياء كثيرة، ولا تتوقف عن الحديث عن حب مصر.

مَوْضوع
subject, matter {2D}
pl: مَواضيع

موضوع الفيلم هو القضية الفلسطينية. يجب أن تكون المناقشة على مستوى اهمية الموضوع. موضوع الشرق الأوسط حاضر دائماً في كل المفاوضات التي يجريها الرئيس. لقد وجد الناس اخيرا موضوعا مشتركا يتحدثون فيه. مواضيع البحث قد تختلف من بلد إلى آخر. لم يقتصر اهتمامه على المواضيع الأدبية. (Eg) مالكم كلكم هنا؟ إيه الموضوع.

شيخ — religious leader, sheikh

see مالك، ملك، كاهن، رئيس، حاكم، وجيه

مُؤَذِّن
person who gives the call to prayer {2M}

فيها ١٦٠٠ جامع يعمل بها ٣٥٠٠ امام وفقيه ومؤذن. سمع أذان المؤذن. وصلني صوت المؤذن، داعياً الى صلاة الفجر. يقطع الصمت صوت المؤذن «الرجاء من الاخوة الذي يودّون المشاركة في التشييع السير خلف الجنازة». نداء المؤذن يعلن كل ساعة عن وفاة رجل جديد.

مَأْذون
person who conducts the marriage ceremony {2W}

يتم إبلاغ الدولة بكل حالة زواج عن طريق المأذون الرسمي الذي تعينه الدولة. لماذا يرفض المأذون اتمام العقد؟

إمام
Imam; person who leads the prayers; title of an Islamic scholar or leader {2D}
pl: أَئِمَّة

طالب فضيلة الشيخ محمد حسين إمام المسجد الأقصى المبارك شعوب الأمة الاسلامية بأن تستلهم الدروس والعبر من هذا الحادث. تم تعيينه إماماً اكبر وشيخاً للأزهر. الاشعري كان من المعتزلة وانفصل عنها وانتقل إلى أهل السنة على مذهب الإمام الشافعي. استند الباحث الى مذاهب الائمة الاربعة المشهورين دون غيرهم. منعت الأئمة من مغادرة المساجد في أوقات عملهم.

شَيْخ
*religious leader, sheikh; [*see عجوز، رئيس; *leader* (of a Gulf nation), *senator; old man]* {2D}
pl: شُيوخ، مَشائخ

سألنا شيخ المسجد عن أسباب هذا التغيير. فضيلة الدكتور محمد سيد طنطاوي شيخ الجامع الأزهر. الشيخ صبري كوتشي مفتي ألبانيا يُعدّ من رموز المسلمين الألبان. صاحبنا كان فقيهاً كبيراً، وقاضياً معروفاً، وشيخاً بارزاً من مشائخ التصوف. لا انقص من قيمة الجهد الذي بذله ائمة وشيوخ الازهر السابقون.

عالِم
*Islamic scholar; [*see باحث; (secular) *scholar]* {2D}
pl: عُلَماء

تعد بعثة لبنان من اكبر البعثات الازهرية في الخارج وتضم ٣٠ عالما من كبار علماء الازهر. علماء مصر يبايعون الرئيس مبارك. الحديث عن أن هدفنا هو إقصاء علماء الدين غير صحيح بل العكس. علماء أصول الفقه. العلماء والشيوخ. العلماء والأئمة.

فَقيه
Islamic scholar, legal scholar {3D}
pl: فُقَهاء

أحمد بن حنبل كان فقيها مشهورا. قد اشترط الفقهاء طهارة الثوب وجوبا لصحة الصلاة. يتفق فقهاء القانون الدولي على هذا. كان من فقهاء الحنفية بخوارزم. أصدر اكثر من سبعين عالما وفقيها اسلاميا في الكويت أول من أمس بيانا اعتبروا فيه ان اعمال العنف في الجزائر «ليست من الاسلام في شيء».

مُفْتٍ
scholar who issues religious judgements {2D}

مفتي الديار المصرية محمد عبده. في الوقت الحاضر المفتي يعيّن من قبل رئيس الحكومة. مفتي القدس. مفتي الاردن. نائب رئيس المجلس الاسلامي الشيعي الاعلى المفتي الجعفري الممتاز الشيخ عبدالامير قبلان. اعلن مفتي الجماعة الاسلامية في مصر الشيخ عمر عبدالرحمن تأييده لوقف العنف. أصدر مفتي مصر فتوى حرم فيها مصارعة الثيران.

devil شيطان

إِبْليس
devil, demon {2W}
pl: أَبالِسَة

قال لآدم: إن إبليس عدو لك ولزوجك. أضلني إبليس. القرآن الكريم ساق لنا ألوانا من الحوارات التي دارت بين ابليس والخالق عز وجل. بالنسبة اليه كانت الحرب فتنة اخرى من فتن ابليس. فوزهم على اليابان في طوكيو كأمل ابليس في الجنة. كانت تردد انها ترى ابليس في عينيّ. انه شارع ملعون محبوب من الشياطين والأبالسة.

جِنّي، جِنّيّة
genie, jinn {2M}
pl: جِنّ

كنت على يقين بأن الذي يخاطبني هو الجني وليست البنت. أخبره الجني أنه كافر بوذي. قيل انه كانت له جنية جيدة تنفخ الحياة في كلماته الخشبية. وهب لسليمان معجزات جعلت الجن خدما له وجعلته على علم بلسان الحيوانات والطيور. عمل جلسات تسخين طويلة لنزع الجن من أجساد المرضى. قد كتب ان الجنّ خرج من القمقم. اعتقد اننا أخرجنا الجنّ من القنينة.

شَيْطان
devil, Satan {2D}
pl: شَياطين
الشياطين الحُمْر Ahli Club Soccer Team (Eg)

الشيطان قريب من كل واحد منا. باع نفسه للشيطان. الساكت عن الحق شيطان اخرس. المال هو الشيطان الاكبر الذي اخرج الاكاديمية عن تقاليدها العريقة. رأينا بأعيننا الشياطين يخرجون واحدا واحدا من اجسامهم. منذ ذلك الحين لم يخسر الشياطين الحمر في ٣٠ مباراة.

عِفْريت
demon, devil {2W}
pl: عَفاريت
على كفّ عفريت in a precarious situation

ليست شركة ديزني وغيرها من الشركات العالمية العملاقة إلا عفريتا من العفاريت الشريرة! كل انسان ملتزم أن يعيش مع عفاريت نفسه. انهم مشغولون بالتقدم ونحن مشغولون بالجن والعفاريت وعذاب القبر. أربكان بدا كما لو ان عفريتاً ركبه. كان المكتب قد امتلأ بعفاريت الحسد. تدخل الملك جاء بعد ان اصبحت المفاوضات على كف عفريت.

غول
ghoul, demon {2W}
pl: أَغْوال، غيلان

أعلن «اننا نواجه اليوم غولا في اسرائيل اسمه نتانياهو». على الرغم من التقدم التقني والعلمي فقد اصبحت المنافسة غولا كاسحا. الاحتلال يتواصل وغول الاستيطان يزحف. في ليلة رعبها الأول سألت جدتها عما اذا كان باستطاعة البشر ان يتحولوا غيلانا تأكل البنات الصغيرات ورجتها أن لا تطفئ النور في الغرفة.

to pour
صبّ

سَكَبَ
to pour sth على *on* {3W}
VN: سَكْب يَسْكُبُ

سكب البنزين على عتبة البيت. سكبت الماء على الجزء الترابيّ من قبرها. سيسكب على رأسه الماء البارد فيعود الى زوجته مارتا.

صَبَّ
to pour sth في / على *in/on* {2W}
VN: صَبّ يَصُبُّ

إنهم يسهلون مهمة المتطرفين الاصوليين والعلمانيين ويصبون الماء في طاحونتهم. يصب الملح على جرح ما زال نازفاً. أتأملك وأنت تسحبين الأبريق وتصبين الشاي من جديد في احدى الكؤوس. يصب الشاي في قدح لي من «تيرموس» بجانبه. يرى ان رواية سلمان رشدي «آيات شيطانية» زادت من مستوى الجدل حول الاسلام وأن الاعلام الغربي صب الزيت على النار.

---

lamp
مصباح

see شمعة

مِصْباح
lamp; light {2W}
pl: مَصابيح

ترفرف مثل فراشات باتجاه ضوء المصباح. لم يطفئ نور المصباح ليلا. جلست الزوجة الى الطاولة تحت المصباح. تستخدم لذلك الغرض مصابيح صغيرة تعطي اشعة مثل اشعة الشمس. عندما يأتي المساء... أنير مصابيحي.

فانوس
lantern {2W}
pl: فَوانيس

هؤلاء لا يملكون الفانوس السحري لحل المشاكل بسرعة. حاول اشعال الفانوس المتدلي مثل بومة من السقف. صنع هذا الفانوس في القرن الرابع عشر في مصر أو سورية. بمجرد ان ظهرت الشمس حتى تم اطفاء الشموع والفوانيس. مع الحلوى والفوانيس كان رمضان يختتم أيامه بالعيد. الأمراء التعساء يطوفون بالفوانيس تحت نافذتك العالية.

قِنْديل
lamp; oil lamp {2W}
pl: قَناديل

ظل كتابه قنديلا يضيء الزمان والمكان. يذكر اللبنانيون جيّداً كيف أطلّ مرّة على الشاشة الصغيرة حاملاً قنديلاً في حديقة القصر الجمهوري يبحث عن حشرة. انه كان قنديلاً للوطن، كان يتمنى ان يضيء. توقفنا من جديد أمام بائع ثريات قديمة وقناديل عتيقة.

لَمْبَة
lamp {2M}
pl: لَمْبات

الباب مغلق من الداخل، واللمبة الحمراء منورة. العلم نور والكومبيوتر لمبة. العراقيون عادوا للعصور القديمة بشراء لمبة الجاز. لمبات الجهاز تضعف مع الوقت مما يؤدي إلى تغير النتائج. عواميد من لمبات النيون واقفة في اركان المقبرة مضاءة بلون فستقي كواجهات المحلات.

نِبْراس
light, lamp {3M}
pl: نَباريس

حاولتُ ان انقل لابناء لغتي ثقافة الغرب المعنوية والروحية، لنتخذها جميعا هدى ونبراساً. تبقى الوطنية رائدي ونبراسي. يجعلونه قدوتهم ونبراسهم في البذل والعطاء. لابد أن يكون هذا الأمر نبراسا لباقي الأحزاب المصرية.

---

to be patient, endure
صبر

see عانى

تَحَمَّلَ
*to endure, tolerate sth; [*see تولّى*; to bear sth]* {2D}

الشعر لا يتحمّل الصراخ. أشار الى انه يتحمل الانتقاد الموجّه اليه «من ضمن مخاطر المهنة». ما ذنبنا وكيف نتحمل أسعار الألبسة الجديدة حتى لو كانت وطنية الصنع؟ يستطيع ان يتحمل مشاق العمل أكثر من غيره. اذا كان احد لا يستطيع تحمّل الضغوط التي يوّلدها العمل في الشركة فعليه المغادرة.

اِحْتَمَلَ
to endure, tolerate sth {2D}

نعتقد ان المسألة تحتمل البحث والتمحيص. ستدفع ثمنا غاليا لا يمكن ان تحتمله أبدا. لم أعد احتمل هذا الرجل. الأمر لا يحتمل التأخير. لا احتمل سماع شكواه. هيكل الطائرة لم يحتمل المزيد من الاندفاع فتحطمت. الحقيقة ان القصص لا تحتمل النقد الفني. لم أعد احتمل نفسي وحيدا في هذا البيت الموحش.

صَبَرَ
to be patient, endure على *sth/sb* {2D}
صَبْر :VN يَصْبِرُ

لا يستطيع أحد ان يصبر ثلاثة أيام بانتظار ان يأتي دوره. ليس امامنا سوى ان نصبر ونأمل ونصلّي. اقول الآن اننا صبرنا اكثر من اللازم. إذا صبر القارئ الى النهاية فسيعرف الجواب. علينا ان نصبر ونصمد لئلا نطرد من مدينتنا ونحرم من حقنا فيها. صبرت أكثر مما يجب ان أصبر وتحملت ما هو فوق طاقتي. (Coll) صبرت كتير عليه.. وفي الآخر تركته.

تَصَبَّرَ
to be patient {2M}

وقد تصبرت حتى عزني الصبر. تصبر عليه وعلى زملائه ولم يقلق. من يتصبر يصبره الله. عليه أن يتصبر. هو لا يملك قلبين يتصبر بهما على ذلك.

صَمَدَ
to endure, hold out steadfastly {2D}
صُمود :VN يَصْمُدُ

كان مصطفى أمين يعيش ويصمد ويقاوم، وبهذه الروح كان يتعامل مع القراء والاصدقاء. كل ما نطلبه منك هو أن تصمد وتصبر والا تنحني أمام الاسرائيليين. انها اصغر من ان تصمد بمفردها. هذه الآمال لم تصمد امام محك الواقع. حاول المنتخب الكرواتي زيادة غلته من الاهداف لكن دفاع اوكرانيا صمد حتى النهاية.

أَطاقَ
to stand, tolerate sth {2W}

لا نطيق العيش بعيداً عن مدينتنا. لا أطيق وساختها. قد أحست أنها جرحته، حتى تلك اللحظة لم تكن تطيق أن تجرحه. هو صديقكم هل تطيقون الاقامة معه. انه لا يطيق الحديث عن الموت أبدا. لم يطق عمله ولم يستطع الصبر عليه. لم تعد تطيق معاشرته وشراسته.

---

patience — صبر

أَناة
patience, perseverance {3W}
طول الأناة

تتميز الدبلوماسية المصرية بالصبر والأناة. انظروا الى الوحدة الاوروبية وكيف تتم في صبر وأناة، وخطوة بعد خطوة، بعد قرون من التمزق والأحقاد والحروب. العلم اليوم راح يكتشف، بصبر وأناة، أسرار الكون برمّته. يدعو مصدر وزاري الى الصبر وطول الاناة في معالجة الازمة.

طول بال، طولَة بال
patience {2M}

يجب أن نتحلى نحن المراقبون والمشاهدون بالنفس الطويل وطول البال والصبر. قابلت المسؤولية بطول بال. اعتقد ان طريق السلام متوافر ويلزمه الصبر وطول البال. هو معروف بطول باله. الله يساعدك ويعطيك طولة البال. «طولة البال» والصبر ضروريان جدا. (Eg) اشمعنى تطلبون من المرأة طولة البال والعقل وانتم من تتهمونها بنقصان العقل؟!

جَلَد
patience, endurance {3M}

احترم ما نعرفه للمصريين من كفاءة وقدرة على الابتكار وجلد على العمل. إن الجهد الذي بذله الدكتور فاروق سعد كبير يؤكد على جلده وحبه لتراثنا الغني. سيتم تكريمه لما يتحلى به من صبر وجلد وعزيمة. ظلوا يعملون في صبر وجلد دون كلل أو ملل حتى تحقق الهدف. هي أكثر نساء الأرض صبرا وجلدا وتماسكا.

صَبْر
patience {2D}

اشتهر بجهاده في سبيل الوطن وصبره على الاذى والسجن. يجب ان نتعاون على الصبر والسلوان. لم يعد أمامي سوى الصبر على زوجي والأمل في عودته. فقدت قدرتي على الصبر والاحتمال بعد آخر حادث. ينتظر بفارغ الصبر هذا السلاح الفلسطيني.

finger إصبع

بِنْصِر
ring finger {2M}
pl: بَناصِر

أكدت انها لم تشف تماماً من كسر في بنصر يدها اليسرى. ثلاثُ فتيات كالخنصر والبنصر والوسطى، يجلسنَ على الاريكة بجانب الدَّرب المؤدي للمخرج. اصيب اللاعب في بنصر يده اليمنى.

إِبْهام
thumb; [see غموض*; obscurity]* {2M}

اعادت اصبع ابهامها الى فمها. رأيتها ترفع يدها اليمنى وتعض على ابهامها. يد مبسوطة ومرفوعة تعني «وداعا»، وجه باسم يعني «مرحبا»، ابهام مرفوع يعني «شكرا». اضغط على الزر باصبع الابهام . التنميل في كف اليد ينتشر اساسا في اصابع اليد وخصوصا الابهام.

خِنْصِر
little finger {2M}
pl: خَناصِر

لها فم كخاتم الخنصر في كف اليد. مريم بحاجة الى عملية جراحية اخيرة سنجريها بعد اسبوعين لانقاذ خنصر يدها. اتمنى ان اتمكن قريبا من تحريك خنصر يدي لكي اتمكن من الامساك بالقلم والعودة الى المدرسة.

سَبّابَة
index finger {2M}
pl: سَبّابات

لما رآني وضع سبّابته على شفتيه اشارة منه ألا أتكلم ريثما يسمع بقية الخبر. ضرب بالسبابة انفه. كان يضع سبابته فوق شفتيه كي يعلمني بأن الكلام ممنوع. يرفع سبابة اليد اليمنى الى الأعلى ويصفر بخفوت. رفع العرسان سباباتهم في اشارة الشهادة الى وحدانية الله.

إِصْبَع
finger; toe {2D}
pl: أَصابِع

تعرض لكسر في احد أصابع قدمه وهو خارج التمرين. لا تمانع اميركا من «احراق اصابع» الاوروبيين. الفن يسيل من اطراف اصابعه. اشار باصبع الاتهام الى «الموساد» الاسرائيلي الذي خطط العملية كلها حسب زعمه. لم يشتهر منهم الاّ قلائل لا يتجاوز عددهم اصابع اليد. كل اصابع الاتهام تشير إلى المتهم.

أُنْمُلَة
fingertip {3W}
pl: أنامِل

لم نستطع معها ان نتقدّم قيد أنملة. العلاج الاشعاعي يقضي بربط يد المريض في السرير حتى لاتتحرك فيه أنملة أثناء العلاج بالاشعاع الخطير. أنامل الحرفيين تنسج الخيوط والمعادن وتنحت أخشاب جبال الأطلس وتطرزها بالزخارف. راحت أنامله النحيلة الطويلة تداعب حبّات المسبحة السوداء.

---

health صحّة

صِحَّة
health; [see حقيقة*; truth]* {2D}

صحة الجسم تبدأ من الفم وتشمل كل أجزاء الجسم. توجه وزير الصحة إلى أمريكا في رحلة عمل ستمتد لعدة أيام. يجب إغلاق هذا المطعم لأن أكله ضار بصحة المواطنين. زارته شخصيات اخرى للاطمئنان الى صحته. في ذلك كانت جمعيات حماية الصحة العامة تقول ان التدخين خطر على الصحة.

عافِيَة
health, vigor {2W}

قالت الأم لابنها بعد أن تناول الدواء: بالعافية، صحة وعافية يا بني. نحمد الله على سلامتكم وأتمنى لكم الصحة والعافية. الاقتصاد السعودي استعاد عافيته. ان القرار يقدم شهادة بعودة العافية والاستقرار الى لبنان. استعاد فريق الاتفاق جزءا من عافيته بعد فوزه على التعاون ١\٣ . قالت لها «يعطيك العافية».

correct
صحيح

سَديد
on target, right, correct {2M}

ايها الملك السعيد ذو الرأي السديد. السؤال السديد هو من المستفيد من الجريمة؟ هذا الرأي غير سديد. يا أيها الذين آمنوا اتقوا الله وقولوا قولا سديدا. اتمنى لك عمرا مديدا، ورأيا سديدا.

سَليم
safe; sound; correct, accurate {2D}

انه يعني ان رهان اللبناني على دولته هو الرهان الصحيح والسليم. إن الطريق السليم ان تكون اريتريا دولة علمانية. المنطق السليم يقتضي مراعاة هذا وذاك. الوطن المديون يكون في وضع غير سليم. فكر الطالب كثيرا ولكنه لم يستطع أن يجد الإجابة السليمة. لابد من ايجاد هيكل اداري سليم وتنظيمي لادارة الموارد المائية العربية. العقل السليم في الجسم السليم.

صَحّ
right, correct {1M} (Eg)

التصرف الصح. المدير الصح بيعمل كده. الكلام ده صح مية المية.

صَحيح
correct, true, right {2D}

هذا هو الطريق الصحيح. إذا كان هذا الرأي صحيحا، فنصف الزعماء العرب لا يصلح للحكم. هذا الكلام غير صحيح. نجح المجرم في استصدار بطاقات ائتمان صحيحة بمستندات مزورة. يتوقف نجاح البرنامج على الاختيار الصحيح للأستاذ. كان طرد اللاعب من المباراة قرارا صحيحا لا غبار عليه.

صائِب
correct, right {3D}

علينا أن نتعلم الحرية الفكرية انطلاقا من أن الأفكار الصائبة اليوم قد لا تكون صائبة غدا. يعترفون بأنها صائبة الرأي لا تخطئ المرمى. اريد الاشارة الى ان هذا القرار كان صائبا. إذا كان هذا الاستنتاج صائبا، فإن الاستمرار في اتباع هذه السياسات أمر خطير. ما هو الحل الأمثل الصائب لوقف سلسلة العنف التي تدمر مدننا؟

مَضبوط
correct, accurate {3M}

إن لهجتها الاوردية كانت مضبوطة إلى حد كبير. لا اعتقد ان ذلك مضبوط بناء على درايتي بالمفاوضات. قرر أصحاب المحلات فتح الأبواب في الوقت المضبوط أي في الساعة العاشرة. كلامك مضبوط إلى حد ما لكن هناك فرق يجب أن تفهمه.

مَظْبوط
correct, right {1M} (Coll)
(Coll for مضبوط)

قد اتفق الجهازان الفنيان عند الفريقين على ان المباراة كانت «مظبوطة تماما». ابن بلد.. شهم وراجل مظبوط مية مية. ساعتي مظبوطة الظاهر أن ساعتك هي العطلانة. وصلنا في الوقت المظبوط لنشاهدهما معا.

---

desert
صحراء

بادِيَة
desert; where Bedouin live {3W}
pl: بَوادٍ

أريد أن اعيش بدويا حرا ثم أموت وأدفن بين ابناء البادية الاحرار. الشعر كان موجودا منذ قرون عند حاضرة وسط الجزيرة العربية وباديتها وما يليه شرقا وغربا وشمالا. المفكر العربي، عند تساؤله عن منشأ الدولة، يعود الى العصبيّة وبالتالي الى القبائل والبادية. البادية السورية تمتد الى الأردن ودول أخرى. بادية بلاد الشام حارقة جدا في الصيف.

بَرِّيَّة
wilderness, desert {3M}
pl: بَرارِيّ

كان وحيدا في البرية. ما نرجوه اليوم هو صوت صارخ في البرية. كلاب البراري معروفة بأنها تعيش منعزلة عن بعضها. يمشي صارخاً في برّية ناطحات السحاب الزجاجية في قلب سان دييغو. كان شعب إسرائيل في البرية بين مصر وكنعان.

تيه
[VN getting lost]; desert, wilderness {3M}

هذه ارض تيه لا زرع فيها او مطر. يمضي في التيه خطوة أخرى. بعد رحلة طويلة وجدنا انفسنا في التيه. لقد عدونا جميعاً وكأننا في تيه. ٨٠ ألف لاجئ من الهوتو عادوا إلى التيه.

صَحْراء
desert {2D}
pl: صَحارى

كان لا بد ان أهرب الى الصحراء. كان في رحلة مع امه في الصحراء في طريقهم لزيارة اخواله، فهجم عليهم الاعراب. حوّلت الصحراء الى مدن مزدهرة. صحراء النقب. الصحراء الغربية. الصحراء الجزائرية. عاصفة الصحراء. تعمير الصحارى أصبح ضرورة قومية.

عَراء
[nakedness]; barrenness; open country {3W}

تُرك المولود في العراء او في مكان عام. التقينا في العراء. تؤكد أنه ليس الغريب الوحيد في هذا العراء.

مَفازَة
desert; open country {3M}
pl: مَفازات، مَفاوِز

ليس من المعقول أن يغامر بحياته ومن معه ليصبحوا جميعاً صيداً في متناول الخصوم المتربصين في مفازة غير مأهولة ليس فيها من يرى أو يسمع. هم الذين خرجوا من المفازة وراء النهر. قطعنا مفاوز هذه الحياة. انتشله من مفازات الثلوج.

فَلا
desert (collective) {3M}
unit: فَلاة
pl: فَلَوات

ان أردت أن تسكن غدا حظيرة القُدس فكُن في الدنيا فريدا وحيدا، طريدا مهموما حزينا، كالطير الوحدانيّ يظل بأرض الفلاة. ليتني كنت حجرا في الفلاة. لا تدفنني في الفلاة. قد انشغل في شعره بوصف الرمال والفلوات.

قَفْر
wilderness, desert, waste-land {3M}
pl: قِفار

ان السهل كان قفراً في ايام حكم العثمانيين. تركها في وسط صحراء قفر لانبت فيها ولا ماء. إنّ الله ما خلقكم كالأزهار في القفار، تزهو ثم تذبل. تبحث عن الحقيقة في ارض تحوي قفاراً وغابات وحيوانات كالتنين. كانوا رعاة في القفر أربعين سنة. أنشئت مزارع في أراض كانت قفرا. يدّعون أن فلسطين كانت قفرا.

---

newspaper صحيفة

جَريدَة
newspaper {2D}
pl: جَرائِد

لا علم له بما نشرته جريدة «الاندبندنت» اللندنية في عددها امس. جريدة «الاهرام». جريدة «الحياة». ليست هي المرة الأولى التي اكتب فيها الى جريدتكم الغراء. من حق الجريدة ان تنشر اخباراً من دون تعليق. تنشر الجرائد الكبرى في بريطانيا وأميركا ملاحق اسبوعية عن السفر والرحلات. لماذا تكرس الجرائد صفحات كاملة لكي تنشر تصريحات ناس ليس عندهم شيء مهم يقولونه.

جورْنال
newspaper {1M} (Eg)

اصدرت منذ ١٨٤٠ أول جورنال متخصص للفولكلور في العالم. أحضر الجورنال اللي كتبت فيه الحكاية. بيقرا الجورنال كل يوم.

صَحيفَة
newspaper {3D}
pl: صُحَف

صحيفة «نيويورك تايمز». جاء في افتتاحية الصحيفة ان الولايات المتحدة تحضر نفسها لـ «عملية قيصرية من هذا النوع». صحيفة «الحياة». صحيفة «الاهرام». هذا الوصف نشرته صحيفة «دايلي ميل» أمس، مع صور للأميرة ديانا ودودي معاً. أوضحت الصحيفة ان اليمنيين اطلقوا النار فقتل مواطنان سعوديان. منع صحف المعارضة من الظهور.

chest, breast صدر

ثَدْي
breast (male or female) {3W}
pl: أثداء

يحدد الدكتور علي خليفة أن اورام الثدي عند النساء وسرطان المثانة عند الرجال هما النوعان الأكثر انتشارا. حضر جلسة عن أحدث التطورات في جراحة اعادة بناء الثدي بعد استئصاله. يوجد بالمركز أيضا جهاز لفحص الثدي والاكتشاف المبكر للأورام. يكتظ الثدي بالحليب. ثديها جاف وحجم الطفل ضئيل جداً. تزرع مادة السليكون في الأثداء لأغراض تجميلية.

حَلَمَة
nipple {2M}
pl: حَلَمات

حنت عليّ، والقمتني حلمة ثديها... الا انني رفضته، ورحت أتلمّس بشفتي آلة قص العشب المطاطية الملوّنة. ليس في الصورة غيرها، وجزء من صدر الام المكتنز بالحليب، وعلى حلمته قطرة، لم تُرتشف بعد. بعد ستة أشهر زادت آلام شديدة في حلمة صدري وعلمت أنها من جراء الدواء.

صَدْر
chest, breast {2D}
pl: صُدور

انقذه بالتنفس من خلال ادخال الهواء الى صدره بطريقة «الفم – الفم». سقط رأسه على صدره ونام. هو أخصائي جراحة القلب والصدر. يحمل كل زعيم كردي في صدره رغبة عنيفة بالاستئثار بالقضية الكردية ونفي كل الخصوم. طلب من الخبراء والمسئولين افساح الصدر للمناقشة والمزيد من الايضاح. نقل الشيخ ياسين إلى المستشفى بعد احساسه بالآم في الصدر. اشتعلت نيران الحب في صدر الشاب وعشيقته. علقوا على صدورهم بين الأوسمة والنياشين نجمة داود الجميلة.

نَهْد
(female) *breast* {2M}
pl: نُهود

النهد يبقى ينبوعاً صارخاً من ينابيع اللذة الجسدية. من المعروف ان نهد المرأة اليابانية صغير. كيف نفهم هذه التعريجة على النهد في قصيدة دمشقية كلها شمم وحنين رفيع. النهد في عالم نزار الشعري قضية ونغمة لازمة. حتى الدانتيل الخفيف الذي يسترون به الصدر حرص مصممو الأزياء على أن يبدي تفاصيل النهود العارية من خلف الشيفون الشفاف.

---

friend صديق

رَفيق
companion, comrade {2D}
pl: رِفاق

تعلّمت الكثير من هذا الرفيق العزيز. كيف يقع في غرام زوجة رفيقه؟ لم يعرف ان الكتاب خير رفيق. هي تعتبر عطرها الرفيق الدائم لنفسها. كنت أكره مدرستي الجديدة وكنت خجولا غير واثق بنفسي ازاء رفاقي الجدد. أكد انه سيوافق على تولي احد رفاقه منصب وزير الدفاع.

زَميل
colleague, companion {2D}
pl: زُمَلاء

قد دفعني ذلك إلى مطالبة بعض الأصدقاء والزملاء المعنيين برصد أحوال الأرض المحتلة. لقد هزني نبأ وفاة الصديق وزميل العمر لطفي الخولي هزا عنيفا. استمعت الى وجهات نظر بعض الزملاء. من بين اعضاء الوفد زميله في الكلية الحربية والدراسة العقيد ابو شره. قال مصدر في مستشفى الشفاء في غزة ان حسونة قتل فورا في حين أصيب زميل له بجروح.

صاحِب
*friend, companion; [*see مالك; *owner]* {2M}
pl: أَصْحاب

(Eg) شفت صاحبي عمر في السوق النهارده الصبح. رحت عن بيت صاحبتي. قال لي: صاحبي مات فماذا أفعل؟ عاوز أزور أصحابي في اسكندرية.

صَديق
friend {3D}
pl: أَصْدِقاء

ما هي الا سنوات قليلة حتى اصبحت صديقاً لمنير بشير. كان اديباً وصديقاً عزيزاً لوالدي. قال ان «كلينتون هو افضل صديق لاسرائيل دخل البيت الابيض حتى الآن». قتل في الحادث مع الليدي «داي»، اكثر النساء شهرة في العالم، صديقها رجل الأعمال المصري عماد الفايد وسائقهما. حين يقوم بيننا سلام سوف نكون اعز الاصدقاء بعد ان كنا ألد الاعداء. احتفل في دمشق بزفاف محمد قاسم السايق وعبير الخاني في حفلة حضرها اقرباء العروسين والأصدقاء.

قَرين
companion, associate; [spouse] {3W}
pl: أَقْران

هذا الممثل في البرلمان كان معروفاً بين أقرانه بديموقراطيته. تحدث إلينا أو يتحدث إلى قرينه كي يتحدث إلينا. اما كلمة (شجرة) العربية، فلا قرين لها في اللغات السامية بهذا النطق والمعنى. تخلص من النطق الايرلندي حتى لا يقع التمييز ضده بين أقرانه في المدرسة. تفوق الوزير على أقرانه ومنافسيه. هاري منفتح ويتمتع بشعبية بين أقرانه.

نَديم
friend, drinking companion {3M}

اما بالنسبة الى رامبو، فقد كان الضجر صاحبه الوفي ونديمه طوال حياته. يا نديمي: هل الحياة خيال. اذكر من النكات ما قاله النديم عندما كنا نشرب سوية.

صرخ — to shout

زَعَقَ
to scream, yell {2M}
VN: زَعْق يَزْعَقُ

زعقت المرأة بصوت امتزج فيه ألم الطلق بالرعب المزدوج. أصيب بالهلع وزعق بأعلى صوته مرتعبا. ترى من يتكلم في التلفون يرفع صوته ويزعق بكل قوته لكي يسمعه الطرف الآخر. إذا بالحارس الذي اعطيته رقم هاتف منزلي يصرخ ويزعق على نحو أثار دهشتي واستغرابي.

زَمْجَرَ
to roar; to storm, rage {3M}

الحيوانات كانت تزمجر، لكنها لم تتراجع. يزمجرون ويتوعدون ويعترضون، لكن مع الوقت يبتلعون اعتراضاتهم. البركان يزمجر... والناس عاجزون ولا يصدقون. يعتذر الذين بقيت لديهم طاقة على التهذيب واللباقة، اما الآخرون فيزمجرون من شدة الاحباط والسوداوية.

شَخَطَ
to shout, bellow {2M}
VN: شَخْط يَشخَطُ

لماذا يدعي البعض الان انه رفض وشخط وضرب وفي الحقيقة انه لم يفعل شيئا اكثر من الصمت. رئيس العمل الذي يظل يشخط وينطر في مرؤوسيه من أول اليوم إلى آخره رئيس فاشل. شخطت في وجهه مطالبا بحقي.

صَخِبَ
to shout, bellow; to be loud {3W}
VN: صَخَب يَصْخَبُ

تتهامسون بعد أن كنتم جماعات تصيحون وتصخبون. تصخب باريس بحياة يومية متدفقة على مدى الأسبوع كله. لم يكن يعرف كيف يصخب في عالم ضاج. علينا ان نرقص ونصخب. النهر الطويل العميق الذي يصخب ويهدأ ويهدأ ويصخب هو الذي يوحي بالقدم. يضحك ويصخب.

صَرَخَ
to shout, scream {2D}
VN: صُراخ يَصْرُخُ

كان الحاضر يصرخ بالماضي: أنت السبب. اضحك باعلى صوتك، واصرخ اذا لم تستطع الضحك، وان لم تستطع فابكي. ثار وصرخ وشتمهم – كان ممثلاً رائعاً! صرخت بأعلى صوتي: أين أمة الاسلام؟ روح صلاح الدين تصرخ فينا داعية للجهاد. صرخ القائد في جنوده ليشجعهم على القتال. هرع الطبيب لنجدة المريض بعد ان صرخ من شدة الألم.

صاحَ
to shout, yell {2W}
VN: صِياح يَصيحُ

صاحت المتهمة في وجه الصحافيين قائلة: «لست نادمة على شيء». يصيح المتظاهرون بشكل هستيري «الموت لرابين، الموت للخائن». رحب به عشرات من انصاره الذين راحوا يصيحون «الملك، الملك». اذا صاحت الدجاجة صياح الديك فاذبحوها. صاح الناس مطالبين بحقوقهم المسلوبة. صاح زملائي مهللين بعد ان فزنا بالمباراة.

هَتَفَ
to shout; to cheer {2D}
VN: هُتاف يَهْتِفُ

وكان حين سمع الشعب صوت البوق أن الشعب هتف هتافاً عظيماً فسقط السور في مكانه وصعد الشعب الى المدينة. هتف المتظاهرون «الموت لألمانيا»، «الموت لأميركا ولاسرائيل». توجهوا الى مقرّ المدعي العام يهتفون ضد الحكومة والقضاء. ان هناك حشد كبير من المصريين يهتفون مرحبين بالسلام. هتفت الجماهير مؤازرة لفريقها.

---

fight, struggle صراع

جِهاد
fight, struggle; holy war {2D}

الخطأ الذي ارتكبه جعل الناس ينسى كل سنوات العطاء والجهاد والكفاح. دعا بن لادن إلى جهاد ضد الأمريكيين. هكذا بدأ جهاده اليومي في الحياة. تعهد باستمرار الجهاد المسلح ضد إسرائيل. الكتاب يكشف أسرار التحالف الدولي الأمريكي للجهاد الأفغاني.

صِراع
conflict, fight, struggle {3D}
pl: صِراعات

نحن ما زلنا نسعى لاقناع كل اطراف الصراع في افغانستان بحل عن طريق التفاوض. العرب لم يخسروا حربا ولكنهم خسروا مجرد معركة في الشريط الطويل للصراع. كان المسافر اجنبيا لا علاقة له البتة بصراع الدولتين. كانت واشنطن تكتفي سابقا بدعم جهود الأمم المتحدة في حل الصراع الافغاني. المهاتما غاندي سقط نتيجة الصراع بين المعتدلين والمتطرفين من الهندوس.

مَعْرَكَة
battle {2D}
pl: مَعارِك

اذا اردنا قتل الاسرى لا شيء يمنعنا من ذلك اثناء المعركة. تصور إحدى اللوحات الضخمة معركة قادش بين رمسيس الثاني والحثيين. المعركة الفاصلة لا بد ان تكون الانتخابات نفسها. المعركة التي نخوضها تجري على شاشات التلفزيون.

قِتال
fight, struggle {2D}

الخرطوم تقبل أي مبادرة افريقية لإنهاء القتال مع المعارضة. قتل ستة اشخاص وأصيب سبعة آخرون في اعنف قتال يشهده الشطر الجنوبي من مقديشو منذ عامين. المرأة تتحمل الكثير من المآسي في زمن الحروب والقتال. طالباني ابلغ واشنطن استعداده لوقف القتال فقط اذا تعهدت إلزام بارزاني تنفيذ بنود اتفاق انقرة.

كِفاح
fight, struggle {3D}

الطريق الوحيد لتحقيق الحقوق هو العودة الى الكفاح المسلح. الدول العربية اكدت بالإجماع ان الكفاح المسلح لتحرير الارض من الاحتلال الاجنبي ليس من اعمال الارهاب. واقسم على مواصلة الكفاح ضد روسيا. اميركا تقف الى جانب اسرائيل «في المعركة ضد الارهاب والكفاح من اجل الامن».

نِضال
fight, struggle {3D}

النضال الفلسطيني يتحول ليصبح نضالاً سياسياً سلمياً. أصدر أوامره «السرية» لقوات «الهاغاناه» بأن تبدأ نوعاً من النضال المسلح ضد الانكليز. إن النضال ضد الاستعمار حلو المذاق. دعا ممثل الحزب الوطني الحاكم الى «النضال والكفاح من أجل تحرير القدس». نضالنا يرمي الان الى اعادة لبنان الى سابق عهده.

---

small صغير

see رخيص

صَغير
small, little; [see شابّ; *young]* {2D}
pl: صِغار

سينظم احتفال صغير قبل انطلاق السفينة وفق ما ذكرت الصحيفة. اكتفى ببناء صور من الحجم الصغير. كان من الصعب ان يتم تصحيح كل الاخطاء الصغيرة. اعتبر الشاشة الصغيرة مصدرا للتسلية ليس إلا. لن يستطيع المستثمرون الاجانب السيطرة إلا على عدد صغير من شركات البترول الرابحة. الغجر يعملون مع ابنائهم الصغار في الحقل.

ضَئيل
small, meager {3D}

هناك فرصة – ضئيلة، نعم، لكنها مع ذلك فرصة. قدر محللون ان يكون الفارق ضئيلا بين مرشحي الحزب الحاكم والمعارضة . لم ينجحوا سوى في حشد اعداد ضئيلة من الناس للاحتفال امس بالذكرى الثمانين للثورة البلشفية. كان له عدد ضئيل من الاصدقاء الحميمين. استطلاعات الرأي تضع حزبه في المرتبة الثانية ايضا ولكن بفارق ضئيل.

أصلع — bald

أَصْلَع
bald {2M}
fem: صَلْعاء pl: صُلْع

انه أصلع وسمين . انني قصير القامة، قصير الساقين، أصلع الشعر رغم هالة من بعض الشعر الأسود تحيط برأسي. ديمي مور العارية فشلت فهل تنجح ... الصلعاء؟ كان يكبرها بنحو عشرين سنة، وكان أصلع. اشفقنا عليه من البرد في لندن لأنه أصلع.

أَقْرَع
bald {2M}
fem: قَرْعَاء pl: قُرْع

كاد ينزع ما على رأسه لكنه أدرك بسرعة انه أقرع فسحب يده بطريقة مسرحية. يلقب زيد بالأقرع لأنه فقد شعره من سنوات. مسح بيده رأس أقرع فنبت شعره. (EG) واحد أقرع طلعت له شعرة عمل لها عيد ميلاد.

صلّى — to pray

اِبْتَهَلَ
to pray إلى *to* (God) أَنْ *that* {2M}

قال إنه يبتهل إلى الله سبحانه وتعالى أن يحفظ الرئيس ذخرا لمصر والعالم. اننا جميعا نبتهل الى الله ونضرع اليه ان يديم جلالة مولانا الملك. ابتهل إلى الله عز وجل ان يمد في عمرهما. يبتهل بصوت مرتعش الى الله لمساعدة الدولة والشعب التركي. نحن نقطع ثيابنا ونبتهل حداداً على ما حدث. يبتهل في صلواته دائما أن يبعد الله عنه هذا الشعور.

دَعا
[see نادى، سمّى*; to invite, call* إلى *for]; to pray to* (God) أَنْ *that* {2W}
VN: دَعْوَة يَدْعو

ندعو الله ان تبقى للرئيس الفلسطيني صحته. ينبغي على الصائم ان يدعو الله تعالى بما فيه خير عند فطره وخلال صيامه. ندعو الله تعالى ان يوفقنا. أدعو الله ان يكون النجاح حليفي. أبتسم أكثر وأنا أدعو الله بإصرار ألا تتأخر هذه الرحلة مرة اخرى. دعوت الله ان يبارك في تلك الجهود وان يوفق الجميع الى مثل ذلك التحقيق المهيب، بلا شك!

صَلَّى
*to pray (*من أجل *for)* {2D}

ندعو الله ان نصلي كلنا في القدس، ونحيي الاعراس الفلسطينية فيها. تستيقظ خديجة فجر كل يوم، تصلي وتعد الافطار. نصلي من أجل بلادنا مصر، وسلامها وأمنها ورخائها. كان يصلي يومياً من أجل ان يتواصل السلام في الأراضي المقدسة. علينا ان نصلي لكي يتم السلام.

صمت — silence

سُكون
calm, peace; silence {2W}

السكون ممنوع في هذه المدينة. شهدت البلاد سكوناً مطلقاً اثناء المباراة. يشعر انها كانت معه طوال مسيرة حياته بصمت وسكون. يسود السكون والصمت أرض الساحة.

سَكِينَة
tranquility, peace {3W}

يرى في ترحاله الى بلاد الشرق هروباً الى «السكينة الصحراوية». تجلس في السكينة فيرعبك صوت ضفدعة في الليل، او صياح ديك عند طلوع الشمس. تحول ليلنا من الهدوء والسكينة إلى منتهى الضوضاء وقمة الازعاج. متى أيها السادة والسيدات نعود برمضان إلى السكينة والراحة والعبادة. إنها مكان هادئ يساعد على التمتع بالهدوء والسكينة.

سُكوت
silence {2D}

رفض انعقاد هذا المؤتمر لان انعقاده وبمشاركة اسرائيل يعني الصمت والسكوت عن جرائمها وممارساتها الارهابية. في مواجهة المذابح، السكوت ليس موقفاً. ان الاخطاء التاريخية الواردة في الفيلم جسيمة ولا يمكن السكوت عليها.

صَمْت
silence {2D}

اصغى للصمت، بعض الوقت. لم أعد اسمع صوتاً للطلقات النارية... ورجع الليل الصحراوي الى صمته الأول قبل الانسان. وكم لجأت الى الصمت امام اصدقاء الجامعة. الصمت هو مبتدأ القصيدة. خرج مجلس الامن عن صمته ازاء احداث كمبوديا. كانت الجزيرة ساكنة تماماً غارقة في الصمت.

هُدوء
calm, quiet {3D}

سادت اجواء هدوء حذر في القرى المصرية امس مع بدء تنفيذ قانون الايجارات. الوضع كان شديد التوتر ثم عاد الى الهدوء. الآن استطيع النوم بهدوء. حث البلدين على التزام الهدوء. التزموا الهدوء في خطب الجمعة.

دَعَة
calm {3M}

كلما أحكمت السلطات اغلاق أبوابها في وجوههم كان الأوروبيون أكثر دعة وأمنا. بدت عليه علامات الدعة والترف. يعيشون في دعة لقربهم من سوق القاهرة التي تستوعب منتجاتهم.

صنّف — to classify

بَوَّبَ
to classify sth; to divide sth into chapters {2M}

أخذ اللغويون العرب ومن يحرصون على اللغة في جمع كل الكلام العربيّ، مهما يكن مصدره، ولكنهم لم يبوّبوه في جمعهم هذا من ناحية مصدره الاصلي، ولم يعنوا بذكر منشأه. مثلما بوّب نيتشه كتابه بحسب الموضوعات بوّب جبران كتابه أيضاً بحسب الموضوعات التي تطرّق المصطفى إليها.

صَنَّفَ
to classify, sort sth {2D}

قد صنف ابن خلدون الصناعات تصنيفات عدة على أسس مختلفة. نصنف العالم الى قسم ديموقراطي وآخر غير ديموقراطي. تصنف ضمن المجموعة الفرنكوفونية. صنّف العلماء الكائنات الحية إلى عدة أنواع. تصنّف السيارات المستأجرة إلى خمسة أنواع اعتمادا على الحجم.

فَرَزَ
to sort, classify sth; [see مَيّز; *to distinguish sth* عن *from]* {2D}
يَفرِزُ VN: فَرْز

فرز ملابسه الشتوية والصيفية ولكنه لم يجد بنطاله المفضل. المجتمع الكويتي يضم متناقضات كثيرة ويفرز خلافات جوهرية حول قضايا تتراوح بين ادارة الحكم والنزاهة. بذل «مجهوداً كبيراً في فرز هذه المكتبات أولاً، ثم فهرستها ثانياً».

فَهْرَسَ
to index sth {2M}

هذه الوثائق يبلغ عددها بضع عشرات الألوف، وغالبيتها لم يفهرس. على مدى ثلاثة أيام فهرس في كتابه الموضوعات والمشاكل المهمة في رأيه. بكتابها الجديد تواصل مؤسسة للتراث الاسلامي في لندن سلسلة الكتب التي تفهرس المخطوطات الاسلامية الموزعة في العديد من الدول الافريقية.

idol — صنم

صَنَم
idol, image {2W}
pl: أَصْنام

وقف المتهم كالصنم لا يحرك ساكنا. وافقنا على حرية التبشير لأي عقيدة – حتى وإن دعت لعبادة الاصنام – في أي بقعة وبين أي بشر. طاف بالكعبة من دون أن يمس الاصنام او يقدم لها قربانا كعادته. اشتهرت مكة بالحج حتى في أيام الجاهلية والأصنام. صار الوطن نفسه راكعا، جاثيا على ركبتيه أمام هذا الصنم: صدام حسين.

طاغوت
idol, false god {3M}
pl: طَواغيت

ليس الهدف من ازاحة الطاغوت الجاثم على صدورهم ان يحكمهم طاغوت او طواغيت جدد. كان دائما مصدرا للخير في مواجهة كل آلهة الشر وطواغيته. وقعت التفجيرات في عقر دارهم ومدنهم المحصنة بالطواغيت.

مَعْبود
idol, god {2W}

أدونيس هو المعبود القديم في سورية وفينيقيا. تقول اساطير قدماء الأغريق ان معبودهم أبولو حكم عليها بمعرفة المستقبل. كان آمون – اله طيبة – أصبح ملك هذه الآلهة ومعبودا للدولة المصرية الحديثة. المبادرة الفردية والقطاع الخاص، وباختصار آليات السوق، هي المعبود الاقتصادي الجديد.

وَثَن
image, idol {2M}
pl: أَوْثان

بات المال في بلدي وثنا يعبد.. فليجمع المال إذن بكل الوسائل شريفة أو غير شريفة. ربما عادت جذوره في وعينا الى عهود الجاهلية القديمة وعبادة الأوثان والأصنام. أصبحت هذه الأوهام أوثانا في معبد المثقف. لتكن زيارتك جمعا للإيمان وتفريقا بين عبادة الله وعبادة اوثان زماننا.

---

sound, voice — صوت

see ضجّة

دَوِيّ
sound, noise {3W}

سمع دوي اصوات قذائف الهاون في كينشاسا في الضفة الاخرى من نهر الكونغو. سمع دوي الانفجار على بُعد كيلومترات من المكان. سمعت طلقات نارية متفرقة ودوي أربعة قذائف ار.بي.جي مصدرها الجرود المجاورة. سمعت دوي طائرات هليكوبتر فوق قرية بيرزيت.

صَوْت
sound; voice; [vote] {2D}
pl: أَصْوات

بدأ السائق قيادة السيارة بسرعة حتى تصدر الاطارات صوتا عاليا. اسمع صوت العربة قادمة. تحدث ابن سينا عن تأخر سماع صوت الرعد عن رؤية وميض البرق. سرعة النور اعظم كثيرا من سرعة الصوت. كان الفلاحون يعقدون حلقات دبكة ويرقصون على انغام المزمار وصوت الطبل. نرفض الاصغاء لصوت الضمير. يرون ان الكلام بصوت مرتفع كان بداية الاغنية. أفكر بصوت عال.

---

to hunt — اصطاد

صادَ
to hunt, catch (prey) {2W}
VN: صَيْد يَصيدُ

عندما عملت في المحيط الشمالي صدت سمكة كبيرة جدا يزيد طولها عن المترين. قبل اكتشاف النار كان الرجل إذا صاد سمكة قطعها قطعا ووضعها في طبق وتركه تحت وهج الشمس. القانون لا بد ان يصيد من يخرجون عليه. أبوه يقول ما يصيد الذيب الا ذيب.

تَصَيَّدَ
to hunt sth {2W}

تحول التصوير الى فن قائم بذاته يتصيّد الناس والأحداث بالكاميرا. اننا بذلك نكون كمن يتصيد ذبابة بمدفع مضاد للطائرات. تصيّده خصومه لاتهامه بالعنصرية أو بالتمييز الطائفي.

اِصْطَادَ
to hunt, catch (prey, incl. fish) {2W}

اصطاد غزالاً كان بين قطيعه. ينتظر حتى يصطاد سمكة. يبدو ان قطة دينغ لا زالت تصطاد الفئران والجرذان بوتائر سريعة. اصطادونا كالحيوانات واحتقرونا لأننا سود. استغل المهاجم الكرة المرتدة من يد حارس المرمى، فاصطادها وسددها في المرمى الخالي.

طارَدَ
to stalk (an animal)*; to pursue sb* {2W}

أمضى خمس سنوات في دولة الامارات يقتطف مناظر الطبيعة ويطارد الحيوانات البرية بريشته وحسه المرهف. ها هي تطارد الضفادع لتصطادها. بعد هذا العمر الطويل، هل لا زلت تطارد الفتيات؟ انهم يطاردون شبحا لا وجود له.

قَنَصَ
to hunt, shoot sth {2M}
يَقْنِصُ VN: قَنْص

يجب على الذي يقنص في السعودية أن يحصل على ترخيص مسبق للصيد. طار إلى أفغانستان حتى يقنص مع ابن لادن. قناص فلسطيني يقنص جنديا إسرائيليا في خان يونس. نذهب كل سنة إلى احتفال متميز يحضره «الصقارة» يتم خلاله تحديد موعد انطلاق قنص الصقور. هذه السفن تعتبر من أحدث ما توصلت اليه تكنولوجيا قنص الالغام.

---

fate, destiny

مصير

see حظّ

مَصير
fate, destiny {2D}
pl: مَصائِر

يدرك أن مصيره لن يكون مختلفا عن مصير السيناتور بول فندلي. هم يفعلون ذلك عن قناعة بأن مصيرهم ـ والحالة هذه ـ الجنة. أعاد التأكيد على حق الفلسطينيين القاطع بتقرير المصير. تقتاده الى مصير مجهول. يقامر بمصير الشعب. كان القمر مرتبطا بالمصائر والقدر.

قَدَر
fate, destiny {2W}
pl: أَقْدار

ما اظلم القدر! القدر وحده هو الذي أراد لي ذلك. في التاريخ كما في واقع الحياة تلعب الحظوظ والأقدار دورا أساسيا لاشك فيه. قد شاءت الظروف والأقدار أن تتحول أنظار العالم إلى مدينة سياتل. نعرف أن الحياة والموت بيد الاقدار العليا. يتركون المستقبل للأقدار.

قِسْمَة ونَصيب
fate, destiny {2W}

كانت انسانة ساذجة وبسيطة، راضية بالقسمة والنصيب. لا اعارض الفكرة لان الزواج قسمة ونصيب. لم أعد أهتم بالعثور على زوجة المستقبل، وأترك هذا للقسمة والنصيب.

القَضاء والقَدَر
fate, destiny; divine decree {2M}

يسقط من موقفه في القاطرة بسبب حادث من حوادث القضاء والقدر. هي واثقة ان الله سيكون بجانبها وتؤمن بالقضاء والقدر. كنت دائما أشعر بأنني مطاردة بالقضاء والقدر. في حوار بين مسلم ومجوسي حول القضاء والقدر أكد الرومي أن الانسان حر الارادة.

officer ضابط

شُرْطِيّ
policeman; officer {2D}
pl: شُرْطِيّون

ذكرت صحف جزائرية أمس أن اسلاميين مسلحين اغتالوا شرطياً وثمانية مدنيين الثلاثاء والأربعاء. وقع شجار بين شرطي وبين أحد الباعة المتجولين. أبصرت شرطي المرور يدعوني بيده ملحا على عبوري مفارق الطريق. نفى في الوقت نفسه ان الحلف يسعى ليكون شرطي العالم.

ضابِط
officer; [controlling device] {2D}
pl: ضُبّاط

ذكر ان ضابطاً برتبة ميجر في قوات الأمن قتل في اشتباك عبر الحدود خلال الليل في قطاع سيالكوت الشرقي. أعرب ضابط رفيع المستوى في هذه القوات عن أسفه لهذا الاجراء. يقول ان مجموع الضباط الشيعة في الجيش العراقي لا يتجاوز ٢٠ في المئة من مجموع ضباط الجيش. انه احد الضباط الاحرار الذين قاموا بدور بارز ليلة ثورة ١٩٥٢.

عَسْكَرِيّ
soldier; policeman {2D}
pl: عَساكِر

اعترف رياك مشار مساعد الرئيس السوداني بمصرع ٢٥ عسكريا بينهم ٢٠ ضابطا في مدينة سانيوك. ضرب العسكري أحد جماهير الاتحاد. راح العسكري يفتش الشنطة. عندما وصلنا نقطة التفتيش عند بداية الكوبري جاء العسكري وسأل بتاع الركشة.

---

commotion, outcry ضجّة

see صوت

جَلَبَة
uproar {3W}

يملأون فراغات الصقيع بأصواتهم وجلبتهم. أذكر انني استيقظت ربما بعد ساعة من منتصف الليل بسبب جلبة في الشارع. نحن ننتج السجائر، والمواطن بإرادته الحرة يشتريها؛ لماذا اذن كل هذه الجلبة والضوضاء. ستفعل ذلك بطريقة عملية وفعالة خطوة بعد خطوة.. بدقة وبدون جلبة.

دَوْشَة
commotion, uproar; noise {1-2M}

طلب منها ألا تنجب لأنه لايحب دوشة الأطفال. لا شيء يجعلك تحتمل دوشة أطفال الجيران، إلا أن يكون أطفالك بينهم. الحب الحقيقي هو حب الأكل، وهو أفضل من الحب الآخر الذي يستغرق أقل وقت ويسبب أكبر «دوشة».

زيطَة
uproar {1M} (Eg)

يتحول الأمر في النهاية إلى مجرد زيطة لا أكثر ولا أقل. هل يعقل أنكم تقومون بكل هذه الزيطة والزمبليطة ولا تدرون أنه لا يوجد حكم في هذه المسألة أصلا؟ مثل: اقعد تحت الحيطة واسمع الزيطة. ناوي أركب دي اس ال الأسبوع الجاي وحتبقى زيطة.

صَخَب
shouting, bellowing; noise {3W}

حين يكون البحر هادئا صافيا بعيدا عن الصخب، فإنه يبعث على راحة النفس والبدن. سيعيش في هدوء الريف بعيدا عن ضوضاء المدينة وصخب الحياة العامة في مقر رئاسة الوزارة البريطانية. بدا المهرجان هادئا هذا العام وخاليا من الصخب الاعلامي والزحمة والضجيج. أخذت الريح تعصف من حولها، واشتد صخب الموج.

ضَجَّة
commotion, outcry; noise {2D}

هي نظرية قد احدثت ضجة كبرى منذ بضع سنوات. اثاروا ضجة صاخبة حول الرواية. استقال بدون ضجة في مارس الماضي وقرر سحب نتائجه البحثية. لا داعي لكل هذه الضجة المثارة حاليا. ضجة القطار كانت تملؤه كآبة.

ضَجيج
commotion, outcry; noise {2D}

لم يعد هناك مايدعو لكل هذا الانفعال والضجيج. الطريق المسدود بعيد جدا عن مسالك المرور الكبرى ولا يُسمع فيه ضجيج العالم. قالت وسط ضجيج المترو: انا مش سمعاك ومش عايزة اسمعك. كان في النية قضاء يوم خارج ضجيج لندن وزحامها. طلاقه من ثريا أثار ضجيجاً تناقلته صحف العالم.

ضَوْضاء
commotion, uproar; noise {3W}

كان صاحب المقهى يكره الضجيج والضوضاء. سُمع صياح وضوضاء خارجاً من احدى الغرف. تتميز قرية مرسال ببعدها عن ضوضاء المدينة على رغم قربها من مدينة جدة. كان ينتمي لضوضاء الطريق. شوارع القاهرة والجيزة تضطرب بالضوضاء المنبعثة من موتورات وأبواق السيارات والشاحنات وعربات الميكروباس وأتوبيسات النقل العام.

لَغْط، لَغَط
commotion, uproar; noise {2W}

أثار الانفجار الثاني لغطاً بين الفلسطينيين والاسرائيليين فيما لم تنجح التحقيقات الاولية في كشف ملابساته بدقة. كان تطوران أثارا لغطا في العواصم الافريقية والغربية المعنية بالأزمة الزائيرية. بالنسبة لامتحان الثانوية العامة، فان معظم اقطار العالم لا نجد لديها ما يدور لدينا من صخب ولغط اذ يجري هذا الامتحان كغيره من امتحانات النقل.

---

to laugh — ضحك

see هزأ، مزح

اِبْتَسَمَ
to smile (ل at sb) {2D}

المحب الصادق قادر على أن يبتسم ابتسامة دائمة وصافية حتى في لحظات الآسى والحزن. ظل يبتسم لي طول فترة الحوار. الدنيا كاميرا: ابتسم من فضلك!

بَشَّ
to smile (ل at sb) {3M}
VN: بَشاشَة يَبَشُّ

بش له وضاحكه. رأيناهم كيف يبشون في وجوه المنافقين. في أي لحظة تتصل به لا تجد منه الا البشاشة والتواضع والاستجابة الفورية لأي مطلب. يمزح أحيانا مزاحا خفيفا جميلا حلوا يتقبله منه الذين حوله ببشاشة وسعادة وحبور.

ضَحِكَ
*to laugh; [*see هزأ; *to laugh at, fool, mock* على *sb]* {2D}
VN: ضِحْك يَضْحَكُ

ضحك ضحكته العالية كما كان يضحك دائما بعد أن يلقي نكتة. ما الذي يجعل الفتيات يضحكن كثيرا إذا جلسن معاً؟ ضحكت المرأة ضحكة ناعمة خليعة. هددني بإبلاغ البوليس وعند ذلك ضحكت.

اِسْتَغْرَقَ في الضِحْك
to laugh heartily {3M}

استغرق الرئيس في الضحك، وهو يقول مندهشا: غريبة أنه لم يسألني قط عن أسباب تعيينه وزيرا. انها اللعبة التي نذكرها احياناً في احاديثنا باستمتاع كبير، ونستغرق في الضحك كلما تذكرناها. «يمكن القول اني لا اكرهه الآن بل اصبحت احبه» واستغرق كابيلا في الضحك.

قَهْقَهَ
to laugh, guffaw {2M}

لا يعبس ولا يبتسم ولا يقطب جبينه ولا يقهقه ضاحكا. يقهقه الجنرال مرة أخرى وكان يضحك من السياسة الخارجية الأمريكية. يقدم بعد ذلك صورا لا يملك القارئ معها سوى أن يبتسم، بل ويقهقه أحيانا. إنه حكى وغمز ولمز وهمس ولمس ومضى يقهقه ـ ونحن من ورائه أيضا.

كَرْكَرَ
to laugh, guffaw; [to rumble (stomach)*; to gurgle]* {1-2M}

بات أطفالهم يضحكون ويكركرون شبعا قبل أن تأخذهم سنة من النوم. يتمحور العالم للشاعر في وردة ذابلة أو طير ملحق أو طفل يكركر أو يبكي.

---

funny — مضحك

see مثير

مَسْخَرَة
ridiculous, ludicrous {3M}
pl: مَساخِر، مَسْخَرات

اضافت ان المجلس «اصبح فعلاً مسخرة ولم يعد اداة لشعوب وامم العالم التي أسست الامم المتحدة». قال ان النشاطات الاستيطانية تستهزئ بالقرارين ٢٤٢ و٣٣٨، اللذين يشكلان اساس عملية السلام وتجعل منهما «مسخرة».

مُضْحِك
funny {2W}
pl: مُضْحِكون

كان يختارون له في شهادة الميلاد اسما مضحكا للأب. يسألون أسئلة مضحكة. لاحظ الانجليز أن أولاد رئيس الوزراء يرتدون ملابس مضحكة. كان يسرد في هذه السهرات القصص المضحكة والنكات اللبنانية. ألم أقل لكم اننا في عصر المضحك المبكي!

فُكاهي
humorous {3W}

تعود الفنانة نجلاء فتحي الى الشاشة، بعد غياب دام ١٥ عاماً، بمسلسل اجتماعي فكاهي عنوانه «زي القمر». البرنامج الفكاهي، كما نشاهده على شاشاتنا اليوم، لا يحترم الموضوعات التي يطرحها. الف قصيدة جابرليادا وهي قصيدة فكاهية طويلة لم يسمح بنشرها إلا بعد مرور قرن. أسس مجلة إنتقادية فكاهية أسماها: التنكيت والتبكيت.

هَزَلي
funny, comical {2W}

تبدو هذه الحرب الهزلية مأساة إفريقية أخرى. يقيمون الحفلات الأدبية، والندوات القصصية، ويمثلون المسرحيات الجدية والهزلية. طلبوا من الحكم سؤال مساعده وبعد هذه التمثيلية الهزلية أخرج الحكم الكارت الأحمر لعبدالستار صبري وهو يستحقه. وصف الأزمة بأنها مسرحية هزلية بعيدة عن الديمقراطية.

ضرب
to hit

see دقّ

خَبَطَ
to hit, strike sth; [to knock, rap (on the door)*]* {2W}
VN: خَبْط يَخْبِطُ

كان الواحد من هؤلاء يخبط بجزمته الأرض بعنف. أخذ يصيح في الحاضرين ويلوح بيديه ويصفر بالصافرة ويخبط بالعصا السيارات الواقفة. كان تيد يُخرج اوراقاً مالية من محفظته ويخبطها على الطاولة كأنها ورق اللعب.

رَفَسَ
to kick sth {2W}
VN: رَفْس يَرْفِسُ

هجموا عليه وألقوه أرضا وبدأوا يرفسونه ويضربونه بأحذيتهم وهم يقولون «سنلقنك درسا». رفس قدمه الحافية في قرن الجاموسة. يمكن للكلمة ان تعضّ وترفس وتعتدي وتقتل.

رَكَلَ
to kick sth {3W}
VN: رَكْل يَرْكُلُ

ركل الكرة، فإذا بها تنطلق عاليا وتخطئ الهدف. في الجولة الثامنة نال الكرواتي انذارا من الحكم لرميه المضرب وركله. إنهم يتصدون لها فيلطمها الواحد منهم على وجهها او يركلها بساقه في مؤخرتها. أخذ الشيخ عمر يركلها برجله لدفعها الى فوق.

صَفَعَ
to slap, cuff sb/sth {3W}
VN: صَفْع يَصْفَعُ

فجأة يقتحم الحفل والد الفتاة ويتجه إلى العريس فيصفعه ويغادر المكان دون ان يعرض له أحد بأذى. نجد أنفسنا سابحين في البحر أو غارقين في أعماقه او يصفعنا الموج بعد الموج. لعل أول مرة شعرت فيها شعورا حقيقيا وحادا بالظلم كانت يوم أن صفعني أبي أمام أغراب. استدارت المرأة فجأة وصفعت زوجها.

أَصابَ
to hit sth (a target)*; [see* أضرّ*; to afflict sb* ب *with; to be right]* {2D}

أصابت اهدافاً عسكرية فقط. قال إن الطيارين اصابوا اهدافهم في دقة. تقول إن السهم لا يصيب الهدف إلا إذا كان مستقيما وصلبا ومتينا. اننا نحب الرياضة ونحترم اللاعبين ونصفق لكل من أصاب هدفا.

ضَرَبَ
to hit, beat, strike sth; [see تجوّل*; to move around; to go on strike]* {2D}
VN: ضَرْب يَضْرِبُ

ضرب الجرس الذي يشير الى بدء يوم التعاملات وابتسم ابتسامة عريضة. فقد أعصابه وضرب الكلب، فتدخلت زوجته للدفاع عنه. رجال شرطة ضربوا صحافيا حتى الموت. اتهم عرفات بأنه لا يضرب الارهابيين بحزم. قال انه «سيضرب بشدة» المتورطين في الفساد. نجحا في ضرب عصفورين بحجر واحد. أضرب جرس الباب فتخرج سيدة أنيقة تلبس الأسود.

لَطَمَ
to hit, slap sth {3W}
VN: لَطْم يَلْطِمُ

كان منظراً كئيباً ان نرى بينهم رجالاً يذرفون الدموع ويلطمون الخدود. لطمت يدي على الطاولة، الا انها ارتدت متصلبة مثل يد خشبية. لطم صدره، عندما سمع الخبر. كنت أشتم نفسي وألطم وجهي. تصرخ وتولول وتنوح وقد تلطم خدودها وتقطع ثيابها، وتضرب الأرض بقدميها.

disturbance اضطراب

إِخْلال
breach, disturbance ب *of sth* {3W}

الشرطة اللبنانية ألقت القبض على مجموعة من الاشخاص كانوا يدبرون للاخلال بالأمن. سيطبق القانون بكل حزم ضد الذين يشاركون في الاخلال بالنظام. العرب يعتبرون امتلاك اسرائيل للسلاح النووي اخلالاً بالتوازن العسكري في المنطقة. أكد الوزير أن هناك خطة لمكافحة الاخلال بالآداب العامة ستنفذها الشرطة.

شَغَب
disturbance, unrest {3D}

٤ قتلى وأكثر من ٢٠٠ جريح في اعمال الشغب التي وقعت اخيراً في بعض المدن البريطانية. شغب الجماهير أفسد جو المباراة. جرت اعمال شغب في احد السجون في غرب البلاد وقتل فيها سجينان. قال شهود ان شرطة مكافحة الشغب اطلقت الغاز المسيل للدموع في محاولة لتفريق الاف العمال والطلاب.

اِضْطِراب
disturbance, unrest; riot {3D}
pl: اِضْطِرابات

كل مرة نستقبل العام الجديد نسأل أنفسنا، هل هو عام السلام والاستقرار أم عام الحرب والاضطرابات؟ هذا الدواء يسبب آثارا جانبية لدى المرضى كاضطراب دقات القلب. في اوقات الاضطراب السياسي غالبا ما يتحول المستثمرون الى الذهب بوصفه ملاذا امنا. أكد قائد السجن ان الاضطرابات لم تكن خطيرة وان الهدوء عاد الى السجن. ٧٧ شخصاً لا يزالون في عداد المفقودين اثر الاضطرابات التي وقعت في اليوم.

فِتْنَة
(civil) *strife; insurrection* {2D}

يثيرون الفتنة بين المسلمين والمسيحيين في القاهرة. يخشى علماء وأنصار المذهب الشيعي الزيدي في اليمن من حدوث فتنة بين الشيعة والسنّة تنطلق شرارتها من المساجد. تهدف الى زرع الفتنة الطائفية بين أبناء البلد. يحاول التحريض على الفتنة.

فَوْضى
disorder, chaos, anarchy {2D}

قال الرئيس اليمني علي عبدالله صالح أنه سيعمل على إنهاء حالة الفوضى وتثبيت الاستقرار والأمن. الشرق الأوسط بات اليوم في حال من الضياع وعلى حافة الانفجار والفوضى. جرت محاكمتهم بتهم إثارة الشغب وإحداث الفوضى. سادت الفوضى الاجتماعية التي تنذر بانفجار لا يعرف مداه.

to hurt أضرّ

آذى
to harm, hurt sb/sth {2W}

هذه المواد تؤذي الذوق السليم بصورة كبيرة جداً. كلمة واحدة يمكنها ان تؤذي مشاعري. هذه السياسة يمكن ان تؤذيه وتؤذي دولته. ما يؤذي لبنان يؤذي سورية وما يؤذي سورية يؤذي لبنان.

آلَمَ
to hurt sb, cause sb pain {3W}

قدمي تؤلمني؛ اريد أن أذهب إلى الدكتور. التفكير الحرّ ليس فيه ما يؤلم، فلم لا تفكر في هذا الاتجاه لبعض الوقت؟ المقاومة في الجنوب تؤلم اسرائيل وتجعلها تدفع ثمن احتلالها لارضنا. يؤلمها ان هناك مليون طفل بلا مدرسة. اضاف ان صدام استغل ايضا معاناة شعبه التي آلمت العالم «ففكر في استعمال ذلك كورقة يلعبها».

جَرَّحَ، جَرَحَ
to wound, hurt sb {2D}
VN: جَرْح يَجْرَحُ

لا تعطي آراءك في أمور هي أشبه بالمقدسات للعالم أجمع، وتجرح شعور الملايين. سلوك الولد جرح أباه. المجرمون قتلوا عاملة ايثوبية وجرحوا ٢٤ آخرين.

خَدَّشَ، خَدَشَ
to hurt (feelings)*; to damage sth* {2W}
VN: خَدْش يَخْدِشُ

لقد قال ما يستطيع ان يقوله عن رئيس الحكومة الاسرائيلية من دون ان يخدش شعوره. لا شيء يخدش سمعة «طرطوف» لأنه في نظره رجل صالح. لا اريد أن أخدش شعور أحد. ملاحظاته خدشت أحاسيسها.

أَساء
to harm, damage إلى *sb; [*see شتم*; to insult, offend sb]* {2D}

بكل أسف، زعيم العراق أساء إلى بلده وأساء إلى الصداقة العميقة بينه وبين دول الخليج. ثمة مسارح اطفال ما زالت تدخل البهجة الى الطفل من دون ان تسيء اليه. أي اتفاق يسيء الى هذه المصالح لن ينفذ. تعترف بأنها حذفت بعض المقاطع منها لأنها تسيء إلى الآخرين.

أَصابَ
to afflict sb ب *with; to hit sb* (of a disease)*; [*see ضرب*; to hit* (in general)*]* {3D}

أعلن مسؤولون في مطار ناريتا في طوكيو امس الاثنين ان امرأة توفيت وأصيب ٢٠١ راكب آخرون بجروح. مرض السكري يصيب الكبير والصغير. نائب الرئيس أصيب بنوبة قلبية.

أَضَرَّ
to harm, damage ب *sth* {3D}

ما من شخص في التاريخ الحديث أضر بالأكراد وخلال فترة قصيرة بقدر ما أضر بهم صدام حسين. يقول مستوردون ان عصابات قطاع الطرق تضر بتجارتهم، إذ تختفي شحنات كثيرة في الطريق. أكد ان الصراع في السودان يضر بالأمن المصري. انعقاد المؤتمر «لا يضر بسورية».

عاثَ
to spread (destruction) في *in; to cause havoc* {3M}
VN: عَيْث يَعيثُ

قد ضاقوا ذرعاً بالطغيان الاميركي الذي عاث في الارض فساداً. تهجم عصابة مسلحة على البلدة وتسيطر عليها وتعيث فيها فسادا. الغزو الصليبي كان يعيث فسادا في مدن سورية.

أَوْجَعَ
to hurt sb, cause sb pain {3W}

انا ايضا اخفيت المي، لم اقل انه يوجعني. خجل أن يمد إحدى ساقيه التي اعتمد عليها طويلا حتى أوجعته. تمنيت لو كانت زوجة اب قاسية لكيلا يوجعني فراقها كما اوجعني. توجعني أوجاعه. رأسي يوجعني كلما أسافر في السيارة لمدة طويلة. أوجعتني أخبار الحرب في العراق.

---

harmful ضارّ

مُؤْذٍ
harmful, injurious {2W}

الحرب مؤذية وبشعة وفيها دماء وقتل وتهجير. قد صور ديكنز فاغن كشيطان، مؤذٍ وقبيح. كل هذا ينتج وضعا مؤذيا للاقتصاد الفلسطيني. بوسع المرء ان يستخدم هذه التكنولوجيا الجديدة بصورة خبيثة مؤذية.

مُسيء
hurtful, harmful إلى / ل *to* {2M}

طابع الوراثة في العمل الحزبي مسيء الى مبدأ الديموقراطية. هذا النوع من التصرف معيب ومسيء الى صدقية الدولة في الداخل والى سمعة لبنان في الخارج. حقا إنه انحراف مسيء لنا جميعا. قام بتصرفات مسيئة للوطن.

ضارّ
harmful (ب to) {2D}

أكد ان هذا القرار ضار بعملية السلام. اكتشفوا في لحومهم «بكتيريا» ضارة تكاد تمنعهم من التلذذ بأكل الهمبرغر المفضل لديهم. مما لا شك فيه ان بعض الفيروسات غير ضار نسبياً. هناك مواد ضارة وبذيئة موجودة في مئات المواقع في الانترنت. الهدف منها تحذير المواطنين من اكل الاسماك المملحة لانها ضارة بالصحة.

مُضرّ
harmful (ب to) {2W}

رفض الالتزام بالحد من الغازات الصناعية المضرة بالأرض وكائناتها. التدخين مضر بصحتكم ويسبب الأمراض. وصف القرار بأنه «خطير ومضرّ جداً بعملية السلام ويهددها برمتها». شارون يعتبر التوقيع مضرًا بأمن اسرائيل. بعض البكتيريا غير مضرة للانسان.

هَدّام
destructive {3W}

نرفض ايواء الارهابيين والعناصر التي تستخدم القوة او الافكار الهدّامة ضد اي دولة من دول العالم. الاسلام الحقيقي عائق في وجه الحركات الهدامة التي تتستر باسمه. نرحب بالمعارضة اذا كانت بناءة او هدامة، في النهاية كلها معارضة. ما تقوم به تلك العناصر من اعمال وممارسات هدّامة تهدد امن الدول الاخرى وسلامتها.

ضارّ بالصحّة unhealthy

ضارّ بِالصِّحَّة
unhealthy, harmful to the health {2W}

الهدف منها تحذير المواطنين من اكل الاسماك المملحة لانها ضارة بالصحة. اما شركات انتاج السجائر فأنكرت اولا ان التدخين ضار بالصحة. اما في غياب القيود الاجتماعية التي يفرضها الزواج، فيزداد احتمال القيام بسلوكيات ضارة بالصحة. هذا الجهاز ضار بالصحة إذا كان بلا سماعة.

مُضِرّ بِالصِّحَّة
harmful to the health {2M}

يعمل ما يزيد عن ٥٠ مليون طفل في ظروف غير آمنة ومضرّة للصحّة. الكذب مضر بالصحة. انها مصادر الأوبئة المضرة بالصحة.

مَرَضِيّ
pathological, unhealthy {2M}

نعتبره فناناً حقيقياً ويساهم بتشخيص الظواهر المرضية داخل مجتمعنا الايطالي. ذكرت ان ٨٠ في المئة من زوار العيادات الطبية يشكون من صعوبة التنفس التي تتطور في بعض الأحيان الى حالات مرضية حادة.

وَبيل
unhealthy; harmful {3M}

امراض القلب الوبيلة تصيب الرجال أكثر من النساء. يفتح الباب أمام استشراء مثل هذا الداء الوبيل. أدى الى آثار وبيلة على حياتنا. ظل مشرذما ومعتلا بمرض الطائفية الوبيل.

وَخيم
unhealthy; dangerous {3W}

الموقف الآن خطير للغاية نتيجة لسياسات اسرائيل وبسبب الاثار الوخيمة المترتبة على تدمير عملية السلام بهذا الشكل. تحدثنا مباشرة إلى الرئيس عرفات عن العواقب الوخيمة التي ستلي ذلك. الضغط سيولّد عواقب وخيمة. كلهم يعرف ان هذا الامر عقابه سيكون وخيما.

ضروري necessary

see أكيد

لا بُدَّ مِنْهُ
necessary; unavoidable {2W}

الانتكاسات التي صاحبت التجربة البرلمانية جعلت المقاطعة الآن امراً لا بد منه. فوز الزمالك اليوم أمر لا بد منه اذا اراد ان يكمل المشوار للنهاية. كانت رؤيته ان الفقر لم يعد شرا لا بد منه. أعتقد أن هذه الجولة التي تفضل بها سيادة الوزير كانت فاتحة ضرورية لابد منها.

إِجْباري
compulsory, obligatory {2W}

أضاف ان الحجاب اجباري بنص القرآن الكريم. طالب بتطبيق قانون الخدمة العسكرية الاجبارية على طلبة المدارس الدينية اليهودية. أضاف جعفر بأنه أعطى اللاعبين راحة إجبارية عقب المباراة وسوف يستأنف الفريق تدريباته بعد غد الثلاثاء بالملعب. اللغة العربية اجبارية في المدارس الاسرائيلية.

ضَروري
necessary {2D}

التداول اصبح ضرورياً والتغيير واجب. العلاقات الاقتصادية ضرورية جداً لحياة الشعوب وعامل أساسي من عوامل التنمية والتقدم. دعا الى «ضرورة ايجاد الحلول اللازمة والضرورية لحماية المدنيين». أضاف ان عدم المبالغة امر ضروري ولا بد من التركيز العربي على القضايا المقبلة. أصبح من الضروري التفكير في حلول غير تقليدية. لاننا لم نتمكن من جمع الادلة اللازمة، بات من الضروري ان تُسحب هذه الدعوى.

اِضْطِراري
compulsory; necessary {2W}

طائرة عرفات تهبط اضطرارياً في القاهرة. أضاف ان «خطر تخفيض اضطراري لعملة هونغ كونغ بات الآن اكبر». بالرغم من خضوعنا الاضطراري للزمن الغربي، لم نرتق عمليا وحضاريا الى مقتضياته ومتطلباته. يشعر بالقلق لغياب عدد من نجومه عن المباراة لأسباب اضطرارية.

لا مَفَرّ مِنْهُ
necessary; unavoidable {3W}

أضاف ان فكرة العولمة لا مفر منها. إنها صراعات لا مفر منها، ولابد أن ندركها، أو على الأقل أن نتبين معالمها الحديثة. المواجهة قادمة لا مفر منها ولا مهرب. ومما لا مفر منه أن الدور الذي تلعبه حكومة من الحكومات يتبدل مع مرور الوقت. اعتقد أن سقوط النظام السوداني لا مفر منه وضروري.

لازِم
necessary {1-2D}

ندعو السلطة التنفيذية الى إيلاء هذا الموضوع الاهتمام اللازم. أعلن انه طلب من وزارة المال اتخاذ الاجراءات اللازمة للحفاظ على استقرار النظام المالي. لم يكن يستطيع مواصلة القتال بسبب عدم توافر الاموال اللازمة. قد اتخذنا التدابير اللازمة للحد من هذه السرقات. لقد سمحنا بهذه الشركات وقتاً اطول من اللازم. لا اعتقد انها تركز عليه أكثر من اللازم.

إِلزامي
obligatory, compulsory {2D}

يظن الآباء أن الالتحاق بهذه المدارس إلزامي وهو غير صحيح لأن الالزام عندنا في المدارس الحكومية. مد التعليم الإلزامي ليشمل المرحلة الثانوية. أصدرت السلطات قرارا يمنع الطلاب الذين اكملوا الدراسة الثانوية من الحصول على الشهادة التي تؤهلهم لدخول الجامعة قبل اكمال فترة التدريب العسكري الإلزامي في اطار الخدمة الوطنية.

واجِب
*necessary, obligatory; [*see واجب; (n) *duty]* {2W}

الاستشارة في القضاء الاسلامي واجبة كذلك المشورة السياسية في المصالح العامة. اعتبر المفتي العام في الاردن سعيد حجاوي «ان الانتخاب واجب والتخلف عن التصويت كتم للشهادة». المحاولة واجبة فلا يخرج الزبد من اللبن الا شدة المخض. اما الآن فقد اصبح من الواجب «التمييز بوضوح بين الشعب العراقي والنظام العراقي».

وُجوبي
obligatory (prison term) {3M}

فرض عقوبة الحبس الوجوبي بحد أدنى لا يقل عن ستة أشهر. تعتبر جرائم التهرب الجمركي والضرائب من اخطر الجرائم وجعلت عقوبة السجن وجوبية في حالة عدم قبول التصالح مع الجمارك.

weak ضعيف

خائِر
weak {3M}

الولايات المتحدة قد اصبحت خائرة القوى نتيجة لإخفاقها في التخلص مني. انها تعود خائرة منهكة القوى لاتفكر إلا في الراحة. بدت اطرافي كلها خائرة تماما عاجزة عن الحراك. حاولت ان انهض، لكن جسدي كان ضعيفا خائرا.

رَكيك
weak (usu. of language); *[poor, pitiful]* {2M}

لغته السينمائية ركيكة مليئة بالأخطاء الفنية. ترجماتهم ركيكة مشوهة. يقدمونها من خلال لغتهم الركيكة وشاعريتهم المتواضعة. «أما هنا فإننا نعامل كآدميين» قال رافي أفيفي بلغة عربية ركيكة تعلمها من والديه اللذين قدما من المغرب. «لا نبيع الا لحم الغنم مشويا» كانت تقول، بعربيتها الركيكة للعرب الوافدين على مطعمها الصغير.

ضَعيف
weak, feeble {2D}

منظمة الوحدة الإفريقية ضعيفة. أليس من واجبها ان تهرع الى نجدة الصغير والضعيف؟ التحكيم عموما في الدورة كان ضعيفا حتى الآن. حجم انفاق اليابانيين لايزال ضعيفا. هي ضعيفة رغم طولها وعضلاتها. كان ذلك ردا غير مباشر على اتهامات لندن بانهما يريدان عملة ضعيفة.

غَثّ
weak, poor (usu. of language); *thin, scrawny* {3M}

هو ما صدر منه في هذه القصيدة من الألفاظ اللغوية الغثة، والقوافي القلقة. الغث أفسد السمين. جعل فكرة التمييز بين الادب الجيد والادب الغث ممكنة. لقد كتبت حول الجابري اشياء كثيرة، بعضها غث وبعضها سمين.

واهِن
weak, feeble {3M}

كان يعاني من صحة واهنة. صوته واهن في الهاتف وحزين. وجدوا أنفسهم على متن مراكب واهنة في عرض بحر الصين فريسة للقراصنة واللصوص. انقضى وقت، غربت شمس واهنة. إذا بها تفاجئك في صوت واهن: أنا لا أسلم باليد! تحمل طفلها المريض بلونه الشاحب وأنفاسه المتلاحقة ونبضات قلبه الواهن.

واهٍ
weak (excuse, evidence, etc.) {3W}

الدلائل التي تملكها الدولتان تبدو ضعيفة وواهية. هو نوع من الاستخفاف واللهث وراء مبررات واهية لا سند لها في الواقع. هذا الطلب استند الى حشد من التهم الباطلة والأدلة الواهية. روابطها وميولها الدينية كانت واهية.

---

braid ضفيرة

جَديلَة
braid; [plait] {2M}
pl: جَدائِل

عقدت الشريطة على جديلتي. أغاظني طوال الطريق أنها لم تصنع لي جدائل تشبه جدائلها. رأيت بنتا صغيرة ذات جدائل تشبه اختي الصغيرة. تمدّ على وسادتها جدائل شعرها الليلي.

ضَفيرَة
braid; [plait] {2W}
pl: ضَفائِر

كان للبطريرك ضفيرة شعر طويلة ويبدو ان عمره يربو على المئة سنة. كان شعره الأشيب ممشطا بنعومة وينتهي بضفيرة معقودة جيدا. أحبه منذ كان تلميذا في المدرسة وأنا أمرح أمامه بضفيرتي. هي تداعبها بشد ضفيرة شعرها الأقرب إلى لون القمح. يداعب الريح ضفائرها. لا تقصي ضفائرك ابدا!

to belong to, join انضمّ

اِنْخَرَطَ
to join في *an organization; to become involved* في *in; [to be turned on a lathe; to penetrate into]* {3W}

انخرت اعداد كبيرة منهم في الجيش السوداني. عاشوا وترعرعوا في مخيمات البؤس والفقر وانخرطوا في منظمات الجهاد والعودة. انخرطت في صفوف الفوضويين الثوار. انخرطت دمشق في التحالف ضد العراق. انخرط في السياسة بالاضافة الى مهامه الدينية والاجتماعية. انخرط في الحزب.

اِنْضَمَّ
to belong إلى *to, join* إلى *sth* {2D}

قال إن عدد الاعضاء الذين انضموا الى منظمة التجارة العالمية بلغ حتى الآن ١٣٤ دولة. قام المماليك في كل اقاليم مصر بتهديد شيوخ البلد الذين انضموا الى جانب الفرنسيين. انضم الى الجيش عام ١٩٢٢. التحق بالجامعة الاميركية في بيروت حيث انضم الى نادي «العروة الوثقى» ذي الميول الوحدوية.

اِلْتَحَقَ
to join ب *sth, belong* ب *to* {2D}

ألف حزباً خاصاً به قبل أن يعود ويلتحق بالحزب الديموقراطي من جديد ويصبح في عداد لجنته المركزية. ما لبث أن التحق بالأزهر وبدأت تظهر عليه علامات التفوق. ولد في طرابلس لبنان والتحق بالجيش العثماني خلال الحرب العالمية الاولى. التحق بالسوربون ودرس فلسفة العلوم الاسلامية والآداب الشرقية.

اِنْتَسَبَ
to belong إلى *to, be affiliated* إلى *with* {2D}

انتسبت الى حزب الدعوة الاسلامية في النصف الثاني من عقد الستينات. في عام ١٩٦١ انتسبت الى الجامعة أول دفعة من الطالبات السعوديات. ينتمي هؤلاء الحراس الى حزب الرفاه ولكنهم لا ينتسبون الى القوات المسلحة. ٤٤,٨٢ في المئة يقيمون في بيوت تقليدية مغربية وينتسبون الى مجموعات على عتبة الفقر.

اِنْتَمَى
to belong إلى *to* {3D}

انتمى في الماضي الى حزب المؤتمر وينتمي اليوم الى الفصيل المنشق عنه. ينتمي الاطفال «العمال» الى عائلات فقيرة. هو قانون ينتمي الى زمان مضى. ينتمي الأسبرين الى مجموعة تتكون من نحو ٥٠ نوعا من مركبات كيماوية معروفة بعلاج الالتهابات وتخفيف الحمى وتسكين الآلام.

light ضوء

ضَوْء
light {2D}
pl: أَضْواء

ليس بمقدوره رؤية جسد ما يسير بسرعة الضوء. هل يتسنى لها ذلك بالفعل في ضوء ظروفها الداخلية. القى ضوءا على جانب من المشكلة. الولايات المتحدة أعطت الضوء الأخضر لروسيا لدعم المعارضة الأفغانية ضد الطالبان. ألوف الناس يصلّون لها على ضوء الشموع. تجربة الحرب الشيشانية سلطت الاضواء على العواقب المترتبة عن التقصير في تمويل الجيش. كان يكره الشهرة والأضواء.

ضِياء
light; brightness {3M}

حتى ضياء الصبح ما عدنا نراه. التقيا... فاحترق ضياء الشمس. آراؤكم ضياء يهتدي به الضالون.

نور
light; lamp {2D}
pl: أَنْوار

كيف يقود الزعيم الشعب الى النور، وهو غارق في الظلام؟ انتشر نور الإسلام في أرجاء الأرض. اختار سعيد النورسي طريقه الى الله من نور القرآن الكريم. لقد تركت تراثا علميا سيظل نوره ينبعث من الشاطىء يضيء الطريق للأجيال. الاخطر هي الجرارات والمقطورات التي تسير بدون انوار خلفية. يطفئ الجيران انوار حجراتهم.

وَضَح
light; brightness {3M}
في وضح النهار in broad daylight

قتلوا في وضح النهار في شارع مزدحم وسط العاصمة الاقتصادية للبلاد. كانت السمسرة في السابق ترتكب في ظلمات الليل البهيمة فأصبحت ترتكب في وضح النهار. اغتالوه في وضح النهار وذهب دمه هدرا.

أضاء
to enlighten

see لمع

بَصَّرَ
to enlighten sb; to inform sb ب *about* {3M}

من الواجب علينا أن نبصر الشباب بما يزخر به تراثهم الروحي من أرصدة ثقافية. رحب بالنقد البنّاء والمسؤول الذي يعالج الاعوجاج ويبصّر الحكومة بأخطائها. هذه البرامج تبصّر الناس بتعاليم الاسلام السمحة وتصحح المفاهيم الخاطئة لدى الاخرين.

أَضَاءَ
to enlighten sb; to illuminate sth; to light, turn on (a light) {2D}

راح الضوء الذي كان يأتي الينا من الشارع يضيء الحجرة الصغيرة في ضعف. كان القمر بدرا، وكان يضيء الليل على رغم ظلمة الليل. شرع في اقامة القداس امام المذبح الذي أضاءته شمعتان طويلتان. ألا يكفي النور الذي أضاء حياتي؟ أضاء قلوبنا بنور الايمان. أضاءت وجهها ابتسامة الخمسة دولارات. غسل يديه ووجهه بالماء البارد وأضاء المصباح الجداري فوق المغسلة. اضاءت اللمبة.

نَوَّرَ
to light, illuminate sth; to enlighten sb or على *sb* {2M}

وجدنا في ما بعد انهم وعدونا بأن العلم نور لكنه لم ينوّر حياتنا. الله ينور عليكم. هذه الندوات والمؤتمرات واللقاءات تنور الطلاب وتصقل أفكارهم الصحيحة. (Eg) نوّرتنا!

أَنَارَ
to light, illuminate sth; to turn on (a light) {3W}

عادت مصابيح الكيروسين لتنير ليالي بغداد. وما ان انتهى الراقصون من عرضهم في منتصف الليل حتى أنارت السماء ثريات الألعاب النارية. عندما يأتي المساء... أنير مصابيحي. كتبه ستنير الطريق لكل الدارسين. التراث شعلة ينير ضوؤها فكرنا.

ضاع
to get lost

تَاهَ
to get lost, lose one's way {2W}
يَتِيهُ

ايقن الطفل انه تاه عن البيت وضل الطريق. تاهت الحقيقة في غابة السياسة. كان عليها ان تختار إما اليمين وإما اليسار، فتاهت بين الاثنين. ربما ضل المسار فضاع في الدنيا وتاه.

ضَلَّ
to lose طريقه *one's way* {3W}
يَضِلُّ VN: ضَلال

قائد الطائرة ضل طريقه وحلق على مقربة من خط المواجهة المصري. في عودته الى الفندق ضل الطريق. اقتحمت قافلة من المدرعات وعربات الجيب العسكرية وحاملات الجنود التابعة لقوات الناتو إحدى أسواق مدينة سالونيك اليونانية بعد أن ضلت طريقها إلى الحدود اليونانية المقدونية.

ضَاعَ
to get lost {2D}
يَضِيعُ VN: ضَياع

هل ضاع الأمل نهائيا في تشغيل مطار بور سعيد. ضاعت منه ثلاثة أهداف مؤكدة. الفرصة المتاحة الآن للسلام يجب ألا تضيع. أموال كثيرة ضاعت هباء.

guest ضيف

زائِر
visitor {2D}
pl: زائِرون، زُوّار

استقبلت محافظة الفيوم امس ما يقرب من ٨٠٠ الف زائر لمناطقها السياحية والاثرية. يوزع المضيفون على كل زائر ورقة يانصيب مجانية تخولهم الفوز بسيارة «بي. ام. دبليو». أما المصريون الزائرون فلا وجود لهم باستثناء طلبة كليات الفنون. من المتوقع ان يزيد عدد الزائرين اكثر من هذا في اليوم الثالث.

ضَيْف
guest {2D}
pl: ضُيوف

ضيف هذه الأمسية المحتفل به، شخصية رائعة، صاحب ثقافات متعددة المواهب. قد رحب في بداية المؤتمر الصحفي بالضيف الفرنسي في أول زيارة رسمية لمصر. سوف تتم تلبية جميع طلبات الفريق الضيف. أنا ضيف في الدنيا وراحل عنها كذلك. وفرنا لضيوفنا الصغار حقائب تحتوي غداء موضبا كي يتمكنوا من تناول طعامهم وقتما يشاؤون.

نَزيل
guest (of a hotel); *inmate* {3W}
pl: نُزَلاء

تشير التوقعات الى ارتفاع العدد السنوي للنزلاء بنسبة ٦٣ في المئة. نضمن القدرة على استقبال النزلاء بموازناتهم المتفاوتة وبمعايير الخدمة العالية نفسها. يحتوي الفندقان على مراكز مغطاة للتسوق لتلبية حاجات النزلاء. انه احد أشهر الفنادق في لندن لنزلاء الشرق الاوسط. كان نزيل السجن.

طبيب

doctor

دُكْتور
doctor {2D}
pl: دَكاتِرَة

اجرى العملية الدكتور ضيائي دياب رئيس قسم جراحة التجميل والحروق في المستشفى. منع استخدام لقب «دكتور» في الامارات. انهما صورتان متفاوتتان: واحد دكتور درس في اوروبا، والآخر دارس هنا. حملوا لافتة كتب عليها «الدكاترة والمهندسون العاطلون يطالبون بحقهم الدستوري في العمل».

جَرّاح
surgeon {2D}
pl: جَرّاحون

عاشت خمس سنوات ومنديل الطبيب الجرّاح في بطنها. انه جراح جيد وألبانيا تحتاج حاليا الى الأطباء الجيدين. هناك طبيب بشري وطبيب بيطري وطبيب اسنان وجراح. يزور أشهر جراحي القلب في العالم اللبناني الأصل الدكتور مايكل بدغي مسقط رأسه.

طَبيب
doctor, physician {2D}
pl: أَطِبّاء

انه طبيب لبناني من البرازيل يزرع شعراً في رأس القذافي. هو طبيب عراقي كردي مقيم في بريطانيا. قررت مجموعة من اطباء الامراض الجلدية والتناسلية تأسيس جمعية عن الجنس. طبيب الاسنان. طبيب العيون. كان الطبيب الجراح نسي منديله في بطن المرأة.

نَطاسي
physician {3M}

انت طبيب، نطاسي، لك قدرات علاجية. انه نطاسي بارع. الشيء الوحيد الذي يهمه هو أن يجد النطاسي البارع، والعلاج الناجع.

طبخ

to cook

طَبَخَ
to cook {2W}
VN: طَبْخ يَطْبُخُ

علّم بيتر طبخ الاطباق الفلسطينية الشعبية. كانت أمي تطبخ لنا طبخة اسمها «فورة». إن طبخ الطماطم مع بعض الدهون يسهل امتصاصها في الامعاء. يسير بها الى مسكنه، تطبخ له، تعمل من اجله، تصبح ام اولاده. نطبخ لأنفسنا طعاما لا يؤكل خضروات مسلوقة وأحيانا نطبخ رزا ودجاجا.

طَها
to cook {2W}
VN: طَهْو، طَهْي، طُهِيّ يَطْهو

هي التي تأتيه الى بيته، تطهو طعامه وتغسل ثيابه وتلبي رغباته. لا يرغب في تناول طعام الفندق فيحضر معه طباخه الخاص ليطهو له ما يريده. الشمس في الرياض تطهو الطعام. كانت لهم حوانيت يطهون فيها الاطعمة التي يرســلها الناس لهم. يراعى في الوجبة ان تكون مكتملة العناصر الغذائية، وتتكون في الغالب من اصناف نباتية تم طهيها بطريقة صحية.

طبّاخ

cook

طَبّاخ
cook, chef {2W}
pl: طَبّاخون

كان يعمل طباخاً في فندق «ستراند» في القدس. اشتغل مساعد طباخ مع خال له. وصف موسى نتانياهو بأنه «طباخ سيئ». يأخذ معه مطبخه وطباخيه الى جناح له في الفندق. كيف لو ان الطبخة قديمة ومحروقة، والطباخون يحاولون اعادة تسخينها. زيادة الطباخين تفسد الشوربة.

طاهٍ
cook {2W}
pl: طُهاة

تقول إنك بحاجة إلى طاه فهذا الطاهي سيكون سويسريا. يعمل طاهيا في لندن. استمتع الملايين من ربات البيوت والطهاة المحترفين والهواة في العالم باستخدام منتجات «كينوود» السهلة الاستعمال. تألفت اللجنة برئاسة رئيس جمعية الطهاة في بريطانيا بريان كوتريل.

طبيعة

nature

see صفة

جِبْلَة

nature (of sb/sth), *propensity; type* {3M}

النظام القائم في بكين ضارب في الاستبداد، وان الاستبداد لديه طبيعة وجبلة لا مجرد عارض. لو تُرك الانسان على جبلته لكان استزاد في طلب الحواس. قد تكون غريزة القتل والإبادة جبلة لدى الانسان وفطرة. صرنا ننظر إلى الغربي على أنه جبلة أخرى غير التي جبلنا منها نحن.

خِلْقَة

*nature; innate character; [*see شكل*; external appearance; creation]* {2W}

قال إنه قبيح الخلقة. يذكر المؤلف عيوب الخيل وهي على ضربين منها ضرب يكون خلقة وآخر يكون عادة. لا يطلب بتحسين ما قبح من خلقة جسمه ولا تكميل ما نقص منها.

طَبْع

natural disposition, character {2D}

الانسان بطبعه يميل الى الاسهل. الانسان بطبعه بحاجة إلى الإيمان مهما كان نوعه. ذلك في الحقيقة طبع كل نظام شمولي. العدوان طبع في الانسان والحيوان. الطفل بطبعه مُجرب جيد. ان الانسان كائن مخطئ بطبعه، وانه يتعلم عن طريق ارتكاب الاخطاء وتصحيحها.

طَبيعَة

nature; natural disposition, character {2D}

حبّ الاديبة للطبيعة جلي في معظم أقاصيصها. اسعى الى الخروج من شكل الشيء الى طبيعته. قرروا من الآن وصاعدا ان ينظروا بعين واحدة الى طبيعة الحلول المقترحة لتجاوز المشكلات. من الطبيعي جدا وأنت في هذه السن أن تفكر وتتساءل حول طبيعة المرأة. السبب في ذلك يعود الى طبيعة الصراع العربي – الاسرائيلي.

طينَة

character, disposition, nature {3W}

كان فناناً من طينة اصيلة وغير قابل لأن يكون غير نفسه. إن ثمة اجماعاً، بالمقابل، حول شخصه وحول طينته كإنسان. انهم، مرشحون وناخبون، من طينة واحدة ولا يكاد يختلف، إن تعلق الامر، بهيئاتهم في الصور. انطونيوني استاذ عصي على التقليد ... وفنان من طينة خاصة جدا.

فِطْرَة

innate character, nature {3W}

بتعبير القرآن الكريم، فطرة الانسان فطرة دينية وموحدة. طالب المفتي قباني المسؤولين بأن يحرصوا على صون الفطرة الصافية للناشئة بالنص الصريح على مادة التعليم الديني. الايمان بالمطلق يأتي عن طريق الموروث الثقافي للانسان، ويأتي ايضا عن طريق الفطرة البشرية.

ماهِيَّة

quality, essence, nature; [salary] {3D}

لست مؤرخاً ولا من علماء السياسة، وانما حاولت اكتشاف ماهية الخطاب القبطي وهويته. يبدو من المفيد التساؤل حول ماهية التقدم الذي كان حاصلا على مسيرة التسوية. رفض الافصاح عن ماهيته. ماهيته هي انه من دون ماهية محددة. اهمية الفلسفة تكمن في البحث عن ماهية الاشياء وعلاقة بعضها مع بعض.

هُوِيَّة

essence, nature; identity {3D}

حاول أن يحذظ للمنطقة العربية هويتها الحضارية المستقلة. التقدم العلمي لا يمكن ان يعني طمس الهوية الثقافية والتاريخ الحضاري لكل تجمع بشري. ما هو دور الفن في تعميق الهوية العربية؟ الاجهزة كلها مستوردة اصلا من الخارج ومن شركات عالمية مختلفة الهوية. باتت هويتنا مهددة بالفناء والضياء. كانت كل التساؤلات حول هوية الفريق الثاني الذي سيصحبه في رحلته. بطاقة هوية.

طبل

drum

دَرْبُكَّة

small hard drum (pottery) {2W}

راح يلعب بالسيف والترس وآخرون يعزفون على المجوز ويضربون على الدربكة والطبل. التقى الناي والكمان والدربكة والاورغ في «قدود حلبية» و«الجندول». أما الموسيقى فهي الدربكة والرق والكمنجا.

دُفّ
tambourine {2W}
pl: دُفوف

حمل الدفّ ونقر عليه مواكبا الرقص متمايلا معه. اثناء الرقص يضربون بالدفوف ويصفقون وهم كذلك يغنون وكثيرا ما تكون هذه الاغاني باللغة العبرية. الدفوف والطبول في الغابة كانت حوارا ونحن طورناها الى لغات. تداخلت هتافات شباب مصر وشيوخها ورموز شعبها ضد الإرهاب والقتل والدمار مع دقات دفوف أهل النوبة.

رِقّ
tambourine {1M} (Eg)

هي آلات تراثية موسيقية تتكون من آلة «سنطور» و«الجوزة» والدربوكة (الطبلة) والرق (الدف) والنقارة (درامز). ان «جدل» كما سمعناها في العامين السابقين مقطوعة موسيقية تحتوي في أساسياتها على عنصر ايقاعي، يتطلب حضور الطبلة والرق ناهيك عن الغيتار.

طَبْل
drum {2D}
pl: طُبول

يجيد الضرب على الطار والطبل والعزف على الربابة. يضربون على الدربكة والطبل. بين فترة وفترة يدخل صوت طبل او ناقوس الى الوعي. احاول الا استسلم لأصوات الطبول التي تدق في رأسي. راحوا يقرعون الطبول ويهتفون قائلين ان نتانياهو يقود الدولة اليهودية الى الحرب. اعلام الحكومة السودانية يدق طبول الحرب.

طَبْلَة
drum {2W}

كل صدى يتسرب إلى طبلة أذني. عندما سمعت الموسيقى الشرقية وصوت الطبلة في منتصف الفيلم كنت سعيدا بهذا. يقدم كل هذه الاغنيات على العود يرافقه عازف طبلة.

---

singer مطرب

مُطْرِب
singer, musician {2D}
pl: مُطْرِبون

ذكرت المجلة ان المطربة تزوجت سرا قبل سبعة أشهر. يستعد المطرب الشاب علي شبانة ابن شقيق المطرب الراحل عبدالحليم حافظ لتسجيل اغنية اخرى من ألحان بليغ حمدي. أصبح نجوم المجتمع هم مطربي الاغاني الساقطة، والممثلين الهزليين. مطربو مصر يغنون في الجزائر بعد العيد. تمتعت طيلة الأسبوع بأصوات المقرئين والمطربين رغما عني.

مُغَنٍّ
singer {2D}
pl: مُغَنّون

في مصر ماتت المغنية الشهيرة اسمهان في حادث سيارة. مغني الفرقة الاستاذ في العلوم الموسيقية حسين الأعظمي. يعود أنغلبرت احد ابرز مغني الستينات والسبعينات، الى الضوء بعد غياب. لاحظت ان اكثر المغنين لا يخاطب انثى بل ذكراً. مَن هم أبرز المغنيين في بلدك؟

مُنْشِد
singer, choral singer (esp. religious songs) {2W}
pl: مُنْشِدون

يدركنا القلق على المنشد أن يضيع صوته ويتبدد. وضع الحانه المسرحية على لسان عدة منشدين. الشيخ حمزة شكور مقرئ ومنشد في الجامع الأموي في دمشق. إن الفرقة تضم المنشدين: سليمان الخشن وعبدالله شكور. صوت المنشد يجد صدى رخياً في الايقاع.

---

deaf أطرش

أَصَمّ
deaf; [see ثابت*; hard, solid]* {2W}
fem: صَمّاء pl: صُمّ

الأصم لا يتحدث عن السمع. هل يستيقظ المجتمع الاصم اخيراً ويعمل على حظر الألغام؟ الضحايا هم اربع عشرة امرأة وخمسة اطفال وثلاثة رجال منهم واحد في الثمانين من عمره وواحد أبكم أصم. حاول زعيمهم التظاهر بأنه أصم وأبكم.

أَطْرَش
deaf {2W}
fem: طَرْشاء pl: طُرْش
مثل الأطرش في الزفة like a deaf person at a wedding (he's totally lost, he has no idea what is going on)

عمياء واطرش: اسعد زوجين! الفكرة وتفاصيلها تجعلني أشعر بالدوار، وأحياناً أكون فيها مثل الاطرش في الزفة. هل تتصوري مثل الاطرش بالزفّة؟ قلت كل ما يجب قوله.

طريق

road

see طريقة

دَرْب
road; path {2D}
pl: دُروب

يدرك ان الدرب طويل بحيث لا يستطيع ان يتابع عد خطاه. كانت الامور تسير في الدرب السليم. خرج الى الحدائق والدروب المعشبة. تركهم منسيين في جبالهم بعيدين عن مسالك السياسة ودروب المدينة. لا ترى ان دروب الحداثة مقصورة على الغرب.

زُقاق
lane, alley {2W}
pl: أَزِقَّة

يرتفع صوت آخر من شارع أو زقاق بعيد ليجيبه برباعية شعرية تناسب الحال. انعطفنا على اليسار لندخل غرفة صغيرة تاركين الزقاق المؤدي الى اعماق المخيم الذي ساده البؤس والفقر. في المدينة زقاق يحمل اسم الشاعر وأكثر من تمثال له. رأيت الأولاد في الأزقة يلعبون كريكت لا كرة قدم. كانت الأزقة خالية الا من طفل يمر ويختفي.

سَبيل
way, road, path {2D}
pl: سُبُل
عَلَى سَبيل المِثال for example

تشق لنفسها سبيل الحياة السرية. قال رئيس الوزراء الاسرائيلي ان المحادثات المتعثرة في «سبيلها للعودة الى مسارها الصحيح». فتح للآداب العربية السبيل إلى تعرف أساطير اليونانية. السبيل «الوحيد» أمام انقرة هو ان «تتعاون» مع الدول المجاورة. عندنا كل المشاريب الخالية من الكحول، على سبيل المثال كولا، فانتا، سبرايت، عصير تفاح، مياه معدنية.

سِكَّة
way, road, path {2D}
pl: سِكَك
السكّة الحديد the railroad

نعمل على اعادة عملية السلام الى سكتها. الكتابة تنحرف عن سكتها. منذ نحو سنتين ونحن نقول ان البلد على سكة خاطئة. سرنا بمحاذاة السكة الحديد خلف كثير من المواشي المعفرة في الطريق. حاول نسف جسور السكك الحديد في جنوب منشوريا.

مَسْلَك
*road, path; [*see طريقة; *way]* {3D}
pl: مَسالِك

تستخدم البهائم في التنقل عبر الجبال والمسالك الطبيعية الوعرة. تعب بعد ساعات وساعات من القيادة على مسالك بالغة الوعورة. منذ الآن يتحركون في سبل ومسالك لم تصبح طرقا بعد.

مَسار
path, route {3D}
pl: مَسارات

يختلف مسار زيارة المناطق السياحية في حلوان حسب وسيلة المواصلات. يمكن ان تساهم في اعادة عملية السلام الى مسارها. هو المعروف مسبقاً بمواقفه المعادية لمسار التسوية. أجهض المسار الديموقراطي وحال دون تطوير المغرب ومسّ سمعته.

شارِع
street {2D}
pl: شَوارِع

دخلنا الى الشارع الصغير، المتصل بالميدان الصغير. توقفت سيارة بالقرب منه على الشارع العام وعرض عليه ركّابها ان يقلّوه معهم لكبر سنه. ساروا في شوارع مدينة بنغول. اعتقل بعد ظهر اول من أمس الثلاثاء اثناء سيره في احد شوارع روما. ذكّرت ان هؤلاء الاطفال هم اطفال الشوارع والاولاد اللاجئين وضحايا الحرب.

صِراط
path, road, way (the path of the righteous) {2W}

هنا لا بد من تعريف الشريعة بأنها «صراط مشترك بين كل الأديان والفلسفات». يحق لنا ان نتساءل عن سر هذا الانحراف الخطير عن الصراط المستقيم. هداني ربي الى صراط مستقيم. وقفت بين الوِرد والصدر وعلى صراط الرجاء واليأس.

طَريق
road, path; way, method {2D}
pl: طُرُق

يهدف المشروع الى احياء طريق الحرير الذي كان يربط القارات الثلاث آسيا وأوروبا وأفريقيا. أشار الى «الطريق الطويل الذي ينبغي سلوكه لكي يحل السلام الشامل في المنطقة». مصادر ديبلوماسية مصرية اكدت ان الجهود المصرية لم تصل الى طريق مسدود. طرق طهران الجبلية لها طابع رومانسي. الهدف من النقاشات التي دارت منذ اكثر من سنة كان البحث عن افضل الطرق لخدمة المصالح الاميركية في المنطقة.

نَهْج
path, way {3W}
pl: نُهوج، أَنْهُج

الاكيد ان نهج الارهاب يستبعد نهائياً اي حلول سياسية. اعتبر ان المشكلة هي في النهج الاسرائيلي المتطرف. جدد الرئيس علي عبدالله صالح تمسك اليمن بالنهج الديموقراطي. نهج الفيلم لا يذهب بعيدا عن حدود الوعي الفردي. انها «نهج جديد» للعمل العربي المشترك.

---

way

طريقة

see طريق

مَأْخَذ
manner {3W}

هل علينا أخذه مأخذ الجد؟ مع هذا لم يأخذه احد مأخذ الجدية كممثل. أخذ العبارة مأخذ التصديق الكامل.

أُسْلوب
style, manner; way {2D}
pl: أَساليب

النمط الاميركي طغى في البداية على أسلوب ادارتها. لعل هذا ما يجذب الناس في محاولة للعودة إلى اسلوب الحياة البسيطة. هل اتبع العرب الاسلوب الصحيح لادارة الأزمات؟ ان الاستشراق باختصار، هو الاسلوب الغربي للسيطرة على الشرق وإعادة بنيته وامتلاك السيادة عليه. طالبت فرنسا باجراء حوار مع الصين بدلا من اتباع اسلوب المواجهة معها.

مَسْلَك
*way; [*see طريق; *road, path]* {3W}
pl: مَسالِك

يفقدون القدرة على النظر الى مسلكهم الفكري والثقافي والسياسي. اعتبرت «ان المسلك المافيوي هو الذي حال دون اجراء الاصلاحات الادارية. يتوقع ان ينهج الأنصار مسلكا هجوميا منذ البداية في مباراة الإياب تفاديا لأية مفاجأة. يستخدم كل الطرق والمسالك لتضليل الرأي العام وصرفه عن رؤية الحقائق.

شاكِلَة
way, manner {3W}

لا يخلو احتفال غنائي لبناني، على شاكلة احتفال عنجر في عام ١٩٩١، من مبالغة «لبنانية». أليس نيتشه هو الذي يتحدث على هذه الشاكلة؟ لقد كان مقتل ابيه على تلك الشاكلة جرحا في حياته لم يفارقه ابدا

صورَة
way; form, shape; [picture] {2D}

أضاف ان ايطاليا تتعامل مع اللاجئين الألبان بصورة انسانية. المجتمع الدولي لن ينظر بصورة ايجابية إلى مثل هذا العمل. اعلان دمشق سيواصل أعماله بصورة طبيعية. يبدأ الفصل الأول بالحديث عن فكرة القانون بصورة عامة. انتقل الى السكن في القدس بصورة دائمة. لعب بصورة جيدة.

طَريقَة
way; manner; creed {2D}

أعتقد ان افضل طريقة للوصول الى القراء هي عبر معارض الكتب التي تقام دورياً. دخل البلاد بطريقة غير شرعية. يعانون من الفقر نفسه حتى وإن اختلفت طريقة المعيشة واسلوب الحياة. الموت... لماذا الآن؟ ولماذا بهذه الطريقة؟ لماذا يتصرفون معنا بهذه الطريقة؟ الموافقة السورية اشترطت ان تجري هذه العملية بطريقة هادئة وتدريجية.

نَحْو

*way, method, manner; [*see تقريباً، نحو; *toward; approximately]* {3D}

تبيع الكتب على نحو فوري. بدت لنا الامور على النحو التالي. أما القهوة العربية فتنمو على نحو افضل في ارتفاعات تتراوح بين ٢٠٠٠- ٢٥٠٠ قدم فوق مستوى البحر. ظهرت بشائر الحساسية الحديثة على نحو بطيء ولكنه مؤكد. على هذا النحو يكتب كاداريه في احدى قصائده. الامور لا يمكن ان تستمر على هذا النحو.

نَمَط

*way, manner, style; [*see نوع; *sort, type]* {3W}
pl: أَنْماط

جاء تصميم هذا المجمع على نمط أفضل. هذه السياسة لها انعكاساتها السلبية، ولاسباب عدة، على نمط التنمية الاجتماعية. حقق فيلما على النمط الاميركي. ان هؤلاء الصناع لم يقتصروا على النمط التقليدي.

مَنْهَج

manner, method {3D}
pl: مَناهِج

استند الى منهج التاريخ الاجتماعي لتحليل الجذور العميقة للنزاعات اللبنانية. اتبع منهج «التفاوض غاية لا وسيلة» الذي استنّته حكومة اسحق شامير عقب مؤتمر مدريد. اعتقد ان «الاخوان» ليسوا حاليا على منهج واحد ولا ينطلقون من رؤية واحدة. عمل على تطبيق «المنهج العلمي» في تحليل القيم الاخلاقية.

مِنْوال

way, manner; form {3W}

له فهارس أبجدية على منوال فهارس الآيات القرآنية والحديث النبوي. بدوا بذلك كأنهم يكررون التقليد ذاته على منوال اهلهم القديم. مضى على المنوال نفسه وسلك الطريق ذاته. انها نسج فني على منوال قديم تتناقله الأقوام أبا عن جد.

وَتيرَة

manner, way; style, tone {3D}
pl: وَتائِر

ننحدر الى الاسفل بوتيرة متسارعة. إيران تزود حاليا بوتيرة مكثفة «حزب الله» الموالي لها في لبنان أسلحة وعتادا عسكريا. هناك أيضا بعض النجوم التي تضيء بشكل مستمر، وبعض آخر يضيء بومضات تظهر وتختفي بوتيرة منتظمة. قال امام معهد الشرق الادنى ان ذلك «يتم بوتيرة سريعة جدا، ونحن قلقون جدا».

وَجْه

*way, manner; [*see وجه; *face; side, direction]* {3D}
pl: وُجوه

لا يعرف على وجه التحديد حتى الآن اذا كانت هذه الشركة ستشرف على الاستثمارات العقارية للأمير الوليد. هذا يؤدي الى انتشار الجوع والفقر والآفات والأمراض المعدية في الدول النامية على وجه الخصوص. يشارك جميع المواطنين بحكم مواطنتهم على وجه المساواة في المسؤوليات السياسية. أخذ يقدم التنازلات، أو على وجه الدقة يتراجع عن مواقفه السابقة المعلنة.

by means of — عن طريق

مِنْ خِلال

*by means of, through; [*see خلال; *across]* {3D}

توصل لتسوية من خلال الاتصال المباشر بين مسئولي الدولتين. هذه المعلومات قد تأكدت من خلال الأقمار الصناعية. تلقيت من خلال البريد الاليكتروني هذه الرسالة من القارئ أحمد حسين. رعاية المعاقين بمصر تتم من خلال ١١٥ مكتبا ومركزا للعلاج الطبيعي. يمكن شراء وبيع السلع من خلال الانترنت. المنتخب استعد للدورة جيدا من خلال المباريات الودية.

بِاسْتِخْدام

using, by means of {3W}

سارع المسئولون الاسرائيليون الى محاولة نفي هذه الأنباء باستخدام تعبيرات ساخرة. تتم الجراحة باستخدام الكمبيوتر والأشعة المقطعية والرنين المغناطيسي. عمل من أجل تحقيق النمو الاقتصادي باستخدام أدوات السياسة المالية المتعلقة بالضرائب وأسعار الفائدة. أحدهم أصيب بجروح اثناء توقيفه لانه حاول المقاومة باستخدام سلاحه. انها كانت تعالج عددا منهم باستخدام الطب الصيني.

بِاسْتِعْمال
using, by means of {2W}

يعمدون إلى تثبيت سيطرتهم باستعمال الخشونة والغلظة نحو المصريين. لا يمكنك العودة الى البلاد باستعمال وثيقة سفر منتهية الصلاحية. على كل الدول أن تمتنع عن التصعيد باستعمال القوة. لا مهرب من التوصل الى حل عادل باستعمال كافة الوسائل المتاحة لنا.

عَن طَريق
by means of; via {2D}

اشعل الحرب عن طريق احتلال الكويت. تولى الرئاسة إثر وفاة روزفلت وليس عن طريق الانتخاب. نقل ابنه وابنته عن طريق البحر الى ايطاليا. أكد ضرورة «ان تحل الخلافات القائمة بين الأطراف عن طريق المفاوضات وليس من خلال أعمال تتم من جانب واحد». المعرفة تأتي عن طريق القراءة قبل أي شيء آخر. يجب أن تحل المشاكل «عن طريق الحوار» مع المنظمة الدولية.

بِطَريقَة
(with noun) *by means of;* (with adj) *in a particular way* {2D}

البعض يختار الحاكم بطريقة الانتخاب. لي عدة طموحات مشروعة احققها بطريقة الصعود خطوة خطوة. تعرضت منازلهم لعمليات دخول بطريقة الخلع. هناك من يمكنهم التعامل مع السياسة بطريقة أفضل منه. اختيروا بطريقة غير ديمقراطية تماما. يجب الرد عليها بطريقة مباشرة أو غير مباشرة. يطلقون النار بطريقة عشوائية لارهاب الاهالي ومنع أي شخص من ملاحقتهم.

بِواسِطَة
by means of {2D}

تم تدميره بواسطة الحرب الجوية. السجناء يتصلون ببعضهم البعض بواسطة الهواتف المحمولة. الجاسوس اللبناني اعترف أيضا بأنه كان ينقل المعلومات السرية بواسطة أجهزة لاسلكي متطورة. تعمد السيد المسيح في نهر الأردن بواسطة يوحنا المعمدان. حصل على معلومات جديدة كل أسبوع بواسطة البريد الالكتروني. نتعلم الحوار بواسطة الحوار ونتعلم المسؤولية مع مرور الوقت ومن خلال الممارسة. النزاعات لا تُحل بواسطة الجرافات او الرصاص.

طعم **taste**

ذَوْق
sense of taste; taste (literary, artistic, etc.) {2D}

فقد حاسة الذوق والبلع. يميل ذوق المستهلك أكثر إلى سيارات الصالون. يتفوق الايطاليون على شعوب الأرض كافة في الذوق الرفيع. إن غناءها مهذب ويتسم بالذوق السليم الراقي. الفرنسية أكثر ملائمة للذوق الأدبي العالمي. الذوق العام بدأ في التغيير تجاه هذا النوع من التسلية.

مَذاق
taste {2W}

لحم النعاج من اطيب انواع اللحم، ومذاقه في الفم مثل مذاق العسل. تدّعي الشركة المنتجة أنها تزيل النيكوتين من دون تغيير مذاق السيجارة. اعتادوا مذاق لحم الحوت. مذاق الفقر عند الفقراء يختلف عن مذاقه عند الاغنياء. العشق له طعم ومذاق خاص في فرنسا. الفوز بكأس مصر هذه المرة كان له طعم ومذاق خاص.

طَعْم
flavor, taste {2D}

هل تشعر بطعم الأكل الذي تتناوله، هل تتذوقه؟ الشجرة الطيبة تؤتي بثمار شهية الطعم. لا لون له ولا طعم ولا رائحة. لم نعرف طعم الراحة أو النوم منذ أكثر من عشرة ايام. يعتقد ان من حقه ان يتذوق طعم ثمار السلام. ذاق الفريق طعم الانتصار بعد ثلاث هزائم.

طعام **food**

أَكْل
food {2D}

استسلم مضيفوه للنوم بعد ليلة حافلة بالأكل والمشروبات. الحب الحقيقي هو حب الأكل. قال أحد الأسرى إنه لم يذق طعم الأكل منذ أسابيع، وان العديد من رفاقه ماتوا جوعا. هل تشعر بطعم الأكل الذي تتناوله، هل تتذوقه؟ اريد تخفيف وزني، لكنني لا أستطيع الامتناع عن الأكل!

مَأكَل
food {3M}

قيادة منطقة الشمال العسكرية أمّنت لهم المأوى والمأكل لمدة يومين. أصبح من المهم العودة الى الاصل من حيث الملبس والمأكل وتعلم اللغة الاصلية. يعاني الجنود السوريون سوء التدريب والملبس والمأكل. طلبت نفقة لابنها تامر ورسوم الحضانة ونفقات المأكل والملبس والخادم وبدل العلاج ونفقة لها.

طَعام
food {2D}

يظل على الأطباق طعام كثير لا يؤكل ويعود من حيث أتى. دعاهم الى طعامه. تناول الجميع طعام الغداء الى مائدة صغيرة. كان موجودا في صالة الطعام. بدأ معتقلون آخرون في هذه السجون اضرابا عن الطعام. لا يضع طعاما مستوردا على مائدته.

غِذاء
nourishment, food {3W}
pl: أَغْذِيَة

قال ان الصينيين لديهم احسن غذاء وهو الرز. اعتبر الغذاء حقاً من حقوق الانسان. اتفاق النفط من اجل الغذاء. منع وصول الغذاء والدواء إلى شعب العراق بكميات كافية. إن الحاجة للأغذية الأساسية ما تزال كبيرة.

قوت
nourishment, food {3W}

يجد الجميع قوت يومهم دون التماس عون أحد. أشار الى ان مئتي الف فلسطيني يُمنعون بهذه الطريقة من الحصول على قوت يومهم مع عائلاتهم. ماذا أفعل لأجد قوت اطفالي الستة. لم يعد له همٌّ سوى توفير القوت اليومي للشعب المعذب.

طفل

child

see ابن، شابّ

رَضيع
infant, baby (unweaned) {2W}
pl: رُضَّع

قال إن إيران تشبه أماً لم تستطع فطم ابنها الرضيع. أضافت الصحيفة ان افراد العائلة هم ستة أطفال بينهم رضيع. خطفت الرضيع لتبيعه الى العاقر. قتل متهم ابن زوجته الرضيع الذي يبلغ من العمر ستة أشهر لأنه كان دائم البكاء.

طِفْل
child {2D}
fem: طِفْلَة pl: أَطْفال

تحدثت عن اهمية حقوق الانسان، خصوصاً حقوق المرأة والطفل. ان الطفل النائم في السرير قد يصبح يوماً ما عظيماً. أنا طفلة صغيرة ضلت الطريق. انني نادمة كثيراً لأنني لم انجب إطفالاً. كيف « يصنع » الآباء اطفالاً عباقرة ؟ لا تنتج ما يكفي لإطعام أطفالها. الفرصة أتيحت لي للظهور بتقديم اغاني الاطفال.

وَلَد
child; boy; [see ابن*; son]*
{2D}
pl: أَوْلاد

هذا الولد لا يمكن أن يكون قد سمع! سمعت ولدا عربيا يقول عن صديق له ما ترجمته عن الانكليزية «قوي كالحصان»، مع أننا نقول «قوي كالأسد». سأزيل شاربي تماما حتى أبدو أمامه ولدا صغيرا. كانت النسوة الاخريات يرفعن أصواتهن بلوم الام على إحضار الولد الى الحمام. يقابلون حجارة الأولاد الفلسطينيين برصاص رشاشات.

وَليد
newborn, baby {3M}
pl: وِلْدان

أكد الأطباء على ضرورة تغذية الوليد الطبيعية لمدة طويلة. هو الذي يتولى مهمة الحفاظ على درجة حرارة جسم الوليد الجديد. لقد ثبت أن من الصعب كثيرًا على الوليد الجديد التمييز بين النهار والليل. زوجته كانت تنتظر وليدها الحادي عشر عندما وقع الحادث. مشروع توشكي ليس وليد اليوم، بل له دراسات بدأت من الستينات.

مَوْلود
newborn; child, son {3D}
pl: مَواليد

هو مولودهما الثاني. انها في انتظار ان تضع مولودها. تنتظر مولودها الثالث. الوالدة والمولود في صحة جيدة. كان معدل النمو السكاني قد بلغ ١١ مولودا لكل ألف نسمة في عام ١٩٩٣. عدد الوفيات اقل من عدد المواليد. ايهاب من مواليد ٣ ديسمبر ١٩٨٢.

childhood طفولة

صِبا
childhood, youth {2W}

تمر عليهم الطفولة والصبا والشباب كأنها لم تمر. لماذا تأخرت كل طقوس الطفولة والصبا والشباب عندي. لم أحقق حلم صباي بأن أصبح عازف كمان لا أكثر. أمضى طفولته وصباه في مصر والسودان واوغندا. قد كان في صباه يريد ان يصبح قسيسا. اتجه منذ صباه الى دراسة الموسيقى.

صِغَر
childhood; [smallness] {2M}

اتجه في صغره الى دراسة اللاهوت واللاتينية. كنت دوماً اغني في صغري. الكتابة كانت شيئا مهما في حياتي منذ الصغر. احب عرض الازياء من صغري. اسأل صديقا عرف دودي منذ الصغر.

طُفولَة
childhood {2D}

مضى صاحبنا يتأمل اصدقاء الطفولة الذين كانوا يلعبون الكرة في الحارة. ليس يمكننا الذهابُ الى الطفولة. عاش طفولته وحتى شبابه المبكر في أجواء الفاشية الايطالية في ظل موسوليني. اهتم منذ طفولته بالشعر. أحلام الطفولة الممزقة.

---

student طالب

تابِع
follower, disciple; [belonging ل *to]* {2D}
pl: أَتْباع

تهفو إلى المدينة قلوب المؤمنين من أتباع الديانات السماوية الثلاث. هو من أتباع الطرق الصوفية. السلطات الصينية اعتقلت حوالي ٥ آلاف من أتباع طائفة فالون جونج منذ بدأت حملتها ضدها.

تِلْميذ
student, pupil {2D}
pl: تَلاميذ، تَلامِذَة

زاد عدد التلاميذ من ٣ ملايين تلميذ إلى ٦ ملايين. في عام ١٩٤٠ كنت تلميذا بالمدرسة الابتدائية في قرية إيتاي البارود من محافظة البحيرة. نذكركم بالقاعدة التربوية الفرنسية التي تمنع التلميذ الفرنسي من ان يتعلم لغة اجنبية في المرحلة الابتدائية. كان هؤلاء من تلامذة أحمد لطفي السيد في مدرسة الجريدة. طلبت منهم منع أطفالهم التلاميذ من الحديث باللغة العربية في البيت.

حَواري
disciple, student, follower {3M}
pl: حَواريون

اعتنقوا الديانة المسيحية على ايدي احد حواريي المسيح. اتباعه الاوائل وحواريوه كانوا بصورة عامة يهوداً. حاول أن ينقذها من سيطرة هذا الشخص وحوارييه. ينسبون انفسهم اليه معتبرين انفسهم من تلاميذه وحوارييه.

مُريد
disciple, student, follower {3W}
pl: مُريدون

توهم أنها صارت من أتباعه ومريديه. أعدمت في العراء وسط أتباعها ومحبيها ومريديها. كثيرا ما كان يصرح لأصدقائه وتلامذته ومريديه بأن هدفه من اصدار هذه المجلة أنه يريد بالكتابة فيها أن يعيد إلى الناس معنى الكتابة وحقيقة الكاتب.

طالِب
student, pupil {2D}
pl: طَلَبَة، طُلاّب

للطالب وولي أمره الحق في الاطلاع على ورقة الاجابة إذا طلب ذلك. إنها طالبة في إعدادي هندسة القاهرة. يصل عدد الطلاب الصينيين الذين يدرسون بمصر حاليا إلى مائتي طالب. يبدو أن طلبة العلم السوريين كانوا أكثر استعدادا من المصريين للسفر خارج حدود بلادهم.

to ascend

see زاد

طلع

بَزَغ
to dawn, break forth {3W}
VN: بَزْغ يَبْزُغُ

بزغ نجمه خلال ثورة القاهرة الأولى ضد الحملة الفرنسية عام ١٧٩٩. هذا الجدار سينهار وسيعلو صرح المقاومة والجهاد وسيبزغ فجر الامة بالنصر. عثروا عليها بعد وقت طويل، عندما بزغت الشمس ثانية.

اِنْبَلَجَ
to break (of dawn); *to shine* {3M}

انبلج الضوء وابيضت السماء واستيقظ الصبي فيما الجميع نيام. ترقص الدبكة على انغام خفقات القلوب العاشقة حتى اذا انبلج الفجر: عانقت أهلها كقاذية قصيدة! تصدّع ماضيه من دون ان ينبلج فجر مستقبله. لا يلوون على فعل شيء بانتظار ان ينبلج نور الخلاص من سماء لبنان الحالكة السواد آنذاك.

اِرْتَفَعَ
to rise, increase {2D}

ارتفع الدولار في مقابل المارك الالماني. ارتفع الطلب على الطاقة بنسبة ٥,٧ في المئة. من المتوقع ان ترتفع حرارة المنافسة بعد ان تنطلق مباريات الدوري من جديد. ترتفع درجات الحرارة في الخارج الى أكثر من ٤٥ مئوية. ارتفع الرقم إلى ٤٨٢ مليونا خلال نفس الفترة. خلال عشر سنوات ارتفع الانتاج المحلي بمقدار خمسة أضعاف.

رَقِيَ
to rise, advance {2W}
VN: رَقْي، رُقِيّ يَرْقى

رقي الى رتبة فريق وتولى منصب رئيس اركان الحرب للقوات المسلحة. إذا وجدت في بعض ما أرسله لك كلمات لا ترقى الى مستوى النشر، فأرجو أن لا يثير دهشتك. كانت أحكامه الأدبية ترقى إلى مستوى «الديكتاتورية» كما يقول ديلمور شوارتس. العلم هو الذي يرقى بصاحبه عن درجة الحيوانية.

اِرْتقى
to ascend, rise; to advance {3W}

الحكم الملكي البريطاني سينتهي بالامير ويليام الذي سيرتقي العرش عقب موت والده في ٢٠١٩. لم يرتق الشوط الأول من المباراة الى المستوى الفني المتوقع من الفريقين. سيرتقي سلم المجد والاحتجاج. المجتمع كله يجب أن يرتقي. يجب أن يكون لها عائد اقتصادي للفرد لكي يرتقي وترتفع مستوى معيشته ودخله وتفكيره.

شَرَقَ
to rise; to shine {2D}
VN: شُروق يَشْرُقُ

تشرق الشمس علينا وينتصف النهار. رأيت الفجر يشرق كسرب حمام. من المعجزات الفلكية دخول اشعة الشمس لتشرق على تلك التماثيل مرتين كل عام. الشمس تشرق والطيور تغرد وجيش روميل يتقدم. أغرب أنا ويشرق هو، فمتى نلتقي؟

صَعِدَ
to go up, ascend, climb {3D}
VN: صُعود يَصْعَدُ

ذهب ليلاً الى الجامع الأموي ليتأمله فدخل من باب البريد وصعد الى المنارة الشرقية. صعدت يوما في الترام ولاحظت اكتئاب الركاب فقررت أن تفعل شيئا. صعدت درجاته رغما عني. قبلتها لمرة اخرى ونحن على الرصيف، ثم صعدت في احد القطارات المغادرة باتجاه الشرق.

طَلَعَ
to ascend, rise {2W}
VN: طُلوع يَطْلَعُ

طلع «المصطفى» من أرض النبوءات الشرقية يعلن الإصلاح. إذا طلعت الشمس فامض إلى عرفات. كانت الشمس تطلع وما تلبث ان تغيب وانا ارقبها من داخل الفصول. قد نفد صبري وطلعت روحي.

عَلا
to rise, ascend; to be high {2W}
VN: عُلُوّ يَعْلُو

وعلا صوتُ كاهن بالدعاء. علا التصفيق في القاعة عند اعلان حكم البراءة. علا الدخان سماء بغداد كلها. علا صراخهم وقامت الدنيا ولم تقعد. يعلو الغبار بايقاع الارجل. النجوم التي تعلو هناك يجب ان تأتي لتسطع هنا.

طلّق — to divorce

طَلَّقَ

to divorce sb {2D}

تزوجت ثانية وطلقت بعد انجابها بنتا ثالثة. طلقها بعد زواج استمر ١٧ عاما. طلقها مع أنه يحبها. طلقها العام الماضي متهما اياها بالخيانة. أنا تركت المجلس عمدا وطلقته طلاقا زائلا، اي لا رجعة عنه.

اِنْفَصَلَ

to be divorced; [to be separated from] {2M}

قالت الصحيفة البريطانية ان صدام انفصل في ١٩٩٠ عن زوجته الاولى ساجدة وام ابنائه وبناته الاربعة. بعد تسع سنوات من الزواج انفصلنا، لكن اهتمامه بي لم يفتر قط. اما زوجته انابيلا، التي انفصل عنها، فكانت شاعرة محتملة لولا ان اهانات زوجها افسدت شاعريتها.

هَجَرَ

to leave (one's spouse)*; [see* ترك، هاجر*; to emigrate from; to abandon sth]* {2W}

VN: هَجْر يَهْجُرُ

في رواية «ابشالوم ابشالوم!» يهجر ستوبن زوجته حينما يكتشف انها نصف سوداء. تزوجته ثم هجرته بعد أن أنجبت طفلا من آخر. كانت امه حبلى به عندما هجرت زوجها. هجرته زوجته ذات يوم بسبب خسائره وتركته وحيدا. قالت ان عماد (دودي) الفايد هجرها ليقيم علاقة مع الاميرة ديانا. حبيبها هجرها قبل عشر سنوات.

طلاق — divorce

مُخالَعَة

(a kind of) *divorce* (in which the woman pays the man compensation) {3M}

النساء حين يقدمن على طلب التفريق، او يَستدرجن أزواجهن الى المخالعة، يعلمن حق العلم أن إقدامهن على مباح شرعي ومشهور لا يعصمهن من النتائج الشخصية (العاطفية والجسدية) المترتبة على فعلهن، ولا من النتائج الإجتماعية التي تثقل حياتهن بعد الطلاق. في كلتا الحالين، التفريق والمخالعة، تخرج المرأة من انتظار رأي الرجل وحزمه أمره.

طَلاق

divorce {2D}

معظم احوال الطلاق تتم في سنوات الزواج الاولى. اكتشفت بلوم في وقت لاحق ان السبب الحقيقي للطلاق انه كان قد هجرها ليعيش مع امرأة أخرى. حصلت على الطلاق منه في العام ١٩٦٢ لكنها تزوجته ثانية بعد فترة قصيرة. أكدت أنها ستصر على الطلاق في حال عدم العثور على لولو. نسبة الطلاق في ذلك العام بلغت حوالى ٣٠ في المئة تقريبا.

تَفْريق

(total) *divorce* {2W}

منحها حق التفريق للضرر ومن دواعيه دمامة خِلق الزوج او قسوته او عِنّته. ايدت «الجبهة» دعوى المستشار محمد حميدة بالتفريق بين ابو زيد وزوجته بسبب «ارتداده عن الاسلام».

اِنْفِصال

separation (of marriage partners)*; [separation]* {2M}

حمله على ارسال رسالة الى زوجته يدعوها الى الانفصال عنه، ظناً منه، انه لن يعود ابداً. دارت احداثه حول انفصال زوجين وما تبعه من نتائج سلبية على حياة الزوجة والابنتين. تتزوج من أحد رجال الاعمال بعد انفصالها عن اللاعب المشهور بعد فقده لمكانته.

إطلاقاً — at all

أَصْلاً

at all (with neg)*; not in the least; [originally]* {2M}

انها «هراء مطلق لا يحتاج أصلاً الى تعليق». البعض لم يعلم أصلاً، والبعض لم يبذل جهداً كي يعلم. جزء كبير من هذه الأموال لم يصل أصلا الى الأرض المحتلة. لا يمكن أصلا ان يكون هناك جواب لكل سؤال.

أَبَداً
at all, never (with neg) {2D}

لم يحقق هذا الحلم أبداً. لم استطع الحراك ابداً. لم يجرؤ أحد منا على الحركة أبداً. الماضي أبداً لا يعود. لم أفكر بالموضوع أبداً. لم تكن القدس أبدا مركزا صناعيا او زراعيا، لكنها تعتبر مركزا خدماتيا وتجارياً.

اَلْبَتَّةَ
at all, absolutely not (usu. with neg) {3W}

في البلاد العربية لا وجود لهذا التقليد البتّة. كان المسافر اجنبياً لا علاقة له البتة بصراع الدولتين. هي في كل الحالات افضل من لا مفاوضات البتة. لم يذهلنا البتة هذا الكلام.

بَتاتاً
at all (with neg) {3W}

لم يعد يثق به بتاتاً. الامر لا يتعلق بكرة المضرب بتاتاً. هذا ما كان يريده، الأمر الذي لم يناسب كابيلا بتاتا. هذا غير مقبول بتاتاً. القراء العرب الشباب لا يقرأون الأدب العالمي ولا يهتمون به بتاتا.

إِطْلاقاً
at all (with neg) {2D}

انا لست ضد الدولة الاسلامية اطلاقاً. أؤكد لك أن جلالة الملك لا يتأثر بهذه الأمور اطلاقاً. لم يترك الغناء الديني اطلاقاً. أكد «انه لم يكن على علم اطلاقاً بطرح هذا الموضوع في مجلس الوزراء». من دونهم قد لا يحدث شيء اطلاقا.

مُطْلَقاً
at all (with neg) {2D}

قبلها لم اكتب مطلقاً. امتنع مطلقاً عن بيع السجائر. لم تعش في الشرق الأوسط او العالم العربي مطلقا. لم اسمع مطلقاً عن اضطهاد مسيحيين في مصر. لا يسمح لأحد بزيارته مطلقاً. لم يكن يتوقع مطلقاً ما يجري.

قَطّ
at all (with neg) {3D}

ما صليت صلاة الفرض قط، الا واغتسلت اولا. لم يستعمل كتاب الله هذه الكلمة قط. اللاعب اكد له انه لم يتعاط الكوكايين قط في الفترة التي سبقت المباراة. يا عمر، ألم تُخبرني انك ما أتيتَ حراما قطّ؟ ذلك غير صحيح قط. لم يخدم قط في القوات المسلحة.

قَطْعاً
at all (with neg); *[see* قطعاً; *definitely]* {3W}

هضبة الجولان ليست قطعاً موضوع تفاوض. لا يعود الفضل في ذلك قطعاً الى الاعمال العسكرية. هل انكم ما زلتم ترفضون قطعاً عملية السلام؟ المسؤولون العراقيون ينفون ذلك قطعاً ويتهمون اللجنة الخاصة باختلاق الأكاذيب للتضليل.

بِالْمَرَّة
at all {2W}

هذا ليس صحيحاً بالمرة. احب ان اعلمكم انهن لسن بريئات بالمرة. لم أكن أملك مالا بالمرة. تبدو هذه الاجابة غير منطقية بالمرة. القرار غير شعبي بالمرة. اللاعبون من دون روح رياضية بالمرة.

طهارة

purity

طُهْر
purity; chastity {3M}

الاستحمام والطهر ضروريان وواجب ديني أما شعري فأغسله مرة واحدة في الشهر. هو اكثر السياسيين السودانيين طهرا وأدبا وعفة يد. يحافظ القلب على نقائه وطهره الأبديين. قد حوّل جماله قبحا، وطهره رجسا، وشجاعته ارهابا، وإيمانه كفرا، ورحمته ظلما.

طَهارَة
purity; chastity {2W}

اياً كانت الأسباب كل هذا عاقبة افتقادنا للطهارة. التقاليد الريفية تمثل البساطة والطهارة. دعا الى «طهارة القلوب ونقاوتها لتكون خالصة من الحقد وسائر امراض النفس وعللها». من واجبه البحث عن الحقيقة وقيادة الناس إلى حياة الطهارة والصلاح. يصقل نفسه بمبادئ الاستقامة والعفّة والطهارة. دنسوا طهارة الكلمات.

عِصْمَة
purity, chastity; infallibility {2W}

أنت طفلٌ باق في عصمة براءتك، وطيبة طويتك، وطهارة روحك. كانوا يرفضون الاستعلاء على الأمة او ادعاء العصمة لأنفسهم. لا عصمة لانسان مهما ارتقى وعظم. لا عصمة لغير الرسول صلى الله عليه وسلم.

عِفَّة
purity, chastity, virtue {2W}

يذكر ان العفة في العلاقات الجنسية من بين الأفكار الرئيسية في التجمع. قصائده تفاوتت بين أقصى العفّة والبراءة وأقصى الأثم والشهوة. هي رمز لكل ما هو مفتقر اليه في الحاضر من عفة سياسية وولاء وطني وتضحية. لاحظت ان المرأة تدّعي العفة احيانا لأنها بشعة، وأن الرجل يدعيها لأنه عاجز.

نَقاء
purity {2W}

وجد ان الماركسية – اللينينية في الصين اكثر نقاء عما هي عليه في الاتحاد السوفياتي. كان قادماً إلى باريس ببراءة ونقاء وطموح سوريالي شاب. سعى الى المحافظة على نقاء عرقه وثقافته. نظامها السمعي فائق النقاء. قالت الشركة ان النظام الجديد يتميز بنقاء الصوت ووضوح الصورة.

نَقاوَة
purity {2W}

دعا الى «طهارة القلوب ونقاوتها لتكون خالصة من الحقد وسائر امراض النفس وعللها». طهارة الجسد دليل على نقاوة الروح وصفائها. تبلغ درجة نقاوة أوكسيد الكربون المستخدم في الأغراض الفنية نحو ٩٩,٥ في المئة. يستخدم في اليابان الالومنيوم العالي النقاوة في تصنيع الاقراص الخاصة باجهزة الكومبيوتر.

طوب — brick

طابوق
bricks (collective noun) {3M}

في واجهة المسجد قوس ضخم على شكل بوابة، بني من الطابوق (الآجر) والجص وتوجد على جانبيه مئذنتان. المآذن القديمة في بغداد من مواد البناء المحلية المتوافرة ومنها الطابوق (الآجر) والجص.

طوب
bricks (collective noun) {2W}
unit: طوبَة pl: طوبات

أكد عبدالمقصود على ضرورة إنشاء مصانع للطوب الاحمر والطوب اللبن للترميم في منطقة سهل الطينة. أعرب في الوقت نفسه عن استيائه الشديد من قيام جماهير الزمالك بالقاء الطوب والحجارة على اللاعبين. هو عامل في مصنع الطوب.

لَبِن
(unburnt adobe) *bricks* (collective noun) {3M}
unit: لَبِنَة pl: لَبِنات

اما التراكم فهو هرم التقدم الشامخ، يرتفع معه البناء لبنة لبنة، وتتداخل فيه التجارب تجربة تجربة. جاء المؤرخ الشهير محيي الدين بن عبد الظاهر ليضيف لبنة جديدة الى بناء الفكر السكاني – الاجتماعي. اعتبر الزيارة «لبنة جديدة في علاقات المـــملكة مع تلك الدول».

طويل — tall

see عالٍ

طَويل
tall; long {2D}
pl: طِوال

ذلك الرجل طويل القامة كبير الرأس كثيف اللحية. وقف أمامها رجل طويل. هو طويل القامة رياضي الجسم، وكان مولعا بالرياضة. هي قردة صغيرة الحجم ذات اصابع طويلة وعيون كبيرة. التقى به بعد اعوام طويلة من الانقطاع. امضت معه اجازة طويلة. كانت اجتماعات طويلة احدها دام ثلاث ساعات. البقية حسب دورها في الطابور الطويل. لهذا المركز قصة طويلة.

مَديد

elongated, long; tall {3W}

تمارس حرب استنزاف مديدة ضد القوات التركية. الوطن يحتفل بعمره المديد. حضر عبد الناصر المؤتمر بقامته المديدة ووسامته الرجولية وعينيه النافذتين. قضينا سنوات مديدة من الطمأنينة الاقتصادية. تلك هي الصورة التي استقر عليها رواة التاريخ طوال قرون مديدة. ربما تحتاج زمنا مديدا لتستعيد حساسيتها. له قامة مديدة ووجه أقرب إلى البياض ورأس مستطيل في غير ضخامة.

table طاولة

تَرابيزَة

table {1M} (Eg)

pl: تَرابيزات

يدخل المريض ويثبت على ترابيزة جهاز. فيه ترابيزة هناك، مانتاش شايفها. اندفع ١٠٠ ألف جنيه تحت الترابيزة. من الضروري أن تلتزم الحكومة بحصول المواطن على حقه في المسكن الملائم أو أي نوع من أنواع الخدمات دون أن يضطر الى دفع المعلوم من تحت الترابيزة أو فوقها. جلسنا على ترابيزة المفاوضات مع أمريكا.

سُفْرَة

dining table; [dining room] {2M}

pl: سُفَر

تناول الطعام على السفرة ثم جمع الاموال والمجوهرات في حقيبة. طلبت استيراد أثاث خشبي من غرف السفرة والصالون. هناك حجرة نوم، وحجرة سفرة وحجرة جلوس.

طَبْلِيَّة

low round table {2M}

pl: طَبْلِيّات

تناولوا الطعام في طبق وحيد على طبلية مستديرة غير مرتفعة. كان الاسترجي جالسا الى الطبلية على مقربة من السرير. جلست الاسرة حول الطبلية تتناول عشاءها الاخير قبل الرحيل. جلسنا كلنا لمة واحدة حول طبلية كبيرة فوق كليم من تحته حصيرة وأسندنا ظهورنا بمخدات الكنب.

طاوِلَة

table {2D}

pl: طاوِلات

جلست الى الطاولة. انتصارات عربية في الدور الاول لبطولة العالم في كرة الطاولة. طرح المسألة النووية على الطاولة. وجدت باب غرفته – غرفة العمل حيث طاولة الكتابة – موصدا. يجب أن تعود الى طاولة المفاوضات وتوقف الاستيطان. انحنى قليلا وهو يعيد فنجان الشاي الى الطاولة بعد رشفة قصيرة. قفزت فوق الطاولة ترقص.

مائدة

table {3D}

pl: مَوائِد، مائِدات

سيستضيفه الى مائدة الغداء. تريد العودة الى مائدة التفاوض. هذا يعني ان الزائر اذا رأى اربعة نيويوركيين حول مائدة في مطعم، فأحدهم مجنون. ليكن بعلمكم ان هناك مكاناً للاسلام على مائدة الجمهورية الفرنسية. يحاربون من اجل ابقاء الطعام على موائدهم. ارسل ممثلين عنه إلى نيويورك لحضور اجتماع مائدة مستديرة بين أطراف النزاع في كوسوفو.

مِنْضَدَة

table; desk {3W}

pl: مِنْضَدات، مَناضِد

جلست الى المنضدة. توجهت الى غرفتي، ووقفت امام منضدة الكتابة وقمت بفتح ادراج مكتبي. قامت بوضع الطعام على المنضدة أمامه. صار التليفزيون جزءا من أثاث البيت كالمنضدة والكراسي والسرير. المنضدة ليست مزدحمة بالملفات بل بالميكروفونات. كانت الى جواره منضدة صغيرة، رتبت عليها كومة من الكتب العربية وصحيفة حديثة الصدور.

طوال throughout

طِوال
throughout, during, the whole {3D}

حدث هذا طوال الحرب العالمية الثانية. كانت النتيجة حرباً أهلية مستمرة طوال هذه الفترة. وتكرر الأمر طوال الليل. فقدت اكبر فرصة للفوز بكأس العالم طوال تاريخها. كان منشغلاً، طوال ايام الاسبوع، في متابعة ورش الكهرباء.

طُول
throughout, during, the whole; [length] {2D}

لا يعتقد أن ما حدث طول السنوات العشرين الماضية كان خطأ. نحن طول عمرنا نعيش مع المسيحيين. ستظل شابا طول عمرك. العرب لم يتحركوا كإرادة واحدة طول فترة الصراع. أقف على باب خيمته طول الليل لحراسته. (Eg) راح يغني طول الليل.

طِيلَة
throughout, during, the whole {3D}

تعرضت لانتقادات عديدة طيلة السنوات السابقة. لقد عرف ذلك طيلة الوقت. النزاع قد استمر طيلة خمسة عقود دون التوصل الي تسوية. قد تكتب خطابا واحدا أو اثنين طيلة اليوم. بقي طيلة المباراة في عمق الملعب.

طوى to fold

ثَنى
to fold, bend sth; [see منع*; to dissuade sb* عن *from]* {3W}
VN: ثَنْي يَثْني

لما سمعت كلامه ثنيت رجلي عن ركابي. شرح لنا كيفية المحافظة على الكتب وتجليدها وعدم ثني صفحاتها وعدم التأشير عليها بقلم الحبر.

طَبَّقَ
to fold; [to put into effect] {1-2M}

أمسك بورقة إجابته وطبقها بين يديه وقذف بها على الأرض.

طَوى
to fold up sth, bring to a conclusion {2W}
VN: طَيّ يَطْوي

طويت الجريدة آسفا وأنا أفكر في الأسلوب الذي لجأنا إليه. اقتلع صورة الطالب منها ثم طواها ووضعها في جيبه وانصرف. طويت هذه الصفحة من حياتي بخيرها وشرها. الملك حسين يوقع على معاهدة سلام مع اسرائيل لتطوي صفحة الحرب بين البلدين.

طير bird

طائِر
bird {3D}

يعتقد أن الصقر طائر وديع ومسالم كلما تمكّن مربّيه من ضبط سلوكاته ونمط عيشه. المعارضة هي الجناح الآخر للديموقراطية ومن دونها الديموقراطية طائر بجناح واحد. هل تحوّلت الى طائر نورس يضرب في الغربة والتيه؟ قصيدته خارجة من الرماد كطائر الفينيق.

طَيْر
bird {2D}
pl: طُيور

الحيوان والطير كانا أسبق من الانسان في اختراع التكنولوجيا وممارستها وتطويرها. المعروف ان طير النعام عربي الأصل، وكان منتشرا في الجزيرة العربية. تستطيع سماع صوت الطبيعة، سماع أصوات الشجر والماء والحيوان والطير. مصر تمدد موسم صيد الطيور. ليت لي اجنحة مثل طيور النورس العاشق.

عُصْفور

sparrow; small bird {2D}

pl: عَصافير

العصفور المبكر يحصل على الدودة. عصفور الشرق مازال يغرد! العصفور يرفرف فوق الثوب الشفاف الناصع البياض. كانت الطيور والعصافير تجد دائماً أمكنةً تحطّ عليها. تمنيت لو نصغي قليلاً الى العصافير. هدف من ذلك الى ضرب عدة عصافير بحجر واحد.

ظفر claw; fingernail

بُرْثُن

claw (usu. pl) {3W}

pl: بَراثِن

الطريق الوحيد أمام عرفات للنجاة من براثن نتانياهو هو فك الارتباط بين منظمة التحرير وسلطة الحكم الذاتي. سقطت الدول المجاورة في براثن التطرف. حشد طاقات المجتمع كله للقضاء على براثن الأمية وتوفير المهارات الأساسية للأفراد.

مِخْلَب

claw {2W}

pl: مَخالِب

السعودية ترفض ان تلعب مخلب قط للسياسة الأميركية في الشرق الأوسط. يكفي أمريكا في هذه المرحلة ان تنقذ كوسوفا من مخالب ميلوسيفيتش! استطاع ان ينتشل نفسه انتشالاً من مخالب الاكتئاب.

ظُفُر

claw; fingernail, toenail {2W}

pl: أَظافِر

قَلَّمَ أَظافِره to trim the claws of, neutralize, disarm

ما نفع المخالب والاظافر اذا غاب الجسد. تقدمت بارزة الأنياب والأظافر. حفروا الأرض بأظافرهم. لا أعرف ماهي الاطعمة التي أدت إلى لمعان عيني وأظافري. نجح في هدوء في تقليم أظافر الارهاب.

ظلّ shadow

خَيال

shadow; dim reflection; [ghost; imagination] {2M}

pl: أَخْيِلَة، خَيالات

خَيال الظِلّ shadow puppet plays

أخطر التطورات التي شهدها المسرح فتتمثل في توسيع حدود ه ليشمل المسارح التقليدية ومسارح العرائس وخيال الظل. خيالات الأشجار تتحرّك على جدران غرفتي كأنها وحوش ضخمة.

ظِلّ

shadow, shade {2D}

pl: ظَلال

ثقيل الظل no sense of humor

الأزمة تلقي بظلها على هذه المنطقة. في ظل الازمات الاجتماعية، تقبل النساء كل شروط العمل المتدنية. لامبالاة الامم المتحدة تلقي مزيداً من ظلال الشك حول موضوعيتها واستقلالها. استلقي في الظل وافكر. انتقل من الظل إلى الأضواء. هو رجل ثقيل الظل.

فَيْء

(afternoon) *shade, shadow* {2M}

pl: أَفْياء، فُيوء

لا وقت لديهم ليعانقوا الاشجار وأفياءها. يأخذني صوتك – كنسمة – الى فيء شجرة ياسمين. يستظلون بفيء الشجرة من حر الظهيرة. أخذنا نتمشى في أفياء حديقة نعرفها معاً.

مظلّة umbrella

شَمْسِيَّة

umbrella {2M}

pl: شَماسٍ

تساقط المطر على رؤوسنا ولم نكن نحمل سوى شمسية واحدة. جلست تحت شمسية كبيرة على البلاج. هناك ناس فوقهم شمسية وآخرون لا. بدت الشواطئ اشبه بلوحة من الشماسي والكراسي الصامتة. يجب تأجير الشماسي والكراسي.

مِظَلّة

umbrella, awning {2D}

pl: مِظَلّات

يهطل المطر بغزارة لم تعهده البلاد منذ قرن، وأنا من دون مظلة. هل يريد أن يأخذ حمام شمس؟ أم يجلس تحت مظلة؟ أسوأ من هذا وذاك ان واشنطن تستخدم مظلّة الأمم المتحدة لكي تمضي في انتهاكاتها للشعوب والدول وسياداتها. عرضت اسرائيل على الكويت ودول اخرى مظلتها النووية.

ظلم — injustice, oppression

بَغْي

injustice {3W}

تسعى الولايات المتحدة لايجاد نظام عالمي جديد يقوم على الحق والعدل، وليس على القهر والبغي. فتقف الشعوب العربية جميعها مع شعب العراق ضد الظلم والبغي والطغيان. يجب على الطرف العربي أن يتمسك للنهاية بكفاحه ونضاله ضد قوى البغي والطغيان.

إِجْحاف

injustice {3W}

التشهير والتجريح في العمل الصحافي إجحاف بحق الصحافة والرأي الحر. لتبدأ الحرب السياسية ضد الإجحاف والقهر. وجه يلتسن رسالة الى رئاسة البرلمان أكد فيها مجدداً ان القانون يتضمن «اجحافاً» في حق المنظمات الدينية الاجنبية.

جَوْر

injustice; oppression {2W}

يأبى الهزيمة والانكسار ويرفض الجور والظلم. قال انه اتهم جوراً من قبل قوات الأمن الوقائي بأنه يحمل سلاحاً غير مرخص. ماذا يفعل الانسان حين يشتد عليه الظلم ولا يجد من يدفع عنه الجور؟ رأت ان وجوده في السجن من دون محاكمة يمثل «جوراً» في حقه.

ضيم

injustice, wrong {3M}

pl: ضُيوم

الحكم العثماني في صربيا كان اكثر ضيما منه في سائر ولاياتهم. كفى سكوت على الضيم. كان لايزال برغم الظلم والضيم يأمل في اشراقات العدل والحرية. إنه لا يقبل الظلم ولا يسكت على الضيم.

طُغْيان

tyranny, oppression; [flood] {2D}

هذه الشعوب هاربة من الجوع والطغيان. تمسك للنهاية بكفاحه ونضاله ضد قوى البغي والطغيان. تلعب دورا سياسيا وثقافيا في مواجهة طغيان الثقافة والإعلام الأمريكي على العالم. مع طغيان اللغات الأجنبية كانت اللغة العربية تتراجع في وسائل الإعلام.

ظُلْم

injustice, oppression {2D}

الظلم والإرهاب وجهان لعملة واحدة. شعبنا يعاني من الجوع والظلم والدولة لا تهتم وترفع الضرائب. نحن ضد الظلم ومع حرية الرأي الى أبعد الحدود. يعطي كل ذي حق حقه ويضع حداً للظلم والجور. الشعب الفلسطيني عانى كثيراً ولا يزال يعاني من الظلم والقهر واستمرار الاحتلال الاسرائيلي لأرضه ومقدساته.

عَسْف

injustice, oppression {3W}

نقسو على بعضنا البعض بسبب ما نعانيه من ضيق وعسف. من اهم الحقوق حماية شخص وأملاك وسمعة المواطن من عسف الدولة خارج حدود القانون. هم أول من يعرف عسف النظام العراقي وتسلطه وافلاسه.

ظلام — darkness

ظَلام

darkness {3D}

الاشغال الشاقة تبدأ في السادسة صباحاً ولا تنتهي الا عند حلول الظلام. لا العقل قادر على التفكير في الظلام ولا العين يمكن ان تبصر في الظلام. تسللت العائلة تحت جنح الظلام الى الطائرة. خيم الظلام واصبح الجو اكثر برودة. مرت دقائق قليلة قبل ان يتبين في الظلام شبحين يقتربان.

ظَلْمَة
darkness {3W}

لا ندرك معنى النهار إلا من الإحساس بظلمة الليل. كانت الظلمة حالكة ولم يكن ثمة سوى ضوء ابيض امام السيارة. تستمر الظلمة ليلاً نهاراً لاشهر، ومن دون توقف. اقف مختبئاً في الظلمة، خائفاً من الآخرين الذين يميتون ويسلخون كل شيء من حولي.

عَتَمَة
darkness; gloom {2W}

كانت تتطلع الى غد مشرق تبدد شمسه الساطعة الضباب والعتمة. حكى لنا أيام العتمة في حياته. أخاف من ذلك الرجل القاتم خلف العتمة.

غَسَق
twilight; dark (of night) {3M}

إنه من عصر النور والتنوير الذي نتعلق بأنواره في غسق العتمة وحلك الظلام. لم يزل يضيء عتمة الغسق. الغسق يتقاعس.

---

dark — مظلم

see داكن

دامِس
pitch dark {3M}
ظلام دامس

قاموا بجريمتهم البشعة مستغلين الظلام الدامس. ظلوا جالسين في ظلام دامس في المدرجات بعد أن اطفئت أنوار الاستاد. كان ظلام الجهل الدامس يخيم على بقية ارجاء اوروبا.

مُظْلِم
dark, gloomy {3D}

يجلس المشاهدون في غرفة مظلمة طليت جدرانها باللون الأسود. بقيت سبعة أشهر منفرداً في زنزانة مظلمة في سجن الصرفند. كان يحاول تغيير اطار سيارته «المرسيدس بنز» في طريق مظلم. يريدون اعادتنا الى العصور المظلمة. أنقذ ملايين الأطفال في كل أنحاء العالم من مصير مظلم كان ينتظرهم.

مُعْتِم
dark {2W}

يعمل منذ ساعات الفجر الأولى وحتى المساء في ورشته الصغيرة المعتمة. الغرفة معتمة قليلاً، ليس من عادة المتحف البريطاني الاسراف في الاضاءة. يذكر شخصاً وأمه عاشا وحدهما معاً في غرفة معتمة ما كانا يغادرانها أبداً.

---

to appear — ظهر

see اتّضح

بَدا
to appear, seem {3D}
يَبْدو

بدت شديدة الاعجاب بهذا المقطع. بدا الرئيس السوري (٦٦ سنة) في صحة جيدة. يبدو غير قادر على فهم المعنى الحقيقي لاتفاق اوسلو وعملية السلام. كان في التاسعة عشر من عمره، كما يبدو. يبدو ان المملكة المتحدة ستزداد انعزالاً عن شركائها الأوروبيين. الامر بدا كأن هناك حكومتين في البلاد.

بَرَزَ
to appear, become apparent; to be prominent {2D}
يَبْرُزُ VN: بُروز

برز خلال العام لاعبون جدد كالبرازيلي غوستافو كورتن. في غضون هذه الحقبة برزت في العالم ظاهرة سلبية سيئة باسم «الاستعمار». منذ اللحظة الأولى برزت خلافات في تقدير المبالغ والمقادير من الذهب الالماني الموجود عندها. معلوم ان اهمية المناطق الحرة في العالم برزت في الربع الاخير من القرن الماضي.

بانَ
to apear; to become clear, apparent {2M}
يَبِينُ VN: بَيان

بانت مقدمات خيبة الأمل على وجهه. بانت الحقيقة واضحة جلية. على مشارف كابول بانت معالم الدمار. بانت موهبته عندما انضم الى اوكسير. سرعان ما بانت النوايا الخبيثة. بانت على أرض قانا أولى عجائب المسيح.

تَرَاءَى

to appear ل *to sb* (a dream, apparition), *seem* ل *to sb* {3W}

الابدية تتراءى امامه. سجل عليه عبارة عن حلم تراءى للأمير تحوتمس في القرن الخامس عشر قبل الميلاد. كنت أجلس في مقعد الطائرة مغمض العينين مثل طفل يعرف انه حين ينام تتراءى له طيوفه البنفسجية. تراءى لي ان اللغة العربية ما زالت تتوهج في ثنايا اللغة الفارسية.

صَدَرَ

to appear, be published, be issued; [to originate] {2D}
VN: صُدور يَصْدُرُ

صدر قرار في الدوحة يقضي بتحويل «مطار الدوحة» الى مؤسسة عامة. صدر كتاب جديد للمفكر السوداني محمد ابو القاسم حاج حمد. نشرات اخرى من هذه الصحيفة صدرت في الصحف الجزائرية بعناوين حمراء بارزة.

ظَهَرَ

to appear {2D}
VN: ظُهور يَظْهُرُ

ظهرت موجة قلق بعد تصريحات لورانس سومرز وكيل وزارة الخزانة الأميركية. ظهر العدد الاخير من المجلة يتصدره مقال للزيات عنوانه «الرسالة تحتجب». نوع جديد من الانفلونزا ظهر أخيراً في هونغ كونغ. ظهرت سعاد حسني في «البنات والصيف». المستوى غير الطبيعي الذي ظهر به الفريق المصري حتى الآن يعود إلى وجود ضغط جماهيري. ظهر وكأن السفينة في طريقها الى بريطانيا وليس العكس. اختفت وجوه وظهرت وجوه جديدة.

لاحَ

*to appear, take form; [*see خطر*; to occur to; to present itself* (of an opportunity)*]* {3D}
يَلوحُ

لاحت خيوط الفجر الاولى. لاحت بوادر ازمة جديدة في مصر. إن الصراع بين الغرب والاسلام قديم متجدد ويبدو – كما يلوح في الأفق – انه مستمر. لا تلوح في الافق أية مساعدة فعالة لغالبية سكان العالم الثالث.

مَثَلَ

to appear بين يديه/ أمام *before sb; [to resemble; to represent]* {3W}
VN: مُثول يَمْثُلُ

يؤكد انه اذا مثل امام القضاة فان ميلوشيفيتش سيقف الى جانبه في قفص الاتهام. المستشار سيؤدي القسم ويمثل امام البرلمان للحصول على الثقة الأسبوع المقبل. طلب استدعاء الاب من الخارج ليمثل امام التحقيق. مثلتُ بين يديه.

---

back ظهر

ظَهْر

back, rear; deck (of a ship) {2D}
pl: ظُهور

سقط على ظهره. كان يشكو دائماً من ألم في الظهر ويخضع لعلاج الأطباء وللتمارين. يرقد الانسان على ظهره ويطفئ نور العالم الخارجي باغلاق جفونه. وصل على ظهر حمار في الساعة الثالثة صباحاً. كان دائماً شوكة في ظهر الحكومة الأنغولية. تقوم عائلة بوش برحلة نيلية على ظهر إحدى الفنادق العائمة بين مدينتي الاقصر واسوان.

كاهِل

upper back {3W}
pl: كَواهِل
أثقل كاهله to burden sb

ستبقى المسؤولية على كاهل المدافعين عن حقوق الإنسان. اقترح رفع العقوبات الدولية عن كاهل العراق. نظام الضرائب اثقل كاهل المصريين. بذل جهودا للتخفيف من اعباء الديون التي تثقل كواهل الدول الاكثر فقراً في العالم.

مَتْن

deck (of a ship, plane); *[see* نصّ; *body of a text]* {3D}
pl: مُتون، مِتان

جاء انذار كاذب عن وجود قنبلة على متن احدى طائرات النقل الداخلي. الكوكايين كان محمولاً على متن الباخرة التي يقودها قبل إلقائه في البحر. ولي العهد البريطاني الامير تشارلز وصل الى الدوحة على متن اليخت المكي «بريطانيا».

مظهر

appearance

see شكل

سَحْنَة

facial expression; facial features; appearance {2W}
pl: سُحَن، سَحْنات

بدت على سحنته علامات الحزن والاكتئاب. تميل سحنات معظم ابناء القرية الى اللون الاسمر الحاد. شرطة موسكو تعتقل مراسل «الحياة» لأن سحنته ... قوقازية. المنطق واحد رغم اختلاف السحنة والملامح. يستقبل الناس من مختلف اللغات والسحنات والاديان. يحاولون انكار الدماء الافريقية التي تجري في عروقهم وتظهر على سحنهم.

طَلْعَة

appearance, countenance {2M}

كان بالاضافة الى ذلك حسن الطلعة: «عربياً خالصاً، عيناه بلون بني خفيف وتقاطيع جميلة للغاية». هو شاب وسيم الطلعة، صريح النظرة واللهجة، قوي البنية، أرثوذكسي المذهب. سيبقى الجمال والطلعة البهية هما أساس الاختيار.

مَظْهَر

(outward) *appearance* {2D}
pl: مَظاهِر

أحد أسباب المظهر الجيد الشعر الصحي والنظيف. سعى الى الظهور بمظهر انساني وحضاري. حرص على الجمع بين الوجه المبتسم والمظهر الوقور. مدينة بَلَرْمُ اتسعت كثيراً في يومنا هذا خارج الاسوار، الا انها احتفظت بالمظاهر الأساسية للمدينة الاسلامية.

مَنْظَر

appearance, looks; view {2D}
pl: مَناظِر

بأصابع رشيقة، يهيئ الملاّ منظره الحسي، المدروس. يحظى بشعبية بين مؤيدي فريقه رغم منظره المضحك على أرض الملعب. الدنيا مناظر. يكفيه ان يرى هذا المنظر الجميل فقط ليكون لحياته معنى ولا ييأس.

slave, servant
عبد

خادِم
servant; mosque attendant {2D}
pl: خُدّام

أفضل أن تكون سيدا في جهنم على أن تكون خادما في الجنة. الموظف المصري يعتبر نفسه سيدا للشعب والموظف الغربي يعتبر نفسه خادما للشعب. نريد من الكومبيوتر أن يكون خادما لنا بدلا من أن نكون خداما له. يلتقي وزير الدفاع الأمريكي اليوم في الرياض مع خادم الحرمين الشريفين الملك فهد بن عبد العزيز عاهل السعودية.

رَقيق
*slave; [*see نحيل; (adj) *thin]* {3W}
pl: رِقاق، أَرِقّاء

بذلك فتحوا صفحة سوداء من تاريخ الاتجار بالرقيق دامت أربعة قرون. لم تذكر كلمة واحدة عما عاناه سكان القرم على ايدي المغول، بما في ذلك بيعهم كرقيق. ترتبط غامبيا «بتاريخ الاسترقاق وتجارة الرقيق».

شَغّال
servant {1-2M}
pl: شَغّالين

لا فرق عندي بين شغالة في البيت ودكتورة في الجامعة. زوجي يطارد كل شغالة تعمل عندي. الأسرة المصرية لا تزال تعتمد على الشغالة أو الخادمة التي تقوم بكل أعمال النظافة المنزلية. سأنظف البيت بنفسي من دون حاجة لشغالة.

عَبْد
slave, servant {2D}
pl: عَبيد

الى من يوجه خطابه هذا بلهجة السيد الى العبد؟ علّمه فناً خاصاً في صباغة الحرير التي كان هذا العبد وحده على معرفة بها. اللهم إني عبدك وابن عبدك وابن أمتك ناصيتي بيدك. فجأة طلع منها جني قال له: شبيك لبيك، عبدك بين ايديك، واعطاه فرصة تحقيق أمنية واحدة له.

غُلام
*slave, servant; [*see شابّ; *boy]* {3W}
pl: غِلْمان

في طريقها همست في أذن غلام من غلمانها. ألا تحس بالظلم وانت تعذب هذا الغلام؟ ويجيب امية: انه عبدي افعل به ما اشاء. قال لغلمانه: ادفعوا اليه المال.

مَمْلوك
slave; (medieval Islamic) *slave/soldier/ruler* {2W}
pl: مَماليك

ورثت من ابي مملوكا اسود شيخا. انتشرت الفرقة والعداوة بين جنوده من الامراء والمماليك. مررت يوماً ببعض أزقة دمشق فرأيت مملوكاً صغيراً قد سقطت من يده صفحة من الفخار الصيني. عندما تفككت الدولة الايوبية استولى المماليك على الحكم وكانوا اساساً «اهل السيف».

---

temple
معبد

مَعْبَد
temple, place of worship {2D}
pl: مَعابِد

تضم مدينة ابي سنبل مزارات عدة لعل أهمها معبد أبو سنبل الكبير. يضعون في معبدهم المنوراه (الشمعدان) ويضعون فيه كذلك العلم الاسرائيلي. يهرب من معتقل في خلال الحرب العالمية الثانية ويلتجئ الى معبد بوذي. تعلموا من الصين وكوريا مبادئ بناء القصور والمعابد البوذية. هو من افخم معابد بلاد النوبة.

هَيْكَل
temple; [structure, framework] {3M}
pl: هَياكِل

ما زال اليهود يسمونه جبل الهيكل ويصلون عند ما تبقى من الحائط الغربي للهيكل القديم. زعم ان المسجد مبني في المكان الذي كان يقوم فيه الهيكل اليهودي. لديها من الحجج ما يثبت ان هيكل سليمان ليس في فلسطين. زار الهياكل والمعابد الهندوسية. التقطت آلاف الصور للمعابد والهياكل القديمة وللمدن والقرى.

عبر

to cross

see مرّ

جاوَزَ

*to cross, pass, go beyond sth; [*see تجاوز*; to exceed sth* {3D}*]* {3M}

كانت الساعة قد جاوزت الثالثة. انشأت السعودية مراكز ثقافية لم تقتصر على الداخل المحلي بل جاوزت الحدود الى مناطق شتى من العالم.

تَجاوَزَ

*to cross, go beyond sth; [*see تجاوز*; to exceed sth]* {2D}

أكد انه سيتجاوز «الصعوبات والتحديات بالتعاون الكامل» مع خامنئي. ان اليمن تجاوزت مرحلة الخوف على ثورتها ووحدتها وعلى سلامة سيادتها واستقرارها. لم اتجاوز الثلاثين على اي حال. نسبة تراكم الغازات في هواء الدار البيضاء تتجاوز الحد المقبول صحيا.

اِجْتازَ

to go across, pass through sth; to overcome sth {3D}

هناك اربعة طرق تجتاز الصحراء الكبرى من الغرب الى الشرق. تجتاز تركيا حالياً مرحلة دقيقة. القوات الالمانية قد اجتازت الحدود الالمانية – النمسوية. كانت القوافل التجارية تجتاز الصحراء الكبرى ناقلة سلع اوروبا ومدن الشمال الافريقي الى السودان. خرجت.. الا انه ناداني قبل ان اجتاز الباب فعدت اليه. كانت سيمون دو بوفوار تجتاز المحيط الى أميركا لرؤية حبيبها.

اِخْتَرَقَ

to pierce sth; to pass through sth {2M}

اخترقت طائرتهم المجال الجوي الليبي. اخترقت جسده قشعريرة برد. أضاف ان احدى الشظايا اخترقت سيارة اخرى واصابت مواطنا اصابات بليغة. الرصاصة اخترقت وسط القلب وخرجت من الظهر.

تَخَطَّى

to cross, go beyond sth {2D}

احتياط المصرف المركزي من العملات الاجنبية تخطى الاربعة بلايين دولار اميركي اواخر ١٩٩٦. لم يتخطّ الحدود المتاحة له. يمارس كل الضغوط الممكنة للمساعدة على تخطي العقبات التي تواجهها. تخطى المنتخب الايراني لكرة القدم عقبة استراليا امس. شن هجوما عنيفا على البرلمان الذي قال إنه «يتخطى حدوده الدستورية».

عَبَرَ

to cross sth {2D}

VN: عُبور يَعْبُرُ

جاء ليبلغه اعتراضه على مشروع الطريق السريع الذي يعبر الاشرفية. النكتة التي يبتكرها الموسكوفي تعبر الحدود فورا الى بولندا. من رام الله تعبر الجسر الى عمان، ومن عمان تأخذ الطائرة الى القاهرة. شارلز لندبرج هو اول طيار يعبر المحيط الاطلسي. يمنح الفلسطينيون ممرا بين الضفة الغربية وقطاع غزة يعبر الاراضي الاسرائيلية. يعبر الأراضي المغربية ليصل الى اسبانيا عن طريق مضيق جبل طارق.

تَعَدَّى

*to cross, go beyond sth; [*see تجاوز*; to surpass sth; to assault* على *sb/sth]* {2D}

عصر الاعلام الجديد يتعدى الحدود الجغرافية التقليدية. لا تتعدى حياته التنقل بين بيته وعمله. حق الدفاع لايجب ان يتعدى حاجز التعدي على الآخرين.

قَطَعَ

*to traverse, go across sth; [*see قطع*; to cut]* {2M}

VN: قَطْع يَقْطَعُ

يقطع المسافة بين الشمس والأرض في ثماني دقائق. قطعت المسافة في ١٢،٧٦ ثانية. يقطع ٥٧٨٥ كلم في خمسة أشهر. تقطع الطائرة المسافة بين الغردقة ومدن قلب اوروبا الغربية في نحو خمس ساعات. يقطع الطرق بحثا عن مقهى بائس أو مطعم يرتاده. اعتقد ان لبنان قطع شوطا كبيرا في عملية بناء البنية التحتية. قطع خطوات جدية نحو تطبيق ما تم الاتفاق عليه مع غيره.

to express
see أشار

عبّر

أَبْدى
to reveal, express sth {2D}

أبدى استعداده للتنازل. أبدى شكه في إمكان وجود «خلفية سياسية». أبدت قلقها مما حدث، وتعاطفها مع المحررين. إنه من غير المستغرب ان يبدي اللبنانيون حذراً وارتياباً تجاه اعلانات الاسرائيليين. على المشاهد والمتلقي نفسه ان يبدي رأيه صريحاً.

عَبَّرَ
to express عن *sth; to state* عن *sth* {2D}

عبّرت غلوريا عن اعتقادها ان دودي امضى هذه العطلة مع ديانا على رغم استمرار علاقة حميمة بينه وبين كيلي. عبّر كينيدي عن تقديره بتعيين كلوتزنيك نائباً لرئيس الوفد الأميركي. لا يعبّر ابداً عن الحقيقة. بالضحك يعبّر الانسان عن مواقفه الفكرية والفلسفية العفوية. نعبّر عن الاسف البالغ من موقف زملائنا في النقابة الالمانية.

أَعْرَبَ
to express, state عن *sth* {3D}

أعرب الوزير عن أمله في ان يؤدي القانون العمالي الجديد الذي بدأ تطبيقه الشهر الماضي الى علاقات عمالية اكثر مرونة. أعرب اندرياتا عن قلقه من الاحداث الدامية الأخيرة في مدينة فالونا. نعرب لكم عن استنكارنا الكامل لهذه الأعمال المنافية لكل خلق ودين. سيعرب عن وجهة نظر هذه الهيئة حول التجارة العربية – الأوروبية.

أَفْصَحَ
to reveal, express عن *sth* {3D}

لم تفصح الشرطة عن هوية القتيلة الأخرى. كعادته لم يفصح صاحبنا عن رغبته تلك. انه لم يفصح عما يعتزم القيام به في هذا الشأن. افصح عن ان البنك الدولي ينظر في الطرق الآيلة الى مساعدة هذه الدول على تقوية طاقتها على ادارة اسواقها المالية. لم يعد يفصح عن ايمان بالوحدة.

---

to consider
see فكّر، تخيّل

اعتبر

حَسِبَ
to consider sth/sb to be or أنّ *that; [to calculate]* {2D}
يَحْسَبُ VN: حِسْبان

يحسبه احد ابرز صانعي تلك الافكار. حسبت الناس كلهم غضابا. نحسب عدد السكان في عام ٢٠٠٥ مرفوعاً من عام ١٩٩٥. لا أحسب الكثيرين قد تنبهوا الى شدة شبهها بالدعوة النازية. لا يحسبن احد ان هذا الموقف كان غريبا.

اِعْتَبَرَ
to consider sb/sth to be or أنّ *that* {2D}

نتوقع احتجاجات ونعتبرها أمراً طبيعياً. «حزب الله» يعتبر احدى أهم القوى الانتخابية تنظيماً واقتراعاً في البقاع. اعتبر ادواري كلها مثل اولادي احبهم جميعاً. هذه الاسئلة وغيرها تعتبر اجاباتها اهم قضايا الساعة في الجزائر اليوم. اعتبر ان لقضية الاجور والمرتبات اهمية كبيرة.

عَدَّ
to consider sth to be; [see أحصى*; to count]* {2D}
يَعُدُّ VN: عَدّ

فيلم «المومياء» يعد تحفة سينمائية واعتبره البعض من افضل مئة فيلم قدمت في العالم. المانيا تعدّ احد اكبر شركاء روسيا ومصدر القروض لها. انه يعد اكبر معرض للصناعات الغذائية في العالم. عدّ رحيله خسارة قومية. قال ان القرار يعد «ترجمة حقيقية لمواقف امريكا».

ظَنَّ
to consider, think sb/sth to be; [see تخيّل*; to think* أنّ *that]* {2D}
يَظُنُّ VN: ظَنّ

ظنت البحر سماء. ظنه العالم رجل دولة يخضع لرأي الشعب واحترم ارادته. يظنون انفسهم، أو يظنهم الناس، من المواصلين لرسالة الشيخ محمد عبده. يظنه السبب وراء الخلافات. وظيفتها أن تقول الحقيقة أو ما تظنّه الحقيقة. هل تظنّنا أطفالا؟

عبس

to frown

تَجَهَّمَ
to frown {3M}

كان يتجهم لهم، ويغلظ عليهم. عبست الأيام وتجهمت في وجهه. تجهمت الحياة في وجه أمي. لم يعاتبني ولم يتجهم في وجهي.

عَبَسَ
to frown {3M}
VN: عَبْس يَعْبِسُ

وصف بأنه كان يضحك باعتدال ويعبس باعتدال لكي لا تفسر خطوط وجهه خطأ. لن نكتفي بأن نعبس في وجهه بل سنرفع اصواتنا جميعاً فيه. لا يعبس ولا يبتسم ولا يقطب جبينه ولا يقهقه ضاحكا. بدأ الحظ يبتسم للأوروبيين ويعبس بوجه العرب.

اِكْفَهَرَّ
to be or become dark, sullen; to frown {3M}

ما ان قرأها حتى اكفهر وجهه وسقطت الملعقة من يده في طبق الحساء. أقفل أمس بنك صغير من بنوكة البلاد فاكفهرت كل الوجوه. اكفهر وجهه، وهربت ضحكته.

عجيب

amazing

see عظيم

مُدْهِش
surprising, amazing {2D}

المدهش ان أهالي اقليم شابا الذي ينتمي اليه كابيلا لا يتذكرون بالخير حزبه. كثيرة هي انجازات العلم المدهشة خلال القرون الأخيرة. وجدت في هذا الكتاب حكايات مدهشة عن المحبين. يجري قتلهم بسهولة مدهشة. يتعلم بسرعة مدهشة. كانت محاور اهتماماته متنوعة بصورة مدهشة كما كانت قدرته على العمل عجيبة.

مُذْهِل
startling, amazing {3D}

توصل الى اكتشاف مذهل: لا ثقة اطلاقا بين نتانياهو وعرفات. لم يكن الانتصار الاسرائيلي المذهل مذهلا إذا، بل كان مدروسا ومتوقعا. الكثافة السكانية في بعض الولايات زادت بدرجة مذهلة. حجم تجارتها ينمو بشكل مذهل. أخذت الافكار والمعلومات والأخبار تنتقل بسرعة مذهلة. واصل فريق الريان القطري مفاجآته المذهلة. اكتشاف مذهل.

عَجيب
amazing, baffling {2D}

العجيب ان نبأ هروب هولمان قوبل بسعادة من جماهير الاهلي. تمكن كيماوي اميركي من اكتشاف المشروب العجيب. كأني خارج من عوالم ألف ليلة وليلة، في حكاية عجيبة من حكاياتها. الإقبال العجيب على هذه الأفلام أمر يدعو إلى التأمل. شيء عجيب ان الرجل عرفني. المعلومات تنتقل من أقاصي الدنيا الى أدناها في سرعة عجيبة.

عجز

to be incapable

عَجَزَ
to be incapable عن *of, be unable* عن *to do sth* {2D}
VN: عَجْز يَعْجِزُ

عجز ادونيس عن السيطرة كلياً على نفسه. يحققون عبر عملهم الاخير انتقالاً الى مستوى اعلى يعجز العقل البشري عن استيعابه. تعجز الهواتف الخليوية الدولية عن تغطية مناطق عدة من العالم. صار يعجز عن «الحلم». عجزوا عن فتح زجاج النافذة الأمامية للسيارة.

تَعَذَّرَ
to be difficult, impossible على *for sb* أنْ *to do sth* {3D}

تعذّر امس عقد جلسة رسمية للمجلس لعدم اكتمال النصاب القانوني. تعذر على المحكمة تحديد عدد القتلى بدقة. تعذر الاتصال به لمعرفة رأيه في القضية. كانت ترتجف بشكل يتعذر السيطرة عليه. من دون هذا التعارف يتعذر علينا الانتقال الى المرحلة الثالثة ومن ثم المرحلة الرابعة.

اِسْتَعْصَى
to be difficult, prove to be hard على *for sb* {3W}

القمع سيولد مشاكل سيستعصي حلها على الجميع. لا شيء يستعصي اذا قصدنا الرحيل. ان ما جرى ويجري يكاد يستعصي على الادراك والاستيعاب او التعقل. الحب ظل في كل حالاته لغزاً يستعصي على الفهم. لا توجد مشكلة أساسية تستعصي على الحل بين البلدين وهناك مجالات متعددة للتعاون.

قَصَّرَ، قَصُرَ
to be incapable عن *of; [*see أهمل*; to be negligent* في *in]* {2M}
VN: قَصْر يَقْصُرُ

قصروا عن نيل حقيقته. نشاطهم السري أغرق العرب بجمائل يقصرون عن ردها. القلم يقصر عن الوصف. هو جهد قصّر عنه الآخرون. العبارة تقصر عن الإحاطة بمحاسنه.

عجوز old

خِتْيار
old man {1M} (Lev)
الختيار Yasser Arafat

فيه واحدة ختيارة جوزها متوفي وكانت تأخذ راتب التقاعد. سألت عن مرأة ختيارة شاهدناها في الطريق. خالتي ختيارة بتقدرش تمشي مسافة طويلة. دنس روس طالب الختيار عرفات بقبول الأمر الواقع.

مُسِنّ
old; old man {3W}
pl: مُسِنّون

يريد تزويج فتاة صغيرة لرجل مسن ومتعدد الزوجات. عدد المسنين في مصر ٧ ملايين شخص. الاولاد فقط يجدون المتعة الى جانب الام المسنّة. إن مشكلة إعالة المسنين ستحير المجتمع الصيني في المستقبل. جمعية الحمد لرعاية الأيتام والمسنين.

طاعِن في السِّنّ
advanced in years, old {3W}

كيف يمكن لملك في هذه السن الطاعنة أن يقود جيشه. لم تعرف كتبه الرواج الا عندما اصبح هو شيخا طاعنا في السن. من تتزوج على طاعن في السن للحصول على المال فهي لا تؤثر على المجتمع ولا تضره.

مُتَقَدِّم في السِّنّ
advanced in years {2W}

سألت الأميرة ديانا: هل تفكرين في انجاب طفل آخر؟ ضحكت ديانا وقالت: ألا تعتقد انني متقدمة في السن كثيرا. الرئيس العراقي ليس متقدما في السن ولا هو يشكو من أية أعراض مرضية. أسفر الحادث عن اصابة ٤١ شخصا بينهم رجل متقدم في السن. رأيت امرأة متقدمة في العمر تبحث عن عمل في مطعم للهمبرجر.

شَيْخ
*elder, old man; [*see رئيس، شيخ*; senator; leader* (of a Gulf nation)*; sheikh, religious leader]* {2W}
pl: شُيوخ

انه شيخ عجوز تجاوز الثمانين من عمره. هذا زوجي ابراهيم، إنه شيخ كبير قد تقدمت به السن. يكون الواقف شيخا والجالس طفلا. آمن بعد انخراطه في الحرب العالمية الأولى بأنه صار شيخا. أوردت «الخبر»، ان شيخاً في الـ ٥٦ من عمره قُتل عند حاجز أمني.

عَجوز
aged, decrepit (m&f) {2D}
pl: عَواجيز، عَجائِز

لن اكون عجوزا ابدا! تتعلم أسماء الازهار العربية من البستاني العجوز الذي يهتم بحديقة المنزل. كانت العجوز وقتها تسأل إن كان وقت صلاة العصر قد حان. في ثياب النوم تبدو زوجتي عجوزاً الى حد كبير. هم من العجائز وكبار السن. كان ذلك أكثر مما يحتمله هؤلاء العواجيز.

كَبير
*old, aged; [*see كبير*; big]*
{2M}

هو رجل كبير بلغ الواحدة والثمانين ومع هذا لا يزال يتعلّم في الجامعة. سيدة كبيرة في السن من مدينتنا اخترعت عطرا جديدا. قال رجل كبير السن انه في السجن منذ عشرة شهور بدون أي سبب. سمعت سيدة كبيرة تقول انها عندما كانت صغيرة كانت مثل القمر.

هَرِم
ancient, very old {3W}

جدي هرم بعض الشيء. السراية تحولت الى دار عتيقة هرمة. لقد دخل الشيخ الهرم والعاشق السابق دارا للمسنين ليعيش فيها ما بقي له من أيام. حبلت كي تنجب ولدا يحجب الميراث، فلا تُحرم هي حقها فيه بعد ان يموت زوجها الهرم.

miracle معجزة

أُعْجوبَة
miracle; marvel {3M}
pl: أعاجيب

انقذ أبو احمد بأعجوبة كما ذكر الاطباء لابنه. افلت من الخسارة بأعجوبة. لقد وقعت في فخ محكم لا تستطيع النفاذ منه إلا بأعجوبة. دور الاعلام كبير وخطير وقادر على صناعة «الاعاجيب». هالني ما أورد فيه من أعاجيب.

مُعْجِزَة
miracle {2D}
pl: مُعْجِزات

هي المعجزة الأولى في «عرس قانا» الذي حضره سيدنا المسيح. لبنان خرج من الحرب بمعجزة وبدأ يتعافى تدريجيا بفضل «تركيبته الخاصة» وقدرة أهله على التأقلم. هو بكل تأكيد يحتاج الى معجزة لانتزاع اللقب. أبو سنبل أعظم معجزة هندسية فلكية في العالم. لست من المؤمنين أو المطالبين بالمعجزات.

prepared مستعدّ

مُتَأَهِّب
*ready, prepared (*ل *for)*
{3M}
pl: مُتَأَهِّبون

يرون مجتمعاتنا متأهبة للانقلاب على قيمها ومعاييرها بتأثير فيلم أو مسلسل. كان تحت إمرته آلاف من رجال عشيرته المحاربين المتأهبين، دوماً، للقتال. انه متأهب لتقديم استقالته. شدد على أن إيران «مستعدة ومتأهبة للتصدي لأي تهديد أجنبي في المنطقة». الجيش مستعد كل لحظة لدخول جزين وهو متأهب وجاهز تقنياً وعسكرياً.

جاهِز
*prepared (*ل *for); ready-made* {2D}
pl: جاهِزون

تلك الاتفاقات اصبحت جاهزة للتوقيع. انه الرجل المثالي: انيق دائماً، وصامت ابداً، وجاهز ليكون في أي مكان وزمان من دون أي تردد. رأى ان الملف جاهز للدرس والتداول. نحن جاهزون للعودة. أشار تجار الملابس الجاهزة الى أنهم فقدوا هذه السنة والعام الماضي موسماً مهماً.

حاضِر
ready, prepared ل *for* {3D}
pl: حاضِرون

دمشق ابلغت الجانب اللبناني انها حاضرة لتنفيذ ما يطلب منها. اننا حاضرون لتسليم المتهمين الى رئاسة منظمة الوحدة الافريقية. نحن نقول للسلطة اننا حاضرون للحوار. انه حاضر لمناقشة الاساليب التي توصلنا اليها.

مُتَحَفِّز
ready لِ *for* {3M}
pl: مُتَحَفِّزون

تعدّ الآن احد النمور الآسيوية المتحفّزة لاجتياح اسواق العالم. الشعب في الداخل غير متحفز لانتفاضة. كانت الأرملة متحفزة طول الوقت لتدافع عن نفسها. الأهلي متحمس ومتحفز لتحقيق فوز استراتيجي على المنصورة الليلة.

مُسْتَعِدّ
*ready, prepared (ل for) [*see حالي*; present;* (adv) *at your service]* {2D}
pl: مُسْتَعِدّون

اصبحت مستعدة لاقامة علاقات طبيعية او عادية مع اتفاقية سلام مع اسرائيل. جنوب افريقيا مستعدة لاستقبال الرئيس الزائيري. هل الحكومة مستعدة لإعطاء جدول مفصل عن الموضوع؟ انا مستعدة للتنازل عن نصف اجري، على ان استرده بعد ذلك من عائد الفيلم. اننا مستعدون للتضحية بالملايين من ارواحنا من اجل الحرية.

مُتَهَيِّئ
ready, prepared (ل for) {3M}
pl: مُتَهَيِّئون

نجيئه في الموعد، فنلقاه متهيئا لهذا الموعد. مات على الفطرة أي على هيئة متهيئة لقبول الإسلام. انني متهيئ لها. كانوا متهيئين لذلك مستعدين له. هو دليل على انهم ما كانوا متهيئين للنصر مستعدين له.

number عدد

رَقْم
number (of an item in a list) {2D}
pl: أَرْقام
رقم قياسي record

هي اللاعبة رقم ١ في العالم. صدر قرار السيد رئيس الجمهورية رقم ٢٩٨ لسنة ٩٩ بدعوة مجلس الشعب لاجتماع غير عادي. كيبيك يأتي ترتيبها كقوة اقتصادية رقم ١٥ بين دول العالم. صممت على أن أعرف رقم السيارة الذي اختفى تحت الغطاء الأخضر. رفض فرصة تحقيق رقم قياسي من الأهداف. رقم التليفون. يرجى الاتصال على رقم الهاتف ٠٩٥٦٦٥٠٦٤٠. رقم الضحايا يفوق كثيرا ما اعلنته المصادر الطبية. سوف نحرص جميعا على المشاركة في الاستفتاء اليوم وبأرقام قياسية بمشيئة الله.

عَدَد
number (quantity of things) {2D}
pl: أَعْداد

ان ضحايا الطائرة بلغ عددهم ١٠٦ من الأمريكيين. يزيد عدد سكانها على ٦٠ مليون نسمة. قد جرى اقتراح عدد من التعديلات علي النص. الاوضاع الاقتصادية في عدد من دول الاتحاد الاوروبي ليست على مايرام. صدر العدد الأول من هذه المجلة الشهرية. ان معدومي الدخل يعيشون تحت خط الفقر وتتدهور احوالهم وتتزايد اعدادهم.

نِمْرَة
number {1-2M}
pl: نِمَر

النمرة غلط. الجمعية نمرة ٤. ردت البنت: النمرة كانت خطأ. نمرة التليفون.

justice عدالة

عَدْل
justice, fairness {2D}

فات المجتمعون بأن العدل – لا العفو – هو اساس الملك. اليمن يفكر في اللجوء الى المؤسسات الدولية (محكمة العدل الدولية) لحل قضية الحدود مع المملكة العربية السعودية. ما نطلبه هو ان تكون معاملته للجميع بما يحقق العدل والانصاف ويرضي الله والعباد وان يخدم البلد. الجنوح الى السلام هو الجنوح الى العدل والأمن والاستقرار. وزير العدل.

عَدالَة
justice, fairness {2D}

الانصاف والعدالة والمساواة قيم ترضي جميع الناس. هناك من يعتقد ان العدالة يجب ان تتم في سرعة مطلقة. هذا يحدث في اميركا حيث يفترض ان يكون الدستور والعدالة فوق السلطة بغض النظر عن لون البشرة. اتهم أبو مرزوق الولايات المتحدة «بالتخلي عن مبادئ العدالة لتقف مع إسرائيل بغية تحقيق هدف سياسي».

إِنْصاف
justice, fairness {3D}

دعا هؤلاء حكومة بلادهم الى الاخذ بقيم العدالة والانصاف حتى تكسب احترام وثقة العالم. أقصر طريق نحو تحقيق الأمن للاسرائيليين هو تحقيق بعض العدل والانصاف للفلسطينيين. ما لم نعالج عدم الانصاف والظلم لا يمكن ان يحل سلام دائم في تلك المنطقة.

---

virgin عذراء

بَتول
virgin {3M}

جاء المسيح بن البتول مريم العذراء عليها السلام. هذا الفيلم يروي سيرة آية الطهر السيدة العذراء مريم البتول.

بِكْر
virgin, virginal {2M}
pl: أَبْكار

أكد أن الفتاة مازالت بكرا. سواحل هذه المنطقة ما زالت بكرا. قال بعضهم ان البنت البكر لا تتزوج إلا بإذن أبيها. ليس للأب ولا للأم أن يجبرا ابنتهما على الزواج لمن لا تريد ولو كانت بكرا لأن من شروط صحة النكاح الرضا.

عَذْراء
virgin {2W}
pl: عَذارى

عاش في هذه المنطقة السيد المسيح فترة طفولته المبكرة، مع أمه القديسة العذراء ويوسف النجار. قدمت الزوجة شهادة طبية تفيد أنها ما زالت بكرا عذراء رغم مرور ٤ سنوات على زواجها. ماذا عن المغتصبات هل هن عذارى أم متزوجات؟ رسم موكبا لسبع عذارى يرتدين أثوابا بيضاء ويحملن مصابيح زيتية.

---

to apologize اعتذر

تَأَسَّفَ
[see أسف*; to feel sorry* ل/ عن *for]; to apologize* إلى *to* {2W}

ظل السائق يتأسف إلى أهل المريض ويعتذر من سوء حالة السيارة. كان لا بد لي وقد وصلنا على مدخل بلدة «الحجيرية» ان أتأسف عما حصل ثم ان اعتذر منها صراحة.

طَلَبَ الْعَفْو، طَلَبَ الصَّفْح
to ask pardon {3M}

رفضت ان تغفر لجلادها الذي جاء يطلب العفو بعد ٤٧ عاماً. بذلت قبيلة المزارقة جهدها في طلب العفو، وقامت بزيارات لقبيلة القتيل آل جميح. إذا كان هناك من خطأ فهو يطلب الصفح والمغفرة. ليس من السهل عليها أن تطلب الصفح في جريمة ظلت طوال تسع سنوات تنكر ارتكابها. يقول انه نادم على فعلته وأنه يطلب الصفح.

اِعْتَذَرَ
to apologize من / ل *to sb* عن / على *for sth; to excuse oneself* عن *from* {2D}

اعتذرت زغرب عن «الجرائم» التي ارتكبتها ادارة اوستاشا الكرواتية ابان الحرب. أعتذر له عن تقصيري وغيابي. وجدته فاعتذرت منه على ورود اسمه من دون اخذ رأيه مسبقاً. اعتذر الاتحاد القطري لكرة القدم عن عدم المشاركة في مسابقة كرة القدم. رئيس المجلس اعتذر عن عدم حضور الافطار قبل دقائق من الموعد. اعتذر سفير لبنان السيد محمود حمود بسبب وعكة صحية.

اِسْتَغْفَرَ
to ask (God's) *forgiveness* {2W}

اللهم، استغفرك لذنبي. إن أذنبت فتب، وإن أسأت فاستغفر. يا أبانا استغفر لنا ذنوبنا. إذا أساء استغفر ربه وأناب.

cart

عربة

see مركبة

حَنْطور

horse carriage {2M}

بين العربات سيكون هناك ٢٠ حنطورا يحملون عددا من لاعبي هذه المنتخبات. تحرك الموكب بالعربات الحنطور المزينة. كان الحنطور مازال من وسائل المواصلات المعتمدة. (Eg) ياللي أبوك عربجي حنطور.. وأمك.. بلاش أمك!

عَرَبَة

*cart, wagon; [*see مركبة; *vehicle]* {3D}

عربة الكارو لبائعة الخضر بالمظلة فوقها تتسم فعلا بجمال الخطوط. سارت وسط موكب الجنازة عربة الملك تجرها أربعة خيول. عربة الإسعاف. عربة القطار. نظرت إلى يميني فوجدت الحمار الذي يجر عربة الزبالة يرفع رأسه . الحكومة الإسرائيلية بهذه الرغبة تضع العربة أمام الحسان.

كارو

cart {1-2M}

العربات الكارو تحمل عفش العروس في طريقه الي دار العريس. يفضل استخدام الكارو.. حيث مرونة الحركة اكبر وايسر. هناك فرق كالذي بين الكارو والرولزرويس الأصيلة. الى الان هناك عربات كارو ماشية في الشارع فاي عربة تسير كيف تسير وراء الكارو. الشوارع تكتظ بـ ٢٠ ألف سيارة واتوبيس وعربة كارو تعبر ميدان رمسيس كل ساعة.

---

to oppose

عارض

خالَفَ

*to be opposed to; to contradict sb; [*see انتهك*; to break* (a law)*]* {2D}

يخالف التقرير كل التأكيدات التي تم التوصل اليها. خالفت انتخابات الغرفة التجارية الصناعية في جدة توقعات المحللين. لم يخالف اللاعبون تعليمات المدرب فانطلقوا الى الهجوم منذ صافرة البداية. على سبيل المثال نجد نصار يخالف الفارابي في تعريفه للعدل.

عارَضَ

to oppose, resist sth {2D}

يعارض رجال الاعمال هذا الوضع الذي يرون فيه عائقاً للصادرات. عارضت اميركا فكرة المؤتمر منذ اقترحه الاتحاد السوفياتي للمرة الأولى. لا افكر في موضوع الزواج حاليا، فعمري لا يزال ٢٤ عاما، لكني لا اعارض الفكرة لان الزواج قسمة ونصيب. عبدالمجيد يعارض اي ضربة للعراق. عارض عودة النظام الملكي اكثر من ثلثي عدد الناخبين.

اِعْتَرَضَ

to object على *to; to oppose sb* {2D}

اعترضت الصين خصوصا على هذا الموقف. اعترضت قطر على أن يتولى رئاسة المجلس المركزي وزير خارجية الدولة. نعترض على اعتباره من اعيان الشيعة. هو يتجول في السيارات المسروقة من دون ان يعترضه احد.

عانَدَ

to stubbornly resist or oppose sth {2M}

قد عاندني للمرة الاولى من عمر علاقتنا الحميمة. في كل مرة كان الديموقراطي المسيحي يعاند منطق التغيير المحتوم. مع ذلك نرى الناس تؤجل وتسوف التوبة كما فعل فرعون موسى، ظل يعاند ويقاوم ويظلم ويكفر حتى انشق البحر وبدأت الامواج تتلاطم في رئتيه.

قاوَمَ

to resist, oppose sth {2D}

قاومت الدمع وأنا أفتح مظروفاً. قاوموا الاحتلال الفرنسي لأرضهم. نحن نعارض الارهاب ونقاومه بشدة ونتعاون مع الدول الصديقة من اجل هذا الهدف. ما دام شعبنا يعاني من الاحتلال فإن من حقنا ان نقاوم. الناس بطبيعتهم يقاومون التغيير.

مانَعَ

to resist, oppose sth (usu. with neg) {2D}

لا تمانع الاندماج مع شركة زيوت «نباتي» ما دامت هناك مصلحة مشتركة. قال انه لا يمانع ان نستخدم اسمه للترويج لعمل المركز. الحكومة السورية «لا تمانع من حيث المبدأ» ان يكون معبر الحدود بين البلدين «شفافا». الجانب الفلسطيني «لا يمانع في عقد مثل هذا اللقاء من حيث المبدأ».

ناصَبَ
to fight, oppose sth {3M}
ناصَبَ العداء to openly oppose

ان الصرب ناصبوه العداء هو وابناءه واحفاده واغتالوا غالبيتهم. هو رجل يريد فرض إرادته على كل من يعمل معه، ان خالفه في أمر ناصبه العداء. ان الجماعات الرئيسية المنشقة عن «الجماعة» لا تزال تناصبها العداء.

ناهَضَ
to resist, oppose sth {3W}

ينبغي ان نناهض الاصلاح لننحاز الى الثورة. تناهض الارهاب بكل اشكاله بما فيه الكردي. ارتفعت أصوات متعددة داخل الحزب تناهض هذا التوجه. يناهض كل تحالف مع الأصولية. كان يناهض قرار تنفيذ الاضراب العام.

---

to know عرف

دَرَى
to know sth or ب *sth or* أنّ *that* {2D}
VN: دِرايَة يَدْري

انتم تدرون اكثر منا. هل يدري الاستاذ الرميحي ان بعضاً من تلك المقاتلات قام بقصف وتدمير منشآت تكرير النفط. أصبح لا يدري الحبّ. لا أدري الى متى يمكن ان يصمد أبناء الشعب العراقي. لسنا ندري الى أي مدى يمكن الوثوق بهذه الأنباء. مضى عليه زمن وراء القضبان من غير أن يدري به أحد. هذه الآلة يمكن أن توضع في أي جهاز تلفزيوني دون أن يدري بذلك أصحاب الجهاز أو يشعروا بها.

عَرَفَ
to know sth or أنّ *that* {2D}
VN: مَعْرِفَة يَعْرِفُ

يعرف الجميع السبل التي يسلكها المرء لادخال رأسمال الى المملكة المتحدة. أعرف هيلين ديفيس فقد زارتني مرة في مكاتب «الحياة» في لندن. أعرف ان القارئ مثلي لا يهتم بالكريكت. الاسلام دين سماحة ولا يعرف العنف. لسنا بحاجة لأن نعرف اللغة العربية او الفارسية حتى ندرك قيمه الفنية ومزاياه. يعرفون ان القرار الوحيد هو للقائد. لا اعرف عن تلك المشكلة شيئا. قلت له انني أعرف عن وجود سوء تفاهم بينكم وبين سورية.

تَعَرَّفَ
to know على/ إلى *sth, become acquainted* على/ إلى *with* {2D}

لم يتعرفوا الا على فرد واحد في تلك القائمة. أخذ يتعرف على الكتاب الفرنسيين، ويميل إلى كتابات أناتول فرانس بوجه خاص. سوف ينقضي وقت طويل نسبياً قبل ان نتعرف على كل التفاصيل ونضع ايدينا على الاجابات. عندما ذهبت سميرة الى بغداد تعرفت الى تاجر فلسطيني وتزوجته وليس هناك ما يجمع بينهما فكرياً. السائح يحلم بالشمس والبحر والضيافة، لكنه لا يتعرف الى الجمال الحقيقي للبلاد.

عَلِمَ
to know sth or أنّ *that* {2D}
VN: عِلْم يَعْلَمُ
perfect: to find out

ويعلم الاستاذ هيكل جيداً ان الدول والامم تعمل على تحقيق اهدافها. أين بقية اعضاء وفد «الجبهة الديموقراطية»؟ لا أحد يعلم. لا نعلم الأسباب التي جعلت الناشر يستغني عن «المقدمة». يعلم ان جزءاً من جمال المدينة يكمن حالياً في هذا المهرجان. علمت الجريدة ان «مصر للطيران» تنوي شراء ثلاث طـــائرات «كـــارغو».

عَهِدَ
to know, be familiar with; [see كلّف*; to entrust sth* إلى *to*] {3M}
VN: عَهْد يَعْهَدُ

ظهرت الى الوجود انماط وأنواع من الكتابة الشعرية لم يعهدها العرب من قبل. منذ ذلك الوقت لم نعهد فرقة مثلها حتى جاءت هذه الفرقة. لا بد ان يطرح نظام الأبارتايد نمطاً جديداً من التفكير لم نعهده في السابق. شعر بمزيج من الغضب والجنون الذي لم يعهده من قبل.

أَلَمَّ
[to befall ب *sb]; to be acquainted* ب *with sth* {3W}

تجيد الدكتورة ابتكار (٣٦ سنة) الانكليزية والفرنسية وتلمّ بالعربية. انك مضطر، إن كنت اجنبياً، ان تلمّ بدقائق اللغة الشعبية الفرنسية وبأنماط التعبير فيها. كان من الصعب فعلاً على جبران ان يلمّ بفكر نيتشه من خلال كتاب واحد. اجهزة الفاتيكان تقرأ وتتابع الشأن اللبناني عن كثب وتلمّ بتفاصيله إلماماً موضوعياً.

knowledge معرفة

دِرايَة
knowledge {2W}

كان على دراية عميقة بالعالم الاسلامي ومدارسه. الفتى المتمرد على دراية تامة بالعقاب الذي ينتظره لقاء أفعاله. ليس له الدراية الكافية بشؤون الحكم. له دراية بشروط القصيدة. يملك دراية واسعة في مجال المسابقات.

اِطِّلاع
knowledge, information; [study] {3D}

كان على اطلاع يومي على تطور المحادثات بين المعنيين. الرئيس بري على اطلاع كامل على هذا الملف. أكدت ان الحوار يتم من دون اطلاعها. اشارت مصادر لبنانية حسنة الاطلاع الى ان البابا سيصل بعد ظهر السبت. ليس من السهل القول ان باحثاً واحداً، مهما بلغ من سعة العلم والاطلاع الشمولي، قادر على تقديم بحث يقنع جميع الباحثين.

مَعْرِفَة
knowledge {2D}

حسب معرفتي فإن المسؤولين عن المجزرة كانوا ضباطاً من رتبة كولونيل. المعلومات والمعرفة اهم مصادر القوة السياسية والاقتصادية والعسكرية في الوقت الحاضر. كانت المانيا دوما على معرفة بسجل ايران الحافل في الارهاب الدولي. يبدو ان القس المذكور كان على معرفة تامة به. يجلس في مكتباتها ويطلع على مصادر العلم والمعرفة الموجودة فيها.

عِلْم
knowledge; science {2D}
pl: عُلوم

وضع اسمه أولاً من دون علمي. العلم أسهل من العمل. لم يرحل ولم يخالط احداً الا طلباً للعلم أو في سبيله. هم على علم تام بان لا علاقة لي بهذه الامور. علم النفس. العلوم السياسية. انها خبيرة في علم الآثار. علم اللغة.

---

to confess اعترف

سَلَّمَ
to admit, concede ب *sth; [see* سلّم*; to hand over; to greet; to surrender]* {2D}

إذا سلمنا بفوز الأحمدي بذهبية المسابقة فإن الفضية سيتنافس عليها الكويتي مرزوق البوحار والسعودي محمد آدم. لم يسلّموا بوجود دولة اسرائيل. إن رئيس الوزراء الإسرائيلي قد سلم بإمكان الانسحاب من الجولان. سوف يكون علينا ان نسلم بأسبقية حلف الأطلنطي على مجلس الأمن.

اِعْتَرَفَ
to confess, acknowledge ب *sth; to recognize* ب (a country) {2D}

يجب أن يعترف بالدور الإيجابي الذي لعبته أوبك في السوق. اعترف نادي الاتحاد بسوء مستوى فريقه. اعترف بن غانم بأن الاقتصاد اليمني لا يزال يمر بمرحلة حرجة. خفض القاضي الانكليزي كريس سالون الحكم على شاب سرق ساعة رولكس ذهبية من يد فتاة، لأنه اعترف بجريمته. الاتحاد السوفياتي كان من أول من اعترف بإسرائيل.

أَقَرَّ
to confess ب *sth [to confirm, (legally) agree to; to establish, set up]* {3D}

اقرّ بان المشاكل التي سيتم التطرق اليها «صعبة». أكد أن العراق اقر بان لديه ٨,٣ طن من غازات الاعصاب المميتة. أقر بارتكاب البنوك السويسرية أخطاء. اقر «بصعوبة اسقاط الحكومة لان ذلك يتطلب تأييد ١٥ نائباً». يقر بسيادة لبنان ضمن حدوده المعترف بها دولياً.

---

vein عرق

شِرْيان
artery {3W}
pl: شَرايِين

كان شريانها الرئوي ممزق على نحو خطير. يشكل هذا الطريق شرياناً حيوياً يربط وسط السعودية بدول الخليج الأخرى. السوق لا يعمل كشريان للحياة الاقتصادية فحسب وانما للحياة الاجتماعية العامة للمدينة. البحر ذاك يمثل شرياناً تجارياً بالغ الحيوية.

عِرْق
*vein; artery; [*see أصل*; race, descent]* {2W}
pl: عُروق

تضج في عروقه دماء ارمنية وتركية وعربية. يحاولون انكار الدماء الافريقية التي تجري في عروقهم. في عروقي دماء عربية ياللفخر. انه اكثر من تجري الثقافة منه مجرى الدم من العروق.

وَريد
vein {2M}
pl: أَوْرِدَة

ذبحت حمامة السلام من الوريد الى الوريد. قتلهم على الرصيف ذبحاً من الوريد الى الوريد. لا تبحث عن قلبك ونبضك، ولا عن شرايينك ووريدك.

grass عشب

حَشيشَة، حَشيش
grass, hashish {2W}

زرعت حقول الحشيش في شكل بدائي هذه السنة. يظهر واضحاً ان محاولات اخفاء الحشيش بالتبغ ليست مجدية. يقول مزارع ان الرطوبة التي تحتاج اليها نبتة الحشيش متوافرة اكثر في الجرد. الحشيشة خالية من الكولسترول. قواته اكتشفت مزارع حشيشة في مناطق محاذية للحدود مع تركيا.

عُشْب
grass; plants {2W}

احرق عشباً يابساً في ارضه. الحقول مكسوة بالعشب وسيقان الأشجار. ينبت من حولي العشب. انني عشت حياتي كلها، ولم أر عشباً. بلغ المرحلة الثانية من دورة كوينز الانكليزية لكرة المضرب على العشب والبالغة جوائزها ٧٠٠ الف دولار.

كَلَأ
grass {3M}

وجود معيشي موقت ارتبط اصلا بوجود مصدر معيشي موقت ايضا ككلأ او مطر عابر او بئر ماء. عاشت مع الأرض والسماء والمطر والكلأ.

هَشيم
chaff, dry stalks {3M}

كانت القصيدة الجديدة تنتقل بين الاقطار العربية كالنار في الهشيم. لا بد لأي عربي في ما بين الخمسين والسبعين من العمر ان يشعر بأن جيله لم يحصد سوى الهشيم. يـبقى كثيرون من متخرجي جامعاتنا يسندون حيطان الشوارع او يصبحون هشيماً لإلهاب الاوضاع ونشر الفوضى والدمار. في البدء انتشر هشيم الانتفاضة بشكل واسع واجتاح كل الحواجز السلطوية.

to associate with عاشر

خالَطَ
to associate, mingle with sb {2W}

في باريس خالطت الفتاة نماذج مختلفة من البشر وتعلمت أشياء كثيرة. يحبسها في البيت ويحرم عليها أن تخالط أحدا من جيرانها. هناك دماء كثيرة أجنبية خالطت عروقهم. لقد خالطني ساعتذاك شعور بـ «الطمأنينة» والغبطة.

زامَلَ
to be a colleague of {2W}

عرفه عن قرب عندما كان تلميذا في معهد الفنون الجميلة الذي كان يدرس فيه جواد كما زامله مدرسا في المعهد نفسه. تم القبض على طلاب زاملوا منفذي مذبحة الاقصر في جامعة اسيوط.

صاحَبَ
to be friends or companions with; to accompany sb {2M}

هو كان يصاحب الاشخاص المهمين ويجلس معهم ثم ينسب كلامهم له ليظهر في صورة المثقف. يصاحب الشاعر موسيقي زنجي هو تشانس إيفنس. يصاحب هافيلانج في زيارته. وافق محمد فوزي على أن يصاحب شقيقته هدى سلطان أثناء عملها.

صادَقَ
to befriend sb; to be friends with sb {2M}

إنها قصة زوجة تصادق رجلا آخر. صادقته وعايشته وقضيت جانبا كبيرا من حياتك معه. عاشت وحدها في حي فقير وصادقها الشحاذون والمجذومون. ما أعجبه في الولايات المتحدة هو مكتباتها وتقدمها العلمي ومثقفوها الذين يلتقيهم ويحاورهم ويصادقهم.

عاشَرَ
to associate closely with sb, live with; to have sex with {2W}

طيلة حياتي، عاشرت اشخاصا يسمونهم هنا هامشيين، لكنهم يعتبرون، بالنسبة اليّ، الارستقراطيين الأصليين. عاشرت موسيقيي الجاز الذين كانوا يؤمون باريس كما تزوجت غجريا مجريا. من يعاشر الايرانيين يلمس مدى تعاطيهم مع الامور بنفس طويل. يؤكد احد البحوث ان ٩٣ في المئة من الرجال يعاشرون زوجاتهم دون رغبتهن.

عصر — age, era

حِقْبَة
(stretch of) time; period, age {3W}
pl: حِقَب

شهد حقبة التسعينات انهيار هذه النظرية الاشتراكية. خلال الحقبة النفطية أمكن تحقيق زيادة هائلة في مستوى المعيشة. هي المعاهدة التي باشرت بانتهاء حقبة الحرب الباردة. سوف تتميز الحقبة المقبلة بانتقال غير مسبوق للتكنولوجيا عبر الدول. العالم يعيش لحقبة طويلة قادمة عصر صدام الحضارات.

عَصْر
age, era {2D}
pl: عُصور

العصر الحديث يمنع عنا الاشباح والحقائق المطلقة. اعرب مع ذلك عن تأييده لمواصلة المفاوضات من اجل «عصر جديد في الشرق الاوسط». هذه التحف تروي تاريخ السودان من العصر الحجري الى الممالك المستقلة. تلك الدولة مهد العلم والحضارة في وقت كانت اوروبا في العصور الوسطى تعيش في الظلام. يحاولون اعادتهم الى العصور المظلمة.

عَهْد
*age, era; [*see عقد*; contract]* {2D}
pl: عُهود

نالت القصيدة شهرة واسعة ايضاً في العهد البابلي القديم حيث أعيدت كتابتها باللغة البابلية. تغريب العمارة الاسلامية لم يبدأ إلا في عهد محمد علي. اشار الى العلاقات الجيدة التي كانت تربط اسرائيل بايران في عهد الشاه. لا بد من العودة الى بداية عهد الاستقلال وما تلاه من عهود. مقام السيدة زينب كان قبل العهد الفاطمي. في كل العهود السابقة كان الاستثمار يرتكز بالقاهرة.

قَرْن
(pl) *age; [century]* {2D}
pl: قُرون

لقد كان هذا الشخص مقدساً خلال القرون الوسطى لدى الخاصة والعامة. أوضح جاب الله أن هناك ثماني أيقونات تعود إلى القرون الوسطى، خمس منها بكنيسة أبو سيفين بمصر القديمة. كان العنف ضد النساء في الصين قد اختفى قرونا طويلة.

معاصر — contemporary

see جديد

تِرْب
(n) *a contemporary, someone of the same age* (usu. pl) {3W}
pl: أَتْراب

ككل أترابه مارس باريزي اللعب أولا في الشوارع، ثم مع فرق مدرسته. مخرج ذلك الفيلم أقل شهرة من أترابه مثل ييمو وتشن كايغي. لا يمكن انكار تأثير الفنان الحجري على أترابه من أمثال قويدر التريكي وفتحي بن زكور.

عَصْري
modern, contemporary {3D}

نعترف ان التكنولوجيا في الحقيقة ليست اكتشافا عصريا. يذكر ان ساعة «كاسيوترون» تتميز بقوتها وبتصميمها الرائع ومظهرها العصري الأنيق. ان هذه المدينة العصرية ليست دائما المقصد الاول للزوار. في حين ان المرأة العصرية ليس لديها الوقت الكافي لاتباع نظام معقد للجمال فانها تريد بشرة صحية وجميلة. نلاحظ أن عنوان المرحلة هو التواجه بين الدينيين والعصريين.

مُعاصِر
contemporary {3D}

الانسان المعاصر يعيش أعلى درجات العزلة خصوصاً حيث يعمّ الفقر والجهل. بالطبع لسنا ضد اي مراجعة او رؤى جديدة لتاريخنا الحديث والمعاصر. هذا بحدّ ذاته دلالة لمدى اصالة الذوق الموسيقي عند الشباب العربي المعاصر. ترجمة رادويل امتازت على ما سبقها بأنها كانت في لغة معاصرة وأسلوب علمي حديث. قد وصفه جميع معاصريه بأنه «بيزنسمان» أي رجل أعمال قدير. الحكيم يعتبر الأديب الذي كتب عن الذات أكثر من كل معاصريه أو ممن أتى بعده من الكتّاب.

---

storm — عاصفة

زَوْبَعَة
storm, hurricane {2W}
pl: زَوابِع

الزوبعة قادرة على محو مدينة، لكنها عاجزة عن فض رسالة. قد أثار زوبعة منذ أكثر من عام حين عبر عن ذلك بطريقة غير معتادة. الزوبعة الحالية ضد فكرة الاجماع هي زوبعة مصطنعة. قضيته اصبحت زوبعة في فنجان. أبحث بتوتر عن ملاذ يحميني من زوابع ذكرياتي.

إِعْصار
hurricane, tornado, violent storm {3W}
pl: أَعاصير

استمرت الأمطار الغزيرة والرياح العاصفة المصاحبة للإعصار. إعصار مدمر يقتل ٣٤ شخصا ويصيب المئات في أمريكا. يدعو العالم إلى مساعدة الهند لمواجهة آثار الإعصار المدمر. اجتاحني إعصار الحب المعتاد في مثل هذه السن لأول مرة. أشعر بأن بداخلي إعصارا هائلا. ظلت محتفظة بهويتها وتوجهاتها وسط العواصف والأعاصير التي هبت على آسيا والعالم في السنوات الأخيرة.

عاصِفَة
storm {2D}
pl: عَواصِف

اغرقت عاصفة في الأطلسي أربع سفن. كانت غالبية المحافظات المصرية تعرضت اول من امس الى عاصفة ترابية استغرقت نصف ساعة. وصلت الى مطار نيس وسط عاصفة مطرية هائلة. عاصفة ثلجية تجتاح باريس وتغلق الشوارع. قوبل الرئيس في هذا الاحتفال بعاصفة من التصفيق. عاصفة الصحراء. هو الهدوء الذي يسبق العاصفة كما يقولون. ينحني امام العواصف.

نَوء
tempest, storm {3M}
pl: أَنواء

لقد ظلت باريس وبروكسل على مساندتها لموبوتو، رغم كل العواصف والأنواء. يواجه مسئوليات جساما يكمل بها مسيرة والده الملك حسين وسط الانواء والعواصف التي تشهدها المنطقة. صمدنا في مواجهة أنواء عاصفة. أنصاره شهدوا له ببراعته في الامساك بالدفة وسط كل الأنواء التي هبت على البلد الصغير.

---

cane, stick — عصا

صولَجان
staff, scepter {3M}
pl: صوالِجَة

كانت الامبراطورية البريطانية صاحبة الصولجان في الهند. تبدأ بالتلويح بصولجانها لخداع الحرس الذين عليهم قطع الطريق عليها. لم يكتف احد منهم بحيازة صولجان السلطة بل ذهب الجميع الى حد حشد عقول الناس. اين كسرى وصولجانه؟ كان له تاج وصولجان ودولة عليا.

عَصا
cane, stick {2D}
pl: عُصِي

ضرب كلب يملكه أحد أفراد العائلة الثانية، بعصا. بول بوت كان يمشي بصعوبة متكئاً الى عصا ويساعده بعض الاشخاص. حاول امساك العصا من الوسط. استخدموا العصا وكأن الناس «بهائم». امد يدي لانهض ولكني لا أجد عصاي. عاقبني المعلم بعصا طويلة. سياسة العصا ليست مجدية ولا بد من انتهاج سياسة الجزرة.

عُكّاز
staff, cane; crutch {2M}
pl: عَكاكيز

بدا عدي مستنداً إلى عكاز. لماذا لا تستندين على عكازك؟ مشى على عكازه بين جثث الضحايا. لا يمكنه الآن السير من دون عكاز. تعتبره عكازا لها.

هِراوَة

stick, cane, club {3W}

pl: هِراوات، هَراوَى

كنت اقول لتلاميذي ان الحكومة هراوة في يد القصر. امسك هراوتك في قبضة يدك. قد امسك بيده هراوة ضخمة، وارتدى ثياب العصور الحجرية. عثر على قطع أثرية مثل الهراوات والبلط والفئوس والسكاكين. حاول عمال المناجم الذين كانوا يحملون الهراوات اقتحام المتاريس التي أقامتها الشرطة.

عضّ — to bite

عَضَّ

to bite sth or على *sth* {2W}

VN: عَضّ يَعَضُّ

الكلب عضّه في رجله. تبيّن انه عضّ صديقته في ظهرها، وعرضت محطات التلفزيون كافة آثار العضّ. جاء قرار الحكم باستبعاد تايسون بعدما عضّ الاخير هوليفيلد مرتين في اذنه عند التحام الملاكمين. عضّ أصابعه ندامة. الجمهور عضّ على جرحه.

قَضَمَ

to chew, gnaw on sth {3M}

VN: قَضْم يَقْضِمُ

يتكون المعرض من قطع من البلاستيك والخشب قضمها الكلب وترك عليها آثار أسنانه وهو يلعب بها. قضم تايسون اذني خصمه. يشكون من مشكلة قضم أظافر اليدين. اطفأت سيكارتي، وقضمت شيئاً من شريحة الخبز. أنا أقضم سندويتشة الفلافل.

نَهَشَ

to bite, mangle sth {2W}

VN: نَهْش يَنْهِشُ

مرض السرطان ينهشه قطعة قطعة ويوماً بيوم. صار الكثيرون منهم جثثاً تنهشها الكلاب. تشتبك الجماعات المسلحة في ما بينها وتنهش لحم بعضها بعضاً. نسبة الامية التي تنهشها عالية. الأمة تنهشها من الداخل شتى التناقضات الاجتماعية.

عطر — perfume

شَذًا

scent {3M}

كانت ٩ اغنيات، كل واحدة هي وردة مختلفة عن الاخرى بعطرها وشذاها. شذاه الفواح جعله المصدر التجاري الرئيسي لاستخراج عطر الورد. حتى الزهور عندما تسقط، تترك شذاها.

أريج

fragrance {3W}

نشر السلام المنشود أريجه الفواح في أرجاء منطقة الشرق الأوسط. اختار لها عنوانا شاعريا هو «أريج البستان». نحن نتنسم أريج شهر رجب. اريج الورد الدمشقي المميز جعله اهم الورود المستعملة في استخراج عطر الورد الثمين.

طيب

perfume {2M}

يبقى أثر طيبهن بعد ذهابهن. تغلب على الحرم رائحة طيبهن.

عَبير

scent, aroma {3W}

لكل امرأة عبير يخصها ولا يتكرر ابدا. هو يتمتع بجودة عالية يعززها ذلك العبير المستوحى من «أفضل زهور اللافندر في العالم أجمع». توجد انواع عدة من الورود المؤصلة من الورد الدمشقي منها «مدام هاردي» الناصعة البياض ذات العبير الزكي. يحتوي عطر «كايوس» على مزيج من عبير الأعشاب والبهارات والأخشاب بنسب معتدلة ومختبرة لتناسب أنواع البشرة.

عَبِق

scent, fragrance {3W}

عبق الزهور، هل يقدر بثمن؟ لا يبقى غير عبق الورد. يهفّ عطرها وعبق جسدها. الخالق كان في خيالهم يرقى إلى السماء على سلم من عبق البخور. يتنفس عبقا يملأ صدره لأول مرة.

عِطْر
perfume {2D}
pl: عُطور

عطر ابسولوت ، العطر المتميز للرجل المتميز. يتم تقديم العطر في زجاجة ذهبية اللون منقوشة بدقة مما يعزز الطابع الانيق للعطر. هو العطر الحقيقي الأصيل الذي يمكنك استعماله بكل راحة تحت أشعة الشمس. جعل غرفتي في مستشفى سان توماس مهرجاناً للورد، والعطر، ومكاتيب الهوى.

عطشان — thirsty

جائع
hungry {3W}
pl: جِياع، جائِعون

ليس مسلما من نام شبعانا وجاره جائع. هز رأسه وقال «أعرف انك جائع». عندما أحسّ انه جائع عاد اليه وفي يديه فول ومناقيش وبعض البصل والزيتون. الشعب جائع والبلاد مهددة بالمرض وبالتجزئة. اللقبان لم يشبعا جمهور الزمالك الجائع الى البطولات. كيف يطيب لنا ان نعيش في رغد وترف وهؤلاء جياع بالقرب منا.

جَوْعان
hungry {1-2M}

لست جوعانا، على الاقل ساعة كتابة هذه السطور. يضطر الجوعان أن يأكله دون أن يدري ما به. وجدت الحمار في الطريق فأخذته وآويته وأطعمته لأنه كان جوعان.

مُرْتَوٍ
not thirsty, quenched; well-watered {1-3M}

لا أنا مرتوي وغيري عطشان. اني مرتوي بالخجولة. كانت قصصه مرتوية بينابيع حنان. حبيبي كان مرتوي مليان بالحب.

شَبْعان
satisfied, sated, full {2M}
pl: شَبْعَى

الشبعان يستطيع ان ينعم بالثقافة وان يدرك قيمة الحرية. ليس مسلماً من نام شبعاناً وجاره جائع. نبيت نصف جوعى، او نصف شبعى. لا تقدّمي لزوجك طبختك اللذيذة وهو شبعان.

ظامئ
thirsty {3M}

الإنسان ظامئ دوما للحرية والعدل. القبلات الجائعة الظامئة. يمتنع عن الأكل والمشرب مهما يكون جائعا أو ظامئا. كانت محطمة جدا.. وظامئة للشفقة والرثاء.

ظَمْآن
thirsty {3M}

انه حلم حقيقي لكني لا ازال ظمآناً. قلبها لا يعرف الخوف وعقلها ظمآن للمعرفة وروحها مفتحة للحياة. نفسه للكتابة ظمآنة. هو كالسراب الذي يظنه الظمآن ماء حتى إذا جاءه لم يجده شيئا.

عَطْشان
thirsty {2M}

العطشان يحلم بالماء. الذرة في الأرض عطشانة من بدري. لم اكن عطشان لأشرب اكثر مما شربت. الماء في الخزان وأنا عطشان فما الفائدة؟

مُتَعَطِّش
thirsty {3M}

هذه البلدان الافريقية متعطشة إلى تنمية في كل المجالات. الرأي العام متعطش الى انتخابات شاملة. عالم العرب متعطش للنور والتنوير. انه متعطش للنجاح. أنصار ميلوسيفيتش وحوش متعطشة للدماء.

أعطى — to give

see كلف

تَبَرَّعَ
to donate, contribute (ب sth) {2W}

تبرع بمليوني دولار للمساهمة في رعاية أيتام الاردن. تبرعت الكويت بمئة ألف دولار لدعم عقد مؤتمر المصالحة الوطنية الصومالية. تمنت الفنانة تحية كاريوكا أن يتبرع «أهل الخير» لمساعدة الطفلة التي عثرت عليها قبل أشهر أمام شقتها. ليس عندنا فائض من الارض لنتبرع به.

أَتاحَ
to grant, give sth ل *to sb; to enable* ل *sb to do sth* {3D}

زاد أرتاي ان الزيارة «ستتيح الفرصة لتبادل وجهات النظر على أعلى المستويات». يفضلون الاقامة في شقق مفروشة تتيح لعائلاتهم مرونة اكبر. القانون اتاح لكل ٥١ شخصاً تأسيس حزب والحصول على تأييد الدولة.

رَزَقَ
to bestow sth on sb; to provide (means, children) (of God) {2D}
يَرْزُقُ

لا فرصة أمامنا للتقدم إلا بأن يرزقنا الله مالاً نقتني به. رجت منه الصلاة على نية أن يرزقها الله ابناً. الله سبحانه وتعالى يرزق بعض الازواج أولادا بعد ٣٠ سنة من الزواج. هو أب لابنتين ولم يرزق بذكور.

أَعْطى
to give sth to sb or ل *to sb* {2D}

يعطي الاتفاق الحكومة حق تعديل الاسعار بين وقت وآخر. اعطيني يوماً اضافياً آخر. القوى الاسلامية الاخرى كانت تعطي اصواتها في السابق لاحزاب علمانية يمينية. لم تعط الصحيفة مزيداً من التفاصيل عن هذه المجزرة. أعطي الناس كل حناني وحزني. تلك اليوميات تعطينا فكرة عن الوضع الاقتصادي في بيروت في ذلك العصر. لم يعط لهم دور رئيسي في مؤسسات الدولة.

قَدَّمَ
to offer, grant, present sth ل *to sb* {2D}

قدّم العراق البيانات مباشرة الى مقر «اوبك» في فيينا. أهم فكرة قدّمها ابن عربي الى المعرفة الانسانية هي وحدة الوجود. كان جنبلاط قدّم الى صفير كتابين. قدّم لاستاذه مسكناً متواضعاً في منطقة «فوكا – غاوا». قدّم لبنان شكوى على اسرائيل الى لجنة مراقبة وقف النار.

مَنَحَ
to grant, give sth to sb or ل *to sb* {2D}
مَنْح :VN يَمْنَحُ

منحت حكومة السويد الشركة عقداً بقيمة ٦ , ٤ دولار أميركي لانتاج ١١٠ قاذفات لصواريخ «امرام». منحت جامعة عمان امس شهادة الدكتوراه الفخرية للرئيس التشيكي. يُمنح افضل لاعب ٣ نقاط والثاني نقطتين والثالث نقطة واحدة. علينا ان نمنح الجنسية للمغتربين على اساس ارتباطهم بالوطن. منحوا ثقتهم لزعيم هذا الحزب. لن اسمح لأحد بأن يمنح نفسه حق تزوير نتائج الانتخابات.

ناوَلَ
to give, hand sth over to sb (often food) {2W}

ناولها الفتى الأوسم شراب البرتقال في كأس طويلة لامعة. لم يصب الأخير لأن شخصاً انحنى يناوله القهوة في لحظة الانفجار. أخرج من حقيبته ثلاثة ادوية على شكل اقراص بألوان مختلفة، ناولني اياها. خطف بول سكولز الكرة في وسط الملعب وناولها برأسه الى الويلزي راين غيغز الذي لعبها بكعب قدمه. فوجئت به يطلب سجادة للصلاة فناولته سجادتي.

هات
give sth ل *to sb* (imperative only) {2W}

هات لي معاك بقرة. هات الشاي لو سمحت. هات نصيبي. هات الكلام الذي قلته ليحيى.

أَهْدى
to give sth to sb or ل/إلى *to sb* (as a gift) {2D}

في الوقت القاتل أهدى رونالدو كرة الى فابيو من خلف دفاعات الارجنتين فانطلق بها مراوغاً الحارس ولم يجد أدنى صعوبة في إحراز الهدف الثاني. يودّ ان يستنسخ أطفالاً ليهديهم الى غير القادرين على الإنجاب. أولبرايت تهدي الى نواب زيمبابوي ٢٠٠ ألف دولار لتمكينهم من زيارة أميركا. يهدي المؤلف كتابه «الى تونس التي آوت كلماتي هذه بمناسبة اختيارها عام ١٩٩٧ عاصمة ثقافية».

وَهَبَ
to give sth to sb or ل *to sb* (as a gift) {2D}
وَهْب :VN يَهَبُ

من يكون الرجل الذي وهبها الحياة؟ أخذوا منهم باليد اليسرى ما وهبه لهم الزعيم باليد اليمنى. وهبته خديجة غلاماً لها اسمه زيد بن حارثة. اليوم باستطاعتك انت وحدك ان تستعمل نفوذك وأموالك وما وهبك الله من نعمته لتقوم بأعمال انسانية تساعد فيها الأطفال والمرضى.

greatness, glory عظمة

جاه

(high) *rank, prestige* {2W}

حزب المحافظين يقوم في الاساس على الثروة والجاه. على الرغم من طبيعته الزاهدة فانه يندفع الى الجاه والمال. الجاه والمال كافيان لإخفاء كل آثار الحقيقة المفجعة. طالب الجاه السياسي غير طالب الجاه المالي. هو ابن بيت جاه وتربية اصولية. لا جاه لغريب عن وطنه.

جَلال

majesty {2M}

حين يقال له ان الناس يتساءلون متى يقيم جلال العدل في الحارة من جديد، لا يكون عنده رد. الجلال الملكي بجنازته وطقوسه لا ينازعه منازع الا التلفزيون. نحمد رب العزة والجلال ان جعلنا خداماً لأطهر بقعة في العالم مكة المكرمة والمدينة.

جَلالَة

majesty (in titles) {2W}
جلالة الملك His Majesty the King

يا جلالة الملك، يجب ان يقتنع العرب بأن اسرائيل أصبحت أمراً واقعاً. قضى حوالى أسبوع في ضيافة صاحب الجلالة الملك فيصل الثاني. تحول حفيظ إلى مستشار صحافي لجلالة السلطان. إن موضوع الحوار بيننا قد رفع الى جلالة الشاه.

رَوْعَة

splendor {2W}

اصدر خلال حياته مجموعات عدة من اللوحات التي تظهر روعة الفنون الاسلامية. يستطيع أي رجل ان يثبت «روعة المرأة» ومقدرتها ومؤهلاتها وبراعتها في كثير من الأمور. نجاح هذا العمل يكمن في روعة القصة اولا. «شاطئ العائلات الجديد»، هو اضافة جمالية جديدة زادت من روعة شواطئ رأس البر.

سُمُوّ

highness (in titles) {3D}

ارحب بسموّه في بيروت واتمنى له طيب الاقامة. ما اصعب ان يموت مثقف في سموّه ونبله الكبير. أنا لم اسئ لأحد (...) وسمو رئيس الوزراء هو الذي اساء لبعض الضباط. سبق أن وجهت الدعوة إلى سمو الشيخ حمد بن عيسى آل خليفة ولي عهد البحرين لزيارة الدوحة. اذاً ما هي أهداف زيارة سموكم لواشنطن؟

عِزَّة

glory; [might] {2D}
عزّة النفس self respect

اننا نحمد رب العزة والجلال ان جعلنا خداماً لأطهر بقعة في العالم مكة المكرمة. قال انه يرى في ذلك «عزة الاسلام». عاشوا طول حياتهم بكرامة وبعزة نفس. تعوّدنا الألم ونتحمّله بروح عالية وعزّة نفس وكرامة.

عَظَمَة

greatness, glory; [arrogance] {2D}

هذا هو أحد اسرار عظمة الاسلام وقدرته على الصمود والرسوخ في ضمير كل مؤمن. لم تدهشني عظمة الاهرام في مصر. انه مسحور بعظمة القدماء. قد عرفت جوليا دومنا المجد والعظمة. عظمتهم ارتبطت بانجازات داخلية. العظمة لا تُقاس بالصواريخ والطائرات. انني معجب بعظمة الملعب الأولمبي الرائع الذي يؤهّل لبنان لاستضافة احداث كبيرة.

فَخامَة

plushness; magnificence, highness (in titles) {3D}

امتصت بهدوء ومن دون صخب عصارة الحضارة المصرية القديمة، حيث فخامة المعابد وجلال البشر. هو صاحب اكثر مطاعم بيروت فخامة. سئلت بالأمس بعد زيارتي فخامة الرئيس عن الاجواء فقلت انها عشرة على عشرة. لقد ربطتني بفخامته علاقة شخصية أعتزّ بها. لقد تحقق في عهدكم يا فخامة الرئيس أهم الانجازات وأكبرها.

مَجْد

glory {2D}

المجد الأبدي للأبطال! تسلق سلم المجد المسرحي حتى غدا أشهر كاتب وممثل يصوغ الأدوار الهزلية ويؤديها. يبكي على مجده الزائل كلما مر على صيدليته القديمة باسمها الجديد. كانت تشارك زوجها المجد والعظمة. بعضهم كان مولعا بالمجد والشهرة.

عظيم

great, wonderful

see عجيب، كبير

بَديع
fine, splendid, awesome {2D}

ما رأى البياتي هذه البانوراما البديعة حتى وقف يتأمل المنظر بشيء من الدهشة. أصبح هذا الفن البديع ضائعا يتيما لا يرعاه أحد. تقام يوميا المباريات في هذا المكان البديع. يصور القرآن هذا المعنى بأسلوبه البديع. كانت له دراسات بديعة عن الطب الفرعوني. جعل الدنيا ربيع والجو بديع.

جَليل
great, significant, grand {2M}

أخذ على عاتقه القيام بهذه المهمة الجليلة. قامت بأعمال جليلة في بلدها وخارجه. كان شيخاً جليلاً ذا معرفة واسعة. لقد أسدت الهند خدمات جليلة إلى الحضارة الإنسانية بإختراع نظريات خالدة في الحساب والجبر والهندسة.

رائِع
wonderful, splendid {2D}

كانت الاغنية رائعة. الفكرة رائعة وإذا اتيحت لي الفرصة سأذهب. المكتبة تطل على المنظر الرائع للميناء. يتصرف بشكل رائع كزعيم. الغريب ان الفريق حقق الفوز ١/ ٣ في اللقاء وقدم مباراة رائعة لم يقدمها منذ سنوات. أحسست من خلال مكالمتها بأنها نموذج رائع للمرأة المثقفة. من الآثار الرائعة في ذلك الشارع مدرسة أم السلطان شعبان. الطقس رائع، أليس كذلك؟

سامٍ
lofty, exalted; [high] {2D}

عيد الميلاد يذكّرنا بهذه الحقائق السامية. يريد ان يشوّه الصورة السامية التي هي لبنان. في هذه السوق بات الرخيص التافه أغلى من العظيم السامي. مفهوم العدل يحتل مكانة سامية في سلم القيم.

عَظيم
great, wonderful {2D}

كان بالامس اليوبيل الفضي لانتصار اكتوبر العظيم. ليس معروفا على وجه الدقة من هو صاحب هذا الاختراع العظيم. كانت تتمنى مشاهدة الآثار العظيمة التي سمعت عنها. لهم في الآخرة عذاب عظيم. جمال الغندور كان عظيما ومتفوقا جدا في قيادة المباراة. هو شاب ممتاز يحمل لك حبًّا عظيما صامتا. يبدو لي ان قدرتي على احتمال الألم عظيمة. يغمر داخلي فرح عظيم. انها فرصة عظيمة لانشاء مدرسة للاعمال عالمية المستوى. اعتبرته الصحافة المصرية والمثقفون رجلا عظيما.

فاخِر
luxurious, excellent {2W}

بين الفنادق الضخمة الفاخرة التي قامت على شواطئها «دون كارلوس» و«مليا دون بيبي». الى جانب هذه البيوت الفاخرة كان خاشقجي يملك مزرعة غنَّاء في كينيا. يوجد عدد من المطاعم الفاخرة. رفض السيارة الفاخرة المخصصة له كوزير مفضلا سيارة صغيرة بسيطة اشتراها هو بالتقسيط. اصطحبت طفليها في رحلة مع الفايد اخيرا على متن يخته الفاخر.

فَخْم
grand, luxurious (buildings, furnishings) {3W}

هو ينوي انشاء عدد من الفنادق الفخمة في القاهرة. يصاب الزائر للوهلة الاولى بالدهشة نظراً الى الديكور الفخم الذي تتسم به. كان صعباً على الشاه أن يشحن معه سياراته النادرة والفخمة. يتجول زياد تحت الامطار الغزيرة بين السيارات الفخمة في شارع فردان في بيروت.

فَخيم
grand, luxurious {3M}

كنا نناقش سيد ياسين في قاعة فخيمة في فندق يطل على الخليج. كنا نحن نجتر الشعارات الفخيمة الجليلة بلا عائد حقيقي. بقيت في ذاكرتي بعد إقفال باب الشقة الفخيمة. يجب أن نذكر أن التابوت فخيم مصنوع من خشب الماهوجني ومزين بالنقوش.

فائِق
extraordinary, outstanding, remarkable {3D}

قد اهتمت به اهتماما فائقا. أحييه على شجاعته الأدبية الفائقة. العاهل الاردني بقي أمس داخل وحدات العناية الفائقة في مستشفى المدينة الطبية. يمتلك قدرة حيوية فائقة على التجدد والتطور ومواجهة التحديات. استطاع ببراعة فائقة أن يقدم تشخيصا للأزمة. تفضلوا بقبول فائق الاحترام. تحقق نقل البيانات بسرعة فائقة. الحل النهائي مسألة فائقة الأهمية بالنسبة لموسكو.

مَجيد
glorious, illustrious {2D}

تواصلت الصلوات والاحتفالات امس بعيد الفصح المجيد لدى الطوائف الكاثوليكية. ان مدينة القدس المجيدة تجرع اليوم آلام الغصب والاضطهاد والذل والمهانة. لم يعش ليرى لحظته المجيدة. لا يذكر شيئاً عن ماضيه المجيد. نحن امة لنا تاريخ مجيد.

مُمْتاز
excellent {2D}

طبعا توجد افلام ممتازة صنعت ضمن هذا الاطار. كان كاتباً ممتازاً تفخر بمقالاته الصحف الممتازة. علاقات المملكة مع لبنان «حسنة وممتازة». أعلن انه في صحة ممتازة وأنه يعمل مع الممثل بول نيومن لمساعدة الأطفال المرضى. المعسكر يسير بصورة ممتازة وستكون فائدته كبيرة على اللاعبين. خفضت من المساحات المزروعة بالقطن الطويل الممتاز.

هائِل
tremendous, astonishing {2D}

لقد استطاع الاردن ان يحقق هذا النجاح الهائل بفضل سياسات الملك حسين. اليمن يملك ثروات هائلة من النفط والغاز والذهب ومساحات واسعة صالحة للزراعة. يتميز المناخ المصري بوجود فرص هائلة في مجالات السياحة والصناعة. أشار مندوب استراليا إلى أن بلاده تشهد زيادة هائلة في عدد المهاجرين السريين. افسدته الثروة الهائلة التي وجدها امامه. يتمتع ببنية جسدية هائلة.

---

most — معظم

see أغلبية

جَلّ
the major portion, bulk {3D}

إن وسائل الاعلام في جل البلدان العربية والاسلامية تخصصت في غسل أدمغة زبائنها بدعاية أصولية. أثبتت الاحصائيات ان جلّ المصابين بهذه الألغام هم من الابرياء المدنيين. جل حديثه تركز على العلاقة مع أميركا والدول الخليجية. هو رجل معتدل كان جل همه يكمن في محاولة التوفيق بين «الماركسية» و«الليبرالية». جلّ ما طالب به موبوتو هو ضمان امنه وعائلته.

مُعْظَم
most, the majority {2D}

تستورد الفلبين معظم احتياجاتها من النفط الخام. يعمل معظم اعضاء الوفد في مجال الصناعة. أفكر معظم الاحيان فيك. تناول معظم الصحف العربية والعالمية هذه المشكلة. بكل أسف فإن معظم العرب يعتبرون الأرقام المستخدمة في الخارج «أرقاما افرنجية». انها البلد الذي يحب معظم الكتّاب العرب ان يكرهوه.

أَغْلَب
most, the majority {2D}

في أغلب الاحيان نجد ان الشعر الحديث شعر «عاطفة». تتكرر الظاهرة نفسها في اغلب الاقطار المجاورة. أغلب الضحايا سياح جاؤوا من سويسرا واليابان وفرنسا. المهاجرون يهاجرون فرادى في أغلب الأحوال. يجلس في مطعم، يتريض على الكورنيش ويده على أذنه أغلب الوقت.

---

to recuperate — تعافى

see اندمل

شُفِيَ
(pass) *to be cured, healed; to recuperate* {2W}
يُشْفَى

شفيت من الأنيميا. الكثير من الأمراض النفسية تشفى مع مداومة العلاج. الطبيب يقول انها ستشفى. الحرب عندما تدخل في الجسم، مثلها مثل السم، لا يشفى منها بسرعة. لم يشف تماماً من اصابته بتقلص عضلي.

تَعافى
to recuperate, recover {2W}

أضافت المصادر أنه سيحتاج إلى وقت طويل قبل أن يتعافى تماما. ذكر ان يلتسن قد يحتاج الى فترة أطول ليتعافى. قال ان الشيخ سعد العبدالله الصباح تعافى من وعكته الصحية وسيعود قريبا الى الكويت. قيل ان الأسد بدأ يتعافى تدريجيا الأسبوع الماضي.

تَماثَلَ

to recover للشفاء ; *[to treat* (a subject)*]* {3W}

تماثل الزميل اسعد حيدر للشفاء بعد العملية الجراحية. يتماثل الزميل الصوفي للشفاء في منزله حيث تلقى تمنيات الأهل والاصدقاء. اثبت وقوفه الطويل للمصافحين انه تماثل للشفاء واستعاد عافيته وحيويته على رغم تجاوزه سنين السبعين. بدأ يتماثل للشفاء بعد اصابته بأزمة قلبية نتيجة الارهاق الذي عاناه اثناء القاء قصيدة في حفلة الافتتاح.

---

to punish — عاقب

جازى

to punish sb ب *with* (a punishment); *[see* كافأ; *to reward]* {2M}

سيجازي الاوفياء خيرا، وسيجازي الناقضين لعهودهم بما يستحقون من عقاب. كل من وجد معه سلاح أو قنابل أو خناجر يجازى أشد الجزاء. هذا التوافق يمثل نوعا من ميثاق الشرف يلتزم به الجميع ويجازى من يخالفه.

عاقَبَ

to punish sb ب *with* (a punishment) على *for* (a crime) {2D}

عاقبت المحكمة ثلاثة متهمين بينهم بريطاني بالاشغال الشاقة ١٥ سنة. الارهاب يجب ان يتوقف والمسؤولون عنه يجب ان يعاقبوا العقاب الرادع. لماذا لا تعاقب اسرائيل كما يعاقب العراق؟ ليس كل قتل يعاقب عليه القانون بعقوبة واحدة. هو مواطن لبناني ارتكب جرائم على الاراضي اللبنانية يعاقب عليها بالقانون اللبناني.

أنْزَلَ عُقوبَة

to sentence ب *sb to* (a punishment) {3M}

هناك العديد من القرارات التي تنزل عقوبة الاعدام بأشخاص ارتكبوا جرائم لا تتناسب مع حجم العقوبة. بعضهم لا يزال قيد الاعتقال، على رغم انه أمضى العقوبة التي أنزلتها به المحكمة الاسرائيلية.

أوْقَعَ عُقوبَة

to punish على *sb* {3M}

أضاف ان النقابة اتخذت قرار احالته على مجلس التأديب للنظر في العقوبة التي يمكن ان توقع عليه. اوقعت على كل متهم العقوبة التي تتناسب مع الجريمة التي ارتكبها. كان الاتحاد الاماراتي لكرة القدم قد أوقع بحق زهير العقوبة بعد ان دعا الى التمرد داخل صفوف المنتخب الاماراتي.

نَكَّلَ

to punish harshly, mistreat ب *sb* {3M}

نكّل الالمان بالسكان وبينهم تتار القرم، واحرقت العشرات من قراهم. أخذ على السلطات العراقية انها تنكل بالمعارضين. الحركة الصهيونية سلبت فلسطين ونكّلت بأهلها. جنود اسرائيليون ينكلون بفلسطينيين قرب بيت لحم.

---

contract — عقد

see اتّفاق

عَقْد

contract, agreement; [see زفاف; *contracting a marriage]* {2D}
pl: عُقود

وقع العقد عن «طيران الامارات» و«دناتا» السيد أحمد الملا المدير العام. وقّع العقد من دون العودة الى مجلس الادارة. مهاجم منتخب البرازيل سوني اندرسون وقّع عقداً مع الفريق لمدة خمس سنوات. تمكن بعد ثمانية ايام من التوصل الى سلسلة من العقود والاتفاقات مع نظرائه الاميركيين، وبلغت القيمة الاجمالية للعقود ٦٢ ,٣ بليون دولار.

عَهْد

contract, treaty; [see عصر; *era]* {2W}
pl: عُهود (see عصر)

اكتفى بالاشارة الى استمراره في مهمته مع المنتخب احتراماً للعهد الذي قطعه على نفسه امام المسؤولين عن الرياضة. قطعنا عهداً وسنواصله ونكمله. وأثارت الحرب الذكريات عما قطعته بريطانيا من عهود الى العرب خلال الحرب العالمية الاولى. دعا مجمع الكنائس الاسترالية الى توقيع عهد أخلاقي يوصي بنبذ العنصرية وقعه مئات من النواب والوزراء.

to believe

اعتقد

آمَنَ

to believe ب *in sth or* أَنَّ/ بأَنَّ *that* {2D}
VN: إيمان يُؤْمِنُ

يؤمن حقاً بالسلام. حتى اليهودي الذي لا يؤمن بالله يعتبر يهودياً. أشار الى انه «لا يؤمن بالنظام الطائفي في لبنان». أبحث عن شيء أؤمن به يعطي معنى لهذه الحياة. أؤمن أنا بأن ما أخذ بالقوة لا يسترد بغير القوة. نؤمن بأن كل حرف في القرآن الكريم هو كلام الله. يؤمن ان امه وعمه هما المسؤولان عن موت أبيه.

صَدَّقَ

to believe sb/sth or أنَّ *that, accept sth as true* {2D}

ارجو أن تصدقني. آراؤه حول القضية الفلسطينية لا يصدقها العقل من سطحيتها وغبائها. تتذكر انها لم تصدق النبأ. من يصدق هذا فهو سيصدق ان الخنازير تطير. يصعب ان يصدّق شيئاً مما يقوله. لا أكاد أصدّق ان ذلك قد حدث.

اِعْتَقَدَ

believe ب/ في *in sth or* أَنَّ/ بِأَنَّ/ في أَنَّ *that* {2D}

لا أعتقد بوجود شيء اسمه العقل العربي بالمطلق. حتى ان كان الطفل لا يعتقد في وجود «بابا نويل» فهو يتعلق به اشد التعلق. تصور جدران المقابر الفرعونية بعضا من تلك الاساطير التي كان القدماء يعتقدون في صحتها. نعتقد ان مصلحة مصر تحتم معاونة حكومة السودان. أعتقد بأن السينما هي السبيل الوحيد الى تحقيق الشهرة. السادات يعتقد في أن الشيوعيين هم مصدر الخطر الحقيقي في مصر.

اِقْتَنَعَ

to be convinced ب *of or* بأَنَّ *that* {2-3D}

اقتنعوا بوجهة نظر الحكومة. قال انه لم يقتنع بالرد. يجب ان يقتنع العرب بأن اسرائيل أصبحت أمراً واقعاً. علينا ان لا نخدع بلغة هنتنغتون الحماسية ونقتنع بأننا محكومون بالصراعات التي لا نهاية لها. حاول غالي اقناعه بأنه لا يمثل الأقباط، وإنما مصر كلها، إلا أن الوزير السيرلانكي لم يقتنع وواصل كلامه عن مشاكل الاقليات.

---

mind

see قلب

عقل

بَصيرَة

insight; power of perception; mind {3W}
pl: بَصائِر

اكتشف الأفغاني بعبقريته وبصيرته ان العرب هم أساس العالم الاسلامي. ينبغي ان يتمتع بنفاذ البصيرة لاتخاذ القرار المناسب. الانتقام يملأ صدرها فيغلق بصيرتها وأبصارها. كل مهارة عرفات انه نجح في ان يفهم ببصيرته السياسية الحادة ان الوقت هو حليفه الرئيسي. التحدي الحقيقي هو إعادة الأمل إلى قلوب الناس وبصائرهم.

بال

mind {2D}
patience طول البال

خطر على بالها أن من الممكن الآن أن تمر على مكان سكنها المستقبلي. جاء الشتات العراقي بشكل لم يخطر لأحد على بال. أقول كل ما يخطر في بالي. اعتبرت «التلغراف» ان الفرنسي وجد «المجد وراحة البال في مانشستر يونايتد». السؤال الذي ظل يشغل بال المراقبين هو كيف تمكنت فرنسا من تحقيق ذلك التدخل العسكري بتلك السرعة. يحتاج طول البال والنفس الطويل. (Eg) خللي بالك من الونش في انتظارك. واخد بالك؟

خاطِر

*mind; [*see فكرة; *thoughts]* {2D}
pl: خَواطِر (thoughts)

تداعت الى خاطري فصول سيرتي مع الكتب. ما ان قرأتُ الخبر حتى قفزت الى خاطري قصة قصيرة لاناتول فرانس عن جماعة من الرهبان. لم يكلف أحد من المسؤولين خاطره بالاتصال بنا. ذكريات تلح على خاطري. وددت ان أنقل اليك فكرة تجول بخاطري. في خاطري التنازل عن العرش لصالحك. إن الرجل أكثر دراية بما يدور في خواطر الرجال.

خَلَد
mind; heart {3W}
دار في خلده to occur to

لم يدر في خلد أحد آنذاك ان الولايات المتحدة ستقوم باسقاط السلطة في بغداد. ما هو البديل الذي يدور في خلده؟ بادر ولي العهد البريطاني الى الافصاح عما يدور في خلده. لم يدر في خلدها أن هناك أحدا يمكن أن يؤذيها. يبدو أن اول ما دار بخلدها حين سمعت مني الخبر أنه لا أمل في وقت طيب ذلك اليوم.

ذِهْن
mind, intellect {2D}
pl: أَذْهان

يجول بذهني موضوع الآخرة. فجأة لمعت في ذهنه فكرة. اكد ان «سورية مفتوحة القلب والذهن للسلام العادل والشامل». وكأنه عرف ما يدور في ذهني. هذا ما خطر في ذهني وأنا أطالع عرض السيد نبيل ياسين لكتاب عبدالحسين شعبان. المشروع سيعيد إلى الأذهان أيام بيروت الحلوة في الستينات. يجب أن لا يغيب عن أذهاننا أن القصة العراقية هي فرع أو رافد في القصة العربية.

روع
*mind; soul; [*see خوف; *fear]* {3M}

لم يدخل روعها أنها من الممكن أن تغادر بيت والديها يوماً ما. وقع في روع صانع القرار التركي أن احتلال شمال العراق أمر ممكن. لا ينبغي أن يقع في روع الانسان ان المجتمع الأمريكي هو المجتمع المثالي. لا يدخل في روع الجماهير أننا نعيش فوق بحيرة شاسعة من البترول والغاز.

سَريرَة
mind, thought; heart {2M}
pl: سَرائِر

من الصعب ان يعرف كل واحد علاقة الآخر مع ربه في سريرته. باح بما يختلج في سريرته، غير مبالٍ بأيّة عاقبة. أرجوه... ان ينقّي سريرتنا، وضمائرنا... ويضيء عقولنا. يخاطب بها نفسه بشيء من سريرته. الفكرة دخلت سرائر الناس واستوطنت مفاهيمهم. هذه الثورة في العقول والقلوب على السواء وفي العادات والأمزجة والسرائر.

طَوِيَّة
*innermost thoughts; mind; [*see نيّة; *intention]* {3M}
pl: طَوايا

مَن يرغب في الدخول الى طوية الحساسية الشعبية الفرنسية المعاصرة ينبغي ان يدخل اليها من باب قصائد بريفير. بلغت مكانة لافونتين في طويّته مبلغاً حتى أنّه أهدى إليه كتابه «الفن الشعري».

عَقْل
mind, intellect {2D}
pl: عُقول

هو سليم العقل. هومختل العقل. يجب ادراك ان احترام حقوق المرأة يعني احترام عقلها وامكاناتها كإنسان. دعا الى تحرير عقل الانسان من قيوده الشعبية والرسمية. العقل البشري هل بلغ الحد الأقصى من طاقاته؟ لم تقبل الدول المانحة هذه الحجة لأنها بعيدة عن العقل والمنطق. ان أفضل عقول البلدين تتعاون عبر لجنة العلوم. يشكلون ضمير الأمة وعقلها المفكر. تستولي أفكار العنف على عقول الصغار. العقل الالكتروني.

---

rational عاقل

مُدْرِك
rational, intelligent; [aware of] {3W}

كيف يمكن لدولة عظمى مثل الولايات المتحدة ان تخطط لكل شيء من غزو الفضاء الى غزو غرانادا وبانام، ولا يمكنها ان تخطط لبناء انسان مدرك، متعلم، ان لم نذهب الى حد المطالبة بانسان مثقف. ترى هل يحتاج الانسان العاقل المدرك المؤمن بحقوق الانسان وبرسالة الاسلام العظيم الى صفعة قوية تزيل عن عينيه غشاوة البصيرة؟

راشِد
reasonable, sensible; [of legal age] {3D}

غياب الدولة الراشدة يبقينا مجتمعات اهلية على وشك الارتطام ببعضها البعض بشكل دائم. انها الأمل الوحيد في عودة الديموقراطية الراشدة. ان كل الشعوب راشدة حتى تلك التي لم تكتب تاريخ طفولتها.

عاقِل
rational, intelligent; sane {2W}

كل انسان عاقل يدرك اليوم ان أية محاولة لإحياء الفتنة من جديد ستبوء بالفشل. هل هناك حياة عاقلة على الأرض؟ يعاملونهم كأدوات غير عاقلة. أنا أعتقد بأن البحث عن كائنات عاقلة فضائية مهم. تستطيعين تعريف الانسان العاقل بأنه الانسان الذي لا يتحدث مع ملابسه الداخلية.

واعٍ
reasonable, conscious {2D}

المطلوب فتح ابواب البحث والحوار والمشاركة الواعية. الحزب الواعي لوضعه فعلا لا يمكنه ان يقبل بمثل هذه الحلول الشكلية. هذا الكلام الواعي يأتي في اطار السياق الذي تحدثت عنه.

اعتقل — to arrest

حَبَسَ
to confine, jail sb; to hold sth in, keep sth back {2D}
يَحْبُسُ VN: حَبْس

قبض على عدد آخر من المتهمين وحبسهم ١٥ يوما. ماذا فعلت حتى يحبسك؟ كلما حصلت البرازيل على ركلة حرة في منتصف ملعب الخصم يحبس المشجعون أنفاسهم. كان صعباً على جوليا ان تحبس دمعتها. انه ليس بالرجل الذي يحبس نفسه داخل اطار واحد.

حَجَزَ
to detain, arrest sb; to imprison sb; [to reserve (a room)*]* {2M}
يَحْجِزُ VN: حَجْز

قال القاضي «سأحجزك. سأسجنك بشكل لن يريحك». لن يتم حجزهم أو سجنهم بسبب عدم توافر أي أدلة ضدهم. القوانين الدولية تحظر عزل الأسير وحجزه في ظروف غير إنسانية.

اِحْتَجَزَ
to imprison sb; to seize, detain sb; [to retain, reserve for oneself] {3M}

يوم ٤ نوفمبر هجم الطلبة والحرس الثوري على السفارة الأمريكية واحتجزوا مائة من الرهائن. احتجز المتظاهرون دبلوماسيا يونانيا في السفارة. تحتجز السلطات الفلسطينية في هذا السجن حوالي خمسين سجينا سياسيا. عقب الحادث شنت السلطات الإسرائيلية حملة اعتقالات واحتجزت أربعة فلسطينيين.

سَجَنَ
to imprison, jail sb {2W}
يَسْجُنُ VN: سَجْن

سجنوا في روسيا. الرجال العشرة سجنوا شهراً علاوة على عقوبات اخرى غير محددة. السلطة الفلسطينية سجنت محامياً من قطاع غزة لاتهامه باهانتها من خلال نشره مقالاً. عمل في أماكن عدة قبل ان تعتقله الشرطة وتسجنه فترة ستة أشهر. يسجن الصحافيين.

اِعْتَقَلَ
to arrest, detain sb {2D}

اعتقلت السلطات التركية ٩٢١ اسلامياً شاركوا امس في تظاهرات. اعتقلت الشرطة رئيس الجامعة الالبانية المحظورة. إسرائيل تعتقل رجل اعمال ارتبط اسمه ببيع ايران مكونات لأسلحة كيماوية. لا نستطيع إدانة ضابط يسعى لحماية نفسه وهو يعتقل ارهابيا. اوضحت ان رجال الامن سيعتقلون اي شخص يوزع منشورات على المصلين قبل او اثناء الصلاة.

قَبَضَ
to arrest على *sb; [*see مسك*; to seize, grab* على *sb/sth; to receive* (a payment)*]* {2D}
يَقْبُضُ VN: قَبْض

قبض على العصابة، واحيل افرادها الثلاثة على النيابة. قبض صلاح الدين على الأمير داود ابن الخليفة العاضد، واعتقل معه جميع اخوته. قبضت مباحث الجيزة على بائع سمك بتهمة بيع المخدرات. لقد قبض عليه متلبسا بالسرقة. هرب من القرية التي يسكنها، لكن الشرطة قبضت عليه.

أَلْقَى الْقَبْض

to arrest على *sb; [see* رمى*; to throw]* {3W}

لاحق المتـــهم الى ان القي القبض عليه وهو يحاول بيع المواد التي سرقها. ألقوا القبض عليّ واتهموني بالانتحار. «كل الذين ألقي القبض عليهم حتى الآن هم مسلمون بوسنيون واجانب». بدأت المحكمة في سماع شهود الاثبات من المواطنين وأفراد الشرطة الذين ألقوا القبض على المتهمين عقب الحادث.

عقيم — sterile, barren

عاقِر

sterile, barren (fem) {3M}

هو عجوز طيب كفيف البصر ذو زوج عاقر. هو طبيب ثري زوجته عاقر. خطفت رضيعاً من والدته لتبيعه الى سيدة اخرى عاقر. فتح الباب أمام المنازعة السياسية المنجبة وغير العاقر.

عَقيم

sterile, barren; fruitless {3W}

الارهاب عقيم من حيث الكنه والطبيعة. اذا كانت المعلومات خاطئة تصبح الفكرة عقيمة ولا فائدة منها. دعا اللبنانيين الى «الابتعاد عن الجدل العقيم والدخول في حوار ديموقراطي». ادركوا ان المقاومة كانت عقيمة.

عالج — to treat

داوَى

to treat, remedy (a patient) {2W}

هو الداء الذي لم يداوه فقضى عليه بعد عامين. النقود لن تشفي الجراح ولن تداوي الاحزان الدفينة. وددنا ان نخرج معك نداوي الجرحى ونعين المسلمين بما نستطيع. طبيب يداوي الناس وهو عليل. الاسكندر كان يداوي جرحى جيشه بنفسه. علينا البحث عن اسباب الارهاب كي نداوي الالم.

شَفَى

to cure, heal sb of sth or من *of sth* {2W}

يَشْفِي VN: شِفاء

تستطيع ان تشفي نفسك. الكليشيهات لا تكفي، والتصريحات الرسمية المنحوتة لا تشفي العليل. وفد الكثير من القبائل الى بئر زمزم يلتمسون فيها ماء مباركا يروي ظمأهم ويشفي امراضهم. الصيدليات لا تبيع دواءً يشفي من الوحشة هذا الداء الذي لا يعالجه الاطباء ولا المستشفيات.

عالَجَ

to treat (a patient, a subject) {2D}

عالج الطبيب نويل باترسون اللاعب لكن الاوجاع بقيت في اسفل الظهر. تعالَج حالياً الفنانة مريم فخرالدين في مستشفى السلام في ضاحية الدقي. كانت تعالج عدداً منهم باستخدام الطب الصيني (الوخز بالابر). دعت الهيئة دول العالم إلى أن تعالج مشكلة تعاطي المخدرات بأبعادها المختلفة. يعالج الكتاب مصير الأردن السياسي. يعالج الفيلم قضية مواطن لبناني يعاني حياة رتيبة نتيجة النظام الاجتماعي.

علاقة — relationship

see رابطة

رابِطَة

band, tie, connection {2M}

pl: رَوابِط

أكد ان «تركيا ترتبط بالاشقاء العرب برابطة الاخوة». مؤشرات ظهرت أخيراً إلى وجود رابطة بين هذه الدول. يجب الحفاظ على المصالح المتبادلة والروابط التاريخية بين الجانبين. يحدث هذا في ظروف تفكك الروابط العائلية التي تترك كل فرد وعائلته منفرداً في مواجهة مصيره.

اِرْتِباط
connection, link ب/ مع *with* {2D}

اعاد ارتباطه بالمجرى الأوروبي. انفصلت هونغ كونغ رسمياً من ارتباطها سياسياً ببريطانيا وعادت الى ارتباطها بالصين التي انفصلت عنها قبل قرابة القرن. نعرف من تاريخ الموارنة ارتباطهم بلبنان وبالدولة اللبنانية. أوضح بأنهم يرغبون في العودة كمواطنين مسلمين من دون اي ارتباط بقواعد حزبية. نجح في فك الارتباط مع العراق وتوجه نحو الخليج.

عِلاقَة
relationship, bond {2D}
pl: عِلاقات

كانت الكويت الدولة الخليجية الوحيدة التي احتفظت بعلاقة جيدة وثابتة مع النظام الماركسي في عدن. الجنس حالة مباحة في الاسلام شرط ان يمارس في اطار علاقة مشروعة. السعودية دولة مهمة في المنطقة ونولي اهمية لعلاقتنا معها. انها علاقة حب وكراهية في آن. ليس لها علاقة بهذا الموضوع. كتب وليم رايخ عن العلاقة بين المسيحية والفاشية.

قَرابَة
kinship, relationship {2M}

طلبوا منه باسم قرابة النسب التوسط لدى تمامة كي لا يقطع الميرة عنهم. ليس له علاقة قرابة بالعائلة المالكة الا عن طريق الزواج. ليس ثمة عائلة صقلية واحدة إلا ولها قرابة، بعيدة او قريبة، في العالم الجديد. تربطه قرابة بنجل هرتزوغ.

لُحْمَة
kinship, relationship {3M}

أشار إلى المحادثات القطرية – البحرينية التي جرت في لندن قبل ايام، ورأى أنها تعزز لحمة مجلس التعاون الخليجي. يتركز على تضميد الجروح واعادة اللحمة بين الاخوة من دون أي اعتبار آخر. دعا إلى تركيز الجهود للدفاع عن مقومات وجودنا وترسيخ اللحمة التي تزيد الوطن قدرة على الصمود في وجه العدو الاسرائيلي.

نَسَب
lineage; kinship, relationship {2M}

يبكيها ويمدحها ويصف نسبها العريق وكرم أبيها ومنزلته العالية بين الناس. المهم في القرابة والنسب ليس رابطة الدم في حد ذاتها، بل هو الاعتقاد بها والنشوء عليها.

صِلَة
connection, relation, contact {2D}
pl: صِلات

واشنطن بوسعها وقف الصراع لصلتها الوثيقة بأوغندا ورواندا. كانت لمضمون الكتاب صلة بالقضايا الاسلامية. للكاتب صلته الحميمة المديدة بالموسيقى الشرقية. انقطعت صلته بالازهر من سنوات بعيدة. لا صلة لها بالموضوع. كل واحد منهم يشعر بصلة تربطه باخوانه. صلته بالملك الراحل ادريس السنوسي بعيدة جدا. نفى اي صلة بين المؤتمر وتأجيل الاجتماع.

اِتِّصال
connection, contact ب *with; call; communication* {2D}

اجرى اتصالاً اثناء الجلسة النيابية بوزير الزراعة. اجهزة الاتصال الاليكترونية. كانت على اتصال بقيادة «المؤتمر العربي» بباريس. تلقى اتصالا هاتفيا من أمير البحرين. لا اريد ان اقطع هذا الاتصال.

علّم
to teach

see درّب

أَدَّبَ
to discipline sb; to educate sb {2M}

أدّب أولادك! الذي يحبه الرب يؤدبه. كنا نؤدبه على العطاء والإحسان إلى الآخرين. ما المانع أن تؤدبنا الشريعة. أدّبتهم أمهم بشكل ممتاز.

ثَقَّفَ
to train, educate sb {2M}

يثقف مفاهيمنا وينير افكارنا وتطلعاتنا. نأمل ان يترفّق به الله ويشفيه من مرضه لكي يتسنّى له ان يكتب المزيد من المؤلفات الممتعة التي تثقف القارئ وتسلّيه. لقد ثقف اليوت نفسه ليكون معادياً للسامية. نحن نعلّم الاختصاص وفي الوقت نفسه نثقّف طلابنا الثقافة الليبرالية.

دَرَّسَ
to teach sb sth {2D}

كان يدرّسنا الادب العربي في الجامعة. هو عازف ماهر على العود يدرّسه الآن في الكونسرفاتوار الوطني. يدرّس العلوم الاسلامية في جامعة توبينغن. طلب منه ان يدرّسه كتاب سيبويه. ليس في استطاعة أي أستاذ يدرّس العربية للعرب أن يدرّسها للأجانب بالسرعة والطلاقة التي نعتمدها نحن.

رَبَّى
to raise sb; to educate, train sb {2D}

عاشوا في بيت يحافظ على التقاليد الدينية ويربي ابناءه على حفظ التوراة على ظهر قلب. يربي الاجيال القادمة من رجال ونساء المستقبل. ربّى القطط. يشارك في المهرجان ٤٤ مزرعة تربي الخيول العربية. في هذه الأيام أنت لا تربي ابنك بل تموّله.

عَلَّمَ
to teach sb sth or أنّ *that* {2D}

قضى حياته في قرية ريفية يعلّم الصبيان اللغة. نعلّم اطفالنا ان اللجوء الى الضرب عند نشوء خلاف في الرأي ليس تصرفاً مسؤولاً. افلاطون هو الذي علّم الانسان ان الحوار سبيل الى الحقيقة. قد علّمنا الاسلام ان نسالم أي دين وان نتعامل مع أصحابه. أفضل طريقة لتعلّم الشيء تعليمه. هذا الكتاب يعلّمنا درساً جميلا في الحب.

---

education — تعليم

see تعليمات

تَثْقيف
training, education {3W}

تشارك السعودية في التوعية والتثقيف الصحي لهذا المرض في «اليوم العالمي للسكري». التثقيف الديني. تعرضوا اكثر من غيرهم الى عمليتي التعليم والتثقيف الغربيين. نشر الاستنارة بين الجماهير بمختلف وسائل التعليم والتثقيف. كان مصرّاً على مواصلة التثقيف.

تَدْريب
training, practice {2D}

معهد الامارات للتدريب المصرفي. اهتمّ ارباب العمل بتخصيص اموال اكبر للتدريب والتعليم. كانت الحكومة اعلنت التدريب العسكري الإلزامي لخريجي المدارس الثانوية السنة الجارية. مركز الدراسات والتدريب الصناعي. يبدو ان السعودية مصممة على توسيع مجالات التعليم والتدريب للمواطنين لتأهيلهم للعمل.

تَدْريس
teaching, education {2W}

عمل في ميدان الادارة والتدريس. احتجّ على قانون جديد للتعليم يؤدي تطبيقه الى الحد من التدريس الديني. مارس التدريس أكثر من ١٠ سنوات في جامعتي بغداد والقاهرة. وعمل بعد تخرجه بالتدريس. الدستور منحهم حقوقا ثقافية، خصوصا حق التدريس بلغتهم الام.

تَرْبِيَة
education, upbringing {2D}

وزير التربية والتعليم. كان مسؤولاً عن برامج ومناهج التربية الاسلامية في البوسنة والهرسك. التربية الحزبية يجب ان تتطابق مع الاهداف الايديولوجية للحزب. شدد على أهمية التربية البدنية والرياضية في تعليم الفتيات. التربية والتأهيل والعناية الصحية لا تزال في المقام الأول من مسؤولية القطاع العام.

تَعْليم
education; [information, instruction (esp. pl تعاليم)*]* {2D}

تعهد بلير بأن يجعل اصلاح التعليم الحكومي أهم أولوياته. شدد على اهمية التعليم الديني في المدارس والمؤسسات ذات العلاقة بالتربية. وزارة التربية والتعليم. أشار الى الدور الرئيسي للتعليم في ترسيخ الديموقراطية في التجمعات. وتميزت اذربيجان خلال العهد الاشتراكي السابق بمستويات التعليم الراقية والنسب العالية للمتعلمين لديها. حين عرض عليه مشروع قانون لفرض رسوم على التعليم العام رفض المشروع.

تَمْرين
training, practice; exercise, drill {2W}

غاب عن اكثر تلك المناسبات بحجة حضور هذا التمرين العسكري او ذاك. التمرين بدأ بقصف جوي نفذته مقاتلات وطائرات هليكوبتر تابعة للقوات الجوية. حفظته وحدي وقمت بالتمرين وحدي. ادهشني ان يحرص مع كل مشاغله على ايجاد وقت للتمرين ودراسة الموسيقى.

تَنْشِئَة
education, upbringing {3W}

الجهل بأمور الدين نتيجة لهذه الهوة وبسبب غياب التوجيه الصحيح والتنشئة السليمة في مناهج التعليم وفي اجهزة الاعلام الرسمية والخاصة. متطلبات الحياة العصرية قد أضعفت المؤسسات الاجتماعية، التي كانت تساهم في عملية التنشئة الاجتماعية، بجانب الأسرة النووية. قالت ان العنف الجسدي ضد المرأة يكتسب عبر التربية والتنشئة المنزلية. التنشئة ليست خطاباً شفوياً وحسب، وانما تشمل فتحاً لمجالات الممارسة.

تعليمات — instructions

see تعليم

أَوامِر
orders, instructions {2D}

الشرطة التايلاندية اعلنت انها اصدرت اوامر بالقبض على رجل الأعمال عدنان خاشقجي. اعتادت اصدار الأوامر والحصول على أي شيء ترغبه. اعطوا أوامر لقتل عدد من الأعضاء الذين انسحبوا من الاتحاد. إن التعليمات والاوامر اجبارية، وأي مخالفة مهما كانت بسيطة تؤدي الى عقاب.

إِرْشادات
directions, instructions {2W}

اكد الناطق الرسمي ان هذه الارشادات هدفها «مساعدة السائح الألماني على اتخاذ قراره النهائي، لا منعه من السفر إذا أراد ذلك». لا يحتاجون لارشادات من بريطانيا او للعنات من فرنسا. الوصول الى منهاتن لا يحتاج الى خرائط وارشادات مرورية اذ ان غابة الابراج الزجاجية وناطحات السحاب التي تعتبر أحد أشهر المعالم السياحية في العالم ستقود السائح اليها بيسر وسهولة حيثما كان في محيط نيويورك الكبرى.

تَعْليمات
instructions {2D}

اصدر تعليماته لحكومته برفع الحظر على زيارة الاماكن الدينية في العراق. اعطى تعليمات انه لا يريد ان يتحدث بالهاتف اذا اتصل به احد. أقال الرئيس الاول ابو الحسن بني صدر لأنه تمرد على تعليماته. هل تعلمين ان لدي تعليمات لتسليمك الى الشرطة. سلطات الأمن ستتعامل بحزم مع أي مخالف للتعليمات.

تَوْجيهات
directions, instructions {2D}

اصدر توجيهاته بالاستعداد للقيام بعمليات تعرضية. اصدر توجيهاته لوكالة الانتخابات الاتحادية باتخاذ الاجراءات اللازمة لمكافحة «الأموال اللينة». اصدرنا مجموعة من التعليمات بتوجيهات من الرئيس أبو عمار اعتقد انها ستكون مجدية ومنتجة. زاد ان توجيهات السلطان قابوس مكنت المرأة من ترشيح نفسها لانتخابات المجلس.

علمي — scientific, scholarly

دِراسي
academic {2D}

عدد الطلبة الإماراتيين المتوقع تخرجهم في العام الدراسي الحالي يبلغ ١٠٧٦ طالباً وطالبة. قدم هدايا للفائزين وهم ٥١ طالباً من المراحل الدراسية المختلفة. بالمقارنة مع الجامعات الاخرى نحن اكثر جامعة تعطي منحاً دراسية. نظّمت الجمعية المغربية لابحاث الاتصال امس يوماً دراسياً في الدار البيضاء في موضوع «اشكالية توزيع الصحف في المغرب».

عَقْلي
intellectual; [mental] {2D}

ساهم اليهود اسهاماً جليلاً وضخماً في الحياة العقلية والبحوث العلمية الاوروبية. اخذ العلوم العقلية والنحو والمنطق والجدل والحساب. دعا إلى تحديث التراث العقلي. كل هذه الصفات العقلية والإنسانية لم تكن تنضج وتزدهر ما لم يكن هناك هذا المناخ العقلي المعتدل.

عِلْمي
scientific, scholarly {2D}

«السوبر كومبيوتر» صدرت الى الصين للاستعمال في اغراض علمية. لم تكن لها اهمية علمية. الابحاث العلمية التي اجراها العلماء اللبنانيون قد اثبتت فوائد حبوب اللقاح التي ينقلها النحل عبر الازهار في تقوية الجسم. معنى ذلك ان الالقاب العلمية اصبحت تمنح بمراسيم ولاغراض سياسية.

فِكْري
intellectual {3D}

قدم ملخصا عن الانجازات الفكرية لكل منهم. ان الحوار الفكري يجب ان يستمر. خلال تلك الفترة مارس برهييه تأثيراً كبيراً في الحياة الفكرية الفرنسية. كان لهم اسهاماتهم في مختلف نواحي العلوم الدينية والادبية والعلمية والفكرية.

أَكاديمي
academic {2D}

اهتمام تامير بالمسألة القومية، كما توضح في كتابها، مجرد اهتمام أكاديمي. هذه التطورات الفكرية الجارية في البلاد خرجت من الاطار الأكاديمي لتصل الى الصحافة والاعلام. حاول تعطيل الحريات الاكاديمية. تخلى عن العمل الأكاديمي مفضلاً كتابة الشعر والقصة. الثابت ان الدراسات الأكاديمية وحدها لن تحسم المشكلة.

---

flag — علم

رايَة
banner, flag {2D}
pl: رايات

يقدم على رفع الراية البيضاء وإعلان الاستسلام. الشعراء في هذا العصر قد رفعوا راية الحب الحر. برزت على السطح جماعات إرهابية ترفع راية الإسلام. رفع راية الديموقراطية واقتصاد السوق. ذلك يكون أول طاقم بحريني يعبر المحيط الأطلسي تحت راية البحرين. ارتفعت الرايات السود على سطوح المنازل وفي الساحات حزنا على شهداء الجيش.

عَلَم
flag; [see وجيه*; authority]* {2W}
pl: أَعْلام

حرقوا العلم الامريكي. عاد العلم الاردني ليخفق مجددا في سماء الكويت بعد عودة العلاقات بين البلدين. تم رفع العلم اللبناني فوق مبنى البلدية لأول مرة منذ ٥١ عاما. لوحظ ان العلم الجزائري تحوّل الى شعار للحزب. ان هذا المتحف سيتم تشييده في المكان الذي رفع فيه العلم المصري في عام ١٩٧٩ في مدينة العريش.

لِواء
flag, banner; [general] {3M}
pl: أَلْوِيَة

ليمضي في حمل ألوية النضال الى آخر نفس فيه. ترتفع ألوية الحرب الدامية يوما بعد يوم. صار زعيمنا الصادق بطلا للسلام وناشرا لأغصانه ورافعا لألويته في كل مكان.

---

world — عالم

أَرْض
world, earth; ground, land {2D}
pl: أَراضٍ

الشمس هي التي تدور حول الأرض. كيف حال المسلمين اليوم في أرجاء الأرض؟ يشعر كأنه يعيش وحده على سطح الأرض. ثروات أغنى سبعة اشخاص في العالم تستطيع إزالة الفقر عن وجه الارض نهائياً. لا يضع قدمه على الأرض إلا بعد ان يختبر الطريق بعصاه. غطت المياه أرض الملعب. اليوم هناك سلام على ٩٠ في المئة من الأراضي الأفغانية.

دُنْيا
world {2D}

الدنيا بخير. الاسلام يسمح باختلاف الرأي في امور الدنيا. الدنيا عيد. لا اعتقد ان الدنيا ستخرب اذا تأجلت الجلسة. جلب اليها النجوم من أطراف الدنيا. يصفه البعض بأنه إحدى عجائب الدنيا السبع. قامت الدنيا ولم تقعد منذ أن أعلن فريق من العلماء الاسكتلنديين عن نجاح استنساخ النعجة دوللي. كان يتوقع له مستقبل زاهر في دنيا السياسة البريطانية.

عَالَم
world {2D}
pl: عَوالِم

العالم العربي. عالم الفكر. كأس العالم. ان زيارة البابا كانت موضع اهتمام العالم. أكد ان الاسلام «سينتصر في كل ارجاء العالم». انه بطل اوروبا والعالم واولمبياد اتلانتا. قال له ان معظم بلدان العالم تعاني من مشاكل في محاولاتها لمكافحة المرض والجهل والفقر. دول العالم اجمع تقف ضد البناء في جبل ابو غنيم.

مَعْمورَة
(the) inhabited world {3W}

اكثر من مئة وعشرين شركة طيران تستخدم مطار دبي متجهة الى وجهات في شتى انحاء المعمورة. قد شهدت العقود الاخيرة، وفي كل ارجاء المعمورة، اهتماماً صادقاً ومتزايداً بحقوق الانسان. انصبّ عليك النقد من اربعة اركان المعمورة. توسعت السوق الرأسمالية الدولية الى ٩ في المئة من المعمورة. يجوب المعمورة من شرقها الى غربها.

كَوْن
(the) universe {2W}

ما علاقة الانسان بالكون؟ هو يشير الى ان العنصر الأولى للكون كان هو الفوضى. اللغة تعبّر عن النظرة الى الكون والخبرة الانسانية. ان الله منح الانسان حق تقرير مصيره ازاء الله والكون ونفسه على ان يكون مسؤولاً عن اختياره. أدرك أفلاطون ان للكون طبيعتين: فبينما هناك عالم محسوس متغير، هناك كذلك وجود معقول ثابت أبدي لا يتغير.

---

high عالٍ

مُرْتَفِع
high, elevated {2D}

خفض الضريبة على الارباح المرتفعة. لم يخلُ المعرض من التحف الثقيلة ذات الاسعار المرتفعة. ورغم تذمره من الحرارة المرتفعة وصعوبة التنفس سيكون الكيني كيبتانوي مرشحاً لاحراز لقبه العالمي الرابع. أشار الى النسبة المرتفعة من الاستراليين الذين ما زالوا يؤيدون التعددية.

سامِق
tall, towering (often of trees) {3M}

عقد العزم على أن يموت واقفا مثلل الأشجار السامقة. ينتمي الى شجرة سامقة في الفكر والثقافة جسدها الأديب والكاتب الكبير أحمد أمين. نحن امام بيوت من القصب تتخلل النخل السامق وتنتشر هنا وهناك. ألاحظ ان أمي أطول مما أعرف وسامقة ببنية رحيّة، لكأن المرض زاد من نحولها.

شامِخ
high, lofty; [proud, haughty] {3W}

حملوا على عاتقهم مسؤولية هذا الصرح الشامخ. ظل الجسر شامخاً صامداً رغم عوادي الزمن. إنسان بغير لغة لا كيان له واللغة العربية بناء شامخ متكامل فيه اليسر والمرونة وسخاء الاشتقاق. كان المرض العضال قد انهكه وأحنى قامته الشامخة. ان الازهر وعلى مر العصور ظل شامخا بعلمائه وشيوخه شامخا بمواقفه الابية شامخا بقيادة مصرنا.

شاهِق
tall, towering (often of buildings or mountains) {2W}

الأبنية الحديثة الشاهقة الزجاجية للشركات الآسيوية الكبرى. تغطي الجبال الشاهقة والبحيرات أراضي الشريط الحدودي المقدوني. الأبنية الشاهقة تمنع تماما تسلم البث المباشر. يرون السيارات الفارهة والأبراج الشاهقة.

عالٍ
high, tall {2D}

انتحرت بالقفز من شباك بناية عالية. اجتماعات عالية المستوى لن تعقد قبل التوصل الى اتفاق حل مبدئي. كثير من الجامعات العربية تعاني من الأسعار العالية للكتب الجامعية المقررة. الاكيد ان المباراة ستكون معركة في اللياقة البدنية العالية التي يتمتع بها الالمان ويتميز بها ايضاً لاعبو تايلاند. المعهد العالي للموسيقى. السد العالي. التعليم العالي. هذا لم يمنع تحقيقها درجة عالية من النمو الاقتصادي. الصناعات البلاستيكية الفلسطينية ذات جودة عالية وتكفي لتغطية السوق المحلية.

مُنيف
high, lofty; excellent {3W}

رأوه صرحاً منيفاً من صروح الأدب العربي. على قمة هذه الأبحاث جميعا يستوي ـ كالهرم المنيف من علي أو كالقمة الشامخة ـ بحث للدكتور محمد عناني. التاريخ يملك عددا محدودا من الأحجار، قد يبنى بها يوما سجن رهيب، ويوما آخر قصر منيف، ومرة كباريه ليلي، ومرة أخرى جامع.

---

come! تعال

see جاء

تَعالَ
come! (imperative) {2D}

تعال غداً. تعال نتحاور. تعالوا نبدأ من جديد. تعالي الى هنا! تعال نفتح بنك الحب المصري. تعال إلى فرنسا في أي وقت. تعال نذهب إلى برودواي ونمشي في الشوارع حوله ونقعد في المقاهي.

هَلُمَّ
come! (imperative) {3M}

اقتربت منه، وقالت له: هلمّ يا قيس، وتعالَ إليّ. يا باغي الخير هلم، ويا باغي الشر انته. هلم ننزل ونبلبل هناك ألسنتهم. هلم نسقي أبانا خمرا ونضطجع معه.. فننجب منه نسلا.

---

to depend اعتمد

see وثق

أَرْكَنَ، رَكَنَ
to trust إلى *in, rely* إلى *on* {2W}
VN: يَرْكُنُ رُكون

أغلب التيارات الاسلامية تركن الى الدعوة الى تطبيق الشريعة. كل سنة نحذّر من ان ارقام الموازنة مغلوطة ووهمية ولا يركن اليها. قال لقمان لابنه: لا تركن الى الدنيا، ولا تشغل قلبك بها. تركن الامهات إلى الخادمات الاجنبيات لتربية اطفالهن. صار يركن الى الصمت والتأمل أكثر.

اِرْتَكَنَ
to rely إلى *on* {3M}

لم يرتكن في الكتابة الى شكل معين، فكل رواية جديدة. لقد ارتكن نتانياهو الى مبدأ عدم الثقة بالفلسطينيين. ارتكنت إلى معطيات سياسية واستراتيجية. مزاعم صدام حسين ترتكن إلى خرائط ووثائق قديمة من عصور خلت. ارتكنت الحضارة الغربية إلى رؤية للعالم تتلخص في التقسيم الأفلاطوني للروح وهي: الشهوات المادية، والعقل التقني، والقوة.

اِسْتَنَدَ
to rely إلى / على *on, have confidence* على *in; [*see استند; *to lean* على *or* إلى *on]* {3D}

استند المصرف في معلوماته الى بيانات لصندوق النقد الدولي. استند هذا الاعتقاد الى أسطورة وهمية. ان افضل الحلول هي تلك التي تستند الى التراث الروحي والثقافي المشترك للشعبين. سيثبت انها استندت على معلومات خاطئة. السلطة ليس لها حزب تستند عليه.

اِعْتَمَدَ
to depend, rely على *on; [*see استند; *to lean on]* {2D}

اعتمد هيكل في مؤلفاته التاريخية على الوثائق الاميركية والبريطانية التي استطاع ان يحشدها من مختلف المصادر القريبة والبعيدة. تعتمد الشركة في اعمالها على استراتيجيا طويلة الأمد. يعتمد معظم هذه الكومبيوترات على انظمة التشغيل التي تطورها مايكروسوفت. سيعتمد المدرب في مباراة اليوم على مضحي الدوسري في حراسة المرمى.

اِتَّكَأَ
to depend, rely على *on; [*see استند; *to lean* على *on]* {3M}

يتكئ على شرعية مستمدة من الانتساب الى آل البيت. كثيراً ما يتكئ على كلمات عادية لاحداث تأثير مميز. يتكئ على ذهنية لغوية عميقة. صرت اتكئ على هذه الصديقة القديمة. يتكئ شعر نزار كثيراً على المصطلح العام في لهجة دمشق.

اِتَّكَل

to depend, rely على *on; [*see وثق*; to trust* على *sb]* {2W}

تقليدياً اطباء النساء يتكلون على فحص الدم. اما الثورة الاسلامية فلم تعتمد على الاستعمار او تتكل على قوة السلاح. حكومة اسرائيل اليمينية تعتمد وتتكل على حماية الادارة الاميركية لها. على اللبنانيين ان لا يتكلوا على التلفزيون لمتابعة الزيارة. اكثر هذه الورش يتكل على الجهود الفردية.

---

intentionally — عمداً

عَمْداً

intentionally, deliberately {2W}

جريمة القتل جريمة عادية في عرف البشر وإن ارتكبت عمدا مع سبق الإصرار. أشاع الفكرة الأمريكية بأن الطائرة سقطت عمدا. أنا تركت المجلس عمدا. قتلهم عمدا ومن دون رحمة. وهو يهمل عمدا اتفاق حزيران (يونيو) ١٩٩٦ بين العراق وسلفه رالف اكيوس. هذه امرأة ابرزت عمدا جذورها التشيكية وهي تصنع مستقبلها السياسي.

عَنْ عَمْد

intentionally, deliberately {3W}

إن الولايات المتحدة وحلفاؤها قد دخلوا عن عمد حربا محدودة ضد يوجوسلافيا. قد يكون هناك سوء فهم عن عمد من الجانب الأمريكي. قال إن الحلف الأطلنطي قصف عن عمد السفارة الصينية في بلجراد. إنه يتجاهلها عن عمد.

قَصْداً

intentionally, deliberately {2M}

قتل الولدين قصداً. ندر أن كانت هناك رواية أو قصة لهذا الكاتب خلت من أناس يدمرون أنفسهم، قصدا أو من غير قصد. لا يمكننا ان نعرف اذا كانت اولبرايت اخفت تاريخ عائلتها قصدا.

عَنْ قَصْد

intentionally, deliberately {3W}

المستعمر زرع كل هذه المشاكل عن قصد وعمد ليضمن استمرار المنازعات بين هذه الدول. لا أتصور أن هذه الحلقة أذيعت عن قصد أو بموافقة المسئولين. لقد سكب مناخم بيجين – ربما عن قصد أو عن غير قصد – الزيت على االنار عندما أصر على زيارة قبر أستاذه في التطرف فلاديمير جابوتنسكي. لم يستطع أن يعرف إذا كانت تفعل هذا عن قصد أم أنها تنسى نفسها في اللعب.

---

age; life span — عمر

سِنّ

*age; [*see سنّ *; tooth]* {2D}
سنّ الرشد adulthood, puberty

شاب في مقتبل العمر؛ سنّه فوق الثلاثين، متين العضلات، معتدل القوام، من أسرة طيبة. استمر في الملاعب حتى سن الأربعين. بلغ السن القانونية للانتخابات. توجه الدعوة الى من هم في سن الخدمة العسكرية للهرب من التدريب العسكري. هي في سن ما بعد المراهقة بقليل. كان القانون سابقاً يمنح الجنسية لأبن المتجنس إذا لم يكن بالغاً سن الرشد لدى حصول الأب على الجنسية.

عُمْر

age; life span; [Omar, Amr (names)*]* {2D}
pl: أَعْمار

إبنتي ياسمين عمرها ١٥ عاما. كانت في الثانية عشرة من عمرها. كم عمرك الآن؟ لا داعي لان تستجوبني كم عمري وعمرها. الارجح ان عمر الحكومة الجديدة لن يكون طويلاً. يرون ان التطرف قصير العمر لا يستمر طويلاً.

to work

عمل

اِشْتَغَلَ

to work (على on or ب in or ك as sth) {2D}

اشتغل السيد بلال منذ سنوات كعامل متعاون مستقل في القسم العربي في صوت المانيا. اشتغلت على اللون الأسود كثيراً في فترة وجودي بايطاليا. اشتغل بعد تخرجه بتدريس اللغة العربية وآدابها في انطاكية. اشتغل فراشا في الحكومة. اشتغل على نص سوري يضم كلمات مستقاة من اللهجة المحكية. كان يشتغل ببطء شديد.

عَمِلَ

to work (as sth or على on); [see فعل; to do sth] {2D}
VN: عَمَل يَعمَلُ

عمل لمصلحة العرب. ظل يعمل ثلاث سنوات على انجاز النص النهائي. يعمل الموظف ثماني ساعات يوميا. عمل الوزير في شركة كبيرة قبل استلامه منصبه الجديد. تعمل الجرافات الاسرائيلية بلا كلل. كان يعمل استاذاً للدراسات الشرقية في جامعة كامبردج. عمل الملك على احلال السلام قبل موته.

كَدَّ

to work, labor {3M}
VN: كَدّ يَكُدُّ

قضت حياتها في الكويت تعمل وتكدّ لتعلّم اخوتها الشبان. بدلاً من ان تتعب وتكدّ في سماع موتسارت تسمع ديسكو. العاملون يكدون لايصالها الى مستقرها الأخير. هؤلاء يكدون بجهد منذ عشرين يوماً.

---

work, job

عمل

شُغْل

work, job {1-2D}

امتلك أبي السيارة التي كان يستعملها من اجل الشغل اساساً. كيف الأحوال؟ وكيف الشغل؟ تركت منظف زجاج الواجهة يقوم بشغله المعتاد. (Lev) يللا يا شباب كل واحد يشوف شغله؛ المهرجان انتهى. (Coll) ما باحب المدارس؛ الشغل احسن.

عَمَل

work, job {2D}

تخفض الهيئات الحكومية والشركات الخاصة عدد ساعات عملها. حصل الابن على عمل في أبحاث السرطان ولا يزال يذهب الى معمله في موسكو. كان العمل في المشروع بدأ قبل ١٨ شهراً. ليس له عمل ولا يتمتع بالتالي بأي ضمان. حاولت والدتي جهدها في اشغال أوقاتي فأوجدت لي عملاً في احدى الصحف الكويتية.

مَنْصِب

position, post, job {2D}
pl: مَناصِب

امضى ٢٤ عاماً في هذا المنصب. ميلوشيفيتش انتقل الى رئاسة يوغوسلافيا الاتحادية، وهو سيبقى في منصبه الجديد في كل الأحوال لمدة أربع سنوات. قال ان منصب المستشار في المانيا اكثر امانا من منصب رئيس وزراء الهند. عندما توليت منصبي حرصت على بناء علاقة قوية مع قداسة البابا. شغل منصب وزير التربية والتعليم في حكومة مضر بدران عام ١٩٩١.

وَظيفَة

job, position {2D}
pl: وَظائِف

حصل على وظيفة في وزارة الشباب فور فوزه. لا يهدف الى تزويد الزبائن وثائق مزورة لنيل وظيفة او مقعد في الجامعة. سيكون من الضروري الاستغناء عن نحو ١٨٠٠ وظيفة لا لزوم لها خلال السنوات الأربع المقبلة في سويسرا. الوظيفة الأولى للدولة الحديثة هي ان تكون منتجة للقانون. ما هي وظيفة اللغة؟

عامّ public, general

عامّ
public, general {2D}

في طهران تكثر الحدائق العامة المرتبة والنظيفة. يدركون ان استراتيجية إقصاء الدين عن الحياة العامة لن تجدي نفعاً. «بنك الجنوب» هو أول مصرف ينتقل من القطاع العام الى القطاع الخاص. اكتفت بادئ الأمر بدعوة عرب فلسطين الى الاضراب العام لمدة ثلاثة أيام احتجاجاً على قرار التقسيم. الأمين العام لمنظمة الأمم المتحدة. خسر السلطة في الانتخابات العامة السنة الماضية. السلطات السودانية نجحت في تحقيق عدد كبير من الأهداف الاقتصادية العامة. المدعي العام الألماني. كان الرأي العام العربي واكثر حكامه متعاطفين مع المانيا.

عُمومي
public, general {2D}

تراهم في الحدائق العمومية بالعشرات. تدعو الى احترام حقوق الانسان والاعتراف بدور المرأة في الحياة العمومية. عليها ان تدعم الصحافة العمومية، وتعطيها حرية اكبر. تأكد من ان الخطابات وضعت مباشرة في صناديق البريد العمومية ولم ترسل عبر اي من الشركات الخاصة. ارتفعت الموازنة العمومية للمصرف بنسبة ١٥ في المئة. الهيئة العمومية للمنظمة. شركة خاصة أردنية – يونانية تقدم خدمة الهاتف العمومي في عمّان.

عَلَنِيّ
public {2D}

قدّم الملك خوان كارلوس لليهود اعتذاراً علنياً في مراسم مهيبة على طردهم من اسبانيا. لا يشاركون حتى الآن في الحوار العلني داخل الحزب. نعرف ان الاجراءات الاسرائيلية السرية والعلنية هي التي أخرجت الفلسطينيين عن طورهم الى درجة القتل. ليست هناك أي اتصالات علنية بين الجانبين السوري والتركي على مستوى رفيع.

عموماً in general

إِجْمالاً
in general, on the whole {3W}

اجمالاً يمكن وصف عام ١٩٩٦ بأنه مشجع للاقتصاد المغربي. اجمالاً لم يكن موقف الصحافة سيئاً. اجمالا اختار ملابسي بنفسي، ويجب ان تكون محتشمة وطويلة. ما تحقق بالفعل كان اجمالاً أقل من المتوقع. يسيطر الشيعة اجمالاً على قطاع واسع في التجارة.

جُمْلَةً
*in general, on the whole; [*see كلّ; (n) *sentence;* (adv) *totally]* {3D}
جملةً وتفصيلاً in general, and in particular

نظام الحزب الواحد فاقم من انشطار اوغندا على عهد اوبوتي، ولذلك يجب حظر انشاء الأحزاب جملة. ويوجه تعليمه الى الطالب المفرد، لا الى الطلاب جملة. هي مرفوضة جملة وتفصيلاً. كل ما ورد عني بهذا الصدد عار عن الصحة جملة وتفصيلاً.

في الْجُمْلَة
on the whole {3M}

الفريق المصري ترك على الرغم من هزيمته انطباعات طيبة في الجملة. كان النصف ساعة الاولى من اللقاء متكافئاً في الجملة. كان المستوى الفني للقاء متوسطاً في الجملة ولم يقدم المنتخب التونسي المردود المنتظر منه.

عامَّةً
in general {3D}

ارتفع المستوى الصحي عامة وتكثفت الجهود الرامية لرعاية صحة الأمهات والحوامل بشكل خاص. ان الاساءة ليست لمصر وحدها، بل هي ايضاً للانسان العربي عامة. اننا في سورية وفي الوطن العربي عامة دعاة سلام، نريد السلام لامتنا ولغيرنا. رياضة الملاكمة تعتبر متواضعة في السعودية خاصة وفي العالم العربي عامة. اجعل ما أكتب خيراً للاسلام والمسلمين والناس عامة.

عُمومًا
generally {2D}

عموماً حافظت بورصة الدار البيضاء على مكاسب العام الماضي. عموماً سيطرت اليابان على المباراة لكن ايران كانت الاخطر لا سيما في الشوط الاول. كرر الترحيب بالدور الاوروبي عموماً والفرنسي خصوصاً. امكانيات النقل النهري في السودان ضعيفة عموماً.

بِصورَة عامَّة، في صورَة عامَّة، بِصِفَة عامَّة، بِشَكْلٍ عامّ، في شَكْلٍ عامّ
in a general way {2W}

الصناعة الفلسطينية، في صورة عامة، تفتقر الى الانتاج الكبير. الأحوال بصورة عامة يسيطر عليها شيء من الجمود. اعتقد ان الارقام مخيبة للآمال بصفة عامة. أكد على ان الرياضة بصفة عامة وكرة القدم بصفة خاصة لا تعترف بالحواجز السياسية. واعتبر مصرفيون ان الاقتصاد الاماراتي اظهر بشكل عام نمواً جيداً. الزين موسى كان من أبرز اللاعبين في المباراة بشكل عام. أسعار الأسهم، في شكل عام، لا تعكس قيمتها الحقيقية.

على وَجْه العموم
in general {3M}

صورته تبدو لنا، على وجه العموم، ضبابيّة وباهتة. على وجه العموم فإن دولة الحق والقانون هي مجرد يوتوبيا جديدة. الاهتمام بهذا الحقل ضعيف على وجه العموم، ربما لعدم اعتقاد مسؤولينا بشكل كاف بأهميته. الدور المصري سوف يظل دورا محوريا في ترتيب الأوضاع السياسية في منطقة الشرق الأوسط على وجه العموم.

---

blind أعمى

ضَرير
blind {2W}

قرأ رسالة تلقاها من الشيخ عمر عبد الرحمن المسجون في الولايات المتحدة يشكو فيها الشيخ الضرير من تجريده من ثيابه وتفتيشه. انه عالم اسلامي قدير ورجل مؤمن متدين، ضرير، مريض وضعيف واخيراً انسان. انه يركب القطار بالمجان نظراً لانه نصف ضرير وفرّاش مدرسة مُقعد بشهادة صحية. هو كاتب تركي ضرير.

أَعْمى
blind {2D}

الحمد لله الذي جعلني أعمى حتى لا أرى وجوهكم. أنا مثل الشحاذ الأعمى الواقف عند باب الجامع الكبير في مدينة السليمانية. انيّ في أيّام الحبّ الأعمى. كان نجم الحفلة المغني الايطالي الأعمى اندريا بوشيلي. الاعمى وحده لا يرى هذا الخطر.

كَفيف
blind {2M}

أصبح عند خروجه من السجن كفيفاً أعمى. هو عجوز طيب كفيف البصر ذو زوج عاقر. كان له أخ كفيف هو الشيخ أحمد، وهو عالم من علماء الأزهر المتدينين الصادقين. نعيش معاناة مريرة أنا وأختي الكفيفة مثلي ونتعرض لأبشع أنواع الظلم.

---

to have عند

بِحَوْزَة
(to have) *in one's possession* {2W}

وبعدما اطمئن الى ان كل ما احتاجه اصبح بحوزتي اترك البيت ركضاً. كان الآن بحوزتي قلم ودفتر وأصبح بإمكاني أن أكتب هذه العقود السخيفة. يدخل الاتحاد المباراة وبحوزته لقبين من القاب الموسم. السلاح الوحيد الذي كان بحوزته هو بندقية صيد قام بتسليمها. لم تكن بحوزتهم أسلحة ثقيلة.

عِنْدَ
to have; [at, chez] {2D}

عندي ثقة كاملة في أن الحكومة الروسية تحتاج لتسوية كل المشكلات التي تواجهها. ليس عند الاميركيين ولا الاسرائيليين رسالة سياسية تقابل رسالة العرب. ليس عندنا نظام كما في اسرائيل. لم يكن عنده وقت. لم يكن عندي شيء اقوله.

لِ

*to have; [*see لكي; *in order to]* {2D}

له ٧ أهداف وعليه ٦. الاهلي يحتل المركز الثاني وله ٧٥ نقطة. لنا اصدقاء في الكونغرس. حماية الاجانب لها اهمية قصوى في ايران. اكرر ان هذه الاتهامات ضد ايران ليس لها اساس من الصحة. لنا اتصالات وثيقة مع الرئيس مبارك. هو تلفون ليس له سلك. الفتاة ترث نصف حصة الاخ، ان كان لها أخ.

لَدَى

to have; [at, chez] {3D}

لدينا استثمارات كبيرة في السلام في المنطقة نريد الحفاظ عليها. أنت – على الأقل – لديك امل فيه. لهذا السبب اصبح لدينا انطباع سيئ عن فرنسا. ليس لدينا علم بأي مؤامرة. كانت قيادتهم في تونس ولم يكن لديهم اي نوع من انواع بطاقات الهوية.

مَعَ

to have in one's possession; [with] {2D}

معك حق ولكنني يجب أن أتوقف عن التدخين أنا أيضاً. ليس معه تأشيرة دخول. اذا كان معه هذا القدر الهائل من المال فليرسله لنا. لم يكن معه نقود سوى مرتبه الضئيل. لم يكن معه ما يعطيه، فبكى.

في مِلْك

to have, own sth; to have in one's possession [with] {3M}

كلّفها أبوها برعي الأغنام التي كانت في ملكه. يوجد في ملكه سيارة تاكسي. عندما تم القبض عليه كان في ملكه ٢٠ غراما من الكوكائين.

عنيد stubborn

مُتَعَنِّت

obstinate, stubborn {3W}

هذه المواقف المتعنتة تغلق الباب أمام جهود السلام. تمنى على الحكومة الاسرائيلية «ان تغير موقفها المتعنت». نحن اليوم نواجه غولاً اسمه نتانياهو، انه اصولي، ورجل متعنت.

عَنيد

stubborn {2W}

من هنا تولد بداخلي شعور رافض للهزيمة امام المنتخب المصري العنيد. انا شخصية عنيدة، وقد تردد اسمي في الاعلانات كثيرا. منتخب غانا فريق قوي وعنيد وتاريخه في هذه البطولة معروف. ترى في الحزب الشيوعي خصما عنيدا لها.

عنصر element

مُرَكَّب

(usu. pl) *component, ingredient* {2D}
pl: مُرَكَّبات

من تلك المواد مركبات الالومنيوم والكربون والحديد وأخطرها الرصاص. هي نوع من غاز الأعصاب انتجه علماء روس من مركبات زراعية لم تُدرج في معاهدة الاسلحة التقليدية. تنشئ مصنعا لانتاج مركبات البنزين في الجبيل. يجب رفع الوعي البيئي للتعريف بخطورة عوادم المركبات التي تمثل ٤٠٪ من أسباب تلوث الهواء.

عُنْصُر

element, component, ingredient {2D}
pl: عَناصِر

الآبار الموجودة هناك تحتوي على نسبة عالية من العناصر الكيماوية. أما المفكرون الألمان فقد ركّزوا على عنصر اللغة والثقافة بوصفه أهم عناصر تحديد الأمة. تجمع كل عناصر الطبخة الاستعراضية الناجحة. رجال الشرطة والجيش وعناصر الامن باللباس المدني حاضرون في كل مكان. اذا كان بعض العناصر اعتقل فإنها ليست من عندنا ولسنا مسؤولين عنها. هو العنصر المادي الذي تحدث عنه ماركس.

مُقَوِّمات

constituents, elements {3D}

أحد المقومات الاساسية للهوية العربية هو دور العدو الوهمي. مقومات الأغنية الناجحة تشمل الفيديو كليب. لفت الى أن شركته زودت مجمعاتها بمقومات الأمن الصناعي والسلامة المهنية. أكد ان «مقومات النمو في قطاع السياحة في فلسطين قائمة وكامنة ويجب استغلالها». هي منطقة كبيرة جدا لكن لا توجد فيها مقومات صناعية رئيسية.

مُكَوِّن

element, component, ingredient {2D}
pl: مُكَوِّنات

شرح علاقة الخصوبة بالمكونات الكيماوية للتربة كالفوسفات والنتروجين. يشترون مكونات الكومبيوتر من الدول الاخرى خصوصا دول شرق آسيا مثل تايوان. عملية التنمية الاقتصادية في أي بلد تعتمد على مكونين اساسيين: مكون مادي ومكون بشري. اسرائيل تعتقل رجل اعمال ارتبط اسمه ببيع ايران مكونات لأسلحة كيماوية. صندوق الاقتراع احد مكونات الديموقراطية وليس كل الديموقراطية. الثقافة العربية احد مكونات الشخصية السودانية.

مادَّة

matter; (chemical) *element; [see* درس، فقرة، محتوى*; subject matter; paragraph; field of study]* {2D}
pl: مَوادّ

مادة الحديد معروف انها صلبة. تنتج اسرائيل مادة البرومين من البوتاس الذي تستخرجه كل من اسرائيل والأردن من جانبي المنطقة الجنوبية من البحر الميت. بالوسع عزل مادة الكافايين لأنه يذوب في الماء الحار. الكرنالايت هي المادة الخام التي يستخرج منها البوتاس. ارتفعت صادرات الصين من المواد الكيماوية.

عنق — neck

رَقَبَة

neck {2D}
pl: رَقَبات، رِقاب

خرج بخنجر.. وطعن به السائق في رقبته. أنا منذ بضع سنوات أعاني تشنجا في رقبتي يصحبه آلام شديدة تنتشر الى الذراعين. وجدت الحبل ملفوفا حول رقبته. اما الشعر فهو قصير على الرقبة طويل على الجبهة وعلى الجانبين. اختار السفر إلى الخارج في منفى اختياري مقابل انقاذ رقبته. أين سيف الحكومة المسلول على رقاب المجرمين؟ تحولت العولمة إلى سيف مسلط على رقاب الدول.

عُنُق

neck {3D}
pl: أَعْناق

قد طوق عنقها في سلسلة ذهبية. أنا الذي اضع السم في ثعبان وأنا الذي ألفه حول عنقي. طوقت أعناقهم بأكاليل الورود والزهور التي قدمها لهم المستقبلون. نحمل ذنبها في اعناقنا! اجتزنا عنق الزجاجة والفوز على المنصورة والاتحاد يضمن لنا البطولة. عبر بمصر عنق الزجاجة إلى آفاق التنمية والانطلاق.

عانق — to embrace

حَضَنَ

to hug, embrace sb; to take sb in {2W}

بكيت معها كثيراً متذكرة موت أمي، حضنتها لأنني كنت في حاجة لأن يضمني أحد. بعد ان ماتت امها، ومات ابوها، حضنتها جدّتها. طلب البابا من الدولة ان تصغي الى الجميع وتحضنهم وترعى حقوق الانسان. كانت مدينة قم تحضن طلاب الدين اللبنانيين.

اِحْتَضَنَ

to embrace sb, take sb in one's arms; to take in one's care {3D}

تذكّرتك، وتمنيت لو كنت أمامي... أهرع اليك، احتضنك. العالم لم يكتف بأن يغفر لها بل احتضنها وأحبها، فقد كانت «أميرة القلوب» حقا. بمناسبة إقامة هذه البطولة ستحتضن العاصمة التونسية جملة من الأنشطة التابعة للاتحاد العربي لكرة القدم. قال شهود ان عرفات احتضن الشيخ ياسين وقبله وأشاد به.

ضَمَّ
to take sb إلى/ بين *into; to embrace sb; [to join]* {2W}
VN: ضَمّ يَضُمُّ

لا يهم ان اتأخر قليلاً في ان اضمك بقوة الى صدري. لم أمض ليلة الا وضممتك بين ذراعي. قالها لي وأخذ يضمني بين ذراعيه بقداسة. كان ابا لنا جميعا يضمّنا اليه من دون تفرقة. تمتد ذراعي لتضم ما وراء الظاهر إلى مالا ادركه بالبصر.

طَوَّقَ
to put ب (one's arms) *around sb; [to surround, encircle]* {2M}

اريد اكثر من ذلك ان اطوقه بذراعي. امسكت بيده، قبلتها، ضمت رأسه ومسحته، وبذراعها طوقت جسده.

عانَقَ
to embrace sb/sth {3W}

صافح غريم والده ثم عانقه بحرارة. عانقت اهلها كقافية قصيدة. رأت السيدات على طاولتنا أبو عمار يعانقني ويحدثني. لا وقت لديهم ليعانقوا الاشجار وأفياءها. الاسلام عانق العلم منذ بداية نزول آيات القرآن الكريم.

---

to mean
عنى

see نوى

دَلَّ
[to guide sb على *to]; to point* إلى *to sth; to indicate, suggest, mean* على *sth* {2D}
VN: دِلالَة يَدُلُّ

لم يكن هذا الكلام يدل على شيء. الكتابة السومرية تطورت مبتعدة عن الصورة الاصلية واتجهت نحو التجريد، وتحولت بشكل تدريجي الى رمز يشير الى معنى الكلمة ويدل على صوت محدد. اصبح كل لفظ يدلّ على معناه الخاص. كل شيء يدل إلى ذلك. هذه الحقيقة بذاتها تدلّ إلى حجم المصاعب التي سيواجهها الكوريون.

عَنى
*to mean, imply sth; [*see اهتمّ*; to be concerned* ب *about]* {2D}
VN: عِنايَة يَعْني

أكد ان التخصيص يعني اعادة هيكلة رأس مال المؤسسة. ان استخدام واشنطن الفيتو مرتين يعني اعطاء دفعة لاسرائيل للاستمرار في السياسة الاستيطانية. حين نقول الارض، فاننا نعني الارض العربية. هي عاصمة دولة بكل ما تعنيه الدولة من معنى. ماذا يعني كل ذلك؟ ماذا تعني خريطة تقسيم الوطن؟

قَصَدَ
to mean, intend to say sth; to mean ب (by an expression) *[*see قصد*; to head* إلى *for]* {2D}
VN: قَصْد يَقْصِدُ

هل تقصد المانحين الاوروبيين؟ لا، أقصد الاميركيين. هل يقصد البرنامج ان ثمن السلام لا بد ان يكون على حساب الفلسطينيين، والا فلا سلام؟ لا اقصد المعنى الحرفي لكلمة الاخلاص. لا أعرف ماذا تقصد بالمشاريع النفطية لأن لدينا مشاريع كثيرة في هذا المجال. لا نقصد بالماضي هنا التراث، بل نقصد العيش في عبادة الاصنام الفنية.

---

meaning
معنى

see محتوى

مَدْلول
meaning {2W}
pl: مَدلولات

المصطلحات التي يتفقون عليها تحمل في نظرهم المعاني والمدلولات نفسها لمختلف الاطراف. التفسير علم يبحث فيه عن كيفية النطق بألفاظ القرآن ومدلولاتها وأحكامها الافرادية والتركيبية. كلمة الأقليات كلمة لم أفهم مدلولها حتى الآن. يحمل ليكا اسماً قومياً ألبانياً متوارثاً من دون مدلول ديني.

مَعْنَى

meaning {2D}
pl: مَعانٍ

معنى ذلك أن عملية تغطية رمال الصحراء للآثار ظاهرة طبيعية. المعنى الكامن في هذه العبارة واضح، ولا يحتاج الى شرح. بمعنى آخر، يتبنى حزب العمال الجديد سياسة خارجية قديمة. لا اجد معنى في الكلام. كثيراً ما كنت أعود الى البيت مغالباً الدمعة، بالمعنى الحرفي للكلمة. من الواضح ان الديموقراطية بالمعنى الحقيقي مفقودة. إن تلك الشروط نفسها تصبح بلا معنى في حال النجاح. الواقع ان كل كلمة لها معان عدة وعلى المترجم اختيار المعنى الذي يناسب سياق المادة.

مَغْزى

meaning, significance; moral {2W}
pl: مَغازٍ

ما مغزى هذا كله؟ لا يخفى مغزى عدم دعوة مصر إلى هذه القمة في تلك المرحلة المبكرة. ادركوا المغزى الحقيقي لكلامه. كان مغزى الرسالة واضحاً. كان لوجود المكتب حيث يوجد مغزى عميق.

---

to suffer — عانى

see صبر، تولّى

تَأَذَّى

to be hurt; to suffer {3M}

الدول المنتجة للنفط تأذت أكثر من غيرها. تأذى العرب لمدة طويلة من الصورة النمطية المنتشرة. لم يتأذ أي منهم جسديًا. اعترف بوجود مشكلة تأذى منها مئتا ألف نازح خلال حرب ١٩٦٧. كل الناس تتأذى من الحرب.

تَأَلَّمَ

to suffer, feel pain {2W}

ان هذا البلد تألم كثيراً والسلام هو رسالته الاساسية وعليه القيام بها. لا احد يتقدم ان لم يتألم. نؤمن بها نفعله، بحقوق الفرد وبواجبنا في مساعدة الذين يتألمون والذين يقع الظلم عليهم. تألم الملك فهد لما يحدث في بعض الدول الاسلامية. اننا نتألم لما آلت اليه حال الأمة العربية من فقدان التضامن.

تَجَشَّمَ

to suffer (a burden, hardship) {3M}

من يتجشم عناء الطريق الى هناك، لا يجد، اذ يصل، إلا عدد القبور الكثير لميتين ماتوا كلهم دفعة واحدة. كنّا نحن نتجشم عناء السفر الى موناكو. تستطيعون فهم احدهما دون ان تتجشموا عناء فهم الآخر. تتجشم المخاطر من أجل السلام. تجشم أعباء تمويل المعاش المبكر.

ذاقَ

to taste, undergo, suffer sth; [to taste (food)*]* {3W}
VN: ذَوْق يَذوقُ

لم تكن المرة الاولى التي يذوق فيها طعم العيش في الغرب. ذاقوا الدمار على يد القوات العراقية. ذاقوا المعاناة في حياتهم. قد يعيش في وسط الديموقراطية زمناً طويلا من دون ان يذوق لها طعماً. أنا ذقت مرارة المأساة وأعرف ماذا يعني الموت.

ضارَّ

to be hurt {3M}

ان أول من سيضار من استخدام هذه الاسلحة هو إسرائيل نفسها. أكد ضرورة التحول التدريجي حتى لا يضار أي مواطن من جراء الإصلاح الاقتصادي. أرجو أن لا يضار ماديّاً.

عانَى

to suffer, bear sth or من *sth* {2D}

كان يعاني من اوجاع في عينيه. الحزب يعاني عجزاً قيمته ٥٢ مليون دولار. يعاني الأكراد من مشاكل اقتصادية عدة بسبب عقوبات الأمم المتحدة. هذا ليس جديداً على لبنان، اننا نعاني الاعتداءات الاسرائيلية منذ سنوات طويلة. تعاني البنى التحتية مثل انظمة الصرف الصحي وخدمات المياه ضعفاً شديداً. واشنطن تعاني صعوبات في الدول العربية أبرزها فشل قمة الدوحة.

قاسَى

to suffer, bear sth or من *sth* {2W}

نؤمن بأن الشعب العراقي يجب الا يقاسي. الشعب العراقي قاسى الكثير ويجب ان نرى حلولا لهذا الموضوع. بعض الدول لا تتعامل مع الارهابيين بالحزم المطلوب إلا اذا قاست منهم. البلد قاسى من سنوات طويلة من الحروب الداخلية. يعيش ما يعيشون ويقاسي ما يقاسون.

كابَدَ
to suffer, endure sth or من *sth* {3W}

كابد شعب تتار القرم الكثير من المعاناة من جراء تلك الخطوة. على رغم كل المآسي والآلام التي كابدها العراقيون طوال سنوات الحصار الست الماضية، فإن لعام ١٩٩٦ نكهة خاصة عندهم. بدأ النور يجرح العيون التي كابدت السهر والأرق تلك الليلة. رجال جبهة الانقاذ لا يبالون بما يكابده الجزائريون. كانوا اذ ذاك يكابدون حرباً ضروساً مع الروم.

تَكَبَّدَ
to suffer, sustain (a loss, an expense) {2W}

تكبد الاقتصاد العراقي خسائر بلغت أكثر من ١٠ بلايين دولار. يتكبد الطرفان معا خسائر جسيمة. كم تكبّد العراق من الخسائر في حربه مع ايران؟ ابدى خشيته «مما ستتكبده الخزينة من نفقات مالية كبيرة». ستتكبد قواته خسائر فادحة على يد قوات مسعود بارزاني.

تَوَجَّعَ
to be hurt; to feel pain, suffer {2M}

توجعت على شهداء هذه الطائرة المنكوبة. أتوجع داخليا ولكن مع فقدان القدرة على التعبير عن تلك الأوجاع. قلبي هو الذي يتوجع عندما يتحدث لي عنه. كل ضربة تصيب الشعب العراقي ويتوجع لها العرب في كل مكان، يستفيد منها النظام العراقي.

---

to return — عاد

آبَ
to return, go back إلى *to* {3M}
VN: إياب يَؤوبُ

إنه يتطلع لليوم الذي يؤوب فيه الى موطنه. يؤوب بنا الزمن العربي إلى ما يذكرنا بعهود من الفوضى. هم الغرباء الذين لا يؤوبون الى منازلهم. كل منهم يؤوب الى وطنه ومجتمعه. لا الشمس قالت له شيئا، ولا طير آب إلى عشه نصحه بألا ينتظر!

آلَ
to go back إلى *to; to revert* إلى *to* {3W}
VN: أَوْل، مَآل يَؤولُ

العجز يؤول الى ازدياد مديونية الدولة. انتهى الوقت الإضافي للمباراة بنفس النتيجة التي آلت إليها في الوقت الأصلي. آلت كل مفاتيح القوة العظمى في عالم اليوم إلى أمريكا منفردة. لايعني خصخصة المرفق إذا أن الأصول تؤول مرة أخرى للدولة بعد فترة معينة.

ثابَ
*to come back, return (*إلى *to); to be revived* {3M}
يَثوبُ
ثاب إلى رشده to come to one's senses

يجب ان يصبر حتى يعود الشارد ويثوب الضال. لم يعرف فشلاً بعد ذلك وإلا لكان ثاب إلى الطريق القويم. عندما بكى الفتى.. ثاب الأب الى رشده. حان الوقت لكي يثوب الاميركيون الى رشدهم ويبدأوا في دفع عملية السلام قدما. ثبنا إلى الرشد وتخلصنا من العقد النفسية. تمنت الرسالة ان «تستفيقوا من غفلتكم الشيطانية وتثوبوا».

رَجَعَ
to return, go back إلى *to; to be traced back* إلى *to* {2D}
VN: رُجوع يَرْجِعُ

أما ابنتي فهي معي دائما وما أن ترجع من المدرسة حتى نجلس معا. انتظرت زوجي حتى رجع من عمله في المساء. رجعت الى بيتي مهزوما مدحورا. رجعوا إلى مصر. يرجع هذا التحسن المتوقع الى التحسن في الدخل السياحي. تعبير القرن الأمريكي يرجع الى هنري لوس ناشر مجلتي تايم ولايف. أكد السفير أن ضعف الصادرات المصرية يرجع الى عدم مشاركة مصر في المعارض الصينية. يرجع تاريخ انطلاق المسرح في سويسرا إلى خمسمائة عام.

عادَ
to return; to be traced back إلى *to; [* لم يعد *+imperfect: to no longer do sth; to repeat, do again]* {2D}
VN: عَوْدَة يَعودُ

عاد والدي في ذلك المساء صامتاً حزيناً. عاد ابن خلدون الى تونس وأقام في مزرعته الريحانة. لماذا لا اترك هذا الامر، واعود الى بيتي. تعود في ختام حديثها إلى مفهوم «المرأة والتنمية». قبل نهاية الاسبوع المقبل ستعود الامور الى طبيعتها. يعود السبب في هذا الانخفاض الى الظروف الصحية الطارئة. تعود جذور هذه المأساة إلى عام ١٩٨١.

قَفَلَ
to return, come back (عائداً or راجعاً) *to* إلى*; [see* أغلق*; to lock]* {3M}
يَقْفُلُ VN: قُفول

قفل السلطان عائداً الى القاهرة. قفلنا عائدين فاقدين الامل من رؤية الذئاب. أمضيت حوالى عشرة أيام في مناطق السلطة الوطنية الفلسطينية ثم قفلت راجعاً الى عمّان حيث أقيم وتقيم أسرتي وأهلي. قال: هذا حجنا لهذا العام، ثم قفل راجعا إلى داره.

اعتاد — to get used to

أَلِفَ
to be or get used to sth; to become habituated to {2W}
يَأْلَفُ

ما قام به الجمالي كان شيئاً جديداً، وبادرة جديدة لم يألفها العراق. هي دائرة لم يألفها النظام منذ مدة ليست بالقصيرة. الوضع الراهن الذي نألفه حالياً سيشهد ثورة عارمة تتخذ شكل تبدلات عميقة. جعلتهم السلطة الليبية يألفون حفلات حرق الكتب.

أَنِسَ
to be or get used to sth or إلى/ ب *to sth* {3M}
يَأْنَسُ

كان شاعراً كلاسيكياً يأنس الى المفردات وصياغات الكلام، يلاعبها بمهارة وبإلفة كأنها من أشيائه. ليس أمامنا خيار سوى ان نعي ماضينا ونألفه ونأنس به. عُممت انتخابات ملكات الجمال على الجميع، فتشعّبت منها ألقاب لم نأنسها.

تَعَوَّدَ
to become accustomed to, get used to sth or على *to sth or* أَنْ *to do sth* {2D}

لبنان تعوّد الا يكون عليه دين لا داخلي ولا خارجي. قد تعوّد البرازيليون على مشاهدة عدد من هذه العمليات. تعوّد الجمهور اللبناني رؤيتك وسماعك كل رمضان في حفلات خاصة. لقد تعوّد الناس على القطع الفنية المصنوعة من المواد القديمة. تعوّد أن يجيئه كل شهر، صباح اليوم الأول، وفي حوالي العاشرة.

اِعْتاد
to become accustomed to, get used to sth or على *to sth or* أَنْ *to do sth* {2D}

اعتاد الباحثون اللبنانيون خصوصاً والعرب عموماً على الرجوع في دراساتهم الى الارشيف الفرنسي. اعتادت الاندية المصرية السماح للاعبيها بممارسة نشاطهم بعد فحوص روتينية. اعتاد البلدان تنظيم مناورات عسكرية مشتركة. ان هناك رجل اعتاد ان يتغيّب عن العمل بين شهر وآخر بحجة ان أباه مات. أمين اعتاد على الاقامة في قصر دار الأمان خارج المدينة.

عادة — custom, habit

see قانون

دَيْدَن
custom, habit {3M}

ديدنه الطاعة والموالاة. الرفض هو ديدن هذا المجتمع. يبدو ان توخي الاعتدال والحكمة يبقى ديدناً ومسلكاً ثابتاً في مقاربات أحمد بيضون. أكدّ أن «العمل لنصرة الحق ومحاربة الباطل ديدنها منذ أيام الملك عبد العزيز».

سُنَّة
normal practice, custom; (Islamic) tradition {2W}
pl: سُنَن

أهل السنّة. اعتبر ان ختان الانثى سنّة من سنن الفطرة. يجب العودة الى السنّة النبوية. هناك بعض الآداب والسنن ينبغي ان يحافظ عليها الصائم. لم يعد ممكناً الفصل بوضوح بين ما هو ديني شرعي وما هو عرفي في صنعته التقاليد والسنن البشرية. السنّة مصدر للمعرفة والحضارة. أدعوكم الى كتاب الله وسنّة نبيه (صلى الله عليه وسلم).

عُرْف
custom, practice; [kindness] {2M}

أصرّت على ضرورة احترام العرف السائد منذ ١٨ سنة في كل الانتخابات الرئاسية والبرلمانية. العادة كما نعلم اذا استمرت اصبحت عرفاً والعرف اذا استمر اصبح تقليداً يلصق خطأ بالعقيدة. الشريعة والعرف هما مصدرا التشريع. العرف القبلي ينظم حياة كثيرين من اليمنيين.

عادَة

habit, custom, practice {2D}
pl: عادات

لست أعرف من أين تعلمت هذه العادة الملكية. يزعم هنا ان هذه العادة موروثة عن الاسلام. ما زالت هذه العادة متبعة الى حد ما في اربيل. كالعادة اشعل ويليس حماسة الجمهور على مدى ساعة ونصف الساعة. دعا الى الاحتفال، كعادته كل سنة. فنحن الاقباط في مصر نعالج شؤوننا مع مواطنينا المسلمين الذين يتفقون معنا في اللغة والعادات والتقاليد.

تَقْليد

tradition, custom {2D}
pl: تَقاليد

كان تقليد التأليف الكوميدي قد اصبح تقليداً عريقاً في المدينة الاثينية. لكل شعب من شعوب الارض تقاليده واسلوبه الخاص في الاحتفال. نتبادل التحيات مع السفن الايرانية كتقليد عندما تتقابل السفن في عرض البحر. تستند الادارة على العادات والتقاليد المحلية. دعا الى احترام التقاليد.

usually عادةً

في مُعْظَم الأَحْيان

most of the time, mostly {2W}

العملية شكلية في معظم الاحيان. الذي يحدث في معظم الاحيان يكاد لا يزيد عن الصيغة التقليدية الحكائية. في معظم الأحيان، كنت أقيم معرضاً وثم أعود الى باريس. كانت التحليلات تتركز في معظم الأحيان حول مرحلتين ممدودتين من تاريخ مصر الحديث والمعاصر.

عادَةً

usually {2D}

الاحتلالات عادة تنشّط المقاومة وتزيد بالتالي من ارادة التحرير لدى الشعب. يسكن العمال الاجانب عادة في اشدود. كل الشعوب تدفع الضرائب، لكن الضرائب عادة ما تكون متناسبة مع الدخل الفردي. يبدأ لون الحنة عادة بالاختفاء بعد اسبوعين أو ثلاثة أسابيع. علماء النفس عادة يرجعون كل شيء الى الطفولة. كل الحكايات تبدأ عادة بذات مساء.

في الْعادَة

usually {2W}

في العادة تكون أسعار العقود المسبقة أعلى من أسعار السوق الفورية. لا ادري لماذا غضبت؛ في العادة لا اغضب. مواضيع هذا الاجتماع تتسم في العادة بقدر كبير من البحوث النظرية. هي في العادة تقوم بمهماتها بهدوء ومن خلف الكواليس.

غالِباً

mostly {2D}

الحاكم غالباً ما يجسّد النظام. وجهة النظر العربية غالباً ما تعاني من كونها غير مشروحة بشكل كافٍ. تفضل الولايات المتحدة غالبا ان تتعامل مع دول عربية متنافرة ومتباعدة. غالباً لا أرتاح في مقعد، في سيارة أو في طائرة، وغالباً يتعذر علي ان أشتري ثياباً جاهزة. الأثرياء يشترون غالباً اللوحات من دون ادراك لقيمة فنية.

في الأَغْلَب

mostly {2W}

كان موقفي منها – في الأغلب – سلبيا. هؤلاء المقاتلون العرب يخرجون من أوطانهم ـ في الأغلب ـ بعد أن يحصلوا على دورات تدريبية في أوكار الإرهاب. كانت مومياوات الطائر المقدس محفوظة في الأغلب الأعم داخل أوان خاصة. تلك البواقي لا تتم الاستفادة منها في الأغلب.

usual عادي

مَأْلوف

familiar, usual {2D}

كان سيجاره الأسود المألوف... ما يزال مشتعلاً. ينطق بلغة تختلف عن اللغة المألوفة. أصبح مألوفا هذه الايام أن يحتج كتاب وديبلوماسيون وسياسيون عرب على كل مَن يدعو الى ابقاء الحصار والعزلة على نظام صدام. القتل بالاجرة غدا ظاهرة مألوفة في روسيا. من الاشياء غير المألوفة ان اللبنانيين الاكثر نجاحاً هم المزارعون.

مَعْهود
usual {3W}

مدد نظام العقوبات المفروضة على ليبيا امس، بالطريقة الاوتوماتيكية المعهودة. يروى عنه أنه أصيب بإحدى نوبات الغضب المعهودة خلال مقابلة تلفزيونية. أعلن هدنة تاريخية سمحت باجراء الانتخابات الرئاسية نهاية العام الفائت بعيداً عن اجواء التوتر المعهودة. قال له خليل بأدبه المعهود: إن الوفد لم يتم تشكيله بعد.

عادي
usual, normal {2D}

طلبت اجازة عادية «وخرجت للأردن بعدما كنت رتبت خروج عائلتي في شكل سري». عادوا الى منازلهم لتناول طعام الافطار كما يحدث في الايام العادية. بدأت الحياة العادية ترجع الى مدينة سارايبفو. سعر بطاقة مسرحكم لا يتناسب مع موازنة المواطن العادي. كان كل شيء عادياً، لكنني جهدت ان ابقى خارج البيت بقدر الإمكان.

اِعْتِيادي
ordinary, usual {2W}

ان ثقة الانسان الاعتيادي بالعلماء عالية جداً. جرى الاتصال من مكتب الصحيفة عبر خطوط الهاتف الاعتيادية. على رغم ذلك يستمر المجتمع الفلسطيني في ممارسة حياته اليومية الاعتيادية. كان الرئيس فرنجية دائما يقول لوالد الرئيس الاسد ان ابنك حافظ سيكون شخصاً غير اعتيادي وكان عمره آنذاك سبع سنوات.

مُعْتاد
[accustomed to, habituated]; usual {2D}

ناقش مجلس وزراء جنوب افريقيا الصفقة السورية في اجتماعه المعتاد. هذا كان الاجراء المعتاد المتفق عليه بين الطرفين. يبدو ان هذه العمليات تخالف الفكرة المعتادة عن اتجاه الاستيطان الصهيوني. يقومون بنشاطاتهم اليومية المعتادة. يذكر ان هذا ليس نهج يونيسيف المعتاد في بلدان العالم الثالث.

استعار — to borrow

اِسْتَدانَ
to go into debt, to borrow (money) {2M}

العامل يستدين ليدفع تكاليف السفر ليجد عقدا غير قانوني ويضطر للعمل الهامشي. تعاني من أزمة اقتصادية طاحنة تجعلها تستدين من أجل توفير لقمة العيش للمواطنين. الدولة ستستدين أكثر فأكثر من دون ان تعرف كيف ستسدد ديونها. يستدين ٢٨٠٠ جنيه ليتوجه بزوجته إلى ثلاثة من كبار الأطباء لعلاجها. استدنت ألف جنيه من صديق.

اِسْتَلَفَ
to borrow sth (money, objects) من *from* {1-2M}

يغادرون مصر وكأنهم يغادرون الجحيم.. مع أنهم استلفوا من المصريين الحلي والأواني والمتاع والمصوغات. ستساعد الدول الاعضاء على مواجهة الفوائد المترتبة على القروض التي استلفتها من البنك الافريقي للتنمية. (Eg) ممكن استلف منك عشرة جنية؟ والدي استلف سيارتي عشان سيارته عطلانة.

اِسْتَعارَ
to borrow sth (objects, words) من *from* {3W}

استعار صديق لي الكتاب ولم يعده إلي. القطع المعروضة تمت استعارتها من ٤ متاحف. استعاروا من المصريين حليهم من الذهب والفضة والملابس. استعار السيارة من صديق. وأستعير هنا كلمات للشيخ زايد بن سلطان. يبدو أن شركات التليفون المحمول استعارت شعار «الصبر مفتاح الفرج». والعرب استعاروا اسماء اجنبية اخرى للاناث، كاسم «هند»، و«مي».

اِقْتَرَضَ
to borrow; to borrow (money)*; to take out a loan* من *from* {2W}

البنوك تقترض من بعضها في إطار عمليات الانتربانك. يحاول ان يقترض من زملائه. قد يحتاج أي بلد في العالم إلى أن يستدين ويقترض لمواجهة أزمة اقتصادية طارئة. البرلمان وافق على أن تقترض الحكومة مبلغ ٣٠٠ مليون دولار من الخارج. أنا مدين بآلاف الجنيهات التي اقترضتها من أصحاب المحال الكبيرة بسوق العبور.

اِقْتَبَس
to borrow sth (words, ideas) {3W}

اقتبس عنوانه من اغنية معروفة. اقتبس الرومان النظام اليوناني لهندسة البناء ونشروه في كل البلدان التي خضعت لهم. اقتبس المسلمون فكرة الدواوين من الحضارات الاخرى. اقتبس اليونان هذه الابجدية وطوروها. من الغرب اقتبسنا اشياء كثيرة.

معوّق disabled

مُشَوَّه
disfigured {2W}

لم يمكن التعرف الى جثة غريغوري المشوهة سوى مساء الخميس. أعطى صورة مشوهة عن الاسلام. مهمته كانت بث معلومات مشوهة لسمعة ويني في جنوب افريقيا والخارج. نجحت في ترسيخ مفهوم مشوه للهوية السودانية.

أَعْرَج
lame {2W}

الأعرج لا يخلف عرجانا. لو أني تبنيت منطقه هذا، وشاهدت عند وصولي فرنسا رجلا أعرج، فهل كنت أسجل في مذكراتي: أن سكان فرنسا مصابون بالعرج؟ لا بد من اعتماد صيغة الديموقراطية وان بشكل اعرج في بداية الامر.

مَعَوَّق
disabled {2W}

هو معوق بسبب حادث تعرض له اثناء العمل. إنه سيكون أول معوق في العالم يحقق هذا السبق. كان معوقا منذ ولادته. اعتبر الاستيطان سياسة معوقة. تتولى وزارة الشؤون الاجتماعية تغطية نحو ٥٣٠ طالبا في التعليم المهني ورعاية خمسين معوقا وتدريبهم على المهن.

مُعاق
disabled {2W}
pl: مُعاقون

موضوع الفيلم يدور حول سيد سائق التاكسي الذي يرعى ابنه المعاق ويحتاج لتدبير مبلغ لاجراء عملية لابنه. هناك محاولات عدة لإدماج الطفل المعاق في الحياة العادية. الانسان السليم المعافى قد يصبح بين عشية وضحاها انسانا معاقا نتيجة لحادث. في لبنان لدينا حوالي ١٣٠ ألف معاق بين اعاقة جسدية وذهنية. يقوم بتشغيل المعاقين بالاعمال المختلفة.

مُقْعَد
lame, crippled {2M}

كان مقعدا مثل امي. كيف كانت الدولة تلتزم بمسكن لكل اسرة وراتب ومرافق او خادم لكل مقعد او معوق.

كَسيح
lame {2M}

لا نسعى الى جعل العراق كسيحاً. ترزق طفلاً كسيحاً. لا مكان بيننا لطائر كسيح. روسيا تعتبر كسيحا اقتصاديا.

عائل breadwinner

عائِل
breadwinner, provider {3M}

قد يكون الطفل هو العائل الوحيد لأسرة فقدت عائلها الأكبر. تبدأ الحكاية في أسرة فقيرة بلا عائل منحدرة من صلب عاشور الناجي العظيم. تركها أرمله بلا عائل رغم غلاء المعيشة وأعباء الرعاية الصحية في هذه السن. تجد نفسها فجأة دون عائل ودون سكن أو دخل.

مُعيل
breadwinner {2M}

شعرت انها مثل أمي وانها أصبحت بلا معيل. بلغت نسبة فقدان المعيل ٢٠ في المئة العام ١٩٩٢. قال والد الفقيد عبدالله ابو نصير ان نجله هو المعيل الوحيد للعائلة. يقولون لأنفسهم انه جاءهم معيل ثان. حبس الرجل يعني حرمان عائلته من معيلها. لما لم يكن هناك من معيل فقد وقع عبؤهم على الدولة.

كَفيل
guardian; sponsor; [bondsman] {2W}
pl: كُفَلاء

أكد رئيس مجلس الوزراء ان الحكومة هي الكفيل لمحدودي الدخل ومن ليس له كفيل. أمامك شهر لتجد كفيلاً آخر، وتحول اقامتك. نسمح للشركات الأجنبية بتأسيس فروع اقليمية في البحرين من دون الحاجة الى كفيل محلي.

كافِل
breadwinner; provider {3M}

العراق خسر من ابنائه في الحرب العراقية الايرانية ما يصل الى المليون إنسان عدى المعوقين بالاضافة الى الارامل واليتامى والعجزة الذين بقوا بدون كافل. مشروع «كافل اليتيم».

عائِلَة family

أُسْرَة
family {2D}
pl: أُسَر

الأسرة الممتدة تحولت الى اسرة نووية. كان ابناً لأسرة ريفية محافظة. ينتمي الى أسرة معروفة في مدينة النجف. جميع أفراد أسرته في روسيا. لاحظت البيانات ان ربع مليون اسرة فقيرة استفادت من مشاريع الصندوق. هل تأهل النظام العراقي الحالي للعودة الى الاسرة الدولية؟ هاجرت الى مصر في عصر الاسرة الفرعونية الـ ٢٦.

أَهْل
family; [people; followers, adherents] {2D}
pl: أَهالٍ

يريد حياة آمنة وسعيدة بين أهله وقومه. سمح لها بزيارة أهلها ووالدها والاقامة معهم ثانية. المنتحرون تركوا تسجيلات فيديو لأهلهم. أقيمت حفلة استقبال كبرى للعروسين في فندق «ريجنسي بالاس» شارك فيها الأهل والأصدقاء وأكثر من ٦٠٠ مدعو. قاموا بزيارة أهاليهم في المحافظات الأردنية الأخرى. عودة الأسرى إلى ديارهم وأهاليهم لا تقلّ أهمية عن عملية تحرير الكويت ذاتها.

آل
extended family, lineage {2W}
آل البيت the prophet's family

الأميرة نورة بنت عبدالرحمن بن فيصل آل سعود. العائِلَة الهاشمية في الاردن هم من آل البيت.

عائِلَة
family {2-3D}
pl: عائِلات

يعود اصل عائلة حنانيا الى القدس. هو ابن لعائلة فلاحية فقيرة من مقاطعة جوزجان المتاخمة لغرياب. أوضح أنه الوحيد الذي بقي على قيد الحياة بين افراد عائلته التسعة. ينتمي القتلى الستة الى عائلة واحدة. عائلتي في فرنسا. الكثير من العائلات الفلسطينية تعيش في الأردن.

عيلَة
family {1M} (Eg)

دي تبقى فضيحة في العيلة. المهم.. أن زميلا في المجموعة ابن ناس ومن عيلة كبيرة قوي كان يحضر معنا الدروس. اللي تعرف ربنا تصلي وتصوم وتحافظ على شرفها وشرف العيلة.

عام year

سَنَة
year {2D}
pl: سَنَوات، سِنونَ

صدرت احكام ضد آخرين بالسجن ٢٠ سنة. شارك في اعتداءات سنة ١٩٩٥. في حال رفض طلبه الاول للحصول على رخصة فعليه الانتظار سنة اخرى. من المتوقع أن تنتهي عملية البيع أواخر السنة الجارية. كل سنة نحذّر من ان ارقام الموازنة مغلوطة ووهمية. مدة الفترة الانتقالية اربع سنوات. عاشت ثماني سنين.

عام
year {2D}
pl: أَعْوام

يعاني من أوضاع صحية حرجة وصعبة منذ اعتقاله عام ١٩٨٩. عاشت الدولة البيزنطية حوالي الف عام. لماذا نفعل هذا لأنفسنا كل عام؟ قرر الاتحاد الافريقي اقامة احتفالاته بمناسبة مرور ٤٠ عاماً على تأسيسه في مدينة اديس ابابا. مضت ستة أعوام على انقطاعي كلياً عن الكتابة.

---

to blame, find fault عاب

see انتقد

رَمى
to blame, censure, accuse sb ب *of sth; [to throw]* {3M}
VN: رِمايَة يَرْمي

يرموه بالزندقة والكفر. اسماعيل رماه بتهمة «باطلة». هذا يشبه أشكال الخصومات الساذجة في حياتنا اليومية التي تقوم على رمي الآخر بكل عيب. يرمون بعضهم بالخيانة.

عابَ
to blame, find fault with sb or على *with sb* {2W}
VN: عَيب يَعيبُ

يعيب علينا جميعاً اننا متخلفون فكرياً بعدة عقود. يعيب الافغاني عليهم عدم اهتمامهم بالنظافة. يعيب علينا البعض مرات اننا نتحدث في السياسة. كان الجابري يعيب على خطاب الشيخ محمد عبده إعجابه بالمستبد العادل. قدم عرضاً مميزاً في الشوط الاول عابه خلاله تفريطه بالفرص قبل ان يفقد لياقته البدنية كلياً في الثاني.

عَيَّرَ
to blame, find fault with sb ب *for sth* {2W}

يعيّر الآخرين بالضعف والخضوع للاجنبي. يأتي نتانياهو فيعيّر السلطة الفلسطينية بأنها «لاسامية». عيّره أترابه ببدانته وعدم اقباله على الرياضة. امتلكت اعصابي وكبحت رغبتي بالبكاء خجلاً من زوجي الذي يعيّرني بالبكاء بعد كل فيلم عربي. كان التلاميذ، عند أدنى خلاف معه، يعيّرونه بأنه فلسطيني.

اِنْتَقَصَ
to diminish, degrade من (the value, importance etc.) *of sth* {2M}

يحاول بعض النُقاد ان ينتقصوا من قيمة نظرية ابن خلدون. الواقع ان كل تحقيق لاحق انتقص من صدقيته بين أعضاء حزبه. هذا لا ينتقص من قيمة الكتاب العلمية وقدرته على فتح آفاق جديدة للبحث. القانون «لا ينتقص من حق احد». قال ان ذلك لا ينتقص من شأن روسيا. موت أي رجل ينتقص مني.

أَنْكَرَ
to blame, censure على *sb for sth; [*see أنكر*; to deny, repudiate sth]* {3W}

أنكر على الحزب الشيوعي الحاكم ضعفه عن المضي على إجراءات التجميع. انكر على الجابري ما أنجزه في مشروعه الفكري. ينكر على اليهود ادعاءهم بالاستثنائية والتفرد. لن يستطيع منصف ان ينكر عليكم هذه الانجازات الكبيرة.

وَصَمَ
to blame, condemn, disparage sb ب *for sth* {3W}
VN: وَصْم يَصِمُ

عاد البعض يصم العلمانية بالشذوذ والخيانة الحضارية. كان يصم الصهيونية بالعنصرية. يصم ابن داوود بالفساد وسوء الاخلاق. وصم المجلس بالفشل. يصمه الناس بالعناد.

---

defect; shame عيب

see خطأ

سُبَّة
shame, disgrace {3M}

هذا الاسم صار سبة لمهنة التصوير. في الريف المصري تعتبر كلمة غجري سبة تستحق العقاب والردع. للقات في اليمن خصوصية لا يعرفها إلا أهله ومن أوتي الفهم والتسامح واحترام التعددية الثقافية، وهو بالتأكيد ليس سبة ولكنه عادة، قد يختلف بعضنا في تقويمها.

شائِبَة
fault, blemish {3M}

منطق العودة الى الأصول المزعومة صافية وخالصة من كل شائبة. انه البطل الذي لم تشبه شائبة. في نظري ان العلاقات حالياً لا تشوبها شائبة. كلام الأعداء والأصدقاء لا يخلو من المبالغة والعبث وشائبة الحب والبغض.

عَيْب
defect, fault; shame {2D}
pl: عُيوب

العيب الوحيد للسيارة حتى الآن هو ضخامة خزانات الهيدروجين. رسائلي ليس فيها عيب او ما يسيء لخليل او لي. تطورت الجراحة التجميلية لكل عيوب الجسد. ليس عيباً ان تقول الادارة الأميركية ان لا رفع للعقوبات ما دام الرئيس صدام حسين في السلطة. من العيب كل العيب ان يلجأ الى الكذب. لا عيب في انسان يعمل بعرق جبينه ويبحث عن الرزق الحلال. المنافسة الحرة الواسعة كفيلة بإصلاح العيوب.

عار
shame, disgrace {2W}

يشعر الاوروبي بالعار عندما يسمعها الى أبد الابدين: الهولوكوست. لا يشعر القارئ بعمق احساس الكاتبة بالعار والإهانة ولا يجد ما يبرره. هي قضية قتل المرأة على يد الأخ وبذريعة غسل العار العائلي. بطن الأرض خير لنا من هذا العار. هؤلاء الناس عار على الاسلام. انت عار على شعبك. عار علينا ان نقتتل بين انفسنا.

فَضيحَة
scandal; disgrace {2D}
pl: فَضائِح

الحادثة تحولت الى فضيحة سياسية بعد القبض على المجرمين الحقيقيين. الاتحاد الأوروبي تسلم قائمة من بلجيكا بشأن فضيحة الدجاج الملوث. أمر ببدء التحقيقات حول فضائح التجسس الأخيرة. يبدو أن مسلسل فضائح الرئيس الأمريكي بيل كلينتون لن يتوقف بانتهاء قضية مونيكا لوينسكي.

نَقيصَة
fault, defect, shortcoming {3M}

لو كانت أمها يهودية أو من أصل يهودي لاعلنت ذلك، وهي لا تعتبره عيباً أو نقيصة. لا يجب ان ينظر إلى التعددية باعتبارها نقيصة في حد ذاتها. تلك هي النقيصة الأساسية التي يعاني منها قانون داماتو الأميركي. الحديث على «الحرفة في الأدب» ليس تبيان نقيصة أو عيب.

وَصْمَة
disgrace; [brand (on livestock)*]* {3W}
وصمة عار mark of disgrace

إن هذا الانجاز سرعان ما تحول الى وصمة فساد. السنوات الأخيرة «تشكل وصمة عار في التاريخ التشيكي». مذبحة قانا تُعتبر وصمة عار على اسرائيل. إذا ضاعت فلسطين والقدس فستكون وصمة عار في جبين العرب والمسلمين جميعا. هذه المشكلة تظل تمثل وصمة في جبين التعليم المصري.

عاش — to live

حَيا
to live; to live through sth; [to greet] {3W}
يَحْيا

ليس من يعيش كمن يحيا. ليس بالخبز وحده يحيا الإنسان بل بكل كلمة تخرج من فم الله (إنجيل متى). الأمل يحيا دائما على الارض. انه تطور تاريخي نحياه الآن يطلق عليه العولمة. الرجل يحيا بالتأمل في الانثى... وينتهي بالتعامل معها. الأحوال التي تحياها الشاعرة ناجمة عن مواجهتها القاسية للموت والفراغ والخوف. لا شك ان طبيعة الحياة العصرية التي نحياها الآن تحمل أكثر من سبب وسبب.

سَكَنَ
to live, dwell in (a place) *or* في *in* (a place)*; [to be still, quiet]* {2D}
يَسكُنُ VN: سَكَن

نحن لم نسكن الا هذا البيت الذي وُلدت فيه. ما أجمل ان يسكن الاخوة معاً. انه امام كهف بعيد... يسكنه طائر أزرق. كانوا يسكنون في المنطقة المحيطة بشارع بورتوبيلو الشهير. انتقل جميع الاخوان السوريين الى بغداد، فسكنوا في قصورها وحملوا جوازات سفر منها.

عَاشَ
to live, be alive; to live through sth or في *in* (a place) {2D}
VN: عَيْش يَعيشُ

انناشعب متحضر يريد ان يعيش. يعيش ٧٠ في المئة من سكان ايران دون مستوى الفقر. لقد عاش الاقباط والمسلمون متجاورين في كل قرية مصرية. عاش الحرب وكان مقاتلاً فيها. هو شاعر يوناني عاش في الاسكندرية. عاش في المنفى بجنوب افريقيا مع زوجته وابنه. الناس يعيشون حال قلق دائم على المستقبل وعلى المصير.

قَطَنَ
to live, dwell in (a place) *or* في *in* (a place) {3W}
VN: قُطون يَقْطُنُ

يقطن باريس مليونا شخص. يبدو أن كثيرين ممن يقطنون الضواحي قرروا ركوب سياراتهم وايقافها في المرائب المجاورة لألبرت بارك. كان قوم زوجها يقطنون جبالاً مرتفعة، يحفرون بيوتهم داخلها. يقطن اليوم في اسرائيل ٤،٥ مليون يهودي. اعرف شخصاً كان يقطن في منطقة شعبية لا تعجبه فاحتل منزلا شاغرا في منطقة أرقى خلال الحرب.

أقام
to dwell في *in* (a place); *[see* بنى; *to set up sth]* {3D}

يقيم في حي الاربعين بمحافظة السويس. ألف لاجئ كانوا يقيمون في منطقة غير مأهولة. تزوجنا وأقمنا في البداية مع والدة زوجتي. أعتقد أنه يقيم في باريس. أقاموا هناك بشكل دائم. هي مهندسة معمارية عراقية الاصل تقيم في نيويورك. أقام خليل في بيت عمه في الضفة الغربية.

اِسْتَوْطَنَ
to settle (a place) *or* في *in* (a place) {2W}

هكذا نرى كيف ان الآلاف من اليونانيين المهاجرين استوطنوا البلدان الشرقية. الأثرياء أخذوا ثرواتهم واستوطنوا بلادا أخرى غير متخلفة. من المعروف ان الاندونيسيين استوطنوا مدغشقر في الألف الأول الميلادي. جموع من حضرموت استوطنت في جبال الحبشة.

---

living معيشة

رِزْق
sustenance, income, livelihood {2M}
pl: أَرْزاق

لقد قطعوا مصدر رزقنا. فقد الآباء مصادر رزقهم. لهم من الدخل او من الرزق المستقل ما يغنيهم عن سواهم من البشر. مصدر الرزق الرئيسي، في هذا الحين، للعائلات الفقيرة في ناحيتنا تلك من العالم، كان يأتي من حوالات البريد النقدية التي كان يرسلها الاقارب المهاجرون إلى اميركا. تشكل هذه المساعدات مصدر الرزق الوحيد لهم.

مَعاش
living; pension, retirement {2W}

وضع حد أدنى لمعاش الشيخوخة قدره ٨٠٠ ريال. أقبض على معاشي في آخر الشهر. والده لم يكتف بتربيته تربية عادية تقوم على تأمين الرزق والمعاش كما هو حال معظم الآباء. احيل الى المعاش بعض الضباط الآخرين من رتبة لواء. يعمد الى تقديم معاش شهري للفنانين الذين «احيلوا الى المعاش» لكي يحافظوا على الحد المعقول من كرامة العيش.

مَعيشَة
living, livelihood {2D}
مُسْتَوى المَعيشَة standard of living

المعيشة في أذربيجان رخيصة طالما تجنب المرء دخول الفنادق والمطاعم النادرة. أثرت هذه الصعوبات على احوال معيشة الشعب الفلسطيني. كانت المساكن التي بناها المصريون القدامى لمعيشتهم صغيرة الحجم مبنية من الطين. ان الارتفاع الشامل لمستوى المعيشة لم يضع حداً للفروقات الاجتماعية. اشار الى ان «سوء التنفيذ والتوزيع أدى الى انخفاض مستوى المعيشة وساهم في ارتفاع نسبة التضخم والركود الاقتصادي».

to appoint

عيّن

سَمَّى

*to name sb as sth [*see سمّى*; to give sb a name]* {2W}

سمّاه رئيسا للسنة الأولى. كان هاشم الأتاسي رئيساً للوزراء وسمى الحوراني وزيراً للزراعة في وزارته. يحق للحكومة، ان تعيّن في البلدات لجاناً بلدية تقوم بأعمال المجالس البلدية، وأن تسمّي من بين اعضائها رئيساً ونائباً للرئيس.

عَيَّنَ

to appoint sb as sth {2D}

عينت الشركة السيد عازم عمر يوسف مديراً عاماً لمصنع الشركة في الأردن. رفض ان يعين ابنه ولياً للعهد. عاد الى تيرانا وعيّن استاذا في كلية الطب بجامعتها. هي المرة الاولى منذ الثورة الاسلامية عام ١٩٧٩ يعين فيها اجنبي مدربا للمنتخب الايراني.

نَصَّبَ

to appoint, install sb as sth; [to set up] {3M}

نصّب نفسه امبراطوراً. نصّب العسكر انفسهم اولياء على مصير الدولة. منذ بدء التحضير لعملية التسوية الجارية في المنطقة، نصّبت الولايات المتحدة الاميركية نفسها راعياً «نزيهاً» لهذه العملية. احاط نفسه بمن نصّبهم من المفكرين. ليس من حق اي كان ان ينصّب ذاته موزعاً للشهادات في المواطنية.

stupid

غبي

بَليد
stupid, ignorant {2W}

إما أنهم فقدوا الذاكرة وإما كانت حياتهم بليدة. هدية من السماء ان تكون بليد الاحساس. وأمه لا ترى فيه أية فائدة، فهو تلميذ بليد مشغول بتصحيح الأخطاء التي وقع فيها مدرسو الموسيقى. هناك نظرة كما لو انها نظرة حيوان متوحش الا انه بليد.

أَبْلَه
stupid, idiotic {3W}
fem: بَلْهاء pl: بُلْه

هي في حقيقة الامر خرافة بلهاء مثل بقية الخرافات التي اسس اليهود دولتهم على ما تحتويه. يلجأ بعض مثقفيها المتسرعين الى رفع شعارات بلهاء من نوع «لا للعولمة». في وجوههم البلهاء الشرقية، هناك نظرة كما لو انها نظرة حيوان متوحش. هكذا يقول العربي لاستكمال خطابه الأبله امام المشاهد الاوروبي. وصف الاميركيين بأنهم «بلهاء».

أَحْمَق
stupid, foolish {3W}
fem: حَمْقاء pl: حُمْق

إن طهران سارعت إلى التنديد بـ «الجريمة الحمقاء». أكد عبدالمجيد ان «هذه التصرفات اللااخلاقية الحمقاء استهانة بالأديان السماوية». إن كنت كاذباً، لست أحمق. عليه ان يفكر كثيراً قبل ان يتورط في اي مغامرة حمقاء. لا تكن احمق.

أَخْرَق
clumsy; stupid {3M}
fem: خَرْقاء pl: خُرْق

أي منطق حقوقي أخرق ذلك الذي تستهدي به واشنطن في توجيه المستعمرين الغزاة. وزير خارجيتها « أخرق ». أريد ان انهي رسالتي، فلا مفر من ذلك، اشعر اني أخرق، لا اجد الكلمة التي اعبّر بها عن شعور عظيم. الساحة الفلسطينية مهيأة للاشتعال في أية لحظة لأسباب كثيرة منها هذه الاعتقالات الخرقاء التي نفذتها السلطة.

مُتَخَلِّف
retarded; [underdeveloped] {2M}
pl: مُتَخَلِّفون

في كثير من الحالات تكون المجني عليها متخلفة عقليا أو مصابة بآفة عقلية توثر على إدراكها السليم. أفاد تقرير ان قرابة سبعمئة من المعاقين والمتخلفين عقلياً قد أخضعوا لسلسلة مستفيضة من التجارب من الأربعينات الى السبعينات من دون مراعاة لصحتهم انطلاقاً من انهم «عرضة للتصريف». أصحابها أطفال دائمو الطفولة، أو متخلفون عقلياً. المهرجان لمساعدة مؤسسة المتخلفين عقلياً.

سَخيف
stupid, absurd {2W}
pl: سِخاف

بغداد لا تخشى التهديدات الاميركية «السخيفة» باللجوء الى القوة. رأى ناطق باسم البيت الأبيض ان هذا الاتهام «سخيف». لفت بتلر الى ان ما قدمته السلطات العراقية من معلومات في شأن الاسلحة البيولوجية «مثير للضحك وسخيف جداً». كانت المسرحية سخيفة لدرجة انني طلبت من الجالس امامي ان يضع فوق دماغه أي شيء.

ساذِج
naive, simple {2W}

هذا تصور ساذج للغاية. هذا الكلام الساذج يشكل إدانة لهم أكثر مما يشكل دفاعا. هذه أعذار محلية لكن المنافسة العالمية لا تقبل هذا المنطق الساذج. يحاول الحلف بهذا التبرير الساذج لتصرفه ادعاء ان التدخل جاء لأسباب انسانية.

عَبيط
stupid, idiotic {2M}
pl: عُبَطاء

عبيط من يقول: قاومت الحب حتى انتصرت عليه! خير لك ان تسكت فتبدو عبيطا. لكنه ليس عبيطا؛ انه رجل عسكري، وليست له تجربة سياسية. صاحب البرنامج لابد أن يكون عبيطا ساذجا. اشتهرت في دور شخصية «عبيطة»

غَبي
stupid {2W}
pl: أَغْبِياء

لا تفكر بهذه الطريقة الغبية. المسؤول الغبي مصيبته ان ليس فيه شيء من الايجابية. تدفع واشنطن كما يدفع العرب ثمن هذا التصفيق الغبي. اليوم أخاف خوفاً طفولياً غبياً. الاستراتيجية الاميركية ليست غبية على الاطلاق. انه من الأذكياء وليس من الأغبياء. هو صراع بين تطبيقات غبية للإسلام.

مُغَفَّل
simple-minded, gullible; sucker {2M}
pl: مُغَفَّلون

المثل الانكليزي يقول ان المغفّل وماله سرعان ما يفترقان. إذا سكت فهناك شك في أنك مغفل، ولكن إذا تكلمت يتحول الشك إلى يقين. انظروا الينا نحن مغفلون لا نقرأ ولا نكتب، بل لا نرى التلفزيون. كلما رأيته هو وحبيبته تساءلت ايهما المغفل. القانون لا يحمي المغفلين. في كل ارتباط بين اثنين يوجد واحد مغفل على الاقل.

أَهْبَل
stupid, simple-minded {2M}
fem: هَبْلاء pl: هُبْل

إن الأهبل هو فاقد التمييز. كيف تسمح لنفسك بأن تقول أمام الجميع وأمامي أني أعتقد أنك اهبل؟ ماذا افعل إذا كان وزير خارجيتي يظن أنني أهبل. هل ان الـ ٦٠ الفاً الذين حضروا حفل الافتتاح هم هبل؟

غريب strange

see فريد

شاذّ
odd; deviant, perverted {2W}

احد اسباب ظهور هذه الحالات الشاذة غياب او تغييب العمل الاسلامي الايجابي الصحيح وبالكفاءات المطلوبة. هذا موقف يحترمه كل عاقل في عالمنا المضطرب بشتى أنواع الأفكار الشاذة. المهرجان يشجع الأفلام الشاذة (هناك مسابقة غير رسمية لأفضل فيلم من هذا النوع). يسعى للتخلص من هذا النظام الشاذ.

غَريب
strange; foreign {2D}
pl: غُرَباء

حدثني عن اكتشافه الغريب. أما القسم الثاني فيحتوي على شرح الألفاظ الغريبة في مقامات الحريري وتعليقها. كان امرا غريبا رؤية قس في تلك الساعة. عاد الى بلاده ليشعر انه غريب فيها أكثر من أي وقت مضى. كل الوجوه حولك غريبة رغم ألفتها. ليس غريباً ان تعبر روسيا عن قلقها.

غرائب oddities

أَوابِد
unusual things {3M}

هناك كاتدرائية كبرى تسمى كنيسة الحصن، وتعد من أبرز الأوابد الأثرية. تملك الجزائر كنوزاً وأوابد أثرية وتاريخية ومنتجعات وينابيع مياه معدنية. أوابدها ومبانيها المحفوظة تتحدث عن عراقة تاريخ الشمال السوري.

رَوائِع
impressive things, masterpieces {3W}

يريد الفلسطينيون تحويل بيت لحم إلى إحدى روائع الأرض المقدسة. يعتبر البناء تحفة معمارية اسلامية تضاف إلى روائع الفن الاسلامي. ترك لنا الريحاني تراثا من روائع المسرح المصري.

عَجائِب
wonders {2W}

هذا الفنار كان يعد إحدى عجائب الدنيا السبع. عجائب الحياة لا تنتهي. الزرافة تعد من عجائب مخلوقات الله. لقد رأيت كثيرا من العجائب ولكنني لم أر عجبا مثلك. من عجائب هذا الزمن الجميل الذي نعيشه هو حكاية الانترنت.

غَرائِب
oddities; strange things {3W}

ينتمي الى عالم الأساطير اليونانية الاغريقية المليئة بالغرائب والمغامرات. كان يصنع مقامات مضحكة فيها غرائب وعجائب. من غرائب المصادفات ان بطولة الدوري العام المصري لم تنته بعد.

نَوادِر
rarities, uncommon things; strange stories {2W}

هذه النوادر عن البخلاء قد شاعت بين الناس أكثر من غيرها. يستمع إلى لهجاتهم ونوادرهم وأساليب تعبيرهم. طبع ما يرد إليها من كتب علمية وأدبية وقصص ونوادر وخلافها. لقد تسابق الناس في لبنان على حفظ النوادر.

room غرفة

أوضَة

room {1M} (Coll)
pl: أُوَض

احنا بنسكن سبعة في أوضة. أسست كتنظيم نقابي في ١٨٩٥ في العهد العثماني وعرفت باسم «الأوضة (الغرفة) التجارية». غنى أغنية الأوضة المنسيّة (تلحين الياس الرحباني).

بَهْو

hall, reception room {3W}
pl: أَبْهاء

وصلوا الى الممر المؤدي لبهوه الرئيسي. ظلت البعثة في بهو الفندق حتى الساعة السادسة صباحا. لا يزال بهو الجامع الداخلي يحتوي على عدد من المآثر التاريخية. بهو فندق «جورج الخامس» أحد أفخم الفنادق الباريسية تحول الى ما يشبه المستودع للمفروشات. للقصر بهو واسع مكون من ثلاث قاعات ومطبخ كان مخصصا للخدمات.

حُجْرَة

room, cell {3D}
pl: حُجَرات، حُجَر

يتسلق الشجرة ويقبع بين اغصانها في الظلام لينظر الى حجرة الطفل. نزل إلى حجرة اللاعبين لتهنئتهم عقب اللقاء. دق برفق باب حجرتها في الفندق.. عدة مرات.. ولم يجبه أحد. مشى إلى باب الحجرة وهو يتحسس طريقه في الظلام. أسرع إلى حجرة النوم ليستريح، لكنه لم يتمكن من النوم بسبب وعكة صحية. كنت انتظر قرارها في احدى حجرات الوزارة.

مِخْدَع

small room, bedroom {3W}
pl: مَخادع

دخل مخدع المرأة ولم يخرج منه حتى الآن. تزيل المساحيق عن وجهها أمام مرآة مخدعها. ننظر من خلال ثقب الباب الى ما يجري في المخادع وغرف الجلوس والمعيشة والنوم.

رَدْهَة

large room, hall; lobby {3W}

لا بأس ان نسي الزائر هذه المعلومات فهي منقوشة على حجر في ردهة المتحف لتذكّره بها عند الزيارة الثانية. كان ابي وامي ينامان في جهة من الردهة، وكنت أنام في الجهة المقابلة. في الردهة اربعة تماثيل من الغرانيت الوردي لرمسيس الثاني. يحولون ردهة البيت الى قاعة لاستقبال الزبائن وغرفه الى غرف ذات ارقام. الرئيس الجزائري فوجئ في ردهة القصر بالوفد الاسرائيلي يتجه نحوه، وبباراك يمد يده.

صالَة

hall, large room {2D}
pl: صالات

في صالة الاستقبال توجد سيارة فيراري صفراء وفوقها صورة للمؤسس انزو فيراري. كان موجودا في صالة الطعام. دخلت الى صالة السينما مع ولدي. شهدت صالات السينما موجة من الافلام التجارية الضعيفة. القرار يفترض ان الراكب سيغادر صالة الوصول للقاء الاهل والاصدقاء عقب وصوله مباشرة.

غُرْفَة

room {3D}
pl: غُرَف

لماذا لا تفتحين باب غرفتك؟ انها غرفة صغيرة ذات تأثيث ياباني. نجا افراد العائلة الخمسة الذين كانوا داخل غرفة نومهم. تفضل بإعطائي رقم غرفته بالفندق لكي أتصل به. اجتمع في إحدى غرف الاستقبال الملحقة بالقصر الملكي مع الرئيس الأمريكي بيل كلينتون. بعد الفوز مباشرة توجه اللاعبون الى غرف خلع الملابس، وتم استبدال ملابسهم استعدادا لتسلم الميداليات البرونزية.

قاعَة

hall {3D}
pl: قاعات

انتقل الحفل إلى اجتماع موسع في قاعة الاحتفالات الكبرى بجامعة القاهرة. حين دخل كيسنجر القاعة الكبرى بنادي الصحافة القومي، استقبل بتصفيق مستمر لفترة طويلة. البرنامج سوف يذاع مباشرة أثناء العملية الجراحية الى قاعة المحاضرات على شباب الأطباء. كنت بقاعة طعام الفندق (٤ نجوم) وهي قاعة محدودة المساحة في بدروم الفندق.

to last

استمرّ see

استغرق

دامَ

*to last; [*see ما دام*; as long as]* {3D}

دَوْم :VN يَدومُ

نعتقد أن هذه الحالة لن تدوم. دام الاجتماع ساعة ونصف الساعة. قد دام الحكم الروماني على فلسطين ٧٠٠ عام. المساعدات الاقتصادية الأمريكية لن تدوم إلى الأبد. التوحيد على مثل هذا الأساس لن يدوم سنة واحدة.

اِسْتَغْرَقَ

to last; [to be immersed في *in]* {3W}

ذكر ان زيارته لمصر تستغرق ثلاثة أسابيع. قد عقدا مؤتمرا صحفيا مشتركا عقب جلسة المحادثات التي استغرقت حوالي ساعتين. بعد ذلك تبدأ مرحلة المحكمة وقد تستغرق سنة أو أكثر من سنة.

اِسْتَمَرَّ

*to last; [*see استمرّ*; to continue]* {2D}

استمر اللقاء نحو أربع ساعات. يتم خلال المعرض الذي يستمر أكثر من ثلاثة أشهر عرض خمسمائة قطعة من مواد أثرية مختلفة. رئاسة المجلس الوزاري دورية تستمر ستة أشهر في حين أن رئاسة القمة تستمر سنة.

---

to tempt

جرّب see

أغرى

أَغْرى

*to tempt, entice sb (*ب/ إلى/ على *to do sth)* {2D}

عذري انني كنت صغيرة جدا واغراني بريق الشهرة والنجومية. يبدو أن نجاح هذه الحيلة قد أغرى أنصار الرئيس على تكرارها مع يوري سكوراتوف لتشويه سمعته واسمه. قد اغراني هذا الحديث الى استطلاع ظروف الدعم الأمريكي للفنون. جردوا العرب من ولائهم الاسلامي، وأغروهم بجعل القضية صراعا جنسيا أو نزاعا امبرياليا. وثقت في جهده ثقة مطلقة أغرتني بأن اكتب اليه مبدياً إعجابي بهذا العمل.

أَغْوى، غَوَى

to tempt, seduce sb {2M}

غِوايَة :VN يَغْوِي

اغواه الشيطان. أغواها في لحظة اشتهاء عابرة ثم تخلى عنها. كيف أغوتهم المكاسب الزائلة؟ يظل ماضيا على طريق الحق، دون أن يلتفت إلى إغواء الشياطين. هؤلاء أي شيء في الدنيا يغويهم ويغريهم وينسيهم آخرتهم. ينزلق الى الشر فيغوي فتاة بريئة تتحول على يديه الى امرأة قاتلة.

---

to bathe

اغتسل

تَحَمَّمَ

to bathe oneself; to be bathed ب *in* {1M} (Lev)

يجب على الرجل أن يتحمم كل يوم وعلى المرأة أن تتحمم أكثر من مرة في اليوم الواحد. وقف في ذلك الضوء الحليبي الناصع كأنه يتحمم بالنور. الفحّام يتحمم مساء ليعود إلى الاتساخ صباحا. يالله بسرعة، بدي أتحمم بعدما تخرج من الحمام.

اِسْتَحَمَّ

to bathe; to swim {2W}

إغسل جسمك واستحمّ. كانت الامهات يحرصن على ان يستحم ابناؤهم ليلة العيد خوفا من مجيء «الشمامة». وصلت الى البيت واستحممت واحسست ان حرارة الماء تشدني الى البيت وتبقيني فيه. كان مثل ألوف من أطفال الريف المصري يستحم في الترعة. كان نابليون من النادر ان يستحم. الإنسان لا يستحم في النهر مرتين. كان يستحم في البحر يوميا خلال مايو ويونيو.

اِغْتَسَلَ
to bathe, wash oneself; to perform the ablution {3W}

اغتسلت ثم لبست ثيابا جددا. اسرع إلى بيته يغتسل، ويمشط بعناية شعره الخشن. أغتسل في النهر كل يوم لأن الاستحمام والطهر ضروريان وواجب ديني. اعترف في إحدى رسائله أن عاماً بكامله مضى لم يغتسل فيه ولم يبدّل ملابسه بل لم يخلعها. هي الغرفة التي كانت الاسرة تنام وتأكل وتشرب وتغتسل وتستقبل الضيوف فيها.

تَوَضَّأَ
to perform the ablution {2M}

على المعارضة ان تتوضأ لتطهر نفسها وتعود الى الاسلام. يتوضأ قبل أن يلامس الورقة. أتى بعض أهل تلك القرية ليتوضأ، فبدأ بغسل رجليه، ثم غسل وجهه. ام صابر واقفة في وسط الحجرة بالفوطة وامامها حلة الماء الساخن تناديني كي اتوضأ واصلي الفجر.

---

anger
غضب

see اشمئزاز

حِدَّة
*anger, wrath; [*see قوّة; *strength, intensity]* {2M}

كتاباتها تتميز بشيء من الانفعال والحدة. اتسمت المناقشات بالحدة بسبب تبادل الاتهامات بين الحكومة والبرلمان بالتقصير وضعف الأداء. انتهى الامر عمليا بعد مناقشات شديدة السخونة والحدة. يحاولون التعمّق في اسباب هذا التدهور والحدّة في الكلام الذي أطلقه الرئيسان.

حَنَق
fury, rage {3W}

اثار تعاطفها مع الشعب الصيني حنق الاميركي المتطرف. يعرب الروس عن حنقهم على شيفرنادزه الذي رحب بالبابا يوحنا بولس الثاني رسميا وبحرارة. أصابهم حنق شديد عندما رأوا المحتلين يغلقون أبوابها دونهم. اثار قرار يلتسين حنق وغضب معارضيه.

اِنْزِعاج
annoyance {2W}

لا أملك إلا أن أبدي انزعاجي لبلوغ عدد هذه الشكاوى ألفين حتى اليوم. تصاعد القلق والانزعاج الدولي من مثل هذه الانتهاكات لحقوق الإنسان. أشعر بانزعاج شديد من نوعية الشباب الذي نراه في حياتنا. عبرت عدة مرات عن انزعاجها من القيود التي تضعها طوكيو على الصادرات الأمريكية إليها.

زَعَل
anger, annoyance {1M} (Coll)

يقود تنفيذ هذا التدبير الى المزيد من الزعل. (Eg) قالت بزعل: أمال الناس بيروحوا المحكمة علشان يتجوزوا واللا علشان يتهببوا! مافيش زعل ولا حاجة. انت ماتستحملش زعلي.

سُخْط
anger, annoyance, irritation {2W}

اصابهم السخط وعدم الرضا على اداء المؤتمر وممارساته. أمطر القراء المجلة بخطابات الغضب والسخط لموت البطلين. سيعود بعد أن تهدأ حالة السخط والغضب عليه. هل من الممكن احتواء أسباب السخط الفلسطيني؟ أعرب باسم الحزب عن «سخطه العميق ومعارضته انتهاك الحريات». اللهم اني أعوذ برضاك من سخطك.

اِسْتِياء
indignation, annoyance {3M}

هذه السياسات أثارت استياء كبيرا لدى الولايات المتحدة. أبدوا استياءهم من المستوى العام للفريق. عبّر عن استياء فرنسا من الاستفراد الأمريكي. الحكومة الصربية تشعر بالاستياء من التدخل الأمريكي في أحداث صربيا.

غَضَب
anger {2D}

ما الذي اثار غضبك في هذه الازمة؟ أعصابي هي التي كانت توشك على الانفجار بالغضب منها. قال إن الغضب في الشارع المصري لم يؤثر على علاقات الدولتين. سافرا دون علم المسئولين في الاتحاد، وهو ما أثار الغضب والاستياء. نجح الاعضاء ايضاً في احتواء غضب الجماهير الثائرة منذ هزيمة الفريق في المرحلة السابقة أمام الاسماعيلي.

غَيْظ
anger, wrath {2W}

أعرب عن حنقه وغيظه على ما آل اليه حاله. اثار غيظ المحكمة العسكرية التي كانت تحاكمه. من هنا كان غيظ الاتحاديين كبيراً، وهو غيظ سرعان ما عبّروا عنه. أثناء انتظارها عودته فوجئت به يتزوج أخرى، فعصف بها الغيظ وندمت على الانتظار.

اِمْتِعاض
anger, annoyance {3W}

رد أحدهم بامتعاض واضح قائلا: لا أحد يعرف فالمفروض ان هذه معلومات سرية. حكم الإعدام أثار الامتعاض والاستياء عبر العالم. كان هذا الاعلان من جانبها شيئا مثيرا للامتعاض والرفض. الدخول العادي الى القلعة لحضور السهرة شهد ازدحاماً خانقاً وامتعاضاً مصدره مبالغات في تفتيش الوافدين.

هِياج
rage, agitation, fury {2M}

طلبت سلطات المطار من الشرطة ان تتدخل لوقف حال الهياج والتوتر وتنظيم سفر المعتمرين بعد السيطرة على الموقف. أثار ذلك غضب فرنسا التي ضغطت على اللنبي طالبة اليه ان يأمر بانزال العلم ففعل مما أثار هياجاً في صفوف الجيش العربي والشعب. ليس له أصدقاء، وتنتابه على فترات متقطعة حالات هياج تجعله عدواني السلوك.

---

angry — غاضب

مُحْتَدّ
angry {3M}

ردّ المسؤول محتدّا: هل تظن أنك في بلد غربي؟ صرخ أبو فاضي محتدّا. ردّد محتدّا وغاضبا: أما زلت تعتقد بهذا؟

مُحْتَدم
furious; burning, blazing {3W}

كان الصراع بين فاروق وبين حزب «الوفد» محتدماً على الدوام. حصلت هذه الانتخابات في هدوء، من دون خلافات كبيرة او صراعات محتدمة. تجري محادثات قرب العاصمة الفرنسية لتسوية الأزمة المحتدمة في كوسوفا.

حانِق
furious, angry {3M}
pl: حانِقون

سألني الرجل حانقاً: «ألم تقرأ اللافتة؟» ثم فجأةً ينتابه الغضب، ويذهب بخطوات حانقة. خرج من مبنى هيئة الأمم المتحدة الى بيته غاضبا حانقا محبطا محرجاً من دون ان يخبر أحداً من أعضاء وفده. كان حانقا بسبب هزال الاتفاق وركاكته. ليس من المستحب أن يرجو الإنسان موت أحد مهما كان حانقا عليه أو مكلوما منه.

زَعْلان
angry, annoyed (من *at*) {1M} (Coll)
pl: زَعْلانون

العرب زعلانون من لبنان لأنه متضامن مع سورية، اكثر مما هم زعلانون لأنه على عداء مع اسرائيل. أضاف «ليتركوا من يتصالح ان يتصالح ومن يبقى زعلانا على زعله». (Eg) انا وأخويا كنا زعلانين جدا لأننا قلنا انه يمكن ماما ترجع تاني. يعني مش زعلانة سيادتك؟

ساخِط
angry {2W}
pl: ساخِطون

اصبح الشارع العربي ساخطاً على طبيعة التطور المتعرج للعملية السلمية. قال ان عددا آخر قد ترك الامتحان ساخطا بعد ان مزق ورقة الأسئلة. لست ساخطة على اقداري، مادامت ارادة الله سبحانه وتعالى هي التي اختارتني لهذا الاختبار الصعب. ليس من مصلحة اسرائيل الدولة أن يكون العرب داخلها ساخطين ومحبطين.

مُتَضايِق
annoyed (من *at*) {2M}
pl: مُتَضايِقون

ومن الواضح أيضاً ان الاتحاد الأوروبي متضايق من وجود هذا المركز الاقتصادي والمصرفي الرئيسي داخل اوروبا. أنا اساساً متضايقة من الديكورات الكثيرة الموجودة في كثير من المسرحيات. حين التفت الى الجواهري الجالس في مكانه الثابت وجدته متضايقاً ترتعش المسبحة في يده. كان اللبنانيون متضايقين جداً من الوضع.

غاضِب
angry {2D}
pl: غاضِبون

لم اكن غاضباً، او حزيناً على ساعة يدي التي احترقت. نجحت تلك الانتفاضة الغاضبة في وضع حد للاستبداد السياسي وحكم الحزب الواحد. اثارت هذه التصريحات ردود فعل غاضبة من جانب حزب «الرفاه». كان متجهماً غاضباً من العالم بأسره. سار مئات من الطلاب الغاضبين من مدارسهم في البلدة الى منزل عائلة عصام محمود العقابنة.

غَضْبان
angry {1-2M}
pl: غِضاب

أي سائح مصري يمشي من عنده غضبان يجيء مكانه ١٠٠ سائح أجنبي على الرحب والسعة. حسبت الناس كلهم غضابا.

مُغْتاظ
angry, furious (من at) {2M}
pl: مُغْتاظون

أنا متألم جدا ومغتاظ للغاية مما يحدث في بورصتنا المصرية. صرخ القائد مغتاظاً قبل أن يذهب لملاقاته. انهم مغتاظون من خضوعهم لسيطرة «مؤسسة نيكسون».

مُتَعِض
angry, annoyed {3M}

الجمهور المكسيكي ممتعض من هذا النهج. هي ممتعضة دوما وعلى عجلة من أمرها لإنهاء المكالمة في أسرع وقت. بدا ممتعضا من جراء التأخير في مراسم التسلم والتسليم.

هائِج
angry, raging {2W}

تصرفت بمنطق الثور الهائج في متجر الخزف. شعر وقتها أنه يركب سفينة وسط بحر هائج الأمواج. أحاول أن أهدئ بركان ولديّ الهائج. كان جونسون مثل الثور الهائج يضرب في كل اتجاه، وبقوة.

غطاس — baptism

عِماد
baptism {2M}

كان امس يوم عيد الغطاس لدى قبط مصر، يوم عماد السيد المسيح في نهر الأردن.

تَعْميد
baptism {2M}

سيطرح خمسة مشاريع سياحية تشمل تطوير موقع تعميد السيد المسيح وانشاء مركز السياحة الصحراوية في وادي عربة. لا يجوز للمرأة ان تغادر بيتها الا ثلاث مرات، يوم التعميد ويوم تتزوج ويوم تدفن. لا مفر ـ على مايبدو أيضا ـ من تعميد الحاكم بالدم والدموع.

مَعْموديَّة
baptism {2M}

كونوا مخلصين لمعموديتكم واقتدوا بالانجيل. دمشق هي المدينة التي شهدت معمودية القديس بولس. «معمودية النار» الفعلية لوزير خارجية ايران كمال خرازي، هي القمة الاسلامية.

غِطاس
baptism {2W}

كان امس يوم عيد الغطاس لدى قبط مصر، يوم عماد السيد المسيح في نهر الأردن.

غطّاس — diver

غَطّاس
diver {2M}
pl: غَطّاسون

الماء كما يقولون يكذب الغطاس. ذكر انه كان يعمل غطاساً منذ خروجه من الخدمة العسكرية. اشار البيان الى ان الغطاسين قاموا في البداية بتحديد مكان الجثث. الكشف عن هذا الأسطول بدأ في الستينيات عن طريق الغطاسين والصيادين.

غَوّاص
diver {2W}
pl: غَوّاصون

يتعين على الغواص النزول الى مسافة كبيرة ودخول «الصالة الزرقاء» ليصور مشاهد عدة تحت الماء. ينزل الغواصون ليبدأوا البحث عن بريق الذهب او قطع الفضة المغطاة بالمرجان. هذه المراكب تستخدم لأغراض العمل والحفر تحت سطح البحر وانزال غواصين ومد أنابيب.

to cover
غطّى

see أخفى

جَلَّلَ
to cover (esp. the ground)*; to drape sth* {3M}

لكن المطر ينزف ويجللنا بالدم. قد جلل الشيب رأسه. تدفق المواطنون الأردنيون منذ الساعات الأولى من صباح أمس على القصور الملكية بعمان لتقديم العزاء الى العاهل الجديد الملك عبدالله والعائلة الهاشمية بينما خلت شوارع العاصمة الأردنية التي لايزال يجللها الحداد في اليوم التالي لتشييع جنازة الملك حسين.

حَجَبَ
to veil, cover sth {2D}
VN: حَجْب يَحْجُبُ

فرض عليها الحجاب ليحجبها عن عبث الشهوات. كان دخان الحرائق يحجب النجوم. الكبت يحجب الخطأ والصواب معا. كان حريا بالدوحة ألا تدع الشجرة تحجب عنها الغابة. السفن تحجب البحر. رفع رأسه لأعلى فشاهد السحابة التي تحجب الشمس. أحيانا يسرق الجمال الخارجي أبصار الناس ويحجب عنها الجمال الداخلي. اعلنت ان الواقع المحسوس ليس الا ستارا يحجب الحقيقة التي تكمن في عالم ما بعد المادة.

سَتَرَ
to veil, cover sth; to protect sb {2M}
VN: سَتْر يَسْتُرُ

يسترن بالحجاب. يجب أن تستر نفسها. هؤلاء وغيرهم آخر اوراق التوت التي بها تستر اللغة العربية عورتها. الملابس الداخلية تستر عوراتنا. عليه ثوب لا يملك سواه يستره. رحل أبي عن الحياة وأنا في عامي الجامعي الأخير، وسترنا الله حتى تخرجت في الجامعة.

غَطَّى
to cover sth {2D}

المرتب الشهري الذي يتقاضونه لا يغطي احتياجاتهم الأساسية. الوثائق لا تغطّي اكثر من ٢٥ سنة تقريبا. معظم أراضيه البالغة ٢١٨٣١ كيلومترا مربعا تغطيها الجبال. غطى الجليد كثيرا من الطرق. مظلات الاشجار الخضراء تغطي الشارع صيفا وشتاء. يتحركون نحو الجبال حيث الثلج يغطي كل شيء. رأى شابا غطى العرق جسده وهو يعمل في الاطفاء.

---

cover
غطاء

see حجاب

غِشاء
wrapping, covering {3W}
pl: أَغْشِيَة

تعرض زميله اندي مكنزي (٣٥ عاماً) الى تمزق في غشاء الاذن من جراء الانفجار. يصنعون لها غشاء من جلد تمسك به. هو عبارة عن حفرة في الجدار مغطاة بغشاء من الالمنيوم. يتسلل النيكوتين عبر اغشية الانف والفم اي الجهاز العصبي للمدخن. القطع تشبه أغشية خناجر لكنها مثلثة الشكل.

غِطاء
cover {2D}
pl: أَغْطِيَة

٨٠٪ من نساء المدينة يرتدين غطاء الرأس. رَفَع الغطاء عن جماعات أخرى «جهادية» ورسمية كانت تمارس العنف. استولى على السلطة دون أدنى غطاء قانوني. دور الذهب قد انتهى كغطاء للعملة. قاموا يمسحون ايديهم في غطاء المائدة الذي لم ير وجه الصابون منذ عامين. احرقوا الاغطية الخاصة بهم احتجاجا على طردهم. تتغطى بكل ما لديها من أغطية.

غِلاف
cover, wrapper; jacket of a book {2D}
pl: غُلُف

تحول الغلاف الجوي للأرض إلى صوبة نكاد نحترق داخلها. عند الضغط على الزر يهبط الغلاف على الصندوق الخشبي ويغلفه. تصدرت صورة السيدة سوزان مبارك غلاف المجلة. نظر الى الغلاف الخارجي للأشخاص. قمت بوضع اسمي على غلاف الكتاب.

to forgive

غفر

سامَحَ

to forgive, pardon sb; to treat sb with tolerance {2D}

الله يسامح ويغفر، وانتم ترفضون ان تسامحوني. سامحني اذا لم أقبل هديتك. هل يسامح لبنان اسرائيل لاغتصابها ارضه في الجنوب؟ هل يمكن لمن ذاق العذاب الجسدي والنفسي ان يغفر ويسامح؟ على الشعب الجزائري ان يسامح بعضه بعضا.

صَفَحَ

to forgive, pardon (عن sb) {3W}

صَفْح :VN يَصْفَحُ

اصفح عنا وسامحنا. أرجوه أن يصفح عما فعلت به ويعيد علاقته بابنتي. كنت أصفح في النهاية وأصبر من أجل أطفالي. هل أنت مستعد لأن تصفح وتنسى؟ صفحت عن ذنوبها.

عَذَرَ

to excuse, forgive sb {2D}

pl: عُذْر :VN يَعْذِرُ

اعذرني إن نسيتُ البقية. اعذرنا... اللهم اننا اخطأنا. ارجوكم اعذرونا، فترة الإعداد لم تكن كافية. أرجو أن يعذرني القارئ إذا ذكرت تجربة شخصية لي في هذا المجال. إنني أعذرك إذا كنت لا تشعرين بعذابي.

عَفا

to pardon, forgive عن sb {2D}

عَفْو :VN يَعْفو

الأسد يعفو عن الآلاف من السجناء السوريين والعرب. الكريم هو الذي يعفو ويصفح ويتقبل الاعتذار. الانسان القوي اذا تمكن من عدوه قد يهلكه او يعفو عنه ويتركه لعله يتوب. يرجوه الناس أن يعفو عنها ويصالحها من أجل خاطر الأولاد. توسلت الى الملك ان يعفو عن شعبها.

غَفَرَ

to forgive, pardon ل sb sth {2D}

غُفْران :VN يَغْفِرُ

غفر الله لنا ذنوبنا بفضله وإحسانه ورحمته. هل يمكن بعد الذي جرى أن يغفر الشيشانيون أو ينسوا. إذا قمت بزيارة إسرائيل الآن فلن يغفر لي الشعب المصري هذا. سأحاول ان اغفر للورد بايرون زلاته الشخصية. اللهم ان غفرت لي فأغفر لمن شتمني وضربني.

---

majority

أغلبيّة

see معظم

سَوّاد

majority; [core] {3D}

السواد الأعظم the great majority

السواد الاعظم من السكان هناك بدائيون بسيطون فقراء. المؤلف طرح هذه القضايا باسلوب مبسط يمكن ان يفيد منه السواد الاعظم من القراء العرب. منصب الرئاسة في الولايات المتحدة هو دون شك أولى المؤسسات في دولة يعتبرها السواد الأعظم من الأميركيين دولة مؤسسات. سوادنا الاعظم في مصر يرفض اللجوء الى اي جهة خارج مصر لمساندة قضية من قضايانا.

غالِبيّة

majority {2D}

غالبية الاحزاب المغربية لم تعقد مؤتمراتها الوطنية منذ فترة طويلة. حصل على غالبية الاصوات بفضل تأييد نواب حزب الشعب الجمهوري. غالبية الضحايا الاجانب من الفرنسيين. لا يخفى ان الغالبية العظمى من العسكريين تميل الى الحزب «الجمهوري» والتيار المحافظ. احتجت غالبية الدول العربية على العملية التركية.

أَغْلَبِيّة

majority {2D}

هؤلاء أقلية، وليسوا الأغلبية. لقد فاز بورتيللو بأغلبية ١١٠٠٤ أصوات مقابل ٤٢٩٨. زعم أن الاغلبية الحاسمة للشقق تقع في المستوطنات التي لا خلاف حولها. أعربت أغلبية الصحف البريطانية أمس عن قلقها إزاء فرص نجاح الاستراتيجية. يوجد أشياء كثيرة تحتاج إلى أغلبية الثلثين. أصدرت حكمها بالأغلبية وليس بالاجماع.

أَكْثَرِيَّة
majority {2D}

اليوم توجد في مجلس العموم البريطاني اكثرية مريحة جداً تستطيع ان تتخذ القرارات وتتابع تنفيذها. أطلقت السلطات الموريتانية اكثرية الشخصيات المعتقلة. حصل على اكثرية الاصوات. اكثرية الشعب اللبناني تعاني قلقاً على مصيرها. مصلحتها هي في الاتفاق مع الاكثرية.

---

to lock, close أغلق

سَدَّ
to block, dam, close up sth {2D}
VN: سَدّ يَسُدُّ

أكوام من الحجارة تسد الطرقات هنا وهناك. هذا التحالف يسد الطرق ويغلق الأبواب أمام أي تقدم للمشروع السلمي. لقد سد الباب السياسي امام العقال وفُتح امام المجانين. ارى ظله يسد الباب، يدخل وينظر اليّ ثم يتجه الى الداخل.

سَكَّرَ
to close, shut sth {1W} (Lev)

سكّر الباب! مين سكّر التلفزيون؟ سكّر سيارتك كويس، فيه حراميّة هون.

غَلَقَ
to close, shut sth {3D}
VN: غَلْق يَغْلِقُ

هناك اتفاق بين القاهرة ودمشق على عدم غلق الباب أمام عقد قمة عربية. قررت الكنيسة المصرية والفاعليات القبطية غلق الموضوع بموجب هذا التوضيح. أدت نتائج الدراسة الى غلق باب النقاش حول الموضوع.

أَغْلَقَ
to lock sth; to close, shut sth {3D}

حرموه من عضوية المجمع العلمي كما اغلقوا ابواب الجامعة بوجهه لخلاف بينه وبين طه حسين. القوات المسلحة التايلاندية اغلقت الحدود لمنعه من الهرب الى الشمال. اصيبت كينشاسا بالشلل واغلقت المدارس والمتاجر والمؤسسات العامة وتوقفت حركة النقل. يغلق عينيه ويقضي بقية الليلة في ضيافة طرزان وجين وشيتا.

أَغْمَضَ
to close, shut (the eyes) {2W}

من السذاجة بمكان ان يغمض احد عقله وقلبه عن هذه التبعات. أغمضت عينيّ حتى لا أرى كثيراً. يغمض اعينه عن احتلال جنوب لبنان. كلما أغمض عيني تكونين فيهما. أدار لها ظهره وأغمض عينيه.

قَفَلَ
to lock sth; to close, shut sth; [see عاد; *to return*] {2M}
VN: قَفْل يَقْفِلُ

لكنه قفل هذا الباب بهروبه وتخليه عن سياسة الجهاد المدني. لا تعتزم قفل باب الحوار مع الولايات المتحدة. طلب النائب عبداللطيف الزين قفل باب النقاش.

أَقْفَلَ
to lock sth; to close, shut sth {3D}

ان «العدو الاسرائيلي اقفل ابواب السلام وبدأ يدق طبول الحرب». كنت مع صديقي في المنزل فأقفلنا الابواب كلها. يقفل الباب في وجهه. أقفل الهاتف في وجهها مرتين. ومع قيام الديكتاتورية الفاشية وتدهور الثقافة في المانيا، أقفلت المدرسة أبوابها. «اقفل الشباك ام افتحه»؟

أَوْصَدَ
to close, shut (a door) {3M}

رأت الصحيفة ان اسرائيل «أوصدت الابواب امام جميع احتمالات السلام». لا يزال العاهل المغربي يوصد الأبواب في وجه رئيس وزراء اسرائيل لأنه يعرف حقيقته. اعتبر خاتمي ان الدستور أوصد الباب أمام الاستبداد. ماذا يفعل الفنان الذي توصد أبواب العزلة عليه؟ اوصد الأب كل خطوط رجعته للأسرة.

closed, locked مغلق

مَسْدود
closed, locked; blocked {2D}

أدت السياسات السابقة إلى طريق مسدود وأوقفت عملية السلام. أي باب مسدود قابل لأن ينفتح. وصلت إلى طريق شبه مسدود. هل نحن أمام الحائط المسدود؟

مُسَكَّر
closed, locked {1M} (Lev)

انت الآن في الغرفة والباب مسكر. مش ممكن أدخل، السيارة مسكّرة ومعيش مفتاح.

مُغْلَق
closed, locked {3D}

يدور النقاش غالباً خلف ابواب مغلقة. فتحت الحدود المغلقة منذ ١٧ سنة للمرة الأولى. اضطرت السيارات الى تغيير مسارها للابتعاد عن الطرق المغلقة. زاد ان العراق ليس بلداً مغلقاً، إذ أن حركة الناس فيه اعتيادية ومعروفة للعراقيين ولغيرهم. اجتمع مجلس الأمن في جلسة مغلقة أمس الأربعاء للاستماع الى بتلر.

مُغْمَض
shut, closed (of eyes) {2M}

لست مغمض العينين عن اخطاء الحكم. اني اركض مغمض العينين. لا يمكننا ان نبقى في المغرب سائرين بعيون مغمضة.

مُقْفَل
closed, locked {3W}
Eg: مقفول

عمل بسرية تامة خلف الابواب المقفلة. هذا الحدود مقفلة منذ عدة أسابيع. لم يطلبها للزواج إلا يوم عيد الميلاد الماضي ٢٥ كانون الأول (ديسمبر)، عندما كانت الأسواق مقفلة طبعا! في سنوات الحرب ظل المتحف مقفلا ولم يدخله إلا المسلحون. ستة مصانع ما زالت مقفلة بسبب صعوبة ترويج المنتوج.

موصَد
closed {3M}

كأنه «سمسم» الذي تُفتح به الابواب الموصدة. ليس بالطبع مفتاحاً سحريا، يفتح الابواب الموصدة ويفضي الى جميع الطرق المغلقة. جميع المنافذ موصدة. يقرأه الكل وراء أبواب موصدة.

---

to exploit استغلّ

سَخَّرَ
to employ, utilize, exploit sb/sth {3D}

يجب ان يسخر العرب علاقتهم الجيدة والمصالح المشتركة مع أمريكا وبريطانيا في العمل من خلال الأمم المتحدة للتخفيف عن العراقيين. استطاعوا بهذه المناقب الحميدة ان يسخروا عواطفهم الانسانية في خدمة دينهم. سخرت القوات المسلحة كل امكانياتها للخروج بها في أفضل شكل وصورة. سخرت امكانياتها لانجاح هذه التدريبات الضخمة.

اِسْتَغَلَّ
to exploit sb/sth {2D}

تستغل الاعلانات أشواق الناس الروحية الى الحج والعمرة. سوف تقف من الآن بحزم ضد تجار البشر الذين يستغلون الظروف القاسية للشعوب. استغل اللاعبون الفترة الحرة مابين التاسعة صباحا والعاشرة والنصف في إجراء جولة سريعة للمشتريات ولكن معظم المحلات كانت مغلقة بسبب الأعياد. مسؤولون استغلوا أوضاعهم للاتجار بالأراضي.

اِغْتَنَمَ
to take advantage (of a situation, opportunity) {3W}

لست ممن يغتنمون الفرص للتشهير ببلادهم في الخارج. قد اغتنمت المناسبة لأزور الجنوب اللبناني وأطلع عن كثب على ما يعانيه. واغتنم حراس المطار هذه الفرصة للتسلل تحت جنح الظلام، وقاموا بتنفيس عجلات الطائرة لمنعها من الاقلاع. الرئيس بري سيغتنم زيارته لتهنئة الرئيس خاتمي لمناسبة انتخابه رئيساً للجمهورية.

اِنْتَهَزَ
to seize (an opportunity) {3D}

أنتهز الفرصة لشكر القراء الذين كتبوا عن الموضوع. أردنا أن نستغل الدقائق المعطاة لنا في وسائل الاعلام لاعلان مواقفنا وشرحها وأن ننتهز الفرصة لعقد تجمعات شعبية في كل انحاء المغرب. انتهز الرئيس جاورا هذه الظروف للمطالبة بمراجعة المعاهدة. وقد انتهزنا مناسبة زيارته الى لندن لإحياء سهرة لخريجي الجامعة الأميركية في بيروت وطرحنا عليه بعض الأسئلة عن حياته الفنية. انتهز أول فرصة وهرب الى غانا.

غلى — to boil

جاشَ
to boil; to rage, storm {3M}
VN: جَيَشان يَجيشُ

يستطيعون من التعبير عما يجيش داخلهم من مشاعر وأفكار وأحاسيس. عبر عما يجيش في نفوس كل المواطنين العرب. جاشت العواطف في صدر هاجر. إن الشعور العام الذي يجيش في الصدور الآن هو شعور الرضا عما مضى.

سَلَقَ
to boil sth {2D}
VN: سَلْق يَسْلُقُ

سلق البيض. لقد أصطاد رجل سمكة.. فسارع بها إلى زوجته طالبا منها أن تقليها.. لكن الزوجة اعتذرت لعدم وجود زيت.. فقال الرجل لها: اشويها.. فاعتذرت الزوجة لعدم وجود ردة.. فطلب منها أن تسلقها.. فصرخت فيه الزوجة: لا نملك غازا.. فحمل الرجل السمكة وراح إلى البحر وألقاها في الماء.. فهتفت السمكة: تعيش الحكومة. تعرف ان سلق القمح من اجل صناعة البرغل تقليد معروف في بلادنا.

غَلَى
to boil {2D}
VN: غَلْي يَغْلي

أشار الى ان المنطقة تغلي في أتون النار. يغلي الشارع بالغضب بعد موجة اعتقالات واعدامات. الحزب الديموقراطي كان يغلي بالمشاكل. الشارع العربي يغلي. لا أشك أنني لست الوحيد الذي يغلي الدم في عروقه كلما قرأ شيئا لهؤلاء العباقرة الذين يعارضون إلغاء المادة ١٩٢ من قانون العقوبات.

فارَ
to boil, simmer; to boil over {2D}
VN: فَوْر، فَوَران يَفورُ

تفور الخمرة القاتمة في أقداحها الثلجية. في كل الاماكن يفور الماء. كان صدري يفور كتنكة حليب تغلي. أعماقه تغلي وتفور – لكن وجهه يحمل سمته الانساني. لا يدري في بؤرة الصراع النفسي الذي يتأجج في أعماقه ويفور كما تفور الحمم في جوف البركان.

غمر — to flood

غَمَرَ
to flood sth; to fill sb/sth to overflowing ب *with* {2W}
VN: غَمْر يَغْمُرُ

غمرت مياه البحر قسماً من الميناء. المياه غمرت مرافق ومنشآت ادارية عدة. غمرني احساس لا يوصف بالفخر وبالرضا في الوقت نفسه. غمرني الضوء الذي بدا مألوفا. كان الحب يغمرنا. الناس غمروني بعطف وضيافة ومحبة جعلتني احسّ بالانتماء من جديد. عاصمتنا العريقة يغمرها الضجيج. البسمة تغمر وجوههم بعد ان اكتشفوا طريق الحقيقة والسعادة. كانت الفرحة تغمرهما.

أَغْرَقَ
to flood, inundate sb/sth ب *with* {3D}

أغرقت البريد الفلسطيني بفيض من هذه الرسائل. يتحدث التقرير لغة الاحصاءات الرسمية عن البلايين التي تهدر على استيراد الكماليات والسلع الاستهلاكية التي اغرقت اسواقنا. نشاطهم السري أغرق العرب بجمائل يقصرون عن ردها. ما وصلنا اليه اليوم من سياسات اقتصادية واجتماعية سيئة أغرقت البلد بالديون.

فاضَ

to overflow, run over ب *with; to flood; [*see تجاوز; *to exceed* (the need)*]* {2D}
VN: فَيْض، فَيَضان يَفيضُ

عادة يصبح العبور مستحيلا عندما يفيض نهر دجلة وتختفي الضفاف. فاضت عيون كل الأمهات العربيات بالدموع حزنا على أوضاع العرب المزرية. في ذلك الوقت كنت أفيض بدم الشباب. كان صدر معظمهم يفيض بشهوة السلطة. ما أن تنادي أو أسمع حركتها في البيت حتى يفيض قلبي بالسعادة وبالحب.

اِنْغَمَسَ — to sink

see غاص

اِنْغَرَسَ

to sink, be planted في *in* {2M}

انغرست الشوكة في صدره أعمق وأعمق وتسربت من عروقه دماء الحياة. تنغرس كلماته في الصدر. انغرست في قلب الاتوبيس الاول. لا تختلف السكين الصدئة التي انغرست في عنق نجيب محفوظ، ولا يزال يعاني من آثارها، عن الرصاصات التي اخترقت جسد فرج فودة.

اِنْغَمَرَ

to be submerged, immersed في *in* {2M}

منذ الخمسينات انغمر ديلفو في نشاط اكاديمي دائم. تذكرت روسو الذي كان ينغمر في النوم، فينام مبكراً اكثر الليل، ويصحو مع اطلالة الفجر. أضاف ان «الولايات المتحدة لا ينبغي ان تنغمر في القارة الأوروبية كما تفعل حالياً وتمارس تأثيراً كبيراً في قضايا الأمن الأوروبي عبر الحلف الاطلسي».

اِنغَمَسَ

to be sunk, immersed في *in* {3W}

انغمس المتمردون المتصورون في الحرب الاهلية في الكونغو. ذيل طائرتنا ينغمس بالسحاب. انغمسوا في اللعب. انغمست في الخطيئة مع أبنائها. تنغمس أمريكا العظمى في حملة انتخابية ضارية، لانتخاب رئيس جديد. لم انغمس كلياً في الفن، فقسّمت وقتي بين فني وبيتي. ينغمس في رذائل لم يكن يرتكبها من قبل. قد تفضل الولايات المتحدة ألا تنغمس في عملية السلام.

غموض — obscurity

إبْهام

*obscurity, ambiguity; [*see إصبع; *thumb]* {3D}

الشاعر يخشى التورط في الغموض والابهام. ترسم صورة سوريالية بالغة القتامة والابهام والتناقض. انه لا يترك مجالا للابهام حول ماذا يختار. يتبنى الحزب الديموقراطية من دون غموض ولا إبهام.

غُموض

obscurity, ambiguity {2D}

اعترفت الوزيرة رينو ومحامو البيت الأبيض بالغموض في قانون الانتخابات الفيديرالي في هذا المجال. ما يزيد الأمور غموضاً أن كندا لم تكشف ما تملكه من الأدلة والشواهد. كل ما حولي غموض يؤدي الى غموض أشدّ. يجري النائب العام في مصر تحقيقات لكشف غموض مصير ابنة المحامي الليبي ابراهيم غويل التي اختفت في القاهرة.

اِلْتِباس

confusion, ambiguity {2D}

أترك لكم ان تتخيلوا الفوضى والالتباس اللذين يحصدهما الحكام والمحكومون معاً. على رغم هذه المرحلة من الغموض والالتباس برز اشخاص في مواقع المسؤولية تصرفوا بشجاعة وجرأة. نحن نعتذر عن اي التباس حصل للمستخدم من جراء هذا الامر. ليس هناك اي التباس، الموقف الفرنسي واضح منذ ان تولى الرئيس شيراك الحكم.

to faint أغمي

صُعِقَ
(pass) *to lose consciousness; [*(active) *to strike, destroy, hit with lightning]* {3W}
VN: صاعِقَة يُصْعَقُ

أعترف بأنني صعقت عندما قرأت تصريحات منسوبة للمشرفين على الرسالة يقولون فيها بصراحة وجرأة نحسدهم عليها.. أنهم لم يقرأوا هذا الجزء من الرسالة التي منحوها درجة الدكتوراة مع مرتبة الشرف الأولى. ذهبت إلى العمرة وارتديت الجلباب الأول وأنا سعيد وفخور وبودي لو طفت على كل واحد في الحرم أقول له: بص شوف القطن المصري عامل أيه.. ولكنني صعقت من منظر الجلابية بعد أقل من ساعة واحدة فقد فوجئت بها وقد تحولت إلى كسور وشقوق وثنايا ولا يمكن السير بها. يصعق بمشاهد استغلال الانسان في اميركا اللاتينية.

غُشِيَ عَلَيْهِ
(pass) *to faint, lose consciousness* {3W}
VN: غَشْي يُغْشَي

كان عندما يغشى عليه يوضع الخمار على وجهه فيفيق. مرت في هذه اللحظة سيارة نقل كالثور الهائج وأخرجت من مؤخرتها دخانا أسود كالهباب اختنقت به الشجرة حتى كاد يغشى عليها.

أُغْمِيَ عَلَيْهِ
(pass) *to faint, lose consciousness* {2W}

كان جسدها يهتز بشدة وهي تتكلم.. وكاد أن يغمى عليها وهي تحكي. عدد من الطلاب قد أغمي عليهم من الصدمة الامتحانية. قل له انك لن تموت ولن يغمى عليك ولن تختنق اذا صممت على عدم التدخين. أغمي على كثير منهم من استنشاقهم الغاز المسيل للدموع. عندما قطرت على كم فستانها قطرة البرتقال، أغمي عليها، فحملها الفتى بين ساعديه.

غابَ عن الوَعْي
to lose consciousness; to be unaware of {2M}

في ضحى يوم الجمعة غاب الملك فجأة عن الوعي قبل أن يدخل في غيبوبة مما أثار هلع أطبائه. ذهل طلاب في أكاديمية البوليس الاسرائيلي عندما أخذت محاضرة تبكي بشكل هستيري قبل ان تغيب عن الوعي. لا يجوز ان يغيب عن الوعي ان الليبرالية، كمذهب جذري في الحرية، هي الضامن لعدم تحول الآلية الديموقراطية الى أداة لديكتاتوريات شعبوية والى نحر الأقليات.

---

booty غنيمة

see ربح

غُنْم
spoils, profit {3M}

دفعه الى تقديم أية تنازلات تعتبر بالنسبة لإسرائيل مكسبا وغنما. هنا لا يتحمل القارئ عزم بعض الناشرين لتحقيق غنمهم المادي دون خضوع للأعراف والقوانين الدولية ازاء حق المؤلف.

غَنيمَة
spoils, booty {2W}
pl: غَنائِم

رأى ذلك غنيمة لا يجب ان يؤَخَّرَ انتهاز الفرصة فيها. يهرب اللص بغنيمته. أكثرهم يقولون الحق ويفعلون الباطل، ويذكرون الأمة ويريدون الغنيمة. الغنيمة هذه المرة هي مخزون العراق من البترول. الثابت ان غنائم العولمة تتوزع بلا عدالة وبلا أي اعتبارات للحيدة.

مَغْنَم
spoils, profit {3W}
pl: مَغانِم

خرجوا عن علميتهم ومنهجيتهم وحيدتهم طلباً لمغنم. حصروا كل الصلاحيات بأنفسهم وتوزعوا مغانم السلطة ومغانم الادارة. شرعوا بتقسيمها بينهم على أنها مغانم الحرب. كانوا في البداية والنهاية يريدون ان يحققوا مجموعة مكاسب ومغانم لشمعون بيريز وليس لوقف الحرب فقط.

غنّى — to sing

دَنْدَنَ
to hum; to sing (a song) *softly; [to murmur]* {2M}

كنت أدندن أغنية حزينة. الخادمة تغسل الأرضية ولا تلتفت إلى وجودي، تدندن بأغانيها كما لو كانت بمفردها. رقصت في إحدى الزوايا وكانت تدندن بصوت منخفض: مرحبا، الشمس تشع، تشع... أخذ سيد يدندن معه بصوت خافت أولا ثم يرفع صوته شيئا فشيئا. كانت تدندن بمقطع من أغنية عراقية.

رَتَّلَ
to chant {2D}

رتلت مصر القرآن ترتيلا. القدس حجرها يرتل أجمل الألحان وسماؤها تمطر حبا وآمالا. يرتلون ويغنون على إيقاع الطبل. أذيع قبل يوم انَّ فيروز سوف ترتّل بعض الصلوات في القداس الذي يحييه البابا في ساحة البرج. سأفتح عيني وأغمضهما وأنا أرتّل اسمك.

تَرَنَّمَ
to sing, chant {2M}

وهنا راح يترنم باعجاب واعتزاز بأغنية «كهوة عزاوي». تترنم ببعض أبيات شعرية. تذكرته حين جاءني يترنم ببيت شعر للرائع نزار قباني. انه صاحب العديد من الالحان التي لا نزال نترنم بها حتى اليوم. يتردد من بعيد صوت امرأة عجوز تترنم بأغنية فولكلورية قديمة.

شَدا
to sing (ب sth) {3M}
VN: شَدْو يَشْدو

أشدو فيُلقى اليّ الكونُ مسمعهُ. ستشدو غادة بخمس اغنيات في حفلة في اطار المهرجان. يشدو هاني شاكر ايضا مع الاوركسترا بقيادة خالد فؤاد بأغنية بالاحضان. سيشدو محمد فؤاد بأحلى أغنياته على المسرح نفسه.

صَدَحَ
to sing (ب sth) {3M}
VN: صَدْح يَصْدَحُ

صدحت أصوات الجميع على ضوء الشموع بكلمات أغنية مكسيكية شهيرة. الأمسية كانت موعداً مع الموال الذي صدحت به المغنية في أغلب المقطوعات مستغلة أعلى نبرات صوتها. في حفلة الافتتاح التي قدرت تكاليفها بنحو ٤٥٠ الف دولار سيصدح صوت الفنانة ماجدة الرومي. كتب أوبريت رابعة العدوية الذي صدحت بأغانيه أم كلثوم.

أَطْرَبَ
*to sing; [*see سلّى*; to entertain]* {3W}

غنّت بملء حنجرتها الرخيمة والمتينة وأطربت وملأت الجو فرحاً وحبوراً وصفّق لها الجمهور كثيرا.

غَنَّى
to sing (sth or ل *to sth)* {2D}

غنيت للحب. يغني على مدى عشر ساعات متصلة محتفظا بتواصله مع جمهوره. رقص الناس وغنوا وهللوا. احمد السنباطي يغني ايضا من الحان والده طوف وشوف. كانت طالبات صغيرات يغنين أغاني وطنية معروفة. نبعد عن الشر ونغني له.

أَنْشَدَ
to sing, chant {2D}

استمعت السيدة سوزان مبارك مع الحضور لبعض اغاني انشدها الاطفال. أنشد الالمان قصيدة شيللر أغنية الفرحة. قد استخدمت معظم شعوب العالم القديم الملاحم الشعرية لحفظ تاريخها وموروثاتها من جيل لآخر، تنشد وتغني دون حاجة للكتابة في مجتمعات تغلب عليها الأمية. أريد ان أنشدكم اغنية جديدة. انشدوا اغاني وطنية.

أغنية — song

see لحن

تَرْتيل
religious song, hymn {2W}
pl: تَراتيل

على الرف الاسفل كتاب تراتيل مفتوح يظهر على صفحته احدى تراتيل مارتن لوثر. كن يشاركن في الطقوس والشعائر والحفلات الدينية بالقاء الاناشيد والتراتيل وهز الصلاصل ودق الدفوف. كانت هناك موسيقى المدائح المستوحاة من التراتيل القرآنية واناشيد المتصوفين في المولد النبوي وموالد الأولياء.

تَرْنيمَة

hymn (esp. Christian)*; song, chant* {2W}

pl: تَرانيم

كيف نرنم ترنيمة الرب في أرض غريبة؟ إنها ترنيمة حب عمرها من عمر الإنسان المصري نفسه. يرددون بحماس مقطعا معينا من نشيد أو أغنية أو ترنيمة. رددوا ترنيمة وضعت للمناسبة تقول «ايها الآتي من بعيد، حاملاً فرحة العيد، إلخ». قد أدوا ترانيم موسيقية تعكس فضيلة التسامح الديني.

طَقْطوقَة

a kind of popular song with a choral refrain; [low table; ashtray] {2M}

pl: طَقاطيق

ينشد طقطوقة ام كلثوم القديمة، وقد ادخل عليها تغييرات لم اكن اعرفها. عرض أسطوانتين مكرستين للأغاني الخفيفة من فصيلة الطقاطيق. استمعت للموشحات والطقاطيق القديمة، وان كنت لم اعاصر مطربيها. حققت الأغنية المصرية قفزة كبرى عن طريق الطقاطيق والقصائد.

أُغْنِيَة

song {2D}

pl: أَغانٍ، أُغْنِيات

الاغنية يجب ان تكون معبرة عن موقف. أول أغنية سمعتها في حياتي كانت أغنية ترددها أمي. غنت مع شقيقتها زينب اغنية الوداع. كان عبدالله قدم مجموعات من الموشحات والاغاني التراثية. لنتذكر معا بعض اغاني الافلام العالقة في اذهاننا.

نَشيد

song, hymn {2D}

pl: أَناشيد، أَنْشاد

عزف النشيد الوطني اللبناني فالنشيد الوطني البرازيلي. عزفت الفرقة الموسيقية نشيد الموتى. النشيد يتكون من ثمانية مقاطع. شملت الفقرات الفنية اغاني اقرب الى الاناشيد الدينية. أغلب الأناشيد الدينية تتحدث كلها عن النبي وسيرته. كان يطلق لقب الشيخ على المنشدين والمقرئين الذين انتقلوا من الانشاد وقراءة القرآن الى الغناء.

أُنْشودَة

song, hymn, tune {3W}

كان قلبه يخفق بترانيم انشودة الحرية والإخاء والمساواة. لنجعل من حكايته أنشودة تتغنى بها الأجيال القادمة. كان لنا من سنين أنشودة قومية جليلة يتبادل أداءها مجموعة مرموقة من المغنين. صنعت مستقبلها بتلك الانشودة الرائعة التي تسمى: «الحرية»!

أُهْزوجَة

song, chant (originally in the hazaj meter) {3W}

pl: أَهازيج

أرجح انني كنت أعرف الأهزوجة هذه قبل حضوري المباراة. سيتم ذبح الشعب وسط الاهازيج والاغاني الملتهبة الوطنية. يحملون اللافتات والاعلام ويرددون الأهازيج والاناشيد الوطنية. تجد نفسها تكرّر أهازيج الإعجاب بالمعجزة اللبنانية.

مَوّال

a kind of popular love song {2W}

pl: مَواويل

توقعت أن أسمع هذا الموال العراقي بصوته الشجِن. الموال الشعبي له أصول ويحتاج الى صوت مدرب له ابعاد ومساحات. غنّت موّالاً من مواويله بصوت رخيم تحية له. اقتبس عن القصة الشعبية «حسن ونعيمة» كما روتها المواويل والأغاني. نذكر الأغاني والمواويل الشعبية عن النيل التي يحفظها تراثنا الممتد لسبعة آلاف عام.

غنيّ — rich

ثَرِيّ

rich, wealthy {3D}

pl: أَثْرِياء

كانت الطبقة الثرية غارقة في انواع اخرى من المتع. لماذا تدّعي الفقر مع انني أعرف انك ثري جداً؟ كان يتولى أعمال أحد الأثرياء الأميركيين، وكان يصطحبه في أسفاره المتعددة. هو من كبار الأثرياء ويمكنه تشكيل فريق ممتاز من منظمي الحملات. يجمع التبرعات لها من الافراد الاثرياء والمؤسسات الكبرى.

غَنِيّ

rich, wealthy (ب in) {2D}

pl: أَغْنِيَاء

كانت الاسر الغنية على درجة كبيرة من المحافظة على الصعيد النسائي. قواعد التجارة العالمية وضعت لصالح بلدان العالم الغنية. ظهر خلاف بين الدول الغنية والدول الفقيرة. اصبحت الانكليزية لغة غنية جداً في مفرداتها. سيطروا على لوبومباشي ثاني أكبر مدن زائير في اقليم شابا الغني بالمعادن. المنطقة غنية زراعياً وصالحة للاستثمار السياحي. يبدو انك لا تعرف نقطة ضعف الأرستقراطيين الاغنياء.

مَيْسُور

prosperous, well-off [see سهل*; easy]* {2W}

pl: مَياسير، ميسورون

ضمان حقوق المؤلفين المادية والمعنوية جعل منهم فئة اجتماعية ميسورة ذات دخول وموارد عالية. كانت لعبة الغولف مشهورة بانتمائها الى الطبقة الارستقراطية الميسورة. واجب الجامعات الميسورة، الخليجية أو غيرها، ان تقدم دعمها أولاً وقبل كل شيء الى الجامعات العربية الأقل حظاً. أصبحوا مياسير. اسرعت اليهم الثروة وأصبحوا مياسير من غير مال مقتنى.

موسِر

prosperous, well-off {3M}

pl: موسِرون

ليس من المبالغة القول ان اجيالاً من الطبقات الموسرة والوسطى وحتى الضعيفة، قد نشأت في بيوتها العائلية على التحذير المبكر من الانشغال بالسياسة. ولد جون راسكين العام ١٨١٩ ابنا لأسرة موسرة مثقفة.

---

cave مغارة

مَغارَة

cave {2D}

pl: مَغارات، مَغاوِر

إنهم سيدخلوننا الى مغارة أهل الكهف وهي مغارة عندما نتركها سنجد كل شيء حولنا قد تجاوزنا. يوجد في نهاية الغابة باب مغارة علي بابا الشهير. سكن في المغارة هو وابنتاه. دخلا مغارة ليختبآ فيها. يحتل الأكروبول جزءاً من التلة ويطل على مغارة طبيعية ونبع صغير خصصه اليونانيون لأبولون. يوجد في المنطقة عدد من الكهوف والمغاور.

كَهْف

cave {3W}

pl: كُهوف

مبنى مستشفى قانا غير المكتمل مهجور، مدخله يؤدي الى كهف وصخور محفورة من أيام السيد المسيح. قال نزار «افتح يا سمسم» امام كهف الابداع الشعري. ما الذي دفع الكلب الى باب الكهف؟ قد استخدم الانسان الآلات الحجرية منذ أن كان يعيش في الكهوف.

---

to dive غاص

see انغمس

غَطَسَ

to dive, plunge (في into); to dip sth في *into* {2M}

VN: غَطْس يَغْطِسُ

بعضهم كان يغطس باحثا عن المرجان. يختل توازن الطائرة وتهوي بزاوية حادة كما لو كانت تغطس في الأرض، ويحاول الطيارون استعادة توازنها دون جدوى. غطست الشمس وردية اللون، برتقالية. سافرت وغطست في كل من فرنسا، ايطاليا، اسبانيا، والبرتغال وقبرص. فتاة يافعة تغطس يديها في الماء ثم تذرذره.

غَطَّ

to dive في *into, become immersed* في *in sth* (usu. sleep) {3M}

VN: غَطّ يَغُطُّ

كانت القاهرة تغط في نوم عميق. راح يغط في سبات عميق. يقول قوله الحداثوي في عالم يغط في القدم والنسيان وسبات الغيب.

غاصَ

to dive, plunge, sink في *into* {2D}

VN: غَوْص يَغوصُ

رأس الصغير يغوص في الوسادة. لكل علم ـ ومنه اللغة ـ خبراء متخصصون يغوصون في بحره ويستخرجون لآلئه. حين يغوص في تأملاته تحسه كمن يغوص في بحر نفسه. غاصت قدماه المشققتان في رمال الشاطىء. يبدو انها راضية عن الحر، غير عابئة بأسفلت الطريق الذي يغوص فيه صندلها. أرقى الاحياء السكنية تغوص في مياه الصرف وتكاد تتوارى بين تلال القمامة. باص محمل بالركاب يغوص في قاع النيل.

---

forest غابة

أَجَمَة

jungle {3M}

pl: آجام، أَجَمات

تنام في أجمة القصب. نقضي النهار كله نكتشف مجاهل اجمات الاشجار وثمارها الجديدة علينا. تبلغ مساحة نادي الغولف في الدوحة ١٥٠ هكتاراً منها ٢٧ هكتاراً زرعت فيها الاشجار والاجمات. آجام ضباب متجمد.

حُرْش، حِرْش

forest (usu. pl) {3W}

pl: أَحْراش

شنت حرب عصابات في احراش زائير. ذهب للحرب في أحراش فيتنام، دون ايمان بأهداف هذه الحرب. شوهدت قوات نيجيرية تتخذ مواقع في الأحراش المؤدية الى مقر القيادة العسكرية غرب العاصمة. عائلته ما زالت تبحث عنه في الاحراش.

دَغَل

jungle {3W}

pl: أَدْغال، دِغال

تولج اصابعها في دغل شعرها وهي تضفره في نسيج كثيف. اضطر للسفر الى ادغال الامازون بحثاً عن زوجته التي هجرته ليطلب منها الطلاق. عثروا على جندي ياباني باق في أدغال الفيليبين منذ الحرب العالمية الثانية. هاجم المتمردون الهوتو مخيمات للسياح الأجانب في أوغندا، واختطفوا مجموعة منهم، واقتادوهم عبر الأدغال، وقرب الحدود مع رواندا.

غابَة

forest {2D}

pl: غابات

انتقل الجميع الى غابة الارز. شجرة الكلمة أخفت غابة القصيدة. أقضي ليلة في الغابة وأسافر غدا. يقف في غابة الحياة حيران تائها. الشارع المصري أصبح غابة لا أحد يحب أحدا. ما أمتع الجلوس في الغابة الخضراء والنظر إلى الشمس والقمر. وجدت نفسي وأنا ما زلت صغيرا أطير عبر حشرات افريقيا وغاباتها باحثا عن جدي. شركات صناعات الأخشاب تبحث عن بدائل أخرى لقطع أشجار الغابات.

---

to change غيّر

بَدَّلَ

to change, exchange sth {2D}

لا يستطيع ان يبدّل الاشياء بسرعة. بدلوا أسماء الشوارع التاريخية. بدّل ثيابه، تمهيداً لمغادرة مكان القداس. بدل ان يبدّل الحلم الواقع ويغيّره انتصر الواقع على الحلم وأرداه قتيلاً. لم يعد مقبولا منها أن تبدل الأحصنة في منتصف السباق. فرعون وأعوانه أشاعوا عن موسى كثيرا من ا لأراجيف الباطلة والأقوال الزائفة بأن وصفوه بأنه ساحر وبأنه كذاب وبأنه يريد أن يبدل الدين. الرجل لم يبدل ملابسه التي ظهر بها من ثلاثين عاما.

حَوَّلَ

to change, convert sth into sth or إلى *into sth; to divert sth* عن *from* {2D}

حوّلوه اداة طيّعة في يدهم. يحوّل الايمان الى عقيدة سياسية. حوّل الحرب الأهلية إلى حرب دينية. حوّلت الحركة مدينة سان فرانسيسكو الى مدينة أدبية. يحولون الأرض الزراعية إلى مساكن. الحديث عن الخليل حوّل الانظار موقتاً عن المشكلات الاخرى.

غَيَّرَ
to change sth {2D}

لا يجوز لنا ان نغيّره. لا أدري لماذا غيّر اعضاء الطائفة رأيهم فانتحروا. تعود الى بيروت فترى ان الزلزال لم يغيّر الامكنة. إن لم يغيّر الاسرائيليون ثقافتهم وطريقة قراءتهم للتاريخ على هذه الأرض فلن يصلوا الى سلام. ما الذي سيحدث الآن بعدما غيّر الايرانيون موقفهم؟ الأتراك يغيرون الأسماء الكردية. يغيرون العالم بأفعالهم وليس من خلال أفكارهم وعواطفهم.

---

jealous غيور

see حسد

حَسود
envious; envious person {2M}
عَيْن الْحَسود the evil eye

أما الحسود فيزداد شراسة إن قدمت خدمة له. إن الانسان الحسود يعيش لوحده ولا يعترف بالناس. ما هي حكاية استاد القاهرة، هل أصابته عين الحسود. تضع عودا في عين الحسود. يبدو أن عيون الحسود أصابت لاعبي الزمالك.

حاسِد
envious; someone who holds a grudge {2W}
pl: حُسّاد

كانت صديقاتها يتطلعن إليها بعيون حاسدة. نحن بانتظارك و«عين الحاسد تبلى بالعمى». ولد في أرض ليس فيها إلا حاسد ومحسود. هذا الشعور بالارتياح ما لبث ان اختفى تاركا للوشاة والحاسدين فرص الغدر والنهش فيه كيفما شاءوا. يحمل الحاسد على محاولته إزالة النعمة عن المحسود بأي طريقة. أعبر عن الخوف من عين الحاسد. علّمنا القرآن الكريم أن نستعيذ من شر الحاسد.

غَيور
jealous; enthusiastic على *about; concerned* على *about* {2W}
pl: غَيورون

حاول شاب تركي غيور أيضاً، طعن شقيقته بالسكين بينما كانت تراقص صديقاً لها. يتمنى ان يموت برصاص زوج غيور. كان غيورا ولم يكن يعجبه أن يصحب اخوانه للزيارة. انه شاب مصري غيور على بلده. ان كل وطني غيور على هويته وبلده يعتبر نفسه تلقائيا من أعضائها.

---

cloudy غائم

سَديمي
nebulous {3M}

صباح سديمي يحلّ فوق مدينتي. الشاعر الذي لا يكتب سوى الشعر، كثيراً ما يكون نصه سديمياً، لا شكل له، وينقصه الوضوح. نحن الآن في عالم الغيم السديمي الذي يبعد عن الأرض ثمانية مليارات سنة ضوئية.

ضَبابي
foggy, hazy {2W}

اعترفت «بأن الصورة ضبابية». الصباح في لندن يعلن عن وجهه الضبابي. كان الدافع وراء المؤامرة ليس واضحا أو ضبابيا على أكثر تقدير.

غائِم
cloudy, overcast {2W}

السماء غائمة، والوقت هو الغروب. أشعر ان المستقبل غائم. سواء كان الجو صحواً أم غائماً عند حلفه اليمين الاثنين المقبل فان سحباً قاتمة تخيم فوق رئاسته. ضاعت وسط السحب الغائمة. فوق ذلك يتدفق المطر من سماء غائمة على رؤوسهم. الدنيا غائمة خارج النافذة، والطائرة السويسرية تلف وتدور، وتلف وتدور.

مُكْفَهِرّ
cloudy, overcast; gloomy; [see متجهّم; *sullen*] {3M}

قد يكون اليوم مكفهرا عاصفا لكن غدا سيكون يوما جديدا. كيف يلتقط صورا لما جرى في هذا الجو الرمادي المكفهر؟ هذه هي الأجواء المكفهرة التي عاش في كنفها الأفغاني طفولته المعذبة الحائرة. اظهر ياسر عرفات وهو مكفهر الوجه يتعجل المغادرة تحت ستار الليل.

مُلَبَّد

overcast ب *with* (clouds)
{3M}

السماء ملبدة بالغيوم. جو السياسة ملبد بالغيوم. جو ملبد بالفضائح يخيم على كلينتون عشية القسم الدستوري. كل هذه الامور كوّنت مناخاً إعلامياً ملبّداً كان لا بد من الدخول عليه بصراحة.

to surprise — فاجأ

باغَتَ
to take sb by surprise {3W}

قد باغته المرض ربيع العام ١٩٥٦ بعد اشتراكه في مؤتمر الكتاب. لدى وصوله الى نقطة المكمن باغته المجاهدون بوابل كثيف من نيران الاسلحة الرشاشة. انقض، دون تمحيص، على أول فكرة باغتته. هنا باغتني فزع مميت. هو على ثقة تامة بأن العنف لن يباغته.

أَدْهَشَ
to astonish, surprise sb {2W}

ادهشني ان مذاق بعضها كان معتدلاً بعض الشيء. لعل البعيدين عن افغانستان وما يحدث فيها ادهشهم ظاهرة الطالبان المفاجئة. لاحظ الزوج ان زوجته منطفئة وصامتة، وادهشه هذا الاحساس الجديد. ذلك لم يدهش المسؤولين الاميركيين. من يتأمل الخارطة السياسية للعالم سوف يدهشه ان يكون الرئيس العراقي لا يزال في منصبه.

داهَمَ
to surprise sb; [see هاجم*; to raid, attack sth]* {3W}

تداهمنا الكاتبة بهذا السؤال: لماذا ينضم الشباب إلى هذه الجماعات؟ هل نبقى كالقطة في الليل، تداهمها الأنوار الساطعة، والكشافات المبهرة. قال: يجب أن نستمر في البحث ونسرع فيه اذ يكاد الوقت يداهمنا.

أَذهَلَ
to surprise, startle sb {2W}

لا تزال هذه المدينة العجيبة تذهلني. أحزنني وأذهلني انه ألقى بهذا الحديث وبجواره في المنصة زميله في التجمع. لم يذهلنا البتة هذا الكلام. جاء الفوز الهلالي مستحقاً بعد ان قدم مباراة اذهلت المتابعين. تمكنت في وقت لاحق من رفع التقديرات الأولية الى مستويات أذهلت المراقبين في أسواق المال.

فاجَأَ
to surprise sb {2D}

فاجأت الانتخابات الأخيرة في ايران الجميع. فاجأت انكلترا منافستها ايطاليا (١٢\صفر). فاجأني بطوله. الذي فاجأني في مقاله المذكور، صمته المطبق عن الأحداث. كلينتون فاجأ الجميع بالابقاء على روس ضمن فريق عمله. لم يفاجئني الحكم على الجندي بالسجن المؤبد مع الاشغال الشاقة.

suddenly — فجأةً

بَغْتَةً
suddenly {3M}

غادر العاهل الاردني الملك حسين بغتة الاردن الى مستشفى «مايوكلينيك» بالولايات المتحدة لاجراء فحوصات صحية. نزل الجنود وأغاروا على المسلمين بغتة وتم لهم بذلك الاستيلاء على الجزيرة. يتوقّف العامل بغتةً. نعم قد يأتي الحب بغتة. جاءتهم الساعة بغتة.

عَلى غِرَّة، عَلى حينِ غِرَّة
unexpectedly; suddenly {3W}

مست شفتاها شفتيه على غرة. حققوا انتصارات سريعة لأخذهم السوفيت على غرة. كان من الواضح ان ستالين قد اخذ على حين غرة. على حين غرّة انزلقت العجلات ودارت السيارة حول نفسها. دعا الى «التنبه كي لا نؤخذ على حين غرة.»

فَجْأَةً
suddenly {2D}

فجأة قررت ان تنفض يدها من هذه المسؤولية. احسست فجأة ان قلبي يثقل عليَّ. كان يمضي السهرة مع عشيقته عندما دخل عليهما الزوج فجأة. عاد الى دمشق فجأة حاملا أفكارا اسرائيلية. ماتت فجأة في السادسة والعشرين من العمر.

opening فجوة

ثُغْرَة
opening, gap {2W}
pl: ثُغْرات

هذا التبديل احدث ثغرة في خط الدفاع تمكن البرازيلي راموس من استغلالها. كان هم الشرطة أن تفتح ذلك اليوم ثغرة في الجدار المحكم الذي بناه المهربون. قال انه لم ير في تصريحات نتانياهو «اي ثغرة مفتوحة ولا ممراً مشروعا» يمكن استئناف المفاوضات على اساسه. هناك ثغرة في السياسة الاميركية تجاه العراق.

خُرْم
hole; opening {2M}

قد تحول ذلك القلب منذ ان عرفتها الى خرم إبرة لا يمر عبره سواها. كان مثل خرم فتح فجأة في إناء يغلي من الداخل مشحون بمشاعر مكبوتة. ضاق خلقنا وأصبح كخرم الابرة. كل خرم قصاده عين.

فَتْحَة
opening {2W}
pl: فَتْحات

بحث معي عن فتحة في السور. فتحت فتحة في النفق أثناء تمهيد طريق يربط بين سياجين أمنيين. يعلو هذه الفتحات زجاج ذو لون اصفر يسمح بنفاذ الضوء الطبيعي. وجدت فتحة مؤقتة أيام رابين وبيريز، ثم أغلقها المجتمع.

فَجْوَة
opening, gap {2D}
pl: فَجْوات، فِجاء

الفجوة تضيق بين المثقفين وغير المثقفين. اتسعت الفجوة بين مواقف احزاب المعارضة المصرية تجاه الصراع المسلح في شرق السودان. تشهد السوق السعودية حالياً فجوة بين العرض والطلب. وصلوا الى «طريق مسدود بسبب الفجوة العميقة» بين الموقفين. سعى الى سدّ الفجوة في الميزان التجاري. هناك فجوات وثغرات كثيرة في الوضع اليمني.

فوهَة
opening, hole {3W}
pl: فوهات

انها «مجموعة ارهابية تريد الوصول الى السلطة عبر فوهة البندقية.» فتح فوهة تكفي لدخول سيارة منها. يجعلها فوق فوهة بركان. من فوهة البنادق تنبع السياسة.

---

to examine, investigate فحص

see جرّب

بَحَثَ
to investigate في *sth, look* في *into sth; [*see بحث; *to discuss; to search* عن *for]* {2W}
VN: بَحْث يَبْحَثُ

سيبحث المؤتمر في الدور الكبير الذي أصبح التحكيم يلعبه في التجارة. ماليزيا تبحث في التعاون النفطي مع الكويت. بحثنا في هذا الامر مع الحكومة السورية. ان الحكومة تبحث في تعديل الاتفاق المذكور. اللجنة ستبحث في اقتراحات عدة في شأن تطوير التعاون في مجالات الثروات المعدنية.

تَحَرَّى
to investigate, examine sth or عن *sth* {2W}

يستطيع رادار الاستطلاع ان يتحرى الأهداف لغاية ثلاثين كيلومتراً أو أكثر. أكد ان الجيش يتحرى صحة تلك المعلومات. تحرى عن النبأ. قال ناطق باسم الجيش الاسرائيلي انه يتحرى عن التقرير. شكرته، لكنني لم أخف شكي ورحت اتحرى عند الجيران، ما إذا كان للبيت مدخل خلفي.

حَقَّقَ
to investigate في *sth; [*see نفّذ; *to carry out]* {2W}

طلبت وزارة الخارجية الاميركية من الحكومة الاسرائيلية ان تحقق في ما اذا كانت المستوردات الاسرائيلية من الفستق جاءت وتأتي من ايران. معروف ان اجهزة الأمن السعودية تحقق في الأمر. قالت الشرطة انها تحقق في الحريق على اساس انه «جريمة». قال شعث للتلفزيون الإسرائيلي «نحقق في الموضوع ونطالب بتسليمنا الضباط الثلاثة».

فَحَصَ
to examine sb/sth {2D}
فَحْص :VN يَفْحَصُ

لنفحص هذه القيمة بوضوح. يفحص الطبيب الضغط والنبض وينظر الى لساني. يفحص الفريق مواقع مدمرة للصواريخ العراقية. كان الدخول اليها ببطاقات خاصة يفحصها رجال الشرطة. فحص الخبراء الرسائل بأشعة «اكس» لتحديد دائرة التفجير في كل منها. لا يزال الخبراء يفحصون الاضرار التي لحقت بالمكامن النفطية في حقول البترول الكويتية. وقعت مآس في الآونة الاخيرة وسنفحص تفاصيل ما حدث جيدا ونستخلص دروسا.

تَفَحَّصَ
to examine sb or sth {2W}

يتفحصون الوثائق. لم يتفحّص القاضي الاميركي المزاعم المحدّدة ضدي. حضر الطبيب وتفحص حرارة الصبي. يلتف حولنا الأطفال، يتفحصونني بدقة من فوق الى تحت. يدعو القارئ الى تفحص الاسس الاخلاقية لحضارة الرأسمالية.

تَفَرَّسَ
to scrutinize, eye في *sth* {3M}

ازواجنا الآن يتفرسون في مؤخراتنا وهم جالسون داخل العربة. وجدته متربعاً على حصيرة، ممسكاً بجريدة ويتفرس باهتمام وتمعن. تفرّست فيهم، على ضوء شحيح، فتبينت انهم جميع الذين مررت بهم. اتفرس في كل شيء. تفرست في وجه السادات الرئيس الجديد الذي كنا لا نعلم عنه إلا القليل.

تَقَصَّى
to examine, investigate sth {2W}

تقصى اعضاء الوفد امكان شراء هذه الطائرات. من يتقصّى الحقائق، يصل الى النتيجة. انها تتقصى المشهد بأبعاده الاجتماعية، فتقدم شهادة على درجة كبيرة من الأهمية. يتقصى أعماقها وشكلها الداخلي والخارجي. يتقصى تفاصيل معاناة السكان في رام الله.

اِسْتَقْصَى
to examine, investigate sth {2M}

ذهبت تستقصي الأمر فوجدت ان البيت خال. «الحياة» حاولت ان تستقصي مشاعر العرب في بعض عواصمهم. حاول اليعقوبي في تاريخه ان «يستقصي مختلف الروايات وان يقارن بينها ويكمل بعضها ببعض».

مَحَّصَ
to test, examine sth {3M}

لم يكن يمحّص ما قُصّ عليه من اساطير وخرافات. أنا لا اسلم بالعقيدة الموروثة ما لم امتحنها وامحصها وما لم اصل من امرها الى الايمان بأنها هي الحقيقة. يريد أن يبذل المؤمنون ماعندهم من طاقات أولا لكي يمتحنهم ويمحصهم.

فَخّ
ambush

شَرَك
trap, trick {3M}
pl: شِراك

ذكرت صحيفة ليبراسيون اليسارية أن الرئيس اليوجوسلافي نصب شركا للناتو. لعلها الوسيلة الوحيدة لانقاذه من الانزلاق الى شرك الانفصال الذي نصبته وزيرة خارجية امريكا مادلين اولبرايت. هي فعلا ظاهرة خطيرة لابد أن تخضع لقانون يمنع تصنيع أي نوع من الحلوى في شكل السجاير والسيجار والبايب، وكل المغريات التي تنصب لأطفالنا لإيقاعهم في شرك التدخين. ليست سوى شراك خداعية من بعض محترفي النصب بطريقة شيك وعصرية.

فَخّ
trap, ploy {2W}
pl: فِخاخ

قرر الا يقع في فخ الغرور. وقع عبدالحكيم عامر بسذاجة في الفخ، فكانت الهزيمة عام ١٩٦٧. ٢٥٠ مليون طفل يقعون في فخ عمالة الأطفال. صورت الموقف على انني قد نصبت لابنها فخا وقع فيه باستدراري لعطفه لكي يرتبط بي. بات واضحا ان الغرب يعد فخا جديدا لتركيا بشأن هذه القضية. قليلون جدا يقعون في هذه الفخاخ. نصب الفخاخ الملغمة.

كَمين
trap, ambush {2W}

إن استطعت الإفلات بمعجزة من الكمين الأول فلابد أنك ستقع في الكمين الثاني. عندي هذا الأسبوع اكثر من رسالة من قراء وقعوا في كمين «التايم شير». نصبوا كمينا لدورية اسرائيلية وأطلقوا عليها القنابل اليدوية. اغتيل ٩ أشخاص في كمين بولاية الجلفة جنوب العاصمة.

pride — فخر

إِباء
pride; [rejection; disdain] {3M}

اولبرايت «اعادت الى الشعب اللبناني شعوراً بالأنفة والإباء والعزة. عمقت رسالتها بشرف وإباء. إذا تأملت قسمات وجهه الدقيق المليئة بالإباء والترفع، فإنك سوف تحس بالموسيقى التي تخفيها هذه القسمات الظاهرة. إذا كان المرء مصابا بالإباء فعليه أن يجوع في المدينة الكبيرة.

أَنَفَة
pride; self-respect {3M}

هي شعوب مسلمة عربية تعتز بكبريائها القومي وببداوتها وبأنفتها. دمرت الكثير من الركائز في ذلك البلد المسكون بالأنفة والكبرياء. اذا الرجل يلتفت اليه في انفة وكبرياء.

مُباهاة
pride, boastfulness {2M}

لست احب المفاخرة والمباهاة. الأهم ألا يكون الهم الشاغل لهذا لشخص هو المنظرة أو المباهاة أو التفاخر وألا يكون ذلك هو كل محتواه. اقول لهؤلاء إن هذا ضار بالصحة ولا مجال للمباهاة بهذا الامر. يتكلم بفخر واعتزاز ومباهاة واضحة مظهرا أيضا اهتماما بيئيا لا يقل عن الاهتمام بالتطوير التكنولوجي.

خُيَلاء
conceit, pride {3M}

ليت الانسان المولع بالخيلاء ينظر إلى شجرة واحدة من ملايين الاشجار المنتشرة في الطبيعة. كان صدام في ظل خيلاء النصر الجزئي ضد إيران. بهذا لا نختال ونفتخر ونمشي بين الناس في زهو وخيلاء اذا اقبلت علينا الدنيا. كان يحيينا بخيلاء المبدع.

تَرَفُّع
arrogance, pride {3M}

ممارسته للسلطة اتسمت بالنزاهة والطيبة والعطف، ورفض الترفع الطبقي. عُرف بالترفع الخلقي وباستقامة حياته. العمل شرف وإيمان ولا يجوز الترفع أو رفض أية فرصة لعمل شريف.

زَهْو، زُهُوّ
pride, arrogance; vanity; [see بريق*; splendor]* {3W}

يقول «ان الاناقة والزهو بها هما اليوم للنساء، أما في أيامنا فقد كانا للرجال». كان من الطبيعي ان ينتابها الغرور والزهو. هؤلاء سوف يسكرهم الطاغية بخمر رديئة هي خمر الزهو والكبرياء. تبتسم نفرتاري في غبطة وزهو وكبرياء. كل هذه البطولات العظيمة سوف تزرع في كل الأجيال الجديدة نوعا من الزهو والفخار والولاء والانتماء للوطن والاقتداء بهؤلاء الأبطال.

شُموخ
magnificence, greatness; pride [loftiness] {3W}

عبّرا عن الشموخ والعظمة. يلجأ الى الماضي المحاط بتلك الهالة من البراءة والفضيلة والشموخ. لنتذكر دائما أن تاريخ مصر يذكر لنا أنه في يوم من أيام العظمة والشموخ كانت مصر كلها معملا للطب والرياضيات والابحاث الفلكية والطبيعية. أمعن في الشموخ بالوراثة المصرية. هناك الساحة الدولية التي حققنا فيها نجاحات فزاد شموخ مصر ازدهارا.

صَلَف
conceit, arrogance {3W}

لا يزال الموقف الاسرائيلي صلفاً ومتعنتاً. يجب اتخاذ اجراءات عملية لمواجهة الصلف الصهيوني في القدس. يصل صلف الادارة الاميركية ان تطالب الرئيس الفلسطيني ياسر عرفات بعدم الخروج عن الحد وضرورة الضغط على شعبه.

عَجْرَفَة
arrogance {2M}

شعب الاكوادور تعب من «الاهانات والعجرفة وسوء السلوك.» أعرب عن ضيق الادارة الأميركية بعجرفة حكومة نتانياهو وخططها الاستيطانية. سيجدون ان المواطن الاميركي العادي أبعد ما يكون عن الفظاظة والعجرفة والأنانية، بل يبدو من خلال التعامل معه في الاحياء والاماكن العامة وحتى الطرقات المزدحمة ودوداً ومتفهماً. لعل اهم ما يميز لويس انه ليس لديه عجرفة او غرور.

عِزَّة
[see محترم*; honor, glory]; self-esteem; pride* {2M}
عزة النفس self-respect

كان المثل الاعلى للرجولة والإخلاص والشهامة والعزة والكرامة والوطنية والتواضع والانضباط وإنكار الذات. كان المصري يشعر بالعزة والفخر لأنه يلبس من صوف المحلة، وحرير كفر الدوار. عاشوا طول حياتهم بكرامة وبعزة نفس. تعوّدنا الألم ونتحمّله بروح عالية وعزّة نفس وكرامة.

اِعْتِزاز
regard, pride {2D}

سجل المجلس الشرعي الاسلامي «ارتياحه البالغ واعتزازه» بانتخاب قباني. ابدى الرئيس الاميركي اعتزازه بدور بلاده في اعادة إنهاض المنطقة من الحرب والدمار. قال ان الشيعة في مصر «موضع احترام واعتزاز منذ سنوات طويلة»، وأن الفقه الشيعي «يدرس في جامعات مصر.» أعرب عن شعور «طيران الخليج» بالفخر والاعتزاز بهذا الانجاز. تحدث الأمير ماجد بن عبدالعزيز مبدياً اعتزازه بوجود مثل هذا المركز في جدة.

عَنْجَهِيَّة
(bad) *pride* {2W}

زيارة نتانياهو لواشنطن «لا تبشر بتنازل اسرائيل عن غرورها وعنجهيتها.» تصاعد النقد يوما بعد يوم ضد الخراب والتهجير والعنجهية السياسية. لن تؤدي سياسة العنجهية إلا إلى نتائج سيئة. استخدام الولايات المتحدة حق النقض بهذه العنجهية جاء ليقبر نهائيًا أي صدقية لمجلس الأمن.

غُرور
conceit, snobbery; vanity {2W}

تبدو سيرته الذاتية فعلاً أقرب الى الغرور وقلة الذوق. كثيرا ما يدفع الجهال الى الكبرياء والغرور. قد امتلأ غرورا وصلفا بالحياة. أساء بغروره، واستغل بجهله معطيات البيئة. هنا أرجو الا نصاب بالغرور القاتل الذي يجعلنا نفكر فعلاً في أننا أصبحنا نملك هذه القدرات.

غَطْرَسَة
haughtiness, arrogance {2W}

من الواضح ان اسرائيل تتجه نحو مزيد من الصلف والغطرسة واهدار الحقوق العربية. الشعب الفلسطيني لن يكون وحده الخاسر إذا هو بقي على غطرسته. ان كلامه يعكس «غطرسته واعتقاده بأنه قادر على فرض ما يريده على الاميركيين.» لا يمكن ان يُخدع احد، بما في ذلك صدام ذاته، بأنه الضحية البريئة للغطرسة الاميركية.

فَخْر
pride, honor; boasting {2D}

اظهروا بفخر الصور التي التقطت لكل منهم الى جانب قادة الاكراد. دعاهن الى «الاعتزاز والفخر بأبنائهن المعتقلين في السجون الاسرائيلية». قال «ان هذا الفوز فخر لنا جميعاً في الوكالة.» يشعر بالفخر بدوره ودور بريطانيا في نجاح هونغ كونغ. يتحدث بفخر واعتزاز عن انجازات الحزب والثورة.

فَخار
pride {3M}

هذه البطولات ستصنع نوعا من الزهو والفخار والاعتزاز بالنفس لدى الأجيال الجديدة. عاشت الأسرة المصرية مساء أمس ليلة بهيجة ملأها الزهو والفخار بابنها النابه العالم الدكتور أحمد زويل وهو يتسلم جائزة نوبل. اننا نذكر بالاكبار والفخار انجازاته الكبرى.

مُفاخَرَة
boasting, pride {3M}

لست احب المفاخرة والمباهاة بخبرة المكاتب الاستشارية المصرية. لك أن تتخيل ما تحتويه هذه المفاخرة من استشهادات وحجج. لقد ادى تحويل التخلف الى تخلف ايجابي تجري المفاخرة به.

تَفاخُر
pride, boasting {3M}

إنه فوّت على نفسه فرصاً كثيرة في فرنسا، بسبب تفاخره بأصله الهنغاري. أوقدوا في الجماهير مشاعر التفاخر الساذج. لم ينس التفاخر بقرار البناء والاستيطان في جبل ابو غنيم.

اِفْتِخار
pride, boasting {3M}

أميركا أكثر الأمم افتخاراً بنفسها. أشار إلى افتخار الفتى بأن أباه لم يقتل. وجه المجتمعون «تحية إكبار وتقدير وافتخار الى المجاهدين المقاومين الصابرين على ارض فلسطين.» نفذ سلسلة مشاريع فنية كانت مصدر اعتزاز وافتخار كل من التقاه.

تَكَبُّر
pride, haughtiness {2M}

اتسم الغجر منذ القدم بالتكبر والشعور بالقوة وشدة البأس. إن كثيرا من الناس يركبه التعاظم والتكبر حين يتوهم أنه في بلهنية من عيشه. نشر السلام والرخاء والاطمئنان، بعيدا عن التكبر. أكتب لك هذه الرسالة لكي تكون عبرة لبعض الأمهات المتكبرات المستبدات بأبنائهن لكي يعرفن ان القسوة والغرور والتكبر لاتفيد ولا عائد لها.

كِبْرِياء
pride {2W}

تناقضت شخصيته بين الكبرياء والتواضع وبين العبقرية والتسامح. «حين تنسى المرأة كبرياءها تفقد ذاتها.» مبارك يحذر نتانياهو من استفزاز كبرياء مصر. كنا نتوقع منها أن تتصرف بكبرياء ولباقة اكثر خصوصاً انها متزوجة من أحد ابناء عائلة بوتو. يمتزج كبرياء جمالها بأعناق رجولته المشتاقة. يفر منها الى عالم خاص به، يحاول فيه أن يشفي كبرياءه.

نَخْوَة
pride; self-respect {3M}

يأتي أوان لاستعادة النخوة والقوة والقدرة العربية. انها قضية فطرة ودين ومروءة ونخوة. لاشيء آخر في الوجود يثير نخوتهم وغيرتهم على الدين. هي مدينة القداسة والثقافة والعراقة والتاريخ والاصالة، كل مايمكن ان يستثير النخوة في الانسان.

---

one by one — فرادى

فُرادَى
one by one, separately {3W}

جرى الاتصال بهم – فرادى– خلال زيارات متتابعة قام بها بونديك. نجحت اسرائيل في شق الصف العربي وجر العرب فرادى الى التفاوض وعقد اتفاقات هزيلة. أما المهاجرون فيهاجرون فرادى في أغلب الأحوال. الكوارث غالبا ما لا تأتي فرادى.

واحدًا واحِدًا
one by one, individually {2M}

يرحل الأصدقاء واحدا واحدا. مررت بهم واحداً واحداً. كان في المقابل يعرفهم جيدا واحدا واحدا. أجدني مضطرة إلى شرح الأمر لهن واحدة واحدة. استولى بنو أيوب على امصار الشام التي كان هولاكو انتزعها منهم واحدة واحدة.

واحِداً تِلْوَ الآخَر
one after another {3M}

سقط هؤلاء واحداً تلو الآخر في شكل لا يصدق. اقترب مني آخرون وبدأوا بسرد قصصهم واحداً تلو الآخر. يقذفها واحدة تلو الاخرى. طوال خمسين عاما من الصراع، يقدمون لإسرائيل فرص السلام المجانية، واحدة تلو الاخرى. إرادته كانت أقوى من العقبات، فقهرها واحدة تلو الأخرى حتى اجتازها كلها. أخذت القلاع العربية تنهار واحدة تلو الأخرى.

---

unique — فريد

see غريب

اِستِثْنائي
exceptional {2D}

دعونا الى اجتماع استثنائي للامانة العامة لاتخاذ الموقف الملائم. من هنا تأتي الأهمية الاستثنائية لمقولة كانط عن التنوير. في هذه اللحظة الاستثنائية بالذات جاء الدور التاريخي للكلاب. قد لا يكون لهذين الخبرين أهمية استثنائية. السنة الماضية شهدت زيادة استثنائية في حجم التجارة تقدر بنحو عشرة في المئة.

خارِق
extraordinary, unusual {2W}

كل هذه الصفات الخارقة لن تنجي الشجرة من الموت. هي بطلة اولمبية خارقة ذات قوام رشيق. هناك قصص عدة عن تصرفات الكلاب الخارقة أو ذكائها غير العادي. لا تعتقد ام حسن انها قامت بعمل خارق، ذهبت وجلبت الطفل، وهذا كل شيء. هي تملك جمالاً خارقاً وعضلات خارقة.

فَوْق العادَة
extraordinary, unusual {2W}

يعتبر منتخب الولايات المتحدة مرشحا فوق العادة لاحراز المركز الاول على غرار ما حصل في البطولة الاخيرة. العملية كانت تستهدف هدفاً فوق العادة بناء على معلومات يفترض بأنها موثوق بها.

فَذّ
unique; sole {3W}

يعتبرون المهاتما غاندي زعيماً للحرية والعدالة والمساواة ومصلحاً اجتماعياً فذاً. كان يتمتع بشخصية قوية فذة. هذا المؤلف الفذ الذي يعتبر من كبار موسيقيي النصف الأول من القرن العشرين كان، أيضا رساما معروفا. الرقم القياسي يحمله الجزائري الفذّ نورالدين مرسلي.

فَريد
unique; sole {2D}

قدموا من مختلف دول العالم للتعرف الى هذه الظاهرة الفريدة من نوعها في منطقة الشرق الأوسط. هذا البرنامج فريد وجديد في طرحه. جعلوها مدينة للعلم فكانت ظاهرة حضارية فريدة. اتيحت فرصة فريدة للزوار لمشاهدة هذه السيارة غير العادية. ديفيد روبرتس يدخل التاريخ فنانا فريدا من مرحلة الاستشراق الذهبية.

نادِر
rare {2D}

محلات بيع الارابيسك اصبحت نادرة جداً. هي الحرب الوحيدة، او احدى الحروب النادرة، التي انتهت دون ان تصاحب نهايتها وثيقة، او احتفال. ربما كنت العربي النادر الذي يخاطب الأميركان مخاطبة الند للند وليس مخاطبة الضعيف للقوي. الاسماعيلي لديه فرصة نادرة لاحراز اللقب الذي لم يحرزه طوال تاريخه. زود القاموس بمجموعة مهمة من الصور النادرة.

يَتيم
[orphan]; unique; incomparable {2W}

سجّل هدف المباراة اليتيم. طبعاً حادث يتيم لا يكفي مبرراً لحرب. رصيد الزمالك نقطة يتيمة حصل عليها بتعادله في الجولة الاولى من البطولة مع السويس. قال كيم ان هذه الخطوة الرمزية يجب الا تبقى يتيمة. هي سخرت من ان فشل الحكومة الأخير ليس يتيماً، بل حلقة في سلسلة مستمرة.

---

isolation, loneliness — انفراد

خَلْوَة
seclusion; private interview {2W}

سبق الجلسة خلوة بين الرئيسين. اعتقد ان سماحة محمد الصدر أثار هذا الموضوع اثناء خلوته القصيرة مع صاحب الجلالة في قصر الرحاب. عقد الوزيران خلوة عرض خلالها الوضع في لبنان والتطورات الاقليمية.

اِنْزِواء
isolation {3M}

بات يميل الى الانزواء والانقطاع والانطواء على نفسه. رغبته في الانزواء في قريته غلبت لديه اية رغبة اخرى. الجبهة سرعان ما عادت بعد ذلك الى الانزواء. أدت هذه العوامل مجتمعة الى «انزواء» الدين واقتصاره على مظاهر طقوسية فردية.

اِنْطِواء
introversion; being withdrawn {2W}

طبيعته الهادئة وانطواؤه الطبيعي دفعني إلى الالتصاق به. يميل أفراد المجتمع إلى الانطواء على النفس. معاناته انتهت به إلى الانطواء والاعتكاف بعيدا عن حركة الناس والحياة. كان دائم الانطواء على نفسه وليس له أصدقاء. يتسم سلوكه بالميل إلى الانزواء والعزلة والانطواء وعدم الثقة بالآخرين.

عُزْلَة
isolation, seclusion; solitude {3D}

الأب والأم والابنة يحسون بالعزلة والصمت رغم وجودهم معاً. يشعرون بعزلتهم وتعاظم التحديات امامهم. فرض عزلة على العسكريين. أقر بأن واشنطن كانت تفضل قرارا اوروبيا بفرض عزلة كاملة على ايران. يعمق الاحساس بالعزلة والصمت. بنوك المنطقة الكبيرة لا تستطيع ان تبقى في عزلة عن ما يحدث عالمياً.

مَعْزِل
seclusion, isolation {3W}
بِمَعْزِل عن isolated from

ترقص لوحدها وبمعزل عن صاحبها. حلّ مشكلة النقل وسط ازدحام بيروت لن يتم بمعزل عن تنمية المناطق لوقف الهجرة الى العاصمة. لا يمكن تصور العولمة بمعزل عن التكنولوجيا. أي تطوير للتجربة الديموقراطية المتواضعة لا يمكن ان يستمر في معزل عن التربية.

اِنْعِزال
isolation {3W}

بقاء بريطانيا خارج المنظمة الأوروبية يزيد من انعزالها. هو يقيها شر الانعزال ويساعدها على لعب دور بارز في المنطقة. لم يذكر فترة انقطاعه للعلم وانعزاله في القلعة إلا مرة واحدة وفي أقل من فقرتين. كيف قضى انعزاله السياسي ولماذا اندفع لاحقا الى العزلة التامة والانقطاع عن العالم؟

اِنْفِراد
isolation, solitude; loneliness {3D}

التقى القذافي على انفراد. ترك زميله سليم ذيابات في مواجهة المرمى في وضع انفراد تام. طلب أن يحدثني على انفراد. انه المخلوق الأكثر رقيا بين كل الكائنات الحية لانفراده دون سواه بخاصية الذكاء. سقط نظام القطبية الثنائية ليبدأ عصر الهيمنة الأمريكية وانفرادها بزعامة العالم. الاهلي يحاول الانفراد بقمة الدوري المصري.

اِنْقِطاع
[separation, break]; being cut off عن *from* {2W}

يميل إلى العزلة والانقطاع عن الآخرين. يشعر بالغربة والانقطاع عن الناس. اندفع إلى الانقطاع عن العالم.

وَحْدَة
solitariness, isolation; loneliness {2D}

أحس بالوحدة وبأني أقارع هذا العالم الظالم. عندما وصلت إلى الشارع العريض المؤدي إلى المستشفى أحسست بوحدة عجيبة وغضب عميق. انني أشعر بوحدة، وأحيانا بحزن. لا تشعري بوحدة فأنت بيننا. «لا نشعر بالوحدة ابداً، نحن اصدقاء وغالباً ما نمضي اوقات فراغنا في لعب الورق.»

---

isolated; solitary — منفرد

مُنْزَوٍ
alone, secluded, isolated {2M}

يجلس منزويا في الركن. تغطي شبكات المياه والكهرباء جميع أنحاء البلد حتى أنها تلحق البيوت البعيدة في الريف والمنزوية وحدها لا تنتظمها بلديات أو مجالس تنظيمية. يبحثون عن أماكن منزوية أو خالية ليشتغلوا بمنأى عن الأنظار.

مُنْعَزِل
isolated {2W}

لم يكن محل اقامة اليونان الاجانب منعزلاً وإنما شكل حياً من احياء المدينة السورية. درست حتى الجامعة في مدرسة ألمانية منعزلة نسبياً عن المجتمع الحقيقي. الفاتيكان مجرد جيب منعزل في داخل روما. كنت منعزلاً عن هذا العالم ولم يكن بيني وبينه أي اتصال. انه يمتلك هذه الفيللا بالفعل، وفي مكان منعزل ومحروس تماما من قِبل رجال أمنه الخاص.

مُنْفَرِد
isolated; solitary (by themselves) {2D}

عقد الرئيس مبارك والعقيد القذافي اجتماعا منفردا قبل الإفطار. أمريكا.. القطب الأوحد الذي يحكم العالم منفردا. حصل على جائزة نوبل في الكيمياء لهذا العام منفردا. لن ندخل في اي مفاوضات منفردة. فضل التسديد على ان يمرر الكرة الى واحد من زميلين منفردين تماما فطاشت كرته.

وَحيد
alone, solitary; only {2D}

لماذا تركت الحصان وحيداً؟ عند ضحى «الميناء» أكلتُ وحيداً، في مطعمه الصاحب. أجلس وحيدا وأتأمل. هل أنت وحيدة الليلة؟ كنت اعرف انني صرت وحيدة ولن يستطيع احد ان يعيد إلي أمي. هي وحيدة بلغتها، منفردة بهمومها. يمكن القول انني لست وحيداً منذ وطئتْ قدماي أرض المطار. هو الاقتراح الوحيد الذي قدمه روس في جولته الأخيرة. أضاف ان الحل الوحيد يمر عبر اتفاق مع لبنان وسورية.

موحِش
lonely, deserted; gloomy {3M}

حولنا الصحارى الموحشة الى غابات مسحورة. ملايين من الفلاحين تنتظر غالباً المطر، اما في المدن الموحشة فالمرء ينتظر متضرعاً تغير اشارات المرور الحمراء الى خضراء. كان الليل عتماً موحشاً. الشوارع خاوية موحشة.

فريسة prey

طَريدَة
game animal, prey {3M}

بعد هنيهة يقفز الصقر من فوق يد صاحبه في اتجاه الطريدة. يقوم الصقّار بسحب الطريدة من بين مخالبه. انقض على تشيخيا في الشوط الثاني كما ينقض الاسد على الطريدة. ينظر الآن ذاهلا في كل اتجاه، ينظر كالطريدة التي لا تعرف معنى الامن كيفما توجّهت. انطلقت الكلاب في اثر سهم رماه الرامي وراء طريدة وهمية.

فَريسَة
victim; prey {2W}

مفهومنا للعدالة اصبحت فريسة للصهيونية. سقطت النمسا فريسة أمام البرازيل في حين كانت أمیركا صيداً سهلاً للمنتخب العماني. لقد تسمت ديانا باسم آلهة الصيد ومع ذلك فقد ماتت فريسة. لاحت في عيونها فرحة الوقوع على فريسة. وقع بعض الشباب فريسة للمخدرات. يشارك النسر أحيانا السباع في التهام فرائسها.

فرش to furnish

أَثَّث
to furnish sth {2M}

تؤثث هذه عادة بأثاث اوروبي: كراسي ومناضد رديئة النوعية والذوق. أثثتها على مدى اعوام طويلة بأفضل الأثاث. يؤثث منزله بالأثاث المصنوع من أخشاب سويدية. العريس هناك يجد تسهيلات تتمثل في انه يؤثث ما يستطيعه في بيت الزوجية.

جَهَّز
to furnish sth; [see زوّد*; to prepare, provide, supply* ب *with]* {2M}

جهزت غرفة العمليات في الطائرة بحيث يسهل اجراء عملية جراحية. انتهيت من اعداد هذا المسكن الصغير وقلت لنفسي اننا قد جهزنا المكان ولم يبق إلا أن نبعث فيه دفء السعادة والود. تقول إنه لن يمكث في هذه الغرفة طويلا، انهم يجهزون غرفة اخرى مجاورة.

فَرَش
to furnish sth {2W}
يَفْرُش VN: فَرْش، فِراش

يفرش لهم السجاجيد حين يأتي وقت الصلاة. انه فقير لا يستطيع ان يدفع مهرا ولا ان يفرش ثلاث غرف. انه الوحيد الذي يستطيع ان يفرش شقة ابنته بموبيليا من صنع يده. مبيعاته تذهب في اغلب الاحيان الى تأثيث غرف للذين يفرشون بيوتاً للمرة الأولى من اجل الزواج او بداية تأسيس الأسرة. (Eg) يشتري شقة ويفرشها كمان.

مفرط excessive

مُتَجاوِز
exceeding, surpassing; [crossing over] {2W}

كان بث ظهر هذا اليوم السبت متجاوزاً للحدود، ما دعا عرب سات إلى اتخاذ هذا الاجراء الحاسم والقطعي بوقف ارسال هذه القناة.

زائِد
excessive; increasing {2D}

منع ركوب الاعداد الزائدة منعا لوقوع الحوادث. نجحت الى حد ما في التخلص من الانفعال الزائد. أوضح ان نسبة العمالة الزائدة في شركات التجارة وحدها بلغت ٣٠٪. شهدت المباراة خشونة زائدة فاضطر الحكم الى طرد فيكتور هوغو كاستانيدا (تشيلي) وبريزويلا (البارغواي). تناول جرعات زائدة من الدواء بهدف الانتحار.

مُسْرِف
excessive, immoderate; wasteful {2M}

كان الاستهلاك المسرف ملمحا سلبيا يتعين اجتنابه كنمط انتاجي وأسلوب حياة. هو قليل الخبرة شديد الطموح ومسرف في الثقة في النفس. تقديس رموز الماضي على هذا النحو المسرف يحول نظرنا دائما إلى الوراء. لم تكن مسرفة في الخيال. يتجه نحو الحد من النفقات الحكومية المسرفة.

فاحِش
excessive, exorbitant; [pornographic] {3W}

يتذمر من الغلاء الفاحش. نستدين من الخارج ومن الداخل بفوائد فاحشة. حملوا عليهم حملة منكرة، فانهزموا هزيمة فاحشة. بالطبع هناك من يحققون الثراء الفاحش من وراء هذا الخراب. هم لا يعنيهم إلا الربح الفاحش ولو على حساب صحة الإنسان المصري.

مُفْرِط
excessive, exaggerated {3W}

إن فشل المؤتمر ألقى مياها باردة على الثقة المفرطة التي أبدتها الولايات المتحدة. ما حدث في سياتل لابد وأن يثير الدهشة المفرطة للمراقبين والمحللين. أود أن أشير في هذه المناسبة الى المبالغة المفرطة في اتهام خريجي جامعاتنا الرسمية بعدم ملاءمة مستوياتهم ومهاراتهم لاحتياجات سوق العمل. كان مفرطا في التفاؤل.

فرع branch

سَعَف
palm fronds {2M}
unit noun: سَعَفَة pl: سَعَفات

السكن مبني بسعف النخل. حملوا أغصان الزيتون وسعف النخيل والشموع ولافتات. المقبرة كانت مدفونة في الرمل وهي قمة في الجمال والعمارة والفن وعلى واجهتها أربعة أعمدة اثنان منها على شكل نبات اللوتس واثنان على شكل سعف النخيل. تشبّه ديزي الامير نفسها بسعفة يابسة مقطوعة من جذع نخلة – فالنخلة رمز للعراق – سعفة مرميّة على أرض غريبة.

شُعْبَة
branch; department {2W}
pl: شِعاب

شاركت في خطة التصفية قوات من الموساد وشعبة الاستخبارات العسكرية. التحق بشعبة اللغات الأوروبية والترجمة الفورية بكلية الدراسات الانسانية. هم أعضاء في قيادة فروع وشُعب الحزب. البعض يرى من الضروري تدعيم الدراسات الفيلولوجية في شُعب العلوم الأدبية والانسانية.

غُصْن
branch {2D}
pl: أَغْصان

ليت الانسان المولع بالخيلاء ينظر إلى شجرة واحدة من ملايين الاشجار المنتشرة في الطبيعة، ويتأمل روعة الخلق في كل ورقة منها وكل غصن. أتفاوض بسيف في يد وغصن الزيتون في يد أخرى. كانت الطيور تأتي بالليل وتنام بين اغصان الشجرة. هناك تذبل الأوراق.. وتتساقط مثل ملابس، تركت اغصانها عارية.

فَرْع
branch {2D}
pl: فُروع

يغادر حسين بعد لندن الى مدريد لحضور افتتاح فرع الجامعة الجديد في العاصمة الاسبانية. كانت المعرفة بكل فروعها تعتبر مقدسة لدى اجدادنا. رأيت حديقة مسورة بأعواد القصب، وفروع الأشجار، حديقة مربعة مفروشة تماماً ببساط من العشب الأخضر الكثيف.

تفرّع
to branch

تَشَعَّبَ
to branch out; to be split, divided {2W}

شبكة الانترنت الحاسوبية العالمية تشعبت وتفرعت كالأخطبوط في نطاق ما يسمى بالعولمة. بمرور الوقت تشعبت دراستي وتعمق اهتمامي حتى وصلت الى مرحلة اعداد رسالة دكتوراه. الأمر لايتعلق بمشاعري تجاه زميلي فقط، وانما يتشعب ويداخله شيء من الإحساس بالذنب تجاه ابن عمي.

تَفَرَّعَ
to branch out, divide {2W}

شبكات الطرق والسكك الحديدية تتفرع وتربط اغلب دول منطقة البلقان. هي النظرية التي تفرعت بدورها من مبدأ ترومان. إن البناء التحتي لتكنولوجيا المعلومات والتي تفرعت عنها ـ الآن ـ شبكات الاتصالات والانترنت ما هي إلا نتيجة حتمية وتلقائية لتطور هذا الميدان. من هذه القضية العامة تتفرع قضية ثالثة وهي ضرورة الوقوف بحزم ازاء إسرائيل.

أفرغ
to empty

أَخْلَى
to evacuate, empty, clear sth (من of) {3W}

قوات الأمن قد أخلت المبنى اثر ذلك. توقف الجنود الدوليون عن العمل وأخلوا المكان. عندما أخلى الانكليز المدينة وأفرج عن السجناء، احتفظ العم بقفل السجن وبمحفظة صغيرة من الخرز، صنعها له سجناء. أخلت الشرطة القاعة من المواطنين.

فَرَّغَ
to empty, vacate sth (من of); to clear الطريق *the way* {2M}

يذكرون جيداً أن الذي فرّغ الخزينة هو يلماظ أيام حكومته. السلوك الواقعي لحكومة العمل فرّغ هذه الوعود من مضمونها الحقيقي. لا بد أن يفرّغ لبنان من اللاجئين. قوى الامن الداخلي فرّغت الطريق لتسهيل المرور من دون ازعاج او اعاقة.

أَفْرَغَ
to empty, clear sth من *of; to unload sth* {3W}

الحرب افرغت اللبنانيين من طبائع المتمردين. أفادت اذاعة تيرانا امس ان الوحدات الدولية أفرغت المواد الغذائية التي نقلتها باخرة يونانية الى ميناء درويس. بعض السفن الاسبانية أفرغت حمولاتها من الاسماك الصغيرة في جزيرة لاس بالماس. أفرغ الكلب دفعة اخيرة من البول وانضم الى الآخر.

مفترق
crossroads

مَفْرَق
crossing; crossroads {2M}

مفرق الطرق حيث كان يستقلّ الباص في كل صباح، كان مقفراً. مصر هي بالفعل قلب العالم، ومفرق طرقه، وملتقى قاراته.

مُفْتَرَق
crossroads; crossing, intersection {3W}

كيف نعود الى مفترق الطريق. حال البلد وصلت الى مفترق خطير جداً. لبنان يقف مع مطلع السنة على مفترق مهم في تاريخه المعاصر. يمر العالم العربي والشرق الأوسط في المرحلة الراهنة بمفترق طرق خطير. الاقتصاد العالمي قد وصل إلى مفترق الطرق.

تَقاطُع
intersection, crossroads {2W}

يمتد من طريق القناطر شرق النيل حتى تقاطع طريق مصر ـ الإسكندرية الصحراوي. يقع عند تقاطع شارع المعز مع شارع التمبكشية. وصل الى تقاطع الطرق الذي يؤدي الى الحدود الاوزبكية. وقع الحادث عند تقاطع طرق قرب مستوطنة ايلون موريه القريبة من نابلس.

corruption فساد

تَلَف
ruin; spoiling, decay {2W}

يقي من اصابته بالتلف مستقبلاً. منافذها أُصيبت بالتلف ولحق بها الخراب. يمكن اعادة استخدام كل علبة مرات عدة من دون أن تتعرض للتلف. خشيت ان يتعرض القرص للتلف وجرّبت ثلاثة اقراص ثابتة خارجية الى ان وافق برنامج التثبيت. عثروا على جثث جنرالات يابانيين لم يمسّها التلف بعد انقضاء اربعين عاماً على حرب سومطرة.

تَحْريف
distortion; corruption {3W}

كان جزاؤه، كذلك، التهمة بالإرتداد والتحريف. تعمل على حماية هذا التراث من كل محاولات التحريف.

اِرْتِشاء
corruption; bribery {3M}

كان لا بد لهؤلاء الولاة الذين اشتروا مناصبهم بالمال من ان يلجأوا في مناطقهم الى طرق الارشاء والارتشاء وابتزاز الأموال نفسها، الأمر الذي عمم هذه الظاهرة وجعلها سمة من سمات الحكم العثماني بل المجتمع العثماني قاطبة. كان لا بد ان يلجأ الى الارتشاء والتعسف في جمع الضرائب والأموال. تدني اجور العاملين قد نتجت عنه آثار سلبية على المجتمع وأعطى مسوغا لبعض العاملين في الدولة لاهمال عملهم أو الارتشاء.

تَعَفُّن
corruption, decay {3M}

الموت الشرعي هو توقف جميع اعضاء الجسم عن العمل وبرودته لفقد حرارة الحياة وبدء مظاهر الفساد والتحلل والتعفن. تميزت اضافة الى الرعب في عملية قمع الحريات، بالتعفن الاداري، والتآكل البطيء للحزب الثوري. الازمة تنزلق نحو مزيد من التعفن. الوضع بلغ درجة كبيرة من التعفن.

فَساد
corruption, decay {2D}

قال ان هذا اقرب الطرق الى الرشوة والفساد بكل انواعه. الثقة في الحكومة تتآكل بسبب اشاعات عن الرشوة والفساد لم يجر التحقيق فيها. يمكن أخذ فكرة عن مدى انتشار الفساد من حجم الحملات لمكافحته. لم يظهر أقل اثبات يؤكد علاقة بينظير أو زوجها بالفساد. الأسابيع الأخيرة حفلت بفضائح الفساد المالي.

---

explanation تفسير

شَرْح
explanation, commentary {2D}
pl: شُروح

يمعنون في الكلام ويفيضون في القول والشرح. قدم الزبير شرحاً طويلاً لموقف «الجماعة» من مسألة «قتل نساء المرتدين». أوضح انه سمع من قباني «شرحاً لحقيقة موقف دار الفتوى من هذه المسألة». لننتقل الآن الى شرح طبيعة هذه العملية. تمسح دموعها بطرف كمّها، وتستمع الى شروح اخيها.

تَعْليل
argument, justification, explanation {2W}
pl: تَعْليلات

نقلها من دون تدقيق أو تمحيص ومن دون تفسير أو تعليل. استخدم ارسطو كذلك التعليل الاستنتاجي، للبرهنة على صحة فرضية اساسية يمكن عنها عمل استدلال قياسي منطقي. قدم تعليلا لمنهج لبنان الاقتراضي. هم يقدمون تعليلات مختلفة منها أن الاحتياط المصري قليل. اني لا اقبل تعليلاتهم.

تَفْسير
interpretation, explanation {2D}
pl: تَفْسيرات

لا اجد تفسيرا لما حصل. بعض انصار الاركون اعطوا تفسيراً آخر للصحافة. ترفض اعتبار ان تحليلها يقوم على تفسير لسيرة حياة المؤلف. طلب مزيدا من التفسير لما حدث. التفسيرات العربية المختلفة لقرارات القاهرة لا تبدو في محلها. يبحث عن اجابات وتفسيرات للأسئلة العديدة.

تَوْضيح
clarification, explanation {2D}
pl: تَوْضيحات

التوضيح الآخر هو ان هناك فرقاً بين اللاجئين والنازحين. أصدر الاتحاد توضيحا اعتبر فيه ان القرار الذي اتخذه الحكم كان سليما للغاية. انه موضوع يحتاج الى توضيح عاجل. آمل بأن نتمكن في غضون أيام من اعطاء توضيحات.

إيضاح
clarification, explanation {2D}
pl: إيضاحات

أود أن ألفت النظر الى بعض النقاط التي تحتاج الى ايضاح. الاوضاع المرعبة في معتقل الخيام ليست بحاجة لكثير من الايضاح. عاد الى اربيل بعدما سعى الى اعطاء ايضاحات في شأن تعاون حزبه مع تركيا في تنفيذ عمليتها العسكرية. أوضحت المجلة ان المحققين طلبوا من السلطات الفرنسية ايضاحات.

فشل — to fail

حَبَطَ
to fail, go wrong; [to fall, drop] {3M}
VN: حُبوط يَحْبِطُ

حبطت اعمالهم في الدنيا والاخرة. أولئك الذين كفروا بآيات ربهم ولقائه فحبطت أعمالهم فلا نقيم لهم يوم القيامة وزنا.

أَخْفَقَ
to go wrong, fail في *in* {3D}

أخفق الأهلي في تحقيق أمله وأمل جماهير الكرة المصرية. كان هدفه الوصول إلى رأس العشرة الاوائل في اللعبة عام ٩٧ واخفق في تحقيق ذلك في نوفمبر ويناير ٩٧. الفريق الروسي أخفق في أوليمبياد أطلانطا وجاء في المركز الخامس. محاولته أخفقت في النهاية مما أدى إلى انهيار الاتحاد السوفيتي. الولايات المتحدة قد أخفقت في التقريب بين الطرفين المتنازعين.

رَسَبَ
to fail, flunk (an exam, an election) {2W}
VN: رُسوب يَرْسُبَ

رسب في انتخابات ١٩٧١. رسبوا في مادة الاملاء. كنت قد رسبت سنتين وتتيح الجامعة فرصة اخيرة قبل الفصل النهائي. أوضحت التجربة أن هناك عددا كبيرا من الطلاب يرسب في هذه الاختبارات. الاحساس متعمق لدى الطفل المصري أنه اذا رسب لايستحق الحياة. فكرت مرارا في أن أرسب هذه السنة لكي نتساوى دراسيا وعرضت عليه هذه الفكرة.

سَقَطَ
to fail في / ب *sth; [*see سقط*; to fall]* {2M}
VN: سُقوط يَسْقُطُ

سقط في الانتخابات في دائرته وسقط حزبه في الانتخابات كلها. مع أول قضية ننسى كل هذا ونسقط في الامتحان. إذا لم يسقط الطالب بالامتحان، ومن النادر ألا يسقط، جعل مدة الدراسة خمس سنين. المقاومة لن تغضب أو تفرح لأي مرشح ينجح أو يسقط بالانتخابات الصهيونية لأن فرحتها تكمن بالتحرير الكامل للأراضي المحتلة.

فَشِلَ
to fail في *sth* {2D}
VN: فَشْل يَفْشَلُ

فشلت احزاب المعارضة اول من امس في تنظيم اضراب عام. لماذا تعتقد ان الخطاب السياسي للاصلاح فشل؟ فشلت الاحزاب العلمانية في تشكيل الحكومة. فشلت العملية في القضاء على حزب الله. ماذا سيحدث عندما يذهب أبو عمار الى واشنطن وتفشل زيارته؟ فشلت اولبرايت في اول امتحان لها في الشرق الاوسط.

فصل — to separate

see قطع

باعد
to separate بين *sth* {3W}

قال ان هناك حائطاً قوياً جدا يباعد بين الوجودين الصهيوني والعربي الفلسطيني. هذا الفارق يظل كميا في واقع الأمر، لا يباعد بين الاثنين جذريا. اضافت انهم بذلك يباعدون بينه وبين الجماهير التي حاربت من أجل اطلاقه. تكلم عن فجوة تباعد بينهما. لا يتركن لهذا الاختلاف ان يفرّق او يباعد بينهن.

جَزَّأَ

to divide, separate إلى *into* {2M}

جزأوها الى خمسة اجزاء. انتهت الحرب لصالح فرنسا عام ١٦٤٨ بتوقيع معاهدة وستفاليا التي جزأت المانيا سياسياً ودينياً الى ٣٥٠ دولة. ستجزئ الشركة اسهمها الى اثنين مقابل كل سهم. طرحت شعار «بيريز سيجزئ القدس.»

حَجَزَ

to separate بين *sth; [to reserve; to restrain, prevent]* {3M}

حَجْز :VN يَحْجُزُ

يحجزون بينهم وبين اجزاء الجامعة التي يشغلها عامة الطلاب. كان لا يحجز بينهم وبين اي علم من العلوم حاجز.

شَطَرَ

to divide إلى *in two, bisect; to separate* {2M}

شَطْر :VN يَشْطُرُ

يشطر الواقع الى واقعية الحلم وواقع الحقيقة. الخوف القاتل يشطر الفؤاد نصفين بين أمل الحضور.. وألم الغياب. في عام ١٩٤٦ يتحدث تشرشل عن الستار الحديدي الذي يشطر أوروبا الى نصفين. الخط يشطر المدينة نصفين ويتسبب في كثير من الحوادث. اسرائيل شطرت العالم العربي شطرين.

فَرَّقَ

to separate, divide sth or بين *sth; [*see ميّز*; to distinguish* بين *between]* {2D}

كان أقوى من الاستعمار الذي فرّق بين الأمة العربية، فحقق الصمود والمقاومة بشعره. لا يتركن لهذا الاختلاف ان يفرّق او يباعد بينهن. جدار في ارلندا يفرّق الناس مثل جدار برلين. فرّقتهما الحرب العالمية الثانية والتقيا بعد ٥٢ عاما. قال انها أوقفت المواجهات في عدة مناطق وفرّقت المتظاهرين. لا دين يفرقنا.

فَصَلَ

to separate, divide sth عن/بين *from sth; [*see ميّز، قرّر*; to distinguish; to decide* (a case)*]* {2D}

فَصْل :VN يَفْصِلُ

الخط الاخضر يفصل الاراضي الفلسطينية عن اسرائيل. أيام قليلة تفصلنا عن الانتخابات البريطانية. فصلوني عن ولدي الوحيد. سرعان ما اكتشفا ثقباً في الجدار الذي يفصل بين غرفتهما وغرفة جارهما الذي يهوى «التلصص» والتدخين. لا يوجد حائط برلين يفصل بين شطري المدينة العربي واليهودي.

قَسَّطَ

to divide up equally; to pay in installments {2W}

دفع مبلغ ٥ آلاف دولار اميركي لشقة في عرمون قبل سنتين على ان يقسط الباقي. لماذا لا تقسّطين سيارة. حتى عندما تسمح بالحرية فإنها تقسطها وتضع لها ضوابط قانونية وعملية قصد إفراغ الشكل من محتواه.

قَسَمَ

to divide, split sth إلى *into* (parts) {2D}

قَسْم :VN يَقْسِمُ

خط الاستواء يقسم الأرض بنصفين من المغرب الى المشرق. يقسم ابن خلدون مقدمته الى ستة أبواب. المعركة بين ماكنتوش والكومبيوتر الشخصي قسمت اجيال عدة من المستخدمين. دعا كلينتون في كلمته الى تسوية الخلافات التي تقسم الاميركيين. تقسم الارباح بعد ذلك مناصفة بين الجانبين لمدة ثلاثين سنة. كيف تقسمون الحصص بينكم وبينهم؟

قَسَّمَ

to divide, split sth إلى *into* (parts)*; [*see وزّع*; to distribute sth* بين *among]* {2D}

قسّمت الكاتبة روايتها الى اربعة اقسام. قسّم الباحث دراسته الى ستة فصول. استمرار اعتقاله قسّم البلد الى ثلاثة اقسام. قسّمت الارض الى اراضي ملك واراض اميرية واراض وقفيّة واراض مشاعية. عند الاحتلال الانجليزي والفرنسي للبلاد الاسلامية في افريقيا وغيرها كانت القبيلة الواحدة تقسم بينهما فيتكلم النصف بالانجليزية والنصف الآخر بالفرنسية.

نَصَّفَ

to divide sth in the middle {3M}

هي عبارة عن مستطيل مؤطر باللون الاحمر وينصفه خط احمر الى مستطيلين.

فضّل to prefer

آثَرَ

to prefer sth على *over or* أنْ *that* {3W}

المسؤولون الاداريون آثروا ادارة الظهر للأمر القضائي. منذ صباها آثرت الا تهتم بعائلتها. آثر الا يترك عمله الخاص فتشتت جهوده. في منتصف حياته، آثر الاعتزال والانصراف الى العلم. منذ ذلك الحين آثر الاقامة في فرنسا، حيث راح يحقق العديد من الافلام الروائية. آثرت الصمت لأن في السياسة اموراً معينة لا يمكن الافصاح عنها. آثرك على غيرك.

فَضَّلَ

to prefer sth على *over* {2D}

الياباني يفضل ابناء جلدته على الاجانب حتى في مجال التسوق. يفضل اجراء انتخابات عامة في نهاية ١٩٩٨. غالبية الصينيات يفضلن اكثر من رجل في حياتهن. البابا يفضّل الا يزور أي بلد آخر في المنطقة غير لبنان. لا يزال يفضّل اسمه الأصلي «تيدي» الذي اطلقه عليه اصحابه الاصليون.

من فضلك please

لَوْ سَمَحْت

please (adv) {1M} (Eg)

قالت: لا.. كوب ماء فقط لو سمحت. لو سمحت، التدخين ممنوع. أستاذ نديم لو سمحت.

مِنْ فَضْلِك

please (adv) {2M}

أضاف: «ستة جنيهات من فضلك.» لحظة من فضلكم: رجاء توقفوا قليلاً. مهلاً من فضلك، وصلنا الى المنعطفات. امسك لي عقد الزواج من فضلك. انتظر على التليفون من فضلك. لا تتصل بي من فضلك لمجرد أن تستمهلني وتسمعني الأغاني من تليفونك.

فعل to do

صَنَعَ

to make sth; to do sth {2D}

VN: صُنْع يَصْنَعُ

ماذا ستصنع عندما تصبح شاباً؟ أجاب: سأصبح جندياً. ماذا اصنع بكل الاشياء التي غادرتها. ماذا صنعت بالذهب. علينا ان نتساءل ماذا صنعنا بالامس؟ صنعت هذه السيارة من حديد وخشب. يصنع هذا المعمل أحذية رخيصة. يصنع أفلاما عنيفة. شكرهم مقدما لكل جهد يبذلونه من اجل صنع السلام في المنطقة.

عَمِلَ

to do sth; [see عمل; *to work]* {2D}

VN: عَمَل يَعْمَلُ

ماذا تعمل إذا حصل ذلك؟ ماذا أعمل معك يا أخي وأنت تدفعني دائماً الى الوكرات. لا بد ان نسأل قادتنا في العالم الاسلامي ماذا عملوا للاسلام والمسلمين. هذا المصنع يتخصص في عمل الحلويات. من آمن بالله واليوم الآخر وعمل صالحا فلهم اجرهم عند ربهم.

فَعَلَ

to do sth {2D}

VN: فِعْل يَفْعَلُ

فعل المسلمون الكثير في مجال بناء المساجد. فعل الطالب المستحيل ليحقق حلمه وينجح لكنه وفي النهاية فشل فشلا ذريعا. أيها الانسان ماذا ستفعل بنفسك وبغيرك؟ أعرف تماماً ماذا فعلت وما لم أفعل. لم افعل شيئاً حتى الآن. فعل ذلك كي يغري السلطات الاميركية بنقله الى الولايات المتحدة.

fabricated, artificial — مفتعل

see مزوّر

مُخْتَلَق
fabricated {3W}

هذه الاتهامات مختلقة وعارية تماما من الصحة. نقول أن ليس لدينا أزمة وإذا شاعت المشكلة فنقول أنها مختلقة. كتب تحقيقاً نادراً يثبت ان القصة مختلقة. هذا الاتهام افتراء محض وخبر مختلق اذاعته اجهزة معادية لنا ولكم ولكل عربي. استعطف العالم بسلسلة من الأكاذيب المختلقة.

صِناعي
synthetic; manufactured {2W}

تتجه الى استخدام احدث وسائل البث من الاقمار الصناعية الى «الانترنت». الجلد الصناعي. المطاط الصناعي.

اِصْطِناعي
artificial {2W}

الجاسوسية الإلكترونية تعتمد على انظمة تقوم على الذكاء الاصطناعي. المشكلة الكبرى والخطر المقبل هي مشكلة المخدرات الاصطناعية والكيميائية. المؤسسة تعمل على برنامج لتحقيق «الامطار الاصطناعية» فوق سورية.

مُصْطَنَع
artificial, false, sham {3W}

على وجهه ابتسامة مصطنعة. قال انها محاولة لايجاد أزمة مصطنعة قبل زيارة أولبرايت لاسرائيل والمناطق الفلسطينية. لا نريد حقيقة مصطنعة مفبركة بكل أشكالها. التحسن المصطنع في سعر صرف الليرة اللبنانية لا يعني استقراراً.

مُفَبْرَك
fabricated, faked {2M}

هذه الصور كانت مفبركة تم تصويرها في أحد استوديوهات التليفزيون في صحراء المكسيك. افاد مصدر مسؤول في الحزب «ان هذا الاتهام المفبرك والواضح في اختلاقه أسخف من ان يحتاج الى نفي». الحقيقة ان هذا الخبر عار عن الصحة ومفبرك اصلاً. كل ما قدمته لهم كان صورة مصطنعة «مفبركة» للواقع.

مُفْتَعَل
fabricated, artificial, forged {3W}

الضجة التي أثيرت حول انسحاب افراد من الحزب «مفتعلة وتقف وراءها اطراف لها مصالحها الخاصة وأهدافها». لم تهرول مع الآخرين للتطبيع المفتعل. القضية كلها مفتعلة منذ البداية. تبتسم ابتسامة مفتعلة. التناقض بين الاثنين مفتعل. انتهت الأزمة المفتعلة. أوجدوا نوعا من الخصومة المفتعلة بين الدين والفن. كانت الكوميديا نابعة من الموقف وليست مفتعلة.

مُتَكَلَّف
artificial, false; [formal, ceremonial] {3M}

يبدو هادىء الطبع ـ هدوءا متكلفا. جاء من بلاد الشرق بهذا الوجه الباسم الصبوح، وبصورة طبيعية وغير متكلفة أو مصطنعة.

---

to lose — فقد

خَسِرَ
to lose sth {2D}
VN: خَسارَة، خُسْران يَخْسَرُ

أعلن استعداده لاستعادة المناطق التي خسرها. خاض ١٠٥ مباريات هاوياً ففاز في ٩٤ وخسر ١١. انذره بأنه سيخسر اصوات اليهود اذا لم يتحرك بسرعة لنجدة اللاجئين. قد خسرت العملة الهندية اربعة في المئة من قيمتها منذ عشرة أيام. لم يرد ان يخسر الوقت الضائع. اذا انتهكنا، في سياق ذلك، حرية الخيار التي يتمتع بها مواطنو بلادنا سنخسر شيئاً ثميناً في تراثنا الديموقراطي العظيم.

ضَيَّعَ
to lose sth; to waste (time) {2D}

عندما قالت واحدة مكابرة إنها ضيّعت ١٥ كيلوغراماً، قالت لها صديقة لئيمة: انظري إلى خلف في المرآة وستجدينها. يضيّع اكثر من دقيقة في تلبية طلبك. قرر التهرب من تلك المهمات المكلفة التي تضيّع الجهد والوقت. هي منشغلة كثيراً لا تستطيع ان تضيّع التفكير بجدها المحطم. ضيّع فرص السلام.

أَضاعَ
to lose sth; to squander, waste sth (esp. time) {3D}

من المستغرب ان تبدو عملية مدريد كأنها أضاعت طريقها. قد أضاع العرب أكثر من نصف قرن في الكلام والشعارات والبيانات والأحلام. اضاع هجوم الاهلي جميع فرص الفوز التي منحه اياها مضيفه النصر. أضاع النظام السوداني وقتا طويلا في عدم البحث عن حلول للوضع الداخلي. لا اريد هنا ان اضيع الكثير من الوقت في التكهن حول نيات روسيا.

فَقَدَ
to lose sth {2D}
VN: فَقْد، فِقْدان يَفْقِدُ

فقدت ابنها بسبب الإهمال. يجب ألا نفقد اعصابنا. زراعة الورد فقدت اهميتها إثر انهيار الامبراطورية الرومانية. فقدت اكثر من ١٣ كيلوغراما من وزنها. هذا التعبير الاخير فقد الكثير من بريقه بفعل التكرار. قال انه شاهد دراجة نارية تنحرف بشكل مباشر امام المرسيدس ما جعل سائقها يفقد السيطرة عليها. قد يفقدون وظائفهم في حال تشغيل المطار الجديد.

---

poverty فقر

حاجَة
*need; [*see شيء; *thing* {1M}*]* {2M}

في واقع يخيّم عليه البؤس والحاجة والحرمان والخوف من المستقبل. اذا باع نفر من الفلسطينيين ارضهم هربا من جحيم العيش، او بسبب الحاجة والعوز قالوا عنهم «سلموا أرضهم لعدوهم وخانوا قضيتهم.» أشارت إلى تزايد الحاجة والفقر في البلد.

عَوَز
need, want; poverty {3W}

لا يمكن تصور استمرار وترسيخ الديموقراطية من دون اتباع سياسات اجتماعية تعالج الفقر والعوز. تراجع التنمية الاجتماعية بسبب العوز وغياب التنسيق بين المؤسسات. تضيف ان «أهل جزين يبيعون ارضهم بسبب العوز.»

فَقْر
poverty {2D}

الثورة هي «ثأر من الحرمان والفقر.» تظاهروا ضد «البطالة والفقر والظلم الاجتماعي.» أعلن مارشال ان الولايات المتحدة تعتزم تقديم مساعدات واسعة من أجل القضاء على «الجوع والفقر واليأس والفوضى.» الخبراء اتفقوا على ان الفقر ليس وحده السبب المؤدي الى استغلال الاطفال جنسياً. أمير آسيوي سابق تعهد بتقديم بليون دولار للأمم المتحدة لمحاربة الفقر.

فاقَة
poverty, need {3M}

يموت من البؤس والفاقة. أتلفت مسيرة حياته وألقته قيد العوز والفاقة. كان الرجل يبدو في مظهره، من أكثر الفلاحين فاقة. هناك ٤٥٠ مليون أمي و٣٥٠ مليون شخص يعاني الفاقة.

---

poor فقير

بائِس
miserable {3W}
pl: بائِسون

الوضع الاقتصادي البائس الذي يعيشون فيه مرآة تعكس بوضوح بؤسهم الثقافي. عرض تفاصيل عن اوضاع النساء البائسة في الريف ومشاكلهن الاجتماعية. أحداث معظم رواياته كانت تدور في اوساط الفلاحين البائسين الذين تفنن دائماً في الحديث عنهم. لم ينفذوا وعودهم بإعادة هؤلاء البائسين إلى منازلهم.

مَحْروم
deprived {2W}
pl: مَحْرومون

نسبة الأمية الوسطية هذه ترتفع اكثر في صفوف الطبقات المحرومة بينما تنعدم الى درجة الصفر في صفوف الطبقات الميسورة. دعا الايرانيين إلى «عدم نسيان الفقراء والمحرومين.» بعض الفئات الفقيرة والمحرومة لم ينل حصته بعد من كعكة الاعمار. ظهر كقائد ثوري بين الفقراء والمحرومين والمضطهدين.

مُحْتاج
needy {2W}
pl: مُحْتاجون

يملأ قلبه الحنان والشفقة على كل محتاج. هو يمسح دمعة المحتاج ويغيث المظلوم. تزود الدول المحتاجة بجزء كبير من طلباتها الغذائية. تلك الجمعيات تعمل على مساعدة الاطفال المرضى والمحتاجين. هي منظمة مسيحية تساعد المحتاجين.

مِسْكين
poor, miserable {2W}
pl: مَساكين

امتلأ هذا القلب بالرأفة نحو اللص المسكين. مسكين شعب العراق، هو يستحق أفضل من حظه هذا. التقط الرهبان الطفلَ المسكين ليرعوه ويطلقوا عليه اسم جيربرت. «الحكام العرب يكرهون اميركا، لكنهم مساكين، لا حول ولا قوة لهم، ولهذا يستسلمون.»

صُعْلوك
poor; (n) *tramp* {2M}
pl: صَعاليك

ترك ابنه الصغير وحيدا صعلوكا يقتات على فتات الشوارع الخلفية. اتهم صالح أبوحمزة المصري بأنه صعلوك وكذاب عندما زعم أنه وراء حادث سقوط المروحية العسكرية. زاد هو أنه شاهد خناقة بين بعض الصعاليك في محطة أتوبيس، وفوجئ بأن الجميع يخاطبون بعضهم البعض بلقب يا كابتن. ليس في الحب ملوك وصعاليك، فالكل أمام سلطان الحب جنود وعبيد.

مُعْدِم
poor {2W}
pl: مُعْدِمون

لقد قضى أيامه الأخيرة قبل وفاته في ١٩٠٠ معدماً يستجدي فنجاناً وكأساً بقصيدة في مقاهي باريس. الفقراء المعدمون يشكلون ١٣,١ في المئة من السكان. صرح هؤلاء «اننا ننتج الكوكا لاننا معدمون». كيف يمكن ان تتغير الحياة في ولاية معزولة معدمة مثل بيهار.

مُعْسِر
poor {3M}
pl: مُعْسِرون

من يسر على معسر يسر الله عليه في الدنيا والآخرة. ما فائدة أن نملأ السجون بمحرري الشيكات من المعسرين، هل هذا هو ما سيحقق الرخاء وينعش التجارة؟ كانت ديانا نجمة لا كالنجمات، سطع بريقها في مسيرتها الحياتية القصيرة كالشهاب، وزرع في قلوب المعسرين والموسرين الفرح والأمل.

مُعْوِز
poor {3M}
pl: مُعْوِزون

يتحدث عن رعايتها عشرات الأطفال المعوزين في جنوب افريقيا. انتشرت البطالة واتسعت الهوة بين الميسورين والمعوزين. كانتا تشتركان في اهتمامهما بالفقراء والمعوزين. قد كرست هذه الراهبة جائزة جائزة نوبل للسلام حياتها لمساعدة المعوزين.

غَلْبان
poor {1M} (Eg)
pl: غَلابى، غَلْبانون

أنا موظف غلبان وصاحب عيال. كتبتها لك لكي أحذر كل شاب غلبان مثلي من أن يتجرأ ويقدم على ما أقدمت عليه. وما ذنبك انت يا أمي وأنت غلبانة مثلي ومغلوبة على أمرك. تعرضت لمحاولة القتل أنا وزميلي الغلبان محمد الشريف.

فَقير
poor {2D}
pl: فُقَراء

مثلت في الفيلم شخصية فتاة بنت بلد فقيرة تعيش قصة حب مع شاب فقير مثلها يعيشان صراع الحياة حتى يتزوجان. طالب بعدم حرمان الاحياء الفقيرة حقها في الخدمات. ليس هناك أي دليل على ان بلدان العالم الفقيرة بدأت تلحق بالبلدان المتطورة. البنك الدولي يهدف الى مساعدة الفقراء وتحقيق التعاون.

paragraph فقرة

بَنْد

article; paragraph {2D}
pl: بُنود

يجب أن تتحول تلك التوصيات الى بند أساسي من سياسة الحزب الحاكم. ينص في أحد بنوده على تشكيل هيئة لفض المنازعات في حالة نشوب أي نزاع. من أهم بنود البرنامج حصر معدل النمو الاقتصادي بـ ٣ في المئة. شددت احزاب المعارضة على ضرورة احترام بنود الاتفاق.

فِقْرَة

section, paragraph {2D}
pl: فِقرات، فِقَر

الفقرة فعلاً تثير بعض التشويش وتفتح مجال «القيل والقال.» تشمل المذكرة نحو ٣٣ فقرة تتوزع على ثمانية محاور رئيسية. لا يمكن ان يكون بديلا من تطبيق الفقرة ٢٢ من القرار ٦٨٧ ورفع الحصار رفعا شاملا. أدخلت الولايات المتحدة فقرات على القرارات «تنتهك سيادة العراق ووحدة أراضيه.»

مادّة

*article; paragraph; [*see عنصر، درس، محتوى; *field of study; contents; matter]* {2D}
pl: مَوادّ

جمع مليون توقيع لاجراء تعديل في قانون الاسرة يتضمن ٢٢ مادة منه تتعلق بتعدد الزوجات والطلاق وحالات التبني. المادة الثانية تنص على ترقية العقيد جميل السيّد من تاريخ ١٢\٣١\ ١٩٩٦. أضيف بند جديد الى المادة يحمل الرقم ٦. عدت الى المادة «٨» من قانون الانتخاب. اقترح الغاء المادة او تعديلها.

only فقط

بَسّ

*only, just; [*see لكن; *but; enough!]* {1W}

(Eg) هنا يقدر المواطن أن يشوف الرئيس ويسلم عليه، هناك تشوفه في التلفزيون بس. احنا ما نعرفش الا الرئيس مبارك بس. خليه بس يبص بعينه. شوفوا الفستان الذي تلبسه.. آخر موضة.. نفسي ألبسه مرة واحدة بس!

وَحَسْب، فَحَسْب

only; (with neg) *not only* {3D}

هذه العواصم لا تكترث بالشأن الكردي وتتلاعب بالورقة الكردية فحسب. انه سيهيئ لنفسه فرصة التعايش لا مع المعارضة فحسب وإنما مع العالم أيضا. الخليج ليس مكان اضطراب فحسب، بل وايضاً مصدر نظريات اكاديمية اقتصادية وسياسية. هذا الواقع أبعدني عن كل شيء تقريبا وليس السينما فحسب. هذا القلق لا يمكن إزالته بالكلام وحسب بل بالأفعال. هناك حاجة إلى تطوير القانون الدولي في هذا الصدد وتقرير الظروف التي يجيز التدخل العسكري، لا كحق وحسب، وإنما أيضا كواجب.

فَقَطْ

only; solely {3D}

لم يحرز علم الدين الا ٩ اصوات فقط. قبل ثلاثة اعوام فقط لم يكن هذا ممكناً. نركز اهتمامنا فقط على مناقشة مسألة منهجية واحدة هي اشكالية التربية. لا يمكنه ان يشرك سوى ثلاثة لاعبين اجانب فقط في كل مباراة. يغلق المقهى، الحمد لله ليس الى الأبد، فقط لشهر اجازة واحد. كنت أريد الصمت فقط، الشمس والصمت. انني أحاول فقط ان أفتح أفقاً أمامهن.

to think فكّر

see تخيّل، اعتبر

تَأَمَّلَ

to contemplate sth or في *sth* {3D}

أجلس وحيداً وأتأمل. لديكم الان متسع من الوقت لتتأملوا اكثر في هذه المسألة. تأمل الفلاح التمثال والنقش مطولا ثم دمدم: ليتك بقيت انت حياً. رفعت رأسي الى السماء... تأملت النجمة التي تطارد القمر وحدها دائماً ولا تتعب. كل ما يحلم به الشاب هو أن يتأمل انسياب النور في عينيها. لنتأمل في علاقات الدول العربية المجاورة لبعضها بعضاً.

اِرْتَأى
to consider sth; to think it would be good أَنْ/ بِأَنْ *to do sth* {2M}

نرتأي رأيه. لم يعط للجانب الفلسطيني سوى «ضمانات» بأن الاسرائيليين سينفذون ما يلتزمونه وفقاً للجداول الزمنية التي يرتأونها وبدون مواعيد ولا ضوابط. ارتأينا ان نبدأ سلسلة هذه المقالات بهذه المناسبة باستعراض رؤية الاسلاف. ارتأوا بأن يترك تقدير الموقف للجهات المعنية.

فَكَّرَ
to think ب/ في *about; to think* أَنَّ *that; to consider* أَنْ *doing sth* {2D}

لا يفكر اصحاب هذا الاتجاه في معاناة السودانيين. فكرتم طويلاً وبعمق في هذه القضايا. كانت صغيرة آنذاك، يتيمة وعمها لا يفكر الا بالتخلص منها. الشركات الأوروبية لم تفكر جيداً بما تقوم به. هل فكرت يوماً خلال السنوات الثلاث الاخيرة بالهجرة من لبنان؟ نحن نفكر الآن بوضع آلية للعمل المستقبلي. لماذا تفكر الكنيسة بهذه الطريقة؟ فكر الرجل ان ينتحر، لكنه لم يستطع. فكرت ان ماتيلدا لا بد أن تكون «مخطوفة العقل.» لا نستطيع ان نفكر بطريقة حرة.

تَفَكَّرَ
to reflect في *on* {2M}

حريّ بنا ان نتفكر في امر مصير شعبنا ومستقبل أمتنا. يطالب مواطنيه الآسيويين بأن يتفكروا في الأساليب التي جعلتهم في أسفل السلم الفكري. ولكن من يعمل عقله أو يتفكر في مصيره؟ ظللت مدة طويلة أتفكر في أسباب فشل عقد قمة عربية.. الآن فهمت!

اِفْتَكَرَ
to think أنّ *that; to remember sth* {1M} (Coll)

(Eg) الناس تفتكر أنني دلوعة. تفتكر مين يقدر يملأ جرادل ويطلع بها عشرة أدوار. هو افتكرني عشان ينساني. ماكنتش افتكر ان المسألة سوف تصل إلى هذا المستنقع. تفتكري حضرتك الواحد ازاي ممكن يقوي نفسه في الانكليزي؟ النهارده وأنا بافتكر اللي حصل، باعرف ان مافيش حاجة حصلت.

فكرة — thought, idea

خاطِر
thought, idea; [see عقل*; mind]* {2D}
pl: خَواطِر

لاشك عندي في ان هذا سيكون اول خاطر سيخطر ببال القارئ عند وصوله الى هذه النتيجة. يكتفي بكتابة أفكاره وخواطره وتأمله. كانت هذه الخواطر في ذهني وانا اتابع احداث هبوط المركبة الفضائية الاميركية باثفايندر على سطح المريخ. بادرة خير تسهم في تهدئة الخواطر ودعم الحل السياسي الشامل.

خاطِرة
perception, thought {3M}

اسلمت نفسي لهذه الخاطرة الساذجة وارتديت على عجل ثياباً صفراء وبنيّة. حرص بورجيس على كتابة هذه اللحظة لان خاطرتها أتته مثل حدس او مثل كشف. إنه مجرد خاطرة، لا أكثر. يظل النص القصير مجرد حكمة أو خاطرة أو طرفة. كنت أحسب أن هذه الخاطرة لم تمر برأس أحد آخر غيري.

اِنْطِباع
impression, notion {2D}
pl: اِنْطِباعات

انطباعي كان خاطئاً. يخرج القارئ بانطباع عن شخصية الكاتب. لدينا انطباع بأن سياسة فرنسا حيال الجزائر رهينة اللوبي الجزائري. نسبة ٥٩ في المئة لديهم انطباع سيئ عن الصحف المتخصصة. هذا مجرد انطباع في غياب الاحصاءات.

فِكْر
(philosophical) *thought, thinking* {2D}
pl: أَفْكار

ربما كان الحوار الافلاطوني أقدم حوارٍ في تاريخ الفكر الانساني. يحاول محمد اركون ان يدرس «نزعة الانسنة في الفكر العربي». تطورُ الفكر الاجتماعي المصري في القرن العشرين. ان هؤلاء قد تركوا أثرا في فكر محمد نجيب. هذا فكر جديد وصوت جديد ما أشد احتياجنا اليه الآن. من المقرر أن تناقش هذه الافكار في اجتماع نواب وزراء المالية لمجموعة دول السبع. أفكاره ينقصها الهدوء ويعوزها العمق. (Eg) انت في فكري.. ياللي باحبك زي زمان.

فِكْرة
idea, concept, notion {2D}
pl: فِكَر

فكرة المساومة الفاوستية لا تجد أنصارا كثيرين في البلدان العربية. الغلاف نفسه اعطى فكرة عما بداخل العدد. اعجبتها الفكرة، قالت انها يجب ان تطبق في كل مبنى يقام بتبرعات. إن السكان هؤلاء لم يكن لديهم أبدا ادنى فكرة عما يمكن تسميته بالعلم او العقلانية. أوضحت المصادر ان فكرة عقد قمة ثنائية طرحت خلال هذه الاتصالات. ليس لدينا اي فكرة جديدة لتقديمها في هذا المجال. الفكرة السائدة هي ان الزمن هو حلال للمشكلات.

تَفْكير
thought, way of thinking {2M}

اما الفيلسوف الالماني الآخر هيغل فقد طوّر هذا التفكير في بحثه عن مفهوم التاريخ. قد بدا هذا التفكير في نظره رقيقا وشاعريا. ان هذا التفكير خاطئ لأنه يعطي شرعية للارهاب. أيا كان تفكيري فسوف أبثه لك في هذه الورقة البيضاء.

هاجِس
mind, thought; concern, worry {3D}
pl: هوَاجِس

هاجسه واحد: ان يجد بين اولئك الاصدقاء من يساعده على تجاوز ازماته المالية الدائمة. الحرية هي التي تجسد الهاجس الانساني. يظلون أسرى هواجس الماضي ومعاركه. ان هاجس التقدم كان هاجسا يسيطر على عقله ووجدانه. مهمة المسرح تكمن في تحرير لا وعي الجمهور واطلاق احلامهم وهواجسهم.

فكّ — to loosen

حَلَّ
to untie, unfasten sth; [to solve {2D}*]* {2W}
يَحِلُّ VN: حَلّ

لتحقيق ذلك لا بد من ازالة الصواعق، وحل العقد. في غضون ذلك بدا ان حل الائتلاف الحاكم بات حتميا. سأل ربه بعد ذلك أن يحل عقدة لسانه.

فَكَّ
to loosen, untie sth; to break up sth {2D}
يَفُكُّ VN: فَكّ

من المحال ان يفك القيود التي يقيده بها الولاء للثورة. لا نقتلُ الأسرى ولكن نفكهم. أرادت الظهور في مظهر من يحب السلام، ومن يفك العقد التي تتجمع على المسار السوري – اللبناني الموحد. حاول السلطان ان يفك المشكلة بالتراضي فقرر ان يأخذ معه ابن خلدون في سفراته.

فكّة — change

باقي
change {1-2M}

(Eg) هات الباقي! اتفضل الباقي يا سعادة البيه.

فُراطَة
(small) *change* {1-2W}

في لبنان اليوم مليون ونصف مليون سيارة حسب الاحصاء الرسمي مضافاً اليها «فراطة» ما لا تحصيه الدولة.

فَكَّة
(small) *change* {2M}

قامت صفية من مكانها تبحث عن فكة. اعطاه عشرة جنيهات ولم يكن معه فكة. طلب مني أن يفك العشرين جنيها وأخذ الفكة من الكيس وانصرف.

hotel فندق

أوتيل
hotel {2M}

دعا رئيس الجمهورية اللبنانية الياس الهراوي في العشاء السنوي للمجلس العام الماروني في اوتيل «بريستول» في بيروت مساء امس الجميع إلى الإقلاع عن التلهي بعضهم ببعض. حجزت جناحاً في فندق «غراند اوتيل» في العاصمة السويدية بمبلغ ألف دولار لليلة الواحدة.

خان
hotel, inn; caravanserai {2D}
pl: خانات

ويصف لنا د. ثروت عكاشة وكالة الغوري فيصفها بأنها تمثل نموذجا كاملا لما كانت عليه الخانات داخل المدن في عصر المماليك الشراكسة. تم اكتشاف اقدم خان (فندق) بمنطقة محمية الزرانيق على بعد ٦٣ كيلو مترا غرب مدينة العريش يرجع تاريخها الى العصور الوسطى.

فُندُق
hotel {2D}
pl: فَنادِق

أتوقع ان يكون لدينا ١٠٠ فندق في الشرق الأوسط وأفريقيا من الآن وحتى عام ٢٠١٠. من المطار توجه الرئيس الحريري الى فندق «ريتز» مقر اقامته طوال وجوده في مدريد. وشارك في المؤتمر الذي عقد في فندق «ماريوت – دبي» تسعة من أشهر الاطباء الاخصائيين الالمان. كنت جالسا مع الأسرة في فندق سميراميس حين أقبل علي رجل في منتصف العمر. نجح المنتج المصري من البطاطس نصف المصنع في اكتساب ثقة المستهلك خاصة الفنادق والمطاعم القبرصية.

لوكانْدَة
hotel {1M} (Eg)
pl: لوكانْدات

رأى أن لوكاندته من اللوكاندات الكبيرة. يقدم نصيحة للمصري المسافر للخارج بأن يختار لنفسه قبل السفر لوكاندة من اللوكاندات المشهورة وأن يطلب منها أوضة.

---

courtyard فناء

باحَة
courtyard; open area {3W}
pl: باحات

جاؤوا من الفنادق التي ينزلون فيها بالباصات واجتازوا باحة الكاتدرائية. سلك السلّم الثاني وصولاً الى باحة الجامع للمشاركة في الصلاة. من الادلة على وجود الكنيسة الكرملية ان الباحة الوسطى من الجامع تقوم في زواياها الاربع اعمدة من الغرانيت. قدم مارون النقاش مسرحيته للمشاهدين الذين تجمعوا في باحة بيته لمشاهدة اول عرض مسرحي في تاريخ المسرح العربي.

حَوْش
courtyard, enclosed area {2M}
pl: أَحْواش، حيشان

استرقت النظر الى مراهقين يلعبون في الحوش. فرشوا لنا في حوش الدار وكرّمونا بنصب «الكلة» على السرير لتحمينا من لسع الحشرات. يجلس على حافة الجدار الذي يفصل ما بين البناء والحوش. الحمار ينظر من الحوش الى الدار ويترقب.

ساحَة
courtyard, open space; [arena, theater (of war, etc.)*]* {2W}
pl: ساحات

أخذت إسرائيل في الحفر والتنقيب وعمل الانفاق أسفل المسجد الأقصى وفي ساحة الحرم الشريف بحثا عن بقايا هيكل سليمان. اعتقل عدد من الطلبة الذين احتلوا ساحة الجامعة. فور اعلان رئيس المحكمة الحكم تحولت ساحة المحكمة إلى ساحة احتفال حيث تعالت صيحات الفرح والابتهاج. منع توقف السيارات في الساحات الكبرى. في أروقة المساجد وساحات الكنائس ترددت الابتهالات والدعوات لله رب العالمين.

صَحْن
courtyard, yard; [bowl; plate] {2M}
pl: صُحون

قررت أحزاب المعارضة المصرية تنظيم مؤتمر شعبي اليوم في صحن الجامع الازهر عقب صلاة الجمعة. تتألف هذه المدرسة من صحن مكشوف فيه حوض ماء، تحيط به قاعة للصلاة. تم تصغير مساحة الصحن حتى يمكن تغطيته بسهولة.

فَناء

courtyard, open area {3W}
pl: أَفْنِيَة

يتشابه خان النخيلة من الناحية التخطيطية والمعمارية مع خانات القوافل الأخرى التي تقع على الطرق الخارجية التي تربط بين المدن العراقية، حيث يتوسطه الصحن (الفناء المكشوف) تحيط به مجموعة من الغرف. يمكن الوصول الى الفناء الغربي للمنزل من طريقين. أكثر هذه الأفنية تتوسطه نوافير للمياه الجارية لا ينقطع خريرها.

فهم

to understand

أَدْرَكَ

to realize sth or أَنَّ/ بِأَنَّ *that* {2D}

هو أول من فهمه وأدرك ابعاده. بتنا ندرك الآن أن الدور الذي تضطلع به الدولة بالغ الأهمية. قد لا يدرك البعض بأن رأس الابن أصبح مطلوباً أكثر من رأس أبيه. يدرك المنتخب الكويتي صعوبة مهمته اليوم. أدركوا حقيقة مكانة المرأة في الاسلام. أدرك أن الحقيبة هي حقيبة فارغة. لا اعتقد انه يدرك معنى التاريخ.

عَقَلَ

to comprehend sth; to be smart; to be reasonable; [to confine] {2D}
يَعْقِلُ VN: عَقْل

إذا حادثت إحداهن حدثت إنسانا يعقل ويفهم. الذين يفهمون قد لا يعقلون كل ما يقرأون ويفهمون، والذين يعقلون قد لا يعملون بما يعقلون. هل يعقل ان تكون برامج التلفزيون ساذجة؟

فَطِنَ

to become aware إلى *of sth; to understand* ب/ إلى *sth* {2W}
يَفْطَنُ VN: فِطْنَة

وعلينا ان نفطن الى هذا الرقم الخطير في ضوء عدد السكان. نمارسه دون ان نفطن اليه. المقال لم يفطن الى ثلاثة أسباب أساسية لهذه المبادرة الملكية. نفطن بذلك دون أن نمنح التأمل بعداً معرفياً.

تَفَطَّنَ

to understand, comprehend إلى *sth* {3M}

كنت أمشي فوق سجادات سميكة بدون ان اتفطن الى انها كانت معلقة بين أعمدة. لعل السبب الحقيقي ان كل انسان يتفطّن في لحظة معينة الى أن هناك حدوداً بين الجد والترفيه. ربما لم اتفطّن الى انني فعلت كل شيء من أجل الوصول الى هذه اللحظة.

فَقِهَ

to understand sth {3W}
يَفْقَهُ VN: فِقْه

علينا ان نفقه امراً اساسياً هو انه كلما عززنا الانتاجية في القطاع العام كلما انعكس ذلك ايجاباً على الاقتصاد وعمل القطاع الخاص. اعتبر خامنئي «ان شيعة وسنّة ومسيحيين وباقي طوائف الشعب اللبناني هم أبطال لدى كل من يدرك مشاعر انسانية ويفقه معنى المروءة والشهامة.» سيجد نفسه مضطراً الى القول انه لا يفقه شيئاً من ذلك كله. عاد أطفال البلدة الى ترديد أغانٍ لا يفقهون منها كلمة.

فَهِمَ

to understand sth or في *sth or* أنّ *that* {2D}
يَفْهَمُ VN: فَهْم

لم أفهم شيئاً. يبدو ان الفلسطينيين لم يفهموا ابداً طبيعة السياق الاسرائيلي. لا يمكن ان يفهمها الا من مرّ بالتجربة ذاتها. كان يفهم الانكليزية. ننام بعد الظهر ونتسامر حتى الصباح فهذا قد يشرح لماذا نفهم الأمور ببطء. كنت أفهم ان هذه اناشيد وطنية. لا تفهم في الشعر. كان الحارس لا يفهم في التكنولوجية الانتخابية.

تَفَهَّمَ

to understand sth; to come to understand sth {2D}

هو اذا اعتقل سيتفهم الامر. هناك فريق واسع من العرب يتفهم مخاوف الاسرائيليين الأمنية والتاريخية. قال انه يتفهم اهمية العودة الى عملية السلام. طالب الغرب بأن «يتفهم ان الارهاب والتطرف والعنف خارج على الدين الاسلامي.» من الناحية الأخرى استطيع ان اتفهم لماذا بدا كل شيء مختلفاً بعد مقتل رابين. اعلم ان هناك قلقاً في هذا الموضوع وأتفهمه.

اِسْتَوعَبَ
to understand, be able to absorb sth {2D}

النظام العراقي لم يفهم «الرسالة» او يستوعب معانيها. استوعب الشعب العراقي الكثير من دروس الاستهلاك المحلي. كم من كتاب قرأت باللغة العربية او الانكليزية واستوعبت نصفه او أقل لأنني قرأته قبل أوانه. هذا ما ادركه بلير واستوعبه منذ رحيل زعيم حزبه السابق جون سميث وانتخابه كبديل واعد. لم يستوعب الحزبان اهمية وخطورة المرحلة. فهمتْ زوجته ما لم يستوعبه.

---

beans فول

حُمُص
chickpeas, garbanzo beans {2W}

كان لا بد له من زراعة قمحه وعدسه وحمصه وفوله. نهبط معاً الى الحارة وتشتري حمصاً وعسلية ونمشي نحكي ونأكل. يبيع الحمص والفول. كتبت تقول انه خلال فترة قصيرة يمكن أن نأكل الحمص في عواصم العرب.

فاصوليا
green beans {2M}

يتقابل الرجال والنساء في صفين، وترمي كل امرأة حبة فاصوليا، فإذا طاولت الحبة رجلاً تصرخ المرأة «لوبا»، يعني أن على الرجل أن يتزوجها. انتظر سأطبخ لك فاصوليا لم تأكلها طوال حياتك. هي المعكرونة ولكن من دون دسم مع الفاصوليا البيضاء او الرز بالعدس. سوف تشتري الفاصوليا والملوخية وتذهب الى البيت وتطبخ كما علمتها.

فول
beans {2W}
فول مدمس broad flat beans
فول سوداني peanuts

يرفض أكل الفول الذي كانت تعده أمه. يصفونهم بأنهم أكلة الفول والطعمية. هل نترك طبق الفول بطعمه الشهي والطعمية برائحتها الزكية ونجري وراء الهامبورجر والهوت دوج؟ المساحة المطلوبة لهبوط هذه الطائرة توازي حجم حبتين من الفول السوداني. قمنا نشارك حراس المبنى صحون الفول المدمس أو البيض المقلي.

لوبيا
beans {2M}

المواد الغذائية الموزعة تضم: السكر والشاي والرز والدقيق والعدس واللوبيا والفاصوليا. ستجد عنده ايضاً جميع انواع الخضار من الفجل والخس الى الملفوف والبندورة واللوبيا والارضي شوكي.

---

to benefit استفاد

اِسْتَفادَ
to benefit من *from* {2D}

وتستفيد هذه المشاريع من الأيدي العاملة الأردنية الرخيصة. استفاد المصنعون من انخفاض اسعار المواد الخام. يستفيد الجميع من التقدم والتطور. لا شك ان شرودر استفاد كثيراً من تجربة طوني بلير وتعلم منها. اشترى مئات من ابناء العشائر ارضاً، خصوصاً هؤلاء الذين استفادوا من زراعة المخدرات فأقبلوا على شراء أراضٍ في السهل.

اِنْتَفَعَ
to benefit من/ب *from; to take advantage* من/ب *of* {2W}

انتفع بعلمه جمع كبير من طلبة ورواد العلم. ليس من الضروري ان تقرأ كل الكتاب لكي تستطيع ان تنتفع بما يحتويه. قدمنا نتائج هذه المؤتمرات للمسؤولين حتى تنتفع بها الامة. كتاباته التي وصلتني تدل على أنه قد انتفع بما قرأه عن الاسلام. قد اقدمنا على ترجمته لينتفع منه القراء العرب.

فائدة advantage, benefit

see ربح

جَدْوَى
advantage, benefit, use {3D}

لم افهم حتى الآن جدوى المواضيع التي يثيرها النقاد والمفكّرون العرب. تثبت الدراسات جدوى المشروع. كل ثقافة لا تنتسب الى العقل ستكون بلا جدوى. احتج لاعبو المنيا من دون جدوى. لا جدوى للتفكير في هذا الآن. ما أعرفه أنهم لا يرون جدوى من أي مشاركة في الانتخابات.

صالِح
*advantage, benefit; [*see متديّن، مناسب; (adj) *pious; suitable]* {2D}
pl: صوالح

لا يمكنه ان يلعب الا لصالحه وحده. استتب الامر لصالح الجيش الايراني. أكد ان السعودية استثمرت هذا الفائض لصالح موازنتها. انهى المباراة لصالحه في أقل من ساعة وذلك بسبب فارق الخبرة واللياقة. يسعى الى خدمة الصالح العام. نبحث في كيفية المزيد من التعاون لصالح الشعب اللبناني.

مَصْلَحَة
*interest; advantage, benefit; [*see منظّمة; *office; matter]* {2D}
pl: مَصالِح

متى كان الاعلام لمصلحة النظام؟ ادى ذلك الى الاضرار بمصلحة لبنان. الوقت لا يعمل في الضرورة لمصلحة مشروع «اسرائيل الكبرى.» انهى المباراة لمصلحة الامارات بفارق ٩ نقاط ٢٧-٣٦. قال المهندس الزعبي ان الاتفاقات «تهدف الى المنفعة والمصلحة المشتركة للبلدين.» المصالح الاميركية المباشرة في اسرائيل ذاتها ضعيفة.

فائِدَة
advantage, benefit {2D}
pl: فَوائِد

ان تسرّب اي معلومات قبل نهاية التحقيق قد يضرّ بمساره من دون اي فائدة. تبدو تضحيته بلا فائدة. وفرنا له كل ما يطلب من دون فائدة. لا فائدة من البحث. يمكن للسلام مع اسرائيل ان يحقق بعض الفوائد المباشرة.

نَفْع
advantage, benefit; use {3W}

انها قضايا مملة لا نفع فيها ولا ابداع. ما نفع شجر التوت في إطعام البشر؟ هناك ابواب كثيرة للنفع وللاستثمار توصد في وجههم بسبب جنسياتهم الاصلية. ان هذا العقد لن يعود الا بالنفع على الدول الاوروبية.

مَنْفَعَة
advantage, benefit; use; profit {2D}
pl: مَنافِع

انه كثير الكلام بلا منفعة. فيها جدوى ومنفعة. تتطلب سياسات تتأسس على المصالح والمنافع المتبادلة. السياسة الخارجية الاميركية الراهنة منقادة لحسابات منافع اقتصادية.

مفيد useful, beneficial

see مثمر

مُجْدٍ
helpful {3W}

وصف هذه الاتهامات بأنها «دعاية وضجة اعلامية غير مجدية.» الفصل بين الاقتصاد وتطورات السلام غير مجد على الاطلاق. هذا النمط من التفكير غير مجد وثبت عدم صحته. المغرب يوفر فرصا استثمارية كبيرة ومجدية تساندها قوانين غاية في المرونة. ان «حكومة نتانياهو ستتسبب مرة اخرى في عودة التوتر غير المجدي».

مُفيد
useful, beneficial {2D}

لا شك انكم حريصون على تقديم المعلومات المفيدة للقراء. التمشي في الطائرة وأداء التمارين مفيد للصحة. أشار الى ان المحادثات كانت صريحة ومفيدة ومثمرة. لن يكون من المفيد زيادة عدد الرحلات اذا لم يكن بالامكان الوصول الى المطار. قال إن الاغتيال السياسي «ليست له وظيفة مفيدة في الحياة الديبلوماسية»، وانه «عمل غير مثمر».

ناجِع
useful, beneficial {3W}

طرح أحد المشاكرين مقترحاً اعتبره الحل الناجع. لا بد من ايجاد الوسائل الناجعة للعلاج. وجد حلاً ناجعاً للبطالة، ونجح كذلك في تحريك الاقتصاد. العلاج الذي تقترحه المواقع يمكن الا يكون ناجعاً.

نافِع
useful, beneficial {2D}

المعلومات العامة نافعة للسياح أو الراغبين في السفر الى هذه البلدان. يحث على القيام بافعال نافعة، اجتماعية أو اخلاقية. قام وفد غرفة التجارة والصناعة بزيارة نافعة الى روسيا. العنوان من هذا الجانب غير مفيد ولا نافع.

---

flood فيضان

see كثرة

سَيْل
flood; abundance {3W}
pl: سُيول

أعادوا بناء القرى التي اجتاحتها السيول. يؤثر فعل الأمطار والسيول بشدة في الآثار المبنية بالحجر الجيري. الفيضانات سيطرنا عليها بعد السد العالي، والسيول لا تحدث بانتظام. لفت نواب الى «ان سيلاً من الاسئلة طرح على المسؤولين الامنيين.» صار من المستحيل ان يتمكن من قراءة كل هذا السيل من الكلام. دعت اليونان إلى مساعدة مقدونيا لمواجهة سيل اللاجئين المتدفقين عليها من كوسوفا. الأمة تواجه سيلا من التحديات العاتية تستدعي الوفاق .

طَوْفان
flood; deluge {2W}

قلت لنفسي وأنا اتأمل طوفان المطر: لا حول ولا قوة إلا بالله العظيم. من يستطيع أن يوقف هذا الطوفان الدموي؟ سفر التكوين، ولا سيما قصة الطوفان فيه، يتشابه الى حد الدهشة مع ملحمة جلجامش ومع قصة الطوفان الهندية. هذه المنطقة سميت باسم مصر قبل الطوفان طوفان نوح.

فَيْض
flood; abundance {3W}

هناك فيض من الأحاديث النبوية الشريفة التي تدعو المسلمين الى العلم. السلطات المحلية تجري استعدادات لاستقبال فيض من اللاجئين الكمبوديين. أحاطني الأحباء بفيض من الحب والحنان. وسط هذا الفيض من المقالات الجادة تنشر الأهرام مقالين لفكري أباظة. يكتشف أن هناك فيضا من الدفء الانساني خلف القناع الخارجي.

فَيَضان
flood; deluge {2W}

فيضان العام الحالي أعلى من المتوسط وأقل من السنة الماضية. هى رئيس مركز التنبؤ بالفيضان. بعد انقطاع الفيضان لإقامة السد العالي، أصبحت هذه البحيرات بلا مورد مائي متجدد. كادت بغداد أن تغرق بسبب فيضان دجلة.

قبيح — ugly

see نتن

بَشِع
ugly, hideous {2D}

كان وجهها قد اصبح بشعاً. لا انسان او حيوان في الطريق؛ ابنية بشعة يتراكم بعضها فوق بعض. استطاع ان يكشف الوجه الحقيقي البشع للصهيونية المتطرفة. في سنوات الحرب البشعة اتحد الصرب، من صربيا الأم الى البوسنة. تنادي بإلحاح وسائل الاعلام الدولية الى عدم الحاق تلك الجرائم البشعة بالإسلام والمسلمين. قتلت زوجها بطريقة بشعة.

دَميم
ugly {3M}

منع الحوامل من دخول حديقة الحيوانات خشية أن ينظرن إلى الحيوانات الدميمة. كانت العروس دميمة لدرجة ان الضيوف لم يقبلوا إلا العريس. الفتاة الدميمة يجب أن تكون مهذبة، الجميلة ليست في حاجة إلى ذلك. إذا شاهدت شيئا قبيحا أنجبت طفلا دميما. إنني قصير وأسود ودميم.

شَنيع
terrible, disgraceful {2W}

لا تزال الفتوى باهدار دم الكاتب سلمان رشدي، التي قالت صحيفة «التايمز» الاسبوع الماضي انها «اهانة شنيعة للقانون الدولي»، قائمة. هذا الحادث اجرام شنيع وفظيع لا يمكن ان يقبله عقل او دين بأية صورة. كانوا، بعد أفعالهم الشنيعة، يستحقون تسمية «المجانين». ينبغي لاسرائيل ان تدفع ثمن خطوتها الشنيعة الاخيرة التي تندرج في اطار الارهاب الدولي.

فَظيع
hideous, terrible {3W}

الناس وراء مثل هذه الاعمال الفظيعة قد يكونون من كل دين غير الاسلام. ادارة كلينتون تدين « المجازر الفظيعة » في الجزائر. ارتكب انتهاكات فظيعة لحقوق الانسان الكردي. حمل التقرير صورا فظيعة لجثتي سجينين عذبتهما استخبارات السلطة الفلسطينية. اصيب بعض الناجين بجروح فظيعة ووصلوا الى المستشفيات المحلية بأجساد مشوهة ومحروقة ومصابة بشظايا.

قَبيح
ugly {2W}

رأى ان «ما يجري عمل اجرامي وقبيح». ذات ليلة يقوم بزيارة سرية الى المئذنة الحمراء القبيحة، المنتصبة وسط خرابة، العالية على كل شيء في الحارة. المبالغة عادة تنطبق لديهم على الجميل والقبيح، ولا وسط لديهم. يريد اظهار الوجه القبيح لطهران. بعد تحويله الى مقهى هُدّم كلياً لترتفع في مكانه بناية «قبيحة».

كَريه
unpleasant, offensive; loathsome {2W}

تفصل بين احيائها ازقة تنبعث الروائح الكريهة من مياهها الآسنة. كل رائحة غير رائحة الجسد الأوروبي الغربي الصهيوني هي رائحة كريهة؟! قال الرئيس حافظ الأسد ان «الحرب كريهة جداً». نددت الحكومة الفرنسية امس «بالجرائم الكريهة» التي تشهدها الجزائر. أكثر شخص كريه: الذي يشتكي من كل شيء وينوح على كل شيء.

قبر — grave

تُرْبَة
*tomb [*see تراب; *dirt, soil]* {2M}
pl: تُرَب

في مدينة بريشتينا ضريحان متقابلان احدهما تربة السلطان مراد والآخر قبر الملك لازار. هناك العديد من التُرب القديمة في القاهرة. منعهم من زيارة تربة الحسين. في الفترة نفسها ظهرت مبانٍ ثنائية الايوانات مثل تربة ابناء الامير قايتباي المعروفة خطأً باسم تربة الكلشني.

جَبّانَة
cemetery, graveyard {3M}
pl: جَبّانات

تحوي الجبانة عدداً من المقابر وصل عددها الى ٥٢ مقبرة. أكرم المصريون الطيبون جثمانه ودفنوه في جبانة القرية. أشار إلى أن الحفائر تجري بهذه الجبانة منذ فترة الأربعينات. اضاف ان الجبانة تحوي مقابر حجرية واخرى طينية من الطوب اللبن.

جَدَث
grave, tomb (usu. religious context) {3M}
pl: أَجْداث

بعد الصلاة على جثمانه الطاهر في مسجد البلدة ووري جدث الرحمة في مدافن السلطانية. يوم القيامة يبعث الناس من الأجداث ليروا أعمالهم. في الرباط عاصمة المغرب كثير من أجداث العلماء القدامى. عندما ينفخ في الصور فإذا هم من الأجداث إلى ربهم ينسلون.

مَدْفَن
grave; cemetery, burial ground (humans, objects) {2W}
pl: مَدافِن

يظهر انه أُريد لهذا المكان ان يكون مدفناً للعائلة العباسية. وضع اكليلاً على المدفن الجماعي لشهداء طرابلس. عثر على مدافن تعود الى أواخر الألف الثالث قبل الميلاد. تدفق أقارب الموتى على القبور لتنظيف المدافن ووضع زهور جديدة لمناسبة احتفال الكنيسة الارثوذكسية بعيد الفصح. قرر إنشاء مدافن خاصة للقمامة بعيدة عن الكتل السكنية.

ضَريح
tomb, mausoleum {2W}
pl: أَضْرِحَة، ضَرائِح

زار الزعيم الليبي ضريح عبدالناصر أمس. تشتاق أمينة إلى زيارة ضريح الحسين. توجه الرئيسان بعد التوقيع الى ضريح الجندي المجهول الذي أقيم لتخليد ذكرى المقاتلين في الحرب العالمية الثانية. وضع اكليلاً من الزهر على اضرحة شهداء المجزرة. وُجدت أمس كتابات وإشارات نازية ومعادية للسامية على ضرائح يهودية في فرنسا.

قَبْر
grave, tomb {2D}
pl: قُبور

يضع باقة من الزهور على قبر الجندي المجهول. أصر على زيارة قبر استاذه. أطلب فقط ان ننفض الغبار عن قبور موتانا، لأن الإنسان يبعث ثانية من قبره. تحدثوا عن زيارة قبور الأولياء، وعن الجبر والاختيار. زار قبر والدته ورجع واجما حزينا. مرات كثيرة تدفعه الأحزان الى حافة القبر.

مَقْبَرَة
grave, tomb; cemetery {2D}
pl: مَقابِر

تم اكتشاف مقبرة جماعية جديدة في كوسوفا. المقبرة كانت مدفونة في الرمل. مات قبل استكمال مقبرته. الهدف من افتتاح هذه المقابر الملكية للزيارة هو التخفيف عن مقبرتي توت عنخ آمون ونفرتاري. نقل رفاتها من مصر لتدفن في مقبرة ببلدة شحتول. أما البر الغربي - مدينة الموتى - فتوجد به مقابر الملوك والملكات وكذلك النبلاء بأعداد كبيرة.

لَحْد
grave (usu. in idiom) {2M}
pl: لِحاد، أَلْحاد
من المَهد إلى اللحد cradle to grave

اطلب العلم من المهد الى اللحد. كيف نعدّ المصريين للتعايش معا في مجتمع جديد يتغير من اعتماد الفرد على الدولة من المهد الى اللحد الى مجتمع يقوم على المبادرات الفردية والجهود الفردية. لا شك أن نبش القبور ونقل ما فضل من آثار الموتى في الألحاد انتهاك حرمةٍ أوجب الله تعالى حفظها وصيانتها والدفاع عنها.

ناووس
sarcophagus (archeological) {3M}
pl: نَواويس

المدارس ستدعى لتأتي بطلابها للتعرف على التماثيل والنواويس. يشكل نحت النواويس جانباً مهماً من نشاط النحاتين في الامبراطورية الرومانية. يتسللون إلى مخادع الفراعنة ويفتحون نواويسهم.

قبّعة — hat

بُرْنَيْطَة
hat {2M}
pl: بَرانيط، بُرْنَيْطات

ارتدى «البرنيطة». العيون تسافر مع قبعة جون واين أو برنيطة كلينت ايستوود. لا يصح أن يرتدي الاثنان برنيطة متشابهة. أمر الرجال بلبس القبعة البرنيطة، وكان ظنه من هذا الرمز أن يجعل تركيا تلحق بأوروبا.

طَرْبوش
fez, tarboosh {2D}
pl: طَرابيش

حرمت المرأة من حرية ارتداء الحجاب وضغطت على الرجل لخلع العمامة والطربوش. أطلق لحيته وارتدى «كاكولة» أزهرية فوق زيه الافرنجي وأحاط طربوشه بعمامة وفتح صفحات جريدته للأقلام المنتمية الى جماعة الاخوان. خلع الطربوش، معرضاً صلعته البيضاء جداً لعوامل الطبيعة للمرة الأولى في حياته. يعمل مع والده في بيع الطرابيش.

طاقِيَة
skullcap {2W}
pl: طَواقٍ

اقتربا من الغرض وكأنهما يلبسان «طاقية الاخفاء». يعتمر الطاقية الاسلامية حيناً والكاسكيت العلمانية حينا. رفع رأسه الى السماء وقد وضع يده على طاقيته الصغيرة وهو ينادي: لقد تحقق وعد السماء. قبل ان يدخل الضريح الرئيسي يُطلب منه ان يضع طاقية دينية على رأسه. يلبس طربوشا او طاقية. الطواقي مكبوسة على الرأس الحليق.

قُبَّعَة
hat, cap {3W}
pl: قُبَّعات

طارت قبعته، وتركها تتدحرج بين السيارات. اعتقد ان للقبعة فضلا على العمامة والطربوش. حصلت على قبعة تحمل اسمه من احد مرافقيه في نهاية المباراة. يدير مظلة قبعته إلى الجانب الأيمن. خرج الزعيم الكوبي مرتدياً قبعته وزيه الزيتوني المعتاد. بمقدوره اخذ القبعات والمعاطف من الضيوف وحفظها بشكل جيد جداً.

قَلَنْسُوَة
cap; headgear {3M}
pl: قَلانِس

رفع قلنسوته البيضاء عن رأسه وحملها بيده اليسرى. يحتفظ في مكتبه في البيت الابيض بالقلنسوة التي وضعها على رأسه في جنازته. يتدثرون مخافة البرد الشديد وعلى رأس كل منهم قلنسوة من فرو. كانت قلانس رجال الدين الأقباط الحاضرين تشبه عمائم الشيوخ الايرانيين.

كوفِيَّة
(Arab style) *headdress, kufiya* {2W}

كان يصر على ارتداء العباءة والكوفية اثناء العطل والاعياء. عمدت أول من أمس الى توزيع صورة له معتمرا كوفية. ظهرت في شوارع القدس أمس ملصقات تصور نتانياهو معتمرا كوفية فلسطينية. هي امرأة ريفية ترتدي ثوبا عربيا تقليديا وتلفّ رأسها بكوفية حمراء مرقطة بالأبيض.

---

facing — مقابل

see إزاء

إزاء
*[*see إزاء; *in regard to* {3D}*]; in front of, facing* {3W}

اننا إزاء مفكر يمتلك موقفاً نقدياً متقدماً. يجد الباحث نفسه إزاء مهمة صعبة جداً. تأنى إزاء الصور والتماثيل متأملا فوائدها وحكمها.

أمامَ
in front of, facing, opposite {2D}

جلست أمام الباب وانتظرته. سوف يلقي بيانا شاملا أمام البرلمان حول سياساته. أمريكا قد تجد نفسها أمام خيار قاس وصعب في العراق وهو خيار الحرب البرية. هناك عقبتين اساسيتين امام اعتناقه الاسلام. يريدون إزالة مختلف العقبات أمام زيادة الصادرات. ان كل شيء ينهار امام اعيننا.

مُحاذٍ
opposite to, across from {3M}

قاموا برفع الزينات على واجهات المنازل المحاذية للمسجد. ينتمي هؤلاء المقاتلون البشتون لولاية بكتيا المحاذية لباكستان. شاطئ العقبة الجنوبية، المحاذي للحدود السعودية، سيشهد انشاء ١٥-٢٠ موقعا سياحيا. وقع النصف الجنوبي من العراق والمحاذي لخليج العرب تحت الحكم البريطاني المباشر.

في مُحاذاةَ
opposite to; parallel with, alongside {3M}

منزل الوزير يقع في محاذاة منزلي. السفينة تتحرك من الغرب إلى الشرق في محاذاة الساحل الإفريقي الشمالي. كنتُ أسير ذات مرة في محاذاة النيل. يمشي زهير وأصحابه الصغار مسافة تتعدى السبعة كيلومترات في محاذاة البحر.

قُبالَةَ
in front of, facing {3W}

انهم يقفون في خطّ مستقيم قبالة المذبح، ثم يجلسون على مؤخراتهم على الارض، يسجدون على ركبتيهم. السفينة الحربية «يو. اس. كيرسارغ» رست قبالة الشاطئ. وقفت قبالة بيته. جرافة اسرائيلية تصحبها قوات كبيرة من الجيش الاسرائيلي حضرت لهدم ورشة الالمونيوم الكائنة قبالة بيت العائلة في احدى ضواحي مدينة القدس.

مُقابِل
facing, against; in exchange for {3D}

يقع فندق «موريس» الفخم الذي شُيِّدَ في القرن الثامن عشر، مقابل حدائق الـ«تويلري». وقفت مقابل بيت الملك. مقهى الهيئة مقابل فندق الرشيد. حصل الحزب على ١٧ مقعدا مقابل ١٠ مقاعد في البرلمان السابق. ارتفع الدولار مقابل الين الياباني وتراجع مقابل اليورو. انتقل اللاعب وائل القباني للزمالك مقابل ١٠٠ ألف جنيه. إننا ندعم مبدأ الارض مقابل السلام.

قُدّام
in front of {1M} (Coll)

يقتل مائة الف وقدام عينيك. (Eg) الورقة على الطاولة قدامك. السيارة واقفة قدام البيت. أهواحنا بيتنا قدام بيت الصحيمي طوالي. جرى ايه ياست عديلة انتي عارفة مين اللي قدامك ده؟ انا عمري ما غاب من قدامي.. اسمك يا فلسطين.

قُصاد
in front of, across from {1M} (Eg)

شقتها الكبيرة في الزمالك قصاد شقة المرحوم محمد عبدالوهاب. بلدي قصاد عيني ومش قادر أغيرها. ما تروحش بعيد، خليل قصاد عيني.

تُجاهَ
facing, across from; toward; [see إزاء*; in regard to]* {3D}

تحركت القوات في مقدونيا تجاه الحدود مع كوسوفا. القوات الهندية تتقدم بحذر تجاه الحدود الباكستانية مع كشمير. أضافت أن المضادات الأرضية للجيش اللبناني أطلقت نيرانها تجاه الطائرات الاسرائيلية دون أن تلحق بها أي خسائر. في نهاية الاحتفال سار رجال القرية تجاه بيت الملكة الأم. كان يصيّف في المحيدثة قرب بكفيا تجاه بيت الرحباني.

مقبل — coming, next

آتٍ
coming, next {3D}

يغرق في احلامه استعداداً للمدرسة في الصباح الآتي. الانتخابات الآتية مزورة. اعتقد ان هذا اليوم آتٍ. يبدأ اولاً من تحقيق الخطوات الآتية. وصل إلى سريلانكا آتياً من إسلام آباد.

تالٍ
next, following {2D}

يدعو الاجيال التالية الى الحفاظ عليها. في الايام التالية حدثت احداث كثيرة. نقلت في السنة التالية الى مدرسة عكا الثانوية. في مساء اليوم التالي ينزل من القطار ويدرك ان المكان هو مدرسة للتدريب على الرقص الغربي.

جاي
coming, next {1W} (Coll)

أشوفك الأسبوع اللي جاي إن شاء الله. حسافر مصر السنة الجاية. هو جاي منين؟

مُقْبِل
coming, next {3D}

جان يستمر حتى ٢٦ نيسان (ابريل) المقبل. سيبحثها المؤتمر في اجتماعه المقبل. أتزوج في العام المقبل من جندي في نفس القاعدة. الوضع الدولي في العالم باق على حاله خلال السنوات المقبلة. سيلعب أولى مبارياته السبت المقبل أمام الوحدات الأردني.

قادِم
coming, next {3D}

يستضيف كأس الكؤوس السابعة خلال شهر آب (اغسطس) القادم. الحرب القادمة في الشرق الأوسط ستتمحور حول الماء. بقيت له مباراة واحدة الأسبوع القادم أمام الريان. الاقتصاد العالمي سيشهد تحولات اساسية خلال الخمس والعشرين سنة القادمة. تصل الوزيرة الأميركية الى العاصمة الصينية قادمة من طوكيو.

kiss قبلة

بوسَة
kiss {1M} (Coll)
pl: بوسات

اعطني بوسة. ترسل له بوسة على الهواء.

قُبْلَة
kiss {3W}

اطبع قبلة على خدها. طبع بيكاسو القبلة على فم فرانسواز. قبلة العنكبوت تدغدغ ولا تقرص. يعلمها الرقص فتهيم به حباً بعد ان نجح في انتزاع قبلة عميقة منها. طلبت قبلة فرفضت. اقترب منها وحاول ان يتحدث معها بالانكليزية، ثم فاجأها بقبلة.

tribe قبيلة

سِبْط
tribe (of the Israelites) {3M}
pl: أَسْباط

قيل إنهم من أسباط بني إسرائيل الذين تكاثر عددهم «فتسلطوا على تلك الجهات». انجب من الزوجات الاربع اثني عشر ابنا وهم الاثنا عشر سبطا وقد انجب من راحيل زوجته الاولى اثنين من اولاده.

عَشيرَة
kin group, tribe {2D}
pl: عَشائِر

كان هناك اناس يسكنون بجوارنا هم ابناء عشيرة قريبة من عشيرتنا. هو زعيم عشيرة كردية، في سيفيرك في اقليم سانليوفا. لجأوا الى احدى العشائر العربية في غرب العراق حيث ظلوا في حمايتها أربعة أيام. ان الحارة حارة عشيرة، لكنه كان يوجد فيها اناس من عشائر اخرى أيضا.

قَبيلَة
tribe {2D}
pl: قَبائِل

كان ابناء قبيلته يعانون من الفقر. ينتمي الى قبيلة لاشولي جوزيف لاغو نائب رئيس الجمهورية السودانية. هم عناصر تتحدر من أصول قبيلة التوتسي، هاجروا الى زائير من رواندا قبل اكثر من مئة سنة. لعبت القبائل العربية دورا بارزا في انتشار الاسلام والثقافة العربية. الواقع ان القبيلة المسرحية ستستفيد كثيرا من هذا الكتاب.

lethal, mortal قاتل

فَتّاك
deadly, lethal {3W}

اعتبر ان «استخدام مثل هذه الاسلحة الفتاكة يمثل تصعيداً خطيراً للعدوان التركي على شعب كردستان العراق». الأطفال الذين يتعرضون للجوع خلال وجودهم في الرحم يكونون في الكبر أكثر عرضة للاصابة بالأمراض المعدية الفتاكة. يملكان اكثر من ٧٠ الف طن من الغازات والمواد السامة الفتاكة.

قاتِل
lethal, mortal; [(n) killer] {2W}

قال الطبيب الشرعي ان جثة المغدورة مصابة بعدد كبير من الطعنات القاتلة في جميع أنحاء الجسم والرأس. حاول اقناع المجتمع الدولي بأهمية وضع حد لهذا السلاح القاتل. هي مادة قاتلة أكثر بكثير من مادة السارين.

قاضٍ
deadly, lethal; [decisive] {2W}
ضَرْبَة قاضِيَة lethal blow

أعلن المسؤولون الصينيون في المنطقة عزمهم على توجيه ضربة قاضية الى من وصفوهم بـ «العناصر الطائفية الانفصالية». الفوز القطري سدد ضربة قاضية إلى آمال الصين والكويت في انتزاع المركزي الثاني. يأمل بطل العالم السابق في الوزن الثقيل الاميركي مايك تايسون باسقاط مواطنه بطل العالم الحالي ايفاندر هوليفيلد بالضربة القاضية في مباراة الثأر على اللقب العالمي.

مُميت
lethal, mortal {2W}

توفر القلنسوة الحماية لفترة ٢٠ دقيقة وتحمي عيون ورئة مرتديها من الأدخنة المميتة. كان ارتكب الخطأ المميت في عدم انسحابه من الكويت. ابعاد مدحت باشا عن الحكم شكل طعنة مميتة للحياة الديموقراطية. رأى أن هذا «يشكل تهديداً مميتاً» لاسرائيل.

مُهْلِك
destructive {3M}

المريخ لا يملك مثل الأرض جواً يحميه من أشعة الشمس المهلكة. حمل الصين على عدم تزويد ايران مواد لانتاج أسلحة مهلكة. لا ينبغي ان تكون نبيا لكي تتكهن بالعواقب المهلكة التي يمكن ان تترتب على جولة جديدة من المجابهة حول العراق.

---

to kill
قتل

see دمّر

أَبادَ
to exterminate sb {3D}

كيف يخطر ببال أي كردي تسليم عاصمته لجيش يبيد شعبه بالأسلحة الكيماوية. لامكان للسفاحين الذين يبيدون جماعات عرقية بأكملها. ألم تكن قنبلة هيروشيما الذرية، التي أبادت في ثوان اكثر من ٥٧ ألف قتيل، نموذجاً صارخاً لمستوى الوحشية الذي بلغته تقنية الحرب. الجيش الروسي يحرث الأرض بالقنابل والصواريخ ويبيد كل أشكال الحياة على أرض الشيشان.

أَجْهَزَ
to finish off على (a wounded man); *put an end* على *to* {3W}

لما رأى ابنه الجريح جوزف زاحفاً نحو الهاتف أخذ سكينه وطعنه فأجهز عليه. جماعة مسلحة هاجمت في منطقة حمام ملوان باصاً كان يمر في المنطقة، واجهزت على ثمانية مسافرين، وأصيب في الحادث سبعة مسافرين آخرين. استولوا على الدولة الالمانية وأجهزوا على جمهورية ويمار.

ذَبَحَ
to kill, slaughter sb {2D}
VN: ذَبْح يَذْبَحُ

اذا صاحت الدجاجة صياح الديك فاذبحوها. ذبح الفلاح الفتى الذي فقأ عين بقرته. ذبحنا الشاة وشويناها. ممنوع ذبح الخرفان داخل البناية. جاء أمر الله.. اذبح ابنك يا إبراهيم. ذكرت «الوطن» امس ان مجموعة مسلحة ذبحت ٤٠ شخصاً في قرية معلبا. يتبارى المذيعات والمذيعون في ذبح اللغة! هزمني الأمل.. وذبحني الألم.

أَرْدَى
to knock sb to the ground; {3M}
أَرْداه قَتيلاً to kill

أطلق المسلحون النار عليه وأردوه على الفور ثم ذبحوا المدرسات. أطلقوا النار من اسلحة اتوماتيكية على صاحبه اسد علي فأردوه قتيلاً، وجرحوا عاملاً في الفرن. أضافت الشرطة ان أربعة مسلحين هاجموا الامام محمد يوسف صباحاً وأردوه قتيلاً في وسط الشارع امام المسجد الذي كان يؤدي فيه الصلاة.

أَزهَقَ
to destroy, cause to perish (usu. with روح or نفس following) {3W}

من الممكن ان تكون الايدي التي ازهقت ارواح الابرياء في سورية هي ذاتها التي اطلقت النار على الباص السوري في لبنان. أزهقت حروبه ونزاعاته ارواح حوالي مئة مليون انسان. نستنكر هذا الاسلوب العدواني غير الانساني الذي ازهق الارواح البريئة ودمر الاقتصاد اللبناني. أسلوب النقاد يدعو الى افساد اللاعبين وهدم كرة القدم وازهاق «الروح» الرياضية.

اِغْتال
to assassinate, kill sb {2W}

هاجموا باصا سياحيا في مصر القديمة واغتالوا العقيد احمد شعلان في عين شمس. أصدرت كتابا عن ذكريات زوجها الذي اغتاله اسرائيلي متطرف في تشرين الثاني (نوفمبر) ١٩٩٥. مجموعة مسلحة اغتالت ثمانية اشخاص آخرين الخميس في شراقة جنوب غربي العاصمة. يغتالون الصحافيين والسياسيين.

فَتَكَ
to kill ب *sb; to destroy* ب *sth* {2W}
VN: فَتْك يَفْتِكُ

خرج من تلك الغرفة وأخذ يفتك بالارهابيين فرداً فرداً. التدخين يقتل الارادة ويفتك بالصحة. عادت أعمال العنف تفتك بالمدنيين من سكان بعض القرى. مئات آلاف اللاجئين يفتك بهم الجوع وتلتهمهم الأمراض والأوبئة. لا توجد جريمة اكبر من جريمة المخدرات التي تفتك وتقتل الجسد والعقل.

أَفْنى
to annihilate, destroy sb; to spend (years, life) {3W}

ثم شنّ صدام حربا غير مبررة على إيران ليفني في تلك الحرب عشرات الآلاف من شباب العراق. حوّل الرفاق الى أعداء يفني بعضهم بعضاً. الاقباط عبر التاريخ أحبوا مصر وعشقوها وافنوا حياتهم من اجلها. أفنوا سنوات عمرهم في خدمة المجتمع. أفنى الليل سكرا. روسيا مازالت تمتلك ٢٠ ألف رأس نووي جاهزة وقادرة على افناء الكرة الأرضية.

قَتَلَ
to kill sb {2D}
VN: قَتْل يَقْتُلُ

القوات الحكومية قتلت ١٣ اسلامياً في الجزائر العاصمة ووهران. قد قتل ابو كمال طالبا دنماركيا واصاب بالرصاص ستة سياح آخرين. قال ميسيتش انه لم يكن يقتل الاطفال لكنه اعترف بقتل النساء. ربما الصدفة قتلت الأميرة ديانا. اخذنا نقتل بعضنا البعض! لا تقتل الحيوانات غير البشرية الا اذا هاجمتك او كنت تحتاج الطعام.

قَضى
to exterminate, kill على *sb/sth; [to spend* (time)*]* {2D}
VN: قَضاء يَقْضي

قضوا على كل افراد الاسرة الحاكمة. المجاعة قضت على نحو ثلاثين مليوناً. انها مصابة بسرطان قاتل سوف يقضي عليها بعد عام على الأكثر. قضت عليه ازمة قلبية يوم ٢٣ كانون الثاني (يناير) ١٩٥٦. ضرب احدهم بعقب بندقيته ليقضي عليه. كيف نقضي على المخدرات؟ يتطلب اقامة نظم ديمقراطية حقيقية تقضي على الفساد. الطيران الاسرائيلي قضى على السلاح الجوي الاردني قبل ان تصل الساعة الثانية والنصف.

مَوَّتَ
to kill sb {1-2M} (Coll)

سأموّت هذا الجحش ان لم يعطني نصيبي. (Eg) انت اتجننت يا ولية عايزة تموّتي نفسك عشان شوية خضار.

أَماتَ
to kill, destroy sth {3W}

الفساد أصاب الوجدان والقلوب وضرب الأخلاق وأمات الضمائر. اما أصغرهم فله من العمر ايام وكادت تلده امه من دون طبيب، هكذا بالرغم من انها كانت تنزف نزفا كاد يميتها. فظاعة ما كنت شاهدا عليه أماتت عندي القدرة على التواصل الانساني حتى مع أقرب الناس. لا يدري كيف يميت ساعاته وأوقاته ويدرج ايامه وأعوامه.

نَحَرَ
to slaughter, butcher sb/sth {3W}
VN: نَحْر يَنْحُرُ

نحرت الخراف، وعقدت حلقات الدبكة. لا ينحرون الناقة لأن الناقة ولود ومعطاء وفيها خير وحليب وإنجاب. يبدأ العيد في العاشرة ليلاً حيث تنحر الخراف في الساحة ويقطع لحمها. الديموقراطية تنحر أخيراً على مذبح القدس. قالت مصادر الحزب ان عصابة تضم ثلاثة اشخاص نحروا الراحل احمد السروت شقيق المرشح احمد السروت في منطقة «الحوز».

اِنْتَحَرَ
to commit suicide {2W}

انتحر نائب رئيس صرب البوسنة السابق نيكولا كوليفيتش باطلاق النار على رأسه من مسدسه الخاص. انتحر قاض في استراليا حين ورد اسمه في ملف التحقيقات. فكر الرجل ان ينتحر، لكنه لم يستطع. انتحر قس و٢٠ من اتباعه في المكسيك سنة ١٩٩١. ينتحر من يسعى الى اكتشاف معنى للحياة والوجود.

قاحل arid

مُجْدِب
barren; arid {3M}

كنت اشعر بإعجابه الشديد وتقديره للشعب اليهودي الذي حوّل الصحراء المجدبة الى جنائن خضراء. هذه أرضكم الحقة، فاستريحوا وانسوا أوطانكم المجدبة. غدت المنطقة التي كانت بالأمس مجدبة عامرة بالحياة. هي تمر الآن بمرحلة مجدبة في مختلف ميادين الإبداع.

جافّ
dry, arid (land)*; [*see جافّ*; dry* (other things)*]* {2D}

يركّز اهتمامه على المشاكل الزراعية في المناطق الجافة القاحلة. هو متخصص في مراقبة وتقييم المصادر الطبيعية في المناطق الجافة وشبه الجافة في الشرق الأوسط. تمتد معظم مساحات الوطن العربي عبر الأقاليم الجافة وشبه الجافة.

قاحِل
arid, dry {3W}

٢،٤ بليون هكتار من الاراضي القاحلة ستتصحر في المستقبل القريب خصوصا في افريقيا وآسيا. تم افتتاح المشروع امس في منطقة صحراوية قاحلة تبعد نحو ٥١ كيلومتراً الى شمال معابد ابو سمبل. تقع هذه الأراضي في مناطق قاحلة. انطلق عبد العزيز من الكويت إلى الرياض عبر صحراء قاحلة بجيش صغير.

قدر
amount, extent

مَبْلَغ
amount (esp. of money) {2D}

طالب اصلاً بمبلغ نصف مليون جنيه. مهرجان التسوق لا يكلف الحكومة أي مبلغ. ادّخر مبلغا من المال من أجل تكاليف الرحلة. مبلغ علمي أن دمياط لديها من الآثار ما يؤهلها لأن تكون من المحافظات الرائدة في مجال السياحة. تحصل على مبالغ طائلة من تصنيع الفودكا في مئات المعامل السرية.

حدّ
limit, extent; [border] {2D}
pl: حُدود

كيف تكون جودته عالية إلى هذا الحد ويكون رخيصا؟ تقذف بهم في دوامات البطالة والعنف والادمان وتصل بهم إلى حد الجنون. الأمم المتحدة لم تحقق إلى حد كبير آمال البشرية حتى الآن. هي تتفق إلى حد بعيد مع التصور الإسرائيلي. هل تحبها إلى هذا الحد؟

قَدّ
extent, to the extent; as big as {1M} (Eg)

هو فيه حد زيه ولا قده في بلدنا؟ حد برضه يعيب في راجل قد الدنيا زي حضرتك؟ إنتم مش قد الناس دي!

قَدْر
amount; extent {2D}

الشركات الألمانية تدفع اكبر قدر من الضرائب في العالم. لم يسقط ضحايا له من الاقباط بقدر ما سقط من المسلمين. لم يعد اهتمامنا بالكيف بنفس القدر الذي كنا نوليه للكم. كان هناك قدر لا بأس به من توازن القوى في الخليج. ينبغي ان يكون هناك قدر اكبر من الوضوح والدقة القانونية. يسعى الى اخفاء نفسه قدر الامكان. حقق قطاع التجارة ناتجا قدره ٦,٩٤ مليار جنيه. اننا دولة نامية لدينا قدر من الأمية وقدر من التخلف. نحاول بقدر الاستطاعة أن نصلح الخطأ.

مِقْدار
amount, quantity; extent {2D}
pl: مَقادير

تشتري تركيا كمية اجمالية مقدارها تسعة بلايين متر مكعب من الغاز الطبيعي سنوياً من روسيا. الصين تزيد سكانيا بمقدار عدد سكان دولة متوسطة الحجم. لماذا حتى هذا الوقت لا أحد يلتفت لمقدار خطورة انتشار هذا المرض. مقدار الجائزة سبعة وثلاثون الف ريال. صناعة البترول الروسية تحتاج الى مقادير كبيرة جداً من الاستثمارات.

كَمّ
amount, quantity {2D}

أصبح واضحا من الناحية الاقتصادية صعوبة توفير الاستثمارات اللازمة لهذا الكم الواسع من الصناعات الحربية. هذا الكم ضئيل جدا امام احتياجات دور العرض. الانتاج يجب أن يبدأ من السوق وحاجة المستهلك بالكم والكيف. العدد والكم ليس مقدماً على النوعية والكيفية. يطرح اسئلة اكبر حول هذا الكم الهائل من المشاكل.

كَمِيّة
amount, quantity {2D}
pl: كَمِيّات

شهدت تلك السنة اكبر كمية من الاعتداءات عرفها لبنان منذ تأسيس دولة اسرائيل. وجد الأثريون كمية كبيرة من الفخار اليوناني في هذا الموقع. اعتقل لدى قيامه بتهريب كمية من الحشيشة الى المملكة. وضعتها في اناء صغير فيه كمية صغيرة من الماء. تبرعت له بكمية من الدم. كميات المواد الغذائية والأدوية التي حصل عليها العراق ليست كافية لمعالجة الازمة الانسانية في هذا البلد.

ability

قدرة

حَوْل

power {2D}
لا حَوْلَ ولا قوَّةَ no strength or power

لدينا هنا أقلية قوية جداً وأكثرية ضعيفة الحول. لا حول ولا قوة إلا بالله. أنا أرى الدمعة في عين المواطن المسكين الذي لا حول له ولا قوة.

اِسْتِطاعَة

ability {3D}

لم يكن في استطاعتي – أيام الجامعة – ان اشتري ثياباً جاهزة. باستطاعتي الفوز على اي لاعب على الملاعب الترابية. نحن نحاول هنا على قدر استطاعتنا ان نشرك الطفل في الاستنتاج.

طاقَة

power; capability {2D}

الطاقة الفنـــدقية الحالية لا تفي باحتياجات المرحلة المقبلة. الطاقة السنوية لمصنع الشركة تبلغ ٦٠٠ الف طن من بذور الفول. قصارى القول ان هناك طاقة هائلة كامنة تحت السطح.

قُدْرَة

ability {2D}

هناك برامج كثيرة جادة وهادفة اثبتت قدرتها على جذب المشاهد العربي. اظهر قدرة على التكيف مع اوضاع اقليمية في غاية التعقيد. ذكر ان روسيا «قد تفقد اصلاً» قدرتها على الدفاع عن امنها ومصالحها الوطنية في ظل الوضع الحالي. قد يأتي السلام بسبب قدرة طرف ما على الغاء الطرف الآخر نهائياً. أشار الى عدم قدرة القطاع الخاص القيام بما يقوم به القطاع العام.

مَقْدِرَة

ability {3D}

تعبر عن مقدرة الانسان على التكيف والاستمرار مهما كانت العوائق. يتميز البنك الدولي ايضاً عن غيره في مقدرته على جمع المعلومات. لم اعد اؤمن بمقدرتي على انقاذ العالم. دون الدراسات المذكورة يستطيع أي رجل ان يثبت «روعة المرأة» ومقدرتها ومؤهلاتها وبراعتها في كثير من الأمور ولا سيما الكيد والمكر.

اِقْتِدار

power; ability {3W}

الحضري ابعد الكرة باقتدار كامل. مارس ذكاءه بكل اقتدار لإبعاد تركيا عن الدول العربية والاسلامية. أثبت رئيس الوزراء الجامح انه يستحق عن جدارة واقتدار لقب عدو السلام.

مَقْدور

capacity, ability; [(adj) *predestined]* {3D}

بمقدوري القول ان الاعلام اللبناني دخل مرحلة «التعريب». فقد صار في مقدور الطائرة «غلوبال اكسبريس» الآن ان تقوم برحلة على مسافة تقارب ١٢٥٠٠ كلم من دون أي توقف. ليس في مقدورنا اجبار احد على ذلك. ليس بمقدور احد ان يقول ان هذه الطريقة بعينها هي أحسن الطرق. لا بديل ولا زعيم بمقدوره ان يملأ مكانه.

تَمَكُّن

ability, capability {2W}

درسها من اجل التمكن من التحدث بشكل جيد. المعروف ان الشعر هو مقياس الفصاحة والتمكن اللغوي. التمكن من التصحيح بعد ممارسة عملية نقد ذاتي لم تحصل حتى الآن.

وُسْع

ability, power {3D}
بِوُسْعِهِ أَنْ، في وُسْعِهِ أَنْ to be able to, 'can'

بوسع البنك الدولي ان يساهم في حلحلة هذه المشكلة. بوسعهم الشروع في بناء قناة فضائية جديدة. ليس في وسعهم القيام بأي شيء. تحاول ان تفعل ما في وسعها لاقناع الانقلابيين بالتخلي عن السلطة واعادة الحكومة المنتخبة بطريقة ديموقراطية.

introduction مقدّمة

see بداية

مَدْخَل
*introduction; [*see باب*; entrance, gateway]* {2M}

اسم مقالته «مدخل البحث في الثقافة العربية». في مدخل الكتاب: ركّز الكاتب على سببية الكتابة، وكيف ننتصر وننهزم أمامها. «النون» التي اختارها مدخلاً للكتاب ليست سوى «نون» نور عازار زوجته. كان هذا التساؤل، تحديداً، هو مدخلي للحوار معها.

مُقَدِّمَة
*introduction, foreward; [*see بداية*; front, front part, vanguard]* {2D}

يؤكد الدكتور فتحي ابو الفضل في مقدمة الطبعة العربية ان اكثر المسائل اثارة للجدل في تاريخ الفكر الاقتصادي هي دور الدولة في النشاط الاقتصادي. تحوي مقدمة التحقيق ترجمة مختصرة للامام السيوطي. كتب مايرز في مقدمة كتابه انه يبغي تصحيح التفسيرات الخاطئة لحياة فروست. اسم كتابه «مقدمة لدرس لغة العرب». في مقدمة الكتاب مقارنات دقيقة بين هؤلاء المؤلفين.

تَمْهيد
introduction, preface; [preparation] {2M}

قد تحدث انطون، في تمهيده لكتابه، عن ردود الفعل على مشروعه. يشرح المؤلف في تمهيده للكتاب الاحداث التاريخية والسياسية التي رسمت لبيروت طبيعتها السكانية. يلاحظ القارئ – في صدر الكتاب وتمهيده – توجها ايجابيا واضحا من الكاتب. كان المؤلف قد نبّه في تمهيده الى «ان القسمة الزمنية بين المظلات غير دقيقة».

اِسْتِهْلال
introduction, beginning {3M}

تقول في استهلال مقالكم إن الهيئة كانت تسعى لدى الشعب في القرى والنجوع والمدن من أجل توصيل الخدمة الثقافية من معارض ومسارح ومكتبات عامة. يوردها في استهلال كتابه الموسوم باسم مشكلة الحب. نستشهد بهذه الأبيات في استهلال هذا المقال عن نظريات الاتصال. ينطوي هذا المفهوم على اعادة تحديد مجالات العمل كما سبق وأشرنا في الاستهلال.

تَوْطِئَة
introduction; [preparation] {3M}

يقول عبدالمحسن العباس في توطئته للكتاب الجديد ان الجزء الثالث هذا يتضمن وصفاً لـ ١٥٠٠ مخطوطة. هذه الافكار تقدم كتوطئة ضرورية لدعم نظرية الفعل الابداعي. كانت هذه توطئة لا بد منها لما أود ابداءَه من ملاحظات. كتوطئة لهذه المهمة طلبت واشنطن من انديك التوجه الى القاهرة.

---

ancient قديم

عَتيق
ancient, antique, rustic {2W}

ما يبعث على الأسى ان عدداً من تلك المنازل العتيقة الجميلة أصبحت مهجورة. مازالت هذه السوق العتيقة محتفظة بكيانها بفضل تجارها القدماء. كان لابد من انشاء متحف جديد للتخفيف عن المتحف العتيق ولعرض المزيد من القطع الاثرية. بدأت عملية تطوير الميدان العتيق للقضاء على مشاكله المرورية الكثيرة.

عَريق
ancient, rich in heritage {2D}

الأزهر الشريف حمل لواء الحضارة الإسلامية العريقة. الرباط القديمة تنفض الغبار عن مساجدها ومقاماتها العريقة. سونيا غاندي تنتمي الى أسرة كبيرة ذات تاريخ عريق. كان الممثل المسرحي العريق سير لورانس أولفييه أحسن من مثل دور العاشق الشهير روميو. تعبر عن حجم المأساة التي يعيشها النادي العريق.

قَديم
old, ancient {2D}

مبنى مشيخة الأزهر القديم سيسلم لمحافظة القاهرة. الحضارة الإسلامية هي التي ربطت العالم القديم بالعالم الحديث. هذه المشاريع تهدف الى اعادة الحياة الى البلدة القديمة. نؤمن ايمانا كاملا بأن العهد القديم هو كلام الله. ظهرت طبعات جديدة من الكتاب القديم.

progress تقدّم

تَحَسُّن
improvement {2D}

أشار ايضاً الى التحسن في أداء الاقتصاد العالمي الذي يمر بمرحلة نمو سريع. يشهد الفريق تحسناً في أسلوبه في الآونة الأخيرة. أشادت المؤسسة بالتحسن الملحوظ في الموازين الداخلية والخارجية في الدول العربية العام الماضي.

اِرْتِقاء
advancement, promotion {3D}

لن يكون في الامكان الارتقاء الى مستوى تحمل المسؤولية إذا لم يتم القضاء على الرشوة. وصفه بأنه «رسالة تتضمن ردوداً لاثبات مذهب داروين في النشوء والارتقاء». تناولت القصة في موضوعها الرئيسي ارتقاء الامبراطورية الاكدية وسقوطها. الارتقاء الحضاري هو من الأسباب الرئيسية في تقارب الأمم.

تَطَوُّر
development {2D}

شهدت حرية الاعلام في افريقيا تطوراً ملحوظاً في بداية التسعينات. التطور الاجتماعي يخفّف الاصغاء للشعر. تم الاتفاق على أن العوامل الموضوعية تلعب دورها في عرقلة التطور الطبيعي للحياة السياسية في البلاد. الاسلام ليس مناهضاً للغرب ولا هو ضد التطور والتقدم. يمكن التخلص من الارتباط بالخارج في سياق التطور والتقدم.

تَقَدُّم
progress, advancement {2D}

التقدم الذي تحرزه هذه الجهود بطيء، ولكنه ثابت. ان احراز التقدم الاقتصادي في العالم النامي في مصلحة الولايات المتحدة. لا ارى تقدماً في الفكرة. ربطت العلاقات مع اسرائيل بالتقدم في عملية السلام.

نُمُوّ
growth; advancement {2D}

اظهرت الارقام الرسمية امس ان معدل نمو الاقتصاد البريطاني بلغ ٣,٥ في المئة سنوياً في الربع الثاني. أدى هذا النمو السريع إلى إحداث تطورات ملحوظة في البنية التحتية والمرافق العامة. حققت الشركة نمواً كبيراً في مبيعات الكومبيوترات. نجد ان العولمة توفر فرصاً واسعة للدول الساعية الى النمو والتقدم.

إِنْماء
advancement, promotion {3D}

الهيئة العربية للاستثمار والانماء الزراعي. لا بد من ان نمضي في تحقيق الانماء المتوازن. قررت الجامعة تعزيز مشاركتها في عملية الانماء في لبنان والعالم العربي. فشلت التجارب القومية في توحيد العرب والسير بهم الى أصقاع الحرية والانماء والتقدم في السنين الماضية.

نَهْضَة
revival, renaissance; progress {2D}

لا بد من اخضاع فكر النهضة الاقتصادي وفكر الثورة الاقتصادي للنقد الصارم. النهضة السينمائية جاءت متأخرة تجارياً وتسويقياً. على هذا فليس مشروع عوض دعوة الى التبعية للغرب بل هو في جوهره دعوة الى النهضة والتقدم. شهد حكمه نهضة زراعية مهمة في الحجاز.

---

filthy قذر

see حقير

دَنِس
unclean, polluted {3M}

«اليهود المزيفون» مثل اسحق رابين وشمعون بيريز يعرقلون مجيء المسيح المنتظر ويفرضون على قسم من الارض المقدسة سلطة غير يهودية دنسة. ليس بينهم من عف عن هذا النفاق الدنس.

قَذِر
filthy {2W}

انكشف دور ادارته في «الحرب القذرة» ضد القواعد الخلفية للباسكيين في فرنسا. «ارفعوا اصابعكم القذرة عنا فلسنا في حاجة الى حراس». يلجأون دائما الى الخدع القذرة. الاساليب القذرة لن تنجح. يتطلعون الى بركة الماء القذر بعيون منتفخة. هذه هي السياسة، وهي لعبة قذرة.

نَجِس
unclean, polluted {2M}

فارق الحياة وأصبح جثمانا ولا يتم تغسيله حتى يعيش ويموت نجسا. الأيدي الأجنبية نجسة يجب ألا تمس المقدسات التي لا تعبدها. اليهود، كالمسلمين، يعتبرون الدم نجسا. لحم السباع نجس ولعابها كذلك.

وَسِخ
dirty {2M}
(Eg): وِسِخ

«الحرب الوسخة». لا يخرج ابداً من دون ان تكون ثيابه ويداه وشعره الكثيف والوسخ مغطاة بالجص. يعيش بفقر شديد ولا يغيّر ثيابه الوسخة. لا نمارس سياسة رمي الطفل مع غسيله الوسخ.

قرأ to read

تَلا
to read (out loud), *recite; [to follow]* {2M}
يَتْلو VN: تِلاوَة

تلا أحد المتهمين في قضية تفجيرات المصارف بياناً أمس. يتلو عليها آيات قرآنية يفسرها استناداً الى تجربته في الحياة. كان الكاهن انتوني كيلتون يقف قبالتهما على جناح الطائرة الثالثة ويتلو بأعلى صوته مراسم الزواج. تلا رسالة من رئيس الجمهورية السابق.

تَصَفَّح
to thumb through, skim (a book) {2W}

يرتاح نفسياً عندما يتصفح الجريدة. كنت اتصفح الكتاب اثناء حديثنا. كنت أتصفح مجلة «باري سكوب» كما يتصفح المرء الانجيل أو كتاباً كبيراً من كتب الحكمة. اذا تصفحت كتاباتهم وحتى اطروحاتهم الجامعية، وجدت معلوماتهم وارقامهم ومراجعهم تعود الى ما قبل الحرب الباردة.

طالَعَ
*to read, peruse sth; [*see شاهد; *to look at]* {2W}

أطالع جريدة يدفع غيري ثمنها. من الصعب تصور القارئ الانكليزي العادي يطالع كتاباً سرديا عن حياة الرسول. الذي يطالع الصحافة المصرية منذ تشرين الأول (اكتوبر) ١٩٥٨ يجد حملة واسعة للتشكيك بالثورة العراقية. من يطالع اليوميات الخاصة لجاك شيراك يخرج لا محالة بانطباع بأن «العاهل شيراك أصغر من مملكته». اسمه روبرت بيلتون ونصيحتي ان تطالعوا كتبه ولا ترحلوا رحلاته.

قَرَأَ
to read sth; to recite sth {2D}
يَقْرَأُ VN: قِراءَة

قرأت الخبر في الجريدتين البريطانيتين، ووجدته درساً في الصحافة. قرأت قائمة طويلة بمخالفات مزعومة ارتكبها النظام العراقي ضد الأمم المتحدة. قرأ مبارك البيان امام ممثلي مجموعة عدم الانحياز. امسكت يدي بيدها ووقفنا نقرأ الفاتحة في الحارة. أحب ان تعرف انني أقرأ الجرائد كل يوم، وانني مهتمة بما يجري في العالم العربي. قرأت عن تنبؤات الزلازل غير المؤكدة حتى الآن. عندما يتعب تقرأ له ما يكفي لينام.

قرآن Quran

مُصْحَف
copy of the Quran {2W}
pl: مَصاحِف

اعطاني مصحفاً وقال لي ان الله هداه الى الطريق الصحيح. اشترى مصحف عثمان بن عفان، رضي الله عنه، المكتوب بالخط الكوفي. حملت المصحف وذهبت الى زيارة قبر أمي. حملت السلطة الفلسطينية امس الحكومة الاسرائيلية مسؤولية تمزيق المصاحف في الخليل. قضى عمره في كتابة العديد من المصاحف التي بلغ عددها سبعة وأربعين مصحفاً.

فُرْقان
the Quran; [proof, evidence] {3M}

الكتب المنزلة: التوراة والانجيل والفرقان. نزل الفرقان على عبده ليكون للعالمين نذيرا.

قُرْآن
Quran {2D}

القرآن الكريم هو المصدر الاول والرئيسي للتشريع. قد ورد في كتاب الله القرآن الكريم، «إن حزب الله هم المفلحون». ورود هذين الاسمين في التوراة والقرآن لا يكفي لإثبات وجودهما التاريخي. سلطات انقرة اغلقت حتى الآن ٧٢ صفاً لتعليم القرآن ومنعت فتح ٢٠ صفاً كان من المقرر افتتاحها.

كِتاب الله
Quran (the Book of God) {2W}

يتسنى لكل طالب ولكل مسلم يقرأ العربية تلاوة كتاب الله دون لحن أو خطأ أو تحريف. كل ما يحدث لنا مسطور في كتاب الله من قبل ان يحدث. يتطلع الى الحصول على مسكن متواضع يعف فيه نفسه على كتاب الله وسنة رسوله. لمزيد من المعلومات: رجاء الرجوع إلى كتاب الله وسنة رسوله.

اقترب
to approach
see جاء

دَنا
to approach, draw near من *sth* {3M}
VN: دُنُوّ يَدْنو

قال إن وبار «إذا دنا الإنسان منها رأى خصباً كثيراً وكروماً ونخلاً وعيوناً». دنا الصوت، علا، وَصَدَح: ألف... باء... تاء... ثاء. عندما يدنو المرء من الستين يصبح الموت حقيقة ماثلة أمام عينيه. كان يتناول تناولا صريحا موضوعات لا يدنو المسلمون المجددون منها الا بشعور من الحذر والرهبة.

أَقْبَلَ
to approach, draw near على *sth/sb* {3D}

السياح في الخارج اقبلوا على الموكب ليلتقطوا صورا لنا. في الصباح الموعود كنا نقبل على الفرات فينادي صديقنا ملاحا من ملاحي الزوارق المنتشرة. أقبل عليه يسأله عن سبب حزنه. حين يقبل على الزواج أرجو ان يمرّ علينا ليأخذ نصيبه من الابقار. الجمهور اخذ يقبل على حفلاته الموسيقية كما لم يقبل من قبل على اية حفلة موسيقية.

اِقْتَرَبَ
to approach من *sth* {2D}

كلما اقتربنا من منطقة استعمالها نشم رائحة لا تغري. قوات المعارضة اقتربت من بلدة عقيق. نرى قصيدتها تقترب من شعر الهايكو. وها نحن نقترب من الذكرى المئوية لأول مؤتمر صهيوني (١٨٩٧). اقتربنا من تحقيق الأهداف الأولية للسنة المالية الماضية.

ناهَزَ
to approach, draw near (a number) {3D}

كان يعالج من اصابته بمرض في الكبد، عن عمر يناهز ٧١ سنة. هذه الزيادة تناهز ١٨ مليون دولار سنوياً. تناهز مساحتها ٢٦ كيلومترا مربعا. أكد ان عمر العلاقات بين البلدين يناهز خمسين سنة.

قريب
near
see إلى جانب

مُتاخِم
adjacent, neighboring ل *to* {3W}

جددت اتهاماتها بوجود حشود عسكرية اريترية ضخمة على الحدود المتاخمة للسودان. الممثلون يرتدون ثياباً من المنطقة المتاخمة للصين. شددت إسرائيل أمس التدابير الأمنية في كل المناطق، خصوصاً المتاخمة للضفة الغربية وقطاع غزة. الوحدة الزائيرية كانت تأتي دائما من الخارج عبر الحدود الجنوبية المتاخمة لأنغولا وزامبيا. انعكست آثارها على بقية المدن المتاخمة لها.

مُجاوِر
*adjacent, neighboring (*ل *to)* {3D}

دعت الولايات المتحدة الدول الافريقية المجاورة للسودان الى وقف استخدام وحدات مرتزقة تقاتل في هذا البلد. كانت تهرب الى منزل اقارب لها في الحي المجاور. تقدم اثنان طاعنان في السن للجلوس الى الطاولة المجاورة. هربوا إلى منطقة زراعية مجاورة للمدينة. الأماكن المجاورة للمسجد هي المقاهي والمطاعم والمحلات التي تضج بالحركة والجهد.

مُتَجاوِر
adjoining, mutually adjacent, neighboring {3W}

يلاحظ ان الجزء الأكبر من التجارة البينية هو بين الاقطار المتجاورة. ندوة لندن عن « التعاون السياحي العربي » تحض على منح تأشيرات دخول موحدة إلى الدول المتجاورة جغرافيا. المحلات المتجاورة التي تبيع صنفا واحدا تجذب الزبائن اكثر.

مُحاذٍ
alongside, adjacent ل *to* {3W}

ركزت على تنفيذ اسرائيل مشاريع في منطقة وادي الأردن المحاذية للضفة الغربية. في صباح اليوم التالي واصل مسيرته شمالا سالكا الطريق المحاذي للبحر لمواجهة تحالف ملوك سورية وكنعان. مررنا في الطريق المحاذي للقرية ولم أرَ شيئا. ضم اسرائيل المستوطنات المحاذية لـ «الخط الأخضر» الفاصل بين اسرائيل والضفة الغربية.

قَريب
near, close من/إلى *to; [*see قريب; *relative, relation]* {2D}

بيته كان قريباً من بيتي. يميز دبي عن غيرها من الاسواق القريبة من العراق موقعها الجغرافي على الخليج. قالت مصادر قريبة من «أوبك» ان الاجتماع في اصفهان لم يخرج بنتائج. ظل الموقع محمياً حتى فترة قريبة حين بدأ بعض أبناء المنطقة بنبشه سراً لاستخراج قطع أثرية. أقام منذ الستينات في لبنان الذي وصفه بـ «البلد القريب إلى قلوبنا».

مُلاصِق
adjoining, adjacent {3W}

كان في الغرفة الملاصقة لغرفتي سجين تونسي. يسكن في الرقم «١١ داوننغ ستريت» المبنى الملاصق لمقر رئيس الوزراء. طلب من راهبات اخلاء دير ملاصق لمعتقل أوشفيتز. تعلو البرجين مئذنتا مسجد الملك المؤيد شيخ الملاصق لباب زويلة. تم في اليوم التالي شراء بعض الاماكن المحيطة بالضريح ثم هدم المسجد الملاصق. منزله ملاصق لمنزل عائلة أحمد.

---

relative — قريب

أَهْل
relatives, family; kin; [people] {2D}
pl: أهالٍ

بعد ايام من ابلاغ اهل البنت باختفاء ابنتهم، انكشفت اسرار القصة الكاملة لاختفائها. طلب السماح لأهل المحتجزين وأقاربهم بزيارتهم. هي في دار اهلها، ثم في دار اهل زوجها، كانت تنام على فرشة تضعها على ارض الغرفة. يبدو ان اهالي الضحايا يشعرون بشيء من هذا.

أَرْحام
kin {3M}

تقوم هذه العلاقات على قوة النسب والارحام والاحلاف. أظهروا عدم موافقتهم على أعمال المحيطين بالخليفة من أهل بيته وأرحامه. هو يعرف أرحاماً له يقيمون الآن في النجف.

صِهْر
relative (by marriage)*; in-law, son-in-law* {2W}
pl: أَصْهار

قال ان المسؤول عن غزو الكويت ليس صدام، بل ابن عمه وصهره المقتول! يبقى حزب الأمة، من حيث جوهر الأمر، ملكية خاصة لآل المهدي، وأقاربهم وأصهارهم وأتباعهم المخلصين. اقنعت صهري (زوج اختي) بانتاجها ضمن شركة انتاج فني. عاد الى المنطقة من انقرة امس نيتشيرفان بارزاني، صهر زعيم الحزب الديموقراطي الذي يعتبر من قادته العسكريين البارزين.

قَريب
*relative, relation [*see قريب; (adj) *near]* {2D}
pl: أَقْرِباء Coll pl: قَرايِب

لا شك في ان اهل القتيل وعائلته هم الذين يتضررون بفقدان قريب لهم. اكتشف ريغ ان أقرباءه الذين بقوا في المانيا ظلوا على ديانتهم اليهودية. تابعت الاذاعة ان أقرباء للرهائن ومحتجزيهم توجهوا الى السجن للاطلاع على الوضع. هتف المتظاهرون الذين لوحوا باللافتات أو بصور لأقرباء لهم قتلوا على أيدي الجماعات الإسلامية: «لا للعنف».

نَسيب
relative (by marriage)*; in-law* {2M}
pl: أَنْسِباء Coll pl: نَسايِب

هو نسيب للشيخ خضر. الجانب الأهم في حياة رودريغيز هو تزعمه انقلاباً ضد نسيبه ستروسز أدى الى انهاء الديكتاتورية العسكرية في البلد الاميركي الصغير. الى جانب الاخوة والانسباء من آل شميل ساهم في تحرير «البصير» عدد من الادباء. اشار الى سقوط ١٥ وزيرا سابقا وأحد أنسباء رئيس الوزراء في الاقتراع على رغم علاقاتهم القوية بالسلطة.

approximately تقريباً

حَوالي، حَوالَى
approximately {2D}

معروف ان الأرض تنتج حوالي ٥,٤ بليون طن من المحاصيل الغذائية النباتية والحيوانية المعدة للاستهلاك. يوجد في بريطانيا حوالى أربعة آلاف تاجر كتب قديمة. تبلغ كلفة المرحلة الأولى لهذا المشروع حوالى بليون دولار. منذ حوالي عام قمت ببطولة فيلم من اخراج امرأة ايضاً. توقع المسؤول ان يبقى السفير روس في المنطقة حوالي يومين يعود بعدهما الى واشنطن.

زُهاءَ
roughly, about {3D}

اقتصر نصيب الجانب الفلسطيني منها على زهاء ١٠٠ مليون دولار فقط. ادت الحرب الى مصرع زهاء ٢٠ ألف شخص من الجانبين. نسبة البطالة بلغت زهاء ٨٠ في المئة. رقدت هذه القصائد في العتمة زهاء خمسين عاما قبل ان يعثر عليها مجددا وعن طريق المصادفة.

تَقْريباً
approximately, almost {2D}

كانت القرى تشهد حالات قتال يومية تقريباً. أشار الى ان السوق السعودية تستحوذ تقريباً على نصف التجارة العربية. تم ارساله الى السجن حيث قضى عشر سنوات تقريبا. أكدت تركيا ان كل قواتها تقريباً انسحبت من المنطقة. هذا الواقع ابعدني عن كل شيء تقريبا وليس السينما فحسب.

عَلى وَجْه التَّقْريب
approximately {3M}

كم تخصص من ميزانيتك السنوية لشراء كتب، على وجه التقريب؟ تقف كتابة ايمان مرسال في منطقة متوسطة على وجه التقريب بين حساسيتين حداثية وما بعد حداثية. ما هي على وجه التقريب الحصة المالية المترتبة على كل دولة؟ وصف كل متحف يزوره وذكر ما فيه على وجه التقريب من الآثار المصرية القديمة.

نَحْوَ
*approximately; [*see طريقة، نحو; *toward; way]* {3D}

حضر نحو ٢٠٠ شخص حفلة الكشف عن هوية الشركة الجديدة في القاهرة. أضاف التقرير ان نحو ٩٧ في المئة من الوفيات التي تسببت بها امراض معدية وطفيلية وقعت في الدول الأكثر فقراً. حاول نحو ألفي مسلح منهم اقتحام مقر اللجنة. أصيب في اعتداء تعرض له قبل نحو شهر. بقيت السفارة الاميركية في الرياض من دون سفير نحو سنة.

---

to suggest اقترح

طَرَحَ
to throw out, offer (ideas, suggestions, etc.)*; [to put on the market]* {2D}
VN: طَرْح يَطْرَحُ

قد طرحت افكار مختلفة في شأن كيفية استئناف المحادثات. فليطرح الاقتراح، فإما ان يوافق عليه المجلس النيابي واما ان يرفضه. الاخوة والزملاء الذين طرحوا الاقتراحات سيتحركون بطرقهم الخاصة. يرغبون في ان يطرح الموضوع في استفتاء شعبي.

عَرَضَ
to offer, propose (suggestions, ideas)*; [to demonstrate, show]* {2D}
VN: عَرْض يَعْرِضُ

سجّل اعجابه بنفسه لقدرته على عرض افكاره. عندما عرضت الامر على مدير الفندق، تصنع الاستياء والاستغراب. عرض اقتراحات جديدة على زعماء الجانبين من اجل اجتياز المأزق. نتانياهو سيعرض «أفكاراً» جديدة على كلينتون.

قَدَّمَ
see أعطى; *to present, offer* (a suggestion, idea) {2W}

قدمت افكاراً بناءة حول «أمن الخليج». النواب قدموا الاقتراح الذي يستهدف السيطرة على الانفاق. قدم اقتراحاً بتغيير مجرى نهر الفرات لمدة شهرين من كل سنة. ان الواجب يقضي بأن نقدم اقتراحات ملموسة.

تَقَدَّمَ

to offer, present ب (a suggestion, idea); *[see* تقدّم، كبر; *to progress; to grow older]* {2W}

أوضح انه سيتقدم باقتراح قانون الى المجلس النيابي «لتحديد صفة المهجر». يقولون انها لم تتقدم باقتراحات محددة. قد تتقدم الادارة الاميركية بأفكار لها. المجموعة الأوروبية تقدمت أخيراً بأفكار جديدة وقريبة من تلك الأميركية. كانت الحكومة تقدمت بمشروع للتأجيل حتى نهاية نيسان ١٩٩٨.

اِقْتَرَحَ

to suggest sth or أَنْ *that* على *to sb* {2D}

اقترحنا على الزميل ان نعقد مؤتمرنا القادم في بلده. اقترح على زميله في الوزارة لويد جورج انشاء دولة يهودية في فلسطين بعد الحرب. كنت قبل سنوات أشرب القهوة وأشعر بألم في عيني، ثم اقترحت زوجتي ان أخرج الملعقة من الفنجان. رنّ جرس الهاتف في تمام الساعة الحادية عشرة مساءً، بينما كنت أستعد للنوم، اقترحت زوجتي ان اتجنب رفع السماعة وألا أرد.

قرّر — to decide

see نوى

بَتَّ

to decide sth or في *on sth* {2W}
VN: بَتّ يَبُتُّ

إن المجلسين ليسا سوى ديكور او زينة مهمتهما الوحيدة اخراج القرارات التي تبتّ في مكان آخر. على المحكمة ان تبت في الدعوى قبل نهاية العام الجاري. تمّ تأكيد ان الموضوع وضع على نار حامية وسوف يبتّ في اقرب وقت. قدم طلباً للحصول على حق اللجوء السياسي لم يبت فيه بعد.

أَزْمَعَ

to decide, determine, resolve to do sth or على *to do sth* {3M}

ظل فترة بعد تلك الاحداث يخاف كلما أزمعنا الذهاب من بيروت الى قريتنا في الجنوب. الحكومة الأردنية منعت وبشكل نهائي من اقامة مؤتمر لمقاومة التطبيع كانت قوى المعارضة أزمعت عقده. أعلنت الولايات المتحدة الثلاثاء انها تزمع بيع كوريا الجنوبية ١٠٦٥ صاروخاً من صواريخ ستينغر المضادة للطائرات. إن ما يكتبه او يزمع على كتابته، هو حتما مثير للشُبهات.

عَزَمَ

to resolve, decide على *to do sth; [see* دعا; *to invite sb]* {2D}
VN: عَزْم يَعْزِمُ

عزمت اولبرايت على المجيء الى المنطقة. إن كنت عزمت على الخروج عن المألوف في شراء سيارتك الجديدة، ستجد في دليل «سعودي أوتو» الأخير ما تبحث عنه. هذا ما عزمت على تنفيذه الا ان الاقدار قضت بغير ذلك. لشدة هلعه يعزم على تسبيق موعد رحيله.

اِعْتَزَمَ

to decide to do sth or على *to do sth* {3M}

اعتزم اصدار قرار بهذا المعنى. اعتزم العودة الى البرازيل. الولايات المتحدة تعتزم تقديم مساعدات واسعة من أجل القضاء على «الجوع والفقر». اعتزمت على الخروج عن المنصب. يعتزمون قضاء عطلة قصيرة في منتصف الأسبوع. اضاف انه يعتزم اعتزال اللعب في غضون ثلاثة أعوام. لا نعتزم أن نركض وراءكم.

فَصَلَ

to decide في (a case); *[see* ميّز، فصل; *to separate; to distinguish]* {2M}
VN: فَصْل يَفْصِلُ

كانت المحكمة تفصل في طلب قدمه ١١٦ عضواً من أعضاء البرلمان. ذهبنا الى القاضي ليفصل في الامر. الشريعة الالهية فصلت في شؤون العبادات وفي ثوابت المعاملات وفي منظومة القيم.

قَرَّرَ
to decide sth or أَنْ *to do sth* {2D}

قررت الشركة اصدار ديوانه الكامل. قررت ان أقاطع جميع هذه المنتجات حتى تعود أميركا الى رشدها. بعدها اصابه الملل وقرر ان الوقت قد حان ليبدّل مسار حياته. لندن قررت ارسال حاملة الطائرات «اينفينسيبل» الموجودة في البحر الكاريبي الى البحر الابيض المتوسط. اوضحت الصحيفة ان «اعضاء اللجنة قرروا زيارة الموقع لمعاينة الصعوبات ميدانيا».

report تقرير

بَلاغ
communiqué, announcement; report; (police) *complaint* {3D}
pl: بَلاغات

اعلن بلاغ رسمي ان السلطات أبعدت عدداً من العاملين بسبب ارتباطهم بعلاقات مصاهرة مع المرشحين المتنافسين. قال المهندس عامر في بلاغه ان «المناخ العام» في مصر الآن «يسمح باجراء تحقيق عادل». تلقت الصحيفة بلاغاً من مجهول اتهم الصايغ بالتورط في حادث انفجار الخبر. تبين ان بلاغه كاذب، الا ان الشرطة تمكنت من القاء القبض عليه. كان اللواء اسامة مازن نائب مدير أمن اسوان تلقى بلاغاً بوقوع تصادم بين باص سياحي تابع لشركة «ممنون» المصرية للسياحة وسيارة نقل مجهولة.

بَيان
statement, declaration, communiqué {2D}
pl: بَيانات

قال ان الحكومة ستتخذ «اجراءات اخرى أكثر من اصدار بيان استنكار وادانة». قال ان عبدالرحمن ينوي اصدار بيان من سجنه يستنكر فيه قضية الرسائل المفخخة. قد وقّع البيان عدد كبير من الأدباء والشعراء المعروفين. دعا بيان القمة الى معاودة «المفاوضات المباشرة». باعت أنواعاً مختلفة من ممتلكاتها، كما تظهر البيانات الرسمية.

مَحْضَر
(official) *report; police report; minutes* {2D}
pl: مَحاضِر

اذا تم الاستلام يجب ان تتثبت ان الرقم المدون على المحضر صحيح. جاء في محضر التحقيق انه في التاسع من نيسان (ابريل) الجاري غادرت الفتاة بيت والدها إثر خلاف عائلي. ارسل شمس بدران صورة محضر الاجتماع الى الرئيس، ولكنه لم يقرأها الا بعد انتهاء الحرب. كنت أسجل محضر الجلسة بنفسي دون ان أبدي رأياً إلا عندما أسأل. حرر ضد الاخيرة محضرا بتهمتي «السب والعري».

إِعْلان
announcement, proclamation; advertisement {2D}
pl: إِعْلانات

أوروبا والولايات المتحدة تعملان من اجل اصدار «اعلان مشترك» عن الشرق الأوسط. يتوقع اصدار اعلان مبادئ عن التعاون في مجال تنمية الموارد المائية. أكد ان جميع قادة «الجهاد» الموجودين في سجن ليمان طرة وافقوا على الاعلان. يمثل الاعلان الجديد نقطة تحول في القتال في السودان. هذا الاعلان يشكل جوهر الموقف الاوروبي. كان يعمل في إدارة الإعلانات في الأهرام. أشار إلى الوجه الحضاري لإعلانات الطرق التي تجمل المدينة.

تَقْرير
report {2D}
pl: تَقارير

طلب من الأمين العام للأمم المتحدة اعداد تقرير بشأن الاجراءات التي يجب اتخاذها. أفاد تقرير اقتصادي ان قيمة صادرات مصر الى اسرائيل تراجعت في الربع الاول من السنة الجارية بنسبة ٤٠ في المئة. قال التقرير «ان الفقر ينتشر في قطاع غزة اكثر من الضفة الغربية». في ضوء التقارير الرسمية فإن المتمردين ينتمون الى مجموعة العقيد محمود خودايبردييف.

to loan أقرض

سَلَّفَ
to loan sb sth (usu. money) {1-2M}

سلفه بنك مصر ٢٠٠ ألف جنيه. كانت تعمد الى تسليف زميلاتها في وقت الحاجة من المال القليل الذي كانت تجنيه. شجع المصارف على أن تدخل في عمليات التسليف لشراء المنازل. (Eg) ممكن تسلّفني خمسة جنية؟ ده مش عربيتي، بابا سلفني عربيته النهارده بس.

أَعارَ
to lend, loan sth إلى / ل *to sb* (usu. not money); *to give sth* (attention, importance) {3W}

ذكر الشاهد انه كان يعير دراجته من وقت الى آخر لرفاقه. أعارت المؤسسة السفينتين اليابانيتين للمعهد لمدة ثلاث سنوات. عاد لاعبه الهولندي بعد انتهاء اعارته للفريق الأسباني. أعارني الاستاذ كتابا حديثا لفت نظري على رفوف مكتبه. ارجو أن تعيروني سمعكم. اعار الرئيس موضوع الشرق الأوسط وعملية السلام أهمية كبرى.

أَقْرَضَ
to loan sth (money) *to sb or* إلى *to sb* {2W}

هل تستطيع أن تقرضني خمسة جنيهات. البنك المصري يقرض بفائدة لا تزيد على ٨٪. أستطيع أن أقرضك من جنيه لعشرة. ربما يستوقفك أحدهم ليطلب منك أن تقرضه دولارا أو أثنين. الديون التي أقرضها الى الدول الاجنبية تبلغ ٧٥ مليار دولار.

disgusting مقرف

مُثير لِلاشْمِئْزاز
disgusting {3M}

لندن والقاهرة تقفان معاً في شجب هذا الحادث المثير للاشمئزاز. كتبت ان ما حصل مثير للاشمئزاز وأن كلام لاريجاني كان لأهداف حقيرة. القصة مثيرة للعجب مقدار ما هي مثيرة للاشمئزاز.

مُقْرِف
disgusting {2M}

ان الصور المقرفة التي يحتويها فيلم «كوندور» تجرح مشاعر الابرياء. ان اية تغطية على افعال النازية مقرفة. لا يمكن لمن يراها إلاّ أن يصاب بصدمة لهذا النشر المقرف والمثير للاشمئزاز. الصور الكاريكاتورية في فيلم «كازام» مروعة ومقرفة فعلا.

مُقَزِّز
disgusting {2M}

لا يضحكون المتفرج بحركات مقززة. وجد النقّاد والمعلّقون العاديون ان الموضوع بشع مقزّز لا يستساغ حتى في الغرب الذي يكاد يبيح كل شيء. كان منظره مقززاً عندما يتلوى ويقوم بحركات تؤديها النساء عادة. لا أحد يملك ايقاف مسيرتهم المقززة.

to compare قارن

شَبَّهَ
to compare sth ب *with* {2D}

شبه ساواتزكي الجفاف في الجزائر والمغرب وتونس بذلك الذي حدث في عامي ١٩٩٤\١٩٩٥. شبّه هذا الموقف بالموقف الكويتي من الحرب في اليمن. شبّهت مؤخرا اوضاع السجون الروسية وممارساتها بما كان يجري في الغولاغ. شبّه الاسلاميين بـ «جيش شعبي».

قارَنَ
to compare sth ب *with or* بين (two things) {2W}

احتلال الكويت وإلغاؤها وتشريد شعبها لا يمكن ان يقارن بعملية ارهابية. يقارن الباحث بين ما فعله الغزالي في القرن الحادي عشر في هذا الصدد وما فعله ميكافيللي في كتابه «الامير» في القرن الخامس عشر. قارن بين الوضع اليوم والوضع خلال العقدين الاولين من هذا القرن. لنتبين حجم الخسائر علينا اي نقارنها بما حدث في معركة سيناء عام ١٩٥٦. لا احب ان اقارن بين اللاعبين، كلاهما كان ممتازا.

to swear أقسم

حَلَفَ

to swear sth or على *sth or* أَنَّ *that or* أَنْ *to (*ب *by) (to sb or* ل *to sb)* {2D}
VN: حَلْف يَحْلِف

عليك ان تحلف يميناً. غدا سوف يحلف الرئيس حسني مبارك اليمين إعلانا ببدء ولايته. تغضب أمي وتحلف ألا تأخذني معها إذا أنا تكلمت بهذا الكلام مع أحد. فسألهم هل ارسلوا منها شيئا، فحلفوا انهم لم يرسلوا شيئا. اصبح كمن يقول لك عليك ان تقف وتحلف لي. هذا ما شاهدته واحلف على ذلك. قال وهو يحلفني بالله: ماتنساش تقولها للريس.

أَقْسَمَ

to swear (an oath) أَنَّ/ بأَنَّ *that or* أَنْ *to (*ل/ على *to sb)* {3D}

اقسم يمين الولاء للتاج وهو يقف تحت صورتين لكل من الملكة فيكتوريا والملك ادوارد السابع. المجلس النيابي يريد منه ان يقسم يمينا على التزام الدستور والقانون وهو غير مستعد لذلك. أقسم لك بأنني لا أريد ان أعرف المزيد. هو يقسم انه لا يعرف الاسم ولم يطلب بطاقة، وزوجته تقسم انها تعرفه وتعرف ألاعيبه. أقسم أن يعيد لمصر دورها الحضاري.

---

to head for قصد

see ذهب

قَصَدَ

to head for (a place) *or* إلى *for* (a place)*; [*see عنى; *to intend, mean]* {2D}
VN: قَصْد يَقْصِدُ

المهاجرون الشوام قصدوا الاميركتين الشمالية والجنوبية. هذه المدرسة غدت منارة علمية يقصدها الطلبة من الجهات العديدة. لاحظنا ايضا، على رغم اننا قصدنا المدينة في ظهيرة يوم قائظ، ان عدد الزوار الاجانب في ازدياد مستمر. كان يقصد الى المكتبة القومية احيانا. قصد إلى بيوت ثمانية من زعماء الوفد بإنذارات مشابهة.

تَوَجَّهَ

to head إلى *for* {2D}

يتوجه اليوم الأحد الى العراق وفد من رجال الأعمال اللبنانيين. يتوجه وزير التجارة المصري الدكتور احمد جويلي اليوم الى اليمن في زيارة تستغرق اربعة ايام. توجه إليه غالي وسأله: لماذا تركت الحفلة؟ اصطحب العروس في سيارته وتوجها الى منزل الزوجية. دبر أموره بحيث يتوجه الى لندن حيث درس الهندسة.

اِتَّجَهَ

to be directed, head نحو/ إلى *toward* {2D}

اتجهت العائلة المقدسة بعد ذلك الى الوجه القبلي – صعيد مصر. من هناك اتجه الى تونس حيث كانت سنوات دراسته الغنية في «الزيتونة». قامت صامتة واتجهت الى البحر. غادر مصر الى احدى الدول العربية العام ١٩٩٢ ومنها اتجه الى بريطانيا. اتجهت أنظار العالم إلى هونغ كونغ. يشير ميزان المدفوعات الى ان الاستثمارات الاسرائيلية في الخارج تتجه نحو الارتفاع.

---

palace قصر

بَلاط

*palace, court; [*see بلاط; *tiled floor, tiles]* {3W}

طلب بعض الفرس الذين يعملون في بلاط الامبراطور أن يرافقهم. كانت المكتبة حتى سنة ١٩٢٠ مكتبة البلاط الامبراطوري النمسوي. أعدت خطة لبناء قصر وبلاط جديد للملك فيصل الثاني. كان كثيرون من رجال البلاط يتحينون الفرص لقتل الحلاج.

سَراي

palace, large house {2W}
pl: سَرايات

يقع سراي الاستقبال اعلى المدخل، وكان مخصصاً لاستقبال ضيوف الامير الرسميين. دخلت القوات دمشق ورفعت العلم العربي فوق سراي الحكومة. كان عدد الدبلوماسيين في مبنى سراي وزارة الخارجية بميدان التحرير لا يتجاوز العشرة. (Eg) أنا اللي خرجتك من المدبح وسكنتك السرايات.

قَصْر

palace {2D}

pl: قُصور

شاركت مع طارق عزيز في اربع جولات تفاوضية في قصر الامم المتحدة الصيفي في جنيف مع الايرانيين. أعلن القصر الملكي الاردني امس ان الرئيس التشيكي فاتسلاف هافل وصل الى عمان آتياً من بيروت في زيارة رسمية تستغرق ثلاثة ايام. ينزل الرئيس الاسرائيلي وزوجته في قصر باكنغهام حتى نهاية زيارتها اليوم الخميس. وجدت في قصور الكثير منهم خزائن كتب غنية.

---

story قصّة

حِكايَة

story, tale {2D}

pl: حِكايات

ما الشرق والغرب الا «حكاية قديمة» طواها الزمان؟ يروي المسلسل حكاية مدينة بحرية تعيش مختلف المتغيرات الحياتية. ما هي حكاية البقرة الحمراء الذي زعم اليهود انها ولدت اخيرا في اسرائيل؟ كان يسحر المصغين اليه بحكايات المغامرات التي لم يكن من الواضح ما اذا كان يتكلم فيها عن نفسه او عن ابطاله.

خُرافة

fable, fairy tale {2W}

الخرافة اسطورة ليس لها اي اصل من الحقيقة. لا يزال يعتقد بامكان تحقيق خرافة «السلام في مقابل السلام» المستحيلة على أرض الواقع. تصبح الحياة كلها نوعاً من حكاية أو خرافة. بدأت بايضاح مفهوم الاسطورة والخرافة.

رِواية

novel; narrative {2D}

pl: رِوايات

رواية جديدة لنبيل خوري عنوانها «ليلة القبض على الصحافي» صدرت اخيراً. يدعي ان الرواية انها تتحدث عن قصته هو وعائلته تحديدا. كان من المعروف منذ زمن بعيد ان الرواية العربية هي الاصح والاكثر مصداقية. كان احيانا يقف موقف المشكك في صحة الرواية. روايات تاريخية موثوق بها تؤكد ان الاسكندرية المصرية هي مكان مقبرة مؤسسها.

أُسْطورة

legend, myth {3D}

pl: أَساطير

اسطورة ادونيس تختلف عن اسطورة تموز في ان أدونيس اصبح رمزاً للإله الطفل الذي يهلك ثم يُسترد ويكون موضع حب الإلهة الأم. أميركا كانت، في ذلك الحين، اسطورة الرخاء وحلم العالم الجديد. كان يعتبر في ذلك الحين اسطورة من اساطير النضال الوطني. امتازت الأساطير اليونانية برومانسيتها وخيالها الواسع.

قِصَّة

story, tale {2D}

pl: قِصَص

يروي الفيلم قصة أول امرأة سمح لها بالتطوع في القوات البحرية الخاصة. أرى ان قصة نجاح اليابان قد خدمت غرضها. في ذلك العالم الخيالي نرى بطل القصة يستمع الى تشارلي باركر ويقرأ آخر رواية لغارسيا ماركيز. جاء نيقولاي غوغول ليقف على قمة موجة القصة القصيرة في روسيا. ما أن انتهى شهر العسل، حتى تحول الزواج الجديد بقصص ألف ليلة وليلة كابوسا.

---

to cut قطع

بَتَرَ

to cut off, amputate sth {3W}

VN: بَتْر يَبْتُرُ

بعضهم قطعت رجله والآخر بترت يده. بترت ساق سيدة روسية بعدما عضها، حتى العظم، الكلب الذي تلقته هدية في عيد رأس السنة. ابنه الأكبر عدي يواجه احتمال بتر ساقه لاصابته بالغرغرينا بعد محاولة قتله بالرصاص. الولايات المتحدة عاجزة عن بتر جذور الارهاب في داخلها.

شَذَّبَ

to trim, prune sth {3M}

قلنا للناس مراراً ألا يشذبوا لحاهم. عليك أن تشذب ذقنك. كل نبت يشيخ إن لم يشذب.

شرَّحَ
to slice sth; to dissect sth, perform an autopsy on sb {2M}

هل سيشرّحها ليرى في داخلها تفاصيل ماكنة الاستنساخ الخارقة هذه. ليوناردو دافينشي شرّح ثلاثين جثة بشرية. من المتوقع ان تشرّح جثة القتيل الفلسطيني الذي لم تعلن هويته.

قَصَّ
*to cut, clip sth; [*see حكى*; to tell sth]* {2M}
VN: قَصّ يَقُصُّ

قصّ اظفاره. شرع يقص شرائط من الورق الاخضر الشفاف. يروي المبشر كيف كان يقطّع الجداريات التي تبلغ سماكتها قدماً ويقص منها سطحها المنحوت.

قَطَعَ
*to cut or cut off sth; [*see عبر*; to traverse sth]* {2D}
VN: قَطْع يَقْطَعُ

التهبت ارجلهم من المشي في الصقيع فاضطر الاطباء في برلين الى قطع اصابعهم. قطع اصبعه ليخلع خاتماً منها. قطع العلاقات الديبلوماسية مع اسرائيل. قطع حديثه ليلوح بيده لأعضاء الوفد السوري الذاهب الى بيروت.

قَطَّعَ
to cut sth into pieces {2M}

والدتها كانت تقطّع ضلع الخروف في صحنها. قطّع شرايين يديه بواسطة الزجاجة المكسورة. كان ينقضّ على الناس ويقطّعهم إرباً. قطّعت العاصمة الى مناطق محرمة وشوارع ممنوعة.

قطعاً — definitely

see لا شكّ

أكيد
definitely, for sure; [(adj) *certain]* {1M (as adv)} (Eg)

هل تجد رابطاً بين تعبيرك التشكيلي وتعبيرك الشعري؟ - أكيد، لأنني أرنم هذه الاشعار وأنا ارسم او انحت. انت محظوظ لأن استاذك هو بروفسور نولج. - اكيد. هو أكيد حيبجي بكره.

قَطْعاً
*definitely; [*see إطلاقاً*; at all]* {2W}

قطعاً سيأتي الوقت الذي تشعر فيه هذه الأم بالاحباط والتداعي. قطعاً سيكون طموحنا أكبر السنة المقبلة. المسؤولون العراقيون ينفون ذلك قطعاً. تلك كلها اشياء مهمة ومفيدة قطعاً. الثابت قطعاً عن تركيا هو انتهاك حقوق الانسان ومنع حرية الكلام.

قَطْعِيّاً
definitely {3M}

إن السعر في لبنان أرخص من أي مكان في العالم قطعيا.

نِهائِيّاً
decidedly, finally {2D}

لم يرد ان يفقد الأمل نهائياً. غداً تقفل المدارس نهائياً ويتلاشى الإزدحام ويتوقف دوران الباصات. شفي من المرض نهائياً واخبر رفاقه بذلك. هذا أمر لا يمكن استبعاده نهائيا.

قطيع — flock, herd

سِرْب
flock (of birds, insects)*; [squadron]* {2W}
pl: أَسْراب

هل وجد الطائر الخائف سربه الضائع؟ اسراب الحمام تقلع وتهبط بألوانها المتنوعة. تعد من اهم المناطق التي تستقبل مئات الآلاف من اسراب الطيور المهاجرة. تملأ شوارع العاصمة افواج من الدراجات شبيهة بأسراب الجراد أو النمل.

قَطيع
flock, herd {3D}
pl: قِطاع، قُطْعان، أَقْطاع

انهم كالذئاب يهاجمون أضعف الحيوانات في القطيع. يبدو كأنه حيوان ضلّ عن قطيعه الهارب. رآهما بين قطيع الماعز فانقض عليهما. هو يربي النحل ويملك قطيعا صغيرا من الماعز. لقد بدوا كقطيع من الخرفان. لم يكونوا سوى قطيع من القرود. كانوا يرعون قطيعا من المواشي.

---

to pick, harvest — قطف

see نزع

جَنَى
to pick, harvest sth; [to commit a crime] {2W}
VN: جَنْي يَجْني

انه سوف يجني ثمرة الشر الذي زرعه حنظلا. يجني الشعب ثمار جهده وعرقه. من يغرس العطف يجني الحب. ماذا جنينا من كل هذا؟ لاحظ ان اسرائيل تحاول جني ثمار السلام من دون دفع ثمنه. ماذا جنى أبو عمار من اعتقال الصحافي الفلسطيني داود كتّاب اسبوعاً؟ معنى تلك المعادلة الغريبة ان تجني اسرائيل كل مكاسب السلام.

حَصَدَ
to harvest sth {2W}
VN: حَصْد، حَصاد يَحْصِدُ

يزرع الأرض ويحصد الزرع. زرع الكراهية فحصد الهزيمة. من يزرع الريح يحصد العواصف. حصدنا ثمرة جهدنا. من يبذر العطف يحصد الحب. حصد الذهب في كل سباقاته. سويرا تنتج مسلسلين او ثلاثة في العام وتحصد عنها جوائز عدة.

قَطَفَ
to pick, harvest (fruit) {2W}
VN: قَطْف يَقْطِفُ

طفلة الجنوب ذهبت لتقطف الزعتر فهشّمت اللعبة الاسرائيلية يدها. عندما كان في الثالثة عشرة من عمره اشتغل في قطف التفاح في مستوطنة زراعية اسرائيلية مقامة على ارض جده! انهم آخر من يقطف ثمرة الحرية التي ينعم بها اقليم كردستان العراق. حلّ الفريق المصري في المركز الاول وقطف الميدالية الذهبية. اسرائيل تريد ان تقطف ثمار التسوية من دون ان تقدم استحقاقاتها. لا اريد ان اقطف نجمة، ولا كل النجوم.

---

chair — مقعد

مَقْعَد
seat, chair {2D}
pl: مَقاعِد

الحقيبة موضوعة تحت المقعد الأمامي في السيارة. حجزت تونس مقعدها في النهائيات الافريقية بفضل هدف متأخر لمهاجمها رياض الجلاصي. سيقدم إلى البرلمان اليوناني تعديلات جوهرية في قوانين الانتخابات ليضمن بقاء حزبه على مقعد الحكم. فشلت النساء الست في الفوز بأي مقعد من مقاعد المجلس. يؤيد حصول اليابان على مقعد دائم بمجلس الأمن. يستريحون فوق المقاعد الكثيرة التي تحيط بأبواب المقاهي.

كُرسي
chair {2D}
pl: كَراسٍ

اريد طاولة وكرسياً للكتابة! يتحرك على كرسي ذي عجلات. يغمض عينيه فيحلم انه على كرسي حول طاولة طعام مع زوجته وأولاده. حصلت على كرسي دكتوراه في جامعة بون. يتنافس على كرسي الرئاسة مع أربعة مرشحين. يحتل كرسي الكرملين ويتمتع بالصلاحيات الواسعة الممنوحة لرئيس الدولة.

---

to jump — قفز

قَفَزَ
to jump {2D}
VN: قَفْز يَقْفِزُ

في نهاية الرواية يقفز البطل الى الماء، ويبقى الراوي وحيداً على الحافة. يقفز البطلان من النافذة الى حتفهما. أفاد شهود ان مئات من الفلسطينيين قفزوا فوق أسوار وخاضوا في طمي حقول من أجل اداء صلاة الجمعة في المسجد الأقصى امس في تحد لحظر تفرضه اسرائيل على دخولهم القدس. قفز مؤشر «هانغ سينغ» ١,٢٩ نقطة او ما يوازي ١,٤٩ في المئة.

نَطَّ

to hop, to jump {2M}
VN: نَطّ يَنُطّ

تطلع ثم تنزل ثم تنط الى فوق كأنها فراشة مشدودة بالخيطان. اصيب القط بالحمى والتيه والتشرد والنوم الخفيف، وكان ينط فوق سيارة الرئيس كلينتون الكاديلاك خلال زيارته الأخيرة إلى لندن. ظهر رجل ينط قافزا على السلالم التي تؤدي الى الحارة. (Eg) جبنا سيرة القط جا ينط.

وَثَبَ

to skip, hop, jump {3W}
VN: وَثْب يَثِبُ

وثب من فوق الكرة حتى يجتاز الخط النهائي. وثب هو الآخر واقفا. استيقظ فجأة ووثب بنشاط فائق أدهش العالم وقلبه رأسا على عقب. في ألعاب القوى وثب حاتم مرسال لمسافة ٨،٩٠ متر محققا المركز الأول في الوثب الطويل.

---

heart قلب

see عقل

فُؤاد

heart {3M}
pl: أَفْئِدَة

أسأل الروح والعقل والفؤاد. ترقص التانغو في دوائر الفرح العذب... على بحيرة الفؤاد. انها أمر مؤسف جداً ويؤلم الفؤاد. يشتعل فؤاده بلهيب الحب. نبتسم بأفئدة مشلّعة. جعل افئدة من الناس تهوي اليها عشقا وشوقا. نضع القدس في افئدتنا وعقولنا.

قَلْب

heart {2D}
pl: قُلوب

افتح لي قلبك. كانت الكونغو – زائير تعتبر قلب افريقيا وأغنى بلدانها بالثروات المعدنية. لا تفارق شفتيه ابتسامته الصافية الرقيقة صفاء نفسه وروحه وقلبه الابيض الطيب. يدخلون الى قلب الحقائق. سرقت الحب من قلوب البشر. قلب الشعب ينبض في لغته. يمكن أن تتقارب العقول والقلوب. نشر رسائل من ناجي تؤكد انها هي الوحيدة التي احتلت قلبه وخلبت لبّه.

لُبّ

*heart, innermost part; [*see نواة; *kernel, core]* {2D}
pl: أَلْباب

ليس له لبّ. يلعب بألباب الجماهير. قصيدة الجواهري سحرت ألباب الناس. الناي خلب لبّ جلال الدين الرومي وسبى روحه في القرون الوسطى.

---

to imitate قلّد

حَذا

to imitate, emulate sb's example {3W}
VN: حَذْو يَحْذو

تطلب من الدول الاعضاء في المنظمة أن تحذو حذوها. كان الجنرال قرة دايي زار اسرائيل في شباط (فبراير) الماضي ثم حذا حذوه في ايار (مايو) وزير الدفاع السابق ترهان تايان. كان يأمل ان تكون لديه الشجاعة الكافية لأن يحذو حذو زوجته. يحذو حذوها في بطولة العالم.

اِحْتَذَى

to imitate, emulate ب/على *sth or sb, follow example of sb; [*see لبس; *to be shod]* {3W}

انه المثال الذي اخذ المسؤولون العراقيون يحتذون به. لكل إنسان مثال يحتذي به. أصبح ذلك مثالا يحتذى به عالميا. كتاباته صارت نموذجا للكتابة الشعرية التي يحتذيها الشباب من اقصى العالم العربي الى اقصاه.

حاكَى

to imitate, impersonate sb {3W}

نجد في المرحلة التالية نماذج يونانية تحاكي هذه النماذج الأولى. ان الشعر يحاكي الحياة في الطبيعة والكون فهو مثل العطر في الوردة. ان الألعاب التي تحاكي الحقيقة وألعاب الفيديو خالية تماما من العواطف حاليا. أطل على قاعة المؤتمر مصحوباً بخطيبته كأنه يحاكي رئيس الحكومة حين يطل مصحوباً بزوجته المحامية.

تَشَبَّهَ
to be/act similar ب *to; to imitate* ب *sth* {2M}

ظل اليهود في اوروبا الغربية يتشبهون بسكان المملكة المنسوبين اليها ويمتزجون بهم بالزواج والتنصّر. أخذت تتشبه وتقتدي بهم وتقلدهم في المأكل والملبس والمسكن وفي عاداتها وتصرفاتها. ارتقوا لأعلى مراتب الدولة والوظائف العسكرية وتشبّهوا بالامم المتمدنة. تذكّرهم بمصير ضفدعة شاءت ذات يوم أن تتشبه بالثور.

اِقْتَدَى
to emulate ب *sb, follow* ب *sb's example* {3W}

كنا نقتدي به في الكتابة. اضافت ان العلاقات الجديدة نموذج جدير بان تقتدي به الدول الاخرى. نهتدي ونقتدي بالنبي في أمور كثيرة من حياتنا. اقتدى صلاح الدين في ذلك بما فعله النبي.

اِقْتَفَى
to follow sb's steps or tracks {3M}

يبدو ان الرئيس بوريس يلتسن يقتفي خطى الزعيم السوفياتي الراحل. «يلتسن الأول» يقتفي خطى بطرس الأول. سيكون جيدا ان نرى ان واشنطن وهي تقتفي خطوات رئيس الوزراء توني بلير في العودة الى الـ «يونيسكو». يقال ان جنود هيرودس اقتفوا اثر العائلة للقضاء عليها.

قَلَّدَ
*to imitate, copy sb/sth; [*see كلّف*; to entrust sb with]* {2W}

قلد الصليبيون الدنانير الفاطمية على اساس ان النقود احدى شارات الملك. اخذ عادل امام يقلد نبرات صوت يوسف وهبي. يقلد الممثلون لهجة الشباب الآسيويين، وهي تجمع ما بين اللهجة اللندنية الخالصة وتعابير من لغاتهم الاصلية. من يقلد الآخر من غير وعي بقيمة الذات يخضع له.

---

necklace قلادة

طَوْق
necklace; collar {2D}
pl: أَطْواق

في عنقه طوق ذهب. فتح أزراره الصدرية ليلمع الطوق الذهبي. لا تطيق السادة الأحرار أطواق العبيد.

عِقْد
necklace {3M}
pl: عُقود

الاكسسوارات كانت متنوعة وملفتة، وبينها العقود المصنوعة من اللؤلؤ والقلائد المزينة بالاحجار الملونة. عندما اكتشف الكنز الذي احتوى على الحلق والعقود والاساور المصنوعة من الذهب والحجار المختلفة، قرر العودة الى اوروبا. اين خبأت العقد الذهبي المرصع بالحجارة الكريمة؟

قِلادَة
necklace {3M}
pl: قَلائِد

تتحسس بيدها القلادة الفضية على صدرها وتصرخ. يمد يده بالقلادة الفضية ذات النقوش. على صدرها قلادة باللونين الاحمر والازرق. قال لهم إن هذه قلادة خديجة اهدتها الى ابنتها في عرسها.

---

to contract, shrink تقلّص

تَضاءَلَ
to shrink, diminish {3W}

هكذا تضاءلت اهمية المكان شيئاً فشيئاً. عدد المسيحيين في القرى الثلاث تضاءل الى ٣٥ ألف نسمة. تضاءل النفوذ البريطاني والفرنسي وازداد النفوذ الصهيوني. مكانته في التاريخ تضاءلت بسبب افتقاره الى رؤية. رأى ان احتمالات وقوع مواجهة عسكرية اميركية مع العراق تضاءلت خلال الأيام الأخيرة.

تَقَلَّصَ
to contract, shrink {2D}

تقلص المحصول السنة الجارية مما انعكس سلباً على خزينة الدولة. الدخل القومي الفلسطيني يتقلص بنسبة ١٨,٤ في المئة بين ١٩٩٢ و١٩٩٦. تقلّصت جرائم القتل عن الشهر الماضي. تقلص الفارق بين فيراري (٥٨ نقطة) ووليامس الى نقطة واحدة.

اِنْكَمَش
to shrink, contract; to wrinkle {2W}

يرون ثرواتهم تنكمش. شعرت بأصابعي تنكمش داخل الحذاء. مستوى المعيشة انكمش ثلاث مرات. قدّم عرضا كبيرا في الشوط الاول ثم انكمش في الشوط الثاني. الاقتصاد انكمش بحوالى أكثر من ثلاثين في المئة. ينكمش العالم اليوم نتيجة انفتاح أحد اجزائه الواحد على الآخر.

---

fortress قلعة

حِصْن
fortress, citadel {2W}
pl: حُصون

تحولت الوزارة الى حصن مغلق. ان اللغة العربية تظل الحصن والملاذ الاخير. دمر المماليك في بداية حكمهم لسورية جميع القلاع والحصون تقريباً على امتداد الساحل من سورية الى فلسطين. استطاع مهاجمو الطائي اختراق الحصون الدفاعية.

مَعْقِل
fortress, stronghold, refuge {2D}
pl: مَعاقِل

انه أحد قادة التحالف المناهض للطالبان ويتخذ من شمال افغانستان معقلاً له. طرد الأكراد من سهول اربيل الى معاقلهم الجبلية بسرعة. حرص بعض المرشحين على أن يزوروا الجزء القديم من العاصمة، أي حي القصبة، معقل الجماعة الاسلامية المسلحة. عاد من منفاه في تركيا أول من أمس الى معقله السابق في مزار الشريف.

قَلْعَة
fortress, citadel {2D}
pl: قِلاع

تنتشر حول القلعة وفي داخلها آبار عميقة يقول العارفون بها ان عددها يصل الى ثلاثمئة وخمسة وستين بئرا. قلعة الديموقراطية الاسرائيلية محاصرة ومهددة من جانب فيالق الاستبداد العربي. وانت في طريقك من القلعة الى قلب القاهرة القديمة ستشاهد بانوراما للعمارة الاسلامية. تحولت المؤسسات الانتدابية الى قلاع حصينة.

---

anxiety قلق

see حزن، يأس، اكتئاب

غُصَّة
anxiety, distress; [lump in the throat, choking] {3M}

شعرت بغصّة عندما عدت الى القصر وكان مهجوراً بلا حياة. شعر كل من قرأها بغصة في نفسه، ففي كل بيت مشكلة الدروس الخصوصية. أخيرا وصلت إلى منزلي وعاودتني غصة في حلقي على المشكلة القابعة بداخله. غصة الطبقات الوسطى تزداد يوماً بعد يوم. تنتابني غصة رهيبة وتكاد تخنقني ألماً وحسرة، وأنا أرى القدس تدنس.

قَلَق
anxiety, worry, unease {2D}

قال المسؤول الاميركي ان واشنطن ابدت قلقها من العملية العسكرية التركية. عاد من جولته متشائماً اذ وجد ان الاحساس بالقلق والاحباط يتملك الجميع. يعبرون عن القلق من كيفية تسديد الايجار. حاله الصحية لا تزال تدعو الى القلق. اكثرية الشعب اللبناني تعاني قلقاً على مصيرها. ذكر ان باريس تشعر بالقلق حيال الوضع الانساني في العراق.

هَمّ
anxiety, concern, worry {2W}
pl: هُموم

الهمّ الرئيسي هو التحول من اقتصاد زراعي الى الصناعة. يجب ان يكون امام القادة العرب همّ ازالة القيود من امام رجال الاعمال في بلدانهم. همّ مصر الاول هو الخشية من تقسيم السودان. مجرد البقاء على قيد الحياة أصبح همّاً وخاصة بالنسبة لطفل! ان همّها الوحيد يبدو محصوراً في كيفية الاساءة الى لبنان.

wheat قمح

حِنْطَة
wheat {3W}

يزرعون الارض حنطة ويقيمون فيها حتى وقت الحصاد. سيبلغ انتاج الحنطة الصلدة نحو ٤،٣ مليون طن. هذا مكن الحكومة من نقل كميات كبيرة من الانتاج كالعدس والحنطة والشعير إلى مخازنها. هذه القرية لم تكن تعرف الفواكه والاشجار المثمرة، بل كانت تعيش من زراعة الحنطة والشعير والذرة والسمسم.

قَمْح
wheat {2D}

من المتوقع ان يشتري العراق قمحاً كندياً. ذكر رباح انه سيتم استيراد القمح للمطاحن من السوق العالمية حسب أسعار البورصة العالمية. كل انسان عربي، حتى عشرينات هذا القرن، كان لا بد له من زراعة قمحه وعدسه وحمصه وفوله. القمح يُزرع في مصر وسورية والمغرب والسودان والسعودية والعراق.

---

gambling قمار

see خاطر

مُجازَفَة
risk; recklessness {2W}

بالطبع هناك مجازفة في الاستثمار هنا بسبب الوضع السياسي ولكن هناك دائما مجازفات. اضافت ان من المجازفة ان نوصي اي كان باتباع نظام غذائي مماثل لما اتبعه. نعتقد ان هناك مجازفة في المجيء الى هنا. الغريب ان المنتجين يخشون المجازفة بالصرف على فيلم بطله طفل أو طفلة.

قِمار
gambling {2W}

حظر العاب القمار والبغاء. يتحدث في مذكراته المنشورة أخيراً عن إدمانه القمار والمشاكل النفسية التي عاناها بسبب هذا الإدمان. كان يتردد كثيراً على كازينوات القمار خارج اسرائيل. اعضاء في مجلس الشيوخ يقترحون مشروع قانون لمنع القمار في الانترنت.

مُقامَرَة
gambling {3M}

يحب السياسة لانها ميدان المقامرة، وانا لا احبها اذ لا احب المقامرة. في استطاعته ان يتعلم شيئاً غير المكابرة والمقامرة من تجربة السنوات السبع الاخيرة. هذه مقامرة خطرة بمصير العملية السلمية والأطراف المشاركة فيها.

مَيْسِر
game of chance, gambling {3M}

انها كانت آخر ولاية تصوّت عام ١٩١٠ على حظر العاب القمار والميسر درءاً لشرورها وآفاقها الاجتماعية. يشير الى الأطفال والمراهقين الذين انضموا الى حلقات الميسر والقمار التي تشكلت في الطرقات والساحات.

---

moon قمر

بَدْر
full moon {2M}

كان القمر بدرا، وكان يضيء الليل على رغم ظلمة الليل. قد اختير هذا الموعد حيث يكون القمر بدرا ليقدم العرض في الهواء الطلق. فتاة مثل البدر المنور بلا مساحيق أو ماكياج أو بودرة أو أحمر. يريدون أن أصدق ان حظي سيتغير اليوم لمجرد أن البدر اكتمل.

قَمَر
moon {2D}
pl: أَقْمار
satellite قَمَر صِناعي/ اصْطِناعي

ما طول المسافة بين الأرض والقمر؟ حدّثهم مرة عن صعود رواد فضاء أميركان الى القمر. رقص في ضوء القمر. يبحث في تأسيس مشروع قمر صناعي افريقي. ينتظر أن تطلق «وورلد سبيس» ثلاثة أقمار اصطناعية يوفر الواحد منها أكثر من ١٠٠ قناة من الراديو.

هِلال
crescent moon, new moon {2W}

سرنا ليلاً في عتمة مطرزة بهلال ناحل. بالنسبة الى رؤية الهلال، فإنني أرى أن الرؤية المجردة هي الاصل. المجلس الاسلامي الشيعي الاعلى في لبنان لم يعلن ثبوت رؤية هلال شهر رمضان اول من امس.

قاموس dictionary

دائِرَة الْمَعارِف
encyclopedia {2W}

ما زال الباحثون العرب ينهلون الى اليوم من دائرة المعارف البريطانية والموسوعة الدولية للعلوم الاجتماعية. هو محرر استشاري لمعجم وبستر ودائرة المعارف للعلوم الاجتماعية. سرد إنجازاته و أخطائه في مجلد بحجم موسوعة دائرة المعارف البريطانية. حسب ما جاء في دائرة المعارف البريطانية فقد ظهرت هذه النظارات في الصين.

مُعْجَم
dictionary, word list {3D}
pl: مَعاجِم

معجم ألفاظ القرآن الكريم. ردد هذا الطعن ياقوت الحموي في «معجم الأدباء». هناك ولا شك عدد ليس بالقليل من المعاجم العربية والفرنسية. معجم الرياضيات. مفردات المعجم مبوبة بحسب مواضيعها.

قاموس
dictionary {3D}
pl: قَواميس

قاموس فرنسي – عربي. قاموس الفلك والجغرافيا. ضع خط احمر تحت الكلمات غير الموجودة في القاموس. تضم رفوف المكتبات في العديد من دول العالم القواميس والموسوعات ودوائر المعارف في شتى العلوم الانسانية.

مَوْسوعَة
encyclopedia {2D}

موسوعة المواقع الاثرية. تعرض الموسوعة التطور التاريخي للأنظمة السياسية منذ عصر محمد علي باشا. يشير زكي في موسوعته إلى أن «بولاق» كلمة محرفة عن «بلاق»، وهي كلمة مصرية قديمة معناها المرساة والموردة. يذكر ان هذه الموسوعة صدرت تحت اشراف نخبة من المتخصصين منهم الدكتور حسن الشافعي.

قميص shirt

فانِلّة
T-shirt, undershirt {1M} (Eg)
pl: فانِلّات

طالب فقط بارتداء الزي نفسه مع استبدال قميص من القطن عليه شعار المدرسة بالفانلة الخفيفة التي تظهر ملامح الجسم. حلمي ان ارتدي الفانلة الحمراء فهي عندي بالدنيا كلها. أشرف يرتدي الفانلة رقم (٣) وكان من قبل يرتدي رقم (٤). لبست الفانلة والسروال النظيفين وخلعت الصديري.

قَميص
shirt {2W}
pl: قُمْصان

كان يرتدي دائماً بدلة على الطراز الانكليزي، قميصاً أبيض أو بلون البيج، وربطة عنق خضراء. اذكرها، قبل الحرب، بقميص النوم، تنادي بائع الخضار من شرفتها. ارتدت خلال المحاكمة قميصاً عليه شعار المنظمة الارهابية التي يتزعمها كاهانا. بدا انيقاً مرتدياً قميص «بولو» فاتح اللون. كان يرتدي قميصاً قصير الكم. يرتدون قمصانا رياضية (تي شيرت) تحمل شعار الحزب. منعت التلميذات من ارتداء الجينز وقمصان ملتصقة بالجسم. مزق عدد من المشاركين قمصانهم وفقاً للتقليد اليهودي عند دفن الأموات.

garbage

قمامة

مُخَلَّف

scraps; waste; [heritage, legacy] {3D}
pl: مُخَلَّفات

تقتصر عقوبة القاء المخلفات على دفع غرامة مالية. نحاول الحفاظ على الهواء من التلوث، والتخلص من القمامة والمخلفات الصلبة بطريقة آمنة لا تضر البيئة. ينتج عن محافظة القاهرة وحدها ٨ آلاف طن يوميا من مخلفات القمامة. البواخر السياحية تلقي بمخلفاتها في النيل.

زُبالَة

garbage, trash {2W}

القى الزبالة في الشارع. رماه في الزبالة. الشوارع مكدسة بأكوام الزبالة. اشتريت سلّة زبالة. هذا الجسد لم يعد يساوي اكثر من زبالة. نظرت إلى يميني فوجدت الحمار الذي يجر عربة الزبالة يرفع رأسه. لا مانع من أن تزيح أمريكا علينا زبالتها الغذائية من الهامبورجر وماكدونالذ وكنتاكي الى آخر أنواع الأكل السريع. أين الفن في هذه الزبالة؟

عادِم

waste, refuse {3W}
pl: عَوادِم

ارتفاع نسبة تلوث الجو في وسط القاهرة ناجم اساساً عن عوادم السيارات. جهازنا يزيد كفاءة المحرك ويوفر في الوقود ويقلل من العوادم السامة. لوثوا الهواء بالعوادم والانهار بالمبيدات. اعدم حياته بعادم... السيارة.

فَضْلَة

leftover, waste; manure (usu. pl) {2W}
pl: فَضَلات

يحول فضلات الزيتون الى علف حيواني. فضلات الاقمار والصواريخ باتت تشكل الآن مصدرا آخر للخطر. تلك الرائحة الخاصة تنبعث من الحقول والحيوانات ومن حرق الفضلات. فضلات الطعام التي تلقي بها العائلات الامريكية في المزابل تكفي لاطعام بلد فقير بأكمله. ينسلون بين القهوات لجمع فضلات السجائر القذرة. تتسلى الحمير بأكل البرسيم واخراج الفضلات.

قاذورَة

dirt, garbage {2M}
pl: قاذورات

أكدت ان بقر ودواجن وخنازير فرنسا تتغذى على المخلفات والقاذورات البشرية والحيوانية مما يضر بصحة الانسان. يتحول ملتقى الفكر والأدب إلى أكوام من الزبالة والقاذورات. انتشرت القاذورات على جانبي الطريق المؤدي الى منطقة الاهرامات. أريد أن أرى أسوار المدارس والمستشفيات خالية من القاذورات. طلب منهم «وقف القاء القاذورات» على الحكومة.

قُمامَة

garbage, sweepings {3W}

تكسرت الصحون كلها ورميت في القمامة. لا يمكن أن نلوم الناس حين يتخلصون من القمامة باشعال النار فيها. تم تصميم وتصنيع مصانع لتحويل القمامة لسماد عضوي. يلقي كيس القمامة من سيارته. يتم دفن القمامة على عمق ٣٠ مترا بطبقة من الأتربة والرمال. نطالب بأن تأتي عربات القمامة مرتين يوميا إلى دار السلام بدلا من مرة واحدة فقط.

نَخالَة

waste, refuse; flour left in a sieve {2M}

يمكن أن تدخل في هذا أنواع البقايا، مثل نخالة الرز ونوى التمر ونفايات الدواجن وبقايا صناعة الأجبان. استفادت من الاعلاف الأخرى المتاحة مثل الدريس والاعلاف الخضراء والنخالة والتبن.

نُفايَة

waste, garbage (usu. pl) {3D}
pl: نُفايات

غرقت المدن بأكوام النفايات. يطمحون الى وجود بحر نظيف وشاطىء خال من النفايات. اشتهرت بجمع النفايات الصالحة كمصدر دخل. يحرق الفلاحون سنويا ٢٠ مليون طن من النفايات. يقوم هذا المصنع بمعالجة النفايات النووية السائلة. ستنضم أمريكا إلى الاتحاد السوفيتي على تل نفايات التاريخ.

مُهْمَلات

(pl) *waste, garbage* {2W}

الناس تسير في وسط الطريق وتعبره أينما يحلو لهم، وتلقي المهملات حيثما اتفق دون اكتراث بنظافة المكان. يترك المقاولون وراءهم كل شيء من خردوات الى مهملات صناعية من دون ان يكلفوا انفسهم عناء رفعها. أخشى ان يصبح تاريخك الشخصي من مهملات التاريخ. الأرصفة في نظر المسئولين عنها هي مجمع للحفر والمطبات والأحجار والمهملات.

law قانون

see عادة

دُسْتور
constitution {2D}

واشنطن تدعو العسكريين إلى احترام الدستور. أثبت أنه مع الديمقراطية وعدم استغلال الدستور للبقاء في السلطة. هذا ضد الدستور والقانون. العمل الحزبي والنقابي أمر حدده الدستور.

شَرْع
Islamic law {3D}

لا فرق في ذلك بين مسلم وغير مسلم، فالجميع امام الشرع لحكم العدل سواء. أرادوا القيام بعمل ضد الشرع. يجب ان يلتزم الجميع حدود الشرع وأن يتوقف هذا المشروع الذي سيعرض الإستقرار العام لاهتزاز خطير. طلب تبيان حكم الشرع في الاستيلاء على السلطة بانقلاب عسكري.

شَريعَة
Islamic law, Sharia; law code {2D}
pl: شَرائِع

الشريعة الاسلامية فرضت على الرجل أن يقدم المهر لزوجته. الاغتصاب يعد من أقبح الجرائم التي حرمتها شريعة الإسلام. يجب أن نمشي طبقا للشريعة والمنطق. هذا كلام يخالف شريعة الله. الزواج في كل الشرائع أمر ديني. يسخرون منا ومن شرائعنا ومن دياناتنا في كل مناسبة. هذه احكام الشريعة يادكتورة عايزين تخالفوها.. حرام عليكم!.

قانون
law {2D}
pl: قَوانين

يوجب قانون الانتخاب أن يحصل كل ناخب على بطاقته للادلاء بصوته. مسؤول صيني يدعو بلاده الى اعادة النظر في قوانين الاستثمار الاجنبي. القانون الدولي. كان القانون لا يسمح للفريق باشراك اكثر من ثلاثة لاعبين اجانب. لا احترام للقوانين ولا لكرامات الناس. يجب الافتراض ان هذه الأنظمة والقوانين ستخضع للمراجعة.

ناموس
law; moral law; [mosquito] {3W}
pl: نَواميس

بعد القيامة لابد أن يتم جميع ماهو مكتوب عني في ناموس موسى والأنبياء والمزامير. طبيعة الدين تتوافق مع شرائع او نواميس او قوانين الوجود في الأمم والأكوان. هو بعمله هذا، خرج عن نواميس الوطن العربي واخلاقه. ان الاستنساخ ليس خلقاً، لكنه تغيير لنواميس الله. هل نخضع لنواميس وأفكار الجهلاء؟

---

legal قانوني

مُباح
permitted, legal {2W}

كيف تكون إسرائيل دولة ديموقراطية إذا كان التعذيب مباحاً في سجونها. ان تعدد الزوجات مباح. عمليات نقل الدم إلى يهودي من غير يهودي غير مباحة في المستشفيات. قد يكون مباحاً لنا هنا ان نفتح قوسين لنشير الى ان بعض الباحثين المعاصرين قد يجنحون الى عزو «عصبية» ابن خلدون للعجم على العرب الى «مغربيته» او «بربريته».

جائِز
permitted, legal; [possible] {2M}

من الجائز له ان يلعب بكل الأوراق حتى أوراق المعارضة. اننا ندخل عصراً من البلبلة، كل شيء فيه جائز حتى الحرب. رأى الجوزو «ان من غير الجائز ان نعمل على تفكيك الدولة بدراسة العاميات». من غير الجائز التعدي على هيبة السلطة ولو بالكلام والخطب.

حَلال
permitted (by Islamic law); *legal* {2W}

يبحث عن الرزق الحلال. لم أقل إن فوائد البنوك كلها حلال أو كلها حرام. بنيت هذا الجامع من مال حلال. عندما انهارت الشيوعية لم يكن الشعب الالباني يعرف الحلال من الحرام نتيجة الكبْت والقمع والحرمان الديني.

دُسْتوري
constitutional {2D}

فوز حزبه بهذه الغالبية يعطيه الحق دستورياً بتشكيل الحكومة المقبلة. وردت الحكومة الاسبانية على هذه العملية باجراءات امنية شديدة كان من بينها تعطيل عدد من الحقوق الدستورية المعمول بها في منطقة الباسك. نفى ان يكون البحث مع الرئيس الهراوي «تناول التعديلات الدستورية». دان حليف مقرب الى موبوتو حل البرلمان باعتباره غير دستوري.

مَشْروع
legal; [project] {2D}

يأمل أن تنتهي ازمة جزر القمر سريعاً بالحفاظ على وحدة البلد وتلبية مطالب الاهالي المشروعة. يجب «احترام الاهتمامات المشروعة للعراق بالنسبة الى الأمن الوطني والسيادة والكرامة». الحق والعدل يقفان بجانب حقوقهم الانسانية المشروعة. لجأ إلى وسائل الاقناع المشروعة لجعله يغير رأيه. يعتبر أن الحرب التي تشنها المعارضة مشروعة.

شَرْعي
legal, legitimate {2D}

قلت انني اسمح لكل الاحزاب الشرعية بالمشاركة. لا مانع لديها في ان يكشف اخصائي في الطب الشرعي على المتهم لبيان الواقعة. هو الممثل الشرعي الوحيد للشعب الفلسطيني. ان الانتخاب حق شرعي، يشكل جزءا مهما من حق تقرير المصير. رأى ان قرار السنيورة «غير شرعي لأنه ليس وزيرا للمال».

عَدْلي
judicial, forensic {3D}

عندما احيلت على المجلس العدلي، منع المحقق العدلي عنهما المحاكمة. كان المجلس العدلي حكم بالاعدام على احمد عبدالكريم السعدي غيابا. يفترض ان يقدم صاحب طلب الهجرة سجلا عدليا وشهاداته الدراسية وشهادة عن وضعه بالنسبة الى الخدمة العسكرية.

قانوني
legal {2D}

نؤكد للسلطة انه يمكن اتخاذ اجراءات قانونية ضد اعضائها اذا استمروا في تجاهل قرارات المجلس. من المعتقد انهما هربا خوفا من العقاب القانوني على جرائمهما. يكتشفون أنهم لا ينتسبون لهذا الوطن من الناحية القانونية، إذ لا يمنحهم القانون الجنسية المصرية ويجدون انفسهم محرومين من جميع الحقوق المكفولة للمصريين مثل حق الاقامة والتعليم والعمل وغيره. استولت على السلطة بصورة غير قانونية.

canal قناة

تُرْعَة
canal, ditch {2D}
pl: تُرَع

وافق الوزير على تغطية ترعة الألفية الممتده بطول ١٥٠ مترا. الترعة الرئيسية حفرناها بالمتفجرات. كنت متزوجا وأعمل في حفر ترعة سيناء. وجود الجرانيت يعوق استمرار حفر الترعة.

أَخْدود
trench; excavation {3M}
pl: أَخاديد

يحفر اخدوداً في أرضه ليكتشف كنوزها وآثارها الخفية. هاجم الجنود الحكوميون الثوار وحفرت مدافعهم أخاديد في جادة الشانزلزيه. حفر اخاديد في قلوب المسلمين وزرع شكوكاً في عقولهم تجاه الغرب.

خَنْدَق
trench; ditch {2M}
pl: خَنادِق

تقول ان نيقوفور حفر خندقاً على طول الجزيرة ليعزل المدينة عزلاً تاماً. كانت الكويت حفرت خندقا وأقامت حاجزا رمليا على طول حدودها. لبنان وسورية في خندق واحد، وحاضر ومستقبل ومصير واحد. شيّدوا حصنا وحفروا حوله خندقا عميقا.

قَنال
canal; [(TV) channel] {2M}

أمشي نهاراً على طوال القنال، أنظر في الحوانيت. تتمتع هذه الجزر الواقعة في القنال الانجليزي بالحكم الذاتي. شارك في معركة قنال السويس العام ١٩٥٦.

قَناة

canal; [(TV) *channel]* {2D}
pl: قَنوات

وصف عمليات حفر وإنشاء القناة. قناة السويس. اما «سد خريقة» فكان يغذي القصر بالماء عن طريق قناة تنتهي بخزان يبعد عن هذا السد بمسافة ١٦,٥ كلم. نعلم ان الملك المصري نيكو أمر بحفر قناة بين النيل والخليج العربي.

to lead, guide قاد

دَلَّ

to lead, guide sb على/إلى *to; to show, demonstrate, indicate* على *sth;* {2D}
VN: دَلالَة يَدُلُّ

لم أجد عاقلًا في هذا المطار يدلني إلى أين أذهب. يلجأ للشر لان احدا لم يدله على أبواب الخير. يا آدم، هل أدلك على الشجرة التي من أكل منها، عاش مخلدا لايدركه الموت. تدل هذه المؤشرات على تحسن معدل الوفيات. الوعد الشفهي لا يكفي إذا لم يصحبه ما يدل على الإخلاص. تدل احصاءات الخبراء على ان الجرائم العنيفة في انخفاض. هل يمكن أن تدلّني على بيت الأستاذ أحمد لو سمحت؟

أَرْشَدَ

to lead, guide, direct sb إلى *to* {3W}

قالوا لأخت موسى ارشدينا الى اهل هذا البيت، فأرشدتهم الى امه. القرآن يرشد الإنسان إلى استخدام ملكاته العقلية أفضل استخدام. يحتاج الى من يرشده ويرافقه في تجواله. إذا تهيأ لهذه الأمة من يرشدها ويدلها على الطريق الصحيح ستختفي هذه الظواهر السلبية. سمع الله نداء ابراهيم فبعث اليه جبريل يرشده الى مناسك الحج.

قادَ

to lead, guide sb إلى *to; [*see ساق*; to drive* (a vehicle)*]* {2D}
VN: قِيادَة يَقودُ

قاد المدرب شوقي الفريق باقتدار. الله قاد يعقوب إلى مكان خاله الذي استقبله بكل حرارة وترحاب. حين اجتزنا الباب قادونا الى غرفة نومه في الطابق الأرضي. لا أعتقد أن ذلك سيقود إلى موت أحد. هو الأمر الذي كان يمكن أن يقود الى انفجار عنف مفتوح في الاقليم. وضع شروط مسبقة للحوار لن يقود إلى شيء. قاد جيشا كبيرا لمحاربة المتآمرين حتى قضى عليهم. بدلا من أن يقود البلاد للأمان قادها لما يشبه الانتحار.

هَدى

to lead, guide, direct sb إلى *to* (often of God) {2D}
VN: هُدًى يَهْدي

دعوت الله سبحانه وتعالى أن يهديني الى الرأي الصواب. لا أظن أن هناك من يهدينا الى اجابة واضحة على هذه التساؤلات. رأيت عربة قد فقدت الاتجاه وأخذت تندفع على غير هدى. قال ان الاسلام هداه الى النجاح في مجال الاعمال. تُعامل بعض المتهمين بقسوة للوصول الى خيط يهديها الى القاتل.

وَجَّهَ

to direct, guide sb/sth إلى *to; [*see أرسل*; to send sth]* {2D}

وجّهني إلى رجل يبيع البقل. لا يوجد من يوجنهي الى القبلة. اثر الاستاذ لا يقتصر على محاضراته، وانما يشمل فوق ذلك علاقته بطلابه وما يشعه حوله من تلك القوة السحرية التي توجه الطالب الى فوق، الى التفكير السليم والمثل العليا.

to say قال

see تكلّم

ذَكَرَ

to mention sth or أن *that* {2D}
VN: ذِكْر يَذْكُرُ

ذكر متحدث عسكري روسي أن القوات الروسية تسيطر الآن علي القرية. لا يذكر الاستاذ جمال بدوي اسمها في مقاله. مضت سنوات طويلة دون أن تحقق عملية السلام تقدما يذكر. تعمد قيادة الدولة الروسية إلى عدم ذكر الحقائق الواقعية. من الجدير ذكره ان اجمالي تكاليف برنامج السجون الامريكي تصل الي ٤٠ مليار دولار.

صَرَّحَ
to declare, state, make clear أَنَّ/ بِأَنَّ *that* {2D}

صرح ديغول مراراً بأن فرنسا ستسعى جاهدة الى ان تكون حاضرة على الدوام في القاهرة ودمشق وعمان وفي جميع العواصم العربية. صرّح اكيوس ان العراق لم يعد خطراً استراتيجياً على دول المنطقة. بيكاسو نفسه كان يصرح امامها مراراً بأن الحياة لا تتسع لقضيتين خطيرتين في وقت واحد. صرح بأن الاجتماع يعد خطوة مهمة الى امام.

أَفادَ
to say, state, report (to sb) ب *sth* أَنَّ *that* {3D}

أفاد ان زيارته للامارات شملت أبو ظبي ودبي والشارقة. أفاد المسؤول، الذي فضل عدم كشف اسمه، ان الأمر لا يتعلق بالجوانب السياسية. أفاد ان اكبر شركات النفط العالمية تعمل حاليا في كازاخستان. هذا ما أفادتنا به معلومات المجلس. قال لي ان ما افدته به صحيح.

قالَ
to say, state sth or أَنَّ/ بِأَنَّ *that* {2D}
VN: قَوْل يَقولُ

قال احد التجار «هناك تكهنات بذلك ولكن ليس هناك تأكيدات». قال: لقد حدثتك عن احساسي الاول حينما رأيتها. يقول انه تخلص من هذا الاحساس. قالت بأن توبة المسيحيين تجاه اليهود يجب ان تكون فردية وجذرية. قال بهدوء انه سيتبرع بـ ٦٠٠ ألف دولار المرة المقبلة. يقول سراً عكس ما يقوله علناً. أقول لك كلمة.

أَوْرَدَ
to mention, transmit sth or أنّ *that; [see* استشهد*; to cite, quote]* {3D}

أوردت الصحيفة أمثلة كثيرة للظلم الذي يتعرض له الفلسطينيون. لم تذكر وكالة الأنباء الروسية التي أوردت هذا النبأ تفاصيل هذه المقترحات. أوردت النشرة ان العجز التجاري ارتفع بنسبة ١٣ في المئة. لم تورد الصحيفة أية تفاصيل. رفض التحليل الذي أورده المصدر السابق. بين المهاجمين أربعة تعرّف عليهم الفلاحون وأوردوا أسماءهم.

build, physique قامة

بُنْيَة
build, physique; structure {2D}

يبدو المخلوق البحري الأسطوري (نصفه حصان ونصفه انسان) قوي البنية، عضلاته بارزة. يتمتع ببنية جسدية هائلة وخاض ٧ مباريات دولية. يجوب شوارعها الآن آلاف من الاطفال بوجوه ملطخة بالسواد وملابس رثة وبنية جسدية بادية الضعف والوهن من فرط سوء التغذية. حجم الاستثمارات المتوقعة لتطوير البنية الاساسية لقطاعي الطاقة والصناعة في السعودية يصل الى ٧٣١ بليون دولار. البنية الاجتماعية للرياضة. البنية التحتية.

قَدّ
build, physique; stature, size {2M}
pl: قُدود

يسدل الظلام ستائره القاسية على الوجه الجميل والقد المياس. من كتاباتك أعرف انك حساس ومقدر للفتة الحلوة والذكية وأكثر من ذلك الشكل الحسن والقد المياس. أفضل الأحصنة على التراب، بأكتافها العريضة وصغر حجمها، تختلف تماماً عن بنية الاحصنة المتألقة على العشب، التي تمتاز بأناقتها وقدودها الممشوقة.

قامَة
build, physique {2W}

بدأ يلمع في العديد من الأدوار فارضاً حضوره بصوته الجهوري وقامته العملاقة. لم أغتنم فرصة اللعب بكرة السلة الذي يبرز فيه طوال القامة. قامته نحيلة، وعيناه تتقدان ببريق هادئ. كان قصير القامة بديناً. هو طويل القامة رياضي الجسم.

resurrection قيامة

بَعْث
resurrection, awakening {2D}

هذه أول مرة نجد في اليونان فكرة البعث من الموت والميلاد الجديد. سيتم الحساب والجزاء على الانسان يوم البعث والنشور. حياتنا هذه مؤقتة عابرة، وما بعد الموت والبعث والنشور هو الحياة الدائمة الابدية. حزب البعث.

اِنْبِعاث
resurrection [VN] {2W}

دعا دوبريه في كتابه «كي لا نستسلم» إلى موت المثقف وانبعاثه من رماده بهيئة الباحث\ العالم\ المفكر. الشعب اللبناني قادر على الصمود... قادر على الانبعاث مجدداً من تحت الركام. انبعاث روسيا القيصرية يبدو بعيد الاحتمال.

قِيامَة
resurrection {2W}

إن الذين يصنعون هذه الصور يعذبون يوم القيامة. انهم قتلة الانبياء قاتلهم الله حتى يوم القيامة. كل من يعلن المقاطعة فأنا عدوه الى يوم القيامة. أحب ان اركز على مدى ضرورة ايجاد صندوق او نظام لقيامة السينما اللبنانية واحيائها.

نُشور
resurrection {3M}

يشعر بذلك يوم البعث والنشور، حين يؤتى كتابه بيمينه. لا يرون ان وراء الدنيا شيئا ولا يخشون بعثا ولا حسابا ولا نشورا.

قوّى — to strengthen

شَدَّدَ
to strengthen, intensify sth; [to emphasize] {2M}

شددت اجراءات الامن حول المطارات والموانئ واماكن عامة اخرى. ايطاليا تشدد اجراءاتها لوقف تدفق اللاجئين.

عَزَّزَ
to strengthen, fortify sth {2D}

عزز الاسلام ثقة العرب بانفسهم فهم الآن «اصحاب رسالة». يعزز قرار مجلس الوزراء مكانة «البنك الاهلي» المتصدرة في السعودية. عزّز هذا الموقف التوجهات غير الديموقراطية في الثورة الناصرية. كيف ننشئ حياة سياسية أو نعزّزها؟

قَوَّى
to strengthen sth {2W}

هذا الوضع حقق لاسرائيل الفوائد الكبرى وقوّى مكانتها الاقليمية والدولية. فترة الانتظار هذه ستقوّي الموقف الفلسطيني. وصفت القهوة بأن «لها مزايا جيدة عديدة، تسدّ فتحة المعدة، تقوّي القلب في الداخل، تساعد على الهضم». علينا ان نقوّي انفسنا في جميع المجالات.

قوّة — strength, power

see شجاعة

أَزْر
strength {3W}
شَدَّ أَزْره to encourage

يتصورون ان انصار السلام في اسرائيل في أمسّ الحاجة لشد الأزر. نرجو ان يكون هذا الكتاب دعوة للمسلمين ليشدوا أزر اخوانهم الاذربيجانيين. الى جانبكم الجيش العربي السوري الشقيق يشد ازركم ويدعم قوتكم لتحفظوا امن بلادكم وحرية شعبكم وكرامته.

بَأْس
strength, courage; [harm] {2W}

التحالف السوري – اللبناني في حال القوة والبأس. اشتهر ملوك هذه الدولة المسيحية الجديدة بالقوة والبأس. يطلق عليهن الامازونيات نسبة الى محاربات شديدات البأس قالت اساطير يونانية انهن كن يعشن قرب البحر الاسود. اتسم الغجر منذ القدم بالتكبر والشعور بالقوة وشدة البأس. البأس البدني.

جَبَروت
power, might {3W}

الضعف الانساني امام جبروت الطبيعة. يعتبر ان القوة العسكرية هي اساس جبروت اميركا وهيمنتها على الصعيد الدولي. يبسط جبروته على الحارة وما وراءها. أضاف ان لدى روسيا «أدوات اكثر جبروتا لصد العدوان».

حِدَّة

*strength, intensity; [*see غضب*; anger]* {2D}

أكثر ما اعجب به الحصري في التجربة الألمانية، حدة الانفصال بين الأمة والدولة. يحاول التخفيف من حدة المشكلة. تعد أكثر الأزمات حدة منذ اتفاق اوسلو. ما أدّى ويؤدي الى حدّة التطرف هو ان النُخَب الحاكمة دمّرت فكرة الماضي. اشتعلت في الأيام القليلة الماضية حدة مزادات التحف في مصر.

شِدَّة

*strength, power, force; [*see كارثة*; misfortune]* {2D}

كانت عيناه اغرورقت من شدة الانفعال. أدت شدة الانفجار الى اضرار جسيمة في حافلة اخرى. وقع رجل الأعمال اللبناني أرضاً من شدة الضحك. توفي يوسف اسماعيل البابا من شدة التعذيب. بدأت اهتز بشدة. نظراً إلى شدة الحر، فقد كانت ترتدي قميصاً شفافاً وميني جوب. اتسم الغجر منذ القدم بالتكبر والشعور بالقوة وشدة البأس.

عِزّ

strength; height, peak intensity; [glory] {2D}

شدد على ضرورة «ان يكون التضامن الاسلامي ركيزة التعاون المنشود، فهو عزّ للأمة وفيه سر قوتها ومنعتها». في عزّ الازمة. في عزّ الحرب. في عزّ المعركة. ما زالوا حتى هذا اليوم يرونه جالسا في أماكن مختلفة في عزّ النهار. في عزّ الصيف يتدثر سليم كأنه في عزّ الشتاء. يبدو الفريق الايطالي الملقب بـ«السيدة العجوز» في عزّ شبابه.

قُوَّة

strength, power; [(military) *force]* {2D}
pl: قُوّات

اهتمام المصرف يعتبر في حدّ ذاته شهادة على قوة الاقتصاد. لا بد من مواجهة المستقبل بقوة الايمان والرؤيا الواضحة. رأى بيكر انه لم يعد يملك القوة البدنية التي تمكنه من الاشتراك في البطولات الكبرى. من ستكون القوة العظمى في القرن الحادي والعشرين؟ الرجولة ليست في القوة الجسدية والشاربين، بل في الجرأة على اظهار حقيقة الذات.

مَتانَة

firmness, solidity; strength {2W}

انها أداة للتمارين الرياضية لتقوية عضلات اليد وتعزيز المتانة الجسدية. تتميز العلاقات الاسبانية – السعودية بمتانة الروابط الشخصية التي تجمع بين أفراد العائلتين المالكتين. قال المسؤول ان هناك «مصارحة» بين الولايات المتحدة واسرائيل رغم متانة وقوة العلاقات بين الدولتين.

مَنْعَة

power, strength; stamina {3W}

في النصف الثاني من القرن التاسع عشر كانت بريطانيا في ذروة القوة والمنعة. مما يساعد على تكريس القوة والمنعة للاقتصاد الاميركي، توافر قدرات اتصالية هائلة عبر البر والبحر والجو. يعتبرها عاجزة عن توظيف طاقات الأمة للوصول بها الى حالة من القوة والمنعة تؤهلها تحرير فلسطين.

---

strong

قويّ

see حادّ، ثابت

جَبّار

mighty, powerful {2D}

أثنى على «الجهود الجبارة» التي تقوم بها. لا نقول بهذا اننا لم نبذل جهداً جباراً في فيتنام. اعادت الحركة الصهيونية رسم وتلوين الصورة بحيث يعطي اليهودي العرب الانطباع بأنه قوي جبار لا يهزم ومقدام لا يتراجع. اصبحت كيانا قويا جبارا.

حازِم

resolute, determined {3W}

دعا الفلسطينيين الى التصدي الحازم. شدد على «أهمية الموقف الحازم من قوانين اللجوء والهجرة». رأي اميركا الحازم هو ان «العراق انتهك الحظر». واشنطن «تندد بالارهاب بشكل حازم». دعا الكونغرس الى مواصلة «دعمه الحازم» للقوات الاميركية المنتشرة في البوسنة.

شديد

strong, powerful {2D}

كانت الرياح شديدة تلك الليلة، وأغصان أشجار حديقة بيتها تكاد تتكسر. ابدى غضباً شديداً لتنفيذ العملية من دون الرجوع الى القادة. كان يكنّ اعجاباً شديداً بأفكاره. يعود السبب الرئيسي لذلك الى المنافسة الشديدة التي يلقاها البرتقال السوري في الاسواق الخارجية. قدمت وزارة الخارجية الايطالية مساء الاربعاء احتجاجاً شديد اللهجة الى السلطات التونسية.

عزيز

mighty, powerful; [dear] {2M}

كان حرّاً عزيزاً قوياً. كيف ان صدام قد «حوّل بلـداً عزيزاً منيعاً وشعباً كريماً الى بلد محاصر مرهون الموارد وشـعبه جائـع». حقق مانشستر يونايتد متصدر الدوري الانكليزي فوزاً عزيزاً على بلاكبيرن (٣/ ٢). هم يريدونه وطناً عزيزاً سيداً حراً مستقلاً.

قويّ

strong, powerful {2D}

ندين الارهاب ادانة قوية. الثوار أنزلوا بالمستعمر الفرنسي الضربات القوية. البدو الأردنيون، هم الجدار القوي الذي حمى الأردن من السُقوط أكثر من مرة. اذا كان الجيش قوياً والعدو ضـعيفاً يجـب غزوه في بلاده. توقع ان تكون المباراة قوية وصعبة. يلعب دور «الرجل القوي». كان لهم صوت قوي في مجلس النواب السابق.

---

to vomit تقيّأ

اِسْتَفْرَغَ

to vomit {2M}

تأكل حتى تكاد تموت شبعاً، ثم تستفرغ حتى تكاد تموت جوعاً. هناك رأى زهير جثثاً عدة منها واحدة لامرأة في يديها أساور، وجثة ولد أكل السمك بعضه واستفرغه البحر بعد يومين الى الشاطئ. أمل الخلاص لكل فتاة تأكل وتستفرغ، وتكره نفسها.

تَقَيَّأَ

to vomit {2M}

اصيبت مكلفلن بغثيان ثم تقيأت وأصابها اسهال. خشيت ان تنفذ قرفها عملياً كأن تتقيأ مثلاً ولا أعرف ماذا ايضاً. طرد طبيب الملكة وطلب نبيذاً ممزوجاً بالتبغ لكي «يتقيأ المرض».

---

to bind قيّد

رَبَطَ

to bind, tie sb/sth; to link sth or بين *two things* {2W}
VN: رَبْط يَربُطُ

ربط الآلاف من المتظاهرين أنفسهم في شكل سلسلة واحدة. المدفعية الباكستانية استهدفت جسرا استراتيجيا يربط بين قطاعي كارجيل وباتاليك في كشمير الهندية. ٢٠٪ من الأطفال المصابين بالتخلف العقلي في مصر من أبوين تربطهما صلة قرابة. إنه يربط الاحداث بعضها ببعض. أجرى الأطباء جراحات ربط الأنابيب لمنع الحمل.

to bind, tie down; to limit sb/sth {2W}

قيدت أقدامها بالحبال. ليس مطلق اليدين وتقيّده الى حدٍّ ما الاعتبارات الدولية. تم تحرير التجارة الخارجية والغاء الانظمة والقوانين التي تقيّد الاسواق. مشروع القانون يقيّد الفترة بسنة واحدة. الحضارة الغربية ما زالت تكبل الانسان وتقيد حريته. إن عليه اليوم ان يضبطهم ويقيّد حركتهم.

كَبَّلَ

to bind, shackle sb/sth {3W}

كبلت ايديهما ثم ارغما على دخول سيارة. قد تحرر من كل ما يكبله من قيود. تخلصت البنوك من كل القيود التي كبلتها في الماضي. كبلوا أيدي الشعوب وحرموها من المشاركة. تبين له أن قبوله هذا التعويض سيكبل الجمعية خسائر فادحة ويهدد مسيرتها الانسانية.

أَوْثَقَ

to tie, fetter sb {3W}

رجال الأمن اوثقوه بالحبال وانهالوا عليه ضرباً بالعصى. أخذوا الأموال وأوثقوا أيدي الفتيات بشريط لاصق واجبروهن على خلع احذيتهن. أوثقوه وسلموه لمعاوية بن ابي سفيان. قال ان الزيارة «ستوثق العلاقة بين الدولتين».

measure مقياس

صاع

a cubic measure {3M}
pl: أَصْوَع، أَصواع، صيعان
رَدَّ الصاع صاعَيْن repay double

يحتاج في تحديه ان يكيل له الصاع بالصاع. هددت أمس برد «الصاع صاعين» في حال هاجمت ايران مجدداً مواقع للمعارضة الايرانية في العراق. ردّ له الصاع صاعين، وتغلب عليه بهدفين نظيفين.

مِعْيار

measure; standard {2D}
pl: مَعايير

يتعامل مع قضية الشرق الاوسط النووية بمعيار واحد وليس بمعايير مزدوجة. العقلاء منا قالوا إن معيار النجاح والفشل هو عودة اللاجئين إلى ديارهم. العمل الصحفي هو المعيار الذي يقاس به التطور الحضاري في أي بلد. معايير جمال المرأة في ذلك الوقت كانت البياض والسمنة. بذل جهدا كبيرا في اختيار وزرائه الجدد على أساس معايير صحيحة. وضع معايير رسمية للحدود المسموح بها للاشعاع الميكروويفي الخاص بالمحمول.

مِقْياس

measure; standard {2D}
pl: مَقاييس

اسرائيل تقيس الامور بمقياس عسكري بحت. اشار الى ان المقياس الأول المعتمد هو عدم وجود تلوث في الموقع المحدد. المقياس الحقيقي لاي خطة هو اثبات فاعليتها في المعركة. هذه النسبة عينها متدنية بالمقاييس الدولية. لها أن تحتفظ بحق التدقيق على المعايير والمقاييس لمحتوى وجودة البرامج وكفاءتها. انها عملية راديكالية بكل المقاييس.

مِكْيال

measure; a measure (for grain) {2M}
pl: مَكاييل
يَكيلُ بِمِكْيالَيْن to be inconsistent

تلك المأساة الانسانية لا يمكن ان تقدر بمال أو تسوى بمكيال. نمط التعامل مع الصين وبعض المناطق العربية دليل فاضح على الكيل بأكثر من مكيال في السياسة والاقتصاد. لا يكيل بمكيالين فقط، بل بعشرات المكاييل. سيكون عليه أن يثبت انه يكيل بمكيال واحد.

ميزان

scale; measure; meter {2M}
pl: مَوازين

سجل ميزان الحرارة في ذلك اليوم ست درجات تحت الصفر. الأدلة تشير الى ان كفة الميزان تميل بوضوح كبير لمصلحة حزب العمال المعارض. هل الميزان واحد أم هو موازين متعددة؟ مواليد برج الأسد لديهم نزعة للموت بالفالج، وان مواليد برج الميزان والأسد عرضة لسرطان الرئة.

---

resignation استقالة

اِعْتِزال

retirement; giving up sth {3D}

اعلن اعتزاله في نهاية الموسم. أعلن هذا الاخير اعتزاله العمل السينمائي. إذا تم ذلك فسأؤجل اعتزالي لمدة عام. محمد عبده الذي صمت طويلاً بعد اعلان اعتزاله، خرج فجأة بشريط «المعاناة».

اِسْتِقالَة

resignation {2D}

بدد تكهنات عن احتمال استقالته قبل انتهاء ولايته. كتب في رسالته الرسمية «اعلن استقالتي التي لا رجعة عنها من منصب رئيس الدولة». اضطر أميليو الى الاستقالة من منصبه ليفسح في المجال أمام قيام إدارة جديدة. رأى ان «استقالة الحكومة، اذا حصلت بسرعة، تتطلب الاتيان بحكومة جديدة بسرعة ايضاً».

depression اكتئاب

see يأس، حزن

إِحْباط

*depression; [*see يأس; *frustration]* {2W}

الالبوم فشل فشلا ذريعا ما اصابه بالاحباط والاكتئاب واكدت تقارير طبية انه يعاني انفصاما وجدانيا. هو غاطس في الكآبة والاحباط. الطبيب نفسه اشار الى انه لاحظ في الآونة الأخيرة انتشار الاحباط العام في الأوساط الفلسطينية وكذلك المزاج الاكتئابي الحاد.

كَآبَة

depression, gloom {2W}

الثقافة لا تعني أبدا التجهم والكآبة. انتشل لاعبيه من حالة الكآبة التي ظلت لفترة ليست قصيرة تسيطر عليهم. تبدلت حياتي من المرح إلى حزن وكآبة دائمين. أصبت بالكآبة والتعاسة عندما شاهدت أهل الريف بهذا الحال. تخلو حياتهم من العمل والهوايات ويستسلمون للكآبة. اصيبت بالكآبة قبل أربع سنوات عندما اجريت لزوجها عملية لعلاجه من السرطان.

اِكْتِئاب

depression, gloom {2D}

الاكتئاب مرض القرن المقبل. أصاب الشباب بأنواع مختلفة من الاحباط والاكتئاب والرغبة في العنف. الاستمتاع بالحياة موهبة اجتماعية.. أو عدوى اجتماعية.. تماما مثل الاحباط والاكتئاب واليأس. أصبح دائم الحزن والاكتئاب والتجهم. استسلمت للحزن والاكتئاب. القهوة تعالج الاكتئاب وسرطان القولون. الإحالة إلى المعاش قد تسبب الاكتئاب.

---

cup, glass كأس

جام

cup, bowl {3W}

pl: جامات

صبَّ جام غضبه to pour out one's wrath

صب جام الغضب عليهم. صبّ جام حقده العقائدي ضد «حماس». صبت جام غضبها على اللاعبين والجهاز الفني.

فِنْجان

cup {2W}

pl: فَناجين

كان يود احتساء فنجان من القهوة التركية. نلتقي الى فنجان قهوة صباحي. وضع فنجان البورسلان المليء بالشاي الساخن عليها. سأعود قبل أن تشربي فنجاني قهوة.

قَدَح

cup {3W}

pl: أَقْداح

تفور الخمرة القاتمة في أقداحها الثلجية. ليشمت أعداء الشعوب، وليملأوا أقداحهم بنبيذ العربدة. اشتريت قدح ماء. كنت هناك ذات صباح تغمسين شفتيك العسليتين في قدح مليء بالشاي المعطر. شرب ما في القدح وأعاده بعنف الى الطاولة.

كَأْس

drinking glass, cup {2D}

pl: كؤوس

طلبت كأس ماء وتجرعتها. نحن ننادي على كأس شاي بالنعناع. أنهى فنجان القهوة، فأحس برغبة في كأس من العصير. يبتسمون بأدب ورقة أو يحتسون كؤوس النبيذ او الفودكا. اليوم شربت جنوب افريقيا من الكأس المرة التي شربنا منها امام الاوروغواي. كأس العالم. كأس ابطال افريقيا.

كُبّايَة

cup, drinking glass {1M}

(Eg)

pl: كُبّايات

طلب منه إحضار كباية الشاي للضيف الاجنبي.

كوب

cup {3M}

pl: أَكْواب

تمتد يد الأم لكوب الشاي، تضعه بين كفيها. سعر كوب القهوة لا يزيد على ثلاثين بنساً الآن. اخذ يبيع اكواب القهوة على البيوت. دعوته الى كوب شاي بعد الصلاة. قدّم لي كوب قهوة مجانا. (Lev) لا مؤاخذة يا ام صابر اعطيني كوب ماء!.

كوبَة

cup {1M} (Lev)

كانت كوبة الشاي امامي. المقادير: ٥ أكواب حليب وكوبة سكر وكوبة ماء.

كبح to rein, bridle

شَكَمَ

to bridle (an animal) {2M}
VN: شَكْم يَشْكُمُ

هذا الصنف من النساء يحتاج إلى من يلجمه ويشكمه. تفضل الرجل الذي يشكمها على الرجل الذي يدللها.

كَبَحَ

to rein in (a horse)*; to curb sth* {3W}
VN: كَبْح يَكْبَحُ

استيقظت من رقادها وسوف يكون من الصعب كبحها. لا نستطيع ان نكبح جماح الغضب الذي يعترينا. مطلوب منه ايضا أن يكبح جماح اسعار السوق. لابد لها من راع يرعاها، وسلطان يكبح جماحها بالأوامر والنواهي التي يزعم أنها مقدسة. لم يتمكن اورفيوس من كبح جماح عواطفه.

أَلْجَمَ

to bridle, rein in (a horse)*;*
to curb sth {2W}

من يلجم جنون اسرائيل؟ تستمر أرقام البطالة بالقفز صعدا لا شيء يلجمها. تستغل الحكومة عدم وجود رموز تاريخية تلجم من نفوذها وطغيانها.

كبر to grow up, grow older

see نما

تَرَعْرَعَ

to grow up; to develop {2M}

نشأ وترعرع في بيئة ملوثة. ولد ونشأ وترعرع في حضن العاصمة الدنماركية كوبنهاجن. ترعرع مع الناس وأصبح جزءاً من حياتهم كالماء والهواء. انه الحي الذي ولد وترعرع فيه الكاتب. الاسلام يترعرع ويتعاظم الآن في أطراف العالم الاسلامي. ابنه البكر ترعرع واصبح قائد اوركسترا سمفونية في كندا. لو اننا تتبعنا الارهاب من جذوره لوجدنا انه نشأ وترعرع في أميركا وبعض الدول الأوروبية.

شَبَّ

to grow up, become a youth: *[*see اشتعل*; to break out, blaze]* {2M}
VN: شَباب يَشِبُّ

شب جيل وفتح عيونه على مقومات حضارة مصر. عندما شب عن الطوق قليلا، دخل مدرسة الشيخ صالح. قد شب في مستوطنة زراعية كيوبتز هاشمار هاشرون. ماذا يفعل هؤلاء الأطفال عندما يشبون ويموت الاب أو الأم ويذهب الاخوة والاخوات كل في طريقه.

شاخَ

to grow old, become an old person {2W}
VN: شَيَخ، شُيوخَة، شَيْخوخَة يَشيخُ

اعتبر بلاتر ان النظام الحالي في بطولة العالم شاخ فهو يعود الى الثلاثينات. الإبداع أبدا لا يشيخ. العالم لا يشيخ وانما يزداد نضجا وعلما. هي نبع ماء من يشرب منها لا يشيخ ابداً. ان النظم الفكرية هي كائن حي يولد وينمو ويعتل ويشيخ ويموت. رغم كل محاولاتها تشيخ وتترهل وتمتلئ بالتجاعيد. إن الجمهورية التركية قد شاخت بعد مرور ٧٥ سنة على إنشائها. الطب البديل يفسر هرم الانسان بأنه تطور طبيعي لشيخوخة الخلايا.

طَعَنَ

to be old في السن (in years)*;*
[to pierce sth] {3M}
VN: طَعْن يَطْعُنُ

كانوا جميعا قد طعنوا في السن. من المناظر المألوفة في موسكو ان تجد مجموعة من الرجال الذين طعنوا في السن وشارفوا الثمانين من عمرهم وقد جلسوا على الرصيف. قد طعنوا في السن وما عادوا قادرين على العمل. عندما طعن جدي في السن بحق واعتقد الآخرون أنه مجنون فعل كل شيء بصدق.

تَقَدَّمَ
to grow old, age في السن *in years; [*see تقدّم، اقترح; *to progress; to submit* ب *sth]* {2W}

سمعت عن ثلاثة رجال تقدموا في السن، وأصبحوا يفكّرون في الحياة الأخرى. أغلب القادة السياسيين تقدموا في العمر. يتقدم في السنّ، ويشيخ، وتتغيّر صورته وملامحه، لكن ليلى كانت في نظره ثابتة عند نقطة من العمر.

كَبُرَ
*to grow up, grow older; to get bigger; [*see تجاوز; *to be older than sb]* {2D}
VN: كِبَر يَكْبُرُ

كبرنا وشاهدنا حقول الورود تتحول إلى عمارات شاهقة. قد كبر الصغير.. وبلغ الحادية عشرة. كبر أطفال الأمس وصاروا رجالاً ونساء. الصبي يكبر وتأخذه أسرته الى مدرسة بعيدة. الحاج كبر في العمر (٧١ سنة) وانكسر خاطره وانهارت احلامه. قد تبدو الواقعة بسيطة، لكنها مثل وقائع أخرى، كبرت، وكبرت مثل كرة الثلج. (Eg) كنت اداعبها وأقول لها انت كبرت قوي ياشوشو وأصبحت طولي. العيال كبروا، والمشاكل كبرت معهم.

نَشَأَ
to grow, grow up {3D}
VN: نَشْأ يَنْشَأُ

نشأت في أسرة ريفية متوسطة. نشأ عبد الوهاب في أسرة في حي شعبي. الإسلام نشأ في شبه الجزيرة العربية. نشأ بيننا حب قوي دام لأكثر من عام. نشأت المشكلة من كون ديانا لم تغير وصيتها بعد طلاقها. قال البيان ان انديك نشأ وتعلم في استراليا.

نَضِجَ
to grow older, mature; [to be well-cooked; to ripen] {3W}
VN: نَضْج يَنْضَجُ

تنضج الشعوب كما ينضج الأفراد. في اواخر الحرب العالمية الثانية نضج جيل جديد لم يكن واعيا لفترة الحكم العثماني. كلما مضى وقت ونضجت موسيقياً أرضى عن أعمالي أكثر. بلاده تغيرت ونضجت وتريد الانتماء الى العصر. عندما ينضج يشعر أنه يستطيع الانتظار ويصبح أكثر مرونة.

هَرِمَ
to become old, aged, feeble {3W}
VN: هَرَم يَهْرَمُ

لا يكون في افضل اوضاعه الصحية فيما يتقدم في العمر ويهرم. ها انا أهرم في بيتي. هو يهرم والسلاح بيده. رؤية بريجيت باردو تتحول وهي تهرم، من آية جمال تمثل شباب عصرها الى «خرشوفة» تنفث سموما. قد هرم لكن لم يشِخ. بدأ يشيخ ويهرم.

---

big كبير

see عظيم، واسع

جَسيم
great; huge {3D}

أدت شدة الانفجار الى اضرار جسيمة في حافلة اخرى. يزرعون هذه الأراضي الجسيمة بواسطة الحراثين من فلاحي البلاد المسلمين. نعم كان من الممكن ان نتجنب هذه الأخطاء الجسيمة. كم من اصحاب الاموال تكبدوا الخسائر الجسيمة – حتى حياتهم احيانا – نتيجة تقلبات من هذا النوع. تعتبر قرار عدم المشاركة خطأ جسيما.

ضَخْم
huge, big {2D}

نظمت دائرة الاعلام في الامم المتحدة احتفالاً ضخماً بيوم حقوق الانسان. يتم تصدير اعداد ضخمة من تلك الفوانيس الى دول عربية واسلامية. لها مئتان وعشرون سفينة من الحجم الضخم. يحتاج التونسيون الى استثمارات ضخمة لتمويل المشاريع المقررة في خطة التنمية التاسعة. مشاريع الري تستهلك كميات ضخمة من المياه الجوفية.

كَبير
*big; [*see عجوز; *old]* {2D}
pl: كِبار

اقامت لها السفارة الجزائرية احتفالاً كبيراً. كان لاعباً عظيماً واكن له احتراماً كبيراً. الكتاب يقع في ٤٨١ صفحة من الحجم الكبير. فيها مطار دولي يسمح بهبوط الطائرات الكبيرة. لا يعقل أن يقيم هذا العدد الكبير من اللبنانيين في ألمانيا منذ سنوات في صورة غير مشروعة. قد حصل تفاهم الى حد كبير بين الجانبين. كانت الاسر الغنية على درجة كبيرة من المحافظة على الصعيد النسائي. هناك فرصة كبيرة أيضا للفوز بسيارة مجانا أسبوعيا. اتهم مسؤولا كبيرا باللصوصية.

كتب
to write

أَلَّفَ
to compose, write sth {2D}

ألّف ١٢٠ كتابا وترجمت اعماله الى ٢٠ لغة. ألّف الثعالبي هذا الكتاب في نيسابور سنة ٤٠٠. ألّف بالانكليزية تلخيصا لمشروع واجتهادات ف. أيزر. بات يؤلف الاغنيات لكبار المغنين. لماذا يؤلف الانسان كتابا لكي يقول عن قصيدة مدح انها في المديح. عندما تؤلف المرأة كتابا، فإنها ترتكب خطأين: تزيد عدد الكتب، وتقلل عدد النساء!

خَطَّ
to write, pen sth {3M}
خَطّ :VN يَخُطُّ

عندما يحاول الكتابة بالطباشير على أبواب الغرفة لا يخط الا كلمات غير مفهومة. قرأ كل كتب المؤرخين العرب قبل ان يخطّ حرفا واحدا في كتبه. يجب ان نخط صفحة جديدة خصوصا أن انظار العالم كلها موجهة الى لبنان. علينا ان نخطها بماء الذهب. يخط في الهواء نصف دائرة. هداه تفكيره إلى أن يخط حكاياته على الورق.

دَوَّنَ
to record, write down sth {3D}

دوّنت الكاتبة مراحل التقلبات السياسية في حياة الصينيين. سبق له ان دوّن اسمه في قائمة كأس الابطال. كيف أدوّن حزن السؤال؟ أوضح ان العربية لم تكن لغة أدب فقط بل دوّنت بها اهم المؤلفات في ميادين الطب وعلم الفلك والرياضيات. أخرج من جيبه قصاصة ورق دوّن عليها رقم هاتفه وحاول تمريرها الى الفتاة.

سَجَّلَ
to record sth {2D}

المؤرخ الامين يسجّل التاريخ بموضوعية كاملة. لا نحتاج بالتالي الى ان نسجل ان قتل السيّاح لا يجوز شرعا. إننا نسجل انها المرة الاولى منذ عشر سنوات التي تكون قواتنا عرضة لمثل هذه التصرفات. اطلب ان يسجل انني كنت حضرت اسئلة خطية انتزعت مني في السجن. انا اسجل انسحابي، على اساس ان ليست هناك عدالة.

سَطَرَ
to write, pen sth {3W}
سَطْر :VN يَسْطُرُ

يسطر الكاتب رحلته باسلوب يجمع القصة وأدب الرحلات والتحليل السياسي والاجتماعي. سطر مع فريقه ميلان سجلا حافلا بدأ بإحراز الدوري الايطالي. يسطر المؤلف ما يمكن تسميته «برنامج الشيطان». سطر الكاتب ذكريات رحلته الى الشرق الاوسط سنة ١٩٣٨.

كَتَبَ
to write sth {2D}
كِتابَة :VN يَكْتُبُ

جزء كبير من جيل لبناني لا يقرأ ولا يكتب. أقرأ ما يكتبه ادونيس بشوق وتلذذ. كتبت الصحف الجزائرية امس ان ٨٩ مدنيا على الأقل قتلوا. قررت بعد ذلك ان اكتب الى اولادي وزوجتي. يكتب بالعربية المحكية مكان الفصحى. لم يبق في الامكان ان نكتب عن حالنا. قد كتبت في هذا الموضوع مرات لا احصيها. يكتب مقالا في «نيويورك تايمز» مرتين في الأسبوع.

وَضَعَ
to write, compile, compose sth; [see وضع*; to put, place sth]* {3M}
وَضْع :VN يَضَعُ

رواية «المستغرب» باللغة الفرنسية وضعها الصحافي هاني حمود. المقالة هي الترجمة العربية لمقطع من دراسة مطولة وضعها الكاتب بالبولندية. لم تخطئ المخرجة اللبنانية لينا أبيض في اختيارها النص الذي وضعه الكاتب الإغريقي سوفوكل عن الشخصية المأسوية «ألكترا».

كتاب
book

see قرآن، دفتر

سِفْر
book (esp. of scripture) {3D}
pl: أَسْفار

سفر واحد من أسفار التوراة هو الذي لم يقرأه وهو سفر حزقيال. لقد أوضح جيبون في سفره سقوط الامبراطورية الرومانية واضمحلالها ان روما انهارت من الداخل. لا نجد بين ايدينا من هذا السفر التاريخي الكبير، سوى تسعة مجلدات فقط. يتألف هذا السفر النفيس من مقدمة ضافية وستة أقسام. قام بالترجمة السبعينة للأسفار الخمسة.

كِتاب
book {2D}
pl: كُتُب

صدر له اوائل العام كتاب بعنوان محاولة لفهم العولمة. يمكن القول ان هذا الكتاب من أهم الكتب التي كتبها جارودي بفضل مافيه من حقائق دامغة، ومعلومات حقيقية. تصورت بعد حصولي على هذه النسخة انني سأمضي ليلة طيبة في قراءة الكتاب أو ليلتين على الأكثر.. ولكنني فوجئت بلغة الكتاب ومضمونه في نفس الوقت.

كُتَيِّب
booklet {3W}

يصدر عن البطولة كتيب خاص يتضمن كل المعلومات عن البطولة والفرق. كنت على وشك أن أكتفي بتصفح الكتيب وايداعه مكتبتي. لا أكون مبالغا اذا قلت ان هذا الكتيب كان له أثر كبير في المحادثات المشتركة بين مصر وبريطانيا. هل تتخيل أن يكون القانون عبارة عن مجرد كتيب صغير لا يوضح الكثير من التفاصيل الدقيقة؟

كُرّاس
pamphlet {2W}

خصصت الدار كراساً لنجيب محفوظ تعرّف فيه بالكاتب وبالاعمال التي نشرتها له بالفرنسية. صدر في المناسبة كرّاس تضمّن تفاصيل الحفلتين. أصدر مركزهم الرئيسي كراسا عنوانه «كيف تتغلب على المعارضين». كان في أثناء اعتقاله كتب كراسا عنوانه «جبل الهيكل».

كاتب — writer

مُؤَلِّف
author; composer {2D}
pl: مُؤَلِّفون

الاصفهاني مؤلف «الاغاني». معروف ان حقوق المؤلف هي عشرة في المئة من سعر الغلاف. ابن خلدون، على ما يقول مؤلف الكتاب، كان يكتب في زمن اضطراب سياسي استثنائي في المغرب. يخصص المؤلف الفصل الثالث لمصادر التشريع الاسلامي. السؤال هو معرفة اسم مؤلف الفيلم الذي سيعرض مشهد منه في الغرفة. انه من أبرز المؤلفين الموسيقيين الأميركيين في القرن العشرين.

كاتِب
writer {2D}
pl: كُتّاب

كاتب الاغنية يشتكي من «الحياة في القفص القديم ذاته». الآراء الواردة هنا تمثل آراء الكاتب. اعتبره كاتبا اجتماعيا اكثر مما هو كاتب سياسي او أدبي. من المستحيل على الكاتب عموما والباحث خصوصا ان يستغني عن التواصل مع لغة اجنبية. هو رئيس اتحاد الادباء والكتّاب اليمنيين.

ناثِر
prose writer {3M}
pl: ناثِرون

كان هو نفسه ناثرا مالكا للغة صاحب أسلوب فيها. هو ايضاً أديب وناثر وشاعر ومؤرخ ورجل دولة. يكتب افتتاحيات الجريدة بعقل السياسي الناضج وقلم الشاعر الناثر الذي اخذ بأطراف البلاغة من جميع جوانبها. كبير ناثري الادب العربي هذا عاش وكتب في النصف الاول من القرن الثالث.

كتيبة — squadron

سِرْب
squadron; [see قطيع*; herd, flock]* {2W}
pl: أسراب

سرب طائرات أميركية الى البحرين لمدة شهر. ستسمح هذه الطلبية للإمارات بتشكيل ثلاثة اسراب جوية من ٢٠ طائرة لكل سرب. كانت المقاتلة من سرب طائرات على متن الحاملة الأميركية «جون كينيدي». كشف عن ان سرباً من الطائرات الروسية سيصل اليونان في الشهر المقبل لاجراء مناورات.

فِرْقَة

(military) *unit; detachment;* [see جماعة; *performing group* (music, dance)] {2W}

انه المقر الاداري للفرقة الأجنبية التابعة للجيش الفرنسي. التقت الفرقة ٦٩ التابعة للجيش الاميركي الأول، بالفرقة ٥٨ التابعة للحرس الأوكراني. أعلن ناطق باسم «الطالبان» أمس أن قوات الحركة استولت على المقر العام للفرقة الثانية في الجيش الأفغاني. كم فرقة عسكرية يمتلك البابا؟ تنكر باراك في زي امرأة وقاد فرقة اغتيال أردت ثلاثة رموز فلسطينية في بيروت.

كَتيبَة

squadron, battalion {3W}

تساهم النمسا بكتيبة من ٤٠٠ رجل في قوة فك الارتباط. حين ارسلت كتيبة لحفظ السلام والامن قادها رئيس الاركان السابق. جرح ستة جنود من الكتيبة الارلندية العاملة في القوات الدولية في جنوب لبنان. انها ابنا قائد كتيبتنا الذي قتل قبل اربعة اعوام في لبنان.

shoulder كتف

عاتِق

shoulder {3D}
pl: عَواتِق
أَخَذَهُ على عاتِقه to bear, shoulder (a burden)

يحمل على عاتقه مهمة العلماء وهم ورثة الانبياء. أخذت على عاتقها تأمين الغذاء. غياب السوق يفرض بالضرورة أن تأخذ الحكومات على عاتقها مسؤولية النشاط الاقتصادي. يحمل على عاتقه مهمة اطعام اسرته. الحمد لله ان المسؤولية لم تُلق على عاتقنا، فأخ آخر هو السيد خاتمي سيتحمل المسؤولية. يفعلون ذلك فقط لنقل المشكلة من عواتقهم الى عواتق الآخرين.

كَتْف

shoulder {2D}
pl: أَكْتاف

شعر بآلام في الظهر والكتف. أنا مستعد ان أحملك على كتفي عبر النهر. أصيب بالرصاص في كتفه لكنه الآن في حال جيدة. رحت أحرّك أطرافي لأعرف مدى الحرية المتاحة لي، ملتُ الى جانبي الأيسر، فعلق كتفي الأيمن بقاع البناية، ووجدتني ممسوكاً باحكام.

abundance كثرة

see فيضان

غَزارَة

abundance {2W}

وكان بالتأكيد ألمع محاضر استمعت اليه، بسبب وضوح افكاره وغزارة مادته وجمله الانكليزية الرائعة. تختفي الشمس خلف سحب داكنة ويهطل المطر بغزارة لم تعهدها البلاد منذ قرن. يتميز «دوستويفسكي في بريطانيا» بغزارة المعلومات التي يتضمنها. أشار معاون وزير السياحة الى غزارة «الورود والزهور ونباتات الزينة المتنوعة».

كَثْرَة

abundance {2D}

كثرة البترول هي دائماً مصدر «شر». يدعو الصربيين الى الزواج المبكر وانجاب الاطفال بكثرة. يستخدمون الحجر بكثرة لبناء منازلهم الشاهقة. الناس في هذا الشارع يتناولون الحلويات بكثرة. تتساقط الثلوج بكثرة في الجبل. كثرة الطباخين تحرق الطبخة. قد آلمه العالم من كثرة ما يحوي من شرور وقبائح فلاذ الى الحب.

وَفْرة

abundance, plenty {2D}

لم تتكرر في ١٩٩٧ وفرة المحاصيل التي شهدها عام ١٩٩٦ نتيجة لتحسن الأحوال المناخية. لدى الكويت وفرة مالية قياسا بالعديد من دول العالم. يعتبر الغاز من المواد الأولية الموجودة بوفرة في العراق. روسيا تعدّ من اغنى بلدان العالم من حيث وفرة الثروات الطبيعية. تكمن قوة الهلال في وفرة نجومه، اما قوة النصر فتكمن في خط هجومه.

many

كثير

جَمّ

abundant, plentiful {3M}

لجنة المهرجانات تواجه صعوبات جمة. تحتوي على اجابات جمة لتساؤلات شتى. عملية السلام في الشرق الأوسط تصطدم بمشاكل جمة. خاض في سبيل موقفه معارك جمّة وشرسة. ومعنى هذا ان الحال السودانية تفتح الباب امام مخاطر جمة.

شَتَّى

many {3D}

التنازلات العربية تأتي في اشكال شتى. الولايات المتحدة تحاول بطرق شتى أن تضع العراقيل أمام تطور العلاقات بين إيران والعالم العربي. قصة نجاح المغرب يتردد صداها في أسواق رأس المال في شتى انحاء العالم. ظهر علماء في شتى علوم المعرفة خصوصا علوم القرآن الكريم. ترفع رأسها وتلويها في شتى الاتجاهات. التعاون بين البلدين واضح في شتى الميادين.

عِدَّة

many, numerous {3D}

تم توقيع بعض بروتوكولات التعاون مع اوكرانيا في مجالات عدة. تم نقله اثناء التحقيق الى المستشفى مرات عدة. أثيرت أمس تساؤلات عدة في شأن مغزى القرار الاميركي وتوقيته. سعت المؤسسة الى تجاوز هذه المشكلة من خلال عدة بدائل. ترجم عدة كتب منها «التربية في الشرق الاوسط العربي». من بين مزايا شجرة البن ان ثمارها تنضج عدة مرات في السنة.

عَديد

many, numerous {3D}

ارتفعت خلال الأيام الماضية اصوات عديدة. هذا التوجه الى الديموقراطية حقق اهدافاً عديدة. ارتكبا اخطاء عديدة. لا شك في وجود أمثلة عديدة غير هذين. ستعاني من اثارها تلك لسنوات عديدة مقبلة. العديد من هؤلاء النجوم أميركيون. قد دفع بعض المثقفين والعديد من الصحافيين الثمن موتا.

مُتَعَدِّد

multiple, many, varied {3D}

قال إنه يبحث الآن مع مستشاريه في افكار متعددة لاحياء العملية. كانت الامارات شاركت في الاجتماعات متعددة الأطراف. غلب الصوت الواحد للتعصب على تباين الأصوات المتعددة للتسامح. أشار إلى قرارات الأمم المتحدة المتعددة. كان بعض تلك الشروط يثير قلق الشركات المتعددة الجنسية.

غَزير

plentiful, abundant {3W}

تسببت الامطار الغزيرة التي اغرقت بورسعيد في تأجيل مباراة المريخ والاولمبي. أعد لنا هذين المجلدين وضمنهما معلومات غزيرة عن الجزيرة العربية. ثمة في الرواية جوانب كثيرة وتفاصيل غزيرة يصعب الإلمام بها. استحالت المناطق القاحلة سابقا بالتدريج الى أراضٍ خضراء غزيرة الانتاج.

كَثير

many, much {2D}
pl: كَثيرون

كان يحلو له في احيان كثيرة ان يستجوب المتهمين بنفسه. يمتلك افكاراً كثيرة يطرحها ويعرضها لكل آتٍ. نعرف انه هناك ولكن لا نعيره اهتماما كثيرا. لا تعرف عنه اشياء كثيرة. في حالات كثيرة تمكن العمال المهرة من الانتقال الى قطاع الصناعة العسكرية. تبين ان بين الجرحى اطفالا والكثير من الفتية. لقد فقدت الصحف كثيرا من احترام الناس الآن.

وَفير

plentiful, abundant {3W}

نشأت في العاصمة اعداد وفيرة من الروابط والدواوين. هناك ادلة وفيرة في القرآن الكريم والحديث الشريف على ان الاسلام يقول بالمساواة. الافلام التي تشوه سمعة العرب تحقق ارباحا وفيرة. الصين حققت محصولا وفيرا من عدد من المنتجات الزراعية.

وافِر

plentiful, abundant {3W}

اكدوا ايضاً ان النصر المنتظر سيكون بعدد وافر من الاهداف. ظفر بكمية وافرة من الأسلحة. التنسيل الحيواني سيؤدي الى انتاج ادوية محسنة وبكميات وافرة.

thick كثيف

ثَخين
thick {2M}

كان الامام ابو حنيفة لايجوز المسح على الجورب الثخين. اصيب خلال القتال بجراح ثخينة. غطاء ثخين. اللبن الرائب الثخين.

سَميك
thick {2W}

القاعة مغطاة بسحابة من القماش السميك. وضع قناع سميك على وجه الكاتب. يرتدي بذلة رسمية سميكة من الطراز السوفياتي. بهذه الطريقة يقيم الكاتب بيننا وبين التجربة ستارا سميكا. تبقى كمن يهدر من وراء زجاج سميك. خرجت قصائده مهربة من وراء الجدران السميكة.

غَليظ
thick; [see خشن*; rough, coarse]* {2W}

واشنطن تستمر على سياسة العصا الغليظة والسعي لإرهاب السودان. هل تتذكر أول لعبة استخدمت أو صنعت من مواد مثل الكرتون أو الخيطان الغليظة أو القماش؟ الرجل أخذ يضرب جدران الطائرة بهراوته الغليظة. وجد اسمه مطموسا تحت خط غليظ. أفيقوا.. وافتحوا عيونكم.. وافتحوا عقولكم.. وهبوا من هذا السبات الغليظ الذي أشرف بكم على التهلكة.

كَثيف
thick, dense {2D}

غزو العراق للكويت أوجد اجواء كثيفة من انعدام الثقة. كان الضباب كثيفاً جداً. تنقل بين شطري المانيا تحت حماية الغابات الكثيفة. الغبار الكثيف يغطي سطح السهل. الغيوم الكثيفة تغطي سماءها. انتشرت قوى الأمن الباكستانية بشكل كثيف في محيط معاقل المتطرفين السنة والشيعة.

---

lie كذب

إِفْك
lie, falsehood {3M}
pl: أَفائِك

أنا لم اعمل ناظرا لمدرسة ابتدائية كما ورد في افتتاحية الافك. أنا أرفض أن اتحدث عن اتهام بالإفك لسيدة فاضلة هي زوجة الرسول صلى الله عليه وسلم.

بُهْتان
lie {3M}

اتقن الكذب والتمثيل والبهتان. هناك عدد كبير من الكتب تنسب زوراً وبهتاناً الى علمائنا القدامى وهي في الحقيقة من وضع كتاب مجهولين. الارهاب المتستر زوراً وبهتاناً بديننا الحنيف فشل وهزم في البلاد.

زور
lie, falsehood; [throat] {2W}
شاهِد زور false witness

نظرنا الى تلك الحروب التي رفعت زورا وبهتانا شعار الصليب على انها غزو آثم لبلادنا. كرّر بعض الصحف والمجلات العربية خطأً وزوراً ان اولبرايت دعت اسرائيل لايقاف بناء المستوطنات في الاراضي العربية. أتعهّد أمامكم الا أكون شاهد زور.

فِرْيَة
lie, falsehood {3M}
pl: فِرىً

قد أبدى الجميع سخطهم على هذه الفرية. لو صحت فرية السرقة لكان من السهل اكتشافها. عجزت السلطة أن تثبت فريتها. هذه اكذوبة وفرية يرددها العلمانيون. موضوع الرق يعد فرية جديدة ضمن حملة الافتراءات ضد السودان.

اِفْتِراء
unjust, false accusation; lie {2W}

ان كل الدعوات بخلاف ذلك ما هي الا افتراء وكذب. اعتبر بيرلوسكوني هذه الاتهامات بأنها «مجرد افتراء». ان الحديث عن دور للفقهاء في الاغتيالات هو محض كذب وافتراء. هذه كلها اعترافات لها أسس صحيحة وليست افتراء ولاهي من فراغ. ادانت اللجنة العليا حملة الافتراء والتشهير واختلاق المزاعم الكاذبة في حق الاندية.

كَذِب، كِذْب
lie, falsehood {2D}
جِهاز كَشْف الكِذْب lie detector

إن هذه الادعاءات وهذا الكلام لا يتفق مع واقع الحال بالنسبة الى السعودية وكله كذب وغير صحيح. الكذب السياسي ليس عيبا، فهو في أساس الممارسة السياسية. حبل الكذب قصير، ويبدو بأن نتانياهو وصل لآخر الحبل بكذبه. الكذب كالوباء، وهو ينتشر مثله ودائرته تتسع. اخضعوه لفحص على جهاز كشف الكذب.

كَذْبَة
lie, falsehood {2W}

الكذبة الاخرى بعد كذبة التنمية هي أن الوحدة الاوروبية هي الدواء. هذه كذبة تاريخية أصبحت واضحة في العالم كله. لا أدري من الذي اختلق هذه الكذبة والعياذ بالله. الوطن هو مجرد كذبة اخرى. التنسيق بين السلطة الوطنية و«حماس» كذبة كبيرة. لا شك ان هذا الادعاء يصلح لأن يكون «كذبة السنة».

أُكْذوبَة
lie {3W}
pl: أكاذيب

هذه اكذوبة وفرية يرددها العلمانيون. اسوأ من أكذوبة تقولها، أكذوبة تعيشها! الفن: أكذوبة تكشف لنا الحقيقة! الفرنسيون يؤكدون كل يوم أكذوبة العبارة التي تقول: لا جديد تحت الشمس. دعا الزعيم الليبي الفلسطينيين والعرب الى «عدم تصديق هذه الاكذوبة». اتهم الولايات المتحدة بـ «شن حملة أكاذيب» على طهران.

كارثة catastrophe

see سوء

بَلاء
catastrophe {2W}

نعتقد أن السبب الرئيسي لهذا البلاء والتخلف الذي يسود العالم الاسلامي من شرقه إلى غربه هو سلوك المسلمين وفكرهم. توسّل إلى الله أن يرفع البلاء عن الإنسان. الشجاعة أقوى من المرض والصبر أكبر من البلاء. ان السلبية واللامبالاة تحدث كل هذه الكوارث ويتفشى معها كل البلاء.

بَلْوَى
calamity {2M}
pl: بَلاوي

مقالك عن بلوى الفيديو كليب والاغاني الهابطة في محله. تعتقد الفتاة انها قادرة بقواها الخفية شبه السحرية على احلال البلوى والشقاء بالذين يستحقون ذلك. نصبر للبلوى ولا بد من غد. لن يمل مثلي من الحديث مع المدخنين عن مصايب وبلاوي التدخين. أصل البلوى في ايران أنها تشهد حاليا صراعا بين سلطتين.

بَلِيَّة
calamity, disaster {2M}
pl: بَلايا

لعل تصرفه كان بلية على صاحبه. ما زلت على رأيي بأن أصل البلوى معروف، وشر البلية واضح مصدره ومسبباته. من صبر على بلية وضع الله يده على صدره. الحب بلية!

داهِيَة
calamity, disaster; hell {2M}

اذا كان الفتى المطرب على شاطىء البحر مع معبودته واقتسما القمر فسيطوف البحر ويغرقهما في «ستين داهية». القدس في ستين داهية. داهية الحب. هذا الموضوع دقيق وحساس وممكن يودي في داهية. (Eg) أحب أن أنبه على حاجات تانية برضه بتودي في داهية.

شِدَّة
*misfortune, calamity; [*see قوة; *strength, power]* {2D}
pl: شَدائِد

هم في ظروف في غاية القسوة والشدة. لا تغيب منها لا في لحظات الشدة والعنف ولا في لحظات البهجة والسرور. مصر هي الوطن الثاني والملاذ للسودانيين في وقت المحن والشدائد. استمر التزامه بذلك المبدأ على الرغم من الشدائد التي فرضتها السياسة البريطانية عليه. أيقن بريشا ان اصدقاءه قد تخلّوا عنه في وقت الشدائد.

مُصيبَة
calamity, disaster {2D}
pl: مَصائِب

المصيبة ان هذه الرؤية ما تزال حلماً، وامكانية نجاحها مشكوك فيها. اذا كانت فوضى الاعلام مصيبة فان احادية الاعلام كارثة. الصغار يواجهون مصيبة أخرى مصدرها مرض «جديد» على روسيا هو الايدز. مصيبة التدخين. كل السعداء متشابهون، أما التعساء فكل واحد له مصيبة مختلفة! الكذب أعظم المصائب.

فَجيعَة
misfortune, disaster {3M}
pl: فَجائع

ينتزع الضحكة من قلب الفجيعة. أوحش صيف مر بي كان صيف الفجيعة في مفاجأة الغزو الصدامي للكويت. الحدث ليس حدث موت أميرة قلوب الناس، ولكنه حدث التعبير عن الفجيعة بهذا الموت الذي جمع هذا الحشد الرهيب من الناس. يزيد فجيعة البريطانيين بموت «ملكتهم» أن حياتها القصيرة لم تملأها السعادة.

فاجِعَة
catastrophe, disaster {3W}
pl: فَواجِع

هذه المدينة أصيبت بفاجعة سقوط طائرة «رسلان» العملاقة على مساكنها. اودت هذه الفاجعة القومية والشخصية بوالد ريتسوس الى الجنون. كانت الانتقادات للعائلة ركّزت على انها تعاملت مع فاجعة مقتل الأميرة ديانا باسلوب اجرائي. كانت وفاته فاجعة هزّت كيان علي الغاياتي. حذر من أن فشل المؤتمر يعني فاجعة في العلاقات بين اسرائيل والولايات المتحدة.

كارِثَة
catastrophe, disaster {2D}
pl: كَوارِث

كارثة الطائرة الروسية سببها وقود رخيص. اغتيال رابين كان اكبر كارثة عرفتها البلاد. هذا ينتهي الى كارثة عندما تتزوج عائشة من انكليزي شاذ. تقاتلنا حول الحل الأمثل من دون ان نمنع حصول الكارثة. العواطف ادت بنا الى كوارث. ان المسئولين لا يتحركون لمنع حدوث كوارث لأنه لا يوجد مسئولون.

نَكْبَة
calamity, disaster; the events of 1948 {3W}
pl: نَكَبات

جاء الغزو العراقي للكويت في ٢ آب (اغسطس) ١٩٩٠ ليشكل نكبة كبرى شقت العرب وأحدثت شرخا لم يندمل بعد. هذه السياسة العاجزة عن توليد آلياتها القومية والوطنية والدولية اورثتنا الكوارث وفي المقدمة النكبة الكبرى (١٩٤٨) واحتلالات ١٩٦٧وزحف الاستيطان حتى يومنا. «جيل النكبة انتهى وجاء الآن جيل الحجارة والرصاص والقنابل».

نَكْسَة
disaster, setback; the events of 1967 {2W}

انتقلوا للحياة في المملكة الأردنية بعد كل من النكبة والنكسة. أعلن الرئيس جمال عبد الناصر التنحي عن السلطة بعد نكسة ١٩٦٧. يجب إجراء العلاج الطبيعي اللازم قبل أن يتعرض لنكسة صحية خطيرة. تعرضت عملية السلام في أيرلندا الشمالية لنكسة جديدة. هاجموا بكل ضراوة قرار إلغاء السنة السادسة واعتبروه نكسة تعليمية.

كرّر — to repeat

اِجْتَرَّ
to repeat (words, ideas) *over again* {3M}

ما زالت تجترّ مقولاتها التاريخية حول موقف المجتمع البشري. يجترّون اقوال القتال. كنا نحن نجتر الشعارات الفخيمة الجليلة بلا عائد حقيقي. عاد العرب يجترون من جديد فكرة قيام السوق العربية المشتركة.

رَدَّدَ
to repeat sth; to say sth over again {2D}

ردد المسؤول المغربي ان ملف سبتة ومليلية لا علاقة له بهذه التطورات. كانت الكلمة التي نرددها دوما هي «سكّر يا... سكّر». كدنا نصل الى زمن نردد فيه مع فيروز: «كتبنا وما كتبنا ويا خسارة ما كتبنا»! ردد المتهمون في بداية الجلسة هتافات معادية للحكومة. يردد الكثيرون أن أمل عودة اللاجئين الفلسطينيين ضاع الى الأبد.

عاوَدَ
to return sth to sb; to take sth up again, resume {2D}

اثيوبيا عاودت عدوانها على الأراضي السودانية. كان مقررا ان تعاود فرق اللجنة مهماتها أمس. اصبح عند خروجه من السجن كفيفا أعمى، فعاود الحرب ضد ابن أخيه. عاود النظر في التسمية وأطلق عليه «التقدم والاشتراكية».

أَعادَ
to repeat sth or على *sth, do sth again; to reiterate sth* {2D}

أعاد الرقيب السؤال عليه: من أكلها اذن؟ أعاد صفوت ما كان قاله في تقريره الأول. يعيد الجيل الجديد اكتشاف الوحدة العربية. اسرائيل ستعيد انتشار قواتها سريعا. اما شركة الطيران الكويتية فقد كان عليها ان تعيد بناء نفسها إثر أزمة الكويت عام ١٩٩٠. اعدت الاستماع الى تسجيلاته. جاؤوا الى الوطن ليعيدوا بناءه.

كَرَّرَ
to repeat sth, do sth again {2D}

كرر ان حكومة بون لا تفكر في بيع احتياط الذهب. كرر ان زيارته للولايات المتحدة «ليست لعقد صفقات عسكرية». كرر الكلام نفسه في ٢٧ نيسان ١٩٤٣. كرر مطالبته «بتنفيذ القرار رقم ٤٢٥». كرر النائب بطرس حرب انتقاده لمنع المقابلة. قد فاز باللقب الاول العام ١٩٧٢ فريق اياكس الهولندي الذي كرر فوزه عامي ٧٣ و٩٥. لا نريد ان نكرر في الحاضر مأساة الماضي.

by force كرهاً

جَبْراً
by force {2M}

التطبيع والتجارة لابد من ان يتم اختياريا وإراديا وليس كرها أو جبرا. قضت المحكمة الدستورية العليا بجلستها أمس بعدم دستورية فرض التحكيم جبرا على المنازعات التي تنشب بين أصحاب البضائع ومصلحة الجمارك.

بِالْإِجْبار
by force {2M}

النظام الاقتصادي الدولي الجديد يجتذب اليه، اما بالرغبة واما بالاجبار، ان تصبح كل الدول جزءا لا يتجزأ منه. لن نحصل على شيء بالإجبار. يري أصحاب هذه الحركات أن وضع حد للحياة بالاختيار وليس بالإجبار يشكل آخر انتصار للسمو الإنساني على الطبيعة الحيوانية.

قَسْراً
forcibly {3W}

انها مستمرة في المقاومة الجنوبية وتحولها موضوع اتفاق مفروض قسرا على الجميع. شرّد عائلاتها الـ ١٢٠٠ فهجرت قسرا نحو بلدة شبعا الام. أردت للباب، الذي اقفل قسرا، ان يبقى مفتوحا في وجه الزائرين. حماس تؤكد أن الإبعاد تم قسرا. مثله مثل الوف المهاجرين والمغتربين طوعا أو قسرا يسأل نفسه: هل استوطنته باريس، مثلما استوطنها هو؟

قَهْراً
forcibly {3W}

اما الذين بقوا فهم يموتون كل يوم قهرًا وحزنا وحاجة وحسرة على أطفالهم وهم يموتون بين أيديهم. رفض مبدأ التعيين «لان فيه قهرًا وتسلطا على رأي الشعب». يواجهون بخيارين لا ثالث لهما: الموت قهرًا او الرحيل. حولوا المساجد – قهرا وعدوانا – إلى كنائس. يحتلّ الأرض قهرًا ضد إرادة أصحابها.

بِالْقُوَّة
by force {2D}

لا يجيز احتلال اراضي الغير بالقوة. عليه ان يخرج من كل ارضنا المحتلة، والا سنخرجه بالقوة. لا أحد يمكن ان يرغم غيره على الشراء بالقوة. في العام ١٩٨٩ استولت ديكتاتورية عسكرية على السلطة بالقوة من الحكومة المنتخبة. سيظل يحاول فرض حل بالقوة على رغم استحالة مثل هذا الحل. هل تعتقد ان السلطة قادرة على الانتصار بالقوة على الجماعات المسلحة؟

كَرْهاً، كُرْهاً
by force {3W}
طوعاً أو كرهاً by force or by will

ترك الأرض المقدسة إلى أمريكا كرهًا. التجارة لابد من أن تتم اختياريا وإراديا وليس كرهًا وجبرا. الحرب الثقافية بين هذين التيارين مستمرة، والتعايش بينهما، طوعاً أو كرهًا، مستمر ايضا. تآكل النفوذ الفرنسي في القارة وتقدم أميركا لتحل محلها طوعا أو كرهًا.

إِكْراهاً
by force {3M}

لا يكره الإسلام أحدًا من مخالفيه على اعتناقه قهرًا وإكراهًا. هل من رأي فضيلتكم أن تلجأ الفتاة التي اغتصبت اكراها وعنوة إلى الطبيب لكي يعيد إليها عذريتها؟ رفعت راية الجهاد لاخضاع مواطنيها في الجنوب اكراها.

بِالْإِكْراه
by force {3W}

يُفهم من هذه الحكاية ان عملية التنصير تمت بصورة رسمية وبالاكراه. كان معظم الجرائم متصلا بتهريب المخدرات والسرقة بالاكراه. لا يمكن أن نقبل بأن يُفرض علينا شيء بالإكراه. كان سيتم تفريقهما إما بالاغتيال أو بالاكراه. قبض على عصابة يتزعمها سائق ميكروباص لسرقة الركاب بالاكراه تحت تهديد السلاح.

to break
كسر

see دمار، انتهك

حَطَّمَ
to smash, destroy, break sth {2D}

عادت القوى الامنية الى اقتحام مقر الاتحاد وحطمت الاجهزة بما فيها الكومبيوتر لاعتقال النقابيين. أسرعت الى والدها الذي جمع الجيران وحطموا الباب ووجدوا الفتاة مع صديقها. حطمت قوات المعارضة الجسر لمنع تقدم طالبان. ما يبنى في سنوات يحطم في ايام. حطم الامريكي ريك دي مونت الرقم العالمي في سباق ٤٠٠ م.

سَحَقَ
to crush sth; to destroy sb {3D}
VN: سَحْق يَسْحَقُ

لقد سحقنا الذراع المسلحة للمجموعات الاسلامية. سحق يوتا جاز مضيفه لوس انجليس كليبرز بفارق ٢٠ نقطة ١٠٦–٨٦. نسل المرأة يسحق رأس الحية. استخدمت طائراتها في سحق الشعب الشيشاني.

كَسَرَ، كَسَّرَ
*to break, smash sth; [*see انتهك; *to break, violate* (a law, rule)*]* {2D}
VN: كَسْر يَكْسِرُ

وجه اليه ضربة برأسه كسرت انفه خلال مباراة ميلان وبورتو في دوري ابطال اوروبا. نجح سائح في كسر زجاج شباك مستخدماً كاميرا فيديو خاصة به. حاولوا تكسير الزجاج. قررنا ان نكسر الصمت بالثقافة. نعمل لايجاد حل لما يهدد وحدة بلادنا وكيان شعبنا، وان نكسر حاجز الصمت.

هَشَمَ، هَشَّمَ
to smash, knock out, crush sth {3M}
VN: هَشْم يَهْشِمُ

لم تكن مهيأة لاستيعاب التغيير، وللدفاع عن الحرية التي هشمت اغلالها. اعتدى بالسب على جيرانه الاهلاويين فهشموا رأسه. اي ذريعة يمكن ان تبرر قيام المهاجمين على السياح في الاقصر باغتصاب نساء وذبح اطفال بعدما هشموا رؤوسهم بكعوب البنادق؟ تكالبت عليهم القوى المتربصة تهشم عظامهم. قد هشّم كل ما أنجزناه.

---

to discover
اكتشف

أَبْدَعَ
to create, invent sth {2M}

يختم الباحث فصل الفن المصري بما ابدعه المصريون في العمارة. أبدع طريقته الخاصة في فهم العالم من حوله. تعد مناظرها من أروع وأجمل ما أبدعته يد الفنان المصري القديم. أبدعت مصر الحضارة الفرعونية التي امتدت لما يقرب من ستين قرنا.

اِبْتَدَعَ
to invent, come up with, give rise to sth {2W}

وابتدع الانجليز بدعة العقوبات الجماعية. بيكاسو هو الذي ابتدع التجريد في الفن. ليته ابتدع أفكارا جديدة ومواصفات جديدة تليق بعمله. هل ننسى ان هيكل هو الذي ابتدع كلمة «نكسة» ليصف بها كارثة الهزيمة في تلك الحرب؟ هذا المفهوم لا مضمون له ولا وجود له والذين ابتدعوه يحاولون استخدامه لاهداف تخصهم.

اِبْتَكَرَ
to invent, come up with sth {2D}

ليس هناك مصل واق ابتكره الإنسان من وباء خطف البنات. ابتكر الألمان أول الصواريخ المقاتلة. قد ابتكر الأجانب وسائل كثيرة للتبرع للجمعيات الخيرية ومؤسسات الرعاية الاجتماعية. لا زلنا نعد وجبات طعام ابتكرها الموسيقي المشهور زرياب. ابتكر جهازا أطلق عليه في بادئ الأمر اسم «جهاز الموت».

اِسْتَجْلَى
to uncover, discover sth, find sth out {3M}

نستجلي وبشكل بارز الاثر العربي في «ديوان التماريت». اراد ان يستجلي وفاة تومارز. الدراسة الحرة تستجلي الموضوعات من جميع جوانبها. بدأ وضع سلسلة كتب تحت عنوان حكايات برلمانية يستجلي فيها دور البرلمان المصري في مراحله التاريخية.

اِخْتَرَعَ
to invent, devise sth {2D}

اديسون هو الذي اخترع المصباح الكهربي. الخطابة: طريقة اخترعها الانسان ليتكلم دون أن يفكر! الرجل الذي اخترع السندوتش اسمه لورد سندوتش. الدكتور زويل اخترع جهاز تصوير مبتكرا يعمل بأشعة الليزر. يذكر ان كلاشنيكوف اخترع الرشاش المذكور بعدما جرح في دبابته خلال الحرب العالمية الثانية.

اِكْتَشَفَ
to discover sth or أَنَّ *that* {2D}

اكتشف الناس أن الرجل يجيد الاستماع مثلما يجيد الحوار. فلمنج اكتشف البنسلين عن طريق الصدفة. الفنان اكتشف موهبته منذ ٥ سنوات فقط من خلال تردده على المعارض. اكتشف الاميركيون فجأة ان بعض أشكال الديموقراطية موجودة في ايران. سنكتشف الحقيقة المؤلمة بالنسبة الينا وهي اننا غير قادرين على انجاز كل ما نريد.

اِسْتَنْبَطَ
to discover sth; to invent, devise sth; [to extract] {2W}

من تابعها استطاع ان يستنبط صورة واضحة عن واقع المسرح التونسي. حاولت ان استنبط من ضيفي رأيه في المساهمة البريطانية في الادب الخيالي. لا يعني ذلك الا شيئاً واحداً هو ان واشنطن لم تستنبط سياسة جديدة للتعاطي مع منطقة الخليج. الحزب الرابع الذي استنبطه المليونير اليهودي جيمس غولدسميث كان اشبه بحزب روس بيرو في الولايات المتحدة.

كافأ — to reward

أَثابَ
*to reward sb/sth (*على / عن *for)* {3M}

أرادوا بنا شراً، فأثابنا الله خيراً. كل هذه الامور تعتبر في نظر الاسلام عبادة وتقربا الى الله وعملا صالحا يثيب عليه في الدنيا والاخرة. كان يجيب من دعاه إلى داره، ويقبل الهدية ويثيب عليها. دعوا الله أن يثيبهم عما قاموا به من طواف. القانون لن يثيب مجرما على جريمته.

جازَى
*to reward, recompense sb/sth (*عن *for); [*see عاقب*; to punish]* {2M}

ندعو الله ان يجازيه عنه خير الجزاء. قد برهن بالفعل أنه يجازي من يقف معه.

كافَأَ
*to reward, recompense sb/sth (*على *for) (*ب *with)* {2W}
يُكافِئ

الاتفاقات تكافئ العدوان. ما أدري ما أكافئك به. الشعب يرحب بصدق الرئيس ويكافئه على صراحته باعادة انتخابه بغالبية كاسحة. يجب أن نعرف كيف نكافئ من يتفهم قضايانا العادلة داخل اسرائيل وخارجها. هذه الجائزة القيمة تكافئ خمس سنوات من الجهود لتوعية الرأي.

كفر — unbelief, apostasy

see هرطقة

رِدَّة
apostasy (from Islam) {2M}

ما زالت تعيث في الارض فساداً وتقتل وتزهق الارواح بغير حق بعدما حكمت على عموم الشعب بالردّة. استبدال حد السرقة: وهو قطع اليد، بعقوبة رادعة اخرى لا تسبب عاهة مستديمة، وهذه سابقة خطــيرة، وردّة عن الاسلام. رمى نصر أبو زيد بالكفر والإلحاد بل الردة عن الإسلام.

زَنْدَقَة
atheism {2M}

بوسع الشباب الاقبال على دراسة تلك العلوم دون ان يتهموا بالزندقة. وصف وزير الداخلية اللواء حسن الالفي المتهمين بـ «الكفر والزندقة». تقنعت بأقنعة الجهاد المناهض للزندقة والاباحية.

كُفْر
unbelief, apostasy {2W}

في الاسلام لا يمكنك الدعوة الى الكفر او التشكيك في الله. قال ان جماعته ترى ان «الكفر» يجب ان يطلق على جميع قيادات الدولة بمن فيهم الوزراء. العرب هم الذين حكموا علينا بالكفر في حين اننا في ايران طائفة اسلامية مثل غيرنا. اتهموه بالكفر وأنكروا قيمة ما ذهب اليه في بحثه الفلسفي. وصمهم صراحة بالعلمانية والكفر والإلحاد.

إلْحاد
apostasy; heresy {2M}

كان من السهل على الولايات المتحدة توجيه المعركة ضد الشيوعية والإلحاد والتأميم. لم يكن شاعرا ملحدا في المعنى التاريخي للإلحاد ولا ماديا في المعنى الماركسي للمادية. اتهم أصحابها بالكفر أو الردة أو الإلحاد. حال دونهم والمضي في مخططهم القمعي للتفريق بين المفكرين وزوجاتهم بدعاوى الإلحاد.

مُروق
apostasy; disloyalty {3M}

اعتبر في حينه مروقاً من الدين. يعتبر مناقشة جوانب الاصلاح والدعوة اليه نوعا من المروق على مايعتبره هذا الشخص اجماعا سياسيا. كلما ذكرت كلمة التنوير وكأن المنادين بالتنوير يدعون الى المروق والكفر والالحاد.

---

apostate — كافر

دَهْري
atheist; materialist {3M}
pl: دَهْرِيّون

الدهريون أنكروا عالم الغيب، واعتبروا الطبيعة مبدأ أولا. الإنسان في رأي الدهريين صورة من صور الطبيعة.

مُرْتَدّ
apostate {2W}

هل هو كافر الآن مرتد عن دين الإسلام؟ زعموا أنه مرتد عن دين موسى. قد حاول آخرون أن يصوروا الخولي على أنه ماركسي مرتد. كان ردي أن انتقال مشجع كروي من ناد إلى آخر ليس جريمة، ولا يعتبر مرتدا يقام عليه الحد. أضاف أن الذي يستحل التعامل بالربا يكون مرتدا عن الاسلام ويحق لزوجته طلب الطلاق.

زِنْديق
unbeliever, atheist {2M}
pl: زَنادِقَة

قيل إنه زنديق ومجوسي وقرمطي وباطني وإسماعيلي، وإنه من دعاة الحلولية والالوهة. مرتكب الجريمة جزاؤه القتل ولا تقبل توبته لانه زنديق كرر فعلته وحكمه القتل في شريعة الاسلام. وصفهم بانهم «زنادقة ينفذون مؤامرة مضادة للامة». أما الكفرة الزنادقة فإنهم أفراد يريدون أن يشتهروا ويثيروا حولهم الضجيج.

مُشْرِك
polytheist {3W}
pl: مُشْرِكون

المشرك هو الجدير بالخوف والقلق والاضطراب وليس الموحد. الرسول عليه السلام لم يقدم على المواجهة مع الكفار والمشركين في هذه الغزوة إلا بعد ان استشار المهاجرين والانصار. المشركون كانوا مصرين على الصاق هذه التهمة به. هؤلاء جميعاً مشركون منذ تمردوا على كنيستهم، ومرغوا هيبتها في الوحل.

كافِر
apostate, unbeliever {2W}
pl: كُفّار

المصائب تصيب المؤمن والكافر. رغم ذلك وصفوا بيجين بأنه كافر لتوقيعه معاهدة صلح مع السادات. أصدر فتاوى تدعو إلى قتل الأمريكيين الكفار. أهل كل دين يرون غير المؤمنين بدينهم كفارا. يعلمون اولادهم في مدارس الكفار.

مُلْحِد
heretic, apostate {2W}

معركتنا مستمرة مع هؤلاء العلمانيين الملحدين الذين يطعنون في ذات الله ونبوة الرسول والبعث والخلود. ان الصليبيين أصدروا قانونا يمنع اقباط مصر من زيارة القبر المقدس بدعوى انهم ملحدون. لم يكن المطران حداد لا ملحدا ولا ثوريا ولا شيوعيا ولا متمردا على الكنيسة . لا شك أن هناك علمانيين ملحدين متعصبين، محتقنين ضد الدين.

مارِق
apostate; heretic; deserter {3M}
pl: مارِقون

قد كفّره بعضُ مناوئيه وأعدائه وعدوه مارقا وزنديقا، وقدّسه بعض اصدقائه وأتباعه واعتبروا ان قبسا إلهيا حلّ فيه. لا مكان في السودان للخونة والمارقين الذين حملوا السلاح. ان الواقع الشاذ في الصومال يساعد على نمو نشاط جميع المارقين عن القانون. كيف نطيع أوامر المارقين عن الدين.

اكتفى — to be satisfied, content

رَضِيَ
to be satisfied, content ب/عن *with or* أَنَّ *that* {2W}
VN: رِضى يَرْضَى

لا يرضى بالعمل في الخفاء. لن نرضى الا بالتوازن الوطني. قد يرضى عنه البعض، ويسخط عليه البعض. حين يقترب يكتشف انه امام مسجد الحسين رضي الله عنه. الشاعر العربي لا يرضى ان يكون شيطانه انثى. لا ترضى عن نصيبها في السلطة.

اِكْتَفَى
to be satisfied, content ب *with* {2D}

قد اصبح يكتفي الآن بأن يأتي بي الى هذا المقهى. لم يكتف النظام بهذه العملية، بل اتهم أصحاب المحطة بافتعال عملية التخريب. كيف نستطيع ان نكون فاعلين اذا اكتفينا بالانسحاب من المجهود السلمي. لا يمكننا ان نكتفي بالدفاع فقط عن مخيم ابوبكر. مشكلتنا الاساسية اننا نكتفي بالبكاء والحزن والاستنكار. لن يكتفي بدور البطل فقط، بل هو الذي كتب القصة.

كلّف — to commission, entrust

see سمح، أعطى، وعد

خَوَّلَ
to grant sb or ل *sb sth or* ب *sth, confer on sb or* ل *on sb the right to do sth* {3W}

الاتفاقات الموقعة لم تخول إسرائيل اتخاذ قرار أحادي بشأن خرائط الانسحاب. يخوّل القانون المسؤولين برفض دخول اي اجنبي للسودان. هذه الصلاحيات تخول للمعلم معاقبة طلابه الخارجين وردعهم. يتمتعون بصلاحيات تخولهم تنفيذ عملية الدمج والاشراف عليها. ذلك سيخوله للعمل في كل دول المجموعة. حصل على تصريح لصديقه نيل داغليش يخوّله زيارة مجلس العموم. نال شهادة التبريز التي تخوّله التدريس في الجامعة.

عَهِدَ
to entrust, delegate, assign sth or ب *sth* إلى *to; [*see عرف*; to be familiar with]* {3W}
VN: عَهْد يَعْهَدُ

حتى الساعة لم يعهد الى مصري مسيحي (اي قبطي) بتدريس التاريخ العربي الاسلامي في اي من الجامعات المصرية. من الضروري ان يعهد بادارة شؤون البلاد الى شخص اكثر مسؤولية واتزاناً وخبرة. ايران وتركمانستان وتركيا قررت ان تعهد الى شركة «شل» إعداد «الدراسة الاقتصادية والتقنية» لمد خط أنابيب مشترك لنقل الغاز الطبيعي التركماني الى أوروبا عبر ايران وتركيا. لقد دربته على العمل وقلت له ان عليه ان يستعد لتعهد اليه هذه المسؤوليات.

فَوَّضَ
to authorize, entrust sb or ل/إلى *sb to do sth* {3W}

فوّض المجلس الأمين العام لمنظمة الوحدة الافريقية سالم أحمد سالم إعداد خطة عمل في هذا الشأن. يفوض الدستور رئيس الدولة تعيين رئيس للوزراء. نصح في ألا يختار الطالب نوع العلم بنفسه بل يفوّض أمره إلى الأستاذ الذي له تجربة في ذلك. إنه يفوّض سلطته التنفيذية إلى إدارة تنفيذية. فوّض إليه الحصول على البطاقة الانتخابية بالنيابة عنه.

قَلَّدَ
to entrust sb with (authority, a job)*; [*see قلّد*; to imitate]* {3M}

قلده منصب القضاء. تزوج الملك سيف الدولة الحمداني اخت الحارث بن سعيد وقلّده مناصب عدة. في نهاية اللقاء قلّدته الملكة وساما بريطانيا رفيعا.

كَلَّفَ
to commission, entrust, assign sb (a task) *or* ب (a task) {2D}

الحكومة ستكلف الجيش الدفاع عنه. كلّف العاهل الأردني طاهر المصري تشكيل حكومة جديدة. حكومته كلفت الجيش «اتخاذ اجراءات عسكرية اضافية» لمواجهة نشر الصواريخ الروسية. سيؤلف اللجنة القومية التي ستكلف بإعداد مسودة الدستور الدائم للبلاد. كلّفه بإلقاء خطبة يوم الافتتاح. لم يتمكن الوزراء من تنفيذ المهمة التي كلفتهم بها قمة الأطلسي.

أَنابَ
to deputize, delegate sb ل *to do sth* {3W}

أناب الرئيس حسني مبارك رئيس وزرائه الدكتور كمال الجنزوري لرئاسة الوفد. الديموقراطية باعتبارها حكم الشعب من قِبل الشعب عن طريق من ينيبهم عرضة لعدة أساليب للتعبير عن الإرادة الجماعية. الندوة ترعاها السيدة سوزان مبارك وقد أنابت وزير السياحة د. ممدوح البلتاجي لإلقاء كلمة نيابة عنها.

أَناطَ
to entrust, commission ب *sb to do sth* {3W}

في خطابه الاخير لمناسبة اعادة تنصيبه رئيساً للولايات المتحدة أناط السيد وليم كلينتون بأمته وحدها من دون أمم العالم مهمة صنع قوى عصر المعلومات ومستقبل المجتمع الدولي. هذا اول تدبير تتخذه القيادة العسكرية بعدما اناط بها مجلس الوزراء مسؤولية حفظ الامن ووقف المخالفات في البقاع. يتم ذلك تحت اشراف ومراقبة الهيئة العامة لسوق المال التي اناط بها القانون مسئولية متابعة تنفيذ احكام القانون.

وَكَّلَ
to authorize, appoint sb or إلى *sb as agent* {2M}

فوّضت اليه الكلام ووكّلت اليه امر النطق باسمها. ليتني وكّلت سمساراً. وكلته المحكمة للدفاع عن سلامة. قد وكلت المنظمة محامين من اجل هذا الغرض. يوكل اليها الاشراف على رعاية المشاريع. الأشخاص يوكلون إلى ممثليهم أمر تدبير شؤونهم.

أَوْكَلَ
to entrust sth ل / إلى *to sb* {3W}

أوكلت الحكومة الى لجنة وزارية صوغ اقتراح لحل المشكلات القضائية والادارية. قال إن «المُستنسخ لا يمكن ان يكون خطيرا إذا أوكلناه الى أم ذكية صالحة تحسن تربيته». أوكل أحد مساعديه حضور جلسة اول من امس لطلب التأجيل يومين.

كلّ

all

see جميعاً ، كلّيّاً

جَميع
all, whole {2D}

غيابه سيبعد جميع الاطراف عن مواصلة مشروع السلام. في جميع الافلام الاجنبية والعربية، يلجأ البطل الى السيجارة كلما حز به أمر. جعل اللغة التركية لغة رسمية في الدوائر الحكومية وجميع مراحل التعليم. لا ينتسبون جميعهم الى القبائل الصحراوية. الوطن للجميع. جهود المقاومة مطلوبة من الجميع. نحن جميعا ابناء ابراهيم عليه السلام.

مَجْموع
sum, total, whole {2D}

من المتوقع ان يتم افتتاح ٢١ فرعاً جديداً السنة الجارية ليصبح المجموع ٣٥ مطعماً. ساهم في تمويل ٤٥ في المئة من مجموع الاستثمارات المطلوبة خلال فترة الخطة. يقدر مجموع الديون الخارجية بنحو ٢٢ بليون دولار. النساء في البرلمان يشكلن ٥،٥ في المئة من مجموع المقاعد. مجموع عدد السكان في العالم مرشح ان يتضاعف بضع مرات في القرن المقبل.

جُمْلَة
totality, sum, whole (with idaafa)*; [sentence;* see كلّيّا; *as a whole;* see عموماً; (adv) *in general]* {2D}

حصل على اكثر من خمسين في المئة من جملة الاصوات. يعاني ٨٤ في المئة من جملة الاسر الفلسطينية من الفقر. تبلغ جملة الايرادات المقدرة في موازنة الحكومة لسنة ١٩٩٧ نحو ١٨,٨٧٦ بليون درهم.

مُجْمَل

sum, total; [summary] {2D}

الكتاب بمجمله غير مبوب بل هو عبارة عن مجموعة مقالات. ان السياحة التي تؤمن اكثر من ٨,٥ في المئة من مجمل الاستثمارات باتت الآن صناعة اساسية تساهم في ازدهار المنطقة. العرب في مجملهم يعرفون ما لا يريدون ولكنهم غير متفقين على ما يريدون. وضعت الجمارك الهندية يدها على مجمل وسائل البث التلفزيوني.

سائِر

all; [remaining, rest] {3D}

تلعب الحركات النقابية دوراً مهماً في سائر الأحزاب الديموقراطية. نستطيع قطع المسافة التي تفصل بيننا وبين سائر الأمم والمجتمعات. اعتبر ان المقاومة اليوم ليست حكرا على الشيعة، بل تشمل سائر الطوائف. إنه شعب مثل سائر الشعوب لكنه يختلف عنها. جاؤوا من سائر أنحاء البلاد.

كافَّة

total; all {3D}
adv or 1st term of an idaafa

كان ملماً في العلوم كافة. انتاج البترول يزداد في هذه الدول كافة. طبعاً اصبنا بخيبة امل لكن الاعطال تواجه الفرق كافة. مبادرة الحوار ستنمو وتزداد كثافة بما يخدم مصالح كافة الأطراف. تتجه ٣٧ في المئة من صادراتها الى كافة الدول الآسيوية. على كافة الناس القيام بتعليمه.

كُلّ

all, whole {2D}
1st term + sing: each, any, all
1st term + pl: all of
الكل everyone
noun + كله (apposition)

كل واحد يفسّر الاستقالة على ذوقه. قطعت كل اتصال معه. لكل حرف من حروف العربية هندسته الخاصة. امتدت خسائر امس الى كل الاسواق الآسيوية. الكل في فرنسا يعرف متاجر «تاتي» الشعبية للملبوسات وأدوات المنزل. لا مثيل لقسوته في تاريخ العالم كله. منحت عضويتها الى كل من بورما ولاوس. كل من شاهد الفيلم امتلكه الفزع واصيب بحال من القرف. العجز بالنسبة الى المجموعة ككل سيكون ٦,٣ بليون دولار.

كامِل

whole, entire (idaafa)*; [see* كامل، جميعاً، كلياً*; perfect, complete]* {2W}
بكامله as a whole

يتمتعون بكامل الاعتراف والقبول. كل انسان له كامل الحرية في ان يتحدث كما يشاء في حدود شريعة الله. انني أتحمل كامل المسؤولية عن جرائمي وهفواتي. يطالبون بتحرير كامل التراب الوطني المحتل. ما زال في كامل قواه العقلية. ادّى الامر الى ابعاد مباريات الدوري بكاملها عن عيون المتفرجين. عيد الام يستمر شهرا بكامله عند الأرمن.

كلّيّا

completely

see كل، جميعاً

تَماماً

completely, fully; [see بدقّة*; precisely, exactly]* {2D}

أما الآن فالوضع اختلف تماما. لم يستطع الأمن السيطرة على الموقف تماما لقلة عدد القوة الموجودة. ما يقوله هو الحقيقة تماما.

بِصورَة تامَّة، بِشَكْل تامّ، على وَجْه التَّمام وَالْكَمال

completely {3W}

افتراضهم خاطئ بصورة تامة. اعتبر الرئيس الفلسطيني ان على نتانياهو ان يعرف اننا ملتزمون بشكل تام بعملية السلام. المستقبل لا يمكن التنبؤ به على وجه التمام والكمال.

جُمْلَةً

completely, altogether; in general; [totality, sum, whole (idaafa)*]* {2-3W}

يوجه تعليمه الى الطالب المفرد، لا الى الطلاب جملة. بعد ان قضى فردريك على ثورة عرب صقلية، اتخذ الخطوة الحاسمة لتصفية الوجود الاسلامي في الجزيرة بانتهاج سياسة ترحيلهم منها جملة. نفى ما تضمنه المنشور المذكور جملة وتفصيلاً. هذا مرفوض جملة وتفصيلاً.

بِصِفَة شامِلَة، بِصورَة شامِلَة، بِشِكْل شامِل (الخ)
entirely {2W}

دعا الى اعتماد اتفاق دولي، يتم عبره معالجة الأعمال الارهابية بصفة شاملة ومتكاملة. ستتم دراستها بصورة شاملة ودقيقة. يكتشف ان الحقائق النظرية تختلف وبشكل شامل عن النتائج والوقائع.

كُلِّيًّا
totally, completely {3D}

اما الآن فالأمر مختلف كليا. ان آفاق السلام تبدو مغلقة كليا. يجب أن تقرر بغداد التقيد بقرارات مجلس الامن كلياً.

كُلِّيَّةً
completely, entirely, totally {3D}

مسيرة السلام لا يمكن ان تتواصل إلا بوقف الاستيطان كلية. فقدت حاسة التذوق كلية، وبالتالي فقدت الشهية للطعام كلية.

بِالكُلِّيَة
altogether, completely {3M}

التقاليد التاريخية تلاشت شيئاً فشيئاً واوشكت ان تنقرض وتزول بالكلية.

بِشِكْل كلي
entirely, completely {3W}

نجحت في محو الأمية والفقر والمجاعة وانتشار الأمراض بشكل كلي. صار مؤيداً للصهيونية بشكل كلي. يعتمد الفريق الأحمر بشكل كلي على مهاجمه روبي فاولر.

بِالكامِل
completely {2D}
see كل for كامل + noun
see جميعا for بكامله

سوف ننسحب من الجولان بالكامل لكننا لانستطيع أن نعلن هذا لسوريا. القوات الروسية قد استولت بالكامل على بلدتي كاراماخي وتشابانماخي. ذكر ان حزب العمل مستعد لدعم الحكومة بالكامل.

بِصِفَة كامِلَة، بِصورَة كامِلَة، بِشَكْل كامِل (الخ)
wholly, completely {3D}

أشار الى أن الدراسة التي تم انجازها بصفة كاملة سيجري طرحها على المستثمرين محليا واقليميا وعالميا. أتمنى أن تتطور العلاقات المصرية مع الصين بصورة كاملة. القطاع الخاص الأردني يسيطر بشكل كامل على قطاع الانشاءات.

بِصَورَة مُتَكامِلَة، بِشَكْل مُتَكامِل (الخ)
comprehensively {3W}

يجب التعامل مع مسألة الموارد بصورة متكاملة و«ليس على أساس مجزّأ». جميع الطلبات توجد بصورة متكاملة في محل واحد. لبنان مازال في مرحلة إعادة بناء شبكته بشكل متكامل.

تكلّم

to speak

see قال

ثَرْثَرَ
to chatter (مع with sb) (عن about) {3M}

يثرثر الأميركيون الآن عن مسألة الثقة بين الأطراف. كانت تثرثر مع هذه العجوز عن التطريز. حينما يثرثر السطح تسكت الأعماق. يثرثر لنفسه: «أنا محظوظ، أنا محظوظ، لاني حي». لقد حل الربيع، بينما أنتم تثرثرون.

حَدَّثَ
to speak; to address sb, speak to sb (عن / ب about) {2D}

يحدّثنا طوال الفيلم بصوت مشروخ صادر عن مسام جلده. حدّثني عن همومك. حدّثتني عن العواصف التي تُخلخل حياة هذا العصر. قد كان الحافظ يحدّث تحت قبة النسر في جامع بن أمية الكبير. لا اعرف لماذا خطر لي ان احدّثك بهذا.

حادَثَ

to speak, talk to sb (عن/ في about) {3W}

سنحادثه. رفض حتى ان يحادثه هاتفياً. إن حادثتها فيها سكتت صابرة. تمتم كأنما يحادث نفسه. قرر اختراع شخصية يحادثها في أوقات الفراغ وعند الحاجة. ظلت تحادثه ويحادثها في الثقافة والفكر وقتا طويلا. حادثت الملاح الصغير وسألته عن اسمه. يتنزه معي ويحادثني بلا انقطاع.

تَحَدَّثَ

to speak (a language)*; to speak (إلى to or مع with sb) (عن/ في about)* {2D}

يتحدث عن مسؤولية المجلس. تحدثت مصادر الحزب عن مقتل خمسة جنود اسرائيليين على الاقل. يتحدثون العربية كلغتهم الأولى. كانوا يتحدثون اللغة الآرامية والكردية. يتحدث باسم الرئيس مبارك. تحدث بصوت خفيض. سيتحدث في موضوع تبادل الاسرى. تتحدث لغة محلية خاصة الى جانب العربية الرسمية. تحدث مع كلينتون لمدة اربعين دقيقة. عبد المجيد سيتحدث إلى الرئيس في شأن الدورة الجديدة للجمعية العامة.

تَحادَثَ

to speak with each other, converse {3M}

تحادث البابا مع عقيلة رئيس الحكومة السيدة نازك. لقد تحادث الملك حسين هاتفياً للتو مع مسؤولين في حماس. الرئيس ياسر عرفات تحادث امس مع وزير الخارجية البريطاني روبن كوك في شأن عملية السلام. تحادث بشأن هذا الاقتراح مع سفراء الدول الثلاث. نادرا ما نشاهد اناساً، في الباصات والمترو، في الغرب، يتحادثون في ما بينهم.

حاضَرَ

to give a lecture عن about; to lecture sb {3D}

يحاضر الدكتور فؤاد زكريا عن «٥٠ عاماً من التجارب الفكرية». سيحاضر امام المؤتمر جورج فاسيليو الرئيس القبرصي السابق. استمعت اليه يحاضر في جدة قبل عام ونصف العام عن «فن ادارة الازمات». أنا لا اسمع معارضا يحاضرني في الوطنية إلا وأشعر بأنه يريد ثمنا لذلك.

حاوَرَ

to talk, converse with sb {2W}

اذا لم نجد حقوقنا في بلادنا فكيف سنحاور العالم. كيف تحاورون الشعب السوداني وأين ستجدونه؟ انا لا اجادلك في الرأي، ولا اناقشك حتى، اني احاورك، اتبادل وأياك انطباعات. «الحياة» التقته في القاهرة خلال زيارة قام بها قبل شهرين وحاورته حول امور عدة في مشواره الفني.

تَحاوَرَ

to talk with each other, discuss, debate (مع with sb في/ حول about) {3W}

كانوا يتحاورون حول أزمة «الحزب تحت التأسيس». تحاورنا انا وبيار شماسيان معه وتم الاتفاق على كل شيء. الحوار مع الاسلاميين ممن لا يستخدمون السلاح أمر طبيعي فهم يتحاورون بالعقل ويشاركون في الندوات والمؤتمرات ويتحدثون علنا. نحن مستعدون لأن نتحاور مع أي عراقي شريف سواء كان يتفق معنا أو لا.

خاطَبَ

to address sb; to give a speech to {2D}

خاطب الندوة أمس الدكتور ابراهيم العساف وزير المال والاقتصاد الوطني السعودي. يخاطبهم بالاشارة. زار اللبنانيين وخاطبهم بلهجة أمل ورجاء. المواطن يخاطب سائقا بعينه. يخاطب العقل ويرفع شأن العلم. لا ترد على أي شخص يخاطبك بلغة أخرى غير العربية.

تَفَوَّهَ

to speak; to utter, pronounce ب sth {3W}

بدا لنا انه كان متشاجراً فهو غاضب في كلماته التي تفوه بها. ضاق بشيء ما فربما انقضى الاسبوع بأكمله دون أن يتفوه بكلمة. هذا ما لا يتفوه به عاقل. واحد تفوه بلسان الماضي والثاني استعار شفاه المستقبل.

كَلَّمَ

to address sb, speak to sb {2W}

يتوقف احدهم في ركن الشارع ليكلم نفسه. أمرنا معشر الانبياء ان نكلم الناس على قدر عقولهم. انه يريد ان يكلمك أولا. لا يكلّم احدا ولا يحب ان يكلّمه احد. كان يكلمني هاتفيا.

تَكَلَّمَ

to speak (a language)*; to speak مع with sb (عن about)* {2D]

لقد دفعت الثمن غالياً عندما تكلمت عن احتمال انتقالي الى هذا الفريق او ذاك في السابق. كنت أتكلم لغة أخرى فنظروا اليّ باستغراب. لا تتكلم لغة بيئتها. رئيس الحكومة يمثلها ويتكلم باسمها. هيا لنتكلم بصراحة. يتكلم بلغة البندقية. يتكلم على الهاتف. انهم بالتأكيد لا يتكلمون كثيرا عن ما يعملون. يجب أن أتعرف إليه ونتكلم معا. أتكلم معه هاتفيا كل يوم.

لَفَظَ

to utter, express, pronounce sth {2M}
لَفْظ :VN يَلْفِظُ

رأينا في احد شوارع العاصمة سيول (يلفظها اهلها «سول» ولا نعرف من اين جئنا بكلمة «سيؤول») مجموعة من المحاربين الاميركيين القدامى يلتقطون الصور الفوتوغرافية. أصل كلمة «عود» العربية يرجع الى كلمة «عوجب» العبرية (تلفظ جيمها على الطريقة المصرية). لاحت لنا على مقربة منها بلدة «الهجرة» (يلفظونها بفتح الهاء وفتح الجيم). هل كان بوسع أحد ان يلفظ «عماد؟». هل كان بوسع الأميرة ان تقولها؟

نَبَسَ

to utter, say ب *sth* {3M}
نَبْس :VN يَنْبِسُ

لا تنبس بالكلمة إلا همسا. لا أحد ينبس بكلمة أو بتعليق مع ان الصور من نوع يثير التساؤل. ينبس بشفاهه مبديا رد فعله. لا ينبس بكلمة واحدة عن إقالة الطاغية.

نَطَقَ

to pronounce, articulate sth; to speak, utter ب *sth* {2D}
نُطْق :VN يَنْطُقُ

هو ينطق الجمل بدون الأفعال. الايمان في القلب وليس ما ينطقه اللسان تحت التهديد والإيذاء والتعذيب. عند خروج الروح ينطق المسلم بالشهادة اذا كان قادرا. لا ينطق الناس اسم المولود الذي لم يعمد بعد. حتى الذين لا ينطقون العربية كالشعوب الروسية والسلافية أكرموه غاية الاكرام. هناك من العرب من هزهم الشعر حتى لا ينطقون إلا به. يراه لا يزال ينظر الى السقف من دون ان ينطق بكلمة.

كلام

speech, talk

see خطاب

حَديث

speech; conversation, talk; [prophetic saying] {2D}

أعرب عن اعجابه بحديثه عن التسوية التوافقية. ابتدأ حديثه بالاشارة إلى التراث المتراكم عن الفلسفه. قال يلتسن انه ينوي «اجراء حديث جدي» مع الحكومة. اجرى الحديث مع غيتس. الحديث يدور حول فيلم «ذروة دانتي». اجرى حديثا صحافيا مع عرفات في بيروت اثناء الحصار. وهنا نص الحديث الذي أجرى مع الرئيس اليمني بعد انتهاء الاحتفالات بعيد الثورة.

حَكْي

saying, words; tale, (just a) *story* {1-2W}

كيف يصبح حكي شهرزاد رمزاً للعلاقة بين الحاضر والماضي؟ قد لا تقتنع كثيراً بهذا «الحكي» فهو صادر عن مجنون. ردّ بري: «مش صحيح هذا الحكي». كل ذلك جعل منها صورة باهرة للبطلة كما في الحكي الشعبي. اما القول عن استقالتي وذهابي الى البيت فهو حكي.

قَوْل

word(s), speech; saying sth {2D}
pl: أَقْوال

تعلق كولينز على هذا الاختيار بقولها: إنها فرصة طال انتظارها. ليس من قبيل المبالغة القول بأن هذه المبادئ هي مبادئ مقنعة. لم يحدث تقدم حول موضوع العراق على حد قوله. لا يخشى في قول الحق. يجرؤ على قول كلمة لا. استمعت المحكمة إلى أقوال ابن المتهمة. لم يقف عند حد الأقوال النقلية كما يفعل غيره من مشايخ التقليد.

كَلام

speech; talk; words {2D}

الكلام السابق ليس لي، ولكن كتبه كنيث تيمرمان. كلام الوزير جاء في نهاية الاجتماع الشهري. منع حرية الكلام. هو كلامٌ على الكلام. أين إذن ذهب كل الكلام الكبير عن تبسيط الإجراءات ونسف الروتين. هذا الكلام صحيح. لا يجوز الكلام عن الحرب. برطم بكلام غير مفهوم. (Eg) صاح في وجهه: انت لسه بتسمع كلام الناس دول؟!؟

word كلمة

مُصْطَلَح
technical term, expression {3D}
pl: مُصْطَلَحات

مما يؤسف له ان «ما بعد الحداثة» مصطلح فضفاض. قال إن مصطلح العولمة في عصرنا الراهن هو تعبير عن ظاهرة تاريخية موضوعية. يرفق بكتابه جدولاً يضمّ اهم المصطلحات الفنية وشرحا لها. دعا مرارا الى اعداد معجم لمصطلحات علم النفس يضم حصيلة جهوده المترامية في هذا الميدان. تؤكد ضرورة إدخال مصطلح «الأمن المائي» في قاموس الأمن القومي. أكد ضرورة استعمال المصطلحات العربية في حديثنا.

عِبارَة
expression, phrase {2D}
pl: عِبارات

بعبارة أخرى، ظل المجتمع العربي محتفظا بكثير من نظمه وتقاليده. العبارة «يستخدم مرة واحدة» لا تذكرني بمنديل ورقي يستعمله الواحد منا، فيمسح به أنفه ويرميه، بل باستعمال الولايات المتحدة حلفاءها حول العالم، خصوصاً العرب. يشير دوماً الى عبارة بيكاسو الشهيرة «أنا لا أفتش. بل أجد».

تَعْبير
expression {2D}
pl: تَعْبيرات، تَعابير

بتعبير آخر، يمكن تعريف التنمية بعيداً عن الجدل الذي يدور بشأنها. جمال الكلمة والتعبير كانا دافعا للمترجم للتعمق في تلك القصائد ومحاولة الاستمتاع بها. تعبير «حساب بنكي سويسري» اتخذ منذ مدة طويلة معنى الغش والانتهاك. تجمع جملة من الالفاظ والتعابير التي ترتبط بأنماط العمل. انه أكثر من غيره إحساسا بالتعابير البلدية.

كَلِمَة
*word, expression; [*see خطاب; *speech]* {2D}
pl: كَلِمات

يستمر عذاب الفلسطينيين من دون ان يقول احد كلمة عن اسباب ذلك العذاب. كلمة «عربي» تعني عندهم «بدوي غير مستنير». كانوا في معظمهم جهلة بالمعنى الحرفي للكلمة. الكلمة بالفرنسية مزدوجة المعنى. استعمال كلمة التغريب استعمال غير صحـيح. الارهاب يضطهد حرية الكلمة. الكلمات تعجز عن وصف مدى اشمئزازي. يستعرض البرنامج كلمات القرآن الكريم من خلال قائمة الحروف الأبجدية للغة العربية.

لَفْظ
expression; word {2D}
pl: أَلْفاظ

لماذا تحرص وسائل الاعلام والجهات السياسية في تركيا على اطلاق لفظ ارهابي على أوجلان؟ الاصرار على استخدام لفظ الواد إنما يدل على السوقية والدونية والهيافة والتفاهة. إطلاق لفظ مكتبة على هذا المكان ليس بالتعبير الدقيق. كان يفتتح أكثر كتبه بلفظ «من محمد رسول الله إلى فلان». اصدرت فرنسا قوانين صارمة تجرم كل من يدخل لفظا أجنبيا في لغتها الأصلية. سجّل الباحث ألفاظاً تركية بقيت في الألسن الدارجة. رأى الرافعي ان الشعر تصوير عالم حي من المعاني والألفاظ.

لَفْظَة
expression; word {2W}

استعمل القرآن لفظة «الأساطير» بالذات في ما يتصل بالقدماء. الخان لفظة فارسية معربة عن كلمة «كاروانسرا» وتعني مكان القوافل. كلمة «عدن» مشتقة من لفظة يدينُ الاكدية، المستعارة من لفظة يدين السومرية. ظن بعضهم ان مجرد استعمال لفظة نهضة يعني في النهاية أنهم يعيشون بالفعل في عصر النهضة.

computer كمبيوتر

آلَة حاسِبَة
calculator, adding machine; computer {3M}

يستخدمون الآلات الحاسبة لتحديد الربح والخسارة. اصحاب كثير من تلك المحلات لا يعرف الانكليزية ويجري التفاهم مع المشتري عن طريق كتابة الرقم المطلوب على لوحة الآلة الحاسبة وعرضها في وجه الزبون.

حاسوب

computer {3W}

الحاسوب (الكمبيوتر) يتعاظم شأنه في حياتنا يوما بعد يوم. قد أصبح بوسع الحاسوب خلق واقع ظاهري. لن يكون كافيا امتلاك حاسوب منزلي ولا قضاء بعض الساعات للنزهة حول الانترنت مثلا. البائع الذي يستعمل الحاسوب يستطيع ان يقدم خدمات أرقى ومميزة عما يقدمه الآخرون.

حاسِب

computer {3W}
الحاسِب الآلي
الحاسِب الالكتروني

أصاب الحاسب يوم ٢٦ أبريل فيروس مستحدث يوطن نفسه ببراعة في الفراغات. يعتمد على الحاسب الآلي في كل العمليات الحسابية حتى يتبلد ذهنه. جاء الحاسوب، الحاسب الالكتروني، ليتمّ ما بدأته الحاسبة. تجد ان تكلفة الحاسب الآلي عليها عالية. هو رئيس قسم علوم الحاسب الآلي.

كُمْبيوتَر

computer {2D}

سرق الديسكات فقط وترك اجهزة الكمبيوتر وهذا يعني انه على علم بقيمة كل ما سرق. يوجد جهاز لرسم القلب بالكمبيوتر. قام بتخريج ٤١٥ مدرسا متخصصا في التعليم بالكمبيوتر. أول مصنع لإنتاج برامج الكمبيوتر يبدأ تشغيله في نهاية العام بمصر. فيروس جديد يدمر الكمبيوتر.

أكمل — to finish

تَمَّمَ

to finish, complete sth {3W}

كنت أتوقع من سيادته أن يقف بسيارته في أقرب مكان يمكنه الوقوف فيه لكي يتمم هذه المكالمة أو أن يعتذر عن عدم إتمام المحادثة لوقت آخر حتى يركز انتباهه للقيادة. لا يمكن على الاطلاق ان يتمم ذلك بعدد ساعات أقل من ٤٠ ساعة اسبوعياً. تتكامل النصوص ويتمم بعضها البعض الآخر.

أَتَمَّ

to finish, conclude sth {3W}

لم أنم حتى أتممت قراءتها مستلقياً في بقايا نور الحمام. ذهبت مع قافلة الحجاج العراقيين والفرس الى المدينة ومكّة وأتممت فريضة الحج. أتم المصرف خلال العام الماضي مشروع المكننة. اتم مسؤولو المقاولين الاتفاق مع ايمن شوقي مهاجم الاهلي. الفريق أتم التعاقد مع اللاعب البرازيلي اميرسون.

خَتَمَ

to finish, complete sth; [to seal sth] {2D}
VN: خَتْم يَخْتِمُ

لم يحاول أن يختم اللقاء بقبلة. يتوقع ان يختم الحزب غداً مؤتمره السنوي. ولنختم كلامنا باعادة ما قلناه ان النساء عليهن الجزء الأعظم من تربية الأولاد. المهرجان يختم اعماله في نهاية الاسبوع الجاري. اختم هذه الحلقات راجياً أن لا يؤخذ الموضوع باستخفاف ولامبالاة. أود ان اختم المقال بقصيدة عازيزي كوين وهو شاعر من الزولو.

فَرَغَ

to finish, wind up من *sth* {3W}
VN: فُروغ يَفْرُغُ

فرغ من كتابة المقدمة في قلعة ابن سلامة. بعد أن فرغ من احتسائها، خلع سترته وقرر أن يعبر شارع بورقيبة سائرا. فرغ من بناء المسجد سنة ١٧٢٦م. لم استطع أن أتحرر منها الا بعد ان فرغت من قراءتها. فرغن من الغسيل.

كَمَّلَ

to finish, complete sth; to perfect, round out sth {2W}

نأمل الحصول على ادلة ومعلومات اضافية تكمّل ما تم الحصول عليه بالفعل. يكمّل كل واحد منهما نقيصة الآخر. الدين يكمّل الحرّية والحرية تكمّل الحب والحب الجمال والجمال الخير. احمد لطفي السيد كمّل، بشكل او بآخر، عمل الطهطاوي التحديثي. يكمّل هذا الكتاب ما بدأه سعيد في كتابه عن «الاستشراق».

أَكْمَلَ
to finish, complete sth {3D}

اكملوا الدراسة الثانوية. لا يكملون اللعبة كما يبدأونها بسبب ضعف اللياقة البدنية. اكملت المباراة برغم الالام الشديدة. اظنني كتبت قصيدة لم أكملها. ما ان اكمل دراسته في معهدي فنون باريس حتى استقر في شمال فرنسا. يكمل شرحه من دون أن يلحظ الانفعال الذي يثيره كلامه.

اِسْتَكْمَلَ
to complete sth; to carry out sth {2D}

تستكمل تونس السنة الجارية تخصيص ثلاثة مصانع اسمنت وثلاثة فنادق تابعة للقطاع العام. تستريح الفرق غدا الخميس، على ان تستكمل المباريات ايام الجمعة والسبت والاحد. استكملوا مفاوضات الجلاء بنجاح كبير ادت الى تحديد موعد نهائي للانسحاب. على جميع المجتمعات ان تستكمل مرحلة التطور الرأسمالي أولا، ثم تنتقل الى الاشتراكية.

أنهى
to bring sth to an end; to finish, complete sth {2D}

يتطلعون الى فوز انتخابي كاسح لحزب العمال ينهي ١٨ سنة من حكم المحافظين. معتقلون من «حماس» انهوا اضرابا عن الطعام. يناقش المؤتمر الذي ينهي اعماله غدا تجارب التكامل الاقليمي في المنطقة. فشلت الوساطة في الوصول الى اتفاق ينهي الصراع بينهما.

تكملة — supplement; continuation

تِتِمَّة
supplement; continuation, conclusion {2W}

للحديث تتمة. ما لم افهمه هو تتمة الكلمة. ربما كان كتاب «تتمة البيان في تاريخ الأفغان» أول مؤلفات الأفغاني وآخرها. يعلن للقارىء ان للقصة تتمة وبقايا ليس هنا موضع ذكرها. النقطة الرابعة بمثابة تتمة لسابقتها.

ذَيْل
*appendix, addendum; supplement; [*see ذيل; *tail]* {3W}

هذه القصيدة، كما يرى القارئ من ذيلها، كتبت في مثل هذا الشهر قبل ست سنوات ولم تنشر في «الحياة». الكتاب: ديوان وضاح اليمن، وبذيله كتاب «مأساة الشاعر وضاح».

تَكْمِلَة
supplement; continuation {2W}

التكملة في صفحة ٦. يعتبر الاتفاق تكملة للاتفاق المبدئي الذي جرى توقيعه في كانون الأول (ديسمبر) ١٩٩٦. تعتبر هذه الافلام مجتمعة في مثابة تكملة لتيار من الاعمال أخذ بالظهور منذ العام ١٩٩٣. المسرحية الجديدة تكملة لمسرحية سبقتها من تأليف الكاتب ذاته.

مُلْحَق
appendix, addendum; supplement {2D}

ضم العدد ملحقاً مستقلاً خاصاً للاولاد بعنوان «البيئيون الصغار». ملحق «التايمز» مشهور برصانته واعتداله. هناك ملحق للاتفاق المعلن يتضمن آليات التنفيذ. يتألف الكتاب من ثلاثة فصول فقط مع ملحق خاص بالجداول الاحصائية يضم ١٧ جدولا. الباب الثاني يقدم دراسة عن شعر ابن لعبون، إضافة الى ملحق يضم صورا لمدينة ثادق التي ولد فيها الشاعر.

كامل — perfect, complete

مُتْقَن
perfect, skillful, precise {2W}

مرر الاخير كرة متقنة الى سولسكيار فسددها بيسراه داخل المرمى قبيل نهاية الشوط الاول. فشل المخرج في انجاز فيلم متقن عن رواية ايزابيل اللندي. قامت باستخدام الكومبيوتر في عملية التصميم والبناء المتقن. ميشال خليفي أمتعنا بفيلم متميز بصريا ومونتاج متقن حافظ على تدفق ايقاع الفيلم وتماسكه.

تامّ
perfect, complete {2D}

لم اجد اجابة تامة على تساؤلي. لا توجد صيغة نهائية للوصول الى الأمن التام او الانسحاب التام. كان مريود يدعو الى الاستقلال التام. إن القضاء على الارهاب بصورة تامة يحتاج الى وقت. العصفور يطير بهدوء تامّ. يعرف اننا ملتزمون بشكل تام عملية السلام. كان الجنود على دراية تامة بالتكوين النفسي لهؤلاء القادة.

مُطْبِق
absolute, complete {3M}

اعتبرت الولايات المتحدة الحدث شأناً خاصاً، والتزمت فرنسا الصمت المطبق. في حضورها يلتزمون صمتا مطبقا. لولا ذلك لحصل جنون مطبق في النساء والرجال.

مَعْصوم
infallible, sinless, perfect {3M}

الجيش ليس معصوماً من الخطأ ومن الواجب ان تكون لديه ولدى قيادته الجرأة الكافية لمراجعة المواقف والنقد الذاتي. ما من أحد معصوم عن الخطأ. الجواب هو ان فرنسا ليست أرضا معصومة. الغرب لم يكن معصوما من الخطأ في حركاته الشطرنجية. الديموقراطية ليست معصومة عن الخطأ، ولا معصومة على الأخص عن ارتكاب الحماقات.

كامِل
*perfect, complete; [*see كلّ*; whole, entire]* {2D}

يلحظ الزائر لكابول كيف ان المسؤولين هناك ليسوا على اطلاع كامل على الوضع. أكد ضرورة الالتزام الكامل باتفاقات أوسلو. أجاب عرفات، من دون خجل، بـ«نعم»، لدينا ديموقراطية كاملة. قد فشل في تحقيق اهدافه فشلا كاملا.

مُنَزَّه
infallible; free عن / من *from* {3M}

ما حصل غير منزّه من الاخطاء. التركيز على هذا الجانب لا يعني ان أربكان كان منزهاً عن الخطأ.

كنبة

couch

أَريكَة
couch {3W}
pl: أرائِك

جلس هو على أريكة وجلست عن يساره على كرسي. من يتصور أنك تستطيع وأنت جالس على الاريكة في غرفة المعيشة بمنزلك أن تقوم باستحضار العالم كله على الشاشة التي أمامك. يدخلون و يجلسون وسطهم على نفس الأرائك.

دِكَّة
bench {2W}
pl: دِكَك

أصرّ على أن نجلس على دكة أمام دكانه لنشرب زجاجات من المياه الغازية. شاهد شقيقته التي كانت تجلس على الدكة مع زملائها. نزل إلى دكة الفريق المصري ليأمر سمير عدلي بالهدوء. انه لاعب أساسي لا يجلس على دكة الاحتياط.

صوفا
sofa {1-2M} (Coll)

انتقلت شقيقتي لتنام على الصوفا في غرفة الجلوس. قعدنا ع الصوفا نتفرج ع التلفزيون. ممنوع الأكل على الصوفا، روح المطبخ.

كَنبايَة، كَنَبَة
sofa {2M}
pl: كَنَبات، كَنَبايات

كان أمام الباب كنبة جلس عليها ووضع ساقا فوق ساق. يجلس الأولاد على كنبة أمام التليفزيون. ألقت بجسدها المنهوك على الكنبة. «الدشك» هو عبارة عن كنباية خشبية كبيرة توضع في غرفة الضيوف. دخلوا إلى الكاليري فملأوه متوزعين بين الكنبايات أو قاعدين عليها. عدت إلى الصالة حيث كانت الكنبات وهنا سهرنا وشربنا معاً. (Eg) نمت على الأرض والأولاد ناموا على الكنبة اللي في الأودة.

مكنسة broom

مِقَشَّة
broom {2M}

تنزل إلى الشارع وتمسك بالمقشة وتساعد في إحدى حملات النظافة. قرر توفيق الحكيم ان يمسك المقشة مع بعض الادباء وكنسوا جانبا من الشارع ونشرت الصحف الصورة. يحمل مقشة يكنس بها عقرب الزمن.

مِكْنَسَة
broom {2M}
pl: مَكانِس
مكنسة كهربائية vacuum cleaner

يرى في يد زوجته مكنسة تكنس بها المكان. المكنسة التي ابتكرها صبحي رجب مزودة بعدد من الفرش مختلفة الأشكال. هي مكنسة كهربائية لتنظيف بقايا الطعام والغبار من لوحة مفاتيح الكمبيوتر. استخدم مكنسة كهربائية لشفط مجوهرات من المحل.

كنّ to harbor

see أخفى

أَضْمَرَ
to conceal, harbor (an emotion) ل *toward* {3W}

أنت معرض للاستجواب وهناك من يريد الإيقاع بك ويضمر لك شرا. قال: ألا تأكلون من طعامي؟ وحين لم يجد منهم استجابة أضمر في نفسه الخوف منهم. نيودلهي: لا نضمر نيات عدائية لجيراننا. سرعان ما اصطدم بالقوى ذاتها التي تضمر العداء لفكرة التغيير ومبدأ الاصلاح. اننا لا نضمر اي عداوة دائمة للشعب الايراني.

كَنَّ
to conceal, harbor (an emotion) ل *toward* {3D}
VN: كَنّ يَكُنُّ

الجماهير المسلمة في ايران تكنّ احتراما كبيرا للعلماء. المواطنون هنا وهناك وهنالك يكنّون اكبر الحقد والرفض ازاء انظمتهم. هذا على رغم العداء الشديد الذي كان يكنّه العباسيون الاوائل لأسلافهم الامويين. لمستُ الحبّ العميق الذي يكنّه اللبنانيون الكاثوليك جميعا لوطنهم. الكل يعرف جيدا مقدار ما يكنّه الشعب اليمني لأهل الخليج من حب واحترام.

كاهن priest

see مالك، ملك، رئيس، شيخ، حاكم، وجيه

أَب
father (Christian); *[father* (biological); see أب (father)*]* {2D}
pl: آباء

أنت اذن ذلك اللص الذي يسرق دجاج الأب هيلاريو، أهو انت؟ الأب جانكوفسكي هو المرشد الروحي السابق لنقابة «التضامن». قدم للكتاب الاب جورج يغيايان (امين سر بطريرك الارمن الكاثوليك). أذاع امين سر البطريركية الاب جوزيف طوق بيان المجلس. عين البابا الاب سيلفستر كارميل ماغرو نائبا رسوليا في بنغازي.

أُسْقُف
bishop {2W}
pl: أَساقِفَة، أَساقِف

رأس القداس الأسقف رمزي غارمو والأب بيار يلدا من كنيسة السريان الكلدان الكاثوليك. وافق أنصار موبوتو السبت على عودة الاسقف لوران مونسينغو الى منصبه القديم رئيسا لبرلمان انتقالي. أشكر شكرا جزيلا البطاركة والأساقفة لدعوتهم الاخوية.

بابا
*pope; [*see أب; *papa]* {2W}

بابا الفاتيكان يلغي زيارته للعراق. أعرب البابا شنودة الثالث بابا الإسكندرية وبطريرك الكرازة المرقسية عن أسفه لحادث الاعتداء. حضر مندوب من بابا روما لتهدئة السكان العرب. من المتوقع أن يزور البابا يوحنا بولس الثاني سيناء في الخامس من ديسمبر.

بَطْرِيَرْك
patriarch {3D}
pl: بَطارِكَة

تكلم باسم البطريرك الماروني الكاردينال نصرالله صفير المطران منجد الهاشم. تبادل الحاكم والبطريرك الهدايا. خرج البابا والبطريرك صفير والمدعوون الى كنيسة بكركي لمباركتها والصلاة فيها. عرضت مع غبطة البطريرك لموضوع بيع الاراضي في بلدة الدامو.

حَبْر، حِبْر
non-Muslim religious leader; [see حبر*; ink]* {3M}
pl: أحْبار
الحبر الأعظم the pope

قداسة الحبر الاعظم يوحنا بولس الثاني. لبنان يا قداسة الحبر الأعظم هو وطن القيم لا وطن المصطلحات. سيحتفل الحبر الاعظم بثلاثة قداديس صباح ٢٢ في سانتا كلارا. كان عديم المبالاة بالمسائل المذهبية ولا اختلاط له بأحبار اليهود وربانيهم.

خوري
priest; parson {3M}
pl: خَوارِنَة

وقف العروسان ريهان وأنطوانيت على الحادية عشرة ظهراً أمام خوري الكنيسة ليبارك زواجهما. بارك الخوري ميخائيل زواج حبيب. هي لا تعرف من هو أبوها ومن هي أمها، كل ما تذكره عن طفولتها أنها كانت عند امرأة من نساء القرية، سمعت أنها أخذتها من خوري الكنيسة لتربيها مع أولادها، لكن بعد أن مات زوجها صارت عبئا عليها.

راهِب
monk {2W}
pl: رُهْبان

شارك اكثر من ٢٠٠ راهب وراهبة في مسيرة نظمت في وسط العاصمة الكمبودية. اكتفوا بالقول ان ذاك البابا «راهب بنيدكتي انشأ في ريمز». زار المدينة الراهب تيودوسيوس من سرقوسة، فوصفها بأنها مدينة عظيمة، تعجّ بالسكان. على المنصة جمع من الكهنة والرهبان.

قَسّ
priest, minister {2W}
pl: قُسوس، قُسُس

القس الدكتور صموئيل حبيب رئيس الطائفة الانجيلية في مصر. يقود طاقم الانفصاليين قس كاثوليكي – اوغسطين دياماكوني سنغور. القس يفترض فيه ان يعقد عقود الزواج، وان يحمي قيم الأسرة. يقول القس المسيحي «ان الزواج لا يتم بين فردين قط، بل بين مجتمعين.

قِسّيس
clergyman, priest {2W}
pl: قَساوِسَة، أَقِسَّة

قسيس يشكك في وجود جهنم. أبوها كان قسيساً، وارسلها الى مدرسة البنات الأميركية في بيروت. يريد ان يصبح قسيسا، ولكن المقدرة المالية على استكمال الدراسة كانت تعوزه. أعاده شارلمان مع زكريا، احد القساوسة في بلاطه، وكان كلاهما محملين بهدايا الى الاماكن المقدسة. يطرح السؤال على أحد القساوسة: هل يمكن ان تصبح الأميرة ديانا قديسة؟

قُمُّص
archpriest (Coptic) {2M}
pl: قَمامِصَة

تم تحويل القمص الى محكمة الجنايات التي حكمت ببراءته تأسيسا على ان القانون لم يشترط استخراج ترخيص من المجلس الاكليريكي للزواج الثاني لمن حصل على حكم بالطلاق. عقد الاقباط اجتماعا كبيرا في الكنيسة المرقسية برئاسة القمص باسليوس وكيل المطرانية. قد اكتسب بعض هؤلاء، مثل القمص سرجيوس، شهرة وطنية واسعة.

كاهِن
priest {2D}
pl: كَهَنَة

في الغد الذي تلا اعتقال الكاهن، لم يعد هناك من يقيم القداس في الكنيسة. هناك قام ببناء معبد لآتون وعين له كاهنا اسمه «با نحس». قال انه «يستغل موقعه ككاهن لغايات سياسية». حدث نوع من الهدنة في الصراع بين اخناتون والكهنة. ليس صحيحا ان الكهنة المصريين في الاسكندرية هم الذين قالوا برجوع الفلسفة اليونانية الى مصر.

مُطْران
archbishop, metropolitan {2D}
pl: مَطارِنَة، مَطارين

كان المطران الخوري يتحدث في عظة القاها في كنيسة مار جرجس. اقيم امس قداس في الكاتدرائية المارونية ترأسه راعي الابرشية المطران بطرس الجميل. قال النائب البطريركي العام المطران رولان ابو جودة: «نتمنى استقلالا تاما».

hut كوخ

عُشَّة

hut, shack; coop {2W}
pl: عُشَش

التليفزيون اللعين يدخل كل بيت وكل عشة. العشة قد تحولت إلى بيت حقيقي له نوافذ من زجاج ولها شيش خشبي. ظن بعضهم ان حرامي سرق بطة او فرخة من عشة الفراخ الموجودة على السطح ويسرع بالفرار. تم إزالة باقي العشش، وأصبح الاهالي مشردين في الشوارع. يقوم رجال الاعمال بانشاء عمارات سكنية ينتقل إليها سكان العشش.

كُشْك

kiosk; booth; hut {2W}
pl: أَكْشاك

بدأ حياته العملية مساعدا لوالده في كشك لبيع الأقمشة. جهز مركز الأمن العام بـ ١٣ كشكاً لمراقبة الجوازات خمسة منها خصص للبنانيين وأربعة للعرب وأربعة للاجانب. تحولت محلات العصير والاكشاك الصغيرة الى منافذ تبيع السيراميك. بين تلك الكرفانات تنتشر اكشاك بيع الصحف والكتب العربية.

كوخ

hut, shack {2W}
pl: أَكْواخ

عاد إلى كوخ اهله في حي البساتين. كان يسكن في بيت أشبه بالكوخ المصنوع من الألواح الخشبية. كان طبيعيا ان يحاول الدخول، وكان طبيعيا ان يقاومه صاحب الكوخ. بنى على ارض آبائه واجداده مسكنا، كوخا، له وزوجته، بيتا لطيفا ترتاح فيه عظامهم المتعبة. تسمع صرخات طرية لوليد في احد الاكواخ. لا يمكن لموظف حكومي أن يوفر قيمة ايجار شقة سكنية ولذلك تعيش الغالبية العظمى في أكواخ وعشش من الصفيح.

---

to almost do كاد

قارَبَ

to be on the point أَنْ/ على *of doing sth; [to be near, come near]* {3W}

الملك حسين اكتشف أن حياته قاربت على الانتهاء فانقلب على شقيقه وأبعده عن وراثة العرش. أكد ان المجموعة قاربت على اتخاذ قرار بهذا الشأن. البلد كلها – على كل حال – تقارب ان تكون مكب نفايات ضخما. الاصلاح الاقتصادي الشامل قارب أن يكتمل. اوضح ان السياحة في مصر قاربت على الاتزان.

كادَ

to almost (with imperfect verb) *do sth or* أَنْ *do sth* {3D}
يَكادَ

كادت الاشتباكات تتحول الى مواجهة دامية. جلست في بيتي مع أولادي حزينا مهموما وأكاد أجن من التفكير المتصل فيما حدث لي. طعنه أحدهم في باريس فكاد ان يقتله وجلس في المستشفى يصحح روايته «مورفي». كاد ان يوقع حرباً بين اسرائيل وسورية. إن قلبي يكاد ان ينخلع من مكانه. شعرت أنهم سرقوا الحاضر وكدت أخشى أن أقول أنهم سرقوا لغتنا أيضاً. يكاد لا يعرف نفسه.

أَوْشَكَ

to be on the verge أَنْ/ على *of doing sth* {3D}

اوشكت العملية التركية على الانتهاء وسحبت غالبية القوات التركية من المنطقة. هذه القمة الاستثنائية ستكون أخر قمة أفريقية في هذا القرن الذي أوشك على الرحيل. أوشكوا على الاتفاق. أوشكت أن تشعل النار في منزلها. أوشكت أن تحل اللهجات العامية محل اللغة الفصحى في وسائل إعلامها. أوشكنا أن ننساها.

heap, pile

كومة

رُكام
pile, heap; a bunch of {3W}

لم اجد اثرا لركام الحجارة على الطرق. كشف ما يختفي تحت ركام الطمى والرمل بعد اجراء مسح دقيق بواسطة اجهزة للكشف. تقذف كل قناة في وجه المشاهد بركام الافلام والمسلسلات. اندحر هذا الحلم تحت ركام الخرائب ودفن مع الجثث في المقابر الجماعية. بحث عن الاستقرار في ركام المشاكل. اختفت معالم القاهرة بالكامل تحت ركام هائل من الأدخنة ذات الرائحة النفاذة.

كُدْس
pile, stack (usu. pl) {3M}
pl: أَكْداس

أكداس من الحطب والخشب وسط الشارع. أكداس هائلة من الأسلحة. تجد نفسها وحيدة بين أكداس الملفات والخرائط. صدمتها رؤية اكداس من الجماجم البشرية لاشخاص من مختلف الاجناس.

كومَة
pile, heap {2D}
pl: كومات، أَكْوام

كمن يبحث عن ابرة في كومة قش. كومة الرسائل كانت وراء الباب وتمنعه من مغادرة الغرفة. رتبت عليها كومة من الكتب العربية. غرقت المدن بأكوام النفايات. أنا طفلة لا تعترف إلا باغراءات الفضاء وأكوام الرمل البحري النفاذ الرائحة. انهالت أكوام التراب على كل قيمة تاريخية.

---

place

مكان

مَحَلّ
*place; [*see محلّ; *store]* {2W}
pl: مَحَلّات

حلت الاجهزة محل المدرسين صوتاً وصورة. في التخاطب تحلُ هذه الألقاب محل الاسماء. يبحث له عن محل اقامة آخر خارج الفنادق الكبيرة. شكا من السماح لمتظاهرين بالاحتشاد امام محل اقامته. كما هو معروف فإن القضايا الانسانية محل جدل.

مَطْرَح
place {2M}
pl: مَطارِح

مكثت مطرحي احدّق في الطريق العام علّني ألمح السيارة. لم تترك الخطب والنصوص المختلفة مطرحا للشك في تشخيص يوحنا بولس الثاني. كلما اتيح لي السفر الى مطارح الطفولة، أمرّ على ذلك القبر الصغير ألامس رخامه الازرق بيدي. هؤلاء جاؤوا وقعدوا في مطارحنا. في كل المطارح كان ثمة أشياء متبقية.

مَقام
*place; [*see مرتبة; *rank, position; mode* (music)*]* {3D}
pl: مَقامات

تمكنت بعد قتال مرير من احتلال مقام النبي داوود. حرم الايرانيين من زيارة مقام الامام علي في النجف. يجب احترام المقامات الدينية. يمكن ان يقوم احدهما مقام الآخر. انتقل من مقام الى مقام ومن حال الى حال.

مَكان
place {2D}
pl: أَمْكِنَة، أماكِن

غيّر المسؤولون السعوديون مكان الاجتماع. طلب مني ألا اغادر المكان قبل زيارة متحف الخزف. ينتقل من مكان الى آخر. بدأ لبنان يأخذ مكانه الطبيعي بين دول العالم. الفكر الناصري هو الذي احتل مكان عبد الناصر بعد موته. قبلها كان التعليم يتم في امكنة ومراكز عدة مثل: الكتّاب. يتبادلان الامكنة. كان هدف زيارتهم الاساسي الاماكن المقدسة في مدينة القدس. طالب بعدم التدخين في الأماكن العامة والمغلقة.

مَوْضِع
place {2D}
pl: مَواضِع

انهم المشرفون على الأماكن والمواضع التي شهدت حياة السيد المسيح عليه السلام. مررتُ بموضع القبر، فوجدتُ الى جنبه قبرا. هو أمرٌ ينبغي دراسته في موضعه. نلحظ ذلك في مواضع عدة من الكتاب. بدأ المتعهدون الاسرائيليون بشق طريق يسهل الوصول الى هذا الموضع. الهدف الثالث لا يزال موضع خلاف.

مَوْقِع

place; position {2D}

pl: مَواقِع

موقع المكتبة الجديدة هو ذاته موقع البروكيوم ـ الحي الملكي القديم. الطائرات هاجمت ١٣ موقعا في منطقة الحظر الجوي شمالي العراق. ارسل اطفائيو المدينة الى موقع الانفجار فيما استمرت عمليات اجلاء المحطة. تعتبر من أبرز المواقع الرومانية في العالم. تمكن جيش تحرير كوسوفا من احتلال مواقع أخرى.

لكي

in order to, so that

حَتَّى

so that, in order to (with imperfect verb); *[even; until]* {2D}

أنا أيضاً أود لو كان باستطاعتي كتابة ما لدي حتى استعيد مرة أخرى إحساسي بالحياة. سأغلق الهاتف في وجهه، وأسفي انه ليس امامي حتى أغلقه على رأسه. حتى نفهم عملية السلام يستحسن ان ننظر اليها كعملية طويلة الامد. حتى يصبح الكلام عملياً لابد من إدراك حقيقتين جوهريتين. نعمل لإيجاد سبل لدعمهم حتى يبقوا في ارضهم.

عَشان، عَلَشان

so that, in order to (with imperfect verb); *[see* لأن; *for the sake of]* {1M} (Coll)

(Eg) للاسف الواحد ما عندوش وقت عشان يروح يأخذ كورسات. لازم يرشح نفسه مرة ثانية عشان نختاره رئيسا لمدة ٦ سنوات أخرى. (Lev) ليش الحمصي بيحط تلفزيونين فوق بعضها؟ علشان يبصبص على رجلين المذيعة.

كَيْ

so that, in order to (with imperfect verb) {3D}

كان لي فقط ان اطبق عينيّ كي ارى وجهك الصغير الثاقب. تشرح كل شيء بدقة ووضوح، كي أفهم أكثر. حاولت الاتصال هاتفيا بجان، كي أقول له بأن يأتي على الفور. أتى بشهود كي يثبت أصله الحسيني وشرف نسبه. الأمر يحتاج الى بعض الوقت كي يعتاد كل من الطرفين على الآخر.

لِكَيْ

so that, in order to (with imperfect verb) {3D}

تحسست أعضائي لكي أتأكد من عودتها إلى ما كانت عليه. أدرس الآثار لكي أكون مرشدة سياحية. لكي نكتب، يجب علينا ان ننفصل وان نبقى موضوعيين. لكي تصبح ممثلا، ينبغي ان تكون قادرا على التحمل. اذا كان الانسان يحتاج الى الطعام لكي يعيش، فإنه يحتاج الى النوم بصورة اكبر من حاجته للطعام.

كَيْما

so that, in order to (with imperfect verb) {3W}

أنا أرتدي القبعة كيما أخفي وجهي حتى لا يراني الناس. الاجابة على هذا السؤال ينبغي أن تأخذ البعد المحلي ثم البعد القاري كيما تكون الصورة واضحة. كبار فلاسفة أثينا كانوا يأتون اليها بزوجاتهم كيما يتثقفن بالاصغاء الى حديثها. كيما يخلق أمرا واقعا، يتابع سياسة اقامة المستوطنات.

لِ

in order to (followed by imperfect verb or VN); *[see* عند; *to have; for; for the sake of* (a noun)*]* {2D}

ترك الريشة في احيان ليعزف بالاصابع. رفض الجوهري اختيار لاعب او اثنين ليكونا نجمي المباراة، لكنه اكد ان كل اللاعبين كانوا ممتازين. اجتمعوا ليصلحوا ما حطموه ويسترجعوا ما فقدوه. امرنا بالصوم لنكون من المتقين. هل نحن نقلدهم فقط ام نعمل الفكر والعلم لنصل الى الحقيقة. انتقل إلى فنلندا لتدريس الموسيقى. جئت لمشاهدة تشارز باركلي. ذهب إلى دبي للعمل هناك.

because لأن

مِنْ أَجِل، لِأَجْل
(followed by 2nd term of idaafa) *because of, for the sake of* (a thing)*; in order to* (followed by a VN) {2D}

اجرت اتصالات مع الوفد الفلسطيني لأجل هذه الغاية. يجري رئيس الاتحاد القطري للتنس والسكواش عدة اتصالات مع مديري اللاعبين الكبار لأجل مشاركتهم في بطولة قطر موبيل الدولية الخامسة التي ستقام في الدوحة مطلع العام المقبل. كثير منهم استوطنوا لاجل مصالح اقتصادية. ينبغي العمل على التخلص من مثل هذه الأخطاء لأجل المحافظة على ثقة الجمهور. عرض الميرغني جهوده من اجل احلال السلام في السودان. أكد ان «فريقه جاء من أجل الاحتفاظ بالكأس». استغل هؤلاء علاقتهم بالرئاسة من اجل الحصول على امتيازات خاصة.

بِسَبَب
(followed by 2nd term of idaafa) *because of* (a thing) {2D}

عملة كوريا الجنوبية تسجل هبوطاً كبيراً بسبب الاضرابات. قد ابدى سعادة لا حدود لها بسبب الفرصة التي اتيحت له لمقابلة الرئيس الاميركي واركان ادراته. يؤلف المسيحيون الفلسطينيون حالياً، بسبب الهجرة الواسعة، اقلية صغيرة لا تزيد على ٢ في المئة من سكان الضفة الغربية وغزة. في هذه القصة يموت الطفل بسبب الجوع. تأخرت بسبب عطلة العيد.

عَلَشان، مِنْشان، عَشان
for the sake of, because of (a thing)*; [see* لكي*; in order to* (a verb)*]* {1M} (Coll)

(Eg) اضحك علشان الصورة. هناك تقدر تحوش عشان لزوم الجواز وفتح بيت. انت اتجننت يا ولية عايزة تموّتي نفسك عشان شوية خضار. اركب ورايا بسرعة علشان نلحقه قبل ما يمشي. (Lev) اخوانكم القوميين في الشام مستعدين يمولوكم منشان تقفوا ضد الانكليز وتمنعوهم من تهويد فلسطين.

لِأَنَّ
because (followed by a nominal sentence) {2D}

لن أعمل في السينما، لأن اهتمامي الاول هو الغناء. لا أريد سعر النفط ان يرتفع كثيراً لأن الاسعار المعقولة تشجع على تطوير حقول جديدة. أغتسل في النهر كل يوم لأن الاستحمام والطهر ضروريان وواجب ديني. سخر منه اصدقاؤه لأنه لم يستمع للرجل واستمع للمرأة. يبدو أنك نسيت أنني جزائرية في الاساس، لأنك اذا تذكرت ذلك ستعرف انه ليس غريباً على مطربة جزائرية ان تغني بلهجة بلدها.

نَتيجَةً لِ
as a result, because of {2D}

توفوا نتيجة لاصابتهم بأمراض القلب. اهتزت كل صروح البناء الاقتصادي نتيجة لانهيار اسعار النفط. قد شهدت البطولة منافسات قوية ومفاجآت عديدة نتيجة لارتفاع المستوى الفني للمشاركين. الامة العربية تمر بحالة انقسام وشتات نتيجة لأزمة الخليج ومخلفاتها.

---

no لا

كَلّا
no, not at all {2D}

هل درّست في العمارة؟ - كلا درّست في الناصرية. هل تعرف الى متى ستبقى تخدم في مطبخ العائلة؟ أجاب الصحن الأبيض: - كلا، لا أعرف، فهذه مسألة متوقفة على الانتباه. هل هذا يعني ان شقيقي الأصغر ثوري؟ كلا على الاطلاق. هل تنوي القيام بأي عمل ضد الكويت.. فكان رده كلا إنها مجرد تحركات عسكرية.

لا
no, [not] {2D}

هل أثرت نجوميتك المبكرة في طفولتك؟ - لا، فقد عشت طفولتي بكل معاني الكلمة. كان لديك خبرة قبل ذلك بتصميم الملابس؟ - لا، لم تكن لديَّ أدنى فكرة. هي مشاجرة. لا. هي محاولة اغتيال سياسي. هما اثنان. لا. هم اكثر. ربما ثمانية. «هل تريد ان تنساني مثلا؟! قلت لها بشيء من الضحك: لا، انما أريد ان اتذكرك.

pearl لؤلؤة

دُرَّة

pearl {2W}
pl: دُرَر

مسرحية شكسبير المفقودة كانت دائما مثل الدرة الثمينة الضائعة. انها قرة ودرة الأمة العربية وسيدة الغناء العربي.. إنها أم كلثوم. وصفت الجريدة هذه البطولة بأنها درة في التاج الأزرق. ألقى على أسماعه الدرر الغالية. اكتشف دررا غابت عنا. اعتبره الجميع من الدرر النادرة في حضارة الغرب.

لُؤْلُؤَة

pearl {2W}
collective: لُؤْلُؤ pl: لآلِئ

مدت الجميلة يدها والتقطت اللؤلؤة. صيد اللؤلؤ حظ.. مرة يصيد لؤلؤة كبيرة، ومرة صغيرة، ومرة يخرج بالشبكة خالية. الحقيقة لؤلؤة مختبئة في محارة في الباطن. أنتِ لؤلؤة المحيط. أليس هو القمر وهي اللؤلؤة؟ لكل علم ـ ومنه اللغة ـ خبراء متخصصون يغوصون في بحره ويستخرجون لآلئه.

---

to wear لبس

اِحْتَذَى

to wear sth (as footwear)*; to be shod; [*see قلّد*; to imitate* ب *sb]* {3M}

كنت احتذي دائماً حذاء مطاطياً عالياً في النهار.

اِرْتَدَى

to put on, wear sth {3D}

تسيرُ في الشارع.. وهي ترتدي الحجاب. يرتدون اللباس العسكري. يرتدي الزي الاوروبي ويتحدث مع صاحبنا بالفرنسية. رسم موكبا لسبع عذارى يرتدين أثوابا بيضاء ويحملن مصابيح زيتية. كان يرتدي بدلة قديمة وكرافتة لامعة. كان يدخن حين وصل المدير وكان يرتدي قميصا بأكمام قصيرة. يرتدي فانلة المنتخب المصري.

اِكْتَسَى

to be dressed, clothed, covered in sth or ب *in sth* {3W}

بَدَأتِ الشجرة تكتسي بالوَرَق. ما من صخرة الا وتكتسي بلحم المقاتلين. يكتسي جبل أوليمبوس بالثلج منتصف فصل الشتاء. أبو الهول اكتسى بما يليق بعظمته. يكتسي اللقاء اهمية بالنسبة للمنتخبين. أكد «ان العلاقة العربية – الإيرانية تكتسي يوماً بعد يوم اهمية بالغة على كل المستويات».

لَبِسَ

to put on, wear sth {2D}
VN: لُبْس يَلْبَسُ

لا يلبسن الا حرير. لبس الاطفال ثياب العيد. أضرب جرس الباب فتخرج سيدة أنيقة تلبس الأسود. يلبسون ثيابا خفيفة لا تتناسب مع فصل الشتاء في أوروبا. يلبسون ثيابا عليها رسوم غريبة. خلع ملابس السجن ولبس ملابسه وخرج في هدوء دون أن يسأل لماذا أفرجوا عنه.

اِنْتَعَلَ

to be shod; to wear (footwear) {3M}

كان عليك ان تنتعل حذاء. أنفق اقل من ثلاثين ثانية لأنتعل حذائي وأرتدي سروالي وقميصي. كان ينتعل حذاء عاليا. أتذكر انك كنت تنتعلين حذاء قصير العقب. كانت ترتدي فستانا أزرق وتنتعل صندلا من البلاستيك الرخيص.

اِتَّشَحَ

to put on (an article of clothing) {3M}

يتشح العالم كله بالسواد. في عمان اتشحت جميع الصحف الاردنية باللون الاسود حزنا على وفاة العاهل الاردني. باقي نساء العائلة الهاشمية يتحبن، وقد اتشحن بالسواد. اتشح الجميع بالملابس الثقيلة لمواجهة برد هضبة الأهرام. بعض جدرانها اتشح بالفسيفساء المعروفة بـ «الزليج». اتشح قصر الشعب وسط بكين بالاعلام السوداء حدادا.

لبن milk

حَليب
milk {2D}

طالبه أن يذهب الي الفرعون ليطالبه بأن يسمح لليهود بالخروج من مصر الى أرض الميعاد.. أرض الحليب والعسل. ناندا اشترت حليبا للوليد الذي جفّ ضرع امه بسبب مرضها. شرب الحليب وحده ليس صحيا ولكنه جيد للروح. نستيقظ السابعة صباحا ونفطر حليبا وتمرا. يعتبر الحليب من اكثر الاطعمة التي يتم هضمها بسهولة.

لَبَن
milk; [yogurt] {2D}

هناك اصناف الحلوى مثل الارز باللبن وقد تضاف اليه القشدة او المكسرات. يحرم الحاخامات أكل اللحم واللبن في الوقت نفسه. اللبن والعسل يقللان من مضار التدخين. صدّقوا ان اسرائيل هي «بلاد اللبن والعسل» وجنّة طالبي الرزق. تعيش على اللبن والعصير، ولا تفكر في شيء او تتكلم.

لجأ to seek refuge

أَوى
to seek shelter in or إلى *in* {3W}
يَأوي

كان أبو النجم يأوي المساجد ويأمل رجعته الى الخليفة. قبل ان تأوي الى الفراش، في المساء، كانت تنظف جيداً غطاء الطاولة. ظل الله على ارضه يأوي اليه كل مظلوم. عرفت ان له بيتاً يأوي اليه.

اِسْتَظَلَّ
to seek refuge, shelter ب *with* {3M}

لا شجرة فيها يمكن للإنسان أن يستظل بظلها. استظل العثمانيون براية دين الاسلام، وقاموا بفتوحاتهم باسمه. يستظلون جميعاً بظل الحضارة الاسلامية الجامعة لكل الاجناس والاعراف. كان يتطلع لانشاء دولة متعددة الأعراق، يستظل فيها المواطن السوداني ويشعر بالدفء.

اِعْتَصَمَ
to seek refuge ب *in, cling* ب *to; [to demonstrate]* {3W}

اعتصم بمعقل جبلي منيع في مقاطعة اذربيجان. اعتصموا بمبنى للامم المتحدة. اعتصم بالصبر يا صديقي. اعتصم بتواضعه. طالب الأمة الاسلامية بأن تعتصم بدينها حتي يستقيم حالها.

لَجَأَ
to take refuge إلى / ل *in, resort* إلى *to* {2D}
لَجْء :VN يَلْجَأُ

الرئيس المخلوع لجأ لنيجيريا. لجأ الايطاليون الستة الى السفارة الايطالية في صنعاء. تلجأ الحكومة الى مزيد من الضرائب. يلجأ البطل الى السيجارة كلما حز به أمر. لجأ الاطفال الى ارتداء ملابس الاعياد الصيفية السابقة. ما كانت المعارضة لتلجأ الى السلاح لو لم يدعها البشير الى ذلك. من الجدير بالذكر ان الشعب الهندي لجأ الى الصمت خوفا من القمع.

اِلْتَجَأَ
to take refuge إلى *in* {2M}

بعضهم التجأ الى قاعدة قوة حفظ السلام الدولية هناك. سرعان ما عاد الى باريس والتجأ الى دير الرهبان البندكتيين. التجأوا الى مخيم لقوات الامم المتحدة هربا من القصف على قراهم. كان من الطبيعي لوالتر بنيامين ان يلتجئ الى باريس ليعيش فيها. لا ندري الى اين التجأ.

لاذَ
to take or seek shelter ب *with; to resort* ب *to* {3W}
لَوْذ :VN يَلوذُ

اليتيم يلوذ ببابك. يلوذ بالصمت حين لا يريد الاساءة لمحدثيه. أردوه قتيلا ثم لاذوا بالفرار. نلوذ بالصلاة لنزيل هموم صدورنا. ٥٨ ألف نسمة من اللاجئين الهوتو فروا أمام تقدم المقاتلين، ولاذوا بالغابات الاستوائية. نلوذ بالصبر. يلقي بنفسه يائساً على كومة من الوسائد، وكأنه طفل يلوذ بحضن امه.

ملجأ refuge

مَأْمَن

refuge, shelter; safe من *from* {3W}
pl: مَآمِن

كانت ايران آنذاك مأمناً للصهاينة ومساعداً حمياً للكيان الصهيوني. كان اليهود الذين هربوا من الاضطهاد الأوروبي في القرنين الخامس عشر والسادس عشر وجدوا مأمناً لهم تحت ظل الخلافة العثمانية. أصبحت فكرة وجود مأمن تام السرية للمال غير المشروع مغرية لكل الديكتاتوريين والمجرمين. باتت الآن في مأمن من المخاطر التي كانت تلوح في السابق.

مَأْوَى

refuge, shelter {2W}
pl: مَآوٍ

الكثيرون منهم بدون مأوى، ينامون في المقابر او المقاهي او الشوارع. هؤلاء الفلاحون ليسوا من العمال الذين لا مأوى لهم. بعض الدول الصديقة اصبحت مأوى للارهابيين. اصبح هو شيخاً طاعناً في السن يعيش في احد المآوي البائسة التي كانت تستقبل الذين لا اهل لهم لرعايتهم.

مَلْجَأ

refuge; sanctuary {2D}
pl: مَلاجِئ

تعتبر مدينة البليدة ملجأ للجماعة الاسلامية المسلحة. لحسن الحظ لا تزال المملكة المتحدة ملجأ ضريبيا آمنا بالنسبة الى الذين يقيمون فيها. أوضحت ان اقامته في البلاد ستكون مؤقتة الى حين ايجاد ملجأ دائم. قد مكث شمّة في الملجأ ثمانية ايام. أعطى الجيش الاسرائيلي تعليمات الى السكان في الشمال بضرورة البقاء في الملاجئ.

مَلاذ

refuge, shelter {3W}
pl: مَلاذات

القاهرة «ملاذ للاجئين وطيلة عمرها لم تسلم أحدا من الذين لاذوا بها». فلسطين اصبحت الملاذ لضحايا النازية وشُرّد سكانها لافساح مجال لهم. أشار إلى ضرورة اقامة ملاذات آمنة للأقليات في الشرق الاوسط. اصبحت تجارة العقارات ملاذا آمنا للمستثمرين تدرّ عليهم عوائد مجزية.

مَهْرَب

refuge, sanctuary; getaway, escape {2M}
pl: مَهارِب

لن يجد الفلسطينيون بعد اليوم مهرباً عربياً او ملجأ. على جيران زائير ان يثقوا بأنه ليست ثمة مهرب لهم من الآثار السلبية التي ستتبع ذلك! لم يجدوا مهربا من اجراء العملية. ما من مهرب ولا مفر من الخامس من حزيران فهو يطل علينا كل عام. هددوا هم ايضا بسد المهارب الضريبية ولهذا سيبقى المحامون والمحاسبون ناشطين.

مَوْئِل

refuge {3M}

أما مالقة فقد كانت موئلاً للسفن التي كانت تنتظر هبوب الرياح المناسبة. يقيمون في المملكة المتحدة لكنهم لا يعتبرونها موطنا وموئلا في المدى الطويل. وجدن موئلا لقلوبهن. كان البلاط موئل الشعراء والنبهاء وارباب الموسيقى والغناء.

ملحّ pressing, urgent

ضاغِط

urgent, pressing {3W}

هناك حاجة ضاغطة لأفكار وسياسات جديدة. الوضع الاقليمي الضاغط لا يسمح بتحركات من شأنها ارباك الوضع الداخلي. مواجهة هذه الأزمة الحادة الضاغطة لا تكون بالبيانات. ما هو الدافع الضاغط على الغرب لتوسيع الحلف ليضم دول النفوذ السابق للاتحاد السوفياتي؟

عاجل

pressing, urgent; speedy {2D}

حددت واشنطن ستة مجالات يحتاج فيها المغرب الى اصلاحات عاجلة او اهتمام اضافي. الشيء الأساسي العاجل هو الحصول على انظمة راديو متوافقة مع ما في الحلف. لم يحدد قيمة هذه «المساعدات العاجلة». «اذا لم يحدث ذلك بشكل عاجل فإن الجامعة مهددة بالتوقف عن اداء عملها».

مُلِحّ

pressing, urgent (esp. need) {2D}

هي حاجة اصبحت ملحة اكثر من اي وقت مضى. تبقى الحاجة ملحة للبحث عن الاسلوب الامثل أو الوسيلة الاسرع لتحقيق الوفرة والرفاهية. نحن اول من اعترف ان هذه المطالب ملحة ومحقة. لعل السؤال الملح والمقيم هو سؤال مبتذل: ماذا جرى في إيران؟ هناك حاجة ملحة للجلوس على مائدة المفاوضات مع سورية لبحث القضايا الرئيسية.

ماسّ
pressing, urgent (need) {3D}

الحاجة الكردية اصبحت ماسة. تبقى الحاجة ماسة وملحة لتفسير يتناول وقائع التاريخ الاسلامي كلها. لا أحد طبعا يستطيع أنْ ينكر أنَّ لبنان بدأ ينهض من خراب الحرب وأن الإعمار ضرورة ماسّة لاستعادة الحياة الطبيعية. هناك حاجة ماسة لفهم طبيعة المكان ونوعية البشر. نحن في العالم العربي بحاجة ماسة الى النقاش المفتوح والثقافة الديموقراطية.

لاحظ — to notice

فَطِنَ
to notice, realize إلى *sth* {3W}
يَفْطَنُ VN: فِطْنَة

علينا ان نفطن الى هذا الرقم الخطير في ضوء عدد السكان. المقال لم يفطن الى ثلاثة أسباب أساسية لهذه المبادرة الملكية. لم يفطن الى ان اميركا قد تريد حصتها من القمر. فطن مدرب الاتحاد الهنغاري ديزو نوفاك الى ضعف ألعاب فريقه الهجومية. لم يفطن رفاقه إلى حكمته إلا بعد برهات.

لاحَظَ
to notice, observe sth or أنَّ *that* {2D}

في زمن الحرب كان الناس يقتلون بالمئات من دون ان «يلاحظ» احد ذلك. لاحظ الحاضرون في المطعم مدى العلاقة الحميمة بين الاثنين أثناء جلوسهما. يلاحظ الطبيبان البريطانيان تزايدا في عدد المومسات الروسيات اللواتي يزرن عيادتيهما. هل لاحظ القارئ شيئا في القائمة السابقة؟ لاحظ اغا خان ان العقوبات على العراق ستمتد لفترة طويلة.

تَنَبَّهَ
to become aware إلى / ل *of, pay attention* إلى / ل *to; [see* استيقظ*; to be conscious, awake]* {2D}

ثمة عدد كبير من الاولاد الذين لهم والدان لا يتنبّهون الى ما يُبث على الكومبيوتر. الانكليز لم يتنبهوا الى هذه الحقيقة أول الأمر. اهبط في المصعد، فأتنبه الى انني نسيت الساعة؛ ارجع لأخذها. هذه ثغرة تعليمية لم يتنبه اليها أحد من رجال التربية والتعليم. تنبه لأهمية هذا الموضوع وانعكاساته الحقيقية على حاضر امتنا ومستقبلها.

اِنْتَبَهَ
to be aware إلى / ل *of, realize* إلى / ل *sth; [see* اهتمّ*; to pay attention* إلى / ل *to]* {2M}

تناولت مرة اخرى شريحة الخبز وانتبهت الى انها المرة الرابعة. كيف لم اكن انتبه الى أنك صورة طبق الاصل من جدك.

لحظة — moment, instant

بُرْهَة
a short time, an instant {3W}
pl: بُرْهات، بُرَه

سكت الرجل لبرهة ثم أجابني. نهضت بعد برهة قصيرة وذهبت الى الحمام. سأبقى برهة كي التقط الأنفاس ثم أبدأ الرحيل. أغمضت عينيها برهة لعلها تستجمع قواها قبل أن تتكلم. إن بداية القرن رسميا مناسبة للتوقف برهة من أجل التقييم واعادة النظر.

طَرْفَة
wink, blink {3M}
في طَرْفَة عَيْن in the blink of an eye

فعل ذلك بطرفة عين. هذه الاضطرابات تقضي على بلايين الدولارات في طرفة عين. أملك عصا سحرية لاصلاح كل شيء بين طرفة عين وانتباهتها.

غَمْضَة
blink {2M}
في غَمْضَة عَيْن in a moment, in the blink of an eye

أفلست آلاف البنوك والشركات في غمضة عين. كل هذا ضاع في غمضة عين لأننا مازلنا نتعامل مع الرياضة على أنها مجرد هواية. الغني قد يصبح فقيرا في غمضة عين.

لَحْظَة

a moment, an instant {2D}
pl: لَحَظات

أخفى أمر تعيينها وزيرة عن زوجته حتى اللحظة الأخيرة. القناع قد يسقط في أي لحظة. ابن خلدون دخل القاهرة في لحظة تحول تاريخي. لم يصل شيء الى البلاد حتى هذه اللحظة. الجيش مستعد كل لحظة لدخول جزين. الموت كان متوقعا بين لحظة وأخرى.

لَمْح

glance {2M}
لَمح البَصَر in a moment, in the glance of an eye

يجمعهما الحب في لمح البصر. في أقل من لمح البصر كانت المدينة مقفلة. يتحولون في لمح البصر الى جثث هامدة.

هُنَيْهَة

a moment, an instant, a little while {3M}
pl: هُنَيْهات

كادت السيارة تطيح بسيارتي لولا تمكن سائقها من ايقافها في الهنيهة الأخيرة. سكت إدنجتون هنيهة ثم قال إنني أحاول أن أتذكر من هو الشخص الثالث. لم تكن إلا هنيهة قبل أن أجيب. سألته بعد هنيهة صمت: من أين جئت؟

وَهْلَة

a moment, an instant {3W}
أَوَّل وَهْلَة، لِلْوَهْلة الأولى at first

ينسى السياسة والحق وقضاياهما لوهلة. كان في مقدور المرء أن يشعر لوهلة أن السلام يسود الشرق الأوسط أيضا. للوهلة الأولى كان كل شيء يبدو هادئاً في مدينة مراكش. يبدو لأول وهلة ان هذا المصطلح الجديد قد جاء على حساب مصطلح آخر. يبدو لأول وهلة ان الهدف الاساسي لهذا الموقع هو سياحي.

ملحوظ — noticeable

see ملموس

مَلْحوظ

noticeable; noted {3D}

كان هناك اهتمام ملحوظ بالكتابة من جهة ثانية. اتجه انتاج العراق من البترول الى الانخفاض الملحوظ. ينبغي ان نشير بشكل خاص وبامتنان الى ان السلطات السعودية قدمت خلال السنوات الأخيرة كل دعم ممكن للحجاج الروس الذين تزايد عددهم في صورة ملحوظة. التجارة الروسية الايرانية تشهد نموا ملحوظا.

مُلاحَظ

noticed {3D}

الملاحظ ان المعمار ركز جهده على ابراز موقع القبتين الضريحيتين. الملاحظ ان التعامل التجاري بين كندا واسرائيل نشط بقوة في الفترة الأخيرة.

لحن — melody, tune

see أغنية

لَحْن

melody, tune {2D}
pl: أَلْحان

طوّر الاغنية لحناً وشعراً. تعزف لهم السماء لحناً من صوت بلبل. كتبوا لها أجمل الألحان والاغنيات. ارتبط الاثنان بصداقة انتجت العديد من أجمل الالحان التي سيغنيها عبدالمطلب بعد ذلك.

نَغَم، نَغْم

melody, tune {2D}
pl: أَنْغام

يربط ربطا حميما بين الصوت والنغم والايقاع، فالشعر فن رفيع كامل. انه عمل موسيقي غنائي جديد تسقط عنده الحدود بين المقامات والأنغام الشرقية والغربية. كان يرقص على انغام الموسيقى. هناك انماط مختلفة من الايقاعات والانغام الموسيقية، ولذا لم نستطع ان نصنع اغنية عصرية واحدة.

نَغَمَة، نَغْمَة
melody; chant {2W}
pl: نَغَمات

رأى ان هذه النغمة الشعرية توجد في بعض السور والآيات اكثر من بعضها الآخر. بدأوا بالفعل نغمة جديدة في بعض الصحف الامريكية بعد نجاح باراك. في حياة البشر لا يعزف نغمة واحدة، بل هو دائما عازف متعدد النغمات. مازالوا يرددون النغمة ذاتها.

لخّص — to summarize

اِخْتَزَلَ
to shorten, abridge sth; to reduce sth إلى *to* {3W}

قد اختزلت الأبعاد الثقافية العديدة لظاهرة العولمة في قضية واحدة. يختزلون العالم الى خير وشر أو أبيض وأسود. العلوم المختلفة ممكن أن تختزل إلى علوم أبسط: فعلم النفس مثلا قد يختزل إلى دراسة المخ. الليبرالية كتيار فكري أو سياسي هي أعمق وأشمل من أن تختزل في هذه المسألة.

اِخْتَصَرَ
to shorten, condense sth; to reduce sth إلى *to* {2D}

هذه الابتسامة تختصر الطريق بينهم وبين الناس. أختصر رسالته الطويلة التي ملخصها أن هذا الدواء نتجت عنه في الولايات المتحدة عدة حالات وفاة نتيجة لتأثيره المدمر على خلايا الكبد. كلينتون يختصر زيارته لليونان بسبب المظاهرات. نريد لغة لا تختصر الإنسان إلى أعضاء فحسب كما لا يختصر الشعر القصيدة إلى نظم وقوافي فقط.

لَخَّصَ
to abridge, summarize sth {2D}

القناة الثانية لخصت رأي وزارة الداخلية. يصدر بياناً يلخص ما ورد في المناقشات. لخص المأساة الكردية منذ ذلك الوقت وحتى الان. لخص المسألة في ثلاثة أسباب رئيسية. لخص السيد شمس بدران وجهة نظره في الآتي.

أَوْجَزَ
to abridge, summarize sth {2W}

أوجز ما حدث بقوله ان نتيجة التصويت اثبتت ان الشعب الشيشاني لا يريد زعماء من نوع صدام حسين ومعمر القذافي. هناك قصة اخرى غير تلك التي اوجزتها تقع في ايطاليا لكنها أيضا لا تقبل الاختصار. نود اولا ان توجز لنا انجازاتك في مجال التاريخ. أوجز رؤيتي في الملاحظات الآتية. ثمة نقاط رئيسية نوجزها من متن المقال.

لذيذ — delicious

حِلْو
sweet, delicious [see جميل*; pretty]* {2D}

كان الناس يزرعون البطاطا الحلوة. غرس فيها البرتقال الحلو والموز وغيرهما من الأشجار المثمرة. بين انواع الفلفل الحلو التي تبيعها بريجيت يعتبر الفلفل الهنغاري ذو اللون الاحمر الزاهي أحسنها. التعب حين يحقق غاية مرموقة يكون له طعم حلو المذاق.

زاكي
delicious {1M} (Lev)

هادا المطعم أكله زاكي زي أكل أمي. حاولت أطبخ كفتة، بس طلعت مش زاكية بالمرّة.

شَهِيّ
appetizing, tasty {2W}

رأى ضيوفه لا يأكلون من الطعام الشهي الذي قدمه لهم. جلست تحرس هذه الوجبة الشهية بعيونك الساهرة. قد أعدت لهما عشاء شهيا، وملأت خيالها بالألعاب المسلية التي ستشاركها فيها. لم يخف سعادته واعجابه بالمأكولات اللبنانية الشهية. يعتبر لحم الدولفين من المأكولات الشهية التقليدية في هذا الجزء من اليابان.

طَيِّب
[see جيّد*; good]; delicious* {2D}

انها اشبه بتذوق فاكهة طيبة المذاق. (Lev) لما أكون في مطعم لبناني قلبي بينشرح خاصة إذا الأكل طيب. انت تأخذ بعض الأشياء الموجودة وتعمل منها أكل طيب. ها التبولة كتير طيبة.

عَذْب
sweet, pleasant, potable (water) {2W}

يمكن ان تصل اليها المياه العذبة بخط انابيب من المياه الجوفية في وادي العمود. يملأ جسم السيارة بالماء العذب. وضعت فمها مباشرة على مصدر الماء فتمتلئ بماء عذب.

لَذيذ
delicious {2W}

يريد الحصول على جزء ولو يسير من الكعكة اللذيذة. يقطفون الثمار اللذيذة في الصيف. السمك اللذيذ هو السمك الطازج. لا تقدّمي لزوجك طبختك اللذيذة وهو شبعان. الطعام اللبناني انتشر بطريقة واسعة في البرازيل لأنه طعام لذيذ ومتنوّع. مع انها لم تكن تتقن الطهي لكن طعامها لذيذ ومائدتها جميلة. ما نراه اليوم يشبه تحضير وليمة «مازات» لذيذة بلا شك.

لسع — to sting

قَرَصَ
to pinch sb; to bite, sting sb {2M}
قَرْص :VN يَقْرُصُ

انتفض أبو فادي، وكأن عقرباً قرصته. قبلة العنكبوت تدغدغ ولا تقرص . كان غابيتو يقرصهم سرّا وبعدها يأمرهم بالذهاب الى البيت باكين.

لَدَغَ
to sting, bite sb {2W}
لَدْغ :VN يَلْدُغُ

النملة تلدغ الفيل وتؤلمه، ولكن لا يمكن ان يطأها بأقدامه او يضربها. عند عودته تزوج يوريديس التي سرعان ما لدغها ثعبان فماتت من اثر السم. «اذا لدغتك فانك ستموت وسأغرق انا ايضا». قد تلدغ احد هؤلاء السياح الكرام ناموسة. البعوض لا يلدغ الناس بشكل عشوائي بل يختار ضحاياه بدقة.

لَسَعَ
to sting sb; to burn sb {2W}
لَسْع :VN يَلْسَعُ

النحلة لاتفرز العسل وتلسع في الوقت نفسه. هناك غلاء يلسع الجميع. يترجرج على عربته يشد لجام الحمار ويلسعه من آن لآخر بالسوط. البصل حار يلسع العينين. نسمات أواخر الليل تلسع الوجوه. كرّمونا بنصب «الكلة» على السرير لتحمينا من لسع الحشرات. قرأت عن أميركيين يموتون من لسع الأفاعي.

لصّ — thief

حَرامي
thief {2M}
pl: حَرامِيّة

علي بابا والاربعين حرامي. في لبنان الكثير من السرقات ولكن لا يوجد اي حرامي. فداخل السيارة التي سرقها كانت هناك كاميرا قام الحرامي بتصوير صديقته بها ونسي الحرامي وترك الكاميرا في السيارة وكانت الدليل القوي على جريمته. من الجنون ان ينقلبوا من قتلة وسراق وحرامية الى ديموقراطيين.

مُحْتال
swindler, cheat; [fraudulent] {3M}
pl: مُحْتالون

رفضت الشركة هذا العميل عندما اكتشفت انه محتال. كشفت مجلة «صنداي تايمز» امس أمر محتال كان ينتحل شخصية دودي للايقاع بالنساء. محتال يبيع مقاعد في البرلمان الصيني. ان هذا الرجل مخادع ومحتال وفاسد وغشاش! لا يكتفي المحتال بذلك بل يطلب من المصرف شهادة بالمستندات التي قدمها.

سارِق
thief {3W}
pl: سارِقون، سرّاق

قبل تنفيذ الحكم بقليل، يكتشفون ان السارق غراب. المعارضة تصر على ان النظام في الخرطوم سارق للسلطة وبالتالي فان مسؤوليه «قطاع طرق». الحاجة هي التي دفعت السارق الى السرقة. ان الألمان كانوا القتلة والسراق، والسويسريون كانوا المصرفيين ومنظفي الأموال. لا نحمي المجرمين وسارقي السيارات.

غَشّاش
swindler; imposter, fraud {3W}

ان هذا الرجل مخادع ومحتال وفاسد وغشاش. مرت الايام بسرعة واكتشف الجميع انه كان غشاشاً.

قُرْصان
pirate {2M}
pl: قَراصِنَة

هدد اصدقاء قرصان المعلوماتية الشهير كيفين ميتنيك المعروف باسم «الكوندور» والمسجون في لوس انجليس، باطلاق فيروس يخرب الانظمة المعلوماتية في العالم اذا لم يطلق سراحه. استغل هذا الموقع غزاة البحر والقراصنة من المسلمين والنصارى. يتنكر بثياب لويس السادس عشر او كامبراطور صيني او قرصان او بدوي او بهلوان. واشنطن تقود حملة على قراصنة الإنترنت.

قاطِع طَريق
highway robber {2M}
pl: قُطّاع الطُرُق

أشار تاجر البن الى ان قطاع طرق يتنكرون في هيئة ضباط جمارك او ممثلين لزبائن، ويشكلون الخطر الأكبر. اعتبر الرئيس ذلك اتهاماً بأن البلد «يحكمه قطاع طرق». قطاع الطرق في روسيا يروعون سائقي الشاحنات. تزداد عصابات قطاع الطرق التي تضم مقاتلين كانوا في صفوف المقاومة المسلحة.

لِصّ
thief {2D}
pl: لُصوص

حتى اللص وهو يضع المفتاح في الخزانة ليسرق يقول: باسم الله. الاحباط يتسلل كاللص الى نفسي ليسرق منها أمنها وتفاؤلها وسعادتها. كل ذنبه انه دافع عن نفسه في وجه لصوص حاولوا سرقة اغنامه. طبعاً اللصوص ليسوا كلهم في السجن فواحد منهم انتخب رئيس وزراء اسرائيل.

نَصّاب
swindler, cheat {2M}

النصّاب يستدين مئة ريال ويردها، ثم يستدين عشرة آلاف ريال ويفر بها. كيف اتذكر نصّاباً محتالا دجالا في نيجيريا وهناك محتال اكبر منه في اسرائيل. ثمة نصّاب محتال يطلع كل دقيقة بطريقة «مؤكدة» لخسارة الوزن.

لعاب
saliva

ريق
saliva, spit {2M}

يجف الحلق.. والريق.. ويتلعثم اللسان. تعود على النيكوتين يبل به ريقه كل صباح. قم يا شيخ نبل ريقنا بكاس عصير. عزموا علينا بعلب عصير نبل ريقنا. ابتلع الجندي ريقه.

لُعاب
saliva, drool {2W}

يسيل لعابهم كلما قرع أحد الحكام الطغاة صحونه. حرص المنظمون على تخصيص مكافآت يسيل لها اللعاب. وراء عملية تسليم أوجلان رشوة بلغت ٥٠ مليون دولار أسالت لعاب البعض. يخلف المجرم وراءه في مكان الجريمة بعضا من خلايا جسمه متمثلة في خلايا الدم أو اللعاب أو السائل المنوي. يبتلع لعابه بصعوبه.

riddle لغز

أُحْجِيَة
riddle, puzzle {3M}
pl: أَحاجي

انها في كل مكان، بحثاً عن شخص ينجح في حل الاحجية التي يطرحها مقدم البرنامج طوني خوري. يفرض البرنامج شروطا صعبة ومحرجة على الرابح الذي حلّ الاحجية كي ينال هديته. ترى من يحل هذه الأحجية؟ افغانستان في فسيفساء صراعها الداخلي، وفي أحجية وتعقد مصالح البلاد المحيط بها، تكشف عسر الخروج بنظرية متكاملة.

حَزّورَة
riddle, puzzle {2M}

أعلنت أحزاب المعارضة اليمنية التي تقاطع الانتخابات النيابية المقررة غداً رفضها مسبقاً نتائج الانتخابات التي وصفتها بأنها «حزورة». يقدم «حزورة» الحلقة معروضة عبر أغنية تعتمد كلماتها على المشهد الدرامي المقدم. تتضمن كل حلقة حزورة.

فَزّورة
riddle, puzzle {2M}
pl: فَوازير

هي ليست فزورة أو لغزا. الفزورة الاولى: فيمَ اختفاؤك؟ لا يعرف جواباً عن التساؤل او حلا لهذه «الفزورة». فزورة: ما الذي يجعل الفتيات يضحكن كثيرا اذا جلسن معا! والله لقد أصبحتم فزورة كبيرة بلا حل. أليست هذه فزورة أمريكية مرة ومضحكة في آن؟

لُغْز
riddle; enigma {2W}
pl: أَلْغاز

بكل ما فيها من تغير وتنوع تظل المرأة لغزا. لغز العلاقة الغريبة بين هيلاري وكلينتون قد انكشف. فسروا هذا اللغز إن استطعتم. عمل أطفال العالم يداً واحدة لايجاد حل للغز الذي سيخولهم الفوز بجائزة «ميكي» الخاصة. هدفه ليس حل الألغاز، لأن ذلك سيكون بمثابة نفخ في رماد.

---

language لغة

لِسان
tongue; language; [tongue (body part)*]* {2M}
pl: أَلْسِنَة

حين حُرِّمت عليه الكتابة بلسان أمه كتب رواياته بالتركية. طبعه كاملاً في أربعة مجلدات في لسانه الأصلي العربي منقولا من نسخة كتبت بالديار المصرية. تضطر الى الكتابة بهذا اللسان الأجنبي باحثة فيه عن صورتها الحقيقية الغائبة. البعض يريد أن يشوه لساننا العربي أو يقطعه.

لُغَة
language {2D}
pl: لُغات

اصبحت اللغة اليونانية هي المستخدمة عالمياً في الكتابة. كنت ادرّس اللغة في الجامعة الأمريكية في القاهرة. يقال ان اسرائيل لا تفهم الا لغة واحدة هي لغة القوة. حرمتها من حق الانتماء للغتها «الامازيغية». ترجم القرآن الكريم الى اللغة الصينية عام ١٩٢٧ من مترجم ياباني غير مسلم. لا يتقن لغة غير العربية. صدرت في الالمانية العام ١٩٨٥ وتُرجمت الى لغات عدة. هو مثل ربما كان موجوداً بكل لغات العالم.

لَهْجَة
dialect {2D}
pl: لَهَجات

بمرور الوقت اصبحت اللهجة المصرية جزءاً من شخصيتي الفنية. يتكلمون الانكليزية بلهجة محلية. لكل من هذه الجماعات البربرية لهجة خاصة بها مختلفة عن الأخريات. استخدم لهجة متشددة في الاجتماع للمرة الأولى منذ تشكيل الحكومة. العرب بدأوا يتحدثون بلهجة واحدة بالمعنى السياسي. لا أرى أبدا أن في انتشار اللهجات المحلية خطرا يهدد اللغة الفصحى.

to cancel

ألغى

see محا

أَبْطَلَ

to invalidate, cancel sth; to counteract, immobilize sth {3W}

اذا تبين له ان الانتخابات لم تجر في اجواء سليمة قد تبطل الانتخابات برمتها. أضاف البيان ان الشعب الجزائري بمشاركته في الاقتراع أبطل المحاولات التي كانت تهدف الى زعزعة الاستقرار. مجلس الوصاية في العام ١٩٤٩ رفض احتلال إسرائيل للقدس الغربية وأبطل نقلها مكاتبها الحكومية هناك. ابطل هذه الاشاعة الكاذبة بالمنطق السليم. أفيد ان اجهزة الأمن ابطلت مفعول قنبلة وضعت في مقهى قرب مستشفى بني مسوس في محافظة الجزائر الكبرى.

فَسَخَ

to cancel, revoke (a contract, engagement) {2W}

VN: فَسْخ يَفْسَخُ

سنضطر الى طلب فسخ العقد. فوجئت العروس بخطيبها يفسخ الخطوبة، فلم تتحمل الصدمة وانتحرت. أي استخدام للأرض في غير ذات النشاط يفسخ العقد. فسخت خطوبتي منذ سنة مضت ولم يعد مشروع الزواج يشغل بالي.

أَلْغَى

to cancel sth {2D}

عدم وجود فرصة كبيرة لنجاح البرنامج لا يلغي اهميته. اقنع يلتسن بأن لا يلغي الانتخابات. هذا لا يعني اطلاقا انه يريد ان يلغي هذه المرحلة القاسية من تاريخ بلاده. الذي يصدر القانون اليوم يستطيع أن يلغيه غدا أو يأتي من يلغيه. صحيح أن القرار لم يلغ الأسواق الحرة داخل مصر، ولكنه قصر نشاطها.

---

to receive

تَلَقَّى

see اجتمع

تَسَلَّمَ

*to receive, accept sth; [*see تولّى*; to take over sth]* {2D}

تسلمت «مصر للطيران» اولى طائراتها من طراز «بوينغ – ٧٧٧». تسلم مكتب الكهرباء امس مبلغ ٣٦٢ مليون دولار. تسلّم المغني العالمي مايكل جاكسون جائزة المؤتمر. تسلم الرسالة خلال اجتماعه مساء أول من أمس مع السفير. لم نتسلم البيان العراقي بعد. عندما نتسلم الدعوة يكون لكل حدث حديث.

اِسْتَلَمَ

to receive, accept sth {2D}

كان عرفات استلم الأموال التي جمدتها اسرائيل فترة اشهر. اضافت الصحيفة «نحن نطمئن حكومة خاتمي بأن امريكا قد استلمت الرسالة». جميع المحافظات استلمت حصصها من الاغذية المشتراة بثمن النفط من دون اي تمييز. قال شاهين وهو يستلم جائزته انه ينتظرها منذ ٧٤ سنة. سجل هدف السبق في الدقيقة الرابعة عندما استلم كرة من ميورا في منتصف الملعب وسار بها. استلم تأشيرة الدخول الى السعودية على ان يبدأ مهمته في الاسبوع المقبل.

تَقَبَّلَ

to accept sth {2D}

تقبلوا أطيب تحياتنا. تقبلوا فائق الاحترام والتقدير. لا أعتقد ان الناس يتقبلون حالياً كومبيوتراً يتحلى بالمشاعر والعواطف. تتقبل عائلته التعازي في منزله في رأس بيروت، قبل الدفن وبعده. متى تبلغ الحرية عندنا سن الرشد فنتقبل رأي بعضنا برحابة صدر؟ لم يتقبلوا فكرة ان بلدهم اصبح ساحة يظلم فيها الانسان انسانا آخر.

تَلَقَّى

to receive, accept sth; to obtain sth {3D}

تلقى المتهم مبلغ مليون دولار من الايرانيين. كان يقف الى يمين ولي العهد القطري ويتلقى التهنئة من جموع المهنئين بحلول رمضان. تلقيت برقيته التي وصلت الى الفندق في الدار البيضاء. سجل فهد المهلل هدفاً بعد أن تلقى كرة ذكية من يوسف الثنيان. تلقيت سيلا من الردود والتعليقات على مقالَتي «هل من أمل؟». مبارك تلقى اتصالا هاتفيا من الرئيس عرفات ظهر امس. نحن لا نتلقى أوامر من اسرائيل.

اِسْتَمَدَّ

to get, take, receive sth {3D}

يستمد المشروع خاماته الاساسية من مجمع الشركة الوطنية للبلاستيك. تستمد هذه الرؤية فلسفتها من منطق القوة والهيمنة. الدولة تستمد شرعيتها من الأمة. الادارة الحالية تستمد قدرتها من افكاره وعظمته. يستمد سلطته لا من ارادة الشعب بل من شخص الحاكم.

to throw oneself down استلقى

اِنْبَطَحَ

to throw oneself على *on; to lie flat* على *on* {2M}

انبطح على الأرض فور بدء اطلاق النار وزحف في الاتجاه الخلفي. انبطح على الارض وأخذ يزحف باتجاه الضحية الاخر. عندما انبطحت على الفراش، كانت الساعة الثالثة صباحاً.

اِرْتَمَى

to throw oneself على *on* {2M}

حين تفتح له يدخل ضاحكاً وكأن شيئاً لم يحصل ثم يرتمي على الارض متقلباً وسط ضحكها. بعد هذا ترتمي على كتفي باكياً. ارتمى على ظهره من الفرحة. يرتمي على الأرض مجهدا ليستريح.

اِسْتَلْقَى

to throw oneself down or على *on* {3M}

استلقيت في العتمة ساكتاً وانتظرت أن أنام. استلقيت للنوم مرة أخرى نحو الواحدة والنصف. استلقى على الأرض عند أول حوض وسط الحشيش الذي عثر عليه. استلقي على السرير واقرأ صفحات من المخطوطة. أنا استلقي على فراش.

تَمَدَّدَ

*to stretch out (*على *on); [to be extended]* {2M}

يتمدد أمام طبيب نفسي. تأكل وهي تتمدد على أريكة أو صوفا على الطريقة الشرقية. (Lev) روّحت من الشغل تعبان كتير وتمدّدت نص ساعة على الكنباية.

but لكن

إِلَّا أَنَّ

however, but, except that {2D}

حملت الولايات المتحدة ليبيا مسؤولية الانفجار الا ان طرابلس نفت ذلك. سعى الطرفان الى الفوز منذ البداية، الا ان كفة الاردنيين رجحت مع تقدمهم بهدف في الدقيقة الـ١٤. كانت هناك استثناءات لهذا القانون الا ان الاساس باق كما هو. رفض في البداية انفصال سلوفينيا وكرواتيا ومن ثم البوسنة، الا انه عاد واعترف بهذه الدول منفصلة عن يوغوسلافيا.

إنما

rather, but {2D}

هو لا يرى الاحتلال وانما يرى فقط «ارهاب» المقاومة ضد الاحتلال. لا خلاف على وجود هذا الانحياز، وانما على كيفية التعامل معه. رئيس التحرير لم يدع ابدا الى ارتكاب مثل هذه الحماقات، وانما دعا الى مقاطعة البضائع الاميركية، لوجود بدائل. السنوسي لم يرث عرشا وانما كان مؤسس دولة. وجدنا ان الانكار انما يمثل نوعا من الرضا عن الذات.

بَسّ

*but, however; [*see فقط*; only, just; enough!]* {1W}

(Eg) انا كنت زمان كويس قوي في الانكليزي، بس بقى علشان الواحد ما بيمارسش اللغة تلاقي الواحد نساها. لا مؤاخذه، بس يعني بقول نستريح احسن. مافيش حاجة حصلت، مافيش لا صورة ولا أي حاجة، بس كان البيت مِتْروّق ومِتْنضّف. «كدا ولّعوا فيك على المسرح يا بشارة؟» فأجابه بهدوء: «ايوه بس انا طفيّت النار خلاص!»

بَيْدَ أَنَّ
however, although, but {3D}

لم أزد عن هذا القول بيد ان الصحافة ذهبت الى حد القول انني اتهمت اليهود. انه يحكم السودان، بيد ان التيار الاسلامي اليوم لم يعد في نفس القوة التي كان يمثلها سابقا. هذا لا يعني ان الشعر هو وظيفة دينية، بيد ان الشعر هو في ذاته مقدس. انتزع العرب عددا من الفضيات والبرونزيات في الجودو بيد ان احدا منهم لم يفز بذهبية.

غَيْرَ أَنّ
however, but, except that {3D}

وعي المصير المشترك يتزايد مع تفاقم الاخطار، غير ان الطريق الى الخلاص لم يُستدل عليها بعد. لم يكن ابرز افراد تلك المجموعة في البداية، غير ان مكانته سرعان ما ترسخت بالتدريج. كان من المفترض ان ينتهي العمل في الفيلم في شهر تموز (يوليو) الماضي، غير ان المخرج اصرّ على اعادة تركيب مجموعة من المشاهد الاساسية.

لكِنْ، لكِنَّ
but {2D}

البلدان الغربية تحاول ان تفرض نوعاً من الوصاية على العالم لكن المجتمع الدولي «يرفض الوصاية». يقود هذه المجموعة افراد محدودو العدد ولكن غير محدودي القوى. أزعم انني اعرف شيئا عن الخطوط لا نتيجة الدراسة ولكن بفضل الخبرة. عملا معا في المشروع السنوي على مدى ستة اعوام لكنهما انفصلا منذ نهاية ١٩٩٥.

لمس — to touch

جَسَّ
to touch, handle sth {3W}
جَسّ :VN يَجُسُّ
جَسَّ النَّبْض to take the pulse

اقبض على هذا الشيء، اجسّه – انه رائع! اقلّبه تحت النور، اتفحّصه بدقة. هذا ما فعله الدكتور شورر حين جس نبض انطون. أوضحت المصادر ان تحرك الشيخ زايد لم يتحول الى مبادرة وهو ما زال مقتصراً على جس نبض الاطراف المعنية. لا نزال في مرحلة جس النبض لدرس امكان استئناف المفاوضات.

لَمَسَ
to touch, handle sth {2D}
لَمْس :VN يَلْمُسُ

الفرق كبير بين ما نقرأه في الكتب وما نراه او نحسه أمامنا ونلمسه. أكاد ألمس الاشجار والامواج والطيور في آن. عندما تلمس البحر، تلمس الضفة الأخرى. لم أصدق اننا أخذنا الكأس إلا عندما لمستها بيدي. كدنا نلمس بأيدينا حرارة المنافسة الشديدة على كأس أمم أمريكا الجنوبية. عبرت سيدة أمريكا الأولى عن انطباعاتها عما رأته بعينيها وما لمسته بنفسها.

لامَسَ
to touch sth {2W}

صوت الانذار ينطلق من السيارة بمجرد أن يلامس السيارة أو يضغط على أحد أجزائها أي شخص. لامست عجلات الطائرة ارض مطار اسطنبول. تتردد كلمات تلامس قلوب المشاهدين. لامست يداي الصخور والمياه والنباتات التي لا حصر لها. التاريخ لا بد ان يلامس كل شيء. الجبال الشاخة تكاد هاماتها تلامس سقف السماء.

مَسَّ
to touch, handle sth; to infringe upon sth {3D}
مَسّ :VN يَمَسُّ

هناك كوب ماء لم يمسه احد. طاف عقب ذلك بالكعبة من دون أن يمس الاصنام او يقدم لها قرباناً كعادته. ما زلنا على السطوح أو في الظواهر، ولم نمسّ البواطن والاعماق، اي النفوس والعقول. «من يمس حجاب زوجتي او ابنتي، أكسر يده وأقتله ثم انتحر». مضمون حديثه لا يتضمن ما يمسّ احداً. هذه مسألة تمسّ الامن القومي لكل الدول.

ملموس — tangible, palpable

see ملحوظ

مَحْسوس
tangible, palpable; perceptible {2W}

ما زالت آثار هذا الضرر محسوسة حتى اليوم. هذا الوجود الحقيقي يختفي وراء الوجود المحسوس. تحقّق الفكرة البيئوية المعاصرة تقدُّما ماديا محسوسا على صعيدي التراكم الثقافي والحراك الاجتماعي. كان للكتاب تأثير محسوس على الشباب الديني الايراني في تلك الفترة.

مَلْموس
tangible, palpable {2D}

لم يقدم اي ادلة ملموسة لاسناد تهمته. المذابح تصاعدت بشكل ملموس منذ استولى الجيش على الحكم في حزيران (يونيو). الموسيقى تتحدث عن اشياء غير ملموسة. تنعم كوريا الجنوبية بوفرة حقيقية وازدهار مادي ملموس. لا يوجد سبب لتوقع تغيير ملموس هذه السنة. في الواقع هناك تقدم ملموس في عملية السلام مع توقيع اتفاق الخليل.

لمع

to shine

see أضاء

تَأَلَّقَ
to shine, radiate, sparkle {3D}

تألق ناصر فاروق أمام الأهلي فضمه محمود الجوهري لصفوف المنتخب الوطني. وجهها يتألق كالوردة التي توقظها الشمس في صباح ربيعي مندي. «عطش الحب» وصفه الفارس عنترة بن شداد أجمل وصف عندما تألق في عينيه وجه محبوبته عبلة وهو في ساحة الفروسية.

بَرَقَ
to shine, flash {2W}
VN: بَرْق يَبْرُقُ
there was lightning برقت السماء

ان الاضواء، التي لم تنطفئ طوال الليل، تبرق اكثر من اي وقت مضى. ترعد السماء وتبرق. عيون ماكرة برقت في العتمة. قد برقت عيناها بريقا جهنميا. النهر تحول لونه إلى اللون الفضي الذي يتماوج ويلمع ويبرق ويعانق أشعة الشمس.

سَطَعَ
to shine {3W}
VN: سَطْع يَسْطَعُ

الشمس تسطع على كل ما أمتلكه. شمس العرب تسطع على الغرب. المرأة هي الضوء تسطع كنجمة في عتمة الروح. سطع فجر الحب. كانت حضارات ما قبل الاسرات الفرعونية تتألق وتسطع في بلاد النوبة منذ بداية العصر الشيني.

أَشْرَقَ
to rise (sun)*; to shine* {3M}

شمس الاسلام تشرق على البلاد. أشرقت على الدنيا بأكملها شمس الحضارة المصرية الخالدة. شمس الوفاق ستشرق علينا. ان نظاما عالميا جديدا تشرق شمسه.

تَلَأْلَأَ
to shine, glitter {3M}

تلألأت امام بن غوريون فرصته الذهبية. ان البذرة تتلألأ في التربة المحروثة. البيت العميق الخالي يتلألأ بألف شعاع. تتلألأ عيونه بدموع الحب وهو يقول لي ذلك. هي تتلألأ كأنها قطعة من القمر. أصبحت نجما يتلألأ في سماء الفن.

لَمَعَ
to shine, sparkle {2D}
VN: لَمَعان يَلْمَعُ

لمعت أخيراً اسماء ممثلات فرنسيات على شاشة السينما الاميركية. لمعت عيناه ببريق الانتصار. أحس الحياة من حولي مليئة باللآلئ التي تلمع بعيدا. بدأ اسمه يلمع وبدأت الحانه تنتشر. فجأة لمعت فكرة عجيبة في رأس احدى نساء القرية. ليس كل ما يلمع ذهبا.

أَوْمَضَ
to flash, twinkle; to gleam; [to wink] {3M}

كنت في الثلاثين عندما تعرفت اليها، وكانت هي في الخامسة والعشرين، وها أنذا في الستين من عمري، وما تزال هي في الخامسة والعشرين من عمرها تومض في سمائي وخيالي مثلما تومض النجوم كل ليلة. كل ما احسسته ان شيئا يومض داخلي ويضيء لي المعنى الذي كان مستعصيا علي. ان الذي مات كان أنا، بينما بقيت هي حية تومض كالنجوم في سماء هذا العالم.

to devour التهم

see أكل

اِزْدَرَدَ
to gulp, devour sth {3M}

يلاحقنا الموت في كل خطوة نخطوها ولقمة نزدردها وشربة ماء نحتسيها. جعلت انظر ساعة الى هؤلاء المخلوقات يأكلون وينهشون ويزدردون. وجدتني ارتبك قليلا بينها ازدرد ريقي الجاف. كان هؤلاء الضباط القساة يجلسون على شرفات البيوت يزدردون اللحم المشوي ويصيخون السمع لموسيقى يعزف ألحانها موسيقيون عراة أوثقوا بحبال غليظة الى الأعمدة.

اِفْتَرَسَ
to devour sth {2W}

الجوارح على رغم كل شيء، لا تفترس الاّ الضعفاء. يفترسني هذا السؤال. رفض الاسد ماقلته له وافترس الارنب. تفترس الصهيونية القدس وخصوصا جبل أبو غنيم. يفترسهم الجوع والمرض والخوف. الغيرة: وحش يفترس الحب وهو يدافع عنه. وحش الوحدة يفترسني.

لَحَسَ
to devour sth; to lick sth {2M}
VN: لَحْس يَلْحَسُ

الآن يلحس الجمهور كل ما حولنا كما يلحس الثور خضرة الحقل. امرر السكين على وجه التورتة فيكشط الكريمة الزائدة، واصنع وردة كبيرة في المنتصف، ووردات صغيرات على الحافة بينما يجلس عمر بجواري يلحس الكريمة بأصبعه. راحت تلحسني بنظرات سخنة خشنة. في الغرب لا يقبل الناس أطفال الناس، اما في الشرق فيلحسونهم لحساً. ألزمه بأن يلحس حذاء العسكري.

اِلْتَهَمَ
to devour sth {3D}

ليس هناك في عالم النمور الوحشية نمر يلتهم نمرا آخر. سرعان ما يلحقها الذئب المفترس فيلتهمها بعيدا عن الأعين دون أن يدري أحد. الزيادة السكانية تلتهم أي زيادة في الانتاج. في الاستيطان سرطان يلتهم الاراضي الفلسطينية. البحر سوف يلتهم الدلتا آجلا أو عاجلا. الحرائق تلتهم غابات لبنان. الحكيم سريع القراءة يلتهم الكتاب الواحد في يوم أو اثنين.

---

to pollute لوّث

دَنَّسَ
to soil, stain, pollute sth {3W}

ينبغي أن تظل كذلك دون أن ندنس ثوبها الأبيض بإهالة التراب عليها. هي امرأة فاسدة ومفسدة ويجب بترها من المجتمع حتى لا تلوثه وتدنسه. يجب حماية أرضنا وسمائنا ومياهنا من أن يدنسها عدو أو طامع. القانون لم يجعل له عقابا مادام لم يدنس فراش الزوجية. ما وطئوا ارضاً إلا دنّسوها. الصراع لن ينتهي ما دامت اسرائيل تحتل ارضنا وتدنس مقدساتنا.

لَطَّخَ
to stain, soil sth {3W}

قالت ان البلاط في قصر الحكمدار ناعم ورطب ولا يلطخ الجلد مثل تراب الحارة. دم الأضحية يلطّخ السيارات. كيف يلطخ أربعة ضباط سمعة دولتهم بهذا العار المشين؟ أكد الرئيس الروسي ان العلاقات الثنائية «جيدة لم تلطخها بقع سوداء». لطّخت يديها بدم الأبرياء. إن العيد الكبير سيلطخ ارض فرنسا في السابع عشر من نيسان (ابريل) بدماء الخراف.

لَوَّثَ
to pollute sth {3D}

المحارق تلوّث الهواء. يذبحون الكباش والخراف في عيد الأضحى ويلوثون أيديهم بدمائها. قال بيان لوزارة الخارجية إن التقرير يلوث سمعة الصين. المصالح الشخصية لوثت الحياة النيابية. يخرب البيئة ويلقي الأوساخ في الشوارع ويقطع الاشجار ويسحق الزهور ويلوث المياه. قال ان المحاكمة كانت «سياسية لوثت سمعة القضاء الألماني».

مَرَّغَ
to roll (in the dust) {3M}

يمرغ افواهنا باللبن. اغضبه وجعله يتوعدها بأن «يمرغ اسمها في التراب». قد أنزل الشاعر اللغة من عليائها ومرّغها في وحل الواقع والحياة اليومية. هؤلاء جميعا مشركون منذ تمردوا على كنيستهم، ومرغوا هيبتها في الوحل. عرفت في آن كيف تمرغ سمعة الملكية البريطانية في التراب.

نَجَّسَ
to soil, dirty, pollute sth {2M}

ليس ما يدخل الفم ينجّس الإنسان بل ما يخرج من الفم هذا ينجّس الإنسان. كل من مسّ ميتا ولم يتطهّر ينجّس مسكن الرب. هل مسّ الكلب ينجّس يد لامسه؟ الحذاء المصنوع من جلد حيوان غير مذبوح وفق قواعد الذباحة الشرعية، لا ينجّس الرجل التي فيه.

وَسَّخَ
to soil, dirty sth {2M}

لم يوسخ يده لا بالمال ولا بالدم. الكبار يريدون دمية كأطفالهم لا تبكي ولا تصيح ولا توسخ ثيابا. هم بهذا يوسخون سمعتنا. هل ترضى أن يوسخ سيارتك أحد؟ بقي كذلك دون أن يوسخ ثيابه. لا ينبغي ان توسخ يديها بوضعها في ايدي الجماهير الأمية البائسة.

لوّح
to wave, signal

see أشار

أَشَّرَ
to gesture (with the hand) {1M} (Coll)

(Eg) أشّر لها تقول لاء. عاوز أركب تاكسي؛ ممكن تأشر لأول تاكسي تشوفه؟ (Lev) لازم أوقف عشان الشرطي أشّرلي.

أَشارَ
to signal, make a sign ب *with* (a body part)*; to point* إلى *toward; to direct* على *sb;* [see أشار*; to point, refer* إلى *to, indicate]* {3D}

أشار برأسه متجهما انه سيفعل ما تسمح به ظروفه. الرئيس ياسر عرفات يشير بعلامة النصر. ظل يلتسين يصر ويكرر ويشير بأصابعه في الهواء. أشار لي السائق الى مكان اللجنة. أشار لهم بعلامات استفزازية فهتفت الجماهير ضده. أشعر بحاجتي إلى من يشير علي وينصحني ماذا أفعل مع أمي.

لَوَّحَ
to wave ب *sth* (hand, flag)*; to signal, hint* ب / إلى *sth* {2D}

طفحت وجوههم بالبشر والبهجة، وراحوا يلوحون بأيديهم تعبيرا عن الانفعال والنشوة. لوح المتظاهرون بالعلم الألباني وهتفوا بشعارات مؤيدة لحلف الأطلنطي. باكستان تهدد بوقف محادثات كشمير والهند تلوح باتخاذ اجراءات أخرى. يلتسين يلوح بالورقة النووية لكلينتون ويحصل على تأييد الصين. دنكتاش لوّح إلى إمكان تعليق مشاركته في المحادثات.

أَوْمَأَ
to signal إلى *to sb; to symbolize* ب / إلى *sth* {3W}

أومأت الى مائدة في الركن. أومأ لي بحركة تدل على انه لا يوجد أحد. أومأ اليّ للدخول واعطاني بعض النقود لاشتري له علبة سجائر. إذا أومأ الحب إليكم فاتبعوه! الزهرة تومئ إلى الرقة والبراءة والحرية والحب. حاولوا أن تلتقي عيونهم بعيني ليومئوا بتهنئتهم لي. وجدت في هذا الحادث ايماء الى ان بقائي في السودان أصبح احتمالاً ضعيفاً.

ليّن
soft

رَخْو
loose; limp; soft {2M}

أحسست بلذة تنعش جسدي الرخو، نزعت قميصي وسروالي وقفزت الى الماء. الأرض تحت اقدامنا رخوة. إنه نظام يحول الشعب إلى جمهور، والقانون إلى عجينة رخوة. أما نحن فأدبنا مائع رخو، ادب نواح ودموع وضعف. على خاتمي أن يكون أكثر صلابة وأن لا يكون رخواً.

لَدْن
soft; pliant {3M}

(في الباليه) تمايلت أجساد لدنة رشيقة على توقيعات ألحان عالمية. إذا قل المحتوى المائي للتربة عن هذا الحد فتصبح التربة غير لدنة. «ستايرين» مادة لدنة تستخدم في صناعة البلاستيكية.

لَيِّن
soft {2W}

تسعى الجزائر الى استيراد ٥٠ ألف طن من القمح الليّن. الأميركيون يفضلون التعامل مع دول ضعيفة وليّنة. يتعين علينا ان نعالج هذه المسائل بقلوب ليّنة وبعقول قوية. سيتخذ الاجراءات اللازمة لمكافحة «الأموال اللينة».

مَرِن
pliant, soft, flexible {2W}

بدأ مشروع الكابلات المرنة. هذه البطاقات مرنة والذي يبيعها يعرف المشترين وتعوّد عليهم. انقل القرص المرن الى كومبيوتر متوافق وارفق الوثيقة او الوثائق المضغوطة برسالة الكترونية. ناشدهما «التزام مواقف مرنة» من اجل تحقيق اتفاق.

ناعِم
soft; delicate, fine {2W}

السفارة النرويجية في القاهرة كل العاملين فيها من الجنس الناعم. الموسيقى الخفيفة الناعمة تسر القلب وتروق الدماغ. البرغل الناعم والخشن حصيلة للقمح المجروش بعد سلقه وتجفيفه. اوضح ان مصفاة السكر هي الآن على ابواب انتاج السكر الناعم. شعرت بأن هذا التراب الناعم الرطب ليس ترابا بل هو جثث مسحوقة.

why لماذا

اِشْمَعْنَى
why {1M} (Eg)

تؤكد ضرورة الانضباط في الشارع المصري حتى تكون الشرطة قدوة للشعب في السلوكيات دون ترديد كلمات اشمعنى أو أنا مالي. اشمعنى متكلموش؟ اشمعنى أنا باكون موجود؟

لِمَ
why {3W}

ولم لا!؟ لم لا نجد احتراما ولا استقرارا للفنان التشكيلي؟ بريطانيا غابت عن اللقاء واكتفى الكل بالوجود الأمريكي، ولم لا، فأمريكا هي الضامن والحامي لدولة إسرائيل وإبقائها مهيمنة. لم لاتساعدها في إحداث انقلاب.

لِماذا
why {3D}

لماذا لا تفعل مثلهم؟ لماذا انتظر شامبليون عامين.. في حين انه كان يعرف كل شيء؟ لماذا البيعة لمبارك؟ لماذا يفضلون الاجنبي؟ لماذا هناك رجال ونساء في العالم العربي والاسلامي يستحلون ان يضحوا بحياتهم بارادتهم في مواجهة المشروع الصهيوني والاحتلال الاسرائيلي؟

ليش
why {1M} (Lev)

ليش ما تنام يا بابا؟ «ليش بدّو بيعمل مسرح، البلد كله صار مسرح». «ليش الكل قاعدين وانا واقف».

ليه
why {1M} (Eg)

ليه أولادي يموتوا بهذا الشكل الوحشي؟ انت ليه بتهاجم الدنيا؟ أسأل: ليه كل ده؟ أنا حازعل منك ليه؟ انت عملت حاجة تسيء لي؟ طيب انتم بتتعبوا نفسكم ليه مادام ما عندناش أحسن منه.. بلاش ترشيح وبلاش استفتاء. غاب عني بقاله يومين معرفش وحشني ليه.

---

enjoy تمتّع

اِنْبَسَطَ
to enjoy oneself, have a good time {1M} (Coll)

(Eg) انبسط من هذا الكلام. انبسط كثيراً لانه علم انك جاية معنا. عاوز تجرب الشاورمة اللي تجنني.. وبعد كده تقعد وتنبسط وانت بتشرب الشيشة المتميزة.

سُرَّ
(pass) *to enjoy* ب *sth, take pleasure* ب *in sth* {3M}
يُسَرُّ

قبلناه منهم وسررنا به وشكرناهم عليه. ما أقل عدد المساجين وذويهم الذين سروا بالعفو، وما أكثر عدد المساجين وذويهم الذين خاب أملهم فيه. سيتم عما قريب إن شاء الله إنشاؤه، لتسر به نفوس، وتنقبض نفوس.

تَلَذَّذَ
to enjoy, delight ب *in* (often in harming others) {2M}

أرسله معنا غدا لكي يتلذذ بأكل الفواكه، وليأخذ قسطا من اللهو واللعب. الطفل يتلذذ بتعذيب حيوان. تتلذذ بايقاع الألم على الضحية. اللذة لا تدوم، فنحن نتلذذ أو نلتذ بأكلة معينة أو مشروب معين وقت ممارسة الفعل، وما بعدها بوقت قليل، في حين أن السعادة تتصف بطول الزمن.

تَمَتَّعَ
to enjoy ب *sth, be blessed* ب *with* {2D}

كانوا منذ عام ١٩٧٤ يتمتعون بالحكم الذاتي. تتمتع بإعفاء ضريبي مدته عشر سنوات. اوضح ان جميع حجاج البعثة يتمتعون بصحه جيدة خلال فترة تواجدهم في المدينة المنورة. من حق المواطن ان يتمتع بحرية التنقل والسفر.

اِسْتَمْتَعَ
to enjoy ب *sth* {3D}

استمتعوا برحلة نهرية في النيل. يكفيه أن القارئ يستمتع بكل كلمة يقرؤها له ويستجيب لما يكتب. أنا استمتعت بالعمل معه خصوصا أنه اختار فيلما بهذا الحجم وهذا الموضوع.

نَعَمَ
to enjoy ب *sth, be blessed* ب *with* {3W}
يَنْعَمُ

لم تكن المناطق الأخرى تنعم بنفس المزايا. نريد أن نقوم جميعا معا ببناء أوروبا تنعم بالاستقرار والأمن والرخاء. تلك البنوك تنعم حاليا بدرجة كبيرة من الاستقرار بفضل استقرار المناخ السياسي.

property متاع

عَقار
real estate {2D}

ارتفعت اسعار الاراضي والعقار. اشترى العقار بهدف بيعه ليهود. سيقام على العقار الجديد مشروع شقق سكنية ومكاتب ومطعم اوروبي في الطابق الارضي. اشترى لها شقة اخرى في العقار الرقم ٥٠ شارع متحف المطرية قيمته ٥٠ ألف جنيه. يملك وزوجته عقارا قيمته ١١٨٩ مليون روبل.

مَتاع
property, goods; luggage {2W}
pl: أَمْتِعَة

يعرضون عليها الأموال والمتاع. حمل متاعه المؤلف من كيس ونمرة. حمل متاع سائح أميركي الى الفندق. ينزل متاعه من على حماره الصغير. وجدنا جميع ما نملك من متاع وملابس في الشارع. كانوا يسعون وراء متاع الدنيا. قام بطرده من القطار وألقى أمتعته خلفه. الراكب مسئول عن حراسة الأمتعة. تركوه هو وزوجته في العراء بلا امتعة ولا نقود ولا طعام.

مِلْك
property, possessions {2D}
pl: أَمْلاك

استردوا ملكهم في تلمسان. يجب ألا تعتدي على أملاك الغير. كل المنازل والأملاك التي صادرتها الحكومة بين ١٩٦٨ و١٩٩٧ «ستعاد الى أصحابها الشرعيين». تطالب المحامية المصرية استرداد أملاك اجدادها من عائلة الزيني في مدينة القدس.

مُمْتَلَكات
possessions {2D}

قامت القوات الاسرائيلية بشن هجوم على قرية السموع، وانزلت بسكانها خسائر جسيمة في الارواح والممتلكات. ممتلكات ابناء الجالية اللبنانية نهبت بأكملها تقريبا. يتجول السائح ليلا على الشاطئ مطمئنا على حياته وممتلكاته. شريف رجل الاعمال الغني وضع اسم زوجته وأولاده على ممتلكاته. يتعين على كل من له ممتلكات لا يستهان بها ان ينظر في وضعه الضريبي.

example مثال

قُدْوَة
model, example {3D}

ينظر إلى الفنان كقدوة يقتدي بها ويقلدها في كثير من الأحيان. كونوا قدوة ومثالاً في المواطنية والمسلكية كما انتم قدوة في حب الوطن وخدمته. الزعيم الليبي «أصبح القدوة الجديدة للشعوب منذ انهيار الشيوعية». تلك النوعية من الناس يجب أن تكون قدوة للعامة. اذا لم يعاقب الجاني فربما يصبح قدوة.

مَثَل
likeness, example; model; [proverb, adage] {2D}
pl: أَمْثال

الفشل في دمج عرب ١٩٤٨ مثل واضح في هذا السياق. كان مثلي الاعلى المرحوم حسين فوزي. قد يكون المثل الافغاني خير دليل على ان النظام الدولي الجديد عاجز عن السيطرة على توازن وتطور العلاقات الاقليمية الدولية. المثل الاوضح هنا الشراب الذي يحمل اسما مركبا.

مِثال
example, model {2D}
pl: أَمْثِلَة

المثال الأوضح على ذلك هو الرئيس بوريس يلتسن ومشاكله مع البرلمان. هل نتبع مثال ايلين هاغوبيان، ام نتبع طريق جيلنا؟ لماذا نتبنى المثال دون الواقع؟ تشكل افغانستان مثالا آخر على هذه المشكلة. ما النماذج والامثلة للديموقراطيات المطبّقة حتى الآن. من الأمثلة على ذلك قيامنا بمساعدة العملية التى ادت الى اتفاق الخليل.

أُمْثولَة
example; warning; lesson {3W}
pl: أُمْثولات

قد كان السودان أمثولة للوحدة الوطنية ونموذج التعايش العربي الافريقي. نأمل ان تكون زيارته للبنان امثولة في هذا المجال. إن ذكرياتي لا بد ان تكون امثولة للناس. هذه امثولة من امثولات الارشاد الرسولي موجهة الى كل منا. يضع أمامهم الأمثولة والقدوة لكي يتبعوا خطواته.

نَموذَج
pattern, model, example {2D}
pl: نَماذِج

تتخذ الكاتبة من الأسرة عينة أو نموذجاً يصلح للتعميم. بذلك يصبح داني وباز نموذجاً لكل الشباب الاسبان. هل لا يزال الغرب متمسكاً حقاً بنموذج الديموقراطية الغربية؟ جدد اقتراحه ان يكون حل القضية الفلسطينية على غرار نموذج جنوب افريقيا. النمط التركي للعمارة الاسلامية لا يزال يمثل احد ابرز النماذج المعمارية في الجزائر على رغم ما اصابه من اهمال الزمن.

مجّاناً — for free

see رخيص

ببلاش
for free, gratis {1M} (Coll)

عودتي الى الأهلي ليست محل شك حتى لو لعبت له ببلاش . ذلك في مقابل رسم زهيد لا يتجاوز خمسة واربعين جنيها، حاجه ببلاش كده. هل تقبل ان تعمل «ببلاش». هل أرواح اليهود وحدها غالية والعرب ببلاش. الكلام ببلاش لا يكلف قائله شيئا. (Eg) يدّي كورس إنجليزي ببلاش.

دُونَ مُقابِل
for free, without compensation {3W}

يعمل حاليا (دون مقابل كما اعتقد) في قصر لامبث مستشاراً للشؤون الخارجية. فكرة صندوق الدعم تقوم على التبرّع من دون مقابل. الشاعر يقدم لقرائه حقيقة الحياة من دون مقابل. كانوا يساعدون الناس من دون مقابل. لن تتم من دون مقابل.

مَجّاناً
for free, gratis {3D}

الفيلم من انتاج التلفزيون المصري الذي يمنح الاعلانات مجاناً لادارة المهرجان. هي الأولى في سلسلة مسرحيات تقدمها دار الايتام الاسلامية مجانا على مسرح «صرح الخيرات» التابع لها. أنصح القارئ مجانا واقول له ألا يمارس اي رياضة، لأنه اذا كان صحيحا فهو لا يحتاج الى التمرين، واذا كان مريضا فلا يجوز له ان يتمرن. «تي شيرت» من جورجيو أرماني تقدم مجانا عند شراء أي عطر من جورجيو أرماني.

مَجّاني
for free, gratis {2D}

ستقدم الفنادق المشاركة ميزات اخرى للزوار، مثل الاقامة المجانية لطفلين (تحت سن ١٢ عاما) في غرفة والديهما. كان على الفلاح ان يمارس ايضا عددا من الاعمال المجانية بالكامل كبناء قصور المشايخ والامراء وتعبيد الطرقات. سيقام اليوم الاحد مزيد من الحفلات المجانية في الحدائق العامة يقودها نجوم السينما والموسيقى. يمكن الحجز مباشرة بالاتصال بأرقام الهواتف المجانية المتوافرة في نشرة «عطلة العيد» التي اصدرتها مجموعة هوليداي ان.

امتحان — exam, test

اِخْتِبار
experiment, test; experience {2D}

خاضت البرازيل اختباراً غير ناجح قبل ٤ ايام من انطلاق دورة فرنسا الرباعية. اجتاز اختباره الاول بنجاح على حساب المريخ في الدوري. المباراة اختبار جيد للطرفين. اما المسرح فاختباري فيه حديث. كان استخدام هذا الغاز القاتل عام ١٩٩٤ اول اختبار تقوم به الجماعة لهذا السلاح. أعلم انني سأواجه الاختبار العسير ذاته.

فَحْص

(medical) *examination, checkup;* (scientific) *test* {2D}

طلب هؤلاء السياسيون اجراء فحص كيميائي للرماد لكن المحكمة العليا رفضت الطلب. سمح له باللعب وفرض عليه اجراء فحص بعد كل مباراة. اثبتت اجهزة الفحص الدقيقة ان هذه المورثات تحملها اجسام بروتينية دقيقة جدا. أجرى الأطباء في هذه الدراسة الجديدة فحصاً للدم لأربعة أجيال من عائلات بريطانية بدا المرض عندها.

تَفَحُّص

examination {3W}

لا يحتاج الامر الى تفحّص عميق لكي ندرك ضعف المعارضة العراقية وتشتتها وتشرذمها. لم يخضع بعد للتفحص التاريخي والاجتماعي.

اِمْتِحان

exam, test {2D}

pl: اِمْتِحانات

اراد عبدالرحمن بدوي ان يدخل امتحان الماجستير دون ان يكون قد قيد اسمه له. اجتاز امتحان الثانوية العامة. هل سقط المجلس الدستوري امام اول امتحان؟ هي اليوم أمام امتحان كبير قد يكون الأخير. ذُكر ان التنفيذ سيتم في الشارع المقابل للمدرستين في غياب طلابهما خلال اجازة تمتد حتى اجراء الامتحانات النهائية منتصف الشهر المقبل.

---

to erase

محا

see دمّر، ألغى، أزال

حَذَفَ

to eliminate, cross off, delete sth; to cancel sth {2W}

يَحْذِفُ VN: حَذْف

فوجئت بان الرقابة حذفت اربعة مشاهد خاصة بي من الفيلم. حذفت السعودية مشاركتها في كرة المضرب. أضاف في تصريح على هامش أعمال المجلس انه تم حذف البندين اللذين طالب العراق بإدراجهما على جدول الاعمال. طالبت السلطات حذف الاغنية من الالبوم كشرط لدخول الالبوم.

شَطَبَ

[to slice]; to cross out, erase, cancel sth {2W}

يَشْطِبُ VN: شَطْب

اللجنة شطبت الاتهام ضد فتحي احمد علي بعد وفاته. نشرت نص المقابلة بعدما شطبت الجزء المتعلق بمسألة الخلافة. من مات يشطب اسمه، ومن بلغ السن القانونية للانتخابات يضاف. هل سيشطب الفصل السابع من ميثاق الأمم المتحدة؟ بريطانيا تشطب ٢٣١ مليون جنيه استرليني من ديون «الكومنولث». نتانياهو يحاول افتعال مشكلة حتى يشطب اوسلو.

طَمَسَ

to erase, wipe out sth {3W}

يَطْمِسُ VN: طَمْس

رأيت غمامة داكنة تطمس البريق الأخضر في عينيها. يطمسون الحقائق عن عمد. يعملون على طمس الحدث، أو تمويه الحقائق. الحرب تطمس الوجوه والاسماء والهويات الفردية. يحاولون أن يطمسوا الآثار العربية في القُدس. هناك مشاكل كثيرة لم يطمسها فوز نتانياهو. لن يقدروا ان يطمسوا كلمة واحدة من القرآن الكريم.

مَحَقَ

to erase, destroy sth {3M}

يَمْحَقُ VN: مَحْق

جاء ليقيم العدل ويمحق الظلم ويحمي حقوق الناس. أسأل الله أن يجعل للحق من لسانك سيفا يمحق الباطل. هذه المواد كانت تمحق الآفات القديمة، وتؤدي الى آفات جديدة وامراض حديثة. كم من معالم تحولاتنا التاريخية قد محقت.

مَحا

to erase, do away with sth {2W}

يَمْحو VN: مَحْو

أعلن أنه سيحارب الفساد ويمحو روح القبلية. يريدون أن يمحوا اسم الإسلام من العالم كله. كلام الليل يمحوه النهار. يحاول النادي ان يمحو الصورة الهزيلة التي قدمها في مسابقة كأس دوري خادم الحرمين. أراد أن يمحو أخطاء الماضي ويعيد كتابة التاريخ من جديد. يهتم المجلس حاليا بقضايا محورية في مصر هي التعليم ومحو الامية وتعليم الكبار.

مخّ
brain

see عقل

دِماغ

brain, head {2D}
pl: أَدْمِغَة
غسيل دماغ brainwashing
هجرة الأدمغة brain drain
وجع دماغ (Eg) headache

كانت البنت الصغيرة تضع الأحذية فوق دماغها وتلطم خديها وتقول: يا بابا! أضافت ان حجم الدماغ أقل أهمية من عدد الخلايا العصبية. دماغ المرأة يتقلص اثناء فترة الحمل. توفي أمس في عدن بعد معاناة من سرطان في الدماغ. أصبح الترانزستر الدماغ الالكتروني لأنواع اللعب والساعات اليدوية والهواتف الخليوية. إن الاطفال يتعرضون لعملية غسيل دماغ تجعل العنف والانحراف جزءاً من شخصيتهم. غسل الأميركيون دماغي. أذربيجان تعاني من هجرة الأدمغة وتراجع المستوى الأكاديمي. (Eg) بلاش وجع دماغ!

مُخّ

brain, mind {2D}
pl: أَمْخاخ

إنه أسلوب جديد لتوصيل أدوية السرطان للمخ. من الممكن أن يصاب بنزيف في المخ. هنا لابد من التفريق بين المخ والعقل ـ فالمخ هو العضو المادي. هذه الدراسات تدعو العلماء إلى إعادة النظر في كيفية تطور المخ البشري. كفاك جنوناً، وضَعْ مخّك في رأسك يا قيس. افتح مخك واقفل فمك!

مدح
to praise

أَبَّنَ

to celebrate, eulogize sb {2M}

مديرية التوجيه تؤبن الشهداء الستة. الصورة الوحيدة المعلقة في مكتب رئيس الاركان هي صورة رئيس الوزراء الراحل اسحق رابين الذي أبّنه الجنرال شاحاك. بدا كأنه يؤبن الحقبة الماضية كلها مسميا رموزها المحليين والعالميين والعالم ثالثيين، بالاسماء.

أَثْنى

to praise على *sth* {3D}

يثني التقرير كثيراً على السياسة المالية الخاصة بالبحرين والسعودية. نثني الان على الروح التي تبدت في الأيام الأخيرة. يرفض ان يثني عليه أحد. ومع ذلك نمتدحها ونثني عليها، وندينها في الآن نفسه.

حَمِدَ

to praise (God) {2D}
VN: حَمْد يَحْمَدُ

نحمد الله على توفيقنا. نحمد الله ان أعاننا على القيام بواجب الضيافة. ارحموا أهل البلاء، واحمدوا الله على العافية. حمدت الله انه لم يذهب بعيدا ولم يدخلني في ورطة. رفع يديه الى السماء ليحمد الله على النعمة التي منّ بها على الجمهورية.

سَبَّحَ

to praise (God) {2M}
[Form I: to swim]

أسبح الله وأحمده وأستغفره. جلس قبالة خيمته يتأمل خلق الله ويسبح بحمده. سبح باسم ربك العظيم.

أَشادَ

to praise ب *sth; [to construct]* {3D}

أشاد جابر بسياسة وزارة النفط اليمنية. أشادت صحيفة «طوبيا» الاثيوبية امس باتفاق سلام بين الحكومة السودانية وفصائل من جنوب السودان يتوقع ان يعلن رسميا غدا. أشاد بطرس حرب «بالنتيجة التي توصل اليها المجلس الدستوري». أشاد بالطلاب الذين انخرطوا في صفوف القوات الحكومية. كنا حينئذ نصفق له ونشيد بذكره.

أَطْرَى

to praise sth/sb or على *sth/sb* {3M}

اذاعة صوت اميركا امتدحته وأطرت على الترحيب الذي قوبل به المطالب بعرش ألبانيا. في المناسبة، حين دعاني لمرافقتكم الى هنا أطرى زوجك كثيرا قال انه اشهر طبيب اطفال في العالم.

قَرَّظَ

to praise sb/sth {3M}

قرظت مرتكبي ذات الأفعال بأنهم مناضلون من أجل الحرية. تتالت البرقيات بعد نشر هذا الخبر تقرظ الحاج عفيفي على هذه المبادرة. كان العقاد في وقت ما من المعجبين بمصطفى صادق الرافعي، حتى إنه قرظ كتاب المساكين الذي أصدره الرافعي سنة ١٩١٧.

مَدَحَ
to praise sb/sth {2D}
مَدْح :VN يَمْدَحُ

وفي دقائق معدودة خرجت جوقة المهللين تمدح الاتفاق وتثنى على المفاوضين. إنها الفئة الاجتماعية الوحيدة التي تمدح نفسها علنا بسبب امتلاكها للقلم والدواة والورقة والكتاب. عمله أن ينتقد لا أن يمدح، مع أنه قد يدافع عن هذا البلد أو ذاك. بعضنا يمدح الماضي بدون تحفظ. غدت علاقته مع الشعراء قوية فدافع عنهم وحماهم وجاد عليهم فمدحوه مدحا صادقا.

اِمْتَدَحَ
to praise {3W}

امتدح يلتسن جهود الرئيس الشيشاني أصلان مسخادوف في تأمين الافراج عن أربعة صــحافيين روس كانوا خطفوا قبل ثلاثة أشهر. امتدح الشيخ صباح تعاون المجلس مع الحكومة. وامتدحت الصحيفة تصريحات لوزير الخارجية الالماني. امتدح دور مصر وسياستها الجريئة. يمتدح التقرير السياسة التسامحية للرئيس مبارك، خصوصا في التصريح ببناء الكنائس.

نَوَّهَ
to praise, extol ب *sth; [to allude to]* {2D}

نوّه المجلس بدور البرنامج وجهود ادارته خلال الفترة المذكورة. نوه رئيس الحكومة بنتائج زيارته للمغرب. الأمير سلطان ينوه بالتعاون مع اليمن. أمير البحرين ينوه بالسياسة الأميركية في الخليج. الجامعة تنوه بجهود الشيخ زايد لتنقية الاجواء العربية.

مدّ to extend, stretch

طَوَّلَ
to lengthen sth, stretch sth out {2M} (Coll)

(Eg) الله يطوّل عمرك. عليه ان يطوّل باله. بس طوّل بالك!

أَطالَ
*to extend, prolong sth; to do sth for a long time [*see استرسل*; to speak at length about]* {3W}

أطال الحديث عن صديقه المؤرخ وأعطاه حصة كبيرة في مذكراته. الشعور بالجوع يطيل العمر. أطال الله عمر شاعرتنا. كشفت النتائج عن أن العلاج يطيل في أعمار النساء فترة ١٤ شهراً. قدمت وثيقة سفري فأطال رجل الأمن النظر فيها.

مَدَّ
to extend, stretch sth {2D}
مَدّ :VN يَمُدُّ

رئيس الجلسة لم يمد الوقت ليستمع إلى تفاصيل ورقة العمل. أجل الأمر إلى شهر أغسطس وبعدها مدّ الأجل لما بعد الاستفتاء. حفروا حوله بئراً ارتوازية ومدّوا الأنابيب. يجب ان يمد اليد الى مجموع الشعب وليس الى المسيحيين فقط. كيف نرفض أن نمد أيدينا لاخواننا وابناء ديننا وعروبتنا ووطننا وأهلنا؟

مَدَّدَ
to extend, prolong sth {2D}

سلطات الاحتلال «مددت اعتقال الطالبة خمسة عشر يوماً». فترة الحداد على الزعيم الأكبر الراحل قد مددت الى ثلاث سنوات. مددت المهلة حتى مساء امس الجمعة. مددت فترة الحبس ٣٠ يوماً. مددت الأجازة لفترة أخرى لكي أقدم لأطفالي ما يحتاجون إليه من رعاية.

مَطَّ
to stretch, extend (usu. the lips) {2M}
مَطّ :VN يَمُطُّ

كان احياناً يمط شفتيه من دون ان يوجه نظرة واحدة الى القاعة. انها أداة لاراحة اللاعبين تمطّ مختلف العضلات، بما في ذلك عضلات أوتاد المأبض وباطن الركبتين. كان سيد معلماً في ايقاع الكلمة الملحنة، اذ كان يقطعها ويمطّها. قد تقولها وأنت تتنهد وقد تقولها وأنت تمط شفتيك.

وَسَّعَ
to expand, extend, widen sth {2D}

حاولت ان اوسّع اطارها التاريخي. هذا يوسّع الإمكانات التسويقية للجهاز عالمياً. فوائد السفر انه يوسّع الآفاق. يفتح المنافذ ويوسّع الفتحات. جعل الجيش يوسّع المراقبة. في اثناء ذلك وسّع بيسارو من دائرة اصدقائه.

period of time مدّة

see عصر

حِقْبَة

a long stretch (of time); *period, age* {3D}
pl: حِقَب، أَحْقاب

تعتبر الحقبة القادمة حقبة الصراع على المياه في منطقة الشرق الأوسط. في بداية حقبة التسعينات تعاقدت مع نادي مونبلييه. هذه هي الحقبة التي تدور فيها أحداث الرواية. المبادئ الأساسية تظل صالحة حقبة بعد حقبة وقرنا بعد قرن. انها البلد الذي كان في الاساس، قبل هذه الحقبة، بلد الاقتصاد المستقر القديم.

دَهْر

a period (of time); *eternity* {2W}
pl: دُهور

الأمم لا تغفر أبد الدهر للمتخاذلين. يقول عن نفسه إنه أحد الخالدين وإنه سيعيش إلى آخر الدهر. اللحظة الواحدة تبدو كما لو كانت دهرا طويلا من الزمن. كل ما تعلمناه على مدى الدهر أصبح بضاعة للتصدير. الاسبوع مر كالدهر. هرب عنه برهة من الدهر.

رَدَح

(long) *period* (of time) {3W}
رَدَحاً مِنَ الزَمْن for a (long) period of time

الجيش الروسي كان يهدد الكرة الأرضية ردحا من الزمن. أخذت الدراسة فيها ردحا من الزمن. لم نتحرك على مدار ردح طويل من الزمان نحو التقدم. ولد الكاتب في القدس وعاش في مصر ردحاً وفي لبنان ردحاً وفي اميركا قرابة اربعين عاماً. عاشت ردحاً من طفولتها في الصين.

فَتْرَة

period (of time) {2D}
pl: فَتَرات

كان رئيسا للوزراء في تلك الفترة. أكد ايضاً ان فترة الاعداد التي سبقت الحضور والمشاركة كانت متواضعة. طوال فترة الحرب الاهلية وما بعدها غاب الانتاج السينمائي اللبناني. لدينا برامج ممتعة للغاية خلال فترة الصيف. خلال فترة حكمه اجتاح تيمورلنك بلاد الشام. تلك الفترة كانت الفترة التي بدأت فيها صحته تتدهور. الحرمان من النوم لفترات طويلة يؤثر في الانتباه فينقص.

مُدَّة

period (of time) {2D}
pl: مُدَد

مدة العقد ثماني سنوات. مدة كل فيلم نحو ساعتين. عانوا من الحرمان لمدة طويلة بسبب مستوى التضخم المتزايد. سيقوم بزيارة سريعة لمدة ٢٤ ساعة فقط. في المدة الاخيرة بدأ يشاركنا في المباريات شباب القرية. قال بيان ان مدة القرض ٢٢ سنة. يعاقب عليه بالحبس مدة لا تزيد على ستة اشهر. لم يحدد عدد الخبراء ولا مدة زيارتهم. إذا تم ذلك فسأؤجل اعتزالي لمدة عام. هي المحادثات الأولى من نوعها منذ مدة طويلة.

city مدينة

بَلْدَة

town, village; downtown area {3D}

هي بلدة في جنوب تونس. عاد الى بلدته «جون» ليرقد رقاده الاخير. لا يرى غضاضة في حمله إسم عائلته وفي انتسابه الى بلدته او حيه. قرنق يؤكد والخرطوم تنفي استيلاءه على بلدة قريبة من البحر الأحمر. اعتبر عريقات ان هذه المشاريع تهدف الى اعادة الحياة الى البلدة القديمة.

عاصِمَة

capital {2D}
pl: عَواصِم

استقبل الرئيس اليمني امس في عدن (العاصمة الاقتصادية لليمن) السفيرة الاميركية الجديدة بربرا كي بورين. دخل الطالبان حلبة الصراع الدائر ونجحوا في احتلال العاصمة كابول. بعد ذلك بسنتين نزل جنوباً من مدينته الموصل الى العاصمة بغداد. سيطروا على مدينة كاننغا عاصمة اقليم كاساي الغربي. لم تستعجل طهران في إرسال السفراء إلى العواصم الأوربية.

قَرِيَة
village {2D}
pl: قُرَى

سيعود الى قريته قانا في العام ٢٠٠٠. هي قرية قرب نابلس. المشروع يستفيد منه كل سكان القرية من دون استثناء. معدل العمر لدى السكان في المدن هو أطول منه في القرى. تعرض عدد من المدن والقرى في إيران لزلزال عنيف وقع فيه مئات القتلى والجرحى. الانتفاضة الفلسطينية الشعبية انفجرت في القرى والمدن المحتلة سنة ١٩٨٧.

مَدينَة
city {2D}
pl: مُدُن

اصيب شخصان بجروح اثر انفجار وقع في ارض زراعية في قرية المحرص التابعة لمدينة ابو قرقاص في محافظة المنيا امس. مدينة الاقصر. مدينة بيروت. مدينة القاهرة. كانت السلطات تنقل جثث الضحايا من مدينة الى اخرى. مدينة فوة تعتبر من أقدم مدن الدلتا.

---

extent مدى

see مجال، قدر

حَدّ
*extent; limit; [*see حدّ*; border; legal punishment]* {2D}
على حدٍ سواء equally

ونحن لا نذهب إلى هذا الحد. بالغت في الأمر اسرائيل إلى حد اتهام مصر بأنها تعرقل التسوية النهائية مع الفلسطينيين. هل انتهت القضية عند هذا الحد؟ ينبغي أن يتوافر الحد اللازم من الرعاية. جرت في ألمانيا وإلى حد ما في فرنسا. تطمح الصين إلى دعمه في الميادين العسكري والمدني على حد سواء. مظاهر الفساد والرشوة بلغت حداً يهدد أمن روسيا.

مَدىً
extent, range {2D}

كان النجاح مذهلا إلى مدى لا يمكن أن يدركه أحد. لن يتم تنفيذه على المدى القصير. صاروخ طويل المدى. بحث حجم هذه الضريبة ومدى تأثيرها على موازنة الدولة. اشار الى ان مدى تعاون كل طرف سيؤخذ في الاعتبار عند اتخاذ القرار النهائي. يناقش الاجتماع على مدى يومين مشروع جدول أعماله.

نطاق
range, extent, scope; [sphere] {3D}

يناقش القرار هذه الايام على نطاق واسع. هذه القنابل تسببت في تلوث بيئي واسع النطاق في العراق. ليست هناك قنابل نووية في روسيا خارج نطاق سيطرة القوات المسلحة الروسية. هو موجود الان على نطاق ضيق في نوادي هيئات التدريس. نشرها على أوسع نطاق ممكن. انهم قيدوا البحث العلمي في نطاق محدود للغاية.

---

woman امرأة

see بنت

بني آدْمَة
daughter of Adam, female person {1M} (Coll)

دي ست بني آدمة! أنا مش بني آدمة زيك؟

آنِسَة
Miss, young woman {2D}
pl: آنِسات

رأيت الآنسة صوفي. هذه آنسة لم تتزوج بعد. هنا تفاجئني الآنسة اللطيفة بأن الدكتور يعتذر عن موعد اليوم. يجب أن يطلب من الله المغفرة عن الذي فعله بنفسه وزوجته والآنسة مونيكا. ليس جديدا ايضا ان يكون منتخب مصر لكرة السلة آنسات معظمه من لاعبات نادي سبورتنج. سيداتي، آنساتي، سادتي.

إِنْسانَة
female person, woman {2W}

فضّلت العيش كإنسانة عادية. هي اليوم انسانة اخرى تماماً تجاوزت الاربعين عاماً. أنا انسانة متعبة مثقلة، تبحث عن شيء ما في «انسان». ديانا لم تكن قديسة، بل كانت انسانة مثلنا جميعا. بدأت أبحث عن هذه الانسانة النادرة التي يمكن أن تحقق لي المستحيل فترضيني.

سِت
woman, lady, mistress; title of a saint {1-2M}
pl: سِتّات

كيف لا أشعر بأنني ست العالم وهو لايقبل أن يدخل البيت إذا لم يجدني فيه. ست الكل أم كلثوم. عرض فيلم «ست الستات» جماهيريا للمرة الأولى. ضريح الست زينب في سنجار. ابتسمت ست البيت هذه المرة ابتسامة حاولت اخفاءها سريعا. (Eg) الست زي الجدع. الست دي ماكانتش قادرة على الاعتناء بنفسها. هو جوز الست دي.

سَيِّدَة
Mrs., lady {2D}
pl: سَيِّدات

ألقت مباحث الجيزة القبض على سيدة هنجارية تحترف النشل. السيدة اسمها مارغو فونتين. السيدة سوزان مبارك تفتتح المؤتمر. ذكرت الصحيفة أن ٣٤ سيدة خطفن خلال مذبحة منطقة ريس. قد سبق زواجه من إحدى السيدات وله منها طفلان. كان يهدف إلى الانتقام من السيدات بسبب ما فعلت به زوجته. أيها السيدات والسادة.

شابَّة
young woman {2D}

هو اللقب السادس ايضاً للشابة السويسرية منذ بداية الموسم. تزوج شابة اسبانية تصغره كثيراً. جرى توزيع الاستمارات على ٤٠ شاباً وشابة في كل بلد. قد رأيته قبل يوم واحد فقط مع شابة شقراء. اثارت عملية خطف الشابة وقتلها موجة من الاستياء بين السكان.

فَتاة
young woman {2D}
pl: فَتَيات

اصطحب الرجل الفتاة الى الغداء في احد المطاعم ومن ثم الى ناد ليلي. يبلغ عددهن ثلاثة ملايين امرأة وفتاة. أكد تقرير الطب الشرعي ان الفتاة كانت عذراء. عالج قضية التمييز العنصري من خلال قصة حب بريئة بين فتاة اوروبية وشاب عربي. كانت من اوائل الفتيات اللواتي غادرن ايران لمتابعة دراستهن في الغرب.

اِمْرَأَة
woman, wife {2D}
def: اَلْمَرْأَة
pl: نِساء (see below)

هي امرأة غريبة. تزعم امرأة بيضاء أن رجلا اسود اعتدى عليها، والحقيقة أن للمرأة عشيقا ضربها. إنه لا يستطيع الزواج من هذه المرأة لأن الكنيسة لا تعترف بالطلاق. اعرف هذه المرأة من وقت طويل ـ فقد كنا في سن واحدة. هذه المرأة قد تكون بلا جدال اكثر نساء المنطقة عملا ونشاطا وكفاحاً. أنا امرأة متعصبة جداً لأنوثتي وللمرأة.

نِسْوَة
(pl) *women* {3D}

علقت احدى النسوة فستان عرسها. رأينا بعض النسوة يجلسن على الكراسي البلاستيكية داخل الماء. من هنّ هؤلاء النسوة العشر. في هذه السن كانت النسوة الاخريات يرفعن أصواتهن بلوم الام على إحضار الولد الى الحمام.

نِساء
women {3D}

ثمة مجال لتحسين الوضع الغذائي للنساء الحوامل والاطفال. الحقيقة ان نساء الطبقات العليا لم يكنّ دوما أفضل حالا من اخوتهن العاميات. هي أهمُّ امرأة بين نساء العالَم. قامت النساء بأعمال الرجال وارتدين السراويل وسادت صورة المظهر الصبياني. هناك (في حائط المبكى) الآن جدار يفصل بين الرجال والنساء.

نِسْوان
women {1M} (Coll)

بلاش نردح لبعض زي النسوان. لما كان عنده اثنين ثلاثة نسوان مايهتمش بي، ماكانش يهتم فيا كان يهتم بالنسوان. نصف الجيش الإسرائيلي من النسوان.

مرّ — to pass

see عبر

اِنْصَرَمَ
to elapse, pass (of time) {3M}

المؤتمرات في مجموعها ستزداد بنسبة ١٧ في المئة عما كانته في العام الحالي الذي ينصرم. قد انصرم عهد ميشال اده في وزارة الثقافة وحلّ مكانه الوزير الحالي. ما ان انصرم مهرجان بيروت، حتى بدأ مهرجان دبي الثاني. فترة اعادة ترميم البناء قد انصرمت.

فاتَ

to pass by (على for sb) (of time, opportunity); *to pass by, visit* على *sb* {2D}
VN: فَوات يَفوتُ

لقد فات الأوان ولم يعد هناك وقت نضيعه. هذه الفرصة ينبغي أن لا تفوت على المنطقة العربية. اعتقد ان الحياة فاتتني. كنت نائما نومة القيلولة، وفاتني حضوره. هذه الخطوة ملحة للغاية حتى لا يفوتنا القطار. (Eg) فات الميعاد وأنا بستناه. اللي فات مات. فوت علينا بكره بعد الظهر.

اِنْقَضَى

see انتهى; *to pass, come to an end, be over* (time) {3W}

انقضت سنوات قليلة لم أر فيها وحيد وعبدالكريم معاً. انقضت سنتان من دون حدوث اي شيء جديد. ثلاثة أسابيع انقضت على رأس السنة. هذا التدهور ما زال مستمراً حالياً مع أنه انقضى على نهاية الحرب الاهلية سبعة أعوام.

مَرَّ

to pass (time, an event); *to pass* ب / على *by sb/sth; to pass* في *through* (a stage, a place)
VN: مُرور يَمُرُّ

مرت السنوات ورحل فرانكو، ولم تعد ذكراه قائمة إلا في عقول قلة من الفاشيين. الذكرى المئوية لوفاة الافغاني مرت من دون اي اهتمام او احتفاء يذكر. مررنا بالفندق. يبكي على مجده الزائل كلما مر على صيدليته القديمة باسمها الجديد. تمر السينما المصرية حاليا بأزمة كبيرة. تمر العلاقات بين طهران ودمشق في مرحلة جيدة. مسيرة السلام تمر بأوقات صعبة. كل الطرق تمر عبر الرباط. الطريق الى السعادة اذن لا بد أن يمر بالحب. مررنا في الطريق المحاذي للقرية.

مَضَى

to pass, elapse (of time); [see ذهب، استمرّ; *to continue; to go]* {2D}
VN: مُضِيّ يَمْضِي

مضت ستة أشهر منذ أيار الماضي. مضت فترة قبل ان تفيق وتعتدل في جلستها. مضى الآن أكثر من عشر سنوات، والبناء لم يكتمل بعد. مضى اليوم اسبوع كامل على نشر المقال. لا يمضي اسبوع الا تطالعنا وكالات الأنباء بخبر جديد عن قمع الحكومة الصينية حريات العمل الصحافي. هذه الأزمة سوف تمضي. مضت حياتي مع زوجتي في سلام. الفرصة لتعاون اقتصادي أفضل من أي وقت مضى.

---

to continue, persist استمرّ

see بقي

تابَعَ

to persist in, keep on doing sth; [to follow] {3D}

قد تابع استكمال ما أنجزه السفير السابق من قبله. يتابع إصلاح جميع الاخطاء. لا يوجد جهاز في كل محافظة يتابع تنفيذ القرار. طرد الحكم مدرب تشيلي الذي تابع تقديم تعليماته إلى لاعبيه من المدرجات.

اِسْتَطْرَدَ

to go on to say to, continue a speech {3D}

استطرد الشاب الوسيم: هذا لا يهمني. واستطرد ان أمريكا لن تسمح بذلك. واستطرد الدكتور طه حسين قائلا: إنه لا يعتقد في حتمية التاريخ، بل على العكس من ذلك تماما. لن استطرد بعد ذلك في شرح هذه المسألة حتى لا أخرج عن الموضوع.

تمادى

to persist في *in* {3W}

العيب ليس في ان نخطئ ولكن العيب ان نتمادى في الخطأ. تتمادى الأقلية في أوهام الرفاهية والإنجاز الكمي، في حين تتمادى الأغلبية في ذل الفقر وقهر الجوع. قد أدان رئيس الوزراء اللبناني تمادى إسرائيل في اعتداءاتها.

اِسْتَمَرَّ

to continue في / على *in* (or imperfect verb), *persist* في / على *in; [*see استغرق; *to last]* {2D}

استمر في تقديم برنامجه للأطفال حتى عام ١٩٦٠. استمر على علاقة قوية مع عبدالناصر. لن تستطيع الاستمرار على فرض نفسها كقوة اقتصادية. استمر يغني. زادت البطالة في هذا البلد الذي استمر يفتح أبوابه للهجرة. استمر يتحدث معها ٢٥ دقيقة.

مَضَى
to continue في *with sth; to proceed to do sth* (with imperfect verb); *[see* مرّ، ذهب*; to go; to pass]* {2D}
VN: مُضِيّ يَمْضي

لست أريد أن أمضي في طرح أسئلة كثيرة وعديدة في هذا الصدد. مضى في هدم كل شيء في يوغوسلافيا. رغم كل ما خسره الرجل فقد مضى يدافع عن الحق. مضى يقول: في الوقت الراهن أشك في أن الضربات الجوية وحدها ستنجح في اجباره على تعديل موقفه. يمضي في طريقه المستقلّ. لم يستسلم لإرهاب السلطة ومضى في نضاله الاجتماعي.

واصَلَ
continue, persist in sth {2D}

الهند تواصل هجومها الشامل على كشمير. أسعار الأسهم تواصل الارتفاع بالبورصة. يأتي ذلك في الوقت الذي واصلت فيه صحيفة التايمز البريطانية نشر مقتطفات من الكتاب. يرغب في مواصلة التفاوض مع سوريا ولبنان.

passageway ممرّ

مَعْبَر
crossing point; passageway {3D}
pl: مَعابِر

كان هدفي ان أصل الى معبر «غزة ايريز» بحلول الساعة الثامنة صباحاً. وافقت تل ابيب على فتح معبر رفح بشكل مؤقت لعبور المواطنين الفلسطينيين والبضائع المصرية. القصف الجوي الناتوي قد دمر الجسور والمعابر المائية على نهر الدانوب. بذلك تكون «طالبان» أحكمت قبضها على كل المعابر الرئيسية التي تربط أفغانستان بالعالم الخارجي.

مَمَرّ
passageway; corridor {2D}

تعطل الحكومة الاسرائيلية العمل بالممر الآمن بين الضفة وقطاع غزة. تطالب سلطات دوشانبه بفتح ممر للسماح لعناصرها الانتقال بحرية بين افغانستان وطاجيكستان. واظب على خدمة قطيع من لاعبي القمار الذين اعتادوا الجلوس خلف ستارة عند نهاية الممر المؤدي إلى التواليت. في نهاية الممر مقهى الفيشاوي اشهر مقاهي مصر.

again مرّة أخرى

تاني
again; [second, another] {1M} (Coll)

قالت: امس احتفلت بعيد ميلادي الثلاثين. وجاءها فوراً السؤال: تاني؟ مش حتقدر تسيبني تاني. قال انه اذا طلقها لا يوافق على رجوعها تاني. لو بابا وماما رجعوا تاني هنذاكر أكثر ونجيب درجات أحسن.

ثانِياً
again, once again; [secondly] {3M}

لم أرَها منذ فترة طويلة وأتمنى أن أراها ثانيا. قاطعته ثانياً: حدثني عن ذاك!

ثانِيَةً
a second time, again; [a second (time)*; second* (fem)*]* {3D}

يتوقع ان يزور تونس ثانية في الأشهر المقبلة. اللجان تجتمع ثانية الأربعاء المقبل. رفضت الزواج بإصرار حتى لا أتعرض ثانية لما تعرضت له! يجب أن أؤكد ثانية للشعب الصربي أن خلافنا ليس معه، بل مع زعيمه.

مُجَدَّداً
again {3D}

يقوم الرئيس الفلسطيني ياسر عرفات مجددا بزيارة لمصر. لا ينوي ترشيح نفسه مجدداً. نفت الهند مجددا أمس بشكل قاطع ان تكون قد استخدمت أسلحة كيماوية. وزير الخارجية اليوناني يؤكد مجددا أن كل الأمور على ما يرام.

مَرَّةً أُخْرى

one more time, once again {2D}

هل يعيد خالد الغندور البسمة مرة أخرى لجماهيره. اتصل به مرة اخرى امس ليبلغه ان الاجتماع تأجل. كنت أعرف أن ايناس رفضت أن تتزوج مرة اخرى. عاد مرة اخرى إلى فراش المرض. رفضت حركة طالبان مرة أخرى أمس طلب إبعاد بن لادن.

مَرَةً ثانِيَةً

once again {2D}

يئس مني زوجي وبدأ يفكر في الزواج مرة ثانية. يتوقع حسن الفوز بالجائزة مرة ثانية. انني لن اعود للملاعب مرة ثانية. انقذه ذات مرة من الغرق، وأنقذه مرة ثانية من الموت المحقق حين لدغه ثعبان. أعلن أنه لن يكمل فترة حكمه ولن يجدد مرة ثانية.

مَرَّةً جَديدةً

once more {3W}

شكا مرة جديدة من آلام في كتفه. أكد مرة جديدة ان لبنان عاد الى موقعه الطبيعي على الخريطة الدولية. تدخلت الشرطة مرة جديدة واخلت الطريق لتسهيل مرورهم. نجح في ابعاد الخطر مرة جديدة.

---

repeatedly, frequently — مرارًا

كَثيراً

*often, frequently ; [*see جدّاً*; a lot; much]* {2D}

كثيرا ما أسير كالملوك ولا نقود في جيبي. حاولت كثيراً ان تقرب بين زوجها وبين الادباء والصحافيين. حاولت كثيرا ان اقنعه لكنني فشلت. كنا نلتقي كثيرا. قد عانت تلك الجماهير وحرمت من فرحة البطولات كثيرا. عمل معه طويلا وكثيرا في المسرح الغنائي.

تِكْرارًا

repeatedly; frequently {2W}

قد اكدنا تكرارا على ضرورة التحرك على المسارين السوري واللبناني. اننا نتوقع ان يسعى العراق إلى تحدي سلطة مجلس الأمن تكرارا في المستقبل. قلت مرارا وتكرارا ان المقصود محو الأمية من أربعة آلاف قرية. هي غير عادية فعلا كما رأينا مرارا وتكرارا طوال السنوات القليلة الأخيرة.

مَرّات

repeatedly {2D}

الادارة الاميركية عرضت مرات على ايران الدخول في حوار معها حول عدد من القضايا. اعتقل مرات وحكم عليه مرات وتعرض للتهديد عشرات المرات. شارك مرات عدة في اجتماعات «المؤتمر الشعبي العربي الاسلامي». كرر الامر مرات عديدة. واضح انها القت خطبا كهذه مرات كثيرة. مرات كثيرة تدفعه الأحزان الى حافة القبر.

مِرارًا

repeatedly; frequently {3D}

اطلقت مراراً مثل هذه التحذيرات لكن لم يسمعني أحد. صحيفة «الحياة» اعلنت مراراً ادانتها للارهاب في مصر. هذا ما نتطلع اليه، وفي الوقت نفسه اكدنا مرارا اننا مستعدون للدخول في حوار مسؤول بين حكومتين. الأمة كانت تتعرض لهجمات مغولية (تترية) على المدن الداخلية لبلاد الشام نجح المماليك مرارا في صدها.

---

to practice — مارس

تَدَرَّبَ

to practice على *sth; to be trained* على *in sth* {2D}

ذهبت الى هناك القوات الاميركية لتتدرب على القتال، وان تحت مسميات اخرى. سيتدرب المنتخب مساء اليوم على ملعب الاتحاد بالكويت. هو تدرب على يدي الزوجين في منهجية تعليم اللغات المتطورة. من سنّ مبكرة كانت الابنة تتدرب على دورها الأنثوي المرتقب داخل البيت.

زاوَلَ

to pursue, practice (a profession, sport) {2W}

يزاول مهنته عن طريق ارسال قوائم كتبه الى زبائن عدة. يزاول الملاكمة. لم يزاول عمله في مكتبه أمس، ولم يتمكن أحد من الاتصال به. أصدر مجلات كردية عدة وزاول المحاماة. زاولوا التعليم كسقراط وأفلاطون وارسطو.

مارَسَ
to practice (trade, profession, practice)*; to carry out sth* {2D}

يمارسون اعمال السحر والشعوذة والكهانة. يعمل استاذاً في الفلسفة وتاريخ الفكر، وبهذا يمارس الأدب والتعليم. تمارس الألعاب السويدية. نصف مليون روسية يمارسن البغاء في أوروبا والشرق الأوسط. مارست اعمال تخريب ضد الحكومات المجاورة. مارست ابشع انواع التعذيب. هناك واجبات لا بدّ ان يمارسها الأب.

تَمَرَّنَ
to exercise; to practice على *sth* {2M}

أتمرن في مصر وأنا عضو في النادي الأهلي. أتاح لي الحظّ ان أتمرّن على حساب المغنّين فتعلّمت ان أدير فرقة وانظّم الالحان لفرقة. يتمرن على قراءة الصحف القديمة. انه نحيل، عضليّ، يتمرّن كل صباح مهرولا في فضاء مفتوح وراء منزله. كان يُسمح لي ان اتمرّن واشتغل على البيانو في فترات الاستراحة.

مرض disease, illness

see وباء

داء
disease {2W}

الداء الذي لا يميت يقوي ويثمر. داء الصمت الذي هو هنا ـ خير من داء الكلام. بدأ رحلة العلاج من داء السرطان. لا شك في أن صيغة الترويكا كانت احد مكامن الداء الاساسية في الحياة السياسية في لبنان. تموت زينب بداء الصدر محرومة من الحبيب. داء العنف موجود في داخل كل واحد منا. امتد فيروس الداء الى القلب.

سَقَم، سُقْم
illness {3M}
pl: أَسْقام

قدر له ان تدب فيه العافية بعد آلامه من سقم طويل. بدأ يحاول التخلص من الأسقام التي أورثته إياها مداومة النظر في كتب الفلاسفة. والجنة ليس فيها علل ولا أمراض، ولا أوجاع ولا أسقام.

عِلَّة
illness; defect; [see دافع*; reason]* {2W}
pl: عِلّات، عِلَل

مؤلف الكتاب يجد في «نقد الافعال» الدواء للعلة الملعونة التي وقع فيها العرب. ينسب الأطباء الأمراض المجهولة الأسباب الى علة وهمية كالكوليسترول. العلة في البنت لا في البيت. هل العلة هي في عدم وجود عمل حزبي. مجتمعنا اصابته علل كثيرة.

مَرَض
disease, illness {2D}
pl: أَمْراض

توفي بمرض السرطان عام ١٩٦٨. هي الشخص الثالث الذي يقتله هذا المرض. القماش القطني لم يكن يثير امراض الحساسية. رأى طبيب اسرائيلي مختص بالأمراض العصبية من مشاهدته على التلفزيون ان عرفات مصاب بمرض باركنسون. فرّ من مستشفى الامراض العقلية. بالطبع يستحيل على كل طبيب أن يشخص جميع الأمراض في كل التخصصات.

وَعْكَة
illness {2W}
وَعْكَة صِحِّيَّة illness

اصيب بوعكة ونقل الى مستشفى رام الله في الضفة الغربية. اعتذر المخرج حسين كمال عن عدم اخراجها اثر اصابته بوعكة صحية. أصيب بوعكة صحية وتوفي في نهاية سنة ٧٥٩ هجرية. ظهر على شاشة التلفزيون للمرة الأولى بعد الوعكة الصحية التي المت به الأحد الماضي. عريقات ينفي اصابة عرفات بوعكة صحية في القاهرة.

مريض sick

see متعب

سَقيم
sick {3W}
pl: سِقام، سُقَماء

إذا كان البَدَن سقيماً لم يَنْجَع فيه الطعام ولا الشراب. يجب الآن الالتفات مرة أخرى الى تلك المسألة السقيمة التي يسمونها عملية سلام. ما الجديد الذي دفع الى هذا القرار السقيم؟ الارهاب عاجز عن مراكمة النجاحات، او ما يبدو له نجاحات وفق نظرته السقيمة. الحب، في عقيدتهم، مضيعة للوقت ونوع من الخيال السقيم.

عَليل
sick {2W}
pl: أَعِلّاء

عيب على المرء ان يقول انه معافى في هذا العالم العليل. قد يحدث الحب المعجزات: قد يشفي النفس العليلة. ان مساعدات وقروض واشنطن، هي مسكنات لن تشفي الاقتصاد الروسي العليل. بدا كأنه احد شخصيات إبسن، مرتميا على عمله بضراوة وانصراف كاملين على الرغم من صحته العليلة.

مُعْتَلّ
sick, impaired {3M}

الاستقرار في القطاع المالي سيدعم الاقتصاد الياباني المعتل. الجسد الجزائري، من خلاياه الى وظائفه، معتل ومنحرف. قرر ان ينافسها على رئاسة الجمهورية، رغم أوضاعه الصحية المعتلة. صحته معتلة بشكل عام، وعلى الرغم من ذلك فقد حظي بدعم الأحزاب. ابدى لوكاس اسفه لان هافيل معتل الصحة، ولانه لم يكتب شيئا للمسرح منذ أصبح رئيسا.

عَيّان
sick {1M} (Eg)
pl: عَيّانين

كنت عيان امبارح بس دلوقتي أحسن.

مَريض
sick {2D}
pl: مَرْضى

لماذا يكره الاصحاء المرضى؟ هؤلاء مرضى بعلل طبيعية. فليغلق الاطباء عياداتهم وليذهب كل مريض حراً الى الصيدلية ليختار من الدواء ما يراه مناسبا! الطفلة كانت مريضة في قدميها. الطبيب يستغل مهنته الانسانية لتحميل المرضى آلام الفاتورة المبالغ فيها كأنه لا يكفيه آلامه. المتهم غير سوي على رغم انه ليس مريضا عقليا.

مُتَوَعِّك
ill, unwell {3M}

نظرا لصحة يلتسين المتوعكة لم يستطع أن يبقى في عمان مثل بقية الرؤساء. آسيا المتوعكة اليوم تتساءل عن اسباب ازمتها الاقتصادية الاخيرة.

مزح

to joke

see ضحك، هزأ، نكتة

داعَبَ
to play, toy with; to tease sb; [to flirt with] {3W}

هو دائم الابتسامة ويداعب الحضور كثيراً. كان يداعب أولادها ويحملهم على ظهره حتى وقت الصلاة. قد كنت أداعب بعض الأصدقاء من السفراء قائلا انهم سبب المشكلة. كان الحلم الاشتراكي لا يزال يداعب خيال المثقفين. منذ انشائها والسلطة الفلسطينية تداعب منظمات الارهاب عبر عقد اتفاقات معها.

مَزَحَ
to joke (في about) (مع with) {2W}
VN: مَزْح يَمْزَحُ

لم اكن أمزح عندما رويت لك حكايتي مع المناديل. لا يمكننا ان نمزح في هذا الموضوع. «انت تمزح. أليس كذلك؟» انه انسان عادي، يمزح اذا مزحت معه، لكنه جاد. كنت امزح معك، يا عزيزتي، عندما حدثتك عن حديثي مع ملابسي الداخلية. كنت أعرف أنّها لم تكن تمزح.

هَزَّر
to joke around مع with, tease مع sb {1M} (Eg)
VN: هَزار

يهزّر بس يخلّي اللي قدامه يفتكره جد. مش قلتلكو ماحدّش يهزر معايا وأنا نايم. أنا عمري ماكنت باهزر. يضحك ويقول لي ده انا كنت باهزر معاك. ده مش وقت هزار.

هَزَلَ
to joke around, play around {3M}
VN: هَزْل يَهْزِلُ

يراهن على فشل المفاوضات، وكأن كل هذه الأطراف تهزل وتلعب. يستطيع الغربيون أن يجدوا ويهزلوا ويقفزوا من الشكل إلى المضمون، ومن المضمون إلى الشكل. كنت قد اعتدت من أصدقائي الفنانين أنهم حتى وهم يهزلون يقولون بعض الجد.

to rub

مسح

دَعَكَ

to rub, scrub sth {2M}
VN: دَعْك يَدْعَكُ

رحت ادعك في عيني كأنني لا اصدق. هؤلاء لا يدعكون رؤوسهم وإن كان لا بد فمرة في الشهر. دعكنا الأرض بأقدامنا المهترئة فلم يتفجر من تحتها ماء يندّي الاجساد. سألته وأنا أدعك أذني المتورمة: ماذا فعلت؟ إنها – الجارية – دخلت عليّ في الحمام ودعكت جسمي باللوفة وغسلت شعري ثم نشفتني والبستني «البيجامة».

دَلَّكَ

to rub, massage sth {2M}

راح يدلك ببطء راحتيّ لدفع جريان الدم. تدلك فروة الرأس بأطراف الاصابع. من يدلك لها ساقها التي تؤلمها؟ دلك رجله، وربطها، وقال له إن المشي أحسن لها.

فَرَكَ

to rub sth (usu. hands) {2M}
VN: فَرْك يَفْرُكُ

تفرك عينك مرة اخرى، وتعيد النظر الى الجدران. تفرك المرأة الحامل يديها ببعضهما بعدما انتابها الهلع. أصبحوا يفركون ايديهم حرجا. يفرك يديه مهنئا نفسه بالانتصار. فرك يديه أسفا.

مَسَحَ

to rub, wipe sth; to anoint sb/sth ب *with* {2D}
VN: مَسْح يَمْسَحُ

مسح رئيس الدولة يديه ووجهه بالنفط ورفع يديه الى السماء ليحمد الله على النعمة التي منّ بها على الجمهورية ايذاناً ببدء الانتاج. مسحت من وجوههم الملامح والتعابير. يمسح الوالد رأس الطفل بالسائل. مسح الدماء عن السكين بغطاء القتيل. مسحت بيدي على شاهدة القبر. كان يحتضنها ويمسحها بيديه.

Christian

مسيحي

عيسَوِي

Christian {3M}

هو رئيس «جماعة الرحمة والحقيقة»، وهي إحدى الجماعات العيسوية في إسرائيل. تعتقد بأن الجماعات اليهودية العيسوية تمثل خطرا على اليهودية. إذا ما اكتشفت وزارة الداخلية بأن حامل الجنسية يهودي عيسوي، فإن القانون الإسرائيلي يعطيها الحق في سحب الجنسية منه.

مَسيحي

Christian {2D}

اعتبر تأسيس الشركة خطوة ايجابية على طريق المحافظة على عروبة القدس وتراثها الاسلامي – المسيحي. الطوائف المسيحية الغربية تحتفل بالفصح وخطب العيد تحضّ على العيش الاخوي. كان أبوه مسيحيا يُدعى عتيق بن زوطرة. رمزي احمد يوسف وصل في سبتمبر ١٩٩٢ بجواز سفر عراقي الى نيويورك حيث طلب اللجوء بذريعة أنه مسيحي يتعرض للقمع في بلاده.

نَصْراني

Christian {2M}

يعتبر الارمن والاقباط الاكثر صوماً من بين الملل النصرانية فهم يصومون الاربعاء والجمعة من كل اسبوع. أعود احيانا الى البيت وأنا أبكي وألعن أمي لانها نصرانية وأرمنية. شكل الدين الاسلامي، منذ ظهوره، مشكلة لأوروبا النصرانية. ما كان ابراهيم يهوديا ولا نصرانيا ولكن كان حنيفا مسلما.

to grab مسك

خَطِفَ

to seize sth; to kidnap sb; to hijack sth {2D}
VN: خَطْف يَخْطَفُ

خطف الكرة الساقطة خلف الدفاع الكويتي. خطف نيوكاسل اربعة اهداف في الدقائق الـ ١٦ الاخيرة. خطف الأضواء في القمة الزعيم الكوبي فيديل كاسترو. الايطالي بياجي يخطف اللقب العالمي لـ ٢٥٠ سنتم. قتلا مواطنا كرديا كان خطف ابنته وتزوجها عنوة. خطف محجوب طائرة تابعة للخطوط الجوية السودانية كانت في رحلة داخلية.

اِخْتَطَفَ

to seize sb/sth forcibly; to kidnap sb {3W}

اختطف الموت سعد الله ونّوس. بريق من السماء اختطفني. قوات خاصة اسرائيلية تختطف فلسطينيا في جنوب الضفة الغربية. أضاف ان المهاجين اختطفوا فتاتين من العائلة نفسها.

قَبَضَ

to grab sth; to hold على *sth* (in one's hand)*; to receive* (a payment)*; [see* اعتقل*; to arrest* على *sb]* {2D}
VN: قَبْض يَقْبُضُ

قبض بيده اليسرى على بردية. عرفات يقبض بيده فعلاً على حجر العلاقات الفلسطينية الداخلية. قرر بريجنيف ان يقبض على السلطة بيده فنحى بودغورني. اشيع امس ان العاملين في الشركة لن يقبضوا رواتبهم هذا الشهر. قبض على خادمه من أذنه اليمنى وجره نحو الباب.

أَمْسَكَ، مَسَكَ

to grab sb/sth or ب *sth* {2D}
VN: مَسْك يَمْسِكُ

هل يعني هذا اني مسكت العالمية من قرنها؟ يمسكون المكانس وينظفون المدينة من قاذوراتها. مسكت بالقلم. امرت محمد بالمرور الى الدار ليمسك البط الذي وقع في الفخ. اضاف ان الجيش يمسك الآن بزمام المبادرة على كل الجبهات. أمسك ابنه من رقبته. المحاسب أمسك باللص الظريف.

اِنْتَزَعَ

to snatch, pull out sth {3D}

انتزع النارجيلة من فمه، ونهرني مؤنباً. انتزعت البنادق من أيدي الوزراء. الاهلي احرز ثلاثة أهداف وانتزع الكأس. بات كل منهما يعتبر أي قطعة أرض ينتزعها من سيطرة الآخر «تحريرا» لها.

evening مساء

سَهْرَة

evening; soirée, evening event {2W}
pl: سَهَرات

نظمت عائلة الفايد مؤتمراً صحافياً، أمس، في لندن عرضت خلاله للمرة الأولى الصور التي التقطتها كاميرات المراقبة في فندق «ريتز» للسهرة الأخيرة لديانا وعماد الفايد. السهرة الغنائية كانت فعلا من المناسبات النادرة التي شهدتها ليالي المهرجانات. تستضيف دار الاوبرا غدا الخميس شيخ الجامع الازهر الشيخ سيد طنطاوي في سهرة دينية ضمن نشاط الأوبرا الثقافي. ينظم مركز الهناجر للفنون سهرة مع التراث النوبي.

عَشِيَّة

(late) *evening; [right after]* {2M}
بَيْن عَشِيَّة وَضُحاها overnight, suddenly
pl: عَشايا، عَشِيّات

يتحلقون حول الشاي في لقاءات العشية. هذه المسألة لن تأتي بين عشية وضحاها. إنه الأفق الذي لا يمكن بلوغه بين عشية وضحاها. شبانها وصبيانها يتمشون في العشيات على طريق «الكرّوسة».

مَسَاء

evening {2D}
pl: أماسٍ

الساعة الثامنة والنصف مساء. كنت ألعب احياناً من الصباح حتى المساء. جوائز مهرجان الاغنية تعلن مساء اليوم. في المساء لا أستطيعُ ان أحتمل هذا الخبز. يغيب الرجال حتى ساعة متأخرة في المساء.

أُمْسِيَّة

evening; soirée, evening event {2W}
pl: أُمْسِيَّات

الأمسية الأولى أدارها كاتب هذه السطور والقى كلمة افتتاح الندوة. اقامت بريجيت «امسية الفلفل الحار» في متجرها. اي كلام سوف اقوله في الامسية الشعرية التي دُعيتُ الى احيائها غدا السبت؟ يشارك في الامسية جميل ضاهر في عزف على العود. يتضمن الاحتفال قراءات شعرية وأماسي موسيقية. في الأماسي يتسامر الفلاحون ويحكون قصصا من التراث الفراتي.

مشى — to walk

see تقدّم، زحف، سلك، ذهب

خَطا

to step; to walk {3D}
VN: خَطْو يَخْطو

خطت صناعة السيارات في كوريا الجنوبية خطوات جبّارة في السنوات العشر الأخيرة. خطا ريال مدريد خطوة كبيرة نحو ربع النهائي. كانت تلك هي الخطوة الأولى التي خطاها تقلا باشا لنقل الأهرام الى القاهرة. يخطو على أرض ممهدة نظريا. ان لبنان يخطو في ثقة وطموح نحو المستقبل.

سارَ

to walk; [see ذهب*; to go along, proceed]* {2D}
VN: سَيْر يَسيرُ

سارت العائلة المقدسة من بيت لحم الى غزة. سار المتظاهرون من الساحة الرئيسية وسط بلغراد الى كاتدرائية سانت سافا. تسير على رأس القافلة. يسير في رحلته بشكل يومي نحو خمسين كيلومتراً. لمحت بالصدفة زوجها يسير على الرصيف بعيداً عنها.

مَشَى

to walk; to go {2D}
VN: مَشْي يَمْشي

مشى الوزراء عبر شوارع المدينة. أمشي وحدي، في شارع لا أعرف له اسماً. مشينا معا. نجيب محفوظ يمشي ثلاث ساعات كل يوم. يمشي الى الوراء. مشوا في مسيرة السلام وتحمسوا لها. يتوقع أن يمشي الإنسان على المريخ بعد عشرين عاما من اليوم. مشى إلى الباب وهو يتحسس طريقه في الظلام.

تَمَشَّى

to walk, stroll; [to be compatible مع *with]* {3W}

ننزل الى البحيرة ونتمشى حولها. يتمشى بين أعمدة الرصيف. خرجنا عصراً نتمشى في المزارع القريبة من القرية. نزل الى كورنيش المنارة ليتمشى قليلاً.

مطر — rain

رذاذ

drizzle {3W}

هطل المطر رذاذاً سرعان ما اشتد فغرقنا حتى العظم. سمعنا أولاً شيئاً يشبه رذاذ المطر. تبلغ كمية الأتربة ورذاذ المخلفات الصناعية المتوسطة على القاهرة كل سنة ٣٩٠ طنا. يتناثر الشعور بالحب، ليتساقط مثل رذاذ العطر على كل الأشياء.

غَيْث

rain, rainstorm {3M}
أَوَّل الغَيْث قَطَرَة the rainstorm starts with a single drop

كانت هجمته اول الغيث. أول الغيث قطرة. ليس هناك غيث كاف يشبع الطمي الجائع. يمكن القول بأنه ليس صحيحا ان اول الغيث قطرة، بل هي كارثة مروعة.

مَطَر

rain {2D}
pl: أَمْطار

المطر سيتوقف بعد قليل. المطر الغزير يغطي ارض الملعب. اعتقد ان المطر كان يهطل طيلة الوقت. اطمئن أيها العصفور المبلل بالمطر. في كازاخستان تراجعت الخصوبة بسبب افتقار البلاد الى الأمطار. الزراعة البعلية تعتمد على مياه الأمطار.

together معاً

سوا
together {1M} (Coll)

روحوا الجامعة سوا. أكلنا عيش وملح سوا. كلنا في الهوا سوا.

سَوِيّاً
together; jointly {3W}

تم الاتفاق ايضاً على «العمل سوياً لدفع مسيرة التقدم والازدهار» في قطر. عمل هؤلاء الفنانون سويا على نشر صناعة الخزف في كل بيت من بيوت القرية. على احزاب هذا الائتلاف «التعاون سويا الآن لمنع وصول اليسار الألماني الى الحكم». لقد ناقشنا سويا عملية السلام في الشرق الاوسط. القرد والقردة يغنيان سويا وهما في حال العشق والرغبة في التزاوج.

مَعَ بَعْض
together {2D}

يجب ان يتشاور الناس بعضهم مع بعض. نحن متصالحون بعضنا مع بعض. نحن نود أن نعيش باستمرار مع بعضنا البعض. هذه الاهداف قد تتعارض مع بعضها البعض. (Eg) قلت أهو نعيش كلنا حلوين كده مع بعضنا.

مَعاً
together; at the same time {3D}

ما أجمل ان يسكن الاخوة معاً. رددت الأصوات معاً نشيداً قديماً. أشار الى ان الجانبين «بحاجة الى الجلوس معاً الى طاولة المفاوضات». هناك سنعيش معا. عرفتها منذ ثلاثين عاما، وبقينا عاما واحداً معا.

---

stomach معدة

بَطْن
stomach, belly; interior; womb {2W}
pl: بُطون

اشارت الى بطنها لتقول انها حامل في اسبوعها السادس. كنت ارى بطنها المنفوخة وهي تتحرك امامي. يشعر المصاب بآلام حادة في البطن وتقيوء واسهال مستمرين وارتفاع في درجة الحرارة وانقطاع عن النوم. عاشت خمس سنوات ومنديل الطبيب الجرّاح في بطنها. الانسان لا يتصرف لاشباع بطنه فقط.

كِرْش
stomach, belly {1M} (Eg)

اطفاله السبعة كانوا يهوون التسلق على كتفيه والتزحلق على كرشه. هذه الكرش المستديرة التي ما زالت تنتفخ في السنوات الأخيرة أغرته بذلك؟! الكرش يسبب أمراض القلب. هدفه الأكبر هو مصلحته وامتلاء كرشه. لن تعود له صحته إلا إذا ذهبت هذه السمنة، واختفى الكرش.

مَعِدَة
stomach {2W}

أجريت لهم جراحة من أجل إنقاص حجم المعدة. تناول جرعات زائدة من حبوب معالجة آلام المعدة. تؤكد المعلومات انه مصاب بسرطان المعدة. أشعر ببرد حاد في المعدة. اصيب بالفعل برصاصات عدة في ساقيه وبرصاصة في معدته. انسحب لشعوره بوجع في معدته.

---

intestines أمعاء

أَحْشاء
bowels, intestines {3W}

يضغط على هدير يكاد يفجر احشاءه. صدمته سيارة جعلت مقود الدراجة يخترق احشاءه. هناك ايضا اسلحة صوتية كما يطلق عليها يمكن ان تسبب اهتزازا شديدا لاحشاء الاعداء فتصيبهم بغثيان. الوجع يأكل أحشاءها. كنتُ في أحشاء المكتبة.

القَناة الهَضْمِيَّة
intestinal tract {3M}

تناول الأدوية المضادة للتقلص لأنها تزيد من بطء حركة القناة الهضمية. حدثت التهابات بأعصاب القناة الهضمية. الذين يأكلون الخضراوات والفواكه بكثرة لا يصابون بما يسمي تكيس القناة الهضمية.

أَمْعاء
intestines {2W}

الأمعاء والكبد لا يعملان بشكل كاف لامتصاص الطعام بصورة فعالة. الفجل يساعد على هضم الطعام وطرد الغازات وتطهير المعدة والامعاء. اجريت لها بعد سنتين عملية بسبب انسداد في الامعاء. لماذا تعتبر اضطرابات الأمعاء دلالة متوقعة على الحمل؟

to be possible أمكن

جازَ
to be allowed, be possible (ل for sb) {2D}
VN: جَواز يَجوزُ

ممنوع ان يغني اي شخص لأم كلثوم، فهذا أمر لا يجوز. هل يجوز الاستمرار على هذا المنوال. لا يجوز العمل الا بعلم. اصيبت بخيبة امل اذا جاز التعبير بفعل التأجيل. لا يجوز لهم القيام بدور في ادارة الصراع.

تَسَنَّى
to be feasible, possible ل for sb {3W}

طلبت تركيب شاشة كبيرة في غرفة الملابس لتتسنى لي رؤية اصدقائي في المنتخب الانكليزي لكرة القدم وهم يلعبون. طالب بتأجيل الجلسة الى اليوم ليتسنى له الاتصال ببعض الشهود الذين ينوي الاستعانة بهم. تضطر أمينة للعمل المؤقت «منظفة» في فندق، حتى يتسنى لها الحصول على رخصة الاقامة. لم يتسنّ له ان يعيش أكثر من أربعة وأربعين عاماً.

اِسْتَطاع
to be able VN/أنْ *to do sth* {3D}

استطاع الجيش الرواندي صد الهجمة التوتسوية بدعم من بلجيكا وفرنسا. اليوم البلاد في حال استقرار ولا يستطيع احد ان يمسها او ينال منها. لا أستطيع ان أكشف طبيعتها الآن. استطعنا ان نخطو خطوة صغيرة الى أمام. نحن كما قلت لا نستطيع ان نمنع أحداً من أن يبدي رأيه. استطاع تجميع المعلومات عن كل الأطراف الأخرى.

مِنَ المُسْتَطاع
to be possible VN/أنْ *to do sth* {3M}

لم يعد من المستطاع تأجيل اتخاذ المواقف الحاسمة من هذه القضية. كان من المستطاع ان يعقد مؤتمر برشلونة يوم ٢٨ نوفمبر ١٩٩٥. كان روبيسبير يعتقد أنه من المستطاع أن يبلغ الإنسان حد الفضيلة الكاملة. ليس من المطلوب وقد لايكون من المستطاع منع هذه المواد من البث في اجهزتنا والتأثير على جمهورنا.

قَدَرَ
to be able أَنْ/على *to do sth* {2D}
VN: قَدْر يَقْدِرُ، يَقْدُرُ

هل نقدر ان نغيّر ما مضى؟ المهم ان تضع الحكومة البيان لكي نقدر ان نحاسبها. لا أقدر أن أقول لك: وداعا، ولا: إلى اللقاء. من يقدر على تحويل الدمعة الى زغرودة؟ لا تقدر على النوم لان أختها لم تعد موجودة هناك. ليس كل انسان يقدر على توجيه هذا السؤال مباشرة إلى نفسه.

قَوِيَ
to be able على *to do sth; [to be strong]* {2W}
VN: قُوَّة يَقْوى

مثل هذه الأنظمة لا تقوى على الإصلاح من داخل. هي لا تقوى على البقاء والاستمرار. أُريد لنا ان نقوى على الاعتراف بأن في اسرائيل اسرائيليين. هي أمور تحتاج إلى قوة وطاقات هائلة لا يقوى على تحملها مع حالة صحته الواهنة. الشركة لن تقوى على الاستمرار في المنافسة.

أَمْكَنَ
to be possible (ل for sb)
VN/أَنْ *to do sth* {3D}

أمكن التعرف على شخصيات ثلاثة منهم. يمكن للزائر اقتراح حلوله الخاصة اذا لم تعجبه هذه الاقتراحات. يقول بهجت ان ذلك الحيوان يمكن ان يقتل ضحيته بطريقتين. من الصعب ان نتصور منذ الآن ماذا يمكن ان يكون – لا يجوز ان نتصوره. لا يمكن له كمثقف ان يرتضي بذلك. يمكن له ان يساهم في تحقيق هذا الهدف. لا يمكن للبنت ان تتزوج من دون موافقة ابن عمها.

مِنَ الْمُمْكِن
to be possible (ل for sb)
VN/أَنْ *to do sth* {2D}

كان من الممكن ان نتجنب هذه الأخطاء الجسيمة. لم يكن من الممكن ان يأخذ قراراً يضر بعائلته. من الممكن ان تحصل تغييرات سريعة في كينشاسا. لم يعد من الممكن لها أن تعود. لم يكن من الممكن الحصول على موافقة روسيا والصين. كان من الممكن الفوز عليه.

في إِمْكانِهِ
to be able VN/أَنْ/ بِأَنْ *to do sth* {2D}

يعتقد ان في امكانه بأن يحصل على اي شيء في العالم بأموال ابيه. اكد ان في امكان رومانيا المساهمة في اعمار لبنان. ليس في امكانها التعامل مع الامور بهذه السرعة. يفعل كل ما في امكانه ضد السلام.

تَمَكَّنَ
to be able من *to do sth* {2D}

لم يتمكن احد من نفي نجاحها وانتصاراتها. تمكن احدهم اخيرا من السيطرة الكاملة عليها. لم تتمكن اجهزة الأمن الاسرائيلية حتى الآن من معرفة هوية منفذي العملية. تمكنت بعد قتال مرير من احتلال مقام النبي داوود. تدرك ان عائلتها لن تتمكن من البقاء على قيد الحياة من دون مرتبها الضئيل. تمكن من انتزاع فوز غالٍ.

وَسِعَ
to be able أَنْ *to do sth* {3D}
VN: يَسَعُ وُسْع

تعتبر انه من بين الدروب والمنافذ المتعددة التي يسع المؤرخ ان يسلكها. لا يسع المرء الا ان يكون متشائماً. في هذا، لا يسع الباحث الموضوعي سوى ان يعترف بأسبقية التيار «السلفي» في وعي ذلك التطور الاجتماعي وحاجاته. في الذكرى الثلاثين للهزيمة لا يسع العرب إلاّ أن يعترفوا بأنّها لا تزال مستمّرة.

في وُسْعِهِ
to be able VN/أَنْ *to do sth* {3W}

ليس في وسع الخزينة ان تلبي المطالب. ليس في وسعها الاخلاص لقسمها كمحامية. عمل الوزير ما في وسعه من اجل الاعداد لكن الوقت لم يسمح بالاعداد الكامل للعملية. لن يكون في وسعها أن تغني.

---

as much as possible — قدر الإمكان

قَدْر الْمُسْتَطاع
as much as possible {3W}

سنسعى الى خفض نسبة العجز في الموازنة قدر المستطاع. تريد ان تتعلم عن العالم قدر المستطاع. حاولوا حماية السياح قدر المستطاع. سأحاول قدر المستطاع اعطاء وجهة نظري حسب تجربتي.

قَدْر الإِمْكان
as much as possible {3W}

علينا العمل قدر الامكان لتطبيق الارشاد وتوحيد الصف. يجب تجنب المواجهات مع السلطة قدر الامكان. نحاول قدر الامكان ان نجعل الموظف يشعر بأنه عنصر ناشط وفاعل في الشركة. سوف ينظفون الشاطئ قدر الامكان وستتشكل منهم مجموعات دائمة للحفاظ على نظافته.

to fill ملأ

حَشا
to fill, stuff sth ب *with* {2W}
VN: حَشْو يَحْشو

حشيت الصناديق ببطاقات الاقتراع بعيداً عن أعين المراقبين المحليين والدوليين. يشقون عضلاته ويحشونها بالملح. حشوا بنادقهم بالمطر. أصابع غليظة محتقنة وملوثة أطبقت على فمها وأخذت تحشوه بقطع الحلقوم. حشوا دماغنا بكلام فارغ. كانوا ينتهزون أية مناسبة للفرح لصنع الكعك والتفنن فيه وحشوه بالفزدق والزبيب وعين الجمل.

عَبَّأَ
*to fill sth (*ب *with); to prepare sth* ل *for* {2M}

هذه ممارسات تعمق الإجهاد وفقد الأمان وتعبئ الأرواح بالمرارة. كان الجو خانقاً رغم ان الشتاء لم يغادر بعد، والدخان يعبئ المكان. كان هذا الفكر بدأ يعبئ النفوس للثورة والتغيير السريع.

مَلَأَ
*to fill sth (*ب *with)* {2D}
VN: مِلْء يَمْلأُ

تملأ عقلك بمزيد من المعرفة. لافتات بكل اللغات ملأت شوارع الاقصر تندد بما حدث: «لا وألف لا للارهاب». قمت لاملأ كأسي. كان ضجيجهم المرح يملأ المكان. ملأوا الدنيا حروبا ودماء.

to be full امتلأ

طَفَحَ
*to overflow (*ب *with)* {2W}
VN: طَفْح يَطْفَحُ

كانت كتاباته تطفح بالأسود. ما عهدتني شاكياً ولا باكياً فيها مضى الا ان الكأس تطفح عند امتلائها كما يقال. الخضرة سوف تطفح في الربيع. كانت الجماهير قد طفح كيلها وباتت جاهزة للثورة والانفجار.

اِكْتَظَّ
to be/become full, jam-packed ب *with* {2W}

اكتظ النادي باكثر من الف عضو ثائر على الادارة واللاعبين. الغرف العلوية في المعرض تكتظ بالناس. برازافيل اكتظت بمعاوني موبوتو يتساءلون عن صحة لجوئه إلى المغرب. تبدأ الحياة تدب تدريجياً في الحارة التي تعود تكتظ بالحرافيش.

اِمْتَلَأَ
to be/become full ب *with* {3D}

امتلأت الصحف الاسرائيلية بعناوين من نوع «فضيحة ليكود». امتلئ حباً بك. امتلأ المحل أكثر من مرة بضجة الأطفال وكلماتهم الانكليزية وشيطنتهم. أقفلت ابواب الملعب بعدما امتلأت المدرجات عن آخرها قبل نحو ساعة من موعد المباراة. السوق الروسية تمتلئ بالبضائع الاجنبية المهربة او المستوردة.

full مليء

حاشِد
full ب *of sth* {3W}

«سلالم الشرق» رواية أمين معلوف الأخيرة، في ترجمتها العربية، حاشدة بالاخطاء اللغوية. هذه الأسرة حاشدة بالعباقرة المجانين، وما أروع جنونهم. بلادنا بكل أسف حاشدة بالمخابرات الدولية المختلفة التي تدس انفها في شؤوننا. كانت التظاهرات حاشدة بحراسة رجال أمن فلسطينيين. لاقى اقبالا جماهيريا حاشدا .

حافِل
loaded ب *with, full* ب *of* {3W}

تاريخ الاسلام حافل بخيانة علماء الدين. من الصعب اتخاذ قرار سريع في الظروف الحالية الحافلة بمشكلات كثيرة مفتوحة، لكن من المهم العودة إلى الحوار. باتت الكتب تصدر حافلة بالاخطاء والهزال والركاكة اللغوية. الصحافة العالمية حافلة بالأخبار الطريفة والغريبة. مسابقة الكأس حافلة بالمفاجآت.

مشحون
full, loaded ب *with* (usu. an emotion) {3W}

وجه محمد علي مشحون بالاهتمام. خلق اجواء مشحونة بالعواطف يحس بها المستمع اليه عربياً كان أم غير عربي. في ظل هذا الجو المشحون بالغضب عاد وزير شؤون المهجرين وليد جنبلاط من دمشق. قد سبقت هذه الانتخابات أجواء مشحونة بالتوتر.

مُفْعَم
brim-full ب *of* {3W}

غضبها كان يعبر عن شفقة مفعمة بالحب. السوق مفعمة بالآمال بمزيد من الاصلاحات الضريبية. نشأ في بيت مفعم بالفن. بدأت مسيرة مفعمة بالجهد والتوقع. جلسة البرلمان اليوم الاربعاء ستكون «مفعمة بالمسؤولية».

مَليء
full, filled ب *with* {3W}

كانت تتنقل بين دبلن وباريس محاطة بأقفاص مليئة بطيور. رأسي الصغير مليء بالاحلام والآمال الكبيرة. تاريخ البرازيل مليء بالثورات الفلاحية التي غالبا ما كانت تنتهي بعمليات قمع دموية. يعيش في بلد مليء بالضجيج والأنين والمعاناة. الذي يحدث مليء بالمفاجآت. السنوات الست الاخيرة مليئة بالأحداث. العالم مليء بالغموض والابهام.

مَلْآن
full, filled {3M}

المتفائل يرى نصف الكأس الملآن اما المتشائم فلا يرى الا النصف الفارغ. لو استطاعوا الكلام لقالوا بالفم الملآن انهم شبعوا. «القاعة ملآنة ولم اعدهم».

مِلْيان
full (with) {1M} (Coll)

(Eg) مادام المخزن مليانا اذن أعرف أنام وأنا مستريح. البلاد مليانة شعراء. اسكتوا... القطار مليان أمن الدولة ومخابرات.

مَملوء
full, filled ب *with* {3W}

لاحظت أن عروضًا كثيرة جاءت خالية من الكلام ومملوءة بالحركة فقط. كان الكاتب مملوءًا بالأحلام والطموحات. أسوارها تنطح السماء في علوها وأبنيتها مملوءة بالذهب والفضة. كان لصاحب الحانوت بيت مملوء قطنًا.

مُمْتَلِئ
full, filled ب *with* {3W}

كانت الفنادق ممتلئة ولم يعد فيها غرفة شاغرة. رأى النصف الممتلئ من الكأس فقط. تاريخ فلسطين تاريخ ممتلئ بجثث شهدائنا. أصبح البلد ممتلئًا بالجماعات وبالفئات. لماذا يكون الكاتب أو الفنان كائنًا ممتلئًا بذاته؟

امتلك — to own, possess

see حصل

اِقْتَنَى
to possess sth; to acquire sth {3W}

يقتني متحف تيمجاد كثيراً من قطع الفسيفساء التي تعود الى العصور الرومانية والبيزنطية. كان أحد أحلامي الطفولية ان اقتني نمراً وأربيه في بيتي. السوق العقارية تنتعش والكل يود أن يقتني منزلاً في ماربيا. من اقدم المخطوطات التي تقتنيها الدار، مخطوط «كتاب الرسالة» للامام محمد الشافعي.

مَلَكَ
to own, possess sth {2D}
VN: مُلْك يَمْلِكُ

الدولة تملك البنوك العامة التي تمثل ما يجاوز نصف الجهاز المصرفي. الجيش الأمريكي يملك ١٥٠ صاروخا من هذا النوع. هو لا يملك المقدرة على الزواج أو تكوين أسرة. سيملك الاشتراكيون في هذه الحالة زمام الأمور. يملك الإرسنال ٦٩ نقطة بفارق نقطتين عن مانشستر يونايتد.

تَمَلَّكَ

to own, possess sth; to seize sb (of an emotion) {2D}

يتمنى أن يتملك قطعة أرض. خرج الكفراوي نظيفا محبوبا لأنه لم يتملك قصرا ولا حتى شقة في مارينا التي أسسها. سيتيح للمستثمرين ممن يتملكون تلك الأراضي التوسع في نشاطهم. من يتابع تحركات السلطة الفلسطينية المتسارعة هذه الأيام، تتملكه الحيرة والدهشة. النساء العلمانيات يتملكهن الخوف عندما يسرن في الشوارع. يتملكهم حب الظهور وحلم النجاح السريع والذهاب الى أميركا. كانت الروح القومية تتملك الشعوب كافة.

اِمْتَلَكَ

to own, possess sth {3D}

يمتلك الفريقان مجموعة كبيرة من النجوم. كانت هيئة البترول في ذلك الوقت تمتلك العديد من حقول الغازات الطبيعية. طلب الرئيس أيضا أن تشترك معه إحدى الشركات التي تمتلكها الحكومة. هذه القارة البائسة تمتلك الثروات الطبيعية الهائلة. صاحب الأرض يمتلك عمارة أخرى أمام العمارة المنكوبة.

---

owner مالك

see رئيس، ملك، كاهن، شيخ، حاكم، وجيه

رَبّ

owner, proprietor; [lord] {2D}

pl: أَرْباب

رب الاسرة كان وزيراً. تمت إجازة قانون عمالي جديد يسمح لأرباب الاعمال بتسريح العمال وابدال المضربين. المفاوضات أثارت أيضا جدلا مع أرباب العمل المغاربة الذين عبّروا عن رفض قاطع لارتفاع كلفة المياه. الحب يملأ قلوب أهل الدار لرب الدار. أوصى بعدم مجالسة أرباب السلطة وأورث كل ما يملك إلى الفقراء.

صاحِب

*owner, boss; [*see صديق*; friend]* {2D}

pl: أصحاب

نادي الاهلي صاحب الارض في قمة اليوم. كم من اصحاب الاموال تكبدوا الخسائر الجسيمة – حتى حياتهم احياناً – نتيجة تقلبات من هذا النوع. رفع أصحاب الاراضي المهددة بالمصادرة اعتراضا الى الادارة المدنية الاسرائيلية. إن صاحب البيت رفض دفع أموال لـ «الارهابيين». تدرس الوزارة اسناد أعباء البنى الاساسية في المدن الصناعية الى أصحاب المصانع.

مالِك

owner {2D}

pl: مالِكون، ملّاك

أكد الكونت روثيمير، مالك العديد من الصحف الشعبية، ومنها «ديلي ميل»، ان صحفه «لن تشتري في المستقبل صورا من مصوري المشاهير من دون موافقته». مالك السيارة يرغب في استبدال أخرى بها. نجح معظم ملاك الاراضي الزراعية ومستأجريها في تكييف الاوضاع بينهم. في مصر احتفظ الاعيان من كبار ملاكي الاراضي الزراعية بأكثرية المقاعد في البرلمانات المصرية بين ١٩٢٤ و١٩٥٢.

---

king ملك

see مالك، رئيس، كاهن، شيخ، حاكم، وجيه

اِمْبراطور

emperor {2D}

كانت متزوجة من الامبراطور الالماني هنري السادس. حاول امبراطور الصين وضع حدّ لتلك التجارة. الامبراطور الجديد لم يكن جديدا على الشعب. الامبراطور الروماني أدريانو كان من أوائل البيئيين. انشغل القصر الملكي بزيارة امبراطور اليابان اكيهيتو.

أَمير

prince {2D}

pl: أُمَراء

يقوم أمير البحرين الشيخ حمد بن عيسي آل خليفة بزيارة لمصر. أمير الكويت. قد قابلت امراء العرب كلهم.

سُلْطان
sultan, ruler {2D}
pl: سَلاطين

تنازل القائم بالخلافة في مصر عنها الى السلطان العثماني. كان سلطان المغول يحاصر دمشق ويهدد باقتحامها. يرجع تاريخ انشائها الى السلطان المملوكي قنصوة الغوري. كانت مدرسة السلطان حسن بنموذجها الرائع تتويجا للعمارة المملوكية. يصل الى عمان غدا السلطان قابوس بن سعيد سلطان عمان. السلطان الفاطمي.

شاه
shah, king {2D}

لا تزال ثلاث من جزرها محتلة منذ أيام الشاه. يتكون اسطول الشاه الراحل من ٤ سيارات رولس رويس متنوعة. اعاد هذا الانقلاب شاه ايران الى الحكم سنة ١٩٥٣. تمنى على الراحل شاه ايران مغادرة المغرب للاعداد للقمة الاسلامية وقتذاك. الشاه مات.

عاهِل
ruler, monarch {3D}
pl: عَواهِل

العاهل الاردني الملك حسين. أقام العاهل الاسباني خوان كارلوس والملكة حفلة عشاء رسمية على شرفه. تحول الامبراطور من عاهل تقليدي الى ملك دستوري. الميثاق بين العاهل والرعية ثنائي الالزام. الأمير سلمان سوف يرافق العاهل السعودي في رحلته إلى اسبانيا. يحذو امبراطور ألمانيا حذو أسلافه من عواهل أوروبا.

فِرْعَوْن
pharaoh {2D}
pl: فَراعِنَة

يتميز بنقوشه الملونة واغلبها يصور الطقوس الدينية التي كان يمارسها الفرعون امام الهته المقدسة. شيد معبد الاقصر الفرعون امنحتب الثالث، احد ملوك الدولة الحديثة. تم اكتشاف المقابر الملكية لفراعنة الأسرتين الحادية والعشرين والثانية والعشرين. مصر تعرف بالزلزال منذ أيام الفراعنة.

قَيْصَر
caesar, czar {2M}

يطلبون من أتباعهم «أن يعطوا لقيصر ما لقيصر، وما لله لله». توجه أنور باشا للقاء ضباط قدامى كانوا في خدمة القيصر لعله يؤلبهم ضد الانكليز. ليس قيصرا على الروس وحدهم، بل على شعوب سلافية شتى. يترأس نيمتسوف لجنة شكلت لإعادة دفن القيصر و١١ من أفراد عائلته.

مَلِك
king {2D}
pl: مُلوك

الملك حسين. أصبح الملك ادوارد الثامن. كان الملك البريطاني جورج الخامس يحكم ربع سكان الكرة الأرضية. انتصر على الجيوش الاليرية واسر آخر ملوك الاليريين سنة ١٦٨ ق.م. من المقرر ان يفتتح الرئيس مبارك المتحف في حفلة عالمية تحضرها جملة من رؤساء وملوك العالم. يزعمون انه من ملوك المغرب.

ملّ — to be bored

زَهَق
*to be bored, fed up (*من *with)* {1-2W}
VN: زَهْق يَزْهَقُ

زهقت؟ نعم! فكل شيء مثل كل شيء.. الامس مثل اليوم. لا الانجليز يزهقون من الكتابة عن شاعرهم شيكسبير ولا الفرنسيون يملون الكتابة عن بطلهم العظيم نابليون. يا عم يابختك.. طبعا أنت الصبح تفطر مع يسرا في سميراميس وتتغدي مع رغدة في هيلتون وتتعشى مع نبيلة عبيد في المريديان، وتبحلق في فيفي عبده.. وإذا زهقت من هؤلاء ركبت زورقا في النيل تضحك مع أحمد رجب ومحمود السعدني. (Eg) انا زهقت من حياتي ونفسي أسيب البلد، يا ريت تاخدني معك بعيد.

سَئِمَ
to be/become bored, fed up with or من *with* {3W}
VN: سَأْم يَسْأَمُ

الشعب الاكوادوري سئم رئيسه للهوه بشؤون الحكم على طريقة الاطفال. قال ان العالم سئم الدمار والفتن وسياسة السلاح. اهلنا في الجنوب سئموا التباطؤ في انهاء الاحتلال الاسرائيلي لارضهم. ألم تسأموا من هذه اللعبة؟ صاروا يسأمون حتى من الحب.

ضَجِرَ
to be annoyed, bored من *with* {3W}
ضَجَر :VN يَضْجَرُ

الحياة ليست طويلة، كي نضجر منها. لا يسأم اللبنانيون او يضجرون من تكرار الشكوى ما دام الواقع لم يتغيّر بعد. الذي يحبك سيضجر منك. العالم بدأ يضجر من رأسمالية السوق.

مَلَّ
to be/become bored, fed up with or من *with* {2D}
مَلَل :VN يَمَلُّ

ملّ من الانتظار. ملّ الانتظار. المجتمع الدولي ملّ تماماً لعبة القط والفأر الطويلة بين العراق واللجنة الخاصة. ملّ العالم من سماع اصواتها النشاز المزعجة. جاءت بعدد من العناصر الشابة الى الحكم بعد ان ملّ الناس الوجوه القديمة. ان الله لا يمل حتى تملوا.

boring ممل

مُضْجِر
annoying, tedious {3M}

الى أين ينتهي بنا كل ذلك، وأية حياة مضجرة هي التي نسعى اليها؟ هو عمل مضجر يثير القرف. التجوال في أوروبا في الستينات كان مضجرا وخاليا من المغامرة الحقة. يجد المأكولات السورية محدودة ومضجرة. يا لها من سنة مضجرة.

مُمِلّ
boring, tedious {2W}

هذا الموضوع اصبح مملاً. جاء الشوط الاول مملاً خلافاً للثاني الذي حفل بالاثارة. لو تحقق كل حلم لكانت الحياة مملة. عموما كانت المباراة مملّة. مرّ اذن عقد السبعينات على الوعي الجمعي العربي طويلا، مملا، ثقيل الوطأة. فترة العطلة الصيفية تبدو مملة وطويلة عندما لا يوجد شيء للتسلية.

to forbid, prevent منع

ثَبَّطَ
to prevent, frustrate sth {3M}

استسلامه وخضوعه يثير في نفسه الرضا ويثبط أي سلوك عدواني للآخر. هم الذين قالوا للأمريكيين بأنك تعيق عملهم وتثبط نشاطهم. الميكروبات تتطور باستمرار لتنتج سلالات لا تقتلها المضادات الحيوية ولا تثبط نموها.

ثَنَى
to prevent, dissuade sb عن *from; [*see طوى*; to fold sth]* {3W}
ثَني :VN يَثْني

حاول ان يثنيه عن العمل من أجل «وحدة اسلامية». الانخراق الأمني لن يثنيها عن أمر أزمعته. يحاول ان يثنيه عن عزمه. ذلك لم يثنها عن البحث عن حريتها المبتغاة. أي صعوبة لن تثنيهم عن ثبات عقيدتهم الوطنية والعربية.

حَجَرَ
to prohibit, keep على *sb* VN/أنْ *from doing sth* {2M}
حَجْر :VN يَحْجُرُ

هذا هو الذي صار يحجر علينا الابتسامة ويمنعنا الضحك. حجرت على نطق تأملاتها بين جدران بيتها في مدينة جدة. الفصل ١٩: يحجر على الرجل أن يتزوج مطلقته ثلاثا. يحجر تغريب المواطن عن تراب الوطن أو منعه من العودة إليه.

حَرَمَ
to deprive sb من/على *of, prevent sb* من/على *from* {2D}
حِرْمان :VN يَحْرِمُ

أطعموه بانتظام وحرموه من النوم. حرمه من حقوق نشر الطبعة الانكليزية من «الخبز الحافي». لا يمكن ان نحرم انفسنا من المياه. حرموا من حرياتهم السياسية والمهنية والشخصية. يحرم الفريق الذي ترتكب جماهيره اعمال شغب من اللعب على ارضه.

حَرَّمَ

to declare sth unlawful; to forbid, prevent sth; to forbid, prevent على *sb from doing sth* {2D}

لما جاء الاسلام حرم زواج الاقارب الملتصقين. قرار البابا شنوده حرّم زيارة الاقباط لإسرائيل. نحن نحرّم الارهاب بأي شكل من الاشكال ونحاربه. إن احداً لا يستطيع ان يحرم التفجيرات في فرنسا. كان الحكام، ايام زمان، يحرّمون ارتداء الحرير على نساء الطبقات الدنيا. حقاً ان القرآن يحرّم علينا شن هجمات على النساء والاطفال. فقره يحرم عليه كل فرص التقدم في الحياة.

حَظَرَ

to prohibit sth; to prohibit على *sb* VN/أنْ *from doing sth* {3D}
حَظْر :VN يَحْظُرُ

تحظر الحركة التقاط صور للنساء. قال نتانياهو ان اتفاق اوسلو لا يحظر البناء في القدس. الوقت مناسب لكي نحظر التدخين في جميع رحلاتنا. هو ما يتنافى مع تعاليم الطالبان التي تحظر الاحتفال في الاعياد غير الاسلامية. حظرت عليهن الذهاب الى المدارس وأماكن العمل.

حالَ

to prevent دون *sth from happening* {3D}
حَيْلولَة :VN يَحولُ

ذكر ان الحصار حال دون تصدير كميات كبيرة من منتجات المصانع. ساهمت في حل بعض الخلافات التي حالت دون توقيع الاتفاق في السابق. جملة من المعوقات حالت دون عقد المؤتمر في موعده. ليس هناك من سبب يحول دون قيام المغرب بقيادة جهد بناء شرق أوسط جديد. الصعوبات السياسية والاجتماعية التي تحول دون الاصلاح كبيرة جدا.

رَدَعَ

to prevent sth; to prevent sb عن *from doing sth* {2D}
رَدْع :VN يَرْدَعُ

القيم الثقافية في المنطقة تردع هذه الممارسات وترفضها. كل من الخصمين يستطيع ان يردع الطرف الآخر عن المبادرة إلى الحرب. وجود سلاح في منزل لا يردع المجرمين. رسائل الارهاب لن تردعكم عن اداء رسالتكم. لا شيء يردع قوات حفظ السلام عن أداء مهمتها في القبض على المشتبه بارتكابهم جرائم حرب عندما يكون ذلك في مستطاعها.

زَجَرَ

to prevent, restrain sb عن *from; [*see انتقد*; to reprimand sb]* {2M}
زَجْر :VN يَزْجُرُ

زجرهم عن عبادة العجل. نهى النفس عن الهوى أي زجرها عن المعاصي والمحارم. صوت قوي داخله يزجره عن مجرد سؤال نفسه كهذا السؤال. يطيع كل ناصح يدله على الخير ويزجره عن الشر.

صَدَّ

to restrain, block sth {2D}
صَدّ :VN يَصُدُّ

صد اكثر من كرة خطرة. الجيش صد الهجوم في المنطقة الواقعة بين جمامين وتوجان. صدت القوات النظامية هجمات المتمردين. تمكنت الجيوش الفرنسية من صدّ زحف البريطانيين والهانوفريين سنة ١٧٥٧.

عَوَّقَ

to prevent, restrain sth {2D}
also Form I: عاقَ، يَعوقُ
also Form IV: أعاقَ

يعوق القانون هذا الامر. قالا إن هواجس الأمن تعوق التوصل إلى السلام في الشرق الاوسط. تحررت من كل القيود والتقاليد التي عاقت ولا تزال تعوق حرية القص. ماذا يعوّق اقامة الحوار؟ الاحتلال يعيق تطور الاقتصاد الإسرائيلي. في الحرب يسقط مدنيون كثيرون ضحايا وقتلى وهو أمر مؤسف، لكنه يجب ان لا يعيق تحقيق الهدف.

كَبَحَ

to hamper, prevent sth {3W}
كَبْح :VN يَكْبَحُ
كَبَحَ جِماحه to curb

من بين أهداف اللجنة كبح أنشطة العناصر المعارضة. الحكومة المصرية لم تسيطر على «المثقفين»، ولم تكبح الصحافة، ولم تفرض على الشارع المصري التطبيع مع اسرائيل. سوف يكون من الصعب على أية عاصمة عربية أن تكبح جماح الغضب فيها خلال الشهور المقبلة. لم يعد في وسعها مثلا ان تجمع الضرائب، ولا ان تدفع مرتبات العاملين، ولا ان تكبح جماح الفساد.

مَنَعَ
to forbid, prevent sth; to forbid sb من / عن *to do sth; to deprive sb* من / عن *of* {2D}
مَنْع :VN يَمْنَعُ

لا توجد أي ظروف تمنع اجراء الانتخابات في موعدها. القانون يمنع استخدام الاماكن الحكومية للدعاية الانتخابية. يمنع القانون التركي ان تمارس الجمعيات الخيرية اي نشاطات سياسية. ان الاسلام يمنعني من الحصول على رخصة سواقة. منعه من مزاولة أي نشاط سياسي. منعت الولايات المتحدة مجلس الامن من تبني قرار في شأن الاستيطان. منعوه عن حبيبته. منعت عنهم المواد الغذائية طوال تلك المدة. إسرائيل لا تزال تمنع دخول الأدوية الطبية الى الأراضي الفلسطينية. زعم انه يعرف كيف يمنع العمليات الارهابية.

نَهَى
to forbid sb عن *sth or from doing sth* {3W}
نَهْي :VN يَنْهى

نهى الرسول صلى الله عليه وسلم عن العصبية والتعصب. انتقل الى الآيات القرآنية التي نهت عن قتل الاولاد خوف الفقر. لم يتجرأ غاليليو على معارضة والدته عندما نهته عن عقد زواجه من المرأة التي أحب. إذا نهيتكم عن شيء فاجتنبوه وإذا امرتكم بأمر فأتوا منه ما استطعتم.

to refrain, abstain امتنع

أَحْجَمَ
to refrain عن / من *from* {2W}

أحجم الفلاحون عن الالتحاق به فبقي وحيداً مع رفاقه السبعة. احجمت المصادر عن ذكر تفاصيل ما تناوله بري والحريري. احجم عن ذكر نسبة التراجع المنتظرة. احجمت عن حضور اللقاء الذي شهده خمسة الاف متفرج فقط. احجمت كرواتيا وسلوفينيا من الحضور.

تَحاشَى
to avoid sth, keep sth away {2W}

نرى الجيش التركي يتحاشى الاصطدام المباشر بالسوريين. الجانب الاميركي يتحاشى الحديث عن هذه المواضيع. تحاشت الحكومة التركية الرد مباشرة على طلب الوزير الايطالي. كيم الأصغر قد تحاشى الظهور العلني في جميع الاحتفالات الرسمية. تتحاشى وسائل الاعلام اليابانية عادة مضايقة الأسرة الامبراطورية بالأخبار او بالملاحقة.

أَضْرَبَ
to go on strike عن *against; to refrain* عن *from* {2M}

أضرب عن الطعام وأقسم ألا يتوقف عن النضال حتى يسقط الرئيس. اضرب عن العمل الأسبوع الماضي. كثيرا ما اضرب عن الكتابة وانزوى وانعزل. اضربت عن ذكر مصادر النصوص في الهوامش.

عَفَّ
to refrain, abstain عن *from* {2M}
عَفّ :VN يَعُفُّ

يتطاول هذا الانقسام الى داخل الطوائف والجماعات، من غير استثناء، ولا يعفّ عن واحدة منها. عدسات المصورين لم تعفّ عن لحظة من لحظات حياة السيدة. العنف يعم المجتمع الجزائري كله، ولا يعف عن ثنية من ثناياه. يصفهما بما يعف عنه القلم.

تَفادَى
to avoid sth, keep sth away {2D}

عليها ان تتفادى الانفجار. شركة النفط الحكومية الفنزويلية تتفادى اضراباً. علينا ان نتفادى الحاق اي ضرر بهذا التضامن. يحاول أن يتفادى الصدام الحتمي بينهما. «الجماعات الدينية» تتفادى الصدام مع الشرطة المصرية. «إننا نحاول ان نتفادى المبالغة في تحميله الاعباء».

قَعَدَ
to refrain عن *from; [*see جلس، بقي*; to sit; to remain]* {2M}
قُعود :VN يَقْعَدُ

مال الى الكسل وقعد عن العمل. قعد عن بيعته ستة أشهر. قعدوا عن البحث والتحقيق والتدقيق وانفلتوا عن المعرفة والتبصر.

أَقْلَعَ
to refrain عن *from; to abandon, renounce* عن *sth; [to take off; to set sail]* {3M}

اقلع عن فكرة العودة الى باريس. نصح السلطات اللبنانية أن تقلع عن استخدام لغة الخيانة العظمى. يبدو ان الاتحاد الاوروبي «اقلع» عن محاولة ضبط الانترنت بالقوانين. أقلع عن التدخين في ١٩٨٥. طالبه بأن «يقلع عن التشدد ونقض الاتفاقات».

كَفَّ

to refrain عن *from, stop* عن *sth; [to border]* {2D}
VN: كَفّ يَكُفُّ

بيروت كفّت عن أن تكون جميلة منذ الخمسينات. كفّ عن ان يكون اباً رؤوفاً ليصير أباً فخوراً بإنجازات ابنائه. كفت عن الشكوى بشكل علني تماما. اذا سمعها الرضيع كفّ عن البكاء. الأرض لا تكفّ عن الدوران.

أَمْسَكَ

to refrain, abstain عن *from; [to seize, grasp]* {2M}

أمسكت عن إشاعة الصورة. راهن على الولايات المتحدة التي أمسكت عن التصويت في قضية حمام الشط. يمسك عن اخبارنا ان كانت زوجته قد سافرت معه. لم يكن امام المفكرين الا ان يمسكوا عن الافصاح بالرأي ويؤثروا الابتعاد عن الولوج في الجدل. يود ان نمسك عن الحديث عنها.

تَمالَكَ

to hold back, refrain عن *from; [to gain control]* {3M}

تخون زوجها مع زوج امرأة اخرى ولا تتمالك عن الادّعاء انها تركت زوجها ميتاً في البيت. حين زاره اصدقاؤه لم يتمالك عن الاستغاثة والصراخ بصوت عال مجروح: «أخرجوني، أخرجوني».

اِمْتَنَعَ

to refrain, abstain عن *from; [*see رفض*; to refuse* عن *sth]* {2D}

امتنعت عن التصويت ثلاث دول. يمتنعون عن التعاون مع المعارضة. أعلن ان الصين ستمتنع عن مساعدة ايران في بناء مفاعل نووي. أيد البرنامج ٥٤٢ نائبا واعترض عليه ٧٢ وامتنع ٢٦ عن التصويت.

اِسْتَنْكَفَ

to refrain عن *from; [to scorn; to be haughty]* {2M}

كانت تستنكف عن تقديم المسرحيات. هي اما انها تستنكف عن الضغط على اسرائيل أو تعجز عن ذلك. استنكفت عن الاشتراك في أي جهد لاحق رمى الى اطلاق سراح فعنونو أو تحسين شروط سجنه. استنكفت عن ارسال ممثلين عنها الى المؤتمر.

تَوَرَّعَ

to refrain عن *from* (usu. neg); *[to pause]* {2W}

لم يتورعوا عن نهب وسرقة محصلة الاعانات الغربي. لم يتورع عن عمل اي شيء من اجل ان يفوز في الانتخابات. لن يتورعوا عن ممارسة وسائل التعذيب الوحشية. تحدث عن وجود «اقلية داخل عناصر الامن لا تتورع عن ارتكاب أقذر الاعمال». بطل الرواية، وراويها، استاذ جامعيّ ومثقف لم يتورع يوماً عن معارضة السلطة في بلاده.

---

obstacle — مانع

حاجِز

obstacle, barrier {2D}
pl: حَواجِز

مواقف الحكومة الاسرائيلية باتت تشكل حاجزا يحول دون الوفاء بالالتزامات الدولية. كسرت حاجز الدقيقة في سباق الـ١٠٠م حرة. اجتازت سيارة الاسعاف حاجز التفتيش للجنود الدوليين في مدخل القرية. شكل البحر الحاجز الطبيعي. وقفت وحدات من القوات الخاصة وشرطة مكافحة الشغب خلف الحاجز. كسرت حاجز الخوف. اعتبر الفلسطينيون الحواجز الجديدة شكلاً من العقاب الجماعي. غايتها ازالة الحواجز بين البشر.

حائِل

obstacle, impediment دون/ أمام *to sth* {3W}
pl: حَوائِل

لم يعتبر صغر السن حائلاً دون الزعامة. هذه الازدواجية اللغوية لم تقف حائلاً بين البلجيكيين وبين الشعور بوحدة هويتهم. دمشق هي التي تقف حائلا دون تنفيذ هذه الرغبة. ذلك يجب أن لا يقف حائلا أمام دخول أية موهبة جديدة مجال التمثيل. اكد أن الاسلام لايمكن ان يقف حائلا أمام التطور. حالت بينه وبين الوفاء بالموعد في حينه حوائل عطلت حضوره.

عَرْقَلَة
hindrance, obstacle {3W}
pl: عراقيل

لا أرى أي عرقلة لدور نتيجة الصراحة والصدق. تنوي الولايات المتحدة الموافقة على التمديد للقوات الدولية من دون عرقلة. العرقلة ليست مرغوبة ولا نحبها ونتمنى ان يلتزم الجميع كل الامور التي اتفقنا عليها. ذكر ان بغداد «قد تتخذ ما تراه ضروريا» لمواجهة «العرقلة الاميركية» لتنفيذ القرار ٦٨٩. وضع العراقيل والعقبات في طريقه.

عَقَبَة
obstacle; difficulty {3D}
pl: عَقَبات

الحكومة البريطانية أزالت ابرز عقبة كانت تحول دون دخولنا في مفاوضات تشمل جميع الاطراف. مكن الفوز المنتخب التونسي من اجتياز عقبة هامة في مشوار التصفيات. اعتبر الاستيطان عقبة في سبيل التسوية السلمية. يتصرف على اساس ان العقبة امام استكمال السلام في المنطقة تكمن في الموقف الاسرائيلي. اصطدم المشروع بعقبات كثيرة.

عائِق
obstacle {2D}
pl: عَوائِق

ليس هناك أي عائق أمني أو سياسي امام اجراء هذه الانتخابات. لا عائق يحول دون نجاح عملية التخصيص الجزئية. عدم توافر ما يكفي من الحبر والورق كان العائق الذي لا يستهان به. اخواننا العرب ليس لديهم مشكلة لكن اميركا تشكل عائقا جديا. استمر في إصدار جريدته اليومية دون اي عائق! الحكومة تضع في مقدمة أولياتها إزالة العوائق من أمام لمستثمرين.

مانع
obstacle {2D}
pl: مَوانِع

ليس عندي مانع اذا تقدمتم باقتراح. اذا احبوا ان يكون بيننا تعاون في المستقبل فلا مانع عندي. إذا كانت اميركا تستخدم لغة الحصار مع قطاعات من الأصولية الإسلامية، فما المانع ان تستخدم اللغة نفسها ضد الصين؟ ما هو المانع من ذلك؟

تمهيدي — preliminary, preparatory

مَبْدَئي
initial; in principle {2D}

جاء الاتفاق المبدئي بين حركة «طالبان» والشركة الارجنتينية «بريداس» على السماح للشركة بمد أنابيب الغاز من تركمنستان الى باكستان عبر الأراضي الأفغانية. ان قرار الحكومة المبدئي بالانسحاب لن ينفذ. يأمل ان تتحول الموافقة المبدئية الى موافقة فعلية. كيف تميز بين معارضتك لحلف باريس وتحالفك المبدئي مع آل شمعون.

اِبْتِدائي
initial; elementary, preparatory, preliminary {2D}

تلقى دراسته الابتدائية في مدرسة المقاصد في مدينة صيدا. لا بد أن يتبرع ببعض الأموال لتكوين رأس المال الابتدائي. أيّدت المحكمة الحكم الابتدائي. افتتحت أول مدرسة ابتدائية للبنين في الرياض عام ١٩٣١.

إِعْدادي
preparatory, initial {2D}

تعلمت في المراحل الابتدائية والاعدادية والثانوية. هي المباراة الاولى للسعودية اثر دخولها المعسكر الاعدادي الأول مطلع الاسبوع الماضي. ارتأينا عدم بثها على اساس انها جلسة اعدادية. اصدر حكما او قرارا اعداديا وسيصدر حكمه النهائي خلال ثلاثة أسابيع.

تَمْهيدي
preliminary, preparatory {2D}

سبق هذا اللقاء اجتماع تمهيدي بين وفدين من اثيوبيا واريتريا. بعد تخرجي أنهيت الدراسات التمهيدية للماجستير. أجرى سلسلة من المحادثات التمهيدية مع المسئولين العراقيين. بدأ اليوم مباريات الأسبوع الأخير من المرحلة التمهيدية لمسابقة كأس دوري خادم الحرمين الشريفين.

bride price
مهر

مُؤَخَّر
a sum specified in the marriage contract to be paid upon divorce {2M}

حدد قيمة الشبكة والمهر والمؤخر فقبلت بكل ما أراد. إذا تنازلت امام القاضي عن حقوقها المالية الشرعية وهي المؤخر والنفقة، وردت مقدم الصداق، أي المهر، طلقها القاضي طلقة بائنة.

صَداق
marriage settlement {2M}
مُقَدَّم صَداق amount paid at the time of the marriage
مُؤَخَّر صَداق amount paid upon divorce or death

اذا فقدت الأرملة عقد زواجها وتريد أن تقبض مؤخر صداقها المثبت في العقد من التركة، فتذهب لاستخراج بدل فاقد من مجمع التحرير. لا يتجاوز مؤخر الصداق ٣٠ الف درهم. لا يجوز ان يزيد مقدم الصداق في عقد الزواج على ٢٠٠ الف درهم. في هذه الحالة عليها أن ترد مقدم الصداق وتتنازل عن جميع حقوقها المالية والشرعية.

مَهْر
money paid by the groom's family to the bride's family {2W}

لا يعرف كيف يتزوج ولا من أين له بالشقة والمهر والصرف على زوجة وأولاد. من أين له بالزواج وفتح البيت والشقة والمهر والعربية وهو لم يجد عملا بعد. لا يتزوج احياناً الا بعد بلوغه الثلاثين من العمر، لافتقاره الى المهر المطلوب. حدد قيمة الشبكة والمهر والمؤخر فقبلت بكل ما أراد. يدفع العريس ٨٠ ألفا للمهر والحفلة النسائية.

---

skilled
ماهر

see ذكي

بارِع
skilled, proficient {2W}

اصبح بارعاً في اللعبة بعد اشهر قليلة. كان اديباً بارعاً في الآداب العربية والفارسية والهندية. قد رأيت شيخا جليلا، سائرا في الريح، بارعا في المعقول والمنقول وعلوم الأولين. انه طبّاخ بارع يشرف على مطبخ شاسع. دودي ليس عاشقا بارعا؛ انه لا يعرف كيف يمتع المرأة. انه ممثل بارع على مسرح حيّ.

مُجَرَّب
experienced; reliable {2W}

هنالك من تعتبره سياسياً مبتدئاً وغير مجرب. في اسبانيا يرتدي المدافع المجرب لوران بلان ألوان برشلونة، احد أعرق نوادي العالم. هذا الديبلوماسي المجرّب تميز بعقلانية هادئة تصل إلى حد البرود وبنظرة استراتيجية بعيدة عن المناورات السياسية. في المباراة الأولى هزمت الاميركية المجربة باتي فنديك (٦\٤، ٦\٣).

حاذِق
proficient, skilled; intelligent {3W}

ان في هذه الاسطر التي خطها ذلك الطبيب الحاذق كثيراً من المعلومات والامور العلمية. هو سياسي حاذق. هو «لورد» انكليزي حاذق لغويا. انها ناقدة حاذقة ومثقفة وتعرف زوجها بشكل ملفت للنظر. في أصابعه الحاذقة كان يختزن طاقة تعبيرية كعازف بارع على العود. إنها امرأة حاذقة ماهرة بعمل اليدين.

ماهِر
skilled, talented {2W}
pl: مَهَرَة

تتنافس أندية الهلال والأهلي والنصر للظفر بتوقيع هذا اللاعب الماهر. هو مصلّح وصانع اسلحة ماهر جدا. كان ستسيبوس صانعا يدويا ماهرا كما كان حلاقا ومهندسا في الوقت نفسه. اصبح عدد العمال المهرة قليلا جدا. هو الطباخ الماهر الذي يرفض التنازل عن أسلوبه القديم.

تمهّل
to go slow, slow down

تَأَنَّى
to act slowly, deliberately {2M}

أكد أن الحكومة تتأنى تماما في عمليات البيع. يجب أن نتأني قبل أن نقول أن أفلامنا قد اقتربت من واقعنا بنجاح. يجب أن يضبط المرء لسانه ويتأنى ويحسب جيدا كل حرف في كلمة قبل النطق بها.

تَباطَأَ
to go slow; to slow down {2W}

تباطأت خطواتي، وعلى رغم ذلك لم أتوقف عن الحركة. علينا ان نعترف على الاقل بأن سرعة التغير تباطأت وان روابط الثقة تآكلت لدى الجانبين. الأمير زيد تباطأ في سياسة التطبيع والتوجه الجديد بفك الارتباط مع العراق. العجز التجاري ظل عند مستوى منخفض نسبيا وتباطأ معدل التضخم.

تَلَكَّأَ
to be slow; to hesitate (في in) {3W}

أطالوا في خطاباتهم، وتلكأوا في عملية الإدلاء بالأصوات. هل سوف تتعلم الحكومة اليابانية الدرس، أو سوف تتلكأ لحين وقوع كارثة أخرى. قد تلكأت الحكومة لعدة سنوات قبل تقديم مشروع القانون. ياسر عرفات يتلكأ في مفاوضات الخليل. مرر الكرة عرضية الى العنزي الذي لم يتلكأ في هز الشباك. كان زوجها يتلكأ عند عودته من الحكومة. ايطاليا لم تتلكأ يوما في موقفها الداعم لتطبيق القرار الرقم ٤٢٥.

تَمَهَّلَ
to go slow; to slow down {2M}

على السائق عندما يصل الى تقاطع ان يتمهل ويلتفت يميناً ويساراً ليتأكد من خلو الطريق ثم يكمل سيره. استطاع ان يعرف كيف يصبر ويتمهل. فلنتمهل قليلا في زيارتنا الاولى لنرى كيف اجاب المصريون عن السؤال. هذه اسئلة تستأهل ان نتمهل عندها اكثر.

مهنة
profession

حِرْفَة
profession, trade {2W}
pl: حِرَف

ربما ذكر النديم حرفته الخياطة كونها أكثر رفعة اجتماعياً من حرفة إصلاح الأحذية. هو «ثوري محترف»، على قوله، وهذه حرفته ومهنته. لايجوز ممارسة حرفة بائع متجول الا بعد الحصول علي ترخيص. التمثيل عندها ليس حرفة بل حياة. صممت شوارعها ومبانيها على الطراز التقليدي، تجمع في ازقتها جميع الحرف التقليدية في السعودية.

صَنْعَة
craft, vocation; skill {2W}

باختصار، صنعة الحاكم هي «فن الممكن»، وصنعة المفكر هي «فن ما ينبغي أن يكون». لا أكاد أتقن صنعة القلم. استجابوا لها بإحداث تغييرات في صنعة الرواية العربية. بذلك تستفيد صنعة النفط افادة كاملة من مزايا اقتصاد الحجم. نجاح الرجل كصيّاد مفترس بدوره، جعله يميل الى القتال كصنعة.

مِهْنَة
profession, trade, career {2D}
pl: مِهَن

ورث المهنة عن ابيه. نحن كذلك لا نتقن مهنة اخرى. جردت حكومة فيشي والدها من رتبته العسكرية وحرمت عليه ممارسة مهنة الطب. لا علاقة لها بمهنة الصحافة. أتدرب الآن على مهنة المحاماة في مكتب محام كبير. ان العرب لا يجيدون شيئا سوى الرقص، والرقص عنده أحطّ المهن. استحدثت لهذا الغرض أسواقا للمهن اليدوية مثل سوق «التكية» السليمانية في دمشق.

to die مات

ذَهَبَ

[see ذهب*; to go, depart]; to die* {3M}
ذَهاب :VN يَذْهَبُ
ذَهَبَ ضَحِيَّة to die a victim

بعدها بأيام ذهب إلى رحمة الله وكأنه جاء ليودعنا. ذهب ضحية طائفة الحشاشين الشهيرة. وقفت أثناء القراءة داعية إلى ارسال بطاقات تعزية إلى أهل الفلسطيني الذي ذهب ضحية رصاصات إسرائيلية. العنف ظاهرة دولية نعيشها وتتعدد حوادث الاعتداء على الأبرياء في كل أنحاء العالم وبدوافع مختلفة ويذهب ضحيتها السياح أيضا.

رَحَلَ

[see سافر*; to depart, leave on a trip]; to die* {3M}
رَحيل :VN يَرْحَلُ

رحل الى رحمة الله. رحل عن عالمنا أخيراً. كان يقوم بتلك المهمة حين رحل عن عالمنا يوم ١٤ كانون الثاني (يناير) ١٩٨٨. كثيرون من أصدقائي رحلوا عن هذا العالم وأنا مشتاق اليهم.

اِنْقَرَضَ

to become extinct {2W}

لماذا انقرض الديناصور؟ اخاف ان تنقرض اشجار الزيتون التي هي اقدم من اجدادنا. من السهل ان ينقرض وحيد القرن الابيض الذي يعتبر من الحيوانات النادرة في العالم. الصحف الورقية تنقرض في القرن المقبل. الاتحاد السوفياتي انقرض، وشبح الشيوعية اختفى. هي من بقايا فكر المماليك الذي انقرض من العالم كله منذ حوالي قرنين من الزمان.

قَضى

[see قتل*; to exterminate* على *sb; to spend* (time)*]* {3M}
قَضاء :VN يَقْضي
قَضى نَحْبَهُ to pass away, die

قدم له كل الخدمات الغذائية والصحية الى ان يقضي نحبه. قضى نحبه في وقت كان من الواضح انه لا يزال يحمل الكثير من المشاريع والاحلام. لم يجد الزوج رداً على عتابها سوى طعنها بسكين المطبخ لتقضي نحبها، فيما فرّ هاربا.

لَقِيَ

[see وجد*; to meet, find]* {3W}
لِقاء :VN يَلْقَى
لقي حَتْفَهُ to die
لَقِي مَصْرَعَهُ to die

ابنه الوحيد قد لقي حتفه في حملة شمال افريقيا. لقي حتفه برصاصة طائشة عندما خرج لصيد الطيور مع اصدقائه. لقي مصرعه على أيدي مقاتلي حركة «طالبان». لقي مصرعه في حادثة اغتيال في بيروت. اضاف ان متمردًا رفع يديه في الهواء ليعلن عزمه على الاستسلام لكنه مع ذلك لقي مصرعه.

ماتَ

to die {2D}
مَوْت :VN يَموتُ

ماتت أختي وحزنت أمي. يموتون حبًّا. مات بيكيت في باريس منذ ثمانية اعوام. الأب مات والفتى لا يزال في الحادية عشرة من عمره. قديما قيل الشجاع يموت مرة واحدة، والجبان يموت مئة مرة. قبل ان يموت بفترة وجيزة كفر وتخلى عن عقيدته وايمانه، ومات كافرًا. مات في السجن. فلنمت من اجل الوصول إلى حقوقنا ليعيش اولادنا. يموتون من سوء التغذية.

نَفَقَ

to die (of an animal)*; [to be spent; to sell well]* {2M}
نَفَق، نُفوق :VN يَنْفُقُ

حل الجفاف ونفقت الحيوانات في الحقول وبدأت القبيلة تخاف على اطفالها من الموت. أوضح أن اكثر من ٣ ملايين رأس ماشية قد نفقت بسبب الجفاف. خلال اشهر الصيف الماضي نفقت جياد كثيرة نتيجة العطش او ارتفاع الحرارة. قالت محكمة فرانكفورت ان ٣٧ ثعبانا نفقت لدى الوصول الى فرانكفورت، سواء سحقا او لسعا. نفقت اعداد كبيرة من الماشية بسبب الفيضانات.

اِنْتَقَلَ

[to transfer]; to die {2M}

اذا كان الضحايا قد انتقلوا الى العالم الآخر، فهناك وكيل دائم في عالمنا. الرئيس انتقل الى رحمة الله قبل اعادة ترتيب الاوراق. بعد اشهر من عودته انتقل الى رحمة الله تعالى وقيل انه مات مسموما.

وَافَى
[to appear; to supply] {3M}
وافَتْهُ المَنِيَّة (وافاهُ القَدَر، الأَجَل)
to die

وافته المنية في العام ١٩٥٥ عن عمر لم يتجاوز الرابعة والثلاثين. فقدت اللجنة الاولمبية الدولية والرياضة المصرية واحدا من ابرز رموزها الفقيد الكبير المهندس احمد الدمرداش توني الذي وافته المنية اول من امس الاثنين في القاهرة. وافاه الأجل المحتوم وهو لا يزال فارسًا في ميدان الفكر. وافاه القدر المحتوم في برلين حيث انتقل لإجراء عملية جراحية.

تُوُفِّيَ
(pass) *to die, be taken* {2D}

توفي المطرزي سنة ٦١٠ هـ بخوارزم. توفي ميشال أسمر ليلة الميلاد لعام ١٩٤٨. كنت عندما توفيت الأميرة ديانا لم اتصور ان اكتب عنها مرة واحدة. لما توفي، كان من الطبيعي ان يخلفه في رئاسة التحرير واحد من اثنين من الصحافيين العاملين في الدار. عاش وتوفي في القرن الثامن الميلادي في بغداد. قد توفي من السلّ بعد ان تحوّل مدمنًا للكحول.

---

death مَوْت

حَتْف
death {3W}

لقد لقي هؤلاء الابرياء حتفهم من الجوع والمرض والرصاصات الطائشة. لقي عشرات الآلاف حتفهم خلال الحقبة السوفياتية. كان الجنود لقوا حتفهم خلال هجمات مختلفة على القوات العراقية خلال الحرب. العرّافات تنبأن له ان الابن سيلقى حتفه من خلال تمساح او افعى او كلب.

رَحيل
demise {3W}

إنها الذكرى السنوية الاولى لرحيل اكرم زعيتر. برحيل الشاعر الفرنسي أوجين غيوفيك عن عمر يبلغ ٨٩ عاما، يختفي معلم بارز من معالم الشعر الفرنسي الحديث. اذا به يبادر، اسابيع بعد رحيل ستالين، الى العفو عن السجناء «غير الخطرين». ما لبث بعد رحيل الاب ان قرر تصفية هذا النوع من النشاط واستبداله بتجارة المكسرات.

مَصْرَع
(violent) *death* {3D}

ادى انفجار عنيف في محطة قطار في جنوب روسيا الى مصرع شخصين وجرح عشرات. كان رد الجيش الاندونيسي عنيفا جدا وادى خصوصا الى مصرع الرجل الثاني في حركة المتمردين في ظروف غير واضحة. تحدثت الصحف الجزائرية أمس عن مصرع أربعين مسلحا اسلاميا بينهم اثنا عشر شخصا في العاصمة. أسفر الحادثان عن مصرع ١٣ ضابطا وجنديا.

مَنون
fate; death {3M}

لا يصدق أن يد المنون اختطفته على وجه السرعة. لو لم تختطف يد المنون الديكتاتور الراحل ساني أباتشا لكان من المرجح أن تغرق أكبر دولة أفريقية في دوامة لا مخرج منها.

مَنِيَّة
fate, death {3M}
وافَتْهُ المَنِيَّة to be taken, to die

لم يعش طويلاً بل وافته المنية بعد شهور قليلة على تسلمه المرجعية. بقي يتردد على المدينة الى ان وافته المنية في الثمانينات. استمر يدرّس بعطاء وفائدة حتى وافته المنية ليلة الخميس تاسع عشر من شهر شوال عام ١١٣٠هـ. يحتفظون بها حتى توافيهم المنية او يرغمون على التخلي عنها.

مَوْت
death {2D}

موت الأميرة ديانا لا يوازي في الأهمية أياً من هذه الأحداث. موته المأسوي لم يسمح له بأن يستقبل العام الجديد. الأم حزينة حتى الموت. لذا رأينا امبراطورية كارل بعد موته تنقسم بين أحفاده الثلاثة الى ثلاث دول. نجح الكلب في ان ينقذ الاسرة التي تربيه من الموت جوعا وبردا.

ميتة
death {2W}

أريد ان أموت ميتة طبيعية. أماتته ميتة هادئة. بعضهم كان مستعدا – لو واتته الفرصة – لقتله او خنقه بيديه ليقتص منه قبل ان يموت ميتة ربه. ليس هناك مدينة عربية ماتت ميتة ربها، وإنما هناك مدن مقتولة في ظروف غامضة.

وَفاة
death {2D}

وفاة الجنرال فرانكو سنة ١٩٤٧ فتحت المجال امام انتعاش المناطق الاسبانية. أعرب عن بالغ الاسف لوفاة الضحايا الاربعة «نتيجة لهذا العمل الاجرامي الجبان». اعلن تأييده لتولي الدكتور محمد سيد طنطاوي لمشيخة الازهر، بعد وفاة جاد الحق العام الماضي. وفاة ديانا تخدم اليوم قبل كل شيء هذه العائلة التي رفضتها.

dead ميّت

راحِل
departed, deceased {2D}

تعتنق المبادئ الماركسية مثل ابيها الراحل. اعتلت صور الاميرة الراحلة جدران الصالة. الاذاعي الراحل متزوج من الفنانة ليلى فوزي. رئيس الوزراء الإسرائيلي الراحل إسحق رابين لقي مصرعه برصاص متطرف إسرائيلي.

مرحوم
the deceased {2D}

كان مثلي الاعلى المرحوم حسين فوزي. كان يدرسنا الادب العربي آنذاك الشاعر المرحوم فارس مراد سعد. حضر الرئيس بيل كلينتون وفي صحبته قادة اوروبا امثال المرحوم فرنسوا ميتران، والملكة اليزابيث. وبعد ان هدأ المرحوم نوري باشا سأل لماذا لا يكون احمد مختار بابان هو المرشح بدل الدكتور فاضل الجمالي.

مَغْفور لَهُ
the late, the deceased {3W}

لا ننسى كلمات الزعيم الخالد المغفور له الرئيس جمال عبدالناصر. قد أسس أول مدرسة للبنات المغفور له الملك سعود بن عبدالعزيز رحمه الله في سنة ١٩٥١. قد لعبت دورا استشاريا في حياة أخيها المغفور له الملك عبدالعزيز. انشأ هذا القصر الامير محمد علي باشا نجل المغفور له محمد توفيق احياءً للفنون الاسلامية واجلالاً لها.

فَقيد
dead, deceased {2W}

الفقيد الراحل ليس ممن يذكرون بسطور معدودة. إنه لمن دواعي اعتزازي وافتخاري ان تتفضل أسرة الصديق الفقيد أكرم زعيتر فتكلفني تقديم هذا الكتاب. أقامت أسرة الفقيد فتحي سرادقا للعزاء امام منزلها في حي الملازمين. ليس من حق احد ان ينشر مثل هذه الصور من دون موافقة عائلة الفقيد.

مَيِّت
dead {2D}
pl: أَمْوات، موتى

سأموت بكل أسى مثلما وطني ميّت. تركت زوجها ميتاً في البيت. ستبقى ميتة حتى يوم القيامة. كل لغة غير محكية، لغة ميتة. الميت يصبح دائما أحسن مما كان في حياته. ظل ممددا لمدة خمسة أيام قبل ان يعثر عليه ميتًا.

هامد
lifeless {3M}

وسقطت المرأة جثة هامدة على الفور. لا جدوى من محاولة بث الروح في جثة هامدة. عملية السلام جثة هامدة. في كل يوم يعود آخر الليل هامد الجسد.

مُتَوَفّىً
deceased {2W}

له ديوان جمعه تلميذه محمد عياد الطنطاوي (المتوفى في روسيا سنة ١٨٦١م). بعض هؤلاء كان متوفى وبعضهم منفي أو مهاجر. مرت اربعون يوما على موت المتوفى. والده المتوفى كان هاجر في وقت مبكر الى سيراليون وتزوج من سيراليونية.

money مال

see فكّة

عُمْلَة

currency {2D}
pl: عُمْلات

انخفضت العملة الاميركية الى ٥٦,٦٢١ ين من ٧٠,٦٢١ ين في وقت سابق. بريطانيا رفضت دخول العملة الموحدة قبل السنة ألفين. اضطرت تايلاند لتخفيض قيمة عملتها في تموز (يوليو) الماضي. سيتم التعامل بين الطرفين بالعملات الاجنبية. وهذا سيخفف الوقت والجهد الذي يبذله المسافر لتحويل العملات.

مَصاري

money {1M} (Lev)

قلت انه ليس معك مصاري. اذا لم يشتغلوا ما في مصاري. اذا ما في مصاري كيف بدي اشتغل؟

فُلوس

money {1-2W}

قال لخطيبته انه خسر كل فلوسه. فساد؟ أي فساد؟ أين الفلوس؟ أين المال؟ ليس هناك أي مال؟. هم يتصورون ان هذا المسافر يحمل فلوساً. يبدو ان الاخوان ما عندهم فلوس كثيرة للاستثمار. بدّو فلوس كثير. لولا فلوسك لما كنت أنا في البيت معك.

مال

money {2D}
pl: أَمْوال
رأس مال capital

يطالبه بوقف ما يجري من اهدار للمال العام. أعرب عن أمله في أن تتوافر الأموال اللازمة للمحافظة على التراث الاسلامي في المدينة القديمة. انا بعت لانني كنت في حاجة الى مال، انما لماذا اشتراه، لا اعرف. يجري حالياً انشاء شركة تابعة للقطاع الخاص في كل من مصر والكويت برأس مال ٥٠٠ مليون دولار لاقامة مشاريع مشتركة.

نَقْد

cash, money {2D}
pl: نُقود
صندوق النقد الدولي International Monetary Fund

قتل الجانيان ربة البيت، وسرقا النقود. كنت آخذ منه بعض النقود لشراء مجلات وبعض الاشياء الصغيرة. كثيرا ما أسير كالملوك ولا نقود في جيبي. ان التعامل بالنقد الالكتروني، او ما يسمى بالبطاقة الذكية، أصبح اليوم أمراً واقعاً. يقال ان المسؤولين في صندوق النقد الدولي على ثقة بأن السلطات السودانية ملتزمة تنفيذ البرنامج المتفق عليه اخيراً.

---

to distinguish ميّز

فَرَزَ

to distinguish sth من *from; [see* صنّف*; to sort, classify sth]* {2D}
VN: فَرْز يَفْرِزُ

كيف ستكون خريطة التمثيل التي تفرزها الانتخابات؟ ثمة حل وسط فرزته التجربة المصرية في عهد أنور السادات. لم يعد من السهل فرز الحدود الفاصلة بينها. الأهم من ذلك ان هذه المفاهيم تخالطت بفعل تيارات السياسة ولم يعد من السهل فرز الحدود الفاصلة بينها.

فَرَّقَ

to distinguish بين *between; [see* فصل*; to separate sth; to scatter sth]* {2D}

من اجل ذلك ايضاً لم يفرّق الاسلام بين الفرد المسلم والفرد غير المسلم. فرّق الباحث بين نوعين من هذه الأصول. العنف لا يفرق بين الاغراض العسكرية والمدنية. «كنا يومها لا نفرّق بين حزن وفرح». هذه السياسة تفرّق ولا توحّد. أدرك الحدود الايديولوجية التي تفرّق بين الدول. فرّق الباحث بين نوعين من هذه الأصول.

فَصَلَ

to make a distinction, distinguish بين *between; [see* فصل، قرّر*; to separate; to decide* (a case)*]* {2D}
VN: فَصْل يَفْصِلُ

الذوق الأميركي لا يستطيع ان يفصل العنف عن التسلية وبالعكس. سنفصل بين تصرفات هؤلاء وبين تاريخ الغالبية الشريفة. يكفي انه استطاع ان يفصل بين حصوله على مساعدات وبين عملية السلام. ديانا كانت تريد ان تفصل بين حياتها الخاصة وبين عملها الخيري.

مَيَّزَ

to distinguish sth/sb (عن *from*); *to distinguish* بين *between* {2D}

ما الذي يميزهم؟ كيف نميز بينها؟ أكثر ما يميز ابناء الشعب السوداني القدرة على الحوار والمتابعة والقراءة. لم يميز الاميرة ديانا عن سائر افراد العائلة المالكة سوى نزعتها التحررية. أكثر ما يميز الاقتصاد البلجيكي انفتاحه. هناك خصوصية تميز العلاقات السعودية - الأميركية. من المفيد ايضا ان نميّز بين «الفلسفة» و«الحكمة».

---

to incline toward — مال

see انحياز

تَحَيَّزَ

to be inclined إلى/ ل *toward; to be prejudiced* إلى/ ل *for* {2W}

أعضاء لجنة التحكيم لم يتحيزوا لعروض بلادهم، وإنما أعطوا أصواتهم للعرض بصرف النظر عن جنسيته. هذا موقف يدل على تحيز شركة والت ديزني لاسرائيل. كانت كلماتها في الحقيقة شهادات محايدة، بلا تحيز. لا نتحيز لأي حزب سياسي. لا يتحيزون إلى غير كتاب الله.

اِنْحَنى

to bend, lean over or على/ ل/ إلى/ نحو *toward; to give in to, bow* أمام *in front of* {2W}

انحنت السيارة يمينا ويسارا وراحت تروح هنا وهناك. انحنى لتحية جثمان العاهل الراحل. انحنى على يدي أبي وأمي يقبلهما. أثناء الحوار معه كانت ابنته تحبو تحت الطاولة فانحنى المؤلف نحوها. شعب مصر ابدا لا يرضى ان ينحني الا لخالقه العظيم. ما أكثر الأبطال الذين انهزموا وظل التاريخ ينحني أمامهم بإعجاب وتقدير. إنني أنحني أمام القدر.

مالَ

to lean على/ ل/ إلى/ نحو *toward; to show a preference* على/ ل/ إلى/ نحو *for* {2D}

VN: مَيْل يَميلُ

شعروا أن السفينة تميل على جانبها الأيمن وتبدأ في الغرق. نفسه كانت تميل الى الهدوء. صار هناك اتجاه صاعد في أوساط النخبة الثقافية العربية يميل نحو التعامل مع امريكا. يميل للصداقة أكثر مما يميل للحب.

---

port — ميناء

مَرْسى

anchorage {2W}

pl: مَراسٍ

هي السنة التي وصل فيها صاحبنا من تونس الى مرسى الاسكندرية. على الشاطئ سيضم فندق المنتجع ٦٠٠ غرفة مواجهة للبحر ومرسى للقوارب. المكان الأشهر في ماربيا هو بويرتو بانوس وهو مرسى يخوت الأثرياء ومنهم العرب. المدينة تعاني نقصاً في المراسي النيلية.

مَرْفَأ

harbor, dock {3W}

pl: مَرافِئ

يجب إنشاء مرفأ نهري كبير على النيل في مواجهة المناطق الأثرية. شعرت أن الهولندي الطائر قد وجد مرفأه الطبيعي. لا يزال المطار والمرفأ مغلقين منذ سنتين اثر خلافات بين الفصيلين. في عهد الملكة فيكتوريا عرفت هونغ كونغ بأنها مرفأ لكافة أنواع القراصنة. علينا ان نهاجم اهدافا اقتصادية في لبنان ونحاصر المرافئ في هذا البلد.

ميناء

port, harbor {2D}

pl: مَوانِئ

الأعمال المقررة توفر تأمين دخول وخروج السفن الى الميناء. زرت ميناء سنغافورة. سبق اعداد دراسة لتطوير ميناء الاسكندرية الدولي بالتعاون مع الجانب الياباني. نعتقد ان الميناء يوفر فرصة للتنمية الاقتصادية لليمن. مصر تضع خطة لتشجيع تجارة الترانزيت في الموانئ.

to predict تنبّأ

see توقّع

تَكَهَّنَ

to predict ب *sth or* أنّ/ بأنّ *that* {2W}

يتكهن البعض أن هذه الحرب ستكون تحديدا للفصل بين عالمين. يتكهّن التقرير ايضاً بأن اعتماد الولايات المتحدة على بترول الخليج سيزداد. يتكهن صندوق النقد الدولي بأن ينمو الاقتصاد الفلسطيني ٥ في المئة. اشار الى ان الطلب الاميركي على البترول سيكون أقل مما تكهنت به الوزارة الاميركية.

تَنَبَّأَ

to predict ب *sth, prophecy* ب *of sth* {2W}

تنبأت صحيفة «الرأي العام» الأهلية بفشل الائتلاف في الحكومة اليمنية المقبلة. تنبأ كلينتون بسقوط الشيوعية تماما كما حدث لجدار برلين. لا يمكن لأحد ان يتنبأ بنتائجه. لم يحدث ما تنبأ به جورج اورويل في روايته. يتنبأ بانخفاض في اسعار النفط. تنبأ بقرب اغتياله بعد سماعه نبأ مقتل باركس.

---

plant نبات

زَرْع

crops, plants; [planting] {2M}

هم مساعدوه في الاشراف على الزرع. يرمي بذوره في الحقل ثم ينتظر اياما أو شهورا لينضج الزرع. الأرض البائرة هي التي لم تعمر بالزرع. شقته بالدور الأول يغطيها الزرع الكثيف كما يغطي جزءا كبيرا من البلكونة المطلة على الشارع.

مَزْروعات

plants {2W}

ان مزروعات لهم أتلفها الجليد والصقيع. اصيبت بالضرر مزروعات اخرى في مقاطعة هافانا المحاذية. قد صورت على جدرانها مشاهد لحصاد الفلاحين للمزروعات المصرية المختلفة. كانت أبحاثهم سمحت في العقود الماضية بمضاعفة محاصيل المزروعات الأساسية كالأرز والقمح والذرة.

شَتْلَة

seedling {2M}
pl: شُتول، شَتائِل

تقدم وزارة الزراعة للعراق نحو ١٤٠ ألف شتلة من الزيتون والتفاح والأشجار اللوزية مقابل فسائل نخيل. نستورد نحو ١٠ ملايين شتلة من الفراولة لرفع الانتاجية وخفض السعر. تم رصف ٤٠ كيلومترا من طريق درب الاربعين وستتم زراعة شتلة نخيل في هذه المنطقة.

نَبْتَة

plant, seedling {3W}

يقول مزارع ان الرطوبة التي تحتاج اليها نبتة الحشيش متوافرة اكثر في الجرد. يعززه زيت اللوز وزيت نبتة الأوركيد. كانت هذه النبتة الصغيرة مصدر مزارع البن الغنية في جزر الهند الغربية. لا يعرف الآخرون سر زراعة هذه النبتة العجيبة. صدر أمر عسكري اسرائيلي يمنع الفلاح الفلسطيني من قطف «نبتة الزعتر» في الجبال.

نَبات

plant {2D}
pl: نَباتات

اثبتت الابحاث العلمية التي اجراها المركز اخيراً امكان استخدام هذا النبات في مقاومة امراض شتى. حديقة القصر، بما تحويه من اشجار ونباتات نادرة، صارت مهددة بالدمار. في الخارج هناك نبات وهواء وشمس. تزرع اجزاء منه بنبات عباد الشمس لاستخدامه في عملية تصنيع الزيوت.

spring

ينبوع

see بحر، بئر، حوض

عَيْن

spring, fountain (often in names); *[*see نفس، وجيه; *same; eye; prominent person]* {2D}
pl: عُيون

العين السخنة. عيون موسى. يبدأ الوادي بمضيق صخري يتسع قليلاً، وتنبع منه عين ماء تروي البساتين. في مصر نحو ١١٠٠ عين مياه معدنية لم تستخدم او تستغل بعد. عين «أسردون» يبلغ معدل تدفقها ١٥٠٠ لتر من المياه العذبة.

نَبْع

spring; source {2W}

تعهد الرجل بإرجاع الماء إلى نبعهم. يملكون المزارع الأقرب إلى نبع الماء الذي يسيل نزولاً لري الأراضي. بُنيت قرية العطلات هذه حول نبع بركاني حار يقال إنه يشفي الكثير من الأمراض. يؤمنون بأن نبع الحقيقة وملهمها هو الله وحده. «عين الحياة» هي امرأة وهي نبع ماء من يشرب منها لا يشيخ ابدا.

منبع

spring, fountainhead {2W}
pl: مَنابِع

مرتفعات الجولان هي منبع المياه التي يمكن أن تتحكم في مصير الجليل. إن لم يكن لمصر النيل من منبعه إلى مصبه فقد أضاعت نفسها وفقدت مصدر حياتها. تلك المثل الانسانية الرفيعة هي أصل القانون الدولي وهي منبع حقوق الإنسان. على المجتمع الدولي أن يبذل مزيدا من الجهد لتطويق الإرهاب وتجفيف منابعه وكشف مخططاته.

يَنْبوع

spring, well {3M}
pl: يَنابيع

السلام وحده في إمكانه ان يكون الينبوع الحقيقي للانماء والعدالة. الديانات الميتة خاصة البابلية والمصرية كانت ينبوع اليهودية أم الديانات التوحيدية. كان من واجبنا ان ندافع عن ديننا فان لنا فيه ينبوع قوة ومصدر الهام في مواجهة كل ما يقابلنا من اخطار.

مَنْهَل

spring {3M}
pl: مَناهِل

شدد على ضرورة «ان يكون الاسلام منهل استيحاء للمرأة الايرانية». تأكدت على ان تبقى فلسفتها المنهل لصياغة فكر الزعيم الجديد. انهم سابقوك للمنهل العذب.

---

to result

نتج

تَرَتَّبَ

to result على *from* {3D}

تترتب على هذه الظاهرة الديموغرافية نتيجتان خطيرتان. ان وجود أكثر من مليون لاجئ في السودان ترتب عليه أعباء اقتصادية. ينبغي الانتباه، فالنتائج التي ستترتب على ذلك ستكون بعيدة الاثر. الحكومة الاسرائيلية هي المسؤولة عن تعطيل العملية وعن كل ما يمكن ان يترتب على ذلك.

نَتَجَ

to result من/عن *from, arise* {2D}
VN: نِتاج يَنْتُجُ

نحن فخورون بوجه خاص بالزي الجديد لأنه نتج عن جهد جماعي حقيقي. أفاد ان هذه التطورات نتجت عن ارتفاع صادرات النفط الخام. ان الناس يريدون ان يعرفوا دور هذه المؤسسة وما سينتج عنها. نتجت من هذا التهديد – حسب زعمه – حالة من الذعر. أشار التقرير إلى الاثر السلبي الذي نتج من قيام بعض المواطنين بجمع الأموال والتصرف بها في شكل غير اقتصادي.

نَجَمَ

to result, spring من/عن *from; [to appear, rise* (star)*]* {3D}
VN: نُجوم يَنْجُمُ

نجمت عن نشاطها كوارث مالية كبيرة. وصف الاضرار التي يمكن ان تنجم عن المواقع الشريرة في الانترنت. تناول عرفات الحصار الاسرائيلي الحالي وما ينجم عنه من «خنق وارهاق للاقتصاد الفلسطيني». أبدى تحفظا عن الآثار السلبية التي تنجم من التطبيق العملي للاتفاق.

نتيجة result

مَآل
end, outcome, consequence {3W}

مآله في الآخرة سيكون في «قعر» جهنم. النازية او الستالينية او القومية او العنصرية كان مآلها السقوط لان هذه الايديولوجيات جميعا حملت وتحمل جرثومة فنائها في داخلها وليس في خارجها التطبيقي. ان الديموقراطية النيابية اذا لم ترتكز على ممارسة توافقية يكون مآلها الفشل.

ثَمْرَة
fruit; result, yield {2D}

إنني سعيد بالفوز الذي اعتبره ثمرة جهودنا في الاشهر الماضية. تابع ان «الحزام الامني ثمرة تعاون تركي – اسرائيلي». كان الاتفاق على هذه المعاهدة ثمرة محادثات الرئيسين المصري حسني مبارك والتركي سليمان ديميريل في انقرة. هذا الخلط بين «الامة» و«الدولة» هو ثمرة من ثمار التأثير الفكري الغربي. هذا القرار كان ثمرة طبيعية لمصالح امريكية.

حَصيلة
yield, outcome, result {3D}
pl: حَصائِل

مهم جداً ان تقتنع القيادة العراقية بحصيلة الجولة الثانية من الأزمة مع الامم المتحدة. أعلن التلفزيون الصيني امس السبت حصيلة رسمية افادت أن خمسة أشخاص قتلوا وجرح عشرة في الانفجار. ثبت ان حصيلتها من المعلومات عن اسرائيل قبل الحرب كانت في غاية التواضع.

مُحَصِّلَة
result {3D}

المحصلة أننا قد أصبحنا في فترة صعبة من زمن عصيب. قد جاء هذا الدرس كمحصلة لتجارب شركات النفط العالمية. كانت محصلة هذه التوترات قيام معظم يهود البلدان العربية بمغادرة بلدانهم والهجرة الى اسرائيل. تُعتَبر هذه التهمة ونتائجها محصلة حوار بدأ منذ فترة من الزمن.

عاقِبَة
result, consequence {3W}
pl: عَواقِب

ان عاقبة الظلم وخيمة وعاقبة العدل كريمة. اياً كانت الأسباب كل هذا عاقبة افتقادنا للطهارة. ان التصاعد الاسلامي هو العاقبة أو ردة الفعل على الفشل في بناء دولة. من لا يقرأ التاريخ ويستوعب دروسه تكون عاقبته وخيمة. هو لم يهب الموت ولم يخف عاقبته ولا خاتمته. هذه التجربة ستؤدي إلى عواقب وخيمة. يحذر من عواقب فشل تنفيذ اتفاق السلام.

مَغَبَّة
result, outcome {3W}
pl: مَغَبّات

حذر مساعد وزير الداخلية المصري رجال الاعمال والمواطنين من مغبة الوقوع في فخ المحتالين الذين يحملون اوراق نقد فئة مليون دولار. حذرت طهران تل ابيب أمس من «مغبة» القيام بأي «مغامرة». حذر رجال الدين من مغبة تحويل المسجد الى مؤسسة خاصة.

نَتيجَة
result {2D}
pl: نَتائِج

حقق فريق الهلال السعودي ابرز نتيجة عربية في الكرة الطائرة على الصعيد الآسيوي. اعلنت بتحدٍ انها لن تقبل نتيجة الانتخابات. أذيعت الأغنية على شاشة التلفزيون بالشكل الجديد وقت اعلان نتيجة الثانوية العامة. اما نتيجة العولمة الحتمية فهي تركيز الثروة العالمية في ايدي أقلية من الملأ. القتال لم ينته الى نتيجة حاسمة. حاول لاعبو الاتفاق تعديل النتيجة.

نتن stinking

see قبيح

عَفِن
rotten, putrid, musty {2W}

كان الجيران دائمي الشكوى من رائحة اللحم العفن تلوح من بيته. معظم المنازل والعمارات ـ حتى الجديدة منها ـ يستحيل أن تصعد فيها الدرج أو تهبط، دون أن تصطدم بالروائح العفنة وصفائح الزبالة والقطط الضالة. هذه الأسواق فيها مخازن مغلقة تصدر عنها روائح عفنة. شن هتلر حملته على «الفنون العفنة» التي كانت كناية عن جميع اشكال الفنون الحديثة.

كَريه
unpleasant, bad (smell); [see قبيح; *offensive*] {2M}

تفصل بين احيائها ازقة تنبعث الروائح الكريهة من مياهها الآسنة. الاسماك المملحة – حتى الصالح منها – تنبعث منها رائحة كريهة. طبخة كريهة الرائحة تهيأ في الخفاء. البترول هو مادة سوداء قاتمة اللون كريهة الرائحة قابلة للاشتعال.

نَتِن
stinking, putrid {2M}

ذلك هو ما حدث معي تماما عندما شكوت من الروائح النتنة التي كانت تصدر من المجزر الآلي في الحي المجاور لفندق سياج. بعد أيام كان يعلن عن وجوده بروائحه النتنة بجوار المدارس والمساكن. الرأس مغطى بكيس قماش خشن ذي رائحة نتنة. تتفتح الوردة مرة كل عدة سنوات ورغم انها تفرز رائحة نتنة عفنة إلا أن مشاهدة هذه الوردة حدث ثقافي ممتع.

---

to succeed نجح

أَفْلَحَ
to thrive, prosper, have success في *in* {2D}

لم تفلح الحروب والمجاعات ووفيات الاطفال العالية النسبة في تخفيض الزيادة السكانية. هي لم تفلح بعد في الجمع بين منطق المواطنة ومنطق السوق. اوضحت المصادر ان عبدالناصر القيسي افلح في الهرب من خلال نافذة. لم تفلح محاولات لاعبي الرياض في العودة بالنقاط الثلاث بل فشلوا في نيل التعادل.

نَجَحَ
*to succeed (*في *in)* {2D}
يَنْجَحُ VN: نَجاح

نجح لبنان العام الماضي في تأكيد قدرته على جذب الاستثمار من الخارج. نجح المترجم في نقل النص الى المناخ العربي. ان السلطات السودانية نجحت في تحقيق عدد كبير من الأهداف الاقتصادية العامة. رأفت علي نجح في تسجيل هدف التعادل من قذيفة أرضية على يسار حارس الفيصلي. من الرياضيات اللواتي نجحن في هذا المجال السبّاحة الالمانية الفذّة فرانتسيسكا فان ألمسيك.

تَوَفَّقَ
to succeed في *in* {2M}

توفقوا اكثر من غيرهم في الحصول على ثقة الناخبين. لم يتوفق المنظمون في توفير جهاز للترجمة الفورية. اختار المنظمون موضوعا مبتكرا ومناسبا لهذه الندوة، خصوصا أن غيرها من الندوات العربية في مجال الفنون لا يتوفق دوما في اختيار موضوعاته.

---

to ask for help استنجد

اِسْتَجارَ
to appeal ب *to sb for help* {2M}

لجأ اليها هارباً واستجار بها. لم يبق لي ما استجير به سوى حلمي.

اِسْتَغاثَ
to cry ب *to sb for help* {3W}

استغاث الزوج بالجيران. يغمى على الجدة من هول المفاجأة، فيستغيث الطفل ويستدعي بقية افراد الاسرة. شاهد المارة عشرات الركاب يستغيثون من النوافذ بينما كان الباص في طريقه الى القاع. الجيش والشرطة كان في وسعها ان تتدخل لحماية الاهالي الذين استغاثوا بالثكن العسكرية عند بدء المجازر.

اِسْتَنْجَدَ
to ask ب *sb for help or* ل/ أَنْ *to do sth* {2W}

استنجد بالدول العربية لإرسال مساعدات عسكرية واقتصادية. كوريا الجنوبية تستنجد بصندوق النقد الدولي. قد لمحت في وجهه امارات الاسى وكأنه كان يستنجد بالناس ان يدركوا مدى ألمه. يستنجد بي لأترجم مأساته للشرطة.

star نجم

بُرْج
constellation; sign of the zodiac; [tower; castle] {2D}
pl: أَبْراج

الشمس حالياً انتقلت الى برج الحوت. دعني أقول لك: ليس هذه صفات انسان برج «الثور». هو من برج العقرب، ويقول ان المتزوج من امرأة من برج الجوزاء يعيش في مخاطر كبيرة. يقول لمواليد برج الميزان في هذا الشهر: انه مناسب للحب.

شَهاب
star; shooting star, comet; [flame, blaze] {2M}
pl: شُهُب

كانت ديانا نجمة لا كالنجمات، سطع بريقها في مسيرتها الحياتية القصيرة كالشهاب. ابن خلدون شهاب ساطع في سماء الليل. يعدد الاحداث المروعة التي تعرضت لها الأرض بواسطة الشهب او الكواكب السيارة او النيازك منذ ٥٦ مليون سنة حتى الآن.

كَوْكَب
star; planet {2D}
pl: كَواكِب

يمكن القول ان سطح الكوكب الاحمر مصاب بالصدأ. يراقب كوكب الارض عن بعد. نصحوا باختيار يوم الثلاثاء الماضي كأفضل يوم لشن الحرب لأنه يقع تحت تأثير كوكب المريخ الذي يرمز الى اله الحرب. مضى عليها خمسون عاما وهي الكوكب الساطع في سماء الأدب الرائع. فتحوا أول مطعم كوكب هوليوود في المنطقة. تهتم بحركة الكواكب.

نَجْم
star {2D}
pl: نُجوم

ميزوا بين النجوم الثابتة و«النجوم» المتحركة، أي الكواكب. نجوم السماء كثيرة لا تحصى، لكنك تنظر الى القليل. تمثل الصين النجم الطالع في سماء صناعة المعارض العالمية. حجزت ٥٠ غرفة في فنادق ٤ نجوم. فيها اغنيات لنجم الاوبرا الايطالي لوتشيانو بافاروتي. يقود الفريق محمد عامر المدير الفني ونجم الاهلي الاسبق.

نَيْزَك
meteor; shooting star {3M}
pl: نَيازِك

لمعت ديانا وانطفأت كالنيزك تحت النفق الباريسي. «النيزك» السويسري اعاد التوهج الى سماء كرة المضرب. كاد يصطدم بكوكب الأرض نيزك يدعى «جي ايه - ١» بلغت سرعته ٨٥ الف ميل في الساعة.

---

thin نحيل

رَشيق
slim, slender; elegant {2W}

تستأجر هذه الشركات أشهر النجوم في دنيا الفن والرياضة وأصحاب الأجسام الرشيقة والممشوقة والفتيات بارعات الحسن. هي أحد أسباب احتفاظ الناس هنا بقوام رشيق وأجسام رياضية. قال له انه شاهد هذه الشابة وهي جميلة ورشيقة كانت تقف بجوار شاطئ البحيرة.

رَفيع
thin, fine (thread, wire, etc.); *[lofty; exquisite, refined]* {2M}

اننا نحن الأمهات لم نستطع الى اليوم تمييز الخيط الرفيع، الفاصل، بين مسؤوليتنا تجاه ابنائنا، والخوف عليهم. مد الرئيس الأسبق محمد نجيب يده في صدره وأخرج حبلا رفيعا.. قديما.. باليا.. من النوع الذي نسميه دوبارة.. في نهايته مفتاح. قال الوزير البريطاني إن هناك خيطا رفيعا يفصل بين الممارسات.

رَقيق
*thin, fine; [*see عبد; (n) *slave]* {2M}

يجب تغطية التمثال بطبقة من الحجارة الرقيقة المستديمة. نبقى مرتبطين بشبكة غير مرئية من الخيوط الرقيقة ببعضنا البعض.

ضامِر
thin, skinny {3M}

كان ضامر الجسم لا يطيقُ الصَّخَب. ثبت في مكانه بقامته المديدة وعوده الضامر. أسحب من جيب قميصي الكاكي قطعة من مرآة مكسورة، لأرى وجهي ضامرا كرغيف ناشف. العقل السياسي العربي ما برح ضامراً وقاصراً عن فرض تأثيره على مجرى الأحداث.

مَمْشوق
thin, slender; svelte {3M}

شاب طويل، اشقر، ممشوق القامة، عيناه زرقاوان، وكان مميزاً بين اشخاص المعهد. تمتاز بأناقتها وقدودها الممشوقة. يقيم مع امرأة أخرى غير تلك الحسناء الممشوقة القوام التي وقع في غرامها. بعد نهاية الحرب دخل كريستوفر الى مجلس العموم، واعتبر، بقامته الممشوقة ووسامته وتعليمه وشجاعته في الحرب، «الأمل الذهبي» لحزب العمال.

نَحيف
thin {2M}

رأينا شاباً نحيفاً أكسبته شمس المتوسط الحارقة خلال رحلته الطويلة سمرة شديدة. انظري إلى أي مدى أصبحت نحيفا نتيجة للقتال الذي كنت أخوضه أثناء الشهور الستة الماضية. كان نحيف الجسم عليلا في صغره واضطر وهو في العشرين من عمره ان يعالج معالجة منتظمة في بعض مدن المياه المعدنية.

نَحيل
thin {3W}

بقضاياه الاقتصادية اصبح الجسد العربي كله هزيلا نحيلا ومتهالكا امام ما يحدث له. كان قصيرا ونحيلا، وذا بشرة أميل الى السواد. شاهدت صاحبة هذا البيت فرأيتها سيدة نحيلة وهزيلة الجسم للغاية وشاحبة الوجه وتعبر قسماتها بغير كلام عن كل ماتعاني منه. شعره بني فاتح، نحيل، جلبابه مخطط بلون طحيني فاتح.

هَزيل
skinny, lean {3W}

مظهر الممثلين هزيل ولباسهم مهلهل. اكدت زوجته انها «تفضل على افخاذ الدجاج الاميركي الوردية افخاذ الدجاج الروسي وإن كانت هزيلة ومائلة الى الزرقة فهي على الاقل طبيعية». حتى السيناريو يبدو هزيلا جدا اذا قارناه بأي عمل عربي. فوز هزيل للأهلي استعداداً لكأس النخبة.

---

toward

نحو

see إذاء، مقابل

في اتِّجاهِ، باتِّجاهِ
toward, in the direction of {2D}

تحالف استراتيجي يربطه بالرئيس لكنه ينتقد بشدة سياسات الحكومة ويضغط باتجاه التغيير. أطلقت القوات الاسرائيلية صباح أمس عددا من القذائف باتجاه الطريق العام. أما حركة التبشير من ماكاو باتجاه الصين فقد كان أقل نجاحًا. علينا أن نخرج مباشرة إلى طريق مصر–اسكندرية الصحراوي في اتجاه الاسكندرية. قالت مصادر إسرائيلية أمس إن الحكومة الإسرائيلية سوف تتخذ خطوات باتجاه إلغاء قانون الطوارئ.

صَوْبَ
*toward; [*see اتّجاه; (n) *direction]* {3W}

قافلة قوامها ألف جندي روسي و ٥٠ عربة مدرعة تحركت صوب كوسوفا. مضت سبعة أشهر من العام ٢٠٠٠ دون أن نتقدم خطوة صوب تحقيق هدف الوصول بالصادرات السلعية المصرية إلى رقم ١٠ مليارات دولار الذي رصدته الدولة كهدف متواضع للغاية. أغلق الطيار الآلي ووجه مقدمة الطائرة صوب المحيط الأطلنطي. يحق لمصر أن تتقدم اليوم صوب المستقبل واثقة الخطى.

نَحْوَ
*toward, in the direction of; [*see تقريباً، طريقة; *approximately; way]* {2D}

استدار نحوه. انطلقنا نحوه لنجده ملقىً على وجهه. التفت نحوي. تتطور علاقات البلدين بخطى واسعة نحو الأمام. تنطلق من الشمس أحيانا عواصف من الرياح المغناطيسية الشمسية وقد حدث أن اتجهت إحدى هذه العواصف نحو الأرض بسرعة تزيد على مليون ميل في الساعة. أول خطوة نحو الطلاق: الزواج. أسرع يوسف–عليه السلام–بالفرار من أمامها نحو الباب هروبا من الفاحشة التي طلبتها منه.

نادراً rarely

قَليلاً
seldom, rarely; [a little, somewhat] {2D}

العائلة باتت لا تأتي الى القرية الا قليلاً. أنت قليلاً ما تجدني استعمل رموزا أو ألفاظا من المستوى اللغوي الثاني. لا استطيع ان اتفرغ للعلم إلا قليلا. لا يتكلم الا قليلاً.

لِماماً
rarely, seldom {3M}

لا يتحدث عن الأمة الا لماماً. ما عاد يخرج من البيت الا لماماً. لم نسمع به في السابق إلا لماماً. هو رب أسرة مكونة من زوجة وثلاث بنات ما عاد يراها إلا لماما.

نادِراً
rarely, seldom {2W}

نادراً ما شعر البلغاريون بحماسة حيال زيارة يقوم بها رئيسهم لدول أجنبية كما يشعرون حالياً. نادراً ما كان خليل حاوي يتحدث عن المرأة. لا يسمح الاّ نادرا للمشاعر الانسانية ان تؤثر عليه. الفتاة لا تلعب مع الصبي الاّ نادرا جدا. نادرا ما يتقن الألباني غير لغته المحلية.

نادى to call

see سمّى

دَعا
to call إلى *for sth; to call sb or on sb (*ل/ إلى/ أنْ*) to do sth); [*see سمّى; *to call sb* (by a name)*]; [to invite]; [*see صلّى; *to pray that]* {2D}
VN: دَعْوَة يَدْعو

ندعوك – يا الله – ان ترفع غضبك عنا. الحكومة الألبانية تدعو الاطلسي للتدخل. تدعو الادارة الأميركية الى تطبيق سياسة الاحتواء تجاه ايران. يقول الخبر ان الناقد ياسين النصير يدعو الادباء والشعراء العراقيين الى ارسال كتبهم اليه. دعوته الى الانسحاب من لبنان في مقال نشرته «يديعوت اخرونوت».

نادى
to call sb or على *sb; to call on sb* إلى *to do sth; to call* ب *for; to call sb* ب *by* (a name) {2D}

الأم هي التي تنادي ابنها. حاول ان يهدئ من روعه، ثم اصطحبه الى بيته حيث نادى على ابنته، فاطمة، وطلب اليها ان تلاعبه. ينادي الجميع الى التماسك من اجل مواجهة الوضع الدقيق. لا تزال تنادي بالعودة الى الماضي. البابا اول من نادى باستقلال لبنان وسيادته. لا يناديها الا باسمها.

نزع to pull out, tear off

see قطف

اِسْتَأْصَلَ
to uproot sth; to remove sth completely {3M}

اجرى اطباء عراقيون جراحة له في الصدر واستأصلوا جزءاً من رئتيه. الزعيم الليبي سرطان (...) ينبغي ان يستأصل من جسم الأمة العربية. اننا نحتاج سيفاً صارماً، حاداً، قاطعاً، كي يستأصل السرطان الاسرائيلي من كبد الأمة العربية. أكد الرئيس الجزائري اليمين زروال ان بلاده تستأصل «جذور الارهاب».

اِجْتَثَّ
to uproot, tear out sth {3M}

الكاتب يجتث الافكار عن اصولها. يجتثون النخل من جذوره. يجب على سلطات البلد أن تجتث ظاهرة التجارة بالبشر اجتثاثا.

فَقَأَ
to gouge out (an eye) {3M}
VN: فَقْء يَفْقَأ

يعرف أوديب الحقيقة فيفقأ عينيه ويتشرد على الطرقات ماشياً بدون توقف الى ان يموت. ذبح الفتى الذي فقأ عين بقرته. يلعن نفسه، ويتمنى لو أن أحدا فقأ عينيه.

قَلَعَ

to pluck out, tear off, uproot sth {2M}
قَلْع :VN يَقْلَعُ

تهديم المسجد سوف لا يكون في هذه المرة بطريقة التفجير، لكن بطريقة قلع حجارته واحدة واحدة وترقيمها وارسالها إلى مكة حيث مكانها الطبيعي. حاول قلع معالم المدينة التاريخية العربية والاسلامية. خشنت ايديهم من حراثة الأرض وتمزقت اذيالهم من قلع شوكها.

نَتَفَ

to pluck out (feathers, hair) {2M}
نَتْف :VN يَنْتِفُ

لا تبدأ التحضيرات واعداد الطعام إلا بعد ان يجلس الضيف، ولا تذبح الخراف والدجاج التي كانت تنتظر إلا في ذلك الوقت، بعدئذ تسلخ او ينتف ريشها وبعدها تطبخ. يقول إنه سينتف له ذقنه.

نَزَعَ

*to pull out, extract sth; to tear off sth [*see خلع، أزال*; to take away, remove; to take off* (clothes)*]* {2D}
نَزْع :VN يَنْزِعُ

ان هونغ كونغ قد اصبحت لقمة ضارة غير قابلة للهضم الا اذا نزعت عنها اشواكها الرأسمالية وجرى تطهيرها من نزعات الليبرالية. يمكن تحويل بعض المساعدات الانسانية لتمويل عمليات نزع الالغام في شمال العراق وجنوبه. ذكر ان العراق لم ينفذ التزاماته في مجال نزع الاسلحة. كانت تجبر على نزع الحجاب في سجن الخيام.

نزاع

dispute, argument

see نقاش

جَدَل

controversy, debate {3D}
controversial مُثِير لِلْجَدَل

الاعتذار الذي قدمه باراك اثار جدلا واسعا في اسرائيل. العرض الاسرائيلي اثار جدلا كبيرا في بولندا. كانت القضية اثارت جدلا حول سلامة القوى العقلية للمتهم الاول. أتابع منذ أيام في الصحف البريطانية جدلا في شأن تشديد العقوبات. يمارس الجدل والحوار ويسمح للرأي الاخر بالتواجد. كانت هذه المسألة المثيرة للجدل أثارت مخاوف من بعض الدول .

جِدال

debate, dispute {2W}

الجدال يدور حول اخلاقية تعليق مثل هذه الصورة. أنت ستصبح أحسن منهم بلا جدال. مسألة الاستنساخ بدأت منذ سنوات عدة واخذت كثيرا من النقاش والجدال بين علماء الطب والقانون والاجتماع وعلم النفس، وطبعا علماء الدين. إن العلاقات تسير على طريق التقدم والتحسن بلا جدال. كانت جلسة عاصفة وشهدت جدالا سياسيا حادا وعنيفا. لا جدال في ان الصين كانت في حاجة الى مصر.

مُجادَلَة

debate, argument {2W}

يقفون على الجانب الآخر من المجادلة. الولايات المتحدة لم تكن مؤهلة لخوض مثل هذه المجادلة المالية. تتركز المجادلة على اي شكل ينبغي لهذه الدولة ان تتخذه. الانسحاب من دورة الحسين المقبلة امر مؤكد ولا يقبل المجادلة. الحق في إبداء الرأي مسألة أولية، وهو حق لا يقبل المجادلة في أساسه ولا في نطاق استخدامه.

مُحاجَجَة

argument, debate {3M}

أجيب، من دون استعداد كبير للمحاججة. في واقع الحال فإن هناك أساساً لهذه المحاججة. للمرأة الكلمة الأخيرة بعد كل محاججة. اما قول الكاتب بأن البارزاني «كافح الارهاب» بالارهاب... فهو مجرد محاججة وتلاعب بالمصطلحات.

خُصومَة

dispute, quarrel {2W}

حاول التوفيق بين التيار القومي والمد الإسلامي عند اشتداد الخصومة بينهما. هناك الخصومة والخلاف بين سكان المناطق الجبلية وسكان السهول. جميع هذه الدول على خصومة شديدة مع واشنطن. ليس بين الازهر وبين احد من الناس خصومة. وتعالت الخصومة وانقلبت الى شجار.

خِصام
disputation, contention {2W}

عندما نتمذهب فكرياً لن تكون هناك مشكلة لان الفكر يوحي بالحوار لا بالخصام. مع هذا يبقى الكلام أفضل من الخصام. كانت سياسة الولايات المتحدة تجاه الصين فاشلة بسبب غلَبَة روح الخصام معها. لا يستحق مؤتمر كهذا أن ينتهي بخصام بين دولتين عربيتين أو أكثر.

خِلاف
conflict, disagreement {2D}

الخلاف بين المجتمعين لم يحل. الخلاف ليس جديدا أو إبن ساعته، اذا جاز التعبير، فتاريخه يعود الى منتصف العام الماضي. شاريت واولبرايت يقللان من اهمية الخلاف حول قيادة الاطلسي الجنوبية. تردد ان خلافا نشب بين كاظم الساهر ووليد توفيق بسبب ذلك. الواقع ان خلافنا العائلي لم يكن مع شقيقي مرتضى بل كان مع زوجته.

شِجار
dispute, argument {3W}

ما رأيكم فيما قيل عن شجار بين الطيار ومساعده؟ حوّل حياة أبي وأمي إلى جحيم من شجار دائم حول النقود. زوجي دائم الشجار معي. انقلب النقاش إلى شجار. طُرد عقب الشجار من المدينة. كان الدكتور يضيق بالحياة في باب البحر، ويكره شجار السكارى تحت نافذته.

مُشاجَرَة
dispute, argument {3W}

لم يكن يمر يوم الا وتقع مشاجرة بينه وأحد المواطنين مما دفع الجميع الى تجنبه. في نفس المنطقة نشبت مشاجرة بين طلبة مدرستين. فوجئنا بقيامه بافتعال مشاجرة معنا، ورفض دخولنا الشقة. نشبت بيننا مشاجرة عنيفة انتهت بخروجي أنا وابنتي من البيت.

شِقاق
contention, discord {3W}

رفضوا المشاركة في اثارة الشقاق بين المسلمين والكروات في البوسنة. نجح في زرع بذور الشقاق والشكوك المتبادلة، بل حتى العداء، بين العرب والاتراك. يعمل جادا على بث الشقاق في الصفوف. الشقاق كان يضطرم بين قبائل البربر التي يتألف منها معظم الجيش. دعا الى «الابتعاد عن الذين يثيرون الشقاق والفساد لأن هؤلاء بتصرفهم يهدمون ولا يبنون».

نِزاع
dispute, conflict {2D}

غالبية الدول العربية والولايات المتحدة تريد انهاء النزاع. أصبح الحوار ضروريا اكثر للتوصل الى حل النزاع. تسوية النزاع تتوقف على رغبة جميع الأطراف في المضي في نـهج الحل. إن كلا من الجيش الأنغولي وقوات «يونيتا» له دور بارز في النزاع الدائر في زائير.

مُنازَعَة
contention, struggle; dispute {3W}

فتح الباب أمام المنازعة السياسية المنجبة وغير العاقر. بالامكان، بعد منازعة طويلة، التقدم خطوة الى الامام. أنا ايضا من المطالبين بأن لا تحل المنازعة مكان المحاصصة. حصلت المنازعة بين امراء مصر «من موالى بني ايوب». ويندوز ٩٥ يحتل موقعا لا يقبل المنازعة.

مُناظَرَة
argument, dispute; debate {2W}

تلك النوعيات من النقد تتجنب المناظرة. قد أثار يافلنيسكي مناظرة حول ضرورة إيقاف الحرب الشيشانية. أظهره بمظهر الضعيف أمام نيتانياهو، وخاصة في أعقاب المناظرة الشهيرة بين زعيم الليكود وإسحة موردخاي زعيم حزب الوسط. ندعو إلى مناظرة بين الدكتور اسماعيل سراج الدين والدكتور غازي القصيبي.

نزعة — inclination, tendency

جُنوح
inclination, tendency نحو/إلى *towards* {3W}

لاحظ المغرب جنوح الاوروبيين الى تأييد الموقف الاسباني. دخل الشاعر المستشفى ولا يزال في حال صحية دقيقة، مع جنوح الى الشفاء ان شاء الله. كان هذا احد الدوافع الرئيسية لجنوح بعض الشباب الجزائري الى التكفير. اذا كان لدينا جنوح نحو السلام، فان ذلك لم يزل ضمن شروط الحرب.

مَيْل
inclination, propensity, liking إلى/ل *for* {2D}
pl: مُيول

قد اشتهر بخفة دمه وميله الى الدعابة والمرح رغم انه كان مكفوفاً. بعض هذه الأدوية يسبب التوتر والقلق وعدم التركيز والميل الدائم للنعاس. أضاف التقرير ان حاله أظهرت ميلا إلى الشذوذ الجنسي. لعل خلاصة هذا الاتجاه هو ما يتضح من ميل المؤسسة الحاكمة الى تصدير أزمات تركيا الى جيرانها. كانت الظاهرة السلبية في اداء المنصورة ميل اللاعبين للعب الفردي ومحاولات الظهور وخطف الاضواء.

نَزْعَة
inclination, tendency {3D}
pl: نَزَعات

نجح في تأسيس مسرح جامعي رصين ولكن تغلب عليه احياناً النزعة الاكاديمية. بكين تشن حملة شديدة لمكافحة « النزعة الانفصالية » في شينجيانغ. بدأ المثقفون ينبهون الى دور السلطة العثمانية في اثارة النزعة الطائفية. غلبت على المازني نزعته الساخرة في إهداء الكتاب ونهايته. تظهر لديه النزعة للانعزال والابتعاد عن كل مايثير اضطرابه.

اِتِّجاه
inclination, tendency إلى/نحو *toward; [see* اتّجاه*; direction]* {2D}

أوضح ان «هناك اتجاها الى تخفيف عدد العاملين في كازينو لبنان». وزير دفاع المانيا يؤكد الاتجاه الى ابعاد النازيين الجدد عن الجيش. هذا يعني تشجيع الاتجاه نحو الضياع والانحراف. حاول تسريع الاتجاه نحو الديموقراطية الحقيقية والتعددية الفعلية والتنمية الشاملة في الدولة. السبب يعود الى الاوضاع الاقتصادية، والاتجاه نحو المجتمع المادي.

نزل — to descend, go down

see سقط

اِنْحَدَرَ
to descend, go down {3D}

ينحدر المسلمون في اليونان من اكثر من قومية. ينحدر العطاس كما يفهم من اسمه الثالث من أصول عربية حضرمية. تنحدر شعبية الرئيس الى ادنى مستوى ما بين حزيران وأيلول. تأييد الاشتراكيين انحدر الى أقل مستوى.

حَطَّ
to set down, land; [see وضع*; to put]* {2W}
يَحُطّ VN: حَطّ

حطت الطائرة في مطار بيروت في الثالثة والدقيقة الثالثة بعد ظهر امس. يحط المطر على أرضنا. الطائرة الملكية عرفت كيف تقاوم، وحطت على الأرض بهدوء. الحمام يحط على أكتافنا.

اِنْحَطَّ
to descend; to become debased {2M}

انحط الى أسفل السافلين. تنحط المسيرة الى تظاهرة مضطربة. أما «الجماعات» الإسلامية فتداعت وانحط عملها العسكري الى اغتيالات تطاول الموظفين والأقباط. انحط قدرها اليوم حتى لا تكاد تذكر رسميا.

اِنْخَفَضَ
to decrease, become low {2D}

انخفض اجمالي حجم التداول في البورصة الى ١٥٢٥٧٨ سهماً. انخفض المارك الالماني أيضاً مقابل الين. تبعا لرسميي الأمم المتحدة انخفض الدخل الفردي في قطاع غزة من ١٧٠٠ دولار الى ١٣٠٠. ينخفض عدد المرشحين إلى ٢٣١١ مرشحا ومرشحة سيتنافسون في ٣٠١ دائرة. انخفض صوت صديقي عبر التليفون وقال لي هامسًا: أطمع في مقابلتك اليوم.

نَزَلَ
to descend, go down; [to stay (in a place)*]* {2D}
يَنْزِلُ VN: نُزول

نزل انتاج البنزين ١٤٤ ألف برميل يومياً خلال الاسبوع. نزل مؤشر نيكاي القياسي في مرحلة ما خلال المعاملات المتأخرة اكثر من اثنين في المئة. نزل عن ظهر الجاموسة زحفا. نزلت قوات الأمن بأعداد كبيرة الى الشوارع. كان ينزل من النخلة ورأسه إلى الأسفل ورجلاه تحتضنان جذع النخلة على طريقة الأفعوان. صفق البابا قبل ان ينزل من الطائرة، وقوبل بتصفيق مماثل.

هَبَطَ
to descend, go down, land {2D}
VN: هُبوط يَهْبُطُ

هبط مؤشر «نيكاي» ٨١, ١٣٣ نقطة. هبطت واردات النفط الخام الى ٧, ٧٥ مليون برميل يوميا. حجزت نفسها في المرحاض مع زجاجة ويسكي، وعندما هبطت الطائرة في لندن ودخل رجال الشرطة لاعتقالها هاجمتهم وركلتهم. لم أهبط من كوكب، وانما جئت من بيروت.

---

outing نزهة

جَوْلَة
excursion, outing; round (sports, negotiations) *[see* رحلة; *tour, trip]* {2D}
pl: جَوْلات

قام اللاعبون بجولة ترفيهية صباح أمس استمرت ساعتين. أنهى الاتحاد الافريقي لكرة القدم الترتيبات المتعلقة بالجولة الثالثة من دور الثمانية لبطولة إفريقيا للأندية. ينظم في السنة المقبلة جولة في انحاء بريطانيا لفريق من الرماة العميان. نحن في الطريق الى جولة اخرى في الصراع مع اسرائيل. هو أحد الاتفاقات التي تم التفاوض بشأنها ضمن جولة اوروغواي للمفاوضات التجارية.

فُسْحَة
outing, excursion; recess; [space] {2M}
pl: فُسَح

اذهب الى السوق واطبخ وحين يخرجون للفسحة اخلو بنفسي واخرج العقد. حتى الخميس والجمعة يلوذ بالفرار من البيت.. للفسحة مع الأصدقاء القدامى. لا يذهب إلى إسرائيل للفسحة او للتطبيع. إننا جئنا للقاهرة ليس للفسحة فقط، كما يتوقع البعض. لا يجمعهم إلا جرس انتهاء الفسحة.

نُزْهَة
outing, picnic {3D}
pl: نُزَه، نُزْهات

أعلم زوجته انه يود الخروج في نزهة قصيرة. انه تسجيل تذكاري رائع لنزهة باريسية. رأى ان الدخول الى اليمن ليس نزهة. التفجير العسكري ليس نزهة مريحة لأحد. كان هتلر لا يزال يعتبر مغامرته العسكرية نزهة لقواته. لا يعرف لماذا خرج بعد منتصف الليل، افترض انها نزهة. جاءت الى نيروبي في نزهة سياحية. عملية تجاوز الماضي ليست نزهة.

---

impartiality, honesty نزاهة

تَجَرُّد
impartiality; [freedom from من / عن*]* {3W}

يتمكنون من القيام بمسؤولياتهم بتجرد وعدالة. يحاولون تقويمه بموضوعية وتجرد وبعيداً عن العواطف. نؤكد ذلك في تجرّد، ونقوله في اخلاص واحترام. ينظرون الى المنطقة بشيء من التجرد وبقدر معقول من الاتزان.

حِياد
neutrality {2D}

يحرص على اظهار الحياد ويعرض التوسط في الصراع الداخلي الجزائري. نجحوا في فرض أنفسهم على العالم، وفي اقناع المتلقين بأنهم مصدر الصدقية والحياد. ضرب نموذجا مثاليا في العدالة والحياد. اكد التزام الحكومة اجراء الانتخابات في شكل يضمن النزاهة والحياد. يرفض ان يكون «وسيطا» لئلا يضطر الى الحياد والنزاهة.

نَزاهَة
impartiality, honesty {2D}

الضمان الاساسي لنزاهة الانتخابات هم الناخبون. ما يطلبه حزبه هو ان تجرى الانتخابات المقبلة في نزاهة. حاول ان يؤكد نزاهته وحياده بعد ان اتهم باضطهاد الاتحاد القطري. بعد البحث عن النزاهة وطلب العدالة، يتأمل مؤلف الكتاب في تطبيق الشورى.

مَوْضوعِيَّة
objectivity {3D}

هو المعروف بخبرته الواسعة ونشاطه الحثيث وموضوعيته في النشاط الإنساني. العراق يدعو بتلر الى الموضوعية وتجاهل ضغوط واشنطن. حكومة نتانياهو تفتقر الى الجدية والموضوعية والصدقية. هذا الموقف مفهوم ولا يخلو من الموضوعية. يتحدث بموضوعية.

to ascribe نسب

أَرْجَعَ
to attribute, ascribe sth ل/إلى *to* {3D}

أرجع الأنصار أسباب تأجيل البطولة لإقامتها في الصيف. يرجع المحللون اسباب هذه الظواهر والعلل في المجتمعات الغربية الى انهيار الروابط الدينية والاجتماعية والعائلية. أرجعت الدراسة هذه الزيادة الى ارتفاع معدلات تعاطي المخدرات. أرجع سبب تواضع الفريق الى الضائقة المالية التي يمر بها النادي.

أَسْنَدَ
to attribute, ascribe sth ل/إلى *to; [to support, prop]* {3M}

أسندت الصحيفة معلوماتها الى تقريرين من وكالة الاستخبارات المركزية الأميركية. معلوم ان الدستور يسند الى رئيس البرلمان رئاسة الدولة في حال غياب الرئيس.

عَزا
to ascribe, attribute, trace sth إلى *to* {3D}
VN: عَزْو يَعْزو

عزت المصادر التأخير الى اسباب محاسبية. يعزو خبراء اقتصاديون هذا التطور الى ان مصر مقبلة على آفاق رحبة للتنمية الشاملة. تعزو المصادر هذه التطورات الى تأثير الخلافات الداخلية. البعض يعزو المسؤولية الى غياب التقاليد والثقافة الديموقراطية. عزا التحسن إلى نمو ايرادات القطاع السياحي.

نَسَبَ
to ascribe, attribute, trace sth إلى *to* {3W}
VN: نَسَب يَنْسُبُ

نسبت الصحيفة الى الرئيس السوري قوله «كيف يمكنني ان احمل كلامه على محمل الجد». نسبنا البيان الى اسلاميين في لندن. هناك حديث ينسب الى الرسول يشير الى ان الصخرة تمتّ الى الفردوس. ومنذ ذلك الحين أصبح المنزل ينسب الى الامير العثماني وليس الى السلطان قايتباي. نسبوا الى الاسلام القيم الليبرالية الانسانية البورجوازية.

---

appropriate مناسب

see منسجم

صالِح
suitable; valid ل *for; [*see متديّن، فائدة*; pious;* (n) *advantage]* {2D}

يمكنها، نظرياً، تخزين حوالى ١٤٠ بليون متر مكعب من المياه الصالحة لأغراض الري. يختم جواز سفر المواطن السوري بعبارة «غير صالح للسفر الى العراق واسرائيل». هي غير صالحة للتوظيف لمصالح فئوية وشخصية. أشار الى انها المصدر الرئيسي لترويج الأغذية الفاسدة وغير الصالحة للاستعمال البشري. نصف الاراضي في الخريطة الأرجنتينية صالحة للزراعة.

مُلائِم
appropriate, suitable {3D}

المحادثات ستتواصل في اجواء ملائمة. اقمنا قنوات تفاوض مباشرة وهي الاطار الملائم لتسوية اي خلافات بيننا وبين الفلسطينيين. ستجد الاسلوب الملائم للتخلص من حليف يبالغ في التطرف الى حد المساس بمصالحها. يؤجل الاستمتاع به استمتاعا كاملا حتى تتهيأ الظروف الملائمة لذلك. عملهم غير ملائم للتصوير اطلاقا.

لائِق
appropriate, suitable {3D}

الباكستانيون لا يجدون احداً لائقاً ليكون زوجي. احتل الدكتور طنوس المكان اللائق في هذا السجل. أليس الملك حسين من طالب بجثة الدكتور منيف الذي قضى في سجون صدام ليدفن بشكل لائق في عمان؟ هذه الزيارة تستدعي منا استعدادا روحيا لائقا قبل كل شيء.

مُتَمَشٍّ
in accordance مع *with, going along* مع *with* {3M}

يبدو هذا الاهتمام بنابليون متمشياً ومنسجماً مع المؤثرات البطولية الرومانسية الأخرى. يضيف ان المجزرة جاءت متمشية كليا مع الاهداف الصهيونية. يجب أن يكون الطابع المعماري في مدينة توشكي الجديدة متمشيا مع البيئة. جاء التحول في السياسة الامريكية تجاه باكستان متمشيا مع سعي واشنطن للقيام بدور شرطي العالم.

مُناسِب
appropriate, suitable {2D}

الضربة القاضية قد اصبحت مناسبة. نتوقع ان يراجع المجلس بسرعة العمل العراقي الأخير ويتخذ الاجراءات المناسبة. لا بد أن يكون هناك سلام وأن تسود البيئة المناسبة لذلك. لا فائدة من الركض، اذا لم تنطلق في اللحظة المناسبة. عرف توني بلير متى يستغل الوقت المناسب. دمشق ترى ان الوقت غير مناسب لزيارة الرئيس ياسر عرفات.

مُواتٍ
favorable ل *for* {3W}

نعتقد ان الأجواء مواتية لانجاز هذا الطموح الحضاري. انا قلق على أمني الشخصي، الظروف مواتية الآن لحدوث اضطرابات وتظاهرات عنف. قال ان الفرصة مواتية حاليا لاعادة النظر في بعض التصرفات السودانية تجاه مصر. خلقت مناخا مواتيا لنمو العنف.

نسج
to weave

حاكَ
to weave, knit sth {3W}
يَحوكُ/ يَحيكُ VN: حِياكَة

كانت تحوك الحرير كذلك. اللواتي كن يرتدينه لم يكن ينتجنه او يحكنه. تحيك الصوف او تعتني بالأثاث او تشرف على تربية ولدها. تحيك لها فستاناً جديداً، وتشتري حذاء بلون الفستان. بعضهم عاد بأزيائه الى الفساتين التي حيكت من القطن او الصوف باليد. هو الذي دبرّ العملية وحاك خيوطها. ان قاسمي والوفد المرافق له قتلوا في مؤامرة حاكها الشيوعيون الصينيون. انهم يحيكون مؤامرة عالمية للسيطرة على الشعوب الاخرى.

نَسَجَ
to weave, knit sth {2W}
يَنْسُجُ VN: نَسْج

يتغذى الدود من ورق شجر التوت وبعد اسابيع، تنسج الدودة حولها شرنقة من خيطان الحرير. في مصر يمارس الغجر المهن اليدوية البسيطة مثل طرْق الأواني النحاسية القديمة لإعادة تصنيعها و غزل ونسج الصوف بطريقة بدائية. يعملن في بيوتهن بحياكة ونسج الشالات. سمعنا الروايات التي نسجت حوله، وأصبحت جزءاً من سحره الخاص.

نسل
progeny

ذُرِّيَّة
progeny, offspring {2M}

يخرج من اسرة الاسرائيليين كثير من العبرانيين مثل لوط وذريته واسماعيل ونسله. القرار نص على عودة رب الأسرة واثنين فقط من ذريته. أعطاهم وذريتهم أفضل الاراضي. يحاول التعرف على الذرية التي تركها هذا الأب. كان من ذريته السياسية.

سُلالَة
descendant, offspring {2W}

هم سلالة حاكم مسلم مخلوع من السلطة. آخر ممثلي هذه السلالة هو بلا شك عمر الخيام، الرياضي والشاعر والفيلسوف. والده كان من سلالة أولئك الامراء القدامى ذوي الافكار القديمة. جميع هذه القصص تنتمي الى سلالة واحدة.

نَسْل
progeny, descendants {2W}

لديه مستندات تؤكد انه من نسل ابو حصيرة. ان عيسى هو المسيح بن داود (من نسل داود). كان يتحدر من نسل الملكة فيكتوريا. الحد من النسل عملية مكلفة وصعبة التنفيذ وغير مضمونة على المدى الطويل. رجال الحكومة يطالبونها بتحديد النسل. نادوا بالقومية الفرعونية باعتبارهم من نسل الفراعنة. المرأة العاملة تجنح دائماً إلى تنظيم النسل.

نسي

to forget

see أهمل

سَها

to forget عن *sth or* أَنْ *to do sth* {2M}

سَهْو :VN يَسْهو

جوابنا أنه لابد من الرجوع الى الأصول والاهتمام بالمبادئ والأولويات التي كثيرا ما نسهو عنها بتعدد الحاجات التفصيلية التي تبعث قلقنا وتشدنا اليها. سبحان من لا يسهو و لا ينسى. سها الرئيس الحريري ان يذكر بما حصل في الانتخابات النيابية الاخيرة. صمد دفاع تشلسي طويلا، لكنه سها عن مراقبة ديفيد بيكهام في الدقيقة الـ٦٨ فسدد الاخير كرة مباشرة من ١٠ امتار تقريباً في سقف المرمى. سها عن ذكره.

غَفَلَ

[see أهمل*; to ignore, pay no attention to sth]; to forget sth* {2M}

غَفْلَة :VN يَغْفُلُ

لا يجوز، تاليا، ان يغفل المراقب دور المتغيرات في هذه اللعبة. الادارة الاميركية اعتادت ان تغفل ما لدى العرب من مواقف. لم يغفل التقرير الأهمية الكبرى التي اصبحت تحتلها المؤسسات المالية الدولية.

نَسِيَ

to forget sth {2D}

نَسْي، نِسْيان :VN يَنْسى

لمستها مرّة واحدة، وخفيفاً، لكي لا أنسى. والدي لم ينس اصله. علينا ان ننسى الفوز بكأس آسيا وننظر الى الأمام. لن أنسى هذا البلد العزيز الى قلبي. أنسى كل الحكايات والقضايا التي كانت معي قبل النزول. نركز على قضية الخليل وننسى كل ما سواها. صعب أن أنساك.

نشر

to spread, publish

see وزّع

بَثَّ

to broadcast, spread sth {2D}

بَث :VN يَبُثُّ

بث التلفزيون الليبي وقائع المحاكمة التي جرت الاربعاء. بثت اذاعة دمشق امس ان استئناف المفاوضات السورية – الاسرائيلية «مرهون أولا واخيرا بالتزام اسرائيلي صريح بمبدأ الأرض مقابل السلام». انطلقت مكبرات الصوت تدعو الى المرشحين وتبث الاغاني التي تمجدهم. بثّ الروح في الحياة السياسية اللبنانية.

بَذَرَ

to sow sth (usu. seeds) {2W}

بَذْر :VN يَبْذُرُ

تحاول ليلى ان تبذر حبها في الأرض الخراب. بذر بذور الانقسام بين السودانيين انفسهم. يبذرون بذور السلام ويسعون الى خير جميع الشعوب. يريدون ان نبذر بذورا في هذه المقلاة المشتعلة، لعلّ شيئا ينبعث فيها وينمو.

أَذاعَ

to spread sth; to publish, broadcast sth {2D}

اذاعت إسرائيل معلومات تقول إن سورية انتجت سلاحاً كيماوياً «خطيراً جداً». اذاع البيت الابيض لائحة جزئية بأسماء المتبرعين. اذيع رسميا أن مجلس الوزراء السعودي وافق على اتفاق التعاون الأمني. لا أذيع سرا إذا قلت ان عمالنا يفقدون أماكن عملهم في الصناعات.

أَشاعَ

to spread, publish, divulge sth; [to celebrate a funeral] {3D}

أشيع أن المبلغ الذي اشترطه منصور يقارب ٧٠٠ ألف دولار. قد ادت المجزرة المروعة التي اشاعت الذعر في المنطقة الى موجة نزوح جديدة للقرويين. اخذ يشيع انه سيكون له موقف مهم في اليومين المقبلين. لا صحة لما تردد وأشيع من اني طلبت تغيير عدد من الوزراء.

أَفْشى

*to spread, circulate sth; to reveal, disclose (*ب*) sth* {3W}

حتى لو تعرض لأشد أنواع التعذيب فلن يفشي السر. إن ما يخاجله لا يفشي به إلا بالخجل. لا يفشي كل ما يعلمه. أيها الناس اطعموا الطعام وأفشوا السلام.

نَشَرَ
to spread, publish, divulge sth {2D}
يَنْشُرُ VN: نَشْر

نشروا الاسلحة الثقيلة على خطوط وقف النار بين الطرفين. هذه الحركات والمؤسسات نشرت القيم الليبرالية الحديثة. نشرت الصحيفة الرسالة اول من امس. نشرت مقالاً في مجلة «دراسات عربية» بعد حوالي شهرين من وقوع الحادث. طلب عدم نشر اسمه.

to spread, disperse انتشر

ذاعَ
to spread, become widespread {3D}
يَذيعُ VN: ذُيوع

ذاعت شهرة بروناي في الماضي بسبب تصدر سلطانها لائحة أغنى الأثرياء. ذاع اسم الحلاّج وانتشرت مأساته وحكاية صلبه في العالم العربي. ذاع صيت مدينة الخليل في الآونة الأخيرة وطبقت شهرتها الآفاق. وقد ذاع هذا النمط من الإبداع الروائي في ألمانيا أولا في أواخر القرن الثامن عشر.

سَرَى
to spread, circulate; [to be valid; to take effect] {3D}
يَسْري VN: سَرَيان

سرى اعتقاد بأن هذه القوات ستخرج عندما تنهي مهمتها. نعرف ان اللقب سرى سريان النار في الهشيم. فعلت الفتوى فعلها وسرى السمّ في اجسام وعقول بعض الموتورين فعمدوا الى قتل المواطنين. صوتها فقط سرى في سمعك. قد سرى اعتقاد بأن اتفاق السلام بينهما سيفرج عن استثمارات ضخمة.

شاعَ
to spread, become known; [to celebrate the funeral of] {2D}
يَشيعُ VN: شَيْع

شاع استخدام التسمية فيما بعد لغير المسلمين ايضاً كالأرمن والمسيحيين. شاعت في معظم دول العالم فكرة «المكتبة المتجولة». تشيع اجواء الكراهية والحقد. هناك مقولة شاعت بين الناس مفادها ان السياق الموسيقي المحتوي على هذا المنهج مصدره عربي. إذا شاع خبر وجوده، حتما سيقود ذلك الى عولمة الصراع.

فَشا
to spread, circulate {3M}
يَفْشو VN: فَشْو

ان المعارف لا تثبت في ارض تنتشر فيها الامية ويشيع فيها السحر وتفشو الخرافة. غلب عليهم الجهل والبلادة وفشا فيهم العمى والغباوة. فشا في علمائه داء الكسل. غلب عليهم الطيش وفشا فيهم الجهل.

تَفَشّى
to spread {3W}

لم يكن هذا «الموديل» في فرنسا وحدها بل انه يتفشى في العالم الثالث. يتفشى هذا المرض بوتيرة سريعة تزيد عن خمس إصابات جديدة كل يوم. فيروس الايدز يتفشى خصوصا بين مدمني المخدرات. شبكة التوزيع هذه قد اضطلعت بدور رئيسي في تفشي مخدرات «الكراك».

اِسْتَفاضَ
to spread; [to flood] {3M}

شهرة علمائه استفاضت في كل من المشرق والمغرب.

اِنْتَشَرَ
to spread, disperse {2D}

انتشر نحو مئة من رجال الشرطة فى المكان للفصل بين البدو وبين مجموعات اسرائيلية نظمت تظاهرة معادية. انتشر جنود فلسطينيون. تنتشر المدارس الاسلامية في مختلف البلدان والمناطق الاسلامية. انتشر الاسلام في البلدان المجاورة لجزيرة العرب بعد الفتوح. سرعان ما انتشر الخبر. انتشرت اشاعات أنهم انتحروا بعدما لجأوا الى احدى المغارات.

تَوَزَّعَ
to be distributed {2D}

يتوزع ممثلو الاتجاهين على احزاب شتى. توزعت المقاعد بين حزب العمل الديموقراطي (الاسلامي) وحلفائه. يمثل السفارديم نحو نصف سكان اسرائيل وهم يتوزعون خصوصا بين الطبقات الفقيرة في المجتمع. يتوزع زبائنها على الولايات المتحدة الاميركية والمكسيك. يتوزع نشاط الشركة على كل القطاعات الاقتصادية داخل الكويت وخارجها.

activity نشاط

حَرَكَة
movement; activity {2D}

الحركة اصبحت الآن مستحيلة. تحتل حركة اعادة نشر التراث مساحة مهمة داخل العمل الثقافي في سورية. بذل الجهد من اجل وضع القيود على حركة الانسان. ارتفعت حركة الاقبال على الرحلات المتجهة من والى النيبال. قامت في تلك الفترة حركة زيارات لبعض الاماكن التي ارتبطت ببعض القديسين في اوروبا. الانسان لا يتحكم بحركة الرياح والسحب.

فَعالِيَّة
activity; [effectiveness] {2M}

أكد اعتزاز البحرين باقامة هذه الفعالية المهمة بشكل دوري. معظم المشاركين المغاربة في هذه الفعالية من صغار السن. «ان دولة البحرين وهي ترحب باستضافة هذا المهرجان الشعري المهم لتأمل في ان تجعل من هذه الفعالية الخليجية حدثاً ثقافياً مهماً يسهم في تقديم صورة جليّة لواقع الحركة الشعرية».

نَشاط
activity {2D}
pl: أَنْشِطَة

حرائق الغابات الاندونيسية جمّدت الحركة والنشاط في مقاطعات بأكملها. اينما وُجدت الحركة والنشاط كانت الحياة. أكدنا التزامنا العمل بنشاط لتحقيق هذا الهدف. تتوقع لجنة المؤسسين ان يبدأ المصرف نشاطه مطلع السنة المقبلة. شدد على ان نشاط الاسلاميين المصريين في لندن «يتم تحت سمع السلطات البريطانية وبصرها.» الدول تدعم الأنشطة الانسانية التي تستهدف خدمة المواطنين. عزت الشركة ارتفاع الأرباح إلى تزايد أنشطتها الاستثمارية.

---

active نشيط

فَعّال
active; [effective] {3D}

يسعى الى تحقيق التواصل الحيوي الفعال بين الجمهور والكاميرا. كان لهذا المشروع أثر ايجابي فعّال على انسياب حركة المرور خلال موسم الحج الماضي. بدأ نشاطه في سنة ١٩٣٩ ووثق، بل وساهم بشكل فعال في بناء الحركة الثقافية والادبية في البحرين. أكد ان التعاون بين قطر وفرنسا «فعال للغاية.»

حَيَوِيّ
lively, vital {2D}

تهدف الخطة الى دعم البرامج الحيوية للمؤسسة. جاءت الى المنطقة تحمل العناصر الحيوية للسياسة الاميركية. شدد على الدور الحيوي للمرأة في المجتمع. ان السلم في الشرق الاوسط يمسّ المصالح الحيوية للاتحاد الاوروبي. الحماية لشعرك خلال يوم حار امر حيوي جداً.

شَغّال
active; working {2M}

التزوير ناشط وشغّال في كل مكان تنمو فيه الورقة الخضراء. الأنشطة التجارية والخدمية ستظل شغالة وبطاقة أكبر خلال رمضان. التليفونات شغالة والمحمول في الشنطة.

نَشِط
active {2D}

استقرت اسعار معظم الاسهم النشطة في بورصة بيروت. نأمل في ان نوظف هذا الاهتمام في توطيد العلاقات النشطة بين بلدينا. شارك دمرجيان خلال هذه الفترة النشطة من حياته في بعض المعارض السنوية التي نظمتها الجماعة الفنية. أشاد بن علي بالدور النشط الذي تلعبه اوروبا وخصوصاً فرنسا في هذا المجال.

نَشيط
active, lively {2D}

ذهب صحيحاً نشيطاً ورجع مريضاً كسلاناً. يوسف شاهين ما زال نشيطاً على رغم اجتيازه سن الكهولة. تحدث عن تأكيد الملك حسين في واشنطن ضرورة قيام اميركا بدور «الشريك النشيط.» مصر تعد الآن من أكبر المناطق النشيطة في اكتشاف حقول البترول والغاز الطبيعي. طالب بأن يكون هناك دور نشيط لأوروبا في عملية السلام.

ناشِط
active {3D}

ينوي البقاء ناشطاً في السياسة. على سبيل المثال يقدر الآن عدد الشركات الكندية الناشطة في المملكة العربية السعودية بنحو ٢٠٠ شركة. اهتم بصورة ناشطة بـ «كيفية اعادة عملية السلام للصحراء الغربية الى مسارها.» حركة «النساء في الثياب السود» هي منظمة ناشطة ضد الاحتلال منذ ١٩٨٨.

advice نصيحة

إرْشاد
*advice, instruction [*see هداية; *spiritual guidance]* {2D}
pl: إرْشادات

مركز الارشاد الصحي. أعرب عن الأمل بأداء المهمة المنوطة به على أكمل وجه تحت رعاية وإرشاد الشيخ زايد بن سلطان آل نهيان رئيس دولة الامارات العربية المتحدة. وزارة الثقافة والارشاد القومي. هناك أجهزة حديثة للإرشاد السياحي في « المتحف المصري». اتفق مؤيدو القرارات التي صدرت مع المعارضين على وجوب تنمية الارشاد الزراعي للمزارعين الصغار.

مَشورَة
advice, counsel {2D}

هو عضو في لجنة اقتصادية تقدم المشورة للحكومة الألمانية. إدارة كلينتون تبدو صماء لا تسمع مشورة أحد. ظلت تدق بابه للاستفادة من خبرته السياسية والحزبية الطويلة ولطلب المشورة لاصلاح الاوضاع داخل احزابها. يقدم المشورة لسكان مخيم شعفاط للاجئين في القدس الشرقية ويساعدهم على حل مشاكلهم المختلفة.

اِقْتِراح
suggestion {2D}

يناقش المسؤولون اقتراح إلغاء رحلة الفريق. قال إن اقتراح إرجاع الاستفتاء قد يواجه رفضا من بعض الدول العربية. الولايات المتحدة تعارض أي اقتراح لمنح ملاذ أو عفو للمتهمين بارتكاب جرائم الحرب. الاقتراح الباكستاني قوبل برفض هندي.

نَصْح، نُصْح
advice, counsel {2W}

طلبت منه القيادة الصهيونية ان يقدم النصح الى اللجنة. دأبوا على توجيه النصح الى واشنطن بالتعاون مع ايران. حرص على ان يطلب منهم النصح حول الدور الذي يمكن للاتحاد الأوروبي ان يلعبه. يقدّم النصح بعدم الخوض في الدعاوى.

نَصيحَة
advice {2D}
pl: نَصائح

رفض الاخذ بالنصيحة. انه شيء رائع جداً ان يستمع الصديق لنصيحة صديقه. لجأت اليه كثيرا للحصول على المشورة والنصيحة. كرر أردمان نصيحة وزارته للرعايا الألمان بعدم السفر الآن الى ايران. تايوان رفضت نصيحة الولايات المتحدة قائلة انه ليست هناك صلة بين المناورات العسكرية وعملية التسليم.

تَوْصِيَة
advice, recommendation {2D}

أعلن حمادي ان المجلس قدم توصية الى صدام تنص على «ان تنهي اللجنة الخاصة كامل عملها». كانوا سيقبلون توصية الشرطة بتوجيه الاتهام الى رئيس الوزراء. ان الاجتماع كان جيدا بحمد الله، وقدمت اقتراحات كثيرة وخرجنا بتوصية اتفقت عليها جميع الأطراف. قال رئيس المجلس ان مجلس الأمن سيوافق على التوصية.

victory انتصار

ظَفَر
victory {3W}

يدب في نفسه الشعور بالظفر، ولكنه ذلك الظفر المشوب بالحذر. هم يجمعون ظفراً بعد آخر.

غَلَبَة
victory {2M}

الغلبة كانت للقوات الصهيونية لتفوقها عدداً وعتاداً. كانت الغلبة للفريق الالماني مرتين. هذه الانتخابات تؤكد عادة الغلبة لمرشحي الغالبية.

فَوْز
victory, win {2D}

الفوز هو الثالث لشيكاغو هذا الموسم (مقابل خسارة واحدة) على يوتا. حقق الاشتراكيون فوزا باهرا لم يكن متوقعا الأسبوع الماضي. كانت نتائج الانتخابات أسفرت عن فوز الحزب الوطني الحاكم بنحو ٧٩ في المئة من مقاعد المجالس. حقق برشلونة فوزا صعبا على تينيريفي (٣-٢).

نَصْر
victory {2D}

حقق الزمالك نصراً ثميناً على السويس بهدف نظيف احرزه المدافع سيد حنفي برأسه. اعتبر ان صدام حقق نصرا على الولايات المتحدة. قرر مناحيم بيغن قائد الارغون القيام بهجوم مباشر بقواته على مدينة يافا ذاتها بغية تحقيق نصر عسكري لمنظمته يضاهي انتصارات الهاغانا في كل من طبريا وحيفا.

اِنْتِصار
victory {2D}

الاسماعيلي حقق اكبر انتصار في البطولة حتى الآن عندما اكتسح جاره القناة (١\٦). حققت الحكومة انتصارا على المجلس النيابي. حقق العمال انتصارا ساحقا بحصولهم على ٩١٤ من اجمالي ٩٥٦ مقعدا. طهران أكدت علنا موقفها المعارض لانتصار «الطالبان.» كان من الطبيعي ان يحقق براندت الانتصار لحزبه. احتفل الايرانيون امس بالذكرى الثامنة عشرة لانتصار الثورة.

نصّ — text

مَتْن
body (of a document)*; text; [*see ظهر; *deck* (of a ship)*]* {3W}
pl: مُتون

اما النسخة المخطوطة الثانية بمعهد البيروني فهي تحت رقم ٣٢٦٨، وحجمها ٢٦٨ ورقة باللون الأصفر، والمتن مكتوب بخط النسخ. ينقل يوسف الصدّيق الى الفرنسية متونا لأحاديث نبوية متخففة ومتحرّرة من الاسانيد. في الجزء الاول من متن الكتاب، اخترنا ان ننشر خمسين من المحاضرات الاساسية. يرد ذكر القرار ٥٦٤ بنصه الانكليزي في متن الكتاب. من حيث التسلسل التاريخي، يمكن اعتبار «متون الاهرام» اقدم الاعمال الادبية التي خططها قدماء المصريين.

نَصّ
text {2D}
pl: نُصوص

الطبعة الجديدة تتضمن النص الانكليزي مع ترجمة عربية. أقسما على احترام نصوص الاتفاق والعمل بموجبها. النص المسرحي كلما اقترب من لغة العرض يتضاءل انتماؤه الى الأدب. نحن لا نجد أي نص مكتوب بلغة اليونان يرجع الى هذه الفترة. دعا الجميع الى دراسة الارشاد الرسولي وتطبيقه نصا وروحا.

نصف — half

شَقّ
half, one part of two {3W}

الشق الأول يتعلق بالطائرات المخصصة للرحلات القصيرة والمتوسطة المدى. بالنسبة الى الشق الاول من السؤال، انا شخصيا ليس لدي معلومات. تمّ حتى الآن الشق السهل من برنامج التخصيص المصري وبقي الشق الصعب. اما بالنسبة الى الشق الثاني من هذا السؤال، فإن السبب برأيي يعود الى الاهتمام الاقليمي بهذه المنطقة من العالم.

شَوْط
half or quarter (of a sporting event) {2D}
pl: أَشْواط

الشوط الاول انتهى بتقدم الاهلي بثلاثة اهداف نظيفة. انتهى الشوط الاول بالتعادل السلبي. في الشوط الثاني رد ليفربول بهدف عن طريق ماكمانامان. مع بداية الشوط الثاني كثف الشباب من هجومه بغية استثمار النقص في فريق الوحدة. لم يخسر اي شوط في المباريات السبع التي خاضها في الطـــريق الى لقب الفردي.

نِصْف
half {2D}
pl: أَنْصاف

تستغرق الرحلة نحو ساعة ونصف. تبتسم نصف ابتسامة. يشكو حوالى نصف الاطفال من نقص التغذية. قطع الفريق خطوة نحو الدور نصف النهائي. قد سجلوا معظم اهدافهم في نصف الساعة الاخير. السياح القادمون من الخليج شكلوا اكثر من نصف زوار الأردن العام الماضي.

---

ripe ناضج

مُسْتَوِي
ripe; [cooked] {1M} (Coll)

أوطة مستوية. حبّة عنب مستوية. ماتاكلش الموز هلّأ، لسه مش مستوي.

ناضِج
ripe; mature; [well-cooked] {3W}

يعودون مراراً وتكراراً الى شجرة البن لقطف الثمار الناضجة فقط. في شرق العوينات وجدنا مزارع المانجو والنخيل والقمح الناضج المبكر والقمح الأخضر. أصبح رجلا ناضجا: علت رأسه الشعرات البيضاء، وامتلأ بنيانه بالوزن. الديموقراطية الموعودة والفردوس المنتظر ليسا ثمرة ناضجة، بل لعلهما لم يزرعا بعد.

يانِع
ripe {3M}

خطف وخلب بصري حدائق يانعة شاسعة ذات أضواء متلألئة. بانت مثل شجرة يانعة براقة. منازله راقية تحوطها الأشجار، بمداخل من عرائش الياسمين والخضرة اليانعة. أمدّت الفكر الانساني بنسق جديد وثمار يانعة. نفهم الديموقراطية باعتبارها نتيجة وليست ثمرة يانعة.

---

region منطقة

إِقْليم
area, region (of the world); *province* (of a country) {3D}
pl: أَقاليم

كانت البلاد الآسيوية خلال العقدين الماضيين أسرع أقاليم العالم في الطلب على النفط. أكد أن هذا القرار انتصار لارادة اهالي الاقليم. المظاهرات الشعبية اشتعلت في القاهرة والأقاليم فور أن علم المصريون بأخبار القبض على سعد. إقليم الباسك الأسباني. إقليم القاهرة الكبرى. إقليم اسكتلند.

بُقْعَة
place, spot, area {3D}
pl: بِقاع

هي في بقعة من أحلى بقاع العالم على بحيرة جنيف. يشاهد الحدث أكثر من مليارى انسان من مختلف بقاع الأرض. قارتنا تتراكم بها مشكلات خطيرة، ابتداء بالحروب والنزاعات الساخنة الموجودة في ١٥ بقعة بالقارة. منحته الحكومة قطعة أرض في أحسن بقعة من المدينة لتشييد بناء عليها.

صَقْع
area, district {3W}
pl: أَصْقاع

هذه الطرق كانت طرق الحاج الافريقي الذي يخرج من اي صقع من الاصقاع متّبعاً الطريق الذي يلقي به الى فاس. هل انتشر الإسلام في هذه الأصقاع جميعا بالسيف؟ كان لا بد للجاليات الاسلامية التي توطنت مختلف أصقاع الولايات المتحدة من تطوير مساجدها ومؤسساتها الدينية لاستيعاب الأعداد المتزايدة.

مِنْطَقَة
region, area {2D}
pl: مَناطِق

هذا المعهد يخدم الاسكندرية ومصر ومنطقة البحر الابيض المتوسط. وزيرة الخارجية الأمريكية لن تزور لبنان في جولتها الحالية بالمنطقة. أكد أن منطقة الشرق الأوسط تمر الآن بلحظة تاريخية لن تتكرر مرة أخرى. وصلت مجموعة من قوات الكوماندوز الأمريكية إلى مدينة بيشاور في منطقة الحدود الباكستانية الأفغانية للاستعداد لتوجيه ضربة ضد بن لادن. الغارات استهدفت المناطق المحيطة بالعاصمة جروزني ومناطق أخرى بغرب وجنوب الجمهورية.

to clean نظّف

شَطَفَ
to rinse, clean sth {2M}
VN: شَطْف يَشْطُفُ

شطفت صحونها من دون غسلها بالصابون. تستغرق هذه العملية ٢٠ دقيقة ثم يشطف الشعر جيدا بالماء وبذا يصبح الشعر جاهزاً للتصفيف.

طَهَّرَ
to purify, clean sth {2W}

تدّعي انها تخدم مبادئ نبيلة، وتطهّر البلاد من رجس المرتدين اعداء الدين. القتال مستمر مع اولئك حتى نطهّر ارضنا. الآلام تطهّر من كلّ رجس. أعلن الناطق الرسمي باسم الحكومة السودانية ان القوات المسلحة السودانية طهّرت منطقة صور القنا حول مدينتي الكرمك وقيسان.

غَسَلَ
to wash sth {2D}
VN: غَسْل يَغْسِلُ

الخادمة تغسل الارضية ولا تلتفت الى وجودي. يغسل وجهه بصابون فرنسي. إذا أكل لا يغسل يديه بل يمسحهما في لحيته. يغسل قدميه بالدمع. المطر يغسل القلب ويطهر المشاعر من شوائب البشر ويبلل الرؤوس. نشاطها يتراوح بين الخطف وغسل الاموال، والسيطرة على عمليات القمار. يغسل اسنانه بمعجون اميركي. سيرونني مبتسمةً فيها اغسل الصحون. يغسلن الملابس والسيارات لدى الأثرياء.

نَظَّفَ
to clean sth {2W}

على المواطنين جميعاً أن «ينظفوا أمام منازلهم». ينظفون الشوارع من بقايا الحملات الانتخابية. نظفت المنطقة تماما من تلك القوى. في البداية يجب أن ننظف الكلمة وننقيها. الجيش يتحالف مع الشعب وينظف صفوفه من العناصر الانقلابية المسؤولة عن الارهاب.

نَقَّى
to purify, clean sth {2W}

ينقي الجهاز مياه الحنفية ويحولها الى خزان خال من التلوث. ذلك ينقي معدته ومجاريه. هذا الاتجاه سينقي الاجواء السياسية. نبتهل الى الله تعالى لكي يفتح الاعين وينقي القلوب.

---

organization منظّمة

مُؤَسَّسَة
organization, establishment {2D}
pl: مُؤَسَّسات

المدير العام لمؤسسة الاذاعة والتلفزيون. مؤسسة الامارات للبترول. المؤسسة الطبية لرعاية ضحايا التعذيب. مؤسسة كهرباء لبنان. برز الشيخ أحمد لأول مرة عند تسلمه ادارة مؤسسة زايد للأعمال الخيرية.

جِهاز
*agency; [*see جهاز; *apparatus, tool, instrument]* {2D}
pl: أَجْهِزَة

لا مكان لوزارة كهذه في جهاز الدولة. قرر الجهاز الفني وقفه لمدة شهرين لطرده في مباراة النجم الساحلي. جهاز «الموساد». أجهزة الامن المصرية. تعجز الاجهزة الامنية عن حصر وضبط الجرائم لأسباب عدة. وهناك حاجة ماسة الى اصلاح الاجهزة الحكومية.

مَصْلَحَة
*agency, office, department; [*see فائدة; *advantage]* {2M}
pl: مَصالِح

نشرت مصلحة الضرائب البريطانية في أواخر الثمانينات ورقة استشارية (كتاباً أخضر) اقترحت فيها ما يسبب ويؤدي الى تحميل عدد كبير من الناس عبء الضرائب البريطانية. رئيس مصلحة الارصاد وحماية البيئة. مصلحة الصحة العامة.

مُنْشَأة

establishment, institute {2-3D}
pl: مُنْشَآت

عمليات التخصيص التي أجريت العام الماضي شملت ١٩ منشأة من مؤسسات القطاع العام. كان العاملون في المنشأة النووية بدأوا اضرابهم بعد منتصف الليل. كان باستطاعة فرق التفتيش ان تزور أي موقع أو منشأة حكومية في العراق من دون سابق انذار. رفض كشف مكان احتجاز الرئيس السابق مكتفيا بالقول إنه في منشأة عسكرية أمريكية. انتركونتيننتال توسع تواجدها الاقليمي إلى أكثر من ٨٠ منشأة.

مُنَظَّمَة

organization {2D}
pl: مُنَظَّمات

منظمة الامم المتحدة. العملية ستستمر الى ان يتم القضاء على المنظمة الارهابية. منظمة الاونيسكو. منظمة الطيران المدني الدولي. منظمة العمل الدولية. منظمة التحرير الفلسطينية. منظمة الوحدة الافريقية. كان عدد من المكاتب الدولية التابعة لمنظمات الاغاثة الدولية قد تم نهبها. حضرت الى صنعاء وفود تمثل معظم الدول العربية والمنظمات الاقليمية والدولية.

هَيْئَة

*organization; [*see شكل; *shape, appearance]* {2D}
pl: هَيْئات

هيئة الطيران المدني. هيئة البترول المصرية. أدعو الهيئة الادارية لرابطة الكتاب الأردنيين الى التوقيع على القرار. الدكتور عدنان خليل باشا هو الأمين العام لهيئة الاغاثة الاسلامية في جدة. هيئة الامم المتحدة. رئيس هيئة الاركان للقوات البريطانية. هيئة البترول المصرية. يشارك فيه ممثلون لمئات الهيئات والمنظمات الثقافية غير الحكومية من جميع دول العالم.

وَكالَة

agency {2D}
pl: وَكالات

وكالة الاستخبارات المركزية الاميركية. الوكالة الدولية للطاقة الذرية. وكالة الفضاء الروسية. وكالة التنمية الأميركية. وكالة «فرانس برس». وكالة «رويتر». أشارت الوكالة الى ان عملية برية بدأت في الأراضي العراقية. زعم الجيش ان ممثلي وكالات الاغاثة والصليب الأحمر الدولي يمكنهم الدخول إلى كوسوفا لمباشرة مهامهم الإنسانية.

---

yes نعم

أَجَلْ

*yes; certainly; [*see وقت; *time; instant of death]* {3D}

أصدقاؤك سوف يعودون غداً، أجل، أجل، سوف يعودون غداً. سألني، هل قدمت شيئاً هناك؟! – أجل، انهم قدموا العديد من الأعمال المسرحية وحاليا يبحثون عن أعمال جديدة لتقديمها. أأنت مسافر الى بلادنا؟ فقلت: أجل. ينظر إلي في عتاب يقترب من حد التأنيب ويقول: ألستم مسلمين يا هذا؟ قلت: أجل.. نحن مسلمون وأيم الله.

آه

yes; [sound of a sigh] {1M} (Eg)

عاوز فنجان شاي؟ آه. رحت السينما؟ آه، رحت مع أحمد.

أَيْ

yes; [in other words] {2M}
أَيْ نَعَم yes

لكل مطرب زبائنه وجمهوره (أي نعم جمهوره) ولكل مطربة «زبائنها» وزبانيتها. سألت البائع الذي قدم نفسه باسم «عبدالرزاق» عن حقيقة ما يقال من أن بعض نجوم السينما المصريين يأتون لشراء ملابسهم من البالة، فابتسم وهز رأسه، أي نعم! لقد عاد من منحة دراسية في جامعة انديانا في امريكا ليصبح حضرة النائب المحترم، اي نعم انه لم يمارس وظيفة اخرى قبل ان يصبح نائبا في البرلمان.

أَيْوَه

yes {1M} (Coll)

(Eg) أيوه يابيه.. أيوه ياهانم. قال صاحبي: ايوه كده! تحب تشوف حد؟ قال المريض بسرعة: أيوه اعمل معروف. مش حاتشوفه؟ قلت له: أيوه. قلت: وطبعا معاكي فلوس كثيرة.. قالت: أيوه.. ونزلت اشتريت كام فستان. مش انت بتقول إن اليهود المؤمنين لا يأكلون الجمبري. قلت: ايوه يا ريس.

بَلَى
yes; of course {3W}

«ألم تكن تلك هي الرحلة التي أعد لها ماركوس ج، قبل رحيله النهائي مباشرة الى انكلترا؟» «بلى، تلك هي.» «لن تموت. ماذا دهاك؟» – «بلى، سأموت.». ألم أبصر هذا الصوت يشق صدري وينتشر في كامل جسدي؟ بلى، أبصرت، بل أبصرت في هذا الصوت العالم. هل يمكن لإمرأة ان تنجب كائناً غير آدمي؟ بلى!

نَعَمْ
yes {2D}

أحبّكِ... نعم أحبكِ. سألته: ألست الدكتور ناجي؟ فقال: نعم. نعم للحرية ولكن الثورة أولا. لا للعنف والاستبداد، ولا للارهاب والقمع، ونعم للحوار البناء والهادف واحترام القيم والقوانين. كل المشاريع الحالية أحلام اذا؟ نعم ولكن الاحلام كثرت، كان يوجد في السابق ثلاثة أو أربعة يحلمون، وأصبحوا اليوم خمسين.

نفخ — to blow

عَصَفَ
to blow violently; to blow ب *sth away* {3D}
يَعْصِفُ VN: عَصْف

عصفت حوله الأعاصير. عصفت الرياح. الازمات المالية عصفت بالعالم خلال حقبة التسعينيات. هذه البلاد دمرتها الحروب وعصفت بها رياح الموت. الهزيمة العربية كادت تعصف بالترويكا الحاكمة في ذلك الوقت.

نَفَثَ
[to spit sth out]; to puff out, exhale (smoke); {3W}
يَنْفُثُ VN: نَفْث

ذكر أنه يخرج أحياناً، خصوصاً بعد العشاء، وحيداً الى شرفة الجزء المنزلي في البيت الأبيض ليشعل سيجارا وينفث دخانه. تلك المحارق تنفث وتنتج غبارا ورمادا سامين. ننفث دخان نرجيلتنا في الهواء غاطسين في سحب الفرح والانبساط. هناك كتابات تشبه عادم السيارات، وهي تنفث ضبابا كثيفا في الجو.

نَفَخَ
to blow, blow sth {2W}
يَنْفُخُ VN: نَفْخ

نفخ الناي الذي يشبه الهمس. نفخ الأبواق لاستصراخ عودة الشمس. هناك صحف تابلويد هدفها نفخ أبواق الاثارة وضرب طبول الفضائح. وقف على مشارف القدس لينفخ في نفيره معلنا عودتها الى اهلها. ان واشنطن قد تقترح تجميد الاستيطان شهرا قد يمكن خلاله نفخ الروح في جثة اوسلو الهامدة .

هَبَّ
to blow, storm; [to start moving] {2D}
يَهُبُّ VN: هَبّ

هبت عواصف عاتية ايضاً خلال الأيام العشرة الماضية على ولاية نيفادا. العاصفة تهب على الخليج العربي. هبّت نسائم الربيع. هبت رياح التغيير وعمليات الإحلال والتبديل في الاسماعيلي قبيل انطلاق البطولة. هو يحاول الحفاظ على الدولة وسط الرياح والاعاصير التي تهب عليه من كل اتجاه.

نفّذ — to carry out, execute

أَدَّى
*to fulfill, carry out sth; [*see سبّب*; to lead* إلى *to, bring about]* {2W}

المجلس لم يؤد الالتزامات التي تفرضها عليه القرارات الدولية. زيارة خليفة بن زايد للدوحة «نجحت وأدت الغرض». بعد ان أديت المهمة، عدت الى المدينة. سأسهل له الامور لكي يؤدي دوره بالشكل الذي يرضيه ويرضينا ويرضي الناس. شركة ارامكو السعودية شركة حكومية تؤدي وظيفتها في شكل ممتاز.

أَجْرَى
to carry out, perform sth {3D}

أجرى اتصالات مع مشايخ قبائل عدة. اعرب مسؤول روسي عن قلق بلاده من التجارب التي يجريها الاميركيون على توجيه اشعة ليزر ضد الأقمار الاصطناعية. لا استطيع التنبؤ فهذا موضع تحقيقات يجريها الاسرائيليون ولم يبلغني احد بمن هو المسؤول عن الانفجار. الجراحة التي سيجريها عادية. أجرى محادثات مع نظيره العراقي.

حَقَّقَ
to accomplish, realize sth; [see فحص*; to investigate]* {2D}

شكا أنه لم يحقق احلامه بعد. لقد حققنا انجازات كبيرة أخيراً في هذا الاتجاه. كان الموقف الكوري دعم أي خطوة تؤدي الى احلال السلام في المنطقة وتحقق الانسحاب الاسرائيلي من الأراضي اللبنانية المحتلة. قال الوزير البحريني ان الاقتصادات العربية حققت اصلاحات مهمة من خلال تعزيز كفاءة آلية السوق وتحرير الاقتصاد. إن محاولته هذه لم تحقق هدفها.

قامَ
to undertake ب *sth; to execute, carry out* ب *sth; [to stand up]* {2D}
VN: قِيام يَقومُ

انتجنا سيارة قام العملاء بتصميمها. يقوم العرب بعمل كبير يثبت جديتهم في السعي الى استعادة القدس. على العالم أن يقوم بالدور التربوي تجاه هذا المستشفى. الولايات المتحدة تقوم بالجهد الأكبر في تحسين الاقتصاد الروسي. كلاهما شغل منصب رئاسة الاركان قبل ان يقوم بانقلابه. سأقوم بالرحلة في وقت ما. لن نقوم بعمليات تفتيش اليوم .

أَنْجَزَ
to accomplish, carry out sth {2D}

كان الرواد الأوائل قد انجزوا المهمة بنجاح. ذكر في مؤتمر صحافي عقده أمس ان هيئة الاستثمار انجزت مشروع قانون لتحويل «الكويتية» من مؤسسة عامة تملكها الدولة بالكامل الى شركة تجارية. أوضح ان عدد المعاملات التي تنجزها دائرة الجمارك في دبي يصل الى مليون معاملة سنوياً. انجز الكثير في هذا المجال في الاعوام الأخيرة.

نَفَّذَ
to carry out, execute sth; to put sth into effect {2D}

نفذ الهجوم أربعة أشخاص تمكنت قوى الأمن العراقية من اعتقال احدهم. قال ان نتانياهو سبق ان اعلن انه سينفذ الالتزامات التي ورثها عن الحكومة السابقة وقد فعل ذلك. لم يكن الاسرائيليون متأكدين من ان البرزاني سينفّذ الاقتراح. الجهات المعنية ستنفذ اجراءات الترحيل فورا. لماذا لا ينفّذ القرار الرقم ٤٢٥ .

وَفَى
to fulfill, live up ب *to sth; to carry out* ب (a pledge, promise) {2D}
VN: وَفاء يَفي

بالفعل ساعد الاميركيون ماتشادو للوصول الى السلطة ووفى الرجل بما كان تعهد به. وفى التزاماته بموجب مذكرة التفاهم. قليل من المتبرعين ومن الدول المانحة وفى بتعهداته ونحن ندفع ثمنا باهظا لذلك. في المرحلة الابتدائية، تعهد الرئيس موسيفيني قبل انتخابه العام الماضي بمجانيتها، ووفى بوعده هذا العام.

---

window نافذة

شُبّاك
window {2D}
pl: شَبابيك

رأى ازدحاماً على شباك التذاكر. فتحت الشباك قليلاً ليصلني هواء بارد نوعاً ما برائحة التراب الأحمر. دخل من شباك الحمام. اذا دخل الفقر من الباب هرب الحب من الشباك. لو سمعت هذه المرأة تتحدث لفكرت في القائها من الشباك. اذا طردوني من الباب عدت من الشباك! نجح سائح في كسر زجاج شباك مستخدما كاميرا فيديو خاصة به، وتدافع الآخرون هربا من النافذة.

كُوَّة
small window, opening {3W}

منارة مسجد ابي الحسن تقوم كوتها على ثلاثة أقواس من كل جهاتها. لا يرى غير الجدران تحيط به، وربما كوة عالية تطل على قطعة سماء. يرغب الأول في فتح كوة في جدار الدولة العلمانية. هي تصريحات تعني ان الادارة الاميركية تفتح كوة في جدار جمود المفاوضات السورية - الاسرائيلية.

نافِذَة
window {3D}
pl: نَوافِذ

أراه من نافذتي. لقد سقط الجنرال من نافذة عالية. من نافذة الطائرة تطل بقع زرقاء كامدة وسط بحار من الغيوم. اصبح هذا الكتاب نافذتي على عالم غريب متشعب. ان ترجمة كتاب تعني في واقع الأمر فتح نافذة جديدة على ثقافة المؤلف أمام القارئ الاجنبي. لم تغلق الابواب والنوافذ. المنازل ذات طابق واحد والجدران بلا نوافذ على الخارج.

---

to breathe — تنفّس

تَنَسَّمَ
to breathe (air)*; to smell* (a fragrance)*; [to be fragrant]* {2M}

لا يرضى إلا حينما يتنسم رائحة الشواء. فكرة المكان اثارت في شعورا بالقلق الذي سرعان مازال حين تنسمت هواء المدينة الساخن. تتذوق وتتنسم شيئا من رائحة الجنة. تنسّم عطر الفلّ والياسمين الذي غمر الغرفة.

تَنَشَّقَ
to inhale sth, breathe sth in {3M}

يتنشق الهواء الصافي. اللبنانيون يتنشقون السجائر من أعلى الهرم إلى أسفله. يتنشق الشعب أولى نسمات الحرية. المواطنون الذين لا يدخنون ما برحوا يتنشقون دخانها في معظم الأماكن.

اِسْتَنْشَقَ
to inhale sth, breathe sth in {2W}

نستنشق الدخان الذي يحتوي على الزفت والقطران في أفواهنا. أبكي على أطفالنا في القاهرة الذين يستنشقون الدخان. يكذب مثلما يستنشق الهواء. استنشق عطر الفجر. مثله في ذلك مثل الهواء الذي نستنشقه بدون ان نفكر بكوننا نستنشقه. استنشق الآن نسائم الحرية سعيدا بخروجي من الأسر والعبودية.

تَنَفَّسَ
*to breathe (sth); [*see تنهّد*; to sigh]* {2W}

قد اجبر على ان يقف في ظلالها، وان يتنفس هواءها. قد تلقى رصاصتين في الدماغ، ولكنه كان ما زال يتنفس. أغلق المصباح الصغير المعلق فوقه وشعر انه لا يتنفس. كان الغيظ المحتشد في صدرها يريد أن يتنفس.

---

rival, competitor — منافس

خَصْم
adversary, opponent {2D}
pl: خُصوم

ساعد الطلباني في ان يتفوق على خصمه البرازاني. تقدم المقاولون بفارق ٩ نقاط على خصمه. مجرد الجلوس والتحدث مع خصمك سيساعدك على التوصل الى «ارضية مشتركة». اتهم خصمه الاتحاد بالوقوف وراء عملية الاغتيال. خصومه اطلقوا عليه لقب الليبرالي الراديكالي. انضم الى جيش أثينا واشترك في عدد من حروبها ضد خصومها من المدن.

عَدُوّ
enemy {2D}
pl: أَعْداء

الأصولية اصبحت العدو الاول لتركيا. على العدو ان يعرف ان اهالي القرى المحتلة يرفضون احتلاله لاراضيهم. قد تربى طلاب المدارس على ان بريطانيا العظمى المجرم الأزلي وعدو الحرية. أكد ان الغارة أوقعت «عدداً كبيراً من القتلى والجرحى بين أعداء الثورة». من سخرية القدر ان اصبح اعداء قرنق بالأمس حلفاءه اليوم.

غَريم
opponent, rival, adversary {2W}

انضم مسخادوف الى غريمه السابق يلتسن. هزم رينجرز المتصدر غريمه التقليدي ومنافسه المباشر سلتيك (١١٣) في مباراة القمة. الفوز جاء على حساب غريمه التقليدي الانصار حامل اللقب. لا فارق بينه وبين غريمه نيتانياهو.

مُنافِس
rival, competitor {3D}
pl: مُنافِسون

هناك من يحاول تحويل المجلس الى منافس للسلطة. انه الاول بلا منافس ولا منازع. منافسه على رئاسة الجمهورية ما كان من معسكر خصومه الاشتراكيين، بل من معسكره نفسه داخل الحزب الديغولي. من الواضح ان هذا النظام سوف يشكل منافسا جديدا لويندوز. لو كان الاميركي مايك تايسون احد المنافسين ما خشيت منه. حاولوا نسف نادي القمار الذي يملكه غريمهم.

---

same

نفس

see روح

ذات
same; [self] {2D}

قتلت مجموعة مسلحة في الفترة ذاتها قرويين اثنين قرب واد مدني. قلل من أهمية الهجوم، وقال انه يشعر بالأسف في الوقت ذاته لأن الهجوم حدث في مصر. تسكن في ذات البيت أسرة باروز. نال كذلك الأوسكار كأفضل ممثل عن دوره في ذات الفيلم. الظلم الذي وقع على السوري واللبناني قبل ثمانين عاما هو من ذات المصدر.

عَيْن
*same; [*see ينبوع، وجيه; *eye; prominent person; spring]* {3D}

لماذا حصل هذا وهل تتوقع حصول الامر عينه هذه السنة؟ يمكننا أن نجري المقارنة عينها بين قصيدة «دوروتي الجميلة» وقصيدة «بعيدا من هنا». لقي والد مارلين مورالوف المصير عينه عام ١٩٣٧ في أحد مخيمات الأشغال الشاقة. شجعها في الوقت عينه على خطو خطوات واضحة وثابتة نحو تحقيق شروط الانضمام.

نَفْس
same; [spirit, soul; desire; self] {2D}

كررت اسرائيل الاساليب نفسها عندما احتلت الضفة الغربية والقدس العربية. يرفض في الوقت نفسه الارهاب ويحاول ان يبني جسورا بين المؤسسة الحاكمة و «الاخوان.» عيّن مديرا لمعهد الدراسات الاسلامية في جامعة باريس، وهو منصب شغله فترة، ثم عاد استاذا في نفس الجامعة حتى وفاته. هو لقاء صعب وسهل في نفس الوقت.

---

oil

نفط

بَتْرول
petroleum {2D}

أنهى وزراء منظمة الدول العربية المصدرة للبترول (أوبك) إجتماعاً في القاهرة امس. توقعت وزارة الطاقة الاميركية ازدياد استهلاك البترول خلال الاعوام المقبلة. يحتل القطن المرتبة الثانية بعد البترول على صعيد الصادرات السورية. سيزداد الطلب على البترول. قال مصدر في وزارة البترول أمس أن القاهرة وعمان بصدد الاتفاق على تصدير غاز مصري الى الاردن.

بَنْزين
gasoline {2D}

فعالية البترول (البنزين) جمدت على ٢٨ ميلا في الغالون الواحد منذ ١٩٨٨. الوضع الآن تغير وتحول الطلب الى البنزين الخالي من الرصاص. يتوقع ارتفاع اسعار البنزين والكهرباء «في ضوء توصيات البنك الدولي». تنشئ مصنعا لانتاج مركبات البنزين في الجبيل.

زَيْت
oil (cooking, petroleum) {2D}
pl: زُيوت

تعمل في مجال الحبوب وزيت الزيتون. تتضمن السلع الموافق على تصديرها الى العراق زيوتا نباتية، ومنظفات، وملح المائدة. تنتج «دي دبليو جاي بوليغارد» الذي يُضاف الى زيت السيارة لزيادة حماية المحرّك. ان الغاز الطبيعي يستحق سعرا أفضل من سعر النفط الخام وزيت الوقود. وضعوا براميل نفط وديزل فارغة على الطريق بين صنعاء ومحافظة مأرب، احتجاجا على زيادة اسعار زيت الديزل.

سولار
diesel fuel {1W}

سيظل سعر الكيروسين والسولار من دون تغيير. استوردت نحو ١,٢ طن من زيت الوقود والسولار (المازوت) والغاز. من المتوقع ان تنتج مصفاة بندر عباس في نهاية الامر ٤٦١٠٠ برميل يوميا من البنزين و٣٦٢٠٠ برميل يوميا من الكيروسين ووقود الطائرات و٦٩٥٠٠ برميل يوميا من السولار و٦٦٥٠٠ برميل يوميا من زيت الوقود الثقيل و٧١٠٠ برميل يوميا من غاز البترول المسيّل و٥٠٠ برميل يوميا من القار و١٢٤ طنا من الكبريت يوميا.

غاز
natural gas, gas {2D}

الشارقة تستغل احتياطات الغاز الضخمة لزيادة جاذبيتها كمركز صناعي. الزيادة في احتياطات الغاز الطبيعي غير المرافق للنفط ارتفعت باكتشاف الحقلين الجديدين. الشبكة الحالية لا تلبي حاجات الغاز الطبيعي التي تنمو بمعدل ثمانية في المئة سنويا. نفى العراق انه ما زال يمتلك كميات من غاز الأعصاب القاتل. عولج طلاب آخرون من تنشق الغاز المسيل للدموع.

كاز
gasoline, kerosene (not used in Egypt) {1-2M}

من الإضاءة بلمبة كاز حلت الإضاءة بالكهرباء. أحضرنا الكتب الفرنسية إلى الساحة وصببنا عليها الكاز وأحرقناها. استقر سعر مادتي الكاز والمازوت.

مازوت
diesel oil {3W}

أشار الى أن بيروت يمكن أن تستورد من العراق المازوت الضروري خصوصاً لانتاج الطاقة الكهربائية. أسعار الفيول والمازوت ارتفعت من ٣٠ إلى ٤٠ ريالا. السلطات العراقية توقفت عن بيع المازوت لسائقيها. حكيت له عن نفاد المازوت، فانزعج.

نَفْط
oil (petroleum) {2D}

تراوح التقديرات حول احتياط النفط في الحقل بين ١٥ و٣٠ بليون برميل. البلدان ليسا في حاجة الى النفط العراقي. «منظمة الاقطار العربية المصدرة للنفط» (اوابك). ربط اسعار النفط بسلة عملات بدل تقويمها بالدولار. أوضح ان شركات النفط الروسية «لا تعمل بنشاط» في ايران.

---

to spend — أنفق

صَرَفَ
to spend (money); *[to change* (money)*; to avert, turn sth away]* {2W}
صَرْف :VN يَصْرِفُ

نصرف كل أموالنا على العناية بالحيوانات. نحن نصرف الأموال وندفع الضرائب من دون أي مردود. يجب ان تصرف هذه الليرات على امور نافعة وضرورية بينها اعادة المهجرين. أي قرش يصرف على تعليم طفل فلسطيني يعتبر استثمارا للمستقبل.

أَنْفَقَ
to spend (money) {2D}

انفقت السعودية حتى الآن ٣,٢١ بليون ريال على قطاع الكهرباء. تنفق شركات اخرى مالا ووقتا «وراء الكواليس.» يجلب هؤلاء الزوار معهم كميات كبيرة من المال وينفقونها في المخازن والمطاعم ويستخدمون عددا كبيرا من الناس. ينفقون الكثير من موازناتهم على الازياء وملبوسات الاطفال. أنفقوا أموالا كثيرة في القمار. انفق كل ماله على العلاج.

منافق — hypocritical

مُراءٍ
hypocrite, hypocritical {3M}
pl: مُراءون

اعتقدتُ دوماً ان اسرائيل مرائية في ما يخص الارهاب. يتحدثون بلغة الخلاص ولكنهم مراءون. انهم غير مرائين في عبادتهم. قال إنهم مراءون يهتمون بالأمور الخارجية.

مَظْهَري
outward (as opposed to real or inner) {2W}

اتضح ان عنفوانها ليس اكثر من مظهري. يشارك الإعلام عن غير قصد في اهتمامه الملحوظ بألوان من ذلك النشاط المظهري. هو أمر قد يعطي نتيجة مظهرية ترضي الحكام. المهم ان تكون هناك مصارحة داخل الأسرة العربية تؤدي إلي مصالحة حقيقية وليس مجرد مواقف شكلية ومظهرية جوفاء.

مُتَظاهِر
pretending (ب sth) {3W}

يدخل عمداً، متظاهراً بالشجاعة. يبدي ولاءه لرئيس الحكومة متظاهرا بأنه نسي ان الأخير لوح له في الماضي بحقيبة الدفاع. ضحك عادل المسعود متظاهرا باللامبالاة مما يسمع لكن النصل كان يوغل في أعصابه.

مُنافِق
hypocrite, hypocritical {2W}
pl: مُنافِقون

لهذا سمي المنافق منافقاً لأنه يظهر ما لا يبطن. قالها له وجهاً لوجه: «أنت منافق، كذاب كبير، وحياتك مليئة بالسفالات...». يشكون في ان عرفات يمارس سياسة منافقة، ويستغلون اي حدث لتدعيم حجتهم. المنافق لا يُظهر تحمسه للقضية الا علنا، ولا يلتزم بمبادئها. يتشابه المنافق والصديق كما يتشابه الكلب والذئب.

نفى — to exile, banish

أَبْعَدَ
*to banish, expel sb (من/عن from); to send sb away; [*see أزال*; to eliminate, remove sth]* {2D}

ازعج القذافي بمواقفه فأبعده وأمر بتعيينه خارج حدود الوطن. أبعده عن حكومة الاشتراكيين الأخيرة. أبعدت قوات الاحتلال المدرّس عبدالحميد محمد يحيى وعائلته من بلدة رشاف. هرعت القوى الامنية الى مكان الانفجار وأبعدت المواطنين عنه. اتصل بالشيخ احمد ياسين، مؤسس الحركة الذي أبعدته السلطات الاسرائيلية الى الأردن. أبعده من منصبه كنائب له.

أَخْرَجَ
to expel, exile, remove sb (من from); [to take out, remove sth] {2D}

أخرجه من فيتنام فلجأ إلى فرنسا. أخرجوهم من الاستوديو. اخرجوهم من الشقة ضربا بالعصى. صف لي صفة هؤلاء القوم الذين اخرجوكم من بلادكم. قال مسؤول في الهلال الأحمر أمس ان القوات الانفصالية أخرجت قوات الحكومة من موتسامودو عاصمة جزيرة هنزوان. رمى قميصه في وجه مدربه لأنه أخرجه من مباراة ودية.

شَرَّدَ
to drive away, make sb homeless {2D}

يتسللون الى البيوت الهادئة ويهدمونها ويشردون أطفالها الصغار ويحرمونهم أمهاتهم وأمانهم. الرئيس الأمريكي كلينتون يتبادل أطراف الحديث مع أطفال أتراك شردهم الزلزال الذي أصاب مدينة أزميت شمال تركيا في أغسطس الماضي. اسفرت الحرب الأهلية في السودان عن مقتل مليونين وتشريد أربعة ملايين مواطن.

طَرَدَ
to expel, banish, remove sb من *from; to fire sb; to drive sb away* {2D}
VN: طَرْد يَطْرُدُ

طردوا من اسبانيا فنزحوا إلى أقطار المغرب واستقروا فيها. انني طردت من يافا ولم أعد اليها منذ السابعة من عمري. الكروات طردوا اكثر من ١٠٠ أسرة مسلمة من غرب موستار خلال الاسبوعين. طرد العراق الخبراء الاميركيين . طرد الحكم اللاعب سيد شعبان. أنجبت بنتا سادسة فطردها زوجها. الجمعية سوف تطرد من المبنى الذي شغلته لمدة ٤٠ عاما. اتصل بي بعد يومين وقال انه طرد من عمله ويريد ان ينتحر.

غَرَّبَ
to expel, banish sb عن *from* {2M}

صدرت أحكام أخرى بنفيه واعتقاله وتغريبه عن وطنه. أرادوا حمايتهم من مؤامرات التهريب خارج أراضيهم والتغريب عن ديانتهم وعقيدتهم.

غَيَّبَ
to lead away, remove sb/sth عن/ من *from, make sb forget sth or* عن/ من *sth* {3W}

أي محاولة لتغييب مصر عن السودان ستؤدي إلى تراجعه إلى الوراء. يحاول البعض تغييبنا من ثقافتنا العربية الاسلامية. تم تغييب الأمم المتحدة تماما عن هذه الأزمة لشهور طويلة. رفض تغييب العقل وانكار حقوق الاخرين.

أَقْصى
to banish, drive out, expel sb; to fire sb {3M}

أقصته الصحف عن صفحاتها. اقصاه من حزبه. أقصاه من الكأس مبكرا. كان نائبا لوزير الدفاع ثم اقصي من منصبه بسبب خلاف مع الوزير السابق. تم الانقلاب على علماء الدين وأقصوا من الحكم والنظام.

نَفَى
*to exile, banish sb; [*see أنكر*; to negate, reject sth]* {2W}
يَنْفي VN: نَفْي

السلطات اعتقلت اكثر من ٨٠ طالباً ونفتهم الى مناطق نائية. انه أبعد من منصبه ونفي الى اقصى غرب الصين. نفته الحكومة الجديدة الى جزيرة كورسيكا. تمّ نفيه الى فيينا. نفوهم الى معسكرات اعتقال داخل المانيا نفسها. هكذا انسحب دياز من الحكم يوم ٢٥ أيار، وكان في الحادية والثمانين من عمره، ونفي إلى فرنسا. نفتهما فعلاً من الحياة السياسية.

هَجَّرَ
to banish, deport, expel sb {2W}

نحن لا نريد ان نهجّر احدا من منطقة الى منطقة. دعت اللجنة العراق الى الوقف الفوري لعمليات التهجير والترحيل للأكراد. منعه من تهجير وطرد وتشريد الألبان من كوسوفا. لم يتم تنفيذ عملية تهجير وطرد الفلسطينيين من أراضيهم دفعة واحدة، وإنما جرت على عدة مراحل.

---

to criticize — انتقد
see عاب

آخَذَ
to censure, blame sb ب/ على *for; to hold sb responsible* ب/ على *for* {2W}

لا ندري كم من شاعر ذكر جده في شعره، كي نؤاخذ المتنبي على عدم ذكره. ندعوك – يا الله – ان ترفع غضبك عنا... فلا تؤاخذنا بذنوبنا، وهي كثيرة! قد نؤاخذ هؤلاء الرجال – وهذا حقنا – على اخطائهم الكبرى في ادارة الموقف. لا يستطيع أحد أن يؤاخذك إذا قمت بعمل الصواب.

أَنَّبَ
to rebuke, scold sb على/ ل *for sth* {3W}

جعل الاب يؤنبني تأنيباً شديداً، محظراً عليّ العودة الى الكنيسة. الجانب الفلسطيني أنّب اسرائيليين خلال اجتماع لاطلاقهم النيران على اطفال. أنّبه الخميني على ذلك وأكد عليه ضرورة الابتعاد عن اي شكل من اشكال الاتصال مع الاحزاب التي هي «استعمارية واستكبارية في جوهرها». أنّبه على هذا الخطأ.

أَدانَ
to condemn sth {3D}

لقد أدنت الارهاب دائماً. يدين الاستيطان في جبل ابو غنيم في مدينة القدس الشرقية. أدان العراق أمس قرار عدم اشراك الرياضيين العراقيين في الدورة. أدان القمع مطالباً بوقفه فوراً.

زَجَرَ
*to reprimand, scold sb; [*see منع*; to restrain sb]* {3M}
يَزْجُرُ VN: زَجْر

تنظر لها المرأة البيضاء بكل احتقار وتزجرها بطريقة خشنة. تغير وجه النبي صلى الله عليه ـــ وزجرني بغضب. زجرته بشدّة عندما حاول الاقتراب منها. زجرني بغضب وطلب مني مغادرة الغرفة. الطفل الاعمى الذي كانوا يزجرونه دائما: «بلاش ياشيخ طه السؤال ده»، هو الذي أصبح بعد ذلك طه حسين عميد الأدب العربي.

شَجَبَ

to condemn, denounce sth {3W}
شَجْب :VN يَشْجُبُ

يشجبون هذه التصرفات التي تؤدي الى زعزعة الامن. موقف الاردن الثابت يشجب الارهاب أيا كان مصدره. شجبت تركيا اسرائيل باعتبارها «الخطر الأكبر على السلام والهدوء في الشرق الأوسط». حزب العمال البريطاني يشجب الاستيطان في الضفة الغربية وغزة.

عاتَبَ

to scold sb على *for sth* {2W}

عاتب المسؤولين المصريين على سوء فهم الثورة المهدية. في لبنان سائق التاكسي يدخن، واذا عاتبته يقول لك: «لم يجبرك أحد على الركوب». عاتبني وقال «انك عاملتني بشيء من الخشونة». الأعضاء يعاتبون رئيس الوزراء على فشل الحكومة. عاتبه عن عدم السؤال عنه في السجن ولو بكلمة واحدة. عاتبته على ضرب كلبها «لولو».

عَذَّلَ

to rebuke, censure sb {3M}

لا تعذلني يا أخي، بل ساعدني. عذلته وقلت له: لا تشغل نفسك بما لا يعنيك.

عَنَّفَ

to rebuke, reprimand sb; to treat sb harshly {3M}

يعنفها لأنها تقاومه وتحاول التحرر من عناقه. يجلس ملوما يلومه الناس ويعاتبونه ويعنفونه. لم يشأ أن يعنفهم، وانما آثر أن يستمع اليهم. قلبها بدأ يلومها ويعنفها ويعذبها. زوج آخر يمقت زوجته ويعنّفها ويخونها مع فتاة اصغر منها.

لامَ

to rebuke, blame, censure sb على / ل *for* {2D}
لَوْم :VN يَلومُ

لا نريد ان يلومنا احد على وجهة نظرنا. لا نلوم احداً على انتقاده لنا. لا أريد ان ألوم المعلمين، بل الوضع العام وسيطرة وحش الغلاء، وصعوبات الحياة. لامت الولايات المتحدة الحكومة العراقية لتأخرها في بيع النفط. لام نفسه على عدم واقعيته. يلومه البعض لأنه كان شاعرا معروفا في عهد ستالين. اشتبكت عينها بعينه في نظرة كأنها أرادت أن تلومه.

نَدَّدَ

to criticize, condemn ب *sth* {3D}

ندد وزير النفط العراقي بموقف الادارة الاميركية. ندد البابا في البيان بخرق النازيين المتكرر للاتفاقية المعقودة مع الفاتيكان. رفض الاخوان نتائج الانتخابات ونددوا بها. وزير الخارجية الجزائري يندد بوجود معسكرات تدريب لارهابيين في دول عربية. رفعوا لافتات تندد باسرائيل والولايات المتحدة.

اِنْتَقَدَ

to criticize, disapprove of sth {2D}

ننتقد الحكومة وندعوها الى تصحيح اخطائها ومسلكها. انتقد الرئيس حسني مبارك سياسة اسرائيل، وحملها مسؤولية تصاعد العنف. الصحف الجزائرية تنتقد بعنف تصريحات رئيس الوزراء الفرنسي. « الجماعة الاسلامية » تنتقد زيارة الحاخام الاسرائيلي للقاهرة.

اِسْتَنْكَرَ

to condemn sth {3D}

استنكر الوزير القرار الاسرائيلي الاخير. مجلس الأمن يستنكر تصرفات الحكومة العراقية. استنكر الاعتداء الذي حصل على كنيسة مار أنطونيوس. رؤساء الأحزاب استنكروا الاجراءات القمعية التي قامت بها أجهزة الشرطة. استنكر الحصار الاسرائيلي لبلدات وقرى عدة في الجنوب. الإذاعة الرسمية استنكرت الفيتو الأمريكي.

نَهَرَ

to chide, scold sb {2M}
نَهْر :VN يَنْهَرُ

حين يحاول احد ابناء نعمة جعفر التكلم ينهره والده بعبارات غير مفهومة. الطبيب ينهر الأم القروية: كيف تركت ابنتك حتى وصلت إلى هذه المرحلة. كان الاب يضربه وينهره لانه يريد لابنه ان ينشأ جادا يأخذ الأمور بعقلانيه. حاول الأطفال دخول الغرفة فنهرناهم وطلبنا منهم الخروج.

اِسْتَهْجَنَ

to disapprove of, condemn sth {2W}

استهجن الشعر فلسفياً لانه يستند على الكذب، واخلاقيا لانه فاجر. استهجن البيان «محاولات بعض وسائل الاعلام تزوير الحقائق بشكل متعمّد». استهجن عدد من الوزراء والنواب امس الحملات التي تستهدف المجلس الدستوري. رابطة الاساتذة استهجنت تبرير انتهاك قوانين الجامعة.

وَبَّخَ
to reprimand, reprove sb (على/ل for) {2M}

قد جاءت الشرطة وحققت مع الأولاد والأهل، وحذرتهم ووبختهم. الوالد يوبخ ابنه لعدم انضباطه في الدراسة وتسكعه الدائم. يوسي ساريد وبخ الرئيس كلينتون لعدم ارغامه (الاسرائيليين) على استئناف المفاوضات. قلت له ان زوجتي وبختني على برودتي في التعامل مع موت الأميرة.

أنقذ — to save, rescue

خَلَّصَ
to save sb (من from) {2W}

يحاول ان يخلّص البلاد من الارث الدستوري والقانوني لذو الفقار علي بوتو. انصار المنظمات الاصولية لم يخلّصوا المسلمين من الشرور الاجتماعية. وجدها في الحقل فصرخت الفتاة المخطوبة فلم يكن من يخلصها. انها تتمنى أن يخلصها الله من قيادته. يدعو الله في صلواته جميعا أن يخلصه من هذا الحب.

فَدَى
to redeem sb (من from) (ب with sth) {2M}
VN: فِداء يَفْدي

الوطني المخلص في حب الوطن يفدي وطنه بجميع منافع نفسه، ويخدمه ببذل جميع ما يملك، ويفديه بروحه. الطلقات تستقر في ظهر أمه أم حسن التي تفديه بروحها. إننا على استعداد لان نحمي مصر ونفديها ممن لا يملكون سوى العيون الحاقدة الحاسدة الخائنة. «بالروح... بالدم... نفديك يا فلسطين.»

اِفْتَدَى
to redeem sb (من from) (ب with sth) {3M}

يجب ألا نفتدي الثقافة بالسياسة. إنني أفتدي الزملاء بنفسي، وأذهب بدلاً منهم. ان ابن حزم القرطبي يذكر ان فدية الاسرى كانت فرضا على الأمة الاسلامية، عندما لا يستطيع الاسير ان يفتدي نفسه بماله. لا بأس بأن تفتدي المرأة نفسها منه بمال تبذله له في مقابل تخلصها منه. يؤمن المسيحي بأن المسيح قد افتدى الخطائين بدمه على الصليب.

أَنْجَدَ
to rescue sb; to help sb {3M}

أناشدكم الله ان تنجدونا وتنقذوا المدينة وأهلها من سقوط مؤكد. الفلاح يتضرع إلى الله أن ينجده بالمطر. ان لم تنجدونا سقطت القدس نهائيا في أيدي اليهود. أنجدته معارفه.

نَجَّى
to save, deliver sb من from {3D}

ندعو الله ان ينجّينا من شرور الدنيا واشرارها. كل هذه الصفات الخارقة لن تنجي الشجرة من الموت. ندعو الله أن ينجي هذه الأمة من دوامة العنف والارهاب والفتن. إن ذلك لن ينجيه من إحصاء ما يفعل.

أَنْقَذَ
to save, rescue sb (من from) {2D}

أنقذتنا الهجرة الى هنا من اختناق بطيء بل من الموت المحقق. انقذ الشعب المؤمن من الحكم الشيوعي. انقذت حياة سواها بتضحيتها. همهم هو ايجاد السياسيين الذين ينقذونهم من الجوع والفقر والضياع وعدم الاستقرار. أنقذه مرة ثانية من الموت المحقق حين لدغه ثعبان.

نقش — to carve

حَفَرَ
to carve, engrave sth; [see حفر*; to dig]* {2M}
VN: حَفْر يَحْفِرُ

الفنانون حفروا الخشب وصفحوا الأبواب. اشتهرت فاس بفن حفر الخشب وصناعة المنابر.

نَحَتَ
to carve, chisel, sculpt sth {2W}
VN: نَحْت يَنْحَتُ

اين هي شاهدة القبر التي نحتها الفنان احمد معلا لسعدالله. مصر تعد في طليعة البلدان التي ازدهر فيها فن نحت الخشب. الذي يعمل نصل السيف غير الذي ينحت خشب غمده.

نَقَشَ
to carve, engrave, sculpt sth على *on* {2W}
VN: نَقْش يَنْقُشُ

تحت التمثال عبارة نقشت بأحرف جميلة. بنى المصريون القدماء مقابرهم بالأحجار ونقشوا على مداخلها أسماءهم وصورهم وأقاموا فيها تماثيلهم. نجد كذلك شواهد قبور نقشت عليها رموز مثل النسر تذكرنا بالنمط اليوناني. نقش اسمه على صخور جبال الاولمب المخصصة لكبار مصممي الأزياء. نقش صورته إلى جانب صورة نبوخذنصر.

---

discussion

نقاش

see نزاع

بَحْث
discussion; [search; research] {3D}

اجتمع شارون مع ايجور ايفانوف وزير خارجية روسيا حيث تم بحث العلاقات الراهنة بين البلدين والوضع في الشرق الأوسط. اللقاء تناول بحث تطورات الموقف في العراق. اللجنة سوف تتناول بالبحث خلال أعمال المؤتمر الاقتصادي للحزب الوطني عدة موضوعات. كلمات الذين صنعوا الأحداث هي أيضا وثائق تستحق البحث والتقدير.

حَديث
conversation; speech; [saying of the prophet] {3D}

الحديث مع اسماعيل لا يخلو من شد ان لم يكن متوترا. الحديث عن وصول الفينيقيين الى القارة الاميركية قديم. اجرى حديثا صحافيا مع عرفات في بيروت اثناء الحصار. وهنا نص الحديث الذي أجرى مع الرئيس اليمني بعد انتهاء الاحتفالات بعيد الثورة. نفى الرئيس حسني مبارك في حديث أدلى به الى التلفزيون المصري وجود أي تعاون عسكري بين مصر وايران.

مُحادَثَة
discussion, conversation {3W}

الملك حسين ابلغه في محادثته الهاتفية بأن في امكان الشيخ العودة الى غزة متى شاء. بعد هذه المحادثة اكتشفت كم أنا خاسر. تعمدت تأخير المحادثة امعانا في اذلاله. سألوه، في نهاية المحادثة، عما اذا كان يحب ان يعود.

حِوار
conversation, discussion {2D}

حرصت اثناء الحوار على ان اذكره بمعلومات مهمة. أشار إلى رفضه دعوة البعض مقاطعة الغرب او عدم اجراء حوار معه. دعا خاتمي مرات عدة الى «حوار الحضارات والثقافات». دعا الى الحوار الهادئ في لبنان. دار حوار حول الأفلام والمسلسلات وخصوصا الرمضانية منها. شددت على مبدأ الحوار بين الالحان والغناء.

مُحاوَرَة
conversation {3W}

المحاورة هنا بين الفنان والجمهور تتم عبر الوسيط البصري. كان من المهم جدا ان يكون معنا ناس لهم خبرة بالمحاورة. المحاورة التي أشرت اليها في بداية هذا المقال تؤكد أمرا اساسيا. المحاورة هي محادثة شفافة وكثيفة بين الأنا والذات. حللنا المشكلة بعد محاورة طويلة بينها وبين القاضي.

مكالمة
(phone) *conversation* {2D}

قالت مصادر حكومية ان البحث تناول اثناء المكالمة الهاتفية موضوع رفع الحظر. اضافت الصحيفة ان المكالمة استمرت دقيقتين وتخللتها في بعض المراحل الشتائم. بعد المكالمة مباشرة اعلن انسحاب وفده من الاجتماع. سافر إلى العاصمة الأمريكية إثر مكالمة هاتفية استمرت ١٥ دقيقة. قال انه تم، خلال المكالمة، الاتفاق على عقد اجتماع بين الطرفين.

نِقاش
discussion, argument {2D}

اثار الموضوع نقاشاً حيوياً في الجلسة الاولى. لقد اجرينا نقاشاً بنّاء. الموضوع مطروح للنقاش. اثار مشروع القانون المقترح نقاشا حادا في المجلس التشريعي. يشارك الجميع في النقاش والحوار. آراءه الجريئة تفتح مجالا واسعا للنقاش والجدل والتساؤل.

مُناقَشَة
discussion, argument {2W}

انها قابلة للمناقشة. لم أقرأ عن ندوة او بحث او مناقشة حول هذا الموضوع الحيوي والأساسي. بعد ذلك جرت مناقشة حول شرعية مستوطنة أبو غنيم في اتفاق أوسلو. يتحدد اطار المناقشة في موضوع البيئة. من حق أي مواطن ان يطرح أي موضوع للمناقشة والحوار.

---

debris, rubble أنقاض

حُطام
debris, remains, fragments {3W}

أعلن امس المتحف البريطاني عن العثور على كنوز اسلامية قرب شاطئ «ديفون» البريطاني في حطام سفينة. جاء في الشكوى ان ستاسي زود ساندرز بمعلومات ونسخ من التقارير المتعلقة بالحادث بالاضافة الى قطعة من حطام الطائرة. يطلب شراء حطام السيارة التي وقع لها الحادث. انتشر فيها حطام اثاث قديم ومتروكات شتى.

رُفات
body (of the dead)*; mortal remains* {3W}

رفاته اعيد الى هافانا في تموز (يوليو) الماضي بعد العثور عليه. تبادل البلدان مئات الأسرى ورفات العديد من الجنود. العراق وايران تبادلا رفات جنود. سيساعد في التعرف على الرفات.

أَطْلال
ruins, remains, traces {3W}

وقفت سيارة مانديلا أمام أطلال مقر اقامة القذافي السابق. عاد الى بيروت حيث اطلال الحرب جاثمة في المباني التي اخترقتها القذائف. شرح كيف انه بدأ رحلته بين الاطلال والخرائب في بعلبك. الدولة تبدو أطلالا لا تستحق البكاء عليها، في تقدير البحث الرئيسي الخاص بالعولمة. التقيا وتحابا ثم انتهت القصة بأنها هي صارت أطلال جسد، وصار هو أطلال روح.

فُتات
crumbs {2W}

نفضت فتات الخبز عن الغطاء. يعيشون على فتات الخبز ورائحة الشواء. ستتنافس بريطانيا وفرنسا على الفتات لكنه غالبا فتات كبير. دفعت الشركة تعويضات هي مجرد فتات نتيجة لحادث تسرب كيميائيات سامة. يكفي ان يتكرم الاسرائيليون بأن يتحدثوا مع العرب ليتنازلوا بمنحهم فتات السلام.

أَنْقاض
debris, rubble, ruin {2W}

حاول المقاتلون البحث عن مزيد من الجثث تحت الانقاض. أقام على انقاض الحصن العربي القديم فندقا صغيرا أطلق عليه اسم «الفويرتي». ارتفعت الآن عشرات الابنية بعدما كانت انقاضاً. علينا الاحتمال والصبر ليقوم الوطن من تحت الانقاض. نعلم ان الحضارة الحديثة وجدت استقرارها على انقاض الحضارة السابقة.

---

to take revenge انتقم

ثَأَرَ
*to take vengeance (*من *on) (*لِ *for)* {3W}
ثَأْر :VN يَثْأَرُ

ثأر المنتخب العراقي من نظيره الليبي بفوزه عليه ١ / ٣. أقسم الشعب أن يثأر لشهيده. ان قصف الاسرائيليين مدينة صيدا بدعوى انهم يريدون ان يثأروا لجزين ليس إلا محاولة منهم لإشعال الفتنة. ستحاول ان تثأر لخسارتها.

اِقْتَصَّ
to retaliate, take vengeance من *on* {3M}

بأي حق يقتص الارهابيون الفلسطينيون والعرب من المدنيين والاطفال الاسرائيليين. حضرت لتقتص مني أو لتعفو عني. إنك تقتص من المجرم ليعيش المجتمع. إن كل ذئب من هذه الذئاب البشرية يجب أن يكون على علم قاطع ويقيني أنه إذا ارتكب تلك النزوة الشيطانية الجامحة، فلن يفلت من العقاب، وأن المجتمع سوف يقتص منه.

اِنْتَقَمَ
to take revenge من *on (*ل *for)* {2W}

انتقم الاميركيون مني، بعد ان عارضت سياستهم بعناد. قررت بينها وبين نفسها ان تنتقم من الابن. أرسلن كاميليا لتنتقم لهن من قاتلي رجالهم. لقد اعلن جيش تحرير كوسوفا انه سينتقم من المسئولين عن مجزرة قرية راتشكا. كل منهما يريد أن ينتقم من الآخر. ينتقمون لما فعله الإسرائيليون في خان يونس. كانوا يحسون كلما ألحقوا به أذى أنهم ينتقمون لزميلهم الذي نجا من الموت بمعجزة.

---

pure نقيّ

see واضح

خالِص
*pure, unadulterated; [*see جدّاً; (Eg) *very]* {2D}

ظل يعتمد كلياً على الطين الاحمر الخالص كمادة اساسية له. عثروا على نحو ستة اطنان من الكوكايين الخالص. لا وجود لشيء في فهم الدين يمكن ان يكون الحق الخالص. لها اهدافها العلمانية الخالصة. قرأنا قصة عربية خالصة عن الخلاف بين «الست» وخادمتها.

رائِق
clear, pure {2M}

إنه جهاز يوفر الماء النقي والرائق للشرب يستخدم طرق التقطير والترشيح في آن ويقلل المواد العالقة بنسبة ٩٩ في المئة. يجول بعينيه، يتلقى الضوء النهاري الرائق، الصافي، يستوعب المرئيات واصوات المكان. هي مكتوبة بأسلوب رائق وبقالب من الدعابة الجذابة. للمسجد مئذنة وقبة وسبيل وجميعها منسجم تؤلف وحدة معمارية رائقة.

صافٍ
clear; pure {2D}

بحوزته ٢٠٠ كيلوغرام من الكوكايين الصافي. كافحوا من أجل لقمة الخبز والحياة الحرة... وجرعة الماء الصافية. ستكون كالسماء الصافية الزرقاء. الدخل الصافي ارتفع بنسبة ٤٥ في المئة ليبلغ ٢٦٥ مليون دولار.

طاهِر
pure, clean; chaste {2M}

لا علاقة لهم بهذه الأرض الطاهرة لا من قريب ولا من بعيد. انه ليس هو ذلك الكائن الطاهر المتسامي الذي افترضه فيه العديد من الفلاسفة والمتصوفة. لا يزال دمهم الطاهر يستصرخ الضمير العالمي. تقام صلاة الجنازة على روحه الطاهرة بالحرم الشريف المكي عقب صلاة الجمعة. كان له أن يصلي في أي مكان طاهر. بشر الرسول (صلى الله عليه وسلم) زوجته الطاهرة ستنا عائشة أن الله الرءوف أثبت طهارتها ورد إليها كرامتها.

عَفيف
chaste; pure {2M}

من هي هذه المرأة العفيفة الشريفة الفاضلة التي سخرتم لها صحيفتكم ولسانكم وأقلامكم وفكركم؟ عاش حياته عفيفا تقيا نزيها عادلا. غزليّاتها العفيفة والكثيرة لا تبتعد كثيرا عن الصورة السائدة لفيروز. كسر الصورة النمطية للمرأة عفيفة اللسان. له بلاغة ورئاسة في اصحابه، ومع ذلك كان ورعا زاهدا عفيفا.

نَزيه
pure, fair; chaste {2D}

ان ديمقراطية حزبنا تتأتى بتأكيد مبادئ الانتخاب النزيه. ترك أمر التحقيق في موتهم وظروفه لحكم القضاء العادل والنزيه. كان غير نزيه في معاملته لنا وفي موقفه من الاستعمار الفرنسي. أعرب عن أمله بأن تكون الولايات المتحدة وسيطا نزيها.

نَقِيّ
pure, clean {2D}

الممرضة في زيها الابيض النقي تبتسم وتداعبني. كمية الالماس الازرق النقي التي يحتفظ بها في خزائن المصارف تقدر بمبلغ ثلاثة بلايين ايضا. في حمايتك، تذوقت الحياة النقية. كان الهواء نقيا، مهيئا للطيران. الجولان ايضا مصدر لثلاثين في المئة من المياه النقية اللازمة لاسرائيل.

joke نكتة

see مزح، ضحك

أُضْحوكَة
butt of a joke, object of ridicule {3M}

تحول نفسها الى اضحوكة. كانوا مصرّين، بشكل مشبوه، على جعل انفسهم وبلدهم المسكين، اضحوكة للعالم. لكنا جميعا كعرب قد أصبحنا أضحوكة للعالم بأسره.

فُكاهَة
humor {3W}

الفكاهة موهبة، ومن الصعب جداً ان يمتلكها الانسان بالاكتساب. يحدثك دون تكلف وبشيء من الفكاهة. ان الكتاب لا يخلو من الفكاهة او الاهتمام الانساني. شابلن عرف كيف يستفيد من فكاهة الاطباع البشرية، على الطراز المولياري. تبدأ فكاهة الحركات الجسمانية بشخصية شارلي نفسها.

مَزْح
joking, fun {3M}

فيه من المزح أكثر مما فيه من الجد. نجعل هزيمة اسرائيل لنا واحتلالها لأرضنا موضوعا قابلا للمزح والهزل. هو إذن جد كل الجد لا هزل فيه ولا مزح ولا استهانة. بين المزح والجد، يمكن اكتشاف طاقات صوتية.

مَزْحَة
joke {3W}

كانوا يعتقدون أن في الأمر مزحة. هل الثورة مزحة؟ في البداية أخذت الأمر على أنها مزحة لكنها تحولت إلى جد. اكتفى بالضحك ردّا على المزحة. تلك مزحة لا نستطيع أن نأخذها على محمل الجد.

نُكْتَة
joke {2W}
pl: نُكَت

النكتة التي يبتكرها الموسكوفي تعبر الحدود فوراً الى بولندا. لنا «قضية» يتعامل معها العالم كنكتة. ضحك البعض سخرية مني، وصاح الكبير: نكتة قديمة. إنه كاتب موهوب بثقافة عالية يتمتع كذلك بروح النكتة وسعة الخيال. من ضحك أخيراً لم يفهم النكتة. بدأت النكت تظهر عن الاستنساخ. لا أرجوك، بلاش نكت.

هِزار
joking around {1-2M} (Eg)

لم يكن كعادته منشرح الوجه باسم الثغرة سريع النكتة والهزار. كان يسمح لأي رجل من رجاله أن يبادله السخرية والهزار. بعد العشا يحلى الهزار والفرفشة. الأمر لا يحتمل الهزار. ليه بعضنا مابيقدرش يفرق بين المواقف اللي تتطلب الهزار والمواقف اللي تتطلب الجد.

هَزَل
joking, fun {3W}

اختلط الهزل بالجد عندما وصل الأمر إلى رفع دعوى. هو وحده الذي رفع الهزل إلى فن رفيع. هو جد كل الجد لا هزل فيه. طبيعة الكوميديا في هذه الأفلام أقرب إلى الهزل الذي يقصد إلى إثارة الضحك ويخلو من أي نقد لأوضاع المجتمع.

---

to deny أنكر

أَبْطَلَ
[to invalidate; to defuse]; to refute {3M}

أبطل هذه الإشاعة الكاذبة بالمنطق السليم. أبطل مزاعمهم. قاموا بإبطال جميع هذه الأدلّة في المحكمة.

جَحَدَ
to deny, reject, refuse sth {2M}
يَجْحَدُ VN: جَحْد

ينبغي الا نجحد محاولاتنا الدؤوب للارتقاء بهذه البلاد ولو درجة صغيرة. يستخدم سلطاته المعنوية الهائلة من أجل ان يصيغ اسطورة تجحد الواقع. أراد للقارئ ان يجحد مساوئ التجربة. أنكر كتاب الله وجحد محكمه في مؤلفاته المقررة على طلاب جامعة القاهرة.

فَنَّدَ

to refute, rebut sth {3M}

أولئك يمكنهم ان يفندوا هذا الزعم على اساس المعرفة والاتصالات العملية معه. أضاف ان الجانب الليبي رد بمذكرة فنّد فيها الآراء الاميركية والبريطانية. الدفاع فند الاتهامات. مذكرة العماري تفند ادعاءات الشركة. نفى ذلك بشدة وفند مزاعم ان يكون ثريا.

كَذَّب

to refute, deny, disprove sth {3M}

كذّب الكولونيل كارليني هذه الادعاءات مبيناً انها «من صنع الخيال». كذّب ما ورد في وسائل الاعلام ان الفرق الجزائرية التي فازت بالالقاب يدربها اجانب. أصرّت على فتح القبور اذ انها تكذّب ادعاء المسؤولين بأن أولادها ماتوا وهي تقول انهم اخذوا منها. كذّبت شائعات منعها من الغناء في مصر. رئيس الشعبة كذّب النبأ.

نَفَى

to reject, deny, refute sth or أَنْ *that; [see* نفى*; to exile]* {2D}
نَفْي :VN يَنْفِي

نفى وزير النفط ان تكون الامارات في طريقها الى استيراد الغاز الطبيعي من ايران. نفى وجود قيود على استثمار اوراق المال. في أديس أبابا نفت الحكومة الاثيوبية أمس تورطها في المعارك في السودان. لم يحاول الرئيس ان ينفي التهمة ويدافع عن حزبه أو أركان حملته. نفت ان تكون فتحت اي عيادة خاصة لها.

أَنْكَرَ

to deny, repudiate sth or أَنَّ/ أَنْ *that; [see* عاب*; to blame* على *sb for sth]* {2D}

انكر بلاشكيتش التهم الموجهة اليه. لا ينكر احد ان ماضينا مجيد. انكر الباحثون الأوروبيون في العصر الحديث وجود أية علاقة بين الفن اليوناني وبين الفن المصري. أنكر ان تكون له أو لأمه علاقة بالمتطرفين العرب خارج مصر. لا احد يستطيع ان ينكر ان كميل شمعون هو احد ابطال استقلال لبنان.

نما — to grow

see كبر

نَبَتَ

to grow (of a plant) {2W}
نَبْت :VN يَنْبُتُ

ينبت من حولي العشب. تنبت الوردة في الأرض. من بين شقوق الصخر تنبت الازهار والشجر. تنبت أرضها بالعشب والزهر. نبت الخوف على وجه الطريق. الحب البذرة، والنفس الأرض، يحتاجان الى مزارع فنان، يحتاجان الى عمل وجهاد مستمران كي تنبت الجذور وتظل راسخة في الأرض.

نَما

to grow; [see زاد*; to increase]* {2D}
نُمُوّ :VN يَنْمُو

تنمو بذلك شخصية الطفل مهتزة، خائفة، متوقعة دائما الفشل. إن هذا الطفل ينمو كارها نفسه لعدم قدرته على الحصول على اعجاب الأب. الواقع ان التعاطف الاميركي مع الموقف الفلسطيني ينمو باستمرار. الجنين أخذ ينمو بصورة تبدو طبيعية. ينمو الإنسان تدريجيا إلى الاستقلالية. هذه الأشياء تؤثر مباشرة على نمو الطفل. هذا يؤدي لزيادة في نمو الأسماك.

تنهد — to sigh

تَأَوَّه

to sigh {3M}

تحملت رزالتك وسخافاتك سنينا وسنين دون أن تشكو ودون أن تتأوه. المريض يتوجع ويتأوّه. كانت ترقص وتغني وتضحك وتتأوه. تأوه وقال: هكذا الإنسان. يتنهد ويتأوه ويبوح بشوقه.

زَفَرَ

to sigh deeply; to exhale {3M}
زَفْر :VN يَزْفِرُ

تزفر معربة عن قلقها من مشقة الطريق ومفاجآتها. زفر الدخان ومعه خرج صوته. زفرت وهي تتذكر وجهه. يزفر زفرة فيخرج شلال الدخان من فمه وانفه.

تَنَفَّسَ
[see تنفّس; *to breathe]*
تَنَفَّسَ الصُّعَداء *to sigh; to take a breather* {3M}

تنفس الصعداء، ثم قرع على الأرض بعصاه. منتخب مصر يتنفس الصعداء قبل «المونديال» الافريقي. ان القضاء على هذا الإرهابي الخطير جعل المواطنين يتنفسون الصعداء نظرا لبشاعة الجرائم التي ارتكبها ضد النساء والأطفال والشيوخ. لم يكد كلينتون يتنفس الصعداء لانتهاء قضية مونيكا لوينسكي حتى تفجرت فضيحة جديدة بطلتها سيدة أعمال اسمها جوانيتا برود ريك.

تَنَهَّدَ
*to sigh (*على *about)* {2M}

تنهدت بأسى ورحت اشاغل روحي الممرورة بالنظر الى طليعة الجنازة. تنهد الرجل متحسراً، ثم اختار كلماته بعناية. قرأ من ديوانه الجديد «البحر بعيدٌ أسمعه يتنهد.» تتنهدون حزناً وأسى على الطفلين.

---

to violate انتهك

حَنِثَ
to violate, break في/ب (an oath) {3M}
VN: حِنْث يَحْنَثُ

حنث باليمين وانقلب مع المنقلبين على الدعوة ليؤسسوا ما يُسمى بـ«كوادر الدعوة». السلطان قد وفى لك ولم يحنث في يمينه، وها نحن قد توجهنا الى افريقية. ندم الرشيد على حنثه بقسمه لصديقه. فقد الثقة بنيتانياهو بعد أن حنث بكل ما قدمه من وعود.

خَرَقَ
to violate, break (a vow, agreement)*; [to pierce sth]* {3W}
VN: خَرْق يَخْرِقُ

خرقت الاتفاقات الموقعة مع الفلسطينيين. خرق الحظر الدولي بإرسال حجاج بطائرة عراقية. هذا الشخص المهم يخرق البروتوكول ويحرج رفاقه أمام العالم. الحكومة خرقت الدستور وشرعة حقوق الانسان وميثاق الوفاق الوطني. خرق الهدنة وعاد الى العنف. نفى كلينتون نفياً قاطعاً ان يكون خرق القانون في هذا الشأن. تجاهل الأمم المتحدة وخرق قواعد الشرعية الدولية.

خالَفَ
to break, violate (a law)*; [*see عارض; *to contradict]* {2D}

العرض الاسرائيلي الى الاردن يخالف احكام القانون الدولي. مشاريع البناء الاسرائيلية في القدس الشرقية تخالف الاتفاقات الانتقالية حول الحكم الذاتي الفلسطيني. العراق يخالف قرارات مجلس الامن. هم القادة العسكريون الذين يخالفون الدستور كل يوم بحجة حمايته. أليس منظر رقص النساء في التلفزيون يخالف الشريعة.

أَخَلَّ
to violate, break ب *sth* {3W}

كان الامام الخميني منحه الأمان بشروط لكنه أخلّ الآن بهذه الشروط. أخلّ الرئيس الحريري بوعده بالمجيء الى طرابلس ثلاث مرات هذا العام. السلطات الاسرائيلية اخلّت بمبدأ حسن النية، لأنها استحدثت وقائع جديدة تعزز الموقف الاسرائيلي. اخلوا بتعهدهم واستأنفوا مساعدتهم لايران.

خانَ
to break (a commitment, promise)*;* [see خان; *to betray sb]* {2W}
VN: خِيانَة يَخونُ

هل يجوز للطبيب ان يخون امانته وقسمه ويقول لك إنك سليم؟ لقد حمل عقدة الذنب هذه وظل يشعر بأنه نكث بتعهداته وخان الرسالة. اتهمها بأنها تنكرت لعهودها وخانت مواثيقها.

كَسَرَ
to violate, break (a law, rule)*; [*see كسر; *to break sth]* {2M}
VN: كَسْر يَكْسِرُ

استخدم حق النقض الفيتو وكسر قاعدة الاجماع. وقف خطيب الجمعة وأطال وكسر قواعد اللغة العربية. جنرالات المؤسسة العسكرية كسروا قواعد الالتزام. نجحنا في كسر مبدأ التدفقات التقليدية.

نَقَضَ
to contradict; to violate, break (a contract, promise) {3W}
VN: نَقْض يَنْقُضُ

أعلن عن رغبته نقض العهود والمماطلة في تنفيذ الاتفاقات. كان يعمد الى نقض أقواله وتضليل المحكمة بإثارة مقصودة. يشعر الاتحاد بانه قطع وعدا لالمانيا ويواجه مشكلة في حال نقض وعده. دعت الصحف السورية باراك إلى نقض سياسات نيتانياهو.

نَكَثَ
to break, violate sth or ب *sth* {3M}
VN: نَكْث يَنْكُثُ

بقية احزاب المعارضة قد تتعامل معه بنوع من الحذر بعد نكثه بالاتفاقات. نكث العهود. قال انه حافظ على عهده ولم ينكث بايمانه. ما الذي يمكن فعله لو ان الصين نكثت بوعودها؟ أوضحت الجماعة ان حكومة بروكسل نكثت اتفاقا معها.

اِنْتَهَكَ
to violate, break (a law, vow, agreement) {3D}

الزعيم الليبي العقيد معمر القذافي انتهك الحظر الجوي عندما توجه بطائرة ليبية الى النيجر ونيجيريا. تمارس اعمالا تنتهك الدستور الروسي. انتهك القسم الذي اقسم عليه وهو يتسلم عمله. وصف الحكم الحالي بأنه «رجعي» ينتهك الدستور الايراني. ما زال هذا العدو يحتل الأرض ويغتصب الحقوق وينتهك المقدسات. يرتكب المذابح بحق شعبه وينتهك حقوق الانسان.

نهم greedy, insatiable

جَشِع
greedy {2M}

شخصية التاجر اليهودي شايلوك نمط للتاجر الجشع. نشكر استجابة الوزير وحشده كل الطاقات لمواجهة مثل هذه الظواهر الجشعة.

شَرِه
greedy, gluttonous, voracious {3M}

يمكن الحد من زراعة المحاصيل الشرهة للمياه مثل الأرز والقصب. رفقا بأولياء الأمور فالمدرس الخصوصي الشره هو الأجدى بالمحاربة. القلوب شرهة. يظهر انه كان كلباً نهماً شرهاً لا يشبع الا اذا التهم كل يوم رطلين من اللحم. كان آنذاك قارئا شرها لفوكنر.

ضارٍ
voracious; savage {3W}

يقول في احدى القصائد انه سيشقّ طريقه في الغابة وهي العالم طبعاً، العالم المستحيل غابة تفترس فيها الحيوانات الضارية الحيوانات الاخرى الضعيفة والعزلاء. بعد زمن اشتد الصراع الضاري بين الامبراطورية النمسوية – الهنغارية وروسيا. اكد الأكراد استمرار المعارك الضارية في شمال العراق امس.

طَمّاع
greedy, grasping {2M}

شخصياً لا اعتقد ان هناك انساناً يملك كل شيء، فالانسان طمّاع لو أعطي نصف الدنيا لسأل «النصف الثاني لمين؟». أنا طموح ولست طماعا وطموحي ليس له حدود .

مُفْتَرِس
ravenous; predatory {2W}

قبل أيام اشتكى مواطنون أردنيون من دخول ثلاثة نمور مفترسة الحدود الأردنية لتصيب السكان بالذعر. تمكنت فتاة (١٨ سنة) من قتل الحيوان المفترس بعدما حاول ان يهجم على شقيقها الأصغر (٦ سنوات). الخوف من الحيوانات المفترسة انقضى إلا في بعض المجتمعات البدائية. وصف اسرائيل بانها «كيان مفترس.»

نَهِم
greedy, voracious {3W}

يأكل بشكل نهم. الخوف هو الشيء الوحيد الذي رد هذا الطماع النهم الى جحره. كنت قارئا نهما للصحافة في ذلك الحين. الدكتور سلطان القاسمي رجل نهم للعلم. مجيء الحزب الاشتراكي الى الحكم سوف يؤدي الى ولادة «جبهة شعبية» يدخل فيها الشيوعيون ويجعل من المانيا الغربية لقمة سائغة في فم الاتحاد السوفياتي النهم لالتهام اوروبا كلها.

to end — انتهى

خَلَص

to come to an end; to be used up, run out {1M} (Coll)
Eg: خِلِص يِخْلَص يَخْلُصُ

السكر خلص، روح اشتري ٢ كيلو. الحفلة خلصت الساعة كام؟ بعد ما خلصت الساعة سبعة ونص كانت لازم تنزل.

اِنْقَضَى

see مرّ; *to pass, come to an end, be over* {3W}

انقضت سنوات قليلة لم أر فيها وحيد وعبدالكريم معاً. وأضاف ان ثلاثة أشهر انقضت منذ أتم العراق الصادرات في اطار المرحلة الأولى. قد انقضى ذلك العصر الذي كان فيه العالم كتلا مختلفة. إذا مل الانتظار أو انقضى زمن العمل، وجدته في قهوة أو ملهى يسرف اوقاته. قد انقضت الروماسية كما ينقضي أي مذهب بزوال عصره.

نَفِدَ

to come to an end; to be depleted, run out {3W}
VN: نَفاد يَنْفَدُ

صبر الناخب الياباني لا ينفد. نفدت الطبعة الفاخرة عملياً من الاسواق. أحياناً تنفد بعض الكتب لدى بعض المكتبات فلا تطلب نسخاً اضافية. نفدت كل التذاكر التي طرحها نادي المنصورة وعددها ١٨ الف تذكرة. رأى ان روسيا تحتاج الى «نفس جديد» لان «صبر الناس نفد».

اِنْتَهَى

to end, be concluded; [see وصل; *to come to, arrive at]* {2D}

انتهى اللقاء بزيارة لموقع مبنى الاسكوا. انتهت أمس في لندن الاجتماعات الدورية لـ «مؤسسة الدراسات الفلسطينية». انتهى الحلم... ولم يبق منه سوى الفتات. ستنتهي هذه الأزمة كما يتوقع المراقبون كما انتهت أربع أزمات سابقة على الاقل آثارها ليفي منذ تشكيل الحكومة. انتهى مؤتمر المناخ الدولي في كيوتو من دون ان تنتهي الضجة حوله.

---

end — نهاية

آخِر

end; [last] {2D}
pl: أَواخِر

آرثر وماتيلدا وصلا الى المزرعة في آخر الاسبوع. في آخر الفيلم ترى المرأة ان زوجها كان أقل تضحية منها. في آخر الكتاب منتخبات شعرية. هي المسألة المتصلة في آخر المطاف بالسلم والاستقرار في العالم كله. كان الشارع المصري في اواخر الاربعينات والخمسينات يردد اغنية «يا عم يا بنا». استمر التفاوض في شأنها بين الاطراف المعنية منذ اواخر العام الماضي.

خاتِمَة

end, conclusion {3W}

في خاتمة الدراسة، اورد الباحث عدداً من الملاحق. في خاتمة الكتاب دعا الكاتب الى اتحاد الجاليات العربية والاسلامية. الذهبية الاولمبية تبقى الحلم وخاتمة المطاف. تلك الفقرة جاءت بعد خاتمة المقدمة. في الكتاب ثمانية فصول وخاتمة وملاحق اضافة الى الرسوم والخرائط.

خِتام

end, conclusion {2D}

يعرض في حفلة الختام فيلم «هاملت» اخراج كينيث برانا. جاء هذا القرار في ختام «اللقاء الوطني من أجل القدس». سيقدم الوزراء في ختام الاجتماع تقريرا الى الرئيس حسني مبارك. في ختام الدور الاول، تغلب السويدي ماغنوس نورمان على الالماني دافيد برينوزيل. خدام عاد الى دمشق أول من أمس في ختام زيارة لطهران.

أَعْقاب

في أَعْقاب *on the heels of, at the end of, right after; [see* بعد*]* {3D}

قال عبدالمجيد، في اعقاب اجتماع اللجنة، ان الدول العربية تساند المشروع الليبي. إن الظروف التي تأسست فيها الجامعة، في اعقاب الحرب العالمية الثانية، كانت تُنذر بالانفجار في فلسطين. توقفت الرحلات بين البلدين في اعقاب الغزو العراقي للكويت. أُعلن في اعقاب اللقاء انه تقرر معاودة التعاون الامني بين الجانبين. توجه أمير قطر الى لندن في أعقاب زيارته لتونس.

نِهايَة
end {2D}
pl: نِهايات

بعض اللاعبين لم يسمع صافرة الحكم التي اعلنت نهاية اللقاء. دعا الى حوار حقيقي من اجل المضي الى نهاية الطريق في تحقيق ثقافة عالمية. لا تشعر بأن نهاية العالم ستقوم إذا أكملت الحكومة القائمة مدتها الدستورية. قبل النهاية بقليل غابت الشمس وهبطت الحرارة فتمكنت من زيادة سرعتي. عاد الى غزة امس في نهاية زيارة قصيرة للقاهرة. في نهاية الكتاب، يتحدث شلبي عن اسرائيل الجديدة.

مُنْتَهى
end {2D}

في منتهى الخطورة والحساسية . في منتهى الوضوح. في منتهى البساطة. تغطي الوجه المقابل للمدخل زخرفة في منتهى الدقة. الجواب عن هذا السؤال في منتهى الصعوبة. كان استقبال الأهالي لي بمنتهى الحفاوة والتكريم.

نهائي **final**

أَخير
last, final; most recent {2D}

نعثر على جواب في الصفحات الأخيرة من الكتاب. «التركة» عنوان الجزء الثالث والاخير من الرواية. في اليوم الثاني والاخير من اللقاء فازت الهولندية بريندا شولتس ماكارثي على الفرنسية ماري بيرس (٤-٦، ٦-٣، ٦-٤). سورية عادة ما تعطي قرارها في اللحظة الأخيرة. المجلس ناقش في اجتماعه الأخير استمرار توقيف صباحي.

خِتامي
final {2D}

أظهرت الحسابات الختامية للشركة «الوطنية للتأمين التعاوني» السعودية ان الشركة نجحت عام ١٩٩٦ في رفع اشتراكاتها الى ٧١١ مليون ريال. جاء ذلك في البيان الختامي الذي صدر مساء اول من امس بعد يومين من الاجتماعات. عقب انتهاء المباراة الختامية اجريت مراسم تتويج الفائزين بالمراكز الثلاثة الأولى. تتضمن المذكرة ١٦ نقطة وملاحظة ختامية.

نِهائي
final {2D}

مع اقتراب موعد الامتحانات النهائية دبَّ القلق في صفوف المضربين. أعلن الانتصار النهائي بعد سقوط الحكم الستاليني. تم الاتفاق على الصيغة النهائية لهذه الاستراتجية. رفض فكرة الانتقال مباشرة الى التفاوض على مسائل المرحلة النهائية. الامور لم تتقرر بشكل نهائي بعد.

ناح **to mourn; to wail**

see بكى

بَكى
[see بكى; *to cry, weep*]; *to mourn for sb or* ل / على *for sb/sth* {2D}
VN: بُكاء يَبْكي

بكته أرملته كثيرا. العالم يبكي العاهل الراحل ويؤكد ثقته بالملك الجديد. بكيت على السادات وتأثرت بشده لوفاته. من المؤكد أننا لا نبكي على أيام نيتانياهو. بكى لموت ولده ابراهيم.

تَفَجَّعَ
to be tormented, pained على *on account of* {3M}

قد حزن لموتها وتفجع عليها عشرات ملايين الناس. اعتقد أنه من السخف أن جدي لا يزال يذهب ليتفجع على بناته اللاتي متن منذ سنين بعيدة. شمت بنا العدو، وسخر منا الجار، ورثى لحالنا الغريب، وتفجع علينا الصديق. يتفجعون على التنازلات المتبادلة التي يجب ان يقدموها.

اِنْتَحَبَ
to wail, weep, lament {3M}

على بعد حوالى عشرين متراً جلست نساء تنتحبن وتلطمن رؤوسهن على منظر الدماء الجارية تحت اقدامهن. انتحبوا وتلوا صلوات جنائزية. تركتها تبكي وتنتحب... حتى تزيح من فوق صدرها كابوسا لاتفيق منه أبدا. تنتحب البنت وتبكي أملها وحياتها. هل يحق لنا أن نبكي وحب وننتحب؟

نَدَبَ
to lament, mourn, bewail sth/sb or على for {2W}
VN: نَدْب يَنْدُبُ

يندب حظه، حيث لا يملك بيتا يؤويه ولا مقهى يلجأ اليه. هناك من هو غير مسرور ويندب على الماضي الاشتراكي. حين جاءها نبأ موته (الكاذب) راحت تندبه كما لو أنّها تندب نفسها وحياتها. لن أندب حظي وأنا أقيم بين لندن وجنوب فرنسا.

ناحَ
to mourn (على for sb/sth); to weep, wail {2W}
VN: نَوْح يَنوحُ

كانت افروديت تنوح على أدونيس. أكثر شخص كريه: الذي يشتكي من كل شيء وينوح على كل شيء. تصرخ وتولول وتنوح وقد تلطم خدودها وتقطع ثيابها. شعر ساعتها ان البحر يتحول إلى نقطة من دمع تبكي وتنوح!

وَلْوَلَ
to lament, wail {2M}

يولولون ويلطمون ويمزقون ثيابهم ويجيدون المشي في الجنازات. النساء لا يولولن كالعادة. لماذا تولول المرأة هكذا. انشقت الارض عن شرطي راكب دراجة بخارية يولول من خلفي ويشير إلي بأن أركن.

---

fire نار

حَريق
fire {2D}
pl: حَرائِق

عندما وصلت سيارات الاطفاء منعتها النسوة من اطفاء الحريق . أدى الانفجار الى حريق. افادت ان حريقا اندلع على متن الطائرة قبيل الحادث. لم تعرف بعد من أشعل الحريق بالتحديد. بدلا من ان يحمل زعيم ليكود الماء لاطفاء الحريق، فقد قرر مواجهة كلينتون بإضرام النار حول البيت الابيض. الحرائق تلتهم غابات لبنان.

سَعير
flame, blaze; inferno {3M}

حين فاز نجيب محفوظ بجائزة نوبل اشتدت الحرائق سعيراً. اشتد سعير المعركة. خرجت من سعير الحرب عام ١٩٨٧ لتدرس في البرازيل. يحلم بالجنة وهو يحترق في السعير.

لَهَب
flame, fire {2W}
pl: لِهاب

رجال الاطفاء يهرعون لاخماد السنة اللهب. العطش، إذاً، نار بلا لهب. عندما سقط انفجر وانبثق منه سائل، ينشر لساناً من لهب. رأيت امامي مباشرة كرة من اللهب.

لَظىً
blaze, flame {3M}

كأن علينا جميعا الاستسلام والاختيار بين نار هذه ولظى تلك! لظى الحروب تستعر في بقاع عديدة من العالم. يكتوي بلظى الشوق فيتناثر الشعور بالحب.

نار
fire; [see جحيم*; gunfire; hell]* {2D}

متظاهرون اضرموا النار في مقر الحزب الحاكم في البانيا. اجهزة الأمن اعتقلت المخربين الذين اشعلوا النار عمدا في بناية على شارع الشيخ سلمان في منطقة الزنج. الصوم جنة والصدقة تطفئ الخطيئة كما يطفئ الماء النار. احرقت نار الغيرة قلبه. تحولت نار الحرب الى نار في الاسعار.

---

type نوع

جِنْس
variety; species; gender; [sex] {2D}
pl: أَجْناس

نجح العلماء عام ١٩٨٣ في الجمع بين جنس العنز وجنس الخروف، فظهر ما يسمى بالعنزوف. تحتاج الى شريك من الجنس الآخر. يجد صعوبة في مقاومة الجنس اللطيف. بحلول العام ألفين ستكون ٢٠ في المئة من الأجناس الحيوانية والنباتية قد انقرضت. المسلمون امة واحدة وشعوب متعددة بتعدد الاجناس واللغات والاوطان.

صَنْف
kind, sort; class {2D}
pl: أَصْناف

عثر على نص جمركي يعدد نحو مئة صنف من السلع التي تباع في أسواق عكا. الطلبات على الصنف الجديد من الشاحنات ارتفعت الى ٨٠ ألف طلب. اليوم تعددت الخيارات بين مئات الاصناف الاجنبية وبين الاصناف المحلية الاقل جودة لكن الابخس ثمنا. اي صنف من الرجال هم؟

ضَرْب
kind, sort; [beating; multiplication; minting (money)] {3W}
pl: ضُروب

تتساوى في هذا الضرب من السلوك الاحزاب العقيدية كلها. أعتبر هذا الضرب من الانتاج الفني أكثر من مجرد موضة. رفض اعتبار ذلك ضربا من الغش والكذب. كانت فكرة اقامة حفلة زفاف في وضح النهار تُعد ضربا من الجنون في مصر، فالحفلة يجب ان تكون ليلية. تخيل إليه أنه في مدينة واسعة الأرجاء توفرت فيها له ضروب اللهو. هي ضرب من ضروب الديموقراطية الاشتراكية.

طِراز
type; model {3W}
pl: طُرُز

صمم على احدث الطرز المعمارية. لهم آلات وأدوات زراعية من الطراز الجديد الأوروبي. بنى مركزا ثقافيا على أحدث طراز يضم أفخم الخدمات الترفيهية والرياضية. شيد المقهى على الطراز العربي وصاحبه الحاج فهمي علي الفيشاوي. ذكر كيم ان هذه الطرز الجديدة ستصدر الى ٦٠ دولة في انحاء العالم.

لَوْن
sort, kind; [color] {2M}
pl: أَلْوان

يستمد هذا اللون المسرحي قوته من اللعب في استخدام الألوان والأصوات وادماج الموسيقى. ناقش التسميات التي تطلق على هذا اللون من الشعر. فتح نافذة على لون جديد من الحياة عبر عائلة الطبيب. ربما افقد المرء اتزانه وخلق داخله لونا من الوان العنف والغضب. هذا اللون من العمليات انما يشكل أمرا سلبيا على الفلسطينيين.

موديل
model; style {3D}
pl: موديلات

سيضم الإنتاج موديل «أكسنت» الصغير وعدداً من الفانات والمينيباصات. تدخل فورد ميدان الكوبيه الصغير بموديل «بوما». كان هذا النوع من الموديلات يواجه صعوبة في التسويق. كم تتكلف البدلة؟ – حسب نوع القماش والموديل.

نَمَط
sort, type; [see طريقة*; way, manner]* {3D}
pl: أَنْماط

لم يعد ممكناً حتى العودة الى نمط العلاقة التي كانت تسود بين موسكو وبعض دول أوروبا الشرقية. قد انتج فنانوها نمطا جديدا من عناصر فنية خاصة بهم وحسب اذواقهم. هذا النمط من الكتابة فن غربي في المقام الأول. هذه الحكاية المتداولة كنكتة في مصر تعبر عن نمط من انماط الحياة. هناك انماط مختلفة من الايقاعات والانغام الموسيقية.

نَوْع
type, kind {2D}
pl: أَنْواع

بدأت السلطة الفلسطينية اجراء أول احصاء عام للسكان من نوعه. ليست مشاكل البحرين من النوع الذي لا تمكن معالجته. تساءل عما اذا كان هذا التأخير نوعا من الضغط السياسي. توجد في العالم دولتان فقط لديهما القدرة على انتاج كل أنواع الطائرات هما روسيا والولايات المتحدة. ارى ان كل انواع الموسيقى تناسبني ما دمت اعرف ماذا اريد من الموسيقى نفسها.

نام — to sleep

رَقَدَ
to lie down, rest {2W}
يَرْقُدُ VN: رَقْد، رُقود

يرقد الانسان على ظهره ويطفئ نور العالم الخارجي باغلاق جفونه. يرقد الآن في «المقبرة المركزية في فيينا». اتفاق أوسلو يرقد الآن على فراش الموت. لا يزال يرقد على سرير الشفاء في نفس المستشفى. هل سيرقد جثمانه في الرباط أم ينقل إلى مسقط رأسه في الكونغو؟

غَفا
to fall asleep; to take a nap {2W}
يَغْفو

استعاد – قبل ان يغفو – ذكريات حياته وسفره. يغفو حين يتعب. تتمنى أن تغفو على وسادة. تعيده إلى مكانه من جديد، وتقرر أن تغفو قليلاً، وهي تنصت بغموض إلى أصوات بعيدة تأتي من الشوارع.

نام
to sleep, go to sleep; [to sleep with مع*]* {2D}
نَوْم :VN يَنامُ

ينام الضيوف في اكياس للنوم مصنوعة من جلد الغزلان. من يعرف أين سننام؟ لا أحد ينام. بسط ذراعيه امامه ووضع رأسه عليهما ونام. لا بد انني نمت ساعة ونصفا او ساعتين من دون حلم. تشرب الحليب وتنام في سرير. في مدينة كالقاهرة لا تستطيع ان تنام. أنام الساعة الثامنة بانتظام. أضبط المنبه على الساعة الخامسة وأحاول أن أنام مبكرا.

هَجَعَ
to sleep (peacefully)*; to be calm* {2M}
هُجوع :VN يَهْجَعُ

هجعت الى قبري، دون ان افكر فيمن سيرث عني. عاد الى الثكنة التي كان يهجع فيها زملاؤه وقتلهم في اسرتهم بإطلاق صليات من الرشاش. وصف رجال الموساد أنفسهم بأنهم حارس إسرائيل الذي لا يهجع ولا ينام. لم تهجع احزانه عندما كتب ذكرياته عن تلك الايام الملعونة.

---

sleep نوم

سُبات
sleep; lethargy {3W}

ظل الجميع في حال سبات، ضمن الركود العام الذي خيم على الحياة السياسية. تعيش الدولة العبرية في حال سبات. كرر السيد فاروق الشرع ان العملية السلمية في «سبات»، أو «غيبوبة.» دعا كل الدول الاسلامية الى النهوض من سباتها وحشد قواها للقضاء على اسرائيل.

غَفْوَة
nap, sleep; reverie {2M}

تذكر فجأة أمرا من أمور الدار فتصيح في ابنتها أن تنهض لأدائه، فتفزع الابنة من غفوتها القصيرة لتعاود العمل من جديد. لقد أطربني هذا الخبر ورحت في غفوة. كانوا يهزون مصر هزا عنيفا لكي تفيق من غفوتها.

قَيْلولَة
siesta, nap {3M}

أثناء القيلولة أُتابع حلم الليلة السابقة. قد أنعش جسده المتين نوم القيلولة. كنت نائماً نومة القيلولة، وفاتني حضوره. المرأة التي تحرس البيت تنام القيلولة لكنها ستأتي حالا. الشارع لا وقت آخر له، لا نوم ولا قيلولة ولا اجازة!

كَرىً
sleep {3M}

أطرف أجفانه كما لو ينفض الكرى عنها، ثم نهض. استعصى عليه الكرى. في يقظتي أغفو وقد يجفو الكرى.

نَوْم
sleep {2D}

النوم في مونبليه ممتع للغاية. ان القلب اثناء نوم صاحبه يبقى مستيقظاً، يخفق سبعين في الثانية. مساء دعوت كل اعضاء الفريق الى عشاء لكنني لم اسهر طويلا وخلدت الى النوم باكرا لأكون في قمة لياقتي في اليوم التالي. لا استطيع النوم. في ثياب النوم تبدو زوجتي عجوزا الى حد كبير.

هَجْعَة
sleep {2M}

تذكرت ان هجعة الموت، هجعة سكينة وراحة. تستيقظ وحدها من هجعتها.

to intend

نوى

see قرّر، عنى

عَمَدَ

to be intent إلى/ل *on* {3D}
VN: عَمْد يَعْمِدُ

يرى بعض الخبراء ان السلطات الصينية عمدت الى خفض غير رسمي لليوان خلال الأعوام الماضية. عمدت الى انشاء جيش خاص مهمته الأساسية حماية النيل. السيدة سيراليف عمدت الى التخفيف من حدة انتقادها لنزاهة الاقتراع. في الحقيقة يعمد لكسب جديد. يعمد الباحث في دراسته الثالثة لحل هذه المشكلة.

تَعَمَّدَ

to intend to do sth; to do sth on purpose; [to be baptized] {2D}

تعمد الرئيس الفلسطيني استغلال فرصة زيارته الى نيويورك لحشد الدعم الدولي. الشركات الكرواتية تتعمد اغراق أسواق البوسنة – الهرسك بالبضائع الزهيدة الثمن. يتحدث بطريقة غير مفهومة تماما، ويتعمد ان يضع بضع كلمات واضحة مثل «دروس خصوصية» و«توافق». قامت الحكومة بتزوير الانتخابات وتعمدت عدم انجاح أي عضو من الاخوان.

نَوَى

to intend sth or أَنْ *to do sth* {2D}
VN: نِيَّة يَنْوي

ينوي حزب العمال ان يجعل قوانين العمل البريطانية كقوانين العمل الأوروبية. كان ينوي اجراء اتصالات مع رجال أعمال. هل تنوون القيام بمبادرات تجاه الشعب العراقي؟ لست أنوي ان أبدو راضيا بما فعلنا. اكد ان الدولة تنوي تقديم تسهيلات عدة لتخفيف العبء على المنتج.

هَدَفَ

to aim إلى/ل *for; to have sth as one's goal* {3D}
VN: هَدْف يَهْدُفُ

لا يهدف الحزب، بأي بند من بنود اهدافه، الى مناقضة الميثاق الوطني. يهدف الأول الى انشاء شركة لانتاج السيارات تحت اسم «السيارة العربية». نهدف الى جذب الاستثمارات وتشجيعها. كما اني لا أهدف الى الدفاع عن المتنبي في مواجهة هذه الحملات الضارية ضده.

تَوَخَّى

to intend, aim for sth {3W}

يتوخى الكتاب تقديم درس في ثوب المعرفة والجهل. يمكن ايجاد نوع من التضامن السياسي بين الاصلاح وأحزاب المعارضة يحقق من خلالها كل طرف المصالح التي يتوخاها في الانتخابات. علينا ان نتوخى الحلول وان نتجنب تعقيد المشكلة. هذا ما لا اتوخاه من كتاباتي.

---

kernel

نواة

لُبّ

kernel, pit; core, essence; [see قلب*; heart]* {2W}
pl: لُبوب

ينصح بأكل لب التفاح مسلوقا. استخدم ملعقة نزيل بعض لب الخوخ للحشوة. دخلنا الى لبّ الموضوع المطروح في الكتاب. حاول أن يصل الى لب الشيء الذي رآه. يرى ان المساواة الحقيقية هي لب الديموقراطية وجوهرها. الطريق الوحيد إلى الحداثة وإلى لبّها العلمانية هو الطريق التي سلكتها أوروبا الغربية. هنا لبّ المشكلة.

نَواة

kernel, pit; core {2D}
pl: نَويات

يرفع الماء والسكر على النار ويقطع المشمش نصفين وتنزع منه النواة. النواة الحقيقية لهذه الحياة الجديدة هي الكيان العربي. أصبحوا النواة الأولى لأول المستعمرات. الأسرة هي نواة المجتمع والوعاء الأساسي لمنظومة القيم والتقاليد. اصبحت قصة بندكتوس هذه نواة لقصص فولكلورية عن رحلة شارلمان الى القدس. هو الحزب الذي شكّل نواة حزب العمل اليوم.

intention

نيّة

طَوِيَّة
intention, design; [see عقل*; mind; fold, pleat]* {3M}
pl: طَوايا

هذا لا ينسجم أبداً مع النزاهة المفترضة لدى وسيط نظيف النية والطوية. الأنظمة لا تجد بداً من تنظيم الانتخابات بأنواعها، ولو بسوء طوية. اصرت على التعامل بسوء طوية واضح مع مصطلح محدد استخدمته وهو «روح القطيع». أنت طفلٌ باقٍ في عصمة براءتك، وطيبة طويتك، وطهارة روحك.

عَزْم
determination, intention {2W}

لا جديد في الموقف التركي سوى الإصرار والعزم على الانضمام إلى أوروبا. قال إن الاتفاق على تطبيع العلاقات بين البلدين يؤكد توافر النية الصادقة والعزم الأكيد على المضي قدماً في مرحلة جديدة من التعاون. أشار إلى إعلان الفلسطينيين عزمهم تعليق المفاوضات.

مَقْصِد
intention, design; [see هدف*; destination, goal]* {2D}
pl: مَقاصِد

المقصود اختيار بعضها لإثبات سوء النوايا والمقاصد للاستاذ الجامعي والباحث الاكاديمي الاميركي شتاين. أدرك ان النوايا والمقاصد والسلوك الواعي ليست وحدها ما يكوّن حقيقة الشخصية الانسانية. فهمت مقاصده جميعها.

نِيَّة
intention {2D}
pl: نَوايا، نِيّات

كان الاردن اعلن نيته حضور القمة. ليس في نيتي الانضمام إلى أي تنظيم من هذه التنظيمات. حاول اثبات حسن النيّة. «البوندسبنك» ينفي وجود نية لبيع احتياطات من الذهب. ان نياتها سيئة حيال منطقة جزين. كشفت عن حقيقة نواياها في المزيد من التوسع.

telephone هاتف

تِليفون
telephone {2D}
pl: تِليفونات

لا اجيب على التلفون ولا أفتح الباب لأحد. اعطني رقم التلفون. لم نكن نسمع في مكتبنا إلا قرع جرس التلفون طول وقت العمل. يمكن الاتصال بي في الاسكندرية من اليوم حتى نهاية الشهر على تليفون ٠٣/ ٥٤٣٢١٠٩.

تِليفون مَحْمول
cell phone {2D}
(There are multiple phrases used for 'cell phone.' تليفون محمول is the most common in the *Ahram*, while هاتف نقال and هاتف خليوي are the most common in *Al-Hayat*. The examples list these and other possibilities.)

كرر العلماء تحذيراتهم من مخاطر استخدام التليفون المحمول. الهاتف النقال. هاتف متنقل. أجهزة الهاتف المتنقلة. الهاتف المحمول. الهاتف المنقول. الهاتف الخلوي. الهاتف الخليوي. هاتف لاسلكي. الهاتف الجيبي. هاتف الجيب الفضائي. الهاتف الجوال.

موبائل
mobile phone {2D}

اسرع من خلال الموبايل الذي يمتلكه بالاتصال بوالده. يتحدث عن أصحاب النفوذ الذين يمكن استدعاؤهم في ثوان بالموبايل.

هاتِف
telephone (esp. Lev) {3D}
pl: هَواتِف

لعلنا تحادثنا بعد ذلك في الهاتف مرة أو مرتين. يذكر أن بلدان معينة أصدرت تشريعات تمنع استخدام الهواتف في السيارات. دفتر أرقام الهواتف.

---

to emigrate هاجر

تَغَرَّبَ
to emigrate; to become westernized {2W}

لم يتغرب اي منهم عن العالم العربي. لم يتغرب عن الكوفة حبا بالغربة وإنما بسبب ما أنكر من الحياة. الانسان الذي يستوطن في الجسد يتغرب عن الرب. هو مسلم علماني تغرب فكرياً في جامعات لندن.

نَزَحَ
*to emigrate (*إلى *to), leave (*عن *from)* {2W}
VN: نَزْح يَنْزَحُ

يفكر فيتناميون كثيرون نزحوا الى اميركا بعد الحرب الفيتنامية في العودة الى بلادهم. ولدت يو ميري لعائلة كورية فقيرة نزحت الى يوكوهاما في الخمسينات. أمها من أصل سوري، من طائفة نزحت الى الهند. بدأ سكان الإقليم ينزحون عنه هرباً من المعارك. جدّد دعوته للاهالي الذين نزحوا من المنطقة الى العودة. عشرات الآلاف من المدنيين نزحوا خلال اسبوع باتجاه مدينة جوبا.

هَجَرَ
*to emigrate from (*a place*); [*see ترك، طلّق*; to abandon sth; to leave* (one's spouse)*]* {2D}
VN: هَجْر يَهْجُرُ

هجرت البيت، الى أين؟ هجروا قريتهم الى الأبد. أكثر من نصف مليون يمثلون ربع سكان اقليم كوسوفا قد هجروا ديارهم متجهين الى الدول المجاورة.

هاجَرَ
to emigrate إلى *to* {2D}

ولد توماس في لندن وهاجر الى الولايات المتحدة. هاجر محمد الى المدينة هو والمسلمون تاركين ديارهم واموالهم. من فرنسا هاجر الى غينيا في أفريقيا ثم الى السنغال. كان في التاسعة عندما هاجرت عائلته الى اسبانيا. يؤكدون ان الأمازيغ أنفسهم قبائل عربية هاجرت قبل ثلاثة آلاف سنة الى شمال افريقيا.

to attack هاجم

اِجْتاحَ
to flood, storm sth; to sweep over sth {2D}

اجتاحت القوات الاسرائيلية منطقة الحكم الذاتي. اجتاح الجفاف كوريا الشمالية. كانت التظاهرات اجتاحت الجامعات المصرية امس لليوم الثالث على التوالي. العالم شهد موجة عارمة من التحولات الديموقراطية اجتاحت العديد من البلدان منذ أواسط السبعينات. مات حوالي الفي شخص في الفيضانات التي اجتاحت ست دول افريقية شرقية منذ منتصف تشرين الاول.

حَمَلَ
to attack على *sth, campaign* على *against; [to carry, bear]* {3W}
VN: حَمْل يَحْمِلُ

حمل بعنف على سياسة نتانياهو ووصف حكومته بأنها «يمينية متطرفة». حملت بغداد على ريتشارد بتلر رئيس اللجنة الخاصة التابعة للأمم المتحدة. قباني رحب بزيارة البابا وحمل على التطرف.

دَهَمَ
to take sb by surprise; to attack sb suddenly {3D}
VN: دَهْم يَدْهَمُ

دهمته الريح الشتوية. قوات الامن دهمت منزل امين مكتب الفلاحين في الحزب. أوضح جولياني ان الشرطة دهمت الشقة بعدما تلقت مكالمة هاتفية الساعة ١٠,٤٠ مساء الأربعاء.

داهَمَ
to raid, attack sth; [see فاجأ*; to surprise sb]* {2W}

داهم الجيش مقرّ الوكالة اليهودية في القدس واعتقل اربعة من اركانها. في عام ١٩٨٤، داهمت الشرطة دارنا، وفتشتها ونثرت محتويات المكتبة التي غطت ارض الغرفة. أوضحت المصادر ان وحدات من الجيش و«حرس الحدود» داهمت أراضي قريتي طورة والنزلة وقامت باقتلاع اشجار الزيتون فيها. داهمت الاصابات الأهلي قبل أيام من بداية البطولة.

سَطا
to assail, assault على *sth; to burglarize* على *sth* {2W}
VN: سَطْوَة، سَطْو يَسْطو

المدهش في الأمر ان بعض الجهات التي تسطو على انتاج الكتاب هي جهات حكومية تتمثل في وزارات ثقافة. لقد سطا عليهما قراصنة النوم. اقتحم جنود مقر الأمم المتحدة ومنازل بعض رجال الأعمال اللبنانيين واستولوا على سيارات ووقود وسطوا على بعض محتويات المنازل. لم أسمع يوماً أن لصاً سطا على بيته.

اِعْتَدَى
to assault, attack على *sb* {2D}

لم اعتد على أحد، الآخرون هم الذين اعتدوا عليّ. لقد قتلوا اطفالنا ومزقوا جثثنا واعتدوا على عائلاتنا خلال نومها. اعتدوا على حرية الصحافة كلها باعتدائهم على مكاتب «لوريان لو جور». ان قوات الامن تواصل البحث عن الذين اعتدوا مساء الثلاثاء على السيد عبدالكريم الفسيل رئيس سكرتارية حزب التجمع. لن نسمح لأي جهة بأن تعتدي ولو على شبر من أراضينا.

غَزا
to raid, attack, invade sth {2D}
VN: غَزْو يَغْزو

عندما غزا الألمان فرنسا ملحقين بها الهزيمة كان بنيامين يعيش في باريس. هذا ما حدث للمغول الذين غزوا الصين في القرن الثالث عشر. صدام حين غزا الكويت، وهيمن على ارضها ومقدراتها، كان يهدد باشتعال المنطقة كلها. اللاعبون السوريون يغزون الاندية اللبنانية.

أَغارَ
to raid, attack, invade على *sth* {2W}

أغار عرب الاندلس على جنوب فرنسا وموانئها الكبرى. أغارت طائرات التحالف المناهض «للطالبان» على مواقع الحركة. طائرات ايرانية تغير على مواقع لـ« مجاهدين خلق » في العراق. لماذا لا نغير على مراكز قيادة حزب الله؟ أغارت مقاتلات تابعة للحركة أمس على مطار دهدادي الخاص بالمروحيات.

اِقْتَحَمَ
to invade, storm sth {3D}

اقتحم الجنود الاسرائيليون القرية لملاحقة شبان رشقوا سيارات مستوطنين على الطريق. اقتحمت المسجد مجموعة كانت ترفع شعارات مناهضة لخاتمي. استطرد الديبلوماسي ان ايطالية أصيبت بجروح طفيفة في حادث آخر هذا الاسبوع بعدما فاجأت لصاً اقتحم غرفتها في أحد فنادق صنعاء. نحو ٢٠٠ كردي اقتحموا مقر الأمم المتحدة في جنيف امس للتظاهر ضد اجراءات تركيا.

اِنْقَضَّ
to pounce على *on; to storm, attack* على *sth* {2D}

انقض على قوات اوكلي من المارينز وقتل ١٨ منهم. ينقضّون على البرجوازية الوطنية فيقضون عليها ويرفعون لواء الاشتراكية. كان الجيش قد تحرك وانقض على السلطة دون انتظار. اضاف الشهود ان شابا أحرق علما اسرائيليا فوجئ بشخص ينقض عليه ويطرحه أرضا ثم يجره نحو سيارة الجيب العسكرية. عند وصولها الى نقطة المكمن انقض عليها المجاهدون بنيران اسلحتهم الصاروخية ما ادى الى تدميرها.

تَكالَبَ
to pounce على *on; to storm, assail* على *sth* {3M}

كلما قطع الشعب خطوة جوهرية نحو تطبيع أوضاع البلاد كلما تكالب المجرمون عليه بأعمال ارهابية لم تعرف الانسانية أي سابقة لها. أفكار غريبة تكالبت عليه. زاد ان السودان «ماضٍ في مشروعه مهما تكالبت عليه الضغوط وكثرت عليه المؤمرات».

هَجَمَ
to attack, assault على *sb* {2W}
يَهْجُمُ VN: هُجوم

انهم اطلقوا النار ثم هجموا لكنهم ردوا على اعقابهم. هجموا عليها في اثناء النهار ثم انسحبوا عند حلول المساء. هجموا عليه وألقوه أرضا وبدأوا يرفسونه ويضربونه بأحذيتهم. دخل خمسة شبان فجأة وهجموا على الحاضرين يسلبون ساعات الـ «رولكس» والمحافظ والحقائب.

هاجَمَ
to attack sth {2D}

هاجمت الشرطة متظاهرين آخرين تجمعوا قرب مقر رئاسة الاركان العامة للقوات المسلحة. هاجم عدد من الرجال المسلحين مجموعة السياح وخطفوا واحداً منهم. هاجم الجنود المنازل. هاجم الاهلي بقوة في الشوط الثاني واهدر ابراهيم حسن فرصة كبيرة. هاجمت الممثلة التجارية الاميركية قراراً لاحدى اللجان التابعة لمنظمة التجارة الدولية.

---

attack

هجوم

حَمْلَة
campaign; attack {2D}
pl: حَمْلات

بدأ الحلف حملته الجوية في مارس الماضي. تواصل الحكومة الصينية حملتها العسكرية على المسلمين من مواطنيها. ساندت القوة الجوية البريطانية حملة الجيش العراقي. تشن الحكومة حملة لاقناع المواطنين بوقف هدر المياه. رئيس كوريا الجنوبية يتعهد منع المهاترات في الحملة الانتخابية. صعدت بغداد حملتها على رالف أكيوس رئيس اللجنة الخاصة.

دَهْم
raid (of a home) {3M}

هذا يعني تجديد موجات العنف والدهم وعرقلة تنفيذ مشروع السلام. استمرت حملات الدهم وانما في شكل محدود، واقتصرت على ملاحقة مطلوبين بجرائم قتل. فجر اليوم نفذت قوى الجيش حملة دهم واسعة في مناطق الهرمل. الشرطة الألمانية نفذت فجر امس عمليات دهم شملت اكثر من ٢٠ منزلاً.

غَزْو
invasion; raid, attack {3D}

كانت الرحلات الجوية بين البلدين توقفت اثر الغزو العراقي للكويت. من ناحية أخرى لفت السفير شاكر انتباه الوزير الى قضية الغزو التركي لأراضي شمال العراق. المساعدات الاميركية تذهب الى حكومة الحزب الذي قاد غزو لبنان عام ١٩٨٢. مفهوم الغزو يعني ان الطرف الآخر يقصد متعمداً ان يجتاح اراضيك الخاصة.

غَزْوَة
raid, invasion, attack {2W}
pl: غَزْوات

استشهد في غزوة بدر. زمن الغزوة كان في الصيف. غزوة نابوليون لمصر شكلت بالنسبة للأوروبيين بداية لمرحلة جديدة من النشاط الاستعماري.

غارَة
raid, attack, sortie {3M}
pl: غارات

شنّت طائرات حربية اسرائيلية قبل ظهر امس غارة على منطقة نهر العاصي قرب الهرمل في عمق البقاع. قمنا بغارة جوية على المعسكرات وعدنا. جاءت الغارة بعد نحو ست ساعات على جرح جنديين اسرائيليين. ادارة ريغان شنّت غارة قاتلة على ليبيا في نيسان (ابريل) ١٩٨٦.

إغارَة
raid, attack {3D}
pl: إغارات

حلقت طائرات حربية اسرائيلية في سماء بيروت اثناء الاغارة. أعلن «التجمع الوطني الديموقراطي» السوداني المعارض أن قواته نفذت «عملية إغارة ناجحة على ميليشيات الجبهة الإسلامية فجر اليوم». عمليات الإغارة على المواقع الساحلية تتم ليلا فقط وفي ظروف الاضاءة الضعيفة.

هُجوم
attack {2D}

قال الناطق باسم الجماعة في العاصمة الصومالية ان ميليشيات «الاتحاد» تقاوم الهجوم الاثيوبي. حملت المعارضة الفلسطينية حكومة بنيامين نتانياهو مسؤولية الهجوم الانتحاري الذي وقع في تل أبيب. يظل احتمال الهجوم العراقي على مناطق الأكراد قائماً. شنت قوات روسية هجوماً على دار الامان. اضاع هجوم الاهلي جميع فرص الفوز التي منحه اياها مضيفه النصر.

هدّد — to threaten

هَدَّدَ
to threaten sb (ب with) {2D}

هددته ادارة السجن بقطع المكالمة في حال تناوله اموراً سياسية اثناءها. لا نرغب في أن نهدد احداً. هددت الحكومة العراقية بوقف تعاونها مع اللجنة الخاصة التابعة للأمم المتحدة. نبه الى المخاطر التي تهدد الحياة السياسية. أميركا تهدد بضرب العراق بالصواريخ بحجة انتهاكه حظر الطيران في شماله وجنوبه.

تَوَعَّدَ
to threaten sb (ب with) {2W}

البعض يتوعد مصر بالويل، لأنها تتمرد على اميركا وتخرج من عباءتها. يتوعدون مستمعيهم بحلول يوم الدينونة. توعد اسامة بن لادن بالعودة الى جبال اليمن لمتابعة نشاطاته المسلحة. توعد بالانتقام من رئيس الوزراء بنيامين نتانياهو. دمشق تتوعد بالانتقام لتفجير الباص. توعد بمنع أي شيعي من الوصول إلى منصب رئيس دولة.

هدف — goal

see رغبة

مَأرَب
desire; purpose, goal {3W}
pl: مَآرِب

في هذه الفصول يبلغ الكاتب مأربه في الكتابة فيكون كلامه اقرب الى الشعر. تفضّل استخدام الشركات الروسية في تحقيق اهدافها ومآربها. يملك اموالاً وارصدة في بنوك اوروبا ليشبع بها رغباته ويحقق مآربه كما يفعل غيره. يوظفونها على النحو الذي يخدم مصالحهم ويحقق مآربهم.

مُبْتَغى
goal, desire {3M}

انني اغوص في اعماق النص ولا احيد بتركيزي عن مبتغى الكاتب. كان ذلك مبتغى ايران في السابق. المصالح الحيوية الأمريكية هي الهدف والمبتغى في نهاية المطاف. أدى ذلك إلى عكس المبتغى.

مَرْمى
goal (soccer, general), *purpose* {2D}
pl: مَرامٍ

لم يشهد في ٤٠ دقيقة سوى فرصة واحدة لاحمد فيلكس المنفرد بالمرمى وابعد الحارس السيد البشبيشي تسديدته ببراعة. الكرة الآن في مرمى الجانب اليمني. في هذا الاطار يمكن فهم مرامي العدوان التركي على العراق. لي تساؤلات عدة تتعلق بالمرامي العسكرية والسياسية والامنية الكامنة وراء الاقتراح. انكشفت مراميها الحقيقية.

مُراد

design, purpose; what sb intended to do or say {3W}

المراد الاول من «بلوغ مراكز القرار» هو «الديموقراطية». مرادي من الحرية في هذا المضمار، هو: حرية الفكر. يبدو من كلام ابن خلدون انه حقق مراده بالوصول الى مجالس العلماء والفقهاء والشيوخ ورجال الدولة. التحذير الذي وجه الى المؤسسات حقق المراد منه.

مَطْمَع

desire, craving; (pl) *ambitions, aspirations* {3W}
pl: مَطامِع

لن نسمح بأن نكون مطمعا لأحد. جسدها مطمع للباحثين عن المتعة من دون وجه حق. هذا الوضع جعل المدينة مطمعاً للقبائل البدوية المقيمة حولها. لا عيش ان لم تبق الا المطامع. اختلفوا وتفرقوا بسبب المطامع الشخصية. قال ان لا مطامع لها في الاراضي الكردية.

غَرَض

target, purpose, goal {2D}
pl: أَغْراض

يسعى دائماً الى هزيمة الأهلي لأغراض خاصة في نفسه. حصل على الجنسية الأميركية لأغراض رياضية. يضخّم نسبة المشاركة بغرض التزوير. قد وكلت المنظمة محامين من اجل هذا الغرض. ستكون هناك اجتماعات أخرى لهذا الغرض. ما الغرض من تأليف هذا الكتاب؟

غايَة

goal, objective {3D}
pl: غايات
لِلْغايَة extremely

نظر الى الشعر كأداة للوصول الى غاية. غايتنا ليست غزو الآخرين ببثنا الفضائي، بل ايجاد وسيلة تخاطب حضاري. غايته التخلص من حال العنف التي يتعرض لها. الانسان هو الغاية من التنمية الثقافية. ذكر كاليسكي ان الجدول الزمني ملائم جداً ودقيق بالنظر الى الغايات التي نحاول تحقيقها. كان رد فعل الحارس بطيئا للغاية.

قَصْد

intent, goal {2D}

القصد من المفاوضات المتعددة هو دعم المفاوضات الثنائية. هذا نوع من اعلان الحرب على شعبنا الفلسطيني والقصد منها ايصال الشعب الفلسطيني الى درجة الإحباط والاستسلام. الاتفاق التركي – الاسرائيلي جاء «بتوجيه من الولايات المتحدة» والقصد منه «الضغط على سورية...». ارتكب جريمته في فورة دم، من دون قصد او تخطيط. لم اقدم هذه الارقام عن غير قصد.

مَقْصِد

destination; object, goal; [see نيّة*; intention]* {3D}
pl: مَقاصِد

ليس ذلك مقصدي ولا هدفي. الأنشطة المكثفة والجهود المحلية المتواصلة ستجعل من الإمارات مقصداً سياحياً جذاباً لكثير من السياح. ان المقصد العام للشريعة الاسلامية هو عمارة الأرض وحفظ نظام التعايش فيها. توجه الى المقاصد السياحية الخارجية.

هَدَف

goal, objective {2D}
pl: أَهْداف

خاض ٦٣ مباراة دولية وسجل ٢١ هدفاً. من السهل ان يخطئ السلاح في اصابة الهدف ولكن الكلب لا يخطئ. جرى الاعداد لهذه الحرب بهدف كسر جمود في الوضع استمر ست سنوات. هدف السلم كهدف الحرب ... السيطرة على الأرض لا تقسيمها. الهدف من المشروع «خلق دلتا جديدة في مصر». بارك يقبل توضيحات ديميريل لأهداف المناورات مع اسرائيل.

---

clothing هدوم

بِزّة

suit; clothing; uniform {3M}

هو صاحب البزة العسكرية الأكثر تزينا بالنياشين والأوسمة في تاريخ إسرائيل. ترتدي البزة الغربية بل تسير علي انغام الموسيقى الغربية. كان يرتدي بزة طالب في البحرية. نهض نافضاً ما علق ببزته السوداء من غبار وسط تكبيرات الحشد. أخرج عندئذ مسدسه من جيب بزته الخضراء ليعرضه أمام الجميع ما اثار موجة ضحك بين الحضور.

ثَوْب
garment, robe; (pl) *clothes, clothing* {2D}
pl: ثِياب

هي امرأة ريفية ترتدي ثوباً عربياً تقليدياً وتلفّ رأسها بكوفية حمراء مرقطة بالأبيض. كانت ترتدي ثوب عرس بلون زهريّ طويل. لبس الاطفال ثياب العيد. كان يتألم فيها كنت أساعده على ارتداء ثيابه. الملكة سيلفيا ارتدت ثياب السويد التقليدية. قال مصدر ديبلوماسي ان مسلحين مجهولين يرتدون ثيابا عسكرية قاموا صباحا بتطويق مكتب الخطوط الجوية الفرنسية في برازافيل. هو عدو يلبس ثوبا زائفا من الصداقة والمحبة.

حُلَّة
clothing; suit of clothes {3M}
pl: حُلَل

يتحدث العلماء هذه الأيام عن حلة عسكرية يمكن أن يرتديها الجندي فتكفل له الأمان. إنه صاحب وجه كريه وشعر أحمر غير نظيف وحلة متسخة لايغيرها. ألبسها حلة منسوجة من الذهب. ارتدت المدن الصينية وفي مقدمتها العاصمة بكين حلة الاحتفال باليوبيل الذهبي لتأسيس الجمهورية. العاصمة لبست ليلة يوم وصول الرئيس حلة أرجوانية.

زِيّ
clothing; costume; uniform {2D}
pl: أَزْياء

يرتدي الفنانون الزي الفرعوني. لقد تعودت أن ارتدي زي المنتخب الوطني لأرفع علم بلادي. إنني من اليوم أخلع الزي العسكري، ولا أتوقع أن أرتديه مرة أخرى. خمسة من أفراد الشرطة يرتدون زيا مدنيا شاركوا في اجتماع اللجنة. كان يرتدي الزي الباكستاني التقليدي. حضر الى الملعب بالزي الرياضي. أصبحت عاملة في بيت أزياء يبيع الملابس المستوردة.

كِسْوَة
clothing; covering {2W}

يتهيأ للفرد ولعائلته طعام وشراب ملائم وكسوة للشتاء وللصيف. الملك فهد يهدي القمة الاسلامية قطعة من كسوة الكعبة.

كِساء
garment, dress; covering {3M}

استخدم جلود الحيوانات كساء له. أعطيته كساء كان عليَّ، فأخذه ولبسه. أشار إلى قيام طائرة هليوكوبتر بوضع كساء من الذهب فوق قمة هرم خوفو. يحتاجون إلى الكساء والعلاج والمأوى.

لِبْس
clothing {2W}

لعل الأكل واللبس أهون أسباب الفقر. وضع انماط اللبس والتطريز المعاصرة. قدموا تقريرا اسبوعيا او شهريا منكم – كعرب – عن: نومكم، وصحوكم، ونسلكم، ومزاجكم، ولبسكم.

لِباس
clothing {2W}

كنت مقيدا عاري الجسد باستثناء اللباس الداخلي. ارتدى لباسا عربيا وركب سيارة وصلت به الي المنطقة الحرة بمدينة الزرق. الذي لايخطر ببال أحد أنه ذئب يلبس لباس الأهل والأقارب. كانوا يرتدون اللباس العسكري لكن لا يحملون اسلحة. كانوا في لباسهم المدني. لم يشاهد أي شرطي باللباس الرسمي في وسط المدينة.

مَلْبَس
garment; (pl) *clothes, clothing* {3D}
pl: مَلابِس

أيها الذين لديكم الطعام والملبس والمسكن ارحموا الذين على حدود الأمل في كل ما عندكم. يترك للناس حرية التصرف في حياتهم.. في العمل وفي طريقة الحياة وفي المأكل والملبس. حفلات الموسيقي للجميع تقدم بأسعار مخفضة ولا يشترط فيها ارتداء الملابس الرسمية. إن كلتيهما جميلة حسنة الذوق في اختيار ملابسها. كان البعض يلبس الملابس الممزقة. الملابس الداخلية. الملابس الجاهزة. الملابس الرياضية. ملابس السهرة. ملابس عسكرية.

هُدوم
clothing {2M}

تأمرني بالذهاب إلى الحجرة لأحضر لها البخور من دولاب هدومها. لمح، عبر باب الحجرة المفتوح، كل الهدوم التي كانت في الدولاب وهي مرمية على الأرض. تناديني كي اتوضأ واصلي الفجر والبس هدوم السوق. اذا شعرت بالاختناق: اخرج من هدومك. (Eg) حنجوزك هنومة وحتلبس هدوم جديدة. لميت هدومي وأخذت عيالي ورحت عند بابا.

أَواعي
clothing {1M} (Lev)

بدي أغيّر أواعيي. اشترى أواعي للأولاد. كل القرية مجتمعين قدام دار أبو حمدان لابسين أواعي العيد. احنا لابدنا أواعي ولابدنا مصاري ولابدنا تموين.

gift هدية

عَطِيَّة
gift (usu. pl) {2D}
pl: عَطايا

ها هو يعتبر المنديل الذي تركته سهواً في غرفته عطيّة من البارئ. كان يمدح الحجاج ويستجديه ويأخذ عطاياه. ليس من الطبيعي ولا من المعقول أن تعتمد جمعيات أهلية مصرية على عطايا تأتي من الخارج دون أن يعرف مصدر هذه العطايا أو ماذا تستهدف. لن أتحدث عن هدايا العام الجديد وعطايا عيد الفطر المبارك التي قدمتها الدولة للمواطنين.

أُعْطِيَة
gift {3M}

هبني قلبك أعطية. يقدم مزيدا من الوقت أعطية مجانية لمن أعدّ له كل شيء. يعطي الطفل الصغير الأعطية فيضحك.

مِنْحَة
donation; grant {2D}
pl: مِنَح

منحة يابانية الى الأردن لتطوير صناعة السياحة المحلية. منحة دراسية. ستتمكن جامعة اوكسفورد بفضل منحة رجل الاعمال المعروف من انشاء مدرسة اعمال تنافس أفضل المؤسسات المشابهة في العالم. يقدم مجلس المدن السويسرية للشؤون الثقافية المنح للفنانين السويسريين.

هِبَة
gift, present {2D}
pl: هِبات

ليست هذه الديموقراطية هبة من حكومة أو نظام، إنما هي اسلوب حياة. تسلمت الجمعية المغربية لمساندة اليونيسيف في الرباط هبة بقيمة خمسة ملايين درهم قدّمها مختبر «ليلى المغرب». مصر هبة النيل. ادركنا ان الاستقلال لم يكن هبة بل كان ثمرة تضحيات معمدة بالدم.

هَدِيَة
gift, present {2D}
pl: هَدايا

كانت اللوحة هدية للمرأة التي صارت زوجته. قدم السيد المقيّد هدية للسفير خضر عبارة عن صينية فضية. زوجته اشترت له هدية فاخرة في عيد ميلاده. تبادلت السفارات والهدايا وعقدت المعاهدات التجارية. أغدق عليهم الهدايا ومن ضمنها ساعات «رولكس» ذهبية.

God's guidance هداية

إِرْشاد
*spiritual guidance [*see نصيحة; *advice, instruction]* {3D}

كلنا ننتظر الارشاد الرسولي وما سوف يأتي به من تعابير وكلمات. قد توجّه هذا الارشاد الى جميع فئات المسيحيين. وزارة الارشاد الاسلامي. هذا الارشاد هو في الحقيقة دستور حياة.

هُدىً
spiritual guidance {3M}

انزل فيه القرآن هدى للناس. قال موسى ربي أعلم بمن جاء بالهدى من عنده. الأديان السماوية تدعو البشرية للهدى والنور. ليس مع التوحيد إلا الهدى والرشاد، وليس مع الشرك بالله إلا التشتت والحيرة والضياع.

هِدايَة
(God's) *guidance* {3W}

يسمي باسم الله ويطلب منه العون والهداية. تمنى الرئيس حسني مبارك «الهداية لأصحاب العقول الجامدة». يتطلعون الى الفلسفة لكي يستمدوا منها نوراً وهداية. الإسلام دين التسامح والهداية والصدق والحق والسلام والسكينة والحكمة.

اِهْتِداء
guidance {3M}

لا بد من الاهتداء والاقتداء في هذا الشأن بتجربة العالم في ميدان التجارة. يطلب من كل واحد اهتداء عميقاً داخل ثقافته الخاصة. من المفترض ان يتم الاهتداء بمبادئ القانون الدولي والشرعية الدولية والقرارات ذات الصلة.

clown مهرّج

بَهْلول
clown {2M}
pl: بَهاليل

هذا شبيه بالحوار الذي يدور بين الملك لير والبهلول.

بَهْلَوان
acrobat; clown {2W}
pl: بَهْلَوانات، بَهْلَوانِيَّة

في رواية غوغول «تاراس بولبا»، نجد اليهودي اقرب الى البهلوان. في الفصل الاخير يصف الكاتب دالي بالبهلوان، وهو بهلوان لا يتعدى كونه مسليا، يتمتع بجاذبية الحديث ورواية القصص. ١٥ سنة من الصيام عن الكتابة لصالح الموسيقى، حكمت عليه بالفرادة، مثلما تحكم هذه العاهة او تلك على امرئ بأن يصبح بهلوانا.

مُهَرِّج
clown {2W}
pl: مُهَرِّجون

يقضي ساعة كاملة في الدردشة وإلقاء النكات على انه مهرج. الفتى لم يكن مهرّجاً مثلما أوحى مظهره. لم أفكر أبداً في انني سأصبح مهرجا، اعتقد بانني كنت مهرجا من دون ان أعلم. طبعاً النقاد الاميركيون، في معظمهم، تساءلوا لماذا يريدون مهرّجاً من بريطانيا ولديهم جيم كاري يفعل الشيء نفسه؟

---

heresy هرطقة

see كفر

بِدْعَة
innovation; heresy {2W}

أما أهل البدع فإنهم يجمعون بين الجهل والظلم فيبتدعون بدعة مخالفة للكتاب والسنّة واجماع الصحابة. أخذ بعض الدعاة المتطرفين يعلن ان الديموقراطية بدعة مستوردة من الغرب. في حين ان جيلي يعتبر الكومبيوتر بدعة، وبالتالي ضلالة، والى النار، فالواقع انه جزء من المستقبل. موسيقى شونبرغ كانت بدعة وهرطقة في عالم الموسيقى الكلاسيكية. على أي حال ليس الاستيطان بدعة من بدع نتانياهو، بل هو سياسة «قومية» حافظ اليسار عليها.

هَرْطَقَة
heresy (usu. Christian) {3M}

انها كانت آخر ضحية تحرق شنقاً باتهامها بممارسة السحر والهرطقة في منتصف القرن السابع عشر في جنيف. اتهم بالهرطقة وتهديم التراث. هذه «الهرطقة العقائدية» تروع اليساريين والماركسيين المتشددين في الصين.

---

to mock هزأ

see ضحك، مزح

سَخِرَ
to laugh من *at, mock, ridicule* من *sb* {2D}
VN: سُخْرِيَّة يَسْخَرُ

يسخر روجيه عساف من كل ما من حوله. طار نائب رئيس الوزراء العراقي طارق عزيز الى نيويورك في العاشر من الشهر الجاري وسخر من وصف وزيرة الخارجية الاميركية مادلين اولبرايت الرئيس العراقي بانه «كاذب بالفطرة». شكّاكون يحاولون ان يسخروا من احلامنا. سخر ابن خلدون من فكرة «العقول العشرة» عند الفارابي.

ضَحِكَ
to laugh على *at, mock, ridicule sb; [*see ضحك*; to laugh]* {2D}
VN: ضَحْك، ضِحْك يَضْحَكُ

كنت تضحك على نفسك وتقول انها وسيلة لتقليل التدخين. تضحك على حالنا. قد نضحك على الصغار عندما يتكلمون في مواضيع أكبر من اعمارهم. يستطيع ان يضحك على العرب والاميركيين والأوروبيين، والاسرائيليين انفسهم. يعتقد انه الذكي الوحيد في العالم، وانه بالتالي يستطيع ان يضحك على العرب والاميركيين والأوروبيين. سأضحك كثيرا على محاولات التجديد.

هَزَأَ
to mock, jeer من/ب *at sb* {3M}
هَزْء :VN يَهْزَأُ

انه يهزأ بالعالم اجمع. يجب الا يسمح له بأن يهزأ بالرأي العام العالمي. انه يهزأ بالمبادئ الاساسية لحكم القانون وحقوق الانسان. هو أثبت أنه يبقى السيد ولن يسمح لاحد ان يهزأ به. كاسترو يهزأ من اشاعات عن وفاته.

اِسْتَهْزَأَ
to mock ب *sth* {3M}

إن الفرزدق يستهزئ بكل شاعر غض فإن كان شعره ضعيفاً سخر منه وحقره، إما ان وجد في شعره شيئاً ذا قيمة فانه يأخذه منه عنوة. ما فعله العراق مجدداً هو انه استهزأ بالأسرة الدولية. اطلق النار على التلميذات لأنهن استهزأن به وهو يؤدي الصلاة. كان يستهزئ بالعساكر المصرية قائلاً «آخذها بمئتي قناع»، والمقصود بذلك انه يستطيع السيطرة عليها بمئتي امرأة.

تَهَكَّمَ
to mock, ridicule على *sb* {3M}

تهكم الأخير عليه بسبب رده على كتاب «العثمانية». ليس العرب فقط الذين تهكّم عليهم موشي دايان بعد حرب حزيران. يتهكم حبيب في وصلة هجاء للديموقراطية. صاروا يتبرأون من فلسطينيتهم ويتهكمون عليها.

---

to tremble اهتزّ

اِخْتَلَجَ
to tremble, quiver {3M}

لا تستطيع ان تقول لكم كل ما يختلج في صدورهم وصدور اللبنانيين بعودة السلام الى لبنان. إنها بذور صالحة تختلج بالحياة. عاشوا الحاجة في أقسى مظاهرها وتجرعوا المأساة التي اختلجت بالدم والدموع. فتح فمه ليتحدث.. اختلجت شفتاه.. قرأت ايناس عينيه. تختلج شفتاها بكلمة واحدة وهي تنظر إلى كامل.

اِرْتَجَّ
to tremble, quake {2M}

حين فاجأني بكلمة (وحشتيني).. ارتج القلب.. وارتعشت الشفاه. عندما انهارت اسواق الاولى ارتجّت اسواق الثانية من اثر الصدمة. ارتج العالم العربي لما حدث ودخلت العلاقات العربية المصرية في أزمة. ارتجت المدينة للحادث المأساوي.

تَرَجْرَجَ
to tremble, shake {3M}

قد ترجرج المكان من شبابه. العربة ما زالت تترجرج. رأيته يخرج من الشارع الجانبي، يترجرج على عربته يشد لجام الحمار ويلسعه من آن لآخر بالسوط. تديرها فتيات في أثواب تترجرج فوق اجسادهن اللدنة.

اِرْتَجَفَ
to tremble, shudder {2W}

أمام هذه الدعوة ارتجف القلب فرحا ورهبة. كان قلب ايناس يرتجف وهو يطيل النظر الى عينيها. أما قلب بريسكا فيرتجف لمجرد الشعور بهذا الفاصل الزمني المخيف. جسدي يرتجف من لمسه. أصارحك أنني شعرت بالخوف ورحت أرتجف بين يديه. كنت مثل زهرة ترتجف في هبوب ريح.

اِرْتَعَدَ
to tremble, shiver {2W}

لاعاد القلب يرتعد.. ولا عادت الأيادي ترتعش. ارتعد القس، وخبط بقدمه على الرخام مثل طفل يمر بنوبة غضب. لا يفزع من صراع الوحوش، لا يرتعد من صوت الرعد، لا ينهار أمام الأعاصير. لا يبدو انهم – حتى – خائفون يرتعدون كما تتمنى واشنطن ان يكونوا. جسدها يرتعد بين برودة الماء وحرارة اللقاء.

اِرْتَعَشَ
to tremble, quake {2W}

يحس دمعتها الساخنة تسقط على كفه وهي تهمس، صوتها يرتعش: انني أخطأت. ارتعشت شفتاها واهتز جسدها. وقف الارنب أمام الاسد وهو يرتعش في رداء الفرو الجميل الذي خلقه الله له. ترتعش قلوبنا وتضطرب عقولنا خشية على مصر. يرتعشون خوفا كلما وصلوا الى بورسعيد.

تَزَعْزَعَ
to shake, wobble {2W}

تحدق اليّ في نور البطارية الذي اخذ يتزعزع ويهتز في يدي. المفتي الذي ادعى أمامها طمأنينة النفس والسعادة اخذ يضطرب ويتزعزع ويتهاوى من الداخل وهو يتابع تحولاتها. وجدوا نفوذهم بين اليهود يتزعزع نتيجة لما مُنحوه من حقوق. لا يتزعزع ايمانه، حتى في اوج الحرب. لم يتزعزع عزم صدام حسين على الاحتفاظ ببرامج اسلحته المحظورة.

تَزَلْزَلَ
to quake {2M}

هنا يتزلزل فرعون فيقول لحاشيته المحيطة به: إن هذا لساحر عليم. سوف تتزلزل الأرض تحت أقدامه. تتزلزل الجبال ولا يتزلزل هو. هو الوديع الذي تتزلزل الدنيا ولا يتزلزل.

اِضْطَرَبَ
to be agitated; to tremble, shake {3W}

في هذه الحالة يهتزّ كيانه وتضطرب مشاعره. اضطربت روحه حزنًا. هو رجل تضطرب نفسه بكراهيته للعرب والمسلمين. انتِ جائعة يا نرجس وأفكارك تضطرب عندما تجوعين. أهل المدينة اضطربوا بقدوم هذا الجيش إليهم.

اِنْتَفَضَ
to shake, shudder, tremble; [to arise from sleeping] {2W}

راحت تهتز منارةُ المسجد وتنتفض اعمدته وقبته. لاحظت مندوبة المؤسسة لدى زيارتها له ان احدى ذراعيه ترتجف وتنتفض بصورة لاارادية وتبين لها ان ذلك ناجم عن ضرب المحققين. قال لي عمي انه لمس يدي في الثلاجة فانتفضت... فاسرع ليبلغ الاطباء انني مازلت على قيد الحياة. هو ينتفض ويرتعد ارتعادته الأخيرة.

اِهْتَزَّ
to shake, tremble, vibrate {3D}

تهتز يدي كنفسي، وأنا أقرأ صحيفة الأهرام. إن القلم ليهتز بين يدي، وتضيع المعاني من ذهني، وأنا أكتب لسيادتكم. كان جسدها يهتز بشدة وهي تتكلم. اهتز اهتزاز الشجر في اليوم العاصف. ضحك الرجل واهتز جسده كله وراح يضرب كفا فوق اخرى. اهتزت كل صروح البناء الاقتصادي نتيجة لانهيار اسعار النفط.

هزم

to defeat

أَخْضَعَ
to subjugate, subject sb ل *to sth* {2D}

بعد انهيار مملكة داود وابنه سليمان، أخضع الاراميون القدس الى سيادتهم. هو بيروقراطي اخضع الحكومة البرلمانية لارادة الرئيس. أوقفت الكثير من السيارات وأخضعتها لعمليات تفتيش دقيقة. أجبروا السكان على الخروج الى ساحات الحرم الابراهيمي وأخضعوهم للتحقيق.

دَحَرَ
to defeat sb/sth {3W}
VN: يَدْحَرُ دَحْر

برهنا في «عاصفة الصحراء» ان في امكاننا دحر الجيش العراقي بـ١٨ في المئة فقط من قواتنا. اعلن الحزب الديموقراطي الكردستاني امس الثلاثاء ان قواته دحرت قوات الاتحاد الوطني الكردستاني. يجب ان نتساند جميعاً لمقاومة مشروع التطبيع، لأنه الذلة والانتحار الذاتي، ويجب ان نفشله وندحره. أرسل ١٠ آلاف جندي تمكنوا من دحر المتمردين.

غَلَبَ
to conquer, defeat, overcome sb/sth or على *sb/sth* {2D}
VN: يَغْلِبُ غَلْب

غلب اهل السنة على غيرهم من المسلمين. غلب الحذر في البداية على اداء الفريقين. غلب الطابع السياسي على الزيارة. يغلب الطراز المعماري النوبي على «كفر الجونة». يغلبني النعاس وأنا اقرأ ماركس. غلبته الحرب في النهاية فمات. كذلك في جسم الانسان، النشاط يغلب المرض.

تَغَلَّبَ
to triumph على *over, to overcome* على *sb/sth* {2D}

تغلب المنتخب السعودي على نظيره القطري (١\صفر). هل تتغلب المصالح الاستراتيجية على قضايا حقوق الانسان؟ أحرزنا تقدما كبيرا لكننا لم نتغلب بعد على كل نقاط الخلاف. شدد على ان حكومته المدعومة من «روسيا بيتنا» تغلبت على التضخم واوقفت الهبوط الاقتصادي.

فازَ

to win (ب sth); to defeat على *sb* {2D}

VN: فَوْز يَفوزُ

فاز بالبرونزية المصري جهاد الديب والمغربي طلال وهّابي. فاز بلقب هدّاف المسابقة برصيد خمس اصابات. حزب العمل بزعامة اسحق رابين قد فاز بالأغلبية. فاز فريق الريان على فريق التعاون بهدفين نظيفين. أعطى الناخبون ثقتهم لمرشح السلطة الرئيس اليمين زروال، ففاز على منافسيه بفارق غير قليل، وحصل على ٢٠ في المئة من الأصوات.

قَهَرَ

to defeat, conquer sb/sth {2D}

VN: قَهْر يَقْهَرُ

البيجو قهرت المرسيدس في طهران. استطاع فعلاً ان يقهر الموت بالحياة. كيف تستطيع المرأة ان تقهر الرجال؟ يرى الأمل الذي يستطيع ان يقهر به الألم. تبدو اسرائيل في ذكراها الخمسين قوية لا تقهر، الا انها هكذا بدت في ايام النبيين داود وسليمان. الكتابة تقهر الموت. عزوا سر ذلك الى روح الفانلة الحمراء التي تقهر المستحيل والى روح التصميم والاصرار.

اِنْتَصَرَ

to be victorious, triumph على *over* {2D}

في تاريخ افريقيا السوداء لم ينتصر الأسود على الأبيض الا في معركتين. ماذا لو لم ينتصر الجيش الأردني عام ١٩٧٠؟ انتصر المجاهدون المسلمون على القوات الصينية وتحررت المدن وأعلن قيام الجمهورية. انتصر حزب العمال في تلك الانتخابات. لا نريد للحكومة ان تنتصر او لهذا الفريق من الوزراء ان ينتصر على ذاك الفريق.

هَزَمَ

to defeat, beat sb {2D}

VN: هَزْم يَهْزِمُ

كوريا تهزم الامارات وتطرق ابواب النهائيات. لا اعتقد ان هذا المؤتمر سيهزم الامة العربية او ينصرها. هذه القوى استطاعت ان تهزم الدولة نفسها في حرب فيتنام. ميثراس هو الاله الذكر الخالد الذي هزم الموت الى الابد. هزم في الانتخابات عدد من السياسيين المحافظين المعروفين لدى الجالية العربية. تستطيع أن تهزم الفقر. هزمتني امرأة.

هكذا — thus

عَلى هَذا النَّحْو

in this manner, thus {3D}

على هذا النحو انقلبت رأساً على عقب الميثولوجيا الشيوعية. على هذا النحو يبدو الحياد هو جوهر الموقف المصري الرسمي. لم يكن الامر على هذا النحو! سعت الى تصوير الأمور على هذا النحو. لم تكن تتوقع الحصول على نتائج سريعة ومشجعة على هذا النحو.

كَذا

thus {2D}

كذا وكذا such and such

كذا تريد اسرائيل وهكذا تريد امريكا. عديد من الشعوب فشلت وانقرضت كالهنود الحمر على طول الامريكتين وكذا الحال في استراليا ونيوزيلندة. يقول كذا وكذا. الساعة كذا. كذا قالت هيرا – فورا وافقها زوس. ليتني فعلت كذا وكذا. حدث كذا وكذا.

كِده

thus; like that {1M} (Eg)

مفيش معنى لي شفته غير كده. كده الهوا اطيب. الجمهور عاوز كده. هو كده دايما. ما قدرش على كده. الدنيا كده. ايوه كده! بس كده! سكتوا على كده. عاوزين إيه أكتر من كده. مالك خايفة وكاتمة في نفسك كده. قد كده الدنيا سايبة؟ لازم يحصل كده حسب الدستور.

كيت

thus {2M}

كيت وكيت such and such

نتعهد ان نفعل كيت وكيت. أحدث كذا وكذا وألحقت كيت وكيت. بلغني عنه كيت وكيت. تعجبت من فلان كيف لا يفعل كيت وكيت.

هكذا

thus, in this manner {3D}

هكذا حقق أبناء مصر من قوات حفظ السلام مهامهم بنجاح. هكذا الحال هذه الأيام والعوض على الله! لكن لم يستمر الحال هكذا طويلا. هكذا كانت أسرتي قبلي. هكذا اصبح لبنان مرآة لافكار الشرق. المؤرخون يدرسون التاريخ فقط والرياضيون الرياضيات وحدها، وهكذا دواليك.

هيك

thus {2M} (Lev)

ما فيه أحلى من هيك. بتعيش من وراء أشجار الزيتون اللي احنا بنسميها الشجر الروماني مش هيك أم لا؟ انت عارف شو المطلوب، مش هيك؟ الانتخاب طلع هيك عام ٨٧ بسبب عدم وجود أغلبية لأحد المرشحين.

---

to whisper

همس

هَمَسَ

to whisper {2W}

VN: يَهْمِسُ هَمْس

همست تقول له: لا لا أريده ان يتوب. تهمس لي بأجمل الألحان. همست... كأنني اخاطب امرأة مليحة تقف بجانبي. اهمس في اذنها. مال نحوه وهمس: «استعدوا بالمزامير والطبول، غداً سيخرج الشيخ من خلوته».

وَسْوَسَ

to whisper; to tempt ل *sb* {2M}

وسوس إليه الشيطان قال يا آدم هل أدلك على شجرة الخلد. الشيطان يوسوس في صدورهم. الشيطان هو الذي يوسوس لاخوة يوسف بالكيد له.

---

to neglect

أهمل

see نسي

تَجاهَلَ

to ignore, disregard sth {2D}

هي سياسية لا يمكن لعاقل أن يتجاهلها. تجاهل الحزبان نداءات لوقف النار وجهتها الولايات المتحدة وبريطانيا وتركيا. لا يسمح لفئة ان تتجاهل الفئات الاخرى. اعتبرت أولبرايت ان نتانياهو «نسي او قرر ان يتجاهل» المبدأ المُتفق عليه. كل من يتجاهل أهميته يدفع ثمن جهله هذا.

تَغاضَى

to disregard sth, close one's eyes عن *to* {3W}

يجب الا نتغاضى عن الوضع الراهن. اعلنت منظمة العفو الدولية في بيان لها اول من امس ان الاتحاد الاوروبي يتغاضى عن تعذيب الاطفال في تركيا للمحافظة على علاقات جيدة مع انقرة. باسم «الآمال الثورية»، تغاضى المثقفون عن الدكتاتوريات، وصفق بعضهم لها.

غَفَلَ

to neglect, ignore, disregard عن *sth; [see* نسي*; to forget sth]* {2W}

VN: يَغْفُلُ غَفْلَة

أما النقطة الثانية التي غفل عنها فإن ابناء العائلة البارزانية يتمتعون بصفات وطنية وانسانية. كيف غفل سلطانه في زمانه عن قتله على هذه البدعة. غفلت الدولة عن مسؤولياتها تجاههم. اكبر واشهر تمثال في العالم قد غفل الفراعنة عن التدوين والنقش عليه.

أَغْفَلَ

to neglect, ignore sth {3D}

الظاهر ان كريستوفر، بإتخاذه هذا الموقف المحدود الأفق، أغفل نقطتين رئيسيتين. الدراسة أغفلت الاشارة الى موضوع السياحة الشتوية. أنت متهم بأنك تغفل الجانب الجماهيري في افلامك. في الأدب لا يمكن أن نغفل أعمالاً لإميل حبيبي. الادارة الاميركية اعتادت ان تغفل ما لدى العرب من مواقف.

قَصَّرَ

to be negligent في *in; [see* عجز*; to be incapable* عن *of]* {2D}

قصّر في تسديد التزاماته المالية المستحقة للصندوق. قصّر في وظيفته ومتابعة مهمته. هو لا يقصر في اعطاء الامثلة التي تدعم وجهة نظره. لكنها هنا ايضاً قصرت في اقتراح بدائل فاعلة. الحـــكومة قصرت في عدم المطالبة بمحاكمة القتلة طبقاً لما ورد في الاتفاقات.

تَناسى
to ignore, pretend to forget sth {2W}

كادت الادارة الاميركية تتناسى الطرف الفلسطيني في المعادلة. صرفت النظر عن الأساسيات وتناست قضايا المصير. يتناسى المشككون ان العمارة لا تبنى من اعلى الى اسفل. يرى المراقبون ان «الطالبان» تجاهلت أو تناست الطبيعة الاجتماعية والنفسية واللغوية الشمالية المتناقضة مع الجنوب البشتوني.

أَهْمَلَ
to neglect, overlook sth; to be negligent في *in* {2D}

لم نفهم لماذا نهمل افكار مجلس الخدمة المدنية. لماذا أهمل الاستاذ هيكل بقية ما جاء في مذكرة هوغارث. اجاب بأن المسلمين تأخروا حين اهملوا العلوم العقلية واهتموا فقط بالعلوم الشرعية والفقهية. أهملنا التقاليد الفنية التي قامت عليها فنوننا ومفاهيمنا الجمالية. كانت التحقيقات انتهت الى ان والدة الطفل اهملت في رعاية طفلها الذي غرق في حمام في الفندق.

importance أهمّيّة

خُطورَة
importance, seriousness; [danger] {2D}

الاسباب الداخلية لا تقلل خطورة الاسباب الخارجية. هو يبتسم ابتسامة لا تتفق مع خطورة الاجتماع والاوضاع. لم يستوعب الحزبان اهمية وخطورة المرحلة. لفت البيان الى «خطورة الوضع الأمني وتعقد الوضع السياسي نتيجة تفاقم أعمال العنف». يزيد الضغط السكاني والتخلف من خطورة هذه الظاهرة.

أَهَمِّيَّة
importance {2D}

نبه بغداد الى أهمية ادراك ان «مجلس الأمن مصمم على انجاز عمل اللجنة». ذلك يشكل أكبر دليل على اهمية اعادة عملية السلام الى مسارها. اهمية الانتخابات الاشتراعية في المغرب ان البلاد من خلالها تريد ان تقدم المثل. أكد شعلان أهمية الاستثمارات المباشرة كونها تخلق فرص عمل. أشار إلى أهمية الدور الذي يمكن ان تلعبه القاهرة كوسيط. هي امور لا أهمية لها اليوم.

important مهمّ

جَلَل
significant, important (event) {3W}

لم تمض سوى ايام قليلة على الحادث الجلل حتى تم القبض على عبود الزمر. الحقيقة ان ذلك الأمر الجلل حدث بالفعل. اعتبر الهجوم آنذاك حدثاً جللاً لأنه كان الأول من نوعه منذ توقيع معاهدة السلام. هل اهتم الكثيرون من خارج محترفي السياسة بأن حدثا جللا يحصل؟

خَطير
serious, important; [dangerous] {2D}

نعتقد ان أحدهم اصابته خطيرة. إن المشكلة ستأخذ ابعاداً خطيرة للغاية. هذه الظاهرة الخطيرة لا يمكن تبريرها مهما كانت الحجج. هي اسئلة خطيرة يجب ان تجيب عنها القيادات السياسية. هذه المصادر اكدت ان الأمر ليس خطيراً. دخل الصراع حول السلطة في السودان مرحلة خطيرة.

بالِغ الخُطورَة
of the utmost importance {2W}

ان مثل هذا العمل، اذا ما تم، سيشكل اجراء بالغ الخطورة. هو مشروع بالغ الخطورة لأنه يشكل آخر حلقة من حلقات الاختناق في سلسلة المستوطنات. ان المرحلة دقيقة ومعقدة وبالغة الخطورة وعلينا ان نقتنع جميعاً بأن الرد الصحيح على الاعتداءات الاسرائيلية هو في المزيد من التنسيق والتشاور والتواصل مع سورية.

هامّ
important {3D}

أعلنت التزامها التام برعاية هذا الحدث الهام. أشار الى ان «الموقف الأميركي يشكل عنصراً هاماً في تحديد مزاج الرأي العام الاسرائيلي». لعبت اشعة اكس دوراً هاماً في عملية اكتشاف الالكترون. قد تمكن من ان يجعل لنفسه مكانة هامة بين كبار الكتاب الصينيين. أود أن أوضح نقطة هامة في ما خص اللقاء المتلفز مع الاستاذ منير بشير.

مُهِمّ
important {2D}

يلعبون ادواراً مهمة على المسرح السياسي. من المقرر ان يعقد اجتماعاً مهماً السبت المقبل لمتابعة تنفيذ هذه المطالب. نشر الاحصاءات مهم بالنسبة الى صانعي القرارات. لقد كانت لنا دائماً علاقات طيبة مع هذا البلد المهم. رحّب بزيارة البابا الى لبنان معتبراً انها «مهمة جداً». ليست هذه النقطة هي المهمة.

اهتمّ **to take an interest in**

أَبَهَ
to pay attention ب / ل *to; to notice* ل *sth* {3W}
VN: يَأْبَهُ أَبْه

هو لا يأبه حالياً بالمجازر الحاصلة. سحبت قواتها من جنوب لبنان من دون ان تأبه بأمن سكان المنطقة. لم يأبه كابيلا بكل الدعوات إلى وقف اطلاق النار. ما معنى أن تستمر العلاقات مع دول لا تأبه لهذه الكثرة الكبرى من الآراء. الدموع التي تسيل عليهم والأحزان التي تتولد عليهم لا يأبه لها أحد.

بالَى
to be concerned ب *about, pay attention* ب *to* {3W}

الأميركي لا يبالي اذا بقي العربي في قاع العالم. اسرائيل لا تبالي بأي اتفاق أو تفاهم وتضرب بعرض الحائط كل الاتفاقات. الشاشات العربية لا تبالي بما يُسمّى ثقافة الصورة او حضارة الصورة. واشنطن لن تكون رابحة من التصعيد، لكنها لا تبالي كثيراً، إذ ان ما يهمها هو ان يكون العراق الخاسر.

عَبَأَ
to attach importance ب *to* {3W}
يَعْبَأُ

لم تعبأ الصين بتهديدات اميركا واستمرت في اجراء تجارب التفجيرات الذرية. هذه، ككل نظرة ايديولوجية، لا تعبأ بالوقائع كثيراً. الدولة العبرية لا تعبأ بالتسوية ان لم تسيطر على القدس. انهم لا يعبأون لا بمضمونه ولا بشكله. لا يعبأ السكان بمصير الهنود.

عَنَى
to be concerned ب *about, take an interest* ب *in; [*see عنى*; to mean]* {2W}
VN: يَعْنِي عِنايَة

هي منظمة تعنى بالدفاع عن حقوق الانسان. هو مركز دراسات شهير يعنى بالعالم العربي. يُشير هذا الموقف على رغم محدوديته الى ان الأقدمين كانوا يعنون بالسرقة الأدبية. ستقيم مؤسسات تعنى بأمور الطفل.

اِعْتَنَى
to be concerned ب *about, to devote one's attention* ب *to* {2W}

يعتنون بالتفاصيل. اعتنوا بانفسكم واعتنوا ببعضكم البعض. تعتني بأسرتها وزوجها. انني اهتم فعلياً بشعري وأعتني به لقناعتي بضرورة الاهتمام الروتيني بصحة الشعر. كان يعتني بحديقة منزلها في موجان جنوب فرنسا

اِكْتَرَثَ
to pay attention ب / ل *to, care* ب / ل *about* {2W}

لم يكترث العراق فعلاً بالحروب السورية مع اسرائيل. لم يكترث المشروع برفع مستوى المعيشة لبلدان العالم العربي. هؤلاء اليهود لا يكترثون بملايين المسلمين. ما من شيء خطير، لا تكترثي للامر. لم تكترث السلطات الألمانية لهذه الاشاعات.

اِلْتَفَتَ
[to turn around]; to pay attention إلى *to* {2W}

الخادمة تغسل الارضية ولا تلتفت الى وجودي. لا تخشى أي تهديد أو وعيد ولا تلتفت للمواقف المضحكة التي تعلنها حكومة نتانياهو. لم يلتفتوا الى ما تركوه خلفهم. لم يلتفت احد اليّ. لم يلتفت رايلي الى الانتقادات والتصاريح بل حاول استخراج الافضل من لاعبيه.

اِنْتَبَهَ

to pay attention ل/إلى *to [*see لاحظ; *to be aware* ل *of]* {2D}

لم ينتبه احد من معاصريه لأمر كهذا. انتبه الآن الى كونها مناسبات غير عادية. انه أول مفكر انتبه الى ما خلف مفهوم الأزمنة الحديثة. انتبهت الى معنى جواز السفر. لا بد لقادة المحور العربي ان ينتبهوا الى هذه القضية. هناك جالية صغيرة لا يبدو ان هناك من ينتبه الى مصالحها واهتماماتها. الحمدلله عمارة اللواء جعلت المسئولين ينتبهون إلى كارثة البناء غير المرخص.

اِهْتَمَّ

to take an interest ل/ب *in* {2D}

اهتم اكثر بالموسيقى اللبنانية والشرقية وبالجو الفني في لبنان. لا نهتم باجسادنا بعد الموت. امي لا تهتم كثيراً لكن ابي مولع بفورمولا واحد. بكين لا تهتم بتغيب لندن وواشنطن عن افتتاح برلمان هونغ كونغ. هي لم تهتم بالماضي الا لتدميره بشكل منهجي وثابت. لم يهتم صدام لضحايا الحرب من ابناء الجيش العراقي.

---

there is هناك

ثَمَّةَ

there is {3D}

ثمة هدف روسي وفرنسي واضح وهو الحصول على موقع استراتيجي متقدم. ثمة اسئلة كثيرة تطرح نفسها الآن. هل كانت ثمة ازمة في العلاقات بين الملك حسين ونتانياهو آنذاك؟ ليس ثمة أي شكـــل من التـــعاون بين العراق وسورية. من الجدير بالملاحظة ان ثمة كلمات أساسية ما زالت متشابهة في جميع لغات العالم.

فيه

there is {1M} (Coll)
neg: مافيش، مفيش (Eg)
مافيه (Lev)

فيه حاجة في فمي. فيه أيه؟ باعرف ان مافيش حاجة حصلت. مفيش معنى للي شفته غير كده. ما كانش فيه حد ف البيت. أسوأ كلمتين في اللغة العربية: مفيش فلوس! مفيش مشكلة. مفيش فايدة. أقول مفيش في الحب عذاب. مافيه مخ!

لا (absolute negation)

*there is not (*followed by indefinite noun*)* {3W}

لا مكان لمثل هذا القلق. لا ضرورة لهم الآن ولا حاجة لأن يبقوا في افغانستان. لا محل للحديث عن الندرة لديه.

هُناكَ

there is; [there] {2D}

هناك عامل آخر ربما دفع «الطالبان» لتفضيل الشركة الارجنتينية. اليوم اصبح هناك احساس مشترك بالخطر. هل هناك أمل في حصول تغيير في نمط التفكير الإيراني؟ قبل عشرين سنة كان هناك عدد قليل من اماكن العبادة والمراكز الثقافية لهؤلاء. ليس هناك اي شيء يمكنك عمله ازاء هذا. هناك الآلاف من المنتجات البتروكيماوية التي أمكن الحصول عليها من البترول.

هُنالِكَ

there is; [there] {2W}

هنالك نقطة أخرى أكثر أهمية من كل ما ذكرت. هنالك دول عربية تغيبت لأمور واضحة. هنالك جهات اجنبية تحاول اغراق الصومال بأوراق نقدية مزيفة. كانت هنالك مؤشرات واعدة للعمل المشترك قبل سنوات. ليس هنالك ما أو من يستطيع ان يمنع البناء.

يوجَد

there is {2W}

يوجد قسم للباحثين يسمى المعهد الذي لا يمنح درجات. يوجد في بريطانيا احد عشر الف مصنع للنسيج. يوجد في هذه المنطقة بئر باركها المسيح. لا يوجد شيء مؤكد. لا يوجد في مصر حتى الآن أي تغير في المناخ.

Locative expression + indefinite noun

there is (syntactic way of doing 'there is') {3D}

اعلن ان في الامر مخالفة دستورية. سرعان ما بدا ان في الامر سوء نية. هل هناك من يعتقد أن في الامكان إقامة سلام في الشرق الأوسط من دون دولة فلسطينية. لاشك أن في الماركسية ما ينفع الإنسان والمجتمع. ليست في البحرين وزارة سياحة. ليس في الوساطة شيء الزامي.

epidemic
وباء

see مرض

طاعون
plague {2W}
pl: طَواعين

هلك في الطاعون الجارف سنة تسع وأربعين وسبعمئة. مرض الطاعون اجتاح اوروبا في القرن الرابع عشر الميلادي. أشار وزير الصحة الى نجاحات حققتها المنطقة العربية أخيراً في مواجهة اندلاع الطاعون في الهند. انهم يريدون معاملتنا مثلما يعامل المصابون بالطاعون.

وَباء
epidemic; plague {2D}
pl: أَوبِئَة، أَوْباء

لا يعرف العلماء حتى الان السبب وراء حدوث وباء الانفلونزا. رفض الموافقة على استيراد بغداد مادة لمكافحة البعوض الناقل لوباء الملاريا. عرض التقرير ثلاثة سيناريوهات حول مستقبل وباء الايدز في كندا. لوحظ اثر الوباء في فنلندا حيث ارتفع عدد حالات السفلس بشكل لافت. يرى عاشور في الوباء غضبا من الله. يتزايد القلق من ان يكون ذلك بداية وباء يجتاح العالم.

---

to trust
وثق

see اعتمد

اِئْتَمَنَ
to entrust sb على *with sth* {2M}

لا يأتمن صدام على اسرارها غير نفر محدود لا شك ان برزان بينهم. قررت عدم نشر اسرار المحاكمة القادمة لأكسب ثقة الوزير أكثر وأكثر، حتى يأتمنني على سر كبير، ثم يجده في اليوم التالي مانشيت «الحياة». باتوا يأتمنونه على محلهم وموجوداته. هو الذي ائتمنته وخان كل ما خصصته به من ثقة وحب.

اِطْمَأَنّ
to have confidence, trust إلى *in; to make sure* إلى *of* {3D}

إن الانسان العربي يعيش تحت وطأة القهر، ولا يطمئن الى وجوده، فضلاً عن حقوقه وحرياته. اطمأنت الى سلامة العمل كله، ووثقت في جهده ثقة مطلقة. لم تطمئن الى اقوال المتهم. أمس دعاني لمنزله ليطمئنّ عليَّ. يجب بذل كل الجهد الممكن لكي يطمئن المريض ونقدم له التحسن النفسي والسريري.

وَثَق
to trust ب *in sb or* أَنَّ *that* {2D}
VN: ثِقَة يَثِقُ

وثق الناس به الى حد الصلاة خلفه في المساجد. نثق ان الله لن يتركنا ولن يترككم. في عالم العصابات ودنياها لا يثق أحد بكلام أحد. كيف نثق بإنسان لم ينفِذ حتى ما وقعه؟ اننا نؤمن ونثق بأن حكومة الجزائر قادرة على احتواء الموضوع. لم تكن امرأة من النوع الذي لا يثق بنفسه. هي لا تثق كثيرا بالعسكر وتجربتها معهم مؤلمة.

تَوَكَّلَ
to put one's trust على *in* (God) {2W}

قلت لصابر: اذهب يا ولدي للسوق وحدك، لبست ثيابي وتوكلت على الله الى البلد. يجب ان يكون توكلنا على الله وحده، فلن يصيبنا إلا ما كتب الله لنا. من إتقى الله وقاه، ومن توكل عليه كفاه.

اِتَّكَلَ
[to rely على *on sb]; to trust* على *in sb* {2M}

فلنتكل على الله. لنتكل على الله وعلى المخابرات. هذا لا يمنع ان نتكل دوما على ربنا.

---

document
وثيقة

مُسْتَنَد
(esp. pl) *document, legal paper; [reason; motive]* {2D}
pl: مُسْتَنَدات

توجهت الى شركة مصر الجديدة للحصول على المستندات اللازمة للترخيص. قد ارفق برسالته جميع المستندات التي تعزز دعواه. الادارة تلتزم بتقديم سائر الاوراق والمستندات المتعلقة بموضوع النزاع متى طلب منها ذلك. محلات تصوير المستندات. أوضحت الصحيفة الكندية ان «المستند يؤكد ان حزب الله أقام بنية أساسية في كندا».

صَكّ

legal document; check {3W}
pl: صُكوك

يتطلب استخراج صك اثبات الملكية. في استطاعة المتعاون الاتصال للحصول على صك الغفران . كانت توقع على صك ازالة النظام الشيوعي بأسره. عرفات وسلطته قدّما الى الاسرائيليين صك خيانة وتنازل عن الحرم الابراهيمي ووافقا على حماية ٤٠٠ مستوطن.

وَثيقَة

document {2D}
pl: وَثائِق

يلتسن ومسخادوف يوقعان «وثيقة تاريخية» تنهي ٤٠ سنة من المواجهات بين روسيا والشيشان. اكدت الوثيقة ان «الصين في اوج نموها». دار الكتب المصرية تنشر ٢٦ ألف وثيقة عن الحملة الفرنسية. طلب توزيع الرسالة كوثيقة رسمية. وزيرا خارجية الدولتين لن يوقعا اليوم أي وثائق، ولكنهما سيرسمان المرحلة التالية من مسار المفاوضات.

وجب

to be necessary

لا بُدَّ

to be necessary من *or* أَنْ *that; must, no getting away* من *from* {3D}

لا بد من الاشارة هنا الى ان العالم العربي غني بالكنوز التاريخية. لا بد أن يحاول لبنان الدفاع عن نفسه في مواجهة الحملة الاسرائيلية. هذا الكيان ولد نظريا في أوسلو ولا بد ان يتطور مع تطبيق أوسلو. لا بد ان اعترف ان قوله اذهلني. لا بد لنا من الاعتراف بأننا نعاني فراغا نظريا. لا بد لي من الاختيار. لا بد من أنه خلط بيني وبين انسان آخر.

اِنْبَغى

*to be necessary (*لأَنْ/ أَنْ *VN)* {3D}

ينبغي لهذه السياسة الجديدة أن تطبق. ينبغي ان لا نسمح لأنفسنا بتبرير كل افلاس اخلاقي. ينبغي القول إن الحرب كانت فترة مباركة بالنسبة إلى منتجي القطن. نزع السلاح في المنطقة ينبغي ان يبدأ من نزع السلاح النووي. تنبغي الاشارة الى ازدياد التعاون بين الاتحاد الأوروبي والدول العربية.

تَحَتَّمَ

to be necessary; to be incumbent على *upon sb* {3D}

يتحتم على الجميع أن يقبلوا بذلك. يتحتم على السلطات الإسرائيلية احترام قرارات الأمم المتحدة. يتحتم على عملية التعليم الاستجابة لمؤشرات السوق. يتحتم على الزائر دفع خمسة آلاف كرسم دخول وألفي ليرة ثمنا لموقف السيارة. يتحتم على اسرائيل التعهد بالانسحاب من هضبة الجولان.

عَلَيْهِ أَنْ

must, have to; to be incumbent upon {3D}

عليهم ان يدركوا معنى استقلال القرار. عليها ان تعرف ان قواتها وذخيرتها يجب ان تبقى داخل حدودها. عليهم ان يحددوا عناصرهم التفاوضية. ان اراد المرء أم لم يرد عليه ان يعيش مع ما يفرضه الحزب. تأخر الوقت وتذكر الفنان ان عليه ان يغادر مسرحه.

لَزِمَ

to be necessary for sb or على *for sb* VN/أَنْ *to do sth; to be incumbent* على *upon; [to cling to]* {2D}
VN: لُزوم يَلْزَمُ

لزم علينا أن نخرج هذه الولاية أو تلك من عداد الحداثة. الموضوع الاقتصادي يلزمه الكثير من الدرس. الحكومة يلزمها دعم من كل القطاعات والقوى في البلد. الحل الثقافي يلزمه وقت طويل وسنوات من التربية. بعد فترة الانتقال يلزمه الابتعاد عن السياسة.

وَجَبَ

to be necessary على *for sb* VN/أَنْ *to do sth; to be incumbent* على *upon* {2D}
VN: وُجوب يَجِبُ

يجب أن نوجه الشكر على الارقام التي تحققت في الموازنة الأخيرة. يجب على كل قارة أن تمثل بأفضل ثلاثة فرق في البطولة. يجب أن نحترم رؤيته. وجب علينا أن نختار أكثرهما عطفا على أبيه. مجلس الوزراء خرج بقرار يجب احترامه. في هذا المثل وقائع يجب اثبات صحتها. يجب اعادة النظر في السياسات الحكومية. هي بين الأبنية التي تجب المحافظة عليها.

تَوَجَّبَ
to be necessary على *for sb*
VN/أَنْ *to do sth* {3W}

يتوجب على الحكومة الايرانية معالجة العجز المزمن الذي يعاني منه ميزان المدفوعات. سيتوجب على البنوك العربية ان تستمر في تحسين خدماتها. بلغت البرازيل بالتالي الدور الثاني في حين يتوجب على المكسيك انتظار نتيجة مباراتها الأخيرة مع كوستاريكا. تنفيذه تأخر بسبب اختلاف على المناطق التي يتوجب على اسرائيل أن تنسحب منها.

---

duty واجب

فَرْض
duty; religious duty; [(VN) *imposing]* {2D}

لم تتمكن من حفظ هذا الفرض. ختان الذكور في الدين المسيحي لم يعد فرضاً. فدية الاسرى كانت فرضا على الأمة الاسلامية. كان الجواب فرضا على جميعهم.

فَريضَة
religious duty {3W}

ان فريضة الحج – وهي الركن الخامس الذي انفرد به الاسلام – لا يمكن فهمها. قرر السماح للعراقيين بأداء فريضة الحج هذه السنة. هي تؤدي فريضة الصلاة وتتلو سور القرآن باستمرار. فريضة الصيام. له مجموعة أقوال في اثبات هلال رمضان، وفريضة صومه.

اِلْتِزام
obligation, duty; [(VN) *fulfilling]* {2D}

الادارة الاميركية شاهدة على هذا الالتزام. اعلنت الحكومة الاسرائيلية يوم ٣٠ تشرين الثاني (نوفمبر) الماضي من جانب واحد عن استعدادها «من حيث المبدأ» لتنفيذ هذا الالتزام. لبنان سيبذل قصارى جهده لتحقيق هذا الالتزام. لقد كان التزام الأمم المتحدة ازاء القضية الفلسطينية أوضح وأكثر جدية بالمقارنة بالقضية الصحراوية.

واجِب
*duty, obligation; [*see ضروري*;* (adj) *necessary]* {2D}
pl: واجِبات

واجب لبنان ان يدافع عن نفسه. سأواصل اداء واجبي. صار على جميع حكام الأمة واجب تحريرها من اي احتلال. هل استطاع مسرح المدينة القيام بواجبه تجاه القضايا؟ واجب المحتل احترام القوانين سارية المفعول في المنطقة المحتلة. رأيت ان من واجبي ان ألبّي رغبته. اجتمع مع كل لاعب بمفرده لتأكيد واجباته في الملعب.

---

to find وجد

عَثَرَ
to find, discover على *sth; to stumble* على *upon* {2D}
عَثْر :VN يَعْثُرُ

عثرت تونس أخيراً على زبائن جدد لانتاجها من الفوسفات. عثرت الشرطة اليونانية على اثنين من الناجين الأكراد الايرانيين. توقعت البعثة ان تعثر على معبد وهرم لهذه الملكة في المنطقة نفسها. يمكن ان نعثر على اسمه في اي كتاب جاد يتحدث عن تاريخ السينما. قال ان المفتشين عثروا في العراق على مادة كيماوية «مشبوهة» يمكن استخدامها لصنع غاز قاتل.

لَقِيَ
*to encounter, meet, find sb/sth; [*see مات*; to die]* {2D}
لِقاء :VN يَلْقى

كنا نلقى في كل دولة عربية حسن المعاملة والضيافة. قد لقي اعلان الزيارة الترحيب من جميع اللبنانيين. لقي هذا الفنان اهتمام الاوساط الفنية والموسيقية. نأمل بأن يلقى الاجراء الكندي صدى في المنطقة. يرجح ان يلقى الاقتراح الجديد المصير نفسه.

وَجَدَ
to find sth {2D}
وُجود :VN يَجِدُ

وجد الأثريون كمية كبيرة من الفخار اليوناني في هذا الموقع. وجدت الادارة الاميركية في هذا السيناريو حلا مقبولا. وجدت نفسي محاصرا. لا نجد احدا يولي قضايا البيت العربي الأهمية التي يستحقها. المرأة تجد اللغة أسيرة الرجل. ما زلت أجد صعوبة في استخدام الهاتف الجوّال. الا ان شيئا من هذه القرارات لم يجد طريقه الى التنفيذ.

face وجه

مُحَيّا
countenance; face {3M}

هو شاب حنطي اللون، وسيم المحيا. هو ضاحك المحيا دائماً. كان الطفل جميلاً، حلو المحيا. كان الدكتور حتّى دقيق الحجم طلق المحيا وان كان قليل الابتسام.

وَجْه
face; [see طريقة; *way, manner; side, direction]* {2D}
pl: وُجوه

وجهه كان يشبه وجه ابوللو. قال ان المحادثات لم تكن مباشرة وجهاً لوجه. تود الشركة أن تظهر وجهها الانساني. هو مطر يأتي في وقت الخريف يطهر وجه الأرض من الغبار. كانت جميلة الوجه تطلع من بين التراب. قالت لها: ما شاء الله تملكين وجها جميلا للغاية. لم يعد هناك أحد يجهد نفسه في اكتشاف الوجوه الجديدة، والممثلين الموهوبين.

وِشّ
face {1M} (Coll)

خليني أشوف وشك! مش عاوز أشوف وشه. ملامح وشها اتغيرت خالص. تغطي وشها بالنقاب. أول ما شاف وشها قال: أيه ده؟!

---

direction اتّجاه

صَوْب
way, direction; [see نحو; *uprightness;* (prep) *toward]* {3D}
من كل صوب from every direction

الشكاوى تنهال عليّ من كل صوب. عاد ليحتضن ضيوفه العرب الذين وفدوا اليه من كل حدب وصوب. ارتفعت اصوات الاحتجاج من كل صوب. تساقطت عليهم قذائف مدافع المورتر من كل صوب.

ناحِيَة
side; direction {2D}
pl: نَواحٍ

يلعب أيمن عبد العزيز وعبد الحليم علي في الناحية اليمنى وطارق السعيد وطارق السيد في الناحية اليسرى. هل يعبر من الناحية الغربية لبرلين إلى الناحية الشرقية أم العكس. تسيطر قواته على البلاد من ناحية الشمال. هاجموا العراق من كل النواحي.

جِهَة
side; direction {2D}
pl: جِهات

إلى أي جهة نلجأ؟ كثروا بالبلد وانحشروا من كل جهة. طبيعة السودان غنية بالتنوع في النباتات والانسان في كل جهة ومكان. استسلم! أنت محاصر من كل الجهات.

اِتِّجاه
direction, path; [see نزعة; *inclination]* {2D}

المياه الجوفية تتجه من مناطق شرق كردفان ودارفور الى منطقة درب الأربعين لتعبر الحدود المصرية في اتجاه جنوب وشمال. أكد أن علاقات البلدين تسير في الاتجاه الصحيح. هذا الشارع ذو اتجاه واحد. حلف شمال الأطلسي يتّسع باتجاه الشرق.

---

prominent figure وجيه

see مالك، ملك، كاهن، شيخ، حاكم، رئيس

عَلَم
authority, luminary; [see علم; *flag]* {2M}
pl: أعْلام

شهدت الفجالة مولد أعلام الادب: نجيب محفوظ واحسان عبدالقدوس ويوسف ادريس ويوسف السباعي. تحدث عن أعلام الادباء الذين اتصل بهم. وصفه بأنه «علم من أعلام الصحافة المصرية والعربية».

عَيْن
important, prominent person; [see ينبوع، نفس*; eye; same; spring]* {2W}
pl: أَعْيان

قال إن المسؤولين العسكريين الروس يتفاوضون مع أعيان البلدة وكبار السن بها لإخراج المقاتلين منها. فقد عضويته في مجلس الأعيان مرتين. التقى باراك قبل يومين في كفر مندا مع ثلاثين من أعيان هذه المنطقة في شمال إسرائيل. دبر له وداعا حارا شارك فيه الوزراء والكبراء والعلماء والأعيان.

قُطْب
[pole]; authority, leader (usu. pl) {2W}
pl: أَقْطاب

شارك في الاحتفال كبار أقطاب الاعلام الاميركي بينهم بيتر جننغز. اقطاب الادارة الاميركية ليسوا على استعداد للضغط المتزايد على نتانياهو. اصطدم بأقطاب الحزب بسبب طموحه الواسع. سيلتقي عددا من اقطاب الجماعات الدينية من المقيمين في بريطانيا.

وَجيه
prominent figure, authority; [see بارز*; (adj) prominent, notable]* {2W}
pl: وُجَهاء

اجتمع وجهاء القوم وحكماؤهم من الفريقين. قال الزعماء والوجهاء من قوم فرعون له: أتترك موسى وأتباعه أحرارا آمنين في أرضك، ليفسدوا فيها؟ ما كان أحد، عمليا، يشق طريقه الى البرلمان غير الوجهاء. رد عدد من وجهاء البلدة بالتأكيد على مصائبهم من استمرار الاحتلال. تم عقد اجتماع في بيت احد الوجهاء العرب بين اعيان الطرفين.

---

union — اتّحاد

اِئْتِلاف
union; coalition; [harmony, agreement] {3D}

تواصل قيادات حزبي الائتلاف اجتماعاتها. نجح في المحافظة على وحدة الائتلاف الحكومي. اصبح المتدينون يشكلون احد اساسات الائتلاف اليميني الحاكم. هو بحاجة ايضا الى استمرار الائتلاف بين حزبه «الرفاه»، و«حزب الطريق القويم» العلماني. مع وجود ائتلاف ليكود في الحكم في اسرائيل، فالمنطقة تبدو عائدة الى جو الحرب.

حِلْف
alliance {2D}

حلف الاطلسي. حلف الاطلنطي. «الحلف» العسكري التركي – الاسرائيلي. حلف الناتو. نفى ان تكون محادثاته تطرقت الى اقامة حلف عسكري بين البلدين.

تَحالُف
alliance {2D}

هناك انسجام كامل في التحالف. يعتقد ان التيارين سيدرسان مجدداً في غضون أيام الشروط المتبادلة للتحالف. التحالف الانتخابي ضد عدو مشترك شيء وتقاسم أعباء الحكم وتحمل مسؤولياته بالتساوي شيء آخر تماما. دعا أنقرة إلى إعادة النظر في تحالفها العسكري الاستراتيجي مع إسرائيل.

رابِطَة
union, league; [see رابطة*; bond; link]* {2D}

رابطة اصدقاء جامعة الدول العربية. رابطة ابناء اليمن. رابطة الصحافيين المعتمدين في الأمم المتحدة. رابطة الدول المستقلة. رابطة اساتذة الجامعة. رابطة حقوق الانسان. رابطة دول جنوب شرقي آسيا.

نادٍ
union, organization; [club] {2D}
pl: نَوادٍ

في كلمتها امام نادي الصحافة الوطني دعت أولبرايت في بداية آب (اغسطس) الى الانتقال الى مفاوضات المرحلة النهائية. نادي الدول الصناعية السبعة. نادي الدول الكبرى. دعت وزارة الخارجية المصرية إلى ندوة تقام في النادي الديبلوماسي. نادي خريجي الجامعة الأميركية في بيروت.

نَقابَة
union {2D}

نقابة الاطباء المصرية. نقابة الصحافة. مجلس نقابة الصحافيين. نقابة الصيادلة. رئيس نقابة العاملين في الوكالة الدولية. مجلس نقابة السينمائيين. نقابة خبراء المحاسبة.

اِتِّحاد
union, federation {2D}

هو رئيس اتحاد الادباء والكتّاب اليمنيين. تجدر الاشارة الى ان الاتحاد الانكليزي لكرة القدم قرّر حسم ثلاث نقاط من رصيد ميدلزبره. «الاتحاد الاسلامي» يتهم اثيوبيا بغزو الصومال مجددا. قال الدكتور محمد شعبان سفير مصر لدى الاتحاد الاوروبي ان ثلاثة منتجات فقط تعطل انجاز الملف الزراعي. مقر الاتحاد العمالي العام. اتحاد المصارف العربية. الاتحاد السوفياتي.

أوحى — to inspire

أَلْهَمَ
to inspire sb with sth {2D}

الاسلام هو الذي ألهم الرسول صلى الله عليه وسلم الثورة ضد الارستقراطية. كمال الطويل لا يزال حيا يرزق، اطال الله عمره وألهمه الرجوع عن استنكافه. حولته الى ثديها الأيسر ولكنه تعفف عنه فقد ألهمه الله ألا يمسه لانه من حق اخته في الرضاعة. جلال تلقى وحيه المدمِّر الذي ألهمه حب السطوة والخلود لدى أبواب التكية

أَوْحَى
to inspire (إلى sb) ب with or أَنْ/ بِأَنْ to do sth; to imply, suggest ب sth {2D}

أوحى الله إلى موسى أن يلقي بعصاه فإذا هي حية. أوحى الله ـ تعالى ـ اليه بالنبوة عند جبل الطور. لم يرد في كلامه اعلان صريح لمعارضته الأرهاب، لكن سياق حديثه أوحى بذلك. أوحت بأن الباب ما زال مفتوحا لايجاد حل سياسي للأزمة. رأى «ان هذه الاجراءات توحي بأن الشعب مجرم ومتمرد».

أورث — bequeath

خَلَّفَ
to bequeath sth to sb, to leave behind sth; [to appoint sb as successor] {2W}

يعيش بموجب القانون الذي خلّفته الحرب الباردة. أصيب منزل المواطن علي حسن جابر بثلاث قذائف خلّفت اضرارا جسيمة. الانقسامات والصراعات خلّفت عشرات ألوف الضحايا ومئات ألوف المسجونين والمعذبين.

وَرَّثَ، أَوْرَثَ
to bequeath sth (to sb or إلى to sb) {2W}

بعضهم أورثوا المهنة أولادهم . ان الفكرتين اللتين اورثتهما الثورة الفرنسية لشعوب الشرق عن طريق حملة مصر هما الحضارة والأمة. أورث كل ما يملك الى الفقراء. هل يمكن للفن ان يورث؟ قد أورثت بناتها الثلاث شغفها بالمعرفة والفلسفة.

أَوْصَى
to bequeath ب sth ل to sb; [to command; to advise] {3M}

ايفون اوصت للطفلة بمعظم ممتلكاتها. أوصى لابنه محمد بالإمامة. قد أوصى لابنه موسى بالإمارة من بعده. يوصي لزوجته بثُمْن التركة ولأولاده الذكر مثل حظ الانثين.

ميراث — inheritance, heritage

تِرْكَة، تَرِكَة
heritage, legacy; inheritance {2W}
pl: تَرِكات، تِرْكات

خاضوا معركة قضائية شرسة ضدها لاسترداد قسم من التركة. كتب عن تاريخ العلاقة بين البلدين بما في ذلك تركة اجتياح الكويت وعاصفة الصحراء. عالج تركة الاستعمار وخيبات مرحلة ما بعد الاستقلال. وجدت نفسها فجأة اسيرة اسرى الحرب الباردة، ورهينة رهائن الانظمة التي ورثت تركة الاتحاد السوفياتي.

إِرْث
inheritance; heritage {3W}

شاء القدر أن يرحل الضحية عن الدنيا تاركا هذا الارث المؤلم لزوجته وأم أطفاله الثلاثة، فحاولت أم الأيتام استعادة المبلغ وهو كل رصيد أطفالها ومستقبلهم لايداعه في البنك. القدس إرث حضاري للعالم كله. العلمانيون انفسهم لم يعودوا أوفياء للإرث الاتاتوركي. كان هذا جزءاً من إرث الإستبداد الشيوعي المسموم ومن تركته الفاسدة والمفسدة.

وِراثَة
inheritance; heredity {2W}

له نظرية مهمة حول انتقال مرض السكري بالوراثة. الوراثة عامل مهم في الاصابة بداء السكري. العضوية في مجلس اللوردات لا تزال تنتقل بالوراثة حتى الآن.

تُراث
legacy, heritage; inheritance {2D}

كيف تنظر الى قضية احياء التراث المعماري الاسلامي وترميمه؟ هذا الوعي يحول دون اعتبار التراث أمرا مقدسا لا يحتمل التغيير. اي تغيير يجب ان يأخذ في الاعتبار الحداثة، مع الاحتفاظ بتراثنا وعاداتنا وثقافتنا. علينا ان نرجع الى تراثنا القديم كبداية لطريق انتاجنا الفكري. سجلت المدينة القديمة على قائمة التراث العالمي.

ميراث
inheritance, heritage {2W}

عمها كتب اليها أن تحضر لتأخذ حصتها من «الميراث». اشترى محمد الجوّاني وولده بما حصل له من الميراث باقي الضيعة من الورثة. ما دامت زينة ابنة والدها الوحيدة فإنها لا تحجب ميراثا. حبلت كي تنجب ولدا يحجب الميراث. دعا الى التفاعل مع ميراث الامم الاخرى. قال ان بلاده لا تزال تناضل ضد ميراث آلاف السنين من النظام الاقطاعي.

---

behind وراء

خَلْفَ
behind {3D}

يعيش حاليا ما يقرب من مليوني أمريكي خلف جدران السجون المحلية والفيدرالية. كانت تسير خلف سيارة المجني عليه. كانت تعمل من خلف الستار. كل القوى السياسية والحزبية والفكرية قد وقفت خلف مبارك ليحمي الأمة من غوائل الإرهاب. استبعد ان تكون اي جهة اسلامية خلف العملية. نظرت الى المطر من خلف الزجاج.

وَراءَ
behind, after {2D}

البيوت لها أسوار ووراء الأسوار حدائق. أصرت على إخفاء وجهها وراء النقاب. لا يشغله في الدنيا سوى الركض وراء النساء وجمع المال. كان يلعب دوره من وراء الستار. ماذا يدور وراء الكواليس؟ اتهمت إسرائيل بأنها وراء انفجار الخليل. لمح غير مرة الى ان العراق يقف وراء الاحداث. كانت بريطانية قوة عالمية لها ممتلكات ومصالح ضخمة فيها وراء البحار.

---

to distribute وزّع

see نشر

رَوَّجَ
to circulate, spread sth or أَنَّ *the idea that* {2D}

روّجوا الأكاذيب والأباطيل لتحويل مجرم الى بطل. كان الاسلاميون هناك يروّجون ان لا معنى لاعترافهم بالديموقراطية طالما ان وصولهم الى الحكم – بالديموقراطية – ممنوع. يروجون المخدرات في سيناء. المهرجان تنظمه وزارة السياحة لترويج السياحة في مصر.

قَسَّمَ
to distribute sth بين *among; [see* فصل*; to divide, split sth]* {2W}

جاءت قدرية معها بقطعة شيكولاته قسمتها بينهما بالعدل. لم تجد عندي شيئا سوى تمرة واحدة، فأعطيتها إياها، فقسمتها بين ابنتيها ولم تأكل منها. الوزارات قسمت بين الأحزاب الثلاثة. قسّم المبلغ على ١٨ حاملاً لميداليات ذهبية و١٩ حاملاً لميداليات فضية. قسّمت وقتي بين فني وبيتي.

وَزَّعَ
to distribute sth على *among* {2D}

وزعت الشركة العام الماضي أرباحاً على المساهمين بلغت ثلاثة بلايين ريال. الناس الذين وزعوا البيان لا يملكون شجاعة الظهور والقول اننا وزعناه. وزعت الجوائز على الفائزين. وستوزع صورة اعلانية ضخمة تضم بطل سباق السيارات. أين توزع منشوراتك؟

weight وزن

ثِقْل
weight {2D}
pl: أَثْقال

يشعر بثقلها، يحس انتفاخها الطري حين يلمسها باصابعه. رفع الأثقال. رمى مانشستر بكل ثقله وسنحت فرصة ذهبية امام الفرنسي اريك كانتونا لكنه اهدرها. وصل بريتن الى جنيف أمس لكي يلقي بثقله وراء مسعى ابرام اتفاق لمنظمة التجارة الدولية. الفتى يدفع بكل ثقله نحو الأرض.

وَزْن
weight {2D}
pl: أَوْزان

وزنها ٦٨٠ كلغ ويمكنها تحميل حتى ٢٥٠ كلغ. لا أهتم بهذه الاتهامات ولا اعطيها وزنا. حقق المصري خالد قرني ثلاثية أخرى في رفع الأثقال لوزن ٩٩ كلغ على غرار ثلاثية ناصر سيد حلال الصباحية. هو بطل العالم لوزن فوق الديك. يبلغ عدد الأحجار أكثر من ٢٠٠ ألف طوبة ووزنها يتجاوز ٣٠٠ طن. طلب السعر الذي يريد، ولكن ليس من حقه الغش في الوزن.

pillow وسادة

مِخَدَّة
pillow, cushion {2M}
pl: مَخادّ، مِخَدّات

يضع رأسه على المخدة ويغفو. أريد ان يشم المدخن رائحة مخدته بعد استعماله لها وأن يسأل نفسه بعد كل كحة يكحها: ألم يأت الوقت لانتصر على هذه الملعونة بدلا من أن تهزمني. أسندت رأسها الى مخدة ناعمة رقيقة كأنها من حرير.

وِسادَة
pillow, cushion {3W}
pl: وِسادات، وَسائِد

نحتاج إلى وسادة الحب كي نرتاح. كلما وضعت رأسها الى جوار رأسه فوق الوسادة تذكرت.. الآخرين. قد وضع كومة من الرمل وسادة له. ركّاب تلك السيارات اكتفوا بالوسادة الهوائية وتجاهلوا الحزام. رأيت نفسي لا أقوى على الاستمرار ودفنت وجهي في الوسادة.

middle وسط

مُنْتَصَف
middle (usu. related to time) {3D}

جدوله الزمني يتوقع انتهاء أعماله منتصف ١٩٩٩. يعترف بأنه قبيل منتصف الأربعينات وجد نفسه على اتصال مع جماعتين شيوعيتين. المرأة في منتصف العمر. بعد يومين سآتي الى هذا المكان السياحي في الثالثة بعد منتصف الليل. الكميونات الكبيرة تُفرِغُ بضائعَها في منتصف الشارع.

وَسَط
middle (usu. related to a place) {2D}

سوق البالة بدأت في وسط عمان الشعبي في الاربعينات. القرض لن يسمح ببناء سدين في وسط المغرب. كانت وفود نيجيريا ووسط افريقيا وانغولا تزعمت حركة لنقل المقر من القاهرة. في وسط الشارع اقامت محافظة الجيزة حديقة زرعتها بالورود والاشجار والحشائش.

wide واسع

see كبير

رَحْب
wide, spacious {3W}

انه قلق تجاه ما يخبئه له العالم الرحب. فتح امامهم آفاق العالم الرحبة. من النافذة القرآنية المضيئة الرحبة، نستلهم مفهومنا للظاهرة القومية – العروبة – كونها حقيقة إلهية. ملاحظة بسيطة على مقالكم أرجو ان يتقبلها صدركم الرحب.

رَحيب
wide, spacious {3M}

انه المكان الوحيد والرحيب الذي يبقى امام المرء حين تفقد الحياة سبب وجودها. نسي المحدثون التاريخ ونسوا آفاق الإسلام الرحيبة. سأقدمه على حقيقته سواء كان المدخل ضيقا أو رحيبا. كان رجلا زودته المقادير بالفكر الرحيب وألهمته طموحا يكاد يبرأ من الأنانية. ربط الاسلام الانسان بالكون الرحيب ولم يحصره في ركن واحد تحت اسم العلم أو المادة.

عَريض
wide, broad {2D}

ابتسم ابتسامة عريضة. فتح الابواب عريضة امام سوء ايصال الرأي. بخط جميل بالحبر الاسود العريض كتب «ديانا ودودي. الله اكبر». الطائرات ذات الجسم العريض. هذا هو الخط العريض والرئيسي لهذا الفيلم. لقد قررت تلك الشخصيات البارزة في ليكود والعمل خطوطا عريضة للتسوية النهائية تجعل الشعب الفلسطيني أسيرا في بلاده.

فَسيح
wide, roomy {3W}

ان الارض فسيحة في الجنوب. انفجرت الارض بالكامل وتشتت الى اجزاء صغيرة تتبعثر في الفضاء الفسيح. ألقى كلمته الافتتاحية في إحدى القاعات الفسيحة في فندق أوبروي. حتى المحررون في حجرتهم الفسيحة التي أدخل منها إلى حجرتي يردون تحية الصباح بابتسامة رائعة. زار منزلا فسيح الارجاء عاش فيه غاودي وراح يزينه على هواه.

واسِع
wide, big; extensive {2D}

وقفت العائلة امام نافذة البيت الواسعة المضيئة. لم يبق غيري في القاعة الواسعة. منزل الأهل الجديد في سيدني ذو مساحة واسعة. أحدث رحيله اصداء واسعة. أثار الاعلان عن تقريره قبل اسبوعين اهتماما واسعا في أوساط الرأي العام الفلسطيني. الاذاعة الموريتانية والتلفزيون المحلي يشهدان هذه الايام اقبالا واسعا.

---

to implore, beseech توسّل

see سأل

اِسْتَجْدَى
to beg (sth) (from sb or من *from)* {3D}

انها متسولة تستجدي المارة. اننا لا نستجدي احداً ان يقتنع بحجتنا، وسنترك الوقائع والاثباتات تتحدث. نحن لا نستجدي اللقاء معها. ترك شعب فلسطين في العراء يستجدي من أجل لقمة الخبز. قالت انها لن تستجدي من نتانياهو رفع الحصار. لا يحترم نفسه كرئيس دولة عندما يذهب الى عواصم افريقية ويستجدي وساطتها في الشأن السوداني.

رَجا
to request, ask VN/أَنْ *for sth* من *from sb; [to hope for; to expect]* {2W}
VN: رَجاء يَرْجُو

أرجو من سيادتكم المطالبة بالآتي. ارجو من المسئولين بالزمالك الموافقة على هذا العرض. أرجو من ادارة كل ناد توعية لاعبيها بعدم الاعتراض على الحكام. هي ثغرة نرجو من القرن الواحد والعشرين أن ينتبه اليها ويسدها.

تَرَجَّى
to request, ask أَنْ *for* {2M}

حين يذهب محيي الدين تاركاً الحديقة المهجورة يترجّاه الفتى ان يصطحبه. الحب الذي دفعه الى ان يترجّاها كي تأتي لم يستسلم الشاعر له لغوّيا ولا شعريّا. سيأتي اليوم الذي تترجون فيه تركيا أن تكون في اتحادكم.

تَسَوَّلَ
to beg (for sth) {3W}

عليهم ان يعرفوا ان المرأة الافغانية اصبحت تتسول للحصول على لقمة العيش. هناك أكثر من مليون طفل يهيمون على وجوههم في شوارع المدن الكبرى يلمّعون الاحذية والسيارات ويعبثون بأكوام القمامة ويتسولون. لا نتسول الصداقة ولكن كل ما يمكن ان نقوم به لاكتساب الاصدقاء نقوم به.

تَضَرَّعَ
to implore, beg إلى / ل *sb* (usu. God) أَنْ *to do sth* {3M}

لا تتضرعوا الى من مات الضمير فيهم وعميت البصيرة. أتضرع الى الله ان يمن عليكم بالشفاء العاجل. مضى يقول انه يتضرع الى الله «كي ينير عقول وافئدة أولئك المسؤولين». يتضرع الى خالقه بقوله: يارب نجني بقدرتك وفضلك من القوم الظالمين. إننا نتضرع للمولى عز وجل أن يسكن الفقيد الكريم فسيح جناته. أتضرع اليها ان تبتعد عن المطر.

اِسْتَعْطَفَ
to ask for sympathy على *for sb; to entreat, beseech sb* ل / أَنْ *to do sth* {2M}

نسي غضبه بعد فترة، حين استعطفته أمي علي. لا أعتقد أن أحدا في مصر يرضى أن يستمر المودعون ١٣ عاما يستعطفون الحكومة أن تحل هذا الموضوع ولا من مجيب. قد استعطفنا الموظفة المختصة ان نتسلم الجواز في نفس اليوم. في كل مرة كان يستعطفني أن أصفح عنه وأتجاوز عما حدث. لم يرحما زملاءهما الذين استعطفوهما لعدم تنفيذ الجريمة. استعطفها لتبقى بجواره.

أَلَحَّ
to implore, beseech على *sb* ل *to do sth; to insist* على *on sth* {2D}

الحّت الولايات المتحدة علينا للحضور، وقالت انه يجب ان نشارك. يلحّ المواطنون، قبل المسؤولين، على وحدة بلدان الخليج. ألح الوزير على القاضي ليكتب ذلك على ورقة. لماذا تلح الولايات المتحدة على عقد مؤتمر الدوحة؟ الحّ على الانضمام الى فرقته. تلحّ الفكرة على رأسي. سؤال قديم يلحّ اكثر كلما اتسعت مساحة الجواب.

اِلْتَمَسَ
to request sth من *from sb, beg for sth* {2D}

التمست لها الأعذار لمجرد أنها معادية للشيوعية. سيلتمس الدعم من منظمة الدول الأميركية. التمس قبول استقالتي من رئاسة مجلس الأعيان. ألتمس من سيادتكم وقوفكم بجانبي حتى أحصل على معاش زوجي. ألجأ إليك لألتمس منك الرأي والمشورة في مشكلتي التي أقف أمامها حائرا الآن.

ناشَدَ
to implore sb VN/ان *to do sth* {3D}

ناشد الرئيس حسني مبارك كلا من الهند وباكستان وقف الأعمال العسكرية. عرفات يناشد البابا التدخل لتحريك عملية السلام. طارق عزيز يناشد أوروبا «الضغط» لرفع الحظر. نناشد جميع الاطراف الالتزام بتعهداتها. الكل يناشدونها ويستعطفونها. ناشد الدول الأوربية أن «تتعامل بسرعة مع متطلبات المساعدة لألبانيا».

تَوَسَّلَ
to imlore, beseech sb to do sth or إلى / ل *sb* أَنْ / ل *to do sth* {2W}

يتوسلون المحكمة الموقرة الاستجابة لهذا الطلب. توسلت الى أتباعه بالاسراع في تنفيذ ما طلب. توسلت الى الملك ان يعفو عن شعبها. المتهمون يتوسلون اليكم ان تتدخلوا لدى الرئيس كلينتون. لن نتوسل بل سنتحدث عن تعاون. أتوسل للدكتور كمال الجنزوري رئيس مجلس الوزراء أن يعمل على حمايتي. أتوسل اليك ان تذهبي الآن.. حالا. توسل العقرب الى الضفدع لينقله عبر النهر.

وسيلة **means**

مَطِيَّة
instrument, means to an end {3M}
pl: مَطايا

لا نسمح للوصوليين تحويل الدين مطية لطموحاتهم الشخصية. دعا الى الحؤول دون ان يصبح «الدين مطية لأطماع اقتصادية وعسكرية». الجسم يصبح مطية للانسان ولايعود الانسان مطية لجسده. رفض أن يجعل الأمم المتحدة مطية للولايات المتحدة لا تفعل إلا ما تأمرها به.

وَسيطَة
(pl) *means* {3W]
pl: وَسائِط

وسائل التعبير ووسائطه قد تطورت وتعددت حتى عند جماعات الضغط. لا توجد قوانين دولية واضحة تحدد مدى شرعية استخدام الوسائط المعلوماتية في شن حروب عبر أجهزة الكمبيوتر. ما لديه من وسائل ووسائط الكترونية تغنيه عن الخروج من المنزل.

واسِطَة
means; [intermediary] {2M}

يبحث عن واسطة او وسيلة لتسهيل تعامله وإنجازه لمصالحه. لا حاجة لذكر واسطة الانتحار (أي الغاز) فالمهم هنا النتيجة طبعا، اي الموت. اذا تم ترشيحه فهو مؤهل في شكل ممتاز ليكون واسطة اتصال مع اسرائيل وايضا مع الدول العربية.

وَسيلَة
means {2D]
pl: وَسائِل

يبدو ان التلفزيون اصبح وسيلة الاتصال الوحيدة بالدولة في بيروت. المدرسة وسيلة الحصول على شهادة والشهادة طريق الوصول الى وظيفة. سيارته هي وسيلة النقل الوحيدة بين المحطة والمدينة. تستخدم اسرائيل اتفاق الخليل «وسيلة للضغط على لبنان وسورية معا». لم تمنعه آلام المرض وقسوة وسائل العلاج عن متابعة قضايا شعبه وأمته. هذا الرجل يركب كل وسائل المواصلات مجانا. مراكز الشباب تفتقر إلى أهم أدوات ووسائل الإعداد البدني. الانترنت هي وسيلة اتصالات رائعة.

---

badge وسام

ميدالِيَّة
medal {2M}

المخترع السوري محمد سالم محمد يحصل على ميدالية ذهبية عالمية. تمنح ميدالية «غوته» سنويا لشخصية عالمية أبدعت في مجال الفن والأدب والشعر والفلسفة.

نِشان، نيشان
medal, decoration {2M}
pl: نَياشين

من اهم الاوسمة والنياشين والانواط وشهادات التقدير التي حصل عليها الفقيد: نوط الجدارة الذهبي (مصر ١٩٥١) والميدالية الفضية للتربية البدنية (فرنسا ١٩٥١) والنيشان الاولمبي (فنلندا ١٩٥٢) ووسام الاستحقاق من الدرجة الرابعة (مصر ١٩٥٥) وميدالية الاستحقاق اللبنانية الفخرية (لبنان ١٩٥٥) وميدالية الجدارة (فرنسا ١٩٥٥) ونيشان الجمهورية من الطبقة الرابعة (١٩٦٠) ووسام الرياضة (المملكة المغربية ١٩٦٠).

نَوْط
medal, badge {3M}
pl: أَنواط

حصل على ميدالية نوط الاستحقاق الوطني. من الأوسمة والأنواط التي حصل عليها: وسام الملك عبد العزيز، ووسام الشرف الفرنسي، وميدالية الحرم، ونوط درع الجزيرة ونوط الخدمة (٣٠ سنة). وزير الدفاع يقلد سفيرنا في سوريا نوط التعاون الأمني من الدرجة الأولى.

وِسام
medal, badge {2D}
pl: أَوْسِمَة

منح الرئيس السوداني عمر البشير وسام العلوم والآداب والفنون لعدد من الشخصيات السودانية البارزة. ملك المغرب الحسن الثاني منح الفنان المصري عادل امام وسام الاستحقاق الثقافي. لم يقدم الشكر لنا ولم نقلد اي وسام أو تدفع لنا اعانات مالية. هو صاحب البزة العسكرية الأكثر تزينا بالنياشين والأوسمة في تاريخ إسرائيل.

---

to describe وصف

صَوَّرَ
to portray sb/sth (as or على *as)* {2D}

يصور الفيلم الرئيس موبوتو شاباً. يصوّره الغرب كما يحلو له. صوّره الأدب على انه مثال الشجاعة والتضحية. وصوّرتهم الألياذة دوما على أنهم الأشد من بين تلك الأقوام. «ان الوضع ليس متفجرا في الجنوب كما يصوّره البعض». يصوّرهم الكتاب بطريقة ودية ومرحة.

نَعَتَ
to characterize, describe sb/sth ب *as* {3W}
VN: نَعْت يَنْعَتُ

البعض نعتها بـ «المجنونة». نعته «ابن ميسر» بالقاضي المفضل. أخذ الناس ينعتونه باسم «نينجا» تشبيها له بأبطال اللعب الالكترونية. الأمراض التي نعتوها بصفة: «وبيلة» تصيب قلبي المذكر والمؤنث بدون تفريق. ننعت هذه السياسة بالفجور.

وَصَفَ
*to describe sb/sth (*ب *as)* {2D}
VN: وَصْف يَصِفُ

يصف الكاتب مآسي اللاجئين الاكراد الذين تراجعوا الى اعالي الجبال. وصف المراقبون قمة ديميريل – سيميتس القصيرة بأنها أشبه ما تكون بكبسة زر لتشغيل محطة طاقة جديدة. وصف جونز اللقاء مع بري بأنه «جيد». وصفوا افغانستان بالبقرة الحلوب حيث استخدمتها اسلام اباد من اجل ضمان الدعم الاميركي لحكم الجنرالات. وصف الأمر بأنه «رهيب بالفعل».

صفة quality, characteristic

see طبيعة

خَصِيصَة
characteristic, quality {3M}
pl: خَصائِص

تعتبر الحرية خصيصة انطولوجية تكوينية. اكتسب أدب بول بولز خصيصة المكان الذي يوجد فيه. اما كمادة غذائية فالقهوة لا تتوافر فيها هذه الخصيصة، لأن البروتين فيها غير قابل للذوبان ويبقى مع المسحوق. الخصيصة المشتركة بينها جميعا هي الديموقراطية. أسباب سقوط الطائرة كانت فنية وتعود إلى خصائص المنطقة وارتفاع درجة الحرارة إلى ٤٠ درجة مئوية.

خاصِّيَّة
characteristic, peculiarity {2W}
pl: خاصّيّات، خَواصّ

اعتبروا ان تفوقهم الحضاري الجديد يرجع الى خاصية بيولوجية متقدمة في أصلهم الآري. يستدرك ان هذه خاصية لا تقتصر على الجيش، فجميع الاحزاب السياسية في تركيا ترى في نفسها الممثلة الوحيدة للارادة الوطنية وتعمل على ربط قدر تركيا بها. أما المسرح فله خاصية فريدة.

خَصْلَة
quality, characteristic {2M}
pl: خِصال

هل هو اصيل أم أمر جديد بدأه وجربه ثم صار خصلة عنده. هذا ميزة فيه وخصلة. هذه الخصلة الجيدة لا يمكن ولا يجب أن تغطي على الأخطاء السياسية. هذه خصلة وصفة الاناس المتوسطين المعذورين الذين يملأون الربع المسكون.

خِلَّة
attribute, characteristic {3M}

ظل حبه له ثابتا متزايدا على الزمان، معربا عن خلة الوفاء فيه. عجز كثير من التلامذة الذين أصبحوا أساتذة عن الارتفاع الى المستوى الخلقي الذي يحفظ لهم خلة الوفاء لأساتذتهم الذين علموهم ورقوهم الى درجاتهم العلمية.

سَجِيَّة
natural disposition, characteristic {3W}
pl: سَجايا

يبدو الفايد على سجيته وهو يقف بحلة انيقة الى جانب الملكة اليزابيث. كان يحدث له في بعض الأحيان ان يكلف بأدوار صغيرة تمكنه من ان يرقص ويمثل ويغني على سجيته. الأسطورة عالجت موضوع منطقتين: الأولى تحب التطور والتكنولوجيا والأخرى تفضل العيش على سجيتها وطبيعتها الفطرية. لعب البيروفيون على سجيتهم فعمقوا جراح الارجنتين بهدف ثان.

سِمَة
characteristic, feature {3D}
pl: سِمات

يعتبر الانتعاش سمة معبرة عن شخصيته. يعطي الكتاب سمة النصّ المفتوح. سمتها الاساسية هي انها تتعارض مع الافكار السائدة بوجه عام. دخل الولايات المتحدة بسمة ديبلوماسية. إن التشاور هو سمة من السمات التي يحرص عليها الحاكم في الكويت.

شيمَة
character trait, innate quality {2M}
pl: شِيَم

انهم شعب شيمته العطاء في التعامل وليس الأخذ. تلك في الواقع، شيمة كل الانظمة الاستبدادية. الظلم هنا شيمة والعنجهية والاستبداد موهبة. أهل العراق معروفون بشيمتهم وكرمهم وطيبتهم. الكلب شيمته الوفاء وهو الاخ الحقيقي للانسان.

طابِع
nature, character; characteristic {2D}

هناك مشكلة فلسطينية في لبنان ذات طابع اجتماعي. الطابع الاكاديمي غلب على المؤتمر. إن تجاهل هذه العوامل يحول دون فهم الطابع الحقيقي للمجتمع. لم يستهدفوا تغيير الطابع العلماني لهذه الحركات وتزويدها بأساس ديني. الاساطير كانت طابعا مميزا للعصور الوسطى عموما.

مَزِيَّة
merit, virtue; good characteristic; [advantage] {2M}
pl: مَزايا

اننا شديدو التعلق بمدينتنا، هكذا هي الحال! وهذه مزيتنا! كان عائدا إلى مزيّة «التسامح» التي اتصف بها المجتمع العربي. لا بُدّ له، لكي يكون شعريا، من ان يتصف بهذه «المزية». هذه المعرفة ليست مزية لأحد من دون آخر. نرى مع ذلك ان إحداهما تتصف بهذه المزية، وان الثانية خالية منها.

ميزَة
distinguishing feature, characteristic {2D}
pl: ميزات

ميزتها انها عربية الفكرة والتنفيذ. يشكل صغر عمر السكان ميزة ايجابية لأذربيجان. تم ادخال اكثر من اربعين ميزة اضافية مطورة على «جيب شيروكي» الجديدة. يتيح ويندوز الداعم للعربية هذه الميزة من دون أية مشاكل.

صِفَة
quality, characteristic {2D}
pl: صِفات

اكتشفت، بصفتي عالم انتروبولوجيا، ان الأدب ربّما يكون من أفضل الطرق لفهم ثقافات اخرى. لوحظ بوضوح ان اجراءات المحـاكمة تميزت بصفة الاستعجال. اميركا تعارض تعديل صفة البعثة الفلسطينية لدى الأمم المتحدة. يميل الزعماء الايرانيون الى تجاهل الصفة العربية لدول الخليج. يتهم المعارضة السودانية بالخيانة، وينزع عنهم صفة المحاربين في سبيل حقوقهم وحقوق الشعب السوداني في الحرية.

---

to arrive — وصل

see جاء

اِنْتَهى
to come إلى *to, arrive* إلى *at; [to be concluded, end]* {2D}

سرنا في أزقة مزدحمة، ثم انتهينا الى مطعم شعبي. القتال لم ينته الى نتيجة حاسمة. انتهينا الى اسوأ مما بدأنا. هذا ينتهي الى كارثة عندما تتزوج عائشة من انكليزي شاذ. العملية السلمية لن تنتهي الى حل شامل وعادل.

وَصَلَ
*to arrive (*إلى *at); [*see انتهى*; to end, be concluded]* {2D}
VN: وُصول يَصِلُ

يصل القاهرة السبت المقبل رئيس الوزراء الاردني الدكتور عبدالسلام المجالي. وصل الى القاهرة اول من امس وفد ليبي برئاسة الدكتور بشير زمييل. وصلت الى شقتي حوالى الواحدة وتناولت غداء طيبا. وصل عدد طلاب المدارس الشرعية الى ٢١٨١ طالبا وطالبة. يصل اجمالي ما تصرفه سنويا الى ٢٧ بليون ريال. وصل الأمر إلى حد التفكير بجعل الأرجنتين أو اوغندا وطنا قوميا. ادت ادوارا ثانوية كثيرة قبل ان تصل الى البطولة.

تَوَصَّلَ
to reach إلى *sth; to arrive* إلى *at* {3D}

توصلت الحكومة السودانية إلى اتفاق مع مسؤولين في الصندوق الدولي. قالت الشركة انها توصلت الى هذه النتيجة عبر استخدام تكنولوجيات حديثة. المخابرات الأميركية توصلت الى ان الصين الشعبية لا تبيع باكستان الصواريخ فقط وانما تساعدها على تصنيع هذا السلاح.

---

to become clear — اتّضح

see ظهر

تَبَيَّنَ
to become clear; to appear {2D}

تبين من التحقيق ان الحاخام كان قد اتفق مع حاخام آخر ليسهل عملية التهود. تبيّن أمس ان نتانياهو سيلتقي اولبرايت خاوي الوفاض. تبين عدم وجود اي تغيير فيهما. قد تبيّن في ما بعد انه كان صادقا مع نفسه. الأكل والشرب في ليلة الصيام مباحان إلى أن يتبين الخيط الابيض من الخيط الاسود من الفجر. بعد مرور سنة على عمل هذه اللجنة تبين عدم فعاليتها.

تَجَلَّى
to become clear; to show up {2D}

هناك علاقة قائمة تجلت في تأييد كل طرف السيد خاتمي. الشعوب التي لم تتجل في نص أدبي، هي غير موجودة. أكدت هذه المصادر «ان الدور السوري تجلى في الاتصال الهاتفي الذي أجري بين الرئيسين الهراوي وحافظ الأسد. يخرج العمل الفني الى النور في صورة تتجلى في ذهنه أولاً. اما الهجوم السعودي فلم تساعده قلة الخبرة وتجلى ذلك في الدقائق الأخيرة من الشوط الأول.

اِنْجَلَى
to become clear, clear up {2M}

ما ان انجلى غبار المعركة حتى بدأت المفاوضات بين الجانبين. ما هي الصورة التي انجلت عليها الانتخابات الجزائرية؟ انجلت الغيمة السوداء.

اِنْكَشَفَ
to be revealed {2W}

انكشف المستور، والمعلوم لم يعد ظاهرة. انكشفت النيات وراءها. يجتهد في ألا ينكشف امره. عندما تنكشف الحقيقة سيهتزّ كيان الدولة من أساسه. انكشفت نقاط ضعف معينة في سلطة الثورة وبرنامجها وتصرفاتها.

وَضَحَ
to become clear {2M}
يَضَحُ

وضح جلياً أن هذا الفن المدهش أقدر الفنون كافة على احتضان الذاكرة البصرية عبر مراحل تطوره. بعد نهاية الحرب الباردة، وضح ان نظرة أوروبا ستتحول الى الداخل. بعد انقشاع زوبعة النصر الرأسمالي بتفكك الاتحاد السوفياتي، وضح ان روسيا ما زالت تحتل رأس قائمة الاهتمامات.

اِتَّضَحَ
to become clear {2D}

اتضح ان الشرطة البريطانية زودت الدنماركيين معلومات في هذا الشأن. لا تكاد ملامح الغرب تتضح الا لتزداد غموضا. فلننتظر قبل الاجابة وخلال ٤٨ ساعة ستتضح الامور. اتضح ان جميع أعضاء المجلس متفقون تماما. اختفى واتضح لاحقا انه اعتقل.

واضح

clear

see نقيّ

بديهي
self-evident, obvious {3W}

بديهي انه يجتهد في ألا ينكشف امره. من يحاول نشر المعرفة أو نقل حقائق بديهية مصيره الاعتقال. من البديهي الاعتقاد بأن اقامة نظام حكم مستقر وديموقراطي في العراق هو شرط لا بد منه، للتوصل الى تسويات عادلة وبعيدة المدى. سيكون بديهيا ان الحصري سيرفض بنبرة أعلى فتح مدارس في شمال العراق.

بادٍ
clear, evident {3W}

كانت علامات الارتياح بادية على الرئيس خاتمي. يقول المؤلف إن تراثنا العربي غني بقيمه كالقيمة الانسانية البادية في معاملة المسلمين للشعوب التي دخلت في حوزتهم. كانت الكراهية البادية على الساحة العربية الفلسطينية هي ثمرة هذا التباطؤ. أزمتها في نهاية «وجيز القرن العشرين» كانت بادية للعيان.

بَيِّن
clear {3D}

كان لها اثرها البيّن والواضح في بعض حواضر الحجاز آنذاك. يكمن وراء هذا التفاؤل البيّن شعور بالحذر والترقب. كان من الواضح انه لا يمكنه ان يبدي اي اسف على الزوال البيّن والحتمي للنظام السوفياتي. اتسمت اوضاعها الاقتصادية العامة احيانا بالازدهار البيّن وأحيانا بالتقهقر والركود. من البيّن ان مجال التوسع في البورصة السعودية كبير.

مُبِين
clear, evident {2M}

الكتاب المبين (القرآن). عنوان الكتاب هو: «القول المبين في أخطاء المصلين». «الفرق المبين بين توحيد المرسلين وتوحيد الوطنيين». المخدرات: خطر التدخين والعجز المبين. أتمنى النجاح المبين لطلبة الليسانس والمزيد من الرقى والطموح لطلابنا بالمراحل المختلفة.

جَلِيّ
clear {3W}

يظهر هذا الامر جلياً في الجزء الثاني من الكتاب. يبدو الفارق جلياً بين المغرب السياسي والمغرب الثقافي. قد أصبح جليا لأي مراقب انه كلما بقي نظام صدام حسين فترة أطول في بغداد كان العراق معرضا أكثر للتفكك. كانت كلماته البليغة وتعابيره المبينة، واضحة جلية.

مُتَجَلٍّ
clear, obvious {2M}

لو جعلنا مقياس الحرية هو السماح بنقد الحركة الصهيونية والدولة العبرية لوجدنا ان حرية الفكر في الاتحاد السوفياتي كانت متجلية بينما في أميركا مختنقة الى أبعد الحدود. أضاف الى قديمه جديدا ساطعا ومتجلّيا.

صَريح
clear, forthright {2D}

لم يرد في كلامه اعلان صريح لمعارضته الأرهاب. الاتفاقية تتضمن اعترافاً صريحاً بوعد بلفور. أين برنامج الحكومة وخطتها الواضحة والصريحة؟ وجه اتهاما صريحا إلى جهاز الاستخبارات الاسرائيلي. حقق فوزا صريحا على فريقه السابق الشباب بهدفين نظيفين لكنه طرد من الملعب.

صافٍ
pure, clear {2D}

كافحوا من أجل لقمة الخبز والحياة الحرة... وجرعة الماء الصافية. معدل استهلاك الكحول للفرد في روسيا يصل الى ١٥ ليترا من الكحول الصافي سنويا فيما تعد ثمانية ليترات منها «خطا أحمر». له لغة صافية بسيطة. اظهرت بيانات بورصة القاهرة ان الارباح الصافية لشركة «مصر الخليج لتصنيع الزيوت» زادت، قبل حساب الضريبة، بنسبة ١٩,٥ في المئة.

ظاهِر
evident, clear {2W} see بارز

الظاهر ان هذا الامر في طريقه الى التغيير. خلال العشرين سنة المقبلة سيرتفع عدد السيارات في بريطانيا اكثر من ١٠ ملايين وحدة وهو أمر صعب التصور في ظل الازدحام الظاهر. آثار الحصار ظاهرة في كل نواحي الحياة في العراق.

ناصِع
clear; bright, gleaming; [white] {2W}

هذا هو الدليل الناصع على قوة براهينهم. قد كان ملف خدمتي بالشركة ناصعا. نجح في تحويل القصة إلى دراما شعرية ذات لغة ناصعة.

واضِح
clear {2D}

الواضح ان المشروع الجديد لن يجد منافسة قوية في منطقة الشرق الأوسط. واضح ان هدف المناورات هو الضغط على سورية. لدينا علاقة جيدة مع ايران وهناك حدود واضحة بيننا. أشار الى أن الطلبات تفوق العروض في صورة واضحة. القانون واضح في اعترافه بالاديان التاريخية الكبرى. هذا يعطي فكرة واضحة عن التضحيات وروح المشاركة.

وضع — to put

حَطّ
to put sth somewhere [see نزل; *to set down, land]* {1M} (Coll)
يَحُطّ

حطّ التذكرة في جيبه. حط في بطنه بطيخ صيفي. حطيت القميص على الكرسي.

أَوْدَعَ
to put sth somewhere; to deposit sth {3D}

استغل الخروج الخاطئ للسويركي من مرماه فأودع الكرة في الشباك. فر اكثر من مرة من مستشفى الخانكة للامراض العقلية منذ اودع المستشفى للمرة الاولى في ١٣ كانون الاول (ديسمبر) ١٩٩٣. اودعت زوجها القبر. اودعت مصر امس في الجامعة العربية وثائق المصادقة على اتفاقية تنمية وتيسير المبادلات التجارية بين الدول العربية.

وَضَعَ
*to put sth somewhere; [*see كتب; *to write]* {2D}
VN: وَضْع يَضَعُ

وضعت السيارة في البداية تحت النفق عند مستوى العمود الثالث للجسر. وضع اصبعه على الجرح الذي يعاني منه. وضع الحجر الأساس لفندق «فوروم». وضع العراقيل في طريقه. هو يضع اللوم، كل اللوم، على الاستعمار الغربي. يضع النقاط على الحروف. وضعت الحكومة الاسبوع الماضي خطة عاجلة لانقاذ الصندوق.

وضع situation, circumstance

حال
state, condition, circumstance {2D}
pl: أَحْوال
في حال in case
بطبيعة الحال naturally
على أي حال in any case

الوضع في الشرق الاوسط ليس في احسن حال. يجب اعلان حال طوارئ. التعاون الاقتصادي ممكن في اسوأ الاحوال. بقيت الأمور على حالها بين دمشق وواشنطن. «لا يمكنني القول ان انقلاباً لن يجري» في حال استمر الوضع الحالي. في كل الاحوال فإن الحكم في الولاية سيبقى في يد الاشتراكيين الديموقراطيين. التمسك بالحقوق لا يعني بأي حال من الأحوال البقاء في حالة الانتظار. جميع هذه الأسلحة يمكنها ان تعمل في جميع الأحوال الجوية. كان المبلغ سينفق على أي حال على إعادة طلاء الطائرات الروتيني. هذه النتيجة كان الدور الأمريكي حاسما في التوصل إليها بطبيعة الحال.

حالَة
state, condition; case {2D}
pl: حالات

هل ستبقى الصين والحالة هذه، اشتراكية؟ فرض على البلاد حالة من الرعب. زوجته توفيت بسبب حالة مرضية لم يستطع معالجتها. في هذه الحالة لا يصح لك أن تأخذ ربحا عن هذه الأموال. تجنّب حالة الحرب. ما حالتك الصحية حالياً؟ حالة جديدة من مرض البقرة المجنونة سجلت اواخر الاسبوع الماضي في غرب فرنسا. الفريق التونسي لم يكن في احسن حالاته في تلك المباراة. كان ذلك امتحاناً ممتازاً لقدرتهم على التعامل مع الحالات الطارئة.

ظَرْف
circumstance; [envelope] {2D}
pl: ظُروف

لا يجوز امتلاك العراق هذه الاسلحة تحت اي ظرف كان. الظروف التي يمر بها وطننا تحتاج للرؤية الكاشفة. أتمنى ان تتم الزيارة في احسن ظروف ممكنة. يبحث في جذور الأكراد وظروف حياتهم وطرق معيشتهم وطبائعهم عبر التاريخ. الظروف الجوية سيئة. ما يعمل ويفيد في اوضاع وظروف معينة قد لا يعمل ولا يفيد في اوضاع وظروف اخرى.

مُلابَسَة
surrounding conditions, circumstances (usu. pl) {3W}
pl: مُلابَسات

شرح عبدالأمير مخزومي ملابسات الحادث. ينبغي «التزام الحذر الشديد» حول ملابسات مقتل الاميرة ديانا. بذل كل جهد ممكن لكشف ملابسات هذا العمل الغادر والوقوف التام على تفاصيله.

وَضْع
situation, circumstance {2D}
pl: أَوْضاع

الوضع البائس الذي يعاني منه العرب حالياً هو نتيجة طبيعية للخلل في توازن القوى. الوضع الداخلي للحزب ليس من صنعنا نحن. لا اجد الوضع هنا اسوأ من اي مكان آخر في العالم. وصف الحسيني الأوضاع في القدس والأراضي الفلسطينية بأنها «حرجة وصعبة جداً». وضعه يختلف عن أوضاع دول أخرى.

متواضع humble

see حقير

خاشِع
humble, submissive (religious context) {2M}

يتقبل الصلاة الخاشعة المؤمنة. يقف أمام قدرة الله خاشعا مبهورا. نرفع أيدينا بالدعاء الخاشع إليك. ركع خاشعا متضرعا في بقعة طاهرة من جبال سيناء.

خانِع

submissive; humble {3M}

أليس من الطبيعي جدا أن تتلذذ أمريكا بين الحين والآخر بأن ترى عزيز الأمس وقد أصبح ذليلا خانعا ضعيفا؟ لا يُخفي الكاتب انه يحيا اسيرا خانعا لشهوات أهوائها.

وضيع

humble, lowly; inferior {3M}

كانت من اصل وضيع. استخدم كل حكامنا المنتخبين وغير المنتخبين نفوذهم على شاكلة الشرطي الوضيع. انت مجرد نذل تافه، غبي، لص، وضيع. ينتظر بضعة أشهر لقبض راتب وضيع. المواطنون لايجدون إلا وظائف وضيعة.

مُتَواضِع

humble {2D}

يفخر دائما بأنه من أسرة متواضعة. هذا الكاتب فقير اللغة ضعيف الاساليب متواضع المواهب. وجه اليهم انتقادات عنيفة ولاذعة بسبب المستوى المتواضع الذي ظهر عليه الجميع في هذا اللقاء. لم يصل عدد السياح إلى أربعة ملايين سائح، وهو رقم متواضع وضئيل جدا بالمقارنة بإمكانات مصر السياحية الهائلة. عنده رصيد متواضع من المفردات العربية. في رأيي المتواضع، فإن هذا اقل ما يمكن ان نتوقعه من المشاركين.

---

to promise وعد

see كلّف

عاهَدَ

to promise sb أَنْ/ على *to do sth; [to make a contract]* {2W}

عاهدت نفسي أن لا أكون الا لك وحدك. نحن عاهدنا الله على ان نكون مجاهدين صابرين. عاهد على «اننا لن نخضع لظالم». انني رجل قد عاهدت نفسي على الدفاع عن الحق.

تَعَهَّدَ

to promise sth or ب *sth* {2D}

لا تغيير في موقف السعودية ومصر لم تتعهد الحضور. تعهد الطرفان في المادة السادسة ببذل الجهود الملائمة لتأمين المزيد من التعاون بينهما. تعهدت كندا أمس حماية احدى شركاتها العاملة في الخارج. عمد الى توقيع معاهدة اخرى مع بريطانيا تتعهد الاخيرة بضمان الملاحة في الخليج. كلينتون يتعهد العمل في فانكوفر على احلال الاستقرار في الأسواق الآسيوية.

وَعَدَ

to promise (sb) ب *sth or* بأنَّ/ بأنْ *that* {2D}

VN: وَعْد يَعِدُ

وعدت مايكروسوفت بالعمل «بقوة» على الدفاع عن نفسها حيال الاتهامات. وعد الاعلان المهاجرين الى ليبيا بأنهم سيتمتعون بـ «كل حقوقهم». وعدوا العداء الكيني دانيال كومان بالمشاركة في السباق نفسه. قد سلموا مصيرهم لشركات وتجار وعدوهم بالفردوس. وعدتني بأن تزورني في فلسطين وأنا في انتظارك. وعدناها بالعودة.

---

appointment موعد

ميعاد

appointment; appointed time, date {2D}

pl: مَواعيد

لِمَ لا تحاول النوم؟ سأوقظك عند ميعاد الدواء. حان ميعاد خروجي اليومي الاخير للساحة. حددت وزارة التعليم مواعيد الامتحانات. مجلات كثيرة غير قادرة على احترام مواعيد صدورها. تأخر في الالتزام بمواعيد السداد بسبب ظروف طارئة. التذكرة عليها أرقام القطارات ومواعيدها.

مَوعِد

appointment; appointed time; date {2D}

pl: مَواعِد

كان رئيس الوزراء ميجور اعلن موعد الانتخابات قبل ستة اسابيع. موعد هذه القمة ومكانها لم يتقررا بعد. لم يتم الاتفاق بعد على موعد اطلاق المعتقلين. بريطانيا ستعمل مع شركائها لأنهاء المفاوضات في موعدها. أكد انه لا يمكنه الالتزام بموعد محدد للانسحاب. ستعلن لاحقاً مواعد مراسم الدفن والصلاة لراحة نفسه.

ميقات
appointed time, date {2W}
pl: مواقيت

القرآن الكريم حدد ميقات صوم رمضان بأنه شهر. يدخل من باب الجامعة في ميقات يومي لا يغيره. الجميع أموات والأموات يشيعون أمواتا وإن اختلف الوقت والميقات. تحديد ميقات حدوث الزلازل صعب جدا. قلت ان الدورة هذه ليس لها ميقات، وكل حزن له دورة قد تطول أو قد تقصر.

---

to agree
وافق

see انسجم

أَجْمَعَ
to agree على *on/to sth; to decide unanimously* على *on/to sth* {2D}

اجمعت الصحف الاسرائيلية على الاشارة الى اهمية التعاون مع الشرطة الفلسطينية. أجمع الوزراء على دعم اقامة سوق اقتصادية عربية. أجمعت على ذلك مقالات التربية وعلم النفس. الكل أجمع على أن البلاد تعرف أزمة حادة في كثير من القطاعات.

صادَقَ
to approve, sanction على *sth; [to treat as a friend]* {2D}

الأمم المتحدة تصادق على صفقة تصدير منتجات مصرية إلى العراق بقيمة ١٨ مليون دولار. كان البرلمان الفرنسي صادق على هذا الاتفاق الاسبوع الماضي. البرلمان التركي صادق على منطقة للتجارة الحرة مع إسرائيل. يلتسن لن يصادق على قانون استئناف التجارة مع العراق.

اِصْطَلَحَ
to agree على *on* (adopting a name)*; [to make peace]* {2W}

اصطلح على القول ان الايمان يكون بالقلب وان العلم يكون بالعقل. قد اصطلح على اطلاق اسم «الحق بالموت» على هذا القرار. كانت تفسيرات هؤلاء المفكرين هي بداية ما اصطلح على تسميته بالمدرسة الأفلاطونية الجديدة. نحن نعيش في منطقة جغرافية معينة اصطلح على تسميتها باسم العالم العربي وتضم اقطارا لها عمق تاريخي.

اِتَّحَدَ
to be agreed على *about; [to be united]* {2M}

قد اتحدنا على ان لا نتحد. اتحدوا على ذبح هذا العدو الوهمي. اتحدنا على أن لا نضحك. اتحدت أهدافهم على الارتقاء بواقع المرأة.

وافَقَ
to agree على *on sth* {2D}

وافقت على زيادة رأس مال الشركة بنسبة ٥٠ في المئة. وافق الاتحاد الدولي للعبة على زيادة مدة البطولة. في العام الماضي وافق البنك الدولي على تقديم ١٧ قرضاً. الجزائر توافق على سعر ارخص للخام الصحراوي. الهند لن توافق على حل لقضية كشمير.

تَوافَقَ
to agree with each other or with sb (مع على *on sth); to be in harmony* مع *with* {2D}

يتوافق رأي ابن خلدون في «المقدمة» مع رأي الغزالي في «المنقذ». توافق عدد الايوانات مع عدد المذاهب في مدرسة الناصر محمد بن قلاوون. توافقنا على ان العائق الوحيد في هذا الملف هو العائق المالي. توافقوا على اصدار القرارات في الطعون دفعة واحدة. تتوافق تلك الاحصاءات مع مساعي الحكومة السعودية لتحسين مناخ الاستثمار فيها.

اِتَّفَقَ
to agree على *on sth or* أَنْ *that; to be in harmony* مع *with sth* {2D}

اتفق العراق والأردن على تجديد اتفاق سنوي لتزويد الأردن حاجته من النفط. اتفق الطرفان على مقاطعة الشركات التي تمول مشاريع تركية. قد نتفق او نختلف مع الصديق ياسين النصير حول رأيه النقدي. اتفقنا أن نلتقي مع «العوائل» في جنوب فرنسا هذا الصيف. لن ترضى بأي حل لا يتفق وينسجم مع مصالحها.

agreement اتّفاق

see عقد

مُعاهَدَة
agreement; alliance, pact {2D}

يريد ان يشارك في العملية الى ان يتم التوصل الى المعاهدة. قد مهّدت هذه الاتفاقية الى معاهدة ترسيم الحدود السعودية – العراقية. وقع المجالي معاهدة السلام في ٢٦ تشرين الأول (اكتوبر) ١٩٩٤. ادارة الرئيس بيل كلينتون تقول انها تلتزم بنود المعاهدة. كيف سيصادق الفلسطينيون في النهاية على معاهدة نهائية مع اسرائيل؟ هل سيجرى استفتاء شعبي؟

تَفاهُم
mutual understanding; agreement {2D}

كررت في بيان لوزارة الخارجية دعوتها كل الأطراف الى احترام «تفاهم نيسان». كان مطلوبا منه ان يبقى ضمن اطار التفاهم الاميركي – البريطاني. نأمل بأن تحل المشاكل العالقة بأسرع وقت وعبر الحوار والتفاهم. تم التوصل الى تفاهم بأن تمد السعودية الصين بأي كمية تحتاجها اعتبارا من النصف الثاني من السنة الجارية. حثّت على «تجديد التزام التفاهم».

تَوافُق
agreement {3D}

قال «من الواضح ان هذا التوافق لم يعجب بعض الجهات». أشارت الى «ان هناك توافقاً بين الجميع على عدم تخطي نسبة العجز المعلن». اتضح من خلال الاجتماع ان هناك توافقا جماعيا على خفض عدد الاندية في الدرجات كافة.

اِتِّفاق
agreement {2D}

أبرم العراق في كانون الاول الماضي اتفاقاً لبيع تركيا ٦,٣ مليون طن من النفط. الاتفاق ينص على حصول المعارضة على ٣٠ في المئة من المقاعد. الاردن يدعو اسرائيل الى انجاز اتفاق الخليل واستئناف المفاوضات مع سورية ولبنان. يعتبر موضوع المياه من الأسباب الأساسية لتوقيع الاتفاق الأمني بين تركيا واسرائيل.

اِتِّفاقِيَّة
agreement; treaty {2D}

وزراء البيئة العرب يحضون على تأجيل الانضمام لاتفاقية بازل للنفايات الخطرة. وصف الجو السائد بأنه «اخوي» وان هناك «تعاونا للوصول الى اتفاقية قد تكون لمدة ستة أشهر». تم التوصل الى اتفاقية أوسلو برعاية غربية. الواقع انني حتى اليوم لا أستطيع تحديد هدف هذه الاتفاقية.

---

in accordance with وفقاً ل

تَبَعاً
according ل *to* {3W}

يؤرخ للأعمال الفنية تبعاً لسنوات عملها. على الكل، تبعاً لذلك، الانصات الى هذا التحذير. تبدأ الشركة تبعا للخطة المعلنة انشاء فرع جديد في جدة. صار ترومان هو الرئيس تبعا لما نص عليه الدستور الأميركي. فشل في إنجاز فيلمه الوثائقي تبعا لصعوبة العمل في مثل هذه الاجواء.

جَرْياً
in accordance على *with* {3W}

جرياً على عادتها السنوية في شهر رمضان المبارك اقامت «وكالة الاتجاهات الاعلانية» مأدبة افطار في فندق الرمال «ساندس» وحضرها عدد كبير من رجالات الاعلام والعلاقات العامة. يأتي القرار جريا على عادة المؤسسة توزيع أرباح مؤقتة على المساهمين مرتين في السنة. جريا على العادة التي تنتهجها الموسوعات، فإن كلا من الفصول التي تؤلف هذا الكتاب ينتهي ببيبليوغرافيا موجزة تعطي مصادر المعلومات التي اعتمدها مؤلفه.

حَسَبَ
according to {2D}

حسب ارقام اوردها العساف فان نسبة العجز في الموازنة السعودية كانت العام الماضي نحو ثلاثة في المئة من الناتج المحلي الاجمالي. حسب اشخاص عاشوا تلك الاحداث مات ٤٨ الفا من التتار في الشهر الاول بعد وصولهم الى اوزبكستان. حسب هذه الاحصاءات فإن المتحف البريطاني ما زال يحتل المرتبة الأولى في اجتذاب الزوار الى لندن.

طِبْقاً
according ل *to* {3D}

طبقاً للدستور الكويتي فان لأي نائب في المجلس حق استجواب أي من الوزراء. يكون ترتيب الأسماء طبقا للحروف الأبجدية. الحديقة مرشحة، طبقا لدراسات الجدوى، لاستقطاب ما يزيد على نصف مليون زائر سنويا. رفضت المحكمة طلبها على أساس أن أمها لم تكن يهودية طبقا للشريعة اليهودية.

وَفْقَ
in accordance with, according to {3D}

وفق ذلك ستكون باحة الأقصى تحت السيادة الاسرائيلية العليا. السائل يتحلل بالماء ويتحلل عضوياً ولا يؤذي البيئة، وفق ادعاء الشركة المنتجة. اصدار العفو حق للدوما وحدها وفق الدستور. وفق القانون، فإن تنفيذ الأحكام يتطلب مصادقة الرئيس ياسر عرفات. أكدت ان «مفتشي اللجنة اختيروا وفق كفاءاتهم».

وَفْقاً
according ل *to* {3D}

وفقاً للتقرير يتوقع ان يتلقى اليمن بليون دولار من المنح والقروض. تعمل الامانة وفقاً لارادة الدول. وضع قائمة بأسماء الافراد الذين سيمنع دخولهم أو عبورهم وفقا لأحكام الفقرة ٤ اعلاه. انه ما زال الحزب الاول في البلاد وفقا لعدد مقاعده في البرلمان. اكد لي ان الامور تسير وفقا لتعليماته.

بِما يَتَّفِق
in accordance مع / و *with* {3W}

إن لبنان يتطلع اليوم الى مساعدة شركاء له من أجل تحرير أرضه من الاحتلال الاسرائيلي، بما يتفق مع القرار ٤٢٥. طالب بمعاملة الجالية الكردية بما يتفق واحتياجاتها الإنسانية. ربط القرار بـ «ارادة الغالبية من الشعب وضرورة ان ينبع قرارنا من ارادتنا بما يتفق مع الرأي العام في مصر». نضمن حقوق وحريات سكان هونغ كونغ بما يتفق مع القانون.

وقت — time

أَجَل
time; term; [see نعم*; time; instant of death]* {3W}
pl: آجال

تم تأجيل مناقشة الأزمة لأجل غير مسمى. إن استكمال انطلاقة الاقتصاد المصري يتطلب إجراءات طويلة الأجل. الاقلاع تأجل إلى أجل غير محدد . تشجع الاستثمار الطويل الأجل. يشير الى ان آفاق التضخم في الأجل القصير تبدو واعدة بدرجة كبيرة.

آن
*time; [*الآن *now]* {2D}

هل تنظر الى وجهك في المرآة من آن لأخر وماذا تقول لنفسك؟ هذه الثلاجة تجمع بين رشاقة المظهر وسعة مساحة التخزين في آن واحد. هو هنا لكنه ليس هنا، موجود وغير موجود في آن. يوازن الخيط بيديه، يشد آنا ويرخي آنا.

أَوان
time {2D}
pl: آوِنَة

آن الأوان لتصبح المدرسة العربية والاسلامية معاصرة لعصرها. لا يزال من السابق لأوانه التحدث عن هذا الموضوع. الأوان لم يحن بعد بالنسبة لبعض الدول العربية. بيروت زهرة في غير أوانها. الرسول مرتبط الأسباب بخالقه في جميع الأوقات، في كل آونة صباح وكل لحظة من ليل. إن الاوروبيين لا يستطيعون أن يقيموا المجازر بين آونة وأخرى لتصفية قارتهم عرقيا كما فعلوا عبر التاريخ.

حين
*time; [*adv أَحْياناً *sometimes]* {2D}
pl: أَحْيان

لم يشمل القرار نشر أي قوات برية في حينه. اتخذ الحزن منهما مقرا ومستقرا إلى حين. هناك مفاجآت أخرى في الطريق سنعلن عنها في حينها. يرتفع سعره وينخفض من حين إلى آخر. ميلوسيفيتش باق إلى حين. يكون الشاب قائد السيارة هو الضحية الأولى في أغلب الأحيان. أما في أحيان أخرى، فقد كنت أبدأ القصة من نقطة الصفر.

زَمَن
time {2D}
pl: أَزْمان

سيبقى كذلك الى زمن طويل. انه عائد الى زمن كانت تمكن فيه معرفة المتعلم من الأمي. انتهى زمن « الديبلوماسية الرقيقة » في الشرق الاوسط. تحدث عن الزمن الذي نعيشه. كنت اعمل على النسخة الانكليزية منذ عام ونيف من الزمن. تركز جهودها على هذه المنطقة منذ مدة من الزمن. هذا أمر كدنا ننساه منذ زمن بعيد. فقدنا الأمل به منذ أزمان.

زَمان
time {2D}
pl: أَزْمِنَة

لا نعرف كيف نستعملها وإذا استعملناها يكون ذلك في المكان والزمان غير المناسبين. ينتمي الى كل زمان ومكان. الفيلم أكد في البداية أن زمانه هو عام ١٩٤٨. تسألني بأسى عن ما فعله بي الزمان. كان ذلك منذ زمان طويل. كانوا من ابناء الازمنة الحديثة. منذ الازمنة الفينيقية حتى الازمنة القريبة العهد منا، تعاقبت الحضارات والمنجزات السياسية على ذات المواقع. الله لا يخضع لازمنة البشر ولا لأرقامهم.

وَقْت
time {2D}
pl: أَوْقات

ليس مطلوباً بالطبع اضاعة الوقت في مَن يحضر ومَن لا يحضر المؤتمر. كانت الى وقت قريب غريبة أيضا عن المصرفي الغربي. اجلت ذلك الى وقت لاحق. الوقت ما زال مبكراً للحديث عن الدعوات. الوقت لم يحن بعد لاتخاذ موقف نهائي من المؤتمر الاقتصادي المقبل. حان الوقت لوضع حد لعقود من المواجهة والصراع. ما كانت العلاقات الاميركية – الايرانية طبيعية حتى في احسن الاوقات. يمضي العطاس أوقاته منكباً على القراءة والكتابة.

توقّع

to anticipate, expect

see أمل

تَحَيَّنَ
to watch, wait for sth (a time, an opportunity) {3W}

تحين الفرص لفك طوق العزلة الدولية الذي فرضه على نفسه نتيجة اعماله العدوانية. أخذ يتحين فرص اللحاق باساتذته. ان الولايات المتحدة تتحين الفرصة لتوجيه ضربة لايران. يعلم أيضا بأن ضباط الجيش الاصليين يكنّون له الكراهية، وربما يتحينون الفرص للانقلاب عليه.

تَرَقَّبَ
to await, expect, anticipate sth {2D}

كان المصريون يترقبون بقلق فيضان النيل كل عام. يترقب الحلف الأطلنطي تنفيذ أول شروط الانسحاب. نترقب بفروغ صبر اليوم السعيد الذي نحصل فيه على الحرية. العالم يترقب احتفالية مصر التي ستكون تاج احتفالات العالم. نترقب حلا سريعا لتلك الأزمة. الجماهير المصرية تنتظر وتترقب نتيجة المباراة.

اِرْتَقَبَ
to anticipate, expect sth; to look forward to {3M}

نرتقب منكم المزيد من الدعم لاستعادة لبنان سيادته الوطنية. أنت أحلامي وهاجسي: نخلتي التي ارتقب ثمرها! كنت أرتقب قدومك. في كل يوم... نرتقب عودة المسلمين الى الايمان. يرتقب بركانا سينفجر ذات يوم فيعيد الحرب الأهلية.

اِسْتَنَّى
to wait (for) {1M} (Coll)

استنيته قدام الباب. مش عاوز استناك كتير! كل يوم تستناني نص ساعة قدام المكتبة.

تَطَلَّعَ
to look forward إلى/ ل *to; to anticipate* إلى/ ل *sth happily;* [see شاهد; *to look*] {3D}

انني اتطلع لزيارة مصر. المرء يصبو ويتطلع للمستحيل. نتطلع إلى زيارة مبارك لواشنطن وتعزيز العلاقات مع مصر. نتطلع الى يوم نجد فيه ان التقاليد العريقة قد عادت للطب المصري. وصف شعبه بأنه يتطلع بشدة إلى التطور وإلى مستقبل أفضل. المريخ يتطلع الى الفوز. نحن نتطلع الى استئناف هذه المفاوضات. نتطلع الى دراسة تفاصيلها.

اِنْتَظَرَ
to wait; to wait for; to expect sth or أَنْ *that* {2D}

ينتظرون أمام أبواب المدارس. كان ينتظر في الغرفة الجانبية. لم ينتظر اجابتي. ننتظر اليوم إعلان نتائج الاستفتاء. نفس العقوبة تنتظر اللاعبين والمدربين. لا ينتظر أن تضم القائمة أي مفاجآت غير متوقعة. هو اللقاء الذي تنتظره وتترقبه الجماهير الرواندية. الإدارة الأمريكية تنتظر، وتتوقع وتتمنى، أن يأتي جيل جديد أكثر قبولا وأقل رفضا. ينتظر ان تعقد لجنة مشتركة اجتماعا لاحقا في مدريد.

تَوَقَّعَ
to anticipate, expect sth; to look forward to {3D}

أوضح الرئيس عرفات ان القيادة الفلسطينية تتوقع استئنافا سريعا لعملية السلام. في حقيقة الأمر لم يكن أحد يتوقع أن تتحول أوروبا الغربية إلى حالة من الانتعاش والثراء. لابد أن نتوقع أن هذه الشروط ستكون لصالح الدول المتقدمة. كنت أتوقع أن يصلني رد سريع. يجب الا نتوقع ان يتم حل هذه الامور سريعا.

---

agent وكيل

مَبْعوث
envoy, delegate {2D}
pl: مَبْعوثون

المبعوث الاميركي الخاص، دنيس روس، لا يتعامل مع مسألة الخليل. استقبل أمير الكويت مبعوثا عن الحكومة السودانية. شارك في اعمال القمة المبعوث الخاص للأمم المتحدة محمد سحنون. مبعوث كلينتون يجري في انغولا محادثات لتفعيل اتفاق لوساكا.

سِمْسار
broker; agent {2W}
pl: سَماسِرَة

قاموا ببيع المنزل وما حوله الى سمسار عربي باعها بدوره الى سمسار آخر. كان الجهاز الفني للمنتخب قد أجرى اتصالات مكثفة عن طريق السمسار الانجليزي، الذي يتعامل معه الاتحاد المصري للعب مباراة ودية مع أحد المنتخبات الأوروبية. لم يكتفوا بذلك بل أرسلوا إليّ بالسماسرة المتعاونين معهم لإقناعي ببيع حصتي في هذه الأرض.

عَميل
agent; representative; spy; [customer, client] {2D}
pl: عُمَلاء

حددت الصحيفة عميل البورصة «المتوسط» بأنه رجل، او امرأة، يتقاضى مرتباً في حدود مئة ألف جنيه في السنة. كشف ان العميل العراقي وصل الى اسرائيل عن طريق لندن. يتهمه بأنه كان عميل البريطانيين. هو في الواقع عميل الموساد.

مُفَوَّض
deputy, agent; proxy {3D}
pl: مُفَوَّضون

أرسل برقية الى الامين العام للامم المتحدة والمفوض العام للوكالة والدول المانحة. أضافت ان المفوض العام الفلسطيني في لندن أجرى الأسبوع الماضي محادثات مع الأمين العام للكومنولث ايميكا انياووكو (نيجيريا). هو المفوض التجاري للاتحاد الأوروبي. اقترح التقرير تعيين مفوض خاص في وزارة التجارة والصناعة لرصد الفرص المتاحة.

مُمَثِّل
representative; [actor] {2D}
pl: مُمَثِّلون

اضاف المصدر ان ممثلي احزاب المعارضة دعوا الحكومة الى تحقيق اصلاح سياسي وديموقراطي واسع. زار الرئيس الحريري الممثل الاقليمي للأمم المتحدة روس ماونتن. كان الملك اجرى محادثات ايضا مع عدد من ممثلي الدول الكبرى المعنية بالازمة. سعى ممثل النيابة أيضا الى تكذيب افادات المتهم.

مَنْدوب
deputy, agent {2D}
pl: مَنْدوبون

أكد مندوب العراق لدى الامم المتحدة نزار حمدون أول من أمس الاثنين انه بعد شهرين من دخول الاتفاق حيز التنفيذ، لم تصل المواد الغذائية والادوية بعد الى العراق. تقرر عقد اجتماع مندوبي الاندية والاتحادات المشاركة في مسابقات الاتحاد. منع دخول مندوبي الصليب الاحمر الى المعتقل. اكد مندوب المرشح جمال اسماعيل «ان نسبة التصويت له هي ١٠٠ في المئة».

نائِب
representative, proxy; vice-; prosecutor {2D}
pl: نُوّاب

أكد النائب العام خالد القدرة اعتقال ٣٠ على الأقل. انتزع النائب البريطاني وليام هيغ زعامة حزب المحافظين من منافسه كينيث كلارك. ترجح المصادر أن يتولى رفيقه إسماعيل العلوي النائب البرلماني إدارة الحزب في انتظار عقد مؤتمر طارئ. نائب الامين العام للحزب الاتحادي الديموقراطي. النائب الاول لرئيس مجلس ادارة غرفة تجارة وصناعة أبو ظبي.

وَسيط
intermediary; agent; broker {2D}
pl: وُسَطاء

تونس تختار مصرف « روتشيلد » وسيطاً في تخصيص مصنعين للاسمنت. الوسيط احياناً يميل لهذا الطرف او ذاك للوصول الى حل. يذكر ان المبلغ كان دفع الى وسيط. اشتراها عبر وسطاء وتجار تحف.

موفَد
envoy {3W}
pl: موفَدون

إنه الموفد الأوروبي في القدس. أفادت مصادر ديبلوماسية ان موفداً رفيع المستوى للعاهل المغربي الملك الحسن الثاني زار طهران في اطار وساطة بينها وبين تونس. بدأ محادثاته مع الموفد الاميركي والوفد الكبير الذي يرافقه. موفد ياباني في دمشق لمقابلة الاسد وبيروت تنتظر التحقيق.

وَكيل
agent, representative; attorney; assistant {2D}
pl: وُكَلاء

هي من نفس جيلي، وفي المناسبة وكيل اعمالها في لوس انجليس هو نفسه وكيل أعمالي. توجه شاب الى مكتب وكيل سيارات «رولكس – رويز» ليسأل عن ثمن سيارة فخمة رآها معروضة في الواجهة. في الجلسة الثانية كشف وكيل الادعاء العام ان المتهمين «اشتركوا في تأسيس جمعية غير مشروعة». وكيل الجامع الازهر. قام اسماعيل سليم وكيل النادي بجولة مكوكية على كبرى الصحف القومية للرد على الاتهامات. وكيل وزير الخارجية الأميركي. الشركة تبحث حاليا عن وكلاء لتوزيع منتجاتها في منطقة القوقاز.

---

mother والدة

أُمّ
mother {2D}
pl: أُمَّهات

اما أمي ابنة القرية فقد وضعت يدها في فمها وأطلقت صفيراً. اسرعت أمه الى الهاتف لتستدعي الطبيب. مات أبوه وهو طفل فانتقلت أمه الى اهلها وانقضت عدتها فتزوجت رجلا من اهلها. حين يُمنع الصبي من الذهاب مع أمه الى الحمام فهذا معناه انه صار واعيا أو مدركا. تركت أمه المنزل الى غير رجعة فاصابه انكفاء مكتئب.

حَماة
mother-in-law {2M}

حماتي جاءت لتقضي فترة الأعياد عندنا. يقول ان حماته لا تزوره سوى مرتين في السنة. فقدَ موظف صوابه بسبب تدخل حماته المستمر في حياته. شجرة الدر قضت موتا بالضرب بقباقيب حماتها بعد ان قتلت زوجها بأسلوب مماثل.

ماما
mom {1M} (Eg)

«ماما تطبخ في البيت. بابا يعمل في المكتب». في الليل قامت صارخة يا ماما يا بابا الثعبان الأقرع عاوز يلتهمني. أصبح يناديني بـ ماما فأحسست ان قلبي قد انقسم نصفين. بابا لا يكذب وأرسل لماما ناس كتير علشان ترجع، وماما مش راضية خالص. دلوقت انا عايز حضرتك تكلم بابا وماما وتقول لهم يرجعوا تاني

والِدَة
mother {2D}
pl: والِدات

الوالدة والمولود في صحة جيدة. تبرع بمبلغ ١٠ آلاف دولار لوالدة الجندي الأردني الذي أطلق النار الخميس الماضي على حافلة. والدته انتقلت مع بناتها الى بيت جديد، ولم يبق له سوى التمرد على حالته العائلية. انتهز فرصة وجود زوجته (والدة الرضيع) خارج المنزل وقتله.

parents والدان

أَبَوانِ
parents {2W}

ولد في انقرة عام ١٩١٩ لابوين عراقيين. يسجل الابناء يهوداً إذا ادعى الابوان انهم كذلك. هناك خلاف دائم بين الأبوين حول مصاريف الحياة. يحصل كل من يولد في فرنسا لابوين أجنبيين على الجنسية الفرنسية تلقائيا. ليس هناك للأبوين وسيلة لتهدئة أطفالهم أسهل من وضعهم امام التلفزيون مدة ساعات.

والِدانِ
parents {2D}

حتى قبلة «تصبح على خير» بين الوالدين وأولادهما ليست تقليدية. وجدتني استغرق في طبيعة وأسلوب الحوار ذلك الذي دار بين الوالدين. هذه المؤسسة تدافع عن الوالدين وأولادهم. ان دعاء الوالدين على الأبناء هو دلالة على وقوع الأبناء في دائرة الذنب. كان الوالدان على درجة كبيرة من الوعي والادراك.

---

to take upon oneself تولّى

أَخَذَ، اِتَّخَذَ
*to take, take on, assume sth (*على نفسه، على عاتقه *upon oneself)* {2M}
أَخْذ :VN يَأْخُذُ

ذلك قرار اتخذته على نفسي ان اساعد على قدر طاقتي مخرجاً جديداً كل فترة. قام بالمهمة التي اتخذها على عاتقه. قرار رفع الحظر كان صعباً، وانها اتخذته على عاتقها وقررت ان تتحمل المسؤولية كاملة. أكد ضرورة تطبيق القرارات الدولية والالتزامات التي اتخذها الطرفان على عاتقهما. أخذت على عاتقها تأمين الغذاء والسلاح لإسرائيل. كلينتون أخذ على عاتقه إقناع عرفات بالموافقة. يحترم كل كلمة يقولها وكل التزام يأخذه على نفسه.

تَحَمَّلَ
*to bear, take upon oneself sth; [*see عانى*; to endure, tolerate]* {2D}

لا شك ان هناك جزءاً من تلك المسؤولية تتحمله الدولة الوطنية والمثقفون بل والشعوب ذاتها. «الحياة» او أي جريدة لا يمكن ان تتحمل المسؤولية عن السياسيين. ترى فرنسا انه اذا حصل فشل ما في زائير فهو «فشل انساني وليست فرنسا من يتحمل المسؤولية.» لماذا ينبغي لمنظمة الدول الاسلامية ان تتحمل اعباء فلسطين او لبنان او البوسنة؟

تَسَلَّمَ
to take over, assume (the management of)*; [*see تلقّى*; to receive, accept sth]* {3W}

تسلّم ادارة قسم الشرق الأوسط وشمال افريقيا في الخارجية الفرنسية. أملوا ان يتسلم الحكم رئيس ضعيف بعد أبو عمار، وان يدير رجل قوي في الاستخبارات السلطة لحساب اسرائيل من وراء ستار. تسلم الحكم قبل ذلك بعشرة اشهر مع غالبية برلمانية تكفي لتأمين حكم مستقر. كوفي انان مارس عليها «كثيراً من الضغوط» لتتسلم مهامها في أسرع وقت ممكن.

تَقَلَّدَ
to take upon oneself, assume sth {3W}

تقلد كردوش عدداً كبيراً من المناصب لدى المصارف الاستشارية الأميركية. تقلد عدة مسؤوليات مهمة في أديس أبابا ثم انتقل الى السودان. لعب دورا في حصول سنغافورة على استقلالها من بريطانيا وتقلد لاحقا منصب الوزير الأول للبلاد. لم يتقلد أي منصب رسمي في تايوان التي فرّ اليها. يأتي تعيينه ليكون أول موريتاني أسود يتقلد حقيبة الخارجية.

تَوَلَّى
to take upon oneself, assume sth; to fill an office {2D}

تولى رئاسة مجلس ادارتها الشيخ منصور بن زايد آل نهيان. تولت روسيا مهمة اكمال المشروع بموجب اتفاق وُقّع في عام ١٩٩٠. تولى البابا شنوده الثالث مقاليد البطريركية الارثوذكسية عام ١٩٧١. جون كورنبلوم تولى مهمة المنسق الاميركي في البلقان. تولى منصب وزير المواصلات. قد نجح فيرغسون الذي تولى تدريب مانشستر يونايتد عام ١٩٨٧ في إحراز ٣١ لقبا.

saint ولي

قِدّيس

saint (Christian) {2W}

pl: قِدّيسون

كانت أمي قد وصفته لي على انه رجل قديس. من يتطوع لمثل هذه الأعمال بطل أو قديس. انجيل القديس لوقا. القديس بنيدكت. القى الدكتور كيري موعظته في كاتدرائية القديس جاورجيوس في القدس. تمت الولادة في مستشفى القديس جورج في لندن. ترى ايقونة احد القديسين.

وَلِيّ

saint; pious man {2D}

pl: أَوْلِياء

كذلك تجد هناك ضريح ولي اسمه أبو عابد، وغيره من قبور الأولياء. كان ولياً من اولياء الله الصالحين. كان هناك اولياء اصبحوا بعد وفاتهم «متخصصين» في حل مثل هذه المسائل. كان من الأولياء الصالحين وكان يأتي بالخوارق.

---

prostitute مومس

بَغِيّ

whore (f) {3W}

pl: بَغايا

لم يمسسني بشر ولم أك بغيا. يرى كثيرون من الخبراء ان فيروس هذا المرض تولد في المدن الأفريقية المكتظة والمفتقرة الى الشروط الصحية، ثم انتقل الى الغرب من خلال رجال الاعمال اثناء زياراتهم الى شمال افريقيا واتصالهم بالبغايا هناك.

زانِيَة

adulteress {2W}

زانٍ adulterer

كان بالامكان ان يحول الأميرة الى مجرد امرأة زانية. هاجم «الديكتاتوريين اولاد الزانية». انه إبن زانية مجهول الأب. بشر الزاني والزانية بخراب ولو بعد حين.

عاهِرَة

prostitute {3M}

pl: عاهِرات، عَواهِر

البعض يراها خائنة وخادعة، بل وعاهرة، والبعض يراها وطنية مخلصة. الوصول الى الفتاة كان صعباً الى حد الاستحالة، الا اذا كانت عاهرة. ليست إلا احدى عاهرات المدن. عاتبه على زواج النساء الحسان العواهر.

فاجِرَة

whore {2M}

pl: فَواجِر

انت أمك امرأة فاجرة. اعتبر كليوباترا مجرد امرأة لعوب فاجرة تتاجر بأنوثتها وتسعى الى تحقيق مصالحها الشخصية. تكذبني أنا يا ابن الفاجرة.

مومِس

prostitute (f) {2M}

pl: مومِسات

اضطر الى الاستقالة اثناء انعقاد مؤتمر الحزب بعد انكشاف علاقته بمومس أطلعها على خفايا البيت الأبيض والحملة الانتخابية. يلاحظ الطبيبان البريطانيان تزايدا في عدد المومسات الروسيات اللواتي يزرن عيادتيهما. في المخيم عاشت ثلاث مومسات كان رجال الدرك اعتادوا التردد عليهن.

---

talent موهبة

قَريحَة

genius, talent {3M}

قريحته في تلك الفترة كانت جافة. الاعتماد على القريحة وحدها قد يوصل الى طريق مسدود او الى التكرار والفراغ. قريحة المصريين لم تنضب وظل بناء المساجد في القاهرة مستمرا. لا شيء يذكي قريحة الأديب كالشعور بالتجاوب الصادق بينه وبين من يكتب لهم.

مَلَكَة
aptitude, gift, talent {2W}
pl: مَلَكات

كان من ذلك النمط النادر من العظماء الذين توهب لهم ملكة التفكير الخارق. كان واضحاً لكل من له ملكة البصيرة، ان هذه المعركة التي سار اليها نتانياهو هي أكبر من طاقته. يتمتعون، هم ايضا، بملكة الكلام. هي عملية تساهم الى حد كبير في اثراء ملكتنا اللغوية عكس المسلسلات المصرية. يرشد أبناءه وينمي ملكتهم الفنية.

مَوْهِبَة
talent, gift {2D}
pl: مَواهِب

هو صاحب افضل موهبة في الوقت الحالي ويثبت بعد كل سباق مهارته في القيادة. اكتشف موهبتها شقيقها عازف الغيتار الراحل عمر خورشيد. الموهبة لا تكفي لتحقيق الاعمال. الموهبة مهمة لكن العمل يشكل ٥٠ في المئة من شروط النجاح. سرعان ما اثبت انه يملك موهبة بعد فوزه على بطلين سابقين.

وهم — delusion, illusion

تَخْرِيف
folly, delusion {2M}

إذا صدقت بهذا التخريف فإنك بالتأكيد «معاد للسامية». لا أصدق كلمة واحدة من كل هذا التخريف عن تدهور العلاقات الأمريكية-السعودية. كثير من الأطباء لا يعترفون بطب الحجامة ويعدونه نوعا من التخريف. الجهل بأمور الدين يدفع إلى التأويل والتهويل والتخريف.

سَراب
mirage, phantom {2W}

تعذبوا طويلا بين دروب الأحلام، وسراب الأوهام. انه اكتشف بعد مطاردة طويلة تقطع الأنفاس أن الوحدة العربية سراب. ليست الأمور الدينية او الروحية سرابا. ان التغيير والاصلاح هما سراب في ظل ديكتاتورية القرون الوسطى وارهاب حكم رجال الدين. السلام الاقليمي ليس سرابا.

هَلْوَسَة
hallucination {3W}

وجد له مكانا في دنيا البحث العلمي بجده واجتهاده، لا بهلوسة وفقدان اتزان. هذه ليست هلوسة أو أحلاما أو مشاهد مأخوذة من فيلم خيالي. الصورة تكاد تكون هلوسة. يؤمن إدوارد سعيد بأن التاريخ نصفه هلوسة. أوضحت الدراسة أن معدل تعاطي المخدرات وحبوب الهلوسة يجعل سجل بريطانيا هو الأسوأ بين جميع الدول الأوروبية.

وَهْم
delusion, illusion; [guess; belief] {2D}
pl: أَوْهام

الوهم الثاني هو القول بأن المعارضة كلها وليس بعضها ممثلة في هذه المفاوضات. «الاهرامات بين الحقيقة والوهم» عنوان المحاضرة. اما عوائد نقل التكنولوجيا الاوروبية الى مصر فتبدو اقرب الى الوهم. ذلك أحد أوهام المجتمع الاستهلاكي. هو أسير أحقاده وأوهامه.

despair — يأس

see اكتئاب، حزن، قلق

إِحْباط
*frustration, failure; [*see اكتئاب; *depression]* {2D}

الفيلم كان عن الفشل والاحباط. هناك العديد من المواقف الأميركية التي تدعو إلى الاحباط والخوف. انه قرار انتحاري انطلق من حالة احباط وإفلاس. يدعو عمرو إلى عدم الشعور بالإحباط. هذا التأخير يمكن أن يؤدي الى إحباط شديد.

خَيْبَة
disappointment {2D}
خيبة أمل

غلبهم الشعور بخيبة الأمل لأن مرشحهم شيمون بيريز خسر الانتخابات. نشعر بخيبة الأمل من رفض الحكومة الاسرائيلية دعوتها الى تجميد بناء المستوطنات. عبّر قبل ايام عن خيبة أمله من تصرفات نتانياهو.

اِنْقِباض
depression, gloom; low pressure (weather) {3M}

لم يكن سعيدا وكان يميل الي الحزن والانقباض. تخلق لنا الاديبة جوّ الجمود والانقباض والرعب. حرص على ان يخفف عليهم في هذا اليوم شعورهم بالانقباض والاحباط. الجو الحار ساعد على حدوث انقباض في حالة الجو جعلتنا لانستطيع ان نتنفس.

قُنوط
despair {3W}

هذا أثار القلق بشأن المستقبل ونشر القنوط في صفوفنا. بينما هو في غمرة يأسه وقنوطه أمطره ابنه بفيض من الاسئلة الصبيانية الساذجة. نزع الى اليأس والقنوط واصابه الاحباط. أؤمن بالله وايماني ينقذني أحياناً من القنوط والأفكار السوداء.

وُجوم
despondency, anxiety {3M}

خيمت مشاعر الحزن والوجوم على أبنائها. خيم الوجوم على وجوه كل اللاعبين والجهاز الفني عقب الهزيمة أمام كرواتيا. ظل سكان المدينة في حالة وجوم غير مصدقين ماحدث. لم يكن غريبا وحالة الحسين هكذا أن يسيطر الحزن والوجوم والذهول على أبناء الأردن. رئيس البعثة ظلّ على وجومه. يأس ووجوم في قاعة التعامل في بورصة هونغ كونغ بعد الخسائر الفادحة.

يَأْس
despair {2D}

لا يجوز في اي حال الاستسلام لليأس. جاءت الزيارة وسط احباط كاد يصل الى حد اليأس بامكان انقاذ عملية السلام من انهيار حتمي. اليأس من الحاضر والقلق الشديد حول المستقبل المظلم أخذا يدفعان بالآلاف من الشباب العربي المثقف لأن يتركوا بلادهم طلباً للخلاص من هذا الواقع المرير. تركت المنزل في لحظة يأس من أجل صالح طفلها. أعرب عن يأسه من انجاز الاتفاق.

---

hand — يد

راحَة
palm of the hand; [rest] {3M}
pl: راحات

وقفوا أمام حائط المبكى وراحوا يلمسون الاحجار الضخمة القديمة براحات أيديهم كأنهم يوقظون التاريخ. كانت تسند رأسها براحة كفها وتنظر الى الأرض. قد رسم على راحة يديه كلمتين، الاولى «حب»، والثانية «كراهية». يصفع جبينه براحة يده.

قَبْضَة
fist; handle {3W}
pl: قَبَضات

قامت بعد ذلك امرأة ضخمة خبطت على الطاولة بقبضة يدها، وخاطبت مصطفى بصوت كالرعد وهي تشتم. ابعد باليوكا الكرة بقبضة يده فوصلت الى جيرالد الذي سجل الهدف. دفعه الرجل بقبضته. يطرق بقبضة سوطه على النافذة او الباب. هدفهم المشترك ينصب على ضرورة الافلات من قبضة الدولة الاستبدادية. وقع الانسان في قبضة المرض.

كَفّ
palm of the hand {2M}
pl: كُفوف، أَكُفّ

هذا في حجم كفّ اليد. تصبح لحيته بطول كفه. يضع محسن قطعة نقد في كف أحدهم. ألقت برأسها على كف يدها اليسرى ونظرت نحو الأرض. كتم صرختي بكفه الغليظة. علينا قراءة كفوفنا من جديد لتبين ما تستطيع أن تصنعه.

يَد
hand {2D}
pl: أيادٍ ، أيْدٍ

لمس كلايتون بلاكمور الكرة بيده وطرده الحكم. دون اية اشارة مسبقة امتدت يد من المقعد الذي يسبقني تغلق النافذة. امسكت بيده وقبلتها. الى جانبه حقيبة يد جلدية. يصر المصريون على ادخال كرة اليد الى برنامج الدورة. وضعت الحكومة يدها على القضية. كان يفترض ان تكون هذه الصلاحية الآن بيد السلطة الفلسطينية. ما حدث لسكان امريكا الاصليين على يد الانسان الابيض. ان ايدينا ممدودة الى كل رفيق. السلام أصبح في متناول الأيدي. اعتبر «ان أيادي مجرمة تقف وراء هذا الانفجار». دمشق لا تريد ان تفلت الاوراق من اياديها.

to wake up استيقظ

سَهِرَ
*to stay awake (*الليل *through the night); to stay up late* {2W}
يَسْهَرُ VN: سَهَر

اجهزة الاعلام تسهر الليل بكامله لاعطاء تطورات الانتخابات. أسهر معك حتى طلوع الصباح. يسهرون في المسجد «ليلة القدر» في كل عام. سهر طول الليل قربَ سريري. بعد نهاية المباراة سهرت الكويت حتى الصباح تحتفل بالفوز.

صَحا
*to wake up (*من *from sleep or* على *to); [to be clear, cloudless]* {2W}
يَصْحو VN: صَحْو

امضى كرسوح شهرا اخر في المستشفى في غيبوبة قبل ان يصحو. الإنسان يصحو ويستيقظ تلقائيا في الموعد الذي تعود أن يستيقظ فيه. يصحو من نومه مبكرا كعادته. نأمل بأن يصحو العالم العربي وتقوم وحدة صف ووحدة كلمة. لابد أن يصحو المسيحيون والمسلمون على هذه الحقيقة المؤلمة.

أَفاقَ
*to wake up (*من *from sleep or* على *to)* {2D}

خيل لي أن القطار سيجيء ويمضي دون أن يفيق.. ولذلك دهشت عندما فتح عينيه فجأة. كان عندما يغشى عليه يوضع الخمار على وجهه فيفيق. أفاق الزوج بعد ساعات ليجد نفسه نائماً على ارض الشقة. أفيقوا.. وافتحوا عيونكم.. وافتحوا عقولكم. أفاقت من الأوهام.

اِسْتَفاقَ
*to wake up (*من *from sleep or* على *to)* {3W}

مرة جديدة استفاق ابطال العالم في الشوط الثاني بعدما كانوا غير منضبطين في الشوط الأول. تستفيق الصين حاليا – ومن الممكن ان تهز العالم. استفاقت العاصمة اليمنية صنعاء على جريمة مروعة. ان اللبنانيين استفاقوا من الكابوس الطويل الذي نتج عن الحرب الأهلية.

تَنَبَّهَ
*to become conscious, awake; [*see لاحظ*; to become aware* إلى *of]* {2M}

تنبهوا واستفيقوا أيها العرب. تنبهي قليلاً يا نائمه. يبدو أنه تنبه واستيقظ بعد الهجوم المستمر عليه. تنبهوا أيها الغافلون.

اِسْتَيْقَظَ
to wake up, get up {3D}

نستيقظ في تمام الخامسة صباحا. استيقظ في الصباح وتناول فطوره في المنزل، ومضى ليشرب فنجان قهوة. ما زال نائماً والمفروض ان يستيقظ للحراسة. استيقظ من حلم جميل على حقيقة مرعبة. استيقظنا على أنغام إطارات السيارة الملعونة.

Jew يهودي

عِبْري
Hebrew {2D}
pl: عِبْرِيّون

نبه الى ان عدم وفاء الدولة العبرية بالتزاماتها سيؤدي الى انهيار الاقتصاد الفلسطيني. كتب الرواية باللغة العبرية. كان السوريون والبابليون والعبريون والعرب شعبا واحدا. قام الاستيطان اليهودي الأول على أنه استيطان عبري يرفض الشتات. الثقافة العربية أسبق من ثقافة اليونان والعبريين.

عِبْراني
Hebrew {2M}

تحول موسى من أمير مصري الى بدوي عبراني. يتقن ٦ لغات بجانب لغته الأصلية الألمانية، وهي اللاتينية واليونانية والعبرانية والفرنسية والانكليزية والايطالية. هي كلمة عبرانية معناها الأمل. قد شبهوا أنفسهم بالعبرانيين القدماء واعتبروا أمريكا هي كنعان الجديدة. هاجر العبرانيون وعلى رأسهم ابراهيم الى مصر حيث وفرة الزرع وخصب الارض.

يَهودي
Jew, Jewish {2D}
pl: يَهود

يعيش في إسرائيل أكثر من نصف مليون يهودي من أصل مغربي. لولا الاستيطان اليهودي لما كانت هناك مشكلة لاجئين فلسطينيين. بدأ اللوبي اليهودي في نيويورك في بث اعلانات دعائية ضد هيلاري. اراضي الدولة اليهودية الزراعية تزيد قليلاً على مساحة الاراضي الزراعية في الدولة العربية. منع الهجرة ووقف بيع الاراضي لليهود.

يوم — day

نَهار
day (as opposed to night) {2D}
(Eg) today النهارده

كان ذلك اثناء النهار. لا يفارقنا الليل والنهار. وسائل الاعلام عندنا تعمل ليل نهار. سوف تصبح قصائد هؤلاء ولوحاتهم كالجرائد اليومية تُرمى في آخر النهار. أعمل طوال النهار كالحمار. قضيت نهار اليوم التالي بدار الإذاعة. (Eg) ما حدش جاي النهارده. كيلو اللحمة النهارده بكام؟

يَوْم
day (24 hours) {2D}
pl: أَيّام
today اليوم

يوم القيامة يوم عظيم. موعد تسجيل الأسماء انتهى يوم ١٨ يونيو. غدا الخميس هو أول أيام شهر رمضان المعظم. وصل إلى عمان في زيارة رسمية تستغرق عدة أيام. يعود في اليوم التالي الى القاهرة. كان قد تعرض كل يوم للرشق وللقصف من التلال المجاورة. قد اجمعت كتب التفسير على أن يوم الاحد هو أول يوم لحركة الكون. اليوم قمة الكرة الأوروبية. تأكد غيابه عن حفل الافتتاح الذي سيقام بعد ظهر اليوم.

Index of English Words

doubtful	مشبوه
have doubts about	شكّ
down	أسفل
bring down	خفّض
broken down	سيّء
go down	نزل
set down	نزل
downtown area	مدينة
draft	جوّ
drag	جرّ
drape	غطّى
draw into	أدخل
draw near	اقترب
dread	خوف
dreadful	مخيف
dream	حلم
dregs	رعاع
dress	هدوم
be dressed	لبس
drill	تعليم، درّب
drink	شرب
have enough to drink	شبع
drink slowly	شرب
drinking companion	صديق
drinking glass	كأس
drive	ساق
drive along	ذهب
drive away	نفى
drive out	نفى
driver	سائق
drizzle	مطر
drool	لعاب
drop	خفّض، سقط
let drop	خفّض
drought	جفاف
drum	طبل
small hand drum	طبل
drunk	سكران
drunkard	سكران
dry	جافّ، قاحل
dry land	برّ
dry stalks	عشب
dubious	مشبوه
due	مستحقّ
trash dump	سلّة المهملات
during	خلال، طوال
dust	تراب
blast of dust and wind	ريح
fine black dust	تراب
duty	واجب
religious duty	واجب
dwell	بقي، عاش
dye	دهن
earlier	سابقاً
earn	حصل
earth	عالم
ease	جنّة، ازدهار
easily done	سهل
easy	سهل
easy-going	سهل
eat	أكل
eat breakfast	أكل
eat dinner/supper	أكل
eat lunch	أكل
Eden	جنّة
edge	حافّة
educate	علّم
educated person	باحث
education	تعليم
educator	مدرّس
put into effect	نفّذ
effort	متاعب
make an effort	حاول
elaborate	استرسل
elapse	مرّ
elder	عجوز
elegance	أناقة
elegant	نحيل
element	عنصر
elementary	تمهيدي
elements	عنصر
elevated	عال
eliminate	أزال، محا
elongated	طويل
eloquent	بليغ
embark	سافر
embarrassing	مخجل
embarrassment	خجل
embolden	حثّ
embrace	عانق
emergency aid	مساعدة
emergency re-sponse agency	مساعدة
emigrate	هاجر
eminent	شريف
emirate	جمهورية
emotion	شعور
strong emotion	حبّ
emperor	ملك
empire	جمهورية
employ	استخدم، استغلّ
empty	خالٍ، أفرغ
emulate	قلد
enable	أعطى
enclosed area	فناء
encounter	اجتماع، اجتمع، وجد
encourage	حثّ
encyclopedia	قاموس
end	ذيل، نتيجة، نهاية، انتهى
bring to an end	أكمل
come to an end	مرّ، انتهى
put an end to	قتل
endless	أبديّ
endurance	صبر
endure	دأب، صبر، عانى
enemy	منافس
engender	سبّب
engine	مركبة
engrave	نقش
engrossed in	مشغول
enigma	لغز
enjoy	تمتّع
enjoy oneself	تمتّع
enjoyable	مثير
enjoyment	ترفيه
enlighten	أضاء
enter	دخل
entertain	سلّى
entertaining	مثير
entertainment	ترفيه
enthusiastic	غيور
to entice	أغري
entire	جميعاً، كلّ
entirely	كلّيّاً
in its entirety	جميعاً
entrance	باب
entreat	سأل، توسّل
entrust	كلّف، وثق
envious	غيور
be envious	حسد
environment	بحر
envoy	وكيل
envy	حسد
epidemic	وباء
equal	متساوٍ، مشابه، ساوى
be equal	ساوى
find equality	ساوى
equip	زوّد
equipment	جهاز، ذخيرة
equivalent	متساوٍ
treat as equivalent	ساوى
era	عصر
erase	محا
erect	بنى
error	خطأ
escape	ملجأ

federation اتّحاد
fee ثمن
feeble ضعيف
become feeble كبر
feel شعر
feel pain عانى
feeling شعور
feelings شعور
feign زعم
felony جريمة
female person امرأة
ferocious نهم
fertile مثمر
fetter رابطة، قيّد
few محدود، بعض
fez قبّعة
field مجال
fiery حارّ
fight صراع، حارب، عارض
fill ملأ
fill an office تولّى
fill to overflowing غمر
have one's fill شبع
filled مليء
filth خطأ
filthy قذر
final نهائي
finally قطعاً
find وجد
find balance ساوى
find equality ساوى
find fault with عاب
find out اكتشف
fine عظيم، نحيل، ليّن
finger إصبع
index finger إصبع
little finger إصبع
ring finger إصبع
fingernail ظفر
fingertip إصبع
finish أكمل
finish off قتل
be finished انتهى
fire نار
to fire نفى
catch fire اشتعل
set fire to أحرق
set on fire أحرق
firewood خشب
firm ثابت
firmness قوّة
first بداية
first day بداية
fist يد
fit مستحقّ
fixed ثابت
flag علم
flame نار
flare up اشتعل
flash بريق، لمع
flat بيت، مسطّح
lie flat استلقى
flatten دمّر
flatter دلّل
flavor رائحة، طعم
flexible ليّن
float سبح
flock قطيع
flood فيضان، غمر، هاجم
tile floor بلاط
flour left in a sieve قمامة
flourishing ازدهار
flow جرى
fluctuate تأرجح
fluid سائل
flunk فشل
fog سحابة
foggy غائم
fold طوى
fold up طوى
follow سلك، قلد
follow example قلد
follower طالب
following بعد، مقبل
folly وهم
food طعام
foolish غبي
foot رجل
set foot in داس
for بدلاً من، حيث أنّ
for free مجّاناً
for sure بالتأكيد
for the sake of لأنّ
as for بشأن
forbid منع
force قوّة، أجبر
by force كرهاً
forcibly كرهاً
forearm ذراع
forebears سلف
forefather سلف
forehead جبين
foreign غريب
forensic قانوني
forest غابة
foreword مقدّمة
forged مزوّر، مفتعل
forget نسي
make forget نفى
pretend to forget أهمل
forgive غفر
ask forgiveness اعتذر
form شكل، طريقة، خلق
formerly سابقاً
fornication زنى
fort قلعة
move back and forth تأرجح
forthright واضح
fortified حصين
fortify قوّى
fortress قلعة
fortune ثروة، حظّ
foul حقير
foul smell رائحة
found بنى، خلق
be found in جاء
foundling ابن
fountain ينبوع
foutainhead ينبوع
fragments أنقاض
fragrance رائحة، عطر
frame قامة
fraud خداع، لصّ
free خالٍ، كامل، حرّر
for free مجّاناً
frequent زار
frequently مراراً
Friday mosque مسجد
friend حبيب، صديق
be friends with عاشر
friendliness حبّ
friendship حبّ
be frightened خاف
frightening مخيف
palm fronds فرع
in front of مقابل
frost ثلج
frown عبس
frowning متجهّم
fruit نتيجة
fruitful مثمر
fruitless عقيم
frustrate منع
frustration يأس
diesel fuel نفط

grow	زاد، كبر، نما
grow old	كبر
grow older	كبر
grow up	كبر
growth	تقدّم
someone who holds a grudge	غيور
grumble	شكا
guard	حمى
guardian	عائل
guardianship	مسؤولية
guess	خمّن
guest	ضيف
guffaw	ضحك
guidance	هداية
spiritual guidance	هداية
guide	قاد
guilt	خطأ
gullible	غبي
gulp	شرب، التهم
gulp down	بلع
gun	بندقيّة
machine gun	بندقيّة
habit	عادة
become habituated	اعتاد
haggard	باهت
haggle	ساوم
half	نصف
hall	غرفة
hallucination	وهم
halter	زمام
hamper	منع
hand	يد
palm of the hand	يد
hand over	أعطى
handle	يد
to handle	لمس
handsome	جميل
hang	خفّض
happen	حدث
happening	حدث
happiness	جنّة، سعادة
happy	سعيد
harbor	ميناء
to harbor	كنّ
hard	ثابت
prove to be hard	عجز
hardworking	مجتهد
hardship	بؤس، متاعب
harm	سوء، أضرّ
cause harm	سبّب
harmful	ضارّ
harmful to the health	ضارّ بالصحّة
harmonious	منسجم
harmonize	انسجم
be in harmony	وافق
harsh	حادّ
treat harshly	انتقد
harvest	قطف
hashish	عشب
haste	سرعة
hat	قبّعة
haughtiness	فخر
haughty	مستبدّ
have	عند
have a good time	تمتّع
have confidence	اعتمد
have in possession	عند
have to	وجب
cause havoc	أضرّ
hazy	غائم
head	حاكم، رئيس، مخّ
head cloth	حجاب
head for	قصد
head toward	قصد
headache	ألم
headdress	قبّعة
headgear	قبّعة
headscarf	حجاب
heal	اندمل، عالج
be healed	تعافى
health	صحّة
harmful to the health	ضارّ بالصحّة
heap	تلّ، كومة
hear	سمع
heart	عقل، قلب
heaven	جنّة
Hebrew	يهودي
on the heels of	نهاية
height	قوّة
heights	تلّ
hell	جحيم، كارثة
hellfire	جحيم
help	مساعدة، أنقذ
appeal for help	استنجد
ask for help	استنجد
cry for help	استنجد
helper	مساعد
helpful	مفيد
herd	قطيع
heredity	ميراث
heresy	كفر، هرطقة
heretic	كافر
heritage	ميراث
rich in heritage	قديم
hermit	متديّن
heroic	شجاع
hesitate	تمهّل
hidden	سرّي
be hidden	اختفى
hide	أخفى، اختفى، دفن
hideous	قبيح
high	عالٍ
highbrow	شريف
be high	زاد، طلع
very high	عالٍ
highest point	ذروة
highness	عظمة
highway robber	لصّ
hijack	مسك
hill	تلّ
hindrance	مانع
hinge	باب
hint	أشار، لوّح
hire	استخدم
hit	دقّ، ضرب، أضرّ
hold	مسك
hold a meeting	اجتمع
hold back	امتنع
hold in	اعتقل
hold out	صبر
hold responsible	انتقد
hole	فجوة
holiday	إجازة
hollow	خالٍ، داخل
holy war	صراع
homeland	بلد
homogenous	منسجم
honest	مخلص
honesty	حقيقة، نزاهة، إخلاص
honor	فخر، احترم
honored	محترم
hop	قفز
hope	أمل
horsemanship	رجولة
horror	خوف
horse	حصان
horse carriage	عربة
hospital	مستشفى
host	دعا
hot	حارّ
hot wind	ريح
hotel	فندق
house	بيت
large house	قصر
however	لكن

be old كبر
become old كبر
grow old كبر
grow older كبر
very old عجوز
be older تجاوز
on the whole عموماً
once again مرّة أخرى
once more مرّة أخرى
one إنسان
one after another فرادي
one by one فرادي
one more time مرّة أخرى
one part of two نصف
only إلّا، منفرد، فقط
open بدأ
open area فناء
open country صحراء
open space فناء
opening فجوة، نافذة
opinion رأي
be of the opinion that شاهد
opponent منافس
oppose عارض
be opposed عارض
opposite مقابل
be opposite حاذى
oppression ظلم
orchard حديقة
order مرتبة
in order to لكي، لأنّ
put in order رتّب
orders تعليمات
ordinary عادي
organization منظّمة، اتّحاد
organize رتّب
origin أصل
ornament زيّن
other than إلّا
set out سافر
outcome نتيجة
outcry ضجّة
outing نزهة
outstanding شريف، عظيم
outward منافق
outward appearance شكل
take over
be over تولّى
overcast مرّ
overcome غائم
overflow عبر، هزم
overlook غمر، امتلأ
oversee أهمل
overturning راقب، أدار
own ثورة
owner عند، امتلك
مالك

pack رتّب
package حزمة
packet حزمة، رابطة
pact اتّفاق
pain ألم، حزن
cause pain أضرّ
feel pain عانى
be pained ناح
painful أليم
paint دهن
palace قصر
pale باهت
palm fronds فرع
palm of the hand يد
palpable ملموس
pamper دلّل
pamphlet كتاب
door panel باب
panic خوف
pants بنطلون
papa أب
legal paper وثيقة
be on par ساوى
paradise جنّة
paragraph فقرة
parallel مشابه، مقابل
parasites جرثومة
pardon غفر
ask pardon اعتذر
parents والدان
park حديقة
parson كاهن
part جزء
one part of two نصف
take part in شارك
partake of أكل
partiality انحياز
participate in شارك
in a particular way عن طريق
partisanship انحياز
party مأدبة
pass عبر، مرّ
pass away مات
pass by مرّ
pass through دخل، عبر
passageway ممرّ
passion حبّ، رغبة
passion of youth رغبة
passionate love حبّ
date paste بلح
path طريق، اتّجاه
pathological ضارّ بالصحّة
be patient صبر
patience صبر
patriarch كاهن
pattern مثال
pavilion خيمة
pay مرتّب
pay attention to اهتمّ
pay in installments فصل
divorce payment مهر
marriage payment مهر
peace سلام، صمت
peak ذروة
peak intensity قوّة
pearl لؤلؤة
chick peas فول
peasant مزارع
pebble حجر
peculiarity صفة
peer مشابه
pelt رمى
pen كتب
penetrate دخل
penetrating ذكي
pension معيشة
people بشر، شعب
some people بعض
perceptible ملموس
perception فكرة
power of perception عقل
to perfect أكمل
perfect كامل
perform نفّذ
perform ablution اغتسل
perfume عطر
perhaps ربّما
period درس، عصر، مدّة
period of time مدّة
cause to perish قتل
declare permissible سمح
grant permission سمح
permit سمح
permitted قانوني
persevere دأب
perseverance صبر
persist دأب، استمرّ
persistent مجتهد
person إنسان
personal خاصّ
persons إنسان

prize	جائزة
probe	جرّب
problem	مشكلة
problems	متاعب
proceed	ذهب، سلك، استمرّ
proceeds	ربح
in the process of	إزاء
funeral procession	جنازة
proclamation	تقرير
procrastinate	أجّل
prod	حثّ
produce	سبّب
product	بضاعة
productive	مثمر
profession	مهنة
professor	مدرّس
proficient	ماهر
profit	ربح، غنيمة، فائدة
profitable	مثمر
progeny	نسل
progress	تقدّم
prohibit	منع
prolific	مثمر
prolong	مدّ
prominent	بارز
be prominent	ظهر
prominent figure	وجيه
prominent person	وجيه
promise	وعد
promotion	تقدّم
pronounce	تكلّم
proof	دليل
propensity	نزعة، طبيعة
property	متاع
prophesy	تنبّأ
propose	اقترح
proprietor	مالك
prose writer	كاتب
prosper	نجح
prosecutor	وكيل
prosperity	ازدهار
prosperous	غنيّ
prostitute	مومس
prostitution	دعارة
protect	حمى، غطّى
prove	أثبت
prove to be hard	عجز
provide	زوّد، أعطى
provider	عائل
province	منطقة
to provision	زوّد
provisioning	ذخيرة

provisions	ذخيرة
provoke	أثار
proxy	وكيل
prune	قطع
pseudonym	مزوّر
public	جمهور، عامّ
publish	نشر
be published	ظهر
puff out	نفخ
pull	جرّ
pull out	مسك، نزع
pull together	جمع
punish	عاقب
punish harshly	عاقب
punishment	ثأر، ألم
pupil	طالب
purchase	اشترى
pure	نقيّ، واضح
purify	نظّف
purity	طهارة
purple	بنفسجي
purpose	هدف
do on purpose	نوى
pursue	اصطاد، مارس
push	أدخل
push away	أزال
put	دفن، وضع
put an end to	قتل
put arms around	عانق
put in order	رتّب
put into	ادخل
put into effect	نفّذ
put on	لبس
put to test	جرّب
putrid	نتن
puzzle	مشكلة، لغز
quake	اهتزّ
quality	مستحقّ، طبيعة، صفة
quantity	قدر
quarrel	نزاع
quench one's thirst	شبع
quenched	عطشان
quickly	مباشرةً
quiet	صمت
quiver	اهتزّ
quote	استشهد
Quran	قرآن
rabble	رعاع
race	أصل، مباراة
human race	بشر
radiance	بريق

radiant	ساطع
radiate	لمع
rage	غضب، غلى
ragged	بالٍ
raging	غاضب
raid	هجوم، هاجم
rain	مطر
rain cloud	سحابة
rainstorm	مطر
raise	علّم
range	مدى، اختلف
rank	خطّ، مرتبة، عظمة
rapture	سعادة
rare	فريد
rarely	نادراً
rarities	غرائب
rather	لكن
rational	عاقل
ravenous	نهم
razor	سكين
reach	حصل، وصل
read	قرأ
ready	مستعدّ
ready-made	مستعدّ
real	حقيقي
real estate	متاع
realize	فهم، لاحظ، نفّذ
really	جدّاً
rear	ظهر
reason	دافع
be reasonable	فهم
reasonable	عاقل
rebellion	ثورة
rebuke	انتقد
rebut	أنكر
receive	اجتمع، حصل، مسك
recent	جديد
most recent	نهائي
reception room	غرفة
recess	إجازة، نزهة
receive	تلقّى
recite	قرأ
recklessness	لامبالاة، شجاعة، قمار
recognize	اعترف
recognized	مشهور
recommendation	نصيحة
recompense	كافأ
record	كتب
recover	تعافى
recreation	ترفيه
provide recreation	سلّى

be unable عجز
unadulterated نقيّ
unavoidable ضروري
it is unavoidable لا بدّ
be unaware أغمي
unbelief كفر
unbelievable خيالي
unbeliever كافر
unclean قذر
uncommon things غرائب
uncomplicated سهل
uncover حفر، اكتشف
undergo عانى
undermine دمّر
undershirt قميص
understand شمّ، فهم
come to understand فهم
mutual understanding اتّفاق
undertake نفّذ
undisputable أكيد
undress خلع
unease قلق
unexpectedly فجأةً
unfasten فكّ
unhappy حزين
unhealthy ضارّ بالصحّة
uniform هدوم
union زواج، اتّحاد
unique فريد
unit كتيبة
universe عالم
declare unlawful منع
unload أفرغ
unoccupied خالٍ
unpleasant قبيح، نتن
unreal خيالي
unrest اضطراب
untamed برّي
untie فكّ
untiring مجتهد
unusual مثير، فريد
unusual things غرائب
unwell مريض
unyieldingness رجولة
go up طلع
upbringing أصل، تعليم
upper arm ذراع
upper back ظهر
uppermost part ذروة
uprising ثورة
uproar ضجّة
uproot نزع
upset حزين، أثار
urge أثار، حثّ
urgent ملحّ
use فائدة، استخدم
make use of استخدم
get/be used to اعتاد
be used up انتهى
useful مفيد
useless سيّء، عقيم
using عن طريق
usual عادي
usually عادةً
utilize استغلّ
of the utmost importance مهمّ
utter تكلّم

vacant خالٍ
vacate أفرغ
vacation إجازة
valiant شجاع
valid مناسب
valley أسفل
valor رجولة
valuable ثمين
value ثمن
vanish اختفى، زال
vanity فخر
varied كثير
variety نوع
vary اختلف
vehicle مركبة
veil حجاب، غطّى
vein عرق
venerable محترم
vengeance ثأر
take vengeance انتقم
veracity حقيقة
be on the verge كاد
very جدّاً
very much جدّاً
very old عجوز
vessel إناء
via عن طريق
vibrate اهتزّ
vice- وكيل
victim فريسة
be victorious هزم
victory انتصار
view رأي، مظهر، شاهد
point of view رأي
vigor رجولة، صحّة
vile حقير
village مدينة
village chief حاكم
vineyard حديقة
violate انتهك
violent حادّ
viper ثعبان
virgin عذراء
virginal عذراء
virtue خير، طهارة، صفة
virus جرثومة
visit زار، مرّ
visitor ضيف
vital نشيط
vocation مهنة
voice صوت
vomit تقيّأ
voracious نهم
vulgar خشن

wage مرتّب
wager خاطر
wagon مركبة، عربة
wail ناح
wait توقّع
wake up استيقظ
walk زحف، مشى
walk fast أسرع
seaside walkway ساحل
wander about تجوّل
wane سقط
want رغبة، فقر، أراد
1948 war كارثة
warehouse مخزن
warm حارّ
warn حذّر
warning مثال
warship سفينة
wash نظّف
wash oneself اغتسل
waste قمامة، شتّت، فقد
waste basket سلّة المهملات
wasteful مفرط
wasteland صحراء
watch راقب، شاهد، توقّع
water (of eyes) بكى
water tank حوض
wave لوّح
way طريقة، اتّجاه، طريق
way of thinking فكرة
in a particular way عن طريق
lose one's way ضاع

Index of Arabic Words

(Bold words represent head words)

ممثّل **وكيل**
مماثل **مشابه**
متماثل **مشابه**
مجد **عظمة**
مجيد **عظيم**
مجّاناً **مجّاناً**
مجّاني **مجّاناً**
محّص **فحص**
محق **محا**
امتحن **جرّب**
امتحان **امتحان**
محا **محا**
مخّ **مخّ**
مدح **مدح**
امتدح **مدح**
مدّ **مدّ**
مدّد **مدّ**
أمدّ **زوّد**
تمدّد **استلقى**
استمدّ **تلقّى**
مدد **مساعدة**
مدّة **مدّة**
مادّة **محتوى، درس، عنصر، فقرة**
إمداد **ذخيرة**
مداد **حبر**
مديد **طويل**
مدينة **مدينة**
مدنيّة **حضارة**
تمدّن **حضارة**
تمادى **استمرّ**
مدىً **مدىً**
مدية **سكّين**
امرؤ **إنسان**
امرأة **امرأة**
مروءة **رجولة**
مرح **سعيد**
تمرّد **ثورة**
مرّ **مرّ**
استمرّ **استغرق، استمرّ**
مرّة أخرى **مرّة أخرى**
مرّة ثانية **مرّة أخرى**
مرّة جديدة **مرّة أخرى**
ممرّ **ممرّ**
مرّات **مراراً**
مراراً **مراراً**
بالمرّة **إطلاقاً**
مارس **مارس**
مرض **مرض**
مريض **مريض**

لامع **ساطع**
ألمعي **ذكي**
ملمّ **جمع**
ألمّ **عرف**
لماماً **نادراً**
التهب **اشتعل**
لهب **نار**
لهجة **لغة**
ألهم **أوحى**
التهم **التهم**
لهو **ترفيه**
لو **إذا**
لوبيا **فول**
لوّث **لوّث**
لاح **خطر، ظهر**
لوّح **لوّح**
لاذ **لجأ**
ملاذ **ملجأ**
لوري **مركبة**
لوكاندة **فندق**
لام **انتقد**
لون **نوع**
لواء **علم**
ليش **لماذا**
لائق **مناسب**
ليّن **ليّن**
ليه **لماذا**

لماذا **لماذا**
مازوت **نفط**
ماكينة **جهاز**
ماما **والدة**
مئونة **ذخيرة**
ماهيّة **طبيعة**
امبارح **أمس**
أمتع **سلّى**
تمتّع **تمتّع**
استمتع **تمتّع**
متاع **متاع**
متعة **ترفيه**
ممتع **مثير**
متن **ظهر، نصّ**
متانة **قوّة**
متين **ثابت**
مثل **ظهر، مثال**
تماثل **تعافى**
امتثل **خضع**
مثال **مثال**
أمثولة **مثال**
مثيل **مشابه**

إلزامي **ضروري**
لسع **لسع**
لسان **لغة**
لسّه **زال**
لصّ **لصّ**
ملاصق **قريب**
لطّخ **لوّث**
لطش **سرق**
لطم **ضرب**
لظىً **نار**
لعاب **لعاب**
لغز **لغز**
لغط **ضجّة**
لغة **لغة**
ألغى **ألغى**
التفت **اهتمّ**
لفح **أحرق**
لفظ **تكلّم، كلمة**
لفظة **كلمة**
لفّ **انحرف**
لفّة **حزمة**
لفيف **جماعة**
طاش **انحرف**
ملفّق **مزوّر**
لقّب **سمّى**
لقب **اسم**
لقيط **ابن**
لقي **مات، وجد**
لاقى **اجتمع**
ألقى **خطب، رمى**
ألقى القبض **اعتقل**
تلقّى **تلقّى**
التقى **اجتمع**
استلقى **استلقى**
لقاء **اجتماع**
تلكّأ **تمهّل**
لكن **لكن**
لم **لماذا**
لمبة **مصباح**
لمح **شاهد، لحظة**
لمّح **أشار**
ألمح **أشار**
لمس **لمس**
لامس **لمس**
التمس **توسّل**
ملموس **ملموس**
لمع **لمع**
لمعة **بريق**
لمعان **بريق**
لمّاع **ساطع**